조선왕조사

이성무의 조선왕조실록

조선왕조사

朝鮮王朝史

책미래

조선왕조사

발행일 | 1판 2쇄 2022년 3월 2일

지은이 | 이성무
주   간 | 정재승
교   정 | 홍영숙
디자인 | 배경태
펴낸이 | 배규호
펴낸곳 | 책미래

출판등록 | 제2010-000289호
주   소 | 서울시 마포구 공덕동 463 현대하이엘 1728호
전   화 | 02-3471-8080
팩   스 | 02-6008-1965
이메일 | liveblue@hanmail.net

ISBN 979-11-85134-50-5 03910

국립중앙도서관 출판시도서목록(CIP)

조선왕조사 : 이성무의 조선왕조실록 / 지은이: 이성무. --
서울 : 책미래, 2018
    p. ;   cm

한자표제: 朝鮮王朝史
권말부록 수록
참고문헌과 색인수록
ISBN 979-11-85134-50-5 03910 : ₩39000

조선 왕조[朝鮮王朝]
조선사[朝鮮史]

911.05-KDC6
951.902-DDC23   CIP2018024643

머리말

  역사 연구는 현재 우리의 삶과 생활을 발전시키기 위해 필요하다. 현재 우리가 당면하고 있는 문제들을 과거의 경험을 통해 해결하고 나아가서 미래를 개척하기 위해 역사를 연구하는 것이다. 그러므로 역사는 과거, 현재, 미래를 연결하는 고리다.

  또한 역사는 과거와의 대화다. 과거 우리의 잘잘못을 정확하게 파악해 시행착오를 최소화하는 것이 역사 연구의 목적이다. 인간은 실험 불가능한 존재다. 현재를 살고 있는 우리는 직면한 과제에 대해 어떤 방향으로 해결해야만 좋은 결과를 얻을지 모른다. 가령 전쟁을 해야 할지 하지 말아야 할지를 결정해야 할 때 시험적으로 전쟁을 해볼 수는 없다. 이럴 경우 객관적인 주변 상황을 면밀히 검토해야겠지만 역사에 자문을 구하는 것이 가장 좋은 방법이라 할 수 있다. 과거 비슷한 상황에서는 어떤 결정을 했고, 그 결과가 어떠했나를 살펴보는 것이다. 물론 주어진 상황이 다르고 역사는 필연이 아니라 우연일 경우가 있기 때문에 딱 들어맞는 정답은 나오지 않겠지만 많은 참고가 될 수 있다.

  한편 역사는 계기적으로 발전하는 것이기 때문에 현재의 위상을 정립하기 위해서는 바로 전 시대의 역사를 총정리해 현재의 기준을 세우고 미래의 좌표를 가늠할 수 있다. 그래서 한 왕조가 끝나면 다음 왕조에서 전대사(前代史)를 총정리해 왔다. 《삼국사기》가 그렇고 《고려사》가 그렇다.

  그러나 우리는 일제에 의해 조선 왕조가 멸망했기 때문에 우리의 전대사인 조선 왕조사를 총정리해 보지 못했다. 근대 사학이 일제에 의해 시작된 까닭에 조선 왕조에 대한 정리는 일제의 구미에 맞게 날조되었다. 이를테면 일제의 식민 통치를 정당화하는 차원에서 조선 왕조사가 해석되었다. 따라서 조선 왕조사는 지리멸렬하고 고식적이며 자생력 없는 것으로 결론지어졌다. 미개한 농업기술이 그렇고, 사대주의가 그렇고, 당쟁이 그렇고, 독선적인 유교 사상이 그렇다는 것이다. 이러한 구제 불능의 조선 왕조는 가만히 두어도 망하고 말 나라라는 것이다. 그러니 이웃 일본이 그냥 보고만 있을 수 없어서 한국인을 일본의 황국신민으로 끌어들여 구제해 준 것이라는 논리다. 이른바 식민사관이다.

이런 까닭에 조선 왕조사는 보잘것없는 역사로 전락했고 매도 대상으로 여겨져 왔다. 나라를 남에게 빼앗겼으니 비난받아 마땅하기는 하다. 일본 사람뿐 아니라 한국 선각자들도 유교와 양반이 나라를 망쳤으니 욕을 먹는 것은 당연하다고 생각했다. 그래서 자조(自嘲) 의식에 사로잡혀 유교와 양반을 돌팔매질했다. 유교가 사대주의를 키웠다고도 하고, 민족을 개조해야 한다며 개탄했다.

과연 그런 것인가? 나라와 민족마다 장단점이 있다. 어떤 선입견이나 목적의식을 가지고 단점만을 들춘다든지 장점만을 내세우는 것은 잘못이다. 이것은 단순한 흑백논리에 불과하다. 일제 학자들은 조선 왕조의 역사를 당쟁과 고루함으로 가득한 나라라고 주장했다. 반대로 일부 민족주의자들은 조선 왕조를 세계에서 유례를 찾아볼 수 없을 만큼 발전된 국가라고 주장하기도 했다. 전형적인 흑백논리다. 이는 역사를 선악의 관점에서만 바라보는 데서 기인한다.

역사에서 선악은 동일물(同一物)의 양면일 수 있다. 좋은 점을 뒤집어 보면 나쁜 점이 될 수 있다. 예컨대 한국 사람은 단결이 잘 되지 않는다고 한다. 이는 과거 시험 같은 능력주의의 소산이다. 능력주의가 팽배하다 보면 단결이 잘 될 수가 없다. 그렇다면 단결력을 강조하기 위해 능력주의를 매도해야 하는가? 자원도 없는 각박한 환경 속에서 이 작은 나라가 오늘날까지 생존할 수 있었던 것은 우수한 인재를 뽑아 국가를 경영한 덕분이 아닌가? 이렇게 본다면 능력주의야말로 우리의 훌륭한 정신적 자산이 아닌가?

또한 역사는 개별적인 사건만을 놓고 보면 우연하게 일어난 것 같지만 사건 진개의 전후 과정이라 할 수 있는 인과관계가 있게 마련이다. 삼국 시대만 하더라도 우리 선조들은 정복왕조 성격을 띠는 국가를 경영했다. 고대에는 이들 정복왕조가 중국의 한족(漢族) 국가와 왕조를 교체할 정도로 강성한 때도 있었다. 정복왕조에서는 무치주의가 유행하며 서로 치고받는 전쟁이 끊이지 않았다.

그러나 농업 문화가 발달한 당나라에 고구려와 백제가 멸망한 뒤부터 정복왕조와 무치주의는 설 자리가 없어졌다. 전쟁에서 패한 이유가 인구 차이와 무력 차이로만 설명될 수 없게 되었다. 문화의 격차가 더 큰 요인이었다. 그리하여 삼국을 통일한 신라는 재빨리 중국화를 선택하고 당나라 문화와 문치주의를 배웠다. 장보고가 뱃길을 열고 많은 유학생과 지식인들이 당나라로 건너갔다. 산동 반도 등주에 신라촌, 신라방, 신라원을 만들고 중국 문화를 배우는 데 열을 올렸다. 그리하여 한국 문화는 점차 촌티를 벗기 시작했다. 또한 문화의 개방성도 강조되었다.

그러나 아무리 선진 문화라고 하더라도 남의 문화를 자기 문화로 소화시키는 일은 그리 쉬운 일이 아니다. 강력한 토착 문화가 버티고 있기 때문이다. 고려 왕조 500년은 토착 세력을 누르고 지식인 관료가 지배하는 중앙집권적 문치주의를 정착시키는 데 소비했다. 이와 같이 선진 문화를 토착 문화와 조화시켜 우리 것으로 만드는 데는 많은 시간이 소요된다. 과거 제도와 주자학은 400년이 걸려 우리 것이 되었다. 10세기에 도입된 과거 제도는 14세기에 이르러 우리 것으로 정착되었고 12세기에 도입된 주자학은 16세기 퇴계와 율곡 때 가서야 우리 것으로 정착됐다.

따라서 조선 왕조는 고려 500년 동안 시련과 진통을 겪으면서 배워 온 주자학을 바탕으로 지식인 관료들의 중앙집권적 문치주의를 우리 실정에 맞도록 정착시킨 국가였다고 할 수 있다. 당나라의 귀족 문화와 원나라의 세계 문화를 종합하고 우리의 토착 문화를 가미해 우리의 독창적 문화를 건설한 국가였다. 세종 대의 집현전은 바로 이러한 문화의 틀을 만들었으며, 90년이 걸려 정리한 《경국대전》은 중앙집권적 양반 관료 체제의 결정판이었다. 그리하여 세계에서 유례가 드문 문치주의 국가를 이룩했다.

문치주의가 달성되자 무치주의는 퇴색했다. 지식인 관료인 문신들이 권력의 핵이 되었고, 무신이나 행정직은 천대받았다. 그리하여 난만한 문화 국가를 만들 수 있었다. 중국화를 지향하다 보니 중화 문화를 본뜬 고도의 문화 능력을 기를 수 있었다. 그러나 해적의 나라인 영국, 일본처럼 밖으로 뻗어 나가지 못했다.

문치주의 국가의 국가 안보는 국방보다 외교에 치중하는 경향이 강했다. 그러다 보니 국가의 자주권은 약해질 수밖에 없었다. 사대 외교는 문화 외교 성격이 강하다. 이것은 동아시아 외교 관계 특성이기도 했다. 이른바 책봉 관계에 바탕을 둔 평화주의가 그것이다. 그렇다고 문화 수준이 낮은 몽골, 여진, 일본 등에 머리를 숙인 것은 아니다. 문화 자존 의식에 의해 문화가 앞선 중국에게는 존경심을 표하지만 문화 수준이 뒤떨어진 몽골, 여진, 거란, 일본에 대해서는 자존심을 세웠다. 사대와 교린이 조선 왕조 외교의 두 기둥이었지만 사대에 치중하고 교린은 말썽만 피하는 수준에서 미봉하고자 했다.

조선 왕조의 대의명분 중 첫 번째가 존명사대(尊明事大)였던 것도 그 때문이다. 조선 왕조를 세운 이성계는 친명파로서 존명사대를 위해 위화도 회군을 하지 않았던가? 이 존명사대는 인조반정의 명분이었으며 송시열이 주장한 북벌론의 명분이기도 했다. 17세기에 여진족이 청나라를 세워 중원을 차지했는데도 청나라를 쳐야 한다는 비현실적인 북벌론이 기승을 부린 것도 그 때문이었다.

문치주의가 강화되다 보니 임금은 약하고 신하는 강한 군약신강의 정국이 전개되었다. 지식인 관료들은 도덕적 수양을 강조했다. 그것은 16세기 이후의 도학 정치에서 절정을 이뤘다. 임금이라도 도학에 합당하지 않으면 갈아치울 수 있다고 할 정도였다. 임금에게 도학을 강요한다는 것은 도학이 임금의 상투 끝에 올라앉았다는 이야기다. 지식인 관료들은 도학을 통해 임금을 좌지우지했다.

중앙집권적 관료 체제에서는 모든 권력이 국왕에게 집중되어 있었다. 국왕은 모든 사람의 생살여탈권을 가지고 있었다. 이렇게 하는 것이 지식인 관료들의 분열을 막고 국가의 강한 응집력을 확보할 수 있었기 때문이었다. 그러므로 국왕에 대한 반역 음모나 붕당 조성은 용납되지 않았다. 여기에는 극형이 따를 뿐이었다. 왕조 체제의 지속성을 위해 왕통은 절대시 되었고 왕위는 종법에 의해 계승되었다. 천명(天命)이 바뀌지 않는 이상 역성혁명은 생각할 수 없었다. 그러나 국왕은 세습되었고 관료들은 시험을 통해 뽑았기 때문에 관료가 왕보다 우수했다. 그들은 교묘한 제도를 만들어 왕권을 제약했다. 대간(大諫) 제도를 통해 국왕의 잘못에 대해 목숨 걸고 간쟁(諫爭)했고, 경연(經筵)과 서연(書筵) 제도를 통해 국왕이나 왕세자의 행동과 사고를 지배했으며, 사관(史官) 제도를 통해 국왕의 일거수일투족을 감시해 역사의 심판을 받게 했다.

인사권과 군사권이 형식적으로는 국왕에게 있었지만 실질적으로는 신료들에게 있었다. 이렇게 되자 신료들 사이에 붕당이 생기고 붕당 간의 당쟁이 공공연하게 자행되었다. 국왕은 단지 붕당 간의 조정을 꾀하는 데 급급했다. 조선의 국왕 중 어리고 무능한 왕이 많았던 것도 이러한 정국의 소산이다. 정복왕조가 많이 들어서서 황제권이 강한 중국과는 달리 신료들의 권한이 강한 조선에서는 붕당이 공인되다시피 했다. 중국은 땅이 넓고 민족이 다양하다 보니 황제권에 직접 도전하는 경우는 있었지만 신료들 간의 세력 다툼은 용인되지 않았다. 오히려 황제 주변의 여자들이나 환관 세력이 강했다.

조선 왕조는 지방의 토성(土姓) 양반들을 지원해 지방 토착 향리들을 억압했다. 그리하여 이들을 신왕조의 지지 기반으로 삼았다. 이들은 과거 제도를 통해 중앙의 사대부층을 구성했다. 이른바 사대부 정치 시대가 열린 것이다. 태종·세종 대의 정치 세력은 이들이 중심이 되었다. 그러다 보니 신권이 자꾸만 강해졌다. 이에 세조는 스러져 가는 왕권을 회복하기 위해 쿠데타(계유정난)를 일으킨 후 신료들로부터 자신을 보호하기 위해 공신과 결탁했다. 그리고 공신과 통혼해 강력한 훈신 세력을 육성했다. 이에 사대부 정치 시대는 가고 훈신 정치 시대가 도래했다.

세조는 자기의 지지 기반을 확고히 하기 위해 지방에서 새로운 세력인 사림을 불러들였다. 또한 본래는 금지되어 있던 종친의 정치 참여의 길을 열어 놓았다. 그리하여 정계는 이 세 세력의 각축장이 되었다. 이들 세 세력 중 훈신 세력이 남이의 옥과 4대 사화를 통해 종친 세력과 사림 세력을 제압했다. 이후 국왕들은 훈신 세력을 누르기 위해 계속 사림을 불러들였다. 많은 사림들이 중앙으로 진출했고, 이것은 역사적인 대세가 되고 말았다.

사림들은 언관(言官)·전랑(銓郎)·사관(史官)이 되어 부패한 훈신 세력을 공격했다. 이러한 추세는 조광조의 도학 정치에서 절정에 달했다. 사림들은 도덕적 수양을 강조해 도덕적으로 부패한 훈신들을 공격하는가 하면 국왕까지도 도학을 닦지 않으면 갈아치워야 한다고 생각했다. 그러자 사림을 지지하던 중종이 훈신 세력과 힘을 합쳐 조광조로 대표되는 사림 세력을 몰아냈다. 이에 훈신 정치 시대의 말기적 현상인 권신 정치 시대가 과도적으로 생겨나게 되었다.

사림이 훈신들에게 여러 차례 타격을 받았지만 그들의 진출은 역사적인 대세였다. 그리하여 16세기부터는 사림의 세상이 되었다. 이른바 사림 정치 시대가 열린 것이다. 그러나 훈신 세력이 무너지자 사림파는 자체 분열해 붕당이 생기고 당쟁이 격화되었다. 당쟁이 치열해지자 양반 관료 체제 자체가 흔들리게 되었다. 이러한 위기를 극복하기 위해 왕권 강화의 필요성이 대두되었다.

그러나 이미 조성된 붕당을 단약한 국왕의 힘으로는 일소할 수 없었다. 그리하여 붕당 간의 조정이나 균형을 통해 왕권을 강화하고자 하는 탕평 정책이 실시되었다. 영조는 노론과 소론의 탕평을 통해 왕권을 강화하고자 했다. 두 당파의 온건론자들을 등용해 난국을 타개하려 했던 것이다. 그리고 이들 온건론자들을 외척으로 받아들였다. 그 결과 탕평당이 생기고 외척 세력이 강화되었다. 이에 영조와 정조의 재임 기간 동안은 정국이 안정되고 문운이 일어났다. 이들이 죽고 어린 왕이 임금의 자리에 앉자 외척 세력이 극성을 부렸다. 그리하여 19세기는 외척의 세도 정치 시대가 되고 말았다.

필자는 이러한 논리 위에서 조선 왕조의 정치사를 사대부 정치 시대·훈신 정치 시대·사림 정치 시대·탕평 정치 시대·외척 세도 정치 시대로 구분하고자 한다. 훈신 정치 시대 말기에는 대부분의 연로한 훈신들이 죽자 중종 조부터 명종 조까지 외척 권신 정치 시대가 잠시 되었다. 그러나 이는 훈신 정치 시대의 말기적 현상으로 보고자 한다. 탕평 정치 시대도 사림 정치 시대와 외척 세도 정치 시대의 과도기로 보고자 한다. 왜냐하면 사림 정치의 틀인 언관권(言官權)과 전랑권(銓郎權)이 무너진 것은 영조 17년(1741)경이었고 곧 외척 세력이 강화되어 이들이 정국을 주도했기 때문이다.

이 책은 대중이 쉽게 읽을 수 있는 조선 왕조사를 쓰겠다는 필자의 오랜 숙원에 의해 1998년 동방미디어에서 《조선왕조사》(1)·(2)로 출간되었다. 요즘에도 그렇지만 당시에도 홍수처럼 쏟아져 나오는 흥미 본위 역사물들의 오류와 일반의 잘못된 역사의식을 바로잡는 일은 역사 학자들의 몫이라고 생각했기 때문에 조선 시대사 개설서 작업을 시작했다. 조선 왕조는 왕조가 열린 1392년부터 왕조가 멸망한 1910년까지 518년간의 역사를 가지고 있다. 이 중 대한제국이 있기는 하지만 편의상 조선 왕조사에 편입시켰다. 이렇게 긴 역사를 가진 왕조는 세계에서 그리 흔하지 않다. 역사가 길고 기록을 중시하던 시대였던 만큼 사료도 많고 관련된 연구물들도 많다. 혼자의 힘만으로 사료 수집이나 내용 정리가 어려운 형편이어서 몇몇 제자들에게 도움을 청했다. 태조 조부터 성종 조까지는 신명호·최재복·전철기가, 연산군 조부터 정조 조까지는 김학수·배성이, 순조 조부터 순종 조까지는 권오영·이민원이 각각 맡아서 이 일을 도왔다. 이 책은 이들의 도움 없이는 씌어질 수 없었다.

또한 《조선왕조실록》을 의식해서 왕조별로 정리했다. 그러다 보니 자연 정치사를 중심으로 서술하게 되었다. 정치사 내용이 대중의 흥미를 끌 만해서이기도 하지만 사회·경제·군사·문화 등 여러 분야사도 정치사를 기둥으로 하여 유기적으로 서술될 수 있기 때문이다. 아울러 인간의 지식과 문명화된 삶의 표현인 문화사는 따로 정리할 필요가 있다고 생각한다.

이 책은 미흡하기는 하지만 조선 왕조사에 대한 최초의 개설서여서 출간 당시 대중의 사랑을 많이 받았고, 한류의 여파로 2006년 일본 중

양평론사에서 김용권 씨가 번역한 책도 인기가 많았다. 요즈음 공중파에서 사극을 많이 방영하다 보니 조선 시대에 관한 일반의 관심이 고조됐으나 사극 내용이 흥미 위주로 각색되어 사실에 대한 훼손이 심각하다. 그러다 보니 역사적 사실을 알아보고 싶어 하는 이가 늘어 이 책을 찾는 이도 많아졌다. 그러나 이 책을 처음 낸 이웅근 회장도 돌아가시고, 동방미디어도 없어져 차일피일 재판이 미루어져 왔다. 이런 와중에 도서출판 수막새에서 재출간을 제안해 왔다. 환영할 일이다. 다만 일이 많아 개정판을 내기는 어렵고 문맥이나 수정하고 보완하는 수준으로 출간하기로 했다. 전면적인 수정·보완을 못한 것을 죄송스럽게 생각한다.

이것이 저자의 마지막 다짐이었고, 저자가 더는 작업을 계속할 수 없는 상황에서 책이 절판되어 도서출판 책미래에서 재출간을 하기로 하였다.

서초동 성고서당(省臯書堂)에서
한국역사문화연구원장 이성무

순종 純宗

개국전야 開國前夜

위화도 회군

이성계와 조민수가 이끄는 요동 정벌군이 압록강 하류의 위화도에 도착한 때가 1388년(고려 우왕 14) 5월 13일이었다. 한창 장마철이라 연일 폭우가 쏟아졌다. 위화도에 주둔한 고려의 요동 정벌군은 오도 가도 못한 채 불어나는 강물만 바라보는 형편이었다.

도망병들이 속출했다. 동요하기는 병사들뿐만이 아니었다. 정벌군의 수뇌인 이성계와 조민수도 여러 차례 우왕과 최영에게 회군을 요청했다. 그러나 우왕과 최영으로부터 돌아온 대답은 '돌격, 앞으로' 오직 이것뿐이었다.

이성계는 처음부터 요동 정벌을 반대하는 입장이었다. 이른바 4불가론(四不可論)이라는, 요동 정벌을 할 수 없는 네 가지 이유를 들어 반대하다가 우왕으로부터 '명령을 듣지 않으면 죽이겠다'는 협박까지 받고 출정한 터였다. 이성계가 언제 칼을 거꾸로 들지 아무도 모르는 상태였다.

고려의 요동 정벌군이 위화도에 주둔한 지 열흘이 지났다. 병사들의 동요는 극도에 달했다. 이성계는 타는 장작에 기름을 부었다. 그는 휘하의 병사들을 이끌고 그의 근거지 동북면(지금의 함경도 지역)으로 돌아가려 한다는 유언비어를 퍼뜨렸다.

적지를 눈앞에 둔 부대가 상부의 명령 없이 마음대로 회군한다는 것은 명백한 반역행위다. 전의에 불타는 부대라면 이 같은 소문을 내는 자를 가차없이 처벌했겠지만 고려의 요동 정벌군은 그렇지 못했다. 이성계와 함께 요동 정벌군을 지휘하던 조민수는 오히려 이성계에게 달려와 애걸복걸했다.

"우리를 버려두고 당신만 가면 남아 있는 사람들은 어떡하느냐 말이오."

이제 이성계는 더 이상 머뭇거릴 필요가 없었다. 조민수의 이런 행동으로 요동 정벌군의 진퇴는 이성계의 뜻에 달리게 되었다. 이런 상황에서 이성계는 여러 장수들을 모아 놓고 회군의 명분을 당당하게 갈파했다.

우리가 대국 명나라를 공격한다면 바로 명나라가 반격할 것이다. 약소국인 고려가 대국인 명나라의 공격을 견딜 수 있겠는가? 온 국토가 유린되고 백성들은 도탄에 빠질 것이다. 나 이성계가 여러 차례 이런 상황을 들어 상감과 최영에게 회군을 요청했으나 들은 척도 하지 않는다. 더구나 최영은 이제 나이 일흔인 노인이라 정신이 온전하지 못하다. 모두 함께 회군해 왕을 직접 만나 사정을 이야기해야만 한다. 그래야 백성들을 도탄에서 구할 수 있다.

- 《고려사》 권137, 열전 50, 우왕 14년 5월 을미

이성계의 주장은 백성들을 살리기 위해 회군한다는 것이었다. 내심 회군을 바라던 병사들에게 이보다 더 근사한 명분이 어디 있겠는가? 나라를 위해 요동에 나가 싸우라는 명분 때문에 마지못해 출정했던 군사들이었다. 이들에게 나라를 위해 고향으로 돌아가라는 말은 복음 바로 그것이었다.

군사들의 지지를 등에 업은 이성계는 앞장서서 회군 대열을 이끌었다.

맨 먼저 압록강을 건넌 이성계는 강가 언덕에 올라가 회군하는 병사들을 내려다보았다. 흰 말을 타고 붉은 활을 든 그의 위용은 회군하는 병사들에게 구세주의 모습으로 다가왔다. 압록강 너머의 이성계를 바라보며 강을 건너는 병사들의 마음이《고려사》에 다음과 같이 실려 있다.

옛날부터 지금까지 이런 사람이 없었다. 앞으로도 이런 사람이 또 다시 나타날 수 있을까?

－《고려사》권137, 열전 50, 우왕 14년 5월 을미

위화도 회군을 획책하던 이성계는 아차 하면 반역자란 낙인이 찍힐 뻔했다. 그러나 이제 이성계는 백성들을 구렁텅이에서 구원할 지도자로 자처할 수 있게 되었다. 이 운명의 날이 1388년 5월 22일이었다. 요동 정벌군의 마음을 사로잡고 개경으로 진격하는 이성계의 발걸음은 새로운 왕조 조선의 창업으로 이어졌다.

요동 정벌, 무엇을 얻기 위한 전쟁이었나

상부의 명령 없이 회군하는 군사들은 명백한 반란군이다. 이성계는 이 반란군을 이끌고 압록강 가의 위화도에서 개경으로 회군했다. 그러나 고려 조정을 위해 이들과 맞서 싸우는 백성이나 군사는 없었다. 이는 요동 정벌이 군사들뿐만 아니라 일반 백성들의 지지도 받지 못한 전쟁임을 역설적으로 보여 준다.

우왕과 최영도 바보가 아닌 이상 요동 정벌이 무리수였다는 점을 알고 있었을 것이다. 그럼에도 불구하고 그들이 요동 정벌을 강행해야 했던 데

는 이유가 있었다. 우선 15세기 고려의 정치 구도는 철저하게 원나라에 맞게 짜여 있었다. 고려의 권문세족은 원나라의 힘을 배경으로 군림했다.

그러나 당시 중국에서는 원나라가 몰락하고 명나라가 부상하고 있었다. 이 틈을 타 공민왕이 반원 정책을 들고 나오며 빼앗겼던 국토를 회복하고 친원 세력을 제거했다. 이런 과정에서 고려의 정치 세력은 친원 세력과 친명 세력으로 갈리게 되었다. 공민왕이 암살되고 우왕이 즉위한 이후에 두 세력의 갈등은 더욱 심화되었다.

명나라는 원나라를 대신해 중국을 제패한 후 원나라의 영역을 그대로 물려받으려 했다. 그리고 공민왕이 수복한 영토를 내놓으라고 고려에 압력을 가했다. 고려 조정이 발칵 뒤집힌 것은 불문가지였다. 국토를 내놓으라는 명나라의 압력을 받자 고려 조정은 둘로 갈렸다. 명나라와 전쟁을 하더라도 영토를 내줄 수 없다는 쪽과 신중하게 대처하자는 쪽으로 나뉜 것이다. 둘 다 일리가 있는 주장이었다.

국토를 내줄 수 없다는 쪽의 주장은 복잡한 논리가 필요 없었다.

"내 나라 내 땅을 왜 그냥 내주느냐? 우리가 아무리 약소국이라 하더라도 꿈틀거려 보지도 않고 그냥 당해야 하느냐?"

이는 고려인 모두의 심정이기도 했다. 그러나 이런 주장을 하기에는 현실적으로 고려의 힘이 너무나 약했다. 새로 일어나는 명나라가 워낙 강대국이었기 때문이다.

이에 비해 신중론을 펴는 쪽은 상대적으로 복잡한 논리를 전개해야만 했다. 하지만 아무리 현실론에 입각한다고 해도 내 나라 땅을 차지하겠다는 나라와 어떻게 평화 관계를 유지할 수 있단 말인가? 결국 이들은 '명나라 천자에게 잘 이야기하면 문제가 해결될 것'이라든가 '소국이 대국을 치는 것은 도리가 아니다'라는 기대 반 현실 반의 이야기만을 할 뿐이었다.

그러나 이런 이야기들의 이면에는 당시 정치 세력들 간의 날카로운 이해 대립이 숨어 있었다. 《고려사》를 비롯한 기록만을 놓고 볼 때 고려 말의 요동 정벌을 둘러싼 논쟁의 대립점은 최영과 이성계로 보기 쉽다. 그러나 최영이 요동 정벌의 전면에 나서게 된 것은 사실 우왕의 부추김과 최영 자신의 국토애가 복합적으로 작용한 것으로 보아야 한다.

공민왕의 피살로 얼떨결에 왕위에 오른 우왕은 권력 기반이 취약했다. 자신을 지지하는 세력이 취약했을 뿐만 아니라 독자적인 무력 기반도 거의 없었다. 이에 비해 권문세족과 신흥 무장 세력들은 사병을 거느리고 있었다. 이들은 걸핏하면 사병을 배경으로 우왕을 협박하곤 했다. 게다가 친명파들은 우왕을 신돈의 아들로 중상모략하는 상황이었다.

우왕은 아버지 공민왕처럼 쥐도 새도 모르게 암살될지도 모른다는 두려움 속에서 살았다. 자신의 최측근이라 할 수 있는 내시 등을 느닷없이 죽인 것도 이런 두려움의 표현이었다. 그는 아무도 믿지 못했다. 우왕이 운신의 폭을 넓히기 위해서는 사병을 거느린 신하들을 제거하거나 아니면 강력한 무력 집단의 지지를 확보해야 했다.

이런 상황에서 우왕은 대표적인 무장 세력인 최영, 이성계와 손잡고 자신을 왕위에 오르게 해준 이인임 일파를 제거했다. 특히 우왕은 명망이 높고 청렴한 최영을 적극적으로 끌어들였으며 그의 딸과 혼인함으로써 그의 사위가 되었다. 비록 최영의 나이가 일흔 살을 넘겼지만 여생이라도 자신의 후원 세력이 되길 기원했던 것이다.

명나라가 고려에게 땅을 내놓으라고 압력을 행사한 시점이 바로 이때였다. 이에 대해 우왕은 명나라와 일전을 불사하겠다는 결심을 하고 최영과 의논했다. 최영은 두말없이 동의했다. 사실 최영뿐만 아니라 당시 고려인 모두가 심정적으로 명나라의 행패에 분개했다. 그러나 그것은 어디까지나 심정적일 뿐 실제 명나라와 전쟁을 하자고 하면 주춤대는 형편이었다. 그럼에도 우왕은 요동 정벌을 강행했다. 요동 정벌을 강행한 표면적인 이유는 국토를 내줄 수 없다는 것이었다.

"왕으로서 어찌 가만히 앉아서 당할 수 있느냐? 이참에 아예 요동을 정벌해 명나라의 코를 납작하게 해주겠다."

우왕의 이런 주장은 고려인 모두의 분노가 결집된 것이나 다름없었다. 이 명분에 반대할 사람은 없었다.

그러면 우왕은 이런 순수한 동기에서 요동 정벌을 추진한 것일까?

꼭 그렇다고 단정할 수만은 없다. 당시 명나라와 전쟁을 한다는 것은 사실 계란으로 바위치기였다. 요동을 정벌하려면 우왕을 협박하던 사병들이 모두 전쟁에 동원되어야 한다. 이는 곧 사병 세력 제거를 의미한다. 그렇게 된다면 우왕을 신돈의 아들이라 중상모략하던 친명파들도 일시에 침묵시킬 수 있었다. 그뿐만 아니었다. 최영이 적극 동참했으니 고려의 정치판은 자신의 의도대로 굴러갈 수 있을 것이라 계산했을 것이다. 따라서 우왕은 요동 정벌이 성공하든 실패하든 거의 잃을 것이 없다고 결론지었을 것이다.

그러면 최영은 어떤 입장이었을까? 최영도 정치적 이해타산을 따졌을 것이다. 그는 우왕을 신돈의 아들로 몰면서 압박해 오는 친명파들의 행태를 우려했다. 이미 우왕과 최영은 운명공동체가 되지 않았던가? 최영의 입장에서도 친명파들을 침묵시키는 데는 요동 정벌보다 더 확실한 약이 없었다.

최영은 평생 군인으로 지내면서 엄격하고 단호한 태도를 견지했다. 그가 수많은 전쟁에서 이길 수 있었던 것은 군율을 엄격하게 적용했기 때문이었다. 그는 휘하 장병이 사소한 잘못을 저질러도 엄격하게 처벌했다. 이 때문에 최영 휘하의 병사들은 죽기 살기로 전투에 임했다. 흔들림 없는 그의 태도는 전장에 나서는 불안한 병사들에게 든든한 믿음을 주었다.

이 점이 최영을 고려 최고의 무장으로 만든 원동력이었다.

하지만 최영의 단호한 태도는 협상과 설득에 약한 면을 보였다. 이런 단점은 그가 전장을 떠나 정치판의 핵심 인물로 떠오르면서 부각되기 시작했다. 그는 정적들을 사정없이 죽여 없앴다. 백성들은 통쾌한 맛에 환호했지만 같이 정치를 하는 사람들은 그를 꺼렸다. 언제 꼬투리를 잡혀 죽임을 당할지 알 수 없었던 것이다. 최영은 백성들 사이에 인기가 높아가는 만큼 정치판에서는 기피인물이 되었다. 이는 우왕을 대신해 그가 온갖 악역을 떠맡게 되는 결과를 낳았다. 요동 정벌도 그런 측면에서 이해할 수 있다.

이에 비해 요동 정벌을 반대하는 친명파들은 사면초가에 몰리게 되었다. 신흥대국 명나라와 우호적인 관계를 맺어야 친원파들을 몰아낼 수 있는데 명나라는 아무런 도움도 주지 않았다. 친명파들이 택할 수 있는 길이란 외교력을 총동원해 명나라와의 관계를 정상화하는 것뿐이었다.

그러나 우왕은 최영을 이용해 요동 정벌을 적극적으로 밀고 나갔다. 요동 정벌에 반대하는 사람들은 죽이거나 귀양보내는 등 공포 분위기를 조성했다. 우왕은 요동 정벌 자체보다는 다른 것에 관심이 있었고 요동 정벌군은 그 의도를 알면서도 떠밀려 가는 상황이었다. 이러니 그 누가 목숨 바쳐 싸움을 하려 했겠는가?

더구나 요동 정벌을 추진한 우왕이나 최영은 능숙한 정치력의 소유자는 못 되었다. 우왕은 요동 정벌군을 보내고도 승리에는 아무 관심이 없다는 것을 노골적으로 드러냈다. 요동 정벌군이 출정하는 날 승리하고 돌아오라는 격려의 말 한마디 하지 않았다. 누가 봐도 요동 정벌군이 죽기를 바라는 본심을 내보이는 행동이었다. 친명파인 이성계를 요동 정벌군으로 내보내는 자체가 우왕과 최영에게는 유리했다. 이기면 좋고 지더라도 이성계가 명분을 구기거나 죽을 수도 있었기 때문이다.

최영은 우왕과 요동 정벌군 사이에서 안절부절 못했지만 헛수고였다. 요동 정벌군의 동태가 심상치 않다는 것을 눈치채고 직접 지휘하려 했지만 우왕이 막무가내로 막았다. 우왕이 결사적으로 최영을 붙잡은 이유는 무엇이었을까? 죽으라고 보낸 요동 정벌군에 최영이 끼는 것이 안타까워서였을까?

어쨌든 우왕과 최영은 요동 정벌군을 극한 상황으로 내몰았다. 특히 이성계의 경우 선택의 여지없이 죽을 수밖에 없는 상황이었다. 그러나 우왕과 최영은 막다른 골목으로 몰린 이성계가 선택할 수 있는 또 다른 가능성을 무시했다. 회군이라는 만약의 사태를 대비하기 위한 대책도 부실했다. 우왕이나 최영은 이성계를 비롯한 요동 정벌군이 마지못해 출정한 사실을 잘 알고 있었고 이들이 명령에 불복하고 회군할 가능성도 충분했다. 이에 대한 대책으로 이성계를 비롯한 장군들의 가족을 인질로 잡아 두자는 의견이 있었다. 실제로 우왕과 최영은 장수들의 가족을 궁궐에 잡아 두었으나 감시가 철저하지 못했다. 회군 당시 이성계의 가족을 비롯한 인질들이 모두 탈출한 사실이 이 점을 잘 보여 주고 있다.

요동 정벌은 어쩔 수 없이 싸워야만 하는 방어전과는 달랐다. 고국을 떠나 낯선 이국땅에서 싸워야 하는 전쟁이다. 아군에게 승리의 확신과 사명감을 북돋워야 함에도 불구하고 우왕과 최영은 이 점에서 완전히 실패했다. 이 같은 사정을 진즉 간파한 이성계와 그의 참모들은 자신만만하게 회군을 감행할 수 있었던 것이다.

위화도 회군의 결과

이성계를 따라 위화도에서 회군한 병력은 전투병 3만 8천여 명과 보급병 1만 1천여 명을 합해 대략 5만 명이었다. 이 병력이 바로 고려의 주력 군이었다. 고려는 요동 정벌 병력이 10만 대병이라고 허장성세를 부렸지만 실제는 그 반수에 지나지 않았다.

병력은 좌군과 우군으로 편성되었는데, 좌군은 조민수가 우군은 이성계가 지휘했다. 좌군과 우군의 총지휘자는 최영이었지만 그는 병력을 직접 인솔하지 않고 평양에 머물면서 원거리에서 통제했다. 이성계가 조민수만 휘어잡고도 회군을 감행할 수 있었던 이유가 여기에 있었다.

이성계를 선두로 진군해 오는 병력의 공격 목표는 당연히 우왕과 최영이었다. 자신들을 사지로 몰아넣은 주동자가 이 두 사람이라 생각했기 때문이다. 자신만만한 이성계는 서두르지 않았다. 이미 대세는 기울었고 백성들의 마음도 고려 왕조를 떠난 지 오래였다. 이성계를 대적할 어떤 세력도 존재하지 않았다. 기껏해야 전투병을 거느리지 않은 최영이 기다리고 있을 뿐 이마저도 문제될 것이 없었다.

군심을 얻은 이성계에게 민심도 따랐다. 대세가 기운 것을 알아차린 백성들은 회군하는 병사들을 환대했다. 애타는 심정으로 자식들을 전쟁터에 보냈던 부모와 처자들은 이들을 반갑게 맞았다. 아울러 동북면에서는 1천여 명의 병사들이 이성계를 지원하기 위해 달려왔다. 민간에서는 이성계의 회군을 기대하는 노래가 유포되었다.

> 평양성 밖에서는 불이 타오르고 안주성 밖에서는 연기가 자욱하다. 평양과 안주 사이를 왕래하는 이 장군이여, 원컨대 창생들을 구제하소서.
> − 《태조실록》 권1, 총서

이 노래는 이성계 일파가 일부러 퍼뜨린 것이기도 했지만 명나라와의 전쟁을 두려워하던 당시 민심을 반영한 것이라고 볼 수 있다. 그뿐만이 아니었다. 아이들은 이성계가 새로운 왕조를 창업할 것이라는 노래를 부르고 다녔다.

이씨 성(姓)을 가진 사람이 나라를 세울 것이다[木子得國].

― 《태조실록》 권1, 총서

우왕과 최영이 회군 사실을 안 것은 회군한 지 이틀이 지난 5월 24일이었다. 요동 정벌군의 후방에서 보급을 담당하던 최유경이 우왕에게 회군 사실을 알렸다. 다급해진 우왕과 최영은 개경으로 후퇴했다. 먼저 개경에 도착해 이들을 상대할 군대를 조직하려는 심사였다. 그러나 최영이 위협도 하고 돈을 미끼로 유인도 해보았지만 병사들은 거의 모이지 않았다. 우왕을 따라 개경까지 간 병사래야 기마병 50명이 전부였다.

회군한 이성계의 병사들이 개경에 도착한 것은 6월 1일이었다. 이성계는 우왕에게 사람을 보내 요동 정벌의 책임을 물어 최영을 처벌하라고 요구했지만 우왕은 응하지 않고 이성계와 조민수를 왕명을 거역한 역적으로 몰아 관직을 박탈했다. 아울러 개경 거리에 방을 붙여 이성계와 조민수를 붙잡거나 목을 베면 큰 상을 내리겠다고 공포했다.

더 이상 협상의 여지는 없었다. 이성계와 조민수는 병사들을 나누어 궁궐을 공격해 최영을 생포했다. 이성계는 최영을 곧바로 죽이지 않고 귀양보냈고 우왕은 허수아비로 전락시켰다. 이제 고려 조정의 실권은 이성계와 조민수의 손아귀에 들어갔다. 이성계는 위화도 회군의 명분을 살려 친명 정책을 추진했다. 우선 원나라 연호를 버리고 명나라 홍무(洪武) 연호를 사용했다. 그 밖에도 원나라 의복과 변발을 금지하고 대신 명나라 의관 제도를 채택하는 등 다방면에 걸쳐 친명 정책을 시행했다.

최영과 함께 요동 정벌을 추진했던 우왕의 운명은 어떻게 되었을까?

우왕의 말로는 즉위만큼이나 극적이었다. 이성계와 조민수에 의해 허수아비로 전락한 우왕은 역전의 기회를 노리고 있었다. 우왕은 일거에 이성계와 조민수를 죽여 없앤다면 왕권을 다시 찾을 수 있을 것이라고 판단하고 내시 80여 명을 무장시켜 이성계와 조민수의 집으로 쳐들어갔다. 그러나 그때 이성계와 조민수는 자리에 없었을 뿐만 아니라 집 앞에 군사들이 보초를 서고 있어서 허탕을 치고 말았다. 이 일이 있은 직후 이성계와 조민수는 아예 우왕을 폐위시켜 강화도로 추방시켜 버렸다.

4불가론과 붉은 무덤

요동 정벌이 논란될 때 이성계는 이에 반대하는 이유 네 가지를 제시했다. 위화도 회군의 명분도 여기에 근거를 두고 있다. 이성계가 제시한 네 가지 이유를 살펴보자.

첫째, 약소국 고려가 강대국 명나라를 공격해 봐야 승산이 없다.

둘째, 농사철인 여름에 전쟁을 해서는 승산이 없다.

셋째, 명나라를 공격하다 보면 남쪽의 방위가 허술해져서 왜구들이 쳐들어온다.

넷째, 장마철이라 병사들이 질병에 걸리기 쉽다. 또한 더위로 활의 아교가 풀어져서 전쟁을 할 수가 없다.

하필 여름에 명나라와 전쟁을 해야 하느냐 하는 관점에 선다면 4불가론은 모두 현실적인 설득력을 가진다. 당시 상황에서 고려가 명나라를 이길 수 있는 가능성은 사실 없다고 보아야 할 것이다. 따라서 승산 없는 전쟁을 하면 안 된다는 당연한 논리를 편 것이다.

그러나 문제는 이 전쟁을 고려가 하고 싶어서 한 것이 아니라는 데 있다. 문제의 본질은 전쟁을 하느냐 마느냐에 있는 것이 아니라 명나라에 국토를 내줄 것이냐 말 것이냐에 있었다. 요동 정벌을 반대하는 친명파들은 국토를 내주자는 말은 입에 담지 않았다. 그 말을 하는 순간 역적으로 몰릴 것이 뻔했기 때문이다. 대신 전쟁은 하지 말아야 한다는 이야기만 했다.

'전쟁을 하지 않으면 국토를 내주자는 말이냐?'라고 따지면 친명파들은 '명나라 천자가 정말로 고려의 땅을 욕심낼 리가 없다. 외교를 통해 관계를 잘 풀면 모든 문제가 해결될 것이다'라고 응수했다.

결과만 놓고 본다면 명나라와 평화적인 외교 노선을 주장하던 이성계가 성공한 셈이었다. 그는 권력도 잡고 나라도 건국했다. 조선이 건국된 후 국토는 오히려 압록강과 두만강까지 확대되었다. 4불가론을 내세우며 위화도 회군을 감행한 이성계의 허물은 이로써 만회될 수 있었다.

이성계가 역사의 전면에 나서면서 장기간 군권을 장악하고 최고의 권력도 차지했던 최영은 몰락해 갔다. 하지만 이성계 일파는 그의 허물을 애써 찾지 않았던 것 같다. 예컨대 우왕에 대한 기록은 폄하 일색이지만 《고려사》나 《태조실록》에 남아 있는 최영 관련 기록을 보면 그런 내용을 거의 찾아보기 어렵다. 이들 역사책은 모두 조선 시대에 제작되었으므로 이성계 일파의 입장에서 작성되었을 텐데도 말이다.

이성계와 함께 위화도 회군을 감행한 조민수는 간신열전에 들어 있다. 그것은 회군 이후 조민수가 이성계와 권력 쟁탈을 벌이다 패했기 때문이다. 이성계 일파에게 우왕의 친아버지로 몰렸던 신돈도 반역열전에 들어 있다. 심지어 우왕은 명실상부한 왕이었는데도 신돈의 아들로 간주되어 반역열전에 수록되어 있다.

그렇다면 이성계에게 패한 최영은 어디에 들어 있을까? 최영은 당당하게《고려사》열전에 들어 있다. 그 내용도 폄하라고 볼 수는 없다. 최영의 허물을 잡아내려고 애쓴 흔적이 보이지만 가만히 따져 보면 오히려 칭찬이 되는 것도 많이 있다.

열전 등에서 최영을 흠잡은 내용은 대체로 그가 잔인하고 우직하다는 것이다. 너무 많은 사람을 죽였고 시세에 어둡다는 것이다. 그러나 따지고 보면 그가 죽인 사람들은 고려 말 탐관오리들이었고 그가 시세에 어두웠다는 것은 시류에 영합하지 않고 초지일관하는 의지를 가졌다는 말이 된다. 오죽하면 최영 열전에 '황금 보기를 돌같이 하라'는 훌륭한 격언이 들어갔겠는가? 거기에다 '성질이 강직하고 충실하며 또 청렴했다'라는 최상의 평가를 받고 있다. 그에게 조금의 허물이 있어도 사정없는 비난을 받을 상황임을 감안하면 그가 어떤 인물이었는지 저절로 알 수 있다.

이것은 최영이 정치적 입장을 떠나 모든 사람들의 존경과 사랑을 받았음을 의미한다. 그런 사람이었기에 최영은 죽는 순간에도 떳떳했다. 오히려 죽이는 이성계가 미안하여 '이것은 제 본심이 아닙니다'라고 사과했을 정도였다.

최영은 죽는 순간에 '나에게 조금의 사심이 있었다면 나의 무덤에 풀이 날 것이다. 그렇지 않다면 풀이 나지 않을 것이다'라는 말을 남겼다고 한다. 그래서인지 최영의 무덤에는 풀이 나지 않았다고 전한다. 풀 한 포기 나지 않는 붉은 무덤. 이 무덤은 일편단심으로 국가에 충성하다 생을 마친 최영의 마음을 그대로 보여 주고 있다. 설사 최영의 무덤에 풀이 자란다고 하더라도 당시 고려인들이 최영의 마음을 의심하지 않았음을 보여 주는 일화라고 할 수 있다.

사전 개혁

위화도에서 회군한 이성계가 고려의 실권을 잡은 당시의 국내 상황은 어수선했다. 그는 백성들을 도탄에서 구하기 위해 회군했다고 주장했지만 백성들의 삶은 하나도 나아지지 않았다. 그가 입지를 굳히고 인심을 얻기 위해서는 무언가를 보여 줘야 했다.

이성계 일파가 처음으로 칼을 들이댄 곳은 경제 분야였다. 이는 국가재정과 민생에 직결될 뿐만 아니라 예나 지금이나 정치를 하려면 돈이 필요하기 때문이다.

이성계는 회군한 이상 친원파들을 비롯한 권문세족들을 제거해야 했다. 그러나 권문세족들은 국가 관료 조직의 요소요소에 포진하고 있었다. 게다가 무력으로 제압되기는 했지만 경제력이 있었다. 권문세족들이 어느 순간 힘을 합해 반격해 올지 알 수 없었다. 그런 위험을 방지하고 민심을 얻기 위해서는 권문세족에게 집중되어 있는 돈을 빼앗아야 했다.

그러나 자기 주머니 안에 들어 있는 돈을 가만히 앉아서 빼앗길 사람이 어디 있겠는가? 이성계는 이들의 불만과 저항을 차단하며 돈을 빼앗을 방법을 찾아야 했다.

이성계 일파는 일부 특권층에 경제력이 집중되어 국가재정과 민생이 어려워졌다는 점을 강조했다. 그 특권층이란 바로 친원파를 비롯한 권문세족들을 의미했다. 당시 권문세족들은 권력을 이용해 토지를 불법적으로 강탈하고 양민을 핍박해 노비로 부리는 상황이었다. 이들이 백성들의 원성을 사는 것은 당연했다. 이 같은 상황에서 권문세족이 불법적으로 강탈한 재산을 빼앗아 원주인에게 돌려주고 나머지는 국가로 환원한다면 일석이조의 효과를 거둘 수 있었다.

고려 말 권문세족이 축적한 재산은 주로 토지와 노비였다. 농업 사회였던 전통 시대에는 생산의 원천이 토지와 노동력이었으니 이 두 가지가 부의 원천이었다. 개인과 마찬가지로 국가의 부도 토지와 노동력을 얼마나 많이 확보하느냐에 달려 있었다.

고려 시대에 토지를 자신의 재산으로 만드는 방법은 두 가지였다. 첫째는 토지 소유권을 확보하는 것이다. 토지를 매입하거나 황무지를 개간하거나 힘으로 빼앗거나 해 자신의 토지를 늘려 부자가 될 수 있었다. 당시에도 사유재산은 인정되었다.

두 번째는 토지에서 세금을 거둘 수 있는 권한, 즉 수조권(收租權)을 확보하는 방법이다. 전통 시대에 국가는 모든 토지에서 수확량의 10분의 1을 조(租, 세금)로 걷을 수 있는 권한을 갖고 있었는데 이 권한을 수조권이라 한다. 국가재정은 토지에서 거둬들인 이 조로 운영되었다.

그런데 고려 시대에는 특정 지역의 수조권을 관료들에게 주어 이들이 조를 직접 걷어 생활하도록 하는 전시과(田柴科)를 실시했다. 전시과는 전과(田科)와 시과(柴科)를 합해서 부르는 말로 전과는 경작지이고 시과는 땔나무를 확보하는 산지다. 경작지와 산지는 관료의 등급에 따라 차등 지급되었다. 권문세족들은 바로 이 전시과 제도를 통해 지급받은 수조권을 사유화했던 것이다.

관료 제도가 정상적으로 운영되려면 국가는 관료들에게 지급할 토지를 넉넉히 가지고 있어야 한다. 그렇게 되려면 관료들은 지급받았던 전시과를 퇴직하면서 국가에 반납해야 하는데 권문세족들은 온갖 방법을 동원해 반납하지 않았다. 그 수조지들이 늘어나고 늘어나서 광범위한 농장을 형성했다. 여기에 수단과 방법을 가리지 않고 획득한 토지까지 보태졌다. 권문세족의 창고에 곡식이 쌓이는 대신 국가의 창고는 텅텅 비는 상황이 벌어지는 것은 뻔한 일이었다. 급기야 새로 관료가 된 사람들은 아예 전시과를 받지도 못하는 지경에 이르렀다.

조준, 정도전 등을 비롯한 이성계의 측근들은 권문세족 손아귀에 들어간 수조권을 뺏기 위해 대규모 토지조사사업을 실시하고 기존의 토지 문서를 불태웠다. 그리고 새로운 토지 문서를 만들었다. 수조권을 빼앗긴 권문세족들의 거센 반발이 있었지만 왕조가 바뀌면서 이들은 정치적으로 몰락해 갔다.

권문세족에게 빼앗은 수조권은 국가로 환수되고 일부는 이성계 일파에게 재분배되었다. 이것이 이른바 과전법(科田法)이라는 고려 말 토지제도다. 이와 함께 불법적으로 점유되었던 토지는 원주인에게 돌려주고 억울하게 노비가 되었던 사람들은 양인 신분으로 회복되었다.

이성계 일파는 사전 개혁을 통해 국가재정을 강화했을 뿐만 아니라 토지를 돌려받고 노비에서 양인으로 신분이 상승한 백성들의 지지로 인심을 얻을 수 있었다. 아울러 권문세족에게 빼앗은 경제력을 나누어 가짐으로써 경제력까지 확보하게 되었다.

고려의 마지막 충신 정몽주

적막한 개경의 밤. 이 시각에 조용히 술잔을 기울이는 두 남자가 있었다. 한 명은 이미 초로(初老)의 나이를 넘긴 남자였고, 그 앞에는 예리한 눈빛으로 상대방을 바라보는 젊은이였다. 문득 젊은이의 입에서 흘러나오는 시창(詩唱)이 죽음 같은 적막을 깨뜨렸다.

이런들 어떠하리 저런들 어떠하리.
만수산 드렁칡이 얽혀진들 어떠하리.
우리도 이같이 하여 백 년까지 누리리라.

그 시를 가만히 들은 초로의 남자는 조용히, 그렇지만 비장하게 화답했다.

이 몸이 죽고 죽어 일백 번 고쳐 죽어
백골이 진토되어 넋이라도 있고 없고
님 향한 일편단심이야 가실 줄이 있으랴

젊은이는 말없이 일어났다. 그러고는 바깥에서 기다리고 있던 건장한 체구의 사내들에게 귓속말을 전하고 사라졌다. 그 모습을 문틈 사이로 아무 말 없이 지켜보던 초로의 남자도 자리에서 일어나 말을 매어 놓은 곳으로 갔다. 그것이 그의 마지막 모습이었다. 그다음 날 '역적 정몽주를 죽였다'라는 팻말과 함께 중년 남성의 목이 개경 한복판에 내걸렸다. 그의 나이 쉰여섯 살이었다.

마지막 순간까지도 태연했던 정몽주(鄭夢周), 그는 과연 어떤 사람인가?

그는 경상도 영천에서 1337년(충숙왕 복위 6)에 정습명(鄭襲明)의 후손인 운관(云瓘)의 아들로 태어났다. 세상에 나오기 전 어머니가 난초 화분을 땅에 떨어뜨리는 태몽을 꿨다 하여 초명을 몽란(夢蘭)이라고 했다. 스물네 살이 되던 1360년(공민왕 9)에 문과에 급제하여 비로소 세상을 향해 웅지를 펴게 된다. 그의 집안에서도 3대에 걸친 백두(白頭) 신세를 면하는 경사였다.

그러나 하늘은 영걸(英傑)을 시샘해 시련을 내린다고 했던가? 그에게 첫 번째 시련이 닥쳤다. 당시 과거를 시행할 때 이를 주관하는 사람을 가리켜 좌주(座主)라 했고, 그의 감독하에 과거를 치러 급제한 사람을 문생(門生)이라 했다. 이들은 과거 후에도 부자와 같은 강한 유대로 연결되어 정치적 운명을 같이했다. 정몽주가 과거를 볼 당시 좌주는 김득배(金得培)였다. 그런데 그가 참소를 받아 역적이라는 누명을 쓰고 효수되었다. 후환이 두려워 김득배의 시신을 아무도 거두려 하지 않을 때, 정몽주는 홀로 머리를 풀고 곡을 한 다음 임금께 그의 시신을 장사지낼 수 있게 허락을 구했다. 그의 사람됨을 단적으로 보여 주는 일화라 하겠다.

승진을 거듭하던 정몽주는 두 번째 시련을 맞는다. 우왕 즉위 후 이인임(李仁任)과 지윤(池奫) 등에 의해 전개되던 친원적 외교에 반기를 들다가 유배를 당한 것이다. 이듬해 풀려나긴 했지만 그를 기다리고 있던 임무는 일본행이었다. 그의 소행을 괘씸하게 여긴 권신들이 그를 추천했다. 당시 일본행은 죽음의 길이었다. 비록 일본 쪽에서 먼저 화친을 청해 보내는 답례사(答禮使)라는 신분이기는 했으나 그것이 위험한 일이라는 것은 너무나 명약관화한 사실이었다. 주위의 만류에도 불구하고 일본행을 감행한 그는 오히려 교린(交隣)의 가능성을 타진했을 뿐만 아니라 왜구에게 잡혀 갔던 고려 백성 수백 명을 귀환시키기까지 했다.

일본 사행 이후 정치적 비중을 점차 높여 가던 정몽주는 중요한 선택의 기로에 서게 되었다. 바로 이성계가 왕명을 거스르고 위화도 회군을 단행해 우왕과 최영을 몰아내는 정변을 일으킨 것이다. 이미 종군(從軍) 활동을 통해 이성계와 친분이 있었던 그는 이색과 우현보 등 자신의 동료들이 반(反)이성계 노선을 선택했음에도 불구하고, 회군을 지지하는 편에 섰다. 당시를 일대경장(一大更張)이 필요한 시기라고 파악했던 정몽주는 회군으로 말미암은 정국의 전환이 그의 성리학적 정치 이념을 실현시킬 수 있는 기회라고 판단했다. 아울러 그의 선택에는 '풍채가 좋음은 화봉(華峰)의 송골매요, 지략의 깊음은 남양(南陽)의 와룡이라(《포은집》권3)'는 이성계에 대한 좋은 인상도 한몫했다. 이후 정몽주는 이성계 세력의 각종 개혁에 중요한 참모 역할을 하며 자신의 정치적 위상을 높였다.

그러나 정몽주는 역성혁명(易姓革命)의 야욕을 불태우던 이성계, 정도전(鄭道傳), 조준(趙浚) 등과 자주 충돌하게 되자 그들과 더 이상 뜻을 같이하기 어렵다고 판단하기 시작했다. 그 후 정몽주는 윤이(尹彛)·이초(李初) 사건 당시 이색(李穡), 권근(權近) 등을 제거하려던 이성계 일파의 주장에 맞서 오히려 그들을 사면해야 한다고 주장하면서 정치적으로 결별했다. 그리고 그를 따르던 김지여, 전백영, 구성우 등을 결집해 이른바 '정몽주 당'을 만들어 대간(臺諫) 활동을 통해 이성계 세력과 대결하기 시작했다. 즉위 초기 이성계의 위세에 눌려 기를 펴지 못하던 공양왕도 정몽주 당을 비호했다.

이성계 세력을 제거하기 위해 기회를 엿보던 정몽주에게 마침내 기회가 왔다. 명나라에 다녀오던 세자 석(奭)을 마중 나갔던 이성계가 사냥 도중 낙마해 드러눕게 된 것이다. 이에 정몽주는 공양왕을 채근해 정도전 등 친이성계파를 파면시켜 귀양보내는 등 이성계 세력을 제거하고자 했다.

그러나 이성계에게는 영리한 아들 방원이 있었다. 정국의 동향이 심상찮게 돌아가는 것을 눈치챈 그는 아버지에게 이러한 사실을 고해 개경으로 돌아오게 하는 한편, 이제(李濟), 조영규(趙英珪) 등을 동원해 정몽주 제거를 계획했다. 이런 움직임은 정몽주의 귀에도 들어갔다. 이성계의 형인 원계(元桂)의 사위 변중량(卞仲良)이 음모 내용을 알린 것이다. 그럼에도 불구하고 정몽주는 이를 두려워하지 않고 보다 확실한 정황을 파악하고자 이성계를 문병했다. 지나친 자신감 때문이었을까? 결국 그는 이성계와 이방원을 만난 후 돌아오던 길에 선죽교에서 조영규가 내리친 철퇴에 맞아 죽고 말았다.

일찍이 이색으로부터 '동방이학의 원조'라는 칭송을 들은 정몽주. 1517

년(중종 15)에 세워진 그의 묘비에는 태종에게서 받은 벼슬은 새겨져 있지 않고, 고려 때 지냈던 관직만이 기록되어 있다. 그가 생전에 두 왕조를 섬기려 하지 않았던 뜻을 기리기 위함이리라.

태조太祖

제1대 1335년~1408년 | 재위 기간 1392년 7월~1398년 9월

조선을 창업한 고려의 무장 이성계

이성계는 1392년(공양왕 4) 7월 17일 백관의 추대를 받아 왕위에 올랐다. 이날이 조선의 건국일이다. 이성계가 왕위에 오르기 닷새 전 공양왕은 이미 추방되었다.

공양왕의 마지막 몸부림은 비참했다. 허수아비 같은 왕이었지만 자리에서 쫓겨날 기미가 보이자 살아남기 위해 발버둥쳤다. 공양왕은 왕이었음에도 불구하고 신하인 이성계와 동맹을 맺으려 했다. 죽이지만 말아 달라는 공양왕의 절박한 심정이 절절하게 보이는 대목이다. 이성계는 은근히 거절했다. 몸이 단 공양왕은 직접 이성계 집으로 찾아가 동맹을 애걸하려 했다. 그날이 7월 12일이었다.

이성계 일파는 선수를 쳤다. 공양왕이 이성계에게 찾아오기로 한 날 시중 배극렴 등이 왕대비로 있던 공민왕비 안씨를 협박해 공양왕을 폐출시켜 버린 것이다. 왕위에서 쫓겨난 공양왕은 비빈, 세자와 함께 원주로 추방되었다. 7월 13일에는 군국 기무를 이성계에게 위임한다는 왕대비의 명령이 발표되었다.

7월 16일에는 정도전, 배극렴, 조준 등이 백관과 함께 옥새를 받들어 이성계 집으로 갔다. 이날 대사헌 민개가 슬퍼하는 기색을 보이자 남은이 그를 때려 죽여야 한다고 주장하는 것을 방원이 말리는 소동도 일어났다.

마침내 7월 17일, 태조 이성계가 수창궁(壽昌宮)에서 즉위함으로써 조선 왕조 500년 역사가 시작되었다. 그때 이성계의 나이 쉰일곱이었다.

이성계는 1335년 10월 11일에 영흥의 흑석리에서 이자춘(李子春)의 둘째 아들로 태어났다. 시조 이한(李翰)으로부터 따지면 그는 이한의 21대 후손에 해당된다. 이성계 위로 이복형인 이원계(李元桂)가 있고 아래는 이복동생 이화(李和)가 있다.

부인은 두 명을 두었다. 첫째 부인이 신의왕후(神懿王后)로 추존된 한씨다. 신의왕후는 두 살 연하였고 6남 2녀를 생산했다. 둘째 부인은 신덕왕후(神德王后)로 추존된 강씨다. 신덕왕후는 스물한 살 연하였으며 2남 1녀를 생산했다. 신덕왕후는 태조가 출세한 후 개경에서 얻은 여인이라 나이나 인물, 가문 등 모든 면에서 신의왕후보다 좋았다.

이성계는 1392년에 즉위한 후 7년 동안 군림하다가 1398년에 둘째 아들 정종에게 양위하고 태상왕으로 물러나 10년을 더 살다가 1408년에 세상을 떠났다. 이때 나이가 일흔넷이었다. 양주 망우리의 건원릉(健元陵)에 안장되었다.

이성계는 건국 시조이기 때문에 태조(太祖)라 한다. 중국에서 주나라의 건국 시조 문왕을 대조(大祖) 또는 태조라 했다. 이후 역대의 건국 시조를 태조라 했으므로 조선에서도 이를 본받았다. 태조란 사물의 시원(始源)을 의미한다. 국가를 처음으로 세운 사람이 그 나라의 시원이므로 건국 시조를 태조라 하는 것이다.

태조 이성계의 가문

태조 이성계의 가문은 전주 이씨다. 《세종실록지리지》에 전주를 대표하는 아홉 토성(土姓)이 기록되어 있는데, 전주 이씨가 첫 번째다. 이는 태조 이성계를 배출한 전주 이씨 가문이 고려 시대 이래 전주 지역의 유력한 호족이었음을 의미한다.

전주 이씨의 시조는 공식적으로 이한부터 시작된다. 이한은 신라 제46대 임금 문성왕 때의 인물로 알려져 있다. 문성왕은 신라 말 임금으로서 839년에서 857년까지 재위했다.

《태조실록(太祖實錄)》이나 《선원보략(璿源譜略)》 등 조선 시대의 기록에 이한의 벼슬은 사공(司空)이며 부인은 태종무열왕의 11대 손녀다. 《완산실록(完山實錄)》에는 이한이 중국 사람으로 표현되어 있다. 위의 기록들과는 달리 전주 이씨의 시조인 이한은 전주 지역의 유력한 호족이었을 것으로 보인다. 신라 왕실 또는 중국과의 관련은 조선 왕실의 시조를 위대한 혈통으로 만들기 위한 과정에서 윤색되었을 것이다.

이한과 그 후손들은 누대에 걸쳐 전주 지역의 실력자로 군림했던 것으로 보인다. 그러다가 전주 이씨는 고려 시대 무신의 난을 계기로 지방 실력자에서 중앙정부의 실력자로 일약 성장했다.

무신의 난은 전주 이씨를 중앙정부의 실력자로 부상시키기도 했지만 그에 못지않은 시련을 안겨 주기도 했다. 그것은 무신의 난 이후 무신 상호 간의 권력투쟁에서 이의방(李義方)을 중심으로 한 전주 이씨 세력이 패했기 때문이다.

전주 이씨의 고난은 태조 이성계의 6대조 이린(李隣)부터 시작되었다. 무신의 난 때 형 이의방과 함께 중앙 정계를 누비던 이린은 형의 몰락과 동시에 함경도 지역으로 귀양가게 되었고 부인도 떠돌아다니는 신세가 되었다. 이린의 아들, 즉 이성계의 5대조인 이양무(李陽茂)도 고난의 세월을 보내기는 마찬가지였다.

결국 전주 이씨 일족은 고향을 버리고 망명길에 올랐다. 당시 고려의

최씨 무신 정권이 몽골 침입에 격렬히 항거하던 때였다. 이때에 태조 이
성계의 4대조이며 이양무의 아들인 이안사(李安社)는 전주 지역의 일족
을 거느리고 북쪽으로 피난길에 올랐다.

몽골의 침입은 전국적으로 민란을 격발시켰다. 무신 정권 이후 팽배한
불만들이 폭발해 각지에서 민란이 발생했다. 전주 지역의 유력한 호족이
며, 무신 정권에 불만을 품고 있던 전주 이씨는 그 지역의 민란을 주동한
다는 혐의를 받아 더욱 어려운 처지에 놓이게 되었다.

이안사를 따라 피난길에 오른 숫자는 170여 가구 약 1,700여 명이었다.
이들이 첫 번째 도착한 곳은 강원도 삼척이었다. 그러나 고려의 권력이
미치는 삼척도 안전하지 못했다. 결국은 고려의 영역을 벗어나 원나라 영
향력 아래에 있는 함경도 지역으로 피난을 가게 되었다. 한마디로 해외
망명을 해버린 것이다.

조선 시대의 기록에서는 이안사의 해외 망명이 다음과 같이 극적으로
설명되고 있다.

이안사가 망명하기 전 전주에 살고 있을 때 사랑하던 관기(官妓)가 있
었다. 그런데 전주의 관리가 그 관기를 이 지역의 산성별감(山城別監)에게
억지로 수청들게 했다. 이에 이안사가 관기를 빼돌리게 되었고, 격노한 관
리는 산성별감과 합세해 이안사를 처벌하려 했다. 위기감을 느낀 이안사
는 170여 가구를 이끌고 해안을 따라 강원도 삼척 지역으로 피해 갔다.

그런데 이안사와 산성별감과의 악연은 거기서 끝나지 않았다. 하필이
면 그 산성별감이 관동 지역의 책임자로 발령을 받은 것이었다. 화가 미
칠까 두려워한 이안사는 다시 일족들을 이끌고 아예 함경도 지역의 원나
라로 해외 망명을 하게 되었다.

이는 이안사가 해외 망명을 하게 된 사정을 전주의 관리 및 산성별감
과의 불화 때문으로 돌리고 있다. 그러나 위의 기록에서 분명한 것은, 이

안사가 전주 지역의 공권력을 상징하는 관료와 군사 지휘권을 상징하는 산성별감에게 대항했다는 점이다. 이는 이안사가 전주 지역의 민란을 주동했다는 혐의와 직결된다. 결국 이안사는 중앙정부의 탄압과 감시를 못 견뎠거나 아니면 중앙정부에 반기를 들고 저항하다 세부득이해 망명한 것으로 보인다.

이안사가 망명한 곳은 지금의 함경남도 덕원으로 당시 원나라 쌍성총관부에 소속되었다. 이 쌍성총관부는 몽골의 고려 침입 이후 이 지역의 조휘(趙暉)와 탁청(卓靑)이 고려를 배반하고 몽골 군을 끌고 들어옴으로써 원나라의 영역이 된 곳이었다. 조휘는 쌍성총관부의 총관(摠管)이 되고 탁청은 천호(千戶)가 됨으로써 이 지역의 실력자로 행세했다.

쌍성총관부에 망명한 이안사는 자신을 따라온 이주민들을 발판으로 기반을 잡고 원나라 관직을 받아 철저한 친원파로 행세했다. 이 이안사가 바로 추존된 네 분의 왕 중 첫 번째인 목조(穆祖)다. 이후 익조(翼祖)로 추존된 이행리(李行里), 도조(度祖)로 추존된 이춘(李椿), 그리고 환조(桓祖)로 추존된 이성계의 부친 이자춘(李子春)에 이르도록 모두 탁월한 능력을 발휘해 전주 이씨는 동북면 지역에 튼튼하게 뿌리를 내렸다. 특히 이춘은 동북면 지역의 실력자인 조휘의 손녀를 후처로 맞이함으로써 자신을 추종하는 이주민 세력과 함께 토착 세력의 지원을 받게 되어 전주 이씨의 입지를 더욱 강화했다.

태조 이성계의 조부인 이춘에게는 두 명의 부인이 있었다. 첫째 부인은 밀양에서 이주해 온 박광(朴光)의 딸이었다. 이분에게서 이자흥(李子興)과 이자춘(李子春)이 태어났다. 둘째 부인은 동북면의 실력자 조휘의 손녀로 이분에게서 완자불화(完子不花)와 나해(那海)가 태어났다.

이춘이 사망한 후 그의 장남인 이자흥이 아버지의 관직을 계승했으나 일찍 사망하고 그의 동생인 이자춘이 적통을 계승하게 되었다.

태조 이성계의 부친인 이자춘 때 전주에서 동북면으로 망명해 온 전주 이씨 일족에게 절호의 기회가 왔다. 그것은 고려 말 동북아 정세의 변화였다. 대륙에서 원나라를 대신해 명나라가 새로운 강자로 부상했다.

고려의 공민왕은 이 같은 동북아 정세를 적극적으로 활용했다. 그는 반원 정책을 기치로 내걸고 원나라에 빼앗겼던 북쪽 영토를 회복하려 노력했다. 당연히 동북면 지역에 강력한 세력을 구축한 전주 이씨 일족의 협조가 절실했다.

쌍성총관부를 공격하기 직전 공민왕은 이자춘을 개경으로 불러 고려의 소부윤 벼슬을 주었다. 이자춘의 협조가 있어야 동북면 지역의 탈환이 가능했으므로 그를 회유하기 위한 조치였다. 공민왕은 1356년(동왕 5)에 동북면병마사 유인우 등을 시켜 쌍성총관부를 공격하게 했다. 이자춘은 동북면에 있던 자신의 군사들을 이끌고 내응했다. 이자춘의 협조로 쌍성총관부는 수월하게 탈환되었다. 이 공로로 이자춘은 종2품의 영록대부를 받고 동북면병마사에 제수되었다. 원나라로 망명했던 전주 이씨 일족이 다시 명예롭게 조국의 품으로 돌아온 셈이었다.

대륙의 불안한 정세는 동북면의 군사적·정치적·외교적 중요성을 계속 높여 갔다. 동북면의 중요성이 높아질수록 고려 왕실은 이자춘 세력에게 의지하게 되었다.

고려 왕실에 대한 전주 이씨 일족의 공헌은 이자춘의 아들 이성계에 이르러 절정에 달했다. 이성계는 무예에 탁월한 재능을 갖고 있었다. 동북아 대륙의 세력 재편기에 군사적 요충지의 실력자로서 탁월한 무예를 갖춘다는 것은 시대의 소명에 부응할 조건을 구비했다는 의미다. 이성계는 탁월한 무예와 전술을 기반으로 북쪽의 홍건적을 물리치고 남쪽의 왜구를 격퇴하는 등 주가를 높여 갔다.

고려 말 혼란한 상황은 이성계를 변방의 무명 장수에서 일약 고려 제일의 무장으로 만들었다. 계속되는 승전으로 이성계는 백성들의 신망을 얻었고 이에 따라 벼슬도 올라갔다. 군사력을 갖춘 신망받는 무장 이성계에게 자연히 유교 지식인들이 몰려들었다. 무장 이성계와 유교 지식인들의 만남은 조선 창업을 예고하는 것이었다.

신화와 설화로 본 이성계

이성계는 국가의 시조로서 많은 신화를 남겼다. 특히 그가 북방 출신이고 무장이라는 사실로 인해 무용과 관련된 신화가 많이 남아 있다. 이들 신화는 대부분 왕이 되기 이전 이성계의 행적에 관한 것인데, 그가 외적을 물리치고 국가를 구한 영웅이라는 점과 이미 이전부터 왕이 될 운명이 점지되었다는 것이 중점적으로 나타난다. 이것은《용비어천가》등 국가에서 편찬한 각종 서적을 통해 널리 알려지게 되었다.

이에 반해 신하로서 임금을 벤 패륜적 인물로 이성계를 묘사한 설화도 다수 전해지고 있다. 이성계가 기해년 돼지띠이므로 돼지고기로 국을 끓이고 이를 '성계탕'이라고 불렀다는 이야기는 잘 알려진 경우라 하겠다.

다음의 이야기는 이성계에 대한 백성들의 인식을 엿볼 수 있는 흥미있는 내용을 담고 있다.

> 이성계가 왕이 되고자 전국을 돌아다니면서 산신(山神)들에게 동의를 구한다. 대부분의 산신은 그의 위력이 두려워 어쩔 수 없이 승낙한다. 그러나 그를 반대하는 이도 있었다. 바로 지리산의 여산신(女山神)이었다. 여산신은 이성계의 욕구를 뿌리치고 백성의 영웅인 우투리를 내세운다. 그러나 이성계는 왕이 되고 싶은 일념에 왕이 되도록 예정되어 있던 우투리를 술수를 써 죽이고 드디어 왕에 즉위한다.
>
> – 《한국구비문학대계》

위의 설화는 어느 평범한 집에서 왕이 되도록 예정된 날개 달린 아기 장수가 태어나는데, 결국 세간의 속임수로 인해 죽고 만다는 이른바 아기 장수 설화와 맥을 같이한다. 그 내용은 이성계는 진정한 인민의 왕이 아니고, 진정한 자격이 있는 인물이 따로 있어 언젠가 그가 왕이 되어 세상을 구원할 것이라는 후천개벽의 논리와도 어느 정도 연관되어 있는 것으로 보인다.

조선 건국의 3대 이념

조선 창업의 이념과 방법론은 유교 지식인들에 의해 제시되었다. 이들은 유교에 입각해 국가와 사회를 조직하고 운영하려 했다. 경제적으로는 농업을 위주로 하는 농본 정책을 추구했고 외교적으로는 명나라와 사대 외교를 맺고 제후로 자처했다. 이른바 조선의 건국이념으로 알려진 숭유억불(崇儒抑佛), 중농주의(重農主義), 사대교린(事大交隣)은 국가의 통치 이념과 운영 원리를 담고 있다. 이는 15세기 조선이 처한 정치·외교·경제적 현실을 충실히 반영한 것이다.

통치 이념이 된 숭유억불

조선을 건국한 태조 이성계는 군인이었다. 그러나 이성계를 보좌해 조선을 세운 참모들은 유교 지식인들이었다. 이들은 칼이 아니라 붓으로 나라를 다스리려 했다. 그러다 보니 붓을 숭상하는 문신들이 국가 운영의 주도권을 자연스럽게 장악했고 이에 따라 조선의 문치주의가 정착되어 갔다.

조선 창업의 주역인 유교 지식인들이 통치 이념으로 내세운 것은 주자학이었다. 조선 왕조의 통치 이념으로서 500년간 지속된 정책, 즉 유학을 숭상하고 불교를 억압한다는 숭유억불이 그것이다. 이 정책은 당시 지식인들이 선택할 수 있는 최선의 방법이었다. 그것은 고려인들의 정신생활과 종교생활을 지배하던 불교가 고려 말에 이르러 지나치게 부패해 이를 대체할 이념으로 당시의 주자학이 유일했기 때문이다.

고려의 불교는 국가의 비호와 백성들의 신앙심으로 고려 시대 내내 번창일로를 걸었다. 그러나 불교의 지나친 비대화는 그에 반비례해 국가의 기반을 약화시켰다. 국가재정과 군사력의 바탕이 되는 일반 양민들이 앞다투어 머리를 깎고 승려가 됨으로써 세금원과 군역 자원이 축소되었다. 이와 함께 사원에 막대한 토지가 집중됨으로써 국가의 수입원은 견딜 수 없을 정도로 고갈되었다.

고려 말의 이런 상황에서 주자학이 전래되었다. 주자학으로 무장한 유교 지식인들은 불교의 비대화 및 부패상을 비판하는 데 앞장섰다. 어차피 국가의 기반을 확대하기 위해서는 사원에 집중된 토지와 양민들을 국가로 환수해야 했다. 이런 일을 불교계 스스로가 추진하기는 어려웠다.

조선 건국의 주역들은 불교 자체는 물론 불교와 연결된 귀족 세력들을 탄압하고 정리함으로써 국가의 기반을 강화해 갔다. 국가 권력을 이용해 불교를 핍박하자 사원에 투탁했던 수많은 양민들이 환속했다. 동시에 토지조사와 노비조사를 실시하여 사원에 과도하게 집중된 토지 및 노비들을 국가로 환원시켰다. 이를 통해 국가의 경제적·군사적 기반이 강화되었는데, 이 일을 추진하는 데 주자학이 결정적인 명분과 이념을 제공했던 것이다.

경제 현실을 반영한 중농정책

중농정책도 농업 사회였던 조선의 경제 현실을 그대로 반영한 것이다.

당시 대다수 백성들이 농업에 종사했기 때문에 농업을 장려하고 안정시키는 것이 경제정책의 최우선 순위가 될 수밖에 없었다. 농업을 장려하기 위해 토지 개간이 권장되었고, 동시에 농업에 방해가 되는 상업과 공업 등은 억제되었다.

조선의 토지와 계절적 조건만을 놓고 볼 때 중농주의가 그렇게 유리한 정책이라고 할 수는 없다. 조선 지형의 약 70퍼센트는 산악 지역인데다가 계절적으로 1년에 한 번밖에 농사를 지을 수 없는 조건이기 때문이다. 이에 따라 중농주의를 추구한 조선은 500년의 대부분을 가난과 굶주림 속에서 허덕여야 했다.

그러나 당시 상황에서 무역을 하거나 전쟁 또는 약탈로 경제 문제를 해결하기는 더더욱 어려웠다. 동아시아의 패권자 명나라는 고립주의를 추구하여 외국과의 통상을 억제했다. 가난하고 군사력도 약한 조선이 명나라에 통상 압력을 가한다는 것은 상상하기 힘든 일이었다. 더구나 명나라를 상대로 전쟁을 하거나 약탈을 한다는 것은 있을 수 없는 일이었다. 일본이나 여진은 조선보다도 상황이 더 열악하여 이들에게서는 얻을 것이 많지 않았다. 이런 상황에서 조선 건국의 주역들은 중농주의를 추구하여 자급자족의 길을 택할 수밖에 없었던 것이다.

주변국을 잘 살핀 사대교린

조선이 추구했던 외교 노선은 사대교린이었다. 사대란 강대국 명나라를 천자국으로 섬긴다는 뜻이며, 교린이란 여진이나 일본 등 주변국과 우호·협력 관계를 유지한다는 의미다. 이 가운데 문제가 되는 것이 명나라와 맺었던 이른바 존명사대(尊明事大) 정책이다. 우리 민족에게 사대 근성이 있느니 없느니 하는 논란의 빌미도 여기에서 나왔다. 존명사대 정책이 무엇이며 조선은 왜 그 같은 외교정책을 추구해야만 했을까?

존명사대 정책은 고려 말 국제 정세와 밀접한 관련이 있다. 당시 불교와 귀족들을 비판하던 유교 지식인들은 당연히 반원친명 노선을 내세웠다. 원나라는 기울어 가는 나라였고 명나라는 욱일승천(旭日昇天)의 기세로 떠오르는 신흥 강자였기 때문이다. 또한 반원 정책은 구체적으로는 원나라에 빼앗겼던 국토 회복과 직결되는 문제였다. 이것은 당시의 국제 정세와 부합할 뿐만 아니라 국익에도 도움이 되는 것이었다.

조선이 건국되기 직전에 대륙은 이미 명나라에게 평정된 상태였다. 명나라는 동아시아의 패권자로서 고립주의를 고집하고 주변국과의 통상 및 외교 관계를 가능하면 축소하려 했다. 이 같은 상황에서 조선은 적극적인 존명사대를 표방함으로써 명나라의 환심을 사고 동시에 국가의 안보와 이익을 도모하고자 했다. 당시 조선이 명나라로부터 얻을 것은 너무나 많았다. 무엇보다도 동아시아의 선진 문물과 국제 정보는 거의 명나라에서 전파되었는데 조선은 존명사대를 통해 명나라의 문물을 대거 수용할 수 있었다. 명나라의 선진 문물은 조선의 체제 정비와 유교 문화 확산에 결정적 공헌을 했다. 조선에서 명나라에 파견되는 사절들은 단순한 외교적 임무를 넘어 문화 전파의 선구자 역할을 했다.

조선은 가능한 모든 방법을 통해 명나라와 자주 접촉하려 했다. 명나라와의 외교 관계는 이른바 조공(朝貢) 관계를 통해 유지되었다. 조공은 조선이 제후로서 명나라에 대해 예를 갖추면 명나라에서 조선의 왕을 책봉하고 회답하는 형식이었다. 사실 조공 관계에서 조선의 왕이 명나라 황제의 책봉을 받는다는 것은 당시의 중국적 세계 질서에서 명나라의 승인을 받는 것에 불과했다.

조선에서는 매년 정기적으로 네 차례에 걸쳐 명나라에 사신을 보내고 조공을 바쳤다. 정월 초하루에 새해 인사를 하기 위해 보내는 정조사(正朝使), 동지를 축하하기 위해 보내는 동지사(冬至使), 황제의 생일을 축하하기 위해 보내는 성절사(聖節使), 그리고 황태자의 생일을 축하하기 위해 보내는 천추사(千秋使) 등이었다.

정기 사신 외에도 조선에서 중요 사건이 발생하거나 일본 등 인접 국가에 관한 중요 첩보가 있을 때도 사신을 보냈다. 예컨대 조선의 왕이 사망했거나 새로운 왕이 등극했을 때, 왕비가 새로 책봉되었을 때, 또 일본의 동태가 심상치 않다는 정보가 입수되었을 때 등이 그것이었다.

그런데 조선의 존명사대는 명나라의 강요 없이 자발적으로 이루어졌다는 것이 특이하다. 조선은 선진 문물을 수용하고 또 명나라의 의심을 사지 않기 위해서라도 명나라에 깍듯이 예를 갖췄다.

존명사대가 조선보다 문화나 국토, 인구, 경제력, 군사력 등 거의 모든 부문에서 월등한 명나라를 상대하는 외교 방법이었음에 비해 교린은 명나라보다 못한 여진이나 일본 등을 상대하는 외교 방법이었다. 그러나 교린이라는 그럴듯한 외교적 용어로 표현되어 있지만 조선은 일본이나 여진에 대해 무성의한 자세를 보였다. 가능하면 일본이나 여진과는 상대하지 않으려 한 것이다. 그것은 이들과 상대하여 얻는 것보다는 잃는 것이 많을 것이라고 판단했기 때문이었다. 다만 이들과의 전쟁 또는 긴장 상태는 막아야 했기에 교린이라는 최소한의 외교 관계만 유지하려 한 것이다.

이처럼 조선의 숭유억불, 중농주의, 사대교린은 개국을 전후하여 조선이 처한 정치적·외교적·경제적 상황에서 선택할 수 있는 최선의 노선이었다고 할 수 있다. 이 노선이 현실성과 함께 효용성을 갖고 있는 동안 조선은 평화와 안정을 누릴 수 있었다.

국호 '조선'의 탄생

1392년 7월 17일에 즉위한 태조는 그다음 날인 7월 18일 명나라에 사신을 보내 왕조의 교체 사실을 알렸다. 이 문서에서 태조는 고려의 문하시중으로 표현되었다. 이어서 하루 뒤인 7월 19일에는 왕조의 교체 사실을 승인해 달라는 사신을 따로 보냈다. 이때는 태조의 직위명이 권지고려국사(權知高麗國事, 임시로 고려의 국사를 맡아보는 사람)로 나타난다. 외교문서만을 놓고 볼 때 태조는 아직도 새로운 왕조의 시조가 아니라 고려의 유신으로 표현되고 있는 것이다.

사신을 접한 명나라의 홍무제는 고려의 일은 고려인들이 알아서 하라는 반응을 보이고 이어서 국호 개정이 있으면 빨리 알려 달라고 했다. 새로운 왕조의 국호 문제에 대한 홍무제의 태도가 《태조실록》에 다음과 같이 기록되어 있다.

> 고려 내부의 정치는 알아서 자유로이 할 것이며……. 명나라에서
> 보내는 공문이 고려에 도착하는 날, 고려의 국호를 무엇으로 바꿀지
> 즉시 보고하도록 하라.
>
> – 《태조실록》권2, 태조 1년 11월 갑진

명나라 예부의 공문을 접수한 이성계는 홍무제가 자신의 즉위를 승인한 사실을 확인하고 몹시 고무되었다. 이에 바로 당일에 문무백관을 도당에 모아 놓고 국호 개정을 의논하게 했다. 도당에서는 새로운 왕조의 국호로 조선(朝鮮)과 화령(和寧)을 추천했다.

조선이라는 국호는 그 유래가 오래된 점이 강조되었다. 이에 비해 화령은 이성계의 출생지라는 점이 강조되었다. 본래 화령은 고려 공민왕 때

함경도 지역의 화주목(和州牧)을 개칭한 이름이다. 화령은 1393년에 다시 영흥으로 개칭되어 조선 시대에는 영흥으로 불렸다.

두 가지를 새로운 왕조의 국호로 추천받은 이성계는 11월 29일 명나라에 사신을 파견했다. 이때 사신으로 간 사람이 한상질(韓尚質)이었는데, 그는 다음 해 2월 15일에 귀국했다. 그가 가져온 명나라 예조의 공문에 새로운 왕조의 국호를 '조선'으로 결정했다는 내용이 들어 있었다. 그 내용이 《태조실록》에 다음과 같이 기록되어 있다.

> 1393년(태조 2) 2월 15일. 예문관 학사 한상질이 중국에서 돌아와 명나라 예부에서 보내는 공문을 전달했다. 그 공문에 '……동이(東夷)의 국호에 다만 조선의 칭호가 아름답고, 또 이것이 전래된 지가 오래되었으니 그 명칭을 근본하여 본받을 것이며, 하늘을 본받아 백성을 다스려서 후손을 영원히 번성하게 하라' 했다.
>
> — 《태조실록》 권3, 태조 2년 2월 경인

명나라 예부의 공문을 접수한 이성계는 그날로 교지를 반포해 새 왕조의 국호를 조선으로 정하고 아울러 대사면을 시행했다. 이후부터 고려를 이은 새 왕조의 공식 국호로 조선이 사용되었다.

신생국 조선의 개국공신

이성계가 왕위에 오르자 조야(朝野)는 개국공신의 책봉 문제로 술렁거렸다. 고금을 통해서 하나의 거사를 치른 다음에 이루어지는 논공행상은 필연적이었다. 전통 시대에도 공이 있는 인물들에게는 여러 가지 정신적·물질적 포상이 뒤따랐다. 이때 주어지는 각종 혜택을 단적으로 상징하는 것이 공신 책봉이다. 공신 책봉이 갖는 중요성은 이미 끝난 과거사에 적절한 대가를 지불하는 단차원적 행위에서 끝나는 것이 아니라 새로운 권력층의 창출이라는 데 있다.

조선 시대에는 개국공신에서부터 1728년(영조 4) 이인좌(李麟佐)의 난을 진압한 후 책봉된 분무공신(奮武功臣)에 이르기까지 총 28회의 공신 책봉이 있었다. 개국공신의 경우 그 왕조가 지속되고 특별한 과오가 발생하지 않는 한 그 영예와 특권이 자자손손 지속되기 때문에 책봉되면 당사자뿐만 아니라 가문의 영광이었다. 따라서 예상되는 해당자들에게는 초미의 관심사가 아닐 수 없었다.

태조 이성계는 즉위 한 달 후에 공신 책봉을 위한 공신도감(功臣都監)을 설치하고 한 달 후인 1392년 9월에 배극렴(裵克廉), 조준(趙浚) 등을 비롯한 43명의 개국공신 명단을 발표했다. 그리고 개국 직후 세상을 떠난 자신의 부하 김인찬(金仁贊)을 배극렴의 예에 따라 추가로 책봉하고, 며칠 후에는 조견(趙狷), 한상경(韓尙敬) 등 7명을, 그리고 동년 11월에는 황희석(黃希碩)을 추가해 총 52명의 공신을 확정했다.

이들 공신은 세 등급으로 나누어, 1등 공신은 150~220결(結)에 해당하는 토지와 15~30명에 이르는 노비를, 2등 공신은 100결의 토지와 10명의 노비를, 3등 공신은 70결의 토지와 7명의 노비를 각각 하사받았다. 이 공신들은 황희석을 제외하고 옥새(玉璽)를 들고 이성계의 사저에 찾아가 즉위를 권유한 공통점이 있었다. 출신 배경이 비슷하기보다는 다양한 정치적·사회적 배경을 지닌 인물들로 구성되어 있었다.

이들 개국공신은 문신 31명, 무신 12명이었고, 양자를 구분하기 어려운 모호한 인물이 9명 정도였다. 이 중 문과 출신은 27명이었다. 이들 모두가 조선 왕조 건국에 결정적 공헌을 했다고는 할 수 없다. 정도전, 조준 같은 사람은 명실상부하게 개국공신의 반열에 오를 만한 인물들이었지만, 배극렴, 김사형 같은 인물들은 이성계 추대에 참여한 것 외에는 그다지 내세울 만한 업적이 없었는데도 불구하고 개국공신 1등으로 책봉되었다.

개국공신의 출신지는 팔도를 망라하고 있으나 무인의 경우는 함경도와 강원도 출신이 대부분을 차지하고, 문신의 경우는 충청·경상·전라의 하삼도 출신이 압도적으로 많았다. 이들은 조준과 같이 명문 출신도 있었지만《고려사》열전에 수록된 인물이 세 명에 지나지 않을 정도로 그 가계와 출신이 미미한 경우가 대부분이었다. 이러한 사실은 조선 건국이 이성계로 대표되는 신흥 무인과 사대부들 간의 정치적 연합을 통해 이루어졌다는 것을 말한다.

그 밖에도 이지란(李之蘭)과 같이 여진 출신으로 태조의 잠저(潛邸) 시부터 그를 호종하며 무인으로 출세하거나 이민도(李敏道)와 같이 중국 귀화인으로서 개국공신의 반열에 오른 이들도 있었다.

조견과 같이 조선 건국에 부정적 입장을 취한 사람임에도 불구하고 태조와의 친분, 친형인 조준의 위세, 그리고 고려 구신에 대한 위무 차원에서 책봉된 경우도 있다.

개국공신 책봉은 전적으로 태조의 뜻대로 이루어졌다. 그러나 그는 조선 건국의 가장 큰 공신들이라 할 수 있는 이방과, 이방원 등 그의 아들을 제외시켜 논란의 여지를 남겨 놓았다. 이들은 훗날 제1차 왕자의 난을 일으켜 아버지를 실각시키고 정권을 잡게 된다. 난의 성공 후에 이방의, 이방간, 이방원 등은 스스로 개국공신의 위치에 오르게 되는데, 그들이 개국공신의 책정에 자신들이 빠진 것에 대해 큰 불만을 품고 있었음을 단적으로 보여 주고 있다.

한편 개국공신 외에도 원종공신(原從功臣)이 별도로 책봉되었다. 원종

공신이란 정공신(正功臣) 외에 국가나 왕실의 안정에 공이 있는 인물들에게 주었던 칭호다. 원래는 '원(元)'자를 썼으나 이 글자가 명나라 태조 주원장의 이름과 같음을 고려하여 '원(原)'자로 바꿨다. 일반적으로 원종공신은 정공신 책봉 후 바로 녹훈(錄勳)되는 것이 상례이나 개국 원종공신을 포함해 열여덟 차례만 책봉 사례가 확인되고 있다.

• 조선의 개국공신

번호	공신 등급	구분	성명	본관
1	1등	문	배극렴(裵克廉)	경산(京山)
2	1등	문	조준(趙浚)	평양(平壤)
3	1등	문	김사형(金士衡)	안동(安東)
4	1등	문	정도전(鄭道傳)	봉화(奉化)
5	1등	문	이제(李濟)	성주(星州)
6	1등	무	이화(李和)	전주(全州)
7	1등	문	정희계(鄭熙啓)	경주(慶州)
8	1등	무	이지란(李之蘭)	청주(靑州)
9	1등	문	남은(南誾)	의령(宜寧)
10	1등	무	장사길(張士吉)	
11	1등	문	정총(鄭摠)	청주(淸州)
12	1등	문	조인옥(趙仁沃)	한양(漢陽)
13	1등	문	남재(南在)	의령(宜寧)
14	1등	문	조박(趙璞)	평양(平壤)
15	1등	문	오몽을(吳蒙乙)	보성(寶城)
16	1등	문	정탁(鄭擢)	청주(淸州)
17	1등	무	김인찬(金仁贊)	양근(楊根)
18	2등	문	윤호(尹虎)	파평(坡平)
19	2등	미상	이민도(李敏道)	중국 귀화인
20	2등	무	박포(朴苞)	
21	2등	무	조영규(趙英珪)	신창(新昌)
22	2등	문	조반(趙胖)	백주(白州)
23	2등	무	조온(趙溫)	한양(漢陽)
24	2등	무	조기(趙琦)	백주(白州)

25	2등	문	홍길민(洪吉旼)	남양(南陽)
26	2등	문	유경(劉敬)	강릉(江陵)
27	2등	미상	정용수(鄭龍壽)	
28	2등	무	장담(張湛)	
29	2등	문	조견(趙狷)	평양(平壤)
30	2등	무	황희석(黃希碩)	평해(平海)
31	2등	문	안경공(安景恭)	순흥(順興)
32	2등	문	김균(金稛)	경주(慶州)
33	2등	문	유원정(柳爰廷)	
34	2등	문	이직(李稷)	성주(星州)
35	2등	문	이근(李懃)	고성(固城)
36	2등	문	오사충(吳思忠)	영일(迎日)
37	2등	문	이서(李舒)	홍주(洪州)
38	2등	무	조영무(趙英武)	한양(漢陽)
39	2등	문	이백유(李伯由)	전주(全州)
40	2등	미상	이부(李敷)	
41	2등	무	김노(金輅)	
42	3등	미상	손흥종(孫興宗)	
43	3등	문	심효생(沈孝生)	순천(順天)
44	3등	무	고여(高呂)	
45	3등	문	장지화(張至和)	
46	3등	문	함부림(咸傅林)	강릉(江陵)
47	3등	문	한상경(韓尙敬)	청주(淸州)
48	3등	미상	임언충(任彦忠)	
49	3등	미상	황거정(黃居正)	
50	3등	무	장사정(張思靖)	
51	3등	무	한충(韓忠)	
52	3등	문	민여익(閔汝翼)	여흥(驪興)

– 정두희, 《조선 초기 정치 지배세력 연구》, 일조각, 1983

　　원종공신에게는 이들을 공신으로 임명하는 공식 문서인 녹권(錄券) 외에도 직책을 올려 주거나 자손이 과거를 보지 않고도 관직에 등용되는 음서(蔭敍) 혜택을 주고 후일 죄를 지을 경우 대역죄를 제외한 기타 소소한 범죄의 경우 그 벌을 면해 주는 등의 각종 혜택이 주어졌다. 아울러 공노비와 사노비의 신분으로 원종공신에 책봉될 경우 모두 면천(免賤)시켜 주었다. 엄청난 양의 토지와 많은 수의 노비를 하사받았던 정공신에 비하면 미미하다고 할 수 있으나 권력의 그늘에만 있던 당사자들에게는 큰 혜택이었다.

태조 때 책봉된 원종공신은 개국 원종공신, 혹은 태조 원종공신이라 불렀다. 지금까지 전해지는 각종 문헌을 통해 파악된 이들의 숫자는 자그마치 1,698명에 이른다. 이들 명단을 살펴보면 도조(度祖)의 처가(妻家)인 용천(龍川) 조씨(趙氏)를 비롯해 태조의 친인척이 대다수를 차지한다. 실로 태조의 현실적 힘이 선조 때부터 그의 집안을 호종한 동북면 지역 세력 집단에 의존했음을 알 수 있게 하는 증거다.

그 밖에도 고려에서 고위관직을 역임한 인사들이 적지 않게 포함되어 있음을 알 수 있다. 이러한 사실은 원종공신의 책봉이 공훈자에게는 그에 상응하는 대가를, 그리고 반역의 염려가 있는 불만 세력에게는 위무를 하려는 데 그 목적이 있었다.

역성혁명

역성(易姓)은 말 그대로 성을 바꾸는 것을 의미한다. 즉 왕씨가 대대로 왕위를 세습하던 왕조에서 이씨가 왕위를 세습하는 왕조로 바뀌었다는 것을 뜻한다. 전통 시대에 '충(忠)'이라고 하면 국가를 대상으로 삼는 동시에 그 국가의 왕조를 건국한 성씨에 대한 충성을 의미했다. 조선의 개국을 역성혁명이라 부르는 이유도 여기에 있다. 이씨에 의한 조선 개국은 이제 왕조가 왕씨 중심에서 이씨 중심으로 바뀌었다는 것을 뜻한다. 따라서 '충'이라는 입장에서 보면 이성계는 그야말로 천인공노할 반역자인 셈이다.

그래서 국초에는 왕씨에 대한 충성을 주장하는 사람들도 많았다. 이색, 정몽주, 원천석(元天錫), 길재(吉再)처럼 왕조 교체를 반대한 사람들이나 왕씨에 대한 충성을 지키겠다고 두문동(杜門洞)에 모여든 사람들이 그들이다. 그들이 왕씨에 대한 미련을 버리지 못하는 데에는 이유가 있었다. 그들의 구심점이 되는 공양왕이 유배된 채로 살아 있었고 그 외 다른 왕씨 핏줄들도 아직 죽지 않고 살아 있었기 때문이다. 말하자면 왕씨는 왕위에서 쫓겨났을 뿐이지 사라진 것은 아니었다. 그렇기 때문에 불사이군(不事二君)을 주장하는 사람들은 기회가 있으면 언제든지 왕씨 고려를 회복하고자 했다. 조선 개국 세력에게 있어 왕씨들은 위험한 존재로 인식되고 있었다. 왕씨를 무리하게 제거하려는 것도 이 때문이었다.

그러나 왕씨에 대한 태조의 처분은 강화도와 거제도로 유배 보내는 것 정도였다. 공양왕을 공양군(恭讓君)으로 강등시켜 간성군에 유배 보내고, 그의 아우 우(瑀)는 귀의군(歸義君)으로 삼아 마전군에서 왕씨의 제사를 받들게 했다. 지금도 남아 있는 경기도 연천 근처의 마전리에 있는 숭의전(崇義殿)은 바로 고려 왕들을 제사지내던 곳이다.

이에 대해 신하들은 왕씨의 싹을 잘라 버려야 한다고 주장했다. 왕씨를 그대로 두면 반역 음모가 계속될 것이라는 이유에서였다. 그런데 태조의 반응은 오히려 반대였다.

예로부터 왕자가 처음에 나라를 세울 적에 오히려 전 왕조의 후손이 자기의 후환이 될까 두려워해 의심과 꺼리는 마음을 많이 내어 반드시 목 베어 없애 버리고자 했는데 나는 그렇지 아니하다. 하늘이 명해 나를 한 나라의 군주로 삼았으니, 무릇 나라 안에 있는 사람들은 모두가 나의 적자(赤子)인지라, 너와 나의 차별이 없이 똑같이 사랑해 하늘의 뜻에 보답해야 될 것이다. 이미 공양왕은 편리한 곳을 택해 거주하게 하고, 처자식과 노비들도 예전과 같이 모여 있게 했으나 다만 그 족속들은 섬에 들어가 거처해 생계가 고생스러우니, 내가 심히 민망하게 여긴다. 그 왕씨의 족속으로서 거제(巨濟)에 있는 사람은 시일을 정해 육지로 나오게 하고 각기 육지의 주군(州郡)에 안치해 생계를 이루어 안정된 처소를 잃지 않도록 하되, 만약 재간이 있는 사람이 있으면 선발해 써서 바른 길을 보이게 할 것이다.

– 《태조실록》 권3, 태조 2년

강화도와 거제도에 유배 갔던 왕씨들에 대한 규제를 풀고 자신이 폐위시켰던 공양왕을 자유의지에 따라 거처하도록 한다는 것이었다. 이 기록은 오히려 태조가 가진 자신감마저 느끼게 한다.

그러나 1394년(태조 3)에 태조 이성계와 신하들을 긴장시키는 사건이 일어났다. 동래 현령이었던 김가행(金可行)과 염장관이었던 박중질 등이 공양왕과 왕씨의 미래를 점친 일이 알려진 것이다. 특히 공양왕의 복위 여부를 점친 점괘 가운데 마흔일곱 살에 운이 일어나 쉰 살 이후에는 병사를 이끌게 되어 반드시 대인이 될 것이라는 부분이 문제였다. 이는 왕씨의 고려가 복구되고 이씨 왕조가 몰락한다는 뜻이었다. 이 사건은 왕씨들을 그냥 내버려 두어서는 안 된다는 여론을 불러일으켰다. 공신을 비롯한 신료들은 왕씨의 제거를 강력히 요구했다. 이에 태조도 더 이상 왕씨들을 비호할 수 없게 되었다.

그리하여 1394년(태조 3) 4월, 우선 강화도에 귀양가 있는 왕씨들을 윤방경으로 하여금 강화나루에 던져 버리도록 했다. 그리고 거제도에 귀양가 있는 왕씨들에 대해서는 손흥종 등을 파견해 거제도 앞바다에 던져 버리도록 했다. 또한 삼척에 유배되어 있는 공양군에게는 정남진 등을 파견해 다음과 같은 교지를 내렸다.

신하들과 백성들이 추대해 나를 임금으로 삼았으니 실로 하늘의 운수이다. 그대를 관동에 있게 하고, 그 나머지 왕씨들도 각기 편리한 곳에 가서 생업을 보존하게 했다. 그런데 지금 동래 현령 김가행과 염장관 박중질 등이 반역을 도모하고자 해 군(君)과 친속의 명운을 장님 이흥무에게 점쳤다가 일이 발각되어 죄를 받았다. 그대는 비록 알지 못하지만 일이 이 같은 지경에 이르러 대간과 법관이 장소(章疏)에 연명해 청하기를 열두 번이나 하여 여러 날 동안 한사코 다투고, 대소 신료들 또한 글을 올려 간하므로, 내가 마지못해 억지로 그 청을 따르게 되니, 그대는 이 사실을 잘 아시오.

– 《태조실록》 권5, 태조 3년

정남진은 공양군에게 이 교지를 읽어 주고 공양군 부자의 목을 졸라 죽였다. 그러고는 전국에 명을 내려 남아 있는 왕씨들을 색출해 모두 목을 베어 죽이도록 했다.

그런데 고려 시대까지는 사성(賜姓)이라는 제도가 있었다. 사성이란 성을 내려 준다는 뜻이다. 고려 시대에는 왕실에 공로가 있는 사람이나 왕실과 혼인한 사람에게 왕씨를 사성으로 내려 준 바 있었다. 성을 받은 사람들은 실제로는 왕씨가 아니었으나 형식상 왕씨로 되어 있었다. 그들도 왕씨인 이상 억울하게 죽임을 당하게 되었다. 이 점을 감안했는지 이성계는 이들이 성을 내려 받기 전의 본성을 따르도록 하여 죽음을 면하게 해 주었다.

안동 권씨였던 왕후라는 인물이 그 예다. 그는 충선왕을 도운 공으로 왕씨를 사성으로 받아 아들대에 이르렀는데 왕씨를 제거할 때 본성인 권씨로 바꾸었다.

왕씨 숙청에 관련해《연려실기술》에는 다음의 기사가 전한다.

> 태조 이성계가 왕씨들의 숙청을 명한 뒤 어느 날 밤 왕의 예복을 입은 고려 태조 왕건이 그의 꿈에 나타났다. 그러고는 분에 찬 목소리로 "내가 삼한을 통합해 이 백성들에게 공이 있거늘, 네가 내 자손을 멸했으니, 곧 오래지 않아 보복이 있을 것이다. 너는 알아 두어라." 했다. 이에 놀라 잠에서 깨어난 태조는 왕씨의 선원(왕씨의 왕실족보)에 적혀 있는 한 부분의 사람들을 이 조처에서 제외시켰다.
>
> ─《연려실기술》 권1, 〈태조 조 고사본말〉, 왕씨들의 유배

조선의 태조가 꿈에서 고려의 태조로부터 분노에 찬 소리를 들었다고 할 정도로 왕씨 제거 작업은 대대적으로 이루어졌다. 이는 이성계 개인뿐만 아니라 국가적으로도 부담되는 일이었다. 그래서 조선에서는 왕씨를 살해했던 지역에 수륙사(水陸寺)라는 절을 세웠다.

본래 수륙사는 수륙재(水陸齋)를 설행(設行)하기 위해 설치된 일종의 제단이다. 수륙재란 억울하게 죽은 원혼을 달래서 인간들을 해치지 않고 극락으로 환생하기를 기원하는 법회다. 그래서 수륙재는 한풀이의 성격이 강했고 전란이 많이 일어났던 신라 진흥왕 대부터 전쟁에서 억울하게 죽어 간 원혼들을 달래기 위해 자주 베풀어졌다.

조선에서도 이러한 형식에 맞추어 왕씨들이 죽어간 곳에 수륙재를 설행하기 위한 장소를 지정했다. 개성의 진관사, 거제의 견암사 등이 그러한 절이다. 이들 사찰은 국가로부터 일정한 토지와 노비를 지급받았고 그 대가로 억울하게 죽어 간 영혼을 달래기 위한 수륙재를 매년 정기적으로

행했다.

살아남은 왕씨들은 전(全)씨, 옥(玉)씨 등 왕(王)자가 들어가는 성씨로
바꾸어 숨어 살았다는 설화도 전한다.

한양 천도 계획

태조 왕건 이래로 고려의 도읍은 개성(개경)이었다. 비록 원나라의 침
략을 받아 강화도로 잠깐 도읍을 옮긴 적은 있으나 개성은 500년 동안
고려의 도읍지였다. 그러므로 개성은 고려 왕조의 상징이기도 했다.

새 왕조를 연 태조에게 개성은 구세력의 온상으로 껄끄러운 곳이었다.
이성계는 고려의 신하로서 고려의 왕을 내쫓고 대신 왕이 된 사람이었다.
더구나 위화도 회군으로 이곳에서 많은 생명을 빼앗지 않았던가. 개성은
구세력들이 오랫동안 터전을 잡고 있었다는 점에서 새 왕조에게는 개운
치 못한 곳이었다. 조선 건국에 대해 불만을 가지고 있는 세력들 대부분
은 500년 동안 개성을 중심으로 성장했다. 더구나 새 왕조에 참여하고 있
지만 언제라도 반기를 들 수 있는 세력이었다. 그렇기 때문에 이들을 뿌
리 뽑기 위해서라도 천도(遷都)는 체제의 정비만큼이나 시급한 문제였다.

이성계로서는 새로운 도읍지를 찾아 천도하고 싶은 것이 당연했다. 계
룡산 도읍지의 물색은 본래 태실(胎室)이 될 만한 자리를 찾는 과정에서
비롯되었다. 새로운 도읍지로서 계룡산 일대가 거론된 것은 1394년(태조
2) 1월이었다. 1393년 11월에 권중화(權仲和)는 태실 자리로 전라도 진동
현, 곧 지금의 충청남도 금산군 진산면, 복수면, 추부면 일대를 잡고서 아
울러 계룡산의 도읍지도를 바쳤던 것이다. 보고를 받은 태조는 곧바로 1
월 18일에 친히 계룡산 일대를 살펴보았다. 개성을 출발한 태조 일행은

사흘 뒤에 경기도 양주군 회암사에 들러 무학을 대동하고 2월 8일에 계룡산에 당도했다. 일행은 계룡산 일대를 측량하고 13일에 김주, 박영충, 최칠석 등에게 도읍의 공사를 감독하도록 명하고 다시 개성으로 돌아왔다. 그리고 3월에는 계룡산 주변의 행정구역을 정했다. 이제 계룡산은 조선의 신도읍지로서 모양새를 갖추게 되었다.

그런데 계룡산의 신도읍 건설은 그해 2월에 갑자기 중단되었다. 당시 경기좌도관찰사였던 하륜(河崙)이 상소를 올려 계룡산은 풍수상으로 흉지에 해당하므로 도읍을 건설하기에 적당치 않다고 주장했기 때문이다. 이 상소를 접한 태조는 권중화, 정도전, 남재 등을 불러 풍수설에 관련된 여러 전적들을 참고해 하륜이 제기한 문제의 타당성을 검토하도록 했다. 그 결과 하륜의 건의가 받아들여져 계룡산 신도읍 건설의 중지 명령이 내려지고 다시 도읍지를 물색하도록 했다.

이에 따라 1395년(태조 3) 2월까지 풍수에 관계된 여러 서적들을 조사한 뒤에 조준과 권중화를 비롯한 서운관 관원들로 하여금 새로운 도읍지를 무악(毋岳) 남쪽에서 찾아보도록 했다. 그러나 답사를 마치고 돌아온 이들은 무악 남쪽의 땅이 협소해 도읍지로 정하기에는 마땅치 않다고 보고했다. 그러나 하륜은 무악 남쪽의 땅이 개성이나 평양의 도읍과 비교하면 조금 넓다는 상반된 주장을 펼침으로써 조준, 권중화 등과 다른 의견을 제시했다. 태조는 자신이 직접 시찰한 다음 도읍지를 정하기로 했다.

6월에 다시 도읍지 물색이 시작되어 한양 근처를 도읍지로 정하자는데 의견 일치를 보았다. 하지만 정확한 위치는 서운관 관원을 파견해 수차례 찾아보았지만 번번이 문제점이 발견되어 정하지 못했다. 이처럼 의견이 일치하지 않는 이유는 각자가 근거로 삼고 있는 풍수이론이 달랐기때문이었다. 이에 도평의사사에서는 이 이론들을 하나로 정리하기 위해음양산정도감(陰陽刪定都監) 설치를 제안했다. 여기에는 권중화, 정도전,

성석린, 남은, 정총, 하륜 등이 임명되었다.

태조는 드디어 8월에 무악의 남쪽으로 행차해 친히 도읍지를 결정하고 자 했다. 물론 무학을 대동한 행차였다. 그러나 이 행차에서도 신하들의 의견 대립으로 도읍지는 결정되지 못했다. 이때 신하들의 의견이 일치하 지 않자 태조는 자신이 친히 소격전에 나아가서 이 문제를 해결하겠다고 했다. 사실 이때 신하들의 의견이 일치하지 않았던 데에는 풍수상의 문제 도 있었지만 그들이 오랫동안 근거지로 삼았던 개성을 떠나고 싶지 않았 던 개인적인 심정 때문이기도 했다.

개성에 돌아온 태조는 도평의사사의 상소를 받아들여 한양을 도읍지 로 결정하고 도성을 짓기 위한 신도궁궐조성도감(新都宮闕造成都監)을 설 치해 심덕부와 이직 등을 판사로 임명했다. 그리고 9월에는 정도전, 권중 화 등을 파견해 종묘, 사직, 궁궐, 도로, 시장 등을 구획하도록 하고 12월 에 종묘의 터를 닦는 것을 시작으로 공사에 들어갔다. 1395년(태조 4) 1 월에는 한양에 사직단 공사가 시작되었고, 2월에는 궁궐을 축성하는 인 부들을 농민들 대신에 승려들로 대치했다. 9월에 접어들어 드디어 궁궐 이 완성되었고 경복궁이라는 명칭이 붙여졌다. 그리고 다시 도성축조도 감(都城築造都監)을 설치해 도성 축조에 들어갔다.

이때 도성 축조와 관련해《조선불교통사》에는 다음의 일화가 전해지고 있다.

도성을 축조하려 했으나 둘레를 정하지 못하고 있었다. 그런데 어 느 날 밤, 하늘에서 큰 눈이 내렸는데 아침에 일어나 보니 바깥쪽은 눈이 녹지 않은 채 있었고 그 안쪽은 눈이 녹아 있었다. 이에 따라 성 을 쌓으니 이것이 지금의 한양 도성이다.

이렇게 하여 종묘, 사직, 궁궐, 도성을 갖춘 한양이 완성되었다. 그러나 이때 세워졌던 경복궁은 조선 시대 왕이 거처하는 궁궐이 되지 못했다. 제1차 왕자의 난 이후 왕위에 오른 정종은 개경으로 도읍을 옮겼고, 정종 이후에 태종이 한양으로 다시 돌아왔으나 창덕궁을 세워 그곳에 거처했던 것이다. 그 후 임진왜란으로 불탔던 경복궁은 대원군 때 왕실 권위를 높이기 위한 정책의 일환으로 다시 세워졌다. 지금의 경복궁은 바로 이때 세워진 것이다.

신덕왕후

1396년(태조 5) 8월 태조 이성계의 둘째 부인이자 세자의 어머니이며 국모였던 신덕왕후(神德王后)가 세상을 떠났다. 이해 6월부터 시름시름 앓기 시작한 그녀는 쾌유를 비는 불사에도 불구하고 앓아누운 지 2개월 만인 8월에 이득분의 집에서 눈을 감은 것이다. 이에 상심한 태조는 열흘 동안 조회를 정지시키고 예조로 하여금 장례 절차를 정하도록 명령했다.

뿐만 아니라 그는 친히 돌아다니면서 신덕왕후를 장사지낼 곳을 물색하는 한편 능을 만드는 일을 참관했다. 당시 좌의정이었던 조준과 우의정이었던 김사형 등을 비롯한 공신들도 태조에게 상소를 올려 돌아가면서 신덕왕후의 능을 지키는 일을 의논하고 먼저 안평군(安平君) 이서(李舒)로 하여금 그 일을 맡게 했다. 또한 능 옆에는 흥천사(興天寺)라는 절을 세워 신덕왕후의 명복을 빌도록 했다.

해당 관청에 맡겨도 될 일을 스스로 나서서 할 정도였으니 태조의 신덕왕후에 대한 애정이 각별했음을 짐작할 수 있다. 이러한 애정은 세자 책봉 문제에서도 잘 드러난다. 당시 태조는 안변에서 혼인한 첫째 부인 한씨[향처(鄕妻)]에게서 여섯 명의 아들을 얻었고, 둘째 부인 신덕왕후[경처(京妻)]에게서는 두 명의 아들을 얻었다. 그런데 둘째 부인에게서 얻은 아들들은 아직 나이도 어리고 조선을 세우는 데에도 그리 뚜렷한 공을 세우지 못했다.

반면 첫째 부인에게서 얻은 아들들은 이미 다 장성해 일가를 이루고 있었다. 이들은 한결같이 태조를 따라 전쟁터를 누비면서 무예를 익히고 전공을 세워 명성을 날렸고, 그들 주위에는 이름 있는 인사들이 제법 모여 있었다. 특히 첫째 부인의 다섯째 아들인 이방원은 그중에서도 가장 두드러진 인물이었다. 그는 문과에도 급제해 문과 무를 겸비한 경력을 가지고 있었다. 또한 정몽주를 제거해 이성계가 왕위에 오르는 데에도 큰 공을 세웠다.

이렇게 첫째 부인에게서 난 훌륭한 아들들이 있었음에도 불구하고 태조는 제일 어린 방석을 세자로 삼았다. 본래 왕의 맏아들이 세자로 임명되어야 하지만 태조는 이례적으로 제일 어린 신덕왕후의 소생 방석을 세자로 세운 것이다.

물론 방석을 세자로 세운 것은 신의왕후가 개국된 해에 이미 죽었고 정식 왕비는 신덕왕후 한 사람뿐이었다는 현실 때문이었다. 더구나 신덕왕후는 이성계가 조선을 세우는 데 공로가 많았고, 살아서 영향력을 행사할 수 있는 지위에 있었다. 또한 정도전이 재상 중심의 정치를 실현하기 위해서는 똑똑한 신의왕후의 아들보다는 어린 방석을 세자로 삼는 것이 유리했다. 이른바 재상 중심 정치를 위한 포석이었다. 신덕왕후는 이러한 정도전과 결탁한 것이다. 정도전 외에도 방석의 장인 심효생(沈孝生)과 그를 지지하는 남은(南誾)이 한패였다.

태조는 신덕왕후의 덕을 많이 본 사람이었다. 그가 중앙 정계에서 그만큼 성공한 것은 신덕왕후 집안의 적극적인 도움이 있었기 때문이었다. 또한 무인인 이성계는 정치적·학문적 능력이 뛰어난 정도전과 같은 인물의 도움이 절실했다. 정도전은 신명을 바쳐 그와 신덕왕후를 도왔다. 꿈은 달랐지만 현실적으로 둘 사이는 뗄 수 없는 관계로 맺어져 있었다.

신덕왕후의 성은 강(康)씨요, 본관은 곡산(谷山)이다. 《고려사》와 몇몇 기록에는 그녀의 가문이 쟁쟁한 권문세족 가운데 하나였음을 전하고 있다. 예를 들면 그녀의 아버지인 강윤성은 삼사(三司)의 판사를 지냈으며, 작은아버지 강윤충·강윤희 형제도 재상을 지낸 바 있다. 특히 강윤충은 고려 충정왕 때 일등공신에 책봉될 정도로 그녀의 가문은 고려 말에 크게 위세를 떨쳤음을 알 수 있다.

반면 홍건적과 왜구를 토벌하면서 개경에 올라온 이성계는 한낱 시골 출신의 무장에 불과했다. 비록 뛰어난 활솜씨와 용병술로 개경에 이름이 알려지긴 했지만 세련된 도시 생활에는 어딘가 걸맞지 않은 촌뜨기였다. 특히 온갖 권모술수가 자행되던 권문세족의 중앙 정치판은 전쟁터만 돌아다니던 변두리 무장 출신인 그에게는 낯설기만 했다.

그런 그가 재상집 딸로서 도시에서 자라난 신덕왕후를 만난 것은 큰 행운이 아닐 수 없었다. 그녀는 도시인다운 세련됨뿐만 아니라 재상가의 딸답게 정치판의 생리를 잘 알고 있었다. 또한 재상가라는 배경은 중앙 정계에 어떤 발판도 갖지 못했던 이성계에게 든든한 힘이 되었다. 그녀의 집안이 가지고 있는 경제적 부 또한 사병을 기르는 데 큰 도움이 되었다.

이제 이성계는 신덕왕후를 둘째 부인으로 맞아들임으로써 변두리의 촌스런 무장에서 명망 있는 재상집 사위로 탈바꿈하게 된 것이다. 또한 세련된 데다 정치적 감각까지 소유한 신덕왕후는 개경의 정치판에 서툴기만 한 이성계의 정치적 조언자가 되어 주었다. 이러한 가문과 조언을 배경으로 그는 당시 정계에서 여러 사람들과 폭넓은 교제를 할 수 있었다.

한마디로 이성계가 고려 정계에서 제일의 실력자로 떠오를 수 있었던 것은 신덕왕후의 가문과 내조가 있었기 때문이다. 그러니 이성계가 그녀를 사랑하지 않을 수 있겠는가? 비록 첫째 부인인 신의왕후가 아들은 잘 낳아 주었지만 그녀는 동북면의 한미한 가문 출신으로 이성계의 정치적 활동에는 큰 도움을 주지 못했다. 그리고 신의왕후는 조선을 세우기 1년 전인 1391년에 세상을 떠났다.

반대로 신덕왕후는 조선을 세우자마자 명나라로부터 현비로 책봉되었기 때문에 정식 왕비는 신덕왕후뿐이었다. 따라서 정비인 신덕왕후의 아들이 세자가 되는 것은 이상한 일이 아니다. 다만 배극렴 등이 첫째 아들 방번은 적당치 않으니 막내아들인 방석으로 세자를 삼자고 해서 방석이 세자로 책봉되었을 뿐이다.

그러나 신덕왕후는 살아서는 재상가 딸로서 부귀와 명예를 누렸고 명망 있는 이성계의 부인이 되어 국모의 지위까지 올랐지만 죽어서는 참으로 불행한 일을 당했다. 그 싹은 자신의 소생인 방석을 세자로 책봉한 것에서 비롯되었다. 왕자의 난으로 자신의 두 아들과 사위가 죽임을 당했고 딸인 경순궁주는 머리를 깎고 절에 들어가는 신세가 되었던 것이다. 자신의 아들을 세자에 앉혀 왕위에 오르게 함으로써 죽어서도 영화를 누리려던 그녀였지만 오히려 이로 인해 자신의 혈육이 죽임을 당하게 된 것이다. 뿐만 아니라 그녀의 처지 또한 태종 대에 이르면 급락하게 된다. 그녀의 무덤도 정동(貞洞)에서 정릉(貞陵)으로 강제로 옮겨졌다.

태조의 불교 정책

연복사 5층탑 중건

조선이 세워진 이듬해인 1393년 4월 개성의 남문에 위치한 연복사(演福寺)에 5층탑이 다시 세워졌다. 탑을 세운 주체는 태조 이성계, 정도전,

이방원 등으로 조선을 세웠던 개국공신들이었다. 이들은 모두 함께 5층 탑의 완성을 기념하는 낙성 법회에 참석해 동지로서의 혈맹을 다짐하는 한편 조선의 앞날이 평안 무궁하기를 기원했다.

그런데 참으로 모순되는 점은 불교를 반대하는 사람들이 불교의 낙성 법회에 참여했다는 점이다. 즉 연복사 5층탑의 중창을 기록한 〈중창기〉를 지은 사람이 유학자인 권근이었으며, 《불씨잡변(佛氏雜辨)》이라는 책을 써서 불교를 통렬히 비판했던 정도전, 훗날 왕위에 올라 불교계에 철퇴를 날린 이방원 등이 한자리에 모여 나라의 안녕을 기원하고 있었던 것이다. 왜 이들은 이렇게 불사에 참여하는 것일까?

본래 이 절은 고려 시대에는 보제사(普濟寺)로 불렸다. 보제사라는 뜻은 '널리 구제하는 사찰'로서 명칭은 바뀌었지만 연복사라는 말의 뜻이 '널리 복되게 한다'는 점에서 의미는 같다고 할 수 있다. 이처럼 절의 명칭이 바뀌게 된 것이 구체적으로 어느 때인지 《고려사》에는 나와 있지 않지만 보제사라는 이름이 고려 문종 때 보이고 연복사라는 이름이 충숙왕 때 나타나므로 그 중간에 개칭된 것임을 추측할 수 있다.

현재 전하는 기록에 따르면 이 사찰의 규모가 매우 컸으리라 짐작되는데 그 근거로 고려 시대에 사람들이 이 절을 당사(唐寺)라고 불렀다는 점이다. 이 '당(唐)'이라는 글자는 당시의 말로 큰 '대(大)'자와 같은 의미로서, 다시 말하면 당사는 '큰 절'이라는 우리말의 한문 표기였다. 또한 연복사에는 큰 건물이 매우 많았으며 건물 기둥이 1천여 개에 달할 정도여서 몹시 큰 사찰이었음을 알 수 있다. 사찰의 경내에는 세 개의 연못과 아홉 개의 우물과 5층 석탑이 있었다고 하니 그 화려함 또한 짐작할 수 있다.

고려 시대에는 왜 이렇게 큰 사찰을 지었을까? 도참설로 유명한 도선(道詵)이라는 승려는 다음과 같이 말했다.

땅에는 기운이 있다. 이 땅의 기운은 지역마다 같지 않아서 어떤 곳
은 강하며 어떤 곳은 약하다. 만약 강한 곳의 기운을 줄여 주고 약한
곳은 북돋아서 기운을 평정한다면 개인과 국가는 복을 누리며 장수
할 것이다.

이른바 비보설(裨補說)로서 고려 시대에는 이 설이 대단히 유행했다.
심지어 고려를 세웠던 왕건이 자손들에게 남긴 〈훈요 10조〉에도 이 주장
이 거론될 정도였다. 그래서 고려는 기운이 약한 곳에 사찰을 세워 기운
을 북돋음으로써 도선이 말한 비보설을 따르려고 했고 이러한 목적으로
세워진 사찰을 비보사찰이라고 했다. 연복사는 비보사찰 중 하나로서 국
가를 보호하는 임무가 막중했기 때문에 그렇게 크게 지어졌던 것이다.

하지만 고려 시대의 잦은 전란은 이 사찰의 화려함과 규모를 가만히
놓아두지 않았다. 적군이 침입해 화려하고 거대한 전각들을 불태웠으며,
무수한 병마와 군사가 지나가며 일으키는 먼지는 사찰의 연못과 우물을
메워 버렸다. 이 과정에서 5층탑이라고 온전할 리 없었다. 고려 말이 되
자 5층탑은 무너지고 연못과 우물이 없어졌다고 할 정도로 연복사는 폐
허가 되고 말았다.

나라의 복과 안녕을 기원하는 사찰인 연복사가 이 지경이 되자 공민왕
은 이 사찰을 다시 일으켜 세우고자 했다. 연복사 전체를 복원하는 일은
비용이 많이 들어 국가의 재정이 빈약하던 당시에는 추진할 수 없는 사
업이었기에 5층탑만이라도 다시 세우고자 했다. 당시에는 불탑을 세우는
것조차도 공덕이 있다고 믿었고 층수가 높으면 높을수록 공덕이 더 크다
고 믿었기에 5층탑을 다시 세우는 것만으로도 기우는 고려를 재건할 수
있다는 믿음으로 이 공사를 추진했지만 끝내 실현되지 못했다.

공민왕이 죽은 뒤에는 다시 장원심이라는 승려가 그 계획을 이어받았

다. 그는 당시 돈 많은 귀족들을 찾아다니며 후원금을 걷었고 백성들을 동원해 연복사 5층탑을 중건하려 했지만 그의 계획도 실패했다.

1391년(공양왕 3)에 고려의 마지막 왕인 공양왕은 승려인 천규(天珪) 등에게 연복사 5층탑 중건을 명했다. 천규는 명을 받들고 이해 2월에 공사를 시작해 옛 탑의 터를 파내고 나무와 돌을 넣고 터다지기를 시작했지만 신하들의 반대로 중단될 위기에 처하게 되었다. 그러나 당시 주도권을 잡고 있던 이성계가 개입함으로써 공사는 다시 진행되었다. 하지만 공사가 진행되는 중에 공양왕은 이성계에게 왕위를 넘겨주게 되었고 나라도 고려에서 조선으로 바뀌게 되었다. 이리하여 조선이 개국한 해인 1392년 12월에 두 왕조에 걸쳐 진행된 공사가 드디어 끝나게 되었고 이듬해 봄인 3월에 단청을 입히고 낙성 법회를 열게 된 것이다.

이때 낙성을 기념하는 법회로 연복사에서는 문수회가 거행되었다. 문수회는 문수사리를 친견하는 법회로 고려 말이나 조선 시대에 자주 열렸던 호국 법회다. 호국 법회란 외침이나 국난이 있을 때 이 법회를 개최해 그 공덕으로 외침을 물리치고 국난을 타개하기를 기원하는 것을 말한다. 그렇다면 정말 문수회는 그러한 공덕이 있었을까? 여기서 문수회와 관련된 〈최영 열전〉을 잠시 보도록 하자.

때는 바야흐로 위화도 회군으로 요동을 정벌하러 갔던 이성계 휘하의 고려군이 개경으로 진격해 오던 때였다. 이때 고려의 수도였던 개경에는 명장 최영이 왕을 호위하며 방어를 하고 있었다. 아무리 그가 왜구와 홍건적을 토벌하면서 무공을 드날렸다고는 하지만, 요동 정벌에 대부분의 군사를 징발해 내보내고 소수만을 거느리고 있던 그로서는 요동 정벌에 동원된 전 병력을 지휘하며 진격해 오는 이성계에게 대항하기에는 역부족이었다. 이러한 절박한 상황에서 어떤 승려가 그에게 찾아와 말했다.

"장군님, 옛말에 문수회를 설행하면 나라를 침입해 오는 외적이 스스로 물러간다고 합니다."

이 말을 들은 최영은 바로 혈동에 가서 문수회를 설행하여 이성계의 군대가 물러가 주기를 기원했다.

이성계가 위화도 회군을 성공시킨 사실에 근거할 때 최영이 열었다는 문수회가 공덕이 있었다고 단언하기 어렵다. 그러나 중요한 사실은 사람들의 법회에 대한 믿음으로 얻게 되는 심적 안정과 그 집단의 단결력이다. 최영이 소수의 군사만으로 대군을 거느린 이성계를 막아 내야 하는 상황에 처했을 때 문수회를 통해 군사들의 사기를 북돋아서 동요를 막으려는 의도는 어쩌면 위화도 회군이라는 절박한 상황에서 최영이 택할 수 있는 최선의 길이었는지도 모른다.

1393년에 연복사 5층탑을 세우고 그 완성을 기념하면서 문수회를 설행했던 이성계의 입장 또한 이와 다르지 않았다. 막상 조선을 세웠지만 고려의 옛 신하들은 '신하는 두 임금을 섬기지 않는다'는 이야기를 하면서 복종하지 않고, 백성들은 백성들대로 동요하고 있었다. 또한 개국공신들 내부에서도 알력이 생겨 정도전을 주축으로 한 세력과 이방원 및 왕자들을 주축으로 하는 양 세력이 대립하고 있었다. 게다가 밖으로는 외적이 끊임없이 남해안을 노략질하면서 변경을 어지럽히는 상태였다.

이처럼 내외적으로 혼란스런 상황에서 그 자신이 추진해 오던 연복사의 5층탑을 중건해 그 법회에 모든 공신들을 참석시켜 자신에 대한 충성을 유도하고 집단의 분열을 막으려는 이성계의 노력은 최영의 의도와 같다고 할 수 있다. 또한 그 법회조차도 문수회라는 호국 법회의 형식을 취함으로써 동요하는 백성들의 마음을 안정시키려는 대민적 효과도 노리고 있었던 것이다. 비록 불교에 대해 반대하는 입장을 가지고 있었지만 개국공신들은 사심을 억누르고 참여할 수밖에 없었던 것이다.

태조와 불교계를 이어 주었던 승려, 무학

조선은 유교를 국시로 세워진 국가였다. 정도전, 조준 등은 당시의 쟁쟁한 유교 학자로서 무인 출신이었던 이성계를 도와 조선을 개국했을 뿐만 아니라 각종 정책을 수립하는 데에도 지대한 공을 세웠다. 이렇게 유학자가 태조 이성계 주위에 포진한 상황에서도 조선의 개국을 도왔던 불교계의 한 승려가 있었는데 그가 바로 무학대사(無學大師)다.

이름은 자초(自超), 호는 무학(無學)이라 불리는 그는 1327년(충숙왕 14) 9월 20일 경상남도 삼기현에서 태어났다. 어렸을 때부터 특출한 재능을 보이기 시작한 그는 학문을 하는 데 있어서 누구도 따르지 못할 정도였다. 이처럼 이미 세속에서 두각을 나타내기 시작했던 무학대사는 출가해서도 뛰어난 자질을 유감없이 발휘했다.

열여덟 살에 출가한 그는 3년이 채 안 된 1344년(충혜왕 복위 5)에 이미 《능엄경》을 공부해 깨달음을 얻고 스승에게 인정을 받았다. 그러나 그는 이에 만족하지 않고 홀로 수행을 계속해 얻었던 바를 더욱 확고히 하고자 했다. 그러나 혼자 하는 공부에 한계가 있음을 깨닫고 훌륭한 스승을 찾아 수행을 한 단계 높이고자 했다. 국내에서 스승을 찾지 못한 그는 결국 중국으로 유학을 떠났다.

당시 중국에는 인도 출신의 승려 지공(指空)이 있었다. 그가 고려에 머물렀던 기간은 비록 얼마 되지 않았지만 국내에는 그를 추종하는 사람들이 매우 많았다. 당시 고려의 가장 큰 스님이었던 나옹(懶翁)도 지공을 만나기 위해 중국을 찾아갈 정도였다.

중국에 도착한 무학은 곧바로 지공을 찾아갔다. 당시 아시아의 큰 나라였던 원나라의 수도에서 명성을 날리고 있던 도도한 지공이었지만, 고려라는 조그만 나라에서 온 무학의 그릇됨을 바로 알아보고 많은 승려들 앞에서 이를 인정했다.

동시에 무학은 중국에서 나옹을 스승으로 모실 수 있었다. 무학의 입장에서 중국의 고승과 한국의 고승 두 분을 스승으로 모실 수 있었으니 중국 유학은 크나큰 성과를 거둔 셈이다. 나옹과 무학은 스승과 제자로서, 혹은 친구로서 중국의 여러 지역을 방문하며 견문과 학식을 넓혔다. 〈묘엄존자비명〉은 나옹이 제자인 무학에게 기대가 매우 높았음을 보여준다.

"천하의 채움을 알고 마음을 능히 아는 자가 몇 사람이겠느냐? 너
와 나는 일가다."

이처럼 어려서부터 두각을 나타내고 중국에서 지공과 나옹에게 인정받았던 무학이었지만 막상 귀국해서는 국내의 승려들에게 푸대접을 받았다. 당시의 기록은 '나옹의 문도 중에 무학대사를 시기하는 자가 있다'고 표현했으니 아마도 불교계의 알력 관계에 의해 의도적으로 배척되었던 듯하다. 태조와의 만남은 불교계에서 배척받던 무학대사가 전국을 떠돌아다니면서부터였다. 태조 이성계의 근거지였던 동북면(지금의 함경남북도) 지역을 무대로 전해지는 아래의 이야기가 그 예다.

태조가 이때 안변에 살고 있었는데, 여러 집의 닭이 한꺼번에 울고
무너지는 집에 들어가서 서까래 세 개를 지고 나왔으며, 꽃과 거울이

떨어지는 꿈을 꾸었다. 놀라서 잠을 깬 태조가 이상히 여겨 옆집의 노
파를 찾아가 물으려 했으나 노파는 "말하지 마시오. 장부의 일을 조그
마한 여인이 알 바 아니오. 서쪽으로 가면 설봉산 굴 안에 기이한 중
이 있으니, 가서 물어보시오." 하는 것이었다. 이에 태조가 찾아가서
물으니 중이 축하하며 "여러 집의 닭이 일시에 함께 운 것은 높은 자
리에 오르게 됨을 뜻하는 것이며, 서까래 세 개를 진 것은 임금 왕
(王)자를 가리키고, 꽃과 거울이 떨어진 것은 왕이 될 징조이니, 아예
입 밖에 내지 마시오."라고 했다. 이 이야기에서 높은 자리라는 뜻인
한문의 고귀위(高貴位)는 닭의 울음소리와 같다.

– 《연려실기술》 권1

바로 이 이야기 속에 등장하는 승려가 무학이다.

조선을 세우자 태조 이성계는 무학을 중용했다. 국가의 중요한 불교 행
사는 무학대사가 주관했고, 당시에 가장 큰 사찰이었던 회암사의 주지로
임명되었다. 또한 한양을 새로운 도읍지로 결정하는 데에도 큰 역할을 했
다. 현재의 왕십리나 무악재는 무학대사와 관련된 설화가 전해지고 있는
옛 지명이다.

태조의 무학대사에 대한 최고의 예우는 역시 왕사(王師) 책봉이다. 왕
사는 말 그대로 왕의 스승을 뜻한다. 즉 일국의 왕이 덕이 높은 승려를 스
승으로 임명하고, 그에 해당하는 예우를 하는 제도를 말한다. 그렇기 때
문에 왕사를 임명하는 자리에서는 왕조차도 그에게 절을 해야 했다. 승려
의 입장에서 볼 때 가장 명예로운 자리였다.

1393년(태조 2) 10월 9일 태조 이성계는 무학대사를 왕사로 삼았다. 그
를 왕사로 책봉하는 자리에는 전국에서 몰려든 선종과 교종의 승려들과
이를 구경하기 위한 백성들로 가득 찼다. 이 자리에서 무학은 수많은 승

려들과 대중을 향해 설법하는 한편, 태조 이성계에게도 선정을 베풀어 민심을 안정시킬 것과 국가의 기반을 튼튼히 할 것을 당부했다.

본래 국사(國師)·왕사 제도는 불교가 널리 퍼졌던 고려 시대에 유행한 제도였다. 태조는 이 제도를 본받아 무학대사를 왕사로 책봉함으로써 그에게 최고 예우를 했던 것이다. 그러나 국사·왕사 제도는 태조 대에만 시행되었던 제도로 무학대사는 조선 조 최초의 왕사이자 마지막 왕사였던 셈이다.

그렇다면 왜 태조는 고려의 옛 제도를 따르면서까지 무학을 극진히 대우했을까? 물론 앞에서 본 꿈의 해석과 같은 둘 사이의 친분이 중요한 이유였을 것이다. 그러나 더 중요한 점은 정치적인 계산이 있었기 때문이다. 아무리 이 시대에 이르러 고려 시대에 번영했던 불교가 꺾였다고는 하지만 여전히 무시할 수 없는 세력이었다. 왜구와 홍건적의 침입으로 불안했던 국방 상황과 개국공신 간의 세력 다툼, 민심의 동요로 인해 불안한 왕위를 유지하고 있던 태조 이성계의 입장에서 불교계를 적으로 만드는 것은 상상하기 힘든 일이었다.

또한 그때까지만 해도 백성들과 신하들은 불교를 신봉하고 있었다. 따라서 태조는 자신과 교분을 맺고 있던 무학을 왕사로 임명해 불교계의 불만을 무마하는 동시에 백성들의 마음도 안정시키려 했던 것이다.

무학의 입장에서도 이 거래는 결코 밑지는 장사가 아니었다. 조선이 유교를 국시로 세워진 만큼 불교는 언제라도 철퇴를 맞게 될 상황에 놓여 있었다. 따라서 왕과 친분을 두터이 하고 그에게 도움을 줌으로써 그를 방패로 삼는 것은 해볼 만한 거래였던 셈이다. 이를 뒷받침하는 하나의 사건이 있었다.

때는 1402년(태종 2) 8월이었다. 당시 태조는 왕궁을 벗어나 양주의 회암사에 머물면서 무학과 벗하며 하루하루를 소일하고 있었다. 그런데 이때에 태종은 전국의 사찰 토지를 모두 거두어들이라는 명령을 내렸다. 얼마 후 태종에게는 회암사에 있는 태조가 고기를 먹지 않아 몸과 얼굴이 날로 파리하고 야위어지고 있다는 전갈이 날아들었다. 놀란 태종은 회암사로 행차하여 태조를 뵙고 자초지종을 알아보았다. 그런데 태조의 답변이 어이가 없었다. 즉 태조는 "왕사인 무학에게 보살계를 받은 몸이며, 술을 마시고 고기를 먹으면 후생에 반드시 머리 없는 벌레가 된다고 하기에 고기를 먹지 않는다."는 것이었다. 게다가 태조는 "주상이 만일 나처럼 부처를 숭상한다면, 내가 마땅히 고기를 먹으리라."고 말하는 것이 아닌가. 당황한 태종은 태조를 모시던 무리와 무학에게 책임을 물어 사태를 수습하려 했지만 무학은 이미 다른 곳으로 피해 버린 상태였다. 자칫하면 아버지를 영양실조로 만들어 불효를 저지르게 될 이와 같은 절박한 상황은 사찰의 토지를 거두어들인다는 태종의 정책을 철회함으로써 끝을 맺게 되었다.

- 《태종실록》 권4

《태종실록》에는 태종이 사찰에 대한 정책을 철회함으로써 태조가 고기를 먹기 시작했다는 기사가 전한다. 즉 태조는 "네가 만일 불법을 믿는다면, 비록 밀기(密記)에 기록되지 않은 사사(寺社)라 할지라도 그 토지를 모두 돌려주고, 또 승려와 비구니(僧尼)의 도첩(度牒)을 추문(推問)하지 말고, 부녀자들이 절에 올라오는 것을 금하지 말며, 부처를 만들고 탑을 세워 내 뜻을 잇는다면, 내가 비록 파계하고 청을 좇는다 하더라도 대사의 가르침에 부끄러움이 없을 것이다."라고 말했다. 대개 불법은 전조(前朝)의 성시(盛時)에도 오히려 폐하지 아니하고 오늘에 이르렀으니 마땅히 담당한 관청으로 하여금 이전에 내렸던 자신의 명령을 중지하도록 지시했다. 이 사실을 확인한 태조 이성계는 태종과 신하들의 간청에 못 이기는 듯이 다시 고기를 먹었고 신하들은 감사하는 절을 태조에게 드렸다. 이 사건은 태조의 신앙심으로 인해 생긴 사건 같지만 사실은 사찰의 전지를 도로 거두어들인다는 태종의 정책을 철회시키기 위한 고도의 책략이었음을 알 수 있다.

그 밖에도 태조와 무학과 관련된 많은 이야기들이 전해 내려오고 있다. 이들 이야기는 한결같이 돈독했던 그들의 관계를 보여 주고 있다. 한 사람은 왕으로서, 한 사람은 당대의 최고 고승으로서 맺어졌던 우정이 회암사를 중심으로 전개되었던 것이다.

이들의 관계를 곱지 않은 시선으로 바라보던 사람은 바로 태종이었다. 왕자의 난으로 왕위에 올랐지만 형제들을 죽이거나 내쫓은 대가로 태조로부터 냉대를 받아야만 했던 그였다. '함흥차사'라는 말은 이러한 태종에 대한 태조의 적개심을 적절히 드러내 준다.

그런데 태조의 곁에는 무학이라는 승려가 있었다. 그 둘은 회암사에서 늘 같이 있었을 뿐만 아니라, 자신의 불교에 대한 정책을 철회시키기까지 했다. 가뜩이나 불교에 대해 반감을 가지고 있던 태종에게 태조와 친하게 지내는 무학대사는 눈엣가시처럼 보였을 것이다.

《태종실록》에는 무학대사의 모습이 아주 하찮게 그려지고 있다. 예를 들면 왕사가 되어 승려를 모아 놓고 선을 설명하면서 중간에 말문이 막히는 경우가 많았다든지, 입적 당시의 모습이 일반 사람과 다를 게 없었다든지, 다비(화장)를 한 뒤에도 사리가 하나도 나오지 않았다든지 하는 이야기 등을 들 수 있다. 무학을 낮게 평가하려는 태종과 신하들의 의도를 보여 주는 대목이다.

1405년(태종 5)에 무학이 입적했을 때에도 태종을 비롯한 신하들은 무학의 비석을 세우는 일을 중지시켰다. 태조 이성계가 태종에게 이를 간곡히 권했지만 신하들의 반대를 이유로 청을 들어주지 않았다. 결국 무학의 비석은 그가 입적한 지 5년이 지난 1410년(태종 10)에 정종의 청으로 변계량에 의해 세워졌다.

이렇게 조선 최초의 왕사이자 최후의 왕사였던 무학대사는 세상을 하직했다. 그가 떠난 후 불교계는 큰 철퇴를 맞아야만 했다. 1402년(태종 2)에 철회되었던 전국의 사찰 토지 환수 조치가 무학대사가 입적한 바로 그해 11월에 시행되었기 때문이다. 쟁쟁한 유학자들 사이에서 승려로서 꿋꿋하게 태조와 교류했던 그는 조선의 불교를 유교의 거센 풍랑으로부터 잠시 막아 주었던 방파제였으며 태조와 불교계를 이어 주었던 다리 역할을 담당했었다.

제1차 왕자의 난

태조 즉위 이후 정치적 상황

국왕의 지위에 오른 태조 이성계는 강력한 추진력을 가지고 의욕적으로 정국을 운영했다. 정치적 목표를 위해서라면 심지어 대신(臺臣)들을 이용하기도 했고, 이들이 왕권에 방해가 된다고 판단될 경우, 가차없이 파직하거나 유배보내기도 했다. 그리고 사랑하는 강비(康妃)와의 사이에서 태어난 막내아들 방석을 세자로 세웠다. 태조는 자신의 강력한 정치력을 스스로 인식하면서 중앙집권화의 완성과 문치주의 실현이라는 두 가지 목표를 향해 매진하고 있었던 것이다. 고려 말의 혼란을 경험했던 대다수 백성들과 하급 관리들은 이러한 태조의 정책에 호응했고, 정국은 점차 안정되어 갔다.

그러나 양지가 있으면 음지가 있는 법. 태조의 정치력이 한껏 고양된

만큼 그에 반비례해 자신의 위상이 형편없이 추락하고 있음을 느끼고 있던 세력이 있었다. 이들 불만 세력은 크게 두 부류로 나눌 수 있다. 한 부류는 태조와 함께 생사고락을 같이하며 그를 왕으로 만든 1등 공신이자 향처 한씨(신의왕후)와의 사이에서 태어난 이방과, 이방원 등 아들 및 종친들이었고, 다른 한 부류는 태조를 동북면에서부터 호종하며 전쟁에서 잔뼈가 굵은 조영무, 장사길 등 무장 세력이었다. 전자의 경우 아버지를 임금으로 옹립하는 데 실질적으로 가장 큰 공헌을 했음에도 불구하고 개국공신 책봉과 세자 책봉에서 제외된 점에 많은 불만을 가지고 있었다. 후자의 경우 태조가 일부 문신을 총애하며 자신들과 상의 없이 정국을 운영하는 데 앙심을 품고 있었다.

정도전 등의 주류 측에서도 이들은 단순한 불평분자가 아니었다. 왜냐하면 이들은 각종 전투에서 풍부한 경험을 쌓아 온 사병을 소유한 무장 집단이었기 때문이다. 따라서 이들의 불평을 그대로 방치할 경우 돌이킬 수 없는 상황이 발생하리라는 것은 예측할 수 있는 사안이었다. 이에 주류 측은 발빠르게 움직였다. 우선 이들은 군권을 장악하고 이를 바탕으로 사병 해체를 도모하기 시작했다. 남은의 상소는 이의 시발이었다.

상(이성계)께서 국왕이 되시기 전에 병력(사병)을 장악하시지 못하시고 계셨다면 어찌 오늘과 같은 날이 있겠습니까? ……개국 초기에는 여러 신하에게 병력을 장악하게끔 하는 것이 가능했지만 지금은 이미 왕위에 오르신 지 오래되었으니, 절제사들이 거느린 사병을 혁파해 관군으로 합치는 것이 마땅합니다.

─《태조실록》권13

이를 기다렸다는 듯 정도전은 진법(陣法)을 들고 나왔다. 이는 명목상 요동 정벌을 위해 군사를 훈련시키기 위한 방안이라고 했는데, 이것이 여러 공신들과 그들이 거느린 사병을 견제하기 위한 목적에서 나왔다는 것은 누구나 아는 사실이었다.

주류 측의 이러한 정치적 공세는 불만 세력을 긴장시켰다. 그들은 눈앞의 난관을 타개할 수 있는 방안을 모색하기 시작했고 이러한 움직임을 조직화한 사람은 역시 이방원이었다.

그는 주위의 유력자 중 태조의 이복동생인 이화와 조카인 이천우 등을 포섭했다. 그리고 동북면에서부터 싸움판에서 잔뼈가 굵은 조영무, 장사길 등을 우군으로 끌어들였다. 처남인 민무구(閔無咎), 민무질(閔無疾)도 그에게 합류했고, 하륜(河崙), 이숙번(李叔蕃) 등이 핵심 역할을 맡았다. 형제들도 가담했다. 방과는 그의 휘하에 있던 갑사(甲士)들을 보냈고, 방간은 방원의 오른팔을 자처했다. 전열은 마침내 형성되었고, 포도송이처럼 영근 불만이 터지는 때만 기다리는 형국이 되었다.

제1차 왕자의 난과 정국의 변화

그동안 무리를 해서일까, 아니면 후계 구도까지 잡아 놓은 상황이어서 긴장이 풀어져서일까. 강철 같은 체력을 자랑하던 태조는 재위 7년째를 맞이하던 1398년 7월 자리에 눕게 되었다. 그러나 그의 곁에는 믿음직스러운 정도전이 있었고, 그가 동북면에서 이름을 날릴 때부터 그의 뒤를 따르는 경험 많은 군사들이 있었기에 그다지 걱정스럽지 않은 자리보전처럼 보였다. 그럼에도 불구하고 유난히 자주 발생하던 천변(天變)과 지괴(地怪)는 그의 심기를 무겁게 했다. 걱정이 쌓여서인지 그의 병환은 점점 깊어 갔다.

정도전은 태조가 병을 치료하기 위해 다른 곳으로 피접을 가야 하니 왕자들에게 모두 들어와 보라고 했다. 방원을 비롯한 왕자들을 제거하기 위해서였다. 병권은 세자 방석과 정도전에게 있었고 왕자들의 사병은 모두 몰수된 상태였다. 방원의 부인 민씨는 몰래 사병과 무기를 감추어 두고 있다가 방원에게 궐기할 것을 권했다. 심지어 스스로 갑옷을 입고 나서려고 했다.

민무구가 정도전, 심효생, 남은이 동대문 밖에 있는 첩의 집에서 일이 성사되기만을 기다리고 있다는 정보를 알아냈다. 날이 어두워 왕자들을 들어오라 하자 방원은 방의와 능을 보살피던 이숙번의 군사 50명과 사병을 데리고 정도전이 가 있는 송현동(지금의 한국일보 근처) 남은의 첩 집에 불을 놓았다. 그러나 정도전과 남은은 이미 달아나고 없었다. 정도전은 전 판서 민부(閔富)의 집에 숨어 있다가 민부가 고발해 방원의 종 소근(小斤)에게 잡혀 와 죽었고 남은은 자진해서 나와 죽었다. 방석은 방원이 수하들에게 광화문과 남산에서 횃불을 흔들어 허장성세한 것을 보고 군사를 일으키지 못했다. 방원은 조준 등 도평의사사의 재상들을 설득해 정도전이 난을 일으키려 해 먼저 잡아 죽였다고 태조에게 보고하게 했다.

방원 측은 태조의 곁에 가 있는 방번과 방석을 끌어내어 죽였고, 배다른 여동생 경순궁주의 남편인 이제도 제거했다. 그리고 방원이 그토록 미워하던 이미 죽은 계모 신덕왕후 강씨를 폐서인했다. 뿐만 아니라 정도전 일파가 갖고 있던 많은 토지와 노비를 전리품으로 챙겼다. 특히 이들 세력 중에서 공이 높은 29명은 사직을 안정시킨 공신이라는 의미의 정사공신(定社功臣)으로 봉해졌다.

방석의 죽음으로 공석이 된 세자 자리는 초미의 관심사가 되었다. 사실 이 자리가 누구의 자리인지는 명약관화한 듯 보였다. 그러나 태조는 예상을 뒤엎고 소격전(昭格殿)에서 그의 병세가 호전되기를 기원하던 영안군(永安君) 방과(芳果)를 세자로 책봉했다. 이 결정에 사람들은 일제히 경악했다. 《태조실록》에 의하면 방원이 '모든 일의 원인은 서자(방석)를 세자로 세운 데 그 원인이 있으니, 마땅히 장자를 (세자의 자리에) 세워야만 합니다'라며 양보했기 때문에 영안군이 세자의 자리에 오를 수 있었다고 전해진다. 과연 이러한 기록만으로 모든 것을 설명할 수 있을까? 실제로 태조는 형제를 죽인 방원에게 왕위를 물려주고 싶지 않았다. 이러한 감정은 고려 말 정몽주를 격살할 때부터 생겼다고 할 수 있다.

제1차 왕자의 난은 누가 보더라도 아들이 아버지를 거세한 패륜적 행위였다. 이 사건을 계기로 이방원은 태조에게 있어 서로 넘지 말아야 할 선을 넘어 버린 '철천지 원수'가 되고 말았다. 또한 태조는 이후 조사의(趙思義)의 난에서 증명된 것처럼 여전히 적잖은 물리적 힘과 많은 추종자를 거느리고 있었다. 따라서 태조의 선택은 위력을 가지고 있었기 때문에 방원은 자신의 의도대로 정국을 몰고 나가지 못했던 것이다. 이런 상황을 누구보다 잘 알고 있던 방원이 선뜻 국왕의 자리에 오를 리가 없었다. 다시 말하면 방원에 대한 태조의 불편한 심기가 이러한 양보의 배경이 된 것이다.

상황은 안정되었다. 그러나 모든 문제가 해결된 것은 아니었다. 잠시 잦아든 불씨처럼, 지존의 자리를 향한 열망은 잠시 물밑으로 가라앉은 것뿐이었다. 이 불씨들은 정확히 18개월 뒤에 제2차 왕자의 난을 통해 폭발하게 된다.

조선 왕조의 설계자, 정도전

가계(家系)와 입사(入仕)

정도전(鄭道傳)은 1342년(충혜왕 복위 3) 아버지 운경(云敬)과 어머니 단양 우씨 사이의 3남 1녀 중 장남으로 태어났다. 그의 본관은 봉화(奉化)

로 대대로 향리 집안이었다. 정도전의 모친인 우씨는 우연(禹延·淵)의 딸이었다. 그런데 우연의 처, 즉 정도전의 외조모인 김씨는 우현보(禹玄寶)의 인척인 승려 김전(金戩)이 그의 노비인 수이(樹伊)의 처와 간통해 낳은 자식이었다. 그리고 나중에 정도전과 혼인하게 된 최씨도 장인인 최습(崔鈒)이 첩에게서 얻은 자식이었다. 따라서 양쪽 부모 중 한쪽이라도 천인이면 천인 취급을 받던 전통 시대의 신분 풍습에 의해 정도전은 천인의 신분을 벗어날 수 없던 처지였다.

이러한 가계는 죽는 날까지 그를 괴롭혔다. 정도전과 정치적으로 대립하던 이들이 그를 비난하기 위해 거론했던 단골 메뉴가 바로 '정도전은 가풍(家風)이 부정하고 파계(派系)가 불명하다'든지, '정도전은 천한 신분에서 몸을 일으켜 재상의 자리를 도둑질했다'라는 것이었다. 이인임도 그랬고 정몽주도 그랬으며, 이방원도 이 말을 들먹였다. 따라서 그의 가계는 그를 따라다니는 짐이 되었고, 다른 동료들과는 달리 일찍부터 역성혁명을 꿈꾸게 한 가장 큰 동인이 되었다.

정도전은 개경에서 성장기를 보냈다. 그의 부친인 운경이 과거에 급제해 중앙에서 관직 생활을 하게 된 때문이었다. 정도전은 당대의 유학자였던 이색의 문하에서 정몽주, 이숭인, 이존오, 윤소종 등 천하를 울린 인재들과 함께 수학했다. 그가 목은의 문하에 들어간 것은 목은의 부친인 가정 이곡(李穀)과 정도전의 부친인 운경이 동문수학한 인연이 있어서였다.

그는 1360년(공민왕 9) 성균관시에 급제하고, 1362년 문과에 급제해 벼슬길에 나서게 되었다. 당시 공민왕은 부원 세력을 척결하고 고려의 중흥을 위해 새로운 인재를 집중적으로 등용하고 있었다. 정도전은 왕의 신임을 받아 승진을 거듭했다.

호사다마(好事多魔)라고 했던가? 정도전은 1366년(공민왕 15)에 잇달아 부친과 모친을 잃게 되자 고향인 영주로 내려가 부모의 묘에 작은 움막을 짓고 3년간 시묘 살이를 했다. 또한 부지런히 책을 읽고 틈이 나면 동생들과 그 지방 사람들에게 주자학을 가르쳤다.

1370년(공민왕 19) 성균관이 중영(重營)되면서, 그의 스승인 이색과 동료들이 그 책임을 맡았다. 이들이 옛 의리를 저버리지 않고 정도전을 중앙으로 불러들였다. 이후 정도전은 성균관에서 성균박사(成均博士)라는 관직을 갖고 5년간 봉직했다. 국학인 성균관에는 많은 책과 충분한 연구 시간, 그리고 의문 나는 문제를 함께 토론할 우수한 인재들이 즐비했다. 이 기간 동안 정도전은 그의 성리학적 교양을 더욱 심화시켰다.

시련과 재기

우왕이 즉위하면서 평탄하던 정도전의 운명에 암운이 드리우기 시작했다. 권신 이인임과 지윤이 선대왕이 추진하던 반원 정책을 뒤엎고, 거꾸로 원나라와 친교를 다시금 모색하기 시작한 것이다. 정도전은 김구용, 이숭인, 권근 등과 함께 도당에 글을 올려 극렬하게 저항했다.

이로 말미암아 그는 파직되어 회진현(會津縣)으로 귀양가게 되었다. 귀양가던 날 그에게 호감을 가져왔던 염흥방이 사람을 보내어 며칠간 기다리면서 정국의 추이를 지켜보라고 넌지시 권했다. 그러나 정도전은 이렇게 말하며 귀양을 떠났다.

"나의 주장이나 시중(이인임)의 분노는 모두 나라를 위한 것이다. 지금 임금의 명령이 있었는데, 어찌 사사로운 말로 이를 중단할 수 있겠는가."

　　　　　　　　　　　　　　　　　　　－《고려사》권119, 열전 32

그 후 그의 생활은 고난의 연속이었다. 그는 9년간 야인 생활을 하면서 유배지인 회진에서 3년 동안 귀양살이한 것을 비롯해 전국 각지를 떠돌며 어려운 생활을 꾸려 나갔다. 한때 개경으로 들어가 삼각산 밑에 초막을 짓고 제자들을 지도하기도 했지만, 그를 미워하던 권신들에 의해 곧바로 쫓겨나 부평, 김포 등지를 유랑했다.

그는 이 기간 동안 백성들의 곤궁한 삶을 몸소 살피며 위민사상(爲民思想)을 정립했다. 그는 세상에 대한 반감을 개인적인 원망으로 끝내지 않고 새 시대를 준비하는 큰 뜻으로 승화시키고 있었던 것이다.

절정과 몰락

1383년(우왕 9)에 정도전은 왜구를 치기 위해 함주(咸州)에 진을 치고 있던 이성계를 찾아갔다. 이성계와의 만남은 앞으로 펼쳐질 그의 삶에 새로운 전기가 되었다. 이성계의 추천으로 다시 벼슬길에 오르게 된 그는 승승가도를 달리게 되었다.

다른 사람처럼 현실의 성공에 안주할 수도 있었다. 그러나 정도전은 달랐다. 그에게는 아직 펴지 못한 웅지가 있었다. 그것은 바로 역성혁명이라는 꿈이었다. 정도전의 눈에 고려는 소생 불가능한 노인이었다. 이런 노인을 되살리기 위해 애쓰는 일체의 행위는 헛수고일 뿐이라고 생각했다. 백성들의 신망을 얻고 있던 이성계를 추대하여 새로운 왕조를 건립하는 것이야말로 의미 있는 것이라는 생각이 그의 사고를 지배했다.

이러한 정도전의 입장은 필연적으로 반대 세력과의 정치적 충돌을 불러왔다. 당시 그의 반대파는 스승인 이색과 그와 동문수학한 우현보, 권근, 정몽주 등이었다. 왜 정도전은 친구이자 동지인 이들과 대립적인 위치에 서게 된 것일까?

이 질문에 대한 답변은 그의 심상찮은 초기 생애와 연관시키지 않을 수 없다. 정도전에게 있어 아무런 고생도 해보지 않은 서생들인 스승과 친구들의 이야기는 공리공담에 불과했을 것이다. 그저 입으로만 천명(天命)을 읊어 대고, 손에 잡히지도 않는 위민(爲民)을 떠벌리는 가소로운 자들로 비춰졌을 뿐이다. 더군다나 그들에게 개인적인 원망도 있었다. 그가 야인 생활을 하는 동안 명색이 스승이자 친구인 그들은 정도전에게 전혀 도움이 되지 못했을 뿐 아니라 오히려 그가 증오하던 부원배들에게 붙어 지위와 명성을 그대로 유지하고 있었다.

이러한 정도전의 움직임에 반대파들은 반격을 개시했다. 그 빌미는 앞서 이야기한 정도전의 비천한 가계였다. 이들은 집요했다. 결국 정도전은 1391년(공민왕 3)에 봉화로 유배되었다. 비록 다음 해에 풀려나서 고향인 영주로 돌아가기는 했지만, 그를 처벌하라는 상소는 계속해서 올라왔다. 역시 핑계는 천계(賤系)라는 그의 출신이었다. 이에 정도전은 다시 체포되었다. 바야흐로 그의 행운도 끝나는 듯 보였다.

그러나 그에게는 이방원이 있었다. 이방원은 정몽주를 격살해 단숨에 정국을 반전시켰다. 정도전의 입장에서는 숙명적인 대결을 펼칠 이방원에 의해 구원된 셈이었다. 참으로 역사의 아이러니가 아닐 수 없다.

1392년 마침내 조선이 건국되었다. 정도전 개인으로서는 역성혁명의 큰 뜻을 품고 이성계를 찾아간 지 꼭 9년 만의 일이었다.

새로운 왕조 조선에서 정도전은 특히 병권에 주목했다. 조선이란 국가가 어떻게 건설되었던가? 이는 바로 이성계라는 신흥 무장이 거느리고 있던 강력한 사적 군사력이 있었기에 가능하지 않았던가? 정도전이 꿈꾸는 세상은 바로 재상이 중심이 되어 국정을 관리하는 국가였다. 그에게 있어서 왕이란 '뛰어난 재상을 선택하는 권리만을 가지는 존재'[《조선경국전》상 치전(治典)]였다. 뿐만 아니라 '모든 정사는 재상과 협의해 진행되어야 한다'(앞의 책)고 생각했다.

정도전은 국정 최고 책임자인 재상의 위치를 공고히 하기 위해서는 이를 현실적으로 보좌할 수 있는 중앙집권화된 군사력 확보가 가장 시급하다고 생각했다. 당시는 사병의 시대였다. 특히 이방과, 이방원 같은 종친들과 개국공신들은 많은 사병을 통해 그들의 정치적 입지를 다지고 있는 상황이었다. 정도전은 이러한 현실을 직시했다. 그리고 사적으로 소유하고 있는 군사력을 혁파하지 않는 한 그의 생각은 결코 현실화될 수 없다고 생각했다. 이런 상황을 타개하기 위해 나온 것이 바로 진법이었다. 그리고 요동 정벌이라는 명분을 내걸고, 이를 위해 단일한 명령 체계를 갖춘 군사 체계가 필요하다고 역설하면서, 강제적으로 진법을 시행했다.

이런 그의 개혁은 사실 좀 무리인 듯싶었다. 그런데도 그가 강력하게 정책을 입안하고 추진한 배경에는 태조 이성계의 신임이 있었다. 당시 태조는 사랑하는 강비를 잃은 지 얼마 지나지 않은 때였다. 뼛속까지 저미는 외로움을 정도전과의 술자리를 통해 잊고자 했다. 걸핏하면 "내가 이 자리에 있게 된 것은 그대의 힘이다."《연려실기술》권2 〈태조 조 고사본말〉)라고 공언하는 태조의 모습을 보면서, 정도전은 자신의 정책에 대한 자신감을 더욱 확고하게 다졌다.

그러나 그의 위상이 높아가는 것에 비례해 종친 세력과 무장 세력들의 불만은 심화되고 있었다. 정도전 일파가 희희낙락하고 있을 때, 그들은 절치부심하며 칼날을 갈고 있었다. 특히 이방원은 정도전이 추진하던 재상 중심 체제와 세자 책봉에 대해 "이씨가 세운 나라를 정씨가 말아먹는다."라고 개탄할 만큼 강한 불만을 가지고 있었다.

정도전도 역시 심상찮은 움직임을 눈치채고 은밀히 대비하고 있었다. 명분이나 도덕 따위는 애당초 없었고, 누가 먼저 칼을 뽑느냐 하는 문제만 남은 셈이었다. 결국 정도전은 여기서 패했다. 순발력 있게 군사를 동원해 기선을 제압한 방원의 전술에 당한 것이다.

이방원은 난 발생 후 정도전을 죽이는 것이 거사를 성공시키는 지름길

이라고 판단했다. 이에 바로 정도전을 습격해 그를 잡으려 했으나 그는
달아나고 없었다. 그러나 전 판서인 민부의 고변으로 그의 집에 숨어 있
던 정도전을 체포할 수 있었다.《태조실록》은 이 부분을 극적으로 표현하
고 있다.

　　도전이 도망하여 그 이웃의 전 판서 민부의 집으로 들어가니, 민부
가 아뢰었다.
　　"배가 불룩한 사람이 내 집에 들어왔습니다."
　　정안군은 그 사람이 도전인 줄을 알고 이에 소근(小斤) 등 4인을
시켜 잡게 했더니, 도전이 침실 안에 숨어 있는지라, 소근 등이 그를
꾸짖어 밖으로 나오게 했다. 도전은 자그마한 칼을 가지고 걸음을 걷
지 못하고 엉금엉금 기어 나왔다. 소근 등이 꾸짖어 칼을 버리게 하
니, 도전이 칼을 던지고 문 밖에 나와서 말했다.
　　"청하건대 죽이지 마시오. 한마디 말하고 죽겠습니다."
　　소근 등이 끌어내어 정안군의 말 앞으로 데려가니 도전이 말했다.
　　"예전에 공이 이미 나를 살렸으니 지금도 또한 살려 주소서."
　　정안군이 말했다.
　　"네가 조선의 봉화백(奉化伯)이 되었는데도 도리어 부족하게 여기
느냐? 어떻게 악한 짓을 한 것이 이 지경에 이를 수 있느냐?"
　　이에 그의 목을 베게 했다.

-《태조실록》 권7

실로 어이없는 최후였다. 그만이 아니라 그의 아들 넷 중 셋도 부친과
같은 운명을 맞았다. 아울러 그의 동료인 남은, 이무(李茂) 등도 비명에
갔다.

정도전 사후 그의 사상은 철저히 잊히는 듯싶었다. 그러나 그는 자신의 정적인 이방원에 의해서 되살아났다. 재상 중심 체제를 제외한 그의 논리, 예컨대 배불(排佛)이라든지, 사병 혁파를 통한 중앙화된 군사 조직 완성 등은 이방원에게 받아들여져 점차 현실화되었다. 그리고《조선경국전》등을 통해 논리화되었던 그의 치국 이념도 이후《경국대전》의 편찬 등을 통해 수용되어 공식적인 국가 이념으로 자리 잡게 되었다.

정도전은 조선 왕조 내내 신원되지 못하다가 대원군이 경복궁을 중건한 다음 비로소 신원해 주고 문헌사(文憲祠) 유종공종(儒宗功宗)이라는 편액을 내려주었다. 정도전의 묘는 외교안보연구원 뒷산에 있다 하나 후손들이 경기도 평택시 진위면 은산리에 가묘를 써 놓고 있다.

정종定宗

제2대 1357년~1419년 | 재위기간 1398년 9월~1400년 11월

결코 유약하지 않던 왕, 정종

정종(定宗)은 1357년(공민왕 6)에 태조 이성계와 신의왕후 한씨 사이의 6남 2녀 중 둘째 아들로 태어났다. 초명은 방과(芳果)이고 왕이 된 뒤의 이름은 경(曔)이며, 자는 광원(光遠)이다. 부인은 훗날 정안왕후(定安王后) 김씨로 월성부원군(月城府院君) 천서(天瑞)의 딸이다. 그녀는 성격이 부드럽고, 특히 어른을 잘 공경했다고 전해진다.

근실하고 엄정하면서도 기골이 장대했으며 무략이 있었던 정종은 열일곱 살 때부터 당시 신흥 무장 세력의 대표주자인 부친 이성계를 종군하며 큰 공을 세웠다. 특히 스물한 살 때 부친과 함께 지리산 방면으로 침입한 왜구를 토벌했고, 역신인 염흥방을 국문해 중앙 정계의 주목을 받았다. 이성계가 위화도 회군을 단행하자, 당시 형제 중 가장 높은 반열인 용호군(龍虎軍) 좌장군(左將軍)으로 있었던 정종은 재빨리 평양을 빠져 나와 부친의 진영에 합류해 회군의 성공에 결정적 계기를 마련했다. 이후 그는 창왕을 폐하고 공양왕을 세운 이른바 폐가입진(廢假立眞)에 공이 많다 해 부친과 함께 공신으로 책봉되었고, 양광도(楊廣道) 지방에 침입한 왜구를 격파해 판밀직사사(判密直司事)라는 관직을 받기도 했다.

조선 건국 후에는 가장 큰 공을 세운 인물임에도 불구하고 다섯째 아우인 이방원과 더불어 개국공신의 반열에서 제외되는 아픔을 겪었다. 뿐

만 아니라 의흥삼군부중군절제사(義興三軍部中軍節制使)라는 지위에서 장악하고 있던 병권도 부왕의 묵인하에 정도전 등의 문신 세력에게 빼앗기게 되었고, 오히려 사병을 소유하고 있는 무신 출신이라는 이유로 심한 견제를 받았다.

정종은 이러한 상황을 제1차 왕자의 난을 통해 반전시켰다. 그는 쿠데타 성공 후 세자로 책봉되었다. 그러나 불안한 자리였다. 건국과 제1차 왕자의 난 주역인 방원의 기세는 국왕인 자신보다 등등했고, 장성한 그의 동생들도 두렵기는 마찬가지였다.

1398년 9월, 정종은 마침내 지존의 자리에 올랐다. 왕이 된 후 그는 적극적으로 정사에 임했다. 정종은 우선 그와 성향을 달리하는 신진 세력이 터를 닦은 한양을 버리고 개경으로 천도했다. 그리고 관직에 오르기 위해 벼슬이 높고 권세가 강한 인물들을 찾아다니며 벼슬을 청탁하던 분경(奔競)을 금지시켰다. 아울러 노비변정도감(奴婢辨正都監)을 설치해 권력층에 의해 강제로 노비가 된 양인들을 구제하는 사업을 펼쳐 나갔다. 그리고 여전히 수하에 많은 추종 세력을 거느리고 있던 부왕과의 관계를 원만하게 유지하기 위해 많은 노력을 기울였다.

이는 모두 왕권 강화와 연관되는 정책으로 당시 공신 세력들의 정치적·사회적 이익과 상반되는 것이었다. 특히 이러한 일련의 정책은 강력한 왕권 확립과 중앙집권화 정책을 표방하던 방원과 어느 정도 교감하에 이루어진 것으로 보인다.

그러나 정처인 정안왕후 사이에서 자식이 없었던 그에게 후계자 문제는 매우 미묘한 사안이었다. 이 문제를 둘러싸고 지존의 자리에 야망을 품고 있던 두 동생, 방원과 방간과의 관계는 자연히 협력에서 경쟁 관계로 바뀌었다. 이러한 갈등이 마침내 폭발하게 된 사건이 바로 제2차 왕자의 난이다. 이들 형제는 태조의 인정을 받기 위해 경쟁 관계에 있었던 것이다.

이 과정에서 정종이 더 이상 국왕의 지위를 지키지 못할 사건이 발생했다. 후계자 자리를 내심 노리고 있던 방간의 궐기에 정종이 소유하고 있던 갑사(甲士)의 일부가 참여하는 일이 벌어진 것이다. 고의든 아니든 간에 방간의 세력을 지원해 준 결과가 되었다. 이 싸움에서 방원이 승리하게 되자 정종은 매우 난처하게 되었다. 즉 방원의 세력은 방간의 난에 관여했다는 것을 빌미로 왕이 거느리고 있던 사병을 해산할 것을 요구하고 나선 것이다. 그리고 이는 자연스럽게 당시 공신들이 소유한 각종 사병 해산으로 확대되어 조선 초기 사병 혁파의 계기가 되었다.

제2차 왕자의 난 이후 정국 운영의 주도권은 방원에게로 완전히 넘어갔다. 우선 세자로 책봉된 방원은 사병 혁파와 함께 도평의사사(都評議使司)를 의정부(議政府)로 고치는 등 왕권 강화의 골간이 되는 정책들을 추진해 나갔다. 이 과정에서 실권을 잃은 정종이 소외되었음은 물론이다. 양위(讓位)하라는 압력이 점차 거세지자 왕비인 김씨가 "전하께서는 (방원의) 눈을 어찌 못 보십니까? 속히 왕위를 전하시어 마음을 편하게 하십시오."(《연려실기술》 권2 〈정종 조 고사본말〉)라고 할 정도였다고 하니, 당시 정황이 정종에게 얼마나 각박하게 돌아가고 있었는지를 짐작할 수 있다.

결국 정종은 1400년 11월 왕위를 양위하고 상왕의 자리로 물러났다. 그리고 짬짬이 취미인 격구(擊毬)와 매사냥, 온천욕 등을 하는 것 외에는 외출도 마음대로 하지 못하는 사실상 유폐된 생활로 하루하루를 보냈다. 그러기를 어언 20년, 1419년(세종 1) 급환에 걸려 거주하던 인덕궁(仁德宮)에서 세상을 뜨니, 이때의 나이가 예순세 살이었다. 정비인 김씨와의 사이에서는 자식이 없었으나 당대의 무장답게 기씨, 윤씨, 지씨, 이씨, 문씨 등 후궁에게서 총 15남 8녀의 자식을 얻었다.

사후 묘호를 받지 못하고 명에서 내린 공정(恭靖)이라는 시호를 따서 공정왕으로 불렸다. 예종 조에 '공정대왕은 종묘·사직에 죄가 없는데, 묘호가 없으니 이는 심히 부당하다'라는 말과 함께 조종을 안정시킨 왕이라는 의미로 안종(安宗)이라는 묘호를 올린 바 있었으나, 인정되지 못하고 계속 공정대왕으로 불렸다. 이후 숙종이 즉위하고 1681년《선원록(璿源錄)》을 만드는 과정에서 윤근수에 의해 다시 묘호가 올려지지 않은 사실이 지적되자, 이를 시정하자는 공론이 일어나게 되었다. 그리고 마침내 당시 교리 오도일이 시호를 올리자고 청해 정종(定宗)이라는 시호가 올려졌다. 사후 162년 만의 일이었다.

모셔진 능은 후릉(厚陵)으로 그 자리는 행정구역상으로 원래 경기도 개풍군 흥교면 흥교리였으나 현재의 주소는 경기도 판문군 영정리다. 왕과 왕비를 나란히 함께 모신 쌍릉(雙陵) 형식으로 개성에 쓴 묘역답게 고려 공민왕릉의 묘제를 충실히 따랐다고 전해지고 있으나 현재 제대로 관리되지 못해 나날이 퇴락하고 있다고 한다. 남북한 모두 정종에 대해 상대적으로 무관심하다는 사실을 드러내는 예라 하겠다.

제2차 왕자의 난과 사병 혁파

태조의 넷째 아들인 방간은 왕위를 넘보기에는 다소 문제가 있었다. 비록 그가 개국과 제1차 왕자의 난에 적지 않은 공을 세웠다고는 하나, 우선 형인 익안군(益安君) 방의(芳毅)가 건재해 명분상 문제가 있었고, 조선 건국과 제1차 왕자의 난 일등공신인 방원의 위치가 너무 견고했다. 방원에게 정치적으로 밀리고 있었던 당시 정황은 그의 초조함을 더욱 심화시켰다.

그러나 서북면을 근거로 구성된 그의 사병은 어느 무장 집단과 비교해도 손색이 없는 전력을 갖추고 있었다. 그리고 방원의 충실한 참모였지만 방원과의 불화로 그의 진영에 합류한 박포도 믿음직스러운 존재였다. 무엇보다도 방원을 부담스러워하는 정종과 그를 증오하는 부왕의 존재는 커다란 힘이 되었다.

방간은 '방원이 평소에 나를 시기하니, 이에 속절없이 죽을 수 없다'는 명분을 내걸고 궐기했다. 그런데 그는 뜻밖의 소식을 접하게 되었다. 자신에게 전폭적인 지지를 보내 줄 것이라 믿었던 태조가 오히려 자신을 '소 같은 놈'이라 욕하며, 군사행동을 비난했다는 것이 아닌가? 여기서 승부는 거의 결정된 것이나 다름없었다.

개전 초기 정종이 보낸 일부 사병을 가담시키며 기세를 올리던 방간의 군대는 결국 지지 세력 없이 뒷심 부족을 드러낼 수밖에 없었다. 이에 비해 이지란, 조영무 등 동북면에서부터 태조를 호종한 경험 많은 무장 세력과 이화, 이천우 등 종친 일부의 지지를 등에 업고 있었던 방원에게 승리는 당연한 것이었다. 방간은 '같은 어머니를 둔 형제'란 이유로 죽음 대신 내린 토산(兎山) 유배가 오히려 관대하게 느껴질 정도로 철저하게 패배했다. 그의 패배는 후계자 문제를 둘러싸고 조성되었던 안개 정국의 짙은 연무가 완전히 사라지는 순간이기도 했다.

승리한 방원은 마침내 세자로 책봉되었다. 사실 측근인 하륜, 남재 등이 지나치게 청하지 않아도 저절로 해결될 문제였다.

그런데 왜 정종의 동생인 방원은 세제(世弟)가 아닌 세자로 책봉되었을까?

방원은 방과를 왕으로 인정하지 않았다. 그래서 정종이 죽은 뒤 공정왕이라 했을 뿐 시호도 정하지 않았다. 시호는 숙종 때 오도일(吳道一) 등이 주장해 비로소 두게 된 것이었다. 그러니 방원은 아버지 태조의 세자로 자처한 것이다.

사병 혁파

무신의 난 이후 고려는 사병의 시대였다 해도 과언이 아닐 만큼 국가
의 공권력을 무시한 사적 군사력이 횡행했다. 이들 사병 조직은 주로 악
소(惡少), 가동(家童), 문객(門客) 등으로 불렸는데, 이들을 얼마나 많이 보
유했느냐에 따라 당시 무신들의 정치적 위세가 결정되었다.

사병은 원나라 침입으로 무신 정권이 붕괴되면서 동시에 모두 소멸되
는 듯했다. 그러나 이후 고려 말 홍건적이나 왜구의 침략이 빈발하는 가
운데 중앙정부가 군사권을 장악하지 못하고 여러 장수에게 군대의 징발
과 통수권을 위임함에 따라, 이 장수들이 각지의 군사들을 자신의 사병처
럼 예속시키는 현상이 나타났다. 다시 사병이 역사의 전면에 등장하게 된
것이다. 이러한 사실은 다음 기록에서 여실히 확인된다.

> 고려 말에 관이 병사들을 병적에 올리지 않고 여러 장수가 이를 사
> 사로이 점하여 병사로 삼았는데 이를 패기(牌記)라 했다.
>
> — 《태조실록》 권1

즉 당시 대부분의 군사 지도자는 패기, 즉 군사들의 군적(軍籍)을 관
장하면서 이를 사병화하여 자신들의 무력 기반으로 삼았던 것이다. 이
들은 휘하사(麾下士)라 통칭되었는데, 시위패, 별시위, 시위, 반당·사반당
(伴倘·私伴黨) 등으로 불리기도 했다. 이들 사병 집단에게는 일정한 경제
적 대가와 함께 관품은 있으나 관직이 없는 첨설직(添設職)을 주었는데
여기서 알 수 있듯이 이들은 관군의 성격도 동시에 갖고 있는 애매한
존재였다.

따라서 유력한 무장들은 자신에게 사회적·경제적으로 완전히 예속되어 절대적인 충성을 바치는 집단을 별도로 양성하고 있었다. 이들은 가병(家兵), 가갑(家甲), 가별치(家別赤)라 불렸다. 즉 고려 말의 사병은 이중적으로 구성되어 있었던 것이다. 이들을 통해 고려 말에 등장한 무장 세력, 예컨대 최영, 이성계, 조민수 등은 한 시대를 울리는 정치적 실세로 성장할 수 있었다. 특히 조선 왕조의 건국은 가장 강력한 사병 집단을 거느린 사람(이성계)이 정국을 주도한 실례였다. 이성계는 고조인 이안사로부터 그의 집안을 호종하던 강력한 사병을 길러 한 나라의 국왕까지 될 수 있었던 것이다.

조선 건국 후 태조는 강력한 중앙집권 정책을 실시했다. 이것이 가능하려면 무엇보다도 종친과 유력한 대신이 거느린 사병을 척결해야만 했다. 이에 태조는 사병을 혁파하기 위해 의흥삼군부(義興三軍府)를 설치하고 모든 사병을 이에 귀속시켜 갑사(甲士)라 칭했다. 그리고 정도전이 주창한 진법을 전국에 시행해 군사권의 통제를 꾀했다.

그러나 종친과 훈신들이 소유한 사병을 혁파한다는 것은 매우 어려운 일이었다. 우선 이들은 조선 왕조 건국의 최고 훈신들이었다. 따라서 심정적으로 이들 세력이 소유하고 있던 기득권 일부를 쉽게 뺏을 수 없었다. 아울러 이들의 조직적 반발도 우려되는 일이었다. 건국 초기 어수선한 정국에서 사병 혁파 같은 논란 많은 정책을 밀어붙이다가 예상치 못한 사건이 발생할지도 모를 일이었다. 태조도 이런 딜레마를 잘 알고 있었다. 그렇기 때문에 군권의 중앙집권화를 추진하면서도 한편으로는 종친과 대신에게 절제사(節制使)라는 관직을 주고 각 도의 병사들을 사적으로 관리하는 것을 용인했다.

이러한 묘한 긴장 상태에서 발생한 것이 바로 제1차 왕자의 난이었다. 요동 정벌의 명분에 따라 중앙화된 군제를 만들기 위해 동분서주하던 정도전에게 종친 및 훈신 세력들이 정면으로 반기를 든 것이다. 아울러 이는 태조가 집권 이래 시도했던 군권의 중앙집권화 정책이 수포로 돌아갔음을 뜻했다. 동시에 사병 혁파가 얼마나 어려운 일인지를 단적으로 보여 준 사건이라 하겠다.

그러나 제2차 왕자의 난 이후 사병 혁파의 실마리가 풀리기 시작했다. 제2차 왕자의 난이 수습된 직후에 올려진 정이오의 상소는 결정적 계기가 된다.

> 전하께서 의를 들어 반군을 토벌하시는 날에 궁중의 갑사가 창을 거꾸로 들고 응했습니다. ……전날과 같은 불궤가 있다면 갑사로 있는 자들이 의리를 알지 못하니 이들을 족히 믿을 수 있겠습니까? ……전하께서는 궁내에 있는 갑사를 혁파하십시오.
>
> – 《정종실록》 권4

사실 사병 혁파를 포함한 이러한 일련의 작업은 실권을 장악한 이방원에 의해 주도되었다. 그는 일찍부터 조선이라는 국가를 반석 위에 올려놓기 위해서는 국왕 중심의 강력한 중앙집권적 군권이 필요하고 이를 지탱해 주는 이데올로기로서 문치주의를 강화해야 한다고 생각하고 있었다. 그런 그에게 사병 집단이란 그의 통치 이념을 방해하는 가장 큰 저해 요소로 하루속히 제거되어야 할 대상이었다.

목표를 세운 이방원은 국왕과 세자의 시위(侍衛)를 담당하는 별시위(別侍衛)를 제외하고, 당시 국왕인 정종이 동북면에 거느리고 있던 강력한 사병 집단과 이거이(李居易), 조영무(趙英茂) 등 자신을 지지한 공신 세력이 소유하고 있던 사병을 혁파했다. 그 과정에서 사병을 보유한 무장 세력은 강력하게 저항했다. 그러나 저항하는 세력은 가차없이 숙청해 버렸다. 패기를 내놓지 않던 이거이를 계림부윤으로 좌천시키고, 조영무 등을 파직시킨 것은 그의 강력한 사병 혁파 의지를 보여 주는 사례다.

역설적이게도 사병 혁파는 그가 거느린 공병화한 강력한 사병의 힘으로 가능했던 것이다. 다시 말하면 사병으로 사병을 혁파한 셈이었다.

그러나 평안도, 함경도 등 북방의 경우 여진과 인접해 있고, 해당 지방의 명망가들에 의한 군사 통솔이 보다 효율적이라는 이유로 적극적인 효유(曉諭)에 나서지 않았다. 이 지역의 병사들은 왕자들에 의해 분점되었다. 지방 토착 세력에 의해 유지되던 북방의 군사 집단은 훗날 이 지역에서 발생한 군란, 즉 조사의의 난 및 이징옥(李澄玉)·이시애(李施愛) 난의 유력한 배경이 되었다.

태종太宗

제3대 1367년~1422년 | 재위기간 1400년 11월~1418년 8월

시대의 악역을 떠맡은 태종

1400년(정종 2) 11월 13일, 조선의 3대 왕 태종이 왕위에 올랐다. 이때 태종의 나이 서른네 살에 불과했다. 겨우 30대 초반이었지만 그간 태종이 헤쳐 온 풍파는 천년의 세월이 짧게 느껴질 정도였다.

태종은 1367년(공민왕 16) 5월 16일 함경도 함흥에서 태어났다. 이성계의 다섯째 아들로서 이름은 방원(芳遠), 자(字)는 유덕(遺德)이다. 당시 이방원의 아버지 이성계는 서른세 살의 젊은 나이에 동북면의 실력자로 군림하고 있었다. 이방원이 태어난 이듬해에는 명나라가 건국됨으로써 원나라를 중심으로 정착되었던 동북아시아의 국제 질서가 명나라를 중심으로 재편되기 시작했다.

이방원의 가문은 누대에 걸쳐 동북면 지역에서 활약하던 무인 집안이었다. 이성계 대에 이르러 그의 뛰어난 무공으로 중앙 정계의 실력자로 성장했지만 집안 식구 중에는 변변한 문신 하나 없었다. 이런 까닭에 이성계는 아들 중에서 훌륭한 문신이 나오기를 학수고대하고 있었다.

이방원은 어려서부터 재능이 뛰어났다. 이에 이성계는 다섯째 아들에게 큰 기대를 걸고 과거 공부를 하도록 권했다. 이방원이 문과에 급제한다면 변방 출신의 무인 집안이라는 약점이 일거에 사라질 수 있었다.

아버지의 기대를 누구보다도 잘 아는 이방원은 열심히 공부했다. 타고

난 재능과 끈기 있는 노력이 더해져 열다섯 살이라는 어린 나이에 진사시험에 급제했고 다음 해인 열여섯 살 때에는 대과에 급제하는 영광을 안았다. 그때가 1382년(우왕 8)으로 조선이 건국되기 꼭 10년 전이었다.

이방원이 과거에 급제하자 누구보다 기뻐한 사람은 아버지 이성계였다. 이방원이 문관 벼슬인 제학을 받자 그 임명장을 읽고 또 읽으면서 기쁨을 만끽했고, 손님이 찾아오면 방원을 불러내 남들 앞에서 자랑하곤 했다. 이때 이성계와 이방원은 든든한 아버지와 자랑스런 아들로서 진한 혈육의 정을 느끼고 있었다.

이방원은 문과에 급제한 후 신진 기예들과 어울리며 고려의 현실을 이해하기 시작했다. 당시 고려는 대외적으로 명나라의 압력이 가중되는 가운데 국내 정치 세력들 사이에서는 알력이 심화되고 있었다. 이런 와중에 1388년(우왕 14) 부친인 이성계가 위화도 회군을 감행함으로써 고려의 실권을 장악하게 되었다.

이방원은 이른 나이에 문과에 급제한 영특한 사람이었다. 게다가 그의 아버지는 당대를 대표하는 무장이었다. 국제 정세로는 원·명 교체기여서 국내외 정세가 모두 불안한 상태였다. 이런 현실을 바탕으로 이방원은 역성혁명을 꿈꾸기 시작했다.

우선 이방원은 신진 정객들을 포섭했다. 이에 따라 고려 말의 혼란한 정치 현실을 비판하던 지식인들이 신흥 무장 이성계 및 그의 아들 이방원에게 몰려들었다. 자연스럽게 이성계와 이방원은 신진 세력의 중심인물이 되어 갔다. 이런 가운데 이방원은 역성혁명을 실현하고자 했다.

1392년 조선 왕조가 개창되었을 당시 이방원은 혈기왕성한 스물여섯 살이었다. 그의 야심은 권력을 두고 아버지와 한판 대결을 피할 수 없게 했다. 차기를 노리던 자신을 제쳐 놓고 아버지 이성계가 막내 이복동생 방석을 후계자로 지명하고 만 것이다.

여기에 불만을 품은 이방원은 결국 군대를 일으켜 방석을 살해하고 아버지를 왕위에서 물러나게 했다. 이른바 제1차 왕자의 난으로 불리는 이 사건은 이방원과 이성계의 관계를 극도로 악화시켰다. 이후 이방원은 왕위에 오르기까지 그의 형제들 및 아버지와 수차에 걸쳐 생사를 건 경쟁을 벌여야 했다.

이처럼 태종은 수많은 우여곡절 끝에 왕위에 올랐다. 그가 고려 말에 출생해 새로운 왕조 조선의 3대 왕이 되는 과정에서 죽인 인물이 여럿이었다. 이 같은 살상들을 태종의 왕위 탈취라는 측면에서 본다면 잔인무도하다고밖에 할 수 없다. 반면에 새로운 왕조의 창업과 안정을 위해 피할 수 없는 선택이었다고 이해한다면 태종의 역할은 시대의 악역을 담당한 것에 불과하다고 할 것이다.

태종은 왕이 되어서도 수많은 악역을 담당해야 했다. 그는 자신을 도와 왕이 되게 한 처가 식구들을 죽이고 부인 민씨를 냉대했다. 심지어는 상왕으로 있으면서 세종의 처가인 심씨들이 발호할까 염려해 이들을 멸문시키다시피 했다. 이 같은 조치에 대해 조선 후기의 실학자 성호 이익은 《성호사설》이라는 그의 저서에서 다음과 같은 평가를 내렸다.

나라를 세운 후 우리나라의 여러 임금님께서는 주도면밀하셨다.
예컨대 태종 때 민씨와 심씨가 심한 화를 당했지만 이는 어디까지나
먼 훗날을 생각하고 깊이 생각해 그런 것이었다.

– 《성호사설》 인사문

태종은 인간적으로 잔혹한 행동을 많이 했지만 새 왕조의 안정과 번영을 위해 많은 업적을 남겼다. 우선 사병을 혁파함으로써 새 왕조를 위협하는 무장 세력들을 제거했다. 또한 호패법을 실시하여 왕조 운영에

필요한 인적 자원을 확보하는 데 기여했다. 아울러 불교 탄압 정책을 통해 불교계에 몰려 있던 토지와 노비를 국가로 되돌렸다. 그 밖에도 국방·외교·문화·경제 등 여러 면에서 탁월한 업적을 남겼다.

태종은 자신이 죽기 4년 전에 세종에게 양위하고 상왕으로 물러났다. 이후 세종 시대의 안정을 위해 모든 노력을 기울이다가 1422년(세종 5) 쉰여섯의 나이로 세상을 떠나 헌릉(獻陵)에 안장되었다. 18년간 왕위에 있었으며 4년 동안 상왕으로 있었다. 부인은 여흥부원군 민제의 딸 원경왕후다. 자손은 모두 스물아홉 명을 두었다. 아들이 열두 명이고 딸이 열일곱 명이다. 이 중에서 원경왕후가 4남 4녀의 자녀를 낳았다.

조사의의 난

태조 이성계와 그의 아들인 태종 이방원은 애증이 얽힌 관계였다. 태종은 문과에 급제해 동북면의 무장이라는 아버지에 대한 편견을 씻어주는 데 일조한 아들이었고, 조선을 개국하는 데 태조의 곁에서 그의 심중을 가장 잘 헤아리는 참모로서 큰 공을 세운 동지이기도 했다. 그렇기 때문에 태조와 방원은 혈연관계를 떠나 가장 믿음직스러운 동료 관계라 할 수 있었다. 그러나 권력이라는 양분할 수 없는 공동의 목표 아래 그들은 갈등의 국면에 접어들게 되었고, 급기야 제1·2차 왕자의 난을 통해 아들이 아버지를 내치는 극단의 상황까지 접어들게 되었다.

권력의 정점에서 내려온 태조는 정쟁의 와중에서 희생된, '죽었으나 결코 잊을 수 없었던' 어린 아들들의 혼령을 위로하기 위해 자주 불사를 벌였고, 이를 핑계로 아픈 추억으로 점철되어 있는 도성을 떠나려 했다. 정종 이방과가 태조를 위해 베풀어 준 잔치가 파한 뒤 그가 남긴 시는 이러한 태조의 심경을 잘 나타내 주고 있다.

> 밝은 달은 밭에 가득한데
> 나 홀로 여기 서 있네.
> 산과 강은 예전과 같건만
> 그리운 옛사람은 지금 어디 있는고.

- 《정종실록》 권6

태조의 성격으로 미루어 보아 추모의 감정이 심상치 않다는 것은 삼척동자도 다 알 만한 일이었다. 실제로 태조는 태종과 독대하는 자리에서 '내가 부처를 좋아함은 두 아들과 사위를 위한 것'이라고 서슴없이 말하며 태종에 대한 적개심을 드러내기도 했다. 뿐만 아니라 태조는 태종이 즉위한 뒤 조선을 만든 주축점이라 할 수 있는 동북면을 자주 왕래해 태종을 긴장시키고 있었다. 동북면에는 태조에 대한 변함없는 신망을 가지고 있는 세력이 여전히 건재했다.

이런 속사정을 누구보다 잘 알고 있던 태종은 즉위하기 전 동북면절제사가 되어 태조의 군사적 기반을 장악하려 했고, 그중 일부를 제1·2차 왕자의 난 때 활용하기도 했다. 아울러 박석명, 성석린 등 측근을 문안을 평계로 태조에게 보내 환궁을 종용하면서 주변 상황을 염탐하게 했다. 그러나 이러한 태종의 행동은 결과적으로 태조를 더욱 분노케 했다.

1402년(태종 2) 10월 19일, 회암사에 은거하며 기회를 기다리던 태종는 동북면으로 행차를 감행했다. 그의 거동은 표면적으로 명나라 사신을 배웅하고 동북면에 있는 선조의 능을 참배한다는 명목이었으나 안으로는 상당한 의도가 숨어 있었다.

마침내 같은 해 11월 5일 안변부사 조사의(趙思義) 등이 거병했다. 그들은 동북면 상황을 살피기 위해 파견된 박순을 살해하고 결의를 다졌다. 당시 동북면과 서북면은 행정조직이 바로 군사조직과 연결된 특수한 지역이었다. 여진 등 북방 세력에 대응하기 위해 마련된 이 제도는 반란군이 자신의 세력을 확충하는 데 활용되었다. 반군의 전체 규모는 대략 6~7천 명 선으로 추측되는데, '올량합(兀良哈, 여진의 부족명)이 합류하면 족히 1만 명은 될 것이다'라는 기록으로 미루어 보아 주변의 여진족도 어느 정도 간여했던 것으로 보인다.

개전 초기 이천우의 기병 100여 명이 조사의의 반군에 생포되고, 이어 맹주(孟州, 지금의 평안남도 맹산군)에서 패했다는 소식이 전해졌다. 이천우의 패퇴는 태종을 긴장시켰고, 자신이 직접 반군과 맞설 결정을 내리게 했다. 이거이, 조영무, 이숙번, 민무질 등 홍건적과 왜구의 실전을 통해 정예화된 그의 측근들은 태종의 기대를 저버리지 않았다. 이들이 결국 11월 27일 안주에서 조사의 군대를 패퇴시켰다. 위축된 반군은 한밤중에 살수(薩水, 지금의 청천강)를 건너 철수하려다가 수백 명이 물에 빠져 죽는 불운이 겹쳐 자연 궤멸의 지경에 이르렀다. 그리고 조사의와 잔여 병력이 안변으로 도망가던 중 관군에 사로잡히고, 태조가 같은 해 12월 9일 환궁해 실질적인 연금 상태에 들어감으로써 난은 일단락되었다.

과연 태조는 조사의의 난과 어느 정도 관련되어 있었을까? 현재《조선왕조실록》에는 태조가 직접적으로 조사의의 난에 개입했다는 기록이 남아 있지 않다. 그러나 태조가 동북면 쪽으로 이동하자마자 그 방면의 군사를 축으로 난이 발생한 점, 태조를 염탐하러 함주에 이른 관리가 조사의 병사들에 의해 피살된 점, 그리고 태조를 호종한 신효창과 정용수 등이 반란에 적극 개입한 혐의로 박온 등에 의해 탄핵을 받았고 실제로 측근인 함승복, 배상충 등이 태조의 명으로 동북면에서 군마를 뽑은 사실 등으로 미루어 볼 때 그가 반란에 개입했던 것은 분명하다고 하겠다.

그러나 태조가 조선의 개국주(開國主)이자 당시 국왕이었던 태종의 부왕이었기에 반장(叛將)으로 직접 칭할 수 없어 이를 조사의의 난이라 이름 붙였고, 태조가 반란에 직접 간여한 것을 나타내는 각종 증거를 인멸했기 때문에 주변 정황으로 미루어 짐작할 수밖에 없게 되었다.

전근대에는 역적이 나올 경우 그의 출신 지역의 지방 행정단위를 강등시키는 제도가 있었다. 조사의의 난 이전의 안변은 대도호부로 지정되어 있을 만큼 군사적으로 중요한 지대였다. 그러나 태종은 이를 감무(監務)로 강등시키고 주변의 영흥마저 강등시켜 지관(知官)으로 만드는 조치를 단행했다. 그리고 조사의와 그의 아들 홍 등 반군의 수뇌 열여섯 명을 사형에 처하고 박만, 허형 등을 귀양 조치했다. 그러나 안우세와 최저 등 조사의의 난에서 도망쳐 온 인사들에게는 오히려 절개를 지켰다며 상을 내렸다. 사건의 규모에 비해 가벼운 형벌이 부과된 셈이었다. 아마도 가장 큰 죄인이 자신의 존속이었기 때문일 것이다.

조사의의 난 진압을 계기로 태종의 왕권은 점차 안정되어 갔다.

함흥차사

태조는 많은 야담을 지니고 있는 왕이었다. 그만큼 그는 한 개인으로서도 굴곡 많은 삶을 산 풍운의 인물이었다. 그와 관련된 야담 중 가장 유명한 이야기가 바로 '함흥차사'다. 그 대체적인 내용은 아래와 같다.

방석의 변이 있은 후 태조가 함흥으로 가 돌아오지 않자 태종은 계속 사자를 보냈다. 그러나 태조가 그를 찾아오는 사자마다 모두 활로 쏘아 죽이자 마침내 가려고 하는 인사가 없게 되었다. 아들로서의 도리로 고심하던 태종의 모습을 보고 성석린이 자원해 함흥 땅으로 갔다. 태조를 만나 환궁을 이야기하자 태조는 성석린에게 태종이 시켜서 온 것이 아니냐고 물었고, 성석린은 이를 부인하며 거짓말을 할 경우 자기 아들의 눈이 멀 것이라고 했다(과연 그의 두 아들은 눈이 멀었다고 한다).

이후 태조의 벗인 박순이 함흥으로 가 일부러 새끼 말을 어미 말과 떼어 놓았다. 슬피 우는 말 울음소리에 태조가 연유를 묻자 "미물이라 해도 저런 지친의 정이 있는데 하물며 인간이야 어떻겠습니까?"라며 넌지시 환궁을 청했다. 이에 감동받은 태조는 서울로 돌아갈 것을 약조했다. 그러나 그를 죽여야 한다는 주위 신하들의 강청에 못이겨 용흥강(龍興江)을 건너지 못했을 경우 그를 죽이라고 승낙했다. 이는 박순이 강을 충분히 건널 수 있는 시간이 흘렀다는 것을 염두에 둔 것이었다. 그러나 중간에 병이 나 일정을 늦춘 박순은 강을 건너지 못해 결국 죽음을 맞이하게 되고, 태조는 눈물을 흘리며 후회했다고 한다. 한편 태조의 환궁을 고대하던 태종은 마침내 무학(無學)을 보내게 되고 이 의도가 주효해 마침내 태조는 서울로 돌아오게 되었다.

이를 기뻐한 태종은 친히 교외로 나가 부왕을 맞이하려 했다. 그러나 하륜 등이 "상왕의 화가 완전히 풀리지 않았으니, 만일을 대비해 차일을 받치는 기둥을 큰 나무로 할 것입니다."라고 충고했고 태종은 이 말을 따랐다. 과연 태종이 태조를 알현하려 하자 태조는 소매에서 활과 화살을 꺼내어 태종을 향해 쏘았다. 그러나 태종은 그 나무기둥 뒤로 몸을 피해 죽음을 면했다. 이에 태조는 "이제는 네 것이니 가지고 가라."며 옥새를 내주었다. 이를 받고 태종이 장수를 기원하는 술잔을 친히 올리려 하자 하륜 등이 다시 직접 술잔을 바치지 말고 내시에게 대행할 것을 충고했다. 태종이 그 말대로 하자 태조는 술잔을 비운 후 숨겨 놓은 철퇴를 꺼내며 "다 하늘이 시킨 것이다."라고 했다.

- 《연려실기술》 권1, 〈태조 조 고사본말〉

이와 같이 함흥차사는 흥미있는 내용을 담고 있다. 그러나 그 내용 전체를 그대로 신뢰할 수 있을까? 본문에서 살펴본 바에 따르면 함흥차사 이야기는 사실과 다른 구조를 지니고 있음을 알 수 있다. 우선 죽은 박순은 함흥에 있는 이성계를 위무하기 위해 파견된 것이 아니라 조사의 난의 정황을 살피기 위해 동북면에 파견되었다가 그들에게 잡혀 죽었음을 거론한 바 있다. 그리고 무학 역시 동북면 쪽으로 파견되었다는 기록은 있으나 환궁에 결정적 역할을 수행했다는 기록은 남아 있지 않으니, 이 부분도 사실과 다름을 알 수 있다. 성석린은 박석명과 각각 동북면에 파견되어 태조의 환궁을 종용했음이 사료에 나타나고 있다.

후대에 윤색되었을 이 극적인 이야기는 태조가 태종을 얼마나 증오했는지를 잘 나타내 주고 있다. 아울러 여러 난관을 무릅쓰고 태조에게 태종이 용서를 받는 장면을 통해 왕권의 정통성을 확보하려 했던 태종 주변 인사의 의도를 엿볼 수 있고, '피는 물보다 진하다'라는 평범한 격언을 새삼 확인시켜 주는 정도로 이해하는 것이 보다 합리적인 접근 방법이 아닐까 한다.

왕조의 주인은 왕이다

태종이 정도전과 생사를 놓고 경쟁하게 된 이유는 정치적 입장과 함께 국가 운영 노선이 일치하지 않았기 때문이다. 특히 국가를 어떻게 운영할까 하는 입장에서는 서로 극과 극이었다. 정도전은 국가 운영에서 재상의 지위와 역할을 적극적으로 강조했다. 비록 조선이 왕조 체제라고는 하지만 이 왕조의 주도 세력은 재상이어야 한다고 생각했다. 왕은 훌륭한 재상을 판별해 임용하고 그의 보좌를 받아 결재만 하면 된다는 것이 그가 주장한 재상 중심제였다.

이런 입장은 자연 태종을 비롯한 종친들의 불만을 샀다. 수많은 피를 흘리며 온갖 악역을 담당하면서 이씨 왕조를 세워 놓았는데 정도전은 왕을 허수아비로 만들려고 한 것이다.

태종은 왕위에 오르자 명실상부한 국왕 중심의 통치 체제를 구축하려 했다. 그 결과가 육조직계제(六曹直啓制)라는 제도였다. 육조는 이조·호조·예조·병조·형조·공조를 지칭한다. 직계란 육조에서 의정부를 통하지 않고 곧바로 왕에게 업무를 보고하여 결재를 받는다는 뜻이다. 바로 이 직계라는 말 속에 강력한 왕권을 구현하려 한 태종의 의지가 들어 있다.

고려 말부터 국가의 중요 대사는 고위 관료들이 도평의사사(都評議使司)에 모여서 의논하고 결정했다. 따라서 국정 운영에서 재상을 비롯한 고위 관료들의 역할과 발언권이 강했다. 왕은 자신의 권한을 제대로 활용하지 못할 경우 고위 관료들이 결정해 놓은 사항을 추인하는 것으로 그 역할이 끝날 수도 있었다. 정도전은 재상의 권한을 강화시킴으로써 이런 체제를 더욱 확고히 하고자 했다.

왕권을 주창하는 태종에게 이런 상황이 용납될 리 없었다. 왕권 안정을 위해 개국 동지였던 공신이나 외척들도 사정없이 숙청하는 태종에게 강력한 재상의 존재는 외척의 위협 못지않게 부담스러운 것이었다.

태종은 재상들의 힘을 약화시키고 왕이 직접 국사를 챙기고자 했다. 재상들이 관장하던 국가 중요 대사의 심의결정 과정을 생략하고 곧바로 왕이 이 역할을 맡기 위해 육조직계제가 나타나게 된 것이다.

태종은 즉위하면서 행정부 개혁에 착수했다. 먼저 도평의사사의 업무와 권한을 대폭 축소했다. 기존에 국가재정 업무를 담당하던 삼사(三司)를 도평의사사에서 배제함으로써 도평의사사의 경제 업무를 없앴다. 더 나아가 아예 도평의사사를 폐지하고 대신 의정부라는 기구를 두었는데, 의정부는 삼정승을 중심으로 국왕의 정치에 자문하고 조언하는 역할을 했다. 의정부의 기능과 권한 및 인원이 기존의 도평의사사보다 대폭 줄어든 것은 물론이다.

태종은 기존의 도평의사사가 장악하고 있던 광범위한 업무와 권한을 육조에 골고루 분산시켰다. 인사권은 이조와 병조에, 재정 업무는 호조에 분담하는 식이었다. 동시에 3품에 불과하던 육조 판서의 지위를 2품으로 승격시켰다.

육조의 지위가 상승되면서 육조 판서들은 자신의 부서에서 담당한 업무를 의정부에 보고하지 않고 곧바로 왕에게 보고 결재받을 수 있게 되었다. 예컨대 병조에서는 국가의 기밀 사항, 시급한 업무 등은 의정부를 거치지 않고 곧바로 왕에게 보고했다. 이 같은 행정부 개혁은 급작스럽게 이루어진 것이 아니다. 1405년(태종 5)을 전후해 점차로 시행되다가 1514년(태종 14)을 기점으로 대대적으로 단행되었다. 이는 육조직계제란 것이 태종이 의정부 대신들의 힘을 약화시키고 왕권을 안정시키기 위해 장기간 구상하고 추진한 정책이었음을 보여 준다.

그러나 육조직계제가 시행되면서 반작용도 적지 않았다. 의정부 대신들의 반발 못지않게 폭증하는 업무를 왕이 혼자 처리하기가 힘들어진 것이다. 육조에서 보고되는 수많은 국정을 왕이 직접 확인, 결재하자면 의욕만으로 되는 것이 아니었다. 재상들의 힘을 약화시키기 위해 그들의 업무를 왕이 대신 떠맡은 셈이 되어 왕권이 강화된 만큼 일도 늘어난 것이다.

이에 따라 왕이 병이 들거나 또는 능력에 벅차 국사를 감당하기 어려울 경우에는 의정부 대신들의 역할과 기능이 강화되었다. 육조직계제 대신에 간간이 등장하는 의정부서사제(議政府署事制)가 그것이다. 이는 육조에서 담당 업무를 의정부에 보고하고, 의정부에서 다시 이 업무를 심의하는 제도였으므로 자연히 의정부의 역할이 커지게 되는 것이다.

명나라와의 외교 정상화

전통 시대 동양의 국제 질서는 중국을 중심으로 형성되었다. 중국 대륙을 석권한 세력은 동아시아의 패권자였다. 중국은 주변의 나라들과 독특한 외교 관계를 맺었는데, 중국적 세계 질서라 불리는 책봉(冊封) 체제가 그것이었다.

책봉 체제는 중국이 동아시아의 패권자로서 종주국이 되고 주변국은 제후국이 되는 형태였다. 중국 황제가 주변국들의 왕을 임명하고 이에 대해 주변국들의 왕은 정기적으로 사신을 보내 황제에게 조회했다.

당시에는 중국 황제의 승인을 받지 못한 왕이나 정권은 동아시아의 국제사회에서 고립되었다. 그렇게 되지 않기 위해서는 반드시 중국 황제의 승인을 받아야 했다. 그래야 동아시아 국제사회의 일원으로서 대접받고 중국의 선진 문물을 수용할 수 있었으며 국내적으로도 정치적 안정을 확보할 수 있었다.

중국 황제가 주변국들의 왕을 승인하는 징표는 고명(誥命)과 인신(印信)이다. 고명은 왕으로 임명한다는 임명장이고 인신은 도장이다. 중국의 황제는 자신이 임명한 주변국 왕의 권위를 보장해 주기 위해 특별히 도장을 보내 주었다. 이 도장은 왕의 권위를 나타내기 위해 금으로 만들거나 아니면 도금을 하므로 금도장[金印]이라고도 한다. 그 밖에 명나라에서는 왕이나 왕비가 입을 옷이나 모자, 혁대 등을 보내 주기도 했다.

개국 이전부터 친명 노선을 추구하던 태조 이성계는 왕위에 오른 후 명나라 황제에게 고명과 인신을 요청했다. 그러나 이 요청이 성사되기까지는 10여 년의 세월이 걸렸다. 여기에는 조선과 명나라 양국 간의 국경 마찰 등 외교 현안이 작용했다.

태조 이성계는 왕위에 오른 4년 후 정총(鄭摠)을 명나라에 파견해 고명과 인신을 요구했다. 그러나 명나라는 주청문의 내용과 표현이 공손하지 못하다는 트집을 잡아 이를 거절했다. 이후 정도전은 요동 정벌을 계획하고 명나라의 홍무제는 조선을 공격하겠다고 협박하는 등 양국 관계가 극도로 경색되어 고명과 인신 문제는 뒷전으로 밀려났다.

험악해진 조선과 명나라의 외교 관계는 양국의 실력자인 정도전과 홍무제가 사라지면서 풀리기 시작했다. 조선에서는 제1차 왕자의 난으로 정도전이 제거되고 이방원이 실력자로 부상했다. 이즈음 대조선 강경 노선을 고수하던 홍무제도 세상을 떠났다.

태조를 이어 왕위에 오른 정종은 다시 친명 정책을 추진하고 우인열을 하정사로 보내 고명과 인신을 요청했다. 명나라의 내부 사정도 조선에 유리하게 전개되었다.

명나라는 홍무제가 사망한 후 심각한 내전 상태에 접어들었다. 2대 황제로 즉위한 건문제(建文帝)는 자신에게 위협이 되는 종친들을 제거하려 했다. 개국 초의 명나라는 종친들을 왕으로 봉작해 변방의 수비를 맡겼기 때문에 종친들은 군사력을 갖춘 실력자들이었다. 건문제에게 이런 종친들은 위협적인 존재로 다가오지 않을 수 없었던 것이다.

그러나 종친을 제거하려던 건문제는 오히려 종친의 반격을 받았다. 건문제의 삼촌이며 강력한 군사력을 갖추고 있던 훗날의 영락제(永樂帝)가 반란을 일으킨 것이다. 당시 연왕(燕王)으로 있던 영락제는 건문제 주위에 있는 간신들을 없앤다는 명분으로 군대를 일으켰다. 노련한 영락제는 건문제의 군사들을 무찌르면서 수도 남경을 향해 남진하기 시작했다.

다급해진 건문제는 조선의 요청을 거절할 수가 없었다. 조선이 영락제에게 협력할 것이 두려웠던 것이다. 우인열을 통해 보낸 문서에서 건문제는 조선이 영락제에게 협력하지 말 것을 당부했다. 물론 고명과 인신도 허락하고 조선에 사신을 파견했다.

그러나 사신이 떠난 지 며칠 지나지 않아 건문제는 정종이 갑자기 왕위를 아우에게 양위했다는 보고를 받았다. 건문제는 조선의 내부 사정에 의심을 가지고 조선으로 가던 사신을 중도에서 불러들였다. 결국 정종도 명나라로부터 고명과 인신을 받지 못했다.

왕위에 오른 태종도 정종에 뒤이어 명나라에 고명과 인신을 요청했다. 건문제는 조선의 내부 사정이 의심스럽기는 했지만 내전 상태라 어쩔 수가 없었다. 건문제는 태종의 요청대로 고명과 인신을 허락했다. 사신이 1401년(태종 1) 6월 12일에 조선에 도착해 태종에게 고명과 인신을 전했다. 조선이 개국된 지 근 10년 만의 일이었다.

건문제는 삼촌 영락제와 3년 동안 싸우다가 결국 패하여 자살했다. 건문제의 뒤를 이어 영락제가 3대 황제 자리에 올랐다. 명나라에 새로운 황제가 탄생한 것을 탐지한 태종은 재빨리 영락제에게 하륜을 보내 축하의 뜻을 표했다.

명나라의 현지 상황을 파악한 하륜은 축하뿐만 아니라 영락제에게 새로운 고명과 인신을 요청했다. 영락제는 조선이 건문제에게서 이미 고명과 인신을 받았는데도 불구하고 자신에게 새로운 고명과 인신을 요청하자 몹시 기뻐했다. 조카를 내쫓고 황제에 오른 자신의 권위와 정통성을 조선이 알아서 세워 주었기 때문이다. 하륜의 요청을 받은 영락제는 바로 고명과 인신을 내주었다. 하륜이 고명과 인신을 가지고 한양에 도착한 때가 1403년(태종 3) 4월 8일이었다.

태종과 영락제에 이르러 조선과 명나라의 관계는 완전히 정상화되었다. 명나라에서 고명과 인신을 받은 태종은 왕권을 안정시키는 데 많은 도움을 받았다. 또한 등극 과정에 약점을 갖고 있던 영락제도 태종에게 우호적인 입장을 견지했다. 태종도 많은 무리를 일으키면서 왕위에 오르기는 마찬가지였다. 두 사람은 동병상련의 관계에 있었던 것이다.

이로써 조선 시대의 대명 사대 외교가 정착하게 되었으며 동아시아의 국제 정세도 안정기에 접어들게 되었다.

폐세자가 된 양녕대군

1418년(태종 18) 8월 3일, 지난 14년간 세자의 자리에 있던 양녕대군이 쫓겨났다. 공식적인 이유는 방종과 음행을 일삼아 세자로서의 처신을 지키지 못했다는 것이었다. 세자에서 쫓겨난 양녕은 경기도 광주로 추방되고 대신 충녕대군이 세자에 지명되었다.

양녕대군은 1394년(태조 3)에 태종 이방원과 원경왕후 민비의 큰아들로 태어났다. 태종과 민비는 양녕을 얻기 전에 이미 세 명의 아들을 보았으나 이들은 모두 병으로 요절했다. 이 같은 일을 겪은 태종은 양녕대군이 태어나자 또 큰일이 날까 염려해 처가에서 키우도록 했다. 이에 양녕은 어린 시절을 외할아버지 민제(閔霽)의 집에서 보내게 되었다. 1404년(태종 4) 태종의 적장자로서 열한 살에 세자에 책봉되었다.

양녕대군은 세자에 책봉된 후 무수한 기행으로 물의를 일으켰다. 착실히 공부하면서 차기권자로서의 준비를 해줄 것을 기대하는 아버지와 관료들의 바람과는 정반대로 행동했다. 공부는 아예 무시하고 활쏘기를 즐기거나 한밤중에 대궐을 빠져나가 기생과 놀아나기 일쑤였다.

세자의 파행은 그와 가까운 사람들을 죽음으로 몰아넣었다. 그가 가까이했던 하층민들과 여인들, 그리고 내시들이 세자 대신 귀양을 가거나 죽는 등 벌을 받았다.

세자의 파행은 외척의 득세를 근심하던 태종의 우려를 더욱 자극했다. 특히 기가 센 부인과 기세등등한 처남들을 둔 태종은 이들이 세자를 끼고 권세를 농단할까 근심하고 있었다. 이런 와중에 태종이 병이 들어 세자에게 양위하겠다는 명을 내리는 사건이 벌어졌다. 하지만 태종은 민씨 형제들이 이를 환영했다며 트집 잡아 민무구와 민무질을 자살하게 했다.

이 사건으로 원경왕후가 병석에 드러누웠다. 왕후의 동생들인 민무회(閔無悔)와 민무휼(閔無恤)이 병문안 차 대궐에 들어왔다가 세자에게 억울함을 호소하게 되었다. 그러나 이때 세자는 민무구와 민무질이 잘못했다고 나무랐다.

이후 세자는 궁 밖의 수많은 여성들과 놀아나면서 기행을 일삼았다. 아버지에게 들켜서 반성문을 쓰고 잘못을 뉘우치는 등의 일이 되풀이되었다. 결국에는 곽선의 첩 어리(於里)에게 빠져 아이까지 출생하고 말았다. 이를 안 태종이 노발대발하여 어리를 쫓아냈다.

세자는 어리를 잊지 못했다. 그의 장인 김한로(金漢老)에게 부탁해 몰래 어리를 궁으로 들이고 말았다. 그러나 이 일이 태종에게 발각되면서 사태는 더 이상 수습할 수 없는 지경에 이르렀다.

태종은 김한로가 세자에게 아부하면서 권세를 휘두르려 한다고 의심했다. 세자를 바른 길로 인도해야 할 장인이 세자가 하자는 대로 따라한 것은 크나큰 불충이라고 몰아붙였다. 결국 김한로를 유배에 처하고 세자는 궁에서 나가 근신하도록 했다.

그런데 근신해야 할 세자는 궁에서 쫓겨 나오자 바로 어리를 찾아갔다. 태종은 세자가 자신을 무시하고 안하무인격으로 행동하는 것을 더 이상 참지 못했다. 태종은 신하들에게 세자를 폐할 뜻을 내비쳤고 대부분의 신료들이 여기에 찬성했다.

양녕대군을 폐세자시킨 후에는 누구를 세자로 세울지 의견이 분분했다. 양녕에게 이미 다섯 살과 세 살 된 두 아들이 있었기 때문이었다. 이에 일부 신료들은 양녕의 큰아들을 세자로 책봉해야 한다고 하고, 또 일부는 어진 사람 중에서 골라야 한다고 하고, 또 일부는 인력으로는 잘 모르는 일이니 점을 쳐서 선택하자고 했다.

태종도 처음에는 어떻게 해야 할지 판단이 서지 않았다. 처음에는 양녕의 큰아들을 세자에 책봉하려고 했다. 그러다가 부인 민씨에게 이 문제를 상의하자 부인은 양녕의 형제 중에서 세자를 세우면 훗날 큰 문제가 발생할 것이라 우려했다. 그러나 일부 신료들이 이에 대해 반대하고 나오자 태종과 민비도 점을 쳐서 후계자를 선정할까 생각을 정리하고 있었다.

그런데 태종은 갑자기 무슨 생각을 했는지 어진 사람 중에서 골라야 한다고 결심하고 충녕대군을 세자로 지명했다. 이에 많은 신료들이 찬성하여 충녕대군이 양녕대군을 대신해 세자에 책봉되었다.

양녕대군이 세자에서 밀려난 이유에 대해서는 여러 가지 의견이 있다. 태종이 일찍부터 충녕대군에게 마음을 두고 있는 것을 눈치챈 양녕이 일부러 파행을 일삼았다는 설도 있고, 반대로 태종의 독단으로 세자를 몰아냈다는 이야기도 있다.

그러나 세자 교체의 이유는 다른 곳에서 찾아야 할 듯싶다. 그것은 개국 직후의 왕조를 안정시키는 데는 글과 문장이 필요한데 양녕은 거기에 부적합했던 것이다. 그에 대신하여 세자로 지명된 충녕은 왕조를 수성(守成)하는 데 필요한 조건을 두루 갖추고 있었다. 양녕을 대신해 충녕을 세자로 지명한 것은 양녕 개인의 사양이나 태종의 독단 못지않게 시대에 필요한 조건을 양녕이 갖추지 못했기 때문일 것이다.

태종은 자신이 창업 군주이니 후계자는 수성 군주라야 한다는 생각을 가지고 있었다. 그리하여 자신이나 자신의 아버지 같은 양녕보다는 글 잘하고 참을성 있는 충녕을 후계자로 고른 것이다. 양녕 대신 세자에 지명된 충녕은 훗날 세종이 되고 세종에 의해 조선 왕조는 안정과 번영의 길로 들어서게 된다. 결과적으로 좋은 결실을 맺은 조처였다고 평가할 수 있다.

태종의 외척 제거

세종은 조선 시대 최고의 임금으로 꼽히는 인물이다. 집현전 설치, 뛰어난 학자들 양성, 한글 창제, 천문 관측 기술 발전, 무기 개발, 음악 발전 등 수많은 문화적 업적들이 그의 시대에 이루어졌다. 사람들은 그의 업적을 입에 침이 마르도록 칭찬하며 모든 공을 세종에게 돌리고 있다.

하지만 세종의 문화적 업적이 가능하게 된 배경에는 태종의 길닦이 작업이 있었음을 알아야 한다. 제1·2차 왕자의 난을 거쳐 왕위에 오른 태종은 재위 기간 동안 이룩했던 정치·경제 분야의 정책만큼이나 냉혹한 피의 숙청으로 유명한 사람이다. 그를 도왔던 많은 공신들이 자신도 모르는 사건에 연루되어 하나둘씩 죽어 나갔고, 그 대열에는 왕실의 외척들도 포함되어 있었다.

그 첫 희생양이 바로 여흥 민씨 민제의 집안이다. 여흥 민씨는 자신의 첫째 부인인 원경왕후의 본가이니 태종 입장에서는 처가인 셈이다. 민무구, 민무질, 민무휼, 민무회는 바로 자신의 처남들이다.

민무구와 민무질은 정사(定社)·좌명(佐命)공신에 책봉될 정도로 태종이 왕이 되는 데 큰 공훈을 세웠다. 게다가 왕실의 외척이었으니 당대에 제일가는 가문이다. 더구나 세자 양녕이 이들의 집에서 성장했으므로 장차 왕위를 잇게 되었을 때 외숙부라는 지위를 이용해 정치를 좌지우지할 수도 있었다. 강력한 왕권 확립을 지향했던 태종에게 그들은 처남이기보다 위험한 존재들이었다.

매형과 처남 사이면서도 정적이라는 미묘한 입장에서 유지되던 이들의 관계는 1407년(태종 7) 7월에 이르러 민무구·민무질 형제의 옥사가 일어남으로써 끝장나고야 말았다. 당시 이들을 탄핵했던 사람은 영의정부사 이화(李和)였으며, 그 죄목은 1406년(태종 6) 선위(禪位) 파동 때 이들이 금장(今將)의 마음을 품었다는 것이다.

1406년에 일어난 선위 파동과 금장의 마음을 품었다는 것은 무슨 말인가? 선위란 왕의 생전에 자신의 지위를 물려주는 것으로 태종이 당시 세자였던 양녕대군에게 왕위를 물려준다는 것이다. 금장의 마음을 품었다는 것은 말 그대로 하면 '장차 어찌해 보려는 마음을 품었다는 것'이다. 즉 당시 태종이 왕위를 물려주겠다고 했을 때 모든 신하들은 이에 반대하고 어명을 철회해 줄 것을 강력히 요구했다. 그런데 민씨 형제들은 도리어 얼굴에 기뻐하는 빛을 보이다가 명령이 철회된 뒤에는 얼굴에 원망하는 기색을 띠었다는 것이다. 다시 말하면 그들은 태종이 왕위를 물려준다고 했을 때 세자인 양녕대군을 끼고서 정권을 주무르려는 희망을 가졌다가 명령이 철회되자 실망하는 기색을 보였다는 것이다. 이화의 주장대로라면 이들은 그야말로 태종에게 역심을 품은 대역죄인인 셈이다.

이에 따라 이들의 공신녹권과 직첩은 곧바로 회수되었고 여흥과 안동으로 각각 유배가게 되었다. 1년 뒤인 1408년에는 이들의 죄를 정식으로 인정하는 교서가 반포되었고, 다시 이무의 옥과 조호의 난언 사건에 연루되어 제주도로 유배되었다가 그곳에서 자진했다.

맏형인 민무구와 둘째인 민무질의 죽음으로 민씨 일가에 대한 태종의 견제는 충분한 듯 보였다. 사실 공신이자 외척으로서 최고의 위치에 있었던 두 형제가 제거됨으로써 민씨 집안이 가지고 있던 힘은 급격히 위축되었다고 할 수 있다. 그러나 1415년(태종 15) 4월에 노비 소송을 둘러싼 시비에 말려들어 민무회가 옥에 갇히게 되었을 때에야 사람들은 민씨 일가에 대한 태종의 견제가 끝나지 않았음을 알게 되었다. 당시의 사건은 민무회가 공연히 남의 사정을 옹호한 단순한 사건에 그치는 듯 보였다. 그러나 세자의 갑작스런 개입으로 사태는 급변했다. 즉 세자는 같은 해 6월에 다음과 같이 말했다.

지난 계사년 4월에 중궁이 아프셔서 저와 효령, 충녕이 궐내에 있었는데, 민무회와 민무휼도 문안을 왔었습니다. 두 아우가 약을 받들고 안으로 들어가서, 신과 두 민씨만이 있게 되었습니다. 민무회가 가문이 패망하고 두 형이 죄를 받게 된 연유에 대해 말하기에 신은 "민씨 가문은 교만 방자하여 법을 어김이 다른 성씨에 비할 바가 아니니, 화를 입음이 마땅하다."라고 책망했습니다. 민무회가 신에게 "세자는 우리 가문에서 자라지 않으셨습니까?"라고 말하기에 저는 잠자코 있었습니다. 조금 있다가 안으로 들어가는데 민무휼이 저를 따라와 "민무회가 실언을 했으니 이 말을 드러내지 마십시오."라고 말하기에, 제가 오래도록 여쭙지 못했습니다. 오늘날에도 개전할 마음이 없고, 또 원망하는 말이 있으므로 감히 아룁니다.

– 《태종실록》 권26, 태종 15년

그야말로 경천동지할 내용이었다. 민무회가 태종이 자신의 형을 죄준

데 대해 억울한 마음을 품고 있다는 사실이 태종에게 알려진 것이다. 곧 민무회는 불충의 대역죄를 저지른 셈이며 민무휼은 그 사실을 알고도 묵인한 불고지죄를 저지른 셈이다. 이에 놀란 신하들은 이들을 죄주자는 상소를 빗발치듯이 올렸고 결국 이들 두 형제는 직첩을 회수당한 채 서인 신분으로 서울의 외방에 거주하는 형벌을 받게 되었다.

그리고 그해 12월 태종에게 원윤(元尹) 비(裶)의 참고(慘苦) 사건이 알려짐으로써 두 형제는 결국 죽임을 당하게 되었다. 이 사건은 태종 2년 12월에 태종이 관계했던 노비가 출산한 아기를 원경왕후가 질투해 길거리에 방치해 죽이려고 했던 일을 말한다. 비록 아기는 지나가던 승려와 하늘의 도움으로 살아났지만 왕의 씨앗을 죽이려고 했던 사실이 이때에 알려짐으로써 민씨 형제가 그 죄를 입게 된 것이다. 사실 일의 책임이야 원경왕후가 져야 되겠지만 태종은 그 책임을 민무휼과 민무회에게 물은 것이다. 결국 이 두 형제는 각기 청주와 원주로 유배를 당했다가 나흘 만에 스스로 목을 매 죽었다.

태종의 외척 제거는 민씨 일가에만 그치지 않았다. 민씨가 제거되고 충녕대군이 세자로 책봉되었을 때, 충녕대군의 처가였던 청송 심씨 가문은 자연스럽게 왕권을 위축시킬 수 있는 가능성을 가진 외척이 되어 버렸다. 이제 충녕대군의 장인 심온(沈溫)은 태종에게 견제받는 위치에 있게 되었다.

급기야 1420년(세종 2) 태종이 군권을 쥐고 상왕으로 있을 당시 심온이 사은사로 명나라에 가는 길에 사건이 터졌다. 당시 심온의 동생 심정이 병조판서 박습과 함께 상왕 태종이 병권을 장악하고 있는 것을 비난했던 일이 조정에 알려진 것이다. 결국 심온은 귀국 도중 의주에서 체포되었고, 수원으로 압송되어 죽임을 당했다. 이 사건은 훗날 왕의 장인으로서 그 세력이 커지는 것을 염려한 태종과 좌의정 박은의 무고로 밝혀

저 심온은 신원(伸寃)되었다. 그러나 태종이 계획했던 외척 제거는 이루어진 셈이다.

외척 세력의 정치 배제는 왕권 확립과 공정한 정치 활동을 하기 위해 고려 시대부터 유지되던 원칙이었다. 조선 또한 이 원칙을 받아들였다. 특히 강력한 왕권 확립을 추구했던 태종 입장에서 외척은 왕권을 위협하는 위험한 존재로 보였던 것이다. 자신의 뒤를 이어 왕위에 오르게 될 자손들이 마음 놓고 수성 군주로서의 뜻을 펼칠 수 있도록 길을 닦아 놓는 창업 군주로서의 면모라고나 할까. 결국 세종 시대에 꽃피웠던 찬란한 문화는 태종이라는 냉혹한 선왕이 있었기에 가능했던 것이다.

태종의 불교 정책

왕위에 오른 지도 어언 5년이 지났건만 태종은 마음이 언짢았다. 태종 5년이라면 그를 미워해 함흥으로 떠났던 아버지 태조가 곁으로 돌아오고, 서북면 지역에서 일어났던 조사의의 난을 토벌함으로써 자신에게 불만을 가진 세력들도 제거된 때였다. 정치도 이제는 제법 틀이 잡혀서 개국 초창기의 어수선함이 상당히 극복되어 있는 상태였다. 왜구의 침입도 뜸해져서 백성들은 생업에 전념하고 있었다.

나라는 안정기에 접어들었는데 도대체 무엇이 그리도 그의 마음을 불편하게 했을까? 그것은 다름 아닌 돈 문제였다. 나라를 운영하고 군사를 양성하자면 돈이 필요한데, 국고는 바닥이 나 있었다. 물론 백성들로부터 거둬들이는 세금이 있었지만 필요한 지출에 비해서는 부족한 상태였다. 국가재정이 이러한 상태이고 보니 자신의 정변을 도와주었던 공신들에게 나누어 줄 몫이 없었다.

당시의 불교계는 고려 때 국가로부터 받았던 토지와 노비를 고스란히 가지고 있었다. 고려 말 사찰이 가진 토지는 약 10만 결 정도였다. 이 토지는 과전법을 시행할 때에도 국고로 환수되지 못했고, 태조 때에도 아무런 조치가 취해지지 않았으니 태종 때에도 같은 규모로 남아 있었다. 1403년(태종 3)에 집계된 전국 토지가 약 80만 결이었다는 점을 감안할 때 불교계가 가진 토지 크기가 어느 정도였는지는 쉽게 짐작할 수 있다.

그런데 전국 토지의 8분의 1을 차지하고 있는 사찰 토지는 국가에 전혀 세금을 내지 않고 있었다. 뿐만 아니라 그 토지를 경작하기 위해 지급된 노비는 국가가 어찌할 수 없는 사찰의 재산이었다. 더구나 일부 승려들은 넘치는 부를 주체 못해 술을 마시고 여자와 놀아나는 파계 행위를 서슴지 않고 있었다. 상황이 이러하니 토지를 회수해 국고를 채우고 노비를 관청에 소속시켜 재원으로 삼는다면 그가 가지고 있는 고민은 쉽게 해결될 수 있었다.

사실 태종은 재위 초반부터 이러한 사실을 잘 알고 있었다. 즉위한 지 얼마 지나지 않은 1402년(태종 2) 4월 드디어 불교에 대한 칼을 뽑아 들었다. 사찰이 가지고 있는 토지 중에서 규정 외의 토지를 모두 군자감에 소속시키자는 서운관의 상소를 받아들인 것이다. 그러나 불교계에는 국사였던 무학이 있었으며, 그의 뒤에는 태조가 버티고 있었다. 결국 이들에 의해 태종의 정책은 넉 달 뒤 수포로 돌아가고 말았다.

태종의 눈에는 무학이 태조를 따라다니면서 자신의 불교 정책을 번번이 좌절시키는 얄미운 존재로 보였다. 《태종실록》은 태종의 이러한 마음을 다음과 같이 기록하고 있다.

불교의 도는 내려온 지가 오래 되어 나는 헐뜯지도 않고 칭찬하지도 않으려 한다. 그러나 그 도를 다하는 사람이면 나는 마땅히 존경해 섬기겠다. 지난날에 승려 자초(무학)는 사람들이 모두 떠받들었으나 끝내 득도(得道)한 경험이 없었다. 이와 같은 무리를 나는 길 위를 지나다니는 행인처럼 본다. 만약 지공(指空)과 같은 승려라면 어찌 존경하며 섬기지 않을 수 있겠는가?

- 《태종실록》권27, 태종 14년

한때 국사였던 고승에 대한 평가치고는 가혹하다고 할 정도다. 태종 5년까지 상황이 이러했으니 어찌 그의 마음이 편할 리가 있었겠는가. 그런데 태종에게 기회가 찾아왔다. 그렇게도 자신의 일을 방해하던 무학이 1405년(태종 5) 9월에 세상을 떠난 것이다. 그리고 같은 해 11월에는 금산사의 주지인 도징이 사찰의 여종인 강장·강덕 형제와 간통하고 공금을 남용했으며, 와룡사의 주지인 설연은 그 절의 여종인 가이를 비롯한 다섯 명과 간통한 사건이 조정에 알려졌다. 조정의 신료들은 사찰의 토지와 노비를 국고로 거둬들여 부족한 재정을 보충하는 한편 승려들이 불교 본래의 뜻에 충실하도록 하자는 상소를 올렸다. 태종으로서는 내놓고 말할 수는 없지만 진실로 원하던 바라고 할 만한 상황이었다.

드디어 1406년(태종 6) 3월, 전국의 사찰이 가지고 있던 토지와 노비가 국고로 환수되었다. 동시에 12종파였던 불교계의 종파도 일곱 개로 축소되었다. 국가가 지급했던 사찰의 토지와 노비는 10분의 1로 줄어들었으며, 이 위기를 모면할 수 있었던 사찰은 오직 242사에 불과할 뿐이었다.

이러한 조치는 불교계에 내려진 철퇴나 다름없었다. 자신들이 가지고 있던 토지와 노비를 빼앗겼으니 얼마나 분통이 터질 노릇이겠는가. 그러나 그들의 방패막이가 되어 주었던 무학이 이미 세상을 떠나 버린 뒤였다. 더구나 태조도 무학이라는 날개를 잃어버린 채 별다른 도움을 주지 못하고 있었다. 승려들이 할 수 있는 일이란 조계종 승려 성민이 수백 명의 승려와 함께 하염없이 신문고를 쳐보는 것에 불과했다.

이를 '7종 242사로의 불교 교단 정리'라고 하며 태종 대에 취해진 가장 가혹한 불교 정책으로 꼽힌다. 물론 태종 대에는 이 정책 외에도 많은 불교 정책이 시행되었다. 예컨대 승려 자격증인 도첩제(度牒制)의 발급 기준을 강화한 것, 승려들이 도성 출입을 못하게 한 것, 사찰을 중수하지 못하게 한 것 등을 들 수 있다. 그러나 경제권을 장악함으로써 불교계의 자연도태를 기도하는 한편 국가의 재정을 넓혔던 정책에 비하면 무게가 약한 정책이었다.

이처럼 태종이 불교에 대해 가혹한 정책을 실시한 이유로 사람들은 그의 유교적 성향을 이야기한다. 그는 문과에 급제한 사람이었다. 그만큼 학식이 있었고 유학적 소양이 깊었다. 그래서인지 그의 장례는 오로지 유교식으로만 거행되었다.

당시 왕이나 왕비가 죽으면 자신의 무덤 옆에 사찰을 세우는 것이 일반적이었다. 예를 들면 태조 이성계의 무덤 옆에는 개경사라는 사찰이 있었다. 태조 이성계의 첫 번째 부인인 신의왕후의 무덤 옆에는 연경사라는 사찰을 세웠다. 또한 이성계의 두 번째 부인인 신덕왕후의 무덤 옆에는 흥천사라는 사찰을 세웠다. 태종의 부인인 원경왕후의 능에도 사찰을 세웠을 정도였다. 그러나 그 자신의 무덤에는 사찰을 세우지 않았다.

자복(資福) 사원으로 불리는 이들 사찰들은 무덤에 묻힌 사람들의 명복을 빌어 주고 후손들의 복을 빌어 주는 기능을 담당하고 있었다. 왕실이나 국가는 자복 사원의 역할을 하는 사찰에 토지나 돈을 주는 재정적 지원을 함으로써 본래의 역할에 충실하도록 하는 것이 당시의 일반적 세태였다. 그런데 유독 태종의 능 옆에만 사찰이 세워지지 않았다. 그의 불교에 대한 태도를 보여 주는 대목이다.

그러나 《조선왕조실록》에는 이와 정반대되는 사실도 전하고 있다. 즉 태조의 병을 낫게 하기 위해 팔뚝에 향을 놓고 사르는 연비도 하였는가 하면, 원경왕후의 병이 낫기를 기원하는 불사도 왕궁에서 개최했다. 또한 국가에 기근이 들거나 가뭄이 들었을 때에도 자주 불사를 개최했다는 기록이《조선왕조실록》에 남아 있다.

그의 불교에 대한 지원 중에서 가장 큰 규모는 아마도 강원도에 있는 각림사와 유점사일 것이다. 각림사는 태종이 어렸을 때부터 머물면서 독서하던 곳이었고, 유점사는 왕이 행차해 사냥하던 곳이기 때문에 보호해야 한다는 명분이 있었다. 그래서 그는 이 사찰들에 토지를 지급했을 뿐만 아니라 그가 내린 결정에 모순되는 사찰의 중수를 허가하기도 했다.

이처럼 상반된 태종의 모습은 결코 개인행동에 의해 평가될 수 없음을 의미한다. 물론 문과 출신인 그가 불교를 밉게 본 점도 있지만, 이와 같은 개인적인 기준만으로는 모순되게 나타나는 국가정책을 이해할 수 없다. 역시 정치는 정치 논리로서 바라볼 때 태종이 취했던 이중적 입장이 자연스럽게 이해될 수 있을 것이다. 한마디로 그의 정책은 국가 운영에 필요한 인적·재정적 자원을 마련하기 위한 불교계의 구조 조정이었다. 그렇다고 이것으로 구조 조정이 끝난 건 아니었다.

선종과 교종으로 통합된 불교 교단

1424년(세종 6) 4월, 조선은 불교에 대해 두 번째 구조 조정을 실시했다. 그때까지 일곱 개로 나뉘어 있던 불교 종파를 선교양종(禪敎兩宗)으로 통합하고, 전국의 사찰을 서른여섯 개로 정리해 버린 것이다. 당시 예조가 계획안을 작성해 올린 이 정책의 대강은 다음과 같다.

불교의 도리는 선교양종일 뿐입니다. 지금은 세월이 흐르고 가르침이 잘못 이해되어 일곱 개의 종파로 나뉘게 된 것입니다. 바라옵건 대 전국의 불교 종파를 선종과 교종으로 나누고 각각의 종파에 열여 덟 개의 사찰만을 소속시키며 나머지는 없애 명예와 이익을 탐하지 못하게 함으로써 승려들로 하여금 부처님이 설한 본래의 가르침을 닦도록 하시옵소서.

-《세종실록》권23, 세종 6년

여기서 선종과 교종에 소속되는 서른여섯 개의 사찰은 국가로부터 토지를 지급받는 사찰을 의미한다. 따라서 나머지 사찰을 없애라는 말은 사찰을 헐어 버리라는 말이 아니라 사찰에 대한 국가의 지원을 중단하겠다는 뜻이다. 현재 우리나라의 종교 단체들은 국가로부터 세금을 면제받고 있다. 즉 교회나 사찰을 비롯한 종교 단체에 내는 신도들의 헌금이나 공양은 국가로부터 치외법권적인 특권을 누리고 있는 셈이다. 그런데 만약 국가가 이 치외법권적인 영역을 침범하여 소득세를 내라고 하면 어떻게 될까? 아마 사회에 미치는 혼란은 엄청날 것이다.

세종 대의 36사 정비는 무게의 차이는 있을지언정 이와 동일한 성격을 가지고 있었다. 토지가 중요한 세금의 원천이었던 당시에 국가가 토지를 사찰에 지급한다는 것은 국가로부터 면세권을 받는다는 것을 의미한다. 그렇기 때문에 36사로 제한했다는 것은 이들 사찰만이 면세 혜택을 받았음을 뜻한다. 나머지 대부분의 사찰은 국가에 세금을 내야만 했던 것이다.

어떤 이는 '유교 국가에서 서른여섯 개의 사찰이라도 면세를 받았다면 그게 어딘가'라고 반문할지 모른다. 하지만 토지 규모를 이전 시기와 비교하면 생각이 달라질 것이다. 즉 고려 시대 사찰이 가지고 있던 토지의 규모는 총 10만 결에 달했을 것으로 추산된다. 그런데 이때 36사에 지급된 토지는 약 7천여 결이었다. 그러니까 세종 대의 정책은 그 규모를 10분의 1 이상으로 축소시킨 파격적인 조치였던 셈이다.

더구나 이때에는 불교의 다양한 종파적 특성을 무시한 채 선종과 교종으로 단순화시켜 버렸다. 불교의 입장에서 볼 때 이는 말도 안 되는 정책이었다. 그런데 조선의 집권자들은 통치의 편의라는 입장에서 다양한 교리는 무시한 채 교종과 선종으로 크게 구분하고 나머지의 여러 종파들을 정리하겠다는 것이었다.

사실 이러한 정책의 빌미를 제공한 쪽은 역설적으로 불교계였다. 즉 1424년(세종 6) 2월에 흥천사(興天寺)에 시험을 실시하기 위해 모였던 승려들이 금주령을 어기고 공금도 횡령한 일이 벌어졌다. 당시 흥천사는 불교 관할 관청인 승록사가 설치되어 있던 사찰로 선종의 중심 사찰이었다. 더구나 과거 시험에 해당되는 시험을 감독하기 위해 흥천사에 모였던 승려들은 당시 불교계의 원로이면서 핵심적인 인물들이었다. 그런데 이들이 금주령을 어기고 술을 마시고 또한 공금을 제멋대로 사용했다.

가뜩이나 승려들이 사찰에 거주하는 노비를 간음하며, 재산을 모아 사치스런 생활을 하는 등 도덕적 물의를 일으켜 사대부들은 곱지 않은 시선을 보내고 있었다. 더구나 군사력과 재정 확충을 위해 국가는 사찰 토지와 노비를 몰수할 기회만 노리고 있던 상황이었다. 그런데 가장 고결하고 깨끗해야 할 흥천사에서 이러한 일이 벌어졌으니 불교를 공격하려는 유학자들의 입장에서는 절호의 기회를 잡은 셈이었다. 사헌부를 시작으로 사대부들의 불교 배척 상소는 4월까지 계속되었고 그 결과가 선교양종 36사의 정리로 나타났다.

유교와 불교가 같음을 주장한 승려 기화

왕사 무학의 입적, 태종의 사찰 토지와 노비 회수, 선교양종 36사로 불교 교단 정비를 시작으로 불교계에 어둠이 깃들었다. 무학과 태조의 노력으로 어느 정도 교세는 유지됐으나 무학이라는 구심점이 사라지자 불교는 바야흐로 쇠퇴의 길로 접어들었다. 이때 무너지는 불교계를 떠안은 승려가 있었으니 그가 바로 기화(己和)다.

그의 속성은 유(劉)씨이며 본관은 충주다. 기화는 그의 이름이며, 호를 득통(得通)이라 했다. 혹은 그가 거처하던 집의 이름을 따서 함허당(涵虛堂)이라고도 했으며 이름과 집의 이름을 붙여서 함허당 기화라고도 했다. 그가 죽은 후 제자가 쓴 행장에 기이한 탄생 설화가 전해지고 있다.

> 그의 어머니인 방(方)씨가 아이를 갖지 못하자 애 낳기를 기원했다. 기도가 효험이 있었는지 그날 밤 한 성인의 손에 이끌려 온 조그만 아이를 품안에 받아들이는 꿈을 꾸고 곧바로 태기를 느껴 그를 낳았으니 이때가 1376년이었다.
>
> ─《함허화상어록(涵虛和尙語錄)》

그의 어머니가 꾼 신비한 태몽 탓일까? 그는 어려서부터 신동 기질을 드러냈다. 행동거지가 평범한 아이들에 비해 다른 면이 있었으며, 어린 나이에도 불구하고 유교의 이치를 통달했다. 글을 쓰는 데에서도 남다른 재주가 있어 주위의 사람들은 그가 자라서 나라의 큰 기둥이 될 것이라고 입을 모았다. 이러한 주위 사람들의 기대에 부응하듯 그는 곧 성균관에 입학해 과거 시험 공부에 열중했다. 머지않아 그는 과거에 급제해 훌륭한 유학자가 될 듯이 보였다. 그러나 성균관 입학은 그의 유학자로서의 인생을 바꿔 놓는 계기가 되었다.

그의 나이 스물한 살이 되던 해, 성균관에서 같이 공부하던 동료가 어느 날 갑자기 죽었다. 보통의 인간사로 간단히 치부해 버릴 수도 있는 일이었건만, 성격이 예민해서였는지 혹은 승려가 되려는 인연이 있어서였는지, 이 사건은 그에게 큰 충격을 안겨 주었다. 그는 생로병사의 고통과 인생사의 무상함을 느껴 급기야 출가했다.

그가 출가해 찾아간 곳은 회암사였다. 그의 나이 스물한 살인 1396년 (태조 5)이었으니 조선이 세워진 지 5년이 흐른 뒤였다. 또한 태조의 도움으로 회암사가 막 번창하기 시작하던 무렵이었다. 더구나 태조의 곁에는 무학이 있었으며, 태조의 회암사에 대한 지원은 사실상 무학에 대한 지원이나 마찬가지였다. 이를테면 회암사는 왕실의 도움을 받는 불교의 중심 사찰이었던 셈이다.

더구나 회암사에서 그에게 가르침을 준 스승은 무학이었다. 조선 시대 처음이자 마지막인 왕사 무학. 그는 당대의 고승이자 막강한 권력을 쥐고 있던 존재였다. 그런 무학을 스승으로 삼아 가르침을 받은 기화였으니 당연히 무학 이후의 불교계를 주도할 만한 조건을 구비한 셈이다.

그는 무학에게 가르침을 받은 뒤 전국을 돌아다니면서 수행했다. 인적이 드문 동굴에 살면서 수련하는가 하면, 저잣거리로 들어가 사람들과 함께 생활하기도 했다. 발 없는 말이 천 리 가듯 그의 수행이 깊어짐과 동시에 그의 명성은 전국적으로 퍼져 나갔다. 임금이 살고 있는 구중궁궐도 예외일 수 없었다. 세종은 그의 소문을 듣고 그를 불렀다.

1421년(세종 3) 기화는 세종의 부름을 받고 대자사(大慈寺)에서 영산 법회를 베풀었다. 이 자리에는 세종과 상왕인 태종 및 대군들과 부마들이 참석했다. 그야말로 왕실의 친인척들이 모두 모인 셈이었다. 뿐만 아니라 이 자리에는 전국의 승려들이 모두 참석했다. 임금의 청에 따라 그는 가르침을 베풀었고 청중을 매료시켰다.

대자사는 경기도 고양의 대자산에 있다. 이 절은 태종이 넷째 아들 성녕대군을 위해 지은 것으로 이후에도 이 절에서 왕실 관련 불사가 자주 베풀어졌다. 대자사는 태종과 세종 대에 왕실을 위한 불사를 주도하던 왕실 사찰이었다. 왕실 법회를 주도했다는 것은 그가 왕실의 후원을 받는 승려가 되었음을 의미한다. 무학이 했던 것처럼 그도 왕실의 후원을 받아 기울어 가는 불교를 진흥시킬 기회를 맞게 되었다.

그러나 그의 생각은 이루어질 수 없는 꿈에 불과했다. 그가 중앙 정계로 들어온 지 3년 만인 1424년(세종 6)에 전국의 종파를 선종과 교종으로 통합하고 토지와 노비를 지급하는 사찰을 36사로 제한하는 정책이 반포된 것이다. 1406년(태종 6)에 세금 면제를 받은 사찰을 242사로 줄인 것도 억울한데 이제 다시 36개로 한정한다니⋯⋯.

기화의 심경은 참담했다. 이곳에 남아 왕실을 위해 불사를 계속 설행하며 남아 있는 위치라도 유지할 것인가? 아니면 이곳을 떠나 초야에 묻혀 살아갈 것인가? 그의 문집에 실려 있는 행장은 당시의 심경을 이렇게 토로하고 있다.

세상이 돌아가는 모양을 보니 말세이다. 성인이 멀어지면 멀어질수록 가르침은 어그러지고 법을 펼 수가 없으니, 전날 기원했던 바를 회수하고 마음에 품은 바를 펼칠 수가 없구나.
– 《함허화상어록》

그는 초야에 묻히는 길을 택했다. 그해 가을 자신에게 주어진 높은 자리를 마다하고 암자에서 생활했다. 그는 암자에서 생활하면서 저술 활동에 몰두했다. 이때 그가 지은 책이 바로 《파사현정론(破邪顯正論)》이다.

이 책의 제목을 풀면 사(邪)를 부수고 바른 것을 드날린다는 뜻이다. '사'란 도대체 무엇인가. 그것은 다름 아닌 불교에 대한 잘못된 생각이다. 유학자들은 불교의 가르침을 부모를 버리고 출가해 불효와 불충을 저지르는 오랑캐의 가르침이라 외치고 있다. 그래서 사대부들은 불교계를 재편하면서도 당연하다고 생각했다. 더욱이 유생들은 불상을 부수고 불경을 파괴하며 사찰에 불을 지르면서도 전혀 죄의식을 갖고 있지 않았다. 하지만 이러한 유학자들의 생각이 얼마나 잘못되었는가? 그들은 불교와 유교의 교리가 같다는 이치를 모르고 있다. 유교의 인(仁)은 불교의 자비와 다르지 않다. 그런데 유학자들은 본래 하나인 진리를 몰라보고 양자를 애써 구분하려 하고 있다. 기화는 이러한 잘못된 생각을 고쳐 주고 싶었다. 아니 불교와 유교가 같다는 진리를 설파하고 싶었다.

《파사현정론》에는 그의 이러한 생각이 담겨 있다. 그는 불교와 유교가 다르지 않다는 점을 조목조목 들고 있다. 아마도 노년에 그는 이 책의 저술을 통해 불교계를 살리고자 했으리라. 하지만 기화의 노력은 큰 힘을 발휘하지 못했다. 불교의 몰락은 조선 시대의 대세였다. 비록 세조가 불교의 힘을 빌리려는 예외적인 행동을 했지만……

세종 世宗

제4대 1397년~1450년 | 재위기간 1418년 8월~1450년 2월

조선 시대 최고의 인물, 세종

1418년(태종 18) 8월 10일, 조선의 제4대 왕 세종은 스물두 살의 나이로 경복궁 근정전에서 왕위에 올랐다. 세종이 그의 형 양녕대군을 대신해 세자에 책봉된 지 7일 만이었다. 세종의 부친 태종이 아직도 생존해 있는 상황이라 즉위식을 올리는 세종이나 이를 지켜보는 신료들이나 착잡한 심정을 가누기 힘들었다.

세종의 형 양녕대군은 14년간이나 세자의 자리에 있었다. 그러나 세자 시절의 방종과 음행으로 아버지 태종의 눈 밖에 나 세자에서 쫓겨나고 그 뒤를 세종이 이어받은 것이다.

양녕을 세자에서 폐하면서 태종은 양녕의 큰아들을 세자로 세우기로 결심하고 이를 조말생, 이명덕 등에게 알렸다. 조말생과 이명덕이 이 소식을 신료들에게 전하자 이들의 의견은 분분해졌다. 당시 한상경 이하 20여 명의 신료들은 태종의 의견이 그렇고 또한 그것이 사리에 맞으니 당연히 양녕의 큰아들을 세자로 세워야 한다고 했다.

이에 비해 박은, 유정현, 조말생 등 10여 명의 신료들은 양녕의 큰아들은 아직 어리니 대신 어진 사람을 세워야 한다고 이견을 제시했다. 이러지도 저러지도 못한 몇몇의 신료들은 점을 쳐서 후계자를 정하자는 대안을 제시하기도 했다.

태종은 신료들의 의견이 분분하자 부인 민씨의 의견을 물었다. 민비는 양녕의 형제 중에서 후계자를 정하면 훗날 큰 문제가 발생한다고 하며 양녕의 큰아들을 세자로 삼기를 원했다.

그런데 민비의 의견을 물은 태종은 양녕의 큰아들을 제쳐 두고 셋째 아들 충녕대군을 세자로 지명했다. 충녕대군은 박은, 유정현, 조말생 등이 어진 사람을 세워야 한다고 했던 바로 그 당사자였다. 이렇게 세종은 부왕 태종의 결단과 일부 신료들의 추천으로 세자로 지명되었다.

그런데 태종은 충녕대군을 세자로 지명한 후 곧바로 양위를 하려 했다. 그 사전 작업으로 세자 교체 5일 후에 세자에게 옥새를 넘겨 주었고 7일 후에는 아예 전위 절차까지 마쳤다. 태종이 전위한 목적은 무엇일까? 갑자기 권력의 무상을 느껴서일까?

태종은 세종에게 전위하고자 하는 이유를 '세상일을 잊어버리고 편하게 살기 위해서'라고 했다. 사실 천신만고 끝에 왕위에 올라 갖가지 악역을 담당했던 태종은 인생의 황혼기에 접어들면서 권력과 인생의 허무함을 느꼈을 만도 하다. 그러나 태종이 세종에게 전위한 실제 목적은 후계 구도의 안정을 위해서였다.

태종이 충녕대군을 세자로 지명했을 때에는 14년간이나 세자로 있던 양녕대군의 지지 세력이 여전히 강력했다. 무엇보다도 양녕대군을 편애하던 태종의 부인 민비가 문제였다. 만약 태종이 민비보다 먼저 세상을 뜬다면 그다음의 정치판은 기가 센 민비의 손아귀에서 놀아날 것이 뻔했다. 그럴 경우 양녕대군을 대신해 세자로 지명된 충녕대군이 어머니 민비를 대적하기는 쉬운 일이 아닐 것이다. 태종이 기껏 구상해 놓은 후계 구도가 엉망이 될 가능성이 있었다. 이런 상황을 미연에 방지하려면 미리 전위해 자신이 살아 있을 때 후계 구도를 확정하는 방법이 최선이었을 것이다.

태종은 세종이 즉위한 후 4년을 더 생존했다. 이 기간 동안 세종이 왕이었지만 모든 실권은 태종이 장악하고 있었다. 무엇보다도 권력의 최후 보루라 할 병권을 태종이 틀어쥐고 있었던 것이다. 태종은 세종이 아직 어리기 때문에 세종의 나이 서른이 될 때까지 자신이 병권을 맡고 있겠다고 했다. 즉위 당시 세종이 스물두 살이었으니 앞으로 8년간은 더 병권을 놓지 않겠다는 것이었다. 그러나 세종이 즉위한 지 2년 만에 태종의 부인 민비가 태종보다 앞서 세상을 떠났고 이어서 2년 후에는 태종도 사망했다.

부왕 태종이 사망한 후부터 세종은 명실상부한 국왕으로서 자신의 시대를 열어 가기 시작했다. 세종은 부왕이 닦아 놓은 후계 구도의 안정 속에서 자신의 포부와 경륜을 마음껏 펼쳤다.

세종은 어려서부터 학문을 좋아했다고 한다. 책을 읽을 때는 100번을 반복해서 읽었고, 《좌전》이나 《초사(楚辭)》 같은 책은 이것도 모자라 200번씩 읽었다고 한다. 이는 세종의 머리가 아둔했기 때문이 아니다. 오히려 세종은 기억력이 뛰어나 한 번 본 것은 절대 잊지 않는다고 스스로 자랑할 정도였다. 이런 세종이니 100번이나 200번씩 읽은 책은 속속들이 알고 있었을 것이다.

끝없는 글 읽기와 학문 탐구로 세종은 유교에 정통하게 되었다. 이를 바탕으로 세종은 유교 지식인들로 구성된 신료들을 심복으로 삼고 정치를 주도할 수 있었다. 특히 세종은 태종 조부터 벼슬해 온 원로 중신들을 상층에, 자기가 뽑은 신진 기예의 신료들을 하층에 배치해 신구 세력이 조화를 이루는 정치를 수행했다. 여기에 중국의 문물들을 연구해 이를 조선의 실정에 맞도록 재창조해 이용했다. 세종 대의 문화적 융성은 이런 바탕 위에서 가능했다.

세종은 학문과 정치뿐만 아니라 가정생활에서도 철저한 면을 보여 주었다. 특히 자신이 총애하는 비빈들이 정치적 발언이나 청탁을 하면 바로 정을 끊어 버리는 냉정한 면을 보여 주었다. 한 번은 세종이 어린 후궁을 사랑한 적이 있었다. 그 후궁은 세종의 사랑을 믿고 세종에게 작은 일을 청탁했다. 그러자 세종은 "아녀자가 감히 청탁하는 말을 했으니 이는 내가 사랑을 보여서 그런 것이다. 이 계집이 어린데도 불구하고 이러하니 자라나면 어떻겠는가?" 하고는 다시는 가까이하지 않았다고 한다.

태종에 의한 안정적인 후계 구도, 세종 자신의 탁월한 학문적 소양과 정치력으로 세종은 수많은 업적들을 이룩했다. 현재 우리 민족이 세계에 자랑하는 훈민정음(訓民正音)이나 우수한 금속활자들을 비롯해 역사, 농업, 음악, 과학 등 각 분야를 대표하는 성과물들을 책으로 편찬했으며 4군 6진을 개척해 국토를 확장했다. 그 밖에 집현전(集賢殿)을 통한 우수한 인재 양성, 적재적소에 인력을 배치해 능력을 발휘하도록 하는 인사 정책, 다양한 신료들의 의견을 효과적으로 수렴하면서 자신의 지도력을 행사하는 정치력 등은 훗날의 왕들에게 좋은 모범이 되었다. 후에 사람들은 이 같은 세종의 공덕을 기려 그를 '해동의 요순'으로 칭송했다.

세종에게는 왕비 외에도 여덟 명의 후궁이 있었다. 이들에게서 총 18남 4녀의 자녀를 두었다. 세종의 비 소헌왕후는 청송을 본관으로 하는 심온(沈溫)의 딸이었다. 그녀는 왕비에 책봉된 후 자신의 친정이 태종에 의해 풍비박산되는 비운을 겪었다. 그러나 친정이 당한 화에 별다른 영향을 받지 않고 끝까지 왕비로서의 지위와 품위를 유지했다. 세종은 소헌왕후와의 사이에서만 8남 2녀를 두었다. 큰아들이 훗날의 문종이고 둘째 아들이 수양대군(首陽大君)으로 훗날의 세조다.

세종은 재위 32년인 1450년 쉰넷의 나이로 세상을 떠났다. 사망 후 장헌이라는 시호를 받았으며 현재 경기도 여주에 있는 영릉에 안장되었다.

세종 이전의 왕릉 입구에는 으레 신도비가 있었다. 이런 전통에 따라 영릉에도 신도비를 세웠다. 그러나 왕의 경우《실록》이 있으니 굳이 신도비가 필요하지 않다는 의견이 제시되었다. 이에 영릉의 신도비를 묻어 버리고 이후에는 왕의 신도비를 세우지 않았다.

집현전 설치

세종이 왕위에 오르자 신하들은 그가 앉은 자리 앞에 나아와 예를 올렸다. 하지만 그들 가운데 세종 자신의 신하들은 별로 없었고 거의 태종의 신하들이었다. 그들은 바로 수많은 정변의 와중에서 살아남은 닳고 닳은 공신들이었다. 태종조차도 그들을 다스리기 위해 숱한 피를 보아야만 했었다. 비록 그들이 태종에게 충성을 다했지만 세종이 부왕처럼 그들을 통제할 수 있을지는 미지수였다.

태종의 걱정도 바로 여기에 있었다. 어리기만 한 세종이 공신들 틈바구니에서 배겨 나지 못할 것처럼 보였다. 특히 재위 초반에는 왕의 품위나 권위가 세워지지 않은 시기였다. 오히려 신하들에게 휘둘릴 가능성도 많았다. 그렇게 되면 태종이 추구했던 강력한 왕권 중심의 정치도 흔들릴 판이었다. 이 시기만이라도 세종을 지켜 주고 싶었다. 태종이 상왕으로 군권을 놓지 않았던 이유도 세종의 뒤를 받쳐 주고픈 심사에서였다.

그러나 이것도 일시적일 뿐이었다. 세종이 왕으로서 강력한 권한을 행사하려면 그를 따르는 신하가 있어야만 했다. 태종도 세종에게 '자신의 신하를 쓰지 말고 세종의 신하를 뽑아서 쓰라'고 권했었다.

세종 대는 개국 초기 불사이군(不事二君)을 외치던 세대가 죽어 버린 때다. 이들 불사이군 세대들은 '충'과 '의'를 위해 조선의 조정에서 벼슬하려 하지 않았다. 그러나 자신의 자식들에게는 이를 강요하지 않고 오히려 버슬하도록 권했다. 세종 대에는 그들의 자식들인 젊은 기예들이 버슬하기 위해 조정으로 구름처럼 몰려들고 있었다.

집현전은 신진 기예들을 세종의 친위 부대로 육성하기 위해 1420년(세종 2) 3월 16일에 설치된 학문 연구 기관이다. 집현전에는 영전사(領殿事, 정1품)·대제학(大提學, 정2품)·제학(提學, 종2품) 각 2명, 부제학(副提學, 정3품)·직제학(直提學, 종3품)·직전(直殿, 정4품)·응교(應敎, 종4품)·교리(校理, 정5품)·부교리(副校理, 종5품)·수찬(修撰, 정6품)·부수찬(副修撰, 종6품)·박사(博士, 정7품)·저작(著作, 정8품)·정자(正字, 정9품) 등의 관원과 행정 말단의 실무를 맡고 있는 서리가 있었다. 이 중 제학 이상은 명예직인 겸관이며 부제학 이하가 실질적으로 집현전을 이끌어 가는 전임관, 곧 전임 학사였다. 제학 이상은 주로 태종 대의 공신이 임명되었으며 부제학 이하는 세종이 뽑은 신하들이 임명되는 이중구조였다.

세종은 젊고 학식 있는 관원을 집현전의 학사로 임명했다. 그러고는 이들로 하여금 학문만을 연구하도록 했다. 집현전 학사는 때때로 왕의 자문에 응해 주면 되었다. 이들 관원은 다른 관서로 전직되지도 않았다. 가만히 있으면 부제학까지 승진할 수 있었다. 그러나 다른 관서로 옮겨 갈 수 없었다.

동시에 세종은 집현전 관원들로 하여금 성균관과 4학의 교관을 겸임해 후진 교육에 앞장서게 했다. 국왕을 대신해 글을 짓기도 하고 언론기관의 활동을 감시하기도 했다. 뒤에 집현전의 후신인 홍문관이 언론 삼사에 끼게 된 것도 이러한 연유에서였다.

또한 세종은 사가독서(賜暇讀書)라는 유급 휴가 제도를 두어 오로지 경전 연구에만 몰두할 수 있게 했다. 그러고는 집현전의 관원들에게 경사자집[經史子集, 중국의 옛 서적 가운데 경서(經書)·사서(史書)·제자(諸子)·문집(文集)의 네 부류]의 한 분야씩을 전담토록 해 전문성을 쌓도록 했다.

이에 따라 집현전 학사들에 의해 《성리대전(性理大全)》과 《자치통감(資治通鑑)》 등을 비롯한 경전이 집중적으로 연구되었다. 그리하여 당시의 유학 수준을 한 단계 높이는 성과를 가져왔다. 이처럼 고금의 제도를 깊이 연구함으로써 이에 기초한 조선 왕조의 독자적인 제도를 만들어 낼 수 있게 되었다.

이와 같이 집현전은 학문 연구 기관으로 출발했으나 국가의 정책을 창안하고 새로운 문화를 창달하는 데 중심 역할을 했다. 집현전 관원은 엘리트 관료들만이 임명될 수 있었고 여기에 한 번 임명되면 출세는 보장되었다. 따라서 집현전은 세종이 창안한 특권 기관이었다고 할 수 있다.

조선은 유교를 국시로 삼고 있었다. 따라서 개국 초부터 유교 정치의 틀을 갖추려고 노력해 왔다. 정도전의 재상 중심 체제나 태종의 왕권 중심 체제는 기본 방향을 둘러싼 문제였다. 그러나 개국 초에는 경황이 없어 제대로 된 문물제도를 갖추지 못했다.

세종은 집현전을 통해 이러한 일을 해낸 것이다. 그는 집현전을 통해 자신의 친위 부대를 키웠을 뿐만 아니라 집현전 학사들로 하여금 문화를 꽃피우게 했다. 세종 대의 황금 문화는 실로 집현전을 통해서 이룩된 것이었다.

4군 6진 개척

4군 치폐(置廢)

전통적으로 북방은 우리 민족에게 생활 터전이었다. 그러나 한반도로 활동 영역이 축소되면서 그곳은 여진 등 이민족이 거주하게 되었다. 따라서 이 지역의 정비는 고려 이후 국가의 지상 과제였다고 해도 과언이 아니다.

조선은 건국 후 이 지역에 거주하고 있던 여진족을 다루는데 온·강의 두 가지 방법을 병용했다. 귀순해 오는 여진족들에게 땅과 벼슬, 이름과 성을 내리고 내륙의 인민들을 이주시키는 사민 정책을 실시하는 것이 온건 정책을 대표한다면, 성을 쌓고 더 나아가 이들을 군사적으로 정벌하는 것은 강경 정책을 상징한다.

건국 초기 조선은 온건한 방법을 통해 이 지역을 개척하려 노력했다. 그리고 축성 등을 병용해 중강진 부근에 여연군을 설치하는 개가를 올리기도 했다. 그러나 세종 때에 이르러 여진족의 침입이 빈번해지자 기존 정책에 대해 재고하지 않을 수 없게 되었다. 1432년 건주위(建州衛)의 여진 추장 이만주(李滿住)의 침입은 정책 전환의 결정적 계기가 되었다. 1433년(세종 15)에 세종은 최윤덕(崔胤德)을 평안도도절제사로 삼고 황해도와 평안도에 군사 1만 5천여 명을 보내 이 지역을 정벌케 했다. 그리고 여연과 강계 중간 지점에 위치한 자작리에 성을 쌓아 자성군이라 칭했다.

이후에도 여진의 침입은 계속되었고 이로 인해 이 지역을 포기해야 한다는 주장이 조금씩 제기되기 시작했다. 그러나 국토 확장의 웅지를 품고 있었던 세종은 소극적인 여론에 굴복하지 않고 이천(李蕆)으로 하여금 군사 8천여 명을 거느리고 오라산성(兀剌山城) 등 여진의 근거지를 공격하게 했다. 세종의 진취적인 대처는 성공을 거두어 이 지역에 할거하던 여진족들은 북방으로 물러나게 되고, 무창·우예 등 2군을 설치하게 되었다. 마침내 4군 설치가 완성된 것이었다.

그러나 4군의 유지는 행정적·경제적으로 결코 쉬운 문제가 아니었다. 자연히 이들 지역에 설치한 4군을 철폐해야 한다는 논의가 문종의 즉위를 전후해 활발하게 일어나기 시작했다. 결국 이 여론에 굴복해 1455년

(단종 3)에 여연·무창·우예의 3군을 폐하게 되고 나머지 자성군마저 1459년(세조 5)에 사라지게 된다. 이후 이 지역은 폐사군이라 불리며 주민의 거주가 일절 허용되지 않았다. 조선 후기에 접어들어 정약용 등 실학자들에 의해 이들 지역의 군사적 가치가 재조명되기는 했지만 실효를 거두지는 못하고, 19세기 들어 진보(鎭堡)가 다시 설치되기 전까지 이 지역은 버려진 땅으로 남게 된다.

6진 개척

동북면은 태조 이성계가 몸을 일으켜 국왕의 위치에 이르게 한 힘의 원천이 되는 곳이었다. 이 지역에 거주하던 여진족은 그의 이웃이었고, 이지란의 예에서 본 것처럼 이들을 자신의 둘도 없는 측근으로 포섭하기도 했다. 따라서 이 지역에 대한 조선의 관심은 높을 수밖에 없었고, 정책역시 태조의 고향이라는 위상에 걸맞게 온건 일색이었다. 태종 때는 경원과 경성 지역에 무역소를 두어 여진족의 편의를 배려하는 정도였다.

당시 이 지역에 거주하던 여진족 중 가장 큰 세력을 형성하고 있던 부족은 우디거[兀狄哈] 족과 오도리[斡朶里] 족이었다. 이들은 자주 변방 지역을 침입해 주민들을 약탈했다. 따라서 이들 지역에 지나치게 집착하지 말자는 온건론이 대두되었다. 그러나 세종은 "조종(祖宗)의 옛 땅을 조금도 줄일 수 없다."라고 선언하고 고토 회복의 열망을 불태운다. 때마침 여진족 내부에서 내분이 일어나 우디거 족이 오도리 족을 습격해 그 추장을 죽이는 사건이 벌어졌다.

세종은 이 틈을 놓치지 않고 1435년(세종 17) 김종서(金宗瑞)를 함경도 절제사에 임명해 여진 정벌이라는 책임을 맡긴다. 당시 김종서는 이들 지역을 포기하자는 온건론에 맞서는 강경파 인물이었다. 따라서 그로 하여금 여진 정벌을 나서게 한다는 소식을 전해 들은 여러 사람들은 이에 극력 반대하기 시작했다. 심지어 어떤 이는 이렇게 말할 정도였다.

> 종서가 한도 있는 사람의 힘으로 이룩하지 못할 일을 시작했으니
> 그 죄는 죽여야 옳다.
>
> - 《연려실기술》 권3, 〈세종 조 고사본말〉

하지만 김종서는 이징옥 등 무장들의 보좌와 "내가 있어도 종서가 없으면 이 일을 할 수 없을 것이요, 종서가 있어도 내가 없으면 이 일을 주장하지 못했을 것이다."라며 절대적 신임을 보여 준 세종의 후원에 힘입어 종성·회령·경원·경흥·온성·부령 등 6진 개척에 성공한다. 그리고 오도리 족 등 이 지역에 자리 잡고 있던 여진족들에게 압력을 가해 중국 내륙 지방으로 그 근거지를 옮기도록 하는 성과를 거둔다.

이후 개척한 6진을 조선의 영토로 만들기 위해서 여러 정책이 병행되었다. 우선 해당 지역에 거주하는 인민 가운데 명망 있는 인물을 토관(土官)으로 임명해 해당 지역에 맞는 정책 수행에 만전을 기했다. 그리고 영남에 거주하던 백성들을 이주시키는 사민 정책을 적극적으로 실시해 개척된 땅이 무주공산이 되지 않도록 했다. 오늘날 함경도 사투리와 경상도 사투리가 서로 비슷해진 것도 바로 이 사민 정책의 결과라고 한다. 한편 사민 정책은 강제로 이행되었기 때문에 국가에 의해 이주된 백성들의 원망을 낳게 되었고, 이는 훗날 이 지역에서 발생한 이시애 난의 직접적 원인이 되기도 했다.

6진 개척은 영토 확장과 '왕이 일어난 땅[興王之地]'을 보호한다는 국가의 명제를 현실화한 사업이었다. 비슷한 시기에 개척된 4군과는 달리 이 지역을 끝까지 포기하지 않은 모습은 이들 지역에 대한 국가의 강한 집착을 나타낸다. 동시에 이 지역 개척은 문신들에 비해 상대적으로 열악한

위치에 있었던 무신들이 중앙 정계에 진출해 본격적으로 자신의 위상을 구축할 수 있게 한 중요한 계기가 되기도 했다. 문과(文科) 출신이기는 하지만 6진 개척 이전 미미한 관직에 머물렀던 김종서가 국왕과 황희(黃喜) 등 원로대신의 두터운 신임 속에 정치적으로 성장하게 되고 그의 휘하에 있었던 이징옥 등이 점차 힘을 키워 나가는 근거가 된 것이다. 훗날 이들이 단종의 즉위를 전후로 정국 운영의 핵으로 부상하게 되는 것은 주지의 사실이라 하겠다.

문화 황금기를 이룩한 세종 조

1443년(세종 25) 12월 훈민정음(訓民正音)이 창제되었다. 세계에서 가장 독창적이고 과학적이라는 훈민정음. 이 일로 동방의 작은 나라는 비로소 자신의 언어를 표현할 수 있는 수단을 갖게 되었다. 동시에 지구의 수많은 나라들 중에서 자신의 말을 표현할 수 있는 문자를 가진 몇 안 되는 나라가 되었다.

왜 우리는 훈민정음이 독창적이고 과학적이라고 말하는가?

훈민정음의 독창성은 바로 기존에 있던 어떤 형태의 문자도 단순히 모방하지 않았다는 데 있다. 물론 원나라의 파스파 문자에 영향을 받은 점도 있다. 티베트 문자의 계통을 잇는 파스파 문자는 원나라 지배하에 있던 여러 민족들의 공통된 언어를 만들려는 원나라 세조에 의해 1269년에 만들어진 글자다. 이 글자에 대한 연구는 이후로도 계속 진행되었는데 훈민정음을 만들 당시 요동에는 그 연구진의 한 사람인 황찬(黃瓚)이 귀양와 있었다. 그에게서 음운학을 배울 목적으로 성삼문(成三問), 신숙주(申叔舟) 등은 열세 번이나 왕래했다고 한다. 그래서 파스파 문자와 훈민정음은 음소문자로서 음절 단위로 표기하는 점, 아래로 내려 쓰는 점 등 유사점을 보인다.

하지만 원나라의 파스파 문자가 훈민정음에 영향을 주었다고는 하나, 그 글자의 생김새는 어떤 문자의 영향도 받지 않은 독창적인 것이었다. 그래서 정인지는 《훈민정음해례본(訓民正音解例本)》 서문에서 다음과 같이 말했다.

> 정음(훈민정음)은 어떤 계통을 이어받아서 만든 것이 아니라 저절로 이루어진 것입니다.

동시에 이 글자는 발달된 음운 이론을 바탕으로 만들어졌다는 데에 과학적 우수성이 있다. 훈민정음은 일본 문자처럼 단순히 한자의 음을 빌려오지 않았다. 훈민정음은 음에 대한 과학적 분석에 기초해 그 음을 정확히 표현할 수 있는 수단으로 고안된 문자다. 음을 초성 · 중성 · 종성으로 나누고 각각을 표현하기 위해 고안된 글자. 그렇기 때문에 어떤 음이라도 훈민정음을 이용해 표기할 수 있다. 이런 문자가 과연 세계적으로 몇이나 되는가?

그런데 역설적으로 우리나라의 독창적인 언어인 훈민정음은 중국의 음을 정확히 표기하려던 노력의 산물이었다. 왜 이런 역설적인 상황이 발생했는가?

조선은 유교를 국시로 한다. 특히 유학 중에서도 남송 시대 때 주자에 의해 집대성된 성리학은 조선이 받아들이려고 했던 사상이었다. 고려 시대 안향에 의해 주자의 성리학이 한반도에 전해진 이래 조선의 유학자들은 이 사상에 대한 연구를 열심히 진행했다. 이에 따라 성리학과 관련된 여러 서적들이 수입되고 연구되었다.

이들 서적들 중에서 《성리대전(性理大全)》이라는 책이 있었는데, 이 책은 성리학과 관련된 여러 학자들의 설을 모아 놓은 책으로 명나라 영락제 13년, 그러니까 세종이 즉위하기 불과 3년 전에 편찬되었다. 당시 명나라 관리들의 필독서가 되었던 이 책이 조선에 수입되자, 세종과 조정의 대신들은 큰 관심을 가지고 이 책을 연구하기 시작했다.

하지만 이 책을 연구하는 과정에서 바른 음이 문제가 되었다. 왜냐하면 인간의 언어란 단순한 소리가 아니라 만물의 이치를 담고 있다는 것이 당시 유학자들의 생각이었는데, 조선에서는 유감스럽게도 그 표현 수단을 갖고 있지 못했다. 당시에 이두(吏讀)라고 하는 표기 수단이 있었지만, 이것은 단순히 한자의 음(音)이나 훈(訓)을 차용한 것에 불과했다. 따라서 바른 음을 내는 수단으로서는 많은 한계를 가지고 있었다.

이에 따라 세종을 비롯한 집현전 학자들에 의해 음운 연구가 일찍부터 이루어졌다. 중국의 운서인 《홍무정운(洪武正韻)》이 연구된 이유는 이 때문이다. 그 결과 한자음과 조선의 음에 대한 상당한 이해가 가능하게 되었다. 조선의 바른 음을 기록한 책인 《동국정운(東國正韻)》도 그 산물이었다. 그리고 그 음을 조선의 음에 맞춘 문자인 훈민정음이 창제될 수 있던 것은 바로 이 음운학이 발전하면서였다. 어쩌면 훈민정음은 중국의 음을 바르게 표현하기 위한 음운학 연구의 산물이었다고도 할 수 있다. 그리하여 훈민정음을 언문(諺文)이라고도 불렀다.

훈민정음에는 중국 음의 영향이 남아 있다. 즉 훈민정음의 자모 중에는 현실 국어 음을 표기하는 데 불필요한 자모가 포함되어 있다. 사실 이 자모들은 조선의 현실 음을 표현하기 위한 것이 아니라 중국의 음을 표현하기 위한 수단이었다. 또한 음을 구별하는 데 사용하는 용어인 전청(全淸), 전탁(全濁), 차청(次淸), 불청불탁(不淸不濁) 등의 용어는 중국 운학(韻學)에서 음을 구별하는 데 사용되던 것이었다.

그럼에도 한글이 단순히 중국의 음운을 모방하는 데 그치지 않았다고 하는 독창성은 3음절에 있다. 즉 중국의 음운 표시는 반절법을 이용했다. 예를 들면 '불(不)'자의 음은 '분물절(分勿切)'로 표시한다. 그러니까 이 글자의 음은 '분(分)'의 초성인 'ㅂ'와 '물(勿)'의 종성인 '눌'이 합쳐진 '불'이 된다. 즉 한자는 초성과 종성을 사용해 글자의 음을 나타내는 것이다. 하지만 한글은 3음절로 글자를 구분해 보다 정확한 음을 표현하고자 했던 것이다. 한글이 중국의 음을 연구하는 과정에서 이루어졌음에도 중국적인 것에 머무르지 않았다고 하는 이유가 바로 여기에 있다.

　　통치의 편의를 위해서도 훈민정음 창제는 시급한 일이었다. 조선 초기가 되면 군현제 개편으로 왕명이 전국의 집집마다 도달할 수 있었다. 하지만 일반 사람들은 한문으로 쓰여 있는 공고문을 읽을 수 없었다. 한문은 특권층의 언어였으며, 대다수 백성들은 한문을 배울 수가 없었다. 물론 이두가 있었지만 이것조차도 일반 백성이 자유자재로 사용하기란 쉬운 일이 아니었다. 자연히 한문을 모르는 사람들에게도 명령을 전달할 수 있는 수단이 필요했다.

　　바로 '어리석은 백성이 말하고 싶은 것이 있어도 마음대로 뜻을 펴지 못한다. 내가 이를 불쌍히 여겨 새로 스물여덟 자를 만들었으니 날마다 써서 편안하게 하고자 할 따름이다'라는《훈민정음》의 서문은 이를 잘 보여 주는 대목이다. 그래서 국왕이 한문 교서를 내리면 대왕대비나 왕비가 언문 교서를 동시에 내렸다.

　　이렇게 해서 국가의 명령을 백성들에게도 전할 수 있는 수단이 갖추어졌다. 이에 따라《소학》과《삼강행실도》등의 유교 윤리서가 언해되어 간행되기 시작했다. 바로 유교 윤리를 보급시키려는 정책이었다. 그리고 이는 유교 윤리의 보급이라는 국가 시책과도 부합되는 성과였다.

세종 조의 음악 문화

음악 정비는 세종 대에 이루어졌던 중요한 문화적 업적 중의 하나로 손꼽힌다. 어쩌면 단순한 것처럼 보이는 음악 정비가 왜 중요한 문화적 업적으로 꼽히는가?

유교에 있어서 음악은 단순히 '들을 것' 이상의 의미를 가지고 있다. 즉 음악은 백성들을 선한 곳으로 인도하는 수단인 동시에 자연의 이치인 도(道)를 표현하는 수단이었다. 바른 소리는 백성들의 마음을 순화시켜 주며, 반대로 사악한 소리는 백성들의 마음을 어지럽히고 흔들리게 만든다. 따라서 백성들의 마음을 순화시키고 바른 정치를 행하려면 바른 음악을 만드는 일이 필수적이었다.

그렇기 때문에 음악은 예(禮)와 떼려야 뗄 수 없는 관계를 맺는다. 예란 절(節)이며 격식으로 딱딱하다. 이 딱딱함을 풀어 주는 것이 바로 악이다. 그래서 악은 화(和)다. 이 두 가지가 적절히 조화될 때 예는 딱딱하지 않으면서도 방종하지 않을 수 있다. 그리하여 유교 정치를 예악(禮樂)이라 하기도 했다.

엄격한 궁중 의식과 같은 절도 있는 의례가 시행되는 장소에서는 그에 맞는 음악을 연주하여 사람의 마음을 조화롭게 할 필요가 있다. 예법의 격식에 맞는 분위기를 갖춘 음악과 예법의 동작에 맞출 수 있는 적당한 박자를 갖춘 곡이 필요했다. 따라서 바른 예법의 시행과 아울러 그에 맞는 음악 제정은 중요한 문제였다. 하지만 음악을 만들기 위해서는 음이 정해져 있어야 한다.

음을 제정하는 문제는 도량형(度量衡)과 깊은 관계가 있다. 어떤 음을 기본으로 할 것인가는 어떤 길이를 기본으로 할 것인지와 깊은 연관을 맺고 있다. 현재는 음의 길이를 주파수로 결정하지만 이와 같은 기술을 갖지 못한 당시로서는 이를 대체할 만한 어떤 기준을 필요로 했다. 그러므로 예악은 곧 유교 정치 그 자체였다.

세종의 음악 정비는 일차적으로 의례상정소(儀禮詳定所)를 중심으로 이루어졌다. 의례상정소란 유교의 여러 가지 의례들을 연구하기 위해 설치된 관청을 말한다. 책임자로는 맹사성, 허조, 정초 등이 임명되었다. 이들에 의해 나라의 오례[五禮, 길(吉)례·가(嘉)례·빈(賓)례·군(軍)례·흉(凶)례의 다섯 가지 예법]가 정해졌으며 그에 필요한 음악을 제정했다.

음악 제정에 있어 제일 중요한 문제는 표준음을 정하는 일이다. 당시에 표준음은 율관에 의해 정해졌는데 율관은 지금의 조율 피리다. 이때에는 한 옥타브가 12음으로 이루어졌기 때문에 그에 필요한 12개의 율관이 제작되었다. 각각의 율관 길이는 황종음을 내는 황종 율관을 일정한 비율로 줄이고 늘려서 만든다. 90알의 기장을 일렬로 늘어 놓은 것이 바로 황종 율관의 길이이며 도량형의 기준이 되는 황종척(黃鐘尺)이다. 세종 대 황종 율관의 제작은 해주에서 나는 기장을 사용했다. 이렇게 해서 율관이 만들어지자 이 표준음을 근거로 편경을 제작했다. 당시 편경(編磬, 돌로 된 가락 타악기)은 경기도 남양에서 나는 옥돌을 사용했다.

편경 제작과 관련해 전해지는 박연과 세종의 일화는 너무나 잘 알려져 있다.

세종은 박연에게 편경을 제작하도록 명했다. 이에 따라 박연이 편경을 제작해 세종에게 바쳤는데 그 자리에서 편경의 잘못된 부분이 지적되었다는 것이다.

"지금 소리를 들으니 또한 매우 맑고 아름다워 내가 매우 기쁘다. 하지만 이칙(夷則) 1매(枚)의 소리가 약간 높은 것은 무엇 때문인가?" 라고 세종이 의문을 표시했다. 박연이 즉시 살펴보고 아뢰기를, "편경을 갈 때 그었던 먹줄이 아직 남아 있으니 다 갈지 아니한 듯합니다."

라고 말하고 물러가서 이를 갈아 먹이 다 없어지자 소리가 곧 바르게
되었다.

- 《세종실록》 권59, 세종 15년 1월

세종이 음악에 대한 조예가 깊었음을 보여 주는 대목이다.

한편 세종과 박연이 음악에 기울인 지대한 관심에 따라 다양한 악기들
이 개발되었다. 말하자면 조선의 기본적인 악기들이 이때에 제작된 셈이
다. 이 악기들로 가장 많이 연주되던 곡은 아악(雅樂)이었다. 아악이란 종
묘제례나 기타 국가의 의례를 시행할 때 연주되던 음악을 말한다. 당시
조선은 고려에서 전해져 오던 아악을 사용하고 있었는데, 이것이 정밀하
지 못하고 적당하지 못하다는 점이 박연에 의해 지적되었다. 이에 따라
아악에 대한 연구가 진행되었고 1430년(세종 12)에는 새로운 아악보가
제작되어 제향과 조회에서 쓰이게 되었다.

그런데 이 아악은 기본적으로 중국 음악이었다. 당시에 만들어졌던 예
법의 대부분은 중국 주나라를 모범으로 하고 있었다. 그렇기 때문에 그
예법을 표현하는 음악도 자연스럽게 주나라 시대의 것이 사용되었다. 율
관과 편경 제작도 결국은 이 아악을 연주하기 위해 필요한 표준음과 악
기 제작의 일환이었던 셈이다.

그러나 한편으로 세종은 신악[新樂, 향악(鄕樂)]도 제정했다. 신악이란
아악(雅樂)과는 달리 고려로부터 전해져 내려오던 음악을 새로 편곡하거
나 작사한 것을 말한다. 주로 이러한 형태의 곡은 세종이 선조들의 공덕
을 찬양하고 이를 보급시키려는 목적에서 이용되었다. 우리가 알고 있는
《용비어천가》는 이에 해당하는 곡이며 신악들은 주로 세종에 의해 만들
어졌다.

동시에 새로운 음악이 제정되면서 이를 표현하기 위한 악보가 필요하

게 되었다. 당시에 사용되던 악보들은 주로 중국의 아악을 기재하는 데 적합한 형식이었기 때문에 새로운 리듬과 음정을 가진 신악을 표현하는 데에는 부적절했다. 기본적으로 향악의 전통을 잇고 있는 신악들을 기재하기 위해서는 새로운 악보가 필요했고, 이에 따라 〈정간보(井間譜)〉라는 새로운 형태의 악보가 출현하게 된다. 특히 이 〈정간보〉는 현재에도 전통음악을 연주하는 음악인들이 사용하고 있을 정도로 그 우수성을 인정받고 있다.

율관과 편경 제작, 아악과 신악 제정 및 〈정간보〉 제작은 세종 조의 음악 문화를 대표하는 치적이다. 전자는 유교 국가를 건설하는 데 있어서 필요한 초석을 놓는 작업이었으며 후자는 이렇게 세워진 문화를 바탕으로 고유의 음악을 소화해 새롭게 창조하는 과정이었다. 그런 의미에서 세종 대의 음악 정책은 중국적 형태를 소화해 한국적인 것으로 변형시키는 과정이었다고 말할 수 있다.

세종 대의 과학기술

세종 대에는 훌륭한 문화 정책의 결과로 과학기술이 크게 발달했다. 과학자를 양성하고 이들에게 연구할 수 있는 기회와 연구비를 충분히 대주었기 때문이다. 세종의 경제개혁 정책으로 국가재정이 어느 정도 충실하게 되었다. 이러한 재정적 기반과 분위기가 과학기술을 발달시킬 수 있는 밑거름이 되었다. 세종 대의 과학기술은 여러 분야에 걸쳐 발달되었는데, 특히 천문학, 무기, 농업기술, 역학, 의학 등이 대표적이다.

천문학과 측량 기구

천문학이란 말 그대로 하늘을 비롯한 자연현상을 관찰하고 연구하는 학문이다. 자연의 변화는 너무나 다양해서 지금의 기술로도 정확한 측정에 어려움을 겪고 있다. 그럼에도 불구하고 우리는 이러한 자연현상을 알아내고자 노력해 왔다. 왜냐하면 모든 자연현상이 인간의 생활과 불가분의 관계가 있기 때문이다. 특히 가뭄이나 홍수 같은 자연의 이상은 인간에게 미치는 피해가 아주 심각하다. 따라서 인간은 일찍부터 이를 미리 예측해 대비함으로써 그 피해를 최소화하고자 노력했다.

자연의 제약을 강하게 받았던 농업 사회의 경우 이 문제는 더욱 중요하다. 만약 자연재해로 한 해의 농사를 망칠 경우 그 사회 전체가 타격을 받기 때문이다. 따라서 언제 파종을 하고 언제 비료를 주며, 언제 거둬들이는 등의 농사 일정을 결정하는 일(농사력)은 대단히 중요한 문제였다.

또 하나 세종 대에 천문 관측 기술의 발전이 필요했던 배경에는 유교적인 자연관이 자리 잡고 있다. 당시에는 하늘의 이상한 변괴가 나라를 다스리는 사람의 잘못된 정치에서 비롯되었다는 재이관(災異觀)이 지배적이었다. 예컨대 하늘에 일식·월식이 나타나거나 계절에 맞지 않는 자연재해가 생기는 이유를 정치를 잘못하기 때문에 하늘이 내리는 경고[天譴]라고 이해했다. 따라서 통치자들은 계시를 내려 주는 하늘에 대해 큰 관심을 가질 수밖에 없었다.

당시에는 천문을 관측하기 위한 역서(曆書)로 중국의 것이 이용되고 있었다. 그러나 그 내용을 완전히 숙지하지 못한 상태였기 때문에 천문 관측이 만족할 만하게 진행되지 못했다. 이에 세종은 당나라와 원나라의 역서를 연구해 《칠정산내편(七政算內篇)》과 《칠정산외편(七政算外篇)》을 만들었다. 전자는 중국 역법을 소화해 서술한 책이고 후자는 당시에 최고 수준이었던 이슬람 역법을 소화해 서술한 책이다. 즉 세종의 역서 저술은 당시 세계적인 수준에 올라 있던 중국과 이슬람의 천문 수준을 우리 것으로 만들려 했던 것이다. 그 밖에도 여러 종류의 역서가 세종 대에 출간되어 그 시대의 역법 발전을 보여 주고 있다.

역법이란 하늘의 운행되는 원리를 연구하는 것이며, 역서란 그것을 기록한 책이다. 그래서 역서에는 하늘의 별자리와 사계절에 따른 변화, 그리고 그 자리가 어떻게 변화하는가 하는 원리가 기록되어 있다. 그런데 중국에서 사용되던 역서를 그대로 사용했으니 조선의 절기와 다를 수밖에 없었다. 세종은 이 문제를 이미 알고 있었으며 그 문제의식의 결과가 다양한 역서 제작으로 나타나게 된 것이다.

동시에 이 역서를 출간하기 위해서는 하늘의 운행을 관측하기 위한 여러 가지 기구들이 필요했다. 여러 가지 천문 관측 기구들은 이러한 필요에 의해서 만들어진 것이다.

당시에 만들어진 기구 중 가장 먼저 들 수 있는 것은 간의(簡儀)다. 간의는 세 개의 둥근 고리를 서로 엇갈려 이어 놓은 모양을 하고 있다. 이 기구는 별을 관측하기 위한 것으로 1432년(세종 14)에 정초와 정인지가 제작했다. 처음에는 경회루 북쪽에 큰 모양으로 설치되었으나 뒤에 작은 간의도 만들어졌다. 간의는 경복궁의 천추전 서쪽과 서운관에 설치되어 관측에 사용했다고 한다.

간의와 함께 천문 관측에 사용한 기구로는 혼천의(渾天儀)가 있다. 혼천의는 동양에서 일찍부터 제작되었으며 수많은 천문 기록으로 볼 때 우리나라에서도 전부터 유사한 기구가 제작되어 사용된 듯하다. 혼천의는 1434년(세종 16)에 정초, 박연, 김진 등이 만들었다.

이 밖에도 간의와 혼천의를 바탕으로 해시계가 제작되었다. 그중에서 앙부일구(仰釜日晷)가 우리에게 가장 잘 알려져 있다. 이 시계는 지금의 종로 1가 광화문우체국 근처(당시의 혜정교)와 탑골공원(당시의 종묘 남쪽) 두 곳에 설치된 공용 시계다. 이 시계는 큰 대접 모양의 반쪽짜리 공 안에 시간을 나타내는 선을 긋고 바늘에 해당되는 시침을 남쪽 변두리에 서 북쪽을 향해 세워 그림자의 이동에 따라 시각을 알 수 있게 고안되었 다. 시각의 표시는 글자를 모르는 사람들도 볼 수 있도록 글자로도 표시 하고 시간에 해당되는 그림으로도 표현했다. 그 밖에도 휴대할 수 있는 해시계, 말 위에서도 사용할 수 있는 해시계 등 여러 종류가 있었다.

해시계가 해의 이동 위치에 따른 변화를 이용해 제작되었다면 물시계 는 물의 흐름을 일정하게 유지해 이를 기준으로 시각을 재도록 고안되었 다. 자격루로 불린 이 물시계는 1434년(세종 16) 6월에 완성되었다. 구조 와 작용은 수위가 올라가는 힘에 따라 움직이는 살대가 정해진 위치에 도달하면 격발장치를 건드려 쇠구슬이 굴러 내리는 원리를 이용했다. 이 렇게 굴러 내린 구슬은 정해진 만큼의 횟수에 따라 종이나 북, 징 등을 쳐 서 시간을 알려 주도록 되어 있었다. 이 커다란 물시계를 위한 건물을 보 루각(報漏閣)이라 불렀으며 휴대용 시계도 만들어졌다.

천문을 관측하기 위한 기구와 함께 강우량을 측정하기 위한 기구도 만 들어졌다. 이전까지 강우량 측정은 감각적인 관찰에 의지하고 있었다. 비 온 뒤 풀뿌리를 뽑아 보거나 땅을 파 보아 빗물이 얼마나 땅속 깊이 스며 들었나 살펴보는 방법이 이용되었다. 예를 들면 1425년(세종 7년) 4월 한 창 가뭄이 심할 때 정부는 각 지방에 명을 내려 비가 오거든 얼마나 땅속 에 스며들었는지 조사해 보고하게 했다. 그러나 이 방법은 흙의 건조하고 습한 정도에 따라 물이 고인 정도가 다르다는 난점이 있었다. 호조는 이 점을 지적하면서 1441년(세종 23)에 측우기와 수표(水標) 제작을 건의했 다. 이에 따라 1442년(세종 24년) 5월부터 측우기가 제작되기 시작했고 이를 서울의 서운관과 지방에 설치해 비가 온 다음에는 강우량을 재서 중앙에 보고하여 뒷날 참고 자료로 삼도록 했다.

농업기술의 발달

천문학 발달은 농업 발달과 불가분의 관계를 갖는다. 자연에 대한 의존도가 강한 농업 사회에서는 강우량과 기후 변화는 매우 중요했다. 자칫 잘못하면 가뭄과 홍수로 인해 한 해 농사를 망칠 수도 있었기 때문이었다. 또한 농업 사회에서 토지의 면적을 측량하는 기술도 필요했다. 토지 면적의 정확한 측량은 세금 부과와 관련되기 때문에 백성들의 생활과 직결되는 문제였다.

1446년(세종 26)에 최종적으로 확정된 공법(貢法)은 이와 같은 기술 발전과 농업기술 혁신으로 가능했다. 당시 농업기술은 휴한(休閑)을 극복하고 상경(常耕)으로 향하던 중반이었다. 휴한법 극복은 이미 고려 말부터 이루어지고 있었지만 혁신적인 발달은 이루지 못한 상태였다. 이에 세종대에는 다양한 농업기술이 시험되었다. 수차(水車) 보급과 시험도 그러한 노력의 일환이었다.

또한 1428년(세종 10)에 편찬된《농사직설(農事直說)》은 농업기술 개발과 맥을 같이한다. 이 책은 주로 하삼도의 발달된 농업기술이 담겨져 있었다. 당시에는 시비(施肥)와 수리시설(水利施設)의 발달로 점차 하삼도(下三道: 충청, 전라,경상도) 지역의 습지가 개발되고 있었으며 그 결과 이 지역은 다른 지역에 비해 농업기술이 상대적으로 발전했다.《농사직설》은 바로 이 지역의 농법을 조사해 수록한 것이다. 이 책을 간행하고 보급한 것은 전국적으로 이 기술을 전파시키기 위한 것이었다.

이와 같은 농업기술에 대한 연구와 시험은 강력한 유교 국가를 이룩하려는 노력의 일환이었다. 유교 사회에서 농업은 천하의 근본으로 여겨지고 있었기 때문이다. 백성은 나라의 근본인 동시에 국부(國富)의 원천이라고 생각했다. 따라서 백성의 생활이 안정될 때 국가도 부강해지고 안정될 수 있다고 믿었다. 또한 백성의 생활이 안정될 때 유교적 교화가 가능하다고 여겼다. 맹자(孟子)가 항산(恒産)을 갖춘 연후에 항심(恒心)을 기를 수 있다고 말한 것도 그 때문이다.

세종 조의 서적 찬술

인재를 사랑한 세종

책을 만들기 위해서는 훌륭한 문화적 토양과 이를 뒷받침하는 정책적 배려, 그리고 이러한 자양분을 바탕으로 성장한 글 쓰는 사람이라는 소프트웨어가 필요하다. 이와 더불어 좋은 내용의 저작물들을 찍을 수 있는 우수한 활자나 종이 같은 하드웨어가 갖추어져 있으면 금상첨화라 하겠다. 세종 조는 우리나라 인쇄 문화가 꽃핀 시기다. 이 시기에 질적으로나 양적으로 다른 시기와 구별되는 좋은 책들이 만들어질 수 있었던 것은 바로 이러한 제 요소들이 완벽하게 갖추어졌기 때문이다. 아울러 인재를 소중히 여기는 세종의 지극한 마음이 문화적 전성기를 맞게 한 또 다른 촉매가 되었다. 다음 일화는 세종의 인재에 대한 지극한 사랑을 볼 수 있는 대목이다.

하루는 세종이 총애하는 젊은 신하들과 밤이 늦도록 즐거운 술자리를 가졌다. 자리가 파한 후 세종은 조용히 내시를 불러 술자리에서 대취한 신숙주(申叔舟)가 무엇을 하는지 엿보게 했다. 내시가 마침 숙직을 서던 신숙주를 살펴보고 이르기를 "술을 많이 마셨음에도 불구하고 신숙주는 촛불을 켜 놓고 글을 읽고 있었습니다. 서너 번을 더 가 보았지만 글 읽기를 끝내지 않고 오히려 더욱 열심인 듯 보였습니다. 새벽이 되고 동이 트자 비로소 자리에 누워 취침하였습니다."라고 했다. 세종이 이 이야기를 듣고 (신숙주를) 가상히 여겨 가죽옷을 벗어 주면서 "(신숙주가) 깊게 잠들기를 기다려 덮어 주거라."라고 명했다. 신숙주가 새벽에 일어나 보니 이불 위에 가죽옷이 놓여 있었다. 정신을 차리고 자초지종을 알게 된 후 임금을 존경하는 마음이 더욱 깊어졌고, 학문에 더욱 정진하게 되었다.

세종은 말년에 불교에 심취하게 되었다. 이에 내불당(內佛堂)을 궐 안에 짓고 부처를 모심에 전심전력을 기울였다. 이러한 세종의 호불(好佛)을 학자들이 좋지 않게 여겨 여러 번 (이를 중지하도록) 간했다. 세종이 이를 듣지 않자 학자들이 모두 물러났다. 임금이 이에 눈물을 흘리면서 황희(黃喜) 등에게 "여러 선비가 나를 버리고 갔으니 장차 이 일을 어찌 해야 좋단 말인가?"라며 한숨지었다. 이에 모든 신하들이 이를 민망히 여겨 왕에 대한 충성심이 더욱 깊어지게 되었다.

– 《연려실기술》, 〈세종 조 고사본말〉

이처럼 인재를 사랑하는 지도자가 있었기에 각각의 인재들은 자신의 재능을 유감없이 발휘할 수 있었고, 비로소 조선은 국가의 극성기를 이룩할 수 있었다.

조선 인쇄 문화의 꽃

태종은 성리학에 바탕을 둔 문치주의 실현을 위해 주자(鑄字)에 많은 관심을 기울였다.

당시 조선은 홍건적의 난, 왜구 침입, 왕자의 난 등 오랜 전쟁으로 인한 혼란기를 거친 뒤라 활자 제조를 위한 구리와 철이 부족한 상태였다. 태종은 이 문제를 해결하기 위해 자진해서 내탕금(內帑金)을 내놓는 한편,

종친과 훈신에게도 자진 공출케 하여 소요 경비를 충당했다. 그리고 남송(南宋)의 구양순(歐陽詢)체를 바탕으로 글자 자체를 둥글게 처리한 원필(圓筆)을 곁들여 활자를 제작하니 이것이 바로 계미자(癸未字)다.

세종은 기존의 활자보다 아름답고 분명한 활자를 얻기 위해 노력한 군주였다. 우선 계미자가 가지고 있는 단점, 즉 밀랍으로 판에 고정시켰기 때문에 활자가 자주 흔들려 온종일 한 자리 숫자의 종이밖에 찍을 수 없다는 점을 보완한 경자자(庚子字)를 1420년(세종 2)에 내놓는다. 이 경자자는 판형에 활자를 배열하고 사이에 대나무나 종이를 끼워 활자를 고정시키는 방법으로 조판했는데, 당시로서는 상당히 진보적인 방식으로 하루 인쇄량이 20여 장에 이를 정도였다고 한다. 그렇지만 글자체가 가늘고 빽빽해 보기에 그다지 아름답지 못하고, 활자를 고정시키는 방법 역시 불완전해 인쇄 중 활자가 자주 흔들리는 점을 크게 개선치 못한 흠도 있었다.

이러한 단점을 시정한 조선 최고의 활자가 1434년(세종 16)에 탄생했다. 활자가 만들어진 해의 간지(干支)에 따라 그 이름이 정해지는 전례에 의거해 통상 이 활자는 갑인자(甲寅字)라 불리고 있다. 이 활자는 명나라 초기 판본인《논어》,《효순사실(孝順事實)》을 모본으로 하고, 이 중 없는 글자는 진양대군(晉陽大君) 유(瑈, 후일 세조)의 글자를 첨가해 제작되었다. 갑인자는 글자체가 매우 명정하고 부드러운데, 왕희지(王羲之)가 배운 진(晉)나라 위부인(衛夫人)의 글자체와 비슷하다고 해서 위부인자라는 이름도 가지고 있다.

갑인자는 글자가 아름답기도 했지만 활자가 네모반듯해 판짜기를 완전히 조립식으로 할 수 있었고, 이로 말미암아 인쇄 시 활자가 흔들리는 단점을 개량해 하루에 40여 장을 인출하는 개가를 올릴 수 있었다. 그리고 먹물도 기름먹에 아교를 진하게 섞은 최상급 유연먹(油煙墨)을 사용해 글자를 한결 선명하고 깨끗하게 인쇄할 수 있었다. 그야말로 실용성과 아름다움을 동시에 겸비한 우리 금속활자의 백미라고 하겠다.

이후 갑인자는 다섯 차례에 걸쳐 각각 1580년(선조 14), 1618년(광해군 10), 1663년(현종 9), 1772년(영조 48), 1777년(정조 1)에 개주(改鑄)되었는데, 이들은 재주·삼주·사주·오주·육주 갑인자라 해서 세종 조에 처음으로 주조된 갑인자와 구별하고 있다.

한편 갑인자는 중소자(中小字)를 중심으로 만들어져 큰 글자를 인쇄할 수 없다는 아쉬움이 있었다. 세종은 이 점을 고려해 1436년(세종 18) 진양대군의 글씨를 저본으로 대자를 주조하도록 명하니 이것이 바로 병진자(丙辰字)다. 이 활자는 《자치통감강목(資治通鑑綱目)》을 인쇄할 때 처음으로 사용되었다 하여 강목대자(綱目大字)라 불리기도 한다.

서적 찬술(撰述)

세종은 즉위하자마자 《고려사》 편찬을 명했다. 《고려사》는 이미 정도전 등이 이색이 편찬한 《금경록(金鏡錄)》이라는 자료에 의거해 편찬한 바 있었다. 그러나 정도전은 고려 원종(元宗) 이전 기사에 중국 황제를 함부로 모방한 사례가 많아 제후국인 조선의 위상에 걸맞지 않다고 해서 기사를 함부로 첨삭(添削)했다. 예컨대 왕의 묘호 가운데 종(宗)이나 조(祖)가 붙은 것은 전부 왕으로 하고, 절일(節日)을 생일로, 왕이 스스로를 일컫는 짐(朕)을 여(予)로, 신하들에게 내리는 지침서인 조서(詔書)를 교서(敎書)로 바꾼 것이 바로 그것이었다.

이러한 정도전의 역사 편찬은 당시 뜻있는 사람들의 공분을 일으키기에 충분했다. 더군다나 전조의 역사는 단순히 선대의 일을 통해 교훈을 얻고자 하는 차원에서 벗어나 조선이라는 국가 건국의 정통성 문제와도 연관되는 부분이었기 때문에 《고려사》 편찬은 더욱 시급한 문제였다. 이

윽고《고려사》는 다시 써야 한다는 상소가 올라오기 시작했다. 이에 세종은 사료에 나타나 있는 그대로 서술할 것을 명했다.

공자도《춘추》를 쓸 때 성인의 마음으로 재단하면서 있는 사실을 그대로 기록했고⋯⋯. 주자의《강목》은 참람되게 왕이라 칭한 제후들에게도 모두 (왕이라는 호칭을) 그대로 사용했다. 이처럼 현재의 사관들도 자신의 생각에 따라 함부로 첨삭하지 말고 사실에 의거해 있는 그대로 역사를 써야 한다.

– 《연려실기술》권5, 〈세종 조 고사본말〉

원칙에 충실하면서 자주적 역사의식을 지닌 세종의 모습을 여실히 드러낸 사건이었다. 조선이라는 주체에 대해 세종이 끊임없이 고민하고 있었다는 것은《농사직설》편찬에서도 잘 드러난다.

14세기 후반부터 중국의 강남 농법이 수입되어 일부 지식인들에게 이용되었다. 그러나 이로 인한 혜택은 어디까지나 중국 사정에 밝은 이들에게만 해당되는 것이었지, 무지한 백성들에게는 생소한 것이었다. 아울러 중국과 조선의 환경 차이로 말미암아 선진 농법이라 할지라도 과연 기대한 만큼의 경제적 이득이 있을지도 의문스러운 상황이었다.

이에 세종은 우리의 풍토와 중국의 풍토가 다르기 때문에 상황에 따라 심을 곡식과 파종 시기, 장소가 다를 것이라면서 정초(鄭招) 등에게 중국의 농서를 참조하되, 각지의 노련한 농사꾼들에게 실제로 경험한 방법을 채록해 이를 토대로 새로운 농서를 만들도록 명했다. 이러한 과정을 통해 만들어진 책이 바로《농사직설》이고, 이 책의 발간이 당시 농업을 크게 발전시킨 원동력이 되었다는 것은 두말할 나위 없는 사실이었다.

한편 세종은 재위기간 중 아들이 아비를 죽이는 불상사가 일어나자 이는 자신이 백성을 교화시키지 못한 데서 기인했다고 자성(自省)한 다음, 《효행록》을 찬술케 했고, 이를 뭇 백성들이 알지 못할까 염려해 그림을 붙이고 언해한 《삼강행실도》를 펴내어 백성들로 하여금 널리 읽게 했다. 그리고 중국의 의례(儀禮)를 중심으로 우리 고유의 예제를 참고해 《오례의(五禮儀)》를 찬술하여 국가 의례의 정립에 만전을 기했다.

세종은 특히 역사서에 많은 관심을 갖고 있었다. 《자치통감》에 주석과 음을 단 《자치통감훈의(資治通鑑訓義)》를 만들 때는 직접 교정까지 보며 "이 책을 보면서 독서의 유익함을 깨달았고, 총명함이 더해지는 것 같다." 라며 관계자들을 격려했다. 아울러 "나라를 다스리려면 전고에 밝아야 하는데, 우리나라는 자신의 흥망에 관련해 참고할 서적이 많지 않아 불편하니 이에 관련된 좋은 책을 만들라."라는 말과 함께 정인지(鄭麟趾) 등에게 책의 찬술을 명하니, 이것이 바로 세종 대 문화의 온축(蘊蓄, 오랫동안 학식 따위를 많이 쌓음)을 상징한다고 평가되는 《치평요람(治平要覽)》이다.

이렇듯 세종 대에는 수많은 서적이 찬술되었다. 동서양을 막론하고 건국 초기에는 국가 이데올로기를 보급하고 국가가 중심이 되어 문화를 장악하며 현실에 불만을 갖기 쉬운 일련의 지식인들을 끌어들이기 위해 많은 서적 편찬이 이루어진다. 세종 대 각종 문화 사업도 사실 이러한 맥락 속에서 어느 정도 이해될 수 있다. 그럼에도 불구하고 세종 대의 서적 찬술에는 다른 역사적 사례와 구별되는 점이 있었다. 그것은 바로 실용성과 주체성이다. 이는 중국 문화에서 얻은 실용적인 가치를 우리 형편에 맞게 승화시키려는 고민을 통해 만들어진 것이다. 바로 이러한 고민과 이를 해결하기 위한 실천적 노력이 세종 조 서적 편찬을 관통하는 시대정신으로 자리 잡았기에 역사적 변별성을 획득할 수 있었고, 그 의의를 더욱 심화시켜 나갈 수 있었던 것이다.

문종 文宗

제5대 1414년~1452년 | 재위기간 1450년 2월~1452년 5월

어린 아들에게 무거운 짐을 남긴 문종

문종은 1450년(세종 32) 2월 23일 조선의 제5대 임금으로 왕위에 올랐다. 즉위식을 치렀을 때 이미 서른일곱 살이었다. 그러나 왕위에 오르기 5년 전인 서른두 살 때부터 부왕 세종을 대신해 국정을 총괄했다.

문종은 1414년(태종 14) 10월 3일에 한양에서 태어났다. 어머니는 소헌왕후 심씨로 세종의 첫째 아들이다. 수양대군(首陽大君)과 안평대군(安平大君) 등이 친동생이다. 여덟 살이 되던 1421년(세종 3)에 세자에 책봉되어 약 30년간을 세자로 있었다.

문종은 세자 시기의 대부분을 경복궁 동쪽에 있는 동궁에서 보냈다. 천성적으로 학문을 좋아해 책을 읽고 글씨 쓰는 것으로 낙을 삼았다. 학문은 높은 수준에 이르렀고 문장은 화려하고 아름다웠으며 필법도 신묘한 경지까지 올랐다고 한다.

문종이 동궁으로 있을 때 귤을 나무소반에 담아서 집현전에 보낸 일이 있었다. 집현전의 학사들이 귤을 다 먹자 문종은 즉석에서 시를 짓고 이를 반초서(半草書)로 소반 위에 썼다. 이 시와 글씨가 다 뛰어난 작품이었다. 이를 본 집현전 학사들이 그 시를 다투어 베끼고자 했는데, 대궐에서 빨리 소반을 돌려보내라고 성화였다. 이 통에 다 베껴 쓰지 못한 집현전 학사들이 소반을 붙들고 차마 놓지를 못했다고 한다. 이 같은 사연이 담

긴 문종의 귤시(橘詩)가 《용재총화》에 실려 있다.

향나무 향기는 코에만 향기롭고　梅檀偏宜鼻

기름진 고기는 입에만 달구나.　　脂膏偏宜口

가장 사랑스런 동정의 귤은　　　最愛洞庭橘

코에 향기롭고 입에도 달구나.　香鼻又甘口

　문종은 효성이 지극해 윗사람을 극진한 정성으로 모셨다. 아버지 세종이 앵두를 좋아하자 대궐에 손수 앵두나무를 심었다. 그래서 성종 때에는 대궐에 온통 앵두나무뿐이었다고 한다.

　그러나 문종은 가정생활이 순탄치 못했다. 문종은 1427년(세종 9) 4월 9일에 열여덟 살의 나이로 혼인했다. 세자빈은 휘빈(徽嬪) 김씨로 김오문(金五文)의 딸이었다.

　휘빈 김씨는 문종보다 네 살 연상의 여인으로 혼례를 올렸을 때 스물두 살이었다. 휘빈 김씨는 문종이 자신을 가까이하지 않자 남편의 사랑을 얻기 위해 갖가지 방법을 썼다. 멀어진 남자의 마음을 되돌리는 데 좋다고 하자 뱀이 교접할 때 흘린 정기를 손수건에 묻혀 차고 다니는 등 은밀한 술법까지 마다하지 않았다. 그러나 이런 일들이 시아버지 세종의 귀에 들어가서 결국에는 친정으로 쫓겨나고 말았다. 김오문은 딸이 소박을 맞고 쫓겨나자 치욕을 이기지 못해 딸을 목매 죽도록 하고 자신도 자결했다.

　휘빈 김씨 이후에 봉여(奉礪)의 딸이 새로 세자빈에 책봉되었는데 그가 순빈(純嬪) 봉씨였다. 순빈 봉씨도 외로운 생활을 견디다 못해 휘빈 김씨의 전철을 밟게 되었다.

　순빈 봉씨는 성품이 괄괄하고 기가 셌다. 문종은 순빈이 부담스러워 더욱 멀리했다. 세종은 큰아들 내외의 사이가 서먹해지자 세자에게 소실 세 명을 들여 주었다. 이 가운데 한 사람이 권씨였는데 이 권씨가 훗날 단종의 생모가 되었다.

그런데 순빈은 문종이 자신은 멀리하면서 소실들을 가까이 하자 더욱 빗나갔다. 술을 마시고 행패를 부리는 것은 물론 궁녀들과 추문을 일으켰다. 결국 순빈도 시아버지 세종에 의해 친정집으로 쫓겨나고 말았다.

두 번의 혼인 생활에 실패한 문종은 더 이상 새 여자를 들이지 않았다. 대신 소실로 들어와 아이까지 낳아 준 권씨를 세자빈으로 맞이했다. 권씨와의 사이에 1남 1녀를 두었다. 이 아들이 훗날 단종이 되는데, 권씨는 단종을 낳은 다음 날 산후병으로 세상을 떠났다. 이후 문종은 세자빈을 들이지 않고 정실부인 없이 살았다.

문종은 세자에 책봉된 지 25년 뒤인 1445년(세종 27)에 부왕을 대신해 대리청정을 시작했다. 노년의 세종이 질병에 시달리면서 격무를 덜기 위해 세자에게 위임통치를 명했기 때문이다. 이후 약 5년 동안 부왕 대신 국정을 총괄하다가 왕위에 올랐다. 왕위에 오른 후에도 이미 죽은 권씨를 왕비로 추봉하고 정실부인을 들이지 않았다.

왕위에 오른 문종은 세자 시절의 대리청정을 이어 일관된 정책을 추진했다. 따라서 문종 대는 세종 후반기의 분위기와 비슷했다. 문종의 재위 중에《동국병감》,《고려사절요》 등이 완성되었으며《고려사》가 간행되었다. 특히 문종은 군사 방면에 관심이 많아 병서를 편찬하고 군제를 정비하는 치적을 이룩했다.

천성이 착하고 학문을 좋아한 문종은 몸이 허약했다. 그가 가정생활에서 실패한 이유도 그의 허약한 체질에 기인한 면이 적지 않았다. 왕위에 오른 문종은 2년이라는 짧은 기간 동안 재위하다가 세상을 떠났다. 그때 나이 서른아홉 살이었다. 살아 있을 때 문종은 수염을 멋있게 길러서 우아한 모습이었다고 한다.

문종이 세상을 떠나자 처음에 신료들은 왕의 묘호를 효(孝)라고 정하려 했다. 그의 지극한 효성을 기리기 위해서였다. 그러나 효는 문종의 한 가지 덕만을 표현하게 된다고 해 문(文)으로 바꾸어 문종이라 했다.

무덤은 양주의 현릉(顯陵)이다. 자녀는 모두 1남 2녀를 두었다. 권씨가 낳은 딸은 경혜공주(敬惠公主)로 영양위 정종(鄭悰)에게 출가했다. 또한 문종이 세자였을 때 소실로 들어온 양씨가 낳은 경숙옹주(敬淑翁主)는 반성위 강자순(姜子順)에게 출가했다.

군 통수 체계 완성

완성된 진법

진법(陣法)은 전투에서 승리하기 위해 군을 편제하고 훈련시키는 방법을 일컫는다. 우리나라에는 신라 때 〈화령도(花鈴圖)〉, 고려 시대에는《김해병서(金海兵書)》등의 진법이 있었다고 하는데, 이들은 중간에 모두 사라졌다. 따라서 현재 전래되는 우리나라 고유의 병법 가운데 최고(最古)는 조선 초기에 만들어진 진법이라 해도 과언이 아닐 것이다.

조선 건국 초기에 진법이 만들어진 이유는 무엇보다도 중앙화된 군사 통수의 필요성 때문이었다. 주지의 사실이지만 당시는 사병의 시대였다. 이들의 통제는 바로 정권의 운명과 직결되어 있었다.

아울러 변계량(卞季良)의《진도문답》에서 '우리의 지형은 중국과는 다른데 중국의 병법을 그대로 적용할 수는 없지 않은가'라는 문제의식, 즉 우리 고유의 군사 체계를 개발하려는 주체 의식도 진법 제작의 다른 배경으로 지적될 수 있다.

조선 시대의 병서는 대체로 장병에 대한 정신훈화집이라고 할 수 있는 훈사류(訓辭類)와 역대 전쟁 기록을 발췌해 만든 전사류(戰史類), 그리고 군의 편제와 군법, 병기 해설과 전투 훈련법 등을 기술한 교범류(教範類), 조선 후기에 실학자들에 의해 강조되었던 산성(山城) 중심의 농민 자위 체계인 민보(民堡), 즉 일종의 민방위 체제에 대한 논설류(論說類) 등 네 가지로 크게 구분할 수 있다. 이 중 진법은 교범류에 해당된다고 할 수 있다.

조선 건국 직후 정도전은 병권을 총괄하면서 군사훈련과 군제 정비에 총력을 기울였다. 이 결과 《오행출진기도(五行出陣奇圖)》, 《강무도(講武圖)》, 《진법》 등이 편찬되었다. 그리고 요동 정벌을 매개로 이를 전국에 걸쳐 시행하는데, 그 본래의 목적이 종친과 공신 계열이 소유하고 있던 군사력을 견제하기 위함이었다는 사실은 이미 앞에서 살펴본 바와 같다.

현재 《삼봉집》에는 진법만이 전해져 오는데, 그 내용은 총론, 결진, 논장(論將, 장수를 논함), 전비(戰備, 전쟁을 준비함), 병기와 지형, 승패, 전기(戰機, 공수의 기회), 공수(攻守) 등으로 되어 있으며, 암기에 편하도록 짧은 문구로 씌어졌다는 특징을 가지고 있다.

태종은 정도전을 제거한 후에도 그가 제작한 《진법》을 한동안 활용한 듯하다. 하지만 중앙집권화 과정에서 군의 완전한 통수는 무엇보다도 중요한 것이고, 정도전의 《진법》이 이러한 시대적 소망에 점차 맞지 않자 새로운 진법서가 필요하게 되었다. 이에 태종은 왕위를 세종에게 양위한 뒤, 상왕(上王) 자리에서 변계량에게 새로운 진법서를 만들어 올리도록 했다. 그 결과로 나온 것이 바로 1421년(세종 3)의 《진도법(陣圖法)》이다. 하지만 이것이 공개된 후 여러 논란이 발생했는데, 이를 변명하기 위해 변계량은 《진도문답》을 작성해 올리기도 했다. 이는 당시 3대 병법서로 알려졌던 이제현의 《진법》, 정도전의 《진법》, 하륜의 《진법》을 상호 비교하면서 이들의 상이점과 함께 중국 진법의 적용 여부에 대해 언급한 것이다.

이로부터 12년 후인 1433년(세종 15)에는 하경복(河景復)과 정흠지(鄭欽之) 등이 세종의 명을 받아 《진도법》을 보완, 새로운 《계축진설(癸丑陣說)》을 만들게 되는데, 현재 전하지 않아 정확한 내용은 알 수 있지만 뒤에 나오는 《오위진법(五衛陣法)》의 모체가 된다는 점에서 그 의의가 크다고 할 수 있다.

이후 동궁 시절부터 병법 연구와 병기 제작에 유난히 관심이 많았던 문종은 기존의 각종 진설을 바탕으로 새로운 진법을 찬술하게 되는데, 이것이 바로 《오위진법》이다. 이 책의 저술은 단순히 한 권의 병법서가 완성됐다는 의미에서 그치는 것이 아니라 조선 시대 군 통수 체계와 전투조직이 비로소 완성되었음을 뜻하는 것이었다. 이 진법은 분수(分數, 병력의 편제와 인원), 결진(結陣), 용병(用兵), 군령(軍令), 장표(章標, 휘장 표시), 대열의(大閱儀, 전투 훈련)로 구성되었는데, 그 내용이 지휘통신에서부터 군법, 전투 훈련에 이르기까지 군사에 관련된 거의 모든 사항을 다루고 있다는 평가를 받았다. 《오위진법》은 문종의 아우인 수양대군이 서문을 쓰고 정인지, 김효성 등이 내용을 검토하고 이에 주석을 붙였다. 아울러 이 책은 국왕에 의한 병법서 제작의 시초가 된다는 점에서 주목할 만하다.

수양대군은 왕위에 오른 뒤에도 자신이 서문을 써넣은 《오위진법》에 관심을 갖고, 이개(李塏), 홍계희 등에게 앞서 붙인 주석의 미진한 부분을 보완하게 했고 해설을 덧붙이게 했다. 그리고 한종손, 김교 등으로 하여금 각종 그림을 그려 넣고, 이를 이계전 등에게 교정케 해 작은 활자로 인쇄하니 이것이 바로 《소자진서(小字陣書)》이며, 4년 뒤인 1459년(세조 5)에는 이를 큰 활자로 인쇄한 《대자진서(大字陣書)》를 간행했다. 비슷한 내용이라고 하나 이 두 책은 목차 및 내용에서 약간씩 차이가 나 여러 가지 불편을 초래했다. 이런 이유로 성종 대에 이르러 이를 검토하고 하나로 통일된 진법을 만들게 되었으니, 이때가 바로 1492년(성종 23)이었다.

오위(五衛) 정비

'권력은 총 끝에서 나온다'라는 말이 있다. 아무리 위대한 통치자가 정대한 정치를 전개한다고 할지라도 이를 뒤에서 지지해 주는 강제력이 없으면 그 권력은 유지되기 힘들다는 평범하면서도 간과할 수 없는 진리를 담고 있는 말이다. 더군다나 군사력은 비단 국내에 존재하는 권력자의 기득권만을 보호하는 것이 아니라 이민족으로부터 피통치자를 보호하는 유일한 수단이라는 사실 때문에 그 존재 가치가 더욱 높다고 할 수 있다. 따라서 우리나라에 명멸했던 여러 국가와 정권은 백성들에게 광범위한 지지를 얻기 위해서도 애를 썼지만, 이에 못지않게 자신의 기반을 보호해 주는 군사력 구축에도 적지 않은 신경을 기울였다.

조선 역시 예외가 아니었다. 특히 조선의 지배층은 국가 건국이 전 왕조인 고려가 군사 조직에 대한 일원적인 통제에 실패하고, 이 틈을 타서 성장한 동북면 군벌 이성계의 강력한 군사력을 통해 이루어졌다는 사실을 누구보다도 잘 알고 있었다. 때문에 국왕을 정점으로 하는 강력한 군사 체제의 구축을 통수권의 핵심으로 인식하고 그 방면에 많은 관심을 쏟았다.

우선 조선은 고려 말에 설치된 삼군총제부(三軍摠制府)를 의흥삼군부(義興三軍府)로 개편했다. 그리고 이를 곧 의흥친군좌위와 의흥친군우위로 나누어, 고려의 중앙군 조직인 팔위(八衛)와 함께 십위의 중앙군 조직을 갖추었다. 그리고 국왕에게 위임받은 재상이 발명권(發命權)을 장악했다. 이는 사병을 거느린 절제사(節制使)와 각 위의 장군들에게 재상이 명령을 내릴 수 있다는 것을 의미했다. 다시 말하면 정도전을 중심으로 하는 문신 세력이 그들을 정점으로 하는 군 통수 체제를 의도했다는 사실을 뜻한다.

이 체제는 1394년(태조 3) 십위를 십사(十司)로 개편하고 그 가운데 네 개의 사를 중군(中軍)으로 하여 궁궐을 호위하는 시위사(侍衛司)로 삼고, 나머지 여섯 개의 사를 좌우군(左右軍)으로 하여 한양을 지키는 순위사(巡衛司)로 두는 한 차례의 변화를 겪는다. 그러나 사병을 거느린 무신 세력이 여전히 건재하고 문신들이 이들을 효과적으로 통제할 수 있는 수단을 확보하지 못한 상황에서 제반 군제 개혁은 의도한 만큼의 성과를 거두지 못했다. 진법을 둘러싼 갈등은 이러한 사실을 단적으로 보여 주는 사례라 할 수 있다.

두 차례에 걸친 왕자의 난 이후 상황은 크게 반전되었다. 태종 이방원과 정도전은 사병을 혁파하고 모든 군사가 공적인 목적을 위해 봉사해야 한다는 명제에 의견을 같이했다. 그러나 앞서 지적한 바와 같이 정도전이 재상을 중심으로 하는 통수권 확보를 의도한 반면에 태종은 철저히 국왕을 정점으로 하고 그 아래로 관품에 따라 장병(掌兵)을 책임지는 무신들이 퍼져 있는 피라미드형의 일원적 군사 조직을 이상적인 형태로 생각했다. 이러한 태종의 의지는 중앙 군제 개편에 그대로 투영되었다. 1409년(태종 9)에 십사의 임무를 개편할 때 한 개의 사를 제외한 나머지 아홉 개의 사를 모두 왕궁 시위에 복무케 한 것이다. 이러한 태종의 의지는 후대 왕에게도 전달되어 군제 개편의 기본 정신으로 자리 잡게 된다.

한편 십사의 중앙 군제는 1418년(태종 18)에 십이사, 1422년(세종 4)에 십사, 그리고 1445년(세종 27)에 다시 십이사가 되는 변화를 거듭하다, 마침내 1451년(문종 1)에 오사로 개편된다. 중군에 의흥사(義興司)·충좌위(忠佐司)·충무사(忠武司), 좌·우군(左·右軍)에 용양사(龍驤司), 호분사(虎

貢司)를 각각 배속시킨 것이다. 이렇게 만들어진 오사는 두 개의 사가 근무하게 되면 나머지 세 개의 사는 비번으로 사흘마다 교대 근무하는 것을 원칙으로 했다. 이들 오사에 소속된 군사들은 5교대제를 원칙으로 했는데, 각자의 고향으로 내려가서는 해당 지역의 지방군에 편제되어 전투력 손실을 최소화했다.

이러한 오위 체제로 군사 조직을 개편한 목적은 과연 무엇일까?

이는 바로 문종에 의해 개발된 5단위 진법, 즉 오군(五軍)·오진(五陣)·오위(五衛)를 축으로 하는 오위 진법에 맞도록 부대 조직을 개편한다는 취지에서 비롯된 것이다. 실로 군사 문제에 조예가 깊던 문종의 혜안이 아닐 수 없다. 이러한 오사는 1457년(세조 3)에 비로소 오위로 개편되었다. 명칭만 변했을 뿐 조직과 운영 원칙은 오사 때와 동일했다. 그리고 이를 지휘하는 최고 군령 기관으로 오위도총부(五衛都摠府)를 두어 군무를 전담케 했다.

한편 오위는 총 25개 부(部)로 구성되어 있었는데, 각각의 부에는 전국의 지방군인 진관(鎭管) 군사가 분속되어 있었다. 이는 국가 비상사태가 발생해 지방 군사를 동원할 때 이들을 나누는 지역별 편성안이 마련되어 있었음을 뜻한다. 즉 중앙군과 지방군이 국가에 의해 통일적으로 운영되고 있었던 것이다. 이러한 원칙은 《경국대전》 편찬 시 그대로 반영되어, 조선 중앙 군사 조직의 골간을 이루었다.

오위와 오위도총부는 병조에 속해 있었다. 명목상으로는 '병조가 병정(兵政)을 총괄하고 오위도총부는 군무를 총괄한다'라고 해 이들 사이의 횡적인 유대를 강조했으나, 실질적으로 병조는 인사 문제 및 정책 수립에 있어서 이들 군사 기관에 철저한 우위를 확보하고 있었다. 병조의 관리가 대부분 문신임을 감안하면, 이는 서반(西班)의 최고 기구인 중추부(中樞府)가 전부 문신들로 충원되었다는 사실과 함께 동반(東班)의 서반에 대한 철저한 사회적 우위를 증명하는 사례라 할 수 있다. 이러한 사실로 우리는 조선이라는 국가에서는 군사 조직의 개편 역시 철저한 문치주의 실현이라는 지상 명제하에서 수행됐음을 알 수 있다.

오위 조직은 15세기 후반부터 붕괴되기 시작했다. 우선 중종 조에 비변사가 설치되어 오위도총부는 점차 그 기능을 상실하게 되었고, 이후 포를 내어 군역을 대신케 하는 수포대역제(收布代役制)가 성행하면서부터 오위도 근저가 서서히 흔들리게 되었다. 결국 임진왜란 이후 오군영(五軍營)이 설치되어 중앙군 조직을 중심으로 하는 군사 조직이 만들어지면서 오위는 유명무실하게 되었고, 1882년 군제 개혁 때 완전히 혁파되어 역사 속으로 사라지게 되었다.

단종端宗

제6대 1441년~1457년 | 재위기간 1452년 5월~1455년 윤 6월

쿠데타의 어린 희생자, 단종

단종은 1452년 5월 18일 경복궁 근정전에서 즉위식을 가졌다. 부왕 문종이 서른아홉 살의 한창 나이에 갑자기 세상을 떠난 지 엿새 만이었다. 새로 왕이 된 단종은 겨우 열두 살에 불과했다. 왕위에 오른 단종은 아직 혼례를 치르지도 않았다. 그를 낳아 준 대비도 이미 죽고 없었다. 어린 단종을 구심점으로 정치적 안정을 이루기에는 넘어야 할 산이 너무나 많았다.

단종의 아버지 문종이 죽기 전에 어린 아들을 위해 취한 조치는 제한적일 수밖에 없었다. 문종이 죽으면서 한 일이라고는 김종서와 황보인 등 원로대신들에게 아들을 부탁하는 정도였다. 그러나 이 같은 구도는 당장 수양대군, 안평대군 등 종친 세력과 소외 세력의 반발을 불러일으켰다.

단종이 즉위한 이후 문종의 고명을 받은 대신들과 종친 사이의 대결이 격화되어 가는 상황에서 이를 중재할 만한 지위와 권위를 가진 사람은 없었다. 단종은 명색이 왕이었지만 자신의 의사와는 무관하게 돌아가는 정치 현실에 떠밀려 다녀야 했다. 따라서 어린 단종의 즉위는 한바탕 회오리를 예고하는 것이었다.

단종은 1441년(세종 23) 7월 23일, 동궁으로 있던 문종의 맏아들로 태어났다. 당시 세자로 있던 문종은 이미 스물여덟 살이었으므로 첫아들을

본 나이가 이른 것이 아니었다. 첫 손자를 본 세종은 근정전에 나아가 여러 신하들의 축하를 받고 대사면을 시행함으로써 백성들과 기쁨을 함께 했다.

그러나 단종은 태어나면서 바로 어머니를 여의는 아픔을 겪었다. 그가 태어난 다음 날에 생모 현덕왕후 권씨가 산후병으로 세상을 떠났다. 문종은 부인을 잃은 후 다시 본부인을 들이지 않았다. 이에 단종의 혈육이라고는 그보다 5년 먼저 태어난 누이와 세 살 아래인 이복 여동생이 있을 뿐이었다.

단종은 여덟 살이던 1448년(세종 30)에 왕세손에 책봉되었다. 1450년 문종이 즉위하면서 왕세자에 책봉되었는데, 이개와 유성원이 교육을 담당했다. 왕위에 오른 후 그의 삶은 파란의 연속이었다. 그가 왕위에 오른 지 1년 만인 1453년(단종 1) 10월 10일에 숙부인 수양대군이 쿠데타를 일으켰다. 이 결과 단종은 모든 실권을 숙부에게 빼앗겼다. 또한 숙부의 강권에 못 이겨 3년상이 끝나기도 전인 1454년 1월에 혼인했다. 이때 부인으로 들어온 이가 송현수(宋玹壽)의 딸인 정순왕후 송씨였다. 정순왕후는 단종보다 한 살 연상이었다.

단종은 왕위에 있은 지 3년 만인 1455년 윤 6월 11일 숙부에게 왕위를 물려주었다. 형식으로는 양위였지만 실제는 숙부의 위세에 눌려 왕위를 빼앗긴 것이나 다름없었다. 단종이 양위할 때 성삼문이 예방승지였다. 예식을 담당한 성삼문이 옥새를 부여안고 대성통곡하자 세조가 한참이나 노려보았다고 한다. 단종은 왕위에서 물러난 후 창덕궁으로 거처를 옮겼다가 다시 금성대군의 개인집으로 옮겼다. 단종의 거처에는 삼군진무 두 명이 군사 열 명을 거느리고 주야로 경계를 섰다.

단종이 상왕으로 물러난 지 1년 만인 1456년(세조 2) 6월에는 성삼문 등이 주축이 된 상왕 복위 사건이 발생했다. 성삼문 등이 중국 사신을 환영하는 연회에서 세조를 비롯해 한명회와 권람, 세자 등을 모두 죽이고 상왕을 추대하려 한 것이었다. 그러나 김질(金礩)이 이 사건을 세조에게 밀고함으로써 사건은 미수에 그치고 말았다.

이 사건을 조사하는 과정에서 성삼문(成三問)은 단종이 이미 복위 계획을 알고 있었다고 말했다. 이 말은 단종에게 결정적으로 불리하게 작용했다. 그렇지 않아도 복위 운동이 일어날까 의심하던 세조와 측근들은 이 사건을 빌미로 그 싹을 자르려 했다.

이런 상황에서 1457년 6월 21일 단종에게 불리한 사건이 또다시 발생했다. 송현수와 권완이 단종 복위를 도모했다는 주장이 김정수라는 사람에 의해 발설된 것이다. 송현수는 단종의 장인이었고 권완은 단종의 부인을 모시는 시녀의 아버지였다.

이 사건을 계기로 단종은 상왕에서 노산군으로 강등되어 영월로 귀양가게 되었다. 단종을 영월로 호송한 금부도사 왕방연의 작품으로 알려진 다음의 시는 이 사건에 대한 당시 일반인들의 심정을 잘 보여 주고 있다.

천만리 머나먼 길에 고운님 여의옵고
이 마음 둘 데 없어 냇가에 앉았으니
저 물도 내안 같아야 울어 밤길 예놋다.

－《연려실기술》단종 조

영월에 유배된 그해에 다시 금성대군이 단종 복위를 도모하다가 발각되었다. 이 여파로 단종은 노산군에서 일반인으로 또다시 강등되었다. 세조는 단종에게 이해 10월 24일에 사약을 내렸는데 스스로 목을 매 죽었다고도 한다. 죽었을 때 나이는 열일곱 살이었다.

단종은 죽은 지 224년 후인 1681년(숙종 7)에 노산대군(魯山大君)으로 복위되었다가 1698년(숙종 24)에 왕으로 복원되었다. 복위된 후 그 명칭을 단종이라 했다. 무덤은 영월의 장릉(莊陵)이다. 자손이 한 명도 없는 까닭에 정순왕후의 제사를 단종의 매부 정종(鄭悰)의 후손들이 지내 왔다.

계유정난으로 정권을 장악한 수양대군

1453년(단종 1) 10월 10일 한밤중에 조선의 역사는 일대 격변을 맞이했다. 이날 밤 수양대군이 쿠데타를 일으켜 정권을 장악했다. 당시 단종은 열세 살 어린아이였다. 이런 사정으로 수양대군이 정권을 장악하기 이전에 국가의 중요 대사는 황보인(皇甫仁)과 김종서(金宗瑞) 등 의정부의 대신들이 처리했다.

조선 왕조에서 국왕이 미성년일 경우에는 왕이 성년이 될 때까지 대비가 수렴청정(垂簾聽政)을 시행하는 것이 관례였다. 그런데 단종이 열두 살 어린 나이로 왕이 되었을 때에는 이미 대비도 이 세상에 없었다. 이에 문종의 유언을 받은 황보인과 김종서 등 의정부 대신들이 대비 역할을 대신하게 된 것이다.

이런 구도라면 단종이 성년이 될 때까지 국가권력은 실제로 의정부 대신들에게 있는 것이나 다름없었다. 단종이 성년이 되기까지는 적어도 7~8년은 더 기다려야 했다. 냉엄한 정치 현실에서 10년 가까운 세월은 결코 짧은 기간이 아니다.

이런 구도에서 중앙 정계의 세력 판도는 종친과 신료 세력으로 나뉘게 되었다. 종친을 대표하는 사람은 수양대군과 안평대군이었다. 신료 세력은 의정부 대신들과 집현전 학사 출신의 소장학자들로 대별되었다.

종친 중에서는 수양대군이 서열상 위였지만 바로 이 점 때문에 의정부

대신들의 집중 견제를 받았다. 자연히 안평대군이 수양대군을 대신해 의정부 대신들의 지지를 받으면서 부상하는 입장이었다. 의정부 대신들은 안평대군을 내세워 수양대군을 견제하고 이를 이용해 종친 세력을 분열시키려 했다. 이런 상황에서 수양대군과 안평대군은 점차 격렬한 경쟁자가 되어 갔다.

신료 집단 내부도 의정부 대신들과 집현전 출신들이 서로 반목하고 있었다. 집현전 학사들은 대신들의 독단적인 정국 운영에 불만을 갖고 있었다. 의정부 대신들이 안평대군을 지원하자 집현전 학사들은 반대로 수양대군을 지지했다.

수양대군과 안평대군은 각각 세종의 둘째 아들과 셋째 아들로 형제 사이였고, 단종에게는 삼촌이 된다. 그런데 수양대군과 안평대군은 형제간이라고는 하지만 서로 기질이 달랐던 모양이다. 수양대군은 무예를 좋아하고 결단력이 있었으며 정치적 야심이 대단한 사람이었다. 이에 비해 안평대군은 학문과 서예를 좋아했다.

무인 기질이 있는 수양대군 측근에는 관료들을 비롯해 군인, 건달, 깡패 등 잡다한 인물들이 몰려들었다. 반면에 안평대군 측근에는 주로 학자, 관료들이 몰려들었다.

초반 세력 판도는 의정부 대신들의 지지를 받는 안평대군이 유리했다. 특히 안평대군은 문인과 학자들을 집중 포섭함으로써 여론을 주도할 수 있었다. 누가 보아도 대세는 안평대군에게 기울어 있었다. 그러나 수양대군의 핵심 참모였던 한명회(韓明澮)는 전혀 다른 생각을 하고 있었다.

지금은 세상이 돌변했습니다. 현재와 같은 상황에서 문신들은 쓸 곳이 없습니다. 나리는 반드시 무사들과 결탁하셔야 합니다.

– 《연려실기술》세조 정난조

당시와 같은 비상시국에는 문신보다 오히려 무신들이 필요하다는 것이었다. 한명회의 조언에 따라 수양대군은 적극적으로 무신들을 포섭해 나갔다. 그런데 수양대군이 무신들을 포섭하기에는 위험 부담이 적지 않았다. 공공연히 무신을 모으다가는 역모로 몰릴 가능성이 있었기 때문이다. 이에 한명회는 다음과 같은 꾀를 짜냈다.

첫째, 사람들의 의심을 사지 않기 위해 활쏘기 대회를 개최한다는 명분을 내세운다.

둘째, 활쏘기 대회를 핑계로 음식을 풍족히 장만한다.

셋째, 활쏘기 대회는 모화관과 훈련원에서 시행하고 이를 빌미로 무사들에게 음식을 대접한다.

수양대군은 한명회의 생각대로 활쏘기 대회를 자주 열었다. 그 결과 얼마 지나지 않아 수양대군의 휘하에는 많은 무사들이 모이게 되었다. 홍달손(洪達孫), 홍윤성(洪允成), 양정(楊汀) 등이 그들이었다. 이러한 무사들은 수양대군이 쿠데타를 성공하는 데 결정적인 역할을 했다.

물론 수양대군은 권람을 통해 모사 한명회를 측근으로 두고 있었으며, 정인지(鄭麟趾), 신숙주(申叔舟), 정창손(鄭昌孫) 등의 집현전 학사들을 포섭하기도 했다.

반면에 안평대군은 황보인과 김종서, 그리고 민신(閔伸) 등의 문신들을 그의 세검정 별장이나 용산강 뱃놀이에 초대해 결의를 다지고 있었다. 모사 이현로(李賢老)가 사람들을 끌어모으는 역할을 담당했다. 물론 무사들도 모았다.

이때 수양대군이 명나라에 사신으로 가게 되었다. 명과 유대를 맺어 놓기 위해 자원한 사행길이었다. 안평대군 쪽에서는 이 기회를 이용해 쿠데타를 일으키려 했으나 차일피일하다가 수양대군이 돌아올 때까지 결행하지 못했다.

조정은 온통 안평대군파로 가득 차 있었다. 항간에는 안평대군이 10월 20일경에 정변을 꾀하고 있다는 소문이 나돌았다. 이에 수양대군은 한명회, 권람(權擥)과 의논해 거사일을 앞당겨 10월 10일에 쿠데타를 일으키기로 했다. 그런데 이 모의가 외부에 누설되어 수양대군 일파에 동요가 일었다.

10월 10일 아침 일찍 수양대군은 사태를 수습하기 위해 황급히 추종자들을 자신의 집으로 소집했다. 그의 추종자들은 의견이 통일되지 않은 채 우왕좌왕했다. 일부는 우선 왕에게 보고한 후 사태의 추이를 지켜보자고 했고, 또 일부는 뒷문을 통해 도망가기도 했다.

사태가 이에 이르자 한명회와 홍윤성이 수양대군의 결단을 촉구했다. 한명회는 "길 옆에 집을 지으면 3년이 지나도 완성되지 않습니다. 대군께서 결단하십시오."(《연려실기술》 세조 정난조)라고 재촉했다. 홍윤성도 "군대를 사용하는 방법 중에서 머뭇거리는 것은 최고로 꺼리는 것입니다."(《연려실기술》 세조 정난조)라 하면서 빠른 결단을 촉구했다. 반대로 송석손 등은 세조의 옷자락을 잡아끌며 만류했다.

이 순간 수양대군은 그의 옷자락을 잡고 만류하던 송석손 등을 발로 걷어차고 활을 빼들었다.

나는 너희들을 강요하지 않겠다. 따르지 않을 자들은 가라. 대장부가 이 세상에 태어나서 한 번 죽는다면 사직에서 죽는 것이다. 나는 혼자서라도 가겠다. 계속 만류하는 자가 있다면 먼저 그부터 목을 베겠다.

- 《연려실기술》 세조 정난조

수양대군이 앞장서서 집 밖으로 나갔다. 해는 이미 뉘엿뉘엿 서산을 넘어가고 있었다. 수양대군은 그 길로 김종서의 집으로 갔다. 의정부 대신들 가운데 중심인물이 김종서였기 때문에 그를 먼저 제거하기 위해서였다. 수양대군의 뒤를 그의 종인 임운이 따랐다. 한명회는 양정, 홍순손, 유수 등으로 하여금 미복 차림으로 수양대군을 쫓아가도록 했다.

수양대군이 김종서의 집에 들이닥쳤을 때 김종서의 아들인 김승규가 신사면, 윤광은 등과 함께 문 앞에 앉아 있었다. 아들의 통보를 받고 나온 김종서는 수양대군과 멀찍이 떨어져 선 채 방으로 들 것을 청했다. 그러나 수양대군은 날이 이미 늦었다는 말로 거절하고 다른 이야기를 꺼냈다. 이 순간 수양대군이 쓰고 있던 사모의 뿔이 떨어졌다. 수양대군이 김종서의 사모를 빌려 쓰겠다고 하자 김종서는 아들을 시켜 안으로 들어가게 했다. 이 순간을 놓치지 않고 수양대군 옆에 있던 임운이 철퇴로 김종서를 쳐서 넘어뜨렸다. 놀란 김승규가 몸으로 김종서를 덮치자 양정이 칼로 베어 버렸다.

의정부 대신들의 중심인물 김종서를 살해한 수양대군은 바로 단종을 찾아갔다. 대궐과 사대문의 병사들은 이미 수양대군 일파에게 장악된 상태였다. 수양대군은 단종에게 김종서가 왕실을 위태롭게 하고 역모를 도모해 우선 목을 베고 나서 보고한다고 했다. 그리고 단종의 왕명을 빌려 조정 대신들을 모두 입궐하도록 했다.

당시 수양대군의 핵심 참모 한명회는 쿠데타에 대비해 죽일 사람과 살릴 사람의 명부를 기록한 책, 즉 살생부(殺生簿)를 작성해 두었다고 한다. 이날 한명회는 지옥의 염라대왕보다 더 무서운 존재였다. 입궐하는 대신들은 한명회의 손짓에 따라 생사가 갈렸다. 한명회가 죽이라는 신호를 보낸 사람들은 모조리 죽었다. 황보인, 조극관, 이양 등 살부(殺簿)에 올라 있던 의정부 대신들이 그렇게 이승을 하직했다. 반대로 정인지, 신숙주, 김필 등 생부(生簿)에 올라 있던 사람들은 목숨을 부지했다.

수양대군은 계유정난을 통해 대립 관계에 있던 의정부 대신들을 모조리 살해하고 정권을 장악했다. 동생 안평대군은 처음에 강화도로 유배시켰다가 다시 교동으로 옮긴 후에 사약을 내렸다. 이 정변을 계유정난(癸酉靖難)이라 한다. 계유년에 수양대군이 김종서 등의 난을 평정하고 사직을 안정시켰다는 의미이다.

계유정난으로 수양대군은 정권을 장악했다. 수양대군은 '영의정부사판이병조겸내외병마도통사'라는 어마어마한 직함을 받았다. 이는 의정부의 최고 책임자인 영의정이 되고, 동시에 문신과 무신의 인사 부서인 이조판서와 병조판서를 겸임하며 아울러 내외의 군사들을 통솔하는 내외병마도통사를 맡는다는 것이었다. 조선 조 관료 조직의 최고 요직을 모두 장악한 것이다.

계유정난은 중앙 정치 세력 및 국정 운영 방식에 커다란 변화를 가져왔다. 우선 반대편에 섰던 사람들은 살해되거나 유배에 처해지는 등 철저히 숙청되었다. 이 공백을 정난공신을 비롯한 세조 공신들이 메워 갔다. 세조 이후 공신 세력들은 중앙 정계를 주도하면서 강력한 훈신 세력을 형성했다. 또한 국정 운영도 의정부의 재상을 중심으로 운영되던 방식에서 국왕을 중심으로 운영되는 방식으로 바뀌었다.

정난공신

1등 : 수양대군, 정인지, 한확, 한명회, 권람, 홍달손, 박종우, 김효성, 이
　　　사철, 이계전, 박중손, 최항(12명)

2등 : 신숙주, 홍윤성, 양정, 유수, 유하, 권준, 윤사윤, 봉석주, 곽연성,
　　　엄자치, 전균(11명)

3등 : 성삼문, 이흥상, 이예장, 김처의, 권언, 설계조, 유사, 강곤, 임자번,
　　　유자황, 권경, 송익손, 홍순손, 조윤, 유서, 안경손, 한명진, 한서구,

이몽가, 홍순로(20명)

이징옥의 난

계유정난으로 정적이었던 황보인과 김종서 등을 격살하고 정국 주도
권을 장악한 수양대군은 김종서파라고 분류한 인물들을 제거해 나가기
시작했다. 그의 눈에 가장 거슬리는 존재는 이징옥(李澄玉)이었다.

그는 일찍이 이숙번의 갑사(甲士)로 몸을 일으켜 1416년(태종 16)에 무
과에 장원급제해 벼슬길에 오른 인물이었다. 여진족과의 치열한 전투를
통해 잔뼈가 굵었고, 김종서를 도와 험한 함경도 땅에서 6진을 세운 무장
으로 김종서가 자신보다 뛰어난 인물이라 해 자신의 후임으로 추천하기
도 했다.

이런 이징옥이 함경도 땅에 웅거하고 있는 한 수양은 대권을 노릴 수
없었다. 따라서 이징옥을 제거하는 일이 세조 일파에게 급선무로 떠오르
게 되었다. 마침 '이징옥이 병기를 보내 안평대군, 황보인, 김종서 등과 내
응해 단종을 제거하고 수양을 죽이려 했다'는 홍달손의 고변이 있었다.
그리고 이는 함경도 관찰사로 이징옥과 쌍두마차를 이루며 이 지역을 지
키던 김문기가 도승지 최항(崔恒)에게 다음과 같이 고변해 사실로 드러
났다.

> 이징옥이 평소에 청렴하고 군기가 엄해……. 그런데 창고에 누군
> 가 구멍을 내고 병기를 실어 갔는데 이를 추궁하지 않으니 심히 괴이
> 하다.
>
> – 《단종실록》 권8

그를 노리고 있던 수양대군파에게는 절호의 기회가 온 셈이었다. 그 즉시 이징옥은 파면되었고 강원도로 위리안치시키라는 명령이 떨어졌다. 수양대군은 이에 김종서를 죽였다는 사실을 숨긴 채 박호문(朴好問)을 보내 이징옥에게 한양으로 오도록 명했다. 이에 이징옥은 이것이 자신을 제거하려는 음모임을 깨닫고 후임으로 온 박호문을 죽였다. 그러고 나서 "나의 위엄과 신의가 드러났으니 나는 장차 강을 건너리라."(《연려실기술》, 〈단종 조 고사본말〉)라고 하며 여진에게 병력을 청했다. 이때는 늦가을 바람이 매서워지던 1453년(단종 1) 10월이었다. 여기서 우리는 한 가지 의문에 접하게 된다.

현재 실록을 비롯해 전래되는 사료에는 이때 이징옥이 '대금황제'를 칭하며 오국성(五國城)에 도읍을 정하려 했다고 기록되어 있다. 자료에 드러나는 이징옥은 유교적 강상에 충실한 인물이었다. 나이 든 부모에게 효도하기 위해 휴가를 청하고 형의 패악한 행동도 묵묵히 참아냈다. 그리고 변방에서 고생하는 그를 위로하기 위해 왕이 보내는 하사품에 감격하기도 했다. 이런 행동으로 보아 그는 성리학적 명분에도 비교적 충실했던 것으로 보이는데, 아무리 극한 상황이라 할지라도 함부로 황제라는 칭호를 사용했는지는 의문이다. 오히려 대금황제라는 호칭에서도 알 수 있듯 중앙에서 자신의 은인인 김종서를 죽이고 실권을 잡은 수양 일파를 제거하기 위해서는 여진의 힘이 필요하고, 이를 얻기 위해서 취한 여러 행동이 이렇게 와전된 것이라고 보는 것이 보다 합리적이지 않을까?

이는 채제공이 자신의 문집 《번암집(樊巖集)》에서 '이징옥이 군사를 일으킨 것은 명에 직소해 단종의 복위를 꾀한 것이지 황제가 되려고 했겠는가?'라고 조심스레 자신의 의견을 개진한 것을 보아도 짐작할 만하다. 어쨌든 역사란 승리자의 기록이고 죽은 자는 말이 없으니 지금으로서는 아쉽지만 확인 불가능한 추측일 뿐이다.

한편 이징옥은 여진의 지원을 얻기 위해 길을 떠났다가 종성에서 하룻밤을 지내게 되는데 이것이 그의 마지막이었다. 이곳에서 잠을 자던 그는 종성 판관 정종(鄭種)과 이행검(李行檢)에게 습격을 받아 어이없는 최후를 맞이하게 된다. 이후 이징옥을 중심으로 모여들었던 반란군은 흐지부지되었다.

가장 큰 걸림돌 하나를 제거한 수양대군은 권력 정상부를 향한 행보에 더욱 박차를 가했다. 한편 반란 후 옥에 갇혔던 이징옥의 형 이징석(李澄石)은 평소 징옥과 사이가 좋지 않았다는 이유로 석방되었고, 이후 승승장구해 이시애(李施愛)의 난이 발생했을 때 토벌군 지휘자로 참전하기도 했다. 참으로 역사의 아이러니가 아닐 수 없다.

흔히 이징옥의 난은 함경도에서 일어났다는 이유로 이시애의 난과 자주 비교되곤 한다. 어떤 사람들은 북방 민족의 전통을 이어받은 조선 초기 자주의식의 발로라고까지 평가하기도 한다. 물론 다소 과장된 평가임에 틀림없다. 그리고 변방에서 일어난 이 반란을 동일선상에 놓기에는 다소의 차이점이 있다. 우선 이징옥은 경남 출신으로 함경도 지역에 내세울 만한 연고가 없다는 점이다. 비록 그가 4군 6진 개척기 때부터 함경도 지방에서 군무를 담당했고 해당 지역에 거주하는 주민이나 여진족들에게 두려운 대상이었다고는 하나, 자신을 추종했던 무리를 이끌고 이들을 세력화할 정도까지 신망을 얻고 있었던 것 같지는 않다. 이는 그의 사후 여진 추장들이 그의 시체에 화살을 쏘면서 세조에 대한 충성을 맹세했다는 《단종실록》의 기사를 통해서도 어느 정도 확인할 수 있다.

반면에 이시애의 경우 함경도 출신 유지였고 토관(土官)으로 벼슬을 지낸 경력까지 있는 것으로 보아 함경도 지역에 확고한 연고가 있었음을 알 수 있다. 이런 지역적 근거의 차이가 결국 이 두 반란을 분별하는 중요한 차이점이 될 수 있을 것이다.

해당 지역의 지지를 확보하지 못한 이징옥은 풍부한 군사적 경험과 뛰어난 개인 능력에도 불구하고 토벌군과 맞서기도 전에 일개 무관에 의해 허무하게 죽임을 당했고, 이시애는 열악한 조건을 견디면서 중앙에서 파견된 많은 군사들과 당당하게 맞설 수 있었던 것이다. 그러나 태조 이성계를 배출했고 그에게 적지 않은 무력적 기반을 제공했던 함경도는 이들의 반란으로 조선 왕조 내내 버림받은 땅으로 남게 되었다.

세조世祖
제7대 1417년~1468년 | 재위기간 1455년 윤 6월~1468년 9월

철권 통치자, 세조

1455년(단종 3) 윤 6월 11일 조선 제7대 왕 세조가 경회루에서 왕위에 올랐다. 세조가 서른여덟 살 되던 해이다. 그가 왕위에 오르기까지 수많은 우여곡절이 있었다. 그는 조선 시대의 관습이나 제도로는 왕이 될 수 없는 처지였다. 이런 그가 왕이 되기 위해서는 수많은 피바람을 불러일으켜야 했다.

세조는 세종의 둘째 아들로서 이름은 유(瑈), 자는 수지(粹之)이다. 문종에게는 친동생이 되고 단종에게는 삼촌이 된다. 따라서 장자상속제를 내세운 조선 시대에 그는 왕이 될 수 없었다. 그가 왕위에 오를 수 있었던 것은 계유정난(癸酉靖難)이라는 유혈 쿠데타를 통해서였다.

따라서 이날의 즉위식장에는 새 임금에 대한 복종을 거부하고 남몰래 복수의 칼을 가는 사람들도 있었다. 세조가 조카 단종을 몰아내고 왕위를 탈취한 파렴치한 인간이라고 생각했기 때문이다. 이러한 사람들에게 세조는 즉위 교서에서 다음과 같이 자신의 입장을 변명하고 있다.

주상전하께서 왕위를 계승한 이래로 불행히도 국가에 어려움이 많았다. 나는 선왕 문종의 친동생으로서 나라에 작은 공로가 있었다. 이에 주상전하께서는 나라의 위태로움을 진정하기 위해서는 장성한 임

금이 필요하다고 해 나에게 왕위를 맡기셨다. 내가 굳이 사양했으나
종친과 대신들이 간청하니 부득이 왕위에 오르게 되었다.

- 《세조실록》, 세조 즉위년 6월 11일조

세조는 왕위에 오른 후 단종을 상왕으로 추대하고 금성대군(錦城大君)
의 집에 거처하게 했다. 단종 거처에는 군사 열 명을 거느린 삼군진무 두
명을 배치해 주야로 경계와 감시를 하도록 했다.

세조는 자신의 능력과 기회를 이용해 왕위를 쟁취한 사람이었다. 그런
사람이었기에 왕이 되기 전부터 야심과 능력이 출중해 사람들의 이목을
끌었다.

세종은 둘째 아들의 능력이 출중하자 기쁨과 걱정이 교차했다. 잘난 아
들을 둔 아버지의 마음은 비할 바 없이 흐뭇했을 것이다. 그러나 그 아들
이 하필 둘째였기에 걱정이었다. 또다시 장자를 제치고 동생이 왕위를 차
지하는 개국 초의 피바람이 재현될까 우려되었기 때문이다.

세조가 대군이었을 때 처음에는 진평대군(晉平大君)이라 불렸다. 후에
함평대군(咸平大君), 진양대군(晉陽大君)으로도 불렸는데 세종은 만년에
세조를 수양대군(首陽大君)으로 고쳤다.

왕위에 오른 세조는 재위 기간 중에도 수많은 난관에 봉착했다. 성삼문
등 이른바 사육신과 금성대군이 주동한 단종 복위 운동과 이시애의 난
등 즉위 초반에는 불안의 연속이었다. 이 난관들은 대체로 그의 정통성을
문제 삼아 일어난 것들이었다. 그러나 세조는 이런 난관들을 모두 극복하
고 강력한 왕권을 구축했다. 정치적인 안정을 배경으로 치세 기간 중에
이룩한 업적도 적지 않다.

세조 대에는 수많은 서적들이 편찬되었다. 세조 3년에 신숙주 등이 왕
명에 의해 태조, 태종, 세종, 문종 대의 선정과 치적을 엮은 《국조보감》을

편찬했다. 그 밖에도《경국대전》이 찬술되기 시작해 호전과 형전이 반포되었다. 전대의 역사를 정리한《동국통감》과 불교 관계 저술도 다수 간행되었다. 특히 세조는 군사 방면에 관심이 많아 군제를 정비하고 국방을 튼튼히 하는 데도 심혈을 기울였다. 또한 강력한 왕권을 뒷받침하고 국가재정을 튼튼히 하기 위해 현직 관리에게만 수조권을 주는 직전제(職田制)라는 토지제도를 시행하기도 했다.

세조는 1417년(태종 17) 9월 29일 한양의 궁궐에서 세종과 세종비 심씨 사이에서 둘째 아들로 태어났다. 어려서부터 무예에 능하고 병서에 밝아 스스로도 "내 젊은 시절에는 기운이 웅대하고 마음이 장해 스스로 활쏘기를 평생의 업으로 삼았다."고 할 정도였다.

서른여섯 살이던 1453년(단종 1)에 이른바 계유정난을 감행해 김종서와 황보인 등 의정부 대신들을 제거하고 권력을 장악했다. 2년이 지난 1455년(단종 3)에 마침내 단종의 양위라는 형식을 빌려 왕위에 오르게 된 것이다. 왕위에 오른 후 14년간 군림하다 쉰다섯 살에 세상을 떠났다. 만년에는 자신의 과거에 대한 인간적 고뇌에 싸여 부처님에게 더욱 깊이 귀의했다. 특히 단종 복위 운동에 연루되었다며 자신의 형수 현덕왕후(顯德王后) 권씨를 무덤에서 파낸 일로 마음병을 앓기도 했다. 지병인 문둥병으로 말년에 몹시 고생했다. 세조는 사망한 후에 광릉(光陵)에 안장되었다.

세조의 정실부인은 참판 파평부원군 윤번(尹蕃)의 딸로 세조보다 1년 연하의 여인이었다. 그가 성종 대에 조선 왕조 최초로 수렴청정을 하게 되는 정희왕후이다. 왕후와의 사이에 2남 1녀를 두었다. 큰아들이 훗날 덕종에 추존된 장(璋)으로 그는 세자에 책봉되었다가 스무 살에 요절했는데, 그 부인인 한확(韓確)의 딸이 훗날 인수대비(仁粹大妃)로 그녀 또한 명성이 자자했다. 둘째 아들이 예종이고, 딸은 하성부원군 정현조에게 시집갔다.

세조는 정실부인 외에 후궁이 한 명 있었는데 근빈(謹嬪)에 책봉된 박씨로서 사육신의 한 사람인 박팽년(朴彭年)의 누이였다. 그럼에도 불구하고 근빈 박씨는 출가외인의 법도를 지켜 세조를 끝까지 모셨고 세조 또한 근빈을 버리지 않았다. 근빈은 정희왕후와 같은 나이로서 아들 둘을 두었다. 큰아들이 덕원군 서(曙)이고, 둘째가 창원군 성(晟)이다.

사육신과 생육신

1456년(세조 2) 6월 2일, 성균관 사예 김질과 그의 장인 의정부 우찬성 정창손은 은밀히 세조를 보자고 했다. 심상치 않은 낌새를 눈치챈 세조는 집무실인 인정전으로 두 사람을 불러들였다. 김질의 이야기를 들으면서 세조는 바로 어제 자신의 목이 칼날 아래 날아갈 뻔했다는 사실을 알게 되었다.

하루 전인 6월 1일, 세조는 창덕궁에서 명나라 사신을 환영하는 잔치를 열었다. 세조는 명나라 사신에게 제후국 임금으로서 자신의 위엄과 품위를 보여 주기 위해 거창하게 행사를 준비했다. 자신과 상왕으로 있는 단종을 비롯해 세자, 공신 등 주요 인사들도 모두 연회에 참석하도록 했다.

그러나 막상 행사를 거행하려 하니 행사장이 비좁았다. 부득이 자신의 옆에서 칼을 들고 호위하는 운검(雲劍)도 생략했다. 게다가 세자도 병이 나 불참하게 되었다. 따라서 환영 행사는 당초 의도와 달리 조촐하게 거행되고 말았다. 결론적으로 이 조촐하게 치러진 행사가 세조를 살린 것이었다.

계유정난으로 왕위에 오른 세조는 자신의 즉위에 도움을 준 사람들을 공신으로 책봉했다. 특히 세조 즉위에 결정적 역할을 한 권람, 한명회를 비롯해 신숙주, 정인지, 한확 등의 정치적 영향력은 급속히 커지고 있었다. 이들이 세조 즉위 후 주도 세력으로 부상하면서 새로운 소외 세력과 불만 세력들이 생겨났다.

세조는 조카인 단종의 양위를 받아 왕위에 올랐지만 형식적이었을 뿐 실제는 힘으로 빼앗은 것이나 다름없었다. 때문에 세조는 왕위 찬탈자라는 명분상 약점에서 벗어날 수가 없었다. 명분상 약점은 언제든지 상왕으로 나앉은 단종의 복위 운동으로 이어질 수 있었다.

특히 집현전 출신의 젊은 학자들이 세조의 왕위 찬탈을 비판적인 시선으로 보고 있었다. 이들은 혈기 왕성한 유학자들답게 명분을 중히 여겼다. 게다가 세조가 왕위에 오른 후 정국 주도권이 세조의 측근 공신들에게 넘어가면서 자신들은 소외 세력으로 전락하고 있었다. 이 외에 단종의 처가인 여산 송씨와 문종의 처가인 안동 권씨 집안도 소외 세력이 되어 가고 있었다.

이런 상황에서 집현전 출신 젊은 관료들과 단종 및 문종의 처가 식구들을 중심으로 단종 복위 운동이 암중모색되고 있었다. 이들의 중심인물은 성삼문과 박팽년이었다. 세조 2년, 당시 성삼문은 서른아홉 살의 한창 나이로 좌부승지였다. 그는 승정원에 근무하면서 나름대로 세조의 동태를 정확히 파악하고 있었다. 또한 박팽년은 성삼문보다 한 살 위로 마흔 살이었다.

이들은 세조를 비롯해 세자, 한명회, 권람, 신숙주 등을 일거에 없앨 기회를 노리고 있었다. 마침내 그 기회가 왔다. 1455년(세조 1) 12월에 성삼문 등은 명나라 사신이 다음 해에 조선에 온다는 정보를 입수했다. 이들은 명나라 사신이 한양에 도착하는 날을 거사일로 잡았다. 왜냐하면 명나라 사신이 한양에 도착하면 의례적으로 칙사 대접을 위해 왕이 잔치를 베풀고 이 자리에는 세자를 비롯해 왕의 측근 세력들이 모두 참석하기 때문이었다. 이들을 일거에 제거하기에는 이보다 좋은 기회가 없을 것이다.

1456년(세조 2) 6월 1일이 바로 거사일이었다. 거사를 위해 성삼문과 박팽년은 동지들을 규합하고 치밀한 계획을 짜 놓았다.

이들이 준비한 비장의 무기는 운검을 이용해 단칼에 세조를 죽이는 것이었다. 운검이란 연회와 같은 의식 행사나 어전에서 칼을 들고 왕을 좌우에서 호위하는 2품 이상의 무신이다. 천우신조인지 그날의 운검으로 성승(成勝)과 유응부(兪應孚)가 임명되었다. 성승은 바로 성삼문의 아버지였고 유응부도 단종 복위 운동을 열렬히 지지하는 사람이었다. 이대로만 되면 성공은 떼어 놓은 당상이나 마찬가지였다. 성삼문과 박팽년, 그리고 유응부의 다음 대화는 성공을 믿어 의심치 않던 그들의 자신감을 보여 주고 있다.

성삼문과 박팽년이 말하기를 "6월 1일 연회장의 운검으로 성승과 유응부가 임명되었다. 이날 연회가 시작되면 바로 거사하자. 우선 성문을 닫고 세조와 그 우익들을 죽이면, 상왕을 복위하기는 손바닥 뒤집는 것과 같을 것이다." 했다. 유응부가 말하기를 "임금과 세자는 내가 맡겠다. 나머지는 그대들이 처리하라." 했다. 성삼문이 말하기를 "신숙주는 나의 평생 친구이다. 그러나 죄가 중하니 죽이지 않을 수 없다." 했다. ……성삼문이 김질에게 말하기를 "일이 성공하면 너의 장인 정창손이 영의정이 될 것이다." 했다.

–《연려실기술》육신모복상왕조

그러나 상황이 이들의 예상대로만 진행되지는 않았다. 우선 가장 믿고 있던 운검에 문제가 생긴 것이다. 무슨 낌새를 눈치챘는지 한명회는 연회 장소가 좁다는 이유로 운검을 정지시켰다. 게다가 세자도 아프다는 이유 로 참석하지 말라 했다. 깜짝 놀란 성삼문이 운검을 정지할 수 없다고 했 지만 세조는 한명회의 의견을 받아들이고 말았다.

상황이 바뀐 것을 알지 못하는 성승은 그대로 칼을 갖고 연회장으로 들어가려 했으나 한명회가 저지해 들어가지 못하고 말았다. 사실 상황은 여기부터가 중요하다. 왜냐하면 거사를 하기로 했다가 돌연한 상황으로 중단되었을 경우에 어떻게 대처하느냐에 따라 성패가 갈리기 때문이다.

한명회에게 저지되어 밖으로 나온 성승은 바로 아들 성삼문을 찾아갔 다. 성승은 아들에게 지금 바로 한명회 등을 죽여야 한다고 주장했다. 그 러나 학자인 성삼문은 불확실한 도박을 하지 않으려 했다. 그는 "세자가 지금 오지 않았다. 이런 상황에서 한명회를 죽여 봐야 득 될 것 없다."고 하면서 성승을 만류했다.

또 한 명의 운검 유응부도 성승과 마찬가지로 지금 당장 한명회 등을 죽여야 한다고 주장했다. 그러나 성삼문과 박팽년은 보다 분명한 기회를 잡으려 했다. 그들은 성승과 유응부를 만류했다.

> 지금 세자가 이곳에 오지 않고 운검이 들어가지 못하는 것은 하늘
> 의 뜻이다. 만약 이런 상황에서 거사했다가 세자가 경복궁에서 군사
> 를 몰아온다면 성패를 알 수 없다. 차라리 훗날 임금과 세자가 한곳에
> 있는 때를 기다렸다가 거사하는 것이 낫다.
>
> – 《연려실기술》육신모복상왕조

이에 유응부가 바로 거사할 것을 종용했다.

일이란 신속한 것이 중요하다. 만약 일이 지체되면 기밀이 누설될까 걱정된다. 세자가 지금 경복궁에 있지만 수양대군의 측근들이 모두 이곳에 있다. 오늘 이들을 모조리 죽여 버리고 상왕을 복위한 후 군사들을 몰아 경복궁으로 들이닥치면 세자가 어디로 도망하겠는가? 그렇게 되면 아무리 지모가 있는 자라 해도 어쩔 수 없을 것이다. 지금이 바로 천재일우의 기회다. 절대로 놓칠 수 없다.

- 《연려실기술》 육신모복상왕조

그러나 성삼문과 박팽년은 신중을 당부하며 보다 분명한 기회를 잡자는 말로 이들을 만류했다. 결국 성삼문과 박팽년의 만류대로 6월 1일의 거사는 훗날로 미루어졌다.

그러나 이런 결정은 이탈자를 만들어 냈다. 성삼문과 함께 단종 복위를 도모하던 김질은 일이 틀어진 것을 알자 바로 장인 정창손에게 달려갔다. 사위에게 자초지종을 들은 정창손은 곧바로 대궐로 가 단종 복위 음모 사실을 고했다.

김질의 고변을 들은 세조는 바로 성삼문을 불러들여 체포했다. 일이 누설된 것을 모르던 성삼문은 김질과 대면하면서 더 이상 어쩔 수 없게 된 상황임을 깨달았다. 모든 것을 체념한 성삼문은 같이 일을 도모하던 동지들의 이름을 모두 불었다. 이에 따라 박팽년, 하위지, 이개, 유응부, 성승, 유성원 등 이른바 사육신들이 체포되어 죽임을 당하거나 자결하는 사태가 벌어졌다.

불발로 끝난 단종 복위 사건은 단종에게도 악재로 작용했다. 이 사건으로 단종은 상왕에서 쫓겨나 노산군으로 강등되었다. 또한 문종의 비였던 현덕왕후 권씨는 사후에 폐비되고 무덤이 파헤쳐지는 수난을 겪었다. 사육신의 처나 딸들은 공신들의 여종으로 주어졌다. 성삼문의 아내 차산(次

山)은 박종우에게 주어졌고 박팽년의 아내 옥금(玉今)은 정인지에게 주어졌다.

사육신이 세상에 널리 알려지게 된 것은 생육신이 있기 때문이었다. 사육신은 이미 죽었지만 살아남은 생육신 중의 한 사람인 남효온이 《육신전(六臣傳)》을 지어 세상에 유포시킴으로써 이들의 이름이 후세에 널리 알려지게 되었다.

계유정난 이후 세조의 정통성을 인정하지 않고 은둔으로써 항거했던 여섯 명의 선비가 있었는데 이들은 목숨을 내놓고 저항했던 사육신과 대비된다는 의미에서 생육신이라 했다.

김시습, 원호, 이맹전, 조려, 성담수, 남효온이 그들인데, 이들은 한평생 벼슬하지 않고 단종을 위해 절의를 지키다가 세상을 떠났다. 중종반정 이후 사림파에 의해 사육신들의 절의가 새로운 평가를 받게 되면서 생육신도 충신으로 추앙되기에 이르렀다.

금성대군의 단종 복위 운동

1457년(세조 3) 6월 27일 안동의 관노 이동(李同)이란 자가 역적을 고발했다. 그 역적은 수양대군의 친동생인 금성대군이라 했다. 당시 금성대군은 안동 부근의 순흥에 유배 중이었다. 금성대군이 순흥 주민들을 선동해 단종을 복위하려 했다는 것이다. 당시 단종은 사육신의 복위 운동에 연루되었다 하여 상왕에서 노산군으로 강등된 것은 물론 서울에서 쫓겨나 영월로 가는 중이었다. 노산군이 서울을 떠난 날이 6월 21일이었다. 6월 27일이면 노산군이 아직도 영월로 가는 중이었다. 한여름의 더위에 시달리며 유배지로 향하는 노산군의 등 뒤에 또다시 어두운 그림자가 드리우고 있었다.

금성대군은 세종의 여섯째 아들로 이름은 유(瑜)이다. 수양대군의 넷째 동생으로 수양대군이 계유정난을 감행해 권력을 장악하자 공공연하게 반대하고 나섰다. 수양대군 일파에게 불온분자로 지목되어 유배에 처해졌다. 금성대군은 처음에 삭녕에 유배되었다가 경기도 광주를 거쳐 경상북도 순흥까지 쫓겨 가게 되었다.

분개한 금성대군은 단종을 복위할 생각으로 동지들을 모으기 시작했다. 영남 지역을 장악하고 전국의 뜻있는 사람들을 모은다면 단종 복위도 가능하다고 생각했다. 금성대군은 우선 자신의 유배지를 다스리는 순흥부사 이보흠(李甫欽)을 포섭했다. 금성대군은 순흥부사와 함께 다음과 같은 방법으로 단종을 복위시키려 했다.

첫째, 순흥을 근거지로 하고 순흥부 군사 670여 명을 이용해 주변 고을을 점령한다.

둘째, 일부 군사를 죽령과 조령에 보내 한양과 통신을 차단하고 영남을 장악한다.

셋째, 전국에 격문을 띄워 동지들을 규합한다.

넷째, 영월에 유배되어 계신 단종을 순흥으로 모시고 와서 복위에 대비한다.

다섯째, 힘이 모이면 한양으로 진격해 수양대군을 몰아낸다.

그러나 금성대군의 단종 복위 기도는 너무나 허무하게 좌절되었다. 순흥에 유배된 금성대군에게는 금연이라는 여종이 있었는데 이 여종이 문제였다.

금성대군이 순흥부사 이보흠과 일을 도모하다 보니 자주 만나게 되었다. 이보흠에게는 이동이란 시종이 있었다. 금성대군과 이보흠이 만날 때마다 금연과 이동도 만났다. 급기야 금연과 이동은 서로 정분이 싹트게 되었다.

이동은 자신의 상전 이보흠이 금성대군과 뭔가 수상쩍은 일을 계획한다는 것을 눈치챘다. 그것만 알아내면 출세가 보장될 것 같았다. 그러나 구체적인 물증이 필요했다.

이동은 금연을 꼬드겨 금성대군이 작성해 놓은 격문을 훔치게 하고 이 격문을 가지고 안동으로 달아나서 고변했던 것이다. 일이 꼬인 것을 눈치챈 이보흠도 한양으로 달려가 금성대군의 역모 사실을 고발했다.

안동부사 한명진(韓明溍)은 한양에 이 사실을 알리는 한편 군사 500여 명을 지휘해 순흥을 급습했다. 일이 틀어진 것을 깨달은 금성대군은 순순히 안동부사의 손에 잡혔다. 거사 계획에 비해 초라하기 짝이 없는 결말이었다. 그러나 금성대군의 단종 복위 음모는 여러 가지 미심쩍은 데가 있다. 집현전 학사 출신으로 세조의 왕위 찬탈에 비판적인 이보흠이 부사로 있는 순흥에 금성대군을 유배한 것은 반란을 유도한 것이 아닌가 하는 의심이 생긴다. 또 짧은 시간 동안 경상도 선비들을 규합하기도 어렵거니와 한꺼번에 경상도 사림을 역모 혐의로 많이 죽인 것도 석연치 않다.

금성대군의 단종 복위 운동은 금성대군 본인뿐만 아니라 단종에게도 치명적인 결과를 가져왔다. 세조는 금성대군에게 사약을 내려 죽게 했다. 또 단종이 살아 있는 한 이 같은 복위 운동이 끝없이 일어날 것을 우려했다. 세조는 기어이 노산군을 일반인으로 강등시켰다가 사약을 내리고 말았다.

게다가 순흥부는 금성대군에게 협조했다는 이유로 철저하게 보복당했다. 세조는 순흥부를 반역의 고을이라 하여 풍기군에 붙이고 혁파해 버렸다. 순흥부의 토박이 향리들은 거의 사형에 처해졌다. 일반 백성들 중에서도 금성대군에게 동조했다가 죽은 사람이 부지기수였다. 이 같은 보복으로 경상도 선비들은 조선 시대 내내 세조에게 이를 갈았다고 한다. 순흥부는 숙종 때까지 쑥밭으로 남아 있다가 단종이 복위되면서 복설되었다.

영월에 유폐된 노산군

1457년(세조 3) 6월 21일 상왕에서 노산군으로 강등된 단종은 첩첩산중 영월로 유배의 길을 떠났다. 그를 호송하기 위해 첨지중추원사 어득해(魚得海) 지휘하에 50명의 군사가 동원되었다. 조카를 밀어내고 왕위에 오른 세조가 노산군을 영월로 보내면서 내린 다음의 교지에는 그간의 사정이 잘 나타난다.

> 작년 6월에 성삼문 등이 상왕 복위를 도모하다가 발각되자 "상왕도 반역 모의에 참여했다."고 했다. 이에 종친과 문무백관들이 상왕을 외방으로 유배시키자고 여러 차례 건의했다. 그러나 나는 이를 모두 거절하고 초지일관 상왕을 보호하려 했다. 그러나 지금 인심이 흉흉하고 난을 선동하는 무리들이 그치지 않고 있다. 이런 상황에서 어찌 사사로운 은의로 나라의 법을 어기고 종묘사직을 저버리겠는가? 이에 여러 사람들의 건의에 따라 상왕을 노산군으로 강등하고 궁에서 내보내 영월에 거주하게 하노라. 노산군에게는 의식을 넉넉하게 공급해 목숨을 보존하도록 하고 나라의 인심을 안정시키도독 하라.
>
> – 《세조실록》 권8, 세조 3년 6월 계축

영월로 유배를 떠나는 노산군은 어느덧 열일곱 살의 청년이 되어 있었다. 그간 왕, 상왕으로 있으면서 냉엄한 정치판의 현실을 몸으로 겪었다.

그러나 그가 세상을 배우는 것에 반비례해 그의 처지는 헤어날 수 없는 나락으로 떨어지기만 했다.

노산군이 영월로 떠날 때 그의 부인을 비롯해 상궁, 나인들은 한 명도 같이 가지 못했다. 종묘사직에 죄를 지은 사람이 목숨을 부지하는 것만도 과분한데 어떻게 권속을 데려가겠느냐는 세조의 생각 때문이었다. 노산 군은 그를 감시하는 군사들에게 둘러싸인 채 낡은 가마를 타고 길을 떠났다. 서울을 떠나올 때 노산군의 딱한 사정을 가엾이 여긴 백성들이 길가에 엎드려 울다가 군사들에게 얻어맞는 일도 있었다. 삼복더위가 한창일 때라 밤에는 모기가 극성이었다.

서울을 떠난 노산군은 광주, 여주, 원주, 부론, 주천을 거쳐 7월 초에 영월의 청령포에 도착했다. 청령포는 삼면이 강물로 둘러싸인 절해의 고도와 같은 곳이었다. 강물이 휘감고 지나는 삼면을 제외한 나머지 한 곳은 깎아지른 듯한 절벽이었다. 깊고 깊은 산중에 이런 곳이 존재한다는 것도 신기하지만 또 그런 장소를 알아낸 세조도 대단했다.

고적한 청령포에서 노산군은 궁녀 여섯 명과 함께 살았다. 이들은 노산군이 상왕으로 있던 시절 그를 섬기던 궁녀들이었다. 세조의 허락도 없는 상황에서 주인을 따라 천 리 길을 마다 않고 따라온 사람들이었다. 이어서 노산군을 모시던 내시 두 명도 주인을 찾아왔다. 세조는 후에 이런 사실을 알았지만 묵인해 주었다.

청령포에서 유배 생활을 하는 노산군의 하루하루는 고적하고 슬프기만 했다. 그의 낙이라고는 집 뒤에 있는 산에 올라가 그리운 서울을 바라보는 것이었다. 서울에는 그가 두고 온 부인 송씨를 비롯해 그를 따르던 많은 사람들이 살고 있었다. 또 그를 추종하던 사람들이 자신을 왕위에 복위시키기 위해 애쓰다가 목숨을 잃은 곳이기도 했다. 노산군은 산에 오를 때마다 이들을 생각하며 돌을 하나씩 들고 올라가 탑을 쌓았다. 망향탑(望鄕塔)으로 알려진 이 탑은 이곳을 찾는 이들에게 그의 애절한 심정을 말없이 전해 주고 있다.

청령포에는 노산군을 감시하기 위해 삼엄한 경계가 펼쳐졌다. 노산군의 거처에는 금부진무 한두 명이 붙박이로 있으면서 노산군의 일거수일투족을 감시했다. 삼면을 둘러싼 강가에는 사람들의 출입을 통제해 누구도 노산군과 비밀히 연락할 수 없도록 했다.

청령포는 현재 행정구역으로 강원도 영월군 남면 광천리 67-1번지에 해당한다. 이곳은 1971년 12월 16일에 지방기념물 제5호로 지정되었다. 현재 청령포에는 단종유지비각, 관음송, 망향탑, 노산대, 청령포금표비 등의 유적이 있다.

그런데 노산군이 생활하던 청령포의 집은 여름 홍수에 쓸려서 흔적도 남지 않게 되었다. 이에 노산군은 영월 읍내의 관풍헌(觀風軒)으로 거처를 옮겼다. 관풍헌 옆에는 자규루(子規樓)라는 누각이 있었는데 노산군은 심사가 울적해질 때마다 이곳에 와 마음을 달래곤 했다. 자규는 소쩍새다. 이 새는 한밤중에 피맺힌 소리로 울어 사람들의 심금을 울린다. 노산군은 자신의 처지를 소쩍새에 비교해 자규루에 올라 자규시(子規詩)를 읊곤 했다. 노산군의 심정을 가장 잘 보여 주는 이 시를 소개하면 다음과 같다.

> 한 마리 원한 맺힌 새가 궁중에서 나온 후 一自寃禽出帝宮
>
> 외로운 몸, 짝없는 그림자가 푸른 산속 헤맨다. 孤身隻影碧山中
>
> 밤이 가고 밤이 와도 잠을 못 이루고 假眠夜夜眠無暇
>
> 해가 가고 해가 와도 한이 끝이 없구나. 窮恨年年恨不窮
>
> 두견새 소리 끊어진 새벽 멧부리엔 달빛만 희고 聲斷曉岑殘月白
>
> 피를 뿌린 듯한 봄 골짜기에는 지는 꽃만 붉구나. 血流春谷落花紅

하늘은 귀머거리인가? 애달픈 이 하소연 왜 듣지 못하나. 天聾尙未
聞哀訴
어쩌다 수심 많은 이 사람의 귀만 홀로 밝는고. 何奈愁人耳獨聰

영월의 관풍헌에서 생활하던 노산군에게 1457년(세조 3) 10월 24일에
사약이 내려졌다. 순흥에 유배되었던 금성대군이 노산군 복위를 도모하
다가 일이 발각된 것이었다. 이 여파로 노산군은 다시 일반인으로 강등되
었다가 이어서 사약을 받았다.《세조실록》에는 이 소식을 들은 노산군이
스스로 목을 매 죽었다고 기록되어 있다. 노산군이 죽었을 때 열일곱 살
이었으며 영월로 유배된 지 4개월 만이었다.

이시애의 난

이시애(李施愛)의 난은 1467년(세조 13) 5월 10일 함경도(당시 함길도
(咸吉道))에서 발생한 조선 전기 가장 큰 국란이었다. 당시 함경도 지방
에서는 "국가는 남방에서 병선을 동원하는 등, 해로와 육로를 통해 대규
모 군사를 동원해 함경도인을 몰살시킬 것"이라는 참언이 나돌아 민심
이 흉흉한 상태였다. 이를 위무하기 위해 중앙에서는 당시 함길도 관찰
사였던 오응을 파면하고 신숙주의 아들인 신면을 후임으로 삼았다. 그
해 5월 회령부사를 지낸 이시애가 그의 동생인 이시합 등과 함께 모의
해 순찰차 길주를 방문한 절제사 강효문과 그의 수하를 죽이는 데서 사
건은 시작된다.

반란 주모자인 이시애는 검교문하부사를 지낸 원경(原景)의 손자이자
판영흥대도호부사 인화(仁和)의 아들로서 함경도 지방에 오랫동안 세거

(世居)하던 토호였다. 따라서 그에게는 많은 양민들이 예속되어 있었고, 적지 않은 토지와 재산을 소유하고 있었다. 이들은 강효문을 살해한 후 중앙으로 사람을 보내 강효문이 반란을 획책해 그를 주살했다고 밝히면서, "한명회, 신숙주, 노사신 등도 이에 연루되었다."는 충격적인 소식을 전한다. 고도의 심리전을 편 셈이었다.

이 소식을 전해 들은 세조는 처음에는 반신반의했다. 사실 난의 주모자가 누구인지 확실치도 않은 상황에서, 이런 소식을 듣고 그가 어느 정도 당황했을지는 충분히 짐작이 간다. 더군다나 '연루되었다'는 한명회와 신숙주는 세조가 쿠데타를 일으킨 다음 가장 측근에서 그를 보좌하던 인물들이요, 당대 제일의 훈신(勳臣)들이 아닌가! 그들에 대한 세조의 신임은 한명회를 자신의 장자방(張子房), 신숙주를 위징(魏徵)에 비유할 정도로 극진한 것이었다.

그러나 이시애가 난의 주모자임이 확실해지자, 권력의 비정함을 누구보다도 잘 알고 있었던 세조는 신숙주와 그의 아들들을 잡아들이고 와병 중이던 한명회는 가택에 연금시키는 등 조치를 취했다. 그리고 조카인 구성군(龜城君) 준(浚)을 총사령으로 하여 강순, 남이 등을 주축으로 하는 진압군을 편성해 함경도로 파견했다.

최초로 구성된 진압군은 반란군 세력이 취약할 것이라고 생각했다. 그러나 반란군은 극렬하게 저항했다. 이러한 정황은 유자광(柳子光)이 왕에게 보고한 것처럼 오히려 진압군 위세가 취약하게 느껴질 정도였다. 이러한 사정이 알려지고 진압군 측의 지원 요청이 잇따르자 세조는 전국에 걸쳐 병력을 더 모으고, 친정(親征) 의사를 표현하는 등 비장한 결의를 다진다. 그리고 종친(宗親)과 훈신들의 노비와 말을 차출해 지속적으로 모은 병장기와 군량을 진압군에게 지원해 주었다.

이러한 세조의 독전과 장기전을 전술로 택한 구성군의 작전, 그리고 남이 등의 활약에 힘입어 전세는 마침내 호전되었다. 게다가 반군 세력은 자체 분열을 일으키게 되고 결국 난은 이시애가 그의 부하였던 이주, 허유례, 황생 등에게 사로잡혀 진압군에 인도되는 것으로 마무리되었다. 이 때가 8월 12일로, 난이 발생한 지 62일 만이었다. 이 기간 중 3만 8천여 명의 장정이 전국에서 소집되었고, 이 중 2만 851명의 군사가 진압군으로 함경도에 파견되었다.

한편 구금되었던 한명회와 신숙주는 열흘 만에 풀려났다. 세조 입장에서는 이들이 심히 못마땅하다고 했지만 그렇다고 거세해 버리기에는 너무나 부담이 컸던 것이다. 이후 계속된 대간의 탄핵에도 불구하고 한명회와 신숙주의 정치적 영향력은 조금도 줄어들지 않았다. 다음 양성지의 말은 이러한 사실을 잘 나타내 준다.

> 공(신숙주)의 일을 임금께서 친히 묻는 바람에 감히 숨기지 못하고 (예의에 벗어나는) 과한 말을 하게 되었으니, (이를) 황공하게 생각합니다.
>
> – 《세조실록》 권42

사실 권력 핵심부에 있었던 그들이 강효문 등과 결탁해 반란을 획책한 것으로 보이지는 않는다. 그럼에도 불구하고 그런 말들이 나오고 이것이 진실인 것처럼 받아들여질 수 있었던 것은 그들이 실제로 강력한 권력을 소지하고 있어서 다른 쿠데타를 획책할 만한 능력 있는 인사로 인식되었기 때문이 아닌가 한다. 그리고 함경도에서 벌어지고 있던 일련의 심상찮은 사건의 주모자가 누구인지 확연치 않은 상황에서 난의 성공을 위해 '조정의 우두머리를 제거하려고 의도'(《세조실록》 권43)한 이시애의 주장은 그만큼 세조를 비롯한 정계의 주요 인사에게 수긍될 수 있었던 여지가 많았을 것이다. 그리고 의심이 의심을 낳는다는 말이 있듯, 강효문과 유난히 가까웠던 그들의 평소 행동은 의심을 부채질하기에 충분했을 것이다. 개전 초기 이시애에 의해 자행된 심리전이 주효했던 것도 바로 이러한 점 때문이었다고 할 수 있다.

왜 이시애의 난은 하필이면 조선 전기, 국가가 극성기(極盛期)에 접어들고 있었던 세조의 재위 기간에 태조의 고향인 함경도에서 발생한 것일까? 그 원인으로 우선 뿌리 깊은 함경도인의 중앙 권력에 대한 불만과 불신감을 들 수 있다. 함경도는 이성계의 고향으로 그의 집권 과정에서 권력 근거지 역할을 수행했음을 살펴본 바 있다. 그럼에도 불구하고 함경도 출신 인사나 지역 전반에 대한 중앙 권력의 배려는 거의 이루어지지 않고 있었다.

그뿐만 아니었다. 여진족을 직접 상대하는 군사적 요충지로서 그 지역민들이 치러야 할 유형무형의 비용은 대단한 것이었다. 더구나 조선 초기부터 삼남(三南), 즉 충청도, 경상도, 전라도 주민들을 변방의 빈 땅에다 이주시키는 사민 정책으로 인해 강제로 함경도에 이주한 이들의 불만 역시 대단했다. 이러한 불만을 아우르기 위해 중앙정부는 어느 정도의 지방 자치권을 부여하는 토관(土官) 제도를 만들어 지방의 명망가들을 포섭하려 했으나 그리 큰 효용을 거두지는 못했다. 이러한 불만은 '중앙에서 군대를 파견해 지방민을 몰살시킬 것'이라는 풍문으로 발전해 마침내 이시애의 난으로 폭발하게 된 것이다.

세조의 강력한 중앙집권화 정책도 난이 발생한 원인으로 지목될 수 있다. 세조는 강력한 중앙집권화를 실현하기 위해 호적을 개정하고 성인들로 하여금 성명, 출생, 신분, 거주지 등을 명기한 목패를 의무적으로 차게 하는 호패(號牌) 제도를 강력하게 추진하고 있었다. 아울러 현직관리에게 재직 기간 동안만 토지를 지급하는 직전법(職田法)을 실시해 지주들의 대토지 소유를 경계하고 국가의 경제력 구축에 만전을 기했다. 그러나 이러한 노력은 그간 기득권을 누리고 있던 계층의 불만을 사게 되었고, 이들을 주축으로 한 반동의 빌미를 제공하게 되었다. 이시애의 난이 바로 그러한 예라고 할 수 있다.

그 밖에도 강효문 개인의 극심한 부정부패도 한 원인이 되었다. 당시 지방관은 관직에 있는 이들에게 '한 밑천'을 장만해 주는 소위 '물 좋은 자리'였다. 이 자리에 앉기 위해 벼슬아치들은 권세가들에게 아부와 뇌물을 제공하기 일쑤였고, 부임한 뒤에는 본전을 챙기기 위해 극악하게 인민들을 괴롭혔다. 강효문은 바로 이러한 지방관의 전형이었다. 이 사실은 이시애의 난 동안 온성(穩城) 주민들이 중앙정부에게 올린 진정서에 잘 나타나 있다.

> (효문은) 군사를 모아 여러 날 먹을 식량을 차고 들을 쏘다니면서 전렵(田獵)을 해 인근 주민과 군사로 하여금 편히 쉬지 못하게 했고……. 일행과 잔치를 벌이기에 여념이 없고 필요한 물품을 마련하기 위해 백성들에게 그 비용을 강제로 거두어 (백성의) 생활을 어렵게 만들었습니다.
>
> - 《세조실록》 권43

이 사실은 난이 평정된 뒤 세조가 사람을 보내서 조사한 내용과 일치해, 왕이 "당연히 죽을 놈이 죽었다."라고 탄식할 정도였다고 한다.

이시애의 난은 중앙집권을 강력히 추진하던 세조에게 안겨진 커다란 정치적 시련으로, 이후 중앙집권화 정책은 잠시 소강상태에 접어들게 된다. 그의 조부인 태종이 집권 초기에 겪은 조사의 난을 효율적인 정국 운영의 전기로 삼은 데 비해, 세조는 이 사건을 자신에게 유리한 방향으로 전이시키지 못했다. 오히려 훈신 중심의 파행적 정치 행태가 더욱 심화되는 결과를 낳았다. 특히 난 진압을 전후해 중앙 정계에 등장한 종친 세력은 점차 그 세력을 키워 나갔다. 이후 세조 말년의 정국은 이들 훈신과 종친이 대결하는 정국으로 치달았다. 그리고 이시애의 고향인 길주는 길성현(吉城縣)으로 강등되었고, 함경도는 조선 역사에서 영원히 잊힌 땅으로 남게 된다.

불교를 보호했던 세조

조카 단종을 폐위시키고 왕위에 오른 세조는 유학 입장에서 보면 용납될 수 없는 임금이었다. 그래서 그는 왕위에 오르면서 사육신 등을 비롯한 숱한 신하의 피를 보아야 했다. 유학자들이 그에게 곱지 않은 시선을 보내는 것은 당연했다. 이러한 약점 때문에 세조는 유학에 대해 자신감을 가지고 있지 못했다.

그래서인지 세조는 불교를 숭상하는 정책을 쓴 반면에 집현전과 경연을 폐지함으로써 자기 행동의 정당성을 불교에서 찾으려 했다. 그는 승려들에게 도첩을 발급하고 원각사 창건, 간경도감 설치, 불경 언해 같은 사업을 추진했다.

간경도감 설치

간경도감(刊經都監)이란 불경을 간행하기 위한 임시 관청이다. 1461년(세조 7)에 설치된 이 관청은 고려 시대에 팔만대장경을 간행하기 위해 설치되었던 대장도감(大藏都監)을 본뜬 것이다. 이에 따라 서울에 본사를 두고 개성, 안동, 상주, 진주, 전주, 남원 등에 분사(일종의 지점)를 두었다.

많은 불경들이 간경도감에서 간행되었는데 이곳에서 찍어 낸 불경은 총 29종에 달한다. 특히 이곳에서 찍어 낸 언해본들은 국어학적으로도 매우 중요한 가치를 지니고 있다. 언해본이란 한문으로 된 불교 경전을 세종 때 창제된 훈민정음으로 번역해 놓은 것으로 《능엄경》, 《법화경》, 《금강경》 등이 현재 전해지고 있다. 이 책에 실려 있는 훈민정음은 당시 언어를 연구하는 귀중한 자료가 되고 있으며 각각의 불교 경전에 실려 있는 여러 승려의 주석은 당시 불교 사상을 연구하는 데에도 귀중한 자료가 된다.

원각사 창건

1462년(세조 10) 지금의 탑골공원 자리에 원각사라는 사찰이 지어졌다. 본래 고려 시대 흥복사가 있던 이 자리에는 당시 약학도감(藥學都監)과 민가가 있었다. 그런데 세조는 이 자리에 원각사라는 사찰을 세우려 했던 것이다.

당시 사람들은 이 사찰을 큰 사찰[大寺]이라고 불렀다. 이 사찰을 짓기 위해 동원된 군사는 2천 100여 명이었다고 한다. 게다가 원각사를 세우는 일에 참여하면 신분 고하를 막론하고 상을 내린다고 했으니 실제 원각사에 동원된 사람은 그 이상이었다. 또한 원각사를 짓기 위해 철거한 민가가 200채였다고 한다.

세조는 원각사 지붕에 쓸 기와 문제로 도자기 제작을 담당했던 관리 홍윤성과 상의했다.

홍윤성을 불러 원각사 법당에 덮을 청기와를 의논하니, 모두 8만 장이라 구워서 만드는 데 들어가는 경비가 매우 컸다.

－《세조실록》 권33, 세조 10년

당시 원각사 지붕을 덮는 데 8만 장의 청기와가 사용되었다는 것을 알 수 있다.

원각사에 큰 종을 만들어 놓기로 했는데 이에 필요한 동은 5만 근이었다. 종을 만드는 데 필요한 동 또한 목재와 마찬가지로 팔도에서 분담해 바치도록 했다. 1462년(세조 10) 여름부터 시작된 원각사 공사는 다음 해 4월에 가서야 끝났고, 왕명에 의해 이를 기념하는 법회를 열었다. 또한 세조는 이 사찰에 토지 300결을 지급해 재원으로 삼도록 했다.

원각사를 세우는 일이 과도했음은 세조도 알고 있었다. 원각사를 완성한 달로부터 3개월이 지난 7월 23일에 세조는 사정전에서 대신들에게 술자리를 베풀었다. 이 자리에서 원각사를 세우는 일이 과도했음을 인정하는 대목이 《세조실록》에 있다.

"요사이 원각사(圓覺寺)의 역사를 일으킨 것은 이것이 진실로 지나침이 있었다."

본래 원각사를 세우게 된 동기는 회암사에서 일어난 기적 때문이었다. 세조 10년 5월에 태종의 둘째 아들이며 세종의 형이자 세조의 숙부였던 효령대군이 회암사에서 원각 법회를 베풀던 중 부처가 나타나고 감로가 내리는 기적이 일어났다. 세조는 이처럼 기이한 상서는 만나기 어려운 일이라며 이를 기리는 원각사를 세우도록 승정원에 명을 내린 것이다.

뿐만 아니라 원각사를 세우는 중에 여러 가지 기적이 일어났다. 이른바 상서로운 기운이 원각사 주위를 둘러싸고 있다는 반가운 소식이 그에게 전해졌다. 뿐만 아니라 사리가 여러 개로 변한다는 분신사리의 기적이 원각사에 수시로 전해졌다.

어쩌면 허무맹랑한 기적으로 치부해 버릴 사건들의 연속이었다. 하지만 세조가 처한 입장과 왕위에 오른 지 10년이라는 시간을 생각해 보면 이것은 단순한 일이 아니었다. 10년이란 세월은 자신의 비정상적인 왕위 등극이 잊힐 만한 시간이었다. 동시에 재위 초반기의 불안정한 상황도 어느 정도 안정되어 갔음을 뜻한다. 그러나 그는 이러한 안정을 이룬 자신의 왕위 등극에 대해 유학자들로부터 인정받지 못한 상태였다. 그는 어디에서 정당성을 획득할 것인가?

그는 그 시초를 태조와 연결되는 회암사에서 찾았다. 그는 회암사의 기적이 태조가 그에게 보여 주는 희망 신호라고 믿었다. 그래서 이에 화답하는 원각사 공사를 시작했는데 그 사찰에서도 여러 차례 기적이 일어났다고 보고된 것이다. 이렇게 해서 태조와 그의 연결관계가 확인되고 유학자들에게 인정받지 못했던 자신의 정당성을 조선 창업주인 태조에게서 인정받을 수 있었다.

기적이 조작됐는지는 명확히 알 수 없다. 그러나 한 가지 분명한 점은 불교에 대한 그의 입장이다. 그는 자신의 왕위 등극을 불교에서 확인받고자 했고 이에 따라 많은 불교 사업을 추진했다. 원각사 창건은 그 연장선상에 있었으며 또한 가장 정점이라고 하겠다.

하지만 숭유억불이 기본 정책인 조선 사회에서 일탈적인 그의 불교 정책은 언젠가는 원점으로 돌아올 수밖에 없었다. 그런 의미에서 성종의 불교 정책은 조선 전기부터 추진되던 불교계 구조 조정의 결말이었다.

성종 대의 불교 정책

조선의 불교는 세조 대에 이르러 다시 일어설 것처럼 보였다. 원각사 창건, 간경도감 설치 같은 불교 정책은 위축되었던 불교계를 다시 부활시키기에 충분했다. 하지만 세조의 불교 정책이 갖는 한계 때문에 언제든지 이들은 철회될 운명에 처해 있었다. 즉 세조 대의 불교 정책은 유교적 명분이 약한 군주가 자신의 정당성을 불교에서 찾으려는 의도에서 시행되었다는 한계를 가지고 있었다. 그렇기 때문에 그 정책은 신하들에게서 큰 호응을 얻지 못했다. 오직 왕과 왕비를 비롯한 왕실만이 그 정책의 추진자였다. 만약 왕이 유교적 소양을 갖춘 사람으로 바뀌게 된다면 언제든지 이전 상태로 환원되거나 더 위축되리라는 것은 불을 보듯 뻔한 일이었다.

성종이 어린 나이로 왕위에 올랐을 때, 불교 융성은 더 이상 기약할 수 없는 사실이 되어 버렸다. 물론 세조의 비인 정희왕후가 섭정하는 성종 초반기 상황은 그리 열악한 것만은 아니었다. 세조 대에 추진되었던 불교 정책은 아직 유효했다. 물론 그 공로는 정희왕후에게 돌려야 한다. 어린 성종을 대신한 섭정자로서 그녀는 남편인 세조가 시행했던 불교 정책을 바꾸려 하지 않았다. 그것은 죽은 남편의 유지를 받드는 것이기도 했지만, 자신이 원하던 일이었다.

1476년(성종 7) 정희왕후의 섭정이 끝나고 성종이 다스리게 되었을 때, 상황은 반전되었다. 왜냐하면 성종은 조선의 유교적인 문물을 완비했다고 평가되는 임금이기 때문이다. 다시 말하면 성종은 가장 유교적인 임금이었다는 말이다. 당연히 유교적 입장에서 이단시되었던 불교를 곱게 볼 리 없었다. 세조 대에 추진되었던 여러 불교 시책들이 철회되었다. 불교계는 다시 내리막길을 걸어야만 했다. 더구나 유교에 충실했던 신하들이 불교를 가만히 놔두지 않았다.

성종 대 불교가 입었던 타격 중에서 가장 큰 것은 사사전(寺社田) 혁파였다. 사사전이란 국가가 사찰에 내려준 토지다. 앞에서 이야기한 것처럼 세종 대에는 그 사찰의 수를 36개로 지정한 바 있었다. 세조 대에 들어와서는 원각사를 비롯한 몇몇 사찰들이 토지를 더 받게 되어 세종 대보다 그 숫자가 늘어났다. 그래서 성종 대에는 토지를 받은 사찰의 숫자가 대략 50개소에 달했다. 그런데 신하들은 상소를 올려 이들 사찰에 지급한 토지를 회수해 국고로 충당해야 한다고 주장했다.

사사전 회수와 아울러 승려들에 대한 단속이 더욱 엄해졌다. 즉 도첩제를 엄히 시행한 것이다. 도첩이란 승려에게 지급된 일종의 승려 증명서다. 도첩이 없는 승려는 역을 피해 도망한 사람으로 간주되어 환속되었다. 물론 이 제도는 태조 대부터 시행되었던 것이지만 이때에 이르러 더욱 엄격히 적용한 것이다. 즉 세조 대를 거치면서 문란해진 이 제도를 철저히 시행해 도첩이 없는 승려를 색출해 환속시키는 시책을 전국적으로 펼쳤다. 또한 도첩을 주는 규정도 새롭게 마련함으로써 문란해진 탁승제를 재정비했다. 이를 통해 국가는 역(役) 동원에 필요한 인원을 확보하는 한편, 불교에 대한 견제도 겸할 수 있었다.

이처럼 불교에 대한 정책이 엄하게 시행되었다 해도 성종 대의 불교가 갑작스럽게 사라지지는 않았다. 왜냐하면 성종 뒤에는 불교에 대해 호의적인 정희왕후가 있었기 때문이다. 정희왕후를 비롯한 일부 왕실 사람들은 여전히 불교적인 생활에 젖어 있었다. 이들 덕분에 불교계는 명맥을 유지할 수 있었고, 이를 도왔던 불교계 인물로는 신미의 제자인 학조(學祖)와 학열(學悅)이 있었다.

이들에 의해 성종 대에도 일부 사찰들은 중창되거나 왕실의 특혜를 받았다. 대표적인 예가 낙산사(洛山寺)다. 이 절은 일찍이 신라시대 의상이 관음보살을 친견했다는 이야기가 전해지는 관음 신앙의 중심 사찰이다. 이 낙산사가 성종 대에 들어와 정희왕후의 후원과 승려 학열의 담당으로 중창되었다. 이때 낙산사를 중창하면서 근처의 인가를 5리 밖으로 이주시켰다. 또한 낙산사에 이르는 옛길을 폐쇄하고 새로운 길을 내어 사람들이 통행하도록 조처를 내렸다. 이 조치는 사람들이 옛길을 다니면서 밥 짓기 위한 불을 지피다가 자칫 산불을 내 낙산사를 위협할지도 모른다는 우려 때문이었다. 또한 낙산사 앞 20여 리 바다에서는 고기잡이를 못하도록 했다. 즉 낙산사는 육지에서뿐만 아니라 바다에서도 그 특혜를 인정 받은 셈이다. 그래서 어부들은 낙산사 근해를 돌아 통행해야 했다. 그리고 이 바다에서 잡은 고기는 모두 사찰 소유였다.

낙산사 경우처럼 몇몇 사찰들은 여전히 왕실의 혜택을 받았다. 그러나 나머지 사찰은 왕실과 국가의 보호를 받지 못했다. 적어도 성종 22년까지 국가 차원에서 사찰을 인정했던 조그만 영역이 있었지만 이제 그것조차 인정되지 않았다. 그야말로 조선의 불교는 암흑기로 들어간 셈이다.

예종 睿宗

제8대 1450년~1469년 | 재위기간 1468년 9월~1469년 11월

펼치지 못한 왕도의 꿈

예종(睿宗)은 1450년(세종 32)에 세조와 정희왕후(貞熹王后) 윤씨(尹氏)의 둘째 아들로 태어났다. 이름은 황(晄)이고, 자는 명조(明照)이며 처음의 자는 평보(平甫)였다. 아버지가 쿠데타를 통해 왕위에 오른 뒤, 처음에 해양대군(海陽大君)으로 봉해졌다. 1457년(세조 3) 후일 덕종(德宗)으로 추존된 형 의경세자(懿敬世子) 장(暲)이 스무 살의 나이로 죽자 뒤를 이어 세자로 봉해졌다. 1460년(세조 6)에는 한명회 딸과 혼인했다. 금슬이 좋아 주위의 부러움을 샀다고 전해지는데, 그녀는 인성대군(仁城大君)을 낳고 산후 조리를 잘못해 일찍 세상을 떴고, 예종이 즉위한 후 장순왕후(章順王后)라는 시호가 내려졌다. 첫 부인과 사별한 뒤 예종은 한백륜(韓伯倫)의 딸과 재혼했는데, 그가 바로 안순왕후(安順王后) 한씨이다. 예종은 안순왕후와의 사이에서 제안대군(齊安大君) 견(琄)과 현숙공주(賢肅公主)를 두었다.

세자로 책봉되기 이전부터, 타고난 성품이 온화하고 자질이 우수해 주위의 신망을 받았다. 또 효성이 지극해 부왕의 병환이 극심해지자 수라상을 직접 챙기고 약을 미리 맛보며 밤낮을 가리지 않고 극진히 간호했으며, 이로 인해 건강을 해쳐 일찍 죽었다고 한다. 아울러 공사(公私)의 구별이 엄격해 측근의 죄를 용서해 달라는 보모의 요청도 "임금된 이는 사

사로운 정이 없는 법인데, 감히 보모의 청탁으로 나라의 법을 굽히겠는
가."라며 거절할 만큼 강직한 면도 지녔다 한다.

즉위 후에 예종은 직급에 따라 토지를 나누어 주고 당대에 한해 이를
소유케 한 직전수조법(職田收租法)을 본격화했고 소작인의 고소권도 인
정하는 등 세력가들의 대토지 소유를 억제했다. 아울러 부산포(富山浦, 지
금의 부산 일대), 제포(薺浦, 지금의 창원시 웅천), 염포(鹽浦, 지금의 울산)
등 삼포(三浦)에서 왜와의 사무역(私貿易)을 금했다. 그리고 최항(崔恒)
등에 명해《경국대전(經國大典)》을 찬술해 바치게 했다. 그는 정무 틈틈
이 학문에 열중해, 옛 정치의 잘잘못을 비평한《역대세기(歷代世紀)》를
직접 지었고《국조무정보감(國朝武定寶鑑)》등을 찬술케 했다. 특히 손수
지은〈어제(御製)〉에 예종(睿宗)이라고 쓰면서, "사후 이 묘호를 받으면
족하겠다."라고 하며 자신의 죽음을 예언했다는 일화가 전해진다.

예종이 즉위할 당시 정국은 혼란한 상황이었다. 조카로부터의 정권 탈
취로 취약해진 명분을 되살리기 위해 왕권 강화에 골몰하던 세조의 강력
한 중앙집권화 정책이 이시애의 난을 겪은 후 주춤해진 상태였고, 또 그
에 의해 중앙 정계에 등장한 한명회와 신숙주 등 훈신 세력과 구성군 준,
남이 등 종친 세력이 왕권의 또 다른 장애물이 되고 있는 상황이었다. 이
들은 왕권을 위협할 정도로 강력한 세력을 구축하고 있었는데, 즉위 직후
경비가 허술하니 이를 보완하라는 의견이 바로 개진될 만큼 그 분위기가
험악한 상태였다. 특히 종친 세력은 잠재적인 정적으로, 이들이 부친에
의해 중용될 때마다 예종은 이를 매우 꺼렸다고 한다.

이러한 정치적 난국을 타개하기 위해 예종은 훈신 세력과 제휴해 남이
의 옥을 통해 드러난 종친과 무신 중심의 불만 세력을 제거했다. 또 세조
때부터 훈신을 중심으로 임명된 원상(院相)의 숫자를 한명회, 신숙주, 구
치관 세 명에서 열 명 내외로 늘려 훈신들 내부에서 어느 정도 세력 균형

을 도모하도록 했다. 다음의 실록 기사는 예종의 정치에 대한 견해를 단적으로 나타낸다.

세조가 일찍이 세자에게 《자치통감(資治通鑑)》은 어느 시대의 것을 읽느냐?"라고 물었다. 세자는 한(漢)나라 헌제(獻帝) 때라고 대답했다. 세조가 다시 묻기를 "어째서 망했느냐?" 하니, (세자가 다음과 같이) 대답했다. "참소와 아첨이 행해져 위엄과 권세가 점점 (신하에게로) 옮겨졌고, 오늘의 편한 것만 알고 후일의 위태할 것을 생각하지 아니하여 기강이 무너졌기 때문입니다."

– 《예종실록》권1

원래 좋지 못했던 예종의 건강은 격무와 심상찮은 정치적 환경으로 악화되었고, 즉위 1년 만에 세상을 떠나니, 이때 나이 불과 스무 살이었다. 너무나 이른 죽음이어서 이를 둘러싸고 적지 않은 의문이 제기되기도 했다. 즉 세상을 떠나기 전 예종의 다리에 종기가 난 것을 보고 신하들이 걱정하자, 그는 "이것 때문에 죽기야 하겠느냐."며 건재를 과시했는데 바로 다음 날 죽음을 맞이한 것이다. 실로 의문스러운 일이 아닐 수 없었다. 당시 민간에는 한명회 등 훈신 세력들이 자신들의 입지가 국왕의 중앙집권화 정책으로 손상받을 것을 우려해 그를 독살했다는 소문이 돌았다고 한다.

그의 사후 명에서 양도(襄悼)라는 시호를 내렸다. '양(襄)' 자는 재주와 공이 있음을 나타내고 '도(悼)' 자는 중년이 못 되어 일찍 죽음을 일컫는 말이라고 하니, 바로 예종의 생애를 압축해 적절히 표현한 말이라고 할 수 있다. 사후 계비(繼妃)인 안순왕후와 함께 지금의 경기도 고양시 창릉(昌陵)에 묻혔다. 그리고 먼저 세상을 떠난 장순왕후는 지금의 경기도 파주시 공릉(恭陵)에 묻혔다.

예종은 부왕의 정책을 이어받아 강력한 중앙집권제를 추진하려 했던 것으로 보인다. 그러나 훈신들과 종친 세력의 존재가 그의 앞길을 가로막았다. 뿐만 아니라 예종의 건강은 일에 집중하는 것을 허락하지 않았다. 그러나 그는 짧은 생애에도 불구하고 중앙집권화 정책의 가교 역할을 나름대로 수행했고, 예종의 존재가 있었기 때문에 성종 조에 국가의 전성기를 맞이할 수 있었던 것이라 판단된다.

민수의 사옥(史獄)

어느 국가든 자국의 역사를 기록한 문서를 남기는 것은 동서양을 막론하고 공통된 상식이다. 특히 실록은 중국에도 존재하고 있고, 일본의 경우도 《막부일기(幕府日記)》가 있다. 그러나 이들 문서는 그 분량이나 내용의 상세함이 도저히 《조선왕조실록》에 비견될 수 없다. 《조선왕조실록》은 이러한 자료적 가치를 인정받아 1994년에 유네스코가 선정한 세계문화유산이 되었다.

《조선왕조실록》은 시정(時政)에 관한 기록을 담당하던 춘추관(春秋館) 소속의 사관들이 담당했다. 왕이 죽으면 사관이 쓴 각각의 사초(史草)를 모아 실록을 편찬하게 된다. 그리고 이는 각지에 있던 사고에 보관하는 것을 원칙으로 하고 있었다. 실록의 1차 자료가 되는 사초는 왕도 열람할 수 없는 것으로, 안전한 보존을 위해 각 사관의 사저에서 보관하고 있다가 실록이 편수될 때 중앙에 바치게 하는 것이 관행이었다.

이렇듯 중요한 사초를 사관 멋대로 고친 사건이 바로 예종 대에 발생했다. 과거 세조 재위시 춘추관 사관을 지냈던 민수(閔粹)라는 자가 당대 훈신인 한명회가 딴 마음을 품고 있다는 내용을 기록한 사실로 일신상의 손해가 올까 두려워해 해당되는 내용이 적힌 사초를 불법으로 고친 것이다.

자초지종은 이렇다. 세조 사후, 사초를 제출한 민수는 훗날의 변을 우려해 평소에 친분이 있었던 이인석과 최명손 등에게 사초를 몰래 내줄 것을 청했다. 그러나 이들이 그의 청을 거절하자, 민수는 재차 강치성에게 이를 부탁해 사초를 내오는 데 성공한다. 급하면 안 하던 실수도 저지르는 법, 민수는 내온 사초에 꺼림칙한 부분을 고치기는 했으나, 이를 깨끗하게 처리하지 못해 다른 관리의 검열에 걸리고 말았다.

사초가 고쳐졌다는 보고를 받은 예종은 사초마다 그것을 쓴 관리의 이름을 명기하라 명했다. 이러한 요구가 옛 법제에 어긋나니 시행치 말라는 원숙강의 소청도 있었으나, 그는 이를 무시했다.

민수가 사초를 고친 범인으로 잡히자 왕은 이를 친히 국문한다. 이 자리에서 민수는 "사초를 고친 것은 대신을 두려워했기 때문이고, 자신이 외아들이라 목숨을 연명해 가통(家統)을 잇기 위해 사초를 고쳤다."고 자백하면서 선처를 호소한다. 이러한 말을 들은 예종은 "네가 훈신은 두려워하면서 임금은 두려워하지 않는다는 말인가."라고 분통을 터뜨렸다. 그러나 민수가 정직하게 사정을 고백했다는 것을 참작해 죽이지는 않고 제주의 관노로 만들었다. 이어서 강치성과 원숙강 등을 사형에, 최명손과 이인석 등을 곤장형에 처하면서 사건을 마무리했다.

민수의 사옥은 당시 한명회 등의 훈신들이 얼마나 큰 세력을 형성하고 있었는지를 여실히 보여 주는 사건이라고 할 수 있다. 자칫하면 피의 숙청을 불러일으킬 수도 있었던 이 사건이 관련 인사 몇 명의 처벌로 간단히 끝난 것은 무슨 이유에서일까? 이러한 조치의 저면에는 예종 자신이 정권 유지를 위해서는 훈신 세력보다 종친 세력의 견제가 더욱 필요하고,

이를 위해 이들의 힘이 필요하다는 현실적 판단 때문이었을 것이다.

남이의 옥

세조는 죽음을 예감하고 1468년(세조 14) 음력 9월 7일 아들 예종에게 왕위를 물려주었다. 그리고 그다음 날 파란 많던 생애에 종지부를 찍었다. 새로 왕위에 오른 예종의 나이는 겨우 열아홉 살, 어린 나이에도 그가 처리해야 할 정치적 문제는 산적해 있었다. 세조가 일으킨 쿠데타를 보좌해 중앙 정계에 등장, 권세가 높은 신숙주와 한명회 등 훈구 대신을 견제하는 것이 우선적인 과제였고, 세조의 총애를 받으며 실력자로 등장한 구성군 준과 남이(南怡) 등의 종친 세력 역시 어린 왕에게 큰 부담으로 다가왔다. 아울러 이시애 난 진압을 통해 성장한 무신들도 신경 쓰이는 존재들이었다.

세조는 재위 기간 중 왕권 강화라는 명분으로 종친 세력을 중용했다. 본래 종친들은 정치에 간여해서는 안 된다는 것이 고려 이래의 관행이었다. 특히 고려 조의 경우 종친들은 아무리 그 자질이 우수하다 해도 과거에 응시조차 할 수 없는 형편이었다. 이런 전례가 있었음에도 불구하고, 구성군의 경우 스물일곱 살의 나이로 영의정 자리에 올랐고, 남이도 스물여덟 살에 병조판서를 역임할 수 있었다. 이들의 성장은 정국 운영에 골몰하던 예종에게는 큰 짐이 아닐 수 없었다. 남이의 옥은 공교롭게도 예종이 종친 세력의 거세에 고심하고 있던 시점에서 일어났다.

남이는 1443년(세종 25) 당대의 명문인 의령 남씨 가문에서 태어났다. 그의 조부인 휘(暉)는 세종의 넷째 딸인 정선공주(貞善公主)와 혼인해 부마가 되니, 남이는 세종의 외증손자가 되는 셈이다. 그는 어릴 때부터 무재가 뛰어났는데, 특히 활쏘기에 능해 그를 본 중국 사신조차 "이와 같은 (남이) 좋은 장수는 세상에서 얻기 어렵다."(《세조실록》 권46)라고 하며 찬탄을 아끼지 않을 정도였다. 열일곱 살에 무과에 급제한 그는 당대의 훈신인 권람(權擥)의 넷째 딸과 혼인해 자신의 지위를 더욱 공고히 할 수 있는 계기를 마련했다.

그는 스물다섯 살의 나이에 이시애의 난을 평정하기 위한 진압군으로 참전해 크게 공을 세우고, 자신의 이름을 세상에 널리 알리게 되었다. 당시 전장에서 남이의 활약상을 실록은 다음과 같이 전하고 있다.

> 북청의 싸움에서 남이가 진압을 드나들면서 사력을 다해 싸우니, 향하는 곳마다 적이 마구 쓰러졌고, (이 과정 중) 몸에 네다섯 개의 화살을 맞았으나 얼굴 표정이 태연했다.
>
> – 《세조실록》 권43

난이 진압된 후 남이는 승진가도를 달리게 되었다. 그러나 성공에도 불구하고 그는 늘 초조했다. 그 이유는 세조의 친동생인 임영대군(臨瀛大君)의 아들인 구성군의 존재 때문이었다. 비슷한 나이에다 왕실의 가까운 친척이라는 공통점을 지닌 이들은 서로에게 그다지 호감을 가지고 있지 않았던 것처럼 보인다. 특히 남이의 경우, 구성군에게 느꼈던 라이벌 의식은 대단해서 세조 앞에서 다음과 같이 토로할 정도였다.

> 성상께서 구성군을 지나치게 사랑하시니 신은 이를 그르게 여깁니다.
>
> – 《세조실록》 권46

더군다나 국상(國喪) 중에도 술과 고기를 먹고 여자와 동침할 정도로 호방했던 남이의 행적은 경박하다는 인상을 주기에 충분했다. 또 당시 '남이가 어머니와 동침했다'라는 민망한 소문이 여항에 돌고 있었다고 한다. 이는 사실 여부를 떠나 그를 정치적으로나 사회적으로 매장하려는 세력이 이용하기에 좋은 호재였다. 결국 남이에 대한 소문은 그를 경계하던 주변인들로 하여금 그가 딴 마음을 먹고 있다는 확신을 갖게 했고, 예종은 즉위하자마자 그를 '병사를 맡기기에 적절하지 않다'라는 이유로 병조판서에서 해임했다.

예종이 즉위할 당시 하늘에 혜성이 극심했다 한다. 주지하다시피 혜성은 전통 사회에서 불길한 징조를 상징한다. 이 혜성을 보고 남이는 함께 대궐에 들어와 숙직하고 있던 유자광에게 다음과 같이 말했다.

> 세조가 우리를 아들과 같이 보살펴 주었는데 이제 나라에서 큰 상
> 이 나 인심이 위태롭고 의심스러워졌다. 이 기회를 이용해 간신이 난
> 을 일으키면 우리들은 개죽음을 면할 수 없을 것이다. 그러니 너와 나
> 는 마땅히 충성을 다해 세조의 은혜를 갚아야 한다.
>
> - 《예종실록》권1

그러면서 김국광, 노사신, 한계희 등을 간신의 상징으로 지목했다. 유자광은 즉시 이를 조정에 보고했고, 남이는 잡혀 와 문초를 받게 된다. 이 과정에서 그에게 불리한 증언이 계속되는데, 특히 남이가 "한명회가 어린 왕을 끼고 권력을 휘두를 것이니, 이를 제거해 나라의 은혜에 보답하려 한다."라고 이야기했다고 증언한 문효량(文孝良)의 등장은 그의 입장을 더욱 난처하게 만들었다. 결국 혹독한 국문이 시작되었고, 남이의 몸은 이내 다리뼈가 부러지는 등 만신창이가 되었다. 자포자기의 심정에 빠진

남이는 술을 청해 이를 마신 후, 혐의를 순순히 인정했다. 그리고 강순을 공모자로 지목하고 "세조의 은혜를 많이 받은 장군들이 선수를 쳐 간신들을 제압할 것"을 결의하면서 "이후 군왕은 누구를 내세울까."라고 협의했다고 자백했다. 이후 과정은 신속히 진행되었고, 남이와 강순 등 관련 인사의 처형으로 사건은 마무리되었다.

'남이의 옥' 사건은 종친과 함께 무장 세력의 입지가 확장됨을 경계한 일부 훈신들과 왕권 강화에 골몰하던 예종의 정치적 입장이 맞아떨어져 발생한 사건이었다고 할 수 있다. 실제로 그들은 정치적으로 대칭적 위치에서 반목하고 있었고, 새로운 왕이 즉위한 뒤 누가 정치적 주도권을 쥘 것인가로 경쟁하고 있었다. 최고 권력자인 지존이 바뀔 때에는 누구나 근신을 전제로 한다. 그러나 호방하기는 하나 동시에 부주의했던 남이는 이에 무심했다. 그리고 주변에 있던 무신들 역시 치밀하지 못하기는 마찬가지였다. 더군다나 그들은 서로 단합하지도 못했다.

결국 이러한 무신경과 부주의는 그의 반대파에 정치적 빌미를 주기에 충분했고, 이는 한바탕 피의 회오리로 연결되었다. 냉정히 말하자면 이 사건은 남이 스스로 자초한 정치적 패배라고 하겠다.

그 후 정국 운영은 문신을 중심으로 한 훈신들의 손에 넘어간다. 그리고 그들은 사림(士林)이 본격적으로 중앙 정계에 등장하기 전까지 권력의 정상부를 독점한다. 이들을 우리는 훈구파라 부르고, 이들이 정치를 주도한 시대를 훈신 정치 시대라 부른다.

귀신 쫓은 남이

백두산 돌은 칼을 갈아 닳아 없어지고	白頭山石磨刀盡
두만강 물은 말을 먹여 말랐네.	豆滿江波飮馬無
사나이 스무 살에 나라를 평정치 못하면	男兒二十未平國

후세에 누가 대장부라 칭하리오. 後世誰稱大丈夫

남이가 이시애의 난을 평정한 후 백두산에 올라 지었다고 알려진 이 시는 훗날 남이가 일찍부터 반역의 마음을 먹었다는 증거로 활용되어 더욱 유명해졌다. 훈신들은 이 시의 구절 중 '미평국(未平國)'을 '미득국(未得國)'으로 바꿔, 이 시절부터 남이가 역모를 획책했다고 주장했다.

이 시에서 보이는 것처럼 호방한 성격을 지녔던 남이는 여러 야담을 남기고 있다. 특히 다음의 이야기는 우리들의 관심을 끈다.

남이가 젊었을 때 일이다. 거리에서 놀다 집으로 돌아가던 중 어린 종이 작은 상자를 가지고 어떤 집으로 들어가는 것을 보았다. 보자기 위에 분 바른 여자 귀신이 앉아 있었으나 다른 이들은 모두 알아채지 못했다. 남이는 이를 괴이하게 여기고 뒤를 밟았다. 그 여종은 큰 기와집으로 들어갔는데 조금 뒤 그 집에서 우는 소리가 났다. 집으로 들어가 그 연유를 물으니 주인집 작은딸이 죽었다는 답이 왔다. 남이가 이에 "내가 나서야만 낭자를 살릴 수 있다."고 하자, 반신반의하던 주인집 내외는 망설이며 이를 허락했다. 방으로 들어간 남이는 낭자의 가슴에 올라가 있던 귀신에게 호통을 쳤고, 놀란 귀신이 달아나자 소녀는 소생했다.

낭자는 귀신이 붙은 홍시를 먹고 탈이 났던 것이다. 주인 내외에게 연유를 설명하고 떠나려 하자, 그의 준수한 외모와 호방한 성격에 매료된 주인 내외는 그에게 청혼을 했다. 남이가 이를 받아들여 마침내 날을 잡게 되자, 주인 내외는 점쟁이에게 예비 부부의 운명을 물어보았다. 점쟁이는 "사위(남이)는 귀신의 저주로 요절할 것이니 좋지 않습니다. 그러나 따님의 명이 더욱 짧아 그 복만 누리고 화는 피하니,

사위를 들여도 괜찮을 것입니다."라고 말했다. 이를 따라 두 사람을
혼인시키니, 이 주인 내외가 바로 당대 훈신인 권람 부부였다. 이후
남이는 무과에 장원하고 임금의 신임을 받으며 스물여덟 살에 병조
판서를 역임했으나 귀신의 저주로 인해 역적의 누명을 쓰고 사형당
하고 말았다. 또한 점쟁이가 예언한 대로 그의 처는 수년 전에 죽은
뒤였다.

- 《연려실기술》, 〈예종 조 고사본말〉

남이의 혼인과 관련되어 전하는 전설은 그의 호방한 성격과 함께 귀신
까지 잡아내는 신이한 능력을 가졌음을 보여 준다. 이 이야기는 남이에
대한 일반인들의 인식을 잘 보여 주는 것으로 그가 죽을 당시, 민간에 '한
명회 등이 남이를 질투해 유자광을 사주, 그를 죽였다'라는 소문이 떠돌
았다는 사실과 관련시켜 보면 이 야담은 더욱 흥미롭다.

성종成宗

제9대 1457년~1494년 | 재위기간 1469년 11월~1494년 12월

조선 왕조의 체제를 완성한 성종

1469년(예종 1) 11월 28일, 스무 살의 젊은 나이로 예종이 죽었다. 당시 원자는 다섯 살에 불과했다. 이 같은 상황에서 한명회와 신숙주를 위시한 원로대신들이 대비 정희왕후에게 후계 왕 지명을 요청했다. 당시 후계 왕으로 거론될 수 있는 대상자는 세 명이었다. 첫 번째는 예종의 적장자인 원자, 두 번째와 세 번째는 후일 덕종으로 추존된 의경세자의 두 아들로서 월산대군(月山大君)과 자산군(者山君)이었다.

그러나 원자는 너무 어린 까닭에 애초에 고려의 대상에서 제외되었다. 따라서 월산대군과 자산군 중에서 후계 왕을 골라야 했다. 월산대군과 자산군의 아버지 덕종은 세조의 적장자였다. 세조의 뒤를 이어 왕위에 오르기 위해 세자로 있다가 요절해 동생 예종이 왕위에 올랐던 것이다.

조선 시대의 관행으로 본다면 후계 왕은 당연히 세조의 맏손자인 월산대군이 되어야 한다. 그러나 현실은 그렇지 않았다. 정희대비가 후계 왕으로 지명한 사람은 월산대군이 아닌 자산군이었다. 정희대비는 자산군을 후계 왕으로 지명한 이유에 대해 다음과 같이 천명하고 있다.

원자는 바야흐로 포대기에 싸여 있고, 월산군은 본래부터 질병이 많다. 자산군은 비록 나이는 어리지만 세조께서 매양 그의 기상과 도

량을 칭찬해 태조에게 견주셨다. 이에 자산군으로 하여금 후계 왕에
지명하는 것이 어떻겠는가?

- 《성종실록》 권1, 성종 즉위년 11월 무신

정희대비가 성종을 지명한 배경에는 성종의 장인 한명회가 자리하고
있었다. 한명회는 계유정난을 비롯해 세조 집권에 빼놓을 수 없는 인물이
었다. 세조 이후 예종 대에도 한명회는 정치권의 실세였다. 이런 상황에
서 정희대비는 후계 구도의 안정을 위해 한명회의 사위를 왕으로 지명한
것이다.

정희대비의 지명을 받고 왕위에 오른 성종은 열세 살이었다. 성종이 미
성년자였기에 정희대비가 이후 7년에 걸쳐 수렴청정을 실시하게 되었다.
따라서 수렴청정기에는 정희대비와 원로대신들에 의해 정국이 좌우되었
다. 이 기간에 성종은 아침저녁으로 경연에 참석해 제왕학을 탐구하는 데
대부분의 시간을 보냈다.

성종 즉위에 결정적인 요인으로 작용한 첫 번째 부인 공혜왕후 한씨는
왕이 즉위한 지 5년 만에 세상을 떠났다. 성종은 당시 자신이 총애하고
있던 숙의 윤씨를 두 번째 왕비로 들였다. 그가 바로 연산군의 생모 폐비
윤씨이다.

폐비 윤씨는 윤기무(尹起畂)의 딸로 어려서 아버지를 잃고 홀어머니 아
래서 자라났다. 처음에 궁녀로 대궐에 들어왔는데 나이는 성종보다 열두
살 연상이었다. 어려서 왕이 된 성종이 연상의 여인인 윤씨를 총애하다가
두 번째 부인으로 맞이한 것이다.

폐비 윤씨는 성격이 괄괄하고 대가 센 여인이었다. 왕비가 된 2년 후에
훗날 연산군이 되는 원자를 출생하고부터는 유세가 더욱 심해졌다. 특히
질투심이 강해 성종이 다른 여자를 넘보거나 하면 참지를 못했다. 이런

일들이 쌓여 결국 성종과 극심한 가정불화를 겪게 되었다.

부인과의 불화를 견디다 못한 성종은 윤씨를 내쫓기에 이르렀다. 당시 대신들을 비롯한 대부분 신료들은 원자를 생산한 왕비를 내쫓으면 큰 후환이 된다는 이유를 들어 반대했다. 그러나 이미 마음을 굳힌 성종의 뜻을 되돌리지는 못했다.

성종이 부인을 내쫓으면서 내세운 이유는 칠거지악 중의 "말이 많으면 쫓아낸다[多言去], 순종하지 않으면 쫓아낸다[不順去], 투기하면 쫓아낸다[妬去]."의 세 가지였다. 왕비에서 쫓겨난 윤비는 결국 사약을 받고 최후를 맞이했다. 이 같은 성종과 윤비와의 불화는 훗날 아들 연산군의 행적에 악영향을 끼치게 되었다.

성종은 윤비를 쫓아내고 숙의였던 윤호(尹壕)의 딸을 세 번째 부인(정현왕후)으로 맞이했다. 정현왕후가 낳은 아들이 중종이다.

성종은 비록 가정적으로는 순탄치 못했지만 정치문화적으로는 탁월한 업적을 남겼다. 열세 살의 어린 나이에 왕위에 오른 성종은 강력한 권력을 행사하던 종친 구성군 이준(李浚)을 유배에 처했다. 이는 어린 단종을 몰아내고 왕위에 오른 세조의 전철이 되풀이될까 우려해서였다.

성종은 세조 때부터 편찬해 오던《경국대전》을 완성, 반포했다.《경국대전》은 조선 왕조 통치의 전거가 되는 법전이었다. 이로써 조선은 명실상부하게《경국대전》에 기초해 국가를 구성, 운영할 수 있게 되었다.

그 밖에 토지 소유의 집중을 방지하기 위한 관수관급제(官收官給制) 실시, 김종직 일파의 신진 사림 등용,《동국여지승람》,《동국통감》,《국조오례의》등의 각종 서적 간행, 여진 정벌 등 조선 왕조의 정치, 경제, 사회, 문화적 기초가 성종 대에 완성되었다. 아울러 세조가 폐지한 집현전을 대신해 홍문관을 설치했다. 이를 통해 학문을 발전시키고 왕의 자문에 응하도록 했다.

성종은 폐비 윤씨를 비롯해 세 명의 왕비와 열두 명의 후궁을 두었고, 재위 26년 만인 1494년에 세상을 떠났다. 승하했을 당시 서른여덟 살이었다. 죽은 후 문운을 이룩했다는 의미에서 성종이라는 묘호를 받았다. 능은 선릉(宣陵)으로서 본래 경기도 광주에 있었는데 현재는 서울 강남구 삼성동으로 옮겼다. 시호는 강정(康靖)이다.

조선의 헌법,《경국대전》

조선 시대는 왕을 정점으로 하는 집권 관료 체제였다. 그러나 조선 왕조가 왕이나 집권 관료들의 자의나 편의에 의해서만 운영된 것은 아니다. 오히려 조선 왕조를 500년간 지탱시켜 준 뼈대는 법이었으니,《경국대전》이 그것이다.

《경국대전》은 말 그대로 국가 경영에 사용하는 큰 법전이란 의미다. 이 법전이 조선 시대 최고의 법으로서 성종 대에 완성되어 나라가 망할 때까지 기본 법전으로 이용되었다.

《경국대전》은 이전(吏典), 호전(戶典), 예전(禮典), 병전(兵典), 형전(刑典), 공전(工典)의 육전으로 구성되어 있다. 조선 시대의 행정조직이 이조, 호조, 예조, 병조, 형조, 공조의 육조로 짜여 있었기 때문에 이에 대응해 육전으로 된 것이다.

《경국대전》의 육전 체제는 그 원형을 중국 법인《주례(周禮)》에서 찾을 수 있다. 주례는 천관(天官), 지관(地官), 춘관(春官), 하관(夏官), 추관(秋官), 동관(冬官)의 육관으로 되어 있다.《경국대전》의 육전은 주례의 육관에 대응한다. 즉 이전은 천관에, 호전은 지관에, 예전은 춘관에, 병전은 하관에, 형전은 추관에, 공전은 동관에 대응한다. 따라서《경국대전》의 이전을 천관으로 호전을 지관으로 부르기도 한다.

조선 시대 법 제정의 원천은 왕의 명령이었다. 왕의 명령은 다시 왕 자신의 자발적 판단에서 나온 교지(敎旨)와 해당 부서에서 필요한 법조항을 보고하고 왕이 이에 대해 재가한 판지(判旨)로 구별되었다.

조선 시대의 행정 부서인 육조에서는 각각 자신들의 업무에 관련된 왕의 수교와 판지를 모아 놓았는데, 이를 등록이라 했다. 이렇게 쌓인 등록을 모두 모아서 육조의 업무에 맞게 분류하고 정리해 반포한 법전이 바로《경국대전》인 것이다.

오늘날 전해지는《경국대전》은 조선 왕조가 개창된 지 90여 년이 지난 1485년에 반포된 것이다. 이 법전이 반포된 해가 1485년(성종 16)인데 간지로는 을사년에 해당하기 때문에 을사대전(乙巳大典)이라 부르기도 한다.

을사대전의 반포는 조선 왕조 개창 이후 계속되어 온 법전 편찬 노력의 결실이라 할 수 있다. 조선을 창업한 태조 이성계는 즉위 교서에서 의장법제(儀章法制)는 고려의 것을 따르며, 법률을 정립해 공적 업무는 법에 의거해 처리함으로써 고려 시대의 폐단을 되풀이하지 않겠다고 선언했다. 이는 통치의 기본방침으로서 혁명적인 개혁을 하지 않으며 동시에 통일적 법률을 제정해 법에 의한 정치를 시행하겠다는 의지를 밝힌 것이다. 이 같은 태조의 의지에 부응해 1394년(태조 3년) 5월에 정도전이《조선경국전(朝鮮經國典)》을 저술해 바쳤다.

이와 보조를 맞추어 왕조 통치의 기본이 되는 새로운 법령들이 점차 개정, 제작되었다.《조선경국전》이 저술된 지 3년 뒤인 1397년(태조 6) 12월에《경제육전(經濟六典)》이 공포되었다. 이 법전은 우리 역사상 최초의 성문 통일 법전이다. 태조 이후에도 기존의 법전을 개정, 증수한 속전(續典)들이 계속 편찬되었다.

조선 시대의 법전 편찬은 세조 대에 이르러 전환기를 맞는다. 세조는 새로운 법률이 계속 쌓이고 그것들이 전후 모순되거나 미비해 결함이 나타날 때마다 다시 속전을 제정하는 기존의 편찬 방식을 바꾸고자 했다. 즉 세조는 당시까지의 모든 법을 전체적으로 조화시켜 영구적으로 시행할 수 있는 법을 제정하고자 했다. 이를 위해 육전상정소(六典詳定所)를 설치하고 통일 법전의 편찬에 착수했다.

이런 노력의 결과 1460년(세조 6) 7월에 재정경제의 기본이 되는 호전이 완성되었다. 이 호전이 《경국대전》의 호전이다. 이어서 1461년(세조 7) 7월에는 형전이 완성되었다.

그런데 《경국대전》의 형전은 형법 전반을 다룬 것이 아니었다. 오히려 조선 왕조는 개국 직후부터 명나라 대명률을 기본 형법으로 사용하고 있었다. 조선 왕조는 국가 체제가 유사한 명나라 형률을 차용함으로써 형법을 만드는 데 들어가는 비용과 노력을 아끼려 한 것이다. 따라서 세조 대에 완성된 형전은 《대명률》에 없거나 아니면 조선 상황에 적합한 특수한 형법들만 제정한 것이다. 《경국대전》의 형전 앞머리에도 "형률은 대명률을 쓴다."고 밝혀 이 점을 분명히 하고 있다. 그러므로 조선 시대의 형법은 《대명률》이 일반법이고 《경국대전》의 형전은 특별법이라 할 수 있다.

대전 중에서 호전과 형전이 먼저 완성된 것은 이 두 전이 일반 백성들의 생활에 직접 관련되어 있으며 국가 운영의 기본이 되기 때문이었다.

호전과 형전을 제외한 나머지 4전도 세조의 재위 기간 중에 완성되었다. 그러나 미진한 부분을 보충하고 수정하는 와중에 세조가 사망했다. 이에 따라 육전으로 완성된 《경국대전》이 성종 대에 반포되기에 이른 것이다.

《경국대전》을 육전으로 편찬한 의의에 대해 이 법전의 서문을 쓴 서거정은 다음과 같이 밝히고 있다.

신이 가만히 생각하건대 천지가 광대해 만물 중 하늘이 덮고 땅이 싣지 않은 것이 없습니다. 또한 사시의 운행으로 만물이 생육되지 않는 것이 없습니다. 성인이 법제를 지으심에 만물을 흔쾌히 보지 않는 것이 없습니다. 이는 진실로 성인이 지으신 법 제도는 천지와 사시의 운행 법칙과 같기 때문입니다. 옛날부터 법 제도의 융성함이 중국의 주나라만한 것이 없는데 주관(周官)은 육경(六卿)으로서 천지와 사시에 짝을 맞추었으므로 육경의 직관은 하나라도 비워서는 안 됩니다.

－《경국대전》서

《경국대전》이 반포됨으로써 조선 왕조는 법으로 국가를 통치할 수 있는 통일 법전을 갖게 되었다. 또한 《경국대전》이 영구히 준수되어야 할 최고 법으로 정착됨으로써 중국 법의 무제한적 침투에 대해서 방파제의 기능도 했다. 이로써 우리나라 고유법이 유지, 계승될 수 있었다.

《경국대전》이 시행된 뒤에도 《속대전(續大典)》, 《대전통편(大典通編)》, 《대전회통(大典會通)》 등과 같은 법전이 편찬되고 시행되었다. 이에 따라 《경국대전》의 조문이 개정되거나 폐지된 것도 적지 않다. 그러나 이런 경우에도 각각의 법전에 《경국대전》의 원문을 원(原)자로 표시하고 기재해 《경국대전》은 삭제되어서는 안 된다는 권위를 인정하고 있었다. 그리고 《속대전》은 속(續), 《대전통편》은 증(增), 《대전회통》은 보(補)로 표시해 《경국대전》을 보완하고 있음을 보여 주고 있다.

양반과 문치주의

《경국대전》이 편찬됨으로써 조선 왕조의 중앙집권적 양반 관료 체제가 일단 갖추어졌다. 중앙집권적 양반 관료 체제의 특징은 양반이 집권층으로 군림하고 문치주의를 실현시킨 데 있다.

양반(兩班)은 문반(文班)과 무반(武班)의 두 반열을 말한다. 양반이란 용어는 여기서 비롯했다. 그러므로 양반은 문무 두 직능을 가진 관료군을 의미한다. 그러나 당시는 신분제 사회였다. 그러므로 문무 양반의 가족과 친족들도 지배층으로 분류되었다. 따라서 양반은 지배층을 의미하는 신분 개념으로 쓰이기도 했다.

양반은 당나라 제도를 본받아 만들어졌다. 양반 신분층은 고려 시대부터 생기기 시작했는데 삼국 시대에는 문무의 직능별 구별이 없었다. 고려 시대의 양반에 편입된 사람은 왕건을 따라 공을 세운 공신이나 왕건을 지지한 호족 세력, 또는 과거 시험을 거쳐 관료가 된 호족(뒤에 향리)의 자제들이었다. 왕권을 강화하기 위해 고려 광종 조부터는 과거 제도를 실시했는데 과거 시험의 최종 시험관은 국왕이었다. 그러므로 과거 관료는 국왕에게 충성하게 되어 있었다.

관료가 되는 길에는 혈통에 의한 경우와 능력에 의한 경우가 있었다. 고위 관료의 아들과 손자, 조카와 사위는 아버지나 할아버지의 음덕으로 과거 시험을 치르지 않고도 음직(蔭職)을 받을 수 있었다. 반면에 능력 있는 사람은 과거 시험을 통해 관료가 될 수 있었다. 고려 이후의 관료는 이 두 부류로 구성되어 있었다. 그러나 음직을 받은 사람이 이미 관품을 가진 채 과거 시험에 급제해 성적에 따라 더 높은 관직을 차지할 수 있었기 때문에 귀족 자제들이 더 유리했다. 조선 시대에는 아예 현직 관료인 음직자들이 과거를 볼 수 있는 기회를 늘려 놓았기 때문에 관직은 세전되는 경향이 있었다. 물론 능력만 있으면 귀족 자제가 아니라도 과거 시험을 통해 관직을 차지할 수 있었다. 그리하여 새로운 피가 관료 사회로 흘러들어 올 수 있었다. 그러나 양반 귀족 자제들이 교육 여건이나 조상의 음덕이 있어 출세가 빨랐던 것은 사실이다.

양반이 문반과 무반으로 구성되어 있었지만 지식인 관료인 문반이 무반보다 우월했다. 지식인 관료가 지배층이 된 것은 중국의 춘추전국 시대부터다. 약육강식이 성행하던 춘추전국 시대에는 부국강병책을 쓰기 위해 지식인 관료들의 도움이 필요했다. 이들은 주군을 도와 나라를 부강하게 하는 대가로 정치적으로 지배층, 경제적으로 지주가 되었다. 이들 지식인 관료들은 자기들의 지위를 확고히 하기 위해 도덕적 수양을 관료가 되는 필수조건으로 내세웠다. 이른바 문치주의가 그것이다.

문치주의에서는 도덕적으로 수양되지 않은 사람은 관료가 될 수 없었으며, 있더라도 제대로 대우받지 못했다. 그러므로 관료가 되기 위해서는 유교 교양을 정리해 놓은 경전을 익혀야 했다. 경전뿐 아니라 정치의 거울인 역사와 문명 세계를 살아가는 데 필요한 문학 소양을 갖추어야만 했다. 이것은 모두 과거 시험의 과목이기도 했다. 무예나 기예에 관한 과거 시험인 무과나 잡과가 있기는 했으나 문과보다 한 수 아래였다.

문과가 무과나 잡과보다 우월할 뿐 아니라 문관직이 무관직이나 기술관 서리보다 우월했다. 무관이나 기술관은 고위 관직에 올라갈 수 없었다. 군사령관까지도 문관이 맡았다. 따라서 무관이나 기술관은 천시되었다. 이른바 문민정치가 일찍부터 발달된 것이다.

문치주의는 중앙집권 체제를 지향했다. 위로는 관료 내부의 분열을 방지하기 위해 왕권을 강화하고 그 왕권을 제재하는 제도적 장치를 마련했다. 왕의 잘못이 있을 때 간쟁(諫諍)하는 대간, 역사 서술을 통해 국왕의 전제권을 제약하는 사관(史官), 국왕이나 세자의 행동과 사고를 교육하는 경연(經筵)과 서연(書筵)이 그것이다. 국왕은 세습제이기 때문에 반드시 우수한 사람이 국왕이 되지 않을 수 있는 반면에 지식인 관료들은 시험을 거쳐 뽑혔기 때문에 우수한 인재들이 대부분이었다. 이른바 지식인 정치였기 때문에 통치술이 발달해 중앙집권 체제를 유지할 수 있었다. 세계사에서 이러한 지식인 정치가 수행된 나라는 드물다. 우리나라와 중국이 유일할 것이다.

지식인 관료들은 네 가지 어려운 일을 해냈다. 군인을 누르고, 여자를 누르고, 사무원을 누르고, 환관을 눌렀다. 현대사회에서도 이 네 세력을 누르는 것은 쉬운 일이 아닐 것이다. 이들은 고도로 발달된 지식과 이론으로 핵심적인 지배층이 될 수 있었다. 유교 정치는 바로 이러한 특성을 가지고 있었다.

문치주의는 중국에서 배워 왔다. 고구려와 백제가 멸망하기 이전까지 우리나라는 무치주의를 지향했다. 그러나 당나라 문치주의의 난만(爛漫) 한 문화를 당해 낼 수 없어 고구려, 백제, 일본이 멸망한 뒤 신라는 재빨리 중국화의 길을 걸었다. 그리하여 지식인 관료가 지배하는 중앙집권적 문치주의를 어렵사리 배워 왔다. 이를 배우는 데 고려는 500년이 걸렸다. 그러나 일본은 중국화의 길을 포기하고 봉건제와 무치주의로 전락했다. 한국에서 중국 문화를 배워 가던 일본이 무치주의로 떨어지고 만 것이다.

문치주의는 고도의 문화를 창달하는 데는 성공했으나 문약(文弱)으로 흘렀다. 국방 대신 외교에 치중했다. 군사를 기르거나 남의 나라를 정복하는 것을 버리고 고도의 외교술을 통해 생존권을 지켜 왔다. 그러다 보니 군사력이 약해 주위의 강국들에게 모멸을 당하기 일쑤였다. 그러나 무력보다는 문화 자존 의식이 강해 정신적으로 굴복하려 들지 않았다. 과거에 해적질을 하던 나라들은 강국이 된 반면 문화 자존 의식이 강한 조선은 강국이 될 수 없었다. 그러나 우수한 사람을 뽑아 정치를 맡겼기 때문에 여러 가지 문제점들을 미연에 방지해 세계사에서 유례없는 긴 왕조를 유지했다. 고려와 조선이 500년씩 유지된 사실로도 그것을 알 수 있다.

이러한 문화 지상주의는 문화 국가인 중국이 종주권을 가지고 있을 때는 효과적이었다. 중국 중심의 세계관 속에서 조선은 중국 다음은 간다고 자부했다. 이른바 소중화(小中華) 의식이 그것이다. 그러나 서구 물질 문명이 서세동점의 물결을 타고 흘러들어 오자 중국과 조선은 중국 문화에 너무 빠져 이를 쉽게 수용하지 못했다. 그리하여 동양 문화의 주변국인 일본에게 근대화의 선수를 빼앗겨 그들의 식민지로 전락하는 결과를 낳았다. 이제 21세기 정보화 시대에는 사람을 존중하고 지식과 교육을 중시하던 과거의 역사가 새로운 시대의 주역이 될 수 있는 밑거름으로 쓰일 수 있는 단계에 와 있다. 그렇게 될 때 우리나라의 장래는 오히려 밝아질 것이다.

연산군의 생모, 폐비 윤씨

1479년(성종 10) 6월 성종은 두 번째 부인 윤씨[齊獻王后]를 폐출했다. 조선이 개국된 후 왕이 부인을 소박 놓은 첫 번째 사건이었다. 성종이 윤씨를 왕비로 책봉한 지 3년 만이었다.

윤씨는 이미 훗날 연산군이 되는 원자를 낳은 상태였다. 차기 왕이 될 사람의 생모를 내쫓는다는 것은 크나큰 후환을 낳을 소지가 있었다. 게다가 온 백성의 모범을 보여야 할 왕이 정실부인을 내쫓는다는 것은 보통 일이 아니었다.

이 같은 사정을 잘 아는 신료들 대부분은 폐비를 강력히 반대했다. 그들은 성종이 왕후와 함께 사는 것이 부담스러우면 별거를 하는 한이 있어도 폐비는 안 된다는 의견이었다. 그런데도 성종은 신료들의 의견을 무시한 채 폐비를 강행했다. 게다가 후환을 우려해 왕후에게 사약을 내려 죽게 했다.

성종이 왕후를 폐출시킨 이유로 든 것을 살펴보면 다음과 같다.

첫째, 왕후가 궁녀를 독살하려 했다는 것이다. 성종은 왕후를 들인 후에 숙의 엄씨와 숙용 정씨를 총애했다. 자연히 성종이 이들을 찾는 횟수가 늘어나는 데 반해 왕후를 찾는 기회는 적어졌다.

성격이 괄괄한 왕후는 이를 견디지 못했다. 성종이 엄씨나 정씨의 처소에 들면 불쑥 그 방에 나타나 성종을 당황스럽게 했다. 이뿐만이 아니었다. 왕후는 아예 엄씨와 정씨를 암살하려 했다는 것이다. 그 결정적인 증거는 왕후의 처소에서 발견된 독약을 발라 놓은 곶감과 비상이라는 독약이었다. 성종은 이것을 보고 생명의 위협을 느꼈다. 왕후가 독한 마음을 먹고 자신에게 독극물이 든 음식을 먹인다면 쥐도 새도 모르게 죽을지도 모른다는 공포감을 가진 것이다.

두 번째는 왕후가 갖가지 사술을 쓴다는 것이었다. 왕후가 사술을 쓴 대상자도 숙의 엄씨와 숙용 정씨였다. 왕후는 엄씨와 정씨가 성종의 총애를 받는 것은 그렇다고 하더라도 이들이 아들을 낳을 경우가 더 큰 걱정이었다. 성종의 미움을 받는다는 사실을 알고 있었기에 그 걱정은 더 컸다. 왕후는 이들이 아들을 낳지 못하도록 하기 위해 갖가지 사술을 동원했다. 혹시 아들을 낳더라도 병신이 되도록 하는 비법을 사용했다. 이 같은 비법은 궁중의 궁녀들이나 민간의 무당들에게서 배웠다. 왕후가 이 같은 사술이 적힌 책을 소장하고 있다가 발각된 것이다. 게다가 왕후는 성종을 무시하고 제멋대로 행동했다. 술이라도 마신 날이면 늦도록 일어나지 않았다. 또한 정치에도 관심이 많아 조정 대신들의 집안 이야기나 시세에 대해 이야기하길 좋아했다.

요컨대 성종이 보기에 왕후는 하나에서 열까지 왕후로서의 자격이 없다는 것이었다. 어쩌다가 이렇게 심하게 성종의 눈 밖에 나게 되었을까?

3년 전에 왕후가 왕비에 책봉될 때에는 이와는 판이한 상황이었다. 왕후는 본래 궁녀로 대궐에 들어왔다. 어려서 왕이 된 성종은 열두 살 연상인 왕후를 총애했다. 따라서 왕후가 왕비에 책봉될 때에는 "성종이 총애하고 검소하며 대비의 마음에도 들었다."고 하는 좋은 평가를 받았다. 이같은 호평 속에서 왕비에 책봉되었지만 3년 만에 정반대의 평가를 받은 것이다.

왕후는 워낙 정치에 대한 관심이 많고 질투심이 강했다. 게다가 당시의 상황은 왕후에게 불리했다. 그것은 성종의 생모가 대비로 있으면서 강력한 권력을 행사하고 있었기 때문이다. 이 같은 상황에서 성종은 왕후가 자신을 독살하고 어린 아들을 왕위에 앉힌 뒤 수렴청정을 시행하려 한다는 의심을 갖게 되었다. 이런 와중에 왕후의 행동은 더욱더 의심을 부채질했다. 성종의 생모인 인수대비도 같은 의심을 하게 됨에 따라 왕후의 입지는 헤어날 수 없게 되었다.

폐비된 왕후는 사가로 쫓겨났다가 결국 사약을 받고 생을 마감했다. 만약 왕후가 살아 있다가 어린 왕이 등극했을 경우 발생할지도 모를 후환이 두려웠기 때문이다. 아무튼 윤씨의 폐비와 사망은 훗날 연산군 대의 정치와 연결되어 수많은 전설과 이야깃거리를 제공하게 된다.

조선 시대 최초의 수렴청정, 정희왕후

예종의 급작스런 죽음으로 성종이 왕위에 올랐을 때 나이가 겨우 열세 살이었다. 이같이 어린 왕에게 국가의 앞날을 전부 내맡긴다는 것은 위험하기 그지없는 일이었다. 따라서 이 같은 비상사태에 왕조 체제를 안정적으로 유지시키기 위해서는 수렴청정이라는 방법이 있었다.

논리적으로만 본다면 어린 왕이 즉위했을 때 그를 보좌할 적임자는 사실 인망과 경륜이 풍부한 신료라고 할 수 있다. 아니면 종친 중에 유능한 사람이 나서서 어린 왕을 보좌하면 될 것이다. 그러나 이는 왕조 체제에서 수용하기 힘든 방법이었다. 인망과 경륜이 풍부한 신료가 어린 왕을 보좌하다가 왕위를 탈취하는 역성혁명이 일어날 가능성이 있었다. 또한 유능한 종친의 경우에도 자신이 나서서 왕이 되는 경우로 발전할 가능성도 적지 않다. 조선 왕조는 단종 대의 계유정난을 통해 이미 그 같은 경험을 한 바 있다.

따라서 어린 왕을 보좌할 사람은 그 자신이 왕이 될 수 없는 사람이어야 했다. 그러면서 나름대로의 경륜과 인망을 확보해야 했다. 왕조 시대에는 왕의 어머니나 할머니가 그 같은 조건에 적합했다.

유교 정치사상에 따르면 여성은 정치에 간여할 수 없다. 여성이 정치에 간여하거나 바깥일에 간섭하면 이는 망조가 드는 것으로 간주되었다. 따라서 유교 국가로 정착된 조선에서 여성이 왕이 된다는 것은 상상할 수 없는 일이었다.

게다가 사실 왕의 어머니나 할머니는 혈연적으로도 왕과 가장 가까운 사이다. 보편적인 인간의 경험으로 볼 때 어머니는 자식을 위해 온갖 희생을 다하는 존재다. 권력이 아무리 무섭다 하더라도 설마 어머니가 친자식을 어떻게 하겠느냐는 계산이 깔려 있다고 할 것이다.

그래서 조선 시대에는 어린 왕이 즉위했을 때 그가 성년이 될 때까지 왕을 보좌하는 역할을 대비나 대왕대비에게 맡기게 되었다. 그러나 현실적인 필요에 의해 대비나 대왕대비가 정치에 간여한다고 해도 여성이 정치에 나서면 안 된다는 유교 이념이 깔려 있었다. 현실적 필요성과 유교 이념의 타협으로 나타난 것이 이른바 수렴청정이었다. 발을 드리움으로써 여성은 정치에 간여하지 않는다는 상징성과 함께 남녀의 유별을 보여준다. 그러나 실제로는 왕과 함께 군국대사를 듣고 처결하는 등 왕조 체제에서 취할 수 있는 최선의 선택이었다.

조선 시대에 수렴청정은 정희왕후로부터 시작되었다. 열세 살의 성종이 즉위하자 신숙주와 한명회 등 원로대신들은 당일로 정희왕후에게 수렴청정을 요청했다. 그들이 요청한 내용은 대략 다음과 같았다.

새로 왕위에 오른 성종은 나이가 너무 어려 온 나라 사람들이 허둥지둥하며 어쩔 줄을 모릅니다. ……지금 예종께서 돌아가시는 큰 변을 만났지만 슬픈 마음을 조금 억제하시고 종묘사직의 소중함을 깊이 생각하소서. 이미 역사에도 수렴청정을 한 전례가 있습니다. 여러 사람의 간절한 마음을 따라 왕과 함께 청정하시다가 후계 왕이 능히 스스로 청단할 때가 되면 물러나도록 하소서.

－《성종실록》권1, 성종 즉위년 11월 무신

이때 정희왕후는 자신은 한문도 모르고 바깥일을 잘 모른다고 사양하면서 자신의 큰며느리이며 새로 왕위에 오른 성종의 생모, 한씨를 추천했다. 한씨는 한확의 딸로서 추존 덕종의 부인이었다. 정치에 관심이 많아 한문으로 된 책도 많이 읽었으며 기가 세어 대궐의 군기를 꽉 잡고 있던 맹렬 여성이었다.

그러나 신숙주를 비롯한 원로대신들은 계속 정희왕후에게 수렴청정할 것을 요청했다. 정희왕후가 명실상부한 왕실의 최고 어른이므로 그를 배제할 수 없다는 현실 인식이 있었을 것이다.

신료들의 계속되는 요청에 드디어 정희왕후가 수락함으로써 조선 시대 최초의 수렴청정이 시작되었다.

조선 시대의 수렴청정은 대략 다음과 같은 방식으로 운영되었다.

첫째, 대비가 수렴청정하는 장소는 왕과 신료들이 국사를 논의하는 정전이었다. 이곳에서 대비는 약간 동쪽에 자리해 발을 드리우고 왕은 약간 서쪽에 자리해 남면한다.

둘째, 국가의 중요 국정 사항은 왕이 대비의 의견을 들어 결단하거나 아니면 대비가 직접 결단한다.

이 같은 수렴청정 제도는 중국 송나라 선인태후의 전례를 따른 것이다. 이후 조선 시대에 수렴청정이 시행될 때마다 정희왕후와 선인태후가 모델이 되었다.

그런데 당시 대부분의 대비들은 한문을 알지 못했으므로 한문으로 작성된 공문서나 상소문들을 번역하거나 통역해 주는 일이 중요했다. 중국의 경우에는 내시가 그 일을 담당했다고 하나 내시들의 발언권이 약했던 조선에서는 이 같은 기능을 승정원의 승지 또는 대신들이 직접 담당했다. 만약 대비가 대궐 안에 있을 경우에는 재능 있고 한문을 아는 궁녀나 내시가 담당했다. 정희왕후의 경우 공문서를 읽거나 결재 서류를 내릴 때 한문을 아는 두대라고 하는 여자 종을 거쳤다. 자연히 통역을 담당한 내시나 궁녀들의 발언권이 강해졌다. 정희왕후의 통역을 담당했던 두대도 신분은 노비에 불과했지만 막강한 영향력을 발휘했다. 노비에 불과한 그의 동생이 길에서 삼사 관료를 만나도 비키지 않고 거만을 떨었다거나 두대의 집에 인사 청탁을 하는 사람들의 발길이 끊이지 않았다는 이야기는 그런 사정을 잘 보여 주는 것이다.

셋째, 대비가 내리는 명령서는 의지(懿旨)라고 했다. 조선 시대 국왕의 명령서를 교지라고 한 것과 구별해 그렇게 한 것이다. 그러나 조선 후기에 이르러 대비의 명령서는 자지(慈旨)라고 했다. 참고로 왕세자가 발하는 명령서는 휘지(徽旨)라고 해서 서로 구별했다.

넷째, 수렴청정 기간 중에는 신료들이 왕보다 대비에게 먼저 예를 행했다. 즉 정전에서 왕과 신료들이 모이면 신료들은 먼저 대비에게 네 번 절하고 이어서 왕에게 네 번 절했다.

다섯째, 수렴청정은 왕이 성년이 되어 스스로 국정을 결단할 수 있으면 정지했다.

열세 살인 성종을 도와 수렴청정을 시작한 정희왕후는 이후 성종이 스무 살 성년이 되기까지 7년간을 실제적인 조선의 여자 군주로 군림했다. 수렴청정 기간 정희왕후는 인사권과 상벌권 등 왕의 권력을 대행하면서 중앙 정계에 실세로 군림했다. 정희왕후와 함께 신숙주, 한명회, 구치관 등 세조 공신들이 당시의 정국을 주도했다.

향촌 자치제의 발달

조선 건국의 주도 세력은 지방에 근거지를 둔 신진 사대부들이다. 이들은 고려 말의 권문세족을 대신해 새 왕조의 주역으로 등장했다. 조선 왕조의 성립과 함께 고려 이래의 중앙집권화 정책이 강력하게 추진되었다.

조선 왕조의 중앙집권화에 걸림돌이 되는 최대의 장애물은 지역사회의 실력자 향리였다. 향리는 삼국 시대 이래 조선 건국 때까지 지역사회의 실질적인 지배자로서 군림해 왔다. 고려 시대 중앙 관료의 공급원도 향리였다. 그러나 향리들의 지위는 고려 시대 이래 계속 추락하고 있었다. 고려의 중앙집권화가 추진되면서 지역사회에 대한 국가의 직접 지배가 강화되고 이에 반비례해 향리의 역할은 축소되었다.

이 같은 추세는 조선 건국을 계기로 향리의 몰락으로 이어졌다. 조선 건국의 주도 세력은 관료층과 향리층을 차별화하고 아울러 향리의 지역사회 지배력을 뿌리 뽑으려 했다. 이에 따라 양반 관료층이 국가와 지역사회의 지배층으로 자리 잡고 향리는 양반의 보조 역할을 하는 중인층으로 격하되었다.

조선 초의 향촌 사회는 국가의 공적인 지배기구와 사적인 지배기구에 의해 통치되었다. 행정조직인 군현제를 통한 지배가 공적이었다고 한다면 중앙 관료와 재지 사족의 자치 조직에 의한 지배는 사적이었다고 할 수 있다.

조선 초에 국가에서는 향리들을 억압하기 위해 지역의 사족들을 적극 후원했다. 특정 지역에 연고를 가진 중앙 관료들은 경재소(京在所)라는 조직을 통해 지역사회에 대한 연고권을 유지했다. 중앙 관료들은 서울의 경재소와 함께 자신들의 연고권이 있는 지역사회에 유향소(留鄕所)라는 파견소를 설치해 지역의 사족 세력들을 포섭했다. 경재소와 유향소를 매개로 중앙과 지방의 사족들은 서로 단결해 향리들을 억압했다. 이로써 서울 관료들은 자신의 연고지에 대한 경제적사회적 지배력을 유지했고 지방 사족들은 향리들을 대신해 지역사회를 주도할 수 있었다. 국가의 입장에서는 중앙집권에 걸림돌이 되는 향리들을 억압하고 건국 주체 세력인 사족들의 결집을 이끌어 내는 효과가 있었다.

그러나 향리 세력이 몰락하면서 중앙 관료와 지역 사족의 단합은 이완되기 시작했다. 중앙 관료들이 훈구화해 대대로 서울에 거주하면서 연고지에 대한 지배력은 자연 쇠퇴하게 되었다. 지역의 사족들도 서울 양반들의 간섭과 통제에서 벗어나고자 했다.

중앙 관료와 지역 사족들의 갈등은 지역 사림들이 훈구화한 서울 세력들을 비판하면서 더욱 심해졌다. 이는 동시에 지역사회의 지배권을 누가 잡을 것이냐 하는 방향으로 전개되었다.

지역 사족들이 서울 양반들의 간섭에서 벗어나고자 하면서 향촌 자치 조직이 발달하기 시작했다. 기존의 유향소가 서울 양반들의 간섭을 받는 것에 반발해 사마소(司馬所)라는 지역 사족들만의 조직을 따로 만들거나 향약 등 자치 조직을 결성한 것은 그런 결과였다.

다음의 기사는 향촌의 주도권을 놓고 서울 양반과 지역 사족 사이에 나타난 갈등과 향촌의 주도권이 서울 양반에서 지역 사족에게로 넘어가고 있음을 보여 주고 있다.

> 유자광이 연산군에게 아뢰었다. "남원과 함양은 모두 신의 본관 지역입니다. 그러므로 신이 직접 그 지역의 향촌 업무를 보고 있습니다. 그런데 그곳의 생원과 진사들이 별도로 하나의 조직을 만들고 그것을 '사마소'라 합니다. 이들은 사마소에 모여 떼지어 술을 마시고 온갖 말들을 합니다. 또한 향리들 중에 조금이라도 비협조적인 사람이 있다면 바로 매질을 하곤 합니다. 이에 비해 유향소의 사족들은 늙거나 모자라는 사람이 많습니다. 그러므로 지역의 향리들이 유향소의 사람들을 무시하고 대신 사마소의 사람들에게 아부합니다. 이에 그 폐단이 이루 헤아릴 수 없을 지경입니다. 수령들도 사마소를 제압하지 못하고 반대로 그들에게 아부합니다."
>
> - 《연산군일기》권31, 연산 4년 8월 계유

지역 사족들은 향약을 비롯해 향음주례(鄕飮酒禮), 향사례(鄕射禮) 등을 시행해 지역사회의 지배력을 강화해 갔다. 향음주례는 지역 주민들이 모여 술을 마시면서 유교적 신분 질서와 가치관을 습득하게 하는 모임이었다. 향사례는 일종의 활쏘기 모임인데 이것도 유교적 예속과 가치관을 교육하는 활동이었다. 결국 향음주례나 향사례는 지역사회에 유교 예제 및 유교적 신분 질서를 심고자 하는 활동이라고 할 수 있다. 지역사회의 유교화는 지역 사족들의 지배력을 확고히 하는 방편으로 이용되었다.

지역사회의 주도권을 지역 사림이 주도하면서 새로운 신진 세력들이 중앙 정계에 진출하기 시작했다. 이들이 중소 지주층 출신의 사림들이다. 중앙에 진출한 사림들은 전국에 걸쳐 막대한 농장과 노비를 소유한 서울의 훈구 세력들을 비판했다.

사림들은 훈구 세력에 비해 도덕적 우위를 과시했다. 중소 지주층 출신이면서 중앙 정계에 갓 들어온 이들이 훈구 세력을 도덕적으로 매도하기는 어렵지 않았다. 게다가 훈구 세력을 억제하려는 세조나 성종 등의 후원으로 사림의 발언권은 커져 갔다.

향촌 사회를 장악한 지역 사족들은 중앙 정계에서 패배하더라도 재기할 수 있었다. 중앙의 정치판에서 몰락한 지역 사족들은 자신의 연고지로 돌아와 훗날을 기약했다. 향촌에 돌아온 사족들은 향약, 향음주례, 향사례 등을 통해 지역사회의 지배력을 유지하는 한편 유학 공부에 전념함으로써 자신의 실력을 향상하고 제자들을 양성했다. 이 모든 활동이 재기의 발판이 되었다. 중앙의 정치 정세가 변하거나 왕이 새로운 정치 세력을 필요로 할 때 그 대안은 이들 지역 사림이 유일했다.

전국에 걸쳐 있는 지역 사림의 존재는 중앙의 관료에 그쳤던 전 시대에 비해 지배 세력이 그만큼 확대되었음을 뜻한다. 아울러 지역 사족들이 중앙의 훈구 세력을 대신해 사림의 시대를 열어 갈 수 있는 기반이 되었다.

사림의 성장

성종 대에 들어 중앙 정계에는 이른바 사림파라는 일군의 정치 세력이 형성되었다. 이들은 정몽주에서 길재로 이어지는 조선 성리학의 정통을 계승했다고 자부하는 김종직을 중심으로 한 일군의 세력이었다. 대체로 영남과 기호의 중소 지주 출신들로 구성되었으며 도학과 의리를 기치로 내걸고 있었다.

이들은 자신들의 연원을 정몽주와 길재에 두고 있었다. 고려에 대한 충절을 지키기 위해 목숨을 버린 정몽주의 의리는 이들이 존경해 마지않는 가치였다. 길재도 고려에 대한 충절을 지키기 위해 경상도 선산으로 낙향한 사람이다. 경상도에 낙향한 길재는 지역사회에서 후진들을 양성했다. 그 문하에서 김숙자(金叔滋)가 나왔고 김종직은 김숙자의 아들이었다.

조선 건국 직후 고려에 대한 의리를 강조하던 사림들은 중앙 정계로의 진출을 포기하고 있었다. 자신들이 스스로 버리기도 했지만 진출한다고 해도 크게 할 일이 없었다. 당시 중앙 정계의 주도권은 개국공신을 비롯한 건국 주체 세력들이 장악하고 있는 상황이었다.

이들이 중앙 정계에 진출하기 시작한 것은 세조 대에 이르러서이다. 세조는 건국 과정에서 양성된 강성한 신료 세력들을 제거하고 왕위를 쟁취한 사람이었다. 그러나 쿠데타에 의한 그의 집권은 건국 공신에 대체하는 새로운 공신 세력을 창출하고 있었다.

세조 대에만 다섯 번에 걸쳐 공신이 책봉되었다. 세조는 점차 공신 세력에게 둘러싸이면서 위기의식을 느끼게 된다. 커져만 가는 공신 세력이 부담스러워진 것이다.

세조는 부왕 세종이 집현전을 통해 자신의 수족을 양성하고 이들을 이용해 찬란한 문화를 꽃피우는 것을 목격했다. 그러나 지금 그 집현전 학자들은 세조에게서 등을 돌리고 있었다. 사육신과 같이 역쿠데타를 모의하는 지경이었다. 세조는 아예 집현전을 없애 버리고 말았다.

그렇지만 세조는 자신을 지지해 줄 젊은 인재들이 절실했다. 강성해지는 공신 세력을 견제하기 위해서도 그랬다. 세조는 공신 세력과 관계없는 시골 출신의 젊은 인재들을 발굴해 중앙으로 불러들이기 시작했다.

성종 대 사림파의 영수로 추앙되던 김종직과 사림 세력은 이렇게 세조에 의해 중앙 정계에 등장했다. 세조 대에 훈신 세력과 함께 사림파의 맹아가 피어난 것이다. 중앙에 진출한 사림은 우선 훈신들의 부정부패를 공격했다. 아울러 자신들의 도학과 의리를 기치로 국가와 사회에 새로운 기풍을 불어넣기 시작했다. 세조의 뒤를 이어 예종과 성종도 강성한 공신들을 견제하고자 사림들을 비호해 주었다. 국왕의 비호와 사우, 문인들을 중심으로 세력을 확장하던 사림들이 성종 대에 이르러 실질적 정치 세력인 사림파로 성장한 것이다.

이들의 발언권이 강해지면서 연산군 대 이후 공신들과 일대 혈전을 벌인 것이 이른바 사화이다. 그러나 사화를 겪으면서도 사림 세력은 수그러들지 않았다. 오히려 무서운 기세로 세력을 팽창시켜 나가다가 결국 선조 대에 이르러 주도권을 장악하기에 이르렀다.

조선 건국 과정에 소외되었던 사림들이 중앙 정계의 주도권을 장악하게 된 저력은 어디에 있었을까?

그것은 무엇보다도 조선의 국가적 성격과 사림의 존재 형태에서 찾아야 할 것이다. 조선의 건국 주체세력들은 고려 말의 신진 사대부들이었다. 이들이 조선 건국을 놓고 개국공신 계열과 고려에 대한 의리파로 나뉘어졌지만 기본적으로 신진 사대부라는 공통분모를 가지고 있었다. 조선 건국 이후 조선 사회의 유교화라는 대명제에서는 중앙의 공신 계열과 지방에 낙향한 의리파가 크게 다르지 않았다.

게다가 낙향한 의리파들은 지방에 강력한 근거를 두고 있었다. 이들은 고려 말에 상경 출사해 중앙 관인으로 성장했지만 그들의 근거지에는 언제든지 가서 기댈 수 있는 언덕, 즉 토지와 노비가 있었다.

고려 시대 중앙 관료의 공급원은 기본적으로 지방 군현의 토착 세력인 토성 출신들이었다. 토성은 신라 말 이래의 호족들로서 이들은 그 지역의 향리직을 세습하면서 사회적·경제적 지배권을 장악했다. 고려 말에 이르러 군현 토성은 상경 출사한 사족층과 지역에 그대로 남아 있던 향리층으로 구분되었다. 조선 건국 주체 세력은 개국 이후 중앙집권 정책을 추진하면서 지역의 향리층을 억압했는데 이 과정에서 지역에 머무르던 사림들을 후원하고 이들의 협조를 끌어내고자 했다. 이 같은 중앙정부의 시책에 따라 향리층을 대신해 지역 사림들이 향촌 사회의 주도권을 장악해 가게 되었다. 지역의 주도권을 장악해 나가던 지방 사림들은 세조 대 이후 사림 인진 정책에 편승해 대거 중앙 정계로 진출하게 된 것이다. 따라서 사화와 같이 사림 세력이 중앙 정계에서 잠시 패하는 사태가 벌어지더라도 전국에 걸쳐 광범위하게 존재하는 사림 세력은 누구도 막을 수 없는 노도가 되어 역사의 전면에 등장하게 된 것이다.

사림의 영수 김종직과 그 제자들

김종직의 자는 계온(季溫), 호는 점필재(佔畢齋)이다. 본관은 경상도 선산으로서 길재가 낙향해 있던 곳이다. 1431년(세종 13)에 출생해 1492년(성종 23) 예순둘에 세상을 떠났다. 아버지는 김숙자로서 길재에게서 수학했고 김종직은 아버지에게 배웠다. 김종직의 부친 김숙자가 밀양 지역의 토성 사족 가문에 장가들면서 밀양으로 이주해 그곳에서 김종직을 출생했다.

김종직은 밀양 외가에서 성장했다. 세조의 치세 중에 문과에 급제한 후에는 외가가 있는 밀양과 본가가 있는 선산을 왔다갔다했다. 김종직은 체구가 어린아이처럼 왜소했지만 기억력과 문장이 뛰어나 어려서부터 소문이 자자했다고 한다.

스물아홉 살이던 1459년(세조 5)에 문과에 급제했다. 이후 34년간 목숨이 다하기 전까지 수많은 문인들을 길러냈다. 그가 문인들을 받아서 교육시키기 시작한 것은 1465년(세조 11)부터이나 본격적으로 제자들을 기른 것은 성종 원년부터였다. 김종직이 키운 제자들과 김종직을 추종하는 인물들이 사림파의 핵심이었다.

김종직과 그 제자들을 일반적인 의미로 모두 중소 지주층 출신의 재지 사족으로 단정하기는 쉽지 않다. 사실 그의 제자들 중에는 경상도 출신의 재지 사족 출신들이 많이 있었지만 기호 지역의 유력한 가문 출신들도 적지 않았다. 그것은 김종직의 3대 제자라고 할 수 있는 김굉필, 정여창, 김일손의 경우에도 다르지 않았다.

김굉필은 서울에서 출생해 경상도의 현풍과 야로 및 성주 지역을 왕래했다. 특히 김굉필의 할아버지는 개국공신 조반(趙胖)의 사위였으므로 누대에 걸쳐 명문 사족과 혼인하고 있었다. 서울에는 조상으로부터 전해 오는 저택을 비롯한 근거지도 있었다.

정여창은 그 자신 조선의 2대 왕 정종의 손주사위였다. 정여창이 비록 경상도 함양에 살았다고 하더라도 그는 왕실의 사위가 됨으로써 거대한 재산을 축적한 재력가가 되었다.

이런 결과 김굉필에게 배운 제자들 중에는 조광조를 비롯한 기호 지역 인사들이 다수 있었으며 정여창의 제자들 중에도 기호 사람이 많았다.

김일손은 본관이 김해이고 청도에 본가가 있었다. 그러나 김일손의 재산인 토지, 노비가 청도 한 곳이 아니라 김해, 용인, 목천 및 서울 지역까지 흩어져 있어 그가 적지 않은 재력가였음을 보여 주고 있다. 이 외에 김종직의 제자 중에 남효온 같은 사람은 건국 삼공신 출신인 남재의 후손으로서 대표적인 서울의 유명 가문 출신이라 할 수 있다. 따라서 김종직을 중심으로 한 사림파는 중소 지주층과 훈신의 후손 및 영남 출신과 기호 출신들이 뒤섞여 있었다.

훗날 사림들이 중앙 정계의 주도권을 잡으면서 그들은 자신들의 계통을 김종직에게 연결시켰다. 이 결과 사림들은 조선 전기의 도학 학통을 정몽주, 길재, 김종직, 김굉필, 조광조, 이언적, 이황으로 정리하기에 이르렀다. 이른바 조선도통계보(朝鮮道統系譜)이다. 이 계통이 조선 후기 도학 학통을 대표했다.

김종직의 문인인 김일손을 위시한 사림파는 무오사화 때 혹심한 화를 당했다. 이때 사화의 빌미가 된 것이 김종직이 지은 조의제문(弔義帝文)이라는 글이었다. 이 글은 의제를 죽인 항우의 중국 고사를 인용해 세조를 항우에 비유하면서 세조의 왕위 찬탈을 비난한 것이다. 이 글로 김종직은 부관참시되고 그의 글들은 압수, 소각되는 화를 당했다.

연산군燕山君

제10대 1476년~1506년 | 재위기간 1494년 12월~1506년 9월

절대왕권을 추구한 임금, 연산군

1494년(성종 25) 12월 29일, 열아홉 살의 나이로 연산군이 왕위에 올랐다. 연산군의 즉위는 사대부들이 세운 유교 국가 조선에 일대 피바람을 몰고 왔다. 조선의 무엇이 연산군으로 하여금 희대의 폭군이 되게 했을까? 연산군의 몰락이 오늘날 말해 주는 것은 무엇인가?

연산군이 왕위에 올랐을 때는 태조 이성계가 조선을 세운 지 이미 100여 년의 세월이 흐른 뒤였다. 그 세월 동안 조선은 사대부들에 의해 양반 체제로 정착되었다. 명목상으로는 왕을 정점으로 하는 군주 국가였지만 국정 운영은 오히려 양반들에 의해 좌우되었다.

조선의 양반 관료들이 왕권을 견제하거나 제약하기 위해 만들어 놓은 장치들은 여러 가지였다. 유교 이념으로 왕을 얽어매거나 갖가지 제도를 통해 왕을 조종하려 들었다.

연산군은 명실상부한 전제 왕권을 수립하려 했다. 연산군은 왕권에 장애가 되는 이념이나 제도 및 정치 세력들을 철저하게 부수려 했다. 이 같은 연산군의 태도는 사대부들이 100여 년에 걸쳐 구축한 양반 관료제와 양립할 수 없는 것이었다.

연산군이 왕위에 올랐을 때는 불행히도 대비가 두 명이나 있었다. 연산군의 할머니에 해당하는 덕종의 부인 소혜왕후 한씨와 어머니인 성종의

왕비 정현왕후 윤씨다. 특히 할머니 소혜왕후 한씨는 권력욕이 많아 끊임없이 정치에 간섭하려 들었다.

연산군은 소혜왕후와 대립하면서 유교적 가치관에 반하는 모습을 여러 번 드러냈다. 할머니를 머리로 들이받았다거나 소혜왕후가 사망한 후 유교의 3년상을 무시하고 복상을 25일로 단축한 예들이 그것이다. 유교적 가치관으로 본다면 패륜이라고 할 수 있다.

당시의 연산군은 무엇 때문에 도덕적 비난을 무릅써 가며 할머니와 대립했을까? 이같은 연산군의 행동을 당시의 또 다른 대비였던 정현왕후 윤씨는 어떻게 받아들였을까? 다음의 기사를 살펴보자.

> 이때 (왕이) 3년상의 기일을 짧게 줄이는 제도를 행하고자 의논하니 정현왕후 윤씨가 예에 의거해 옳지 않다고 고집했다. 심지어 정현왕후는 "나는 감히 그대로 따를 수 없다."는 말까지 했다. 그러자 (왕)이 몹시 성내어 "부인은 남편이 죽은 뒤에는 아들을 따라야 한다."고 말했다. 정현왕후는 "내가 소혜왕후께 죄를 얻을 것이 분명하구나."라고 탄식했다.
>
> ─《연려실기술》, 〈연산 조 고사본말〉

연산군은 왕의 입장에서 대비의 권위를 부정하는 발언을 했다. 대비도 왕인 자신의 의사에 따라야 한다는 것이다. 요컨대 할머니이건 어머니이건 왕에게 충성해야 한다는 주장이다. 따라서 연산군에게 3년상이라는 유교 윤리도 왕권에 도움이 되지 않는다면 버려야 한다는 것이었다.

이에 대해 정현왕후 윤씨는 유교 윤리를 내세워 연산군에게 항의했다. 그러나 연산군은 들은 척도 하지 않았다. 뿐만 아니라 전국에다 3년상을 금하는 명령을 내렸다.

자식은 부모에게 효도해야 한다는 유교 윤리가 연산군에게는 거추장스러운 것이었다. 효의 윤리에 반하는 무수한 행동은 연산군이 왕의 절대권을 추구했던 결과라 하겠다.

유교에서 가장 중시하는 효의 윤리를 부정하게 되자, 연산군은 다음으로 유교에 입각해 왕권을 제약하던 양반 세력 및 양반 관료제를 제거해 나가기 시작했다.

우리나라에서는 유사 이래 지역에 강력한 기반을 갖는 토착 세력의 발언권이 강했다. 이들은 왕조가 바뀌어도 그들의 기반을 그대로 유지했다. 조선 시대의 양반 관료들도 강력한 재지적 기반을 바탕으로 왕권을 능가하는 발언권을 행사했다.

연산군은 양반 관료 세력과 이들이 왕권을 제약하기 위해 고안한 갖가지 장치들을 무력화시키려 했다. 양반 관료들에게 왕의 가마를 메는 하찮은 일을 시킴으로써 왕의 절대성과 양반들의 종속성을 보여 주고자 했다. 여기에 반항하는 관료들은 불충으로 몰아 처벌했다. 이뿐만이 아니었다. 양반 관료제를 떠받치던 이념과 제도들도 모두 무시해 그들의 이념적 지주인 종묘를 동물원으로 만들었다. 젊은 유생들이 공부하는 성균관에서는 술을 마시고 잔치를 열었다. 왕의 잘못을 바로잡는다는 명분으로 왕의 일거수일투족을 간섭하던 사간원은 아예 혁파해 버렸다.

이에 대비해 연산군은 왕의 존엄성과 절대성을 과시하기 위해 수많은 토목공사를 추진했다. 왕궁을 넓히고 유람 시설을 증축했다. 왕성 주위에는 백성들이 살지 못하게 함으로써 왕의 권위를 높이려 했다. 전국의 젊은 여성들을 궁중에 뽑아들임으로써 백성의 주인임을 보여 주려 했다.

연산군은 이념적으로 전 국토와 백성의 주인이라는 왕의 존재를 그대로 실현시키려 했다. 그러나 절대왕권을 실현하려던 연산군은 중종반정으로 무릎을 꿇었다. 그가 추구했던 모든 정책들은 반윤리적, 반도덕적으로 단정되었다. 연산군이 쫓겨나면서 조선은 다시 양반 관료 체제로 돌아갔다. 당연한 결과로 양반 관료들에 의해 주도된 조선 시대 내내 연산군은 악의 화신, 폭군의 화신으로 인식되었다.

당시 조선의 현실에서 연산군은 몽상가이자 비현실주의자였다고 할 수 있다. 그가 실현하려 했던 절대왕권은 현실적으로 양반 세력들을 넘어서지 못했다. 그가 사려 깊은 군주였다면 양반세력들을 대신해 그를 지지할 어떤 세력을 적극 양성했을 것이다. 그러나 그가 후원했던 측근 세력들, 예컨대 임사홍과 유자광 등은 그 역할을 하는 데 실패했다. 뿐만 아니라 유자광은 나중에 중종반정 세력에 가담하고 말았다.

게다가 유학을 신봉하는 양반들을 바꾸려면 유학을 대체할 새로운 이념을 창조해야 한다. 연산군이 종묘와 성균관을 쑥밭으로 만들면서 그곳을 새로운 이념의 발상지로 양성했다면 상황은 달라졌을지 모른다. 그러나 연산군은 종묘와 성균관에 무당을 모아들였다. 유학 대신에 무속을 제창한 것이라 할 수 있다. 그러나 전통적인 무속이 고도로 논리화된 유학을 압도할 수 있었을까?

연산군이 추구했던 절대왕권은 유교와 유교를 신봉하는 양반 관료들을 극복해야 가능했다. 연산군은 이들을 극복하기 위해 무속과 일부 측근 세력을 양성했지만 결과는 실패였다. 새로운 이념 창출에도 새로운 대체 세력 양성에도 실패한 것이다.

연산군은 무엇을 위해 절대왕권을 추구한 것인가? 그는 어떤 확신을 가지고 그런 무모한 일들을 했을까? 연산군 자신의 이야기를 들어보자.

안개누각 구름창에 용선이 아득하고 霧閣雲牕龍舸逈
무지개 사다리에 노래와 피리소리 봉루가 까마득하네. 虹梯歌管鳳
樓遙

누가 오락하려고 백성의 힘을 괴롭힌 것이냐. 是誰留玩勞民力

모두 조선을 위해 오래 살고 잘 사는 것을 표시함인데. 都爲朝鮮表

壽饒

– 《연려실기술》, 〈연산 조 고사본말〉

이 시는 연산군이 궁궐을 증축하고 누각을 높이 세운 후에 지은 시이다. 백성들의 노동력을 동원해 왕의 권위를 높인 후에 자신의 행위를 정당화하기 위해서 지은 시라고 할 수 있다.

그 정당화의 요점은 모두 조선을 위해서라는 것이었다. 그는 조선과 또자신을 위해 절대왕권을 추구한 것인가?

그러나 연산군의 말로는 비극이었다. 그 자신의 삶을 비롯해 동시대를 살았던 무수한 사람들을 불행하게 만들었다. 현실을 파악하지 못한 지도자, 미래의 비전을 정확하게 제시하지 못한 지도자의 말로는 이렇게 비극이 될 수밖에 없는 것이다.

연산군은 1506년(중종 1) 11월 6일, 서른한 살의 나이로 파란만장한 삶을 마감했다. 왕위에서 쫓겨난 지 두 달 만의 일이었다. 공식적인 사망 원인은 역병(疫病)이었다. 제왕이라도 모든 양반을 적으로 돌리고는 살아남을 수 없었다. 연산군의 부인은 거창 신씨로 영의정 신승선의 딸이다. 중종반정 이후 연산군과 헤어져 혼자 살다가 중종 때에 세상을 떠났다. 연산군은 아들 넷과 딸 둘을 두었다. 연산군은 왕에서 쫓겨났으므로 묘호를 받지 못하고 일개 왕자군의 군호인 연산군으로 불린다. 무덤은 지금의 서울시 도봉구 방학동에 있다.

환관 김처선

우리나라에서 환관은 삼국 시대 이래로 있어 왔지만 시대마다 똑같은 의미로 쓰인 것은 아니다. 다만 그 범위를 조선 시대에 한정시킨다면 거세된 남자로 내시부에 소속되어 궁중에서 사역하는 내관으로 정의할 수 있다.

조선 시대 환관들은 내시부에 소속되었고 왕·왕비·대비·세자궁에 배치되어 사명(使命)과 잡무를 맡아보았는데, 그 수는 240명에 달했다.

연산군 대에 김처선이라는 환관이 있었다. 그는 세종에서 연산군에 이르기까지 모두 일곱 임금을 섬긴 환관이었다. 그러나 그의 인생도 그리 순탄치만은 않아서 문종 때는 영해로 귀양 가는가 하면, 세조 때는 삭탈 관직되어 노비가 되기도 했다. 그러던 중 성종의 눈에 띄어 신임을 받게 되었다. 특히 그는 의술이 뛰어나 대비의 신병 치료에 기여한 공로로 상금을 받는 한편 정2품 자헌대부에 오르는 영광을 입기도 했다.

환관으로서 판서 품계에 올랐으니 여간한 출세가 아닌 셈이었다. 그러나 연산군 즉위와 더불어 김처선의 운명은 다시 한 번 파란을 겪는다.

연산군은 성종의 능을 수호한 공으로 말을 하사하는 등 한동안 김처선(金處善)을 매우 신뢰했다. 그러나 문제가 된 것은 그의 파행이 절정을 이루던 1505년(연산군 11)이었다. 당시 연산군은 처용이라는 기생에 한창 빠져 있었다. 이에 보다 못한 김처선은 목숨을 걸고 왕에게 바른 말을 하기로 작정했다.

그런데 하루는 뜻밖에도 연산군이 "김내관, 우리 술이나 한잔하지."라고 제의하는 것이 아닌가? 왕이 대작을 허락했으니 엄청난 영광이었다. 그러나 김처선에게 이 술자리는 최후의 만찬이 되고 말았다. 술자리가 무르익자 김처선은 죽음을 각오하고 직언을 시작했다.

늙은 제가 여러 임금을 섬겼고, 경사에 대강은 통하지만 요사이 상 감님과 같은 짓을 한 이는 없었습니다.

일개 환관치고는 대담하기 짝이 없는 말이었다. 격노한 연산군의 화살이 어느새 김처선의 갈빗대를 관통했다. 그러나 김처선은 조금도 굽히지 않았다. 더욱 격분한 연산군은 그 자리에서 김처선의 다리를 잘랐다. 그런 다음 일어나 걸을 것을 명령했다. 그러나 김처선은 "상감님은 다리가 끊어져도 걸을 수 있습니까?"라는 말을 남긴 채 비참한 죽음을 맞고 말았다.

누가 보더라도 이는 신하된 자의 충직한 간언이었지만 연산군에게는 더할 수 없는 모욕이었다. 김처선의 양자 이공신을 죽이고도 분이 풀리지 않은 연산군은 김처선의 재산을 몰수한 다음 살던 집에 못을 파기에 이르렀다. 바로 역적에게 시행하는 형벌이었다.

그것도 모자랐던지, 연산군은 관리와 군사 중에서 김처선과 이름이 같은 자는 모두 이름을 바꾸게 했다. 심지어 24절기의 하나인 처서(處暑)의 처(處)자가 김처선의 이름과 같다 하여 '徂暑(조서)'로 바꾸기까지 했다. 나아가 국가의 공식문서에도 '처'자의 사용을 금지시켰다.

무오사화와 갑자사화

훈구파와 사림파의 충돌로 표현되는 사화, 그것은 분명 연산조 최대의 정치적인 사건이었다. 사림파는 세조와 성종의 온실 속에서 한동안 기세 좋게 성장을 거듭했다. 이들에게는 정몽주의 학통을 계승해 성리학 정통을 체득했다는 학문적인 자부심도 있었고, 절의파의 후계자라는 점에서 유학자로서의 명분도 당당했다.

일찍이 세종은 선비들의 학문적인 자질을 인정해 등용의 발판을 마련해 주었다. 김숙자, 이보흠, 이맹전은 그 대표적인 인물들이다. 비록 소규모이기는 했지만 고사리와 미나리로 상징되는 불사이군의 세대는 이렇게 지나가고 있었다.

그러나 세조의 즉위로 사림파의 진출은 한동안 위축될 수밖에 없었다. 왕위를 찬탈한 불의의 군왕을 섬길 수는 없었다. 그것은 명분이요, 소신이었다. 바로 여기에 역사의 아이러니가 있었다. 세조는 한명회와 권람 등의 협찬 속에 계유정난을 통해 권력을 쟁취했다. 그런 다음 성종 대까지 여덟 차례에 걸쳐 무려 250여 명이 공신에 책봉되었다. 훈구파는 이렇게 만들어졌다.

그렇지만 세상의 모든 인심이 세조에게로 돌아선 것은 아니었다. 여전히 세조의 집권을 못마땅하게 생각하는 집단이 있었는데 집현전 출신의 학사들이 바로 그들이었다. 이에 세조는 철혈의 군주답게 집현전을 혁파한 다음 사림파로 그 자리를 메우려 했다. 김종직은 바로 이 시기를 전후해 진출한 사림파의 거장이었다. 세조는 훈구파와 사림파를 동시에 키우고 있었다. 양자 대결로 귀결되는 사화는 이미 세조에 의해 그 싹이 자라고 있었던 것이다.

이후 사림파는 예종을 거쳐 성종 조에 이르러 눈부신 성장을 거듭했다. 성종의 문관 우대 정치는 사림파가 성장할 수 있는 최적의 토양이었다. 여기에 훈구파를 견제하고자 했던 성종의 또 다른 목적은 사림의 진출을 더욱 촉진시켰다. 이들은 주로 언론과 삼사에 진출해 조정에서의 발언권을 강화했다. 직책은 높지 않았지만 정치의 득실을 논할 수 있는 이 자리는 분명 사림파의 집결처이며 권력 기반이었다. 권오복, 김일손, 이원, 표연말, 유호인, 이종준, 이주, 손중돈, 유순정, 강경서 등은 사림파를 대표하는 쟁쟁한 인사들로서 대부분 김종직의 문인들이었다.

이런 실정에서 사림파를 시골 선비로 치부하는 것은 시대적인 착오에 지나지 않았다. 그들은 학문적인 자질과 발언권을 겸비한 무시할 수 없는 신진 세력이었다. 훈구파는 이 점을 분명하게 인식해야만 했다. 이제 양자의 갈등과 대립은 불가피했다.

사림파는 훈구파를 두고 '탐욕스럽고 무능한 소인배'라 하고, 훈구파는 사림파에게 '도도하게 구는 경박한 야심배'라는 험담을 서슴지 않았다. 그리고 견제와 공격의 풍조가 만연하는 일촉즉발의 상황에서 연산군이 즉위했으니 보수와 진보의 충돌 분위기는 더욱 무르익어 갔다.

무오사화

1498년(연산군 4) 7월 《성종실록》을 편찬하기 위해 실록청이 설치되었다. 당상관에 임명된 이극돈은 한 사초를 발견하고 쾌재를 불렀다. 사초의 작성자는 김일손으로 내용은 김종직이 지은 조의제문(弔義帝文)이었다. 일찍이 김일손에게 수모를 당한 바 있던 이극돈이 숙원을 갚을 수 있는 절호의 기회를 얻은 것이다.

이극돈은 전라감사로 재임하던 시절 세조비 정희왕후의 상을 당했다. 그러나 국장에 쓰일 향을 바치기는커녕 기생을 끼고 유람하기 일쑤였고, 수뢰 혐의도 심심찮게 나돌았다. 그런데 이 모든 비리를 사관 김일손이 낱낱이 사초에 기록했다. 이극돈은 후일 이 사실을 알고 김일손을 찾아가 삭제해 줄 것을 간곡하게 요청했지만 소용이 없었다.

그는 이극돈의 부탁을 일언지하에 거절했다. 역사의 심판을 받게 할 요량이었다. 허울 좋고 기세 좋던 당대 훈신이 일개 문사에게 덜미를 잡힌 셈이었다.

신분이 미천하다는 한계가 있지만, 처세술과 임기응변으로 한계를 극복한 인물 유자광. 그는 부윤을 지낸 유규의 서자로 태어나 이시애가 반란을 일으켰을 때 세조에게 발탁되어 문과에 장원으로 급제했다. 그리고 예종 때는 남이의 모반을 고발해 공신에 책봉되었다.

한때 남도 지방을 유람하던 유자광의 발길이 함양에 닿은 적이 있었다. 주변 경치와 풍물에 젖어 그 감흥을 이기지 못하고 객사 현판에 자신의 시액(詩額)을 걸어 두었다. 후일 김종직이 함양군수로 부임해 이것을 보고 불호령을 내렸다.

자광이 어떤 자이기에 이런 맹랑한 짓을 한단 말인가? 당장 불태워 버려라.

- 《연려실기술》 권6, 〈연산 조 고사본말〉, 무오사화

이 소식을 전해 들은 유자광은 분하고 원통했지만 도리가 없었다. 사림 파의 영수이며 성종의 절대적인 신임을 받고 있던 김종직에게 대항할 수는 없었다. 도리어 김종직의 문인을 자처하며 교유했을 뿐만 아니라 김종직의 사망 시에는 제문을 지어 애도의 정을 표시하기도 했다.

그러나 마음 한구석에는 항상 김종직에 대한 복수의 마음이 도사리고 있었다. 이러한 상황에서 김종직의 조의제문은 유자광에 있어서도 전날의 치욕을 되갚을 천재일우의 기회로 작용했다.

이렇게 이극돈과 유자광은 김일손과 김종직에게 사감을 지니고 있었는데, 이는 사감에만 그칠 수 없었다. 김종직과 김일손이 사림파의 핵심이요, 이극돈과 유자광은 훈신의 대표격이었기 때문이다. 이를 기화로 훈구파는 사림파를 일망타진할 계략을 꾸미게 되었고 그것은 정치 폭력으로 이어졌다.

조의제문은 김종직이 1457년(세조 3) 여행 도중 여관에서 지은 글로 항우(項羽)에게 죽임을 당한 초나라 의제[회왕(懷王)]를 애도하는 내용이

었다. 그러나 이는 단순히 유희적인 풍자의 글로만 치부할 수는 없었다. 항우를 빙자해 단종의 왕위를 찬탈한 세조를 은근히 비난하는 가시가 있는 글이었기 때문이다. 더욱이 김일손은 조의제문을 세조의 찬탈을 비난한 자신의 사초와 함께 수록했기 때문에 혐의를 피하기 어려웠다. 당시 훈구파가 세조의 계유정난에 참여한 공신의 자손임을 고려할 때 조의제문의 내용은 파란을 예고하기에 충분했다.

이극돈은 실록청 총재관 어세겸에게 사실을 알리고 연산군에게 보고할 것을 종용했다. 그러나 어세겸이 미온적인 태도를 보이자 유자광을 찾아갔다. 그리고 전폭적인 동조를 얻어 냈다. 세조를 비방한 김종직을 대역죄로 다스리고 관계자를 처벌해야 한다는 유자광의 상소는 연산군의 의중에 그대로 부합했다. 사실 연산군에게 두려운 존재는 훈구파가 아닌 사림파였다. 자신에게 학문을 강요하고 사사건건 간쟁을 일삼는 사림파의 태도가 항상 불만이었다.

나라에 '대역부도한 일'이 생겼으니 국청이 설치되는 것은 당연했다. 총책임자에 유자광이 임명되었다. 김일손은 혹독한 심문에도 불구하고 세조의 집권을 부당하게 생각하는 평소의 의지를 굽히지 않았다. 그는 정분을 정몽주에 비기고, 황보인과 김종서의 절개를 높이 평가했다. 죽음을 각오한 거침없는 표현이었다.

한편 훈구파는 조의제문을 빌미로 연루자의 범위를 김종직의 문인 집단으로 확대시켰다. 이에 이목, 임희재, 이원, 표연말, 홍한, 이심원 등이 줄줄이 국문을 당했다. 저마다 김종직을 칭송했거나 훈구파 공격에 앞장선 인물들이었다.

심한 국문의 결과로 김종직은 부관참시되고, 사초를 기록한 김일손은 능지처참되었다. 권오복, 권경유, 이목, 허반 등은 파당을 만들어 선왕을 무고했다는 죄로 참형에 처해졌다. 그 밖에 수많은 인사들이 곤장형과 유배형을 당하거나 좌천되었다. 이 사건을 무오사화(戊午士禍)라고 한다. 1498년(연산군 4) 무오년 7월의 일이었다.

이처럼 극심한 탄압을 받은 사람들은 의기를 잃게 되었고 세상에는 한 동안 글 읽는 소리가 사라지게 되었다. 훈구파의 독단과 비리를 견제하며 청신한 정치 풍토를 추구하던 사림들이 축출됨으로써 조정은 다시 훈구 파의 독무대가 되었다.

갑자사화

무오사화가 일어난 지도 어언 6년의 세월이 흘렀다. 연산군 치세도 어 느새 종반으로 치닫고 있었다. 비판과 견제 세력이 사라진 연산의 조정에 활기라고는 찾아볼 수 없었다. 국가재정도 말이 아니었다. 이에 연산군은 극단적인 방법을 동원하기에 이르렀다. 공물의 수량을 늘리는 한편 공신 들에게 지급된 토지와 노비를 몰수하려는 계획을 세웠다. 훈구파가 반발 하는 것은 당연한 이치였다. 자신들의 기득권을 유지하기 위해서는 궁중 의 소비를 줄이고 왕의 무절제한 생활에 제동을 걸어야만 했다.

바로 이때 연산군의 난정을 오히려 부추기는 일군의 세력이 대궐 주변 에서 기생하고 있었다. 임사홍과 신수근으로 대표되는 궁중파가 바로 그 들이었다. 이제 조정에는 궁중파(宮中派)와 부중파(府中派)의 대립이 가 시화되고 있었다.

1489년(성종 20) 5월 연산군의 생모 윤씨는 성종이 내리는 사약을 마 시고 죽었다. 죽기 직전에 피 묻은 손수건을 친정어머니 신씨에게 건네주 며 말했다.

원자가 목숨을 보전하거든 이것으로써 나의 원통함을 말해 주라.

－《연려실기술》권6, 〈연산 조 고사본말〉, 폐비 윤씨 복위

아들 연산군에게 자신의 억울함을 알리고 복수를 부탁하는 유언이었다. 후일 신씨가 이 손수건을 임사홍을 통해 전달하자 연산군은 손수건을 안고 밤낮으로 울었다고 한다.

연산군은 왕위에 오른 후 우연히 사초를 열람하다 생모 윤씨의 존재와 비극적인 종말의 면면들을 확인하고는 깊은 충격에 빠졌다. 그러나 서두르지 않았다. 폐비의 사사에 가담한 인사들의 이름까지 알고 있었지만 한동안 이 사실을 가슴속에 묻어 두었다. 세월은 유수와 같이 흘러 생모비사(生母秘事)를 가슴에 묻어 둔 지도 10년이 지났다.

연산군 시대에도 왕을 업신여기는 풍조가 있었다. 성종 조부터 활기를 띠기 시작한 언관의 발언권은 연산 조에도 여전히 강화되고 있었다. 물론 무오사화를 통해 사림파에 대한 대대적인 탄압을 가하는가 하면 홍문관을 혁파함으로써 언관의 활동이 일시적으로 위축된 것도 사실이다. 그러나 1504년(연산군 10)을 전후해 대간의 기능은 다시 되살아나고 있었다. 그렇게 되자 연산군의 운신의 폭은 상대적으로 좁아지게 되었다.

이러한 때 1503년(연산군 9) 9월 예조판서 이세좌가 회사배(回賜杯)를 쏟아 연산군의 옷을 적시는 사건이 발생했다. 지존의 옷자락에 술을 적시는 것은 실로 무례한 행동이었다. 비록 판서의 지위에 있긴 했지만 무례를 범한 이상 죄를 면하기는 어려웠다. 그러나 대신과 대간을 포함해 어느 누구도 이세좌의 처벌을 요구하지 않았다. 바로 조야를 울리던 이세좌의 위세 때문이었다.

연산군은 분노했다. 권신의 위세에 눌려 국왕의 체모를 돌아보지 않는 풍조에 격분한 것이다. 연산군은 그날로 당장 이세좌를 무안으로 귀양보내고 그 아들들도 모두 파직시켰다. 능상지풍(凌上之風)에 대한 준엄한 심판이었다.

이듬해인 1504년(연산군 10) 2월에는 홍언충이 후궁 간택에 불응하는 사건이 발생했다. 대신이 왕명을 거역한 것이다. 그런데 홍귀달이 도리어 아들 홍언충을 적극 비호하고 나섰다. 이제 더 이상 방관만 할 수 없는 상황에서 예의 주시하며 기회가 포착되기만을 기다렸다.

당시 왕실 주변에는 임사홍이라는 인물이 있었다. 그는 자신의 두 아들이 부마가 되어 예종, 성종과는 사돈이 되었지만 성종에게 간교함이 드러나 출세의 길이 막혀 있었다. 그가 절치부심 재기를 노리는 것은 당연했다.

연산군이 훈구파에게 환멸을 느끼고 있을 때 임사홍이 그 사이를 비집고 들어왔다. 그에게는 연산군의 감정을 부채질해 훈구파는 물론 사림파까지 소탕하려는 계획이 있었다. 동업자는 연산군의 처남 신수근이었다.

권력을 향한 임사홍의 몸짓은 신속했다. 그는 연산군을 접견한 자리에서 윤씨가 폐비되고 사사된 내막을 밀고했다. 공교롭게도 임사홍은 윤씨를 폐비할 당시 눈물을 흘리면서 반대한 공로가 있었다. 자신의 당당한 입장 때문인지 고변은 거침없이 이루어졌다.

이미 그 내막을 알고 있었던 연산군에게는 별로 새삼스러울 것도 없었다. 다만 이를 기화로 사감도 갚고 훈구파도 길들여 군왕으로서의 위엄을 당당하게 세울 필요가 있었다. 공교롭게도 이세좌가 생모에게 약사발을 가져간 것이 탄로되어 곤양역에서 죽고 그의 아들, 친척과 사림파들이 죽거나 귀양갔다. 이를 갑자사화라 한다.

일차적인 숙청 대상은 엄숙의와 정소용이었다. 사색이 되어 끌려 나온 두 여인을 궁정에서 가차없이 처벌한 다음 자식들도 남김없이 죽였다. 폐비의 실질적인 장본인인 인수대비도 무사하지는 못했다. 그러나 차마 조모를 어찌할 수 없어 그저 머리로 들이받아 중상을 입히는 정도에서 그쳤다.

숙청의 2단계는 신료들에 대한 처리였다. 폐비 논의에 참여한 정승, 폐비 시의 재상, 사사 논의에 참여한 재상, 사사를 권한 자, 사사를 집행한 자를 빠짐없이 색출할 것을 명령했다. 이는 임사홍의 배후 조종 결과였다. 임사홍은 연산군의 분노를 교묘하게 이용해 자신의 본질적인 의도를 관철시켜 나갔다. 이런 상황에서 훈구파의 운명은 흡사 바람 앞의 촛불과 같았다.

윤필상, 한치형, 한명회, 정창손, 어세겸, 심회, 이파, 김승경, 이세좌, 권주, 이극균, 성준은 십이간(十二奸)으로 지목되어 극형에 처해졌다. 능상 지풍의 장본인이며 폐비 윤씨에게 약사발을 들고 간 이세좌가 극형에 처해지는 것은 당연했다. 나아가 그의 가문은 거의 몰사되다시피 해 장안을 울리던 광주 이씨의 세도도 막을 내렸다. 후궁 간택을 거부했던 홍귀달은 교형에 처해졌다.

사태는 여기서 그치지 않았다. 훈구파를 제거한 임사홍은 그 여세를 몰아 사림파에게도 탄압을 가했다. 김종직에 대한 개인적인 원한이 일차적인 이유였지만 보다 근본적인 이유는 사림파가 잔존하는 이상 자신의 독주가 어렵다는 계산 때문이었다.

이에 임사홍은 사림파가 국사를 비방했다고 무고해 폐비 사건과 동일한 범주에서 처리하고자 했다. 그 결과 이미 무오사화에서 화를 입은 박한주, 이수공, 강백진, 이총, 최부, 이원, 김굉필, 이주, 강겸을 유배지에서 사형시켰다. 이미 죽은 정여창, 조위, 남효온은 추가로 죄를 입었다.

숙청의 회오리가 지나간 자리는 황량하기 그지없었다. 훈구파도 사림파도 위축되기는 마찬가지였다. 무오사화가 훈구파와 사림파의 대결 구도였다면 갑자사화는 궁중 세력과 부중 세력의 충돌이었다. 이 과정에서 사림파는 한동안 중앙 정계에서 자취를 감추게 되었다. 그러나 사림의 성장이라는 역사적인 대세는 막을 수 없었다.

중종中宗

제11대 1488년~1544년 | 재위기간 1506년 9월~1544년 11월

중종이 된 진성대군

성종은 훈구화되어 가는 대신들을 억제하기 위해 사림 세력을 진출시켰다. 그는 이들을 자기 세력의 기반으로 삼아 왕권을 강화하려 했다. 이들 사림들은 성리학을 바탕으로 왕도 정치를 지향하면서 훈구 세력의 부패상을 공격해 나갔다.

이렇게 훈구와 사림이라는 두 세력의 정치적 대립 속에서 왕위에 오른 연산군은 무오사화(1498년)와 갑자사화(1504년)를 일으켰다.

연산군의 횡포는 더욱 심해지고 백성은 곤덕 속에서 허덕이게 되었다. 자신의 실정에 대한 올곧은 충고를 멀리하고, 창덕궁과 담을 사이에 두고 있는 성균관을 연회 장소로 만들었다. 이에 그의 학정을 노골적으로 비난하는 한글 투서도 잇달았다. 심지어는 '여자라면 물불을 가리지 않고 무당까지 손대려 한다'는 내용의 투서까지 있었다. 이 때문에 연산군은 언문 서적을 불태우고 한글 사용을 금지하기까지 했다. 이러한 가운데 정치는 거의 방기되다시피 했고, 연산군에 원한을 품지 않은 이가 없을 정도가 되었다. 그를 축출하고자 하는 움직임이 훈구 세력을 중심으로 서서히 일기 시작했다.

반정 전야

성희안(成希顔)과 박원종(朴元宗) 등은 마침내 거사를 결심하고 당시에 인망이 있던 이조판서 유순정(柳順汀)에게 그 뜻을 알렸다. 그러자 유순 정이 이에 응하고, 때마침 왕이 장단 석벽(石壁)에 행차하는 것을 기회로 그날을 거사일로 정했다.

그러나 왕의 행차가 중지되는 바람에 거사도 물거품이 될 판이었다. 이 때 호남에서 귀양살이를 하고 있던 유빈과 이과 등의 거사 격문이 서울 에 전해졌다. 이제 대세를 막을 수는 없었다. 신윤무를 비롯해 전 수원부 사 장정, 군기시첨정 박영문, 사복시첨정 홍경주는 무사를 모아 1506년 (연산군 12) 9월 1일 저녁 훈련원에 모였다.

이들은 먼저 임사홍과 신수근을 제거했다. 신수근은 연산군의 처남이 면서 반정에서 추대될 진성대군의 장인이기도 했다. 그렇기 때문에 그가 누이와 딸 중 누구를 선택하느냐 하는 문제는 반정의 가담 여부와도 직 결되는 중요한 사안이었다.

반정이 일어나기 며칠 전, 박원종은 신수근의 의향을 떠보기 위해 그를 찾아가 장기를 두자고 청했다. 그는 신수근이 연산군의 신하로 남을 것인 가, 아니면 반정에 가담할 것인가의 여부를 넌지시 알아보기 위해 일부러 장(將)을 서로 바꿔 놓아 보았다. 그러자 신수근은 장기판을 밀치면서, "차라리 내 머리를 베어 가라."라고 말했다. 박원종은 그의 뜻이 더 이상 움직일 수 없는 확고한 것임을 알고는 마침내 제거하기로 결심했다.

반정 주동자들은 진성대군의 거처에 무사 수십 명을 보내 호위하게 했 다. 이것은 이번 거사의 이유도 알리고 또 대군을 해칠 자가 있을지 모른 다는 우려 때문이었다. 그때까지 아무것도 모르고 있던 진성대군은 그저 놀라고 당황할 따름이었다. 심지어는 무사들이 자신을 죽이러 온 줄 알고 자결하려고까지 했다. 그러자 부인 신씨는 침착하게, 그리고 재치있게 그를 말리며 말했다.

> 군사들의 말머리가 이쪽으로 향해 있다면 우리는 죽을 운명이겠지만 만일 말꼬리가 이곳으로 향하고, 머리가 밖으로 향해 있다면 이는 반드시 우리를 호위하려는 뜻일 것이니 자초지종을 알고 난 뒤에 죽어도 늦지 않을 것입니다.
>
> — 《연려실기술》 권7, 〈중종 조 고사본말〉, 왕비 신씨 손위 복위 본말

진성대군은 사람을 내보내 밖을 살피고 오게 했다. 아니나 다를까, 신씨의 말대로 말머리는 밖으로 향해 있었다.

이튿날인 9월 2일 새벽 성희안 등은 돈화문 밖에서 날이 밝기만을 기다리고 있었다. 그때 궁궐 안에서 숙위하던 군사와 시종 등은 밖에서 벌어지고 있는 상황을 눈치채고는 서로 앞을 다투어 빠져나왔다. 궁궐 안은 텅 비다시피 했다. 그때 숙직하고 있던 승지 윤장, 조계형, 이우 등은 황급히 왕의 처소로 들어가 비상사태임을 알렸다. 놀라서 달려 나온 연산군은 승지의 손을 잡고 아무 말도 못한 채 그저 벌벌 떨기만 했다. 그러나 이들 승지도 바깥 사정을 좀 살펴보고 와야겠다는 핑계를 대고는 모두 왕을 버리고 도망갔다.

장애될 만한 것은 하나도 없었다. 박원종 등은 그야말로 아무런 저항 없이 거사를 성공적으로 진행시킬 수 있었다. 무사들을 데리고 궁궐 안으로 들어간 박원종은 연산군에게 옥새를 내놓으라 했다. 이때 날은 이미 밝았고 궁궐 문이 열리게 되자 박원종 등은 경복궁에 가서 대비(성종의 계비, 정현왕후 윤씨)에게 청했다.

지금의 왕은 이미 임금으로서의 도리를 잃어 이로 인해 종사가 위
태롭고 민생은 궁핍하기 이를 데 없습니다. 신 등은 자나깨나 이를 걱
정했기에 진성대군을 새로 추대해 종사를 바로잡고자 하니 대비께서
는 분부를 내려 주시기 바랍니다.

- 《중종실록》 권1, 중종 1년 9월 무인

대세는 이미 정해진 터, 대비는 그들의 청을 사양할 수가 없었다. 유순
정은 곧 진성대군의 집에 가서 이 사실을 전했다. 몇 번의 사양도 소용없
었다. 진성대군은 여론에 부대껴 그 청을 받아들이고는 유순정 등의 호위
하에 궁궐로 들어갔다.

이날 오후 진성대군은 근정전에서 왕위에 올랐다. 이가 바로 조선 왕조
제11대 왕인 중종이었다. 조선 왕조가 건국된 이래 처음으로 신하가 임
금을 바꾼 이 거사를 중종반정이라고 한다.

중종의 이름은 역(懌), 자는 낙천(樂天)으로 1488년(성종 19) 3월 5일
성종의 둘째 아들로 태어났다. 어머니는 우의정 윤호의 딸인 정현왕후이
다. 1494년(성종 25)에 진성대군(晉城大君)으로 봉해졌고 연산군의 처남
인 신수근의 딸과 혼례를 올렸다. 그는 1506년(연산군 12) 9월 박원종, 성
희안, 유순정 등이 일으킨 반정에 의해 왕으로 추대되었다.

중종은 세 명의 왕후와 일곱 명의 후궁 사이에 모두 9남 11녀를 두었
다. 왕위에 오르기 전 신수근의 딸인 단경왕후 신씨를 아내로 맞아들였
다. 그러나 반정 직후 공신들은 강력하게 신씨 폐위를 주장했고, 그리하
여 이후 다시 두 명의 왕후를 두게 되었다. 인종의 어머니인 장경왕후 윤
씨(윤여필의 딸)와 명종의 어머니인 문정왕후 윤씨(윤지임의 딸)가 바로
그들이다.

중종은 즉위한 날로 연산군을 강화도에 보내고 다음 날 쫓겨난 폐왕을

연산군이라 부르게 했다. 연산군은 그해 11월 강화도에서 병으로 서른한 살을 일기로 생을 마감하게 되었다. 중종은 대신들의 주장대로 연산군을 왕자군의 대우로 장사지내게 하고 시호는 내리지 않았다. 이렇게 연산군을 왕으로 간주하지 않게 됨에 따라 중종의 즉위년을 원년으로 부르게 되었다.

반정 3인방

조선 왕조가 개창된 이래 무력과 같은 비합법적인 방법으로 왕위 계승이 이루어진 예는 중종 이전에도 이미 여러 차례 있었다. 태종과 세조의 경우가 바로 그것이다. 이들은 모두 명목상 추대라는 형식으로 왕위에 올랐지만 쿠데타의 주역으로서 절대적인 정치권력을 장악했다.

그러나 중종의 경우는 이와 달랐다. 반정 전야에 그는 자신이 왕으로 추대될 것이라는 사실조차 알지 못했다. 이러한 상황으로도 짐작할 수 있듯이 즉위 초반부터 왕이 정치권력을 장악하기란 매우 어려운 일이었다. 중종은 반정공신 세력에 의지해 국정 전반을 운영해 나가지 않을 수 없었다.

그렇다면 박원종, 성희안, 유순정 등 삼공신들은 과연 어떠한 동기로 이 반정을 주도하게 되었을까?

성희안은 창녕 성씨로 대표적인 문벌 가문 출신이었다. 1485년(성종 16) 별시문과에 을과로 급제했고, 이후 부수찬으로 승진해 성종의 은혜와 사랑을 가장 많이 받았다. 연산군 즉위 후에도 문무의 요직을 거쳐 1504년(연산군 10) 이조참판으로서 오위도총부도총관을 겸임하기도 했다. 그러나 좋은 세월도 그리 오래가지는 못했다.

성희안은 연산군이 왕위에 오른 뒤 양화도에 임금을 따라 놀러간 일이 있었다. 연산군이 신하들에게 시를 지으라 하기에 성희안은 훈계조의 글귀를 지었다.

임금은 본래 청류를 좋아하지 않는다(聖心元不愛淸流).
－《연려실기술》권6, 〈연산 조 고사본말〉, 병인정국추대 중종

자기를 나무라는 글임을 연산군이 모를 리 없었다. 성희안은 그날로 이조참판의 자리에서 종9품의 미관말직으로 추락하고 말았다.

이 시기를 전후해 연산군은 날이 갈수록 행실이 난잡해지고 있었다. 성종의 궁녀와도 음행한 일이 있었을 뿐만 아니라, 외명부의 여성들과도 궁정에 잔치를 베풀어 주고 간통했다. 성종의 형인 월산대군의 부인 박씨 또한 예외일 수 없었다. 박씨 부인은 엄연한 연산군의 큰어머니였다. 연산군은 세자를 보호해 주라는 핑계로 그녀를 대궐 안으로 끌어들여 욕을 보이고 말았다. 조카에게 욕을 본 박씨 부인은 그 수치스러움을 이기지 못하고 자살하고 말았다.

박씨 부인은 바로 박원종의 누이였다. 박원종은 그 누이가 자결한 일로 인해 마음속에 늘 원통함을 간직하고 있었다. 이때 성희안도 연산군의 학정이 날로 심해지는 것을 보고 분개해 반정할 뜻을 품고 있었다. 그는 함께 도모할 사람이 없어 늘 답답하게 생각하고 있던 참이었다.

성희안은 박원종이 큰일을 도모할 만한 인물임을 알고 있었지만 서로 사귄 정분이 없었다. 마침 신윤무란 자가 두 집을 왕래하면서 서로 친근하게 지내고 있었는데 성희안이 신윤무를 시켜 가만히 그 의향을 물어보게 했다. 이에 박원종은 이렇게 말하며 옷소매를 떨치고 일어났다.

이는 내가 밤낮으로 마음속에 품고 있던 것이다.

- 《연려실기술》 권6, 〈연산 조 고사본말〉, 병인정국추대중종

이렇게 해 드디어 거사 의논이 결정되었다. 그러나 그들은 성공에 대해 확신할 수 없었다. 그것을 염려한 끝에 당시 명망 있었던 이조판서 유순정에게 그들의 반정 의사를 알리게 되었다. 유순정은 한참 동안 머뭇거리다가 마지못해 따르게 되었다. 그런 다음 신윤무, 박영문, 홍경주 등에게도 두루 알려서 각기 동지를 불러 모으게 했다. 모여든 자들 중에는 무사가 많았다. 그들은 의리는 헤아리지 않고 공을 세우는 데만 급급했기 때문에 의논하지 않아도 의견이 서로 맞았을 정도였다고 한다.

반정 후 박원종은 우의정, 성희안은 이조판서, 유순정은 병조판서가 되는 등 이들 반정 삼인방이 조정의 실권을 거머쥐다시피 했다. 이들에 대한 중종의 예우 또한 보통이 아니었다. 조회가 끝나고 물러갈 때면 왕은 일어났다가 대신들이 문을 나간 연후에 자리에 앉을 정도였다고 한다. 즉위 초 왕권은 이들 공신 세력 때문에 많은 제약을 받았다. 왕의 집요한 반대에도 불구하고 반정 원훈들에 의해 왕비 신씨의 폐출이 단행된 것이 그 단적인 예다.

이 반정 삼공신들의 정치 활동에 대해서 당시의 평가는 부정적인 면이 많았다. 개인적인 은혜를 빙자해 유자광을 거두어들인 것이라든지, 뇌물의 많고 적은 것으로서 훈공의 등급을 정한 것, 또 관작을 남발한 것 등의 허물은 비난받지 않을 수 없는 것이었다. 그러나 민생을 연산조의 학정에서 벗어나게 하고 미흡하나마 정치 질서를 바로잡게 한 것은 이들의 공이라 할 수 있다.

폐비 신씨, 폐위에서 복위까지

중종의 최초의 여자였던 단경왕후 신씨. 그녀는 왜 중전의 자리에 오른 지 일주일 만에 폐위되는 운명에 놓일 수밖에 없었을까?

단경왕후 신씨는 신수근의 딸로 1506년(중종 1) 9월 2일에 반정으로 중전 자리에 올랐다. 그러나 즉위한 다음 날부터 반정공신 유순, 김수동, 박원종 등은 신씨의 폐위를 주장하고 나섰다.

> 지난날 거사를 일으키기 전에 먼저 신수근을 죽였던 것은 반정의 성공을 위해서였습니다. 그런데 이제 와서 신수근의 딸이 왕비로 책봉된다면 인심이 위태롭고 의혹이 생겨 이후 종묘사직에 관계되는 일이 반드시 있을 것이니 사사로운 정을 끊고 내보내소서.
>
> ― 《연려실기술》권7, 〈중종 조 고사본말〉, 왕비신씨손위복위본말

이는 신씨의 아버지를 이미 죽인 마당에 그 딸을 중전 자리에 앉혀 놓는다면 그들에게 무슨 보복이 올지 모른다는 우려의 목소리였다. 왕은 조강지처를 어떻게 함부로 내버릴 수 있느냐고 시종 이를 반대했다. 그러나 그에게는 아직 반정공신들의 의견을 묵살시킬 만한 힘이 없었다. 중종은 신씨를 연산군의 척신이었던 신수근의 딸이라는 이유 하나만으로 중전에 오른 지 7일 만에 폐출시킬 수밖에 없었다.

중종과 신씨는 원래 애정이 남달랐던 부부여서인지 헤어지게 되었어도 그 사랑하는 마음은 쉽게 끊을 수가 없었던 것 같다. 중종이 명나라 사신을 맞으러 갈 때는 꼭 신씨의 사저 근처에 머물렀으며, 타고 온 말을 사저에 보내면 신씨는 늘 흰죽을 쑤어 손수 말을 먹여 보냈다고 한다.

그러던 1515년(중종 10) 봄, 신씨의 뒤를 이어 중전 자리에 올랐던 장

경왕후가 원자(훗날 인종)를 낳고 며칠 만에 세상을 떠나게 되자 왕비 자리는 다시 비게 되었다. 이 틈을 타 경빈 박씨는 엉뚱한 마음을 품게 되었다. 자신이 낳은 복성군의 나이가 원자보다 많았고 또 당시 누구보다도 임금의 지극한 총애를 받고 있었기 때문이었다.

만약 성종 때처럼 중전을 폐하고 후궁을 왕비로 책봉하게 한다면 아직 강보에 싸여 있는 원자의 처지는 위태롭게 될 것이 뻔했다. 이를 우려한 순창군수 김정과 담양부사 박상은 그해 8월 신씨의 복위 문제를 들고 나왔다. 이들은 그럴 바에야 차라리 신씨를 복위시켜 그녀의 원통함도 풀어주고, 후궁이 중전 자리에 오르는 것을 막자고 했다.

사실 폐비 문제는 반정 대신들이 오로지 자신들의 안위를 위해 궁리해낸 계책이었던지라 협박에 가까웠다고 해도 과언이 아니었다. 신씨 복위를 주장한 사람들에게 이 일은 아무런 연고도, 또 명분도 없는 간계에 불과했던 것이다.

그러나 대사간 이행의 입장은 달랐다. 그는 신씨를 복위시켜 그녀에게서 왕자라도 태어나게 된다면 지금 원자의 처지가 곤란하게 될 것임을 우려했다. 대사헌 권민수도 그에 찬동해 김정과 박상의 상소를 부정한 것으로 지목했다. 대간들의 성화에 중종은 박상과 김정에게 비망기를 내려 추문하라고 명했다.

너희들의 말이 만약 옳다고 하면 일찍이 대간 시종으로 있을 때 말해도 되었을 터인데 지금 중전의 자리가 비고 박원정, 유순정, 성희안 등 삼공신들이 이미 죽은 틈을 타서 신씨를 복위하라고 주장하니 이는 임금의 심중을 떠보고 인심을 소란케 하는 것이 아니고 무엇이랴?
– 《중종실록》권22, 중종 10년 8월 정묘

결국 복위 상소를 올린 김정과 박상의 처벌 문제는 정광필 등의 대신들에 힘입어 귀양가는 선에서 해결되었다. 신씨 복위는 당대에는 이룰 수 없었지만 이후 현종과 숙종 대에 이르러서도 계속 제기되었고, 마침내 1739년(영조 15) 유생 김태남이 올린 상소로 힘겹게 복위되었다.

조광조의 개혁 정치

중종은 즉위 후 연산 시대에 시행되었던 모든 정책을 혁신하고자 노력했다. 먼저 성균관을 수리하고 다시 경연을 개설했다. 또 지난날 화를 입었던 사람들의 억울함을 풀어 주는 한편 유학을 숭상하는 기풍을 조성했다. 유신 시대를 맞이해 학자들의 사기도 차츰 흥기되기 시작했다. 중종은 연산군과는 달리 왕의 전제적 권한 행사를 피하고 항상 유능한 유학자들의 의견을 존중했다. 이에 위로는 수기치인(修己治人, 자신을 수양하고 남을 다스림)의 학문을 계발하고 아래로는 교화 사업을 펴게 되니, 도학 정치를 실현하려는 사람들이 계속해 나타났다. 유숭조가 그 최초의 사람이었고 조광조와 그의 동지들이 그 뒤를 이었다.

조광조는 정몽주 → 길재 → 김숙자 → 김종직 → 김굉필로 이어지는 사림파의 정통 맥을 잇고 있었다. 평소 그의 독실한 학문과 절제된 몸가짐은 당시 소학 군자로 이름났던 김굉필에게서 "네가 곧 나의 선생이지 내가 너의 선생이 아니다."라는 말을 듣기에 충분했다. 그는 과거 보는 글에는 뜻을 두지 않았으며 성현의 위풍을 흠모해 넓게 배우고 힘써 행하는 데 노력했다. 1510년(중종 5)에 사마시에 장원으로 급제, 진사가 되어 성균관에 들어갔지만 때때로 입산해 학업에 일로매진하기도 했다.

조광조는 한때 성균관 유생들의 천거와 이조판서 안당의 적극적인 추천으로 특별히 6품직을 받아 조지서 사지에 임명되기도 했다. 그러나 이 것을 매우 불쾌히 여긴 조광조는 1515년(중종 10) 가을 알성별시에 급제, 성균관 전적이 되었다. 그 후로 관직은 그 자신도 상당한 불안을 느낄 정 도로 전례 없이 급속히 승진되었다. 사간원 정언이 되면서부터 그는 평소 자신이 갈망해 마지않던 이상 사회에 대한 소신을 펴 나가기 시작했다.

지치(至治)가 이루어지는 사회, 그것이 바로 조광조가 갈망하던 이상 사회였다. 훈구파의 권력 독점에 따른 부작용이 심화될수록 요순시대를 향한 조광조의 목소리도 커져만 갔다.

도학이란 무엇인가?《중용》의 첫 구절에 이런 말이 있다.

천명(天命)을 성(性)이라 하고, 성에 따르는 것을 도라고 한다.

이 논리 구조에 의거할 때, 도를 따르는 것은 곧 천명을 따르는 것이었 다. 이치를 궁구하고 마음을 바르게 하며 도에 입각해 진퇴와 출처를 결 정하는 학문, 의리와 명분의 실천을 더없이 강조하는 학문, 이것이 바로 도학이었다. 한마디로 본성을 지키며 천명에 순응하는 학문이었다.

그러면 도학 정치란 무엇인가? 그것은 도학을 정치와 교화의 근본으로 삼아 왕도 정치와 요순 시대를 지향하는 정치 형태였다. 모든 군주가 요 순처럼 되기 위해 노력하는 사회, 모든 신민이 요순의 신민을 본받는 사 회를 만드는 것이 도학 정치의 궁극적인 목표였다.

모든 성리학자들이 요순 시대의 이상 정치를 갈망했지만 그것들을 도 학 정치라 부르지는 않는다. 그러나 조광조는 지치주의를 재현할 수 있다 는 강한 확신 속에서 모든 노력을 경주했다. 여기서 이 시기 도학 정치의 역사적인 의미를 발견하게 된다.

도학 정치의 조건들

백성은 나라의 근본이니[民惟邦本]

조광조는 그 누구보다 백성의 존재를 염두에 두고 있었으니 바로 위민(爲民)이요, 애민(愛民)이었다. 이는 도학 정치의 근본 이념이기도 했다.

> 무릇 임금과 신하는 백성을 위해 있는 것입니다. 윗사람과 아랫사람이 이 뜻을 알고 백성을 마음속에 새긴다면 잘 다스리는 방도를 이룩할 수 있을 것입니다.
>
> - 《정암집》권3, 검토관시계

훈구파의 대토지 소유, 세금 제도의 모순, 군역의 과중 등으로 백성들의 어려움은 날로 더해 가고 있었다. 조광조는 향리에서 이 모든 폐단을 직접 목격한 사람이었다. 따라서 조광조의 위민, 애민의 정신은 관념적 구호가 아닌 생생한 체험의 결과였다.

현명한 군주[聖君論]

이상 정치의 실현을 위해서는 군주의 현명함이 전제되어야 했다. 군주는 어질어야 하며, 늘 학문에 힘쓰는 존재라야 했다. 이에 덕치와 인정이 강조되었다. 군주 자신이 학문을 연마하고 덕성을 배양할 때 백성을 올바른 길로 인도할 수 있기 때문이었다. 이것이 바로 조광조가 구상한 올바른 군주상, 즉 현철군주론(賢哲君主論)이었다.

한편 어진 군주는 대신을 예우할 줄 알아야 했다. 대신을 성의로써 감동시켜 군신 간에 신뢰를 확보할 때 이상 정치가 실현될 수 있다고 믿었다. 그리고 대신들은 현명한 군주가 될 수 있도록 보필하는 한편 여러 신하들의 공론을 수렴할 수 있는 역량이 있어야 했다.

군주와 대신의 권리와 의무는 이렇게 규정되었다. 군주의 전제를 막고 대신의 전횡을 차단하기 위한 논리였다. 지치의 실현은 군신이 서로 화합하는 풍토 속에서 가능할 수 있었기 때문이다.

군자는 가까이, 소인은 멀리〔親君子遠小人〕

조광조는 지치의 구체적 방법으로 임금이 자신의 마음을 닦음으로써 군자와 소인을 분별할 것을 주장했다. 그는 군자와 소인을 얼음과 숯이 서로 용납하지 못하는 것에 비유하면서, 공정한 의리를 추구하는 군자와 사사로운 이익을 추구하는 소인을 분별해 군자를 존중하고 소인을 물리쳐야만 백성을 위한 정치를 베풀 수 있다고 생각했다. 정암이 군자와 소인의 변별을 중시했던 것은 사화로 사림들이 무참히 제거되었던 것에 대한 저항 의식의 표출이기도 했다.

여기에 이상 정치를 실현할 군자, 즉 선비의 위치가 중요한 문제로 떠오른다. 따라서 사림이 정치에 참여할 수 있는 길을 넓혀 정치 풍토를 바로잡기 위한 인재 등용의 제도로서 현량과를 제안해 실현하기에 이른다.

언로의 확충

조광조에게 언로는 국가의 운명과 직결되는 것이었다. 그리고 도학 정치의 실현을 위해서도 언로는 개방되어야 했다. 군주가 여론을 충분히 수렴해 행하는 정치야말로 이상 정치의 표준이었다.

여기서 대간은 중요한 존재로 부상하게 된다. 대간에게 거는 조광조의 기대는 실로 엄청난 것이었다. 국가의 기강을 유지하기 위해서는 일신의 안위를 돌보지 않는 대간이 필요했다. 다른 사람의 사소한 허물을 흠잡는 탄핵을 위한 탄핵보다는 국가를 위해 원대한 활동을 해주는 대간이기를 바랐다. 조광조에 있어 대간이란 단순히 탄핵하는 존재에 그치는 것이 아니라 국가 경영의 중추로 인식되었다.

조광조가 언로의 확충과 대간의 임무를 중시한 이유는 바로 훈구파를 겨냥한 조처였기 때문이었다. 인사권을 장악하고 있던 훈구파를 견제하기 위해서는 언관의 탄핵권을 충분히 이용할 필요가 있었다. 주로 언론 삼사에 포진한 사림파의 주장에 힘을 싣기 위해서는 언로의 확충을 강조하고 대간의 위상을 강화해야만 했다. 강력한 훈구파에 대항하며 이상 정치를 실현하기 위해서는 가장 효과적인 방법인 동시에 불가피한 선택이었다.

조광조와 동지들의 정치적 실적

당시는 조광조와 그 동지들인 김식, 기준, 한충, 김구, 김정, 박훈, 김안국과 김정국 형제가 조정의 내외 요직을 차지하고 있었다. 그들은 지금이 지치 실현의 좋은 기회라고 생각해 더욱 옛 성현의 궤범을 준수하고자 노력했다. 그들은 전래의 규범과 습관을 개혁하기도 하고, 혹은 새로운 제도를 실시하고 미신을 타파하며 교화를 보급해 이상적인 신세계를 이루려 했다.

소격서(昭格署) 혁파

조광조는 도학자의 입장에서 미신 타파에 관한 개혁, 즉 소격서 혁파에 관해 주장했다. 소격서는 원래 중국 도교 사상에서 유래된 관청으로 도교의 일월성신을 구상화한 상청(上淸), 태청(太淸), 옥청(玉淸) 등을 위해 성제단(星祭壇)을 세우고 제사지내는 일을 맡아보던 곳이다. 그러므로 여기서는 주로 국가에 흉사가 있을 때에 기도를 했다. 특히 수해나 가뭄 같은 천재지변이 있을 때 이곳에서 기도를 올렸다. 그러나 그것은 당시 유학자들의 눈에는 비합리적인 일이요, 백성을 우롱하고 농락하는 것으로 비칠 뿐이었다. 그들에게 있어 소격서는 정치를 방해하고, 정도를 해치고, 세상을 속이는 것이었기에 하루속히 혁파해야만 했다.

이 문제는 조광조에게서 처음 비롯한 것은 아니었다. 중종 초부터 대신과 대간, 유생들에 의해 자주 주장되어 온 것이었다. 그러나 중종은 이러한 제천 행사는 이미 유래가 오래된 것이고 세종과 성종 때에도 효험이 있었던 것이므로 소격서를 혁파할 수 없다는 입장을 표명했다.

1518년(중종 13)에 다시 양사와 홍문관과 예문관에서도 소격서를 없애자고 서로 다투어 주장했다. 그러나 여러 달이 되어도 왕은 허락하지 않았다. 이때 부제학이었던 조광조가 여러 동료들을 거느리고 합문 밖에 엎드려 네 번이나 장계를 올렸으나 역시 허락하지 않았다. 이에 조광조는 승지에게 "이 일의 허락을 얻지 못하면 오늘은 물러가지 않겠다." 했는데, 날이 저물어 대간이 모두 물러가니 조광조가 동료들에게 말하기를, "날이 이미 저물었고 대간들도 모두 이미 물러갔으니 우리들이 비록 죄를 입더라도 마땅히 정성을 다해 아뢰어 밤이 새도록 물러가지 않아서 기어코 임금의 마음을 돌려야 한다."라고 했다. 조광조 등은 밤이 되어도 대궐에서 물러나지 않고 재가를 기다렸으니 요즘의 데모와 다를 바가 없었다. 사태가 이렇게 되자 중종은 드디어 그해 9월에 소격서를 혁파할 것을 마지못해 허락했다.

이 일을 내가 어찌 생각하지 않으리오마는 다만 그 내력이 이미 오래 되었기로 결정하기 어려워서 그러는 것이니 내일 대신들을 불러 의논해서 소격서를 파하리라.

이 사건으로 조광조에 대한 중종의 감정이 좋지 않았을 것임은 충분히 추측할 수 있다. 신하로서 임금에게 간할 때에는 마땅히 기회를 보아 점진적으로 깨닫도록 해야 하는 것인데 이와 같이 강요와 핍박을 하고서는 무사할 수 없었다. 어떤 사람들은 "기묘년의 화가 이 일에서 싹트기 시작했다."고 말하기도 했다.

천거과(현량과) 실시

조광조, 김식, 박훈 등의 출세는 빨랐다. 이들은 급제 당시에 이미 장령과 지평에 올라 있었다. 이들은 안당, 김정, 이자, 김안국, 권벌 등의 비호하에 고속 승진할 수 있었다. 이들은 천거제를 통해 처음 관직을 받을 때 이미 6품직을 받았다. 이러한 특혜에 대해 정광필과 신용개 같은 온건파 관료들조차 못마땅하게 생각하고 있었다. 조광조 등은 천거에 의해 인재를 뽑는 현량과(賢良科)를 실시해 그들의 당여를 불러 모았다. 현량과란 시험을 보지 않고 재주와 행실만으로 인재를 뽑는 제도로 중국 서한(西漢)에서 실시한 바 있었다.

1518년(중종 13)에 조광조는 지금의 과거가 사장에만 치우쳐 경박한 풍습만을 조장하고 있다며 신랄한 비판을 가했다. 아울러 그는 현량과를 실시할 것을 주장했다. 내외의 요직에 있는 사람들이 각각 재주와 행실을 갖춘 선비를 천거해 임금이 직접 선택하게 하자는 것이었다. 그러나 대신 중에서 반대하는 사람이 있어 다음 해에 이르러서야 실시될 수 있었다. 이 현량과 실시는 조광조가 그의 세력을 확고히 하는 데 도움이 되었던 반면, 그를 실각시키는 데도 가장 큰 원인이 되기도 했다.

조광조 등은 현량과의 실시야말로 현 시국의 어려움을 타개하는 첩경이라고 주장했다. 이 제도는 서울에서는 사관(四館)이 그 후보자를 성균관에 천거해 올리면, 성균관은 이를 예조에 올리게 되어 있었고 중추부, 육조, 한성부, 홍문관, 사헌부, 사간원 등에서도 예조에 후보자를 천거할수 있었다. 지방에서는 유향소에서 수령에게 천거하면 수령은 관찰사에, 관찰사는 예조에 그 후보자를 알리도록 되어 있었다. 그리고 예조에서는 후보자의 성명, 출생연도, 자(字) 등 천거 사항 일곱 항목, 즉 성품, 기국, 재능, 학식, 행실, 지조, 생활태도(현실 대응의식)를 종합해 의정부에 보고한 뒤 그들을 왕이 참석한 자리에서 시험해 인재를 선발하도록 했다.

1519년(중종 14) 4월 13일에 천거된 120명의 후보자들을 근정전에 모아 시험했다. 그 결과 장령 김식, 지평 박훈 등 스물여덟 명이 최초로 선발되었다. 여기서 일곱 항목을 모두 충족시킨 인물은 김식뿐이었다.

그런데 급제자 스물여덟 명은 대다수가 조광조 추종자들이었다. 급제후 이들은 홍문관을 비롯해 사헌부, 사간원, 승정원, 성균관 등의 중요 기관의 요직에 기용되어 조광조와 뜻을 같이하게 되었다.

이 현량과는 신진 사림들에게는 더할 나위 없는 출세의 기회가 될 수있었지만 훈구파에게는 불리한 제도였다. 그리하여 훈구파 관료들은 현량과가 공정한 인재 등용 방법이 아니라며 반대했다. 그중에서도 특히 홍경주와 남곤은 천거된 자들이 어질지도 못하고 행실도 나쁘다며 인신공격을 가했다.

현량과는 지치의 실현을 표방해 사림파 세력을 강화하는 데 목적이 있었다. 그러나 이는 중종반정 공신의 위훈삭제(僞勳削除) 주장과 함께 조광조 등의 사림파가 실각하는 가장 중요한 죄목이 되었다. 조광조 등의 사림파가 실각하자 현량과는 결국 폐지되고 급제자의 자격마저 박탈되었다. 인종 말년에 급제자 자격은 잠시 복구되었으나 명종이 즉위하자 다시 박탈되었다. 그 후 1568년(선조 1) 10월에 이르러 다시 회복되었다.

《소학》 실천과 향약 보급

조광조 일파는 사류들의 기풍을 바로잡기 위해서는 《소학》을 읽도록 해야 한다고 주장했다. 《소학》은 송나라 때 주자의 뜻에 따라 그의 문인인 유자징(劉子澄)이 쓴 책이다. 우리나라에는 고려 말에 성리학과 함께 도입되어 유교 교양을 갖추는 기본 학습서로 주목되어 왔다. 그러나 열다섯 살까지는 《소학》에 대해 그렇게 큰 비중을 두지는 않았고, 그저 시험을 보기 위해 읽는 정도였다.

16세기에 이르러 《소학》은 사림들의 필독서로서 조목받기 시작했다. 특히 조광조의 스승이었던 김굉필은 스스로를 '소학 동자'라고 일컬을 정도로 일생을 《소학》 실천에 힘썼던 인물이다. 그러나 《소학》은 연산 조의 사화를 거치면서 재앙을 불러오는 책이라 하여 금기시되었다. 그러던 것이 조광조 일파에 의해 다시 강조되기 시작한 것이다.

> 안일한 마음을 다잡고 덕성을 함양하는 데 《소학》보다 더 좋은 것은 없습니다. 이제 동네마다 학교에서 《소학》을 숭상하게 한다면 자연히 교화가 크게 일어날 것이며 소학의 길이 온 세상에 밝아질 것입니다.
>
> 《중종실록》 권26, 중종 11년 11월 신사

이러한 주장은 왕의 지지를 받아 예조로 하여금 《소학》을 널리 보급하도록 했다. 또 경상감사 김안국은 《소학》을 우리말로 번역해 보급시키기도 했다.

《소학》은 이름 그대로 아이들이 배우는 예절 교과서였다. 그러나 그 내용은 나이나 신분에 관계없이 모든 사람들이 일상생활에서 지켜야 할 예법을 여러 책에서 뽑아 모아 놓은 것이었다. 그러므로 《소학》의 정신을 실천한다는 것은 성리학적 인간형을 만들어 내는 것과 같은 의미였다.

한편 중종 대 사림들은《소학》뿐만 아니라 향약을 보급하는 데도 노력했다. 성종 조에 영남 사림들은 향촌 사회에서 자신들의 세력 기반을 구축하기 위해 유향소를 다시 설치하고자 했다. 그러나 설치된 유향소를 대부분 훈구 세력이 장악하게 되자 사림들은 그 대신 향약을 시행하려고 했다.

향약은 1076년 송나라 신종 때에 여대균(呂大鈞) 등의 여씨(呂氏) 4형제가 그들의 일가친척과 그들이 사는 향촌을 교화할 목적으로 창안한 향촌 자치 규약이었다. 그리하여 이를 여씨향약이라고도 했다. 그 후 100년이 지나 주자는 풍속 교화를 목적으로 이를 다소 개정했다. 이를《주자증손여씨향약》이라고 한다.

향약은 주자가 만든 보다 체계화된 향촌 사회 안정 원리였다. 그런 만큼 성리학을 수용한 조선 사회에서는 성리학에 대한 이해가 깊어짐에 따라 향약 실시에 대한 관심이 커지게 되었다. 그러나 향약 보급이 사회운동으로서 역사적 의미를 지니기 시작한 것은 사림 세력이 본격적으로 중앙 정계에 진출하는 중종 대부터다.

일반적으로 우리나라에서 향약의 시초는 1517년(중종 12) 김안국이 경상감사로 있을 때 간행한《여씨향약언해》의 반포부터로 잡는다.《여씨향약》은 주자학과 더불어 이미 고려 말에 전래되었다. 그러나 그 주해가 없어서 일반 백성들이 이해하기가 어려웠다. 이에 주자학적 교화에 열성적이었던 김안국이《여씨향약》에 언해를 붙여 간행함으로써 민간에 널리 보급시킬 수 있게 된 것이다.

중종 조 향약은 사림 세력이 우세한 충청도, 경상도, 전라도 삼남 지방에서부터 보급되기 시작해 왕명에 의해 8도로 번져 나갔다. 향약 보급으로 사림파가 향촌 사회에서 기반을 공고히 다질 수 있다고 생각되었기 때문이다.

이처럼 사림들은《소학》실천과 향약 보급 운동을 통해 성리학적 향촌 질서를 수립하면서 동시에 자신들의 세력 기반을 확대해 나가고자 했다. 그러나 도학 정치 실현의 일환으로 제기된 향약 운동은 개혁 이념의 급진성 때문에 급박하게 추진되지 않을 수 없었다. 이에 따라 기존 향촌 세력과 심한 갈등이 야기되고 1519년 조광조 일파가 몰락하는 기묘사화로 말미암아 향약 운동도 근절되고 말았다. 당시 향약은 전통과 조화된 자치적인 것이 아니라 이상에 치우친 당국자들에 의해 선도되는 관주도적인 것이었다. 조광조 자신도 이 점을 지적하고 있을 정도였다.

중종 조 향약 보급 운동은 주자 향약을 언해하고 출판하는 단계에 머무를 뿐이었으며 주자 향약을 조선 사회에 맞도록 변형시키는 수준에까지 이르지는 못했다. 이른바 조선 향약의 성립은 성리학에 대한 완전한 이해와 독자적인 체계가 수립되는 퇴계 율곡 단계에 가서야 비로소 가능한 것이었다.

도학 정치의 좌절, 기묘사화

위훈삭제 사건

정국공신이 너무 많습니다. 반정공신 중 성희안, 유자광 같은 이들은 그야말로 소인이며, 모든 일을 다스림에 항상 사리사욕을 우선으로 하고 있습니다. 사류들은 모두 이들 공신을 진작부터 불쾌하게 생각하고 있었습니다. 박원종과 성희안 등의 공이 크다고는 하지만 반정으로 왕이 등극하게 된 것은 인력이 아니요, 천명과 인심이 자연히 이에 돌아갔을 뿐입니다. 반정공신 2, 3등 중 가장 심한 것은 이를 개

정하고 4등인 50여 명은 모두 공도 없으면서 나라의 녹을 함부로 먹
고 있는 자들이니 이를 삭제함이 좋을 것입니다.

- 《중종실록》권37, 중종 14년 10월 을유

조광조는 1519년(중종 14) 11월에 대간을 이끌고 궁문 밖에 엎드려 정
국공신, 즉 중종반정 공신 중 공을 지나치게 인정받은 76명의 관작을 빼
앗기를 요청했다.

조광조 등의 이와 같은 주장은 전혀 근거가 없는 것은 아니었다. 사실
중종이 반정할 당시 그다지 큰 공이 없었음에도 불구하고 공신 칭호를
받은 사람이 적지 않았다. 그중에는 유순과 김수동 같은 연산 조 말기의
조정 중신 대다수가 포함되어 있었다.

이미 반정 초에 대사헌 이계맹 등은 원종공신이 너무 많다 하여 그 진
위를 밝히자고 한 바 있었다. 이로써 일등 공신 유자광은 파직되고, 그 아
들과 사위, 손자의 훈적이 삭제되어 먼 곳으로 귀양갔다. 뿐만 아니라 박
원종과 성희안 등은 거사를 할 만한 인물이 못 되고, 특히 박원종은 연산
조의 홍청들을 첩으로 맞이한 일이 있었으며 사치스럽고 이욕에 눈이 어
두운 위인이라 해서 대간들의 공격을 받은 바 있었다.

그러나 이들 공신은 반정 후 정권의 핵심이요, 원로대신들이었기 때문
에 이들을 소인배로 몰아세운다는 것은 매우 위험한 일이었다. 중종은 공
신 세력을 의식해 그들의 요구를 받아들일 수 없었다.

중종이 조광조 등의 일곱 번째 상소를 물리치자 대간들은 모두 사직했
다. 그들은 중종의 여러 차례 권유에도 불구하고 복직을 거부했다. 조광
조는 이번 일이 국가 대사임을 강조하고 자신이 극형을 당하더라도 이
일만은 반드시 성취시키겠다는 결의를 굳혔다. 중종은 공신 개정은 일찍
이 없었던 일이라 하여 이를 계속 허락하지 않았다. 그러나 그 후 5일째

되던 날, 2·3등에서 일부, 그리고 4등 전원, 총 76명을 훈적에서 삭제하기에 이르렀다. 그러나 조광조의 이러한 행동은 중종으로 하여금 도학 정치에 대한 염증을 느끼게 하는 결과를 낳았다. 훈구파의 반감도 컸다. 중종은 훈신들과 결탁해 사림 공격에 나섰다.

조씨가 왕이 된다〔走肖爲王〕

중종은 공신 세력을 견제하기 위해 처음에는 사림들을 끌어들여 경연에서 함께 경전을 토론하고 시사를 논하기를 좋아했다. 그러나 사림들이 아침부터 저녁까지 강론을 계속하면서 군주의 수신을 지나치게 강요하고 과격한 주장을 일삼아 왕을 몹시도 피곤하게 만들었다. 남곤, 심정, 홍경주 등의 훈구파들은 임금이 마음속으로 조광조 등의 선비들을 싫어하는 것을 알아차리고는 드디어 일을 꾸미기 시작했다.

공신들의 위훈을 깎아내린 사건은 좋은 빌미가 되었다. 마침 큰 지진이 일어나 임금이 근심하고 두려워하자 남곤과 심정 등이 몰래 고려 말에 행하던 '목자장군검 주초대부편(木子將軍劍 走肖大夫鞭)'이라는 참서(讖書)를 이용, 후원의 나뭇잎에 꿀로 주초위왕(走肖爲王)이라는 글자를 써서 벌레가 파먹어 마치 글자의 모양이 저절로 이루어진 것처럼 했다. 대개 '주초(走肖)'는 '조(趙)'자를 파자(破字)한 것이다. 이는 곧 조광조가 왕이 된다는 의미였다. 그들은 궁인을 시켜 그 잎을 따서 임금에게 바치게 했다. 또 홍경주의 딸 희빈을 시켜 일국의 인심이 모두 조씨에게 돌아간다고 밤낮으로 임금께 고자질하게 했다.

이에 1519년(중종 14) 11월 15일 밤에 신무문을 열고 여러 재상들을 들였다. 보통 때는 대궐문을 열고 닫으려면 승지에게 알려야 했으므로 열쇠를 승정원에서 보관하고 있었다. 그러나 이들은 승지와 사관들이 모르게 일을 꾸미기 위해 특별히 사약방에 열쇠를 두고 있는 신무문을 통해서

들어오게 했던 것이다. 밤 이경이 되자 홍경주가 글을 올렸다.

> 신 등이 가만히 보니 조광조의 무리가 붕당을 지어 자기들에게 아부하는 자는 진출시키고 자기와 달리하는 자는 배척하고 있습니다. 그들은 중요한 자리에 도사리고 앉아 임금을 속이고 후진들을 꾀어 과격한 습관을 길러 젊은이로 어른을 누르고 천한 이로 귀한 이를 누르게 하고 있습니다. 이로써 국세를 기울게 하고 조정의 일을 날로 그릇되게 하니 조정에 있는 신하들이 속으로는 분함을 느끼고 있으나 그 위세를 두려워해 감히 입을 열지 못하고 곁눈질을 하며 다니고 조심스러운 발로 서게 됩니다. 사세가 이러하오니 한심하다 아니할 수 없습니다. 속히 그 죄를 밝혀 바로잡으시기 바랍니다.
>
> – 《중종실록》권37, 중종 14년 11월 을사

왕은 홍문관과 승정원에 입직한 관원들을 모두 잡아 가두도록 명했다. 승정원에서는 그때에야 비로소 사태의 전모를 알게 되었다. 밤 삼경이 되자 정광필이 명을 받고 황급히 입대해 눈물을 흘리며 극진히 간했다.

> 젊은 유생들이 시대에 맞고 안 맞는 것도 생각지 않고 헛되이 옛일을 끌어다 지금에 시행하려 한 것뿐입니다. 무슨 다른 뜻이 있었겠습니까? 관대한 처분을 내리시기 바랍니다.
>
> – 《연려실기술》권7, 〈중종 조 고사본말〉, 기묘사화

기묘사화와 도학 정치의 좌절

처음에 왕은 전교를 내려 조광조, 김정, 김식, 김구 네 사람에게는 사약을 내리고, 나머지는 귀양보내게 했다. 그러나 정광필과 안당 등의 간청

으로 조광조는 능주, 김정은 금산, 김구는 개녕, 김식은 선산, 박세희는 상주, 박훈은 성주, 윤자임은 온양, 기준은 아산으로 각각 귀양을 보냈다. 화가 일어나던 날 관학의 여러 유생들이 거리마다 들끓고 대궐로 달려오는 자가 1천 명이나 되었다. 이들은 광화문 밖에 모여서 어쩔 줄을 몰라 했다. 유생들은 소를 바치려 하다가 문지기에게 저지당하자 감정이 폭발해 문을 밀치고 들어갔다. 상처를 입어 피가 얼굴에 가득한 유생도 있었다. 망건이 벗겨지고 혹은 머리가 풀어져서 대궐 뜰에서 울부짖는 유생도 있었다. 그 소리는 왕의 귀에까지 들리게 되었다. 왕은, 남곤 등이 '조광조가 인심을 얻어 나라가 위태롭다'고 퍼뜨린 유언비어를 실감하고는 더욱 노했다.

조광조가 귀양가 있는 한 달 동안에도 훈구파의 사림에 대한 공격은 끊이지 않았다. 마침내 왕은 조광조를 사사하라는 전교를 내렸다. 그러나 1519년(중종 14) 12월 16일 유배지에서 사약을 받게 된 조광조는 조금도 왕을 의심하거나 원망함이 없었다.

　　임금 사랑하기를 어버이 사랑하듯이 하고 나라를 내 집안 근심하
　듯이 했노라. 밝은 해가 이 땅을 비치고 있으니 내 붉은 충정을 밝혀
　비추리라.

- 《퇴계집》 정암조선생행장

평소 《소학》을 독실히 믿고, 《근사록》을 존숭했으며 항상 본원 함양에 힘쓰고 효도와 우애를 몸소 실천했던 조광조는 가난한 선비의 도를 지키며 지조를 굽히지 않았던 정치가였다. 애끓는 절명시를 남기고 간 조광조의 그때 나이는 서른여덟이었다.

김정, 기준, 한충, 김식 등도 귀양갔다가 사사 또는 자결했다. 또 김구,

박세희, 박훈, 홍언필, 이자, 유인숙 등 수십 명이 귀양갔다. 이들을 두둔한 안당, 김안국, 김정국 또한 파직을 면치 못했다. 이 사건을 기묘사화(己卯士禍)라 하며 이때 희생된 사림들을 기묘명현(己卯名賢)이라 한다.

도학 정치를 외치며 이상 사회 건설에 노력했던 조광조의 꿈은 끝내 실현되지 못했다. 중종의 염증과 훈구파의 탄압 때문이었다. 중종도 처음에는 조광조의 도학 정치에 공감해 대사헌이라는 요직에 중용하기도 했다. 4년 동안의 벼슬살이에서 조광조는 중종의 지극한 신임을 받았다. 그는 의리를 밝혀, 폭군과 반정공신들이 탐욕과 부정으로 어지럽힌 정치 풍토를 개혁하고자 노력했다. 또한 선비의 기개를 높이고 기풍을 바로잡으며 백성을 보호하는 지치의 이상을 실현하고자 했다. 조광조는 과연 집요한 사람이었다. 자신의 이상을 실현하기 위해서는 뒤도 돌아보지 않는 추진력이 있었다. 조정에서의 모든 삶은 도학과 도학 정치를 주장하는 데 투자한 세월이었다.

그러나 밤을 지새우기가 일쑤였던 조광조의 도학 강의에 중종은 점차 싫증을 내게 되었다. 도학 앞에서는 왕도 절대적인 존재일 수 없었다. 이 점에서 도학은 왕의 상투 끝에 올라앉은 형국이었다. 그의 도학 정치를 표방한 과도한 개혁 주장은 왕과 훈구 세력으로 하여금 위기의식을 느끼게 했다.

후일 이황은 조광조와 기묘사화에 대해 다음과 같이 평하고 있다.

정암은 그 자질이 참으로 아름다웠으나 학력이 충실하지 못해 그 실행한 바가 지나침을 면치 못하고 결국은 실패를 초래하고 말았다. 만일 학력이 넉넉하고 덕기(德器)가 이루어진 뒤에 나와 나라의 일을 담당했던들 그 성취를 이루 헤아리기 어려웠을 것이다. 군민이 요순 시대의 군민과 같고 또 비록 군자의 뜻이 있다고 하더라도 때와 힘을 헤아리지 않으면 안 되는 것이다. 기묘의 실패는 여기에 있었다.

- 《퇴계집》4, 언행록 권5, 유편

퇴계의 글에서도 알 수 있는 바와 같이 정암과 그 동지들은 높은 이상을 지니고 전설상의 요순 시대와 같은 지치를 실현하려 했다. 그러나 실행방법은 과격함을 면치 못하고 때와 역량을 헤아림도 부족했다. 이리하여 신진 세력은 왕권을 배경으로 한 기성 세력과의 항쟁 끝에 다시 한 번 좌절을 겪는 비극에 봉착하고 말았다. 중종은 용군(庸君)이다. 용군의 치하에서는 충신도 역신도 다 살아남을 수 없다. 남의 말을 듣고 태도를 수시로 바꾸기 때문이다.

조광조의 꿈은 모두 물거품이 되었지만 도학 정치는 많은 것을 남겼다. 우선 학풍이 일변되어 문장보다는 경학을 중시하는 풍토가 점차 조성되었다. 퇴계와 율곡 같은 대현도 이러한 풍토 위에서 등장할 수 있었다. 나아가 도학 정치의 영향은 사회 전반에 확산되어 조선조의 풍습과 사상을 유교식으로 바꾸어 놓는 데 결정적인 역할을 담당하게 되었다.

삼포왜란

1510년(중종 5) 삼포에 거주하던 일본인들이 조선의 처우에 불만을 품고 폭동을 일으켰다. 삼포는 일본인들의 왕래와 거주를 허락한 부산포(釜山浦, 동래), 제포(薺浦, 창원), 염포(鹽浦, 울산)의 세 포구를 말한다. 삼포에 한정해 일본인의 출입과 거주를 허락한 이유는 무엇인가? 그것은 바로 왜구에 대한 무마책의 결과였다. 왜구의 폐해를 줄이기 위해서는 그들에게 일정한 통로를 열어 주어야 했다. 그렇다고 국방상의 보안을 전연 고려하지 않을 수는 없었다. 이에 교린 차원에서 부분적인 교류는 허용하면서도 삼포에 한정해 일본인의 무질서한 입국을 통제한 것이다.

삼포의 개방과 일인의 무질서한 유입

고려 말 이래로 왜구의 노략질은 변방의 크나큰 근심이었다. 1419년(세종 1) 세종의 대마도 정벌은 여기에 대한 강력한 응징이었다. 이후 조선과의 교섭이 단절된 일본은 생존 차원에서 무역 재개를 간청하게 되었다. 이에 세종은 1426년(세종 8) 부산포를 개항해 일인들의 거주를 허락했고, 1436년(세종 18)에는 염포와 제포를 아울러 개방했다. 염포와 제포의 개방은 부산포에 집중되는 일인을 분산시키기 위한 조처였다.

삼포의 개방은 한마디로 왜구 전환 정책의 결과였다. 이에 무역선이 왕래하고 왜관이 설치되는 등 삼포는 이제 조일 교역과 접대의 거점이 되었다. 그러나 완전한 개방이 아니었기 때문에 일정한 조건이 있었다. 일본의 무역선은 삼포에 한정해 출입할 수 있고, 무역과 어로가 끝나면 곧바로 일본으로 철수한다는 조건이었다. 다만 항거왜인(恒居倭人)이라 해 거류한 지 오래된 60여 명만은 잔류할 수 있었다.

일인에 대한 조선의 유화포용책은 도리어 많은 부작용을 수반했다. 그들은 규정을 지키지 않고 무질서하게 삼포에 들어와 거주했다. 그리고 그 수는 해마다 급속하게 증가했다. 불법 체류자 중에는 조선의 후한 대접과 하사품을 노리고 유입된 자가 태반이었다. 심지어 왕사(王使)를 사칭하는 자도 있었다고 한다.

이에 조선에서도 대비책을 강구해야만 했다. 이전까지 조선은 자국의 경제적인 부담을 감수하면서까지 일인들의 요구를 최대한 수용했다. 그러나 성종은 기존의 유화적인 태도에서 탈피해 일인에 대해 철저한 단속과 통제를 가하는 한편 무역량도 엄격하게 규제했다. 이런 선상에서 연산군 대의 재정 궁핍은 일인에 대한 처우를 더욱 열악하게 만들었다. 이에 일인들은 자신들의 과오는 망각한 채 조선에 대해 강한 불만을 표시하며 소란을 피우기 시작했다.

이런 흐름 속에서 반정을 통해 추대된 중종은 정치 개혁 차원에서 일인들을 더욱 엄격하게 통제했다. 이때의 통제는 '규정의 철저한 준수'라는 원칙적인 방향에서 전개되었다. 그러나 상습적인 규정 위반에 익숙해진 일인들은 조선의 대응책에 강하게 반발해 폭동을 일으켰다.

폭동과 그 결과

1510년(중종 5) 4월 4일 제포에 거주하는 일인의 우두머리격인 오바리시[大趙馬道]와 야스고[奴古守長] 등이 대마도주의 아들 종성홍(宗盛弘)을 대장으로 추대해 폭동을 일으켰다. 폭동에 동원된 군사는 4~5천 명이었다.

이들은 제일 먼저 부산포를 공격해 부산진첨사 이우증(李友曾)을 살해했다. 이우증은 일인에 대해 심한 사역을 강행하는 과정에서 숙원을 지니고 있었기 때문에 공격의 초점이 되었던 것이다. 부산진을 공격해 인명을 살상하고 가사를 불태운 폭도들은 다시 제포를 공격해 제포첨사 김세균(金世均)을 납치했다. 이후 폭도들은 여세를 몰아 웅천과 동래를 공격함으로써 삼포왜란이 본격화되었다.

경상우병사 김석철의 보고를 통해 사태를 파악한 조정에서는 좌의정 유순정을 도순찰사에 임명하는 한편 황형을 경상좌도방어사, 유담년을 경상우도방어사에 임명해 반란 진압에 착수했다.

삼포왜란은 전면적인 전쟁이 아닌 부분적인 반란에 불과했지만 그 규모는 실로 엄청난 것이었다. 육상의 병력 4~5천 명은 차치하고 해상에서도 무려 125척의 군함이 동원되어 수륙 양면에서 공격을 감행한 것이다.

이에 반란의 거점인 삼포는 약 6일 사이에 거의 초토화되었다.

이처럼 사태가 긴박하게 돌아가자 조선의 대응책이 보다 적극적으로 표현되었다. 우선 유순정을 경상도도원수, 우의정 성희안을 도체찰사겸 병조판서에 새로이 임명해 진압 작전에 만전을 기했다. 이때 동원된 조선의 군사는 모두 5천여 명이었다. 그러나 사기가 오른 반란군의 예봉을 저지하기는 쉽지 않았다. 삼포 인근의 수령들 중에는 문관 출신이 많아 군대를 효과적으로 통솔하지 못했다. 더욱이 폭도들의 위세에 눌려 위축되기가 일쑤였다.

사실 폭도들도 전면전 내지는 장기전을 바란 것은 아니었다. 원수로 여긴 이우증을 살해함으로써 일차적인 목적은 달성한 셈이었다. 폭도들의 목적은 반란을 통해 조선에 위협을 가한 다음 향후 무역 관계에 있어 유리한 고지를 장악하는 데 있었다.

제포에 집결한 조선의 진압군은 폭도들에 대해 일대 공격을 강행해 종성홍을 살해하는 데 성공했다. 이에 삼포에 거류하던 일인들이 모두 대마도로 도주함으로써 왜란은 평정되었다. 이 과정에서 조선은 군민 270여 명이 피살되고, 민가 약 800채가 소실되는 손실을 입었다. 일인의 손실도 적지 않아 군함 다섯 척이 격침되고, 약 300명이 사살되었다. 이후 조선에서는 일인들을 경계할 목적에서 사살한 폭도들의 무덤을 높이 쌓는 한편 진압의 공으로 논공행상을 실시하기도 했다.

삼포왜란의 결과 삼포는 완전히 폐쇄되었다. 이런 상황은 1512년(중종 7) 임신조약이 체결되어 국교가 정상화될 때까지 계속되었다.

초법적 기구, 비변사

비변사의 유래와 발전

조선 초기 뜸했던 왜구와 여진의 침입이 성종 대에 들어 차츰 빈번해지기 시작했다. 당시 조선의 군사 방략은 원칙적으로 의정부와 병조에 의해 정해지고 있었다. 그러나 문치주의가 점차 안정화 추세에 접어들자 군사 책임자도 이 분야에 실무적 경험이 없는 인물들이 임명되었고, 이들이 수립한 정책은 현실성이 결여되어 있었다. 따라서 위의 단점을 보완하기 위해 의정부 삼대신과 병조의 주요 인사는 물론 변경 지방의 군사책임자를 지낸 인물들을 참여시켜 군사전략과 전술을 논의케 했는데, 이들을 당시에는 지변사재상(知邊事宰相)이라 불렀다. 변방의 국방을 담당하는 재상이라는 뜻이다.

1510년(중종 5) 삼포왜란이 발생했다. 이에 놀란 중종은 지변사재상을 급히 소집해 방어책을 논의케 하는 한편, 아예 비변사(備邊司)라는 임시 기구를 만들어 비상시국을 대비하도록 했다. 이후 외침이 있을 때마다 비변사는 한시적으로 설치되어 운영되었다.

사실 비변사는 당시 《경국대전》에도 없던, 정책 조정을 위한 초법제적 기구였다. 비록 외침을 당했을 때 효율적인 정책 수립을 하기 위한 기구라고는 하지만 자칫하면 기존의 의정부나 육조를 압도해, 이들을 중심으로 만들어진 조선의 행정 체제를 근저에서부터 흔들 위험성을 내포하고 있었다.

실제로 1522년(중종 17)에 왜구의 침입을 대비해 설치된 비변사에서 이러한 조짐이 보이자 일부에서는 이를 폐지해야 한다는 목소리가 높아지기도 했다. 그러나 효율성 재고라는 명분으로 비변사의 기능은 거의 변화하지 않았고, 오히려 1554년(명종 9) 을묘왜변 이후에는 독립된 합의 기구로 발전했다.

　비록 법제화되고 독립 청사까지 갖추었다고는 하지만 당시 비변사는 어디까지나 군사 부분만을 담당하는 의정부의 하위 기관으로 존재했다. 그러나 '군사 부분의 범주가 어디까지냐'라는 문제는 해석의 차이가 있을 수 있었기 때문에 비변사의 권한이 비대해질 가능성이 충분했다.

비변사의 확대와 파행

　임진왜란은 조선 건국 후 가장 큰 국난이었다. 조선의 당국자들은 이 미증유의 전란을 타개하기 위해 비변사를 전쟁 수행을 전담하는 최고 기관으로 그 기능을 확대해 나갔다. 이때부터 비변사는 전공을 세운 사람들에 대한 논공행상(論功行賞), 청병(請兵), 시체 매장, 군량 운반 등의 군사 부분은 물론 수령의 임명, 정절(貞節)의 포상, 이조와 병조 관리의 추천, 심지어 비빈(妃嬪)의 간택과 같은 군사 외적 임무까지도 관장하게 되었다.

　왜란 중 종묘사직의 보존이라는 명분하에 조정을 분리해 왕과 왕세자가 각각 책임지는 분조(分朝)가 행해질 때도 비변사 역시 분비변사(分備邊司)가 만들어져서 함경도 쪽으로 파천한 왕세자의 뒤를 따라 의병 소모(召募) 등 각종 국정을 책임지게 했다.

　확대강화된 비변사의 기능은 이후에도 지속되었다. 그러자 비변사의 기능을 축소하고 정부 각 부처의 기능을 예전처럼 환원해야 한다는 주장도 있었으나, 전후 복구와 국방력의 재건이라는 국가적 목표 아래 이러한 반대는 맥없이 수그러들곤 했다.

　오히려 비변사는 인조 대에 이르러 서인 정권에 의해 더욱 확대되고 강화되었다. 이들은 후금과의 항쟁 과정에서 국정의 효율성 제고와 국방력 강화라는 명분으로 새로 오군영을 설치하고 비변사의 당상관(堂上官)

을 독점했다. 물론 이는 정권을 잡기 위해서는 군권의 뒷받침이 있어야 한다는 생각에서였다. 이러한 원칙은 여러 차례 환국을 통해 정치 세력의 부침이 극심했던 와중에서도 비변사가 혁파되지 않은 사실로 미루어 보아 정파에 상관없이 충실하게 지켜진 것으로 보인다.

북벌이라는 국시로 인해 지속되던 준 전시체제가 청과의 관계 완화로 인해 점차 유화 분위기를 타게 되는 숙종 조 이후 비변사는 외교 통상 업무가 추가되어 그 기능이 강화되었다. 이 시기 명칭을 바꾸자는 소극적 논의는 있었지만 인원과 관장 업무는 오히려 확대되는 추세에 있었다.

비변사는 순조 즉위부터 시작된 세도정치 기간에 조직과 권력을 집중해 그 기능을 더욱 강화해 나갔다. 철종 조에는 당초 20명 내외였던 비변사 관리가 66명으로 증가할 정도였다.

'절대 권력은 부패한다'라는 격언처럼 비변사의 정치적 지위가 올라가는 만큼 그로 인한 폐해도 점차 커져 갔다. 특히 비변사 구성원 내에서 자천(自薦)하는 관행이 만연하고 친족 간에 동일 관사에 근무치 못하게 하는 상피제(相避制)가 해소됨으로써 이러한 문제점은 점차 심화되었다. 이로 인해 관직 매매가 성행했고 삼정이 문란해져 민란이 사방에서 발생하게 되었다. 즉 비변사의 확대된 권한이 조선 후기 정치적 문란의 주요한 원인 중 하나가 된 것이다.

비변사 혁파

비변사는 임시 기구였을 때부터 혁파 논의가 있어 왔다. 특히 중종 조에 왜구의 침입을 격퇴하는 과정에서, 비변사는 왜구 격퇴의 업무를 실질적으로 전담하게 되고 병조가 오히려 군사 업무에서 소외되었다. 다음의 홍문관(弘文館) 상소는 이러한 문제점을 잘 지적하고 있다.

예부터 군사 업무는 마땅히 한 사람으로 주관케 했습니다. 만약 여러 사람으로 하여금 이 일을 맡게 한다면, 이는 바로 실패의 전조라 할 수 있습니다. ……지금 나라의 변괴가 있어도 정부가 이 일을 맡지 못하고……. 병조는 오히려 퇴청(退廳)하고 있습니다.

－《중종실록》권45

비변사가 정식 직제화한 후에도 이를 둘러싼 논의는 그치지 않았다. 특히 명종 조에는 간관(諫官)까지 가세해 폐지 논의가 더욱 격렬해졌다.

비변사가 설립된 후에는 변경이 하루라도 편한 날이 없었습니다. (왜냐하면) 비변사의 당상관들은 공적을 위한 일거리를 좋아해 군사를 일으킬 만한 단서를 늘 자극하고 있으며, (이에 영합한) 대신들 또한 이 말에 홀려 변방의 오랑캐들과 일의 단서를 맺고 있으니 이것이 바로 오늘날의 큰 병폐라 할 수 있습니다.

－《명종실록》권17

시간이 지나면서 비변사 기능이 강화되고 이에 따라 여러 폐단이 발생하자 이를 시정하려는 움직임도 뒤따랐다. 이는 비변사가 국방력 강화와 사회 혼란 타개라는 본연의 목적에 충실치 못하고 오히려 의정부와 육조를 중심으로 하는 국가 행정 체제를 문란하게 만들었다는 인식에 근거한 것이었다. 다음 이단하(李端夏)의 상소는 이를 잘 보여 준다.

비국(備局, 비변사)은 본래 정부의 한 소속 관서에 불과한데 도리어 이것이 정부가 되어 버리고, 정부는 그 이름만 있을 뿐 아무런 실권이 없게 되었습니다. ……신의 생각으로 현재 비변사 장소를 정부

의 방으로 만들고 그 곁에 한 방을 비변사로 만들어 정부의 일을 돕
게 한다면 어떻겠습니까?

- 《연려실기술》 별집6, 관직전고 의정부

사실 이러한 논의는 직무의 개편이나 운영의 개선 차원에 머무른 것으
로 비변사 폐지까지 언급하던 조선 전기의 논의와 확연히 구별된다. 왜냐
하면 군권 확보를 통해 자신의 정치적 이익을 보호해 나가던 사림 정치
의 한계 때문이었다. 특히 비변사는 신권 강화에 정파를 불문하고 경쟁적
으로 이용되어 상대적으로 왕권을 취약하게 만드는 데 일조했다. 그러나
이러한 문제점은 왕권이 취약했기 때문에 시정될 수 없었다.

이후 왕권 강화를 통해 국가 중흥을 경주한 흥선대원군이 등장하자 상
황은 반전되었다. 그는 1864년(고종 1) 국가기구를 재정비할 때 구제회복
(舊制回復)이라는 명분으로 의정부와 비변사의 사무규정을 재조정하면서
비변사의 기능을 외교, 국방, 치안에만 국한시켰다. 말이 그렇지 사실 이
때부터 비변사는 껍데기만 남은 기관으로 전락했다. 그리고 다음 해에 비
변사는 드디어 폐지되었다. 남은 담당 업무를 의정부로 이관하고 국초의
삼군부(三軍府)를 부활시켜 군정을 담당케 하자 비변사는 더 이상 존재
할 이유를 상실하게 된 것이다. 실로 256년 만의 일이었다.

한편 비변사에서는 회의가 있을 때마다 낭관(郎官)을 들어오게 해 매
일매일의 회의 상황과 의결 사항을 기록케 했다. 이를 기록한 문서를 《비
변사등록(備邊司謄錄)》이라고 한다. 1510년부터 1555년에 이르는 임시
기구 시절의 작성 여부는 알 수 없으나, 아마도 정식기구가 된 1555년 이
후부터는 등록이 작성되었을 것으로 추측된다. 그러나 임진왜란 이전 기
록은 전부 소실되었다.

조선 후기 실록 편찬 시 《비변사등록》은 《승정원일기(承政院日記)》,《일

성록(日省錄)》등과 함께 1차 자료로 활용되었다. 때문에 그 자료적 가치, 특히 사회경제 관련 부분은 실록보다도 풍성한 사실이 담겨져 있다고 평가되어, 이 분야에 관심이 많은 연구자들에게는 일찍부터 주목되어 왔다.

현재《비변사등록》은 1617년(광해군 9)부터 1892년(고종 29)까지의 분량인 273책만이 전해지고 있다. 비변사가 혁파된 1865년부터의 기록은 《의정부등록(議政府謄錄)》정도가 적당한 명칭이겠으나, 그 체제가 이전의 비변사등록 때와 동일해 통상《비변사등록》이라 부르고 있다.

인종 仁宗

제12대 1515년~1545년 | 재위기간 1544년 11월~1545년 7월

하늘이 낸 효자, 인종

조선 왕조는 태조 이성계로부터 순종 황제에 이르기까지 모두 27명의 왕이 대통을 계승하며 종묘와 사직을 주관했다. 이 가운데 25명은 명분상 중국 제후인 왕의 지위에 있었고 칭제건원(稱帝建元, 황제라 칭하고 연호를 세우는 것)한 이는 고종과 순종에 불과했다.

왕비의 침전을 대조전(大造殿)이라 하는데 용마루가 없는 무량각이다. 가장 높은 여성이 기거하는 건물에는 용마루를 두지 않는다는 규범에 따른 것이다. 대조는 곧 큰 인물을 만든다는 의미이다. 이는 적자 탄생을 기원하는 말로서 적자를 낳는 것은 왕비의 최대 의무이기도 했다. 그리고 경복궁에는 교태전(交泰殿)이라는 전각이 있었다(지금은 창덕궁에 있다). 교태 역시 큰 인물을 위해 왕[天]과 왕비[地]가 교접한다는 뜻이다. 이처럼 조선 왕실은 전각의 명칭에까지 적자에 대한 기대와 염원을 투영시켰다. 그러나 적장자가 왕위에 오르는 것이 원칙이기는 했지만 현상은 그렇지 못했다. 왕비의 몸에서 태어난 차자가 왕위를 계승하는 경우가 있었고, 후궁의 몸에서 태어난 서자가 왕이 된 경우도 많았다.

한편 왕위에 오르는 방법과 절차도 다양했다. 태종이나 세조처럼 피를 부르는 투쟁 끝에 왕위에 오른 이도 있었고, 단종처럼 어린 나이에 왕위에 올라 국왕의 권위를 제대로 떨쳐 보지도 못하고 왕위를 찬탈당한 이

도 있었다. 또 성종과 명종처럼 미성년에 왕이 되어 수렴청정의 이름으로 한동안 대비가 권한을 대행한 이도 있었다.

조선 왕조의 역대 제왕들은 20년 정도 재위한 것으로 추산된다. 대체로 20~30대에 즉위해 40~50대에 승하한 셈이다. 물론 선조, 숙종, 영조처럼 30~50년 이상 재위한 왕도 있지만 일반적인 경우는 아니다.

효성스런 임금

인종은 왕위에 오른 지 8개월 만에 승하한 임금이었다. 1544년 11월에 서른 살의 나이로 즉위해 이듬해 7월 초하루에 사망했다. 옥좌에 오르기가 무섭게 세상을 버린 군주였다.

그런데 인종은 출천(出天)의 효자였다고 한다. 중종의 병이 깊어지자 한시도 곁을 떠나지 않고 병수발을 들었으며, 부왕의 쾌유를 위해 산천에 기도를 드리기도 했다. 그러나 인명은 재천이라고 하지 않았던가? 죽어야 할 운명이면 편작(扁鵲, 전국시대의 명의)이 다시 살아온다 해도 도리가 없는 것이 생로병사의 이치다.

중종도 예외는 아니어서 쾌유를 비는 세자와 신민의 여망을 저버리고 1544년에 세상을 떠나고 말았다. 인종은 태어난 지 열흘 만에 어머니 장경왕후를 여의고 중종의 제2계비 문정왕후 슬하에서 양육되었다. 따라서 중종은 아들 인종에게 아버지로서의 정과 어머니의 정을 동시에 주어야 했다. 효성스런 군주, 인종은 바로 이러한 내막을 통해 만들어졌다.

인종에게 중종의 죽음은 그야말로 하늘이 무너져내리는 일이었다. 인종은 상을 치르는 범절에도 전혀 소홀함이 없었다. 그리고 손수 중종의 영전에 제문을 지어 곡진하고도 애절하게 아버지의 정에 답했다.

태어난 지 열흘이 못 되어 어머니를 여의매 외로운 이 몸을 보살펴
줄 이 없어 제대로 자라나지 못할 것 같더니 부왕께서 극진한 은혜를
내리시어 잔약한 몸을 보전했도다.

- 《연려실기술》 권9, 〈인종 조 고사본말〉, 인종

이처럼 인종은 극진한 효자였다. 더욱이 좌의정 홍언필이 경원대군(후
일의 명종)의 병을 이유로 중종의 제사를 폐할 것을 주장하는 무례를 범
했을 때도 선왕이 우대한 대신이라는 이유로 죄를 묻지 않았다.

그는 성현의 교훈을 몸소 실천한 것이었다. 이처럼 인종은 역대 군왕
가운데 가장 효성이 지극했던 인물이었다. 그러나 중종의 상을 치르는 동
안 건강을 해쳐 상복을 벗지 못한 채 세상을 버리는 불효를 범하고 말았
다.

인종의 이름은 호(峼), 자는 천윤(天胤), 1515년(중종 10) 2월 25일 경복
궁에서 중종의 큰아들로 태어났다. 어머니는 장경왕후 윤씨다. 1520년(중
종 15)에 왕세자로 책봉되었고, 1522년(중종 17)에 관례를 행했으며,
1544년(중종 39) 11월 서른 살의 혈기왕성한 나이에 중종을 이어 조선의
12대 왕으로 즉위했다. 부인 인성왕후 박씨는 본관이 나주이며 영의정에
추증된 금성부원군 용(墉)의 딸이다.

대윤과 소윤의 굴레

조선 시대의 정치사는 크게 사대부 정치기, 훈신 정치기, 사림 정치기,
외척 세도 정치기로 구분할 수 있다. 인종이 즉위하던 16세기 중엽은 훈
신 정치의 말기로서 이른바 권신(權臣) 시대였다.

계유정난을 통해 창출된 공신들은 세조 이후 성종 대까지 무려 250여 명이나 양산되었다. 이때 양산된 공신들은 훈신 정치의 외연이 되어 국가 권력을 독점하고 있었다. 그러나 점차 사림 세력이 성장해 훈신들의 권력 독점에 반발하고 국정 전반에 발언권을 강화하자 양측의 반목이 가시화 되었다. 전후 네 차례에 걸쳐 발생한 사화는 바로 그 여파였다. 특히 1519 년(중종 14) 기묘사화의 와중에서 도학 정치를 주장하며 정치 풍토를 일 신하고자 했던 조광조 일파가 대대적인 탄압을 받고 정계에서 축출됨으 로써 훈신들은 더욱 기승을 부리게 되었다.

이런 가운데 기묘사화 이후 중앙 권력은 훈신 계열 중에서도 이른바 기묘삼간(己卯三奸)으로 지칭되는 심정, 남곤, 홍경주 등 권신에게 집중 되었다. 반면 정광필과 안당 등 사림파와 일정한 연관을 가졌던 인물들은 대개가 산직(散職)으로 밀려나게 되었다. 사림파가 실시했던 향약, 현량 과, 소격서에 대한 개혁안 등은 모조리 파기되었다. 이에 마치 로마 시대 과두정치와 흡사한 양상으로 권신 정치 시대가 본격화되었다.

그러나 심정, 남곤, 홍경주의 권력도 오래가지 못하고 권력투쟁의 와 중에서 척신이며 권신이던 김안로에게 자리를 물려주고 말았다. 그러나 세자 보호론을 권력 장악의 수단으로 이용했던 김안로의 권력도 영원한 것은 아니었다. 그도 명종의 모후 문정왕후 일파의 공작 정치에 휘말려 목숨을 잃고 허항, 채무택과 함께 정유삼흉(丁酉三凶)으로 전락하고 말 았다.

결국 이 시기는 무수한 권신을 양산하면서도 권력이 지속되지는 못해 고려 시대 무신 정권과 유사한 양상을 연출했다. 이는 권신 정치기의 권 력투쟁이 가지는 속성인지도 모른다. 권신 김안로의 패망은 권신 정치의 종말이 아니라 권신 정치의 심화 과정이었다. 대윤(大尹)과 소윤(小尹)의 대립이 새로 일어났기 때문이다.

중종은 모두 세 명의 부인을 두었다. 조강지처인 단경왕후 신씨는 1506년(중종 1) 9월, 중전에 책봉된 지 7일 만에 폐비되었다. 제1계비인 장경왕후 윤씨는 윤여필의 딸로서 인종을 낳았고, 제2계비인 문정왕후 윤씨는 윤지임의 딸로서 명종을 낳았다. 장경왕후와 문정왕후는 모두 파평 윤씨로 친정 촌수로는 9촌간이며 장경왕후가 아주머니뻘이 된다.

1520년(중종 15) 원자 호(皓, 인종)는 적자로서 중종의 기대와 백관의 경하를 한몸에 받으면서 세자로 책봉되었다. 그런데 1534년(중종 29) 제2계비 문정왕후가 경원대군(명종)을 낳음으로써 예기치 않았던 권력투쟁이 일어났다.

이 투쟁은 세자의 외숙 윤임과 경원대군의 모후 문정왕후와 외숙인 윤원로와 윤원형을 중심으로 전개된 두 척신 사이의 싸움이었다. 이는 조정 전반에 확산되어 전자를 지지하는 세력인 대윤과 후자를 지지하는 세력인 소윤으로 각립하게 되었다. 윤임, 유관, 유인숙은 대윤, 윤원로, 윤원형, 윤안임, 양연, 윤개는 소윤을 대표하는 인물들이었다.

투쟁 방향은 역시 세자 자리를 탈취하려는 소윤의 도전과 기득권을 유지하려는 대윤의 응전으로 전개되었다. 이에 한 치도 양보할 수 없었던 양측은 팽팽하게 대립함으로써 정국의 긴장감은 극도에 달했다.

이러한 대립 속에서 1544년(중종 39) 11월 중종의 고명대신 좌의정 홍언필과 우의정 윤인경의 주선으로 인종이 즉위함으로써 대윤과 소윤의 투쟁은 대윤의 승리로 귀결되는 듯했다.

그러나 권력을 향한 소윤의 도전은 인종 즉위 후에도 끊임없이 진행되었다. 예컨대 인종 즉위 시 고명대신이던 홍언필이 경원대군의 병을 이유로 중종의 제사를 폐지할 것을 과감하게 주장한 사실에서 인종에 대한 소윤의 태도를 알 수 있다. 홍언필은 1545년(명종 즉위년) 을사사화 당시 윤임, 유관, 유인숙을 축출한 공으로 보익공신에 책봉된 소윤의 대표적인 인물이다. 홍언필이 어전에서 이처럼 무례한 발언을 할 수 있었던 것도 문정왕후를 중심으로 하는 소윤의 비호가 있었기 때문이었다. 이러한 행적에도 불구하고 후일 홍언필은 고명대신이라는 이유로 인종의 묘정에 배향되었다.

인종은 1545년(인종 1) 1월, 대윤의 거두 유관을 정승에 임명하는 한편 이언적, 송인수, 김인후 등의 사림을 중용하면서 친정 체제를 모색했다. 나아가 문정왕후를 위로하기 위해 윤원형을 공조참판에 발탁하는 등 경색된 정국을 조화시키려고도 했다. 비록 조광조의 신원 요구는 한동안 보류했지만 김식의 가산을 환급하는 조처를 내렸다. 급기야 사망하기 직전에는 조광조, 김정, 기준을 복직시키고 현량과를 복과할 것을 명해 기묘사림에 대한 신원 조처를 단행하기도 했다. 그러나 급작스런 죽음에 따른 명종의 즉위로 이 명령은 시행되지 못했다.

비록 인종은 자신을 둘러싼 대윤의 굴레를 벗어날 수 없었고, 그로 인해 외숙 윤임이 당대의 권신으로 부상할 수 있는 기틀을 제공했지만 기묘사림의 신원을 단행하는 등 사림파에 대해 매우 우호적인 입장이었다.

인종이 재위하는 한 대윤이 정국을 주도할 수 있었다. 그러나 인종은 나이 서른이 넘도록 아들을 두지 못했다. 반면에 문정왕후의 아들 경원대군은 열두 살의 총명한 소년으로 성장해 있었기 때문에 대윤은 불안했다. 자칫하면 언제라도 세제 책봉설이 대두될 수 있는 상황이었다. 아니나 다를까 인종의 건강이 극도로 악화되자 조정 일각에서 세제 책봉설이 비등하기 시작했다. 물론 이는 문정왕후를 중심으로 하는 소윤의 책동 때문이었지만 근본적인 책임은 아들을 두지 못한 인종에게 있었다. 윤원형이 인종의 수명을 단축시키기 위해 절에 가서 기도하고, 갖은 방술을 구사한 사실을 보더라도 소윤이 경원대군을 후계자로 삼기 위해 얼마나 부심했는가를 알 수 있다.

아우에게 왕위를 물려주고

1545년 6월 그믐날 저녁, 인종의 환후가 위급해졌다. 이에 인종은 자신의 병세가 더 이상 회복의 기미가 없다고 생각해 영의정 윤인경과 좌의정 유관 등 삼정승이 입시한 자리에서 이렇게 유언했다.

> 내 병세로 보아 장차 일어나지 못할 것 같다. 나에게는 아들이 없고 선대왕의 적자는 나와 경원대군뿐이다. 경원대군이 비록 어리지만 총명하고 숙성해 뒷일을 부탁할 만하니 경들은 함께 도와서 경원대군을 왕으로 세우도록 하라.
>
> - 《연려실기술》 권9, 〈인종 조 고사본말〉

이튿날인 7월 초하루에 승하했는데, 이때 나이 서른한 살이었다. 인종이 아우 경원대군에게 전위를 명함으로써 대윤의 세상은 가고 소윤의 세상이 오고 있었다. 그 징후는 인종의 상을 치르는 과정에서도 적나라하게 드러나고 있었다.

이기는 인종이 1년을 넘기지 못한 임금이라 하여 대왕의 예로써 장사지낼 수 없다고 주장했고, 문정왕후도 같은 입장이었다. 이는 분명 예에 어긋나는 것이었다. 그러나 소윤의 기세에 눌려 정황을 제외하고는 누구도 여기에 대해 반론을 제기하는 이가 없었다. 이에 인종의 국장은 제후의 예인 5월장(五月葬)을 채우지 못한 채 갈장(渴葬, 임시로 빨리 장사지내는 것)으로 치러지고 말았다. 더욱이 인종은 능묘에서조차 군왕 대접을 받지 못했다. 또 해를 넘기지 못한 임금이라 해서 문소전(文昭殿)에 모셔지지 못하고 연은전(延恩殿)으로 밀려나는 수모를 겪어야 했다.

결국 인종은 권신 정치가 극성을 부리던 시기에 8개월이라는 짧은 기간 동안 왕위에 있었지만 생전에는 물론 죽어서까지 대윤과 소윤의 굴레를 벗어날 수 없었던 군왕이었다. 8개월이라는 짧은 재위기간만큼이나 운신의 폭도 좁았던 것이다.

즉위 과정에서는 윤임이라는 권신을 탄생시켰고, 죽어서는 윤원형이라는 새로운 권신이 출현하는 단초를 마련했다. 이것이 국왕도 탈피할 수 없었던 이 시기 조선 왕조 정치의 거대한 틀이었다. 인종의 사망에 뒤이은 대윤의 득세는 정치적인 회오리를 야기해 곧바로 을사사화(乙巳士禍)의 참변으로 이어지게 된다.

명종 明宗

제13대 1534년~1567년 | 재위기간 1545년 7월~1567년 6월

외척 세력의 틈바구니에 낀 명종

세자(인종)를 보호하려 했던 윤임과 세자를 바꾸기 위한 대책 마련에 부심했던 윤원로와 윤원형, 이들 두 외척 간의 싸움은 이미 예정된 것이었다. 표면화된 두 세력의 대립은 다음과 같은 정순붕의 말에서도 잘 드러난다.

> 대윤과 소윤의 설은 오래전부터 나와 점차 표적이 되었고 모 재상을 가리켜 모윤(某尹)의 당이라 하는 등 대소 두 갈래로 나누어졌습니다. 대소가 서로 의심하고 비방해 방문하지도 않으며 집을 옮겨 살려는 자까지 있고, 그중에 논박된 자가 있으면 사람들은 곧 이 당이기에 이런 일이 있었다고 합니다. 소위 대윤은 동궁을 보호하는 세력을 말하며, 소윤은 대군에게 마음을 두고 있는 세력인데 무릇 이 이야기가 만들어진 것은 동궁에게 후사가 없기 때문입니다.
>
> -《중종실록》권104, 중종 39년 9월 을축

윤임 일당의 대윤과 윤원로, 윤원형 일당의 소윤은 당시 서로 비방해 방문조차 하지 않을 정도로 그 대립이 심각했다. 심지어 호조판서 임백령은 윤임의 이웃에 살다가 집을 팔고 이사하기까지 했다고 한다. 그러나

근본적인 해결책이 모색되지 않았던 그들 간의 갈등은 중종 사망으로 또다시 새로운 양상을 띠게 되었다.

인종 대는 대윤과 소윤의 갈등이 표면화되지는 않았지만 전반적으로 인종의 지지 세력인 대윤의 우위였다. 그러나 인종이 재위 8개월 만에 죽자 당시 열두 살이었던 명종이 즉위했고, 이로부터 정국은 소윤 쪽으로 반전되었다.

조선 제13대 왕 명종의 이름은 환(峘), 자는 대양(對陽)으로 중종의 둘째 아들이자 인종의 아우다. 어머니는 중종의 제2계비인 문정왕후 윤씨다. 부인 인순왕후는 청릉부원군 심강의 딸이다. 인순왕후와의 사이에 순회세자를 낳았으나 1563년 열세 살의 나이로 죽고 중종의 아홉째 아들인 덕흥부원군의 셋째 아들 선조가 왕위를 계승했다. 명종이 어린 나이로 임금이 되었기 때문에 성종 조의 전례에 따라 스무 살이 될 때까지 어머니 문정왕후가 수렴청정하게 되었다. 조선 왕조에 있어서는 정희왕후에 이은 두 번째 수렴청정이었다.

명종의 즉위로 소윤의 세상이 되자 문정왕후의 동생 윤원형은 을사사화를 일으켰다. 자기와 의견을 달리하는 사람을 제거하려는데 조정에서 이를 들어주지 않자 대비를 현혹시켜 밀지를 빙자했다. 그는 공론을 봉쇄하고 사림을 일망타진할 계획을 감행했던 것이다.

이러한 외척 전횡의 시대를 틈타 한편에서는 조선 전기 도적의 상징 임꺽정이 활개를 치고 있었다. 명종은 도적 체포를 위한 특별 대책을 마련하기도 했다. 그러나 상황은 이미 국가에서도 진압하기 힘든 지경에까지 이르렀다.

한편 명종 대는 문정왕후가 불교를 독실히 믿었던 바에 힘입어 선교 양종을 부활시키고 승과를 설치하는 등 불교의 교세가 다시 일어나기도 했다.

명종은 그가 거처하는 침실 좌우편에 '마음을 맑게 가지고 욕심을 적게 하라(淸心寡慾)', '보는 것은 분명히, 듣는 것은 멀리(明目達聰)', '정성, 공경, 화평, 근면(誠敬和勤)', '어진 사람을 좋아하고 학문을 즐기라(好賢樂道)' 등의 구절을 써 붙이고 날마다 스스로 반성했다.

명종은 친정 체제를 구축한 이후 학자들을 존경하고 선비를 사랑했다. 명종 역시 타고난 효자였다. 그는 삼시로 문안을 드리고 외출할 때에 보고하고 돌아와서 인사하는 범절을 처음부터 끝까지 한 번도 소홀히 한 적이 없었다. 또 어머니가 대리 정치할 때 한 일에 허물이 돌아갈까 염려해 끝내 을사사화에서 원통하게 화를 당한 사람들을 신설(伸雪, 원통함을 풀어줌)하지 못했다.

명종은 선정의 뜻을 제대로 펴보지도 못한 채 서른네 살의 젊은 나이로 죽었다. 일찍이 명종은 늘 죽은 뒤에 명(明)자로 시호를 지으면 좋겠다고 했는데 이를 따라 그가 죽은 뒤에 '明' 자로서 묘호를 올렸다. 능은 강릉(康陵)이며 시호는 공헌(恭憲)이다.

외척의 주도권 쟁탈전, 을사사화

명종이 즉위하자 곧 문정왕후의 수렴청정이 시작되었다. 그런 가운데 윤인경이 인종의 뜻을 빙자해 기묘 현량과 출신을 기용하자고 요청함으로써 사림의 청류로 꼽히던 많은 사람들이 조정에 모습을 나타내게 되었다. 그러나 당시 예조참의였던 윤원형은 소윤이라고 불리던 자신의 일파가 이들에게 자꾸 쫓기는 듯한 인상을 지워 버릴 수 없었다. 마음에 들지 않는 자, 자신을 위협하는 자는 제거 대상 무순위였다.

이에 윤원형은 이기, 정순붕, 허자, 임백령, 최보한 등과 모의해 윤임 등 대윤 일파를 몰아내기로 작정했다. 문정왕후는 즉시 윤원형에게 밀지를 내렸다. 이기, 정순붕, 임백령 등은 대사헌 민제인과 대사간 김광준 등에게 연락을 취해 양사로 하여금 윤임, 유관, 유인숙을 논박하게 했다.

일찍이 유관은 중종 말년경 이조판서로 있으면서 이기가 병조판서에 임명되려는 것을 부패한 관리[贓吏]의 사위라는 이유로 극력 반대한 일이 있었다. 이 때문에 당시 이기의 원한은 골수에 사무칠 정도였다고 한다. 그리고 유인숙은 기묘사화 때 피화된 바 있는 인물이었다. 그는 1537년(중종 32)에 다시 서용(敍用)되었는데 당시 이언적, 권벌 등과 더불어 뭇 사림의 중망을 받고 있었다. 그러나 그의 외사촌인 이기와는 이미 사이가 벌어져 있었다. 또 유인숙의 아들 희민이 윤임의 조카 전성정의 딸과 혼인한 것이 빌미가 되어 화를 입게 되었다. 이렇게 유관과 유인숙은 이기의 사적인 감정에 의해 희생된 것으로도 볼 수 있다. 이러한 사실은 이기 스스로도 공공연하게 이야기하고 있는 것이었다.

한편 임백령은 옥매향이라는 윤임의 기생첩 때문에 윤임과 서로 다툰 일이 있어 원한을 품고 있었다. 정순붕 또한 평소부터 사림들에게 불편한 감정을 가지고 있어 언제든지 한 번 분풀이를 하려고 벼르고 있었다. 윤임 일파를 제거하기에 이들은 더 없이 좋은 파트너였다. 명종이 즉위하기가 무섭게 이들은 또 한 차례의 피바람을 일으키고야 말았다.

사건 일지

이기 등은 윤원형의 사주를 받은 대사헌 민제인과 대사간 김광준을 통해 양사에서 형판 윤임, 좌의정 유관, 이판 유인숙의 죄를 탄핵하는 방법을 택했다. 그러나 백인걸, 유희춘, 김난상 등 중종 말기부터 성장해 온 사림계 인물들로 구성되어 있던 대간은 문정왕후 밀지를 부정한 것이라 하여 반대하고 나섰다.

왕과 대비, 그리고 윤원형의 심복이던 이기, 정순붕, 허자, 임백령 외에 홍언필, 윤인경, 이언적, 권벌, 정옥형, 신광한, 윤개, 민제인, 김광준 등 여러 중신들이 충순당에 입시해 이 사건을 재차 의논하게 되었다.

이기는 실로 모호한 죄목을 들면서 말문을 열었다.

> 형조판서 윤임이 중종 때부터 딴 생각을 품고 있다가 이제 와서는 스스로 불안스러운 마음을 가졌으며[不自安之心], 좌상 유관과 이조판서 유인숙도 또한 그와 같은 형적이 드러나고 있습니다.
>
> — 《명종실록》 권1, 명종 즉위년 8월 임자

그는 각 중신의 의견을 물어보고 형량을 결정하자고 제의했다. 이에 윤임은 성주로 귀양보내고, 유관은 벼슬을 갈고 유인숙은 파직하는 것으로 일단 결정되었다.

그러나 이러한 결정에 대해 홍문관은 불만을 표했다. 양사에서도 당초 문정왕후가 밀지를 승정원에 내리지 않고 윤원형에게 내린 부당성을 지적하며 논박했다. 특히 헌납 백인걸은 다음과 같이 강경하게 반발했다.

> 죄인이란 반드시 뚜렷한 명목을 세워서 죄를 결정한 뒤에 전 국민이 모두 아무가 아무런 일로 어떤 죄를 받았다고 해야 하는데 윤임 등 세 사람의 죄는 다만 멀리 귀양보낸다, 파면시킨다, 사면시킨다고 통보만 하고 있습니다. 나라에는 대신과 육조판서가 있는데 이 일이 그들에게서 나오지 않고 밀지로 나온다는 것은 정당하지 못하다고 신들은 생각합니다.
>
> — 《명종실록》 권1, 명종 즉위년 8월 계축

백인걸은 자기 몸을 사리지 않고 용감하고도 의연하게 말을 이어나갔다. 물론 그의 말은 먹혀들지도 않았고 또 그 자신이 파면을 면치 못했다. 그러나 여러 소윤의 간담을 서늘하게 했던 것은 사실이었다.

크게 노한 대비는 날이 밝기가 무섭게 대신 등을 불러들였다. 그녀는 백인걸을 의금부에 잡아 가두고 윤임을 해남에, 그 아들 흥인을 낙안에, 유관을 서천에, 유인숙을 무장에 각각 귀양보냈다. 강경한 언론을 행사했던 양사의 집의사간 이하의 관원들도 파직시켰다. 이들에 대한 처벌이 일단락되는 듯했다.

그러나 권벌이 유관과 유인숙의 억울함을 극력 주장하는 상소를 올림으로써 상황은 악화되었다. 당시 유관 등 세 사람의 일에 대해 사람들은 원통한 줄은 알면서도 나서서 구제하지는 못했다. 소윤의 무리들이 죽 둘러서서 지켜보고 있었음에도 권벌은 조금도 개의치 않고 혼자서 항변의 글을 올렸다.

정순붕은 권벌을 역적들을 옹호한 것으로 몰아붙이며 윤임 등에게 더 강한 처벌을 요구하는 상소를 올렸다. 결국은 강경론자들의 주장에 따라 윤임, 유관, 유인숙은 사사하고 권벌은 체직하는 것으로 결정되었다. 이에 가해자들은 성종 대 좌리공신의 예에 따라 공신책록을 서둘렀다. 29일에는 궁중에서 의금부에 전지를 내려 위 세 명에게 사약을 내렸다.

윤원형 일파는 윤임 등 세 명을 다음과 같은 죄목에다 옭아맸다.

윤임은 중종 당시 김안로, 허항, 채무택과 한당이 되어 문정왕후를 해치려 했다. 그 뒤로는 중종이 동궁을 폐위시키고 대군을 세자로 세우려 한다는 말을 꾸며내 퍼뜨려서 상하가 크게 불안을 느끼게 했다. 인종이 세상을 떠난 뒤에는 스스로 불안을 느껴 권신들과 결탁해 불측한 일을 꾀했다. 유관은 고명대신인데도 오히려 윤임의 말을 좇아 임금을 고립시키려 했다. 명종이 즉위하시는 날에도 수상과 귀를 맞대고 누구를 왕으로 세워야 하느냐는 의논을 했다. 유인숙은 윤임의 사돈으로서 명종이 즉위하는 날에도 잠저 시절의 사부였던 신희복을 불러 전하가 현명한가 그렇지 못한가를 물었다. 또 이언적에게서 전하가 매우 영특하다는 말을 들었을 때에는 오히려 기뻐하지 않는 기색을 보였다.

- 《명종실록》 권1, 명종 즉위년 8월 무오

그러나 상대 세력에 대한 분쇄 작업은 여기서 그치지 않고 공신의 책록이 진행되는 것과 병행해 사화의 피해자는 계속 늘어났다. 경기감사 김명윤이 계림군 유(성종의 왕자인 계성군 순의 양자, 윤임의 생질)와 봉성군 완(중종의 왕자, 희빈 홍씨의 아들)을 역모로 고변함으로써 피해의 범위는 더욱 확대되었다. 여기에 많은 사림파가 연루되어 변을 당하게 되었음은 두말할 나위가 없다.

그 후 윤임, 유관, 유인숙의 아들들, 계림군의 친인척들이 속속 붙잡혀 왔다. 윤임과 모의해 봉성군을 옹립하려 한 혐의로 윤임 일파의 곽순, 정욱, 이휘, 이중열, 나식 등도 잡혀 들어왔다. 그때 대윤 일파에 의한 봉성군 옹립 음모는 잡혀 들어간 자들이 거의 다 시인했으므로 윤임의 모의는 틀림없는 사실로 확인되었다. 그 밖에도 윤임 또는 그 일파와 다소간의 접촉이 있었던 성세창과 한숙 등 좌천된 자만도 수십 명에 이르렀다.

1545년(명종 즉위년) 을사년 가을에 벌어진 사화, 즉 을사사화의 전말은 이러했다. 을사사화는 앞서 일어났던 세 차례의 사화와는 조금은 양상을 달리한다. 물론 여기서도 사림들이 직간접적으로 연루되어 커다란 피해를 입었다. 그러나 기본 대립 구도는 외척 대 외척이었다. 을사사화는 고래 싸움에 새우등이 터지듯 외척 간의 싸움에서 사림이 피해를 당하게 된 사건이었다. 인종의 서거와 명종의 즉위라는 국왕 교체에 따른 권력 쟁탈전은 일단 그 막을 내리는 듯했다.

계속되는 숙청의 회오리

명종 초년의 정국은 위사공신 집단이 주도했다. 그러나 공신들의 결집력은 그다지 강하지 못했다. 위사공신 집단의 배후에는 문정왕후와 윤원형이 있었고 공신 집단은 이들에게 의존할 수밖에 없었다. 그들은 비정상적인 방법을 동원해 자신들의 정적을 도태시키고자 했다. 여러 가지 사건들이 왜곡되고 또 정치적으로 조작되었다.

9월 18일 양재역에서 한 벽서가 발견되었다. 거기에 붉은 글씨로 이런 문구가 씌어 있었다.

> 여자 임금이 위에서 정권을 잡고, 아래에서는 간신 이기 등이 권력을 농단하고 있다. 이는 나라가 망할 징조이니 어찌 한심하지 않으리요.
>
> – 《연려실기술》권10, 〈명종 조 고사본말〉, 정미벽서지옥

이를 발견한 부제학 정언각과 선전관 이노는 즉시 그것을 뜯어다 바쳤다. 대비는 곧 윤인경, 이기, 정순붕, 허자, 민제인, 김광준, 윤원형 등을 불러 문제의 벽서를 보여 주었다. 윤인경이 먼저 나섰다.

> 이 글을 보니 아무것도 모르는 자가 한 짓이 아닙니다. 근래에 옳지 못한 여론이 나돌고 있으니, 죄인들이 허위자백을 했다 하며 공신들을 가리켜 아무런 공도 없다 하고 있습니다. 이러한 사론(邪論)이 일어나는 것은 당초에 역류(윤임 일파)를 가볍게 다스려서 화근이 아직

남아 있기 때문입니다.

－《연려실기술》권10, 〈명종 조 고사본말〉, 정미벽서지옥

이에 송인수와 이약해를 죽이고, 이언적, 정자, 노수신, 정황, 이담, 권벌, 송희규, 백인걸, 김난상, 유희춘, 이홍남 등 수십 명을 유배했다. 역시 그중에는 사림계 인물들이 많았다. 이들은 물론 벽서의 범인이 아니었으나 평소에 불온한 기색을 보였다 해서 추방되었다. 그 밖에도 벽서 사건을 계기로 관작이 삭탈되거나 추방된 사람은 수십 명에 이르렀고 봉성군도 울진에서 살해되었다.

그 뒤 1549년(명종 4) 4월에는 양재역 벽서 사건(정미사화)으로 사사된 이약빙의 아들 홍남이 양재역 벽서 사건에 연루되어 영월에 귀양가 있던 중 그 아우 홍윤을 역모로 무고한 사건이 일어났다. 홍윤은 윤임의 사위였다. 그는 충주에 있으면서 그의 아버지가 억울하게 죽은 것을 원통히 여겨 종종 분개하는 말을 했었다. 그러나 홍윤과 홍남은 평소 형제간의 사이가 좋지 못했다. 홍남은 홍윤이 주상을 연산군에 비유해 비방하고 충주 거주인을 규합해 역모를 꾀했다고 무고했다. 대비는 대의를 위해 형제의 정리도 무시한 홍남을 극력 칭찬하고 나섰다. 친히 술도 내려 주었다.

이리하여 홍윤과 그 관계자들을 잡아들여 "아무개, 아무개와 더불어 군사를 일으켜 거사할 것을 꾀했다."는 자백을 받아내기에 이르렀다. 이 사건에 연루되어 죽은 사람은 주로 충주에 살던 이약빙의 문인들이었다. 그러나 피해 범위가 워낙 넓어서 한 면(面)이 거의 텅 비게 될 정도였다. 또 그중에는 홍윤의 얼굴조차 모르고 죽은 사람도 있었다고 한다.

부활되는 불교 그리고 보우

보우는 간교한 요승으로 국정을 문란하게 하는 근원이다. 언제나
고상한 체하면서 자신의 지위를 견고히 하려는 계책을 세웠는데 그
본심을 캐보면 찢어 죽여도 시원찮다.

그렇지 않다. 그는 조선 왕조의 불교 억압 정책 아래서 불교를 제도
적으로 부활시킨, 보조국사에 비길 만한 용기 있는 지도자로 그의 말
이나 글은 모두 규범이 되고도 남는다.

당시 일방적인 매도로 일관한 유학자들, 또 그 반대되는 입장의 승려들
에 의해 기술된 글들을 보면서 이런 대화 장면을 나름대로 상상해 본다.
보우에 대한 시각 차이는 비단 그때만이 아니라 지금에 이르러서도 마치
흑과 백의 나누어짐과 같다. 보우는 그야말로 요승인가, 그렇지 않으면
위대한 순교자인가?

산사에서 정가로

고려 말부터 조선 초기에 걸쳐 전개되었던 척불 운동은 유학 그 자체
를 진흥시키려는 사상적 차원에서의 운동만은 아니었다. 오히려 불교의
세속화를 조장한 폐단으로 지적된 경제력을 몰수함으로써 국가의 재정
을 확보하고자 한 의도였다고 할 수 있다. 물론 몇몇 왕들에 의해 불교가
중흥되는 모습도 간간이 보이기는 했다. 그러나 시종 질식 상태를 벗어나
지 못했던 것이 사실이었다.

억불 정책은 사찰 정리와 사찰 재산 몰수, 도승법(度僧法) 폐지, 승과
폐지, 교리상의 특성을 무시한 종파 통합, 그리고 다비와 같은 불교의 전

통적인 유풍을 금지하는 양상으로 전개되었다. 특히 승과와 도승법 폐지는 승려에 대한 국가 차원에서의 관심과 보장을 전적으로 거부한 것이었다. 이 때문에 승려의 사회적 지위는 크게 하락할 수밖에 없었다.

그렇다면 보우 당시의 사회적 상황과 불교 정책은 어떠했을까? 도첩제(度牒制) 폐지가 결정된 성종 대 이후 특히 16세기에 이르러서는 일종의 승려 신분증인 도첩을 가지고 있지 않은 불법승이 사회문제를 일으키는 중요 요인이 되고 있었다. 그런데 이 무도첩승의 주류를 이루는 것은 바로 농민이었다. 훈신들의 토지 사유화 경향이 점차 증대됨에 따라 상대적으로 농민들은 토지 소유에서 제외되었고 환곡, 방납, 군역 제도의 폐해는 그들의 일부를 도적으로, 또 승려로 만들었다. 이렇게 과중한 부역을 피하고자 승려가 된 이들은 승려로서의 활동보다는 살인, 방화, 약탈 등의 민폐를 자행하고 있었다. 또 당시 불교 정책은《동국여지승람》에 기록되어 있지 않은 사찰은 모두 허물기로 결정하고 도첩을 가지고 있지 않은 승려를 색출해서 몰아내는 방향으로 전개되었다.

보우가 등장한 것은 바로 이즈음이었다. 그는 문정왕후에 의해 정계에 데뷔했다. 그 이전의 행적에 대해서 뚜렷이 확인된 내용은 없지만 대개 출생은 중종 초반이라 추측된다. 호는 허응당(虛應堂), 또는 나암(懶庵)으로 열다섯 살에 용문사의 어떤 노승을 따라 금강산 마하연암으로 들어가 머리를 깎고 득도했다 한다. "나는 일찍이 대장경을 다 보았고 이제 밝은 창가에 앉아 주역을 읽는다."는 말에서도 알 수 있듯이 보우는 불교뿐만 아니라 유학, 그리고 심지어는 장자의《남화경》까지 숙독하는 폭넓은 학문 세계를 펼치고 있었다.

불교 최대의 수난기였던 조선 시대는 불교 자체 내의 단결이 더욱 절실히 요청되던 시기였다. 불교가 선(禪)과 교(敎)로 나뉘어 상쟁하기보다는 교단적으로나 이론적으로 무장해 숭유배불 정책 속에서 생존해야 하는 것이 급선무였기 때문이다. 이에 보우는 선교일치론(禪敎一致論)과 아울러 유불의 조화를 주장했다. 유교와 불교는 국가 사회에 나타난 면에서는 각기 다르지만 그 이치의 근본을 따지자면 서로 일치해 다를 바가 없다는 논리였다.

보우는 이러한 이론적 배경을 바탕으로 불교를 제도적으로 되살리기 위한 개혁의 뜻을 품게 되었다. 그는 당시 정만종과 내수사 제조 박한종의 추천으로 문정왕후와 인연을 맺게 되었다. 유학자들의 눈에는 당연히 계획적인 접근으로 비춰졌을 것이다.

당시 정국은 문정왕후와 척신 윤원형을 위시한 소윤 세력을 중심으로 운영되었다. 척신 집권 하에서의 불교 정책은 개인적인 신앙심의 발로라는 측면에서 볼 수도 있다. 그러나 당시는 피역승의 증가와 그에 따른 사회문제의 해결이 더 중요한 배경이었다. 집권자로서 정국 운영을 담당하고 있는 입장에서 피역승의 증가와 그 결과로 나타난 각종 사회문제의 발생은 결코 간과할 수 없는 일이었기 때문이다. 그러나 문정왕후와 소윤 세력은 자신들만의 노력으로 불교계의 혁신을 도모하기에 한계가 있다고 생각했다. 그들은 불교계 자체를 통령할 새로운 인물을 모색하게 되었고 문정왕후와 보우는 이런 서로의 필요성에 의해서 만나게 되었다.

불교 중흥의 꿈

불교 중흥의 야망을 품고 있던 보우는 문정왕후의 절대적인 신임 하에 1551년(명종 6) 유신들의 강력한 반대를 무릅쓰고 봉은사에 선종을, 봉선사에 교종을 두어 양종제를 부활시켰다. 당시는 도승법 폐지로 인해 양민들은 함부로 중이 되고 있었다. 양종의 통할 기관이 없었으므로 자연 승도의 기강이 무너지고, 승과제가 없어져 자격 있는 승도마저 사라지게 되었다. 양종을 다시 세우고 도승제를 부활시킨다는 것, 이것은 바로 국법

상 생기는 여러 가지 폐단을 일소할 수 있는 하나의 장치로 믿어졌다.

문정왕후나 보우는 이런 시대적 산물을 개인의 신앙심과 결부시켜 구체화해 나갔다. 양종과 경전 암송 시험에 통과하는 자에게 도첩을 발급하는 제도인 도승법의 부활은 물론 보우 자신이 2년 동안 4천여 명에게 도첩을 발급했다고 하는 것에서도 알 수 있듯이 새로운 승려의 창출이라는 목적도 있었다. 그러나 당시 심각한 사회문제로 제기된 피역승을 제도권 내로 유입하고자 하는 의도 또한 강했다.

1552년(명종 7)에는 승과가 부활되면서 휴정과 유정 같은 인재들이 발굴되었다. 이는 그들이 보우의 사업을 적극 지지했음을 암시한다. 결국 도승법과 승과의 부활로 대표되는 양종의 복립은 승과에 입격한 승려들이 도첩을 소지한 승려들을 통령하는 방식으로 불교계 자체를 혁신함으로써 불교 세력을 확대시켰다.

그 밖에 숭불을 위한 노력으로 승려의 부역 동원 반대 조처, 유생들의 사찰 출입 금지, 사원전에 대한 면세 조처가 단행되었다. 이에 따라 내수사와 양종이 먹고 사는 토지가 나라의 반이 된다는 표현이 나올 정도로 사원 경제의 규모는 급속히 확대되었다.

이와 같은 불교 정책은 피역승의 증가에 따른 사회문제를 해결하려는 긍정적 목적에서 출발했다. 그러나 유교 정치가 확립되어 가는 시기에 이들 정책은 숭불 자체를 위한 한 방법으로 비춰지기 십상이었다. 성리학 이념에 충실했던 관료들의 의견과는 상반되게 왕실 중심의 척신 세력이 일방적으로 불교 정책을 실시했다는 것은 유학자들의 반발을 사기에 충분했다.

양종의 복립 발표 이후 불교 정책과 보우를 탄핵하는 상소는 끊이지 않았다. 심지어 성균관 유생들은 학교를 비우며 데모를 벌이기도 했다. 보우는 을사사화에서 애매하게 역모로 몰린 종실 계림군을 위해 재를 베풀어 준 것 때문에 역당이라고 몰리기까지 했다. 그러나 사림파 관료들과 유생들의 이러한 반발은 비단 불교만을 노린 것은 아니었다. 공격의 궁극적 목표는 바로 문정왕후를 둘러싼 척신 세력에 있었다. 그들의 조직적인 공격은 불교계의 든든한 배경이었던 문정왕후가 죽을 때까지 계속되었다. 비난의 화살은 특히 보우에게 집중되었다.

사실 보우가 지나치게 권력에 의지해 불교를 중흥하려 했던 면이 없었던 것은 아니었다. 이 때문에 불교 본연의 임무에 충실하려 한 다수의 승려에게조차 비난을 받고 있었다. 또 "내수사의 저축이 부처 공양과 중들 밥 먹이는 경비로 다 들어가고 중들의 기세가 하늘을 찌를 듯하다."는 말은 보우를 보는 시선이 곱지 않다는 것을 단적으로 드러내 준다.

사라지는 보우의 꿈

1565년(명종 20)에는 왕실 불교의 본산인 회암사에서 3년 전 죽은 순회세자(명종의 세자)의 명복을 빌기 위해 대규모 무차대회(無遮大會)를 열고자 했다. 이를 계기로 보우는 이 땅에서 불교를 확실히 중흥하고 불교를 국가 공인의 종교로서 복권하고자 했던 것 같다. 그러나 무차대회를 하루 앞두고 문정왕후가 사망해 불사가 끝내 이루어지지 못했다. 그럴 징조였던가? 당초에 수천 석의 쌀로 밥을 지었는데 그 빛이 마치 피로 물들인 것 같아서 사람들이 괴이하게 여긴 일이 있었다 한다.

명종 후반기에는 성리학으로 더욱 무장된 이황, 기대승, 박순 등으로 대표되는 사림파가 정계에 본격적으로 진출하게 된다. 이들은 척신들의 정국 운영을 비판하면서 척신들이 추진하던 불교 정책에 대해 비판했다. 그러나 문정왕후와 윤원형이 건재하는 한 그들의 비판은 제한적일 수밖에 없었다. 문정왕후의 죽음은 이들 사림파의 의도가 실현될 수 있는 결정적인 계기가 되었다. 그들 소윤 세력 및 불교 정책에 대한 반발을 문정왕후도 감지하고 있었던 것일까? 그녀는 죽기 전 관료들을 대상으로 다음과 같은 유교(遺敎)를 남긴다.

> 석도(釋道)는 이단이기는 하지만 조종 조 이래로부터 다 있어 왔고 양종은 역시 국가가 승도들을 통령하기 위해 설립한 것이오. 옛 사람 말에 "평상시에는 불도를 섬길 수 없지만 부모에게 간해도 만일 고치지 않으면 그대로 따랐다." 했으니 주상이 이단을 금지억제하더라도 조정에서는 모름지기 내 뜻을 따르오.
>
> - 《명종실록》 권31, 명종 20년 4월 임신

문정왕후의 죽음은 소윤 세력의 몰락뿐만 아니라, 보우의 처단, 나아가서는 15년간의 불교 정책이 모두 무위로 돌아갈 것임을 예견했다. 제주로 유배된 보우는 제주목사 변협의 사주를 받은 힘센 무부 몇 명에 의해 맞아죽었다. 당시의 사론(士論)은 보우의 타살을 그야말로 통쾌하게 여겼다고 한다.

보우는 과연 불교 중흥을 꾀하기 위해 입신양명과 함께 계략을 쓴 것인가? 일찍이 일상생활과 사회 속에서 불교를 적극 구현하고자 했고 선과 교, 유와 불이 둘이 아님을 꿰뚫어보는 혜안을 가지고 있던 보우. 그는 왕실 불교를 중심으로 전국 불교를 제도적으로 통합하려는 목적으로 권력과 결탁하게 되었다. 불교 중흥과 개혁의 포부가 아무리 훌륭하다 하더라도 권력의 힘을 빌리게 되면 자주성을 잃게 되어 끝내는 중흥도 개혁도 실패하게 된다는 것을 왜 몰랐을까.

또 당시의 현실을 뚜렷이 알고 있으면서도 그 해결 방안으로 그저 복을 비는 불사밖에 제시할 수 없었던 점, 농민 봉기에 대해서도 세상을 어지럽히는 역도들이라 비난했던 점은 그의 현실 인식의 한계를 드러낸다.

어쩌면 보우의 후원자가 권력의 힘을 믿고 백성의 토지를 수탈하던 왕실 외척들과 훈신 세력이었다는 사실이 이미 그러한 한계를 내재하고 있었 는지도 모른다.

비록 권력을 믿고 그 태도에 마땅함을 잃어버리긴 했지만 그는 불교를 일시적이나마 회생시킨 승려였다. 양종의 복립과 도승법, 승과의 부활로 황폐해져 있던 전국의 사찰을 다시 일으켰다. 새로운 승풍을 확립하고 자 질과 역량이 우수한 승려를 배출해 이후 국내외적으로 난국을 타개하는 일꾼으로 활약하고자 했다. 이는 곧 요승 보우의 일면을 조금은 다른 각 도에서 다시 한 번 생각하게 하는 대목이 아닐 수 없다.

민란 시대의 의적, 임꺽정

사유재산이 생겨난 이래로 도적은 늘 존재해 왔다. 단순한 강도나 절도 행위를 논외로 한다면 도적은 일반적으로 자연재해로 인한 농촌 경제의 마비, 그리고 그에 따라 삶의 터전을 잃어버리게 된 농민의 유랑에서부터 나온 산물이었다. 또한 도적은 통치 체제의 모순으로 백성의 부담이 터무 니없이 늘어남으로써 발생한다는 역사성을 지닌다. 15~16세기는 자연재 해와 농민들의 과중한 부담, 권세가의 대토지 소유에 따른 농민의 몰락 등 사회경제적인 모순이 농민들의 일부를 집단적인 도적으로 만들어 가 던 시기였다.

예종 대 전라도 일대에서 크게 활약한 수적(水賊) 장영기 일당, 연산군 대 경기 지역에서 활약했던 홍길동 등 크고 작은 무리의 도적들이 전국 에 이루 헤아릴 수 없을 정도로 성했다. 연산군 대를 지나 어린 명종이 즉 위할 즈음에는 윤원형 등 외척 세력을 중심으로 한 권신들의 횡포가 극에 달했다. 설상가상으로 거듭되는 흉년과 전염병, 왜구의 노략질은 세상을 마치 도적떼만이 들끓는 것처럼 만들어 버렸다.

우리는 도적이 될 수밖에 없었다

조선 전기 도적의 상징인 임꺽정. 그의 활동이 처음 기록에 나타난 것은 1559년(명종 14) 3월부터였다. 그러나 그 이전부터 이미 많은 도적떼들이 있어 왔다. 도적들은 충청, 경상, 전라, 경기 등지에서 약탈과 살인을 자행하고 민가뿐 아니라 사대부가, 관청까지도 도적질의 대상으로 삼고 있었다. 서울에서는 성균관 종9품 벼슬인 학유 신의충이 도적에게 얻어맞아 거의 죽을 뻔했다. 또 종친 한 사람도 잡혀가 죽을 뻔한 일이 있었다.

이렇듯 도적이 횡행하는 가운데서도 병사들은 계책을 내어 잡기는커녕 옥석을 구분하지도 않고 어린아이까지 살해했다. 도적의 체포 과정이 지나치게 과열되어 오히려 민폐만 끼치고 있었던 것이다. 백성들은 이중의 고통을 받고 있었다.

명종은 도적 체포를 위한 특별 대책을 마련하기도 했다. 그러나 이미 국가에서도 진압하기 힘든 상황에까지 이르렀다. 이러한 상황은 1557년(명종 12) 임꺽정 난의 주무대였던 황해도 지방에서 더욱 심각했다.

임꺽정은 경기도 양주 출신의 백정이었다. 꺽정이란 이름은 어릴 때부터 그 힘이 보통사람을 능가해 종종 사고를 일으켜 '걱정'시키는 일이 많았기 때문에 붙여졌다. 그는 도적 집단을 지휘하기 전까지 전국을 돌아다니면서 글과 무예를 익히고 또 백성들의 삶의 실상을 체험하고 난 뒤 정착해 남다를 바 없이 생활해 나가고 있었다.

그가 살던 황해도 지역은 일찍부터 해택지를 비롯한 많은 땅이 개간되어 있었다. 그런데 그 땅들은 모두 왕실과 지배층이 차지하고 농민들은 그 땅의 소작인으로 전락해 있었다. 특히 황주, 안악, 봉산, 재령 등은 일찍부터 바다에 가까운 하천에 인접한 지역으로 염분이 많고 저습한 지대였기 때문에 농경에 적합하지 않았다. 단지 갈대만이 무성한 곳이라 하여 이곳의 토지는 노전(蘆田)이라 불렀다. 부근의 백성은 갈대를 채취해 삿갓과 밥그릇을 만들어서 생계를 꾸려 나가고 있었다. 그러나 이 노전은 결국 황무지라는 구실 하에 권세가의 토지가 되어 버렸다. 그렇게 되자 그곳 주민은 갈대를 도리어 권세가에게서 구입해야만 했다.

그래도 1553년(명종 8)에는 권세가의 갈대밭 탈점이 부당하다고 지적되어 백성들에게 환급되기도 했다. 그러나 을묘왜변이 일어난 다음 해인 1556년(명종 11)에는 봉산민들의 애절한 호소에도 불구하고 갈대밭은 내수사 소속이 되고 말았다. 이 결과 백성들은 내수사에서 갈대를 구입하게 되었고 생존의 어려움은 이루 말할 수 없을 정도였다.

명종 대의 대표적 권세가이자 외척 세력인 윤원형의 경우 자신의 세력을 빙자해 서울에 열여섯 채나 되는 대저택을 소유하고 있었다. 또 전국에 걸쳐 남의 노비나 토지를 부당하게 빼앗은 사례는 헤아릴 수 없을 정도였다. 그의 행위에 대해 수령은 감히 금할 수도 없었고 조정에서조차 거론할 수 없었다고 한다. 권세를 이용해 기형적으로 광대한 농장을 확보하던 권세가나 내수사에 의한 토지 탈점은 임꺽정 반란의 중요한 계기가 되었다.

3년간의 사투

임꺽정의 난에 대해 구체적으로 기록상에 언급되기 시작하는 시기는 1559년(명종 14) 3월 13일이다. 이 시기를 전후해 황해도의 도적은 대단히 성했다. 이를 소탕하려 했던 개성부 포도관 이억근은 오히려 임꺽정 일당에게 피살당하기도 했다. 이렇게 임꺽정의 존재는 서서히 부상하고 있었다. 이로부터 시작된 임꺽정의 난은 시간이 지남에 따라 평안도, 강원도, 개성과 서울 등 상당히 많은 지역으로 확대되면서 3년여에 걸쳐 계속되었다.

정부에서는 그 일당을 잡기 위해 혈안이 되어 있었다. 그럼에도 불구하고 3년이라는 오랜 시간 동안 임꺽정의 난이 지속될 수 있었던 이유는 그들이 "모여서는 도적이 되고 흩어져서는 평범한 백성이 되며 출몰이 무상해 잡을 수가 없다."라고 한 말에서도 알 수 있듯이 게릴라전을 전개했기 때문이다. 관의 공격이 있으면 민중 사이로 흩어져 일반 민중과 도무지 구별할 수 없었다. 이것은 민중의 지지가 없으면 불가능한 일이다.

실지로 그 지역의 아전과 백성들은 이들과 연결되어 적극적으로 정보를 제공해 주거나 숨을 곳을 마련해 주고 있었다. 임꺽정 일당은 관군의 추적을 피하기 위해 민간인으로 위장하거나 여러 지역을 도피 장소로 이용했다. 특히 개성과 평양이 그들의 소굴이었다.

임꺽정 일당에 대한 체포가 가시화된 것은 1560년(명종 15) 11월 모주(謀主)인 서림이 체포되면서였다. 서림은 자신의 이익만을 앞세운 기회주의적 인물이었다. 그는 엄가이라는 가명을 쓰며 서울의 숭례문 밖에 숨어지내다가 관군에 체포되었다. 그러자 그는 그동안의 활동과 비밀을 모두고해 바쳤다.

관군은 임꺽정 일당에 대한 소탕 작전을 개시했다. 특히 마산리에서는 관군과 임꺽정 부대 일부 사이에 치열한 격전이 벌어졌다. 임꺽정 부대는 익숙한 도망로와 울창한 숲을 이용해 관군을 섬멸하는 승전을 거두기도했다.

임꺽정을 체포해 공을 세우려고 혈안이 되었던 토벌군들은 임꺽정의형인 가도치를 임꺽정이라 하여 잡아오는가 하면, 엉뚱한 사람을 체포해꺽정을 잡았다고 소란을 피우기도 했다. 또한 스스로가 임꺽정임을 사칭하는 자도 있었다.

그러나 오랜 기간 관군과의 격전을 벌여야 하는 임꺽정에게도 어려움은 많았다. 임꺽정 부대는 수적으로 토벌군에 비해 열세를 면치 못했다. 설상가상으로 계속되는 토벌과 추위 속에 무기와 식량마저 구하기가 어려웠다. 임꺽정은 남은 무리를 이끌고 구월산으로 들어가 험준한 곳에 자리 잡고 계속 저항했다. 그러나 1562년(명종 17) 1월 임꺽정이 황해도토포사 남치근에게 체포당함으로써 3년여에 걸친 임꺽정의 난은 일단락되었다.

도적으로, 의적으로

좀 뒷날의 실록 기사이기는 하지만 한 사신(史臣)의 견해를 보자.

근자에 외관이 부임하겠다는 인사를 드릴 때 왕이 내리는 지시는 으레 도적 잡는 것을 위주로 하니 이는 아픈 것만을 알고 병이 생기는 근본은 생각하지 않는 것이다. 저들 도적이 생겨나는 것은 도적질하기를 좋아해서가 아니라 굶주림과 추위에 몹시 시달리다가 부득이 하루라도 연명하려고 도적이 되는 자가 많기 때문이다. 그렇다면 백성을 도적으로 만든 자가 과연 누구인가? 권세가의 집은 공공연히 벼슬을 사려는 자들로 시장을 이루고 무뢰한 자제들은 백성을 약탈하니 백성이 어찌 도적이 되지 않겠는가? 왕은 이런 것을 알지 못하고 도적 잡는 일만 매번 간곡히 부탁하니 탄식을 금할 수 없다.

– 《명종실록》권27, 명종 16년 10월 계유

임꺽정의 반란은 그저 단순한 강도 행위가 아니었다. 이는 16세기 중엽에 들어오면서 격화된 사회경제적 모순, 직접적으로는 권문세족이나 내수사에 의한 농장 확대나 토지 수탈, 그리고 여기에서 생기는 모순을 농민에게 전가시킨 왕조 지배 체제에서 비롯된 것이었다. 정치가 문란하고 사회 모순이 심화되는 상황에서는 아무것도 모르는 순박한 백성들마저도 도적이 될 수 있었다. 임꺽정의 반란 자체는 황해도, 경기도, 평안도, 강원도에 걸친 하나의 지역적 반란이었지만 이것은 거의 전국적 현상이라 해도 과언이 아니다.

지배층에게는 극악무도한 도적으로 평가되고 있는 임꺽정이었다. 그러나 그의 삶과 죽음은 소외되고 억눌린 민중들의 처절한 저항의 한 표출이었다. 그는 민란 시대의 의적이었다.

문정왕후의 죽음과 윤원형의 몰락

명종의 나이 스무 살이 됨에 따라 1553년(명종 8) 문정왕후의 수렴청정이 끝나고 명종의 친정(親政)이 시작되었다. 문정왕후와 윤원형이 건재한 상황이었지만 명종은 차츰 독자적인 권한을 행사하려고 시도했다.

명종은 1559년(명종 14)에 또 다른 외척인 명종비 인순왕후의 외삼촌 이량(李樑)을 동부승지로 특진시켜 윤원형의 독주를 견제하려 했다. 1561년(명종 16) 이후부터 언관들을 중심으로 윤원형에 대항할 만한 세력을 키운 이량은 1563년(명종 18) 무렵에는 가장 강대한 세력으로 부상했다.

이량 역시 자신의 독주를 위해서는 반대 세력을 제거하지 않으면 안되었다. 그는 심복들을 동원해 다시 사림과 잔존 세력에게 타격을 주려 획책하기 시작했다. 그러나 결국 명종비 인순왕후의 동생인 심의겸에게 그 계획이 탄로나 1563년(명종 18)에 유배되었다. 이량은 이미 사류의 신망을 받던 자신의 생질인 심의겸이 당시의 청의(淸議)를 주장하던 세력과 가까운 것을 내심 꺼려해 심의겸마저도 제거하려 했다. 이에 심의겸의 부친인 심강을 비롯한 척신은 명종비를 통해 왕에게 호소해 결국 이량을 제거하기에 이른 것이다. 이량의 발탁은 순전히 윤원형을 견제하기 위한 것이었다. 그렇기 때문에 이량의 지나친 세력 강화는 명종에게도 근심거리가 아닐 수 없었다.

윤원형은 이량이 제거된 뒤 명종 사후 자신의 지위를 온전히 하기 위해 덕흥군(선조의 아버지)의 아들과 자신의 딸을 혼인시키려 했다. 그러나 명종의 반대로 일을 성사시키지 못하고 결국은 자신의 배경이 되는 문정왕후의 죽음과 함께 몰락하고 말았다. 영의정 이준경(李浚慶)은 백관을 이끌고 여러 차례 윤원형을 쫓아내야 한다고 상소했다. 이렇게 하여 윤원형이 살생권을 쥔 20년간 분함을 삼킨 채 말을 못하고 있던 사림은 양사에서 계를 올려 그의 전횡에 종말을 고하니 대세는 사림파에게 유리한 정국으로 바뀌게 되었다.

윤원형이 쫓겨나자 이를 기뻐하며 한쪽 팔만을 들고 노래하고 춤추는 자가 있었다. 사람들이 그 까닭을 묻자 그는 이렇게 대답했다.

> 윤원형은 국가에 해를 끼친 놈인데 지금 쫓아내어 백성의 해를 제거했으니 기뻐서 춤추는 것이다. 그러나 지금 윤원형은 쫓겨났으나 또 한 윤원형이 남아 있으니 만약 모두 제거된다면 양팔을 들고 춤을 출 것이다.
>
> – 《명종실록》권31, 명종 20년 8월 신묘

또 하나의 윤원형, 그는 바로 심의겸을 중심으로 한 또 다른 외척 세력을 가리킨 말이었다.

한편 외척들에게 정권이 농단되고 있었던 당시, 사림파는 어디서 무엇을 하고 있었을까? 기묘사화 이후 정계에서 쫓겨나다시피 한 이래 1538년(중종 33) 초에는 김안국, 김정국, 신광한, 권벌 등이 재서용되어 사림파 재등장의 전기가 마련되고 있었다. 시간이 흐름에 따라 사림파의 등장은 눈에 띄게 증가해 갔다. 언관, 특히 홍문관에는 이준경, 임억령, 구수담, 이황, 나세찬, 윤희성, 이해, 나숙, 정희등, 송세연 등의 사림파가 포진하게 되었다. 중종의 뒤를 이은 인종은 이들을 지지했다.

인종과 명종의 두 외척, 즉 대윤과 소윤이 사림을 대하는 태도는 전혀 달랐다. 윤임은 사림을 비호했던 반면, 윤원형은 그렇지 않았다. 따라서 윤원형이 윤임 세력을 제거할 때 거기에 연루된 사림들도 많은 희생을 당할 수밖에 없었다.

을사사화를 비롯한 일련의 옥사는 기본적으로는 외척의 실력 대결에서 비롯되었다. 그러나 계속 성장하고 있었던 사림 세력에 대한 훈구 세력의 위기 의식에서 비롯된 것이기도 했다. 이렇듯 명종 초의 몇 차례에 걸친 옥사를 통해 대부분의 사림파는 중앙 정계에서 도태되었다. 이 시기에 화를 입은 사림파 계열의 인물은 거의 100명을 넘는 큰 규모였다. 얼마 뒤 몇몇 사림파 계열의 인물들이 중앙 정계에 진출했지만 수적인 면에서나 세력 면에서 열세를 면치 못했다. 그렇다고 해서 그들의 맥이 완전히 끊긴 것은 아니었다. 그들은 다음 시대를 준비하는 노력을 계속 경주하고 있었고 서원 건립을 통해 그 세력을 다시 결집시키고 있었다.

사림의 본거지, 서원의 출현

조선 시대의 서원은 사림 세력의 향권 주도와 향촌 교화를 위한 결집체로서 유향소, 향교와 더불어 중요한 향촌 운영 기구의 하나로 인식되었다. 서원은 일반적으로 선현과 선사를 제향하는 '사(祠)'와 자제를 교육하는 '재(齋)'가 결합된 것으로 이해된다. 이는 존현과 교육 어느 한 가지도 소홀히 할 수 없었던 사림파의 인식을 반영한 것이었다. 설립 초기에는 존현과 교육이 서원의 양대 기능이었지만 점차 서원이 발전하고 주자학의 이론적인 토대가 심화되면서 사림들이 수양하며 쉬는 장소로 변모해 갔다.

사림의 성장과 여건의 조성

조선 시대의 사림들은 주자학을 신념적으로 숭신하고 있었기 때문에 각종 향촌 기구의 구성이나 운영에 있어서도 주자가 구상하고 있었던 생각을 실천에 옮기려고 노력했다. 서원의 출현도 이러한 정신에서 기원했고, 16세기 이후 사림의 성장과 궤를 같이하며 현실화될 수 있었다.

서원 건립의 주체는 16세기 이후 조선 왕조의 정치를 주도했던 사림 세력이었다. 성리학의 정통적 계승자로 자부하던 사림 세력이 중앙 정계에 진출하면서 훈구파의 부국강병책과 문장 중심의 학풍을 비판하고 유향소를 비롯한 향촌 자치제 실시를 강력하게 주장했다. 특히 유향소는 주자가례, 소학, 향사례, 향음주례 등 성리학적 실천윤리를 보급해 종래의 불교적이고 음사적이던 이족 중심의 향촌 사회를 사족 중심의 유교적인 향촌 질서 체제로 재편할 수 있는 향촌 자치 기구였다. 성종 조에 대거 중앙으로 진출한 사림들이 세조 대에 혁파된 유향소의 복설을 줄기차게 요구한 것도 이 때문이었다.

유향소의 복립은 곧 사림 세력의 기반이 강화되는 것을 의미했다. 이를 감지한 훈구파로서는 유향소의 복립을 도저히 용인할 수 없는 처지였다. 따라서 이들은 갖은 반대와 방해 공작을 펴기에 이르렀다. 관권을 동원한 훈구파의 유향소 장악과 사림파에 대한 탄압은 사림들의 의지를 꺾기에 충분했다. 이 과정에서 사림들은 사마소(司馬所)를 통해 본래의 의도를 관철시키고자 했지만 이 역시 훈구파의 반대로 실패로 돌아가고 말았다.

이러한 흐름 속에서 사림들은 무오사화와 갑자사화를 통해 대대적인 탄압을 받고 그 세력이 위축되기에 이르렀다. 사실 사화의 여파는 극심해 세간에 글 읽는 소리가 사라지고 선비들의 은둔 사상이 고조됨으로써 사풍은 현저하게 저하되었다. 그러나 사림의 성장이라는 시대적 대세는 일시적인 사풍의 저하를 극복하고 도학의 이름으로 재기하기 시작했다.

이런 상황에서 중종반정을 주도한 공신들은 정치 혁신을 갈망하는 백성들의 기대에 부응하고 관인을 확보하기 위해서도 교육 진흥의 방안을 강구하지 않을 수 없었다. 그리하여 성균관과 4학을 수리하고 유생을 모아 강론하는 등 학교 교육을 크게 강화했다. 그러나 이 역시 관학에 편중된 조처였고, 당초 기대했던 효과를 보지도 못했다.

이에 비해 조광조를 중심으로 하는 사림파는 도학 정치 이념에 기초한 교육 진흥책을 주장하고 나섰다. 물론 이들도 성균관이나 향교를 외면한 것은 아니었다. 그러나 사림들은 관학이 오로지 과거에 초점을 맞추어 운영됨으로써 명리 추구를 부추기는 동시에 사습(士習)을 망치는 요인이 되었다고 비판했다. 그 대안으로서 제시된 사림파 흥학책은 스스로의 수련과 자발적인 흥기에 그 골자가 있었다. 이 흥학책의 구체적인 방안은 소학의 장려, 존현, 사우지도(師友之道)의 확립으로 요약된다. 특히 이들은 존현 차원에서 도학의 정통인 정몽주와 김굉필의 문묘종사 운동을 전개했다. 물론 이 과정에서 공신 계열의 완강한 반발로 정몽주만 종사하는 것으로 낙착되었다. 김굉필의 경우는 성공하지 못했지만 사림의 흥학 차원에서 특정 인물에 대한 제향이 처음으로 제시되었다는 점은 중요한 의미를 지닌다. 이는 후일 사림의 존현처로서 서원이 출현할 수 있는 가능성을 보여 주는 것이었기 때문이다.

결국 관학의 부진은 사학 발달을 촉진하는 요인이 되었다고 할 수 있다. 관학 부진의 주된 요인은 역시 교사의 무능이었다. 그러나 사학은 학덕을 겸비한 인사의 힘으로 설립되었던 만큼 관학의 단점을 보완해 나가고 있었다. 이런 가운데 중종 말년에 이르면 관학 쇠퇴가 극도에 달하면서 그 대안으로 학사 신설이 제기되기에 이른다. 이 학사 신설의 건의는 종래의 향학과 국학을 대신할 만한 새로운 교육기관의 탄생을 요망하던 시대정신의 발로로서 서원 출현의 또 하나의 계기가 되었다.

이러한 흐름 속에서 서원이 출현하기 1년 전에 어득강이 중국 서원 제도를 소개하며 학교 교육의 개선책을 제시했다. 이 역시 수기(修己)보다는 과거를 지향하는 성격이 강했기 때문에 조광조 등 사림파의 교화론과 일치하지는 않았다. 그러나 관학을 대신할 사학의 필요성이 촉구되던 당시의 사회적 분위기를 대변하는 것임에 분명했다.

백운동서원의 건립

1543년(중종 38) 풍기군수 주세붕이 고려 말 유학자 안향을 제향하고 유생들을 가르치기 위해 경상도 순흥에 백운동서원(白雲洞書院)을 건립함으로써 드디어 우리나라에도 서원이 출현하게 되었다.

그런데 여기서 한 가지 흥미로운 사실은 최초의 서원 건립자 주세붕의 성격이다. 그는 상주인으로 1522년(중종 17)에 문과에 급제한 이래 여러 관직을 거쳐 1541년(중종 36)에는 풍기군수로 부임해 5년 동안 재직하는 과정에서 백운동서원을 건립했다. 풍기군수 시절에는 백운동서원의 건립 외에 백성들의 구제에도 노력했다고 한다. 이후 그는 직제학, 도승지, 호조참판을 거쳐 1552년(명종 7)에는 황해도 관찰사로 부임해 해주에 수양서원(首陽書院)을 건립하기도 했다. 그는 마음이 너그럽고 청빈했으며 효성이 지극했다고 한다. 그러나 벼슬길에 오를 때만 해도 남곤과 허자 같은 공신의 추천을 받아 청요직에 등용되었고, 을사사화 때는 권신에 붙었다고 해서 사림으로부터 적지 않게 비난을 받기도 했다.

그 후 백운동서원에 주세붕을 추향(追享)하려는 움직임이 있었을 때 이황이 그의 바르지 못한 심술과 탐욕을 이유로 반대한 점에서도 사림의 평판을 감지할 수 있다. 결국 그는 조광조 계열이기보다는 공신 계열에 가까운 인물이었다. 결국 주세붕이라는 인물과 서원은 대단히 부조화를 이룬 면이 있었으니 의아하지 않을 수 없다.

어쨌든 조선 시대 서원은 사림의 성장과 궤를 같이하면서 관학의 부진을 개선하고, 존현의 정신을 드높이는 차원에서 탄생하였다. 그리고 백운동서원을 비롯한 대부분의 서원이 사찰터에 건립된 사실은 조선 왕조의 국시였던 억불숭유의 정신에도 부합하는 것이었다.

그 후 서원은 이황과 이이 등의 깊은 관심과 배려 속에 더욱 발전을 보여 사림 전반에 광범위하게 보급됨으로써 정착화 단계로 접어들게 되었다. 이 점에서 조선의 서원은 이황을 통해 새로이 뿌리를 내렸다고 해도 과언이 아니었다. 백운동서원에서 소수서원(紹修書院)으로의 사액은 바로 그 시작이었다.

선조宣祖

제14대 1552년~1608년 | 재위기간 1567년 7월~1608년 2월

사림 시대의 군주, 선조

　문정왕후와 윤원형 일파의 몰락으로 겨우 선정에의 의지를 펴보고자
했던 명종이 나이 서른네 살, 재위 23년 만에 세상을 떠났다. 앞서 명종의
유일한 아들이었던 순회세자(順懷世子)는 가례를 올린 지 얼마 되지 않아
후사 없이 열세 살의 나이로 죽었다. 1563년(명종 18)의 일이다. 더군다나
명종은 왕위 계승자를 정해 놓지도 않은 채 세상을 떠나고 말았다.

　하루는 명종이 여러 왕손들을 궁중으로 불러 "너희들의 머리가 큰가
작은가 알아보려고 한다."며 익선관을 이들에게 차례로 써보라고 했다.

　하성군(河城君, 후에 선조)은 나이가 제일 어렸는데도 두 손으로 관을
받들어 어전에 도로 갖다 놓고 머리를 숙여 사양하며, "이것이 어찌 보통
사람이 쓸 수 있는 것이겠습니까?" 하니 명종이 이를 기특하게 여겨 마음
속으로 왕위를 전해 줄 뜻을 정했다. 세자라는 정식 명칭이 붙여지지 않
았을 뿐, 명종은 하성군에 대한 사랑을 아끼지 않았다. 그는 하성군을 자
주 불러 학문을 시험해 보기도 하고, 별도로 한윤명과 정지연 같은 선생
을 선택해서 가르치게 하기도 했다. 선조는 글 읽는 것이 매우 정밀해서
남들이 생각지도 못한 것들을 많이 질문했다. 심지어는 선생들조차도 대
답을 못한 적이 한두 번이 아니었다.

　그러던 1567년(명종 22) 6월 28일, 전부터 자주 앓던 명종이 이날 새벽

갑자기 위독해졌다. 이준경과 심통원(沈通源) 등이 승지, 사관과 함께 침전에 들어가 보니 명종은 이미 의식을 잃고 신음할 뿐이었다. 이준경 등이 엎드려 울면서 후사의 결정을 재촉했다. 말을 하지 못하는 명종은 겨우 한 손을 들어 안쪽 병풍을 가리킬 뿐이었다. 이준경은 임금의 뜻이 내전에 물으라는 것임을 알아차리고는 이 일을 중전에게 여쭈었다. 이때 중전이 병풍 안에서 이렇게 말했다.

> 이미 을축년(명종 20)에 위독하실 때 덕흥군의 셋째 아들 하성군으로 정하시었소.
>
> – 《연려실기술》 권12, 〈선조 조 고사본말〉, 선조입승대통

명종은 그 이후 세상을 떠나고 말았다. 그때에 이준경이 바로 주서 황대수(黃大受)를 불러서 발 앞에 나아가 대통 계승의 전문을 쓰게 했다. 황대수는 '셋째 아들 하성군에게 전한다'라고 하는 글자 중 셋째 아들의 '삼(三)' 자를 '삼(參)' 자로 썼다. 삼(三) 자를 굳이 삼(參) 자로 대체해서 쓴 것은 협잡을 막기 위해서였다. 덕흥군에게는 아들이 세 명밖에 없었기 때문에 삼(參) 자로 쓰지 않아도 그것을 변조하기는 어려웠겠지만, 만일의 경우 아들이 다섯이었다면 몇 획을 그음으로써 삼(三)이 오(五)로 변할 수도 있기 때문이었다.

실제 중국에서는 협잡으로 왕이 바뀐 일이 있었다. 청나라 강희제가 죽었을 때의 일이다. 강희제에게는 원래 아들이 많이 있었는데 그중에서 제14왕 윤진(允禎)의 재덕이 가장 출중했다고 한다. 그래서 강희제는 '제14왕 윤진에게 전한다(傳十四王允禎)'는 유언을 남겼는데 유언의 글자가 비슷한 점을 악용해 누군가가 변조를 했다. 즉 열 십(十) 자에다가 한 획을 더 그어서 어조사 우(于) 자를 만들고 윤진(允禎)이라는 진(禎) 자를 보일

시(示) 변에 곧을 정(貞) 자로 고쳐 다른 글자로 만들어 버린 것이다. 이렇게 되면 유언은 '傳于四王允禎'이 되어 제4왕 윤정에게 전하라는 말이 된다. 이렇게 해서 추대된 황제가 옹정제다.

원래 차기 왕위 계승자인 세자의 자격 요건에 장자 상속의 원칙은 조선 시대 이전에 이미 확립되어 있었다. 그러나 왕위 계승과 같이 정치적으로 중요하고도 복잡한 문제를 원칙대로 시행한다는 것은 그리 쉬운 일이 아니다.

조선 시대 500여 년간 추대된 왕은 모두 27명이었다. 이들 중에서 왕의 적장자, 적장손이었거나 혹은 이들이 없었을 때에 서장자(庶長子)로서 정통성에 아무런 문제 없이 정상적으로 세자나 세손에 책봉되어 왕위를 계승했던 사람은 겨우 10명에 불과했다(문종, 단종, 연산군, 인종, 현종, 숙종, 정조, 순조, 헌종, 순종). 나머지 17명의 왕은 세자의 책봉 과정이나 왕위 계승에 있어서 원칙에 맞지 않는 비정상적인 계승자라고 할 수 있다. 이들 중에는 정종 – 태종, 인종 – 명종, 경종 – 영조와 같이 형제 계승의 경우가 있는가 하면 예종, 성종, 효종 등 왕의 적장자나 적장손을 제치고 차자로서 계승한 경우도 있다. 또 반정이나 찬탈과 같이 물리적인 실력 행사에 의해 즉위한 세조, 중종, 인조와 같은 경우, 왕자가 아닌 먼 왕족으로서 대통을 이은 선조, 철종, 고종과 같은 경우, 광해군과 경종처럼 서자로서 세자에 책봉된 경우, 그리고 세자가 교체되어 들어온 정종과 세종의 경우가 있었다.

왕위 계승에는 능력이나 도덕성 역시 중요한 계승 조건이었다. 즉 세자가 영 미덥지 못하면 그다음 아들에게 대통(大統)이 옮겨 갔다. 그도 미덥지 못하다 싶으면 형제 중 여러 사람의 추대를 받은 자에게 대통을 계승하게 했다. 또 세자가 즉위 전에 죽은 경우에는 여러 아들 중에서 택정했다. 따라서 왕에게 아들이 없을 때는 세자의 선정이 사실상 불가능하다고 할 수 있다. 이런 경우는 왕이 유언으로 추대한 인물이나 왕이 죽은 뒤에 후대 왕을 추대하는 것이 보통이었다. 경우에 따라서는 방계에서 택정되는 경우도 있을 수 있다.

조선 왕조에서 왕의 적자, 적손이 아닌 사람으로 왕실의 방계에서 처음 왕위를 계승한 사람은 선조였다. 그는 중종의 서자였던 덕흥군(德興君)의 셋째 아들로서 명종이 서거한 후 대통을 계승하게 되었다. 열여섯 살에 왕위에 오른 하성군 균(鈞), 즉 14대 선조의 처음 이름은 균(鈞)이었으나 명종의 아들 순회세자의 이름이 부(暊)였기 때문에 항렬자를 따라 연(昖)이라고 고쳤다. 선조는 왕실의 방계로서 대통을 계승하였기 때문에 그에 따라 1569년(선조 2) 11월 선조의 생부인 덕흥군은 대원군으로 추존되었다.

대원군이란 왕이 후사 없이 죽어 종친 중에서 왕위를 계승하게 되는 경우 새로운 왕의 아버지를 호칭하는 직함이다. 조선 왕조 500년을 통틀어 대원군이라 불린 사람은 선조 아버지인 덕흥대원군과 인조 아버지인 정원대원군(定遠大院君, 元宗), 철종 아버지인 전계대원군(全溪大院君), 고종 아버지인 흥선대원군(興宣大院君) 등 모두 네 명이었다.

사림 정치 시대의 개막

사림파의 등장과 시련

조선 시대 정치사를 사대부 정치기, 훈신 정치기, 사림 정치기, 탕평 정치기, 외척 세도 정치기로 구분할 때 선조 대는 이른바 사림 정치가 시작되는 시기였다. 15세기 후반부터 역사적인 개념으로 쓰이기 시작한 사림. 사림은 원래 사대부의 무리를 지칭하는 용어였다. 고려 말~조선 초기에는 문관과 무관을 통틀어 사대부라고도 했다. 사림이라면 문무 양반 관료와 그 일족, 그리고 벼슬하지 않은 독서인층(讀書人層)까지 포함하는 용어였다.

그러나 세조의 쿠데타 이후 성종 조에 이르는 18년간, 여덟 차례에 걸쳐 250명의 공신들이 배출되었다. 이들을 중심으로 한 정치 세력이 훈구파이다. 반면 여기에서 소외된 부류들을 사림파라 했다. 세조는 자기를 지지하지 않는 일부 집현전 학사들을 대신해 김종직 등 젊고 야심 찬 신진 사류를 불러들였다. 예종이나 성종도 훈구파를 누르기 위해 신진 사류를 등용했다.

훈구파는 문장을 중시하는 사장파(詞章派)였다. 이에 비해 사림파는 도덕적 수양을 중시하는 경학파(經學派)였다. 사림들은《소학》의 정신을 내세워 부패한 훈구 관료들을 공격하기 시작했다. 그들은 훈구 세력을 누르려는 국왕의 도움으로 잇달아 중앙 정계로 진출해 정계에 새로운 기풍을 불러일으켰다. 이들은 추천제를 실시해 신진 사류의 정계 진출을 보다 용이하게 했다. 인사권과 언론권도 쟁취했다. 그러나 이들의 조급했던 개혁 의지에 염증을 느낀 국왕은 훈구 세력과 결탁해 몇 차례의 사화를 일으켰다.

사림계에 대한 보복 행위로서의 사화는 약 50년간 무오사화(1498), 갑자사화(1504), 기묘사화(1519), 을사사화(1545) 등 규모가 큰 것만도 네 차례나 있었다. 사화는 그것이 훈구파에 의해서든 외척에 의해서든 대체로 화를 당한 쪽은 거의 사림 세력이었다는 공통점을 가지고 있었다.

기묘사화 후 큰 타격을 받았던 사림 계열은 중종 말엽에 다시 중앙으로 진출했다. 인종은 이들 사림 세력을 지지했다. 그러나 인종은 왕위에 1년도 채 머무르지 못했다. 그 아우인 명종이 즉위하자 인종의 외척인 대윤과 명종의 외척인 소윤 사이에 권력 쟁탈이 벌어졌다. 이들 외척 세력들은 사림을 대하는 태도에서도 전혀 상반된 입장을 보였다. 대윤인 윤임 (尹任)이 사림을 비호했던 반면, 소윤인 윤원형은 그 반대였다. 이에 명종 조 초반, 을사사화가 일어나 대윤뿐만 아니라 사림들까지도 많은 희생을 당했다. 을사사화로 사림이 다시 밀려나게 된 것이다. 비록 소수의 사림 파가 정부 일각에 남아 있었지만 이들은 계속 재야적 입장에 설 수밖에 없었다.

명종의 나이 스무 살이 되면서 1553년(명종 8) 문정왕후의 수렴청정이 끝나고 명종의 친정(親政)이 시작되었다. 그러나 친정 이후에도 척신 정 치의 폐단은 가시지 않았다. 이때 명종은 이제까지의 악정을 시정하기 위 해 명종비 인순왕후 심씨의 외숙인 이량을 중용했다. 그러나 그 또한 명 종의 신임을 믿고 새로운 파벌을 만들었다. 그뿐만이 아니었다. 순종하지 않는 사림 출신의 윤근수, 이문형, 박소립, 윤두수 등을 외직으로 추방하 고 심지어는 사림들을 일망타진하기 위해 사화를 일으킬 흉계까지 꾸몄 다. 이때 인순왕후의 동생인 심의겸(沈義謙)이 그 계획을 미리 알아차리 고 그를 제거함으로써 사림을 위기 직전에서 구하게 되었다.

그 후 심의겸의 정치적 영향력이 커진 것은 당연하다. 물론 심의겸은 당시 사림 세력과 친밀한 관계를 맺고 있었으므로 이전의 척신들과는 확 실히 다른 면모를 보였다. 심의겸의 조부 심연원(沈連源)은 김안국(金安 國)의 문인으로 친사림적인 인물이었다. 부친인 심강(沈鋼)도 사림 보호 를 역설한 적이 있었다. 훗날 이준경과 홍섬(洪暹) 등 선배 사림으로 불리 는 부류는 바로 이때 심의겸의 도움으로 관계에 진출한 사류들이었다. 이 러한 상황에서 문정왕후의 죽음은 사림들이 다시 진출하는 중요한 계기 가 되었다.

사림의 시대

선조 즉위 이후 가장 두드러지게 달라진 것은 기묘사화 이후에 위축되었던 사림이 정계에 대거 진출했다는 것이다. 명종이 부를 때에는 좀처럼 상경하지 않던 이황(李滉)이 선조가 즉위한 다음 달인 7월 예조판서 겸 지경연사로 임명되었다. 또 을사사화 당시의 명인으로, 이제 나이 일흔한 살에 이른 백인걸(白仁傑)이 교리를 거쳐 직제학이 되었다. 아울러 권신 윤원형, 이량 등과 더불어 정치를 농단한 심통원의 관작도 삭탈되었다.

한편 을사사화 이후 억울하게 죄인이 된 노수신, 유희춘, 김난상 등 10여 명을 서용했다. 이를 시작으로 사림 세력은 계속해서 세력을 확장하기에 이르렀다.

반면 명종과 문정왕후의 비호 아래 권세를 휘두르던 권신들이 정치적으로 참패했다. 사림 세력의 승리를 단적으로 나타내 주는 대표적인 사례는 기묘사화의 명인 조광조(趙光祖)의 추증과 남곤(南袞)의 관작 삭탈이라 할 수 있다. 선조는 1568년(선조 1) 9월 21일 이황을 석강에 참가시킨 다음 그에게 물었다.

조정의 의논이 조광조를 추증하려 하고 홍문관은 남곤의 관작을 추탈할 것을 논계했는데 그들은 과연 어떤 사람들인가?

그 물음에 이황은 이렇게 대답했다.

조광조는 천품이 뛰어나고 일찍이 성리(性理) 학문에 뜻을 두었는데 중종 임금께서 삼대(三代)의 선정을 펴나가고자 하자 김정, 김식, 기준, 한충 등과 서로 동심 협력해 정치 풍토를 일신, 왕도 정치를 펴나가려 했습니다. 다만 당시 젊은 사람들이 태평정치를 이루기에 급급해 너무 서두른 폐단이 없지 않았습니다. 이리하여 구신(舊臣)들 중 조광조 등에게 배척을 당해 실직한 자들이 앙심을 품고서 갖가지로 허점을 살피다가 망극한 참언을 만들어 한 시대의 사류가 귀양가거나 사형을 당했습니다. 그때의 환란이 지금까지 만연되어 사림들 중에 학행에 뜻을 갖는 사람이 있으면 그를 미워하는 자들이 기묘(己卯)의 류라고 지목하기도 합니다. 사풍이 크게 더럽혀지고 명유(名儒)가 나오지 않는 것은 바로 이 때문입니다. 특히 남곤의 죄악은 매우 중대하기 때문에 관작을 삭탈시켜야만 사림들이 시원스럽게 여길 것이니, 조광조를 포상, 추증하고 남곤을 죄준다면 시비가 분명해질 것입니다.

- 《선조실록》권2, 선조 1년 9월 정묘

이에 선조는 3공과 의논해 마침내 남곤의 관작을 삭탈했다. 조광조의 추증이나 남곤의 추죄는 중종 말년부터 꾸준히 주장되었으나 이때에 와서 드디어 해결을 본 것이다.

그러나 훈구 세력과 권신이 정치 무대에서 사라지면서 더 이상의 적대 세력을 가지지 않게 된 사림은 스스로 분열해 서서히 붕당을 이루게 되었다. 선조 초년에는 명종 조 권신 정권하에서 심의겸의 도움으로 관계에 진출했던 선배 사림과 사림 정치 아래에서 새로이 정계에 진출한 후배 사림들 사이에 당쟁이 벌어지게 되었다. 물론 심의겸은 소윤에 비견될 정도의 척신은 아니었다. 그러나 모든 정치적 역학 관계가 척신의 입장에서 전개되었던 것은 분명한 사실이었다. 따라서 사류들로서는 심의겸과 그를 용납하는 선배 사류에 대해 불만을 가질 수밖에 없었다.

선배 사림에 대한 후배 사림들의 불만은 선배 사림들이 개혁에 적극적이지 않다는 데 있었다. 후배 사림들은 선배 사림들을 속물[流俗]이라 해

소인(小人)으로 몰아세우고 자신들은 군자(君子)로 자처했다. 이러한 가운데 양자 간의 대립은 점차 심화되어 마침내 동인과 서인의 분당으로까지 발전하게 되었다.

이준경의 유언, 붕당의 예고

붕당은 금기사항

옛말에 "새가 죽을 때는 그 울음소리가 슬퍼지고, 사람이 죽을 때는 그 말이 고와진다."는 말이 있다. 그런데 우리 역사상에는 임종을 앞두고 남긴 유언 때문에 도리어 호된 비난을 받아야 했던 인물이 있었다. 동고(東皐) 이준경이 그 사람이다.

그는 중종~선조까지 네 임금을 섬긴 원로이며, 1567년에는 명종의 고명을 받들어 선조를 즉위시킨 장본인이다. 이런 그가 1572년(선조 5) 임종에 앞서 40년 정치 생활을 마감하는 짧은 글[遺箚]을 올려 조정을 발칵 뒤집어 놓았다. 이 글에서 그는 붕당의 조짐을 시사하고 그 타파책을 강구할 것을 강력히 주장했다.

중국과 우리나라같이 제왕에게 권력이 집중된 중앙집권 국가에서 붕당은 원칙적으로 금지되어 있었다. 《대명률(大明律)》이라는 명나라 법전에는 붕당을 금지하는 조항이 명문화되어 있다. 그리고 이 금지 조항을 어길 경우 죽음을 면치 못하게 되어 있었다. 조선에서도 《대명률》을 그대로 쓰고 있었으니 마찬가지였다. 조광조가 죽은 표면적인 이유도 붕당을 지었다는 데 있었다. 이처럼 붕당이라는 말은 국왕 중심 체제하에서 철저히 금기시되어 있었다.

독설과 선견지명

율곡(栗谷) 이이(李珥)는 이준경의 말을 시기와 질투, 그리고 음해의 표본으로 간주해 준열하게 배척했다.

> 새가 죽을 때는 그 울음소리가 슬퍼지고, 사람이 죽을 때는 그 말이
> 선해진다고 하는데, 준경은 죽을 때에도 그 말이 악하다.
>
> — 《연려실기술》 권12, 〈선조 조 고사본말〉, 이준경 유차

선조가 즉위하던 16세기 중반은 훈신 정치의 말기적 현상인 권신 정치의 혼란을 수습하고 이른바 사림 시대를 펼쳐 가던 시기였다. 그러나 정치 풍토가 일신된 것은 사실이지만 정치 세력의 교체가 일순간에 이루어질 수 있는 것은 아니었다. 적어도 선조 초반에는 중종~명종까지 세 임금을 섬긴 원로 구신들과 새로이 진출한 사림들이 공존하고 있었다. 명종의 고명대신으로서 선조가 즉위하는 데 결정적인 역할을 담당한 이준경을 필두로 심의겸, 심통원, 민기, 홍섬, 홍담, 송순, 김개 등은 구신을 대표하는 인물들이었다. 그리고 이황, 노수신, 유희춘, 김난상, 이이, 정철, 기대승, 이후백, 신응시, 유성룡, 오건, 김우옹 등은 사림을 대표하는 인물들이었다. 신진 사림들은 구신들을 못마땅하게 여겼다. 바야흐로 신구신 간의 붕당이 일어날 조짐이 보였다. 이미 명종 대에 노당(老黨)과 소당(少黨)의 구분이 있었다.

1572년(선조 5) 7월 7일 이준경이 붕당이 일어날 것이라고 경고한 것은 바로 이러한 정황을 말한 것이다. 이준경이 김굉필과 조광조의 제자였던 사촌형 이연경의 문하에서 성리학을 수학한 사실을 고려할 때 사림과는 매우 가까웠던 인물로 여겨질 수 있다. 그러나 그는 이른바 도학(道學)하는 선비를 좋아하지 않았고, 안정에 주력한 나머지 급진적이고 개혁적

인 성향을 지닌 신진 사류들과 화합하지 못하는 면이 있었다. 이 때문에 이이, 기대승과는 자주 마찰을 일으키기도 했다.

이런 선상에서 그는 이황을 산금야수(山禽野獸)에 비유했다. 이 말은 날짐승이나 들짐승처럼 길들이기 어렵다는 뜻으로 나오기를 어려워하고 물러나기를 쉽게 하는 이황의 태도를 풍자한 것이다. 당대 사림의 영수를 산금야수에 비유했으니 사림에 대한 인식의 정도를 짐작할 수 있다.

노련한 정치가였던 이준경은 신진 사류들의 개혁지향적, 급진적, 비판적인 성향에 대해 불만과 우려를 동시에 느끼는 가운데 분열의 조짐을 감지하기에 이른 것이다. 신구 세력 사이의 대립과 분열도 문제였지만 이준경이 보다 근본적으로 우려한 것은 특정 세력을 중심으로 붕당이 결성되는 것이었다. 그 특정 세력은 바로 인순왕후의 아우로서 척신을 대표하던 심의겸이었다.

그런데 이준경의 유언은 적중했다. 이로부터 3년 뒤 사림은 자체 분열을 일으켜 동인(東人)과 서인(西人)으로 각립했다. 공교롭게도 심의겸이 분열의 핵이었다. 이 점에서 이준경의 유언은 음해와 저주의 표본이기보다는 선견지명이었다. 300년 뿌리 깊은 당쟁은 이렇게 시작되었다.

300년 당쟁의 원류, 동서분당

1575년(선조 8) 사림이 동인과 서인으로 분열해 이 땅에 본격적인 당쟁의 역사가 시작되었다. 권신 정치의 종말에 뒤이은 사림 자체의 분열상이었다. 그러니 당쟁은 사림 정치의 부산물이라 할 만하다. 이준경이 붕당의 조짐을 예고해 조정에 파문을 일으킨 지 3년 만의 일이었다.

역사의 대세를 타고 성장한 사림은 선조 조에 이르러 사림 정치라는 새로운 정치형태를 연출하며 정치의 주체로 부상했다.

그러나 곧바로 표출된 신구 간의 갈등과 오묘하게 짜인 관직 제도는 사림의 분열을 재촉하고 있었다. 여기에 사림이 체질적으로 기피하는 척신에 대한 인식 차이로 분열은 불가피해졌다. 심의겸과 김효원(金孝元)의 알력은 바로 그 기폭제였다.

심의겸과 김효원의 알력

1572년(선조 5) 2월 이조전랑 오건(吳健)이 자신의 후임으로 김효원을 추천했다. 김효원은 이황, 조식, 김근공의 문인으로 1565년(명종 20) 문과에 장원한 수재였다.

그런데 이조참의 심의겸이 오건의 추천을 거부했다. 거기에는 나름대로 이유가 있었다. 온 세상이 김효원을 두고 청백, 조신, 문재를 겸비한 인물로 평가했지만 심의겸은 그것을 인정할 수 없었다. 심의겸에게 김효원은 권신의 문객에 지나지 않았다. 지난날 윤원형의 집에서 청년 김효원을 대면하는 순간 마음의 판정을 내렸다. 이후에도 그의 뇌리에는 권신의 집을 드나드는 소인이라는 선입견이 항상 남아 있었다. 바로 이런 이유에서 심의겸은 김효원의 통청(通淸)을 막았던 것이다.

결국 김효원은 과거지사(過去之事) 때문에 이조전랑에 임명되지 못했다. 그를 추천했던 오건도 관직을 버리고 낙향했다. 이런 내막을 통해 심의겸과 김효원의 알력은 심화되고 있었다.

이조전랑이 어떤 직책이길래

전랑은 문관과 무관의 인사행정을 담당하던 이조와 병조의 정랑(正郞), 좌랑(佐郞)의 통칭이다. 품계는 낮았지만 청요직 중에서도 으뜸가는 직책이었다. 문관을 중시하던 조선 시대의 풍토는 자연 이조정랑의 중요성을 배가시켰다. 이조정랑은 문관의 인사에 있어 정승과 판서를 제제할 수 있는 권한이 있었기 때문에 당상관도 이조정랑을 만나면 말에서 내려 인사했다고 한다. 그 밖에도 이조정랑은 언론 삼사인 사헌부, 사간원, 홍문관의 청요직을 추천하는 권한을 가지고 있었다. 자신의 후임을 지명하는 이른바 자대권(自代權)도 주요한 특권 가운데 하나였다.

조선 조 관직 체계에서 이처럼 이조정랑을 특별하게 대우한 것은 대신의 권한을 견제하기 위해서였다. 이들은 삼사의 통청권(通淸權)을 잡고 있었기 때문에 은연중 언론을 장악하는 한편 삼사를 통해 대신의 독단을 견제할 수 있었다. 이처럼 인사권과 언론권이 집중된 직책이었기 때문에 전랑직을 누가 차지하느냐에 따라 권력의 향배가 결정될 수 있었다.

재상도 견제할 수 있는 전랑이었기에 쟁탈전이 치열할 수밖에 없었다. 당시 재상층을 위시해 구세력을 대표하던 인사는 심의겸이고, 새로이 부상하는 신진 세력의 구심점은 김효원이었다. 심의겸이 김효원의 통청을 막은 근본적인 이유는 바로 김효원을 중심으로 파당이 조성될 가능성을 차단하기 위해서였다.

알력의 재연

청망(淸望)을 바탕으로 신진 사림을 대표하던 김효원도 척신의 방해 공작에는 속수무책이었다. 자신에게 내정되었던 이조정랑 자리도 심의겸과 가까운 조정기가 차지했다. 그러나 문제는 여기서 그치지 않았다. 이후에도 김효원은 심의겸의 저지를 받아 정랑의 문턱에서 번번이 고배를 마셔야 했다.

사실 김효원은 권신의 문객식객이 아니었다. 출세와 영달을 위해 윤원형의 집을 출입한 것은 더욱 아니었다. 심의겸 일파를 제외한 모든 사림들이 김효원의 결백을 인정함으로써 이조정랑 임용에 따른 결격 사유는 소멸되었다. 그리고 갖은 방해 공작에도 불구하고 마침내 1574년(선조 7) 7월 이조정랑에 당당하게 임명되었다.

그러면 김효원의 눈에 비친 심의겸은 과연 어떠했을까? 한마디로 그것은 정치 일선에서 배제되어야 할 척신이며, 노회한 구신에 불과했다. 심의겸은 영의정을 지낸 심연원의 손자이며 명종비 인순왕후의 아우로서 명종 조의 권신 이량은 그의 외삼촌이었다. 이처럼 그는 훈신의 자제로서 당대 척신을 대표하던 존재였다. 비록 1563년(명종 18) 이량이 사림을 탄압하려 할 때 사림을 적극 보호해 신망을 얻은 것은 사실이지만 척신의 이미지는 탈피할 수 없었다.

한편 김효원이 천신만고 끝에 이조정랑에 오름으로써 상황은 반전되었다. 신진 사류의 지지와 언관권을 장악한 김효원의 기세는 실로 대단했다. 이런 상황에서 김효원의 역공이 시작되었다. 그는 심의겸을 두고 "미련하고 거칠어서 중용할 수 없다."고 하는가 하면 "기질이 조잡하고 어리석어서 이조에 쓰는 것이 불가하다."고 비난함으로써 반목의 골은 더욱 깊어졌다.

바로 그때 심의겸의 아우 충겸이 김효원의 후임으로 거론되었다. 참으로 공교로운 상황이었다. 그러나 김효원은 "전랑이 어째서 외척 집안의 물건이길래 반드시 심씨 문중에서 차지해야 한단 말인가?"라는 말로 일갈할 뿐이었다. 그런 다음 이중호의 아들 이발(李潑)을 자신의 후임으로 추천했다.

이유를 불문하고 조정에는 다시 파란이 일어났다. 김효원의 태도를 고깝게 여긴 심의겸 일파는 김효원을 소인으로 지목하며 비방했다. 그러나 김효원 측의 대응도 만만치는 않았다. 이들은 심의겸을 두고 정인(김효원)을 해치는 사람으로 몰아붙이며 첨예하게 맞섰다. 이는 김효원과 심의겸을 표면에 내세운 구세력과 신진 사류의 대립이었다.

조정책의 실패

이렇게 분열은 가시화되고 있었다. 어느 한쪽도 물러설 수 없는 극단적인 상황에서 조정책이 제시되었다. 바로 그때 자못 난처한 지경에 처한 인물이 있었는데 그가 바로 이이였다. 일찍이 이준경의 유언을 음해와 저주의 표본으로 간주한 마당에 분열이 가시화되었으니 책임을 면할 수는 없었다.

불안해진 이이는 극단적인 대립을 중재하려는 생각에서 조정책을 제시했다. 그러나 이 조정책은 도리어 분쟁을 더욱 격화시키고 말았다. 격앙된 조정 분위기를 완화시키는 차원에서 두 사람을 외직에 임명하는 것이 조정책의 골자였다. 이에 심의겸은 개성유수, 김효원은 경흥부사로 파견되었다. 이는 김효원 측에 불리한 인사 조처였다. 따라서 문제는 그때부터 더욱 복잡하게 꼬였다.

양자의 충돌은 재상권을 바탕으로 하는 선배 사림과 낭관권을 기반으로 하는 후배 사림의 구조적인 대립에 원인이 있었기 때문에 개인적인 차원의 무마책으로는 사태를 수습할 수 없었다. 더욱이 심의겸 측에서는 조정책을 역이용해 김효원 일파를 완전히 제거하려는 속셈을 드러냄으로써 사태를 더욱 악화시켰다. 이를 간파한 김효원 측이 인사 조처에 대해 강하게 반발하는 것은 당연했다. 이이의 조정책은 문제의 해결은 고사하고 분열을 부채질한 꼴이 되고 말았던 것이다.

조정책을 시도한 조정의 처분에 대한 불만은 지지와 비판의 색채를 분명하게 드러내는 계기가 되었다. 흔히 선배 사림과 후배 사림의 분열로 일컬어지는 '동서분당'은 이런 내막을 통해 일어난 것이었다.

김효원은 서울의 동쪽에 있는 건천동(乾川洞, 지금의 동대문 시장터)에 살았기 때문에 그를 추종하는 계열을 동인이라 불렀고, 심의겸은 서쪽의 정릉동(貞陵洞)에 살았기 때문에 그를 추종하는 계열은 서인이라 했다.

동인들은 대체로 이황과 조식(曺植)의 문인들이 많았다. 허엽(許曄)은 선배 사림에 속하는 인물이었지만 동인의 영수가 되었다. 유성룡, 우성전, 김성일, 남이공, 김우옹, 이발, 이산해, 송응개, 허봉, 이광정, 이원익, 홍가신, 이덕형은 동인의 주축을 이룬 소장파 인사들이었다.

　한편 서인은 허엽과 대립하던 박순(朴淳)을 영수로 하여 결집되었는데, 이이와 성혼(成渾)의 제자들이 많았다. 정철, 신응시, 정엽, 송익필, 조헌, 이귀, 황정욱, 김계휘, 홍성민, 이해수, 윤두수, 윤근수, 이산보 등은 서인의 주축들이었다.

정여립과 기축옥사

　1589년(선조 22) 전주에 사는 정여립이 반란을 도모한다는 비밀 보고가 올라왔다. 이 사건이 선조 대 동서분당 이후 최초의 대옥사인 정여립 모역 사건과 기축옥사다. 이 사건이 조작된 것인가, 아닌가에 대해서는 지금까지도 의문으로 남아 있다. 1584년(선조 17)에 동인과 서인의 조정에 온 힘을 쏟았던 이이가 죽은 뒤, 서인은 5~6년 동안 조정에 들어가지 못했다. 그야말로 동인 천하였다. 이런 동인 집권기에 서인에서 동인으로 전향한 정여립은 왜 반란을 기도했을까?

될성부른 나무는 떡잎부터?

　정여립은 동래 정씨로 전주 동문 밖에 살고 있었다. 그의 태몽은 고려의 역신(逆臣) 정중부(鄭仲夫)의 출현이었다. 그래서인지 아버지 정희증은 동네 사람들이 득남을 축하해도 조금도 기뻐하는 기색이 없었다고 한다. 정여립의 나이 일곱여덟 살 무렵, 동네 아이들과 놀면서 칼로 까치 새끼를 부리에서 발톱까지 토막 낸 일이 있었다. 희증이 그것을 보고 누가 이렇게 했느냐고 물으니 한 여종이 정여립이 한 일이라고 고해 버렸다. 그날 밤 정여립은 그 종이 자고 있는 방에 몰래 들어가 칼로 배를 갈라 죽여 버렸다.

　　이 아이가 나를 일러바쳤으므로 내가 죽였다.
　　　　　　　　　－《연려실기술》권14, 〈선조 조 고사본말〉, 기축정여립지옥

　조금도 기가 꺾이지 않는 '악장군' 같은 그의 모습에 사람들은 경악했다. 아버지에게도 그는 두려운 아들이었다.

　1570년(선조 3) 스물다섯 살 때 문과에 급제했지만 고향으로 돌아가 독서에만 전념했다. 그는 이 시기에 파주의 이이, 성혼의 문하를 왕래하며 학문을 논하기도 했다. 이이와 성혼은 정여립의 다소 과격하고 급한 기질을 병통으로 여기면서도 그의 박학다식함에 탄복했고 급기야 조정에 천거까지 했다. 조야의 중망을 얻은 정여립도 매번 이이를, "공자는 익은 감이고 율곡은 덜 익은 감이다."라고 극찬해 마지않았다. 죽도선생(竹島先生)이라고도 일컬어진 정여립은 능수능란한 언변이 자랑이었다. 그 말의 옳고 그름을 차치하고서라도 한번 입을 열면 좌중을 감탄시켰다. 또 비록 그가 잘못되었음을 알고 있다고 하더라도 감히 그와 대적하지 못했을 정도였다고 한다.

　1584년(선조 17) 겨울, 정여립은 정승 노수신에 의해 김우옹, 이발 등과 함께 천거되었다. 그 후 그는 이발, 이길 형제에게 추천되어 사헌부나 홍문관에 발탁되기도 했다. 그러나 그가 이이 사후 서인에서 동인으로 전향하고부터는 시종 이이를 "나라를 그르치는 소인"으로 매도했다. 그는 선조 앞에서까지 이이를 소인이라 비난했다. 그러나 도리어 선조는 정여립

을 송나라 때의 배은망덕한 인물의 표본인 형서(刑恕)와 같은 사람이라고 혹평했다. 정여립은 선조의 눈 밖에 나버렸다.

반역의 기미

이발이 계속 천거하기는 했으나 선조는 끝내 그를 쓰지 않았다. 고향으로 내려간 그는 여전히 집권 동인과 긴밀한 관계를 유지하면서 재기를 노렸다. 거짓으로 학문을 강론한다고 칭탁하고 무뢰한을 불러 모았다. 그 무리들 중에는 무사와 승려들도 섞여 있었다. 황해도로 간 정여립은 안악 사람 변숭복, 박연령과 해주 사람 지함두 등과 비밀히 사귀어 일을 꾸몄다.

정여립은 또 기회를 틈타 난을 일으켜 보려고 전주, 금구, 태인 등 이웃 고을의 여러 무사들과 공사천 노비 등 계급의 상하를 막론하고 계를 조직했다. 이름하여 대동계(大同契)다. 1587년(선조 20)에 왜구가 전라도 손죽도에 침범했을 때에는 전주부윤 남언경이 정여립에게 군사를 원조받을 정도였다. 왜적이 물러가고 군사를 해산할 때에 정여립이 여러 영장들에게 이렇게 명령하고 군사명부 한 벌을 가지고 돌아갔다.

> 너희들은 뒷날에 또 어떤 일이 있거든 각기 소속 군사를 거느리고 일시에 모이라.
>
> ─《연려실기술》권14, 〈선조 조 고사본말〉, 기축정여립지옥

왜구가 침략했을 때 사조직의 도움을 받을 정도로 허약해져 있었던 조선의 군사력은 정여립으로 하여금 반란을 꾀하게 하는 좋은 구실이 되었는지도 모른다.

정여립의 반역 기미는 그가 공공연하게 떠들고 다닌 말 속에서도 충분

히 엿보인다.

> 천하는 공물이니 어찌 일정한 주인이 있으리요. '충신은 두 임금을
> 섬기지 않고 열녀는 두 지아비를 섬기지 않는다'는 말은 한나라 왕촉
> 이 죽을 때 일시적으로 한 말이지 성현의 통론은 아니다.
>
> — 《연려실기술》 권14, 〈선조 조 고사본말〉, 기축정여립지옥

그는 왕위 계승의 절대성을 인정하지 않았다. 또 그 당시 '목자는 망하
고[木子李亡] 전읍은 흥한다[奠邑鄭興]'는 동요가 떠돌고 있었다. 정여립
은 그것을 옥판에 새겨서 의연을 시켜 지리산 석굴 속에 감추어 두게 한
후, 나중에 산 구경갔다가 우연히 이것을 발견한 것처럼 꾸몄다. 그때에
변숭복과 박연령이 이것을 보고 정여립을 시대 운기에 맞추어 난 사람이
라고 했다. 소문은 민간에 널리 퍼지게 되었다. 특히 정여립의 아들 옥남
은 날 때부터 눈동자가 두 개씩이고 양쪽 어깨에 사마귀가 일월(日月) 형
상으로 박혀 있었다. 정여립이 반역을 도모할 마음을 먹은 것도 옥남을
믿었기 때문이라고 한다.

그러던 어느 날 정여립은 비밀이 누설된 것을 알고 드디어 반란을 일
으키기로 결심했다. 그는 그해 겨울을 기다려 황해도와 전라도 지방에서
일제히 군사를 일으켜 바로 서울을 침범하려고 했다. 그러나 겨울이 채
오기도 전에 1589년(선조 22) 10월 2일 안악군수 이축, 재령군수 박충간,
신천군수 한응인 등이 그의 역모를 고변하고 황해감사 한준이 비밀장계
로 조정에 알렸다. 그때 이산해와 정언신 등이 정승 자리에 있었다. 이발
과 백유양 등은 정여립을 두둔하면서 정여립을 고변한 것은 바로 이이의
제자들이라고까지 했다.

비록 서인들도 정여립의 심술을 좋지 않게 여겼지만 그렇다고 그가 반

역을 하리라고는 생각지 않았다. 그들은 그 진위를 알기 위해 정여립이 잡혀오기만을 기다리고 있었다.

사실이 탄로 난 것을 안 변숭복은 금구로 달려가 정여립에게 알렸다. 이에 정여립은 그날 밤 변숭복, 아들 옥남 등과 함께 죽도로 달아났다. 진안현감 민인백은 관군을 이끌고 그들을 추격했다. 이젠 별 도리가 없었다. 관군이 정여립을 둘러싸자 정여립은 먼저 칼로 변숭복과 옥남을 쳤다. 그러고는 스스로 칼자루를 땅에 꽂아 놓고 자결했다.

배후 조종자 송익필

정여립은 왜 자결했을까? 그 혐의를 스스로 인정한 것일까, 아니면 누군가의 꾐에 빠져 그렇게 할 수밖에 없었던 것일까? 의문의 출발점은 바로 여기서 시작된다. 그가 스스로 죄인임을 시인했다면 관련 문서들을 고스란히 남겨 놓은 채 도망갈 리는 없었다. 또 도망을 가더라도 자기의 연고지로 갈 리도 없다. 그도 그렇지만 진안현감은 또 이를 어떻게 알고 죽도로 정여립을 추격해 온 것일까? 한 가지 특이한 점은 정철이 정여립이 도망갔을 것임을 미리 알고 있었다는 사실이다. 누군가에 의해 유인당한 것이라면 그 유인자는 바로 변숭복임에 틀림없다. 정여립이 변숭복을 죽인 것도 그의 꾐에 빠졌다는 사실을 뒤늦게나마 알았기 때문일지도 모른다.

그렇다면 이 사건을 배후에서 조작한 사람은 누구일까? 정여립의 모반 사건이 발각되었을 때 황해감사 한준이 올린 장계에는 송익필 형제의 관련설이 포함되어 있었다. 송익필은 출신이 미천해 벼슬은 못했으나 성리학에 조예가 깊었고, 이이와 정철 등의 이른바 선배 사류와 어울렸으며, 이산해 등과 함께 8대 문장가의 한 사람으로 꼽히기도 한 사람이었다.

그러나 송익필의 고단한 인생은 성종 때의 사관 안당(安塘)의 아버지

돈후가 나이 들어 처를 잃자 그의 형 관후의 여종 중금을 데려다 딸 감정을 낳은 데에서 비롯된다. 감정은 송소철이란 사내에게 시집가서 아들 송사련을 낳았다. 그는 장성하자 자기의 신분이 비천한 것을 비관하다가 당시 안당과 사이가 좋지 못했던 심정에게 아부하며 안당의 아들 처겸(處謙)을 밀고했다. 기묘사화의 여파로 일어났던 이른바 신사무옥(1521년)을 일으키게 한 것이다. 그리하여 안당과 안처겸이 모두 붙잡혀 처형당했다.

송사련은 종의 자식이지만 높은 벼슬을 얻어 출세 가도를 달리게 되었다. 그러나 1586년(선조 19) 신사무옥이 송사련의 무고에 의한 것임이 밝혀지자 안씨 일가는 송씨 일가를 그들 집안의 노비로 만들려 했다. 죽은 송사련 대신 그의 아들들에게 보복하려는 것이었다. 문서상으로도 송씨 일족은 여전히 안씨 집안의 노비였다. 이에 송씨 일족은 모두 이름을 바꾸고 시골에서 숨어 살게 되었다.

그때 영의정 이산해와 좌의정 정철 등은 송익필 및 그 아우 한필의 학문과 문장을 아껴 보호해 주고자 했다. 반면 이발 등 동인들은 송익필을 잡아 환천시켜 서인에게 타격을 주려 했다. 그리하여 송익필 형제들은 동인에 앙심을 품고 정권을 뒤집으려는 계책을 세우게 되었다.

정여립의 대동계는 그 좋은 빌미가 되었다. 송익필은 정여립과 함께 이이와 친하게 지내왔기 때문에 누구보다도 정여립을 잘 알고 있었다. 그런 그가 정여립이 세력을 키워 가는 것을 보고 반란 기미를 읽은 후 사람들을 시켜 고변하게 한 것이다. 송익필이 동인을 공격하는 서인의 상소문을 대신 써주고 정철을 조정해 사건을 주도면밀하게 조작해 갔다는 기록이 사실이라면 기축옥사는 가히 송익필이 꾸미고, 정철이 수행한 것이라 할 수 있을 것이다.

또 하나의 사화, 기축옥사

갑신년 이후로 동인의 공격을 받아 벼슬자리에 서지 못한 울분에 쌓여 있던 서인은 정여립 모반 사건을 기화로 다시 한 번 주도권을 장악하고자 했다. 당시 서인의 실세 정철이 우의정에 임명되어 이 사건의 조사관이 되면서부터 역옥은 더욱 가혹하게 다스려졌다. 그는 역모와 직접적 관련이 없어도 정여립과의 친분 관계나 친인척 관계에 있는 많은 동인의 유력 인사들을 연루시켜 처벌했다. 이발과 이길 형제, 백유양, 정언신, 최영경, 정개청, 김빙 등이 그렇게 처벌되었다.

그들의 죄목은 거의 억지에 가까웠다. 김빙은 정여립의 시체를 찢을 때 바람이 차서 눈물이 흘러나오는 것을 닦다가 정여립의 죽음을 슬퍼한 것으로 오해받아 죽었다. 또 《배절의론(排節義論)》을 지은 정개청은 주자가 논한 것을 읽고 동한 시대의 절의의 폐를 밝혔을 뿐인데도 그것이 군주에 대한 절의를 경시한 것으로 몰려 죽었다. 정철은 그를 "개청은 반역하지 않은 정여립이오, 정여립은 반역한 개청이라."는 말까지 서슴지 않았다.

여기서 한 가지 특이한 사실은 이 사건에 연루된 사람들의 공통점은 선조의 실정에 대해 비판적이었다는 점이다. 이발은 사건 직전 낙향하면서 선조 아래서 아무런 일도 할 수 없다고 통탄한 적이 있었다. 또 "임금이 시기심이 많고 모질며 고집이 세다, 임금은 조금도 임금의 도량이 없다, 시원치 않은 세상일을 말하자니 지리하고 또 가소롭다."는 말을 여러 사람이 하고 있었다. 이렇게 보면 이들 피화인들은 선조에 대한 괘씸죄에 걸렸음을 쉽게 짐작할 수 있다.

사실의 진위도 살펴보지 않고 앞질러 탄핵부터 했던 옥사는 한번 지목당하면 스스로 벗어나지 못했고 감히 그 원통함을 밝힐 수가 없었다. 결국 서인은 정여립의 모역을 기화로 정계에서 동인을 몰아내고 정권을 장악할 수 있는 계기를 마련했다. 정철은 평소 사감이 있었던 사람들을 모두 역당으로 몰아 처단했다. 이 사건으로 죽은 자만도 1천여 명이 넘었다고 한다. 기축옥사는 그야말로 또 하나의 사화였다.

200년 숙원, 종계변무(宗系辨誣)

이성계가 이인임의 아들이라니

1390년(공양왕 2) 윤이와 이초가 명나라로 도주해 "이성계는 권신 이인임의 아들이다."라고 밀고했다. 자신들의 정적 이성계를 제거할 목적에서였다. 이는 권력투쟁 와중에서 권모술수가 난무하고 비방과 무고를 일삼던 왕조 말기의 세태를 그대로 반영하고 있다. 이성계가 이인임의 아들이라는 말은 그야말로 낭설이었다. 오히려 이인임과 이성계는 정치적으로 대립하던 사이였다.

그러나 명나라에서는 윤이와 이초의 말을 믿고 명나라《태조실록(太祖實錄)》과《대명회전(大明會典)》에 이성계를 이인임의 아들로 기록했다. 한 국가의 공식적인 기록인 실록과 법전에 명문화되어 버린 것이다.

한동안 조선에서는 종계(宗系)가 잘못 기록된 사실을 전혀 알지 못했다. 그런데 1394년(태조 3) 명나라 사신 황영기가 가지고 온 문서에 이런 말이 있었다.

> 조선 태조는 고려 신하 이인임의 아들인 성계로서 지금의 이름은 단(旦)이다.
>
> ─《연려실기술》권17, 〈선조 조 고사본말〉, 종계변무

이 무슨 소리인가! 온 조정이 긴장했다. 왕실의 체통과 국가의 체모를 고려할 때 대단히 치욕적인 사건이었다. 더욱이 명나라에서 종계 오기(誤記)를 빌미로 조선을 복속하려는 의도를 보임으로써 긴박감은 증폭되었다. 종계를 바로잡기 위한 200년 숙원은 이렇게 시작되었다. 이 과정에서 조선은 명의 고압적인 태도에 눌려 수모를 겪는 한편 미묘한 외교전에 말려 속을 태워야 했다. 종계 오기는 명의 이해와는 아무런 상관이 없으면서도 조선에게는 크나큰 약점으로 작용했다. 이 때문에 약 200년 동안 명을 향한 조선의 자세는 더욱 낮아질 수밖에 없었는지도 모른다.

14대 200년에 걸친 치열한 외교전의 시작

종계를 바로잡기 위한 첫 시도는 1394년(태조 3) 6월의 변명주문(辨明奏文)으로 나타났다. 그러나 명나라에서는 가부를 통보하지 않았다. 벙어리 냉가슴 앓는 답답한 심정이 10년간 지속되었다.

이런 가운데 1403년(태종 3) 명나라에 사신으로 갔던 조온이 돌아와 비보를 전했다. 결과는 역시 실패였다. 1404년(태종 4) 11월에는 이빈을 파견했지만 또 실패했다. 이후 종계변무를 위한 노력은 약 100년 동안 소강상태에 있었다.

1518년(중종 13) 명나라에 사신으로 갔던 이계맹이《대명회전》을 가지고 왔다. 그 속에는 참으로 끔찍한 내용이 담겨 있었다.

> 이인임과 그의 아들 성계는 모두 네 명의 고려 왕을 죽이고 나라를
> 얻었다.
>
> - 《연려실기술》 권17, 〈선조 조 고사본말〉, 종계변무

중종은 즉시 남곤과 이자를 보내 변무의 노력을 재개했다. 명나라 무종

(武宗)이 의외로 호의적인 반응을 보이며 개정의 뜻을 비쳤다. 그러나 무종 역시 자신의 약속을 지키지 않았다. 기만의 연속이며 속방에 대한 횡포였다.

이후 조선에서는 1539년(중종 34) 주청사를 파견한 결과 《대명회전》을 속찬할 때 조선이 요청한 내용을 부기하겠다'는 명나라 세종의 약속을 얻어낼 수 있었다. 그러나 명나라는 1557년(명종 12)을 전후해 《대명회전》을 속찬하면서도 세종의 약속에 대해서는 일체 함구했다. 이에 1563년(명종 18)에 김주를 파견해 다시 한 번 주청했지만 역시 달라진 것은 없었다.

피를 흘린 대가, 변무의 실현

이제 종계변무는 14대 왕 선조의 과업이 되었다. 이에 선조는 1573년(선조 6), 1575년(선조 8), 1577년(선조 10), 1578년(선조 11), 1580년(선조 13)까지 기회가 있을 때마다 변무의 노력을 경주했다. 그러나 이때까지도 《대명회전》이 반포되지 않아 속찬 내용을 정확하게 알 수 없었다. 더욱이 저간의 태도로 보아 명 세종의 약속을 확신하기도 어려웠다.

바로 이때 보다 적극적이고 확실한 방안을 모색해야 한다는 움직임이 일고 있었다. 율곡 이이는 그 대표적인 인물이었다. 확실한 방안은 다름 아닌 적임자를 사신으로 파견해야 한다는 논리였다. 이에 이이를 사신으로 보내야 한다는 데 조정의 여론이 모아졌지만 박순과 이산해가 이를 만류했다. 이이는 하루도 조정에 없어서는 안 될 사람이라는 것이 반대 이유였다.

결국 이이의 사행은 실현되지 못했다. 그 대신 김장생의 조부 김계휘가 주청사로 선정되었다. 그는 고경명을 서장관으로 삼고 조선 제일의 문장가 최립을 질정관으로 삼아 1581년(선조 14)에 비장한 심정으로 사행에 올랐다. 쟁쟁한 인사들을 대동한 사행이었지만 결과는 시원찮았다.

그러나 1584년(선조 17) 황정욱을 주청사로 파견해 사태를 호전시켰다. 황정욱 일행은 명나라 황제가 《대명회전》을 보지 않았다는 이유로 정본을 가져오지는 못했다. 그러나 수정된 조선 왕실 관계 기록의 등본을 가지고 귀국함으로써 변무를 확인할 수 있었다. 200년 숙원이 사실상 달성되는 순간이었다. 이에 선조는 이 사실을 종묘에 고해 열성조의 혼령들과 기쁨을 같이했다.

그런 다음 1587년(선조 20)에는 《대명회전》을 받아오기 위해 유홍을 파견했다. 일을 완전히 마무리하기 위해서였다. 그런데 명나라에서는 황제가 보지 않았다는 이유로 또 반질을 거부했다.

이런 상황에서 유홍의 결단은 주효했다. 그는 머리를 땅에 쪼아 피를 흘리며 간청해 명나라를 감동시켰다. 이에 명은 《대명회전》 가운데 조선 관계 기록을 특별히 건네주었다. 이제 종결의 순간은 성큼 다가오고 있었다.

이에 선조는 종묘와 사직에 이 사실을 친히 고하는 한편 우의정 유전을 사은사로 파견해 모든 절차를 마무리했다. 그런 다음 대사령을 반포하고 증광문과를 설치해 경축의 분위기를 극도로 고조시켰다. 2년 뒤인 1589년(선조 22) 성절사 윤근수가 《대명회전》의 전질을 받아 옴으로써 숙원을 풀게 되었다. 꼬박 200년이 걸린 역정이었다.

16세기 후반 동아시아의 정세

14세기 이후 약 200년 동안 안정을 유지하던 동아시아는 16세기 후반에 접어들면서 새로운 국면을 맞이하게 된다. 조선의 인접 국가인 중국과 여진, 일본 모두 자체적인 변동과 혼란을 수반하는 가운데 대전란의 조짐이 싹트고 있었다.

14세기 동아시아의 정세는 대륙의 영향력이 한반도를 거쳐 일본에 파급되는 것이 일반적인 양상이었다. 그러나 16세기는 도리어 일본의 영향력이 한반도를 거쳐 명나라에 미치는 흐름으로 반전되고 있었다. 임진왜란은 그 대표적인 사례였다. 여기에 만주에 자리 잡은 여진족이 급속하게 성장함으로써 동아시아 정세는 더욱 긴박하게 돌아가고 있었다.

명나라의 쇠퇴

15세기 명나라의 정치적인 상황은 황제가 절대적인 권력을 추구하면서도 황제와 사적인 관계에 있는 유력한 인물 또는 집단이 황제권을 대행하는 경향이 있었다. 이런 양상은 16세기까지 그대로 답습되어 왕의 측근 또는 환관이 권력의 주체로 부상하기에 이른다. 정덕제(正德帝, 1505~1521), 가정제(嘉靖帝, 1522~1566)는 환관(宦官) 정치를 조장한 대표적인 황제였다. 이런 상황에서 환관은 중앙 권력을 잠식하는 암적인 존재로 인식되었다.

그런데 융경제(隆慶帝, 1567~1572)와 그의 아들 만력제(萬曆帝, 1572~1620)의 초기 10년은 수석대학사 장거정(張居正)이 정치적인 실권을 행사하던 시기였다. 따라서 한동안 환관 정치를 저지할 수는 있었다. 그러나 장거정의 전권에 대한 반발로 생긴 동림당(東林黨)과 환관의 대립은 후일 명나라 멸망의 근원이 되었다.

한편으로 16세기는 달단(韃靼)과의 대립이 격화된 시기였다. 특히 가정제의 치세는 달단의 약탈이 기승을 부리던 시기로서 1550년에는 수도 북경이 수일간 포위된 일도 있었다. 이와 때를 같이해 동남해안에서는 왜구가 극성을 부림으로써 명나라는 이른바 북로남왜(北虜南倭)의 곤경에 처하게 되었다. 이에 명나라는 1546년 급기야 해금령(海禁令)을 단행해 왜구의 약탈에 대비했다. 그러나 이는 근본적인 제어력을 상실한 미봉책에 불과했다.

북로남왜에 따른 재정 궁핍은 장거정의 개혁 정치에 의해 어느 정도 회복세를 보이기도 했다. 그러나 몽골의 항장 보바이[哱拜]의 반란을 필두로 해서 만력제의 재위 기간 중반 이후에는 각종 반란 사건이 속출하게 되었다. 이는 한마디로 총체적인 위기를 의미했다. 설상가상으로 임진왜란이 발생해 조선에 원병을 파견하는 상황에 이르자 명나라의 국력은 극도로 약화되었다.

여진족의 성장

1424년 만주 경략에 눈부신 성과를 올린 영락제(1403~1424)가 사망하자 만주에 대한 명의 지배력은 점차 약화되어 갔다. 명나라 세력의 약화는 곧바로 여진족의 성장으로 이어졌다. 이에 16세기 후반에는 후일 여진족을 통합해 후금(後金)을 건국하는 누르하치(奴爾哈赤)가 만주의 실력자로 부상하게 된다. 그는 본래 건주우위(建州右衛)의 장군으로서 소자강(蘇子江) 유역에서 활동하던 탑주(塔朱)라는 인물의 아들이었다.

누르하치가 본격적인 활동을 시작한 것은 1583년(선조 16) 이후였다. 그는 명에 대해서는 공손한 태도를 취하는 가운데 주위의 여러 부족들을 차례차례 합병하며 강력한 세력을 구축해 나갔다. 이런 선상에서 임진왜란이 한창이던 1593년에는 해서여진(海西女眞)과 몽골의 연합군을 혼하 일대에서 대파함으로써 제국 건설의 발판을 다졌다. 이때 그는 때마침 의주로 피난 온 선조에게 사신을 보내 파병의 의향을 보이는 등 여유를 과시하기도 했다. 명나라 쇠퇴와 여진족 흥기는 시대적인 대세처럼 보였다. 이후 만주의 절반 이상을 차지한 누르하치는 1616년 후금을 건국한 다음

호시탐탐 중원을 노리게 된다.

일본의 통일과 조선 출병

16세기의 일본은 한마디로 전국 시대였다. 무로마치[室町] 막부의 권위가 실추되자 각지의 호족들이 상호 치열한 투쟁을 계속했다. 그러다가 16세기 후반에 이르면서 오다 노부나가[織田信長]의 주도로 서서히 통일 정권을 이룩하려는 조짐이 일었다. 이러한 격동의 결과는 낡은 권위의 청산과 새로운 세력의 부상이었다.

한편 이 시기를 전후해 일본은 유럽인과의 접촉을 통해 각종 서양 문물을 흡수하고 있었다. 특히 포르투갈을 통해 총이 유입되어 무력이 증강됨으로써 전술상에 커다란 변화가 초래되었다. 오다 노부나가는 이 신식 무기를 효과적으로 이용해 통일 사업에 더욱 박차를 가했다. 그 결과로 일본 정치의 중심지인 교토[京都]를 수중에 넣음으로써 유리한 고지를 선점하게 되었다.

이런 선상에서 오다 노부나가는 1560년 반대파를 물리친 다음 도쿠가와 이에야스[德川家康]를 포섭하는 데 성공해 통일 사업을 한층 더 앞당기고 있었다. 그러나 그는 1582년 암살당함으로써 통일 사업을 완수하지는 못했다.

오다 노부나가의 뒤를 이어 통일 사업을 종료한 인물이 바로 도요토미 히데요시[豊臣秀吉]였다. 그는 오다 노부나가의 후계자라는 지위와 자신의 역량을 바탕으로 통일 사업을 적극적으로 추진했다. 이 과정에서 오사카[大阪]는 통일 사업의 새로운 거점으로 대두되었다.

이후 그는 도쿠가와 이에야스와 평화 관계를 맺은 다음 1587년 규슈[九州] 정벌을 완료했다. 그럼으로써 사실상의 통일 사업을 완수하기에 이른다. 바로 이때 도요토미 히데요시는 조선 출병이라는 무시무시한 계획을 세우게 된다. 그리고 1591년부터는 출병 준비에 더욱 박차를 가해 대전란을 예고했다. 1592년 4월의 임진왜란은 바로 그 결과였다.

임진왜란

1592년(선조 25) 4월 15일 왜군이 부산과 동래를 함락하고 파죽지세로 북상을 계속했다. 왜군의 분탕 속에 연로의 백성들은 생목숨을 잃었고, 강산은 피로 물들어 갔다. 그리고 무수한 문화재가 파괴되었다.

선조는 백성들의 원망과 호곡을 외면한 채 서울을 버리고 피난길에 올랐다. 분노한 백성들은 경복궁에 불을 지르고 노비 문서를 불태웠다. 왕과 조정에 대한 불만은 민심의 이반으로 표출되었다. 외침보다 무서운 내분이었다.

1592년은 왕조 건국 200주년을 맞이하는 해였다. 경축하고 기념해야 할 그해에 가장 참혹한 병란을 당한 것이다. 그것도 미개한 야만 국가로 멸시하던 일본에게 덜미를 잡힌 것이다.

표면적인 평화는 지배층의 문약을 조장하는 한편 현실 감각을 무디게 했다. 사화와 당쟁으로 인한 정치적 혼란이 심화되면서 국방 체제는 더욱 약화되어 갔다. 더욱이 1575년(선조 8) 사림이 동인과 서인으로 분열됨으로써 내부 단결은 더욱 어려워졌다. 남으로는 왜, 북으로는 여진족과 대치하는 이른바 남왜북호(南倭北胡)의 상황에서 일각으로부터 국방 강화책이 제시되었으나 현실성 없는 구호에 지나지 않았다.

도요토미 히데요시의 야욕과 통신사 파견

16세기 후반 일본에서는 도요토미 히데요시라는 한 야심가가 출현해 전국 시대의 혼란을 수습하고 일본열도를 통일했다. 이에 태양의 아들을 자처한 도요토미는 점차 과대망상에 빠져들고 있었다. "나의 이름을 동양 3국에 떨치는 것이 소원이다."는 언설을 거침없이 내뱉었다. 이러한 도요토미의 성향은 곧바로 대륙 출병의 야욕으로 표출되었다. 공명심과 정복욕에 도요토미를 자극한 것은 제후들에게 분배할 영지의 필요성이었다. 이는 강력한 무력을 해외로 방출시킴으로써 국내의 통일과 안전을 강화하는 한편 신흥 세력의 성장을 억제할 필요가 있었던 도요토미의 본심과도 부합되는 일이었다.

1586년 규슈 지방까지 제패한 도요토미는 더욱 기고만장해 주변 국가의 국왕들에게 입조를 독촉했다. 여기에는 명나라와 조선도 포함되어 있었다. 무력을 앞세운 도요토미의 오만 앞에 국제 질서는 완전히 파괴되었다.

이런 상황에서 1589년 11월 조선에서는 통신사 파견을 결정했다. 일본의 상황과 도요토미의 본심을 탐지하기 위해서였다. 정사는 서인 황윤길(黃允吉), 부사는 동인 김성일(金誠一), 서장관은 동인 허성(許筬)이었다.

1590년(선조 23) 6월 대마도에 도착한 통신사 일행은 대마도주가 말을 탄 채로 조선의 사신을 맞이하는 것을 보고 이미 전운을 감지했다. 당시 대마도는 조선 국왕의 도서(圖署, 출입국증명서)를 받는 경제적인 속방이었기 때문이다.

7월경 일본의 수도 교토에 도착한 통신사 일행은 무려 4개월을 기다렸다. 동북 지방에 정벌을 나섰던 도요토미가 돌아온 것은 그해 11월이었다. 이때 도요토미는 통신사 일행을 자신의 일본 통일을 축하하기 위해 파견된 복속 사절로 오인하고 있었다.

통신사의 눈에 비친 도요토미는 한마디로 무례한 권력자였다. 그는 통신사의 목적이 어디에 있는지를 너무도 잘 알고 있었기에 본심을 감추는

데 부심했다. 국빈을 영접하는 엄숙한 자리에 어린아이를 데리고 나온 것도 이런 맥락에서였다. 침략의 야욕을 은폐하기 위해서는 예의와 위엄을 상실할 필요가 있었던 것이다. 도요토미의 이 모든 위장술에도 불구하고 통신사 일행은 그의 침략 의도를 나름대로 간파하고 돌아왔다.

1591년 3월에 귀국한 통신사는 곧바로 사행 결과를 보고했다. 이 자리에서 정사 황윤길이 침략 가능성을 강하게 시사하자 부사 김성일은 그것을 부정했다. 서장관 허성과 김성일의 수행원 황진이 황윤길의 의견에 동의했지만 김성일은 완강하게 반대했던 것이다. 이러한 상반된 보고로 조정에는 혼선이 빚어졌다. 요행을 바라던 조정은 반신반의하는 가운데 김성일의 보고를 채택했다. 김성일이 소속되어 있던 동인이 집권하고 있었기 때문이었다. 이에 그나마 일본 침입에 대비해 추진되고 있던 축성 사업과 제반 방비책을 중지시켰다.

사실 조선은 김성일의 보고 내용과 무관하게 일본의 침략 가능성을 인식하고 있었다. 도요토미의 망발이 이미 여러 경로를 통해 조선 쪽에 전달되었기 때문이다. 김성일이 황윤길의 주장을 일축한 것은 민심의 동요를 우려했기 때문이라고 한다.

이즈음 도요토미는 정명가도(征明假道)의 구호로서 조선을 더욱 압박했다. 입공을 거절한 명나라를 정벌하기 위해 조선에 길을 내줄 것을 요구한 것이다. 이에 일각에서는 "조선이 나서서 명나라에 알선해 일본의 공로(貢路)를 열어 주면 무사할 것이다."는 조언이 있었지만 조선은 이를 무시했다. 바로 이 무렵 왜관(倭館)의 일인들이 일제히 본국으로 소환되었다. 그것은 곧 전쟁을 알리는 적신호였다.

왜군의 침입과 북상

나고야에 20만 대군을 집결시킨 도요토미는 1592년 4월 14일 오전 8

시에 출정을 명령했다. 고니시 유키나가[小西行長]가 거느린 제1번 군이 부산에 도착한 시간은 오후 5시였다. 임진왜란은 이렇게 시작되었다.

불시에 침입을 받은 부산진첨사 정발은 목숨을 걸고 항전했지만 왜군의 예봉을 막지 못하고 전사했다. 임진왜란 최초의 패전이었다. 부산을 함락한 왜군의 다음 공격 목표는 동래부였다. 동래부사 송상현 역시 관민과 합세해 왜군에 맞서 고군분투했다. 참으로 치열한 전투였다. 그러나 그 역시 왜군을 방어하지 못하고 장렬하게 전사하고 말았다.

이후 왜군은 별다른 저항을 받지 않고 거의 파죽지세로 북상했다. 왜군의 북상로는 크게 중로·좌로·우로의 3로(三路)로 구분된다.

중로는 동래 – 양산 – 밀양 – 청도 – 대구 – 인동 – 선산 – 상주 – 조령 – 충주 – 여강 – 양근 – 용진나루를 거쳐 서울에 이르는 경로로서 주장은 고니시 유키나가였다. 좌로는 동래 – 장기 – 기장 – 울산 – 경주 – 영천 – 신녕 – 의흥 – 군위 – 용궁 – 문경 – 조령 – 충주 – 죽산 – 용인을 거쳐 한강에 이르는 경로로서 주장은 가토 기요마사[加藤淸正]였다. 우로는 동래 – 김해 – 성주 – 무계 – 지례 – 금산 – 추풍령 – 영동 – 청주를 거쳐 경기도에 이르는 경로로서 주장은 구로다 나가마사[黑田長政]였다. 이 가운데 가장 핵심이 되는 공격로는 고니시의 중로였다.

왜군의 침략을 보고받은 조정은 경악한 가운데 대책 마련에 부심했다. 좌의정 유성룡을 총사령관인 도체찰사에 임명하는 한편 신립을 도순변사에 임명했다. 그 밖에 이일, 성응길, 조경, 유극량, 변기, 변응성 등을 야전 지휘관에 임명해 전장에 투입시켰다. 이는 근본적인 대책이 전무한 상황에서 취해진 임시변통적인 조처에 지나지 않았다.

200년 평화의 후유증은 상상을 초월하고 있었다. 백성들은 전쟁이 무엇인지 군인이 무엇인지도 몰랐다. 따라서 장수는 홀몸으로 전장으로 향할 수밖에 없었다. 한심하기는 관리들도 마찬가지였다. 수많은 수령들이 목숨을 부지하기 위해 근무지를 이탈했다. 이런 상황에서 군병이 모여들 리 없었고, 가까스로 소집한 병사들도 오합지졸에 불과했다.

순변사 이일의 상주 전투 패전에 이어 도순변사 신립이 탄금대에서 패전함으로써 왜군의 북상을 저지하려는 노력은 완전히 수포로 돌아갔다. 신립은 비장한 심정으로 배수의 진을 치고 일대 결전을 벌였지만 끝내 달래강의 혼이 되고 말았다.

선조와 조정 신료들은 신립을 철석같이 믿었다. 그가 반드시 왜군의 북상을 저지할 것으로 확신했던 것이다. 그러나 기대가 크면 실망도 크기 마련이었다.

4월 29일 신립의 패보를 접한 선조는 피난을 결심했다. 이산해와 김귀영 등의 도성 사수론이 한동안 선조의 발목을 잡을 수 있었지만 이제는 상황이 달라졌다. 대간이 반대하고 종실이 애원했지만 선조의 마음을 돌리지는 못했다. 더욱이 유생들의 궐기에도 불구하고 선조는 그날로 피난을 강행했다. 이에 선조는 유도대장 이양원과 도원수 김명원을 남겨 둔 채 세자와 조신들을 거느리고 몽진길에 올랐다. 근왕병을 모집하기 위해 임해군과 순화군이 함경도와 강원도로 파견된 것도 이때였다.

임금이 도성을 버리는 순간 백성들의 마음속에는 원망과 분노가 교차했다. 백성의 분노는 경복궁, 창경궁, 창덕궁의 방화와 형조 장례원에 보관 중이던 노비 문서의 소각으로 표출되었다.

광해군의 세자 책봉과 분조 활동

신립의 패전과 선조의 피난으로 이어지는 극도의 불안 속에서 비상 타개책으로 제시된 것이 광해군의 세자 책봉과 분조 활동이었다.

당시 서울은 민심이 극도로 흉흉한 가운데 "나라가 반드시 망할 것이다."는 요언이 난무했다. 이에 우승지 신잡(申磼)이 민심을 진정하는 방도로서 세자 책봉을 건의하기에 이른다. 평소 광해군을 신임하고 있던 선조는 영의정 이산해와 좌의정 유성룡 등의 대신을 소집해 그를 세자에 책봉했다. 신립의 패보가 전해지던 4월 29일의 일이었다.

4월 30일 서울을 떠난 선조의 통치권은 사실상 마비되었다. 왕궁은 불타고 관리와 선비들은 죄다 도망했다. 심지어 도성 사수를 주장한 인사 중에 단 한 사람도 서울을 지키다 전사한 사람이 없었다.

선조는 한양과 개성에 이어 평양이 함락되고 함경도까지 왜군이 침략하자 요동으로 망명할 채비를 갖추었다. 이에 의주로 향하기 직전 평안도 박천에서 세자 광해군으로 하여금 종묘와 사직을 받들고 본국에 머물도록 했다. 이때 조정을 양분해 선조의 행재소를 원조정(元朝廷), 세자가 있는 곳을 소조정, 즉 분조라 했다.

광해군의 분조는 공식적으로 1592년 6월부터 이듬해 10월까지 약 16개월 동안 활동했다. 분조에 배속된 관리는 영의정 최흥원 이하 이덕형, 이항복, 한준, 정창연, 김우옹, 심충겸, 황신, 유몽인, 이정구 등 학식과 외교에 뛰어난 인물들이 많았다.

광해군의 임무는 분조를 통솔해 국사를 권섭(權攝)하는 한편 실지 수복과 국가 부흥을 위해 군국 기무를 수행하는 일이었다. 이외 종묘사직을 주관하는 것도 빼놓을 수 없는 임무 중 하나였다. 광해군에게 관리에 대한 인사권과 포폄권이 주어지는 것은 당연했다.

그러나 무엇보다 급선무는 민심을 수습하고 군민을 격려하는 일이었다. 이에 광해군은 평안도, 황해도, 강원도 등지를 돌며 민관군을 위로하는 가운데 의병 활동을 독려했다. 이런 외중에도 그는 분조에 소속된 관리들의 보필을 받아 학문과 경륜을 쌓을 수 있었다. 명나라 장수 이여송(李如松)은 "조선의 부흥은 세자에게 달려 있다."고 말할 정도로 광해군을 높이 평가했다.

1593년 1월 조명 연합군의 평양성 탈환도 광해군과 이여송의 신뢰에 기반한 것이었다. 그리고 동년 4월 위험을 무릅쓰고 호남 지방에 이르러 민심을 수습하고 군민을 격려한 사실에서도 국란 타개에 쏟은 광해군의 노력을 짐작할 수 있다.

이처럼 광해군은 한동안 선조를 대신해 전시 상황을 주도했음을 알 수 있다. 평양성 탈환은 뚜렷한 업적 가운데 하나였다. 광해군은 1593년 분조가 해체된 뒤에도 무군사로 활동하며 국란 극복의 선봉에 섰다.

의병 봉기

5월 2일 서울을 함락시킨 왜군은 북상을 계속해 6월에는 평양성을 함락시켰다. 이 과정에서 관군은 연전연패를 거듭했다. 이제 전국 대부분의 지역을 장악한 왜군들은 각처에서 분탕질을 자행했다. 바로 이때 8도에서 의병이 봉기하기 시작했다. 관군의 무능은 의병 봉기의 기폭제가 되었다. 여기에 일본에 대한 전통적인 우월감, 향토 의식, 유교적인 근왕 정신이 발동해 의병 활동으로 분출되었다.

의병은 양반에서 천인에 이르기까지 다양한 계층으로 구성되어 있었다. 그러나 의병장의 경우는 양반 유생과 전직 관료가 단연 압도적이었다. 의병의 총수는 2만 2,600여 명으로 추산되는데, 이 수치는 관군의 25퍼센트에 해당한다.

대표적인 의병장으로는 곽재우, 고경명, 조헌, 김천일, 김면, 정인홍, 정문부, 이정암, 우성전, 권응수, 정세아, 정대임, 변사정, 양산숙, 최경회, 김덕령, 유팽로, 유종개, 이대기, 홍계남, 손인갑, 조종도, 곽준, 임계영, 고종후, 박춘무, 김해, 최문병 등을 들 수 있다.

의병 활동이 가장 활발하게 전개된 곳은 경상우도였다. 이곳은 바로 의를 중시한 조식의 학문적인 본거지이며 남명학파의 발상지였다. 홍의장군으로 유명한 곽재우, 정인홍, 조종도, 곽준, 이로 등은 모두 이 지역 출신의 의병장들이다. 특히 곽재우는 왜군의 호남 진출을 차단하는 데 혁혁한 공이 있었다. 조식의 수제자인 정인홍은 의병 활동이 기반이 되어 정치적인 거물로 성장한 경우였다. 권응수, 정세아, 정대임은 영천성을 수복하는 데 기여했고, 김해는 안동과 예안을 중심으로 경상도 북부 지역의 의병을 주도했다.

고경명과 김천일은 호남을 대표하는 의병장이었다. 고경명과 고종후는 부자 모두 순국하는 절의를 보였다.

충청도 의병의 대표적인 존재는 역시 조헌이었다. 그는 일찍이 죽음을 각오하고 통신사 파견을 반대하는 상소를 올린 정통 유학자였다. 옥천에서 거병한 조헌은 청주성을 탈환한 다음 금산에 주둔한 적을 공격하다 700의사와 함께 장렬하게 전사했다.

의병의 전술은 기본적으로 적의 후방을 교란시키는 게릴라전술이었다. 따라서 그들은 지리에 익숙했기 때문에 상당한 성과를 올릴 수 있었다. 당초 조정에서는 의병을 사병으로 간주해 의구심을 갖기도 했지만 점차 관직과 특전을 부여해 사기를 고양시켰다. 의병은 이른바 오합지졸이 대부분이었고, 향토 방어의 한계를 넘어서지 못한 면이 있었다. 심지어 사이비 의병이 등장해 의병의 이미지를 변질시키기도 했다. 그러나 의병은 전란의 와중에서 근왕 정신과 애국심을 고취하는 한편 호남의 곡창지대를 방어하는 데 중요한 역할을 담당했다는 점에서 높이 평가되어야 한다.

한편 승병도 의병 활동에서 결코 무시할 수 없는 존재들이었다. 승병의 주축을 이룬 것은 휴정(休靜, 서산대사)의 문도들이었다. 승려라고 해서 국난을 외면할 수는 없었던 것이다. 영규, 처영, 유정, 의엄은 대표적인 승병장들로서 왜군 격퇴에 지대한 영향을 미쳤다.

조명 연합군의 반격과 화의론(和議論) 대두

육지에서는 의병이 봉기하고, 남해안에서는 이순신이 제해권을 장악함으로써 전세는 서서히 역전되기 시작했다. 여기에 명나라 원병이 참전함으로써 반전의 기미는 더욱 분명해졌다.

물론 조승훈의 1차 원군은 평양 전투에서 패전했지만 명나라 개입 자체가 왜군에게는 위협이 아닐 수 없었다. 이런 상황에서 1592년 12월 명나라 장수 이여송이 4만 3천여 명의 대군을 이끌고 압록강을 건넜다. 바로 2차 원군이 도착한 것이다.

전열을 정비한 이여송은 1593년 1월 28일 순변사 이일, 휴정이 지휘하는 승병과 합세해 평양성을 공격했다. 연합군의 맹공을 견디지 못한 왜군은 성안에 불을 지르고 도주했다. 혈전의 결과로 평양성을 탈환한 것이다. 이는 실로 반전의 결정적인 계기가 되었다.

그러나 이여송은 왜군을 지나치게 경시한 나머지 추격에 박차를 가했다. 그러나 서울 북쪽 40리 지점인 벽제관(碧蹄館)에서 왜군에게 기습을 당하고 말았다. 이에 기세가 꺾인 이여송은 더 이상 전진하지 못하고 개성으로 회군했다. 조선에서 누차에 걸쳐 공격을 종용했지만 응하지 않고 평양으로 돌아갔다.

왜군은 평양에서의 패전으로 인해 사기가 극도로 저하되었으나 벽제관 전투의 승리로 다소나마 기세를 회복하고 있었다. 바로 이때 전라감사 권율이 서울을 수복하기 위해 군사를 이끌고 행주산성에 주둔하고 있었다. 이 소식을 전해 들은 왜군은 행주산성을 포위해 맹공을 감행했다. 그러나 행주산성에서의 응집력은 대단했다. 민관군은 권율을 중심으로 결집해 총력전을 펼치며 결사 항전했다. 그리고 마침내 대승을 거두었다. 전사에 빛나는 행주대첩이 바로 이것이다.

이 무렵을 전후해 보다 본격적으로 거론된 것이 화의론, 즉 강화 협상이었다. 당초 화의론은 왜장 고니시에 의해 두 차례 제기된 바 있었고, 명나라의 1차 원군을 계기로 다시 한 번 거론되었다.

마침 조승훈이 패전하자 명나라에서도 화의에 긍정적으로 임했다. 이에 명나라 대표 심유경(沈惟敬)이 평양에 와서 고니시와 강화 조건을 논의하기까지 했다. 이런 가운데 명나라에서 2차 원병을 보냄으로써 외형적으로는 화의가 결렬된 셈이었다.

그러나 그동안에도 심유경을 통해 협상은 은밀하게 진행되고 있었다. 왜군의 입장에서도 의병 봉기와 명군 개입으로 인해 전세가 점차 악화됨으로써 화의가 불가피한 실정이었다.

이에 심유경은 화의를 성립시키기 위해 도요토미의 본영에까지 들어가는 노력을 경주했다. 시간적으로도 무려 2~3년의 기간이 소요되었다. 그동안 왜군은 서생포에서 웅천에 이르는 사이에 성을 쌓고 화의의 결과를 기다리고 있었다. 이는 곧 휴전을 의미했다.

이런 가운데 도요토미는 명나라에 대해 아래와 같은 조건을 요구했다.

첫째, 명나라의 황녀를 일본의 후비로 삼을 것.

둘째, 무역증인(貿易證印)을 복구할 것.

셋째, 조선 8도 가운데 4도를 할양할 것.

넷째, 조선 왕 및 대신 12명을 인질로 삼을 것.

도저히 수락될 수 없는 요구 조건이었다. 이에 심유경은 도요토미를 왕에 책봉하고 조공을 허락한다는 내용의 이른바 봉공안(封貢案)을 내세워 명나라 조정의 허락을 얻었다. 그러나 이는 허위 보고를 통해 조작된 것이었다.

1596년 명나라에서는 사신을 파견해 도요토미를 일본 국왕에 봉하는 책서와 금인을 전달했다. 이에 분노한 도요토미는 사신을 돌려보낸 다음 조선에 대한 재침을 도모하게 되었다. 허위 보고라는 비상 수단을 동원하

면서까지 화의 성립에 노력한 심유경은 국가 기만죄에 걸려 처단되고 말
았다.

정유재란

화의의 결렬은 곧바로 전란의 풍파로 이어졌다. 1597년(선조 30) 정월
도요토미는 14만 대군에게 출정을 명령했다. 정유재란(丁酉再亂)이 발발
한 것이다. 이때는 조선 수군의 지주 이순신(李舜臣)이 무고로 파직되고
원균이 그 후임으로 부임한 상황이었다. 왜군들은 동래와 울산 등지를 점
거해 교두보를 확보한 다음 남해안 일대를 왕래하며 전세를 관망하고 있
었다.

명나라에서는 형개(邢玠), 양호(楊鎬), 마귀(麻貴)를 핵으로 하는 원병
을 파견해 일본의 재침에 적극적으로 대응했다. 조선에서도 도원수 권율
을 중심으로 임전 태세를 강화했다. 8도에 관리를 파견해 모병을 독려하
는 가운데 경주, 조령, 의령, 남원 등 각 요충지에 장수를 파견해 수비를
한층 강화시켰다.

이런 상황에서 그해 4월 통제사 원균이 이끄는 수군이 거제 전투에서
참패함으로써 이순신에 의해 마련된 수군의 기반이 완전히 붕괴되었다.

거제에서 승리한 왜군들은 이를 계기로 공격의 포문을 열었다. 그리고
육군은 호남과 호서를 석권하고, 수군은 호남 해안을 점령한다는 두 가지
전략을 세웠다. 이에 7월부터 왜군의 움직임은 본격화되어 사천, 하동, 구
례를 거쳐 남원으로 향했다. 조명 연합군의 총력전에도 불구하고 8월 중
순경 남원성은 함락되었다. 남원에서의 패배는 곧바로 전주성의 함락으
로 이어졌다. 한마디로 파죽지세였다. 임진왜란 초기의 상황과 유사한 양
상이 재연된 것이다.

이에 선조의 피난설이 다시 거론되는 가운데 서울의 민심은 극도로 흉

흉해졌다. 그러나 전열을 정비한 명군과 조선군이 북상의 저지에 만전을 기함으로써 전황은 호전되어 갔다. 그 결정적인 계기를 마련한 것이 바로 그해 9월의 소사평(素沙坪) 전투였다. 명나라 장수 양호가 직산 근방의 소사평에서 구로다 군을 대파함으로써 왜군의 북상을 원천적으로 차단한 것이다.

변화는 해상에서도 일어나고 있었다. 이순신이 다시 통제사에 등용됨으로써 전세는 일순간에 반전되었다. 9월 16일 이순신은 그 유명한 명량대첩을 통해 왜군의 서진을 완전히 봉쇄한 것이다. 양호가 소사평에서 대승한 지 열흘 만의 일이었다.

소사평 전투와 명량대첩에서 일대 타격을 받은 왜군은 주춤할 수밖에 없었다. 더욱이 겨울까지 닥쳐와 상황은 더욱 악화되었다. 이에 왜군들은 겨울을 나기 위해 남해안으로 모여들기 시작했다. 그런 다음 울산에서 순천에 이르는 남해안 800리에 성을 쌓고 주둔함으로써 전쟁은 한동안 소강상태를 보이게 되었다.

그러나 이 순간에도 명나라 원군은 계속 조선에 도착하고 있었고, 조선은 조선대로 수륙 양면에서 전력을 강화하고 있었다. 이 과정에서 명나라 제독 진린(陳璘)과 이순신 사이에 알력이 발생하기도 했으나 이순신이 용의주도하게 대응한 결과 연합 수군의 총지휘권을 이양받기에 이른다.

1598년 7월 양호의 자리를 만세덕(萬世德)이 대신하면서 조명 연합군의 총공격이 시작되었다. 10개월의 공백을 깨뜨린 일대 공세였다. 그러나 생각과는 달리 전과는 미미했다.

이런 상황에서 결정적으로 전쟁의 흐름을 바꾸어 놓은 변수가 있었다. 그것은 바로 도요토미의 사망이었다. 회군을 명령한 도요토미의 유언은 비밀리에 진행되었다. 한동안 조명 연합군은 그런 사실을 전혀 눈치채지 못했다. 한 가지 분명한 현상은 왜군의 신속한 철수였다. 이에 조명 연합군도 기민하게 반응해 왜군의 퇴로를 차단하는 데 전력했다. 육상에서는 유정의 추격전이 실시되고, 해상에서는 이순신과 진린이 퇴로를 봉쇄했다. 이런 상황에서 유정이 왜군의 뇌물 공세에 매수됨으로써 왜군을 소탕할 수 있는 절호의 기회를 놓치고 말았다.

퇴로를 개척하기 위한 왜군의 뇌물 공세는 집요했다. 양호에 이어 이번에는 진린이 포섭 대상자가 되었으나 이순신의 저지로 뇌물 작전은 결국 실패로 돌아갔다. 이제 왜군은 독안에 든 쥐와도 같았다. 죽음의 문턱에서 왜장 고니시는 시마즈 요시히로[島津義弘]에게 구원을 요청했다. 이것이 고니시가 취할 수 있는 마지막 방안이었다.

1598년 11월 18일 밤 시마즈는 군함 500여 척을 이끌고 노량을 기습했다. 그 유명한 노량해전(露梁海戰)은 이렇게 시작되었다. 통제사 이순신은 결사 항전의 비장한 각오를 되새기며 전쟁에 임했다. 한 치도 물러설 수 없는 격렬한 싸움이었다. 이순신은 장병들과 함께 분전해 수많은 적의 군함을 격침시켰으나 도망가는 적을 추격하다 유탄에 맞아 전사하고 말았다.

일본군의 완전한 패전이었다. 시마즈는 겨우 50여 척의 군함을 이끌고 도망했을 뿐이었다. 임진왜란은 이렇게 종결되었다.

왜란의 끝

왜란의 끝은 상처와 고통뿐이었다. 수많은 백성들이 생목숨을 잃었고, 농경지의 대부분이 황폐화되었다. 그리고 귀중한 문화재가 파손되거나 약탈당했다. 납속책의 시행으로 인해 신분제에도 많은 변화가 생겼다.

일본도 명나라도 온전하지는 못했다. 도요토미의 무리한 전쟁은 도쿠가와 정권이 들어서는 계기를 제공했다. 명나라는 국력의 과도한 소비로 인해 얼마 지나지 않아 멸망하고 말았다. 그러나 명나라의 파병은 후일 조선의 유학자에게 이른바 '재조(再造)의 은혜'로 인식되어 숭명 사상을 고취하는 바탕이 되었다.

임진왜란을 통해 야기된 총체적인 난국을 어떻게 해결해야 할 것인가? 이른바 조선 후기의 역사는 바로 이러한 당면 과제를 안고 시작되었다.

분열하는 사림들, 남북 분당

일찍이 이산해가 당대의 기인 남사고(南師古)를 길에서 만나 대화를 나 눈 적이 있었다. 그때 서쪽의 안현(鞍峴)과 동쪽의 낙봉(駱峰)을 가리키며 이렇게 말했다.

> 후일 조정에 반드시 동서의 당이 있을 것인데 낙(駱)이란 각마(各 馬)로 풀어쓸 수 있으니 그 종말에 가서는 각각 흩어짐을 의미하고, 안(鞍)이란 변혁(變革)이 있은 뒤에 편안할(安) 것을 말한다. 또 안현 이 성 밖에 있으므로 그 당이 많이 때를 잃을 것이나 반드시 어떤 일 의 변혁으로 인해 흥할 것이로되 마침내는 없어져 버릴 것이다.
> – 《연려실기술》 권18, 〈선조 조 고사본말〉, 동서남북논분

생각해 보면 이는 동인과 서인의 분열, 그리고 뒤이은 동인 내부의 대 립상을 놀라울 만큼 정확하게 예언한 것이라 할 수 있다. 심의겸과 김효 원이 대립하고 있을 당시에는 동서 양당만이 있었다. 이이가 죽은 뒤부터 서인은 때를 잃어 동인에게 밀렸지만 정여립 역모 사건을 기화로 동인의 세력을 물리칠 수 있었다.

그러나 이후 서인은 간간이 정계에 진출하기는 했지만 인조반정이 있

기 전까지 거의 소외되다시피 했다. 반면 동인은 그 세력이 더욱 성하게 되었다. 그러나 동인은 다시 분열해 남인과 북인으로 나누어졌다. 이후 다시 북인이 대북과 소북으로, 대북과 소북은 다시 중북, 탁북, 청북, 골북, 육북으로 각각 갈라져 버렸다. 남사고의 말이 귀신같이 들어맞았던 것이다.

신묘년의 세자 책봉 논의

정여립 난 이후의 정국은, 동인인 이산해와 유성룡 등이 선조의 신임을 받기는 했지만 주로 서인의 주도로 운영되었다. 그 당시 선조의 정비인 의인왕후 박씨에게서는 자식이 없었다. 대신들은 세자 책봉 문제를 거론하기 시작했다. 사실 선조는 한창 인빈 김씨에게 빠져 있었고 그녀가 낳은 신성군에게 마음을 두고 있었다.

어느 날 유성룡이 정철을 찾아가서 말했다.

> 우리가 국가의 중한 책임을 맡았으니 국본을 아직 정하지 못하고 있는 이때 세자 책봉 문제에 힘쓰지 않으면 안 되겠소.
>
> - 《연려실기술》 권14, 〈선조 조 고사본말〉, 신묘시사

정철은 이에 동의했다. 그는 이산해와 대궐에 들어가 이 문제를 의논하기로 약속했다. 그러나 이산해는 두 번씩이나 약속을 어기고 나오지 않았다. 다른 마음을 품고 있었기 때문이었다.

이산해는 임금이 신성군을 사랑하고 있음을 알아챘다. 그는 김빈의 오라비인 공량에게 "정철이 장차 세자 세우기를 청하고 이어서 신성군 모자를 없애 버리려고 한다."고 거짓으로 알렸다. 이에 김공량이 즉시 김빈에게 달려가서 그 말을 고했다. 김빈은 임금에게 "정철이 먼저 세자 세우

기를 청한 뒤에 우리 모자를 죽이려 한다."고 울면서 하소연했다.

이를 전혀 모르고 있었던 정철은 뒷날 경연에서 "세자를 세워야 한다."는 말을 꺼냈다. 그렇지 않아도 정철을 의심하고 있던 선조는 크게 노했다.

> 내가 살아 있는데 네가 세자 세우기를 청하니 어쩌자는 것이냐.
>
> – 《강상문답》

그때 이산해와 유성룡은 벙어리처럼 한마디 말도 하지 않았다. 이 일로 정철은 선조에게 미움을 사게 되었다. 선조의 의중을 간파한 동인은 정철이 정권을 제 마음대로 휘두르고 정여립 사건 때 최영경 등을 억울하게 죽였다고 맹렬히 공격했다. 정철이 파직된 후에는 영의정에 북인의 이산해, 좌의정에 남인 유성룡, 우의정에 남인에 가까운 이양원이 포진하게 되었다. 이에 서인의 기세는 다시 한풀 꺾이게 되었다.

남인과 북인으로 갈리는 동인

정여립 사건과 세자 책봉 문제는 동인이 남인과 북인으로 갈리는 계기가 되었다. 그러나 이전부터 이미 분당의 조짐은 있어 왔다. 유성룡과 이발 사이에 틈이 생긴 것이다. 유성룡 일파에는 김성일, 이성중, 이덕형 등 퇴계 문인이 많았고, 이발의 일파에는 정여립, 최영경, 정인홍 등 화담남명 문인이 많았다. 정여립이 이발을 통해 전랑이 되고자 할 때 이경중은 정여립이 반역하기 이전부터 그 사람됨이 나쁘다는 것을 알고 벼슬길을 막으려 했고 이에 정인홍이 이경중을 탄핵한 일이 있었다. 그러나 5, 6년 후에 기축옥사가 일어나자 유성룡이 경연 석상에서 다음과 같이 아뢰었다.

이경중이 선견지명이 있었는데도 그때의 대간들에게 반박당하고
체직되었습니다.

– 《연려실기술》 권18, 〈선조 조 고사본말〉, 동서남북 논분

이 한마디 때문에 그 당시 대간이던 정인홍은 관직을 내놓아야 했다.
이제 정인홍과 유성룡은 영원히 원수 사이가 되었고 이 일은 남북 분열
의 한 빌미를 제공했다.

동인은 정여립 옥사를 지나치게 다루어 동인 세력에 일격을 가한 서인
정철의 죄를 논의하는 과정에서도 남인과 북인으로 갈렸다. 1591년(선조
24) 대간들이 정철 등의 죄를 탄핵할 때 이산해가 앞장서서 그 의논을 주
장했다. 홍문관에서 정철을 탄핵하는 차자를 올리기 위해 부제학 김수가
사성 우성전의 집으로 가서 이 일을 의논한 바 있었다. 이때 우성전이 "그
렇게까지 파급시킬 수 없다."고 하며 김수를 극력 만류했다. 정철의 죄상
과 아울러 서인들 모두를 엄하게 다스려야 한다는 강경파 이산해와 정인
홍 등을 북인이라 하고 반대로 온건한 입장을 표명한 우성전과 유성룡
등을 남인이라 했다.

한편 우성전은 부친이 함종현령으로 있을 때 그곳으로 왕래하다가 평
양 기생에게 정을 둔 적이 있었다. 그런데 그의 부친이 병으로 인해 벼슬
을 그만두게 되자 감사가 그 기생을 우성전의 집으로 실어 보냈다고 한
다. 얼마 후 우성전이 친상을 당하자 각계 명사들이 다 모이게 되었다. 그
때 그 평양 기생이 며느리 노릇하느라 머리를 풀고 출입하는 것이 여러
사람들 눈에 거슬렸다. 이를 보고 이발이 이렇게 말하며 우성전을 심하게
공격한 일이 있었다.

제 아버지가 장차 죽게 되어 벼슬을 버리고 돌아오는데 저는 무슨

마음으로 기생을 싣고 왔느냐?

- 《연려실기술》 권18, 〈선조 조 고사본말〉, 동서남북논분

　그때에 이발은 북악산 아래 살았기 때문에 그의 당을 북인이라 불렀고, 우성전은 남산 아래 살았기 때문에 그를 두둔하는 사람들을 남인이라 했다.

　이렇게 동인이 각기 남과 북으로 갈린 원인은 무엇일까? 단지 사사로운 감정 대립만이 그 이유였을까? 동인의 구성원은 매우 다양했다. 서인이 이이와 성혼의 문인을 중심으로 결집된 반면, 동인은 서인에서 제외된 다수의 신진 세력으로 구성되어 있었다. 그중에서도 특히 퇴계 이황과 남명 조식, 그리고 화담 서경덕의 학통을 계승한 사람들이 많았다. 그러나 이황과 조식의 사상적 차이는 그 제자들 단계에 이르러 표면화되었고, 급기야 중앙 정계에서 남인과 북인이라는 두 세력으로 갈리게 되었다. 당시 중앙 정계에서 남인으로 지목되던 인물은 주로 퇴계 문인이거나 이에 동조하는 사람들이었다. 유성룡, 김성일, 우성전, 이경중, 허성, 김수, 이광정, 정경세, 김우옹, 이원익, 이덕형, 윤승훈 등이 그 대표적 인물들이었다.

　그들은 다른 당의 존재를 긍정적으로 받아들이고 서로 간에 시비 분별을 엄격히 하기보다는 정국의 안정을 위해 서로 협조하는 것을 더 중시하는 입장이었다. 이는 전란 중 유성룡을 중심으로 하는 남인 집권기에 표면상으로나마 서인과 북인 세력과의 공조 체제를 유지하는 것으로 보였다. 그러나 이러한 남인 세력의 정치 인식은 임진왜란 이후 일본에 대한 적대감이 고조되어 엄정한 시비의 분별이 중시되던 분위기에서는 적절하지 못한 것이었다.

남인 유성룡의 실각과 북인의 정계 진출

왜군을 완전히 몰아낸 뒤, 의병장을 많이 배출한 북인 세력은 절의를 중시하고 강력한 척화를 표방하면서 정국을 장악할 수 있었다. 1598년 (선조 31) 정유재란 뒤에 명나라의 정응태가 조선이 명나라를 배반했다고 무고한 일이 있었다. 조선이 왜와 통하고 속국으로서 임금을 ○祖니, ○宗이니 하는 칭호를 썼다는 이유에서였다. 이것을 변명하기 위해 선조는 유성룡을 변무사로서 명나라에 보내 오해를 풀고자 했다. 그런데 그때 유성룡은 노모가 있기 때문에 멀리 갈 수 없다고 했다. 이에 남이공, 정인홍, 이이첨 등 북인은 유성룡에게 대신으로서 왕의 뜻을 거스르는 것은 잘못이라고 공박했다.

성균관 생원 이호신 등은 유성룡이 변무사를 기피했을 뿐만 아니라 원수 일본과의 화의를 주장하고 나라를 그르쳤다며[主和誤國] 비난하고 나섰다. 이러한 북인 세력의 견해는 유성룡 한 사람에게 그치는 것이 아니라 남인 세력 전체에 대한 비판으로 이어졌다.

그러나 북인은 그 전신인 동인이 그러했던 것처럼 잡다한 계열의 사람들이 섞여 있어서 결속력이 약했다. 퇴계 계통의 문인들로 구성된 남인에 비해 북인은 조식과 서경덕의 학통을 계승한 사람들이 중심이 되기는 했지만 서인이나 남인에 비해 학연상의 순수성은 그다지 강하지 못했다. 이산해가 화담 문인인 이지함의 조카이자 제자이고 이발과 정개청이 화담 학통과 연결되어 있었으며, 정인홍이 조식의 문인, 그리고 정인홍의 문인 중 일부가 북인으로 지목될 뿐, 이외의 대부분은 이들과의 혈연지연혼인 관계만이 있을 뿐이었다.

북인의 분열, 대북과 소북의 각립

왜란 말기에 신진 세력의 지지를 받은 북인 김신국과 남이공 등은 집권과 동시에 북인 내부의 기성 세력인 이산해 쪽 홍여순 등의 정국 운영에 불만을 토로했다. 1599년(선조 32) 3월 이조판서 이기가 홍여순을 대사헌으로 천거하려 하자 이조정랑 남이공이 청론을 앞세워 다음과 같이 말하며 붓을 잡고 쓰지 않았다.

> 여순은 탐욕이 많고 방종한 사람이라 대사헌 직에 합당치 않다.
>
> – 《연려실기술》권18, 〈선조 조 고사본말〉, 동서남북논분

이때부터 홍여순과 남이공이 대립해 각기 대북과 소북으로 분립하게 되었다. 그러나 대북 세력이 정국을 주도할 수 있게 되면서 홍여순의 세력 확대와 이에 대한 이산해의 견제로 다시 갈등이 나타났다. 그리하여 1600년(선조 33) 4월경에는 이산해를 지지하는 육북과 홍여순을 지지하는 골북으로 분열되었다.

한편 북인의 대소북으로의 분열은 영창대군의 탄생과 함께 광해군 측과 영창대군 측의 대립으로 첨예화되었다. 1602년(선조 35) 각 당파의 대립이 심각해지는 상황에서 선조는 정치적 경륜도 뛰어나고 정국의 소용돌이에도 휩쓸리지 않았던 유영경을 등용했다.

1606년(선조 39) 젊은 인목대비가 적자 영창대군을 낳자 이들에 대한 왕의 총애는 점점 깊어 갔다. 유영경은 광해군에 대한 선조의 불만을 그의 손자이자 선조의 부마인 전창위 유정량을 통해 알아내고는 그때부터 내밀하게 영창대군을 지지하기 시작했다. 유영경은 척신으로서 세도를 부리기 위한 방편으로 왕위 계승까지 관여하게 되었다. 당시 광해군이 세

자로 있기는 했으나 아직 명나라로부터 정식 승인을 받지 못했기 때문에 영창대군을 세자로 세울 수 있는 가능성은 얼마든지 있었던 것이다.

당시 선조와 광해군, 그리고 영창대군으로 이루어진 삼각 구도는 선조가 그린 한 폭의 대나무 그림에 잘 나타나 있다. 선조가 일찍이 병상에 있을 때 직접 한 족자에 대나무를 그린 적이 있었다. 그 대나무 중 왕대[王竹]는 늙어 많은 풍상을 겪은 나머지 꺾이고 마른 모습이었다. 또 하나는 악죽(惡竹)으로 왕대 곁으로부터 뻗어 나와 가지와 잎사귀가 무성해 널리 반석을 점거하고 꾸부러진 채 서리서리 엉킨 모습이었다. 또 나머지 하나는 연한 죽순으로 왕죽의 원줄기로부터 뽑혀 나와 비록 장성하지 못했지만 어린 가지와 연한 잎이 싱싱하고 아주 운치 있는 모습이었다. 이는 임금의 뜻이 왕죽은 스스로 자기에게 비유하고 악죽은 광해와 그를 지지하는 세력에, 그리고 어린 죽순은 영창에게 비유한 것이었다.

1607년(선조 40) 겨울, 선조는 자신의 병세가 악화되자 밀지를 내려 대신들을 불렀다. 전현직 대신들은 이미 대궐 안에 들어와 있었는데 유영경은 왕이 현직 대신들만 불렀다 하고 전직 대신들을 모두 내보내게 했다. 왕은 세자에게 임금 자리를 물려주려 한다는 전교를 내렸다. 그러나 유영경이 이를 반대하자 사람들은 "영경이 세자를 옹호하지 않으려는 마음을 가지고 있다."고 의심했다.

이경전과 이이첨을 통해 중앙 정계의 동정을 파악하고 있던 정인홍은 소를 올려 "유영경이 동궁을 동요시키고 좌의정과 우의정 등이 이를 부추긴다."고 비판했다. 그러나 선조는 정인홍의 소가 "마치 실성한 사람같이 이유 없이 임금의 마음을 동요케 하고 영경을 모함한다."고 해 정인홍, 이경전, 이이첨을 유배보내 버렸다. 이로부터 선조는 정인홍 등이 옹호한 세자 광해군이 문병하러 올 때마다 심하게 내쳤다.

어찌 세자의 문안이라 이르느냐. 너는 임시로 봉한 것이니 다시는
여기 오지 말라.

- 《연려실기술》권18, 〈선조 조 고사본말〉, 광해사위

이에 세자는 정신을 잃고 땅에 엎드려 피를 토하기까지 했다. 그러나
정인홍 일당마저 준엄히 다스리려던 차에 선조가 갑작스레 사망하고 말
았다. 이에 광해군이 즉위하자 유영경을 위시한 소북은 졸지에 궁지로 몰
렸다. 그때 유영경이 7년 집권하는 동안 같은 소북 중에도 남이공파는 실
세했기 때문에 유영경 소북당을 탁소북, 남이공 소북당을 청소북이라 불
렀다.

구성원의 다양한 성향과 고착화되지 않은 당색을 띠었던 북인은 정국
운영 방안을 둘러싸고 잦은 분열과 대립을 보였다. 이러한 성향은 광해군
대에도 계속되어 초기에는 육북과 청북의 공존 체제로, 중반 이후에는 대
북 정권의 독점 체제로 나타났다. 이후 인조반정으로 북인 세력이 몰락하
면서부터 정국은 서인 세력과 남인 세력의 공조 체제로 운영되었다.

사림오현의 문묘종사

사림오현은 김굉필, 정여창, 조광조, 이언적, 이황을 통칭하는 말이다.
저마다 사림들의 절대적인 추앙을 받아 16세기 후반부터는 사림파의 학
문 연원이 되어 학통의 마디마디에 자리했다. 일반적으로 사림파의 학통
은 동방이학의 조(祖)로 일컬어지는 정몽주에서 시작해 길재 → 김종직
→ 김굉필과 정여창 → 조광조로 이어진다. 이 학통은 중종 조에 조광조
가 주창한 이래 선조 조에 이황이 재천명함으로써 사림의 통념으로 자리

했다. 퇴계와 남명의 영남학파와 율곡과 우계의 기호학파도 이 사림파의 학통과 밀접한 연관 선상에 있었다. 따라서 사림을 자처하는 경우 어느 누구도 이 계보와 무관하게 존재할 수 없었다.

사현에서 오현으로

사림오현의 문묘종사(文廟從祀)가 최초로 발론된 것은 선조 초반의 일이었다. 김굉필의 경우 이미 중종 조 기묘사림에 의해 종사가 거론된 적이 있었다. 그러나 훈신들의 반대에 부딪쳐 정몽주만 종사되고 김굉필의 종사 논의는 발론 단계에 그쳤다.

선조 초반에 사림오현의 종사 논의가 발론되었다고는 하나 그때는 사현이라는 것이 정확한 표현이다. 이황이 생존한 상황에서 오현이라는 말은 성립할 수 없기 때문이다. 오현이라는 용어는 이황이 사망한 1570년(선조 3) 11월 이후에 가서야 비로소 쓰일 수 있었다.

선조가 즉위하던 1567년 10월 기대승은 경연에서 조광조를 현사(賢士), 이언적을 현자(賢者), 이황과 김굉필을 현인(賢人)으로 칭송한 일이 있었다. 표현은 다르지만 어진 사람이라는 점에서는 동일하다. 그다음 달인 11월에는 이황이 김굉필, 정여창, 조광조, 이언적을 현사로 평가했다. 모두 사림파의 학문 연원을 공인받기 위한 서설이었다. 이황이 조광조의 행장을 개찬하고, 이언적의 행장을 찬술한 것도 공인화를 위한 준비 과정이었다. 이렇듯 김굉필, 정여창, 조광조, 이언적에 대한 존경과 현양의 분위기는 오현의 막내 퇴계를 통해 더욱 무르익어 갔다.

1570년(선조 3) 3월 관학 유생이 중심이 되어 김굉필, 정여창, 조광조, 이언적의 문묘종사를 청하는 상소가 올라왔다. 선조 즉위년부터 태동하기 시작한 종사에 대한 움직임이 비로소 천명된 것이다. 여기서 주목할 사실은 '사현'이라는 용어가 공식적으로 사용된 점이다. 원래 사현은 이황이 처음 사용한 말이었다. 이황은 김굉필, 정여창, 조광조, 이언적을 칭송하는 과정에서 이들을 사현으로 규정했다. 여기에 대해 반론을 제기할 사람은 아무도 없었다. 이황의 인식은 곧바로 사림의 통념이 되었다. 그리고 이는 사림의 통념에 그치지 않고 국론으로 정해짐으로써 사현은 이제 국가적으로 통용되는 공식 용어가 되었다.

사현의 문묘종사를 청하던 그해 11월 8일 이황은 매분(梅盆)에 물 줄 것을 당부한 뒤 일흔 살로 삶을 마감했다. 생전에 이미 당대의 유종이며 사림 영수로서의 권위를 누린 이황이었다. 사망과 동시에 사림들은 그에게 현인현사의 칭호를 주었다. 이는 사현의 반열에 참가할 수 있는 허가증과도 같은 것이었다. 이렇게 해서 이황은 평소 자신이 주창해 공식화했던 사현의 대열에 몸소 참가하게 되었다. 정해진 수순과도 같았다. 그리고 이제 사현이라는 말은 더 이상 사용되지 않고 오현으로 대체되었다. 기존의 사현에 이황을 합해 사림오현 또는 동방오현으로 지칭하게 된 것이다. 사림오현이라는 역사적인 용어는 이렇게 만들어졌다.

치열한 찬반 논란

사림오현의 문묘종사론은 1570년(선조 3)에 발론되어 1610년(광해군 2)에 달성되었다. 꼬박 40년이 걸린 셈이었다. 사림의 시대에 사림이 추앙하는 인물을 종사하는 데 왜 이토록 오랜 세월이 필요했을까?

1570년(선조 3) 성균관 유생들은 사현의 문묘종사를 청했다. 그 명분은 기묘사화와 을사사화 이후 저하된 사기를 고양하고 예의염치의 풍조를 회복하는 데 있었다. 그러나 선조의 태도는 호의적이지 않았다. 문묘종사는 중대사이기 때문에 쉽게 결정할 수 없다는 것이 거절의 이유였다. 조신들의 입장도 다양했다. 이준경의 경우 김굉필과 조광조의 종사는 찬성하면서도 이언적에 대해서는 회의적인 반응을 보였다. 개중에는 한꺼번에 종사시키는 것은 과다하다고 주장하는 사람도 있었다. 사실 그때의 종사 논의는 사림 전반의 목소리를 담아내지 못한 한계가 있었다. 그리고 조신들도 을사사화의 신원에 부심한 나머지 종사 논의에 귀기울이지 않았다. 제반 조건이 취약한 상태이고 보니 어쩔 도리가 없었다. 그저 발론한 것에 만족할 수밖에 없었다.

이후 1573년(선조 6)에 이르면 종사 논의가 다시 일어나게 된다. 그때는 바야흐로 이황을 포함한 오현이 거론되는 시기였다. 때로는 오현 전부를, 때로는 특정 개인을 거론하며 1581년(선조 14)까지 종사 논의는 줄기차게 전개되었다. 그러나 선조의 태도에는 근본적인 변화가 없었고, 조신들의 의견도 별반 좁혀지지 않았다. 더욱이 1575년(선조 8) 이후에는 동서분당의 여파로 사론이 결집되지 못했고, 조야의 호응을 기대하기도 어려웠다. 따라서 종사 논의도 주춤할 수밖에 없었다.

다만 1581년(선조 14)에 조광조와 이황의 종사를 요청한 이이의 상소는 자못 중요한 의미를 가진다. 이이는 결코 오현 전부의 종사를 거론할 사람이 아니었기 때문이다. 그는 이언적의 처신에 대해 적지 않은 의혹을 가지고 있었다. 적어도 이이는 이언적을 유현으로 여기지 않았다. 이러한 이이의 인식은 곧바로 선조에게 영향을 미쳐 이언적에게 악재로 작용하게 되었다. 바로 이 점에서 이언적의 현양에 노력하고 그를 사현의 한 사람으로 칭송한 이황의 인식과는 일정한 차이를 보이고 있었다.

한편 1581년(선조 14)부터 1603년(선조 36)까지의 약 20년 동안은 논의의 잠복기였다. 이 시기는 남북 분당(1584년), 기축옥사(1589년), 왜란(1592~1598년) 등 대내외적인 불안이 증폭된 나머지 정신적인 여유를 가질 수 없었다.

이런 가운데 선조 후반에 이르면 왜란의 상처가 치유되면서 사회도 안정되어 갔다. 더욱이 선조는 1602년(선조 32)에 문묘의 대성전을 중수하고, 1604년(선조 37)에는 성균관의 동서무를 낙성하는 등 존현에 열성적이었다. 성균관 유생들은 이 기회를 놓치지 않았다. 이들은 1604년 3월, 20년의 오랜 침묵을 깨고 오현의 문묘종사 운동을 재개했다. 단순한 표방과 의례적인 행위가 아니었다. 연일 계속된 강도 높은 요청이었다. 그런데 선조는 오현의 종사를 거부하는 이유를 이언적에게 돌렸다. 선조는 을사사화를 전후한 이언적의 태도를 매우 부정적으로 인식하고 있었다. 선조는 이언적을 참된 유자[眞儒]로 여기지 않았던 것이다. 최종 결정권자인 선조가 거부함으로써 오현의 일시 종사는 어렵게 되었다. 태학생과 홍문관, 허성과 홍식 그리고 이민환 등 개인과 단체가 나서서 이언적을 변호했지만 소용이 없었다. 결국 또 실패했다.

그러나 이 시기에 이르면 오현의 종사에 대한 관심은 지방으로 확산된다. 이는 조야가 호응하는 계기가 되어 후일의 결실을 맺는 데 커다란 힘이 되었다.

이렇듯 오현의 종사 논의는 선조 초반인 1570년에 발론된 이래 선조의 치세를 마감하는 1608년까지 공전을 거듭했다. 사림을 그토록 중용한 선조도 오현의 문묘종사에 대해서는 부정적이었다. 선조가 오현 종사에 대해 부정적이었던 것은 이언적에 대한 의혹도 있었지만 문묘종사 자체가 가지는 중요성도 배제할 수 없다. 비록 오현이 도학적인 공로를 인정받고 사림의 절대적인 추앙을 받았지만 문묘종사는 국가의 전례이기 때문에 가볍게 결정할 수 있는 사안이 아니었다.

1608년(선조 41) 선조가 죽고 광해군이 즉위하면서 오현의 문묘종사 논의도 새로운 국면에 접어들었다. 광해군 초기는 대북이 소북을 압도하고 권력을 장악해 가던 시기였다. 그러나 크고 작은 옥사가 빈번하게 발생하는 가운데 정쟁이 가열되고 시비가 혼재하는 혼란상이 연출되었다. 이러한 혼란의 와중에 1608년 7월 영남 유생 이전이 오현의 문묘종사를 청하자 관학홍문관은 물론 각도의 유생들이 대대적으로 호응해 왔다. 종전까지는 방관자로 있던 지방 유생들의 움직임이 활발해진 것이다. 그러나 당국자로 부상한 대북의 관심은 정적을 제거하고 권력을 강화하는 데 있었기 때문에 오현의 문묘종사에 신경 쓸 겨를이 없었다. 이전의 뒤를 이어 1609년 2월 성균관 유생 조정호가 동일한 요청을 했지만 역시 주목받지 못했다.

40년 만에 이룬 쾌거

1610년(광해군 2) 대북 정권이 안정되면서 점차 양상이 달라졌다. 더욱이 그때는 존현에 대한 광해군의 관심도 높아져 있었기 때문이다. 이런 흐름 속에서 1610년(광해군 2) 4월 성균관 유생 이지굉이 주도해 오현의 문묘종사를 대대적으로 추진했다. 이지굉은 이상의의 아들로 성호 이익의 종조부이다. 이들은 연일 일곱 차례에 걸쳐 상소해 분위기를 고조시켰다. 이에 홍문관과 양사가 호응해, 1610년 5월 한 달은 온통 오현의 종사 운동으로 조용한 날이 없었다. 서서히 마음이 움직이기 시작한 광해군은 6월 1일에 대신들에게 수의할 것을 명령했다. 이원익, 영의정 이덕형, 좌의정 이항복, 우의정 심희수가 여기에 전적으로 동조하자 광해군은 이를 그대로 수용했다. 실로 사림의 큰 경사가 아닐 수 없었다. 이제 남은 것은 절차를 밟아 의식을 거행하는 것이었다. 종사절목(從祀節目)을 만들고 좋은 날도 받았다. 그런 다음 곧바로 의식을 치러 김굉필, 조광조, 이황은 동쪽에, 정여창과 이언적은 서쪽에 봉안함으로써 모든 절차를 마무리 지었다. 1610년 음력 9월 5일의 일이었다.

광해군 光海君

제15대 1575년~1641년 | 재위기간 1608년 2월~1623년 3월

왕이 되기까지 고단했던 여정

선조가 재위 41년째로 접어들고 있었던 1608년(선조 41) 2월 1일, 그는 거의 혼절한 상태로 병상에 누워 있었다.

> 전하의 병환이 극히 위중해 어떻게 손을 쓸 수가 없습니다.
>
> — 《선조실록》 권221, 선조 41년 2월 무오

담당 의사 허준이 나오면서 이렇게 말했다. 대신들이 모두 들어왔지만 선조의 최측근 유영경은 가장 늦게 당도했다. 그에 대한 영남 유생들의 계속되는 탄핵 상소 때문에 성 밖에 나가 있었기 때문이었다. 날이 어두워지자 내시 김봉이 '세자에게 주는 유서'라 씌어진 서찰을 가지고 왔다. 이것은 선조가 지난 겨울 위급했을 때 인목왕후의 명으로 받아 놓았던 것이었다.

> 동기간 대하기를 나 있을 때와 같이하고 다른 사람의 참언이 있더라도 듣지 말아라.
>
> — 《연려실기술》 권18, 〈선조 조 고사본말〉, 광해사위

김봉은 다시 또 하나의 서찰을 가지고 왔다. 그 겉봉에는 이른바 고명 대신으로서 '유영경, 한응인, 신흠, 허성, 박동량, 서성, 한준겸'이라는 이름이 보였다. 그 안에는 이렇게 적혀 있었다.

> 영창대군이 아직 어려 미처 성장함을 보지 못하고 가는 것이 한스럽소. 내가 죽은 후에 인심을 헤아리기 어려우니 무슨 일이 있더라도 그대들은 대군을 잘 보살펴 주길 바라오.
>
> — 《연려실기술》 권18, 〈선조 조 고사본말〉, 광해사위

선조가 세상을 떠나자 광해군은 서른네 살의 나이로 제15대 왕으로 즉위했다. 광해군의 이름은 혼(琿)으로 어머니는 공빈 김씨였다. 공빈 김씨가 임해군과 광해군을 낳고 스물일곱 살의 젊은 나이로 세상을 떠나게 되자 그때까지도 후사가 없었던 의인왕후 나주 박씨가 두 왕자를 맡아 길렀다.

그러던 1592년(선조 25) 4월 13일, 왜군이 부산에 침입해 전쟁이 일어났다. 피난길을 모색하고 있던 다급한 상황에서 신하들은 민심을 진정시키기 위해 세자를 책봉할 것을 주장했다. 임진왜란 당시 선조는 왕위에 오른 지 벌써 25년을 넘기고 있었다. 그런데도 그때까지 세자 책봉이 미뤄지고 있었던 것은 왕비 소생의 대군이 없었기 때문이었다. 뿐만 아니라 서출의 장자였던 임해군마저 성품이 너무도 거칠고 부덕해 도저히 후사가 될 자질을 찾아볼 수가 없었다. 그렇다고 차자인 광해군을 세우자니 그 역시 곤란한 점이 있었다. 그래서인지 선조는 이번 세자 책봉 문제를 그리 탐탁지 않게 여기고 있었다.

그러나 광해군은 왕자들 중에서도 특히 학문이 독실하고 품행이 방정하며 효성이 지극한 것으로 알려져 있었다. 일찍이 임금이 시험 삼아 여

러 왕자들에게 "반찬감 중에 무엇이 으뜸이냐."라고 물으니 광해는 "소금입니다."라고 했다. 임금이 그 이유를 물어보니 "소금이 아니면 백 가지 맛을 이루지 못하기 때문입니다."라며 총기 있게 대답했다. 임금이 또 묻기를 "너희들이 부족하게 여기는 것은 무엇이냐." 하니 광해군이 말하기를 "모친이 일찍 돌아가신 것을 마음 아프게 생각합니다."라고 했다. 임금이 그 대답을 매우 기특하게 여겼는데 광해군이 세자가 된 것은 이 말에 힘입은 바가 컸다고 한다.

그러나 광해군은 세자로 책봉된 그 순간부터 공식적인 조선의 왕으로 설 때까지, 인정받지 못한 세자로 16년, 승인되지 못한 왕으로 1년 그렇게 17년이라는 가시밭길을 걸어야만 했다. 광해군의 정통성, 즉 적자도 아니고 그렇다고 장자도 아닌 그의 위상에 문제가 있었기 때문이었다.

왕위 계승자의 선정은 물론 조선 자체 내의 일이었지만 중국 황제의 고명을 받는 것이 통과의례처럼 되어 있었다. 그래야만 조선 국왕으로서의 자격과 권위를 부여받을 수 있었기 때문이었다. 그렇지만 이것은 거의 형식적인 의례에 불과했다. 그러나 유독 광해군에게 있어서만은 그가 적자도 장자도 아니란 이유로 오랫동안 논란이 있었다.

전란이라는 비상사태에 대처하기 위해 부득이하게 세자로 책봉된 광해군은 책봉례도 제대로 갖추지 못한 채 세자로서 전시 임무를 수행하게 되었다. 6월 중순경부터는 분조(分朝, 조정의 분할) 활동에 들어갔다. 실제로 의주에 도피해 백성들의 원망과 명 황제의 책망을 받고 있었던 선조에 비해 광해군의 분조 활동은 그 누구와도 비교할 수 없을 정도로 빛을 발했다. 광해군은 그야말로 백성들의 정신적 구심점이 되어 있었다.

그러나 문제는 명에서 광해군을 정식 세자로 인정하지 않은 데 있었다. 1594년(선조 27) 1월부터 1596년(선조 29)까지 조선은 여러 차례 광해군을 세자로 책봉해 줄 것을 요청했다. 명의 예부에서는 광해군이 서자인데다 그나마 둘째 아들이어서 세자로 책봉하는 것을 결코 가볍게 허락할 수 없다고 했다. 그들은 광해군의 전쟁 수행 능력을 보아 적절하게 처리하겠다는 말로 이 일을 계속 지연시키고 있었다.

그러나 세자 책봉 지연의 문제는 광해군이 적자도 아니요 장자도 아니라는 이유 외에도 명 황실 내부에서 안고 있었던 계승 문제에 기인하기도 했다. 당시 명나라에서는 신종의 차기 계승자로서 장자 태창제를 황태자로 정해 놓고 있었다. 그런데 신종은 차자였던 복왕 상에 마음을 두어 후사를 교체시키려는 의도를 가지게 되었다. 예부의 관원들은 이 사태를 사전에 막기 위해 고심하고 있었고, 이 때문에 광해군의 책봉이 나쁜 선례를 남기게 될까 두려워 이를 지연시키고 있었던 것이다.

임진왜란 종전 직후인 1600년(선조 33) 6월, 중전 박씨가 사망했다. 2년 후 선조는 김제남의 딸인 인목왕후를 아내로 맞아들였다. 이미 왕의 마음은 광해군에게서 멀어지고 있었고 그러던 참에 선조와 인목대비 사이에서 열네 번째 만에 처음으로 적통인 영창대군이 탄생하게 되었다. 당시 선조는 쉰 살이었고 인목왕후는 열아홉 살, 그리고 광해군은 스물여덟 살이었다. 광해군이 전반적으로 조정의 인망을 받고 있기는 했지만 영창대군의 탄생은 그렇지 않아도 흔들리고 있던 그의 지위에 커다란 위협이 될 수밖에 없었다. 당시 영의정이었던 유영경 등 소북 세력은 선조의 뜻을 간파해 세자를 영창대군으로 바꾸고자 했다. 그러나 영창대군 - 소북과 광해군 - 대북 세력의 신경전이 한창 벌어지고 있던 차에 갑자기 선조가 죽고 말았다.

광해군은 선조 사망 당일에 즉위했다. 그러나 여전히 명의 예부에서는 적자도 아니요, 장자도 아니라는 이유로 그를 정식 왕으로 인정하지 않았다. 속국인 주제에 예의를 아는 나라라고 자랑하면서 장자를 폐하고 차자를 세우는 일을 어떻게 마음대로 할 수 있느냐는 것이었다.

이 일로 명나라에 사신으로 가 있던 이호민 등은 당황해 궁색한 변명을 해야 했다.

> 장자 임해군은 중풍으로 무덤을 지키고 있고 또 임해군 자신이 이미 왕위를 광해군에게 사양했습니다.
>
> – 《광해군일기》권4, 광해군 즉위년 5월 을사

그런데 이 말이 사태를 더욱 악화시키고 말았다. 명에서는 조선에서의 왕위 계승 문제에 대해 의문을 표했다.

> 무덤을 지키고 있다고 하는 것을 보니 병중이 아닐 것이고, 두 왕자들이 서로 다투지 않았다면 어찌 왕위를 사양했겠는가?
>
> – 《연려실기술》권19, 〈폐주 광해군 고사본말〉, 주청명조

명 예부에서는 이 문제의 자초지종을 조사하기로 결정했다. 이 소식을 들은 조선에서는 왕대비의 명으로 영의정 이원익 이하 문관, 무관, 종실, 군민, 성균관 생원 등 1만 8,805명의 연명으로 광해군 추대를 결정한 까닭을 적어 북경으로 보냈다.

그러나 조선의 노력에도 불구하고 책봉은 허용되지 않았다. 그해 6월 15일 요동도사 엄일괴 등이 조사차 조선에 입국하게 되었다. 이때 임해군은 모반죄로 강화도에 유배되어 있었다. 사신들은 광해군을 먼저 만나 본 후 임해군을 조사했다. 그러나 대신들은 조사 전에 임해군에게 미리 각본대로 답변하도록 협박을 해놓았다.

> 나는 일찍이 왜적에게 붙잡힌 적이 있어서 정신을 잃고 못된 행동

을 했다. 또한 중풍에 걸려서 손발을 움직일 수 없다.

- 《광해군일기》 권5, 광해군 즉위년 6월 을해

사신들은 물론 이 말을 다 사실로 받아들이지 않았다. 그러자 조정에서는 수만 냥의 은과 인삼을 뇌물로 주면서 무마책에 나섰다. 이에 사신들도 못 이기는 척 그대로 조사를 마치고 돌아갔다. 우리나라에서는 종계변무를 할 때에도, 또 임진, 정유년 왜란시 명군을 요청할 때에도 뇌물을 쓰지는 않았는데 이때 처음으로 뇌물을 쓰는 전례를 남겼던 것이다.

우여곡절 끝에 이듬해(1609년) 6월, 광해군은 마침내 명의 인준을 받게 되어 책봉례를 행할 수 있었다. 그제야 겨우 광해군은 조선 국왕으로서의 위상을 갖출 수 있게 된 것이다. 광해군은 왕권을 확립하는 데 가장 중요한 시기라 할 수 있는 즉위 초부터 정통성 문제로 인해 심적으로 커다란 상처를 입었다. 그 상처는 명으로부터 세자로도 인정받지 못한 그때부터 시작된 것인지도 모른다. 17년간 계속된 극심한 피해 의식은 결국 광해군을 패륜아로 각인시켜 버린 몇 차례의 옥사를 일으키는 단초가 되었다.

나름대로 과단성 있는 정책을 펴 나가기도 했고 특히 실리적 외교정책으로 이름이 났던 광해군이었다. 그러나 그것은 곧 그의 패륜 행위와 함께 존명 사대라는 대의명분을 어기는 결과를 초래했고 결국 이것이 인조반정의 결정적 명분을 제공했다.

광해군은 1641년(인조 19) 7월 1일, 예순일곱을 일기로 고단했던 생애를 마감했다. 광해군에게는 후궁이 열다섯 명이나 있었으나 정비 문화 유씨(유자신의 딸) 사이에서 태어난 세 아들이 있었을 뿐이었다. 특히 폐세자된 둘째 아들은 광해군이 폐위되자 강화도에 유배되었는데 격리 수용된 집에서 땅굴을 파고 도망가려다 발각되어 스물여섯의 나이에 사사되었다. 세자빈 역시 세자가 사약을 받고 죽임을 당하자 스스로 목매어 죽었다.

정인홍의 회퇴변척(晦退辨斥)

정인홍(鄭仁弘)의 불만

1610년(광해군 2) 9월, 사림오현의 문묘종사가 치러지던 그날, 불만과 상심이 가득한 얼굴로 두류산(頭流山, 지리산) 자락 덕산의 하늘을 응시하는 노령의 학자가 있었다. 산천재(山天齋, 남명 조식의 만년 강학처)에는 아직도 선사의 자취가 역력하고, 인근의 덕천서원(남명의 주향처)에는 다가올 추향(秋享)을 위해 제기를 손질할 즈음이었다. 그는 사림 사이에서 명망도 있었고 자존심도 강한 사람이었다. 칭찬에 인색하기로 소문난 이이로부터 어질다는 평을 들은 일도 있고, 논의가 준절해 조정에서는 산림장령(山林掌令)으로 통하기도 했다. 그리고 임진왜란 때는 예순의 노구를 이끌고 전장을 호령한 맹호 같은 사람이었다. 그는 지난날의 공적 덕분인지 그 당시 1품의 반열에 올라 조야의 존경을 받고 있었다. 그리고 선사의 학문적인 기반을 그대로 물려받아 학파의 종장영수로서의 권위도 누리고 있었다.

향리에서 그의 말은 법보다 무서운 위력을 지니고 있었다. 윤리와 강상을 어긴 자는 누구도 용서할 수 없다는 것이 그의 지론이며 소신이었다. 그는 팔십 평생 동안 한 번도 남에게 굴복한 일이 없었다. 부러지기는 해도 휘지는 않는 사람이었다. 그래서 사람들은 그를 두고 선사를 쏙 빼닮았다고 했다. 남명 조식의 고제 내암 정인홍이 바로 그 사람이다.

1610년 6월 1일 40년 노력의 결과로 오현의 문묘종사가 결정되었다. 그리고 그해 9월 10일에는 사림의 경축을 받으며 의식도 치러졌다. 이제 오현이 가지는 도학상의 지위는 확고해졌다.

정인홍의 불만과 상심은 바로 여기에 있었다. 김굉필, 정여창, 조광조에 대해서는 그 역시 동조하는 입장이었다. 그러나 이언적, 이황의 경우는 도무지 수긍할 수가 없었다. 그것도 사림오현의 이름으로 종사된 점에서 불만은 가중되었다. 적어도 정인홍은 이들을 선비로 여기지 않았다. 그것은 스승 조식의 묵시적인 언질이기도 했다. 정인홍에게는 '선생이 좋아하는 것은 함께 좋아하고 선생이 싫어하는 것은 함께 싫어한다'는 마음이 있었다. 다소 지나친 감이 있지만 제자의 도리에 충실한 것이었다.

정인홍에게는 불만이 한 가지 더 있었다. 자신의 스승 남명은 '사현', '오현'의 대열에 거론되지 않았고, 문묘에 종사되지도 않았기 때문이다. 정인홍의 눈에 비친 남명의 모습은 수식과 치장이 없는 참된 유학자의 표본이었다. 지행(知行)이 일치했고 의리가 분명해 명분을 철저히 지킨 실천 유학의 선구자였다. 남명에 필적할 인물은 없다는 것이 정인홍의 확고한 신념이었다.

그런데 평소 남명이 마음으로 허용하지 않았던 이언적과 이황이 문묘에 종사되었다. 그것도 사림오현의 거창한 이름으로 종사된 것이다. 상황이 이렇게 되자 남명에 대한 평가는 절하를 면할 수 없었다. 선수를 빼앗겼다는 생각에 정인홍의 마음은 급해졌다. 학문의 정통성이 개인의 입지와 학파의 등급을 규정하던 당시 분위기는 잔잔하던 남명학파의 물결에 격랑을 일으키기에 충분했다.

이런 흐름 속에서 1611년(광해군 3) 4월, 남명학파의 영수 정인홍이 특유의 노기를 발산했다. 이른바 '회퇴변척소'가 단행된 것이다. 그는 이언적과 이황의 행위와 처신을 조목조목 열거해 비판했다. 비판의 논조는 준절하다 못해 각박하기까지 했다. 정인홍에 따르면, 이언적과 이황의 삶은 벼슬에 연연하며 이록을 탐낸 구차한 것이었고, 그들의 처신은 의리가 분명하지 못한 몰염치한 것이었다. 이런 그들에게 선비의 칭호를 주기도 어려운데 도학을 인정해 문묘에 종사했으니 참으로 통탄스럽다는 것이 상소의 골자였다.

이는 이언적과 이황의 종사에 대한 반발이었다. 그리고 남명의 종사를 위한 준비 단계이기도 했다. 그러나 정인홍은 본질은 숨겨둔 채 드러내지 않았다. 두 사람의 과거사를 철저하게 비난해 남명의 순수성을 강조하고 싶은 것이 정인홍의 심정이었다. 그리고 이러한 분위기에 편승해 남명을 문묘에 종사하는 것이 궁극적인 목표였다. 비난의 화살은 역시 이언적보다는 이황에게 집중되었다. 입으로는 천리신교(千里神交)를 얘기하면서도 서로를 철저하게 라이벌로 의식했던 이황과 조식의 당대 인식이 그대로 반영되어 있었다.

은근한 자존심

회재 이언적과 퇴계 이황, 그리고 남명 조식. 그들은 아호만 들어도 쉽게 알 수 있는 16세기를 풍미한 사상계의 거장들이다. 이 가운데 회재가 가장 선배이고 퇴계와 남명은 공교롭게도 동갑내기였다. 모두 영남 출신에다 동시대를 살았기 때문에 서로 교류하며 학문과 출처를 논하기에 더없이 좋은 여건이었다. 그러나 그들은 그렇지 못했다. 세 사람이 한자리에 모인다는 것은 생각하기도 어려웠다. 더욱이 회재와 남명, 남명과 퇴계는 두 사람들끼리 만난 일도 없었다.

1543년(중종 38) 경상감사로 부임한 이언적이 조식에게 편지를 보내 방문을 요청한 일이 있었다. 감사가 일개 처사에게 공식적인 초청장을 보낸 것이다. 그러나 끝내 사람은 오지 않았고 그저 당당한 필치의 회신만 전달될 뿐이었다.

어찌 거자(擧子)의 신분으로 감사를 뵈올 수 있겠습니까? 옛 사람은 네 조정에 걸쳐 벼슬했지만 40일을 넘지 않았습니다. 저는 상공(相公)께서 벼슬에서 물러나 고향으로 돌아갈 날이 멀지 않았을 것이라 생각합니다. 그때 제가 각건(角巾)을 쓰고 안강(安康)에 있는 댁으로 찾아가 뵈어도 늦지 않을 것입니다.

－《남명집》, 〈답이회재〉

벼슬에 연연하는 회재를 풍자하는 글이었다. 이 편지를 받은 회재의 심정이 어떠했을까? 남명은 늘 그런 식이었다. 회재는 그렇다고 하더라도 퇴계와의 관계는 더욱 미묘했다. 두 사람은 흔히 말하는 고향도 같고 나이도 같다는 동도동경(同道同庚)의 인연이 있었다. 그러나 두 사람의 학문적인 태도와 출처관은 너무도 달랐다. 퇴계가 인의를 숭상하고 바다처럼 넓은[海闊] 학문 세계를 지닌 인물이라면, 남명은 의를 중시하고 태산처럼 높은[山高] 기상의 소유자였다.

그러나 문제는 두 사람 사이에 점차 라이벌 의식이 조성되어 서로를 풍자하는 단계로 발전하고 있었다는 점이다. 한동안 두 사람은 상대방을 북두성에 비겨 존경의 마음을 더하고 신교(神交)의 이름으로 그리워하기도 했다. 그런데 어느 사이엔가 이황이 조식을 두고 "거만스러워 중용의 도를 기대하기 어렵고, 노장(老莊)에 물든 병통이 있다."고 은근히 비난하고 나섰다. 이에 남명은 "요사이 학자들은 물 뿌리고 비질하는 절도도 모르면서 입으로 천리를 담론해 허명을 훔친다."는 말로 응수했다. 서로의 본심이 서서히 드러나기 시작한 것이다. 은근한 자존심의 대결이며 라이벌 의식이었다.

음부 사건

이러한 때 남명의 인근에서 음부(淫婦) 사건이 발생했다. 진사 하종악의 후처가 음행을 저지른 것이다. 진사의 아내라면 엄연히 예법을 지켜야하는 사족의 신분이었다.

남명은 방장산인(方丈山人)을 자처하며 일생을 처사로 지낸 인물이었으며 "정자주자 이후에는 저술이 불필요하다."는 입장에서 누구보다 수기(修己)를 강조했던 철저한 수양론자였다. 또한 "남자는 여자의 손에서 죽지 않고, 여자는 남자의 손에서 죽지 않는다."는 교훈에 따라 임종 시에 애첩의 간절한 작별 인사도 거절했던 명분주의자였다. 그는 평소 차고 다니던 패검에 "안으로 마음을 밝히는 것은 경이요[內明者敬], 밖으로 행동을 결단하는 것은 의이다[外斷者義]."라는 명(銘)을 아로새겨 파천(破天)의 기상을 키워 왔다.

그는 한마디로 철저한 수양의 틀 위에서 윤리와 강상을 중시하고 명분을 강조한 원칙론자였다. 이런 남명이 윤리와 강상을 파괴하고 예법을 손상시킨 음부 사건을 그냥 두고 볼 사람이 아니었다. 하종악의 전처가 자신의 질녀라는 점에서 남명의 분노는 배가되었다. 이에 남명은 정인홍과 함께 사건 처리를 상의하는 가운데 평소 가까이 지내던 이정(李楨)에게 자문을 구했다.

그런데 이정의 태도가 도무지 불분명해 내심 불쾌하게 여기던 차에 입장을 거듭 번복하자 칼날 같은 성격이 발동해 절교를 선언하고 말았다. 남명과 결별한 이정은 퇴계와의 친교를 강화하며 문인을 자처하게 되었다. 더욱이 퇴계가 이정을 두둔함으로써 남명의 불쾌감은 증폭되었다. 이렇게 예기치 못했던 사건으로 인해 두 사람의 앙금은 더욱 깊어만 갔다. 이제 두 사람은 얼굴도 모르는 채 서로 비난하게 되었다. 그 이면에는 자존심이 깊이 배어 있었다. 그러나 두 사람은 서로를 못마땅하게 여기면서도 당대의 거장답게 위엄을 잃지 않으려 노력했다. 자잘한 비방 따위는 하지 않았다. 한 해 차이로 퇴계가 먼저 세상을 떠나자 남명은 "이 사람이 죽었다고 하니 내 삶도 머지 않았구나."라며 정중한 애도의 정을 표시했다고 한다.

유성룡과 정인홍의 대를 이은 갈등

정인홍은 스승인 남명 곁에서 모든 것을 지켜보았기 때문에 퇴계와 남명의 불화를 너무도 잘 알고 있었다. 그는 남명 이상으로 퇴계를 싫어했다. 음부의 집을 불태우고, 1604년(선조 37)《남명집》을 간행해 이언적과 이황을 폄하하고 이정을 비난한 사람도 정인홍이었다. 일찍이 한강 정구와 더불어 도산서당을 방문한 일은 철없던 시절의 허상에 불과했다.

선조 조에 조정에서 활동한 인사 중에는 퇴계의 문인이 가장 많았고, 임진왜란 당시의 의병장은 남명 문인이 주류를 이루었다. 한때 이들은 동인으로 활동한 적도 있었다. 그러나 당쟁이 격화되면서 더 이상 화합하지 못하고 남과 북으로 갈리고 말았다. 특히 퇴계의 고제 유성룡과 남명의 고제 정인홍의 대립은 얼음과 숯의 관계를 넘어 정적 관계가 되어 갔다. 이들은 퇴계와 남명의 학문, 출처, 언행에 대해 비교 논란을 벌이는 가운데 자기 스승은 높이고 상대방의 스승을 폄하하는 우열 경쟁을 지속했다. 유성룡이 조목과의 불화를 감수하면서까지《퇴계집》을 개간하고, 정인홍의 지휘로《남명집》이 간행된 것도 그 일환이었다.

이런 흐름 속에서 1610년(광해군 2) 사림오현이 문묘에 종사됨으로써 퇴계의 비교 우세가 확실해졌다. 회퇴변척소는 여기에 대한 불같은 반발이며 퇴계학파와 남명학파의 공식적인 대립이었다.

유적에서 삭제된 정인홍

정인홍의 회퇴변척소는 적지 않은 파문을 초래했다. 누구보다 유생들이 민감하게 반응했다. 이목을 중심으로 하는 500명의 성균관 유생들은 곧바로 상소해 이언적과 이황을 변명하고 정인홍을 유적(儒籍)에서 삭제했다. 유적의 삭제는 유림에서의 매장을 의미한다. 당시로서는 엄청난 모욕이며 불명예였다.

그러나 광해군이 정인홍을 두둔하고 주모자를 금고형으로 다스리자 유생들은 단식투쟁인 권당(捲堂)으로 대응했다. 조신들의 의견도 분분했지만 정인홍의 눈치를 살피는 기색이 역력했다. 사실 정인홍은 전혀 동요하지 않았다. 이 정도는 각오한 처지였다. 회퇴변척으로 유적에서 삭제된 이후에도 조식을 위해 서원을 건립하고 문묘종사 운동도 꾸준히 추진했다. 정치적인 비중이 줄어든 것도 아니었고, 향촌에서의 영향력이 상실된 것도 아니었다. 불명예를 당한 것은 사실이지만 그는 여전히 건재했다.

권력이 있는 한 이 정도의 불명예는 대수롭지 않게 여기고 있었다. 그러나 그것은 분명 오판이었다. 회퇴변척은 퇴계학파에 지울 수 없는 앙금을 남겼다. 그리고 이 과정에서 정구와 등을 돌리게 되어 엄청난 손실을 감수해야 했다. 정인홍과 결별한 정구는 남명보다는 이황에게 연원을 돌렸다. 정구를 추종하는 상당수의 사림들도 퇴계학파에 합류하고 말았다. 이는 남명학파의 점진적인 와해를 의미하는 것이었다.

이런 가운데 정인홍의 권력도 끝이 보이고 있었다. 회퇴변척 때에는 광해군의 비호를 받아 무사할 수 있었지만 인조반정은 사정이 달랐다. 정인홍과 이이첨을 처단하고 윤리를 바로잡는 것이 반정의 명분이었다. 따라서 그는 반드시 죽어야 했다. 인조반정을 '서인이 이를 갈고 남인이 묵인하며 소북이 비웃는' 상황에서 성공한 거사라고 할 때 남인의 묵인 속에는 회퇴변척에 따른 반감이 강하게 투영되어 있었다.

결국 이언적과 이황에 대한 반발심과, 자신의 스승을 현양할 목적에서 단행된 정인홍의 회퇴변척은 아무런 실효를 거두지 못했다. 도리어 이는 자신의 목숨을 재촉하는 결과를 가져왔다. 그리고 스승 남명이 평생에 걸쳐 이룩한 남명학파의 기반마저 뒤흔들어 놓고 말았다.

영남의 친북인 세력

조목(趙穆)의 영광

1614년(광해군 6) 11월 월천 조목이 영남학파의 본산으로 일컬어지는 도산서원의 퇴계 사당에 배향되었다. 16세기 이후 주자학이 심화되고 도학이 강조되면서 서원 향사, 즉 원향(院享)은 도통(학통) 전수를 상징하는 것이 되었다. 퇴계 문하에 300여 명의 제자가 있었지만 도산서원에 배향된 인물은 조목이 유일했다. 일생 한결 같은 정성으로 스승을 모신 덕분에 죽어서도 나란히 제향되는 영광을 입은 것이다. 사림들은 이들 사제의 학연을 깊이 인식하며 봄가을로 향을 피우고 술잔을 올릴 것이다. 이제 조목은 퇴계의 수제자가 된 셈이었다.

조목은 1524년(중종 19) 경상도 예안현의 월천리에서 출생했다. 그의 집안은 그가 평생 학문에 전념할 수 있을 만큼 넉넉했고, 인근의 토계리에는 퇴계와 같은 훌륭한 스승이 있었다. 학자로 성장하기에는 최상의 여건이었다. 열다섯 살에 퇴계의 제자가 되어 30년을 한결같이 시종하는 가운데 학문과 예법을 익히고 선비로서의 행신과 출처관도 배웠다. 일생의 지표가 있었다면 학자로서의 퇴계와 인간으로서의 퇴계를 몸소 구현하는 것이었다.

영남학파는 주자학의 탐구를 본령으로 삼아 영남 일대를 중심으로 형성된 학파였다. 영남학파 형성의 토대를 마련하고 사상적인 기반을 제공한 인물은 퇴계였다. 그가 영남학파의 종장으로 칭송되는 것도 이 때문이다.

퇴계 문하에는 300명이 넘는 제자가 포진해 있었다. 순수 학자의 길을 택한 이도 있었고, 국가 경영에 참여해 경륜을 펼친 인물도 있었다. 퇴문오고제(退門五高弟), 퇴문사고제, 퇴문삼고제는 도통을 계승할 수제자의 선정에 따른 고충을 대변하고 있다.

이런 가운데 조목이 도산서원에 배향되어 수제자로서의 권위와 영광을 선점한 것이다. 제자로서 누릴 수 있는 최고의 특전이었다. 사림의 요청을 정부에서 공인했으니 절차상의 문제도 없었다.

조목과 유성룡의 반목

불행하게도 조목의 도산서원 배향을 인정하는 사람보다 인정하지 않는 사람들이 더 많았다. 묘향(廟享)은 사림의 중대사였다. 따라서 사림의 공론이 절실하게 요구되는 사안이었다. 그러나 조목의 배향에는 사림의 공론이 충분히 수렴되지 못했다. 공론의 자리를 권력이 대신했는데, 퇴계학파와는 색깔이 다른 매우 대립적인 권력이 간여했던 것이다. 한마디로 조목의 도산서원 배향은 친북(親北)에 따른 반대급부였다.

퇴계의 수많은 제자 가운데 가장 막강한 영향력을 행사한 인물은 안동의 유성룡과 예안의 조목이었다. 유성룡은 영의정을 지낸 화려한 경력의 소유자로서 능란한 정치술을 통해 남인의 수장으로 활동한 인물이다. 반면에 조목은 일생 동안 향리에 은거하며 학문 활동과 후진 양성에 주력한 인물이었다. 도산서원을 창건해 후학들과 함께 경전을 토론하고《퇴계연보》,《언행총록》을 기초한 인물도 조목이었다.

두 사람은 퇴계를 바라보는 관점도 달랐다. 유성룡이 관료로서의 퇴계를 중시했다면 조목은 향촌에서의 퇴계를 올바른 퇴계상으로 상정하고 있었다.

이런 차이점은 《퇴계집》을 간행하는 과정에서 노골적으로 드러났다. 조목은 "퇴계의 말씀은 한마디도 버릴 수 없다."는 입장에서 퇴계의 모든 글을 《퇴계집》에 수록하되 향촌에서 간행할 것을 주장했다. 그러나 유성룡이 이를 묵살했다. 유성룡은 관료로서의 퇴계를 부각시켜 중앙에서 간행하고 싶었다. 이는 자신의 정치적인 입지와도 직결되는 것이었다. 그러나 누구도 양보할 기색이 없었다. 옥신각신 끝에 불화와 갈등이 심화되었다. 특히 20년 연하인 유성룡이 제동을 걸자 조목의 심기는 더욱 불편했다.

이런 상황에서 조목이 주화오국(主和誤國)의 정치적 표어를 내걸고 유성룡 비판 운동을 전개했다. 이는 불화와 갈등의 차원을 넘어선 정치적인 대립이었다. 여차하면 유성룡의 정치적인 기반이 한순간에 붕괴될 수 있는 미묘하고 첨예한 문제였다. 조목은 유성룡에게 질책과 비난의 서신을 전달했다.

> 상국(相國)이 평생 동안 성현의 글을 읽고 배운 것이 고작 '주화오국' 넉자란 말이오?
>
> – 《동계집》, 〈월천신도비명〉

조목의 선제공격은 두 사람을 완전히 갈라놓았다. 이로부터 안동 사림은 유성룡을 중심으로 대열을 갖추었고, 예안 사림은 조목을 중심으로 뭉쳤다.

상극의 틈, 북인의 개입

이 상극의 틈을 북인들이 비집고 들어왔다. 북인의 영수 이산해가 조목의 문인을 자처했고, 폐모론의 당사자 정조가 예안을 빈번하게 왕래했다. 조목과 북인의 연대가 이루어지고 있었다.

조목의 유성룡 비판 운동은 주효했다. 이는 유성룡 실각의 직접적인 계기가 되었다. 북인들은 이를 기화로 유성룡에 대한 탄핵을 전개, 1598년 (선조 31) 유성룡을 파직시켰다. 이를 가장 통쾌하게 여긴 인물은 역시 정인홍과 조목이었다. 파직된 유성룡의 심경이 어떠했을까? 《서애연보》는 당시의 정황을 생생하게 기록하고 있다.

> 선생의 노기가 날로 심해 빈객을 만날 수조차 없었다. 한준겸이 경상도관찰사로 부임해 방문하려 했으나 선생이 편지를 보내 사절했다.
>
> – 《서애연보》, 만력 27년 2월

이런 가운데 예안에서는 조목의 지휘 하에 《퇴계집》이 판각되고 있었다. 유성룡은 완전히 배제되었다. 이제 조목을 제어할 사람은 없었다. 조목은 모든 것을 마음대로 처리할 수 있게 되었다. 북인이 협조하는 상황에서 마치 축제와도 같이 《퇴계집》의 판각이 진행되어 1600년(선조 33)에 완간되었다.

이제 조목은 선사의 현양 사업을 주도하며 퇴계 문하의 수장으로 군림하게 되었다. 향촌에서의 우위권도 재확인할 수 있었다. 그러나 조목은 자기도 모르는 사이에 퇴계학파의 비정상적인 분화를 재촉하고 말았다.

조목과 북인의 결합은 상당수의 사림들로 하여금 친북 성향을 지니게 했다. 이런 선상에서 예안 일대에는 북인 세력이 급격히 신장해 영남내 북인의 소굴이 되었다. 이에 퇴계학파의 본거지 안동과 예안에는 남북이 공존하는 가운데 북인이 남인을 압도하는 상황이 연출되었다. 영천 이씨 이덕홍 계열, 봉화 금씨 금난수 계열, 예안 김씨 김택룡 계열은 북인과 결탁한 대표적인 세력들이었다.

이제 북인은 퇴계학파의 발상지이며 남인의 본거지인 안동과 예안을 잠식해 퇴계학파의 기반을 흔들고 있었다. 더욱이 이산해와 같은 북인의 거물이 조목의 문인을 자처함으로써 친북 세력의 기세는 고조되었다. 더욱이 조목과 정인홍이 영남 사림의 영수로 칭송됨으로써 그 성가(聲價)는 극도에 달했다. 1605년(선조 38) 조목이 사망하고, 1607년(선조 40) 재기를 꿈꾸던 유성룡이 사망할 때까지 상황은 그대로 지속되었다.

이런 흐름 속에서 1611년 정인홍의 회퇴변척이 단행되었다. 팔도 유림이 분노하고 한강 정구가 반발했지만 예안의 월천 문인들은 미온적인 태도를 보였다. 정인홍이 자신들의 학문 연원인 퇴계를 배척했지만 적극적으로 반발하지도 못했다. 친북에 따른 족쇄에서 결코 벗어날 수 없었던 것이다.

퇴계학파의 본거지에 자신들의 사상을 뿌리내리게 하려는 북인의 노력은 집요했다. 조목의 도산서원 배향은 그 노력의 결과였다. 조목이 퇴계의 사당에 배향되기 위해서는 조정의 인가가 필요했다. 정인홍이 협조하지 않고서는 북인 정권의 공식적인 인가를 받을 수 없는 것이 당시의 분위기였다.

그런데 정인홍은 조목의 배향에 적극적으로 찬성했다. 조목에게는 유성룡의 정치 노선에 제동을 걸고 그를 실각시킨 공로가 있었다. 기본적인 자격은 획득한 셈이었다. 나아가 조목의 배향은 여러 측면에서 이점이 있었다. 우선 자신의 정적 유성룡을 철저히 제압할 수 있었고 그다음 조목의 배향을 허용함으로써 예안의 월천 문인들을 우익으로 포섭할 수 있었기 때문이다. 이러한 목적은 조목을 도산서원에 배향해 퇴계의 수제자로서의 지위를 천명하고자 했던 월천 문인들의 의중에 그대로 부합하는 것이었다. 월천 문인들도 정인홍 못지않게 유성룡을 최대의 라이벌로 생각하고 있었던 것이다. 양측의 의도는 이 점에서 일치했다. 1614년(광해군 6) 11월 조목의 도산서원 배향은 바로 그 결과였다.

계속되는 옥사

광해군은 17년이라는 오랜 세월 동안 정통성 문제로 지나치게 시달린 탓에 그와 관련된 일에 대해서는 극도로 예민하게 반응했다. 왕위를 지키는 데 위협이 된다고 간주되는 형제나 조카들을 제거한 것도 그 반응의 한 단면이었다. 이러한 광해군의 피해 의식은 특히 서열상으로 광해군보다 우선순위에 있었던 영창대군과 임해군을 볼 때마다 되살아나곤 했다. 광해군의 눈에 비친 그들은 틀림없는 왕권 도전자였다. 이는 비단 광해군 자신의 생각일 뿐 아니라 대북 일파의 생각이기도 했다.

유영경 제거와 임해군 옥사

광해군은 즉위 한 달 만에 당시 귀양을 가 있던 정인홍, 이이첨, 이경전 등을 불러들여 정계를 개편했다. 오랫동안 세자로도 인정받지 못했을 뿐만 아니라 적자와 장자가 모두 생존해 있는 불안한 상황에서 왕위에 오른 광해군이었다. 그는 자기 세력을 구축하는 것이 무엇보다도 시급한 과제임을 잘 알고 있었다. 그는 먼저 적자인 영창대군을 지지했던 유영경 세력을 제거해야 했다. 그리고 비록 친형이긴 하지만 장자이기 때문에 장애물이 될 수밖에 없었던 임해군도 제거해야만 했다.

눈치 빠른 유영경은 이를 일찌감치 간파하고 있었다. 그는 광해군이 즉위한 지 며칠 안 되었을 때 사직을 자청했다. 광해군은 그의 사직을 즉시 허락하지는 않았다.

> 선왕이 유영경을 신임해 7년간이나 영상으로 두었는데 승하하신
> 지 한 달도 못되어 내가 선왕의 뜻을 어떻게 어기겠느냐?
>
> —《연려실기술》권19, 〈폐주 광해군 고사본말〉, 수살유영경

그러나 광해군은 완산군을 비롯한 정인홍과 이이첨 등 대북 세력의 아우성에 못 이겨 유영경을 내보냈다. 7월에는 유영경, 이홍로, 이효원 등 소북의 거물들이 모두 죽거나 귀양갔다. 특히 유영경은 광해군이 임란 때 분조를 하여 중흥의 공로가 있는데도 불구하고 선무공신(宣武功臣)으로 책정되는 것을 방해한 것, 세손의 원손 책봉과 혼인을 지연시킨 것, 선조가 병이 위중해 광해군에게 왕위를 물려주려고 했을 때 이를 방해한 것, 광해군이 왕위에 오를 때 즉위 시기를 공연히 늦추려고 한 것 등의 죄목이 붙여졌다.

그러나 대북은 그것만으로는 성에 차지 않아 임해군마저 죽이기를 청했다. 임해군은 타고난 성품이 사납고 방자해 그 아우에게 일찍이 세자 자리를 빼앗겼다. 임해군은 1592년(선조 25)에 임란이 발발한 후 동북 지방으로 피난했다가 왜군에게 잡혀가서 고생도 많이 했다. 그러나 그 뒤로는 성품이 더 사나워졌고 선조나 광해군에 대한 불만도 점점 늘어만 갔다.

그러던 중 광해군이 즉위한 지 보름도 채 안 되어 임해군을 처단하라는 다음과 같은 상소가 올라왔다.

> 임해군이 오랫동안 다른 뜻을 품고 사사로 군기를 저장하고 남몰

래 결사대를 기르더니 대행대왕께서 편찮으실 때에는 무사를 소집해 밤낮으로 남몰래 반역을 도모한 진상을 백성들이 모두 명백하게 아는 바입니다. 선왕께서 승하하시던 날에는 발상하기 전인데도 공공연하게 대궐에서 자기 집에 나갔다가 한참 뒤에서야 달려왔는데 가병(家兵)을 지휘한 형적이 현저하게 남아 있습니다. 지금은 궁궐과 지척인 곳에 있으면서 집을 짓는다는 핑계로 철퇴와 환도를 빈 가마니로 싸서 자기 집에 들였으니 언제 무슨 일이 일어날지 모르겠습니다. 귀양보내소서.

— 《연려실기술》 권19, 〈폐주 광해군 고사본말〉, 임해군지옥

형제골육 간에 변고는 처리하기 매우 곤란한 것임에 틀림없다. 우애와 의리 사이에서 갈등하던 광해군은 자기와 한배의 형제가 임해군뿐이란 이유로 대신들에게 문의해 보겠노라고만 했다. 그러나 대북 일파는 고삐를 늦추지 않았다. 그들은 즉시 국청을 열어 임해군의 부하 고언백, 박명현, 운원도정 등을 죽이게 했고, 특히 정인홍과 이이첨 등은 임해군까지도 죽이기를 청했다.

임해군의 비복 100여 명이 국문 과정에서 비참한 최후를 맞았다. 이 참혹한 옥사를 치른 끝에 몇 사람의 자백만을 근거로 임해군의 모반죄는 성립되었다. 그중 임해군이 사랑하던 해주 기생 환어사는 고문과 협박에 시달리다 못해 이렇게 말하기도 했다.

임해군이 역관 이운상으로 하여금 은 수만 냥을 싸가지고 몰래 중국에 보내 '장자로 하라'는 명령서를 얻어내려고 도모했다.

— 《연려실기술》 권19, 〈폐주 광해군 고사본말〉, 임해군지옥

삼사에서는 몇 달간 계속해 임해군을 극형에 처하도록 요청했다. 그러나 원로급 대신인 이원익과 이항복 등이 형제의 도리를 들어 임해군을 귀양보내기만 하고 죽이지는 말자고 했다. 정인홍과 이이첨 등은 오히려 대신들이 역적을 두둔한다고 비난했다. 사태가 심각해지자 광해군도 하는 수 없이 임해군을 우선 교동으로 귀양보냈다.

그해 6월 명나라에서는 주청 사신으로 갔던 이호민의 실언으로 광해군의 계승이 하자가 있는 것으로 논의되기 시작했다. 명나라는 급기야 조사단을 파견해 왕과 임해군을 대질심문하려 했다. 임해군의 처지는 더욱 위태롭게 되었다. 이 사건을 계기로 대북에서는 임해군을 처형하려는 논의가 다시 거세게 일어났으나 왕과 대신들의 무마로 겨우 그치게 되었다.

그러나 다음 해 5월 3일 임해군은 유배지에서 의문의 죽임을 당했다. 임해군은 이이첨의 사주를 받은 강화현감 이직에 의해 피살당한 것으로 알려졌으나 그의 사인과 죽은 날은 명백하게 밝혀지지 않고 있다. 인조반정 후 임해군의 부인 허씨가 관을 열고 보니 목에 새끼줄을 감았던 붉은 흔적이 있었다고 하는 것을 보면 목이 졸려 죽은 것이 아닌가 한다.

그는 난폭하고 무도한 행실 때문에 인심을 많이 잃었다. 그렇게 비참한 최후를 맞았어도 어느 누구도 동정하지 않았다. 평소 상당한 경제력과 무력을 갖추고 있었고 일부 무장들이 그의 집을 출입하고 있어 오해받을 소지가 농후하기는 했다. 그러나 실제로 그가 모반을 획책했다는 명백한 증거는 나타나지 않았고 그도 그것을 끝내 부인했다. 결국 그의 죽음은 광해군의 왕권에 실제적인 위협이 되고 있다는 혐의 하나에 기인한 것이었다.

일찍이 당나라 무후 때 황자(皇子)들을 차례로 많이 죽이게 되자 백성들이 이를 풍자해 이런 노래를 지어 부르고 다녔다고 한다.

황대(黃臺) 밑에 오이를 심었더니 하나 따고 둘 따고 하여 마지막
에는 넝쿨만 안고 돌아오네.

- 《연려실기술》권19, 〈폐주 광해군 고사본말〉, 임해군지옥

형제들을 죽이는 데 거리낌이 없어서 골육이 몇이나 남았는지 모르겠
다는 뜻을 황대의 오이에 빗댄 것이다. 그렇게 하나하나 오이를 따 버리
듯 광해군은 임해군 제거를 시작으로 그 형제들을 차례로 숙청해 나갔다.
임해군의 죽음은 폐모살제의 서막에 불과한 것이었다.

김제남과 영창대군의 죽음

임해군이 죽고 나서도 대규모의 옥사는 그칠 줄 몰랐다. 이 빈번한 옥
사를 통해 고변하여 공을 세우려는 자 또한 끊이지 않았다. 유몽인의 소
설에 '밥숟가락이 남보다 조금 큰 것만 보면 반드시 고변했다'라는 말은
좀 과장되긴 하지만 당시의 실상을 적나라하게 묘사한 것일지도 모른다.
사람들의 출세는 고변을 통해서 가능했고 이런 길을 택하지 않으면 모두
죄를 얻기가 십상이었다. 이 때문에 뇌물을 바쳐 아첨한 자들을 일컫는
말로 잡채판서, 김치정승, 산삼정승이란 유행어가 떠돌 정도였다.

광해군은 몇 차례의 험난했던 고비를 넘기고 나서야 명으로부터 한 나
라의 왕으로 인준을 받았다. 그렇기는 하나 그의 정통성 문제는 적자인
영창대군이 살아 있는 한 언젠가는 도전받을 것이 틀림없었다. 그렇기 때
문에 광해군은 왕통을 노린 반란 음모 사건에 대해서는 그것이 허위일지
라도 민감하게 반응할 수밖에 없었다.

1612년(광해군 4) 2월에 일어난 '김직재의 옥사'는 김직재, 황혁, 김백
함 등이 진릉군을 왕으로 추대하려는 반역을 꾀했다고 무고를 당한 사건
이다. 진릉군은 선조의 여섯 번째 왕자 순화군의 양아들로서 임해군의 뒤

를 이어 희생된 두 번째 왕족이었다. 《광해군일기》에서도 이미 그 사건 자체가 부정되고 있는 것처럼 이 옥사는 한갓 도적의 허위 자백에서 발생한 것이었다. 그러나 광해군과 대북은 이 사건의 관련자들을 철저히 색출할 것을 주장해 피해자는 더욱 확대되었다. 이 과정에서 대북의 정치적 지위와 입장은 한층 강화되었다. 그들의 독주는 '박응서의 옥사'를 계기로 더욱 뚜렷해졌다.

허위 자백이 부른 참화

1613년(광해군 5) 4월 25일 조령에서 동래의 은 장수를 살해하고 수백 냥의 은을 강탈해 여주로 달아났던 일곱 서자들이 체포되었다. 이들은 서인의 거두이던 박순의 서자 박응서를 비롯해 서양갑, 심우영, 박치인, 박치의, 이경준, 허홍인 등이었다. 이 일곱 명의 서자들은 서얼금고법으로 벼슬길이 막혀버린 데 대해 불만을 품고 있던 일종의 사회 불만 세력이었다.

그들은 여주와 춘천 등지에 모여 살면서 자칭 강변칠우(江邊七友)니 죽림칠현(竹林七賢)이니 하면서 도원의 결의를 맺고 양식과 무기를 모으기 시작했다. 이 과정에서 그들은 일의 준비를 위해 조령에서 은 600냥을 강탈하고 상인 두 명을 죽이고 말았다. 그러나 은 장수의 노복 춘상은 여주까지 그들의 뒤를 밟아 사는 곳을 알아 놓은 다음 이들을 포도청에 고발해 버렸다.

영창대군을 화의 근본이라 여기며 항상 죽이고자 혈안이 되어 있었던 이이첨에게 이 사건은 좋은 빌미가 되었다. 그는 박응서의 죄가 사형이 될 것이라는 말을 듣고는 밤에 그의 친척뻘 되는 이의숭을 시켜 은밀히 박응서에게 이런 말을 전했다.

너는 곧 사형될 것인데 그렇게 죽느니 차라리 내 말을 따라 소를
올려 반역을 고발하는 것이 좋지 않겠느냐. 이같이 하면 죽음을 면할
뿐 아니라 정훈(正勳)에도 기록될 것이다.

－《연려실기술》권20, 〈폐주 광해군 고사본말〉, 박응서지옥

이 말에 귀가 솔깃했던 박응서는 이이첨이 시키는 대로 허위 자백을
했다.

우리들은 단순한 도적이 아닙니다. 국구 김제남과 몰래 통해 양식
과 무기를 준비해서 영창대군을 임금으로 받들려고 도모한 것입니다.

－《연려실기술》권20, 〈폐주 광해군 고사본말〉, 박응서지옥

이 사건을 심문하던 정항이 이를 왕에게 아뢰었고 박응서는 이 고변
때문에 드디어 사면되었다.

그러나 주모자 격이었던 서양갑이 고문을 이기지 못해 김제남, 영창대
군, 인목대비를 한꺼번에 얽어 넣어 자백하고부터 옥사는 돌이킬 수 없을
정도로 확대되었다. 실제 서양갑은 김제남과는 소식도 서로 통한 일이 없
었다. 그는 그의 어머니까지도 고문을 당하게 되자 분을 이기지 못했다.

광해가 내 어머니를 죽이니 나도 제 어머니(인목대비)를 죽여야 되
겠다.

－《연려실기술》권20, 〈폐주 광해군 고사본말〉, 박응서지옥

서양갑은 이 일을 김제남과 함께 모의했고, 대비도 이를 이미 알고 있
었다는 것으로 그럴 듯하게 말을 꾸몄던 것이다. 김제남이 선조의 장인으

로 근신하지 못했기 때문에 당시 사림에게 배척당한 것은 사실이다. 그렇지만 일이 이렇게 되고 보니 그 불똥은 딸인 인목대비와 영창대군에까지 튈 형세였다. 이때부터 김제남과 여덟 살밖에 안 된 영창대군을 처형하라는 논의는 그치지 않고 계속되었다. 주공이 같은 형제로서 반역을 도모하는 관숙과 채숙을 죽인 것, 태종이 방석을 죽인 것이 모두 종사를 위한 일이었으니 형제의 의리에 얽매이지 말라는 논리가 적용되었던 것이다.

형제의 의리를 저버리고

김제남은 서소문 밖에서 사약을 받게 되었다. 그가 사약을 받을 즈음 이미 서인(庶人)으로 강등된 영창대군은 어리긴 했지만 사태의 심각성을 알아차렸다. 그는 인목대비의 곁을 한시도 떠나지 않고 있었다. 이에 광해군은 억센 여자 열 사람을 대비의 처소로 보내 영창대군을 강제로 빼앗다시피 해 강화도로 보내 버렸다. 대비는 맨발로 대청에서 뛰어내려 와 뒤쫓아 갔지만 붙잡을 수는 없었다. 그녀는 땅바닥에 쓰러진 채 하염없이 눈물만 흘리고 있었다.

정구, 곽재우, 이덕형과 같이 형제의 의리를 생각해 영창대군의 목숨만은 살려 두자고 청하는 신하들도 있었다. 그러나 이들의 간곡한 청에도 불구하고 영창대군은 이이첨의 특명을 받아 강화부사로 부임한 정항에게 죽임을 당하고 말았다. 정항은 처음에는 영창대군을 굶기는 것으로 핍박했다. 그러다가 결국에는 방에 가두어 놓고서 아궁이에 불을 많이 지펴 데어 죽게 했다. 그때 겨우 아홉 살밖에 안 된 영창대군은 펄펄 끓는 방바닥에서 발을 동동 구르며 며칠을 밖에다 대고 '어머니'를 외치다가 지쳐 세상을 떠났다. 이제 광해군의 정통성을 가로막았던 최대의 장애물은 제거되었다.

이 소식이 전해지자 정온이 강화에 가서 영창대군의 비참한 최후를 조사하고 돌아와 강화부사 정항을 체포하라고 주장했다. 그러나 오히려 그 자신이 귀양가게 되고 말았다. 또 성주 사람 이창록은 영창대군의 죽음을 통분하게 여겨 글을 지었는데 그 글 속에, "형을 죽이고 아우를 죽이는구나. 임금에게 어진 데가 없으니 차라리 내가 임금이 될까."라는 대담한 문구가 있었다 한다. 성변규는 이창록의 친구임에도 이를 조정에 고발해 버렸다. 이창록은 결국 당고개에서 대낮에 유생들이 보는 가운데 사형당하고 말았다.

인목대비와는 어머니의 도리가 끊어졌다

친정아버지와 아들이 대역죄로 죽은 마당에 인목대비라고 무사할 리 없었다. 대북은 영창대군을 죽이는 것도 모자라 왕권 안정을 도모한다는 명목으로 영창대군의 어머니마저 단호하게 처리할 것을 주장했다. 형제를 죽이는 것까지는 역대의 전례도 있고 해서 비난 정도에 그칠 수 있었다. 그러나 모후를 폐위한다는 것은 조선 시대를 살아가는 사람들의 의식으로는 도저히 용납될 수 없는 일이었다.

김제남이 사사되면서 정국은 그야말로 대북의 독무대가 되었다. 그렇지만 인목대비를 연루시켜 처단하려는 것은 생각만큼 쉬운 일이 아니었다. 광해군도 처음에는 이 문제에 대해 단호하게 반대 입장을 표명하기도 했다.

폐모론은 박응서의 옥사가 일어나던 1613년(광해군 5) 10월부터 서서히 대두되기 시작했다. 이 논의는 선조의 유교를 받은 일곱 명의 신하들을 탄핵하는 것으로써 그 단서를 열었다. 영창대군의 보호를 부탁하며 일곱 명의 신하들에게 내린 유서가 대비의 사주로 내시 민희건이 위조한 것이란 설이 제기되었다. 일곱 명의 신하들 중에 살아 있는 사람들은 모두 이를 변명했다. 그런데 이때 박동량이 자신의 무죄를 밝히기 위해 '유릉저주사(裕陵咀呪事)'를 털어놓아 대비를 곤경에 빠뜨리고 만 것이다. 유릉저주사란 선조의 병이 위중했을 때 그 원인이 죽은 의인왕후 때문이라는 무당의 말이 있어 인목대비가 의인왕후의 능에 저주를 한 것을 말한다. 이를 기화로 이위경과 정조, 윤인은 "인목대비가 국왕의 모후이면서도 안으로는 무당굿을 하고 밖으로는 역모에 응했으므로 어머니의 도리가 끊어졌다."라고 하면서 처벌을 주장했다. 폐모론이 시작된 것이다.

그 뒤로도 대비를 기어이 몰아내려는 대북과 이를 반대하는 이들 사이에 끊임없는 논쟁이 되풀이되었다. 1615년(광해군 7) 4월에는 대비를 경운궁에 홀로 남겨 두고 군사들로 안팎을 지키게 한 다음 광해군은 창덕궁으로 옮겨 갔다. 그러나 대북은 그것으로 그치지 않았다. 대비의 처소에 임금을 비방하는 글을 적은 익명서를 화살에 매어 쏘아 보내기도 했다. 그들은 그것을 다시 찾아내어 서인들이 대비와 공모해 모반을 일으키고 자기들을 몰아내려 한다고 떠들어 댔다.

좀처럼 결말을 내기 힘들었던 폐모 논의는 1617년(광해군 9) 12월까지 지루하게 계속되었다. 그러다가 급기야는 수의(收議, 공개 토론)라는 형태로 가부를 묻게 되었다. 대북 세력은 여론과 명분을 장악하기 위해 930여 명의 문관과 무관, 170여 명의 종실 관원들을 참여시켜 폐비 문제에 대한 일종의 공개 토론을 벌였다. 대북 일파의 암묵적 위압 탓인지 대비를 폐출하자는 이이첨 등의 주장에 거의 모두가 찬성하고 반대하는 사람은 극히 적었다.

이때 이항복은 순(舜) 임금의 고사를 인용하면서 폐모론에 반대했다. 일찍이 순임금의 부모는 순을 죽이기 위해 그를 우물 속에 빠뜨리기도 하고 또 창고에 가두어 불살라 버리기도 했다. 그렇지만 순은 한 번도 부모가 그르다고 생각하지 않았다. 부모가 비록 자식을 사랑하지 않더라도 자식은 부모에게 효도하지 않을 수 없기 때문이었다. 이항복은 이 순임금의 고사를 들어 폐모 반대의 논리를 세웠다.

반면 당나라 때 장간지 등이 무후를 내쫓고 중종을 세울 때, 중종은 무후의 친아들임에도 불구하고 자기 어미를 내쫓은 일이 있었다. 나라가 친어미보다 소중하다는 대북의 폐모 찬성 논의에 적절한 논리를 제공해 주는 대목이다.

결국 모자간의 정리보다 왕이라는 공적인 입장이 강조된 대북의 논리에 의해 폐모론은 확정되었다. 일이 이렇게 되자 폐모에 반대하던 사람으로 기자헌, 이항복, 정홍익, 김덕함 등은 귀양길에 오를 수밖에 없었다. 정홍익은 길을 떠나면서 "순임금이 나를 속였구나." 하며 탄식했다고 한다.

> 철령 높은 고개 자고 가는 저 구름아
> 고신원루를 비 삼아 띄워다가
> 임 계신 구중궁궐에 뿌려본들 어떠리.

너무나도 귀에 익숙한 이 시조는 이항복이 폐모에 반대하다가 북청으로 귀양가는 도중 철령에서 지은 것이었다.

서궁 유폐

이듬해 정월 마침내 대비는 호를 깎여 서궁(西宮)이라 칭해지고 아울러 그 전에 받았던 왕족으로서의 특권과 대우를 모두 박탈당했다. 인목대비는 1623년(광해군 15) 3월까지 대비의 지위를 상실하고 서궁에 유폐되어 일반 후궁만도 못한 대우를 받았다. 이이첨 등은 그것도 성에 차지 않았는지 백대형과 이위경을 사주해 대비를 죽이려고까지 했다. 그러나 그날 밤 대비의 꿈에 선조가 슬픈 기색으로 나와서 사태를 예고해 주었다. 이를 안 한 궁인이 대비의 침전에 누워 있다가 대신 화를 당함으로써 대비는 겨우 참변을 모면했다.

그러나 폐출 절차를 완전하게 마치기 위해서는 명 황제로부터 폐서인의 허락을 받아야 했다. 이를 위해 대북 세력은 그 기회를 엿보고 있었지만 중국에서는 좀처럼 이를 허락하지 않았다. 엄밀한 의미에서 인목대비는 왕후의 신분을 유지하고 있었던 것이라고도 할 수 있다. 그래서일까. 서인과 남인, 그리고 소북인은 "천자가 책봉한 고명과 관복이 있는데 어찌 마음대로 폐하겠는가."라는 말들을 공공연히 하고 다녔다. 또 엄격한 금령에도 불구하고 과거 급제자들 중에는 서궁에 나아가 예를 올리는 경우도 있었다.

그 밖에도 임해군, 진릉군, 영창대군의 뒤를 이은 네 번째 희생자로 광해군의 배다른 아우 정원군의 아들 능창군(인조의 아우)이 있었다. 능창군은 매우 영특했는데 정원군의 집에 왕기가 서린다는 말이 돌아 결국 모역죄로 죽고 말았다.

이렇듯 계속되는 비윤리적 행위와 혼란한 정국 속에도 죽기를 무릅쓰고 상소를 올리는 이들이 많았다. 결국 귀양으로 끝나기는 했지만 윤선도가 소를 올려 이이첨을 논박했다. 그런가 하면 종실인 귀천군과 금산군 등 열아홉 명도 이이첨을 논박하면서 대북 세력에 대한 비판을 가했다.

어머니를 폐하고 형제들을 죽이는, 패륜의 말단에까지 이르고야 만 광해군과 대북 일파의 행태는 그때까지 눌려 지냈던 서인 일파로 하여금 정국을 뒤집어 놓을 계획을 시도하게 했다. 인조반정이 바로 그것이었다.

광해군의 등거리 외교

예상치 못했던 반정으로 엄연히 15년 동안 왕위에 있었음에도 불구하고 여느 왕과 같이 조(祖)나 종(宗)의 칭호를 받을 수 없었던 광해군. 그러나 그는 같은 입장의 연산군과 동류로 치부될 수만은 없는 판이한 일면이 있었다. 그것은 특히 명청 교체기라는 전환적 시점에서 취한 양면 외교에서 더욱 두드러진다.

임진왜란 이후 일본과는 몇 차례 교섭 끝에 1609년(광해군 1) 기유조약이 체결됨으로써 다시금 평화가 회복되었다. 그러나 대륙과의 관계는 그렇지 못했다. 여진족의 흥기와 명과의 충돌, 이에 따른 명으로부터의 청병 문제와 후금과의 교섭 문제 등, 쉽사리 결단내리기 어려운 상황들이 광해군 앞에 놓여 있었다.

여진족은 만주에 살면서 12~13세기 무렵에는 금이라는 나라를 세워 한때 그 세력을 떨치기도 했다. 그러나 이들이 원에 망하고 이어 명나라에 복속되면서 해서위(海西衛), 건주위(建州衛), 야인위(野人衛)로 나뉘어 명의 지배를 받아 왔다. 그중 건주위와 야인위가 우리나라 국경에 자주 침범하곤 했다. 세종은 이들을 정벌하고 이곳에 4군과 6진을 두었다.

그러던 중 건주위 출신의 누르하치가 흥경[지금의 라오청(老城)]을 중심으로 흩어져 있던 주위의 여러 부족을 차례로 토벌했다. 1613년에 이르러서는 대부분의 만주 땅을 그 세력권 안에 두게 되었다. 누르하치는 팔기제라는 군사 조직 하에 조선과 명나라가 임란에 시달리고 있는 틈을 타 더욱 세력을 확장했다. 그러던 1616년, 누르하치는 쉰여덟의 나이로 제위에 올라 후금을 세우게 되었다.

후금을 세운 누르하치는 드디어 2년 뒤인 1618년(광해군 10) 4월 명에 대해 칠대한서(七大恨書)를 발표하면서 선전포고를 감행했다. 칠대한서란 명이 까닭 없이 자기네 조부를 죽이고 대대로 못살게 굴면서 통일 사업을 방해했다는 등의 일곱 가지 원한사를 말한다. 이것은 어쩌면 그저 병사들을 고무시키기 위한 하나의 구실에 불과한 것이었는지도 모른다.

명나라에 대해 선전포고를 단행한 후금은 단숨에 무순성, 청하성, 엽혁부 등을 점령하고 명의 변방을 위협했다. 이에 명에서는 임란 때 명이 조선을 위해 10만 병력을 지원해 준 것을 들먹이며 원군 파병을 요청했다. 물론 대부분의 조신들은 명에 대한 의리와 명분을 내세워 출병할 것을 표명했다. 그러나 광해군의 생각은 달랐다. 그는 훈련도 상당히 부족한 병사들을 강제로 모집해 보냈다가는 강을 건너기도 전에 변심해 난을 일으킬지도 모른다는 핑계로 될 수 있는 한 이 일에 개입하지 않으려 했다. 좀 더 사태를 지켜볼 심산이었던 것이다.

그러나 조선과 명이 어떤 사이인가. 보통의 친선 관계를 초월한, 조선을 구해 준 은혜의 나라가 아닌가. 그러나 명의 요구를 들어주면 후금에게 조선 침범의 구실을 주게 되겠고, 후금의 요청대로 중립을 지키자니 명에 대해서 면목이 서지 않았다. 그야말로 진퇴양난이었다.

명은 급기야 요동 경략의 임무를 띠고 온 양호를 통해 수만 명은 징발할 수 없다 하더라도 단 1만 명이라도 파병할 것을 거듭 재촉했다. 이에 광해군도 더 이상 대세를 막지 못해 군대를 보내게 되었다.

1618년 7월 광해군은 형조참판 강홍립을 도원수에, 평안병사 김경서를 부원수에 임명해 포수 3,500명, 사수 6,500명 도합 1만 명을 지원하도록 했다. 이때 광해군의 용의주도한 외교적 입장은 강홍립에게 내린 밀지에서도 잘 나타난다.

> 우리는 대의명분상 어쩔 수 없이 출병하는 것이고 우리의 힘은 약하니 후금을 적대해서는 안 된다. 형세를 보아 향배를 정하라.
>
> － 《연려실기술》 권21, 〈폐주 광해군 고사본말〉, 심하지역

1619년 2월에 조선과 명 연합군 47만과 후금군 6만의 결전이 시작되

었다. 그러나 결국 3월 초에 사르호[薩爾滸] 산에서 연합군은 대패했고 이때 강홍립의 조선군도 완전 포위를 당하게 되었다. 강홍립은 광해군의 밀지대로 우리의 부득이한 입장을 강조하면서 은밀히 교섭, 무조건 항복했다. 이렇게 되자 조선의 중신들은 강홍립이 적에게 항복해 신하의 절개를 잃었다며 그 처자를 치죄하자고 들고 일어섰다. 이때 광해군은 이 한마디로 그들을 일축해 버렸다.

이들은 항복한 것과는 비유할 수 없다. 그 가족을 속히 석방해 서울로 보내 편히 있도록 하라.

– 《책중일록》

강홍립의 항복은 그 자신의 뜻에서가 아니고 출병 전 광해군의 은밀한 부탁으로 말미암은 것이었기 때문이다.

얼마 후 누르하치는 조선에 국서를 보내 조선의 출병이 부득이함을 이해해 주었고 광해군도 후금과의 우호적 관계를 지속하기 위해 좋은 표현으로 회신을 보냈다. 심지어 1619년 12월에는 후금에 막대한 물자까지도 보내 주었다. 이에 누르하치는 강홍립 등 10여 명을 제외한 포로 전원을 석방하기도 했다.

그러나 사르호 산 싸움 직후, 계속해서 심양과 요양 등지를 뺏기면서 본토를 위협당하게 된 명에서는 광해군의 친후금 정책을 눈치채기 시작했다. 사신을 보내 조선을 감독하자는 의견이 팽배해졌다. 이에 광해군은 병판 이정귀를 명에 보내 사르호 산에서의 패배로 조선은 이제 더 이상의 힘이 없음을 극력 변명했다.

1621년(광해군 13)에는 심양과 요양이 함락된 후 명의 모문룡이 압록강을 건너 의주로 들어온 일이 있었다. 그는 그곳을 근거로 후금에게 함락된 진강과 구련성 등을 회복하려고 했던 것이다. 본의 아니게 조선은 명을 공공연히 돕고 있는 것처럼 보였고 후금의 불쾌함은 역력했다. 이때에도 광해군은 척화론자들의 의견을 물리치고 정충신을 누르하치에게 보내 우리의 어쩔 수 없는 입장을 힘써 변명하도록 했다.

적어도 광해군이 치세한 동안에는 명이나 후금 어느 쪽과도 정면충돌은 없었다. 그는 명의 쇠퇴와 후금의 흥기라는 국제 정세의 변화 속에서 새로운 정복 국가에 대한 정확한 인식을 가지고 있었다. 이중외교는 바로 우리 국토의 보존을 의미하는 것이기도 했다.

그러나 광해군의 탁월한 외교정책도 인조반정과 함께 한갓 물거품이 되고 말았다. 인조반정을 주도한 서인 세력은 오로지 의리와 명분만을 앞세워 친명배금책으로 급선회, 후금으로 하여금 2차에 걸친 침략을 단행하도록 만들었다.

대동법 시행

1608년(광해군 즉위년) 경기도에 대동법(大同法)이 실시되었다. 이 법은 각 호가 부담하는 공물(貢物), 진상(進上) 및 지방의 관수(官需) 등을 토지를 단위로 부과하도록 단일화한 것이다. 즉 잡다한 여러 가지 세목 대신에 1결(結)당 흰쌀 12말(斗)만을 납부하게 하는 법이었다. 대동법을 전국적으로 실시하는 데는 이후 100년이란 세월이 걸렸다. 그리고 1894년(고종 31) 세제 개혁이 있기까지 대동법은 계속적으로 실시되었다.

조선 시대의 백성들은 토지에 대한 세금인 조(租), 노동력을 부담하는 용(庸), 지방의 토산물을 현물로 납부하는 조(調)를 부담해야 했다. 이 중 조(調)가 공납(貢納)에 해당되었다.

공납에는 진상도 포함되어 있었다. 진상이란 각 주현 단위로 해마다 그 지역의 토산물을 왕실에 납부하는 것이다. 본래 진상은 지방에 나가 있는 관리[外官]가 임금에게 예물을 바치는 데서 기원했다. 그러던 것이 그 범위가 확대되어 나라 안의 모든 백성이 정기적으로 임금에게 그 지역의 특산물이나 국가에서 배정한 물품을 바치게 된 것이다.

그런데 공납에는 여러 가지 문제가 있었다. 예를 들면 그 지역에서 생산되지 않는 품목을 배정하는 따위가 그것이다. 이럴 경우 백성들은 다른 곳에서 구입해 이를 충당해야만 했다. 더구나 바쳐야 할 물품이 부패하기 쉬운 식료품일 경우 더욱 곤란했다. 당연히 이러한 품목을 바쳐야 할 때는 까다로운 절차가 수반되었고 이는 종종 관리들이 백성들을 괴롭히는 수단이 되기도 했다. 또한 서울까지 운송하는 과정에서 발생하는 손실과 비용은 백성들이 부담해야 할 몫이었다. 그렇기 때문에 백성들은 규정 이상의 수량을 납부하는 것이 보통이었다. 관리들은 이 점을 악용해 과도하게 공물을 징수함으로써 착복의 한 방법으로 이용했다. 또한 공납은 정기적으로 납부하는 상납(上納)과 필요할 때마다 거두어들이는 별공(別貢)으로 나뉘어 있었는데 이 중 별공이 점점 늘어남에 따라 백성들의 부담은 가중되어만 갔다.

공납할 물품을 구하기가 어렵자 이를 대신 납부하고 추후에 거두어 가는 대납과 방납이 생기게 되었다. 이것은 공물을 공급하는 사람을 정해놓고 이들에게 국가에 필요한 공물을 지정하도록 한 것이다. 이들을 공인(貢人)이라고 했다. 그러나 이들은 공물 가격의 몇 배에 달하는 액수를 과도하게 징수하기도 했다. 더구나 공인들의 이러한 행위는 지방 관리들과 결탁해 자행됨으로써 중요한 이권 사업 가운데 하나가 되었다.

이러한 문제점 때문에 일찍이 방납의 폐해를 시정하려는 논의가 활발히 전개되었다. 그러나 임진왜란 때까지 방납의 폐해는 시정되지 못했다.

이를 시정하기 위해 임진왜란 중에 유성룡은 대공수미법(代貢收米法)을 실시했다. 이 제도는 각 도에서 상납하던 모든 물품을 쌀을 기준으로 환산해 이를 다시 전국의 토지에 균등하게 매겨 납부하도록 한 것이다. 그리고 임진왜란이 끝난 후 이 제도를 확대 보완해 한백겸과 이원익 등이 경기도에 시범적으로 실시하게 된 것이 대동법이다.

대동미(大同米)는 1결당 12말을 받게 되어 있었다. 국가는 이 대동미를 공인들에게 나누어 주고 필요한 물품을 구입해 납부하도록 했다. 이 일을 맡은 관청이 선혜청(宣惠廳)이었다. 이처럼 국가가 일괄적으로 대동미를 관리하게 됨으로써 방납의 폐해를 시정할 수 있었다.

대동법은 1608년 경기도에서 처음으로 실시되었다. 경기도는 대동법의 실효성을 검토하기 위한 시험장이 된 셈이다. 점차 이 제도가 농민들의 호응을 얻자 1623년에는 강원도, 충청도, 전라도로 범위가 확대되었다. 비록 1625년 흉작을 빌미로 충청도와 전라도 지역에 대동법이 일시적으로 폐지되기도 했지만, 다시 강원도, 충청도, 전라도, 함경도, 경상도, 황해도의 순서로 확대 실시되었다. 대동법이 전국적으로 실시된 데에는 100년이란 기간이 소요되었다.

이처럼 대동법 실시에 100년 이상이 걸린 것은 이권과 관련된 자들의 거센 반발 때문이었다. 지방의 토호와 서리 및 지방 관리들, 방납을 담당했던 상인들, 이들과 연계된 중앙 관리들은 자신의 이권이 사라지는 것을 방관하지 않았다.

그러나 대동법 실시는 역사적인 대세였다. 대동법은 잡다한 세목을 토지로 단일화시켰다는 데 의미가 있다. 동시에 지급금을 쌀과 포 등 물품화폐로 통일시킴으로써 금납화의 방향으로 나아갔다. 무엇보다도 대동법의 실시는 공물을 조달하기 위한 시전(市廛)을 확대발전시킴으로써 상품화폐경제의 발달을 촉진시켰다.

인조 仁祖

제16대 1595년~1649년 | 재위기간 1623년 3월~1649년 5월

능양군과 서인의 무력 정변

분노의 나날들

광해조에 귀양가 있던 김시양이란 사람이 일찍이 꿈에서 정원군(인조의 아버지)이 반정하는 것을 본 적이 있었다. 심상찮은 느낌에 일기에 다음과 같이 적어 놓았다.

> 옥부(玉孚)가 불을 들었으니 범해(虎年)의 일이다.
>
> － 《연려실기술》 권23, 〈인조 조 고사본말〉 계해정사

이는 정원군의 이름이 옥(玉)과 부(孚)를 합한 부(珜)이고 중종이 병인년, 즉 호랑이 해에 반정을 했기 때문에 나온 말이었다. 그로부터 2년 후 정원군은 죽었지만 계해년(1623)에 그의 맏아들인 인조가 마침내 그 타오르지 못했던 횃불을 들어 올리게 되었다.

그러나 병인년의 중종반정과 계해년의 인조반정은 달랐다. 중종은 반정이 일어나는 순간까지도 자신이 추대되리라고는 상상도 못하고 있었다. 거기에 비한다면 인조는 반정 과정에서 군자금을 대기도 하고 또 반정 당일에는 군사를 지휘할 정도로 주도적인 역할을 했다.

평소 무예에 능하고 인망도 높았던 인조의 동생 능창군(綾昌君)은 역모

에 관련된 증거가 없었음에도 불구하고 제거되었다. 광해군에 의해 잠재적 위험 인물로 인식되었기 때문이었다. 인조는 그때 선조의 어필과 금은 보화를 가지고 유희분 등을 찾아다니며 능창군 구명 운동을 벌였다. 그러나 결국 돌아온 것은 능창군의 죽음뿐이었다. 능창군 참사 후 실의에 빠진 아버지 정원군은 이후 병을 얻어 죽게 되었고, 이들의 죽음은 인조 일가의 원한을 더욱 누적시키는 원인이 되었다. 1623년 3월 13일의 거사는 정원군의 삼년상을 마친 바로 1년 후의 일이었다.

인조와 반정 동지들

조선 제16대 왕 인조는 선조의 손자로 정원군(훗날 원종으로 추존됨)의 맏아들로 태어났다. 그의 이름은 종(倧), 자는 화백(和伯), 호는 송창(松窓)으로, 어머니는 좌찬성 구사맹의 딸인 인헌왕후이다. 영돈녕부사 한준겸(韓浚謙)의 딸 인열왕후(仁烈王后)를 아내로 맞이했다. 그가 태어날 때에는 붉은 광채가 빛나고 기이한 향기가 진동했으며, 그 외모 또한 비범했다. 오른쪽 넓적다리에 검은 점이 무수히 많았는데 선조는 이것이 한나라 고조의 상이니 누설하지 말라고 했다. 인조가 궁중에서 애지중지 길렀기 때문에 광해군은 그를 그다지 좋아하지 않았다고 한다.

인조와 더불어 반정을 주도했던 세력은 인조반정 후 정사공신에 대거 책봉된 신경진과 구굉 집안이 중심이 되었다. 신경진은 인조의 숙모였던 신성군 부인의 동생으로서 이항복 휘하에서 막료를 지낸 명망 있는 무신이었다. 신경진은 또한 인조의 외삼촌이었던 구굉과도 사촌 간이었다. 이들은 대북의 독주 하에서 정치적으로 소외되어 불만을 품고 있었던 또하나의 반정 추진 세력, 즉 율곡 문인인 이귀를 중심으로 한 이서, 김류, 장유, 심기원, 김자점 등 서인 문신 집단과도 연결되어 거사를 계획하고 있었다.

이러한 가운데 역모의 자취는 1620년(광해군 12) 초부터 드러났다. 함흥판관을 지낸 이귀와 유생 김자점에 의해서였다. 이들은 율곡과 우계의 문하에서 동문수학한 사람들이었다. 이귀의 딸이 김자점의 아우 자겸의 부인이었으므로 두 사람은 사돈 간이기도 했다. 그러나 이들의 모의가 어느새 조정에 발각되자 김자점은 재빨리 이귀의 딸을 궁중에 들여보냈다. 당시 광해군이 가장 총애하고 있던 김상궁[개시(介屎), 개똥이]을 포섭하기 위함이었다. 이에 뇌물을 받은 김상궁 덕에 광해군에게서 미온적이나마 "뒤에 다시 조사해 보라."고 하는 반응을 얻어내는 데 성공했다.

2년 뒤 평산부사로 부임한 이귀는 다시 신경진과 모의, 때마침 평산 지방에 호환(虎患)이 많은 것을 구실로 거사에 유리한 조건을 만들고자 했다.

> 범을 잡는 곳은 반드시 경기도와 황해도 두 도의 경계이온데 범이 만약 다른 도로 달아나면 법규상 경계를 넘어 쫓아가지 못하므로 매번 중도에 그만두게 됩니다. 청컨대 범을 쫓을 때 경계에 구애받지 않도록 하소서.
>
> - 《연려실기술》 권23, 〈인조 조 고사본말〉, 계해정사

이 의견은 쉽게 받아들여졌다. 이귀는 그해 12월 범을 잡는다는 핑계로 장단방어사 이서 세력과 함께 거사하려 했다. 그러나 그는 유천기의 고변으로 파직되고 말았다. 그 이듬해 이귀 등의 계획이 여러 사람의 입을 통해 퍼져 나가게 되자 형세는 이들로 하여금 더욱 거사를 서두르지 않을 수 없게 했다.

그런데 한 가지 걸리는 것은 당시 많은 병력을 소유하고 있었던 훈련대장 이흥립의 존재였다. 그는 박승종과 서로 인척이기도 했다. 그러나

이흥립이 장유의 아우 장신의 장인이기도 한 점을 이용, 별 무리 없이 동참의 뜻을 받아 낼 수 있었다.

1623년(광해군 15) 3월 13일, 인조는 친위 부대를 거느리고 연서역 마을에 주둔하고 있었다. 대장 격인 김류, 부장 이귀와 최명길, 김자점, 심기원 등은 사병 6,700여 명을 거느리고 홍제원에 모였다. 장단방어사 이서의 부하 700여 명과 인조의 친병은 뒤늦게 합류했다. 처음 이서의 장단군이 도착하지 않고 또 대장으로 정한 김류마저 도착하지 않았을 때에는 한때 반정군 내에 동요가 일기도 했다. 이에 이괄을 새 대장으로 삼아 일을 시작하고자 했는데 뒤늦게 김류와 장단방어사 이서의 군대가 도착했다. 이 때문에 김류와 이괄 사이에 모종의 불화가 있기도 했지만 이귀 등의 중재로 반정군은 다시금 김류를 대장으로 삼아 대오를 가다듬었다. 밤 삼경 무렵이었다.

창의문(彰義門, 지금의 북문)을 통과해 창덕궁으로 나아가는 사이 반정군은 어떠한 방해도 받지 않았다. 훈련대장 이흥립은 약속대로 궁문을 열어 주고 피했다. 광해군은 창덕궁 후원의 소나무 숲 쪽으로 가 사다리를 놓고 내시에게 업혀 궁성을 넘어 도망갔다. 이렇게 해서 세상은 또다시 하룻밤 사이에 뒤바뀌고 말았다.

폐모살제의 끝

인조가 즉위함과 동시에 맨 먼저 참형을 면치 못한 이는 김상궁이었다. 광해군의 총애를 미끼로 권세를 마음대로 부렸기 때문이었다. 아울러 전날의 세도가들인 유희분, 이이첨, 정인홍, 박엽, 정준 등 서인의 미움을 샀던 수백여 명이 처형되거나 유배되었다. 특히 원수진 이들이 많았던 이이첨은 참형을 당하자 도성 사람들이 시체를 난도질해 시체가 온전한 데가 없을 정도였다고 한다.

그렇다면 인목대비 평생의 원수 광해군은 어떻게 되었을까?

한 하늘 아래 같이 살 수 없는 원수이다. 10여 년 동안 유폐되어 있
으면서 참아온 지 이미 오랜 터라 내가 친히 그의 목을 잘라 망령(亡
靈)에게 제사하고 싶다.

- 《인조실록》 권1, 인조 1년 3월 계묘

이것이 바로 인목대비(仁穆大妃)의 솔직한 심정이었다. 그러나 이덕형
등 여러 신하들의 만류로 광해군은 폐주 예우의 차원에서 신문과 형벌을
겨우 면할 수 있었다. 그는 노산군, 연산군 등과 마찬가지로 광해군이라
는, 세자로 책봉되기 이전의 왕자군 봉호로 강등되었다.

세자로 책봉되면서부터 끊임없이 정통성 문제로 고통받아 왔던 광해
군은 폐모살제를 단행하면서까지 그 정통성을 수호하고자 했던 비운의
왕이었다. 그는 인조반정으로 축출당하면서 정통성 수립을 위한 30여 년
간의 투쟁에 종지부를 찍었다.

반정은 어떻게 정당화되었는가

성리학적인 명분 의식으로 무장하고 있었던 사림들에게는 패륜 행위
자체만도 정변의 충분한 구실이 될 수 있었다. 집권의 정당성은《인조실
록》첫 장에서, 그리고 인목대비의 교서에서 이렇게 합리화되었다.

적신 이이첨과 정인홍 등이 악행을 부추겨 형(임해군)을 해치고 아
우(영창대군)를 죽이며 조카(능창군)를 도륙하는 등 여러 차례 큰 옥
사를 일으켜 무고한 사람들을 해쳤다. 또 대비를 서궁(西宮)에 유폐
하는가 하면 의리로는 곧 군신이며 은혜로는 부자와 같은 명에 대해

배은망덕해 속으로 다른 뜻을 품고 오랑캐에게 성의를 베풀었다. 이
에 인조가 윤리와 기강이 이미 무너져 종묘사직이 망해 가는 것을 보
고 있을 수만은 없어 반정(反正)을 도모했다.

– 《인조실록》 권1, 인조 1년 3월 갑진

　반정의 명분은 두 가지로 집약된다. 그 첫째가 동기를 살해하고 모후를
폐한 반인륜적 행위였고, 또 하나는 명에 대한 은혜를 저버리고 오랑캐와
교분을 맺었다는 점이었다. 그러나 실상 광해군 자신은 폐비 절목에 대해
끝까지 시행을 보류하고자 했다. 또 외교 문제에 있어서도 후금의 침략을
사전에 막을 수 있었다는 점에서 오히려 긍정적인 평가를 내려야 할지도
모른다. 그렇다고 할 때 어쩌면 반정의 보다 중요한 요인은 대북 정권의
정책이 지니는 패륜성 자체보다는 대북의 독주에 대한 서인의 반발에 있
지 않았을까?

　광해군 즉위 당시 이미 실세에 놓여 있었던 서인, 서인보다는 그나마
나았지만 여전히 진출 정도가 낮았던 남인과 소북. 앞서 말한 바와 같이
광해조의 정치는 '서인이 이를 갈고 남인이 원망을 품으며 소북이 비웃
는' 상황으로 요약된다. 인조반정은 곧 대북 일당 체제가 다른 당파의 반
발을 불러일으켰기 때문에 빚어졌던 것이라고 할 수 있다.

　그러나 당시 여론은 반정 자체를 단지 군주를 바꾼 것에 지나지 않는
다고 할 정도로 공신 세력에 대해 냉소적 자세를 취하고 있었다. 심지어
정태화는 반정공신 중에 털끝만큼도 부귀에 마음을 두지 않고 순전히 종
묘사직을 위하는 데서 일어난 사람은 최명길, 장유, 이해 등 몇 명에 불과
했다고 회고했다. 인조 정권의 기반이 확고하지 못했음은 당연한 일이었
다. 인조 초반의 여러 모역 사건과 고변, 그리고 반정 후 1년도 채 안 되
어 일어난 반정 2등 공신 이괄의 반란이 이를 입증하고 있다.

이괄의 난

인조 초반, 백성들 사이에서는 이런 노래가 유행하고 있었다.

아, 너희 훈신들아 스스로 뽐내지 말아라.	嗟爾勳臣 毋庸自誇
그의 집에 살면서 그의 전토를 점유하고	爰處其室 乃占其田
그의 말을 타며 그의 일을 행한다면	且乘其馬 又行其事
너희들과 그 사람이 다를 게 뭐가 있나.	爾與其人 顧何異哉

- 《인조실록》 권9, 인조 3년 6월 을미

상시가(傷時歌)라 이름 붙여진 이 노래는 대개 반정과 공신에 대한 불만, 즉 광해군 대의 북인들과 하나도 다를 바 없는 공신들을 비웃으며 풍자한 것이었다. 인조반정 후 정국 운영의 주도권은 일단 서인 반정공신들에게 돌아갔다. 그러나 그렇게 장악한 정권이면서도 중종반정 때만큼 백성들의 전폭적인 지지를 받지 못했었기에 정국 수습에는 상당한 진통이 수반되었다. 인조 대에 빈번하게 일어난 모역 사건이 이를 단적으로 증명해 준다. 특히 반정 후 1년도 채 안 되어 일어난 반정 2등 공신 이괄의 반란은 그것이 내란이면서도 왕이 피난까지 가야 했던 충격적 사건이었다.

내가 겨우 2등 공신?

이괄은 한때 반정군 대장으로도 추대되었다. 거사 전 반정군을 총지휘하기로 내정되어 있던 김류는 이미 조정에 고변되어 체포령이 내려졌다는 소식을 듣고는 약속 장소인 홍제원으로 가지 않았다. 할 수 없이 이귀는 이괄로 하여금 대장의 중임을 맡게 하고 군사를 출발시키고자 했다. 바로 그때 김류가 다시 와 대장으로서 반정을 이끌어 나간 것이다. 김류와 이괄의 갈등은 여기서부터 시작되었다.

반정 다음 날 이귀는 인조에게 이괄의 활약상을 말하며 병조판서에 제수하도록 했다. 이괄은 자리에서 일어나 신의를 저버린 김류의 비겁함을 노골적으로 비방했다.

신에게 무슨 공적이 있었으리오. 다만 일을 당해 회피하지 않았을 뿐입니다.

- 《연려실기술》 권24, 〈인조 조 고사본말〉, 이괄지변

모였던 사람들의 얼굴색이 일시에 변할 정도로 추상과 같은 발언이었다. 하루는 왕이 반정군을 위로하기 위해 모화관에서 잔치를 베풀었다. 좌석의 서열을 정하는 데 있어 이괄은 거의대장(擧義大將)으로 맨 윗자리에 앉았던 김류의 아래에 앉게 되었다. 이괄의 불쾌감은 이루 말할 수 없었다. 이귀의 만류로 겨우 앉기는 했지만 그 뒤로도 김류와는 사사건건 다투었다.

김류, 이귀, 김자점, 심기원, 이흥립 등 반정의 주모자들 대개가 1등 공신이 되어 판서 자리에 앉았다. 그러나 이괄은 단지 반정에 늦게 참여했다는 이유로 겨우 2등 공신, 한성판윤의 자리밖에 오르지 못했다. 공에 비한다면 너무나 하찮은 대우였다. 그때의 공론 역시도 그 차별 대우를 부당하게 여길 정도였다.

당시는 국내외적으로 사정이 그리 좋지 못했다. 특히 광해군 대는 후금의 침입을 어느 정도 면할 수 있었지만 그가 폐출된 후 조선과 후금 사이에는 팽팽한 긴장감이 감돌고 있었다. 조정에서는 그 대비책을 강구하지 않을 수 없었다. 북방 경비는 곧 국가의 흥망과 연결되는 일이었으므로 유능한 지휘관의 파견이 무엇보다도 시급한 문제였다. 이에 왕은 장만을

도원수에 임명하고 전략에 밝고 통솔력이 요구되는 부원수 겸 평안병사
에는 이괄을 임명했다.

그러나 인조 정권이 2년째로 접어들던 어느 날, 문회, 허통, 이우 등은
이괄과 그의 아들 및 한명련, 기자헌 등이 군사를 일으켜 변란을 꾀하고
자 한다고 고변했다. 국청에서는 고변당한 기자헌 등 40여 명을 붙잡아
문초했다. 그러나 아무런 단서도 찾지 못했다. 그중에서도 이괄에 대한
고변 내용은 모호하기 이를 데 없었는데도 이귀는 왕에게 이괄을 서둘러
붙잡아 오도록 요청했다.

> 이괄의 반역 음모는 신도 비록 자세히 알지 못하나 그의 아들 전의
> 모역에 대해서는 소상히 알고 있습니다. 그 아들이 알고 있는 일을 그
> 아버지가 모를 리가 있겠습니까?
>
> – 《연려실기술》권24, 〈인조 조 고사본말〉, 이괄지변

그러나 왕은 이괄이 충성스러운 사람인데 어찌 반심을 가졌겠느냐고
오히려 두둔했다. 일단 왕은 이괄을 제외하고 그의 아들과 기자헌 등을
서울로 붙잡아 올리도록 금부도사 등을 영변으로 보냈다.

자초지종을 알게 된 이괄은 분노했다. 그는 그의 부하 장수 이수백, 기
익헌 등과 그 대책을 상의했다.

> 나에게 자식이라고는 하나뿐인데 이제 그 자식이 잡혀가 죽게 되
> 었다. 이렇게 된 마당에 어찌 그 아비인들 무사하겠는가? 잡혀 죽으
> 나 반역하다 죽으나 죽기는 매한가지, 사내가 어찌 머리를 숙이고 죽
> 음을 받겠는가? 이제 반역을 결심한 이상 내 명을 어길 시에는 죽음
> 이 있을 뿐이다.

어떻게 이렇게도 쉽사리 반란을 생각할 수 있었을까? 그는 당시 중앙 병력의 허약성을 너무도 잘 알고 있었다. 또 그의 군사는 수적으로도 중앙군에 비해 크게 앞서 있었던 것이다. 여기에 이괄과 함께 서울로 잡혀 갈 뻔한 한명련도 군사를 이끌고 합류했고 근처의 다른 주와 군에서도 다수 가담하게 되었다. 이렇게 되자 1월 24일 영변을 출발할 때에는 그의 부하가 1만 2천 명에 이르렀고 임진왜란 때 항복했던 왜인 130여 명이 앞장서고 있었다.

내란! 피난 가는 인조, 배반의 끝

반란군은 관군과의 충돌을 피하기 위해 영변 - 자산 - 상원 - 평산 - 개성을 잇는 샛길을 택했다. 반란군의 남하 소식을 들은 평양의 도원수 장만을 비롯한 관군은 병력 다수를 동원해 이를 저지하고자 했다. 그러나 황주, 평산, 마탄, 송도, 청석동, 그리고 수도 방비의 마지막 보루인 임진강에서 관군은 잇달아 패하고 말았다. 이괄이 장수들의 목을 베어서 보내니 관군의 사기는 더욱 저하될 수밖에 없었다.

임진강이 무너진 그날 밤 인조는 서울을 떠나 피난길에 오르게 되었다. 공주에 이르기까지 인조는 그에게서 이미 민심이 떠나 있다는 사실을 뼈저리게 느꼈다. 고생이 이만저만이 아니었다. 인조가 서울을 떠나던 그날에는 따르는 백성이 하나도 없었고, 또 한강변에 닿았을 때에는 사람들이 배를 언덕에 숨겨 놓기까지 했다.

이괄은 10일, 어떠한 저항도 받지 않고 서울에 입성해 백성들의 열광적인 환영을 받았다. 각 관청의 서리와 하인들은 의관까지 갖추고 나왔고 시민들은 길을 깨끗이 쓸어 내고 황토를 깔아 주기까지 했다. 이괄은 선조의 제10왕자 홍안군을 새 임금으로 세웠다. 당시 홍안군은 엉뚱한 짓을 잘 하기로 소문나 있었다. 홍안군은 이괄 등에게 벼슬을 내려 주고 군사들에게 술과 고기를 잔뜩 먹이는 등 너무도 당당히 임금 행세를 하고 있었다. 이를 본 백성들은 한결같이 이렇게 말하곤 했다.

괄이 추대한 것이 홍안군이고 보니 사세가 그리 오래가지 못하겠구나.

– 《연려실기술》권24, 〈인조 조 고사본말〉, 이괄지변

한편 도원수 장만은 경기감사 이서 등과 함께 계속 적을 추격해 10일 아침에는 서울을 포위할 수 있게 되었다. 장만 부대는 그날 밤에 군사를 이끌고 안현(鞍峴, 길마재)에 올라가 유리한 고지를 점령했다. 이튿날 아침에야 이괄은 그 사실을 알고 군대를 출동시켰다. 한때 동풍이 거세게 불어와 그 기세를 이용한 이괄 군이 이기는가 싶었다. 그러나 돌연 바람의 방향이 서북풍으로 바뀌기 시작하더니 이번에는 이괄 쪽이 바람을 안게 된 것이었다. 이에 관군은 여세를 몰아 이괄의 군사를 격퇴시켰다. 처음이자 마지막 승리였다. 이괄 등은 이천 묵방리까지 달아났으나 자기와 한편이었던 기익헌과 이수백 등에게 죽임을 당하고 말았다.

일찍이 이괄이 반역했다는 보고를 듣고 교리 오숙이 초씨(焦氏)의 《역림(易林)》으로 점을 쳐보았는데 이런 괘가 나왔다.

흉함을 피해 동으로 달아나다가 도리어 화 속에 빠져 발톱과 어금니에 걸려 뼈가 재와 흙이 된다.

– 《연려실기술》권24, 〈인조 조 고사본말〉, 이괄지변

그 후 이괄이 패해 동쪽으로 달아나다가 이천에 도착했으나 자기 수하 사람인 기익헌 등에게 죽임을 당했으니 기막힌 점괘가 아닐 수 없다.

그의 반란은 정묘호란과 병자호란을 포함한 인조 조의 세 번의 큰 난리 가운데 하나로 꼽힌다. 그만큼 위협적이었다. 반란이 실패하자 한명련의 아들 한윤은 후금으로 도망가 국내의 어수선한 상황을 알리며 남침을 종용했다. 이러한 움직임이 곧 정묘호란을 초래하는 한 원인이 되고 말았다.

효심의 발로인가 정통성 확보인가, 원종 추숭(元宗追崇)

인조반정은 인목대비의 교서에 명시된 바와 같이 종사를 다시 일으키고 백성을 도탄에서 구해 냈다는 점에서 합리화되었다. 집권의 정당성은 인정되었던 것이다. 그러나 과연 그것이 종통의 정당성까지 말할 수 있는 것일까?

조선 시대는 통(統) 의식, 즉 가통, 종통, 왕통, 학통을 중시하는 문화로, 개인보다는 공동체의 유지와 강화를 모색하고자 노력했다. 그러나 고대로 갈수록 가통보다는 왕통이 더 중시되었는데 가통을 위주로 하는 사대부례는 송대에 이르러서야 그 완성을 보게 되었다. 주자의 《가례(家禮)》가 그 대표적인 책이라 할 수 있다.

16, 17세기는 조선의 성리학이 한층 심화되고 또 그것을 바탕으로 예학의 체계가 서서히 확립되어 가던 시기였다. 특히 17세기는 왕조례 중심에서 사대부례 중심으로 바뀌어 가는 과도기라 할 수 있다. 원종 추숭 전례를 둘러싸고 전개된 김장생과 박지계의 인식 차이가 바로 이 시대 예학의 과도기적 경향을 잘 드러내 주고 있다.

반정을 통해 광해군을 쫓아냄으로써 왕위에 오른 인조는 정당한 왕위 계승권자가 아니었다. 그렇기 때문에 선조와 인조를 이어 주는 아버지대의 자리가 비어 있을 수밖에 없었다. 당연히 인조와 그를 추대한 공신들은 이를 정상적인 왕통으로 바꾸어 놓고 싶었을 것이다. 결국 이 문제는 '일이 있으면 고해야 한다[有事則告]'는 《가례》의 원칙에 따라 왕이 반정 사실을 생부 정원군(定遠君)의 사당에 고하는 것에서부터 불거졌다. 즉 축문에 정원군을 아버지라 쓸 수 있느냐 없느냐가 문제되었던 것이다.

정원군과 인조는 부자인가 숙질인가

인조와 공신을 비롯한 일부 신하들은 친자 관계를 그대로 인정해 정원군을 아버지라 부르고 스스로를 아들로 불러야 한다고 주장했다[稱考稱子說]. 그러나 대다수 유신들은 이를 반대하고 나섰다. 인조가 선조의 왕위를 계승한 것이 되니 할아버지인 선조를 아버지로 불러야 하고 아버지인 정원군은 백숙부로 불러야 한다는 것이었다[叔姪論]. 이 논의의 배경에는 당시 산림으로 명망 있었던 김장생과 박지계가 있었다.

우선 김장생의 논지를 들어 보자.

왕실의 전례는 일반인들과는 달리 왕위 계승자에게 대통을 물려주게 되어 있다. 그렇기 때문에 형이 아우를 계승하거나 숙부가 조카를 계승하더라도, 또 지금처럼 손자가 직접 할아버지를 계승하게 되더라도 이들을 모두 부자 관계로 보아야 한다. 반면에 생부인 정원군은 사친(私親)이 되어 백숙부(伯叔父)로 칭해야 할 것이다. 만약 정원군을 선조의 아래에 끼워 넣는다면 이는 소종(小宗, 인조의 생가)을 대종(大宗, 종묘)에 합치는 것이 되어 버린다. 선조의 왕위를 계승하고서도 정원군을 아버지라 한다면 이는 아버지를 둘로 만드는 것이 아니고 무엇이겠는가?

- 《사계행장》

당시 대부분의 관료와 학자들은 인조가 선조를 계승하고 있다는 점에서는 그와 뜻을 같이했다. 그러나 그의 백숙부론은 좀 지나친 감이 있었다. 특히 이정구, 정경세 등의 신료들은 종통상 선조와 인조를 부자 관계로 인정하고는 있었지만 생부인 정원군을 숙부라 부르는 것은 지나치다고 보았다. 김장생이 이와 같이 극도의 명분주의를 내세웠던 것은 정원군을 아버지로 인정하면 추숭론을 막을 길이 없다는 점을 우려해 이를 원천적으로 봉쇄하려 했기 때문이었다.

이에 대해 박지계의 논지는 이러했다.

왕실의 예도 일반인과 다를 바 없는데 아버지 자리가 없이 바로 할 아버지를 잇는 종통은 있을 수 없다. 마땅히 정원군으로 하여금 선조와 인조 사이를 잇게 해 대통을 바로 세워야 한다.

- 《잠야집》 권1, 응지소

그의 이러한 논의는 추숭 문제를 불가피하게 제기했다. 그렇기 때문에 왕과 일부 공신들은 이 이론 쪽으로 기울게 되었고 이것이 왕의 효심과 결부되어 추숭 작업을 진행시키게 했다. 그러나 당시 분위기는 김장생의 주장을 옳은 것으로, 박지계의 주장을 인조에게 아부하는 것으로 몰아갔다.

그러나 문제는 여기서 그치지 않았다. 1626년(인조 4) 1월 14일, 인조의 어머니인 계운궁 구씨가 별세했다. 신하들은 계운궁의 장례를 대원군 부인의 예에 맞추어야 한다고 건의했다. 그러나 인조는 국장에 준하는 왕후의 예와 동일하게 치르고자 했다. 또 그 자신이 상주가 되어 삼년상을 거행하려 했다. 따라서 정원군을 추숭하려는 의도는 더욱 표면화되었다. 그러나 대신들의 저항도 만만찮았다. 결국 인조의 바로 아래 동생인 능원군으로 하여금 대신 상주 노릇을 하게 했지만 인조는 자신이 어디까지나 상주라는 것을 은연중에 암시했다.

계운궁은 인조의 작은 어머니인가

계운궁 상에 있어서 인조와 공신, 신료들 간의 가장 심각한 대립은 상복을 어떻게 정하느냐는 문제에서 더욱 표면화되었다.《가례》에 따르면 아들이 어머니의 상을 당했을 때에는 지팡이를 짚고 삼년 동안 상복을 입는 것[斬衰三年服]으로 되어 있다. 그러나 김장생은 인조가 선조의 대통을 이었기 때문에 계운궁은 어머니가 아니므로 3년복에서 한 단계 내려 지팡이를 짚지 않고 1년 동안 상복을 입어야 한다[不杖朞服]고 주장했다. 이에 대해 박지계는 노골적인 발언을 했다.

> 대통을 계승해 당연히 왕위에 오를 사람이라야만 임금의 부모가 되고, 대통을 계승해 당연히 왕위에 오를 이가 아니면 임금의 부모가 되지 않는다는 것인가? 계운궁은 인조를 낳은 친어머니이기 때문에 3년복을 입어야 한다. 또 광해군이 폐위된 마당에 정원군이 만약 아직 살아 있었다면 필시 그가 대통을 이었을 것이니 정원군을 추숭해 선조의 대통을 계승케 하는 것이 무엇이 그르다는 것인가?
>
> – 《잠야집》권1, 응지소

조정에서 박지계의 이론을 지지하는 사람들은 인조와 이귀, 최명길 등 몇몇 공신들에 불과했다. 심지어 이귀 같은 사람은 비록 정원군이 선조의 맏아들은 아니나 그 형들도 다 죽고 또 그들 모두 아들이 없으므로 장자와 마찬가지라는 설을 주장하고 나섰다.

3년복을 입느냐, 지팡이를 짚지 않는 1년복으로 하느냐에 대한 결정이 좀처럼 내려지지 않자 급기야 장유는 지팡이를 짚는 1년복[杖朞服]으로 하자는 절충안을 내놓았다. 그 논지는 인조가 정원군에 대해 아버지라 부르는 것은 좋으나 소종을 대종에 합치는 것은 옳지 않으니 부모복인 삼년복을 강복해 지팡이를 짚는 1년복으로 정해야 한다는 것이었다. 인조는 하는 수 없이 이 절충안을 따랐다. 그러나 마음으로는 3년상을 입었다.

정원군에서 원종으로

정원군 추숭 논의는 1628년(인조 6) 계운궁의 탈상을 기해 이귀, 최명길의 주도로 본격화되었다. 그 와중에 1630년(인조 8) 12월에 명의 호부랑중(戶部郞中)이었던 송헌이라는 사람의 정원군 추숭에 대한 의견이 공개되자 추숭론자들은 더욱 힘을 얻었다.

> 남의 후사가 되고서 생부를 높이는 것은 근본을 둘로 만드는 것이므로 옳지 않지만 다른 이에게 양자로 들어간 적이 없고, 몸소 큰 공을 세워 조부의 대통을 계승했다면 아버지를 높여 대통을 계승시키는 것이 인륜을 펴는 것이다.
>
> - 《인조실록》 권23, 인조 8년 12월 무신

자신을 얻은 인조는 1631년(인조 9) 4월, 정원군 추숭의 뜻을 공식적으로 표명했다. 이에 대신, 삼사, 예조의 관원들과 유생들의 반대 상소가 빗발쳤다. 허목 등 성균관과 4학의 학생들은 박지계를 청금록에서 삭제하고 수업을 거부하기에 이르렀다. 그래도 반대가 끊이지 않자 인조는 추숭을 위한 인사 조치를 단행했다. 그는 이귀를 이조판서에, 최명길을 예조판서에 임명해 정원군 추숭을 강행했다. 드디어 정원대원군은 원종대왕(元宗大王)으로, 계운궁 구씨는 인헌왕후(仁獻王后)로 칭해졌고 1635년(인조 13) 3월 원종 내외의 신주를 종묘에 모심으로써 종통은 선조 - 원종 - 인조로 정리되었다.

생모 임종 시 손가락을 베어 피를 드릴 정도로 효심이 지극한 인조였다. 아버지를 높여 인륜을 밝히고자 한다는 순수한 마음이야 왜 없었겠는가. 그러나 원종 추숭은 그 효성의 이면에 감추어진 또 다른 무언가가 있었다. 즉 반정으로 즉위한 인조의 입장에서는 추숭을 통해 종법적 정통성을 확립해 왕권 강화를 이룩해 나가고자 하는 의도가 깔려 있었던 것이다. 인조와 공신 세력은 공론을 무기로 한 사림 세력의 완강한 저항을 뒤로 한 채 권력이 가진 막강한 힘으로 원종 추숭을 단행했다. 또한 원종 추숭은 예론이 정쟁으로 비화하면서 일어나는 정치적 양상을 보여 줌으로써 이후 현종 대에 전개된 '복제 예송'의 한 선례로 자리 잡게 되었다.

호서 산림 출현

율곡의 수제자

율곡 이이의 학문은 사계(沙溪) 김장생(金長生)에게 전승되어 호서에서 화려한 꽃을 피우게 되었다. 김장생은 율곡의 수제자로서 향리에 은거하며 학문 연구와 후진 양성에 주력한 은사이며 예학의 대가였다. 율곡의 고제라는 입지와 학문적인 깊이는 호서 산림을 매료시키기에 충분해 유수한 인재들이 도학과 예학을 전수받기 위해 몰려들었다. 이에 연산 일대에는 김장생과 김집 부자를 중심으로 기호학파의 학문적 전통이 확충되는 가운데 서서히 사계학파가 태동하고 있었다. 이는 율곡학파에서 사계학파로의 세대교체를 의미하는 것이었다.

연산의 명가 광산 김씨

광산 김씨 사계 가문은 김장생의 9대조 약채가 연산에 정착한 이래 강력한 재지 기반을 확보하는 한편 정치적으로도 현달을 구가했다. 사계의 5대조 국광(國光)은 좌의정, 고조 극뉴(克忸)는 대사간, 증조 종윤(宗胤)은 군수, 조부 호(鎬)는 현감을 지내는 등 대대로 사환이 끊이지 않았다. 특히 아버지 계휘는 문과를 거쳐 대사헌을 지냈으며, 동서분당 때에는 서인의 맹장으로 활동하는 등 정치적인 색채가 강한 인물이었다.

사계는 대대로 벼슬하는 가문에서 생장했지만 사환보다는 강학 활동에 주력했다. 그는 율곡의 적전으로서 스승의 학문을 확충하고 후학을 양성하는 데 일생을 바쳤다. 더욱이 아들 김집이 자신의 학문을 충실히 계승해 일가를 형성함으로써 김장생이 지니는 학문적인 위상은 실로 막강했다.

따라서 기호 일대에서는 김장생, 김집 부자와 사우문인 관계를 형성하지 않고서는 학문적으로나 사회적으로 당당하게 행세할 수 없었다. 이제 사계학파는 율곡을 연원으로 하는 기호학파의 실체였고, 서인의 학문적인 모체가 되어 갔다.

학파에서 정치 세력으로

김집[慎獨齋], 송시열[尤庵], 송준길[同春堂], 이유태[草廬], 유계[市南]는 사계학파를 대표하는 인물들로서 각기 연산, 회덕, 옥천, 공주를 거점으로 강력한 기반을 구축하고 있었다. 이들은 벼슬을 멀리해 과거를 일삼지 않았으며 산곡에 은거하며 정통 주자학 탐구에 주력했다. 과거를 통해 출사한 인사들이 정무에 시달릴 때 이들은 성리학에 침잠함으로써 점차 유교 이념의 보루로서 조야의 주목을 받게 되었다.

이런 가운데 이들은 사우문인 관계를 통해 학문적인 유대를 강화하는 한편 조정과는 일정한 간격을 두면서 무시할 수 없는 세력으로 성장하고 있었다. 그에 따라 사계학파는 호서 산림이라는 정치 세력으로 규합되어 갔다.

1623년 서인은 인조반정을 일으켜 광해군과 대북 정권을 축출하는 데 성공했다. 반정에 참여한 공신 중에는 율곡 문인, 우계 문인, 백사 문인을 위시해 상당수의 사계 문인이 포함되어 있었다. 이이, 성혼, 이항복이 죽고 없는 상황에서 사계의 위상은 절대적이었다. 이제 그는 산림에 은거하며 학문을 탐구하는 은사가 아니라 학파의 영수이며 서인이 추앙하는 명사가 되었다.

이때 공신들은 어렵사리 획득한 서인 정권을 반석 위에 올리고 자신들의 기득권을 강화하기 위해 두 가지 밀약을 단행했다. 그 가운데 하나가 산림을 중용한다는 숭용산림(崇用山林)이었다. 이는 유교적 명분주의의 소산인 동시에 정권의 정당성을 확보하기 위한 구체적인 방안이었다.

이에 김장생, 박지계, 장현광이 산림으로 징소되어 본격적인 산림 시대를 열었다. 김장생의 경우 계운궁 복제 문제, 원종 추숭 문제와 관련해 인조와 불편한 관계를 유지하기도 했지만 사림 영수로서의 명망은 손상되지 않았다.

김장생의 위상은 그의 문인들에게는 엄청난 후광으로 작용했다. 반정 공신들은 기호학파의 영수 김장생 문인 집단에 대해 상당한 관심을 표명하며 정치적인 동참을 촉구하기에 이른다. 이런 분위기에 편승해 호서 산림은 산림직을 독식하며 서서히 역사의 주체 세력으로 부상하고 있었다.

김집 사단의 대두

이 시기 가장 주목받은 인물은 김장생의 아들이며 문인인 김집이었다. 그는 조부 김계휘 이래 서인계에서 차지하는 정치적·학문적 후광을 통해 주목받을 수 있었다. 특히 그는 아버지 김장생의 학통을 계승하는 과정에서 상당수의 호서 산림을 규합함으로써 김장생에 비견되는 권위를 누리고 있었다.

김장생이 호서 산림의 기반을 제공했다면 김집은 그 자신이 산림의 영수로서 결집의 구심점이 되었다. 호서 산림의 사승 관계를 면밀하게 살펴보면 상당수의 인사가 김장생과 김집 문하를 동시에 출입하고 있음을 알게 된다. 송시열, 송준길, 윤선거, 윤순거, 윤원거, 이유태, 유계 등은 모두 양문의 고제로서 호서 산림의 실체였다. 그리고 이들 상호 간의 대를 이은 결속력은 호서 산림이 정치집단으로 성장할 수 있는 실질적인 기반이 되었다.

이런 선상에서 호서 산림은 척화파의 거두 김상헌과 긴밀하게 협조하며 정계 진출의 교두보를 확보한 다음 효종 초 김집을 중심으로 대거 정계에 입문하게 된다.

병자호란

16세기 말 동아시아의 정세

명나라 신종에 대한 평가는 중국의 정사인 《명사(明史)》에 잘 나타나 있다. '명은 실로 신종 때문에 망했다'는 것이다. 초반기에 선정을 베풀기도 했지만 대체적으로 만력(萬曆, 신종의 연호)연간은 여러 가지 학정으로 점철된 시기였다. 임진왜란의 참전으로 어려움을 겪었으며, 황제 개인의 기호를 만족시키기 위한 재리의 추구로 나라 전체의 경제는 피폐해졌다. 이 틈을 타 여진의 추장 누르하치는 1616년에 후금을 건국하고 명을 압박했으며, 명은 이를 막기 위한 군비를 마련해야 했으므로 재정은 더욱 어려워졌다.

1616년에 누르하치는 모든 여진족을 정벌해 병탄하고 칸에 올랐다. 또한 1615년에 팔기군을 완성했다. 누르하치는 칸에 오르자 이제까지 명에 바쳤던 조공을 폐지했다. 당연히 약탈 대상은 명나라 한족의 거주 지역이었다. 1618년 누르하치는 명의 무순성을 공격했다. 명나라는 조선 출정의 경험이 있는 양호를 요동 경략으로 임명하고, 이여백과 유정을 부관으로 삼아 정벌을 계획했다.

조선에도 파병을 요청했다. 1619년 명군 8만 6천 명 조선군 1만 3천 명으로 구성된 사로(四路) 정벌군은 소자하 강변 사르호 산에서 후금군과 일전을 벌이게 된다. 이 싸움에서 명의 서군은 단 하루 만에 참패하고 장수도 전사했다. 5일 동안 벌어진 싸움에서 명의 정벌군 중 절반이 전사했으며, 조선의 원병도 퇴로를 잃고 투항했다. 이를 사르호 산의 싸움이라고 한다. 이 전투의 결과는 마침내 명과 청의 흥패의 갈림길이 되었다.

광해군의 외교 정책의 기본은 이러한 국제적 정세에서 전화에 휘말리지 않으려는 노력이었다. 임진왜란의 참화가 끝난 지 20년도 지나지 않은 조선은 명과 후금의 사이에서 사태를 관망하며 되도록 후금과의 관계도 원만하게 유지하려고 했다.

인조반정은 외교정책의 급선회를 의미한다. 광해군을 쫓아낸 서인 반정 세력은 명나라와의 의리를 중시하는 도덕 외교를 구사했다. 친명배금 정책이 그것이다. 후금의 조선에 대한 경계심이 팽배해진 가운데 조선에서는 후금을 자극하는 일련의 사건이 발생했다. 명나라의 요동유격 모문룡이 평안도의 가도에 주둔하면서 조선의 지원으로 금의 배후를 위협했다. 또 이괄의 난에 동참했던 한명련의 아들 한윤이 후금으로 망명해 조선과 후금 사이에 분쟁을 조장하기도 했다.

결국 1627년(인조 5) 후금의 태종은 3만의 대군을 동원해 조선을 침공했다. 정묘호란이 일어난 것이다. 후금군은 의주성을 함락하고 평산까지 진격했다. 그러자 국왕과 세자는 강화도와 전주로 각각 달아났으며, 각지에서 의병이 일어나 후금군의 퇴로를 위협했다. 이에 후금군은 조속한 화의를 추진해 형제의 맹약을 맺고 정묘화약을 체결한 후 철군했다.

1636년(인조 14) 4월 후금은 국호를 청(淸)으로, 군주의 칭호를 황제로 개칭한 후 조선에 대해 군신 관계를 강요했다. 이에 대해 조선에서는 일전을 불사하는 척화파와 강화를 주장하는 주화파가 서로 대립하는 양상을 보였다. 인조는 당시에 고조된 반청 여론을 등에 업고 청과의 일전을 불사하는 척화론을 지지했다. 그러나 미처 전쟁을 수행할 준비도 갖추기 전에 청병은 압록강을 넘었다.

적병과 함께 온 급보

임진왜란 이후 방어 전략은 두 가지 원칙을 가지고 있었다. 하나는 청야(淸野), 즉 군량이나 군수품으로 이용될 수 있는 것을 모두 없애 버리고, 둘째는 산성(山城)에 웅거해 적의 전력이 소모되기를 기다리는 것이었다. 이 전법은 왜란 때 상당한 효과를 거두어 이후 방어 전략의 기본이 되었다.

청나라가 쳐들어올 것을 예상해 조선에서는 의주, 안주, 평양, 황주, 평산 등 변방 요지의 방어 병력을 인근의 산성으로 이동시켜 이를 거점으로 청군의 남하를 지연시키도록 조치했다. 이에 따라 서북 국경 지대의 방어군은 각기 지정된 산성에 들어갔다. 이는 청군의 남하를 최대한 지연시켜 남한산성과 강화도를 연결하는 수도권 방어선을 구축한다는 전략이었다. 특히 강화도가 방어 거점으로 부각된 것은 청의 주력군이 기병이기 때문에 해상 전투 능력이 매우 미약하다는 초보적 판단에 기초한 것이었다.

그러나 청군은 이들 산성의 존재에 대해서는 주의를 기울이지 않고, 그 주변에 소규모 병력을 잔류시켜 아군의 기동을 막는 한편, 주력군은 수도권을 향해 빠른 속도로 남하했다. 따라서 정부의 산성 고수 지연 작전은 아무런 실효를 거둘 수 없게 되었다.

1636년 12월 8일에 압록강을 도하한 청군의 선봉 부대는 불과 6일 만인 12월 14일 서울 근교의 양철리(지금의 불광동 부근)에 진출해 서울과 강화도를 연결하는 도로를 차단했다. 이렇듯 청군의 신속한 남진과 강화도와 서울을 연결하는 도로 봉쇄는 수도권 방어에 결정적인 장애를 가져왔다. 즉 인조가 강화도로 들어갈 수 있는 시간적 여유를 갖지 못하게 된 것이다.

12월 13일 조정에서는 적병이 압록강을 넘어온 지 5일 만에 처음으로 전쟁에 대한 보고를 받았다. 도원수 김자점의 장계에 의한 것이었다. 그날 밤 김자점은 두 번째 장계를 올려 청군의 선봉이 11일 평양을 통과했다고 보고했다. 적과 보고가 함께 온 셈이었다. 12월 14일 조정은 종묘의 신주와 왕실 및 조정 관료의 식구를 먼저 강화도로 피난시켰다. 이어서 인조도 세자와 관료를 이끌고 강화도로 떠났다. 그러나 그때는 이미 청군이 강화도로 가는 길목을 점령해 버린 뒤였다.

강화도 행을 포기하고 도성으로 돌아온 인조는 상황을 파악하지 못한 채 우왕좌왕했다. 그 사이 청군은 아무런 제지도 받지 않고 홍제원까지 진출했다. 매우 다급한 상황이었다. 이에 이조판서 최명길이 난국 수습을 자원하고 나섰다. 최명길(崔鳴吉)이 청군의 진영으로 가서 선봉장 마푸타[馬福塔]와 회담을 하면서 청군의 도성 진입을 지연시키는 동안, 인조는 을지로를 지나 수구문으로 도성을 빠져나가 살곶이 - 마장리 - 신천 - 송파를 거쳐 이날 밤 10시쯤 남한산성으로 들어갔다. 이로써 12월 15일부터 이듬해인 1637년 1월 30일까지 장장 45일간에 걸친 남한산성의 항전이 시작되었다.

남한산성의 항전, 강화와 척화

남한산성은 서울 가까이에 자리하고 있는 방위의 요충지이다. 적의 공격을 막기에 유리한 지형을 갖추고 있었지만, 평야 지대에 고립되어 있어서 외부와의 연락이 곤란하다는 단점도 가지고 있었다. 1595년(선조 28) 성곽이 축조되었으며, 1621년(광해군 13) 대대적인 수축이 이루어졌다. 그 후 북방 여진족의 위협이 증대됨에 따라 정묘호란 직전인 1626년(인조 4) 수어사 이서(李曙)가 산성을 개축하고 성내를 요새화하는 한편 다량의 군량과 마초(말먹이)를 비축했다. 그러나 후임 수어사들의 방침 변경에 따라 비축량이 감소되었다. 그래서 인조가 입성할 당시에는 군사 1만여 명이 1개월가량 지탱할 수 있는 군량밖에는 없었다. 더욱이 당시에 남한산성에 입성한 군사가 대략 1만 3,800여 명, 관료 및 그 수행인원이 500여 명 등 모두 1만 4,300여 명에 달했으므로 물자 부족은 이미 예견된 일이었다.

최명길의 지연 술책에 전진을 멈추고 있던 청군의 선봉은 12월 15일 오후에 국왕이 남한산성에 입성했다는 사실을 알았다. 즉시 무악재로부터 서울을 우회해 공덕동과 뚝섬, 신천나루를 경유해 송파의 삼전도로 진출했다. 그리고 남한산성 서쪽으로 진군해 공격선을 구축하는 한편 산성에 사절을 보내 화의를 제안했다.

처음에 남한산성에 당도한 청군의 선봉 부대는 4천여 명의 소수에 불과했을 뿐만 아니라 장거리 이동으로 매우 피로한 상태였다. 그러므로 이들 선봉군은 주력부대와의 합류를 위한 시간을 벌기 위해 화의를 제기한 것이다. 이런 계략을 눈치채지 못한 정부는 청군이 '왕자를 인질로 하겠다'는 제안에 강경 척화 노선으로 급선회하는 한편, 산성을 고수하고 각 도의 근왕병(勤王兵, 왕을 구원하는 병력)을 기다려, 반격하겠다는 전략을 택함으로써 공격 기회를 놓치고 말았다. 이어 청군의 주력부대 중에 하나인 좌익군(左翼軍)도 18일 서울로 입성했다. 2만 4천여 명의 대군단인 청의 좌익군은 19일 아침 살곶이 - 신천 - 삼전도를 거쳐 산성의 동서남방 일대로 진군해 포위망을 구축했다.

12월 22일 청군의 대규모 공격이 시작되었다. 5천여 명의 청병이 남한산성의 4대문을 공격했다. 그러나 산성의 험준한 지형을 바탕으로 방어에 성공한 아군은 자신감을 가질 수 있었다. 이튿날에는 전날의 배에 달하는 청병이 공격해 왔다. 그러나 국왕인 인조의 직접 지휘로 전날의 소극적인 방어에서 벗어나 청병이 진용을 갖추기 전에 성문을 열고 나가 공격해 전과를 올릴 수 있었다. 아군의 사기는 더욱 충천해졌다. 인조는 병사와 고락을 같이한다는 의미에서 자신의 침구와 문무 관료의 말안장을 장병에게 고루 나누어 주었다. 12월 24일 날씨가 매우 나빠져 종일토록 진눈깨비가 내렸다. 비에 젖은 군사들이 극심한 추위에 시달렸다. 그러자 국왕이 세자를 거느리고 날씨가 개이기를 빌었다. 향을 사르고 절하며 이렇게 기원하고는 그대로 땅에 엎드려 통곡했다.

이 외로운 성에 들어와서 믿는 것은 하늘뿐입니다. 그런데 찬 비가 갑자기 내려 흠뻑 젖었으니 끝내 모두 얼어 죽고 말 것입니다. 제 한 몸이야 죽어도 애석하지 않지만 이 나라 만백성이 하늘에 무슨 죄가 있습니까. 우러러 빌건대 조금이라도 날을 개게 해 우리 백성을 살려주소서.

울면서 기도하는 사이에 어의(御衣, 임금의 옷)가 다 젖었으며, 추위로 안색이 창백해지고 말조차 잇지 못했다. 주위의 모든 신료들이 함께 울었다. 그리고 전의를 불살랐다.

몇 번의 공격에서 전과를 거두지 못한 청병은 전략을 바꾸었다. 산성과 외부의 연락을 막기 위해 산성으로 통하는 모든 도로를 봉쇄했다. 그리고는 간헐적인 소규모 공격을 계속해 아군을 완전히 성에 고립시켜 버렸다. 이와 때를 같이해 충청, 전라, 경상에서 올라온 근왕병도 산성 부근의 수도권 지역으로 진출했으나 청군의 요격을 받아 패퇴하거나 중도에서 더 이상 전진하지 않고 형세를 관망했다. 산성의 위기는 더욱 심각해졌다. 며칠간의 소강상태를 겪은 아군은 12월 29일 고립을 풀기 위해 무모한 출성을 시도했다. 도체찰사 김류의 명령에 따라 출격한 300여 명의 병사들은 청군의 기만책에 빠져 모두 전사하는 참패를 당했다. 사기는 땅에 떨어졌다. 성안의 여론은 강화(講和)만이 유일한 대책이라는 쪽으로 기울었다.

12월 30일 7만 명의 청 태종 본대가 드디어 서울을 거쳐 산성으로 진군했다. 삼전도에 지휘소를 설치한 청군은 1월 11일과 12일 이틀에 걸쳐 산성에 근접해 포위망을 구축하는 한편 수원과 용인, 여주와 이천 방면에 병력을 주둔해 근왕병의 지원을 차단했다. 이는 산성을 더욱 고립시키고 군세를 과시해 산성 수비군의 사기를 저하시키려는 청군의 술책이었다. 따라서 산성의 상황은 악화일로로 치닫게 되었다. 병들고 굶어 죽는 자들이 속출했고, 양곡도 고갈되었다. 더욱이 그해의 추위는 매우 심해 성내의 사찰과 집을 뜯어 땔감으로 쓸 지경이었다.

1637년(인조 15) 1월 23일 밤 청군의 대공세가 시작되었다. 그리고 이

틀날 새벽까지 모두 네 차례에 걸쳐 청군은 산성의 동문을 대대적으로 공격했다. 이 대공세에서 청군은 많은 병력이 손실되었지만 전황에 영향을 미칠 만한 것은 아니었다. 25일 아침 청군은 산성에서 500보까지 근접해 포위망을 압축했다. 그러나 산성에 포격만 가할 뿐 더 이상 적극적인 공세를 취하지는 않았다. 그리고는 계속 강화를 요구했다. 아군의 장졸 중에는 대 놓고 화친을 요구하며 청의 요구에 따라 척화를 주장한 신하를 성 밖으로 내보내자는 주장도 서슴지 않았다. 그러자 척화를 주장한 정온과 김상헌 등도 스스로 출성하기를 요청했다.

청군은 남한산성 공격과 때를 같이 해 강화도를 공격했다. 1월 22일 새벽 청군 6천여 명은 선박과 뗏목에 분승하고 갑곶 연안을 향해 공격을 개시했다. 본래 조정에서는 청군이 수전에 취약할 것이라 생각했으나 그것은 오산이었다. 청병은 이미 수전에 경험이 풍부한 다수의 한인 사병을 보유하고 있었다.

더구나 험준한 요새인 갑곶을 버리고 강화성으로 물러나 수성하겠다는 검찰사 김경징의 오판은 청병으로 하여금 커다란 손실 없이 강화도에 접안할 수 있는 기회를 제공했다. 김경징은 퇴각 명령을 내린 후 육지로 도망쳤다. 남아 있던 중군 황선신 등 100여 명의 장졸은 모두 전사했다.

그날 점심 때쯤 청군은 강화성을 공격하기 시작했다. 저녁 무렵엔 청군의 포격으로 성의 곳곳이 무너져 내리고 성의 북문이 뚫려 청병은 물밀 듯이 강화성으로 쳐들어왔다. 남문을 지휘하던 김상용은 문루에서 사태가 돌이킬 수 없음을 보고 화약 상자에 불을 붙여 자폭했다. 그의 곁에는 항상 그를 떠나지 않던 열세 살짜리 손자 김수전도 있었다. 강화성이 함락되었고 1월 26일 아침에는 왕비, 왕자, 관료 및 그의 가족들이 청군의 삼엄한 경비 하에 강화도를 출발해 다음 날 삼전도의 청 태종 본진에 수용되었다.

같은 날 청군은 남한산성에 사절을 보내 강화도를 함락한 사실을 통보하고 국왕의 항복을 독촉했다. 1월 27일 아침 청군의 대대적인 무력시위가 있었다. 28일에도 무력시위는 이어졌다. 위기가 고조되어 감에 따라 성내의 분위기가 더욱 강화 쪽으로 쏠렸다. 척화파의 강한 반발에도 불구하고 인조는 출성을 결심했다. 항복을 결정한 것이다. 김상용의 동생인 척화파 김상헌(金尙憲)은 목을 매었고, 정온(鄭蘊)은 차고 있던 칼로 배를 그었다. 그러나 둘다 죽지는 않았다.

삼전도의 치욕, 찢긴 자존심

1월 30일, 인조는 항복 의식을 거행하기 위해 산성을 나섰다. 남색 군복을 입고 세자, 대신, 승지 등 500여 명의 신료들과 함께 남한산성의 서문을 나서 삼전도로 향했다. 국왕 일행이 수항단(受降壇, 항복을 받기 위해 청병이 설치한 가건물) 1리 지점에 도착하자 청 태종이 자리에서 일어나 조선 국왕을 기다렸다. 국왕은 말에서 내려 단 아래로 나아가 단상을 향해 삼배구고두(三拜九叩頭)의 예를 올렸다. 세 번 절하고 아홉 번 머리를 조아리는, 여진족이 천자를 배알할 때 행하는 의식이었다. 조선이 개국한 지 244년째 되는 해였다. 조선 국왕이 예를 마치고 대국에 대항한 죄를 용서해 줄 것을 청하자 태종은 조선 국왕을 용서한다는 조칙을 내렸다. 그리고 조선 국왕을 자신의 좌측 상석에 앉도록 했다. 모든 제후 중에 가장 우선한다는 것을 암시한 것이다. 이는 조선인의 반감을 최소화하려는 외교적 책략이었다.

예식이 끝난 후 국왕은 소파진(所波津)을 경유해 배를 타고 한강을 건넜다. 당시 사공은 모두 죽고 빈 배 두 척만이 있었는데, 신료들은 서로 건너려고 다투며 왕의 옷을 잡아당기기까지 하면서 배에 올랐다. 국왕이 건넌 뒤에, 청 태종이 뒤따라 말을 타고 달려와 얕은 여울로 군사들을 건너게 하고, 상전(桑田)에 나아가 진을 치게 했다. 그리고 용골대를 시켜 군병을 이끌고 행차를 호위하게 했다. 용골대는 길의 좌우를 끼고 국왕을 인도했다. 사로잡힌 부녀자들이 바라보고 울부짖으며 말하기를, "우리 임금이시여, 우리 임금이시여. 우리를 버리고 가십니까." 했는데, 길을 끼고 울며 부르짖는 자가 1만 명을 헤아렸다. 늦은 밤이 되어서야 비로소 서울에 당도해 창경궁 양화당으로 나아갔다.

1627년 정묘호란과 1636년 병자호란 후의 강렬한 반청 의식은 임진왜란 후의 반일 의식과 맥을 같이하는 것이었다. 자존심의 손상은 물론이거니와 패전 후에 받아야 하는 여러 가지 굴욕적 조처들은 이런 감정을 더욱더 부채질했다. 더구나 화이론(華夷論)적 세계관을 가지고 있던 당시 조선인에 있어서 오랑캐(이 어휘는 매우 함축적인 의미를 담고 있다. 당시 조선인은 자신의 문화적 우월성을 이 단어로 표현했다)는 그야말로 멸시의 대상이었다. 그런 오랑캐에게 머리를 조아리고 용서를 빈 것이다. 더욱이 이제까지 우위를 점하던 국제 관계가 이제는 거꾸로 바뀌게 되었다. 조공을 받던 위치에서 조공을 바쳐야 하는 위치로 전락한 것이다. 다시 한 번 자존심이 손상되었다.

이런 상황에서 힘없는 문화가 택할 수 있는 가장 쉬운 길은 심리적 보상이었다. 애초에는 북벌을 위해 군제를 개편하는 등 설욕의 날을 기약했지만 시간이 지날수록 현실을 인정하고 현실을 영위하는 방향으로 나아가게 되었다. 더욱이 경제적 침탈을 통해 조선을 제어하려는 청의 의도는 적중해 더욱더 복수와는 거리가 멀어지게 되었다. 그러면 그럴수록 북벌의 외침은 커졌다. 그러나 그것은 힘없는 문화의 공허한 외침일 때가 많았다.

삼전도 비문

피할 수 없는 운명

당나라 장수 소정방은 평백제비(平百濟碑)를 세워 자신의 전공을 과시했고, 청나라 태종은 삼전도에 대청황제공덕비(大淸皇帝功德碑)를 세워 자신의 공덕을 찬양하도록 강요했다. 저마다 외침에 따른 오욕의 역사를 웅변하는 석조물들이다.

1636년(인조 14) 1월 30일 호풍(胡風)이 세차게 불던 날 인조는 남한산성을 내려와 삼전도로 향했다. 남융복(藍戎服)을 걸친 인조의 모습에는 군왕으로서의 위엄을 찾아볼 수 없었다. 청나라 태종이 위풍당당한 기세로 단상에 자리하는 순간 곧바로 항복식이 시작되었다. 세자를 비롯한 500여 명의 신하들이 지켜보는 가운데 인조는 정해진 절차에 순순히 응했다. 남융복에 가시를 걸친 채 삼배구고두의 예를 올리고, 강압적인 항복 조건도 모두 수락했다. 이 순간 군왕으로서의 권위와 조선의 국체는 여지없이 무너지고 말았다.

남한산성에서 50일을 머무는 동안 인조는 주화(主和)와 척화(斥和)의 갈림길에서 고심도 많았다. 조선의 국시이며 반정의 명분이던 존명사대(尊明事大)가 인조의 발목을 잡았기 때문이다. 광해군의 중립 외교를 존명사대에 대한 위반 행위로 간주해 반정을 일으킨 인조였다. 따라서 주전 외에는 선택의 여지가 없었지만 종사의 안녕을 기약하는 차원에서 주화를 택했다. 반정의 명분을 상실하면서까지 선택한 주화의 대가가 바로 치욕적인 항복과 강압적인 조건들이었다. 막대한 양의 공물도 바치고 인질도 보냈다. 왕실을 위시해 수많은 신민들이 볼모 신세가 되어 삼각산과 작별하고 청석령 넘어 초하구를 지나 심양으로 잡혀갔다.

이쯤 되자 강토를 유린하던 청나라 군대도 완전히 철수했다. 호란의 와

중에서 산천에는 멍이 들고 사람은 골병이 들었지만 외관상으로는 평화의 시대가 찾아오고 있었다. 공물 상납과 인질 소환 등 해결해야 할 문제가 산적해 있었지만 우선 급한 불은 끈 셈이었다.

그런데 이듬해인 1637년(인조 15) 3월, 청나라의 예기치 못한 요구로 인해 조선은 다시 한 번 호란의 상처를 되새기게 되었다. 청 태종이 인조로부터 항복을 받은 수항단에 대청황제공덕비 건립을 명령한 것이다. 세상에서 말하는 삼전도비(三田渡碑)가 바로 그것이다.

청의 일방적인 요구였지만 형세상 거절할 수 없었다. 인조는 특명을 내려 공사를 지시했다. 이에 호조와 병조가 후원하고 공조에서 관장해 대대적인 역사가 진행되었다. 물력 조달과 인력 동원이 쉽지 않았지만 국가적인 차원에서 강행해 그해 11월 3일 비단(碑壇)이 완공되었다. 11월 25일에는 마부대(馬夫大) 등 청나라 사신이 비단을 검수해 만족을 표시함으로써 순조로운 진행을 보였다.

이경석(李景奭)이 비문을 찬술하다

입비 공사가 완료된 상황에서 그다음 과제는 비문을 찬술하는 일이었다. 당초 계획은 청나라에서 비문을 받기로 했으나 일의 신속성을 고려해 조선에서 찬자를 내정하기로 했다.

종묘와 사직의 원수 청 태종을 칭송하는 이 비문을 누가 찬할 것인가? 정말 고민스러운 일이었다. 잘못하면 역사의 죄인이 될 수도 있는 이 위험천만한 일을 자임할 사람은 아무도 없었다. 그러나 이는 청나라의 명령이며 형세상 불가피한 일이었다. 적임자가 없다면 인조가 손수 찬하기라도 해야 할 판이었다.

그렇다고 아무에게나 맡길 수는 없었다. 이 정도의 비문을 찬하기 위해서는 우선 문장과 학식이 출중하고 지위도 높은 인물이어야 했다. 그런 사람이라면 역시 예문관 대제학이 적임자였다. 그러나 공교롭게도 당시는 그 자리가 비어 있었다.

이런 난처한 상황에서 이경석, 장유, 이경전, 조희일 등 네 명이 물망에 올랐다. 이경석은 시임 예문관 제학이었다. 대제학이 비어 있는 터이고 보니 제학이 예문관 장관에 다름없었다. 더욱이 그는 장유, 이안눌, 이식에 비견되는 뛰어난 문장가이기도 했다. 현실적인 직책과 문장력을 고려할 때 이경석이 단연 수망이었다.

장유는 이식, 신흠, 이정구와 더불어 한문 사대가의 한 사람으로 평가되는 인물로서 명실공히 문장의 대가였다. 더욱이 그는 집안도 좋아 후일 효종의 장인이 되는 영예를 누리기도 했다.

이경전은 대북의 영수 이산해의 아들로서 1590년(선조 23) 문과에 급제했다. 1591년(선조 24)에는 호당(湖堂)에 선발되어 사가독서(賜暇讀書)의 특전을 누린 인물로 그 역시 문장으로 일세를 풍미했다.

조희일은 1601년(선조 34) 진사시에 장원해 선조에게 문재를 인정받은 인물로 중국에까지 문명이 알려져 있었다. 더욱이 그의 집안은 아버지 조원과 아들 조석형도 진사시에 장원함으로써 진사시 삼대 장원의 명성이 있었다. 네 사람 모두 당대를 대표하는 문장가로서 가격(家格)과 지위를 겸한 인물들이었다.

이에 인조는 이 네 사람 모두에게 비문의 찬술을 명령했다. 바야흐로 식자우환(識字憂患)의 상황이 연출되고 말았다. 문장가로서의 명성도 자랑이기보다는 근심이었다. 보신을 위해서는 회피하는 길밖에 없었다.

그리하여 약속이라도 한 듯이 모두 사퇴 상소를 올렸지만 소용이 없었다. 도리어 인조가 시일을 재촉함으로써 거부할 수 없는 상황이 되었다. 이에 이경전을 제외한 이경석, 조희일, 장유 세 사람이 비문을 지어 바쳤다. 요행스럽게도 이경전은 갑작스레 병이 나서 책임을 면할 수 있었던 것이다.

이 과정에서 인조의 독촉이 얼마나 심했던지 이경석은 이틀, 장유는 사흘, 조희일은 나흘 만에 비문을 완성했다. 열람을 마친 인조는 일단 조희일의 비문을 제외시켰다. 이제 장유와 이경석의 비문이 양자택일의 처지에 놓이게 되었다. 일설에 조희일은 자신의 비문이 채택되지 않도록 일부러 문장을 난삽하게 했다고 한다.

장유와 이경석의 비문은 청나라 사신의 검열을 거친 다음 곧바로 심양으로 발송되었다. 당시 청나라 조정에는 명나라 학사 출신의 범문정(范文程)이라는 인물이 벼슬을 살고 있었다. 두 편의 비문을 철저히 심사한 범문정은 이경석의 비문을 채택하기에 이르렀다. 장유의 비문은 고사를 잘못 인용하는 등 내용상의 결함이 많다는 이유에서 제외되었다.

그러나 이경석의 비문도 호평을 받기는커녕 내용상의 소략을 빌미로 개찬을 지시했다. 개찬을 통보받은 인조의 마음은 초조와 불안으로 가득차 있었다. 청의 고압적인 태도가 분명했지만 이 고비를 잘 넘겨야 했다. 인조는 이경석을 다시 찾을 수밖에 없었다.

> 지금 저들이 이 비문으로 우리의 향배를 시험하려 하니 나라의 존망이 여기에 달렸다. 구천(句踐)은 회계(會稽)에서 신첩 노릇을 했으나 끝내는 오(吳)를 멸하는 공을 세웠다. 후일 나라가 일어서는 것은 오직 내게 달려 있지만 오늘의 급선무는 문자(文字)로서 저들의 마음을 달래어 사세가 더욱 격화되지 않도록 하는 것뿐이다.
>
> – 《연려실기술》 권31, 〈현종 조 고사본말〉, 온행시이경석차오송시열

명령이기보다는 간곡한 부탁이었다. 인조의 부탁은 이경석의 마음을 움직였다. 그는 더 이상 주저하지 않았다. 단숨에 청나라의 비위에 맞도

록 비문을 개찬했다. 조선의 과오와 무례를 용서한 청 태종의 공덕과 자애로움이 비문에 넘쳐 흘렀다. 불구대천의 원수에게 감사를 표하고 은인으로 칭송하는 글을 서슴지 않고 지은 것이다. 그러나 이는 종사의 안위를 위한 불가피한 선택이었고, 일신을 돌보지 않는 멸사봉공의 정신이었다.

모두 1,009 글자에 달하는 굴욕의 삼전도 비문은 이런 내막을 통해 완성되었다. 그리고 높이 13척, 너비 4~6척의 거대한 돌에 새겨졌다. 비문의 말미에는 '자헌대부이조판서겸홍문관대제학예문관대제학지성균관사신이경석봉교찬(資憲大夫吏曹判書兼弘文館大提學藝文館大提學知成均館事臣李景奭奉敎撰)'으로 각자되어 있었다.

찬술에 따른 시비

이후 30년의 세월이 흘러 삼전도비에도 서서히 푸른 이끼가 끼고 있었다. 인조와 효종을 거쳐 현종의 치세에 이르면서 이경석의 나이도 일흔을 넘기게 되었다. 그는 50년 동안 세 왕을 섬기면서 종사와 함께 늙어 온 사람이었다. 이런 공로가 인정되어 1664년(현종 5)에는 기로소(耆老所)에 들어갔고, 1668년에는 인신으로서는 최고의 영예인 궤장(几杖)도 하사받았다. 명실공히 국가 원로가 된 것이다.

그러나 바로 이 순간 이경석의 생애는 영욕으로 점철되기 시작했다. 송시열이 지은 〈궤장연서(几杖宴序)〉에 실로 무서운 내용이 담겨 있었기 때문이다.

하늘의 도움을 받아 수이강(壽而康)하고, 성상께서도 은례로서 대우했으니 어찌 우연한 일이겠는가?

– 《백헌집》 권52, 〈연부사이송 장안서〉

수이강(壽而康), 즉 오래도록 편안하게 살았다는 이 말은 결코 심상한 표현이 아니었다. 이는 주자가 손적(孫覿)을 논척할 때 사용한 말이다. 손적은 금나라에 아첨해 만수무강을 누린 인물이었다. 이제 송시열은 주자의 방식을 원용해 이경석을 춘추대의로 논단할 작정이었다. 그러나 그때까지 누구도 송시열의 본질적인 의도를 파악하지 못했다. 그 점에서는 당사자인 이경석도 마찬가지였다.

암혈에서 발신한 이래 북벌론에 의탁해 무소불위의 권력을 행사하던 송시열이 아니던가? 춘추대의에 입각한 북벌론은 송시열에게 명분, 권력, 명예를 안겨다 주었다. 따라서 그는 춘추대의를 목숨처럼 중요하게 생각했다. 이는 정치적인 소신이기도 했지만 권력을 유지하는 현실적인 방안이었다. 이 점에서 삼전도 비문은 춘추대의와 정면으로 배치하고 있었다.

그러나 이경석은 자신에게 현달의 계기를 마련해 준 은인이었다. 송시열은 이경석의 천거에 힘입어 정치적인 발판을 다졌다고 해도 과언이 아니다. 효종 초 산림으로 징소된 것도 이경석의 배려 때문이었다. 1658년 (효종 9) 이후부터 본격화된 송시열의 모든 권력과 명예도 사실상 여기에 기반했다. 그러나 송시열은 이를 돌아보지 않았다. 이경석이 춘추대의에 득죄했다면 송시열은 은의를 저버린 셈이었다.

1669년(현종 10) 현종이 신병을 치료하기 위해 온양 온천으로 행차했다. 그런데 왕을 문안해 쾌유를 비는 신하가 거의 없었다. 이에 이경석이 차자를 올려 개탄을 금치 못하자 가장 민감하게 반응한 사람이 송시열이었다. 당시 송시열은 지병을 핑계로 현종의 부름에 응하지 않고 있었다. 바로 이때 이경석이 차자를 올림으로써 송시열의 입장은 매우 난처해지고 말았다. 이에 송시열은 이경석의 차자가 자신을 지목한 것으로 판단하고 속으로 분노하고 있었다.

그러나 상황이 이렇게 된 이상 송시열은 대죄하지 않을 수 없었다. 바로 이 대죄 차자에서 본심을 여지없이 드러냄으로써 시비를 촉발시켰다.

손적은 수이강하여 한 세상의 존중은 받았지만 의리를 알고 기강을 진작했다는 말은 듣지 못했기에 가련하게 여기는 사람도 있었습니다.

- 《현종개수실록》 권21, 현종 10년 4월 병자

〈궤장연서〉와 다른 내용은 없었지만 수이강의 본질적인 의미가 해명되는 순간이었다. 이경석의 입장에서 볼 때 대단히 모욕적인 언사였다. 그러나 이경석은 정면으로 대응하기보다는 완곡한 어조로 오해를 풀고자 했다. 차자와 송시열은 전혀 무관함을 해명하는 한편 평소의 정의를 강조함으로써 대신으로서의 풍모를 잃지 않으려 노력했다.

3조를 섬긴 원로대신과 유림 영수로서 세도(世道)를 자임하던 송시열 사이에 시비가 발생했으니 조야의 여론이 분분하게 마련이었다. 조정 여론은 송시열이 지나치다는 평이 지배적이었지만 함부로 말하는 사람은 없었다. 유생들도 여기에 대한 논평을 유보하고 사태를 지켜보고 있었다. 다만 송준길이 '놀랍고도 한탄스럽다'고 하며 송시열을 책망했고, 이단상이 송시열의 과도함을 지적하는 정도였다. 저마다 눈치를 살피는 기색이 역력했다.

가까운 친구들이 책망하고 조정 여론이 동조하지 않았지만 송시열은 자신의 주장을 굽히지 않았다. 도리어 송시열은 이경석에 대한 철저한 비난을 통해 숭명배청의 의리를 더욱 고양하고자 했다. 이는 자신의 정치적 기반을 강화하는 길이기도 했다. 이경석을 청에 대한 사대 차원을 넘어 외세 의존적인 인물로 규정하는 데 박차를 가한 것도 이런 맥락에서였다.

송시열은 자신의 이 모든 행동들을 결코 은혜를 배반하는 것으로 생각하지 않았다. 오로지 주자가 밝힌 춘추의리를 충실하게 이행하는 것으로 굳게 믿고 있었다.

이경석은 송시열의 공격에 대해 비교적 의연하게 대처함으로써 위신이 실추되지도 않았고, 사회적으로 매장되지도 않았다. 1671년(현종 12) 사망할 때까지 원로로서 계속 대접받았다. 이경석을 이념적으로 매장하려 했던 송시열의 의도가 관철되지 못했음을 의미한다. 그러나 송시열의 공격은 배은(背恩)의 흔단이 되었고, 1702년(숙종 28) 박세당이 이경석의 신도비명을 찬하는 과정에서 노소 당쟁으로 비화하고 말았다.

박세당(朴世堂)은 이경석의 신도비명에서 양자를 '봉황'과 '올빼미'에 비겨 송시열을 신랄하게 비판했다. 어쩌면 이는 박세당만이 할 수 있었던 일인지도 모른다. 그러나 노론들은 이를 그냥 두고 보지 않았다. 그 결과로서 박세당은 사문난적(斯文亂賊)으로 낙인찍혔고, 이경석의 신도비는 250년 동안 땅속에 묻혀 있어야 했다.

강빈 옥사

소현세자(昭顯世子)는 인질생활 8년 만에 1645년(인조 23) 조국의 품으로 돌아왔다. 그러나 뜻하지 않았던 아버지와의 갈등에 상심한 탓이었을까, 귀국한 지 두 달 만에 자리에 눕게 되었고 병이 난 지 불과 사흘 만에 서른네 살의 젊은 나이로 죽고 말았다. 당시 종실이었던 진원군 이세완은 세자 염습에 참여했다가 이상한 것을 목격했다. 세자의 온몸이 마치 사약을 받고 죽은 사람처럼 검은빛이었고, 이목구비의 일곱 구멍에서는 피가 흘러나와 얼굴빛조차 분변할 수가 없었던 것이었다. 아무리 침을 잘못 놓앉다고 해도 이렇게 처참한 모습으로 죽을 수 있는 것일까?

아버지에게서 죄를 얻어

실록에는 일찍이 소현세자에 대해 이렇게 평을 하고 있다.

> 세자는 자질이 영민하고 총명했으나 기국과 도량은 넓지 못했다.
> 심양에 있은 지 이미 오래 되어서는 모든 행동을 일체 청나라 사람이
> 하는 대로만 따라서 했다. 학문을 강론하는 일은 일체 폐지하고 오직
> 화리(貨利)만을 일삼아 적국으로부터 비난을 받고 크게 인망을 잃었
> 다.
>
> – 《인조실록》 권46, 인조 23년 4월 무인

일의 진위를 가리기에 앞서 이미 조정에서는 세자에 대한 불신감이 팽
배해 있었다. 인조의 소현세자에 대한 의구심은 그보다 훨씬 더했다.

소현세자는 1612년(광해군 4) 1월 4일 인조의 장남으로 태어났다. 그는
1623년 인조반정이 이루어지자 세자로 책봉되었고 1627년(인조 5) 12월
에 강석기의 딸을 아내로 맞이했다. 그러나 그는 병자호란 후 정축맹약에
따라 1637년(인조 15) 2월 8일 세자빈 강씨, 봉림대군 및 수행 관원들과
함께 인질이 되어 심양으로 가게 되었다.

심양에 도착한 소현세자는 심양관소, 즉 심관(瀋館)에 거처했다. 심관
은 양국 간의 각종 연락 사무나 세폐와 공물의 조정, 포로를 중심으로 한
민간인 문제 등을 처리하는 대사관 같은 기능을 가지고 있었다. 본국에서
의 단조롭기만 했던 세자의 역할과 달리 그는 요즘의 대사와 같은 임무
를 수행했다.

소현세자는 조선과 청의 원만한 관계를 위해 그 나라 고관들과 친분을

맺었다. 또 뇌물 외교에 필요한 자금을 마련하고자 영리에도 관심을 가졌다. 관소의 문이 마치 시장 같았다고 하는 표현이 이 사실을 단적으로 드러내 준다. 그러나 바로 이것이 문제가 되었다. 당시 심관의 일상적인 경비나 교제에 필요한 물자들은 본국에서 부담하고 있었는데, 조선에는 소현세자와 강빈(姜嬪)의 심양 생활이 사치와 낭비 일색으로 비춰지고 있었다.

그때 풍문으로 심관에서 청을 부추겨 조선 왕을 세자로 교체하고 인조를 심양으로 들어오게 한다는 공작설이 전해졌다. 또 심기원 역모 사건에서 세자 추대설이 등장하자 인조는 더욱 불안을 느꼈다. 인조는 세자에 대한 청의 대우가 후해진 것이나 지나친 영리 행위가 바로 왕의 자리를 차지하기 위한 자금 때문이었다고 단정지었다. 그는 심복 내시들을 심관에 파견해 그곳의 동태를 감시하게 했다.

인조에게는 8년여 동안의 인질 생활 끝에 귀국한 소현세자가 청나라가 보내 준 반가운 선물이 아니었다. 인조는 혹시 청국에서 세자에게 왕위를 물려주라든가 심양으로 들어오라는 강요를 받을지도 모른다는 불안감 때문에 세자에게 더욱 냉담했다. 또 소현세자가 귀국 시에 가져온 청나라의 물건들은 많은 사람들을 실망시키기에 충분했다.

귀국한 지 두 달 만인 4월 23일 소현세자는 병을 얻었다. 주치의였던 박군은 학질이라고 진맥했고, 이에 의원 이형익은 연이어 침을 놓았는데 26일 소현세자가 갑자기 죽고 말았다. 3개월 전에 의관으로 특별히 채용된 이형익은 바로 소현세자 내외와 사이가 좋지 않았던 인조의 애첩 조소용의 친정에 출입하던 자였다.

돌연한 세자의 죽음은 조정에 큰 충격을 주었고 의관 이형익에 대한 비난은 끊일 줄을 몰랐다. 그러나 인조는 이를 처벌하지도 않았을 뿐더러 사인에 대해 관심조차 보이지 않았다. 또한 박대에 가까운 소략한 상례에 대해 삼사 등에서는 간쟁해 보기도 했으나 왕은 개의치 않았다.

물론 소현세자가 독살되었을지도 모른다는 것은 가정에 불과하다. 그러나 죽음에 이르기까지의 여러 정황을 살펴볼 때, 소현세자가 비록 살아 있었다 하더라도 인조의 뒤를 잇는다는 것은 거의 불가능한 일이지 않았을까?

세자가 된 봉림대군(鳳林大君)

소현세자가 서거한 지 40일 만인 1645년(인조 23) 6월 2일, 후사를 바꾸고자 하는 의논이 일어났다. 영의정 김류, 좌의정 홍서봉을 비롯해 김자점, 이덕형, 이경석, 정태화, 김육 등 열여섯 명의 대신들이 자리를 함께 했다. 인조는 대신들에게 다음과 같이 자신의 생각을 말했다.

> 나에게 오래 묵은 병이 있어 이따금 심해지고 원손(소현세자의 장
> 남 석철, 당시 11세)은 저렇듯 어리니, 내가 오늘날의 형세를 보건대
> 원손이 성장하기를 기다릴 수가 없다. 그래서 나는 두 대군(봉림대군
> 과 인평대군) 가운데서 선택해 세자로 세우고자 한다.
>
> – 《인조실록》 권46, 인조 23년 윤6월 임오

소현세자의 아들이 버젓이 살아 있음에도 인조는 순서를 어기면서까지 소현세자의 두 아우들 중에서 세자를 간택하고자 했다. 그러나 홍서봉은 다음과 같이 아뢰었다.

> 옛 역사를 돌아보건대, 태자(太子)가 없으면 태손(太孫)으로 이었
> 으니, 이것은 곧 바꿀 수 없는 떳떳한 법입니다. 변칙적 방법을 쓰는
> 것은 옳지 못합니다.
>
> – 《인조실록》

대부분의 신료들이 그와 입장을 같이했다. 그러나 김자점은 왕의 비위를 맞추어 속히 두 대군 중에서 세자를 결정하도록 부추겼다. 김류 또한 임금의 뜻을 감히 왈가왈부할 수 없다는 말로 영합했다. 또 강경한 태도의 인조에 대해 처음 반대하는 입장을 표명한 여러 대신들도 결국에는 자신들의 뜻을 확고히 하지 못했다. 이에 힘을 얻은 인조는 다음과 같이 결정해 통보했다.

> 불행하여 자식들이 다 죽고 둘만 남아 있으니, 그중에 나은 사람을 가려서 결정하는 것이 좋겠다. 청나라 사신이 오면 반드시 국본(國本)을 물을 것이다. 두 사람이 다 용렬하니 취하고 버릴 것도 없지만 나는 그중에 장자를 세우고자 한다. 봉림대군(鳳林大君)을 세자로 삼노라.
>
> 《인조실록》

비극의 여인 강빈의 죽음

인조는 세자가 죽으면 세손에게 왕위를 전한다는 법도를 어기고 봉림대군을 세자로 책봉했다. 봉림대군이 세자가 된다는 것은 세손인 소현세자의 아들과 강빈에게 과연 무엇을 의미할까? 왕위 계승자 지위에 있던 사람이 왕으로 즉위하지 못하면 반드시 그 종말은 좋지 못했다. 남편을 잃고 자식의 세자 자격조차 빼앗겨 상심에 싸인 강빈이 그 이치를 모를 리 없었다.

강빈과 원손의 존재 자체는 왕에게 큰 골칫거리가 아닐 수 없었다. 원종 추숭에서도 보았듯이 정통성 확보와 수호에 인조만큼 예민하고 용의주도한 왕도 드물었을 것이다. 그는 화의 근원을 미리 제거하고자 했다.

강빈을 포함한 그 일족들을 흔단이 있기 전에 미리 조처해야 한다는 왕의 입장은 소현세자가 죽던 바로 그해(1645년) 8월에 처음으로 표출되었다.

> 국본(國本)이 이미 정해졌지만 속으로는 복종하지 않는 자가 반드시 있을 것이다. 저 여러 강씨들이 모두 어리석고 분수를 모르니, 그들을 먼 데로 이주시키는 것이 어떻겠는가?
>
> – 《인조실록》 권46, 인조 23년 8월 갑진

김류와 이경석 등은 그들이 망령되게 행동한 일이 있기는 하나 특별히 드러난 죄악은 없으므로 함부로 죄줄 수는 없다고 했다. 그러나 인조는 흔단(釁端)이 생기기 전에 선처하는 것이라는 명목으로 강빈의 형제 네 명을 귀양보냈다. 강빈에게 이 소식은 충격이 아닐 수 없었다. 죽음의 그림자가 서서히 다가오고 있다는 생각을 떨칠 수가 없었다. 그녀는 복받치는 설움을 누를 길 없어 인조의 거실 근처로 가서 통곡해 보기도 했다. 그러나 1646년(인조 24) 1월 3일에 일어났던 '전복 구이' 사건은 강빈을 결국 죽음으로 몰고 갔다.

인조에게 올린 전복 구이에 독약이 들었다는 사실이 발각되었다. 인조는 강빈을 지목해 강빈의 나인 다섯 명과 음식을 만든 세 명의 나인을 잡아 국문했다. 그러나 실상 인조가 그 이전부터 이미 궁중 사람들에게 "감히 강씨와 말하는 자는 죄를 주겠다."고 경계했기 때문에 왕래가 끊긴 지 오래였다. 음식에 독을 넣는다는 것은 불가능한 일이었다. 그것은 인조와 조소용의 모함이었다.

이 사건은 끝내 실상이 밝혀지지 않았다. 그러나 인조는 이후에도 계속 강빈이 독을 넣었다고 의심해 강경하게 법으로 처벌하고자 했다. 인조는 2월 3일 김류, 이경석, 최명길, 김육, 김자점 등 대신들을 불러 이렇게 말했다.

강빈이 심양에 있을 때 은밀히 왕위를 바꾸려고 도모하면서 미리
홍금적의(紅錦翟衣, 붉은 비단으로 만든 왕후의 옷)를 만들어 놓고 내
전의 칭호를 외람되이 사용했다. 또 지난해 가을에는 분한 마음을 이
기지 못해 큰소리로 발악하고 사람을 보내 문안하는 예까지도 폐한
지가 이미 여러 날이 되었다. 이런 짓도 하는데 어떤 짓인들 못하겠는
가. 군부를 해치고자 하는 자는 천지의 사이에서 하루도 목숨을 부지
하게 할 수 없으니, 해당 부서에 명해 처벌하도록 하라.

- 《인조실록》 권47, 인조 24년 2월 경진

김류 등은 놀라 서로를 쳐다보면서 어찌할 바를 몰랐다. 그들은 왕의
처사가 지나침을 간했으나 왕의 태도는 강경했다. 인조는 "요순을 본받고
자 하면 조종을 본받아야 한다."며 연산군의 어머니를 폐출한 뒤 후환을
염려해 사사한 것을 예로 들기까지 했다.

김자점은 그때에도 임금의 독단을 옳다고 하면서 비위를 맞추기에 급
급했다. 반면 최명길과 이경석 등 대부분의 신료들은 그녀의 죄가 비록
크지만 용서해 주는 것이 옳다고 했다. 그러나 결국 강빈의 형제들 중 강
문성과 강문명이 곤장을 맞아 죽었으며, 3월 15일에는 강빈에게 사약이
내려졌다. 아울러 강빈의 친정은 멸문의 화를 입게 되었다. 소현세자의
세 아들 중 두 아들 또한 의문의 죽음을 당했다.

일찍이 인조는 소현세자를 위해 빈을 고르는데 한 처녀가 재덕을 갖춘
것 같아 마음으로 점지해 두었다. 그러나 그녀는 앉고 서는 것이 예의가
없고 웃음에 절도가 없으며 음식을 손가락으로 집어먹으므로 궁인들이
모두 미친 사람으로 지목했다. 인조도 이 일을 없었던 것으로 했다. 그러

나 다른 데로 시집간 그녀의 부덕(婦德)이 임금 귀에까지 전해지자 인조는 "내가 그 아이의 꾀에 넘어갔도다."라고 탄식했다고 한다. 풍전등화와 같은 궁중 여인의 운명을 그녀는 잘 알고 있었던 것이다.

효종 孝宗

제17대 1619년~1659년 | 재위기간 1649년 5월~1659년 5월

와신상담의 군주, 효종

소현세자 급서 후 봉림대군은 논의된 지 단 하루 만에 새로운 세자로 결정되었다. 봉림대군은 세자 자리가 자기로서는 감당키 어려운 일임을 말하며 두 차례에 걸쳐 극력 사양했다. 그러나 그의 사양 외에 다른 어떤 신료들의 반대 상소는 없었다. 그는 결국 맏형이 죽으면 그다음 아우가 계통을 잇는다[兄亡弟及]는 예에 따라 세자로 책봉되었다.

인조가 승하한 지 5일 뒤 봉림대군은 조선 제17대 왕으로 즉위했다. 효종은 향교동에 있는 인조의 잠저에서 1619년(광해군 11) 인조의 둘째 아들로 태어났다. 그의 이름은 호(淏), 자는 정연(靜淵), 호는 죽오(竹梧)로 인조반정 후 봉작을 받아 봉림대군이 되었다. 어머니는 서평부원군 한준겸의 딸인 인열왕후 한씨이며 신풍부원군 장유의 딸을 아내로 맞아들였다.

왕은 어려서부터 기국과 도량이 활달했는데 장난하며 노는 것을 좋아하지 않았고 행실이 보통 사람들과는 달랐다고 한다. 타고난 천성이 효성스러워 채소나 과일 같은 하찮은 것일지라도 반드시 먼저 아버지에게 올린 뒤에야 먹곤 했다. 인조가 항상 효자라고 칭찬해 사랑과 기대가 각별했다.

1636년(인조 14)에 병자호란이 발발하자 아우인 인평대군과 함께 강화

도로 피난했다. 그곳에서 효종은 직접 결사대를 조직해 청나라에 대항하기도 했다. 그러나 결국 강화도 함락으로 인해 삼전도에서 아버지 인조가 청 황제에게 삼배구고두의 예를 행하는 치욕을 지켜 보아야 했다.

이듬해 강화가 성립되자 1637년(인조 15) 형인 소현세자, 척화신 등과 함께 청나라에 들어가 8년간의 인질 생활을 시작했다. 감시와 통제의 연속이었던 심양 볼모 생활이었지만 한 집에 거처하면서 형제간의 우애는 더욱 돈독해졌다. 그는 소현세자의 보호를 자처하고 나섰다. 청나라가 산해관을 공격할 때 소현세자의 동행을 강요하자 자신을 대신 가게 해달라고 고집해 동행을 막기도 했다. 서역을 공격할 때에도 소현세자와 끝까지 동행해 그를 보호했다. 효종은 인질 생활의 고통과 비애를 술과 시로 달래기도 했다.

북경에서 머물 때 청나라 사람들이 금은보화를 소현세자와 효종에게 준 일이 있었다. 그러나 효종은 받지 않았다. 그가 "포로로 잡혀 온 우리나라 사람들을 대신 돌려주기를 바란다." 하니 청나라 사람들이 모두 탄복하며 허락했다. 조선으로 돌아오면서도 그 행장이 매우 검소해 연도에서 이를 본 백성들이 칭찬해 마지않았다. 관상쟁이의 말대로 그는 '참으로 임금 노릇할 사람'이었다.

청나라에서의 시련은 그로 하여금 많은 것을 느끼게 했다. 인조를 이어 왕위에 오른 뒤부터는 좋아하던 술도 일체 끊고 심기일전, 복수 설치의 의지를 다져 나갔다. 그는 조정의 배청 분위기와 함께 북벌계획을 강력히 추진해 나갔다. 그러나 평생을 북벌에 집념한 보람도 없이 국제 정세는 호전되지 않았고 설상가상으로 이를 뒷받침할 재정마저 부족해졌다. 이 때문에 북벌을 위한 군비 확충보다 현실적인 경제 재건이 우선임을 주장하는 조신들과 뜻이 맞지 않아 잦은 충돌을 벌이기도 했다.

효종은 또한 어진 이를 존경하고 예우하는 것이 지극했다. 그리하여 즉위하자마자 전 참의 김집, 전 지평 송준길, 송시열 등을 비롯해 권시, 이유태 등을 조정으로 불러들였다. 그들은 인조 때에는 아무리 불러도 나오지 않았던 초야의 학자들이었다. 효종은 또 두 차례의 외침으로 말미암아 흐트러진 경제 질서를 확립하기 위해 김육 등의 건의로 1652년(효종 3)에는 충청도, 1657년에는 전라도 연해안 각 고을에 대동법을 실시해 성과를 거두었다.

그러나 효종은 역시 종통상의 약점을 안고 있었던 왕이었다. 재위 시 황해감사 김홍욱은 상소를 올려 강빈의 신원과 소현세자의 셋째 아들의 석방을 거론한 일이 있었다. 강빈의 죽음이 억울한 것이었음이 밝혀지면 왕가의 맥은 그 셋째 아들에게 돌아갈지도 모를 형국이었다. 그것은 효종의 재위 명분을 잃게 하는 것이었으므로 효종은 격분해 그를 죽였다. 그러나 문제는 여기서 그치지 않았다. 효종의 종통상의 하자는 결국 현종조 두 차례에 걸친 예송을 초래하게 된다.

효종은 1659년 5월 4일 마흔한 살의 나이로 생을 마감했다. 시호는 선문장무신성현인(宣文章武神聖顯仁)이며 묘호는 효종이었다. 능호는 영릉(寧陵)으로 현재 경기도 여주군 능서면 왕대리에 있다.

김자점 모반 사건

효종이 즉위한 지 한 달이 조금 지난 6월 22일, 양사에서는 김자점의 죄목을 들어 파직을 청했다.

영의정 김자점은 본래 보잘것없는 작은 인물로서 외람되이 정승의 자리에 있으면서 은택을 입은 지가 여러 해 되었는데, 그 공훈과 존귀함을 믿고서 사치와 방자를 멋대로 해 선왕께서 위임하신 뜻을 저버린 죄 진실로 큽니다. 그를 파직하소서.

양사가 죄명을 누차 보태어 멀리 귀양보내기를 청했다. 왕은 이를 따르지 않다가 1650년(효종 1) 봄에 이르러서야 비로소 그를 홍천현으로 유배보냈다. 또 6월 24일에는 사헌부가 원두표를 분당의 책임을 들어 파직하기를 아뢰었다. 원두표는 그 자신이 이미 붕당의 폐해를 지적한 소를 올린 적이 있었다. 그러나 그 역시 원당(原黨)의 영수였으니 분당의 책임에서 벗어날 수 없었다.

이로써 인조 때에 권세를 다투던 낙당(洛黨)의 김자점과 원당(原黨)의 원두표는 왕이 바뀐 지 두 달도 채 못 되어 관직에서 물러났다. 이에 따라 정치 세력의 판도도 크게 바뀌어 8월에 이경석, 정태화, 조익이 삼정승이 되었고 김상헌이 영돈녕부사, 김집이 대사헌, 송준길이 장령, 송시열이 진선이 되었다. 이렇게 정계의 주요 요직에는 대체로 남인과 전날의 청서(산당한당)가 대거 중용되었다.

그러나 그때 쫓겨난 김자점은 멀리서 복수의 칼을 갈고 있었다. 반정 일등공신일 뿐 아니라 근 30년 동안 정권의 실력자이기도 했던 그가 쉽게 물러설 리 만무했다. 김자점과 그의 아들들은 역관 이형장을 시켜 "우리 임금이 구신을 몰아내고 산림 인사들을 등용해 북벌을 도모하고자 한다."고 청에 밀고하도록 했다. 이에 청나라에서는 여섯 명의 사자를 보내 조사에 착수했다.

처음 그들은 조선에서 인조가 죽은 뒤 김자점을 몰아낸 사람들이 누구이며 일본을 핑계로 성지의 수축 및 병기의 정비를 서두른 것은 무엇 때문이냐고 물어볼 생각이었다. 그러나 돌연 변심한 이형장이 청국 사신들에게 오히려 김자점의 죄를 극론하고 나섰다. 그 덕분인지 막상 청나라 사신이 서울에 와서는 단지 우리나라가 성을 쌓은 이유만을 물었을 뿐이었다. 사건은 당시 영의정이었던 이경석과 조경이 모든 책임을 지는 것으로서 용케 마무리되었다. 조정에서는 이미 김자점의 아들 김련과 김식을 한산군수와 곡성현감으로 내보냈고 김자점은 광양현으로 유배보냈다.

그런데 이듬해인 1651년(효종 2) 12월 7일에 해원부령(海原副令) 이영과 진사 신호가 김자점의 반역 음모를 고변했다.

> 나(이영)의 장인 조인필은 조소용의 사촌 오빠이다. 전 영의정 김자점과는 본래 서로 친하게 지냈는데 김자점의 손자 김세룡이 조소용의 딸인 효명옹주에게 장가들자 두 사람의 관계는 더욱 친밀해졌다. 그들은 광양과 순창을 오가면서 내통했는데 종적이 비밀스러우니 반역의 정상이 있는가 의심스럽다.
>
> - 《효종실록》 권7, 효종 2년 12월 경술

이에 즉시 김자점과 조인필 및 자점의 아들인 김련, 김식과 그 손자인 낙성위(洛城尉) 김세룡 등 이 사건과 관련된 인물을 모두 붙잡아 추궁해 신문했다. 김식은 이렇게 자백했다.

> 제가 변사기, 안철, 기진홍 등과 역모해, 원두표와 산당인 송준길, 송시열을 죽이고자 했습니다. 대개 산당 인사들이 저의 아비를 죄에 얽어 넣었으므로 제가 화가 나서 이런 짓을 한 것입니다. 우리들은 경인년 3월에 거사하기로 기약했었는데, 마침 저희 부자가 일시에 각자 흩어졌기 때문에 끝내 일으키지 못했습니다. 그리고 효명옹주와는 서로 왕래하면서 모의를 통해 자전과 대전, 세자궁에 모두 흉한 물건을 묻고 저주했습니다. 옹주가 은밀히 저에게 말하기를 "나의 어머니와 내가 대전(大殿)을 저주했다. 일이 이루어진 후에는 숭선군을 세우고

자 한다."고 했습니다.

– 《효종실록》 권7, 효종 2년 12월 병진

12월 17일에는 김자점도 그 사실에 대해 자백했다. 김자점 등 이 사건에 연루된 대다수가 처형당했다. 이로써 인조의 애첩 조귀인 및 권신 김자점과 그 일당들은 왕이 바뀐 지 3년도 채 못 되어 모조리 사라지게 되었다.

산당(山黨)과 한당(漢黨)의 대립

사계 문하의 동문이라는 강한 학문적 연대를 바탕으로 형성된 호서 산림은 인조를 거쳐 효종 조에 이르러 강력한 정치 세력으로 부상하게 되었다. 효종이 북벌의 동반자로 산림 세력을 지목함으로써 그 위상이 현저하게 격상되는 가운데 김자점, 원두표, 이후원 등 훈구 대신들까지 이들의 등용을 주선함으로써 이제 산림의 진출은 시대적인 요구처럼 보였다. 정치와 권력의 진상은 그 이면이 존재하기 마련이다. 효종이 산림을 북벌의 동반자로 지목한 반면 훈구 대신들은 이들을 통해 자신들의 집권 명분을 강화하고자 했다. 문제는 바로 여기에 있었다.

인조 조의 서인이 공서(功西, 훈서)와 청서(淸西)로 양분되었다면 효종 조의 서인은 낙당(洛黨), 원당(原黨), 한당, 산당으로 4분되어 있었다. 낙당과 원당은 반정의 원훈 김자점과 원두표를 중심으로 결성된 당파로서 훈구 세력을 대표했다. 여기에 비해 한당과 산당은 김육과 김집을 당주로 해 결성된 당파로서 신진 세력을 대표했다.

이 가운데 가장 강력한 세력은 김자점의 낙당과 원두표의 원당이었다.

낙당과 원당은 상호 치열한 공방전을 전개하는 가운데 산림 세력을 끌어들여 자신들의 입지를 강화하고자 했다. 김자점과 원두표가 산림 등용을 적극적으로 주선한 것도 이 때문이었다.

한편 김집을 당주로 한 산당은 송준길, 송시열, 유계, 이유태, 윤선거 등을 당인으로 삼아 호서의 연산과 회덕을 중심으로 강력한 세력을 형성하고 있었다. 더욱이 이들은 서원 등을 무대로 사론을 주도하면서 조야에 정치적인 영향력을 행사하며 무시할 수 없는 세력으로 성장해 있었다.

낙당과 원당의 공격으로 포문을 열다

1649년(효종 즉위년) 5월 산당의 영수 김집을 필두로 한 일군의 산림이 화려하게 입조했다. 이들은 주로 시강원과 삼사 등 언관직과 보도직에 종사하며 왕의 측근에서 활동하고 있었다. 그런데 산당은 자신들의 징소를 주선했던 낙당과 원당 등의 기대에 부응하지 않았다. 도리어 이들은 자신들의 세력 기반을 강화하는 한편 훈구 세력을 비판하고 나섬으로써 조정의 분위기를 경색시키고 있었다.

이런 상황에서 그해 6월 산당의 당주 김집이 시무육조소(時務六條疏)를 올려 기호 사림의 전통적인 정치 이념을 표명하고 왕도 정치에 입각한 자신들의 정치적인 비전을 제시해 조정을 다시 한 번 긴장시켰다. 더욱이 송준길이 삼사를 동원해 낙당의 당주 김자점과 그의 당여들을 축출함으로써 전면전에 돌입했다. 나아가 송준길은 낙당을 축출한 여세를 몰아 원당의 인사들까지도 파직시키는 개가를 올림으로써 산당의 기세는 높아만 갔다. 이는 훈구 세력과의 제휴에 대한 완강한 거부인 동시에 산당의 정치적인 이념과 노선을 천명한 것이었다.

산당으로부터 불의의 공격을 당한 훈구 세력들은 이를 만회하기 위해 비상수단을 동원하기에 이르렀다. 역관을 사주해 청나라 조정에 "효종이 신진 사림을 끼고 북벌을 도모한다."고 고변함으로써 사태의 반전을 기도했던 것이다. 그러나 전화위복의 기회는 오지 않았다. 밀고 작전은 도리어 김자점 역모 사건으로 확대, 낙당의 완전한 패망으로 낙착되고 말았다.

산두(山頭), 산심(山心), 산족(山足)

낙당의 패망과 원당의 축출은 훈구 세력의 퇴진을 의미했다. 이제 조정에는 신진 세력을 대표하는 한당과 산당이 공존하는 형국이 되었다. 동일한 신진 세력이라도 한당과 산당은 체질과 성향이 판이했다. 한당이 경화사족으로 구성된 관료 지향적 성향이 강한 집단이라면 산당은 시골 출신으로 도학을 지향하는 유학자로 구성되어 있었다. 성향의 차이는 정치 이념의 차이로 이어져 점차 불협화음의 조짐을 보이고 있었다.

그런데 이 무렵 조정에는 산두(山頭), 산심(山心), 산족(山足)의 표현이 나돌고 있었는데, 산두는 김집, 산심은 김익희, 산족은 유계를 지칭하는 말이었다. 이는 산당이 하나의 당파로서 각인되고 있었음을 말해 주는 것이다. 산당의 당세가 강화되자 부작용도 적지 않게 발생했다. 그해 6월 송시열은 효종의 부름을 받고 당당하게 입조했다. 그런데 막상 효종이 병을 이유로 접견을 거부하자 조복을 팽개치고 낙향한 일이 있었다. 실로 과감하고도 무례한 행동이었다. 송시열의 기고만장한 행동은 곧바로 비난의 대상이 되었지만 김집이 도리어 송시열을 두둔함으로써 산당에 대한 조야의 이미지는 점차 악화되고 있었다. 특히 한당의 눈초리는 더욱 예사롭지 않았다.

김육 대 김집

이런 흐름 속에서 1650년(효종 1) 1월 김육과 김집이 정면충돌하는 사건이 발생했다. 표면적인 이유는 대동법 확대 실시에 따른 의견 차이에 있었지만 속을 들여다보면 한당과 산당 각립 구도의 산물임을 알 수 있다. 그런데 불화는 여기에 그치지 않았다. 김육이 삼불가퇴론(三不可退論), 삼불가불퇴론(三不可不退論)을 내세우며 김집의 산림적 처신을 풍자함으로써 타협의 여지를 남기지 않았다. 김집에 대한 풍자는 분명 산당 전체를 조롱하는 것이었다. 이에 김집은 모욕과 수치심을 이기지 못하고 연산으로 낙향하고 말았다. 당주가 조소를 당하고 낙향했으니 산당으로서는 어처구니없는 노릇이었다. 송시열과 송준길이 효종에게 김집의 낙향을 만류해 줄 것을 간청했지만 효종은 도리어 김육을 두둔했다. 효종의 마음은 이미 한당 쪽에 있었기 때문에 양송의 노력도 효종의 마음을 돌릴 수는 없었다.

당주가 떠난 마당에 산당 인사들이 조정에 남아 있을 명분이 없었다. 이에 송시열과 송준길은 회덕으로, 이유태는 금산으로, 유계는 공주로 돌아갈 수밖에 없었다. 산당의 완전한 퇴진이었다. 효종의 즉위와 함께 급부상해 낙당과 원당을 축출하고 정국의 주도권을 잡기 직전에 한당에게 덜미를 잡힌 채 퇴진한 것이다.

산림에 대한 중용은 인조 이래의 정치적인 관행이었다. 효종도 호서 산림을 대거 등용함으로써 누구보다 숭용산림의 기치를 높이 표방했다. 그런데 왜 효종은 한당과 산당의 대립에서 한당 편을 들었을까?

사실 효종은 초년만 하더라도 내심 산당을 매우 꺼리고 있었다. 강빈신원(姜嬪伸寃)을 주장한 산당의 출사 명분은 자신의 왕권을 불안하게 할 소지가 있었기 때문이다. 따라서 효종에게 있어 산당은 위구의 대상일 수밖에 없었다. 다만 숭용 산림의 정치적인 관행에 따라 표면적인 예우와 함께 일시적으로 등용했던 것이다.

이후 산당은 약 9년 동안 정계에서 족적을 감추게 되었다. 그러나 그들은 1658년(효종 9) 김육이 죽고 북벌이 구체화되면서 재입조해 조선 후기 정치사의 흐름을 바꿔 놓기에 이르렀다. 조선 후기를 통틀어 가장 절대적인 권위와 명예를 누린 송시열도 이러한 과정을 통해 출현하게 되었다.

북벌론

> 날은 저물고 갈 길은 멀구나. 옛말에 한두 신하만 임금의 의사와 같
> 아도 도움이 된다고 했는데 지금은 대소신이 모두 오직 눈앞의 일만
> 생각하니 누가 나와 더불어 이 북벌하는 일을 함께할 것인가.
>
> – 《효종실록》 권21, 〈효종대왕 묘지문〉

흔히 사람들은 효종과 송시열을 물과 물고기의 관계로 생각했다. 송시 열은 스물아홉 살 때 효종의 사부를 지내기도 했다. 또 송시열에 대한 효 종 생전의 대우를 보면 그저 자연스럽게 떠오르는 말이기도 하다. 그러나 과연 그들은 서로를 더할 나위 없는 북벌(北伐)의 파트너로 생각했을까.

척화론과 주화론은 모두가 나라를 구하기 위한 각기 다른 방안이었다. 하나는 대의, 즉 하늘을 떠받드는 큰 절개요, 또 하나는 시제(時濟), 즉 한 때를 건져 낸 큰 공이었다. 그것이 이제 숭명배청, 복수설치라는 공통의 과제를 풀기 위해 마음을 합쳐야만 했다.

지피지기면 백전백승이라고 했다. 효종은 8년간의 심양 생활에서 황제 를 따라 수렵에 나서면서, 또 정명전(征明戰)에 3회에 걸쳐 종군하면서 조선인 포로들의 처참한 생활을 실감했다. 그는 중국의 사정과 지형에 대 해서도 면밀히 파악하는 등 단순한 인질 생활에만 머무르지 않았다.

하늘이 나로 하여금 일찍 환란에 부딪히게 해 일찍부터 활쏘고 말 달리는 전쟁 일에 익숙하게 했다. 또 나를 오랑캐 땅에 들어가 있게 해 저들의 형세와 산천과 도로를 익히 알게 했으며 오랫동안 오랑캐 땅에 살게 해 두려워하는 마음이 없게 했다. 나의 어리석은 소견으로 는 하늘의 뜻이 막연하지 않을 것이라 생각한다.

– 《송자대전》, 〈송서습유〉 권7, 악대설화

이처럼 효종은 북벌의 주역을 자처하며 용의주도하게 정신적인 태세를 갖추어 나가고 있었다.

조선에서는 효종이 즉위하기 두 달 전인 1649년 3월, 우의정 정태화가 청나라에 가서 일본의 동태를 알리고 조선의 성지 수축과 병기 정비에 제한을 가한 삼전도의 맹약 일부분을 철회할 것을 요청한 일이 있었다. 그러나 이는 당시 정권에서 밀려난 김자점 일당에 의해 북벌계획의 일환으로 알려짐으로써 청의 힐책을 받게 되었다. 이 사건을 계기로 북벌계획은 한때 좌절의 위기를 맞은 듯했다. 그러나 여기서 물러설 효종이 아니었다.

북벌을 위한 효종의 군사정책

친청적 주화파는 분명 왕권의 제약 요소였다. 효종은 왕권 강화를 위해서는 이들과 정치적 입장을 달리하던 반청적 사림 세력의 지원이 필요하다고 생각했다. 반청적 사림 세력 역시 재기를 위해서는 효종의 지지가 있어야 했다. 성리학적 대의명분론에 근거한 척화론이 반청론으로 이어지고 있는 현실 속에서 효종과 반청적 사림 세력의 정치적 의도는 북벌론으로 자연스럽게 연결되었다.

효종은 즉위 3년째에 접어들면서부터 북벌을 위한 군사정책을 강행하기 시작했다. 먼저 효종은 군사력 정비의 일환으로 어영군을 확장하고 그 제도를 개편했다. 그러나 어영군을 증설하기 위한 재정적 부담은 결코 만만한 것이 아니었다. 이 때문에 김육 등은 그 계획을 반대하고 나섰다. 그러나 효종도 자신의 결심을 굽히지 않았다. 왕권 강화와 친청 세력의 도전을 예방하기 위해서는 강력한 호위 군사력이 필요했기 때문이었다.

그리하여 어영청은 1천 명의 도성 상주 병력을 확보할 수 있었고, 훈련도감과 더불어 국왕을 호위하는 수도 경비 군영이 되었다. 또한 효종은 친위병인 금군(禁軍)의 전투력을 향상시키기 위해 600여 명의 금군을 전원 기병화시켰다. 나아가 1655년에는 금군의 정원을 1천 명으로까지 확장시켰다. 훈련도감도 증강시켜 나갔다. 특히 제주도에 표류한 네덜란드인 하멜 일행을 훈련도감에 배속시켜 신식 조총을 제작하게 했다.

북벌의 열기는 비단 국가적 차원에서의 그것만은 아니었다. 가정에서는 좋은 말을 기르고 마을에서는 수백 명을 모아 활과 조총 쏘는 법을 가르치기도 했다. 또 유형원 같은 이는 《중흥위략(中興偉略)》을 지어 적국의 지형과 요새 등을 낱낱이 기록해 두기도 했다. 이 북벌계획에 더욱 박차를 가하게 해준 것은 대륙의 심상치 않은 정세였다. 명나라 후예의 재기 가능성과 러시아의 중원 침략 등이 그것이었다.

그러나 북벌 기회는 쉽게 오지 않았다. 중국의 형세는 여전히 명나라의 잔존 세력에게 불리하게 작용했다. 또 북벌 준비의 일환이었던 중앙 군사력 강화 작업도 조세 부담에 따른 백성들의 저항과 전국적 흉년으로 인해 제약을 받게 되었다. 효종의 계획에 대해 이의를 품는 사람마저 생겨났다. 더욱이 왕권 강화를 반대하는 집권 세력의 반발로 효종의 군사정책은 제동이 걸렸다.

그러나 이때 엎친 데 덮친 격으로 조선은 예기치 못한 일을 당하게 된다. 사실 조선은 러시아가 청을 침략해 주길 은근히 기대하고 있었다. 그러나 청의 출병 요구로 조선은 오히려 러시아 정벌을 위해 나서게 되었던 것이다.

러시아 정벌

15세기 후반 몽골의 오랜 지배 하에서 벗어난 러시아는 자원이 풍부한 흑룡강 유역으로 진출했다. 이들은 1651년(효종 2)에는 흑룡강 우안의 알바진[雅克薩] 하구에 성을 쌓고 그곳을 근거지로 삼아 모피를 수입하는 등 활발한 활동을 전개하고 있었다. 이들은 점차 인근 수렵민들과 분쟁을 야기하는 한편 급기야 청나라 군사와도 충돌하게 되었다.

이듬해 러시아 인들은 다시 오소리강(烏蘇里江) 하구로 내려가 성을 쌓고 송화강(松花江) 방면으로 활동 범위를 넓혀 나갔다. 청나라에서는 영고탑(寧古塔)에 있는 군사를 보내 이들의 축출을 시도했다. 그러나 청의 구식 장비로는 총포를 가진 러시아 군에 결코 대적할 수 없었다.

할 수 없이 조선 조총군의 위력을 잘 알고 있던 청나라는 1654년 2월 차관 한거원을 조선에 파견해 원병을 요청했다. 청의 요구는 조총군 100명을 뽑아 3월 10일까지 영고탑에 보내라는 것이었다.

조선은 함경도병마우후 변급으로 하여금 조총군 100명과 초관(哨官), 기고수(旗鼓手) 등 50여 명을 거느리고 출정하도록 했다. 4월 16일 조선 조총군은 청나라 군사 3천과 함께 영고탑을 출발, 흑룡강으로 거슬러 올라오는 러시아 군을 만났다. 조선 조총군의 맹렬한 공격은 러시아 군의 기세를 단 7일 만에 꺾어 놓았다. 전승을 거둔 조선군은 6월 조선으로 개선했다. 이것이 이른바 제1차 러시아 정벌이었다.

그러나 이후에도 흑룡강 방면에서 러시아 인의 활동은 계속되었다. 이에 대한 청나라 군사의 출정도 번번이 실패로 돌아갔다. 그렇게 되자 1658년(효종 9)에 이르러 청은 다시 조선 조총군의 파견을 요구하기에 이르렀다. 이번에는 청 황제의 칙서로서 200명의 조총수를 요청한 것이다.

이에 함북병마우후 신류는 조총수 200명과 초관과 기고수 등 60여 명을 인솔해 3개월분의 군량을 싣고 영고탑으로 향했다. 청나라 군사와 합류한 조선군은 6월 송화강과 흑룡강이 합류하는 곳에서 러시아 군사를 만났다. 이 전투에서도 흑룡강 방면에서 활동하던 러시아 군의 주력부대가 거의 섬멸되었다. 조선 조총군의 위력이 또 한 번 유감없이 발휘되었다. 이들은 청나라의 요청에 의해 얼마 동안 송화강 방면에 머무르다가 그해 가을 영고탑을 거쳐 개선했다. 이것이 제2차 러시아 정벌이었다.

두 차례에 걸친 러시아 정벌은 효종의 즉위 이래 준비해 온 북벌계획을 간접적으로 실현한 결과였다. 파견한 군사의 수가 적었음에도 불구하고 기대 이상의 큰 전과를 올리게 되었던 것은 당시 조선군의 사격술과 전술이 뛰어났음을 보여 주는 것이다.

북벌, 효종과 송시열의 동상이몽

이런 흐름 속에서 1658년(효종 9), 향리에 은거하며 정국의 추이를 관망하던 송시열이 산당의 영수로 성장, 조야의 중망을 받으며 정치 일선에 복귀했다. 송시열은 이미 1649년(효종 즉위년)에 올린 13개조에 걸친 시무책(기축봉사)에서 군덕의 함양과 기강 확립, 그리고 검약검소의 생활을 통해 국력을 배양한 다음 북벌을 도모하는 것이 상책이라고 건의한 적이 있었다.

송시열의 북벌론은 사실상 명에 대한 종속 관념에서 배태된 것이었다. 명과 조선의 군신 관계는 조선의 개국과 더불어 국시로 정해진 명분이었으며 임진왜란 때의 재조지은(再造之恩)으로 더욱 공고화되었다. 그러므로 명을 파멸시킨 청은 한 하늘 밑에서는 살 수 없는 군부의 원수였다.

사실 송시열의 존명배청 감정은 현실적 상황 이전에 존중화(尊中華) 양이적(攘夷狄)이라는 《춘추》의 원리에 의해 관념적으로 형성된 것이었다. 송시열은 아픔을 참고 억울함을 머금지만 사세가 절박해 어쩔 수 없었다[忍痛含寃 迫不得已]는 주자의 입장을 늘 강조했다. 이것은 청과의 현실적 상황 하에서 무모한 도발을 대신해 취할 수 있는 유일한 저항 의식이었다. 그렇기 때문에 송시열이 제시한 존주북벌론의 구체적인 실천 방안은 실제적인 부국강병책이라기보다는 유교 정치의 보편적인 이념에 가까웠다. 즉 송시열의 북벌론은 관념적이고 추상적인 것이었다. 이러한 정황을 놓고 볼 때 이미 송시열은 효종의 신임을 받아 북벌론의 기수로 나서기 이전부터 진정한 북벌론자가 아니었다.

몇 년간의 공백기 끝에 1658년(효종 9) 다시 조정에 발탁되어 올라온 송시열은 효종에 있어서 북벌론의 러닝메이트로 간주되었다. 이때는 왕권 강화를 반대하는 집권 세력의 반발로 효종의 군사정책에 제동이 걸린 상태였다. 효종은 송시열과의 정치적 제휴를 통해 사림 세력의 반발을 억제하고자 했다. 반면 송시열은 송준길과 유계, 이유태 등 산당 인사들과 재야의 친 산당 인사들을 등용해 세력 기반을 강화하고자 했다. 곧 효종은 송시열에게 권력을 주어 그를 전면에 내세우는 대신 송시열은 왕의 지지를 내세워 정치적인 입지를 강화하고자 했던 것이다.

그러나 송시열과 송준길을 비롯한 대다수 신료들은 북벌의 방법론에서 왕과 의견을 달리했다. 즉 효종은 북벌을 치인(治人)의 실천적 과정의 하나로 생각하고 양병, 군비 확장을 통해 무력적으로 청에 당한 치욕을 씻고자 했다. 반면 송시열은 '참으로 회복하기에 뜻이 있는 자는 칼을 만지고 손을 흔드는 데 있지 않다'는 주자의 훈계를 인용해, 치인보다는 수신(修身), 양병보다는 민생 안정, 무력보다는 군덕을 닦는 것을 우선시했다. 치욕을 씻기 위해서는 반드시 수신을 먼저 해야 한다는 것이 송시열의 논리였다.

이런 선상에서 송시열은 효종의 군비 확장을 간접적으로 비판하기도 했다. 이것은 당시 관료들의 일반적인 경향이기도 했다. 그러나 효종은 늘 "일이 위급한데 내 마음이 아직 바르지 못하다 하여 팔짱만 끼고 앉아 있을 수 있는가? 치욕을 씻지 못하면 수신한들 무슨 소용이 있는가?"라며 응수했다.

이런 가운데 1659년(효종 10) 3월 송시열은 효종과의 단독 대담, 즉 독대에 들어갔다. 조선에서는 아무리 임금이 신뢰하고 있는 신하라 해도 단독으로 대담할 수는 없었다. 반드시 승지와 사관이 같이 입회하게 되어 있었다. 그러나 이 독대에는 승지도 사관도 내시도 다 물리쳤다. 송시열은 그 기록을 〈악대설화(幄對說話)〉라 이름하여 남기고 있다.

여기서 효종은 처음이자 마지막으로 그의 북벌계획을 밝힌다.

> 저 오랑캐들은 이미 망할 형세에 있다. 10년을 기한으로 군사훈련
> 과 군 장비, 군량을 비축해 조신과 국민들이 일치단결하고 군사 10만
> 명을 양성해 틈을 타서 명과 내통해 기습하고자 한다.
>
> - 《송자대전》, 〈송서습유〉 권7, 악대설화

그러나 송시열은 여전히 '북벌을 위해서는 우선 내수(內修)가 필요하고, 내수는 반드시 학문에 기초를 두어야 한다'고 강조했다. 효종은 송시열의 산림으로서의 정치적 위상을 빌려 통치와 북벌 운동의 명분과 실리를 동시에 추구하고자 했다. 이에 반해 송시열은 효종의 북벌 의지에 영합해 그의 정치적 의지를 실현하고자 했다. 북벌이라는 이념에서는 마음이 일치했는지는 몰라도 적어도 그들의 정치적 입장, 북벌의 방법론은 한마디로 동상이몽(同床異夢)에 불과한 것이었다.

효종은 송시열과의 독대 이후 거듭 북벌 운동을 추진해 나갔다. 그러나 두 달도 채 되지 않아 죽음을 맞게 되었다. 효종이 일찍이 모피 중에서도 최상품인 초구(貂裘)를 송시열에게 하사하며 장차 만주벌 북경 근처의 바람서리에 같이 달리고 뛰자던 약속이 물거품이 되고 만 것이다.

효종의 의문스런 죽음

1659년(효종 10) 효종은 신하들을 불러 연회를 벌인 다음 생애의 마지막 시를 구성지게 읊었다.

> 비 개인 뒤 하늘은 맑고 만록은 새롭고
> 한자리에 모인 늙은이와 신하는 임금이요 신하로다.
> 꽃과 버드나무 속의 누대와 정자는 혼연히 그림 같은데
> 때때로 들리는 꾀꼬리 소리는 주인을 부르는가.
>
> – 《연려실기술》 권30, 〈효묘대점〉

그런 다음 신료들을 돌아보며 "9월에 단풍이 들면 그때 다시 부르리라."고 약속했다. 그러나 이내 "후일의 모임을 어찌 반드시 기약할 수 있으리오."라는 말을 되뇌이며 매우 불편한 기색을 지었다고 한다.

효종의 예감은 적중했다. 봄날이 채 가기도 전인 그해 5월 4일에 갑자기 사망함으로써 9월의 연회는 찾아오지 않았다. 그리고 너무도 갑작스런 죽음이었기에 무수한 의혹을 낳았다.

효종에게는 오른쪽 귀 밑에 작은 종기가 있었다. 그런데 죽기 직전에 이 종기의 독이 얼굴에 번져 눈을 뜰 수가 없었다. 이에 주치의 신가귀(申可貴)가 나쁜 피를 뽑아내기 위해 얼굴에 침을 놓았다. 일종의 응급처치였다. 그러나 이것이 도리어 화근이었다. 침을 맞은 효종은 갑자기 엄청난

양의 피를 쏟았다. 주치의가 실수로 혈맥을 잘못 찌른 탓이었다. 이때 3정
승과 송시열, 송준길, 약방제조, 승지, 사관 이하 여러 신하들이 황급히 내
전으로 들어왔다. 그러나 효종은 한마디 유언도 없이 이미 죽어 있었다.

　사람은 죽었어도 의문은 남는 법이다. 우선 신병으로 인해 고향 음성에
있던 주치의 신가귀가 급히 입궐한 사실부터가 의심스럽다. 그리고 다른
의사들의 반대에도 불구하고 유독 신가귀가 침을 놓을 것을 주장한 사실
은 더욱 의심스럽다. 침을 놓기 위해서는 약방제조의 승인이 있어야 했지
만 이 절차도 무시되었다. 세자도 침에 대해서는 신중론을 견지했다. 이
런 여러 가지 정황을 놓고 볼 때, 신가귀의 행동은 분명 절차와 원칙을 어
긴 무리한 처방이었다. 나아가 효종이 피를 흘리는 순간에도 응급처치가
제대로 이루어지지 않았다는 점에서 모종의 음모를 떨칠 수 없다.

　이 시점에서 우리는 효종의 타살설을 상정하게 된다. 그것이 사실이라
면 타살의 주체는 누구이며 이유는 무엇인가? 아마도 이는 영원히 풀리
지 않는 의문인지도 모른다. 그저 추론만이 가능할 뿐이다.

　효종은 안보론에 입각해 무치주의를 추구하면서도 다른 한편으로 도
학 정치와 붕당론을 부정하며 강력한 왕권을 추구한 군왕이었다. 이 과정
에서 효종은 서인과 남인은 물론 재야 사림의 지지를 상실해 위기에 봉
착하게 된다. 송시열의 중용은 이러한 난국을 타개하기 위한 방안이었다.
그러나 효종은 전제 왕권의 추구라는 본래의 입장을 끝까지 추구함으로
써 신권과의 충돌이 불가피했다.

　이 점에서 효종의 갑작스런 죽음은 전제 왕권을 견제하기 위한 신료
들의 비상수단으로 이해될 수 있다. 주치의 신가귀의 의문스런 출현과
처방 속에는 사주 의혹이 너무도 강하게 배어나고 있다. 결국 효종의 의
문스런 죽음은 현실과 명분, 진보와 보수의 갈등인 동시에 북벌의 좌절
을 의미했다.

현종顯宗

제18대 1641년~1674년 | 재위기간 1659년 5월~1674년 8월

허약한 군주, 현종

1659년 5월 4일 효종이 승하했다. 숭명배청과 복수설치에 신명을 바친 10년의 세월이었다. 북벌을 위해 군비도 강화하고 유능한 무장을 등용했으며, 산림을 초빙해 이념적인 토대도 강화했다. 엄격한 조련을 거듭해 정예의 10만 대군도 육성했다. 북벌을 위한 모든 준비가 완료되는 듯했다.

그러나 그토록 고대하던 출정의 기회는 오지 않았다. 내수외양(內修外攘)과 수기치인(修己治人)의 논리에 발목을 잡힘으로써 복수를 위한 10년의 꿈도 무산되고 말았다. 그리고 무수한 의문을 남긴 채 세상을 떠났다. 이렇게 북벌의 실체는 역사에서 영원히 사라졌던 것이다.

이러한 흐름 속에서 1659년 5월 효종을 계승해 조선의 18대 왕으로 즉위한 이가 바로 현종이다. 현종의 자는 경직(景直), 이름은 연(淵), 1641년(인조 19) 봉림대군이 인질 생활을 하던 심양에서 출생했다. 1649년(인조 27) 아홉 살의 나이로 왕세손에 책봉되고, 1651년(효종 2) 열한 살에 왕세자가 되었으며 약관 열아홉 살에 왕위에 올랐다.

어머니 인선왕후는 한문 사대가의 한 사람으로 명성이 높았던 장유의 딸이며, 부인인 명성왕후는 청풍부원군 김우명의 딸이었다. 김우명은 당대의 명문 청풍 김씨 출신으로 한당의 영수이며 당대의 경세가였던 김

육의 아들이다. 청풍 김씨 김육 가문은 현종의 외척으로 존재하며 엄청난 정치적 영향력을 행사하게 된다. 갑인예송 당시 부중 세력을 대표하며 50년 서인 정권을 붕괴시킨 술수의 대가 김석주는 바로 우명의 조카였다.

현종의 치세는 고단한 세월의 연속이었다. 외적의 침입이 있었던 것도 아니고 내부적인 반란이 일어난 것도 아니었지만 그는 15년 세월을 좌불안석의 심정으로 지내야만 했다.

현종의 즉위는 예송 정국의 시작이었다. 조선 후기 정치사의 최대 쟁점이며 현안이던 두 차례의 예송을 힘겹게 치러야만 했다. 이 과정에서 부왕의 정통성이 은연중에 무시되는 치욕과 수모를 감수해야만 했다.

북벌도 문제였다. 부왕 효종이 혼신의 열정을 바쳐 추진했던 북벌의 노른자위를 송시열 일파가 죄다 차지하고 말았다. 효종의 승하는 북벌론의 실질적인 중단을 의미했지만 송시열만은 건재했다. 그는 여전히 북벌을 외치며 조야를 호령하고 있었다. 북벌을 가로막은 장본인이 도리어 북벌을 매개로 권력을 휘두르는 어처구니없는 사태가 태연스럽게 연출되었던 것이다. 북벌론으로 덕을 본 이가 송시열이라면 현종은 그 간접적인 피해자였다.

부왕이 그토록 존경하고 중용했던 송시열은 현종을 임금으로 대우하지 않았다. 현종을 향한 송시열의 태도는 한마디로 안하무인격이었다. 이는 "아무리 보아도 임금 같지가 않고, 앞으로 다가서도 두려운 구석이 없다[望之似人君 就之而不見所畏焉,《맹자(孟子)》〈양혜왕장구(梁惠王章句)〉]."는 양(梁)나라 양왕(襄王)을 향한 맹자의 태도와 흡사했다. 송시열 등 서인들이 기해예송에서 자의대비(慈懿大妃)의 복제를 기년복으로 정하고, 세도 재상론을 표방하며 군권을 압박한 것도 이런 맥락이었다.

효종의 그늘에서 성장한 송시열은 이제 회덕 호랑이가 되어 그 아들 현종을 위협하며 국정을 좌지우지했다. 세상에서는 이를 군약 신강이라 했다. 왕조 국가에서는 있을 수 없는 기현상이었다. 중국에까지 소문이 나서 조사단이 파견될 정도였으니 군왕의 체모가 말이 아니었다. 이런 과정을 거치면서 서인의 일당 독주 체제는 더욱 강화되어 갔다.

그렇다고 현종의 치세가 정쟁으로 점철된 것만은 아니었다. 1662년(현종 3)에는 호남 지방에 대동법을 확대 시행했고, 1668년(현종 9)에는 동철활자 10만여 자를 주조했으며, 혼천의를 만들어 천문과 역법의 연구에 이바지했다. 나아가 지방관의 상피법을 제정해 관직체계를 정비하는 한편 동성 통혼 금지법을 제정하기도 했다.

이런 가운데 현종의 치세도 말년으로 접어들고 있었다. 당초 기해예송에서 자의대비의 복제를 서인들의 주장에 따라 기년복으로 정하기는 했지만 늘 마음에 걸렸다. 이는 부왕 효종에 대한 폄하의 성격이 짙었기 때문에 심상하게 넘겨 버릴 수 있는 문제가 아니었다. 그러나 한번 정한 이상 벙어리 냉가슴 앓는 신세를 면하기도 어려웠다.

바로 이러한 때 판세를 근본적으로 뒤집을 수 있는 절호의 기회가 찾아왔다. 갑인예송이 바로 그것이다. 어머니 인선왕후의 상에 대한 자의대비의 복제를 두고 발생한 이 예송에서 현종은 일찍이 단 한 번도 보여 준적 없는 용단을 내렸다. 서인의 대공설(9개월 복)을 배격하고 남인의 기년설(1년복)을 채택함으로써 50년 서인 정권을 붕괴시켰다. 이 과정에서 외척 김석주의 도움이 적지 않았다. 현종에 있어서도 마지막 보루는 역시 외척이었다.

결국 현종은 부왕 효종이 뿌린 인맥과 사업에 가리고 정쟁의 틈바구니에 끼여 15년 세월 동안 군왕으로서의 위엄을 제대로 펼쳐 보지 못했다. 그러나 막판에 강단을 내려 서인 세력에 일침을 가함으로써 군왕으로서의 위엄을 톡톡히 세웠다. 이는 아들 숙종이 환국을 기도하며 강력한 왕권을 구축하는 데 일정한 바탕이 되었다.

기해예송

효종은 얼굴에 퍼진 종기의 독기를 빼내기 위해 침을 맞다가 갑자기 승하했다. 재위한 지 10년 만이었다. 효종이 북벌을 도모할 기한으로 삼았던 10년이 그의 재위 기간이 되고 말았다. 그러나 그의 죽음은 타살 가능성에 대한 의문점을 낳는 데서 그치지 않았다. 그의 종통상의 약점, 즉 인조의 적자이지만 차자로서 왕위를 계승했다는 사실이 우려하던 대로 큰 파문을 일으키고야 만 것이다. 사건은 효종을 위해 계모인 자의대비 (장렬왕후) 조씨가 어떤 상복을 입어야 하느냐에서부터 출발했다.

현종의 딜레마-서자(庶子)란 첩자인가 중자인가?

효종 승하 후 왕세자인 현종은 상례에 대한 일체의 문제를 당시 효종의 신임과 사림의 중망을 함께 받고 있던 송시열과 송준길에게 일임하도록 했다. 양송(兩宋)은 예학의 대가 김장생의 제자였기에 더욱 이 일에 적합한 인물로 여겨졌다. 송시열은 궁궐 밖에서 대기하고 있던 윤휴와 박세채 등에게 사람을 보내 그들의 의견을 물었다. 이에 윤휴는 자신의 견해를 이렇게 밝혔다.

장자를 위해서는 상하 구분 없이 삼년복을 입으며 임금을 위해서는 동성이성의 친척들 모두가 참최(斬衰)를 입는다. 왕조례와 사대부례는 다르며 대통을 이은 군주라면 곧 그에게 종통과 적통이 돌아가므로 그를 장자로 간주해 참최삼년복을 입어야 한다.

- 《연려실기술》권31, 〈헌종 조 고사본말〉기해자의대비복제

그러나 송시열의 의견은 달랐다. 그는 《의례주소(儀禮注疏)》의 승중(承重)했더라도 3년복을 입지 못하는 네 가지 규정[四種說] 중 효종은 서자가 뒤를 이었을 경우로 체이부정(體而不正)이 되므로 기년복이 적당하다고 주장했다. 그는 서자를 첩자가 아닌 중자(衆子, 적장자를 제외한 적처 소생)로 해석했기 때문이었다. 이 두 사람의 논쟁을 전해 들은 정태화는 이것이 종통과 관련된 심각한 문제임을 예감했다. 이에 이경석, 이시백, 심지원, 원두표, 이후원 등 여러 대신과 의논한 끝에 장차자 구별 없이 기년복을 입는다고 한 《대명률》과 《경국대전》에 따라 기년복으로 하기로 했다.

그러나 1년 뒤 연제(練祭, 小祥)를 두 달 앞둔 3월, 이의를 제기하는 상소가 조정에 전해졌다. 이것이 바로 '예송'의 시작을 알린 장령 허목의 상소이다. 그는 《의례》참최장 부위장자(父爲長子)조의 가공언(賈公彦)의 해설, 즉 제1자가 죽었을 경우 적처 소생 중 제2 장자를 후사로 세워 또한 장자라 한다라는 것을 근거로 내세웠다.

효종은 인조의 장자이므로 자최삼년장의 모위장자(母爲長子)조에 의해 조대비가 효종을 위해 자최삼년복을 입어야 한다. 송시열이 기년복의 근거로 제시하고 있는 사종설 중 서자가 뒤를 이었을 경우에서의 서자는 송이 말한 것처럼 중자가 아니라 첩자(妾子)로 보아야 한다. 효종은 첩자가 아니므로 기년복은 당치도 않은 설이다.

- 《현종실록》권1, 현종 1년 3월 신미

허목의 설은 윤휴의 참최삼년복보다는 다소 온건한 면이 있지만 효종의 정통성을 확고히 하려 했다는 점에서 입장을 같이한다. 이러한 허목의 논지는 모든 남인 예설의 기초가 되었다. 또 정치적 의미에서 효종의 정통성을 강조한 것이었기 때문에 나름대로의 강점을 가지고 있었다.

이에 송준길은 허목뿐 아니라 윤휴의 설까지도 아울러 공격했다. 주로 논의의 목표는 '서자'라는 용어에 있었다. 즉 허목이 서자를 첩자라 본 반면 송준길과 송시열을 위시한 서인들은 이를 적장자 외의 중자를 뜻하는 것으로 보았기 때문이다. 또 송시열은 기년복이 《대명률》과 국제(國制, 《경국대전》)의 규정일 뿐 아니라 고례에 의하더라도 타당한 것임을 누누이 강조했다.

허목과 양송은 다시 여러 경전을 참고하고 그 전거를 바탕으로 서로의 주장을 비판하고 나섰다. 양송 등의 예설은 논리적이고 치밀하기는 했다. 그러나 종통과 복제를 별개의 문제로 생각하고 있었기 때문에 같은 서인일지라도 이 견해에 고개를 흔드는 사람들이 있었다. 남인들로부터도 많은 비판을 받았음은 물론이다. 당시에는 사림의 공론에 거슬릴까 봐 변론에 나서는 사람이 한 사람도 없었다. 그러나 왕을 비롯한 신료들 중에서는 허목의 주장을 옳다고 생각하는 사람들이 많았다.

윤선도의 상소

이렇듯 예학 경향의 차이에 따른 순수 학설 논쟁으로 전개되었던 복제 예송은 윤선도의 상소가 올라온 뒤부터는 완전히 정치판의 뜨거운 감자가 되었다. 윤선도는 대체로 허목의 논의를 지지하는 입장이었다. 그러나 서인의 예론에 대한 학문적 비판도 비판이지만 송시열과 송준길에 대한 노골적인 인신공격성 발언이 큰 파란을 일으키고야 말았다.

아, 선왕조 시절부터 믿고 소중히 여겨 모든 것을 맡겼던 자로 두
송(宋)만한 자가 없었습니다. 그런데 그들이 이른바 중자설을 주장해
효종의 적장자 지위를 부정함으로써 정통성을 위태롭게 합니다. 이미
저뿐만이 아니라 조야의 공론도 그들을 현자로 여기지 않습니다. 그
들은 진실로 망령스럽고 인후하지 못하며 어리석은 자들입니다. 자기
자신들의 안부 존영만 생각하고 임금의 안부 존영은 이렇듯 나 몰라
라 하고 있습니다.

- 《현종실록》 권2, 현종 1년 4월 임인

이 상소가 올려지자 정가는 발칵 뒤집혔다. 이제 인조반정 이후 비교적
안정적으로 운영되어 오던, 서인 주도의 남인 참여 체제가 무너지는 것은
시간 문제였다. 윤선도의 상소는 그 인신공격적 성격 때문에 당시 유리하
게 전개되고 있던 3년설에 커다란 타격을 주었다. 나아가 윤휴나 허목의
복제설마저 순수 예론이 아닌 공격성을 띤 당론의 하나로 받아들여지게
했다.

김수항, 이은상, 조윤석, 박세성 등 효종의 정통성을 부정하는 것으로
공격받은 서인 관료들은 윤선도를 "예를 논한다는 핑계로 상하를 이간질
한다, 마음 씀씀이가 음흉하다."라는 말로 비판하면서 중한 법으로 다스
리자고 했다. 현종 역시도 윤선도의 상소에 소름이 끼칠 정도였다. 그러
나 현종은 윤선도가 효종의 사부였다는 점을 고려해 삼수에 유배하는 정
도에서 그치게 했다. 그러나 그를 극형에 처하자는 논의는 끊이지 않았고
윤선도를 변호하고 기년설의 오류를 논변한 사람들까지 도마 위에 오르
게 되었다.

1차 예송은 결국 《경국대전》과 《대명률》을 근거로 한 국제기년복(國制
朞年服)으로 귀결되었다. 국제기년복은 내용상의 애매한 성격, 즉 장자와

중자를 구분해 놓지 않았기 때문에 더 이상의 논란을 피할 수 있는 임기응변책이 될 수 있었다. 표면적으로는 서인의 승리였다. 그러나 남인의 반발은 해를 넘겨도 그칠 줄을 몰랐다. 조경, 홍우원, 김수홍, 조수익 등이 윤선도를 지지했지만 번번이 서인의 반대에 부딪혔다. 이에 허목, 윤휴, 윤선도, 조경, 홍우원, 조수익, 홍여하, 오정창 등 명망 있는 남인들과 권시, 김수홍 등 3년설에 동조한 일부 서인들은 현종 대 내내 벼슬에 나오지도 못하고 발이 묶여 버렸다.

비단 중앙 정가에서뿐만이 아니었다. 지방 유생들, 특히 영남 유생 유세철(柳世哲) 등 1천여 명의 복제 상소에서도 3년설의 타당함이 강조되었고 송시열은 비난받고 있었다. 전국이 몸살을 앓고 있었다. 송시열은 기년복이 국제를 따른 것인데 왜 자기만 공격하는지 모르겠다고 겉으로 불만을 토로하기도 했다. 그러나 서인들 사이에서는 암암리에 송시열의 기년설이 이긴 것으로 간주했다.

장중자를 구별하지 않고 입는 기년복과 중자로서 입는 기년복은 현격한 차이가 있다. 기해예송에서는 더 이상의 격렬한 논란을 피하기 위해 임시방편 격으로 국제를 따랐다. 그러나 그것은 장중자의 구별을 명확히 해두지 않은 절충적 결정이었기에 또 다른 화를 낳을 가능성이 충분했다. 적지 않은 사람들이 15년 후에 있을 또 한 차례의 예송 논쟁을 예측하고 있었다.

영남 예소(嶺南禮疏) ― 유세철의 복제소

기해예송이 기년복으로 귀결되자 남인의 3년설과의 논란은 잠시 소강상태에 접어들었다. 그러나 1666년(현종 7)으로 접어들면서 예송은 새로운 국면으로 진전되었다. 유세철을 소두로 1천여 명의 영남 남인들이 연명한 영남 유소와 이조정랑 김수홍의 예설이 다시금 정계에 큰 파란을 일으킨 것이다.

김수홍은 김상용의 손자로서 당시 송시열 당의 영수 격인 김수흥, 김수항 형제와 재종간이었다. 그런데도 그는 송시열에게 장문의 편지를 보내 송시열의 예가 잘못되었다는 것을 지적하며 송시열의 후퇴를 종용하고 나섰다. 이것은 결국 서인 예설의 약점을 단적으로 드러낸 것이며 나아가 서인 측의 분열을 뜻하는 것에 다름 아니었다. 영남 남인들은 소를 가지고 상경하는 도중에 이 소식을 접하게 되었다.

영남 유소는 안동의 유세철을 소두로 해 1천여 명의 도내 유생들이 연명, 그중에서 차출된 1백여 명이 상경해 올린 상소였다. 이 당시 이미 경상도 일대는 반송(反宋) 기운이 팽배해져 있었고, 또 예론에 관해서도 허목, 윤휴, 윤선도의 예론이 옳다는 것으로 의견이 모아지고 있었다. 이 예소(禮疏)에서는 《의례경전(儀禮經傳)》에 의거한 그들의 해박한 고례 지식이 유감없이 발휘되고 있었다. 또 역대 어느 유소보다도 내용면에서 방대했다. 그들은 상복고증(喪服考證)까지 동원해 송시열 등의 예설을 비교, 논박했고 그들의 오례(誤禮)에 대한 처벌을 주청했다.

그러나 그 예소가 겉으로는 오례에 대한 비판을 위한 것이었지만 보다 궁극적인 목표는 다른 데 있었다. 그것은 바로 예론을 빌미로 상대 당을 정계에서 몰아내려는 것이었다. 그러나 서인의 집권 태세가 점차 공고화되고 있던 그때, 영남 유소에 대한 서인 측의 반작용 또한 만만치 않았다. 영남 유림들을 간사한 적당으로 몰아세운 반(反) 영남 유소가 연이어 올라왔다.

이렇듯 송시열 지지파와 윤휴와 허목 지지파의 의론이 분분한 가운데 왕은 하는 수 없이 예론 시비에 결말을 짓지 못하고 그저 금지령만 내렸다. 현종은 예송에 관한 유생들의 반대지지 상소가 있을 시에는 과거를 보지 못하게 하는 벌을 내리겠다고 으름장을 놓기까지 했다.

한동안 잠잠한 듯했다. 그러나 1674년(현종 15), 예론 문제는 인선왕후(효종 왕비 장씨)의 상에 대한 복제 문제로 또다시 제기되었고, 그로 인해 서인과 남인의 운명은 뒤바뀌게 되었다. 영남 유소는 결국 현종 말 서인의 실각과 남인의 집권에 결정적 요인이 되었다고 할 수 있을 정도로 중요한 의미를 지녔다.

갑인예송

지금 국가의 제도에 따라 정한다 하더라도 뒷날 반드시 또 다른 논란이 있을 것이다.

– 《연려실기술》 권31, 〈현종 조 고사본말〉 기해자의 대비복제

기해예송 당시 국제기년복 논의를 이끌어 갔던 정태화의 예언 아닌 예언이었다. 그 또 다른 논란은 효종이 죽은 지 15년 만인 1674년(현종 15) 2월 23일에 효종비 인선왕후(仁宣王后, 장유의 딸)가 승하함으로써 시작되었다. 1차 예송 발단의 주인공 대왕대비 조씨의 상복이 또다시 문제가 되었던 것이다. 대왕대비에게 있어 인선왕후는 과연 장자부(長子婦)인가, 중자부(衆子婦)인가? 이 문제의 해결을 보기 위해서는 또 불가피하게 효종이 장자인지 중자인지를 밝히지 않으면 안 되었다. 1차 예송 때의 결정은 이제 더 이상 최선책이 될 수 없었다.

'분명 기해년에 국제(國制)에 따라 기년복으로 정했는데…….'
2월 27일 예조에서는 처음 대왕대비의 복을 기년복으로 했는데 효종비의 복제를 효종과 같이할 수 없다고 해 다시 대공복(大功服, 9개월 복)

으로 바꾸어 정했다. 그러나 대공으로 성복한 지 5개월 뒤인 7월 6일, 경상도 대구 유생 도신징이 대공복의 부당성을 들고 나오면서 예송 논쟁이 다시 불붙기 시작했다. 도신징은 "기해년 효종상에 《경국대전》에 의해 장자복으로써 기년복을 입었으면, 갑인년 인선왕후 상에도 장부복(長婦服)으로써 큰며느리를 위해 기년복을 입어야 마땅하다."고 주장했다.

《경국대전》 오복조(五服條)에는 어머니가 아들을 위해서는 장중자 구별 없이 기년복을 입는 것으로 되어 있다. 그러나 시어머니가 며느리를 위해서 장자 처의 경우는 기년복을, 중자 처의 경우는 대공복을 입는 것으로 기록되어 있다. 며느리는 아들의 위상에 따라 그 지위가 정해지는 법, 그런데도 《경국대전》이 아들을 위해서는 장중을 구별하지 않으면서 며느리를 위해서는 장중을 구별해 놓은 것은 자체 내의 모순점이자 논쟁의 불씨였다.

현종은 병풍에 '영남 유생 도신징'이라고 써 놓을 정도로 이 소에 비상한 관심을 가지고 있었다. 왕은 영의정 김수흥에게 대왕대비 복제를 기년에서 대공으로 바꾼 이유를 물었다.

"대왕대비의 복제를 처음에는 기년으로 했다가 다시 대공(大功)으로 고친 까닭이 무엇이냐?"

"기해년에 상복 제도를 기년복으로 정했기 때문입니다."

"기해년에는 국제를 사용하고 이번에는 옛날의 예를 썼는데 왜 앞뒤가 다른가?"

"그때에 옛날과 지금의 예를 참작해 사용했고 지금 역시 그와 같이 했습니다."

– 《현종실록》 권22, 현종 15년 7월 을해 ·

옛날의 예대로라면 큰며느리 복은 대공이다. 그런데 국제(國制)의 큰며느리 복은 기년으로 되어 있다. 김수홍과 민유중 등 서인은 기해예송 때 고례에 따라 중자복(衆子服)을 입었기 때문에 지금 중자의 처에 대한 복, 즉 대공으로 고쳤다고 우겼다. 분명 기해년에는 국제에만 의거해 정했고 그에 따른다면 대왕대비는 당연히 며느리를 위해 기년을 입어야 한다. 서인들이 이제 와서 장자와 중자를 구별하고 있는 것을 보면, 기해예송 때 표면적으로는 국제나 고례가 모두 기년이었기 때문에 국제를 따랐다고 했지만 실상은 그렇지 않았던 모양이다.

왕은 이 논의를 위해 김수항, 김수홍, 민유중, 김만기, 홍처량 등 시임원임 대신 및 육경삼사의 장관 등을 모두 불러 의논하게 했다. 그러나 몇 차례에 걸친 논의에도 불구하고 그 내용이라는 것이 기해 복제가 어떠한 논의 과정을 거쳐 결정된 것인가 하는 경위 보고에 지나지 않았다. 여전히 그들은 대공복이 옳다고 생각했다.

서인 대부분이 기해년에 장자니, 중자니 하고 거론하지 않았던 것은 상복 제도가 똑같이 기년복이었기 때문이다. 그러나 국제에 며느리는 장자의 처인지 중자의 처인지를 구분하므로 대통을 계승하더라도 인륜의 순서로 말한다면 장자와 중자를 구별해야 할 필요가 있었다. 서인들은 '그때 3년복을 행하지 않고 기년복으로 한 것은 중자 때 입는 옛날의 제도에서 나온 것이다'라는 인식을 뿌리 깊게 가지고 있었다. 서인들은 시종일관 효종을 인조의 중자로 보고 있었다.

너희들이 선왕의 정통성을 부인해?

현종은 국구 김우명의 조카였던 김석주에게 명해 기해예송 때 허목이 올린 상소와 유세철이 올린 영남 유소 및 《의례》 참최장(斬衰章)에 대해 조목마다 해석해 올리라고 했다. 평소 송시열에 묵은 감정이 있었던 김석주는 기해예송 때부터 허목과 윤휴 등의 설을 지지해 효종이 적장자라는 입장을 고수하고 있었다. 이에 그는 '서(庶)' 자를 허목의 주장대로 '첩'자로 해설함으로써 송시열의 중자설을 비판, 현종을 부추겼다.

갑인예송은 당시에 이미 김석주의 송시열 일파 제거 공작으로 이해되고 있었다. 일각에서는 이 예송이 송시열 일파와 청풍 김씨 김석주 일파의 대리전이라고까지 했다. 송시열을 지지하는 당인들은 서서히 위기의식을 느끼기 시작했다. 송시열이 말한 "효종은 서자라고 해도 크게 해가 되지 않는다(孝廟不害爲庶子)."라는 구절이 불러일으킬 파란이 충분히 예상되었기 때문이다.

선왕의 은혜를 입은 서인 관료들이 이제 와서 그 정통성을 부정하니 현종이 불쾌하지 않을 리 없었다. 사실 현종의 복제 논리는 경전 근거에 충실한 것이었다기보다는 오히려 감정에 치우친 면이 많았다. 그는 '제1자가 죽으면 적처 소생의 제2 장자를 후사로 세우고 또한 장자라고 부른다'는 《의례》 소설(疏說)의 단순 논리에 집착해 있었다. 그렇기 때문에 부왕인 효종을 서자라고 부른다든지, 모후를 중서부(衆庶婦)로 간주하는 데 대해 크게 분노했던 것이다.

현종은 이틀 동안 네 차례에 걸친 빈청회의를 주재하면서 '중자가 대통을 이으면 장자가 된다'는 결론을 얻어 내고자 했다. 그러나 빈청에 모인 여러 서인 신료들은 이에 수긍하지 않으려 했다. 직권남용이라고 해도 할 수 없었다. 왕은 애당초 국가 전례에 정해진 기년복의 제도에 따라 다시 행하라고 명했다.

이제 서인에서 남인으로의 정국 변동은 불을 보듯 뻔한 일이었다. 김수항, 정지화, 홍처량, 강백년, 이은상 등 빈청회의에 참석했던 신료들은 성 밖에서 득죄했다. 대공복으로 정할 당시의 예관이었던 조형과 김익경 등이 처벌되었고 예론을 잘못 쓴 책임으로 영의정 김수흥도 쫓겨났다. 이들을 풀어 줄 것을 요청하거나 현종의 독단을 비판하던 서인들도 대거 유배되거나 삭탈관직당했다. 남인 관료의 진출은 그들의 영수 허적이 다시 영의정 자리에 앉는 것을 필두로 시작되었다. 그러나 그해 8월 현종이 갑작스레 승하하는 바람에 서인과 남인의 본격적 정권 교체는 숙종 대를 기다려야만 했다.

이 예송에서 남인들의 직접적인 참여는 없었다. 윤선도가 이미 죽었는가 하면 윤휴와 허목조차 아무런 간여도 하지 않았다. 서인 중에서도 정태화, 권시, 송준길은 이미 죽었고 송시열도 참여하지 않았다. 다만 송시열의 당여인 김수항, 김수흥, 민유중, 조형, 김익경, 김만기, 홍처량, 강백년 등 빈청 대신들이 현종의 기년설에 반대하고 대공설을 주장했다. 이에 대해 현종은 외척인 김석주의 도움을 받아 3일 만에 독단적으로 기년상을 확정한 것이었다.

숙종肅宗

제19대 1661년~1720년 | 재위기간 1674년 8월~1720년 6월

숙종, 14세 유주에서 독단의 군주로

1674년(현종 15) 8월 중순에 접어들면서부터 현종의 증세가 위중해졌다. 때때로 인삼차만 복용하고 온종일 혼미하고 지쳐 있는 모습이, 잠자는 것 같기도 하고 잠들지 않은 것 같기도 했다. 그렇게 얼마간을 보내던 8월 18일, 현종은 영의정 허적, 좌의정 김수항, 우의정 정지화와 승지, 사관이 지켜보는 가운데 숨을 거두었다. 재위 기간 15년 만이었다.

이렇게 해서 열네 살밖에 되지 않은 세자, 숙종이 즉위했다. 숙종의 이름은 순(焞), 자는 명보(明普)로 현종의 외동아들이자 효종의 손자였다. 효종은 꿈에 숙종의 어머니인 명성왕후의 침실에 용이 이불에 덮여 있는 것을 보았다고 했다. 그는 이것이 원손(元孫)을 얻을 좋은 징조라며 기뻐했다. 그러나 효종은 생전에 그 원손을 보지 못했다. 숙종은 1661년(현종 2) 8월 15일에 태어났기 때문이다.

숙종은 일곱 살 되던 1667년 정월에 왕세자로 책봉되었고, 1671년 4월에 광성부원군 김만기의 딸을 맞이해 가례를 행했다. 세자 시절에는 송시열, 송준길, 김좌명, 김수항 등의 가르침과 보필을 받았다.

숙종이 재위한 46년 동안은 조선 중기 이후 계속되던 당쟁이 절정에 이르렀고 그 파행적 운영으로 당폐가 더욱 심화되었던 시기였다.

동인과 서인을 표방한 이래 100년이 되었는데, 날이 갈수록 고질이 되고 있으니, 한탄스러움을 금할 수 없다. 우리나라는 좁고 작은데다 문벌(門閥)을 숭상해 사람을 등용하는 길이 이미 협소하다. 그런데 한쪽이 진출하면 한쪽은 물러나 나라의 절반에 해당하는 사람들이 또 대부분 막혀 있으니, 어떻게 나라를 잘 다스릴 수가 있겠는가? 여러 신하들은 마음을 썻고 생각을 바꾸어 지난날 하던 것처럼 하지 말고 함께 나라를 다스려 나갈 계책에 힘쓰도록 하라.

– 《숙종실록》 권65, 〈숙종행장〉

그러나 그저 신료들만 믿고 정치를 맡길 수는 없었던 모양이었다. 숙종은 현종 때 예송 논쟁을 통해 손상된 왕실의 권위와 상대적으로 약화된 왕권을 강화하는 방향으로 정국을 운영해 나갔다. 숙종은 민비와 희빈 장씨의 예에서 보듯이 애증의 편향이 심하고 그것이 정치에까지 영향을 미쳐 당쟁을 격화시켰다고 평가되기도 한다. 그는 즉위 초부터 어린 나이답지 않게 고성으로 중신들을 질책하는 일이 빈번했다. 대신들의 유배나 사사도 거리낌 없이 행하는 등 독선적이고 파격적이기도 했다.

숙종은 환국이라는 방법으로 정권을 교체함으로써 손상되었던 왕권의 회복과 강화에 비상한 능력을 발휘했다. 그는 당파 간의 대립을 이용해 때로는 남인의 손을, 또 때로는 노론과 소론의 손을 번갈아 들어주면서 조정 내의 세력 균형을 꾀했다.

그러한 가운데 숙종은 임진왜란 이후 계속되어 온 사회체제 전반의 복구 정비 작업이 거의 종료되면서 상당한 치적을 남기기도 했다. 특히 대동법의 전국적 시행과 양역 변통 문제를 해결하려는 시도에서 나타나듯이 민생 문제에 큰 관심을 보여 민폐의 제거와 민생 안정책의 시행에 주력했다.

송시열의 고묘(告廟) 논란

남인으로의 집권당 교체의 서막은 갑인예송 후 영의정에 허적이 임명되는 것에서 시작되었다. 갓 즉위한 열네 살의 숙종, 김석주와 김우명 등의 외척 세력, 그리고 정국의 변화를 꾀하고 있던 남인은 서인을 완전히 축출하기 위해 명분상 예론을 계속 이용했다. 예론을 그르친 주모자, 서인의 실세인 송시열을 처벌하는 것만이 서인 세력을 제거하는 지름길이었다.

숙종이 즉위하던 그해 9월, 왕이 송시열에게 현종의 묘비문을 짓도록 위촉하면서 사단이 벌어지기 시작했다. 그 와중에서 나온 것이 진주 유생 곽세건의 상소였다.

> 판부사 송시열에게 선왕의 묘지문을 짓게 한 것은 잘못된 일입니다. 하물며 사론(邪論)을 좇은 김수흥도 귀양을 갔는데, 사론을 주창한 시열만이 형벌에서 빠졌습니다. 시열은 효종의 죄인이요, 선왕의 죄인인데 어찌 양조의 죄인에게 함부로 붓을 잡게 하겠습니까?
>
> – 《숙종실록》 권1, 숙종 즉위년 9월 병술

양사에 포진해 있던 서인들은 일제히 그를 흉도로 몰아 국문해 멀리 귀양보낼 것을 주장했다. 그러나 숙종은 허적의 말에 따라 과거를 보지 못하게[停擧] 하는 가벼운 처벌을 내릴 뿐이었다. 결국 현종의 묘비문은 김석주가 짓게 되었다.

그뿐이 아니었다. 이단하(李端夏)가 지은 현종의 행장이 또 문제가 되었다. 그는 송시열의 제자였던 탓에 복제 개정에 대해서는 모호하고 소략하게 서술했다. 숙종은 여러 번 엄명을 내려 선왕 때에 예를 그르친 예관과 대신들을 분명하게 지목해 고쳐 쓰게 했다. 또 송시열이 인용한 예[所引禮]를 오인례(誤引禮)로 고치게 했다. 결국 이단하는 몇 번의 회피에도 불구하고 눈물을 머금고 오인례라고 쓰고 말았다. 이로써 예를 그르친 송시열의 죄는 공식화되었다.

이제 송시열의 탄핵이 본격적으로 시작되었다. 12월 13일 현종의 장례가 끝나자 18일부터 남인 대간이었던 남천한, 이옥, 이우정, 목창명 등은 송시열과 잔존 서인 세력들에 대한 추궁을 시작했다. 왕은 그날로 송시열을 파직했다. 그러나 남인들은 송시열의 파직으로만 만족하지 않았다. 송시열은 덕원으로 유배되었고 곧이어 웅천으로 옮겨져 위리안치되었다. 송시열의 운명과 함께 서인들 또한 중앙 정계에서 쫓겨났다.

숙종 초 남인 집권의 근원이 바로 예송 문제에 기인한 것인만큼 예송의 배후가 되었던 허목이 이조참판이 된 후에는 완전한 환국 양상을 나타내게 되었다. 인사권의 장악은 정국 변동의 커다란 변수였기 때문이다.

한편 송시열 유배 직후부터 남인 일부에서는 고묘, 즉 예를 바로잡은 일을 종묘에 고하자는 주장이 계속되었다. 고묘 죄인은 사형을 면하기 어려운 것이니 그렇게 되면 송시열은 처단될 수밖에 없었다. 그 후 1677년 (숙종 3) 4월에도 4학 유생 채제윤 등을 위시해 유림들이 고묘를 주장했다. 그러나 숙종의 자문에 응한 좌의정 권대운과 대사간 이원정은 고묘는 너무 지나친 처사라고 대답했다. 고묘 주장은 끊임없이 계속되었고 송시열은 유배지에서 항상 생명의 위협을 느껴야만 했다. 이렇게 찬반 논란이 계속되는 가운데 1679년(숙종 5) 3월, 강도 흉서 사건이 일어나면서 또다시 고묘론이 대두되었다.

강도 흉서는 당시의 좌의정 권대운, 병조판서 김석주, 훈련대장 유혁연이 강화축성장 이우로부터 받아 왕에게 전한 투서였다. 그 내용은 종통이 차례를 잃어 당화가 심해졌으니 국통을 바로잡고 붕당을 제거하기 위해 소현세자의 손자인 임천군을 왕으로 추대해야 한다는 것이었다. 그런데 공교롭게도 이와 비슷한 시기에 송시열과 송준길의 문인인 회덕의 생원 송상민이 기해년 이후 예설을 논하게 된 시말과 여러 차례 죄를 입은 사건들을 낱낱이 열거해 하나의 책자를 만들어 바쳤다. 그는 허적, 윤휴와 더불어 예설의 잘잘못을 논란할 것을 원했다.

남인은 송상민의 예나 종통의 실서(失序) 문제가 계속 제기된 흉서 사건의 예도 실세한 서인들의 원망에서 비롯된 것이라며 이는 송시열을 고묘하지 않았기 때문이라고 했다. 남인은 고묘를 이용해 서인 세력을 완전히 제거하고자 했던 것이다. 그리하여 결국 남인은 그해 5월, 강화 흉서 사건과 함께 송시열이 예를 그르친 사실까지도 아울러 기록해 고묘를 단행하고 또 이를 전국에 반포했다. 아울러 숙종은 이후부터 예론을 가지고 다시 상소하면 마땅히 역률로써 논단할 것임을 선포했다. 예론의 문제가 이제 겨우 일단락되었다.

이념의 두 기둥, 송시열과 윤휴

맹자는 공자의 도를 수호하기 위해 양주(楊朱)와 묵적(墨翟)을 이단으로 배척했고, 주자는 도학을 지키기 위해 육상산(陸象山)에 대해 용서 없는 비판을 가했다. 그리고 이 땅의 퇴계는 주자학의 정통성을 천명하기 위해 왕양명(王陽明)을 논척해 '동방의 주자'라는 칭호를 얻었다. 이로부터 100년 뒤 조선에는 두 명유가 등장해 뜨거운 이념의 공방전을 펼쳤다. 죽이지 않으면 죽는다는 비정한 정치 논리와 맞물리면서 양자의 싸움은 극단으로 치닫게 되었다.

젊은 날의 친분, 그리고 라이벌 의식

1637년(인조 15) 정월 두 석학의 통곡 소리가 속리산을 진동했다. 인조가 청나라 태종에게 항복한 직후였다. 한 사람은 대군사부를 지낸 송시열이었고, 다른 한 사람은 약관의 선비 윤휴였다. 송시열에게서 성하지맹(城下之盟)을 전해 들은 윤휴는 의기를 가누지 못했다. 송시열 역시 울분을 토로할 동지를 만났다는 생각에 윤휴의 손을 잡고 한없이 울었다. 나이를 잊은 망년(忘年)의 교제 앞에 열 살의 차이는 아무것도 아니었다. 학벌과 문벌, 파벌이 달랐지만 서로를 마음으로 인정해 학문을 토론할 수 있고, 의기가 상통해 종사의 아픔을 같이할 수 있으면 그만이었다.

송시열, 그는 분명 17세기를 대표하는 정치와 사상계의 거장이며 한 시대를 풍미한 호걸이었다. 그에게는 기호학파의 적전이라는 학벌과 노론의 영수라는 권위가 있었다. 북벌을 외치며 30년 동안 정령을 재단했고, 예송을 통해 군약신강의 단초를 열며 막강한 힘을 과시했다.

"아침에 도를 들으면 저녁에 죽어도 좋다."는 공자의 말씀은 삶의 일관된 지표였고, 주자의 말과 행동은 일생의 어길 수 없는 준칙이었다. 그에게 있어 율곡 이이는 주자에 이르는 징검다리였으며, 죄인의 신세가 되어 심경을 토로할 만한 유일한 장소는 스승 김장생의 무덤이었다.

영욕이 교차하는 파란만장한 삶을 살며 정쟁의 와중에서 목숨을 잃었지만 그의 삶은 결코 헛되지 않았다. 후학들은 주자학의 수호와 기호학파의 선양에 헌신했던 그의 공로를 충분히 인정해 주었다. 송자(宋子)라는 극존의 칭호를 올리고 그의 문집은 《송자대전(宋子大全)》으로 격상되었다. 일찍이 퇴계와 율곡도 누리지 못한 엄청난 특전이었다.

천하의 송시열에게도 감당하기 어려운 호적수가 있었는데 윤휴가 바로 그 사람이다. 송시열은 일생을 정적과 함께 살았고, 학문적인 라이벌도 적지 않았지만 윤휴만큼 부담스러운 존재는 없었다. 그들은 분명 당쟁

시대의 최대 라이벌이었다.

생의 과정에서 심화된 사상적인 상반성과 정치적인 대립은 동지와 지기로서의 면모를 완전히 탈색시켰다. 서로를 도저히 용인할 수 없는 단계에서 철저히 적이 되었다. 그리고 두 사람 모두 정쟁의 와중에서 목숨을 잃었다. 주자학을 신봉하던 송시열은 윤휴를 사문난적(斯文亂賊)으로 몰았다. 이 판결은 적어도 200년 동안 철석같이 지켜졌다. 그러나 과연 지금도 그 판결이 옳다고 할 수 있을까?

기호학파의 거장 송시열

송시열의 삶은 1607년(선조 40) 11월 12일 공자가 여러 제자를 거느리고 옥천 구룡촌을 방문하는 태몽에서부터 시작된다. 그는 어릴 적부터 대인의 풍모가 있어 집안의 기대를 한몸에 받았으며, 그가 지나가는 곳에는 신이 내리지 않아 무당이 굿을 할 수 없었다고 한다. 여덟 살 때는 송준길의 집에서 숙식하며 송준길의 아버지 송이창(宋爾昌)에게서 학문을 익혔다. 한 살 터울인 송시열과 송준길은 일생의 지기이며 학문적인 동반자로서 세상에서는 이들을 '양송(兩宋)'이라 불렀다.

송시열의 강인한 기질은 아버지 송갑조(宋甲祚)로부터 유전된 것이 많았다. 송시열의 나이 열한 살이 되던 1617년(광해군 9), 송갑조는 생원 진사시에 급제했다. 그리고는 곧바로 서궁에 유폐된 인목대비를 참배했다. 금지령을 무시한 독단적인 처사는 금고형으로 낙착되었다. 이로 인해 송갑조는 출세의 길은 막혔지만 절의파라는 칭송을 받았다. 그리고 아들에게도 자랑스러운 아버지가 되었다.

송갑조의 이념 교육은 철저했다. '공자를 배우기 위해서는 율곡을 먼저 배워야 한다'는 취지에서 《격몽요결(擊蒙要訣)》부터 가르쳤다. 그리고 공자 - 주자 - 율곡으로 이어지는 도통을 강조해 일찍부터 아들에게 기호학파의 학풍을 주입시켰다.

송시열의 뛰어난 자질은 사계 김장생을 만남으로써 완성되었고, 사계의 도학은 송시열을 얻음으로써 빛을 발하게 되었다고 해도 과언이 아니다. 송시열은 스물네 살에 사계 문하에 입문한 이래 약 10년 동안 학업에 정진해《근사록》,《심경》,《가례》등 수많은 서적을 섭렵했으며 이를 통해 대유로서의 자질을 갖추었다. 그리고 김장생 사후에는 아들 김집을 사사해 기호학파의 태두로 성장할 수 있었다. 김장생김집 문하에는 송준길, 윤선거, 이유태, 유계, 윤문거 등 뛰어난 인재들이 즐비했지만 송시열이 단연 독보적이었다. 이제 그는 이이 - 김장생 - 김집으로 이어지는 기호학파의 정통이 되었다.

사상계의 새바람 윤휴

한편 윤휴는 1617년(광해군 9) 10월 14일 대사헌을 지낸 윤효전(尹孝全)과 경주 김씨 사이에서 만득자로 태어났다. 영남의 명유 한강 정구(鄭逑)가 경주부윤 윤효전을 방문하던 날이었다. 대현의 방문에 뒤이은 득남 소식에 윤효전은 기쁨을 감추지 못했다. 이에 한강은 아이를 위해 두괴(斗魁)라는 소자를 지어 주었다고 한다.

윤휴의 집안은 대대로 선비 가문으로서 학문에는 연원이 있었고, 세록이 그치지 않은 현달한 가문이었다. 고조 관(寬, 三休亭)은 조광조의 문인으로 기묘사화에 피화된 명현이었고, 증조 호(虎)는 고위직인 이조참판을 지냈다. 조부 희손(喜孫)은 호남의 명유 이중호(李仲虎)의 문인이었다. 그는 한양의 쌍계동에 세거하며 과거보다는 '요순공맹(堯舜孔孟)의 도'와 '주정장주(周程張朱)의 도'의 확립에 열중해 조부 이래의 가학을 더욱 체계화시켰다. 그의 아호 정재(靜齋)는 조광조에 대한 경모심의 표시였다.

부친 효전은 화담의 제자 민순의 문하에 입문해 학문과 행실을 인정받은 학자이자 관료였다. 정치적으로는 소북으로 활동해 광해조에는 대사헌을 역임하며 언론을 주재하기도 했다. 그러나 1617년(광해군 9) 인목대비의 유폐를 반대하다 경주부윤으로 좌천되었다. 윤휴가 경주부 관사에서 출생한 이유도 여기에 있다. 윤효전은 소북 계열이었지만 서인남인과의 교류는 물론 한강 정구, 여헌 장현광(張顯光) 등 영남 학자들과도 친분을 맺고 있었다. 특히 정구와의 관계는 자못 각별해 정구의 문인록인《회연급문록(檜淵及門錄)》에 이름이 올라 있을 정도이다.

이처럼 윤휴의 가계에는 이단의 소지가 전혀 없었다. 오히려 그는 조광조를 학문 연원으로 하는 사림파 가문의 자제였다.

세 살 때 아버지를 여읜 윤휴는 어머니와 할머니 슬하에서 자랐다. 형제라고는 명장 이순신의 딸과 혼인한 서형 영(鍈)이 있을 뿐이었다. 거처도 일정하지 않았다. 선영이 있는 여주에서 지내기도 했고 보은 삼산의 외가에서 살기도 했다. 그러나 젊은 나이에도 불구하고 사림의 예법에 손색이 없어 열다섯 살 때는 조부 희손의 친우였던 이원익을 방문해 안부를 물었고, 열일곱 살 때는 오윤겸을 방문해 원로에 대한 예의를 다했다.

생활의 터전이 분명하지 않았지만 호학의 천성은 속일 수가 없었다. 정력적인 독서와 의욕적인 저술은 약관의 나이가 무색할 정도였다. 스물두 살에 〈사단칠정인심도심설(四端七情人心道心說)〉을 지어 송시열의 간담을 서늘하게 했고, 스물네 살에 지은 〈경진일록(庚辰日錄)〉에는 만 권의 서책을 독파하는 윤휴의 모습이 파노라마처럼 담겨 있었다. 이때를 전후해 윤휴의 명성은 산천을 넘어 호서에까지 파다하게 전해졌다. 그가 어머니를 모시고 공주의 유천으로 이거했을 때 송시열, 송준길, 이유태, 윤선거, 윤문거, 권시 등 기라성 같은 인사들이 교제를 요청해 왔다. 특히 송시열은 모부인 김씨에게 큰절을 올리며 자제로서의 예를 갖추었다.

갈등과 반목

송시열과 윤휴가 처음으로 만난 것은 1636년을 전후한 시기였다. 송시열의 나이 서른이요, 윤휴의 나이 겨우 스무 살 남짓한 때였다. 먼저 접견을 신청한 사람은 송시열이었다. 송시열은 윤휴를 직접 만나 학문의 깊이와 명성의 실체를 확인하고 싶었던 것이다. 설레는 마음으로 보은 삼산을 방문한 송시열은 윤휴와 사흘간 학문을 토론했다. 그런 다음 곧바로 송준길에게 다음과 같은 편지를 보냈다.

내가 삼산에 이르러 윤모와 더불어 사흘간 학문을 토론해 보니 우리의 30년 독서는 참으로 가소롭기 그지 없습니다.

– 《백호연보》, 인조 11년 무인

이제 송시열은 윤휴의 명성을 실감한 것이다. 윤휴의 학문에 탄복해 칭찬을 아끼지 않았지만 묘한 두려움이 그를 엄습했다. 그러나 송시열은 대인답게 윤휴를 진유로 인정했다. 따라서 청년 시절에는 마음을 허락한 친구 사이로 무수한 서한을 주고받으며 학문을 토론했다. 그리고 예학과 이기설에 관한 윤휴의 탁월한 식견에 감탄한 것도 한두 번이 아니었다. 권시, 이상, 송준길에게 보낸 서한에는 윤휴의 칭찬으로 가득 차 있었다.

그러나 송시열의 나이 40대에 접어들면서 두 사람의 간격은 점차 벌어졌다. 송시열은 윤휴의 학문 성향에 대해 의심하는 기색이 역력했다. 표면적으로는 윤휴의 학문적인 아집을 문제 삼았지만 주자와 견해를 달리하는 데 근본적인 불만이 있었다. 그러나 그때까지도 두 사람 사이의 관계는 비교적 원만했다. 1651년(송시열 45세, 윤휴 35세) 속리산에서 회동해 시사를 토론하고 주자의 감춘부(感春賦)를 서로 차운하기도 했다.

그러나 송시열의 불만은 엉뚱한 곳에서 폭발했다. 1653년(효종 4) 황산서원(黃山書院)에서 유계, 윤선거와 회동한 송시열은 급기야 윤휴에게 그 유명한 '사문난적'이라는 말을 던졌다.

윤휴가 '중용장구'의 주자주를 완전히 무시하고 자기 마음대로 개변한 것이 그 이유였다. 주자를 금과옥조로 여기던 송시열에게 있어 윤휴의 처사는 결코 용납되기 어려웠다. 윤휴가 중용장구를 개변한 것은 이보다 2년 전의 일이었지만 송시열은 애써 참아 오던 중이었다. 그러나 윤휴를 은근히 두둔하는 윤선거의 태도에 격분해 저간의 분노를 터뜨린 것이다. 이 과정에서 송시열은 윤선거, 윤증이라는 제2의 적을 만들었다.

윤휴의 손에 죽는다면 더 이상 영광이 없다

퇴계가 주자를 배우고 이이가 주자를 사모했다면 송시열은 주자의 당(黨)을 자처한 인물이었다. 송시열에게는 "주자의 말은 한마디도 격언이 아닌 것이 없으며 말마다 옳고 행위마다 정당한 이는 바로 주자이다."는 확고한 신념이 있었다. 그에게 있어 주자는 삶과 학문의 궁극적인 지향점이었다.

김굉필이 《소학》을, 조광조가 《근사록》을, 퇴계가 《심경》을, 이이가 사서를, 김장생이 《소학》과 《가례》를 받들었다면 송시열이 평생 동안 애독한 주자학의 경전은 《주자대전(朱子大全)》과 《주자어류(朱子語類)》였다.

그는 "내가 배운 것은 《주자대전》뿐이며, 《주자어류》가 없는 이는 의복을 팔아서라도 구입해야 한다."는 말을 늘 강조했다. 《주자대전》과 《주자어류》에 대한 집착은 죽기 직전 권상하에게 《주자언론동이고(朱子言論同異考)》와 《주자대전차의(朱子大全箚疑)》의 완성을 부탁한 사실에서 더욱 분명하게 드러난다.

한편 송시열에게는 안질도 각질도 신병이기보다는 감사와 고마움의 징표였다. 주자와 똑같은 병을 앓는다는 사실 자체가 더 없는 영광이었기 때문이다. 이렇듯 그는 병에서까지 주자를 배우고 싶어 했다. 생일날 받은 선물을 상대에게 되돌린 것도 주자의 삶을 체현하기 위한 노력이었으며, 조복형(趙復亨)과 약혼한 손녀가 혼사를 치르기도 전에 죽었을 때도 오로지 슬픔 속에서 지내지만은 않았다. 이 또한 주자의 경우와 너무도 흡사해 오히려 감동할 지경이었다. 공교롭게 주자의 딸도 조씨 성을 가진 사람과 약혼한 직후에 요절했는데, 죽은 손녀와 같은 계사생이었다.

사실 송시열은 아버지 송갑조가 금지령을 무시하고 인목대비를 참배한 죄로 금고형을 당했을 때부터 주자와의 일체감을 확신하고 있었다. 주자의 아버지도 이와 유사한 행적이 있었기 때문이다. 주자와의 관계에 있어 우연은 존재하지 않았다. 모든 것이 필연으로 여겨졌다.

송시열의 이 아전인수 격의 행동들을 단순히 주자 숭배에 따른 몰이해로 치부하는 것은 주자학을 이해하지 못하는 현대인들의 착각이다. 그것이 비록 위선이요, 가식일지라도 평생을 일관할 수 있으면 그 또한 덕목이 될 수 있기 때문이다. 송시열에게 있어 주자를 일탈하는 모든 행위는 곧바로 범죄행위였다. 그가 주자학의 파수꾼을 자처한 것도 이런 맥락에서였다.

황산서원 논쟁 이후 주자학을 수호하기 위한 송시열의 활동은 절정을 치닫고 있었다. 그러나 송시열은 윤휴에게 다시 한 번 기회를 주었다. 일찍이 누구에게도 보이지 않았던 관용이었다. 비록 사문난적으로 배척했지만 송시열의 마음 한구석에는 윤휴에 대한 애정이 남아 있었다. 때문에 그는 윤휴가 잘못을 인정하고 정도(正道)로 돌아와 주기를 고대하고 있었다. 의기가 상통했던 젊은 날의 친분이나 윤휴의 학문적인 자질, 얽히고설킨 혼맥을 고려할 때 결코 일순간에 단절할 수 없는 관계이기도 했다.

이에 송시열은 십분 양보해 윤휴를 직접 찾아가 경전의 주를 개변한 것에 대해 문책도 하고 달래기도 했다. 그러나 윤휴가 "경전의 깊은 뜻을 어찌 주자 혼자만 알고 우리는 모른단 말인가?"라고 대답하자 당당한 대답 앞에 송시열은 실색하고 말았다. 그러나 송시열은 분노를 삭힌 채 여러 차례 편지를 보내 권유했으나 역시 소용이 없었다.

윤휴라는 이 강렬한 개성 앞에서는 이제 송시열도 어찌할 수 없었다. 학문적 자유주의를 표방한 윤휴의 인기는 조선 사상계를 경동시켜 수많은 선비들이 그의 주변에 몰려들었다. 이제 송시열의 인내에도 한계가 오고 있었다. 그는 윤휴라는 한 이단과 직면하면서 더 이상 분노를 억제할 수 없었다. 이후 죽음에 이르기까지 약 30년 동안 곁눈조차 팔지 않았던 윤휴에 대한 공격은 이렇게 포문을 열었다.

> 분서갱유(焚書坑儒)의 화가 몸에 미칠지라도 윤휴를 배척한 일을 후회하지 않는다.
>
> ― 《송자대전》, 〈답박대숙〉

위와 같이 맹세하는가 하면 비장한 각오를 되새기기도 했다.

> 만약 휴(윤휴)의 손에 죽는다면 더 이상 영광이 없다.
>
> ― 《송자대전》, 〈여민대수〉

윤휴는 이단인가

누가 윤휴에게 이단의 멍에를 지울 수 있는가? 윤휴의 사고는 기본적으로 주자학을 벗어나지 않았다. 후학을 지도할 때는 《소학》, 《예기》, 《효경》, 《주자감흥시》, 《백록동규》, 《시경》 순으로 가르쳤으며, 주자의 말을 인용해 입론의 근거로 삼을 때도 많았다.

특히 젊은 시절에는 다음과 같은 시를 지어 공자와 주자에 대한 무한한 존경심을 표시했고, "후생이 법으로 삼을 자는 오직 회옹(晦翁)이 아닌가?"라는 말을 자주 되뇌였다.

공자님 이후로는 삼천 년이 흘렀고	孔子以後三千載
주자부터 치자면 오백 년이 되었지.	元晦由來五百年
시서와 하도 낙서 땅에 아니 떨어졌고	詩書河洛未墜地
예악과 문장은 하늘에서 온 것이라네.	禮樂文章來自天

– 《백호전서》〈경진일록〉

한 가지 분명한 것은 윤휴는 주자의 설을 금과옥조로 받아들이지 않았다는 사실이다. 이것이 바로 송시열을 위시한 당대 유자들과의 차이점이다. 윤휴와 관련된 모든 이단 논쟁은 여기서 유래한다.

윤휴는 학문적인 자유주의자였다. 주자를 존경했지만 맹신하지 않았다. 주자의 학설에 의문이 있으면 솔직하고 용감하게 표현했다. 이 모든 행동이 주자에 반기를 드는 것이라고는 생각하지 않았다. 오히려 주자의 교훈을 따르는 것으로 여겼다.

윤휴가 주자를 절대시하던 당시의 사조에서 벗어날 수 있었던 비결은 무엇인가. 윤휴는 주자를 상회하는 어떤 권위를 확신하고 있었다. 그 권위는 바로 '천(天)'이었다. 하늘이라는 이 절대적인 권위 앞에서는 주자도 한갓 상대적인 존재에 지나지 않았다. 주자를 존경하면서도 맹신하지 않았던 이유도 여기에 있었다. 이 점에서 송시열이 주자 절대주의자라면 윤휴는 주자 상대주의자였다.

이 모든 변명에도 불구하고 송시열에게는 도저히 용납될 수 없는 윤휴의 언행이 있었다.

첫째, 주자의 경전 주해를 틀렸다 하여 자기의 견해대로 변개한 사실. 둘째, 중용의 장구를 제거하고 새로운 주를 만들어 제자들에게 가르친 사실. 셋째, 주자가 부왕의 지위를 찬탈한 효종 밑에서 벼슬했기 때문에 불의의 군왕을 섬겼다고 공격한 사실. 넷째, 자신이 주자보다 우수하다고 생각하고 스스로를 공자에 비긴 사실. 다섯째, 종국에 가서는 공자마저도 잘못되었다고 생각할 수 있는 논리와 태도를 가졌다는 사실.

주자를 믿지 않으면 이적이라는 송시열의 지론에 의거할 때, 윤휴는 사문난적의 차원을 넘어선 이적이며 한 국가의 사상 체계를 위협하는 모반인이었다. 이제 송시열은 목숨이 다하고 인종이 멸망하는 일이 생겨도 윤휴를 춘추의 법으로 처단하고 말겠다는 순교 정신을 키워 가고 있었다. 여기서 우리는 희대의 이단자로서 송시열의 힘겨운 라이벌인 동시에 증오와 공포의 대상이던 윤휴의 비중을 다시 한 번 되새기게 된다.

이단의 올가미

만약 여강(윤휴)을 처단하지 못하면 우리가 묻힐 곳을 장담하기 어렵다.

– 《백호연보》, 효종 2년 신묘

이는 서인 기호학파 사이에 공공연하게 오가던 말이다. 1659년(현종 즉위년)의 기해예송은 송시열과 윤휴 사이의 이념 투쟁을 부채질한 일대 정치적 사건이었다. 여기서 두 사람은 완전히 갈라졌다.

기해 이전의 휴는 이단이고, 기해 이후의 휴는 이단이며 또한 소인이다.

－《송자대전》, 〈기술〉

이제 양자 간의 대립과 투쟁은 어느 한쪽이 죽든지 아니면 두 사람이 모두 죽을 때 종지부를 찍을 수 있었다. 타협의 여지는 조금도 없었다.

1674년(현종 15) 갑인예송의 결과로 남인이 집권하자 윤휴가 중용되었다. 세상에서는 그를 오활(迂闊)하다고 했지만 윤휴는 분명 남인을 대표하는 이론가였다. 평소의 소신이던 북벌을 외치며 체찰부의 설치를 강력하게 주장했다. 그리고 척리의 폐단을 경계하는 한편 대비의 정치적인 간섭을 노골적으로 차단했다.

그러나 그에게 주어진 권력의 세월은 6년에 지나지 않았다. 1680년(숙종 6)의 경신환국은 윤휴로 하여금 영욕의 생애를 마감하게 했다. 체찰부를 설치해 군권을 차지하려 했고, 대비에 대한 불경한 언사가 죽음의 이유였다. 윤휴의 죽음에는 석연치 않은 구석이 많다. 사상의 불건전성 때문에 죽었다는 말은 없지만 송시열과의 사상적인 혐원, 예송에서의 격돌은 죽음의 조건으로 충분했다.

노론들은 이 당대의 이단자에게 사상범의 족쇄를 채워 영원히 매장시키려 했다. 10년 후 남인이 재집권했을 때 일시적으로 신원되기도 했지만 5년 뒤에 번복되었다. 이제는 남인들도 윤휴를 기피했다. 윤휴와 한패거리가 되어서는 결코 회생할 수 없는 것이 정치판의 현실이었다.

살아서는 송시열의 증오를 받았고, 죽어서는 기휘(忌諱)의 대상이 되어 자기 당파에게도 버림받았다. 이것이 자유주의를 추구하며 교조적인 이념에 과감하게 도전했던 한 사상가의 운명이었다. 윤휴의 죽음과 사상적인 매장으로 인해 주자학에 대한 비판의 분위기는 전면적으로 차단되었다. 반면에 주자학의 교조성은 더욱 기승을 부리게 되었다.

송시열은 결백한가

윤휴가 주문(朱門)에 죄를 얻어 죽은 지 10년 만에 정계에는 또 다른 파란이 있었는데 바로 기사환국이다. 송시열은 윤휴만 제거하면 정적도 숙청하고 사상계도 정화될 것으로 믿었다. 그리고 모든 것이 순조롭게 진행될 줄 알았다. 그러나 그것은 오산이었다. 윤휴가 정치 각본에 의해 죽은 것과 마찬가지로 그 또한 정치극에 휘말려 죽었다. 죽기 직전에 그는 손자를 시켜 효종의 어찰을 바치게 하고, 문인 정존을 보내 사계의 묘 앞에 영결의 제문을 바쳤다. 그리고 수제자 권상하(權尙夏)를 불러 이이, 김장생, 김집의 유적을 전수하는 한편 생전에 완수하지 못한 모든 사업을 부탁했다.

정읍에 도착해 사약을 기다리는 순간 송시열은 이미 혼절을 거듭하고 있었다. 그러면서도 그는 군왕이 내리는 사약을 받기도 전에 죽는다는 것은 인신의 도리가 아니라는 생각에서 "사약이 왜 이렇게 늦는가?"라는 말을 반복했다. 죽음에 이르러서도 사림 영수로서의 체모를 잃지 않으려는 모습이 역력했다. 실로 엄숙하고도 장엄한 광경에 시립(侍立)한 제자들은 슬픔을 감추지 못했다. 의금부도사가 도착하자 그는 의관을 정제한 다음 숙종이 내린 사약을 마시고 죽었다. 이때 나이 여든셋이었다.

죽음의 순간 송시열은 주자가 계신 하늘로 가기를 원했는지도 모른다. 한평생 주자를 위해 몸 바친 삶이었기에 다른 사람은 몰라도 자신만은 주자의 품에 안길 수 있는 충분한 자격이 된다고 믿었을 것이다. 그러나 송시열은 분명 한 가지 중요한 사실을 간과하고 있었다. 그것은 바로 주자에 대한 맹신과 주자학을 위한 방범 활동이 조선의 사상계를 경직시키고 한 활달한 사상가를 이단으로 매도했다는 점이다.

이황과 이이에 의해 뿌리를 내린 조선의 주자학은 송시열에 의해 입론의 계한(界限)이 선명하게 그어지고 말았던 것이다. 그의 추종자와 후학들에게는 숭고한 업적으로 평가받았지만 역사적 정황을 감안하면 찬양할 수만은 없다. 여기서 역사에 남겨진 송시열의 오점을 발견하게 되는 것이다.

일찍이 송시열은 문인에게 이렇게 말했다.

> 입만 열면 반드시 주자의 일을 말하는 것도 내게 있어 하나의 죄안이다.
>
> ─《송자대전》, 〈어록〉

주자에 순응하지 않는 것도 죄였지만 주자를 무조건 따르는 것도 죄가되기는 마찬가지였다. 송시열은 그것을 너무도 잘 알고 있었던 것이다.

삼복(三福)을 제거하다

숙종의 외가, 청풍 김씨

반정공신들이 무실국혼(毋失國婚)을 맹약한 이래 외척은 서인의 전유물이 되어 권력의 핵심부를 장악해 갔다. 한마디로 외척은 왕권의 보루로서 권력의 실세로 자리하고 있었다. 인조 조에는 청주 한씨 한준겸 가문과 양주 조씨 조창원 가문, 효종 조에는 덕수 장씨 장유 가문, 현종 조에는 청풍 김씨 김육 가문이 외척으로 존재했다.

왕권과 외척은 함수 관계를 보이는 특징이 있다. 왕권이 강하면 외척은 왕의 강력한 친위세력이 되어 정치 일선에서 왕권을 보조하는 역할을 담당했다. 그러나 왕권이 약해지면 외척은 대비 또는 왕비를 중심으로 권력의 실세로 부상해 국정을 전횡하기 일쑤였다. 무력반정의 당사자인 인조와 와신상담의 군주 효종 조에는 외척의 영향력이 상대적으로 약했다. 그러나 서인 정권이 보다 강력한 토대를 구축하며 왕권을 압박하던 현종 조에 이르면 외척이 서서히 기승을 부리게 된다. 청풍 김씨 김육 가문이 바로 그들이다.

한당의 영수 김육(金堉)은 효종 초 산당의 진출에 제동을 걸어 김집, 송시열, 송준길을 강제로 환향시킨 당대의 실력자였다. 그의 후광을 입어 아들 김우명이 현종의 장인이 되어 국구의 지위에 오름으로써 청풍 김씨는 이제 조선 최고의 명문이 되었다. 손자 김석주가 갑인예송에서 노련한 정치술을 발휘할 수 있었던 것도 외척이라는 가문의 배경 때문이었다.

갑인예송을 김석주를 중심으로 하는 궁중 세력과 송시열을 중심으로 하는 부중 세력의 대결 구도로 파악할 때 남인의 집권은 분명 어부지리였다. 김석주가 공작 정치와 기찰 정치라는 권모술수를 동원해 서인을 축출하고 남인의 집권을 주선한 데에는 그만한 이유가 있었다.

그것은 바로 송시열 때문이었다. 김석주에게 송시열은 위구의 대상이며 넘어야 할 장벽이었다. 이런 점에서 갑인예송은 송시열에 대한 혐원을 일소할 수 있는 절호의 기회가 된 셈이었다. 송시열이 제거되고, 서인이 축출되자 김석주는 확고부동한 권력의 실세가 되었다. 갑인예송에서 확보한 정치적인 지분은 남인 정권하에서도 실력자로 행사할 수 있는 기반이 되었다. 더욱이 영의정 허적이 김석주와 결탁함으로써 숙종 초기 남인 정권은 흡사 김석주와 허적의 연합 정권처럼 보였다.

가시 같은 존재, 인평대군의 세 아들

이러한 때 청풍 김씨에게는 눈엣가시처럼 여겨지는 일군의 세력이 있었다. 바로 복창군 형제와 동복 오씨가 그들이었다. 복창군 형제는 인조의 셋째 아들 인평대군(麟坪大君)의 아들들로 복녕군(福寧君), 복창군(福

昌君), 복선군(福善君), 복평군(福平君) 등 모두 4형제였다. 이 가운데 복녕군은 일찍 사망하고 당시는 아래로 3형제만 생존해 있었다. 이들을 세상에서는 삼복(三福) 또는 제복(諸福)이라 불렀다. 이들은 효종 조에는 왕의 조카로서 사랑을 받았고, 현종 조에는 왕의 사촌 형제로서 절대적인 신임 속에 궁중을 자유롭게 출입할 정도였다. 형제가 없고 가까운 친척도 없는 숙종에게 있어 삼복은 골육과도 같은 왕실의 지친이었다.

한편 동복 오씨는 삼복의 외가로서 왕실과 통혼한 남인의 명가였다. 삼복의 아버지 인평대군은 바로 오단의 사위였고, 오단의 아들인 오정위, 정창, 정일, 정단, 정복은 삼복의 외숙으로서 숙종 초기 남인 정권의 핵심 인물로 성장해 있었다. 서인이 국혼을 독차지한 상황에서 동복 오씨는 비록 국혼에는 미치지 못했지만 왕실과 통혼함으로써 '남인 외척'과 다름없었다. 김석주가 송시열 못지않게 오정위, 오정창 형제를 질시하고 경계한 이유도 여기에 있었다.

사실 삼복은 숙종의 유사시에 왕위에 오를 수 있는 첫 번째 대상자들이었다. 더욱이 당시는 숙종의 나이가 어리고 자식도 없었기 때문에 청풍 김씨와 명성왕후는 불안감에 사로잡혀 있었다. 인선대비가 숙종의 어선(御膳)을 일일이 시식한 사실에서 그 불안의 정도를 짐작할 수 있다.

간통죄?

왕권을 위협하는 존재로 지목된 이상 삼복도 파란을 면하기는 어려웠다. 이에 숙종의 외조부 청풍부원군 김우명이 1675년(숙종 1) 3월 12일 삼복의 비리를 공식적으로 거론함으로써 조정에 파문을 일으켰다. 즉 삼복이 현종 조에 임금의 총애를 믿고 궁중을 마음대로 출입하면서 궁녀와 간통해 자식까지 낳았으니 처벌이 마땅하다는 주장이었다. 이는 대비 명성왕후가 배후에서 친정아버지 김우명을 조종한 것이었다. 삼복이 궁녀와 간통한 것이 사실이라면 결코 죄를 면할 수는 없었다.

이에 숙종은 복창군, 복평군 및 그들과 간통한 여인들을 잡아다 국문할 것을 명령했다. 그러나 이들은 국문 과정에서 간통 사실을 완강하게 부인했다. 이 사실을 전해 들은 숙종은 그들의 간통 사실을 인정하지 않았다.

> 남의 말을 믿고 골육의 지친을 헤아릴 수 없는 지경에 빠지게 했으니, 내가 매우 부끄러워 마음이 아프고 눈물이 나서 땅을 뚫고 들어가고 싶으나 그럴 수 없다. 이렇게 억울하고 애매한 사람을 잠시도 옥에 지체시킬 수는 없으니 모두 곧 놓아주도록 하라.
>
> — 《숙종실록》 권3, 숙종 1년 3월 임신

사실 숙종은 처음부터 삼복에게 죄줄 의사가 없었다. 숙종은 그들을 매우 미덥게 여기고 있었던 것이다. 그리고 대비와 외조부의 숨은 의도도 간파하고 있었다. 국문을 명령한 것은 대비와 외조부에 대한 예우 차원에서 취해진 조처에 불과했다. 간통 사실의 애매성을 이유로 곧바로 방면한 것도 이 때문이었다.

바로 이때 삼복의 외숙 오정위가 허목과 윤휴를 움직여 상황을 반전시키고자 했다. 이에 오정위의 요청을 받은 허목과 윤휴가 입시해 삼복의 비리상에 대한 근거를 조사할 것을 강력하게 건의했다. 바로 김우명을 지목한 말이었다. 상황이 이렇게 되자 김우명의 처지가 자못 난처해졌다. 무고를 면할 수 없었던 김우명은 의금부에 자진 출두하는 기현상을 보이기에 이른다.

제2의 문정왕후

난국을 타개하기 위해 대비가 표면에 나섰다. 친정아버지 김우명의 입장을 변호하고 삼복을 축출하기 위해서는 개입이 불가피했다. 그러나 명분이 약한 상황이라 강경책보다는 동정론을 유발시켰다.

그녀는 숙종이 신하들을 야대하는 자리에 나타나 대성통곡하며 긴장감을 조성한 다음 삼복의 간통 사실을 장황하게 늘어놓았다. 대비의 개입은 상황을 반전시켜 복창군은 영암, 복평군은 부안에 유배되고, 나인 두 사람은 각기 삼수와 갑산에 유배되었다.

이에 조정에는 삼복을 법대로 처단해야 한다는 논리와 변명하는 논리가 대립하게 되었다. 판의금 장선징과 양사에서는 처단을 주장했고, 허목과 윤휴는 변호했다. 남인 내부에서도 의견이 통일되지 않았던 것이다. 허적 등 탁남계는 처벌론, 허목과 윤휴 등 청남계는 동정론을 견지했다. 이 점에서도 김석주와 허적의 연계상이 드러나고 있었다.

청남계 인사들은 대비를 맹렬하게 비방했다. 부제학 홍우원은 '삼종지도(三從之道)'를 거론하며 여자가 나서는 폐단을 비난했고, 윤휴는 '대비를 관속해야 한다'는 입장을 분명히 했다. 조사기는 '문정왕후를 오늘에 다시 보게 되었다'고 심하게 야유하기까지 했다.

김석주의 작품

어쨌든 대비의 개입으로 상황은 급선회해 당사자들이 유배되는 것으로 귀결되었다. 이는 숙종의 자리를 위협할 수 있는 인물들을 미연에 제거해 왕권을 신장시키려고 했던 대비와 청풍 김씨의 의도가 관철되었음을 의미한다. 그러나 이들은 자신들이 왕권을 침해한다고는 생각하지 않았다.

숙종에게는 삼복의 유배가 부득이한 조처였기 때문에 언제라도 방면할 가능성이 있었다. 예견한 대로 그해 7월 유배된 지 4개월 만에 한재를 이유로 삼복은 방면되었다. 판중추부사 김수항이 상소해 방면의 부당성과 대비를 비방한 남인의 횡포를 논란하는 한편 김우명을 두둔했지만 소용이 없었다.

삼복의 제거를 위한 청풍부원군 김우명, 명성대비 그리고 김석주의 노력은 주효한 면이 있었다. 간통의 사실성 여부는 차치하고라도 삼복은 이 일로 유배형을 당함으로써 자칫하면 제거될 수도 있다는 위험을 절감하게 되었다. 유배에서 풀려난 이후에 비교적 잠잠하게 지낸 것도 또 다른 빌미를 잡히지 않기 위해서였다.

남인에게는 상당한 손실이 되었다. 숙종과 바로 통할 수 있는 창구인 삼복이 견제를 받음으로써 국왕에 대한 로비가 용이하지 않았다. 반면에 김석주 등 외척의 영향력은 증대되어 갔다.

김석주는 이 일에 직접 간여하지는 않았지만 배후에서 모든 것을 조종하고 있었던 것이다. 김석주는 실로 노련하고도 무서운 정치가였다. 갑인예송에서는 남인에게 승리를 안겨 준 장본인이었지만 서인이라는 근본은 속일 수 없었다. 그는 삼복을 정점으로 하는 동복 오씨와 청남계의 성장을 결코 좌시하지 않았다. 삼복에 대한 제거를 시도했던 것도 이 때문이었다.

숙종의 비호로 삼복은 목숨을 부지했지만 긴 세월은 아니었다. 경신환국이 그들의 목숨을 기다리고 있었다. 경신환국은 김석주가 생애 마지막으로 꾸며 낸 정치극이었다. 남인이 누린 6년의 영화는 살육이 자행되는 피바다로 변했다. 이 과정에서 삼복과 동복 오씨는 누구보다 철저한 탄압을 받아 회생이 어려운 지경에 처하고 말았다. 한쪽은 왕실의 지친으로서 지나치게 당당하게 행세했고, 한쪽은 삼복을 끼고 '남인 외척'으로 행세한 대가였다.

문묘에 종사된 이이(李珥)와 성혼(成渾)

권력과 학문의 정통성

1681년(숙종 7) 9월 이이와 성혼이 문묘에 종사되었다. 기호학파의 두 종사(宗師)가 유현의 반열에 오르는 일대 경사였다. 사림오현의 종사가 40년 만에 이루어졌다. 우율의 종사는 4대 58년을 소비한 역정이었다.

인조반정의 주역들은 대부분 율곡 문인, 우계 문인, 백사 문인, 사계 문인이었다. 이들 네 사람은 정파상으로는 서인의 영수이며 학문적으로는 기호학파의 거장들이었다. 특히 율곡과 우계는 기호학파의 종사로서 서인의 절대적인 추앙을 받은 인물들이다. 반정의 주역들이 율곡과 우계 문하의 제자라는 사실을 고려할 때 기호학파는 분명 서인 정권의 원천이었다. 이 점에서 학파는 곧 정파의 모집단이기도 했다.

무력을 통해 정권을 쟁취할 수는 있어도 무력만으로 정권을 유지할 수 없는 것이 역사의 교훈이다. 정권을 유지하기 위해서는 정당한 명분이 있어야 했다. 이는 유교적 명분주의의 소산인 동시에 '사림 정치'가 요구하는 정권의 속성이기도 했다.

인조반정을 통해 구축된 서인 정권도 예외일 수 없었다. 우선 집권의 정당성을 강조하기 위해서는 학문적인 정통성을 확보해야만 했다. 이는 현실적인 명분을 확보하는 과정인 동시에 장기 집권을 위한 용의주도한 계책이었다.

우율의 문묘종사 논의는 바로 이런 내막을 가지고 60년 현안으로 부각되고 있었다. 서인들은 우율을 종사해 퇴계와 동일한 반열에 올림으로써 기호학파의 학문적인 권위를 신장시키고자 했다. 그러나 남인의 입장은 이와는 판이했다. 정치적인 우위는 넘겨주었지만 학문적인 권위와 정통성만은 양보할 수 없다는 것이 남인들의 확고한 신념이었다. 이런 상황에서 권력을 동원한 서인들의 적극적인 추진과 남인들의 저지는 자연히 충돌을 야기했다.

이에 우율의 학문적 순수성에 대한 논쟁과 인신 공격적인 비방이 그치지 않았다. 서인에게는 율곡 선생, 우계 선생이지만 남인에게는 이혼(珥渾)에 불과했다. 이런 선상에서 논리적인 비판보다는 감정적인 공격이 난무했다. 율곡에 대한 이단 시비와 우계에 대한 처세 시비가 줄기차게 제기된 것도 이 때문이었다.

이에 신성해야 하는 종사 논의도 당쟁의 도구로 전락함으로써 본래의 숭고한 의미를 상실해 가고 있었다. 여기에 서인의 비대화를 견제할 필요가 있었던 역대 군주들의 미온적인 태도는 우율의 종사를 지연시키는 반면 당쟁의 격화를 초래하고 말았다.

강행하는 서인, 막아야 하는 남인

우율의 종사가 최초로 거론된 것은 1623년(인조 1) 4월이었다. 특진관 유순익이 경연에서 율곡의 문묘종사를 요청함으로써 58년 논쟁의 단초를 열었다. 이에 이민구, 유백증, 이경여가 적극적으로 동조했지만 인조는 신중론의 입장에서 단호하게 거절했다.

그때 율곡의 종사만 요청한 것은 우계가 아직 신원되지 않았기 때문이었다. 그러나 우계문인이 반정공신의 절반을 차지하는 상황에서 우계가 거론되지 않을 수 없었다. 이에 사계학파의 차기 영수 김집이 우계의 동참을 재가함으로써 이제 우율의 종사 논의는 서인의 당론이 되었다.

이런 상황에서 1625년 황해도 유생 40여 명이 상소해 종사를 건의, 논의에 박차를 가하게 된다. 그러나 이괄의 난(1624년)과 정묘호란(1627년)의 여파로 종사 논의는 한동안 주춤할 수밖에 없었다.

10년 동안 소강상태를 보였던 우율의 종사 논의는 1635년(인조 13) 서인계 유생 송시형의 찬성소와 남인계 유생 채진후의 반대소로 인해 서남 간의 대립으로 본격화되었다. 송시형은 송시열의 종형이었고, 상소의 배후 조종자는 김집이었다. 그런데 인조는 송시형의 상소에 대해 "율곡과 우계는 착한 사람이라고는 할 수 있지만 도덕이 높지 않고 흠이 있어 비방이 따른다."고 해 거부를 선언했다. 그 대신 율곡의 '입산수도'와 우계의 기축옥사 및 임진왜란 당시의 허물을 들어 종사를 반대한 채진후의 상소를 두둔함으로써 서인들을 자극했다.

이에 영의정 윤방, 좌의정 오윤겸, 우의정 김상용 등 삼정승이 우율을 변호하는 한편 대간에서는 채진후의 처벌을 주장함으로써 논의가 한층 가열되었지만 인조는 끝내 번복하지 않았다. 그러나 채진후 등 남인유생들은 서인들의 대대적인 공격을 받고 성균관에서 축출되거나 정거(停擧)되는 불행을 맞아야 했다. 이후에도 황해도, 경기도, 전라도의 유생들이 중심이 되어 수십 차례에 걸쳐 종사를 요청했지만 인조의 완강한 의지를 돌리지는 못했다.

인조의 치세 27년을 허송세월한 서인들은 효종의 즉위를 계기로 종사 운동을 대대적으로 추진했다. 1649년(효종 즉위년) 11월 태학생 홍위 등 수백 명의 연명소는 바로 그 기폭제였다. 그러나 효종 역시 신중론으로 대처함으로써 호전의 기미가 전혀 보이지 않았다.

그런데 홍위의 상소는 실로 엄청난 여파를 초래했다. 유직 등 950여 명이 연명한 우율승무반대소(牛栗陞廡反對疏)는 서인의 종사 운동에 대한 즉각적인 반발이었다. 영남의 72읍이 대대적으로 궐기한 일이다 보니 조야에 적지 않은 파문을 일으켰다.

이를 계기로 조정에서는 서남 당쟁이 가열되는 가운데 유생들의 상소 공방도 치열하게 전개되었다. 이 과정에서 유직은 선비들 사이에서 죄인으로 낙인찍혀 유림 사회에서 매장되는 불명예를 감수해야만 했다.

결국 효종 조에도 서남 간의 치열한 공방전만 되풀이되었을 뿐 별다른 성과를 거두지는 못했다. 이는 서인이 강행하고, 남인이 반대하며, 국왕이 견제하는 인조 이래의 삼각 구도가 그대로 유지되었음을 의미한다.

한편 현종 초반 서인들은 기해예송을 승리로 이끌면서 집권의 기반을 더욱 강화하기에 이른다. 따라서 우율의 종사를 위한 분위기도 더욱 숙성되어 갔다. 이에 지방 유생들이 상소해 분위기를 조성하자 송준길과 유계 등이 조정에서 강청하는 방식을 통해 현종을 압박하고 있었다. 그러나 현종도 호락호락하지만은 않았다. 신중론을 핑계 대고 서인들의 압박을 교묘하게 피해 갔다. 남인들의 반대 또한 만만치 않았다. 남중유와 김강 등이 유소를 주도하는 가운데 홍우원 등은 조정에서 강력한 진영을 구축하며 서인에 대항하고 있었다. 이러한 공방전의 과정에서 근기 남인과 영남 남인의 결속력도 강화되었다.

현종의 재위 15년 동안 8도 유생의 수십 차례에 걸친 문묘종사소가 있었고, 현종 자신이 신임하던 송시열과 송준길의 강력한 건의가 있었지만 끝내 종사를 허락하지 않았다. 반대의 표면적인 이유는 유림의 논의가 귀일되지 못했다는 데 있었지만 본질적인 의도는 역시 서인의 비대화를 막는 데 있었다.

1674년 갑인예송의 결과로 50년 만에 서남 간에 정권 교체가 수반되었다. 따라서 숙종 초반(1~6년)의 남인 집권기에는 종사 논의가 일어날 수 없었다. 인조 이래 가장 잠잠했던 6년이었다. 그러나 1680년(숙종 6) 경신환국으로 남인이 축출되고 서인이 집권하면서 우율의 문묘종사가 다시 거론되었다. 이는 당연한 귀결이었다. 경신환국은 당쟁이 시작된 이래 가장 철저한 정치 보복이 단행된 사건으로 남인은 거의 초토화되었다. 따라서 종래 남인의 견제 기능도 거의 무력화되어 있었다. 여기에 비해 서인들은 재집권의 분위기에 편승해 우율의 종사를 의욕적으로 추진했다. 숙종 또한 환국의 명분을 살리기 위해서라도 서인들의 요청에 부응할 필요가 있었다.

양인을 종사하라: 숙종의 불가피한 결정

이러한 상황에서 1681년(숙종 7) 9월 성균관과 8도의 유생 500여 명이 상소해 종사를 건의하자 대신들에게 상의할 것을 명령했다. 이는 곧 수락하겠다는 뜻이었다. 이에 김수항, 김수흥, 정지화, 민유중, 이상진이 적극 찬성함으로써 4대 58년의 논쟁도 막을 내렸다. 남인의 저항력이 상실되고 국왕의 견제 기능이 약화된 상황에서 우율의 문묘종사는 일사천리로 진행되었던 것이다.

그러나 모든 것이 완결된 것은 아니었다. 1689년(숙종 15)의 기사환국은 우율의 위패를 방관하지 않았다. 정권이 교체되기가 무섭게 우율도 문묘에서 출향(黜享)되었다. 정치적인 이해득실이 맞물리는 상황이 연출된 것이다. 우율의 위패가 문묘에 온존하게 봉안된 것은 1694년(숙종 20) 갑술환국 이후의 일이었다.

숙종의 군권 강화

오군영의 등장

정치의 본질이 권력 행사에 있다면 권력의 기반은 군사력에 있었다. 이 점에서 병권은 권력의 실질적인 기반이었다. 한마디로 병권과 권력은 함수 관계에 있었다.

조선 후기 중앙 군사 제도의 핵심은 오군영이었다. 오군영은 수도와 그 외곽을 방어하기 위해 설치된 훈련도감, 어영청, 금위영, 총융청, 수어청의 통칭이다. 이 가운데 훈련도감, 어영청, 금위영은 수도 방어를, 총융청, 수어청은 수도 외곽의 방어를 담당했다.

여기서 한 가지 주목되는 사실은 임진왜란 때 설치된 훈련도감을 제외한 나머지 사군영의 설치를 서인이 추진했다는 점이다. 반정공신들은 인조의 독촉에도 불구하고 반정에 동원된 사병들을 해체하기보다는 국왕호위, 궁성 수비, 수도 방어의 병력으로 전환시키는 데 부심했다. 그 결과로써 나타난 것이 바로 오군영의 창설이었다. 인조반정 직후 마련된 호위청 군관 제도는 군영 제도의 확립를 향한 구체적인 행동이었다.

이런 흐름 속에서 이서는 경기 군사를 재정비해 총융군의 창설을 주도해 군영 신설의 단초를 열었다. 이귀는 국왕의 새로운 호위 병력으로서 어영군을 창설하는 한편 심기원 등과 더불어 남한산성을 신축해 그 입수군 조직으로 수어청을 신설했다. 이 작업은 1624년(인조 2)에서 1627년까지 약 4년 동안 삽시간에 진행되었다.

인조반정에 투입된 서인의 군사력은 이런 과정을 통해 국가의 공식적인 편제에 흡수될 수 있었다. 이는 이후 서인 정권을 유지시키는 군사력의 실체가 되었다. 창설된 군영의 규모는 병자호란 직전까지 어영군은 6천 명, 총융군은 2만 명, 수어군은 1만 2,700명에 달했다. 여기서 우리는 권력과 군사력의 상보적인 관계를 재확인하는 동시에 조선 후기 정치사가 서인 중심으로 흘러가는 중요한 실마리를 발견하게 된다.

서남 간 병권 투쟁의 가시화

중앙 군영을 창설하는 과정에서 남인의 입장은 완전히 배제되었다. 서인 정권이라는 당시의 사정을 고려할 때 이는 당연한 귀결인지도 모른다. 그러나 효종 조을 거쳐 현종 조에 이르면서 사정은 달라지고 있었다.

효종 대의 경우는 북벌 정책이 초당적으로 추진되었기 때문에 병권을 둘러싼 서남 간의 정치적인 갈등이 표면화되지 않았다. 그러나 현종 조에 접어들면서 서인과 남인은 중앙 군영의 병권을 둘러싸고 첨예한 갈등을 노정하게 된다. 이는 남인의 성장과 궤를 같이하면서 병권을 향한 남인의 도전이 가시화되었다. 더욱이 당시는 예송으로 인해 서남 간의 당쟁이 격화되면서 병권에 대한 집착도 강화되었다.

서인과 남인의 병권 경쟁은 북벌 정책으로 지나치게 확대된 군사력을 수습하는 과정에서 표출되었다. 현종은 효종의 북벌 정책을 계승하지 않았다. 이런 선상에서 효종 조에 확장된 군비를 감축하자는 논의가 대두되고 있었다. 이는 서인과 남인을 막론한 정치권의 일반적인 인식이었다. 그러나 훈련도감의 과다한 군액을 조정하는 과정에서 송시열과 이완이 견해 차이를 보임으로써 서인 내부의 혼선이 빚어졌다.

바로 이때 남인의 중진이던 허적(許積)은 송시열의 입장을 지지했다. 그 결과로써 1669년(현종 10)경에는 문제 처리의 주도권을 장악하는 한편 남인 유혁연(柳赫然)을 훈련대장에 임명하는 데 성공했다. 실로 고무적인 현상이었다.

그러나 훈련대장 유혁연은 송시열의 제안을 따르지 않았다. 도리어 그는 훈련별대(訓鍊別隊)라는 새로운 부대를 편성하고 인원을 증가시켰다. 훈련별대는 인조반정 이후 남인이 주도해 창설한 최초의 군영이었다.

사실상 훈련별대의 창설은 정초청의 발족에 대한 반발로 일어났다. 정초청(精抄廳)은 병자호란 이후 중앙의 숙위를 강화하기 위해 발족된 군영으로서 보유 병력은 1,600여 명에 불과했다. 이후 서인의 핵심 인물이 통솔하는 가운데 계속적으로 증원되어 1668년(현종 9) 정초청으로 개편될 당시에는 약 9천 명의 병력을 보유하게 되었다. 이런 상황에서 서인들은 훈련별대의 창설을 막을 명분이 없었다.

이렇게 정초청의 발족과 훈련별대의 창설로 인해 서남 간의 병권 투쟁이 보다 가시화되는 흐름 속에서 갑인예송이 일어났다.

숙종의 군권 강화와 금위영 창설

갑인예송의 결과로 남인 정권이 수립되었다. 갑인예송에서 남인의 집권으로 이어지는 일련의 정치적인 변화 과정에서 결코 무시할 수 없는 존재가 있었으니, 바로 김석주였다. 숙종 초기의 남인 정권은 허적 계열의 탁남과 외척 김석주의 연합 정권이라 해도 과언이 아닐 정도로 김석주에 대한 의존도가 높았다. 바로 여기에 남인 정권의 한계가 있었다.

김석주는 외척으로서 숙종의 신임을 한 몸에 받았다. 숙종은 김석주를 군사 문제 처리에 있어 왕과 왕실의 입장을 대변할 수 있는 적임자로 파악해 그를 중용한 것이다. 정파 사이의 병권 투쟁은 왕권 강화의 걸림돌인 동시에 경우에 따라서는 왕의 신변을 위협할 수도 있는 위험 요소였다. 숙종은 이 점을 분명하게 인식하고 있었다. 이런 상황에서 가장 신임할 수 있는 존재는 외척밖에 없었다. 김석주가 수어사에 임명된 것도 이런 맥락에서였다.

한편 남인들도 집권과 동시에 병권 장악에 착수했다. 이는 정권의 안정을 기약하는 가장 기본적인 작업인 동시에 외척의 제약에서 탈피하기 위한 노력이었다.

사실 숙종 초기 남인들의 병권 장악력은 대단히 미미했다. 훈련도감과 어영청은 집권과 동시에 장악할 수 있었지만 총융청과 수어청의 병권은 여전히 서인의 수중에 있었다. 수어사는 앞서 언급한 김석주였고, 총융사는 후일 숙종의 장인이 되는 김만기였다.

총융청과 수어청의 병권을 장악하기 위한 남인의 노력은 도체찰사부의 복설을 건의하면서 시작되었다. 도체찰사부는 효종 조까지 각종 전란에 대비하고 북벌 정책을 추진하기 위해 상설되었으나 현종 조에 이르러 폐지되었다.

그런데 윤휴가 도체찰사부의 복설을 주장하고 나섰다. 복설의 명분은 북벌을 위해 군사력을 재정비하는 데 있었다. 윤휴의 주장은 허적의 적극적인 지지 속에 1675년(숙종 1) 1월 도체찰사부의 복설로 이어졌다. 허적이 윤휴의 주장을 지지한 것은 영의정이 도체찰사를 겸직하는 관례를 의식했기 때문이었다.

바로 이 순간 숙종은 복설을 허락하면서도 남인의 병권이 비대해지는 것을 방관하지 않았다. 윤휴를 부체찰사에 임명하지 않고 수어사인 김석주에게 겸직하게 한 것은 바로 그 견제책이었다. 서인 세력의 제압을 위해 남인을 우대하면서도 병권과 같은 권력의 핵심부에는 외척을 중용해 권력 분산을 유도한 것이다. 한마디로 외척을 통한 주도면밀한 이중 견제책이었다.

일단 도체찰사부는 복설되었지만 모든 것이 순조롭게 진행되지는 않았다. 도체찰사부가 중앙 군영까지 통제하려는 움직임을 보임으로써 자연 반발이 초래되었다. 도체찰사부는 유사시에 병권을 총괄하는 최고 군사령부이지만 중앙 군영을 통제할 수는 없었다. 그런데 허적은 도체찰사부의 출진처로 내정된 대흥산성의 축조에 훈련도감과 어영청의 병력을 동원하는 과감성을 보였다.

여기에 반발한 김석주는 도체찰사부 설치에 따른 재정상의 부담을 구실로 혁파를 주장해 숙종의 허락을 얻었다. 이로써 도체찰사부는 복설된 지 2년 4개월 만에 혁파되고 말았다.

이후 도체찰사부는 1678년(숙종 4) 12월 남인의 요청으로 다시 설치되었다. 이때 허적은 윤휴와 이원정을 부체찰사에 추천했으나 숙종은 이를 기각하고 김석주를 임명했다. 여기서 우리는 숙종의 견제책을 다시 한 번 확인하게 된다.

이런 흐름 속에서 1680년(숙종 6) 3월, 유악(油幄) 사건이 발생했다. 허적이 궁중에서 사용하는 장막을 자의적으로 사용하는 무례를 범한 것이다. 이에 숙종은 남인 정권에 대해 강한 회의를 품고 환국을 준비하게 된다. 훈련대장 유혁연을 해임해 김만기로 대체한 것은 그 시작이었다. 이후 모든 중앙 군영의 대장들도 서인으로 교체되었다. 남인 축출의 기반은 이렇게 조성되었다.

김석주는 그동안 대흥산성을 중심으로 한 남인의 움직임을 비밀리에 조사해 이른바 삼복(三福)의 변이라는 역모 사건을 폭로해 남인에게 결정적인 타격을 입혔다. 허적의 서자 허견이 대흥산성의 병력을 배경으로 인평대군의 아들 복창군, 복선군, 복평군과 결탁해 역모를 도모했다는 것이 사건의 골자였다.

이 일련의 사건을 계기로 경신환국이 발생해 정권은 다시 교체되었다. 경신환국으로 이후 김석주는 군사 문제에 있어 주도적인 위치를 견지할 수 있었다. 그는 관리사(管理使)의 직책으로 대흥산성을 관장하는 한편 1682년(숙종 8)에는 병조판서로서 금위영 창설을 주도했다. 금위영은 훈련별대와 정초청의 병력과 훈련도감의 일부 병력을 주축으로 창설된 군영으로서 주된 임무는 궁성을 숙위하는 것이었다. 인조반정 이후 중앙 군영의 핵심으로 부상한 오군영은 이렇게 완성되었다.

금위영의 탄생은 왕과 왕실이 권위를 재확인하려는 의식이 외척을 통해 표출된 현상이었다.

서인의 집권, 경신환국

환국이란 정국이 한꺼번에 전면적으로 바뀌는 것을 말한다. 숙종 대에는 이러한 환국이 세 차례에 걸쳐 단행되었다. 그러나 이는 제각기 경신대출척이니, 기사환국이니, 갑술경화니 하는 조금씩 다른 용어들로 표현되기도 한다. 무능한 사람을 내쫓고 유능한 사람을 올려 등용한다는 출척(黜陟), 고쳐서 다시 새롭게 한다는 경화(更化)라는 말은 서인들이 집권할 때 보다 좋은 의미를 부여하기 위해 쓴 말이다. 서인의 입장에서 경신년의 환국은 그야말로 출척이었다. 그러나 남인은 이를 무엇이라 일컬었을까. 그것은 바로 '사화'였다.

서인 재집권의 일등공신 차일(遮日)

1680년(숙종 6) 3월 28일 허적은 그의 조부인 잠(潛)이 시호를 받는 것을 축하하는 연시연(延諡宴)을 베풀었다. 그의 조정에서의 막강한 영향력 탓에 각사와 8도 및 문무백관이 모여 인산인해를 이루었다. 그런데 '잔치에 오는 자들 중 병판 김석주, 광성부원군 김만기와 같은 편 사람들을 독살하고 허적의 서자 견(堅)은 장막 뒤에 따로 무사를 모아 놓고 들이치려고 한다'는 소문이 돌았다.

허적은 김석주, 김만기를 초청하기 위해 견을 다섯 번씩이나 보냈다. 그러나 이 소문을 익히 들어 알고 있었던 김석주는 병을 핑계로 가지 않고 김만기에게 이렇게 말하며 참석을 권했다.

> 우리 두 사람 모두 잔치에 가지 않으면 저 사람들은 반드시 의심할 것이오.
>
> ─《연려실기술》권34, 〈숙종 조 고사본말〉 경신대출척 허견지옥

김만기는 일부러 느지막이 도착했다. 그는 자리에 앉자마자 배고프다며 바로 남의 잔을 빼앗아 마시고 돌림잔이 오면 일부러 받지 않았다. 독

살을 염려한 것이었다.

그때 마침 비가 내렸는데 임금이 이를 염려해 특별히 궐내에서 쓰는 기름 먹인 장막과 차일을 찾아 주라 했다. 그러나 이미 허적이 허락도 없이 그 물건들을 가져간 뒤였다.

궐내에서 쓰는 장막을 임의로 가져가는 것은 한명회도 못하던 짓이다.

－《연려실기술》권34, 〈숙종 조 고사본말〉 경신대출척 허견지옥

성종 때 한명회가 중국 사신을 자신의 정자인 압구정에 초대해 연회를 베풀 때에 대궐에서 쓰는 장막[龍鳳帳幕]을 달라고 하다가 말썽이 된 일이 있었다. 숙종은 불쾌한 마음에 내시를 시켜 거지처럼 해어진 옷을 입혀 보내 정탐하게 했다. 과연 잔치에 참여한 서인은 김만기, 오두인, 이단하 등 몇 사람뿐이었고 거의가 기세등등한 남인이었다.

사태의 급박함을 알리는 남두북의 보고에 따라 숙종은 궐문을 닫지 말라고 명하고 유혁연, 신여철, 김만기를 패초(牌招, 나라에 급한 일이 있을 때 왕이 신하에게 패를 보내 부르는 것)했다. 연회에 참석했던 유혁연과 김만기가 패를 받고 일어났다. 허적은 김만기를 붙잡으며 말했다.

이것이 도대체 무슨 까닭입니까? 공은 알겠지요.

－《연려실기술》권34, 〈숙종 조 고사본말〉 경신대출척 허견지옥

김만기는 자신도 알지 못한다고 대답하면서 손을 뿌리치고 나왔다. 좌중이 모두 놀라서 얼굴빛이 변하지 않는 사람이 없었다. 군사를 거느린 여러 신하를 부르는 것은 정국 변동이 박두했음을 의미하기 때문이었다.

허적은 이제 화를 면할 수 없게 되었음을 예감했다.

숙종은 훈련대장직을 남인인 유혁연에서 서인인 김만기로 교체하고, 총융사에는 신여철, 수어사에는 김익훈 등 모두 서인을 임명했다. 그다음 날로 예송 패배로 철원으로 유배가 있었던 김수항을 석방하고 또 같은 날 편당적으로 인물을 등용해 일당전세를 확충시킨 죄로 이조판서 이원정이 삭탈관직 문외출송되었다. 이어 김수항을 영의정, 정지화를 좌의정, 남구만을 도승지, 조지겸을 이조좌랑에 임명하는 등 서인들이 대거 요직을 차지하고 남인들은 사직하거나 축출당했다. 이것이 바로 예론의 시비문제로 집권했던 남인이 몰락하고 서인이 재집권한 경신환국이다.

남인의 제거 : 허견의 옥사

1679년(숙종 5) 10월부터 허적 일당을 대하는 왕의 기색이 심상치 않았다. 허적도 이를 눈치챘던 것일까? 경신환국이 일어나던 그날도 "지난 10월부터 주상의 자못 싫어하는 기색이 있었으니 청대해도 소용없다."라는 푸념 섞인 말을 남기고 있다.

차일 사건은 하나의 작은 구실일 뿐이었다. 남인 세력의 제거는 오래전부터 예고된 것으로 이미 남인들에게 염증을 느낀 숙종을 등에 업은 외척 김석주의 정치극이었다. 그것이 허적의 연회날 마치 돌발적인 일인 것처럼 단행되었을 뿐이었다.

불과 며칠 만에 정국이 일변했다. 그러나 단순히 서인과 남인의 정권교체에만 그치지 않았다. 외척 김석주는 유약한 숙종을 보호한다는 명분 아래 남인과 친밀한 관계에 있던 종친 세력을 완전히 제거하려는 공작을 꾸몄다.

경신환국이 단행된 지 7일 만인 숙종 6년 4월 5일, 김석주의 밀객인 정원로와 강만철은 허견(許堅) 등이 복선군 남을 옹위하고자 한다고 고변했다.

> 신 정원로는 허견과 더불어 병진년부터 사귀어 왔습니다. 저의 집
> 에서 복선군과 허견 등이 만난 자리에서 허견이 "주상의 춘추가 젊으
> 신데 몸이 자주 편찮으시고 또 세자가 없으니, 만약 불행한 일이 있으
> 면 대감이 임금 자리를 면하려도 될 수가 없을 것입니다."고 하니, 복
> 선군이 대답이 없었습니다. 허견이 말하기를, "이제 나라가 장차 망하
> 려는데 반드시 잘해야 할 것이며, 당론을 마땅히 타파해야 할 것입니
> 다."라고 했습니다. 주상께서 허적을 신임하고 존중하시므로 무고했
> 다는 죄를 입을 것을 두려워해, 이제까지 주저하다가 감히 숨길 수 없
> 어서 아룁니다.

– 《숙종실록》 권9, 숙종 6년 4월 갑자

허견은 언젠가 그의 아버지인 허적이 "왕이 병약하니 장차 어찌할꼬?"
하니 민희가 "복선군이 있습니다."라고 했다는 말을 들은 적이 있었다. 이
에 견은 아버지의 권세와 명망을 이용해 복선군과의 관계를 돈독히 했다.
그런데 그는 경솔하게도 왕위 문제까지 발설하고 말았다. 그것을 같이 상
의했던 정원로가 고변했다.

복선군 남은 허견으로부터 들은 내용에 대해 시인했다. 허견 역시 "복
선군과 같이 정원로의 집에 모여 병이 잦은 왕에게 만약 불행한 일이 닥
치면 화를 예측할 수 없다. 반드시 도체찰사부를 복설해 만일의 사태에
대비해야 한다."라는 뜻을 윤휴와 이원정에게 전하고 그들의 협조를 요청
했다고 자복했다.

더 이상 말이 필요 없었다. 사건의 전모가 밝혀짐에 따라 복선군이 교
수형에 처해지는가 하면 허견은 능지처참을 당했다. 허적은 역모와 특별

히 관련된 흔적이 없는데도 부자 연좌율에 의해 삭직되어 내쫓겼다. 죽음을 면한 것은 그가 고명대신이었기 때문이었다. 그러나 허견의 겁탈 사건을 재조사한 결과 허적은 임금을 속이고 온갖 방법을 동원해 허견을 벌하지 않았다는 죄명으로 결국 사사당했다.

한편 송시열의 영원한 숙적 윤휴 역시 대비를 조관(照管)하라고 했던 점, 복선군 형제와 친분이 돈독하며 도체찰사부의 복설을 주장했던 점, 그리고 그 부찰사의 차출 때에 자신이 임명되지 않자 왕 앞에서 현저하게 불쾌한 기색을 나타냈다는 등의 죄목으로 사사되었다. 허견의 옥사가 완전히 끝나는 5월까지 종친 세력과 연결된 100여 명이 넘는 남인들이 갖가지 죄목으로 처벌되었다.

왕은 김석주를 원훈으로 해 공신 책봉을 단행했다. 이에 양사에서는 "고변서가 사전에 먼저 올라와서 흉도가 잡히고 심문하기도 전에 괴수가 실정을 자복했는데 신하가 무슨 공로가 있다고 과중한 녹공을 하려 합니까?"라며 강한 의문을 제기했다. 이에 아랑곳하지 않고 왕은 보사공신 1등에 김만기와 김석주를, 2등에 이립신을, 3등에 남두북과 정원로, 박빈을 올리며, 삼복 형제와 허적 일가에서 적몰한 재산을 이들에게 나누어 주었다.

숙종이 하찮은 별군직인 이립신 같은 자의 이름을 거론했다는 것은 이 사건이 김석주 등의 장기간의 정탐으로 조작된 사실임을 암시한다. 이립신과 남두북은 이른바 '정탐조'였던 것이다. 허견의 옥사는 허견의 역모 사실을 미리 자세히 알고 있었던 김석주 등에 의해 벌써부터 예비되었던 것이라고도 할 수 있겠다. 또한 허견의 옥사는 그보다 7일 전에 있었던 경신환국과도 물론 밀접한 관계가 있는 사건이다. 말하자면 경신환국과 뒤이은 허견의 옥사는 현종 말년에 남인들과 손잡아 예론의 문제로 서인을 제거했던 김석주가 이제 또 치밀한 계획하에 외척 세력을 견제하던 남인을 제거한 정치적 환국이었다.

남인들에게 경신년의 옥사는 억울하기 그지없는 사건이었다. "이 옥사는 삼복 형제와 허견이 바라서는 안 될 자리를 넘본 죄뿐이라, 역적과는 다르니 형벌은 그들 자신에게 그치는 것으로 족하다."라고 하며 윤휴 등 일군의 남인 세력이 화를 당한 데 대해 사화를 입었다고까지 말하고 있다. 남인들에게 김석주는 중종 대의 남곤과 심정이라고 할 수 있었다.

노소 분당의 전주곡

술이부작(述而不作)하노라

회덕(懷德)에 살던 송시열과 니산(尼山)에 살던 명재 윤증은 사제 간이었다. 그리고 윤증의 부친인 미촌 윤선거(尹宣擧)는 송시열과 함께 사계 김장생(金長生) 문하에서 수학한 동문이었다. 그런데 그 둘 사이에서 시비가 벌어지게 되었으니 그 발단은 바로 윤증의 아버지인 윤선거의 묘갈명에 있었다.

윤선거는 병자호란 때 가족을 이끌고 강화도에 피난하고 있는데, 강화가 함락될 즈음에 윤선거의 부인 이씨가 적병에게 죽임을 당하느니 차라리 자결하는 것이 낫겠다면서 스스로 목을 매었다. 그리고 윤선거와 함께 의병으로서 성을 지키던 권순장과 김익겸도 모두 순절했다. 그러나 윤선거는 평민의 복장을 하고 침원군의 마부로 변장해 강화도를 탈출했다. 물론 그는 남한산성에서 병든 몸을 이끌고 척화를 외치던 그의 부친 윤황을 만나기 위해 그곳으로 갔다.

어쨌든 이렇게 해서 윤선거는 무사히 살아남게 되었다. 그러나 부인이 자결하고 그와 함께 성을 지키던 사람들이 순절했음에도 불구하고 자신만 살아남았다는 것은 분명 칭송받을 일은 아니었다. 이 때문에 윤선거 자신도 폐인으로 자처하며 일체의 벼슬길을 사양하고 향촌에 은둔해 학업에만 전념했다. 물론 재혼도 하지 않았다.

윤선거의 강화 사건에 대해 송시열은 윤선거의 제문에서 "커다란 난리를 겪었는데 완벽하게 처신하지는 못했지만 늙으신 부모가 계시므로 자기 마음대로 할 수는 없었다."라고 했다. 대개 윤선거의 변명을 인정한다는 뜻이다. 그리고 이후 벼슬길에 나아가지 않은 것에 대해서는 조행이 깨끗해 티가 없다며 칭찬하는 뜻을 분명히 했다.

윤선거가 66세의 나이로 노성군 니산에서 별세한 것은 1669년(현종 10) 4월 18일이었다. 그리고 4년이 지난 뒤 1673년 그의 아들 윤증은 박세채(朴世采)가 써 준 행장을 가지고 송시열에게 묘갈명을 부탁했다. 묘갈명이란 죽은 이의 일대를 기술하는 서(序)와 그를 바탕으로 공적을 기리는 명(銘, 새긴다는 뜻. 함축적인 운문으로 죽은 사람의 덕망을 기려 새긴다는 뜻으로, 묘갈명의 본령은 바로 이 명에 있었다)으로 구성된 것이다. 따라서 죽은 이에 대한 칭송이 전제된 것이다.

이듬해 윤증이 받은 묘갈명은 전혀 기대 밖의 문자로 구성되어 있었다. 송시열은 자신의 말로써 윤선거를 칭송한 것이 아니라 박세채가 이러이러하게 윤선거를 칭송했는데 나는 박세채를 믿으니 그의 말을 술이부작(述而不作, 이전의 설을 본받아 서술할 뿐 스스로 짓지 않는다는 뜻)한다고 한 것이다. 윤증이 불만족스럽게 여겼을 것은 당연했다. 1676년(숙종 2)에서 1678년에 걸쳐 보낸 몇 편의 편지에서 윤증은 묘지명의 개찬을 간곡하게 부탁했다. 그리고 박세채도 묘갈명에 일일이 찌를 붙여 송시열을 직접 찾아가 개찬을 부탁했다. 그러나 송시열은 형식적으로 고쳐 주었을 뿐이었다.

윤휴가 옳소, 주자가 옳소?

송시열은 윤휴를 사문난적(斯文亂賊)으로 배척했다. 즉 윤휴가 주자의 학설에 반대해 자신의 학설로 주자를 비판하고 또 중용주설을 저술해 주자의 중용장구에 정면으로 도전했기 때문에 이렇게 공격한 것이다. 물론 기본적으로 1659년(현종 1) 기해년 예송에서의 대립에 그 원인이 있지만, 그와 함께 윤휴의 주자 비판은 송시열로 하여금 윤휴에 대한 공격을 사문난적이라는 차원으로 끌어올리는 구실을 했다.

송시열의 윤휴에 대한 생각은 1665년(현종 6) 이른바 동학사 논쟁에서 잘 드러난다. 당시에 사계의 문하생인 송시열, 윤선거, 이유태 등 몇 사람이 동학사에 모여 우율연보(우계 성혼과 율곡 이이의 연보)를 편찬했다. 이때에 윤휴가 옳으냐 그르냐 하는 논쟁이 벌어졌는데 종일 그칠 줄 모르는 논쟁으로 해가 저물었다. 송시열은 윤선거에게 한마디로 대답하라고 윽박질렀다.

> 더 이상 길게 논쟁할 것이 없다. 문제를 분명하게 하기 위해 일도양단식으로 판결을 내는 것이 어떠하겠는가? 문제의 핵심은 주자가 옳으냐 아니면 윤휴가 옳으냐, 주자가 틀렸느냐 아니면 윤휴가 틀렸느냐 하는 것에 있다. 당신은 어느 것이 시(是)고 어느 것이 비(非)라고 생각하느냐?
>
> – 《송자대전》권122, 〈서여혹인〉

그야말로 전형적인 흑백논리로 논박한 것이다. 이때 윤선거는 한참 동안 고심한 끝에 대답했다.

> 시비론보다 흑백론으로 본다면 윤휴는 흑이라고 할 수 있으며, 음

양으로 논한다면 음이라고 할 수 있을 것이오.

- 《송자대전》 권122, 〈서여혹인〉

이렇게 답변한 윤선거는 나중에 편지를 보내 자신이 흑이니 음이니 한 것은 그의 학설일 뿐 인품에 대한 평가는 아니라고 자신의 의사를 밝혔다.

이러한 논쟁은 둘 사이에 인식의 차이가 존재한다는 분명한 흔적을 남겼다. 윤선거는 같은 선비의 입장에서 윤휴와 송시열의 관계를 원만하게 유지하려는 뜻이 있었지만, 송시열은 윤선거가 여전히 윤휴를 인정하고 있다는 생각을 굳혔다. 난적의 추종자를 먼저 처단하는 것이 춘추의 대의였다.

주자가 우뚝 서 계시는데

송시열은 주자를 배우고 주자를 믿고 주자를 따르는 그야말로 신앙적 차원의 주자학자였다. 그의 연보에 보면 효종과의 대화에서 효종의 "경은 말씀하실 때마다 반드시 주자를 일컫습니다."라는 말에 "말마다 옳은 이가 주자이며, 일마다 옳은 이가 주자이십니다."라고 답했다고 한다. 이렇 듯 그의 주자관은 단순히 학문적 차원에만 한정된 것이 아니었다.

근본적으로 송시열은 주자의 남송 시대가 자신의 시대와 동일하다고 인식했다. 주자가 당시의 문제점을 해결하기 위해 제시한 모든 대책은 바로 지금에 그대로 적용된다고 생각했다. 북쪽의 오랑캐에 밀려 있는 상황이 그러하고, 당론으로 얼룩진 조정이 그러하다고 생각했다. 이런 그의 인식은 필연적으로 주자와 자신을 동일시했다.

송시열은 특히 주자의 직(直)에 철저한 실천자였다. 그는 임종에 앞서 제자들에게 이렇게 말했다.

천지가 만물을 생성한 소이와 성인이 만사를 상응한 소이는 '직(直)'일 뿐이었으니, 공자와 맹자 이래로 서로 전한 것은 오직 하나의 '직'이었고 주자의 문인으로 의탁한 사람들도 이 틀을 벗어나지 않았다.

- 《숙종실록》 권21, 숙종 15년 6월 무진

그리고 이러한 '직'이 가장 잘 표현된 증주벽립(曾朱壁立, 증자와 주자가 우뚝하게 서 있다는 뜻)이라는 글귀를 좌우명으로 삼았다. 이 글귀의 벽립은 본래 주자가 한탁주에게 위학(거짓된 학문이란 뜻으로 사교와 같은 개념)으로 몰리면서 다음과 같이 말한 데서 따온 것이다.

오늘날 화를 피해야 한다는 말을 하는 자는 참으로 서로 아껴주는 데서 나왔지만, 만약 나를 만 길 절벽처럼 우뚝하게 서게 한다면 어찌 더욱 우리 도학의 빛이 되지 않겠는가?

- 《송자대전》 권2, 〈차초려적중운〉

즉 순교자의 길을 가겠다는 주자의 이 말을 송시열은 매우 아껴 자신의 유배지인 제주도와 서울의 거주지인 명륜동의 바위에 새겨 두었다. 한탁주와도 같은 윤휴를 배척할 수만 있다면 순교자의 길도 마다하지 않겠다는 것이 송시열의 다짐이었던 것이다.

사실 이렇게 보면 두 가지 점에서 송시열은 윤선거의 묘갈명을 지을 마음이 애초에 없었다. 하나는 윤선거가 강화도에서 절개를 지키지 못한 때문이요, 다른 하나는 윤선거가 윤휴를 인정한 때문이다. 더욱이 묘갈명이란 칭송해야 하는 글인데 아무리 자신과 가까운 사이라고 하더라도 칭송할 수 없는 부분을 칭송한다는 것은 자신이 견지하는 '직'에 어긋나는 일이었다.

그러나 이러한 마음을 이해하지 못하는 박세채와 윤증의 간곡하고도 강한 청탁으로 집필에 임하게 되었던 것이다. 이런 상황에서 씌어진 글이니 그 묘갈명의 내용이 어떠했는가 하는 것은 충분히 짐작할 수 있었다. 그렇게 쓸 수밖에 없었던 것이 송시열의 속마음이었던 것이다.

남인의 집권, 기사환국

송시열의 죄범은 흉역하나, 나이가 여든이 넘었으므로 국문할 필요는 없습니다. 성상께서 참작해 처리하시는 것이 좋겠습니다.

> 대신의 말이 이와 같으니 참작해 사사(賜死)하되, 의금부도사가 갈
> 때에 만나는 곳에서 즉시 거행하게 하라.
> 　　　　　　　　　　　- 《연려실기술》 권35, 〈숙종 조 고사본말〉 원자정호

이때 송시열은 귀양지 제주에서 압송되는 중이었다. 83세의 노구임에도 불구하고 정신은 조금도 쇠약하지 않았다. 김수항이 1개월 전에 사사되었다는 말을 듣고는 담담한 마음으로 문곡묘갈명(文谷墓碣銘)을 지었다. 그러나 자신의 죽음을 예감한 탓인지 노유의 붓끝에는 울분과 회한이 서려 있었다.

상경하는 압송 행렬과 내려가는 의금부도사의 행렬은 정읍에서 마주쳤다. 공교롭게도 회덕과 멀지 않은 이곳에서 사사의 명이 집행되었다. 송시열은 사약 두 사발을 자진해 마시고는 영욕이 교차하는 파란만장한 생애를 마감했다. 1689년(숙종 15) 6월 3일의 일이었다. 이때 자손 등에

게 남긴 시제자손질손등(示諸子·孫姪孫等)이라는 친필 유서가 아직도 세상에 전해진다.

희빈 장씨가 낳은 숙종의 첫 아들(훗날 경종)의 원자 정호에 반대한 것이 단초가 되어 기사환국이 일어났다. 대로(大老) 송시열은 종통을 어긋나게 하고 국본(國本, 세자)을 동요시켰다는 등의 죄명으로 사약을 받은 것이다.

중전 민씨와 희빈 장씨

경신환국 후 남인과 서인의 정권 교체가 이루어졌다. 그러나 서인들은 임술고변(1682)을 거치면서 훈척에 대한 태도 여하에 따라 다시 노론과 소론으로 분기하는 가운데 회니시비(懷尼是非)로 인해 반목의 골이 깊어 갔다.

1684년(숙종 10) 9월 '정권 제조기' 김석주의 죽음으로 훈척의 기세는 위축되었지만 노론과 소론의 갈등은 더욱 격화되고 있었다. 이런 가운데 숙종 12년에 들어서면서부터는 '궁중 비사'가 당쟁의 새로운 주제로 대두하게 되었다. 숙종의 첫째 부인이었던 인경왕후(김만기의 딸)는 자식을 낳지 못한 채 1680년(숙종 6)에 사망했다. 그런데 계비로 들인 인현왕후(민유중의 딸)도 수년이 지나도록 자식을 생산하지 못하고 있었다. 이런 분위기에 편승해 궁녀 장씨가 숙종의 은총을 독차지하고 있었다.

장씨는 인평대군의 아들 복창군과 복선군의 심복이던 역관(譯官) 장현의 종질녀로서 인경왕후 사망 이후 나인으로 선발되어 궁중에 들어온 여자였다. 여느 나인과 마찬가지로 남색 치마에 옥색 회장저고리를 걸쳤지만 평범한 여자가 아니었다. 빼어난 용모로 숙종을 매료시켜 사랑을 독차지했다. '성은(聖恩)'을 입은 것이다.

그러나 숙종과 장씨의 관계를 눈치챈 대비 명성왕후가 장씨에게 추방령을 내림으로써 생이별을 당하고 말았다. 이후 장씨는 숭선군의 아내이며 동평군의 어머니인 신씨의 보살핌을 받았다.

중전 민씨는 그 일을 듣고 조용히 명성왕후에게 아뢰었다.

> 임금의 은총을 입은 궁인이 오랫동안 민간에 머물러 있는 것은 사체가 지극히 미안하니 다시 불러들이는 것이 마땅할 듯합니다.
>
> – 《단암만록》

그러나 명성왕후는 이렇게 대답하며 끝내 허락하지 않았다.

> 내전이 그 사람을 아직 보지 못했기 때문이오. 그 사람이 매우 간사하고 악독해, 주상이 만약 꾐에 빠지게 되면 국가의 화가 됨은 말로 다할 수 없을 것이니, 내전은 후일에도 마땅히 나의 말을 생각해야 할 것이오.
>
> – 《단암만록》

명성왕후가 승하한 후에 민씨는 임금을 위해 다시 말했다. 이에 숙종은 곧바로 장씨를 입궁시켜 재회하기에 이른다.

이제 장씨는 총애를 믿고 교만 방자하기 이를 데 없는 여자로 돌변해 갔다. 중전의 부름에도 순응하지 않을 때가 많았다. 어느 날 중전이 명해 종아리를 때리게 하니 장씨는 더욱 원한과 독을 품었다. 명성왕후의 말대로 장씨는 민씨에게 큰 근심거리가 되고 말았다.

숙종의 장씨에 대한 총애가 날로 더해 가던 어느 날 부교리 이징명이 상소해 화란의 근원인 장씨의 추방을 요청했다. 임금이 소리를 버럭 지르며 말했다.

너희들의 방자함이 이와 같기 때문에 청나라 사람들이 군주는 약하고 신하가 강하다는 말을 한다.

- 《숙종실록》 권17, 숙종 12년 윤 4월 29일

이징명의 상소는 장씨에 대한 왕의 총애만을 의식한 것이 아니었다. 즉 경신환국 당시에 피해를 당한 남인들이 장씨를 통해 조정에 등용되어 보복할지도 모른다는 우려 때문이었다.

이징명은 파직된 반면 장씨는 숙원에 봉해짐으로써 더욱 융숭한 대우를 받았다. 그러나 한성우 등 많은 신하들은 미색에 빠진 숙종을 경계하며, 장씨 때문에 화란이 닥칠 것이라고 계속 이의를 제기했다. 1687년(숙종 13) 7월에는 후궁을 배척한 김창협의 상소로 인해 그 아버지인 김수항이 성 밖으로 쫓겨나는 사건이 발생하기도 했다.

그해 6월 혜민서(의약과 서민의 치료에 관한 사무를 맡아보는 종6품 관아) 제조 자리에 공석이 생기자 숙종은 동평군을 임명하는 특지를 내림으로써 또 다른 정치적 파문을 초래했다. 동평군은 인조의 5남 숭선군의 장남으로 종친이었다. 각 사(司) 제조 가운데 사옹원과 종부시를 제외하면 종친의 혜민서 등용은 전례가 없는 일이었기 때문이다.

동평군의 특별 대우를 비판한 박세채는 체직을 당했고, 그를 옹호했던 영의정 남구만과 우의정 여성제는 위리안치되었다. 또 이들을 구하려던 수많은 대신들이 파직당했다. 이는 장씨의 일을 핑계로 오래전부터 숙종을 괴롭히던 서인에 대한 분노의 표출이었다.

이런 가운데 숙종이 왕위에 오른 지 14년 만에 장씨가 왕자 균(훗날의 경종)을 낳았다. 장씨의 친정어머니는 이때 동평군 소유의 '덮개 있는 가마'를 타고 딸의 산후 조리를 위해 궁중에 들어왔다. 이를 참람하게 여긴 지평 이익수와 이언기가 가마를 불사르는 한편 상소를 올려 장씨모의 무엄함을 규탄했다. 왕이 총애하는 후궁이며 왕자를 낳은 장씨의 어미에 대한 서인들의 무례한 행동은 숙종의 분노를 더욱 촉발시켰다.

송시열이 원자 정호를 반대하다

숙종은 1689년(숙종 15) 1월 10일에 갑자기 원자의 명호(名號)를 정하기 위해 영의정 김수흥 등 8명의 대신들을 소집했다.

> 국본을 정하지 못해 민심이 매인 곳이 없으니, 지금 새로 태어난 왕
> 자로 원자의 명호를 정하려 한다. 만약 선뜻 결단하지 않고 머뭇거리
> 며 관망만 하고, 감히 이의를 제기하는 자가 있다면, 벼슬을 바치고
> 물러가라.
>
> — 《숙종실록》 권20, 숙종 15년 1월 10일

비록 후궁 소생이라 하더라도 일단 명호를 정하면 원자(元子)가 된다. 원자가 되면 나중에 설사 왕비가 왕자를 낳더라도 그가 세자로 책봉된다. 숙종의 너무나 뜻밖이고 과격한 말에 여러 신하들은 당황했다.

> 중궁께서 춘추가 지금 한창이시고, 다른 날의 일을 알 수 없으니,
> 갑자기 이런 일을 의논하는 것은 너무 급하지 않겠습니까? 이미 왕자
> 를 두시어 백성들이 의지할 곳이 생겼으니, 다른 날에 중궁께서 생남
> 의 경사가 없으면, 국본은 자연히 정해질 것입니다.
>
> — 《숙종실록》 권20, 숙종 15년 1월 10일

대신들의 한결같은 생각이었다. 숙종이 거의 서른 살이 되도록 후사가 없다가 이제야 비로소 왕자를 두었으니, 그 기쁨을 이기지 못하는 것도

당연했다. 그러나 숙종과 중전의 나이가 아직 한창인 데다 왕자가 탄생한 지도 겨우 두어 달밖에 안 되었으니 급하게 서두를 이유가 없었다.

그러나 논의가 나온 지 하루 만에 숙종은 결단을 내렸고, 그로부터 5일 후 원자의 정호를 종묘사직에 고했다. 서인의 반대를 제압하고 장씨 소생의 왕자를 원자로 정한다는 것은 왕권을 과시하는 사건인 동시에 서인의 정치생명에 적신호가 왔음을 의미했다.

서남 간의 정국 변동은 2월 1일 송시열이 명호를 정한 것이 너무 성급한 조처라고 주장하면서 시작되었다.

> 철종(哲宗)은 열 살인데도, 번왕(藩王)의 지위에 있다가 신종(神宗)이 병들자 비로소 책봉해 태자(太子)로 삼았습니다. 이와 같이 그 책봉을 천천히 한 것은, 제왕의 큰 거조(擧措)는 항상 여유있게 천천히 하는 것을 귀하게 여기기 때문입니다. 위호를 정한 것은 너무 이른 처사입니다.
>
> - 《숙종실록》 권20, 숙종 15년 2월 1일

숙종은 서인 정권하에서 자신의 뜻을 관철할 수 없다고 생각했다. 일찍이 이정명이 경신년 이후 피죄인을 서용하자는 말에 수긍한 것으로 보아 내심 남인의 등용을 고려하고 있었던 것이 분명하다. 이렇게 정국 변동을 도모하고 있던 숙종에게 송시열의 상소는 기막힌 빌미가 되었다.

> 대명 황제는 황자(皇子)를 낳은 지 넉 달 만에 봉호(封號)한 일이 있었는데, 송시열이 이와 같이 말한 것은 무슨 뜻이냐? 마땅히 멀리 귀양을 보내야 할 것이지만 그래도 유신이니, 삭탈관작하고 성문 밖으로 내치게 하라. 유현으로 윤증을 대우하지 말라고 하교했던 일에

대해서는 이제 명해 환수함이 옳겠다.

- 《숙종실록》 권20, 숙종 15년 2월 1일

송시열의 처벌, 그것은 곧 서인에서 남인으로의 환국을 의미했다.

남인의 집권 : 민씨와 장씨의 운명의 교차

남인이 대거 등용되어 권대운, 목래선, 김덕원이 정승의 자리에 올랐고 민암과 심재, 민종도 등이 요직에 올랐다. 윤휴를 비롯해 경신환국에서 화를 당한 많은 사람들이 신원되었다.

물론 남인들에 의해 환국이 일어난 것은 아니었다. 그러나 서인에 대한 증오는 숙종과 남인이 별반 다를 것이 없었다. 숙종의 지휘와 남인의 협찬으로 송시열을 위시한 100여 명의 서인이 정계에서 축출되었다. 김수항과 김수흥, 그리고 경신환국과 임술년 고변 등을 통해 남인을 제거하고자 했던 자들이 처벌되었다. 경신환국으로 책봉된 보사공신의 녹훈도 회수되었다. 서인과 남인을 번갈아 농락하던 김석주의 가산은 적몰되고 외아들 도연은 자살했다. 자식이 없던 도연의 죽음으로 김석주는 마침내 후사마저 끊겼다.

3월 18일에는 서인에 대한 가장 철저한 응징 조처로서 이이와 성혼의 문묘 출향을 단행했다. 서인의 정통성이자 존립의 의미 자체가 부정된 것이었다. 숙종은 그들을 배향한 지 7년 만에 다시 출향해 양현의 위판을 땅에 묻어 버렸다. 서인에 대한 조처는 여기서 멈추지 않았다.

인현왕후 민씨가 폐출되었다. 장씨에 대한 총애 때문만이 아니라 그의 아비가 서인의 거물이었다는 사실이 이미 폐비 문제를 예감하게 했다. 1689년(숙종 15) 4월 21일, 대사헌 목창명 등 열두 명이 송시열의 처벌을 상소하는 자리에서 숙종은 인현왕후에 대한 폐비 문제를 거론했다.

중전은 투기의 습관이 있다. 어느 날 나에게 말하기를, "꿈에 선왕과 선후를 만났는데 두 분이 나를 가리키면서 말하기를 숙원은 아들이 없을 뿐만 아니라 복도 없으니, 오랫동안 궁궐에 두게 되면 경신년에 실각한 사람들에게 당부(黨付)하게 되어 국가에 이롭지 못할 것이라 했습니다." 했다. 부인의 투기는 옛날에도 있었지만 어찌 선왕과 선후의 말을 가탁해 공동(恐動)시킬 계책을 세운 것이 이토록 극심한 지경에 이를 수가 있겠는가? 간교한 정상이 폐부를 들여다보듯 환하다. 또 원자가 탄생하자 더욱 기뻐하지 않으면서 말하기를, "실로 이는 뜻밖이다." 했다. 일찍 국본을 정한 데에는 뜻이 있는 것이다.

－《숙종실록》 권20, 숙종 15년 4월 21일

숙종은 폐비 문제를 거론한 지 하루 만인 4월 22일 귀인 김씨를 폐출시켰다. 이어 4월 23일은 민씨의 탄일로 문무백관이 문안을 드리려 했으나 숙종은 이를 금지시켰다. 심지어는 중궁에 들어간 음식마저 모두 후원에 묻고 오히려 민비의 폐출을 명했다. 남인과 서인을 막론하고 포의의 선비들까지도 폐비 문제에 반기를 들고 나왔으나 왕의 조처는 너무나도 단호했다.

숙종은 신료들이 더 이상 반대하지 못하도록 폐비 반대 상소를 올린 오두인, 박태보 등을 잡아 친히 국문까지 했다. 박세당의 아들인 박태보는 기둥에 거꾸로 매달려 단근질을 당했다. 역적이 아님에도 역적보다 더한 인물로 여겨져 역적을 다스리는 극형인 '무릎을 누르는 형벌'과 '화형'을 감행했던 것이다. 그는 유배 도중 사망했다.

숙종은 친국을 마무리 짓고 차후에도 이 같은 상소가 있으면 역률로 다스리겠다는 뜻을 중외에 포고하게 했다. 그러나 폐비 문제를 간하는 상소는 끊이지 않았다. 거의 수천 명이 상소했으나 승정원에서는 이들의 상소를 모두 기각했다.

민비는 하얀 가마에 태워져 요금문(曜金門)을 나와 안국동 본가로 갔다. 민비가 떠나간 자리를 이제 희빈 장씨가 차지하게 되었다.

남인의 몰락, 갑술환국

기사환국은 숙종과 남인의 암묵적 동의하에 이루어졌다. 그것은 마치 남인들이 숙종의 폐비를 묵인해 준 대가로 남인들이 서인을 철저히 숙청하는 일을 숙종이 허용해 주는 형태였다. 그러나 비록 남인이 새로운 집권당으로서 조정을 활보하고는 있다 하더라도 그들 자신도 권력을 언제까지 유지할 수 있을지에 대해서는 의문이었다.

서른 중반에 접어든 숙종은 이제 비할 데 없는 강력한 왕권을 이용해 남인과 서인을 대립시키면서 언제든지 그들을 취사선택할 수 있었다. 조급하면서도 희노(喜怒)가 정도에 지나친 왕이었기에 집권당인들은 언제 또다시 축출될지 모른다는 생각에 늘 노심초사했다. 귀에 거슬리는 말을 하는 대신, 겁 없이 간쟁하는 대간들에 대한 숙종의 처단은 야박하리만치 가혹했다. 오히려 침묵을 지키는 것이 더 나을 정도였다.

정계에서 사라지는 남인

10년 동안 숙종의 배필이었던 민씨는 폐출된 이후 서인(庶人)이 되어 왕으로부터는 어떠한 은의도 입지 못했다. 숙종은 폐비에 관한 일을 제기하는 자는 중벌로 다스리겠다고 으름장을 놓았다. 그녀는 그저 본가에서 보내온 양식과 가끔 왕십리의 채소 파는 노인인 듯한 사람의 보이지 않는 도움으로 하루하루 살아가고 있었다.

한편 장씨에 대한 숙종의 대우는 날로 융숭해졌다. 득의만만한 장씨는 총애를 믿고 오히려 왕을 함부로 대하기도 했다. 후궁으로 은총을 받는 자에 대한 질투 또한 심했다. 그녀의 오라비인 장희재는 날마다 승진되고 달마다 천직되어 2~3년도 채 안 되어 우윤 겸 총융사가 될 정도였다.

장씨 일가와 남인들이 모처럼의 행복을 누리고 있을 때 서인, 특히 노론 명문가의 자제들은 비자금을 모아 폐비의 복위를 모의하고 있었다. 광성부원군 김만기의 손자 김춘택, 승지였던 한구의 아들 한중혁, 유명일의 아들 유복기, 이시탁 등이 도당을 만들어 비자금을 모았다. 김춘택은 궁인의 동생을 매수해 첩으로 삼아 궁궐과 내통했고 또 장희재의 아내를 이용해 남인의 정세를 염탐하기도 했다. 또 기사환국 때 국문을 받다 자살한 김도연(김석주 아들)의 장모인 숙정공주, 그리고 희빈 장씨를 미워해 한때 궁중에서 내쫓기기도 했던 명성왕후의 딸 명안공주와도 긴밀한 관계를 유지했다.

그러나 그들의 모의는 불발로 끝나고 말았다. 남인은 이미 한중혁 등의 음모를 알고 있었고 또 그것을 이용해 서인을 일망타진하려는 전기로 삼고자 했다. 고변은 그들의 일당이었던 함이완에 의해 이루어졌다.

1694년(숙종 20) 3월 23일 당시 우의정이었던 민암은 목숨만은 보장해준다는 조건으로 함이완으로 하여금 고변케 했다. 한중혁 등 음모 혐의자에게 엄형이 가해지고 옥사는 많은 서인들을 연루시키며 크게 확대되었다. 이 국문에서 남인 정권을 몰락시키고 서인의 재집권을 꾀해 폐비 민씨를 복위시키려는 환국 음모가 노론의 김춘택과 소론의 한중혁을 중심으로 이루어졌음이 밝혀졌다.

그런데 3월 29일 서인인 김인의 역고변에서 훗날 영조의 생모인 숙빈 최씨에 대한 독살설이 불거지면서 숙종은 심경의 변화를 일으키기 시작했다. 숙빈 최씨는 숙종의 총애를 받는다는 이유로 왕비 장씨로부터 목숨을 부지하기가 힘들 정도로 온갖 고초를 겪고 있었다. 장씨 자신도 후궁으로 있다가 세자를 낳아 왕비로 승격된 터였다. 장씨와 집권 남인들이 최씨에 대한 숙종의 총애나 그녀의 임신에 대해 늘 촉각을 곤두세우고 있었음은 당연했다. 최씨에게서 왕자가 탄생한다는 것은 장씨에게는 큰 타격이 될 수밖에 없었다.

독살 계획이 사실이든 아니든 숙종은 최씨에 대한 총애만큼이나 김인의 고변 내용에 경악하지 않을 수 없었다. 더구나 숙종은 지난 몇 년 동안에 차츰 왕비 장씨 및 그 편당들, 그리고 서인을 필요 이상으로 제거하고자 했던 남인들에게 염증을 느끼고 있었다. 또 민비를 폐위시킨 일도 내심 후회하고 있었다. 그리하여 폐비 민씨가 있는 안국동 쪽을 바라보며 한숨짓는 날들이 점점 많아졌다. 숙종의 심경 변화는 이 고변 사건을 계기로 드디어 분출되고야 말았다.

4월 1일, 밤 2경 숙종은 갑자기 비망기를 내려 우의정 민암에 대해 "군부를 우롱하고 진신(縉紳)을 어육(魚肉)으로 만들었다."며 질책했다. 이어 국문을 집행하고 있던 집권자 남인을 축출하고 기사환국으로 몰락했던 서인을 다시 등용하는 갑술환국을 단행했다.

숙종의 유모가 인경왕후(김춘택의 고모)와 친밀해 환국 시에 사람들이 말하기를 김진구의 아들 김춘택이 인경왕후와 봉보 부인과의 인연을 이용해 숙빈 최씨와 계략을 세워 남인의 정상을 주상에게 자세히 보고해 이번 환국이 이루어졌다.

－《단암만록》

실로 갑술환국은 숙종의 계획하에 미리 준비되어 왔다기보다는 숙빈 최씨를 배후에서 조종한 김춘택의 모의의 결실이었으며 숙종이 최씨 독살 음모를 듣게 된 순간의 결단이었다.

환국을 단행한 그날로 영의정 권대운, 좌의정 목내선, 우의정 민암 등 남인 신료들이 물러나고 영의정에 남구만, 훈련대장에 신여철, 병판에 서문중, 이판에 유상운 등 서인이 대거 기용되었다. 이 모두 하룻밤 사이의 결정이었다. 이후 며칠간 서인의 등용은 계속되었다. 이미 고인이 되었던 김수흥과 김수항도 관작이 회복되었다. 서인의 정신적 지주 송시열 또한 복관되었다.

> 내가 일찍이 평정한 마음으로 찬찬히 살펴보니, 송시열은 효종의 특별한 대우를 가장 많이 입었으므로 보답하려는 정성이 남보다 뒤지지 않는데, (원자 정호 반대시) 어찌 차마 다른 뜻을 가졌겠는가? 반드시 한때의 망발일 것이니, 특별히 복관(復官)하고 사제(賜祭)해 내뜻을 나타내라.
>
> – 《숙종실록》 권26, 20년 4월 6일

기사환국으로 위판이 땅에 묻히게 되었던 이이와 성혼도 다시 문묘에 배향되었다. 이 모두 숙종의 지휘하에 일사천리로 진행되었다. 숙종은 폐비 민씨의 일을 거론하는 자는 역률로 다스리겠다고 하는 등 집권 서인이 그것을 빌미로 전권을 휘두르지 못하도록 처음부터 못을 박은 바 있었다.

한편 기사환국 때보다 훨씬 많은 수의 남인이 처벌받았다. 이제 남인은 정치적으로 완전히 몰락해 두 번 다시 정국의 주도권을 잡지 못하게 되었다. 또한 관계로 진출하는 길마저도 거의 봉쇄당했다.

서인 집권과 민씨 복위

희빈 장씨가 남인들의 정치적 흥망과 운명을 같이하고 있었다면 서인들의 정치적 성패 또한 인현왕후에게 달려 있었다고 해도 과언이 아니었다. 숙종은 폐비 문제를 거론하면 역률로 논하겠다는 명령을 며칠 후 철회했다. 민씨의 복위를 위한 움직임이었다.

숙종은 민씨에게 한 통의 편지를 전했다.

> 처음에 권간(權奸)에게 조롱당해 잘못 처분했으나, 곧 깨달아서 그 억울한 정상을 깊이 알았다. 때때로 꿈에 만나면 그대가 내 옷을 잡고 비오듯이 눈물을 흘렸다. 옛 인연을 다시 이으려 했으나 국가의 처사는 또한 용이하지 않은 법. 이제야 비로소 뭇 흉악한 자를 내치고 구신(서인)을 거두어 쓰며, 이어서 그대를 별궁에 옮기게 하니 이 뒤에 어찌 다시 만날 기약이 없겠는가?
>
> - 《숙종실록》 권26, 숙종 20년 4월 12일

민씨는 폐출당하면서 나섰던 요금문을 통해 다시 궁궐로 들어섰다. 민씨의 복위는 곧 장씨의 폐위를 의미했다. 장씨는 4월 1일 밤 비망기가 내려졌을 때부터 이미 '폐인'으로 불렸다. 얼마 지나지 않아 그녀는 다시 희빈으로 강등되었고 그 부모에게 내렸던 작호마저 모두 거두어들여졌다. 그의 오라비 장희재도 제주도로 귀양보냈다. 6년 동안 누린 영화는 한낱 꿈에 지나지 않았다. 그나마 그들에게 더 이상의 가혹한 형벌이 내리지 않았던 것은 장씨가 세자의 생모였기 때문이었다.

그러나 장씨나 장희재의 처벌에 관한 시비는 여기에서 그치지 않았다. 노론과 소론은 그 처벌의 강도에 있어 사사건건 의견 대립을 벌였다. 영의정 남구만, 우의정 윤지완 등은 모두 소론 대신들로서, 세자의 보호와 장희재의 용서를 주장해 노론에게 공격을 받았다. 특히 남구만은 "중궁(민씨)이 귀인 김씨와 함께 은화를 모아 복위를 도모한다."며 국모를 모해한 죄로 노론의 집중 공격을 받은 장희재는 왕세자의 지친이므로 그에게 형벌을 가하지 말 것을 주장했다. 남구만은 장희재를 죄주면 그 여파가 반드시 희빈 장씨에게 미칠 것이고, 그렇게 되면 왕세자 또한 불안하게 된다는 것을 너무나도 잘 알고 있었다. 이를 노론에서는 남구만이 차후의 화복을 염려하고 자신의 총애를 굳히는 계책이라고 여겼다.

그러나 숙종이 이미 '동궁을 위태롭게 하는 자는 역률로 다스리겠다'고 말했던 바, 그에게는 세자를 보호할 의무가 있었다. 숙종은 소론 남구만의 견해를 받아들여 장희재를 절도에 위리안치하는 선에서 사태를 마무리 지었다. 그러나 숙종의 이 같은 처분 이후에도 장희재를 극형에 처하라는 요구는 연일 빗발치듯했다.

희빈 장씨를 자진케 하라!

희빈 장씨는 갑술환국 이후 민비에 대해 중궁전이라 하지 않고 언제나 '민씨'라고 불렀다. 심지어는 "민씨는 실로 요사스러운 사람이다."는 말까지 공공연하게 하고 다녔다. 그러나 장씨 소생인 세자는 인현왕후에 대한 효성이 지극했다. 이 때문에 그 어미에게 구타당하는 일이 잦았다.

그뿐만이 아니었다. 희빈의 시녀들이 항상 민비의 침전을 왕래하면서 창에 구멍을 뚫고 안을 엿보는 짓까지 서슴지 않았다. 또 취선당 서쪽에다 몰래 신당(神堂)을 설치하고, 날마다 두세 명의 나인들과 더불어 저주 기도를 올렸다. 인경왕후를 위한 것이다, 세자를 위한 것이다 하며 온갖 변명을 늘어놓았지만 그것은 민비를 저주하고 자신의 중전 복위를 위한 행위였다.

그 때문이었을까? 1700년(숙종 26) 4월 민비가 갑자기 병환이 들어 허리와 다리의 찌르는 듯한 통증을 감당하지 못했고 고름이 생겨 종기를 째기에 이르렀다. 민씨의 어머니와 고모, 그리고 형제의 처자매들이 모두 번갈아 출입하면서 민비를 간병했다. 그러나 해를 넘겨도 병환은 더욱 악화되기만 했으니 허리와 다리의 피부가 온전한 곳이 없어 차마 쳐다볼 수 없을 정도였다. 결국 그녀는 발병 17개월 만인 8월 14일에 승하하고 말았다.

숙빈 최씨는 평소 민비가 자신에게 베푼 은혜를 생각하며 울분을 참지 못해 숙종에게 장씨의 작태를 모조리 고했다. 분노한 숙종은 직접 장씨의 처소에 가서 그녀의 행동을 살펴보았을 뿐만 아니라 민비를 저주한 글이 희빈의 품속에 있다는 숙빈 최씨의 말에 따라 희빈의 몸을 수색하게 했다.

숙종은 당장에 장희빈을 자진하게 하라는 비망기를 내렸다. 그러나 최석정을 위시한 소론 대신들은 갑술년 후에 장희재의 죽음을 용서한 것은 그를 위한 것이 아니라 오로지 세자를 위해서였음을 강조하면서 장희빈 자진의 명을 거두어 달라고 했다. 이제 장씨는 숙종에 대해 한낱 궁인에 불과했지만 그래도 세자를 낳아 준 어미였다. 소론들은 그녀에게 관대한 처분을 내리는 것만이 세자를 보존할 수 있는 길이라 여겼던 것이다.

그러나 숙종은 이미 장씨의 행태를 직접 목격했으므로 이를 가볍게 넘길 수만은 없었다. 그는 장씨를 자진케 하는 것은 바로 국가를 위한 것이며, 세자를 위한 것이라고 강조했다.

숙종은 장희빈의 죄상을 밝히기 위해 그녀와 관련된 나인과 무녀들에 대한 국문을 연일 계속했다. 친국을 거행하는 와중에도 영의정 최석정, 판부사 윤지선 등 소론 대신들은 종묘사직을 위해 장희빈을 너그럽게 용서해 줄 것을 청했다. 이제 소론은 노론에게서 후궁의 당이라는 비난까지 받아야 했다.

숙종은 이후 다시는 후궁이 왕비의 자리에 오를 수 없게 법전에 명시하도록 하고 10월 8일 장희빈에게 자진을 명했다. 장씨가 죽던 날, 대신들을 붙잡고 울부짖는 세자를 노론인 좌의정 이세백은 외면했다. 그러나 소론 최석정은 눈물을 흘리면서 죽음을 무릅쓰고라도 저하를 돕겠다고 맹세했다.

그 후 노론에서는 민비의 죽음이 장씨 일가를 살려 두어 그들이 저주를 하기에 이르렀기 때문이라며 소론 대신들을 탄핵하고 나섰다. 숙종의 묵인하에 결국 남구만, 유상운 등 소론 대신들은 파직당하고 말았다.

경종을 세자로 책봉해 적자로서의 정통성을 갖게 해주기 위해 후궁인 장씨를 왕비로까지 승격시켰던 숙종이었다. 또 갑술환국 직후 세자를 위해 장씨 일가에게 그나마 관대한 처분을 내렸던 숙종이었다. 그런데 왜 이제 와서 또다시 '세자를 위해' 장씨에게 자진의 명을 내린 것일까?

남인과 희빈 장씨의 몰락은 세자의 지위를 불안하게 했다. 그러나 그보다 더 중요한 것은 갑술환국이 단행된 그해에 출생한 왕자 연잉군(훗날의 영조)과 그로부터 5년 후에 태어난 연령군의 존재에 있었다. 그들은 세자의 후사로서의 가치를 반감시키기에 충분했기 때문이다.

이에 세자 보호를 위한 움직임은 더욱 활발해졌다. 세자 보호 문제는 소론 인사인 임부(林溥)와 남인 이잠(李潛)에 의해 계속적으로 제기되었다. 그러나 그들은 결국 무고죄를 입어 죽임을 당하고 말았다. 세자의 앞길에 드리워진 검은 그림자는 걷힐 줄을 몰랐다. 숙종은 이제 세자의 교체까지 생각하고 있었다.

노론 전제정치의 시작, 병신처분

1716년(숙종 42) 소론의 영수 윤증에게 선정(先正)이라고 부르지 못하게 하고 유현으로 대우하지 말라는 전지가 내렸다. 바로 그때 화양동서원에서는 새로이 하사된 어필의 현판식이 성대하게 거행되었다. 일진일퇴를 거듭하던 노론과 소론의 세력 균형이 깨지고 노론 전제정치가 시작되는 순간이었다.

유림에서 도덕을 존앙했거니와	儒林尊道德
나 역시 그대를 흠모했소.	小子亦嘗欽
평생에 얼굴 한번 대한 일 없기에	平生不識面
아쉬운 마음 더욱 간절하구려.	沒日恨彌深

이는 2년 전 윤증의 영전에 올린 숙종의 애도시다. 구구절절 유림 영수에 대한 존경과 그리움으로 가득 차 있다. 일찍이 얼굴도 모르면서 우의정에까지 임명해 지우를 다한 윤증이었다. 미움도 예우도 영원한 것은 아니었다. 일시적인 예우도 송시열과 노론을 견제하기 위한 수단에 불과했다. 이것이 바로 숙종 특유의 당쟁 조정이었다.

윤증에 대한 폄하는 소론의 정치적인 위상과 직결되어 있었다. 그리하여 최석정 등 많은 소론 인사들이 축출되었다. 숙종은 회니시비(懷尼是非)를 정국 운영의 수단으로 역이용하고 있었다. 거기에는 세자에 대한 심경 변화도 작용하고 있었다.

기막힌 저울질
1701년(숙종 27) 희빈 장씨를 사사하자 세자 문제가 조정의 현안으로 대두되었다. 세자를 탐탁치 않게 여긴 노론과 세자보호를 지상 과제로 삼은 소론의 싸움이 노골화되었다. 서인 내부에서의 미온적인 대립이 아니라 사활을 내건 혈전이었다. 서로를 적대시하고 서로를 감시하는 풍조가 만연했다. 1706년(숙종 32) 소론 유생 임부와 남인 유생 이잠의 옥사는 이러한 세태를 반영하는 것이었다. 노소 당쟁으로 속으로는 멍이 들면서도 표면적인 평온이 계속되었다. 어느 한 쪽도 근본적인 파국을 맞이하지는 않았다.

세 차례의 환국에서 온축된 숙종의 노련한 정치력 때문이었다. 당쟁을 부추기기도 하고 조절하기도 하면서 15년 이상 정국 안정을 꾀해 온 것이다. 신료들은 숙종의 본심을 탐지하기도 어려웠다. 이 때문에 좌고우면(左顧右眄)하기는 노론과 소론이 마찬가지였다.

이에 어느 한쪽도 절대적인 우위를 점하지 못한 채 반목만 심화될 뿐이었다. 심지어 1710년(숙종 36) 약방제조를 겸하고 있던 영의정 최석정, 한성판윤 조상우, 도승지 박필명의 관직을 삭탈하고 도성 밖으로 추방하는 조처를 단행했을 때도 노소는 비등한 세력을 유지하고 있었다. 노론의 반대를 무시하고 목래선, 김덕원, 이현일, 유명천, 이봉징 등 남인을 대거 석방한 것은 제3당을 이용한 견제책이었다.

《가례원류》의 파문

1714년(숙종 40)에 백의정승 윤증이 죽었다. 80년 세월을 하루같이 살얼음 위를 걸어가듯 조심조심 살아온 사람이었다. 동시에 그는 송시열과 정면으로 맞선 대담한 기품의 소유자로서 명실공히 소론의 영수이며 정신적인 지주였다. 그러나 노론으로부터 스승을 배반한 죄인으로 낙인찍히기도 했다.

그런데 문인 최석정이 제문에서 "송시열의 북벌론은 허명을 훔친 것이다."고 하여 잠복기에 있던 회니시비를 다시금 부추기고 말았다. 이에 노론 유생이 총궐기하고 송시열의 수제자 권상하가 이를 진두지휘함으로써 사태가 급박하게 돌아갔다. 그러나 숙종은 "제문은 사문서에 불과하기 때문에 문제 삼을 것이 없다."고 하여 사태를 겨우 무마시켰다.

이런 선상에서 1715년(숙종 41)에 《가례원류(家禮源流)》가 간행되었다. 《가례원류》는 중국과 조선의 가례를 모아 엮은 책으로 당초 윤선거와 유계가 공동으로 편찬에 착수했다. 그러나 두 사람 모두 이를 완성하지 못하고 중도에 사망하자 윤증이 탈고해 원고를 보관하고 있었다.

그런데 유계의 손자 유상기(兪相基)가 윤증에게는 한마디 상의도 없이 이이명에게 간행을 청탁해 숙종의 재가를 받았다. 그런 다음 곧바로 윤증에게 원고의 반납을 재촉했다. 유상기는 윤증의 문인이었는데 그의 행동 속에는 도무지 사제 간의 예절을 찾아볼 수 없었다. 윤증의 입장에서 볼 때 맹랑하고 당돌했다. 당연히 원고를 주지 않았다.

이렇게 불화의 조짐이 보이자 윤증의 아들 윤행교는 "이 책은 우리 조부(윤선거)의 글이다."라고 주장하고, 유상기는 "이미 한 스승(송시열)을 배반하더니 또 다른 스승(유계)을 배반하는구나."라면서 대단히 불경한 언사로 응수했다.

한편 윤증은 유상기의 강청에 못 이겨 원고를 넘겨주고 말았다. 이에 유상기는 권상하의 서문과 정호의 발문을 받아 《가례원류》의 간행을 완료했다. 한 사람은 송시열의 수제자이고 다른 한 사람은 정철의 현손이었으니 최고의 필진이었다.

그런데 본격적인 문제는 그때부터 시작되었다. 《가례원류》를 열람한 숙종은 정호의 발문을 문제 삼아 그를 파직시켰다. 사유는 자신이 평소 존경하던 선정신(先正臣, 유현으로서 학덕이 높았으나 현재는 작고한 신하) 윤증을 비방했다는 데 있었다. 불의의 일격이 아닐 수 없었다. 노론 유생과 조신들이 명령의 철회를 간절하게 요청했으나 소용이 없었다. 이 기회를 놓칠세라 소론들은 권상하가 지은 서문의 문제점까지 아울러 거론하며 삭제를 요청했다. 이제 조야는《가례원류》를 둘러싼 노소 공방으로 뜨겁게 가열되고 있었다.

분쟁을 예의주시하고 있던 숙종은 급기야 조정책을 마련했다. 즉《가례원류》는 사가의 문자이므로 조정에서 거론할 것이 아니며 언급을 일체 금지시켰다. 그러나 미봉책으로는 사태를 근본적으로 해결할 수 없었다. 오히려 공방전만 가열시켜 유생의 동맹휴학으로까지 이어졌다.

그때 정언 조상건이 권상하를 변호하는 글에서 윤증이 스승을 배반한 행위를 거론해 숙종을 자극하고 말았다. 격노한 숙종은 조상건을 유배하는 한편 유상기를 도리어 스승을 배반한 죄인으로 몰아 나주로 유배했다. 그리고 동맹휴학을 선동한 유생 윤봉오를 일정 기간 과거 시험을 보지 못하게 하는 등 사태를 순식간에 마무리 지었다. 외형상으로는 일단 소론이 승리한 셈이지만 불완전한 승리였다.

1716년(숙종 42) 2월 판중추부사 이여가 송시열을 옹호하고 윤증을 비방하는 상소를 올렸다. 뜻밖에도 숙종이 은근히 동조하는 기색을 나타냄으로써 노론을 고무시켰다. 노론을 처벌한 지 며칠 되지도 않아 이제는 노론을 두둔하는 입장을 보이고 있으니, 참으로 종잡을 수 없는 판국이었다.

용기백배한 노론은 연일 윤증을 공격했다. 소론도 가만히 있을 리 없었다. 이에 조정은 또다시 혼란의 도가니 속에 빠졌다. 사태가 악화되자 숙종은 새로운 처분을 강구하지 않을 수 없었다. 권상하, 정호, 민진원을 파직, 또는 삭탈관작하고, 조태채를 바꿔 치우는가 하면 김창집을 파직시켰다. 표면적으로 보아 노론이 숙종에게 속은 것이 분명했다. 따라서 2차전에서도 노론이 참패했다.

그러나 숙종의 속셈은 따로 있었다. 이미 이여의 상소를 접하면서 나름대로 복안을 가지고 있었던 것이다. 결정적인 처분을 내리기 전에 노론에 대한 가상 공격을 단행한 것이다. 정치적인 연막이었다.

그런 다음 회니시비의 근원인 윤선거 묘갈명과 신유의서(辛酉擬書)를 가져올 것을 명령했다. 두 글을 읽어 본 숙종은 다음과 같은 판정을 내렸다.

> 신유의서에는 윤증이 송시열을 비난한 글이 많지만 묘갈명에는 송시열이 윤선거를 욕한 내용이 없다.
>
> - 《숙종실록》 권58, 숙종 42년 7월 계해

이는 소론에 대한 지지를 전면적으로 부정하는 것이었다. 나아가 윤선거와 윤증 부자에 대한 선정(先正) 사용을 공식적으로 금지시킴으로써 윤증은 물론 그 문인들의 명분과 정통성이 여지없이 실추되었다. 소론에게 지난 20년 동안 이보다 더 큰 타격은 없었다. 역사에서는 이를 병신처분(丙申處分)이라 했다. 병신처분은 송(宋)과 윤(尹)의 시비를 밝히는 데 그치지 않고 대대적인 인사 교체가 단행되었다. 노론 정호, 권상하, 민진원이 등용되고 소론이 대거 축출되었다. 이제 노소 양립의 구도는 와해되어 노론의 전제가 계속되었다.

숙종은 갑술환국 이후 20년 이상 노소 대립을 예의주시하는 가운데 이를 용의주도하게 이용해 오고 있었다. 그런데 돌연 태도를 바꾸어 소론에게 치명적인 조처를 취한 것은 무슨 이유였을까? 그것은 바로 세자에 대한 인식 변화 때문이었다. 숙종은 말년에 접어들면서 세자에 대해 불만을 느껴 내심 교체를 바라고 있었다.

그러나 조정에 소론이 포진하고 있는 한 그것은 불가능한 일이었다. 그리하여 우선 소론을 제거한 것이다. 소론을 제거하는 데는 명분이 필요했고, 숙종은 그 명분을 《가례원류》 분쟁에서 찾았다.

이런 점에서 병신처분은 세자의 교체를 암시한 군신 간의 밀약, 즉 정유독대(丁酉獨對)를 위한 사전 작업이었다.

군신간의 밀담, 정유독대

병신처분의 상처가 채 가시지도 않은 1717년(숙종 43) 7월 숙종이 연출한 정치극에 소론은 다시 한 번 경악했다.

숙종이 노론의 거두 이이명을 단독으로 불러 모종의 대화를 주고받은 것이다. 전고에 드문 군신간의 밀담이었다. 사관과 승지가 입시해야 하는 원칙을 무시한 이 파격적인 행동을 어떻게 설명해야 할 것인가? 숙종의 독단이 실로 절정에 달하는 순간이었다.

대화의 내용은 누구도 알 수 없었다. 그저 짐작만 가능했다. 한 가지 분명한 것은 이이명을 독대한 다음 곧바로 대신 회의를 소집해 세자의 대리청정(代理聽政)을 공식적으로 발표한 사실이다. 투명성이 보장되지 못한 채 삽시간에 이루어진 충격적인 변화였다.

대신 회의에 참여한 인물은 좌의정 이이명을 위시해 판중추부사 이유, 영의정 김창집 등 모두 노론의 핵심 인물들로 소론은 단 한 사람도 없었다. 이번에는 승지 이기익 이하 가주서 이의천, 겸춘추 김흥적, 대교 권적을 입참시켜 대신 회의의 공식적인 의미를 강조했다. 독대 때와는 자못 대조적인 현상이었다.

숙종이 세자의 대리청정을 명한 공식적인 이유는 건강상 문제였다. 고질병인 안질로 인해 왼쪽 눈은 거의 실명 상태였고, 오른쪽 눈도 희미해 상소문의 작은 글자를 읽을 수 없어 국사를 처리할 수 없다는 것이 구체적인 이유였다. 숙종에게 세자의 대리청정은 한마디로 궁여지책이었다.

그러나 워낙 변덕이 심한 숙종이다 보니 진위 여부를 파악하는 것도 쉬운 일은 아니었다. 잘못하면 숙종이 파 놓은 함정에 빠져들기 십상이었다. 그러나 노론 대신들도 노련하기는 마찬가지였다. 그들은 완곡한 어조로 숙종의 의중에 적절히 부합해 나갔다.

세자의 춘추도 장년이고 총명해 전하 옆에서 서정을 참결하면 국사에 도움이 되고 전하의 몸조리에도 커다란 도움이 될 것입니다.
— 《숙종실록》 권60, 숙종 43년 7월 신미

이제 공식적인 회의를 열어 대신들의 동조를 얻은 이상 주저할 것은 없었다. 숙종은 그날로 세자에게 대리청정을 명령했다.

무서운 아버지, 마땅찮은 세자

순간 소론들은 모종의 음모를 직감했다. 대리청정은 곧 숙종과 노론의 합작품이기 때문이다. 숙종은 얼마 전 자신들을 조정에서 축출한 사람이고 노론은 세자를 매우 싫어하는 세력이었다. 특히 20년 이상 세자를 둘러싸고 치열한 공방전을 벌이던 노론이 대리청정에 동조했으니 어찌 의혹스럽지 않겠는가? 틀림없는 음모였다. 적어도 소론과 남인은 그렇게 받아들이고 있었다. 더욱이 예정된 절차에 의해 일이 진행되고 있다는 생각에 불안감은 가중되었다.

소론들은 내심 세자의 대리청정을 바라고 있었는지도 모른다. 그러나 이런 방식의 대리청정을 원한 것은 아니었다. 소론을 배제시킨 숙종과 노론의 공작은 반발을 초래하기 마련이었다. 장령 조명겸과 헌납 박성로의 상소는 이에 대한 즉각적인 반발이었다. 그들은 독대의 비리를 논란하는 한편 대리청정의 부당성을 강경하게 비판했다. 이미 결정된 사안을 번복시킬 수는 없었지만 소론의 입장을 분명하게 천명한 것이었다.

그즈음에 소론의 거두 영중추부사 윤지완이 82세의 노구를 이끌고 입경했다. 그는 들것에 실려와서는 시국선언문과도 같은 장문의 상소를 올렸다. 대리청정의 명령은 동기가 불순하며 간사한 무리들의 농간이라는 것이 그 골자였다. 그러나 숙종은 노신의 마지막 충정을 외면했다.

대관절 군신 간에 어떤 밀담이 있었기에 이처럼 정국을 술렁이게 만들었을까?

곡절은 대강 이렇다. 숙종은 이이명에게 세자에 대한 회의적인 감정을 표시하고, 숙빈 최씨의 소생 연잉군(延礽君)과 명빈 박씨의 소생 연령군(延齡君)을 당부했다고 한다. 세자에게는 왕위를 맡길 수 없으니 두 왕자 중에서 다음 왕을 결정해야 한다는 뜻이었다. 일찍이 노론의 반대를 무시하고 원자를 세자에 책봉했고, 희빈 장씨를 사사한 다음에도 열성으로 보호한 세자를 지금에 와서 교체하려는 것이었다.

사실 세자에 대한 숙종의 사랑은 1701년(숙종 27) 희빈 장씨의 사사를 전후해 현저하게 식어 가고 있었다. 세자에게 사소한 잘못만 있어도 "누구의 자식인데 어찌 그렇지 않겠는가." 하면서 냉대하는 기색이 역력했다고 한다. 그러나 숙종은 신료들의 눈을 속이는 노회한 면을 잃지 않았다. 한동안 노론보다는 소론을 중용한 것도 세자 보호를 위한 표면적인 노력이었다. 그러나 숙종은 세자를 결코 군왕 재목이라 생각하지 않았기 때문이다. 근본적인 사랑과 신뢰가 결여된 가식적인 보호는 지속되기 어려웠다.

그즈음 연잉군과 연령군은 훌륭하게 성장해 숙종의 총애를 받고 있었다. 세자에 대한 회의는 두 왕자에 대한 관심과 사랑으로 선회했다. 연령군을 향한 숙종의 사랑은 더욱 지극해 내심 세자로 지목할 정도였다. 이미 숙종은 1712년(숙종 38) 청나라 강희제가 태자를 폐위한 전례를 통해 폐세자에 대한 의지를 굳히고 있었다.

이 점에서 대리청정은 폐세자를 위한 덫이었다. 서정을 위임한 다음 실수를 구실 삼아 세자를 교체하자는 것이 숙종의 숨겨진 마음이었다. 아들을 잡기 위해 함정을 파고 있었던 것이다.

세자 교체를 향한 숙종의 언질은 노론을 고무시키기에 충분했다. 이이명에게서 세자 교체의 대임을 전달받은 김용택과 이천기가 무사와 술사를 동원하며 비상사태에 대비한 사실에서 노론 전반의 움직임을 감지할 수 있다.

그러나 연잉군과 연령군 가운데 누구를 선택할 것인가라는 또 다른 문제가 있었다. 두 왕자는 이복형제로서 연잉군이 5살 위였지만 숙종은 연령군을 더욱 총애하고 있었다. 이에 노론들은 세자 선택을 두고 한동안 혼선을 빚을 수밖에 없었다. 신하가 임금을 택하는 택군(擇君)이라는 기현상이 벌어진 것이다. 여기서 우리는 전제 왕권을 추구했던 숙종의 허점을 발견할 수 있다.

그러나 1719년(숙종 45) 연령군이 사망함으로써 노론의 혼선에 가닥이 잡혔다. 선택의 여지없이 연잉군을 옹립하는 것으로 당론이 모아졌다. 후일의 영조는 이렇게 만들어졌다.

결국 정유독대에 뒤이은 대리청정은 세자를 교체하기 위한 구체적인 방안인 동시에 노론에게 우위권을 부여하는 정치극이었다. 이 점에서 정유독대는 군신 간에 이루어진 무시무시한 정치적 음모임을 알 수 있다.

경종 景宗
제20대 1688년~1724년 | 재위기간 1720년 6월~1724년 8월

장희빈의 아들, 경종

1701년(숙종 27) 희빈 장씨가 사사될 당시 세자는 대신들의 옷자락을 붙잡고 어미를 살려 달라고 애원했다. 당쟁이 극성을 부리던 시기에 태어났고, 너무도 대단한 부모를 만난 경종은 일생 고달픈 삶을 살았다. 카리스마적인 성품의 아버지는 아들을 왕권 강화의 수단으로 삼았고, 기세등등하던 어머니가 아들에게 물려준 유산은 '죄인의 자식'이라는 오명뿐이었다.

어머니의 죽음과 아버지의 냉대는 경종의 가슴에 앙금을 남겼다. 위로는 아버지의 심기를 헤아려야 했고, 아래로는 노론과 소론의 눈치를 살펴야 했다. 노론이 음해하지는 않을까, 소론의 지지가 철회되지는 않을까 하는 불안이 일생 그를 엄습했다.

나약하고 주눅 든 삶을 살았지만 자신 때문에 피해를 입은 사람도 적지 않았다. 노론의 거두 송시열과 김수항이 원자정호를 반대하다 사사되었고, 인현왕후 민씨가 국모와 서인의 신분을 반복하는 곡절을 겪었다. 그리고 흔히 노론 4대신으로 불리는 김창집, 이이명, 이건명, 조태채가 일시에 목숨을 잃기도 했다. 어머니 장희빈이 서남 당쟁의 구실이었다면 아들 경종은 노소 당쟁의 촉매였다.

경종의 이름은 윤(昀), 자는 휘서(輝瑞)로 1688년 10월 28일 숙종의 장

자로 태어났다. 어머니는 궁중 비사의 대명사 희빈 장씨이다. 그는 두 명의 부인을 두었는데, 청은부원군 심호(沈浩)의 딸 단의왕후와 함원부원군 어유구(魚有龜)의 딸 선의왕후이다.

경종의 출생은 정치적인 파란을 예고하는 것이었다. 15년 동안 아들이 없었던 숙종에게 경종은 금지옥엽과 같은 존재였다. 문무백관도 성대한 하례식을 통해 나라의 경사[國慶]를 축하했다. 그러나 아무것도 모르는 채 강보에 싸여 있던 그는 기사환국의 원인을 제공함으로써 노론의 질시를 샀다.

그는 세 살이 되던 1690년(숙종 16)에 왕세자에 책봉되어 차기 대권을 보장받았다. 어머니가 건재하고 남인이 조정에 있었기 때문에 가능한 일이었다. 군주로서의 소양을 배양하기 위해 네 살 때 천자문을 익히고 여덟 살에는 입학례를 행했다. 자질이 총명해 신하들의 의표를 찌르는 질문이 많았으며, "순임금은 어떤 사람이며 나는 어떤 사람인가?"라고 되뇌이면서 웅지를 키우기도 했다. 필법에도 조예가 있어 효제충신예의염치경이직내의이방외(孝悌忠信禮義廉恥敬以直內義以方外)의 열여섯 자가 열성어필(列聖御筆)에 전해지고 있다. 이렇듯 소년 경종은 무능하고 나약한 사람이 아니었다.

1694년(숙종 20) 갑술환국으로 경종의 인생에도 서서히 먹구름이 끼기 시작했다. 기사환국과는 극단적인 대조를 이루면서 노론의 묵시적인 압박이 가중되고 있었다. 희빈으로 강등된 생모 장씨는 조신하지 못하고 표독을 일삼다가 1701년(숙종 27) 비명의 죽음을 맞았다. 그 광경을 생생히 목격한 경종의 심경은 참담했다. 더욱이 숙종의 은근한 냉대는 우울증으로 이어져 기백도, 총명도 사라졌다. 세자로서의 지위를 강탈당할 수도 있다는 불안감을 떨칠 수가 없었다. 어머니가 죽을 때 경종은 자신의 처지를 다시 한 번 확인할 수 있었던 것이다.

그나마 소론이 있었기에 견딜 수 있었다. 남구만과 최석정은 노론의 공격을 무릅쓰고 20년 세월 동안 현장에서 세자를 지켜 주었으며, 윤증은 재야에서 압력을 행사하며 세자의 신변을 걱정해 주었다. 저마다 세자에게는 더할 나위 없이 고마운 사람들이었다. 그러나 1711년(숙종 37) 남구만이 사망했고, 1714년(숙종 40)에는 윤증도 세상을 떠났다. 이즈음 최석정도 다시는 조정으로 돌아올 수 없는 신세가 되었다.

숙종의 불같은 성정은 말년으로 접어들면서 더욱 기승을 부렸다. 병신처분을 단행해 소론을 응징하더니 정유독대를 통해 세자에 대한 불만을 토로했다. 이에 대리청정의 함정을 파놓고 세자가 거기에 빠지기만을 기다렸다.

결국 숙종의 의도는 실현되지 못했다. 대리청정이 3년간 지속되었지만 극단적인 사태는 발생하지 않았다. 경종은 1720년(숙종 46) 숙종이 승하하자 조선의 20대 왕으로 즉위해 4년간 재위했다. 1721년(경종 1)에는 전고에 없는 세제 책봉을 강요당하기도 했지만 이듬해인 1722년(경종 2)에는 노론 4대신을 일시에 사사하는 용단을 내리기도 했다. 이는 정유독대, 대신 회의, 세제 책봉 당사자에 대한 준절한 추궁이며 소론에 대한 처음이자 마지막 답례였다.

아버지와 당쟁에 휘말린 삶도 길지는 않았다. 세자시절부터 달고 다니던 지병은 끝내 경종을 병석에 눕게 만들었기 때문이다. 1724년 7월 환후가 위급해진 지 한 달 만인 동년 8월 25일 질곡의 생애를 마감했지만 진정으로 울어 줄 자식 하나 없었다. 묘호는 경종(景宗), 능호는 의릉(懿陵)으로 서울시 성북구 석관동에 있다.

4년의 치세를 마감했지만 모든 것이 종결된 것은 아니었다. 당쟁의 여파는 혼령조차 편히 쉬지 못하게 만들었다. 두 차례에 걸친《경종실록》과《경종수정실록》의 편찬은 이러한 정황을 웅변하고 있다.

소론의 노론 타도, 신임옥사

병신처분을 기점으로 정권을 독식하게 된 노론은 경종 즉위 직후에도 여전히 전권을 장악하고 있었다. 그러나 소론에게는 자신들이 지지하는 경종이 즉위한 이상 지금이 노론을 타도할 수 있는 최적의 시기였다. 노론 역시 경종의 세자 시절에 자행했던 죄과 때문에 늘 불안했다. 숨 막히는 침묵은 그렇게 한 달간 지속되고 있었다.

그러던 중 소론계 유생 조중우가 경종의 생모 희빈 장씨의 추숭 문제를 거론하고 나섰다. 비슷한 시기에 노론계 윤지술은 숙종의 지문(誌文)에 희빈 장씨가 인현왕후 민씨를 시역한 죄로 사사당한 사실을 명문화하지 않은 것을 문제 삼았다. 희빈을 추숭하느냐, 아니면 희빈 사사를 정당화해 놓느냐 하는 이들의 상소는 노론과 소론 사이의 오랜 침묵을 깨뜨림과 동시에 정쟁의 서막을 알리는 첫 신호탄이었다.

경종으로서는 자신의 권위와 정통성을 위해 당연히 소론의 입장을 지지해야 했다. 또 자신을 역적의 아들로 간주해 모욕감을 준 노론이 괘씸하기도 했다. 그러나 경종은 노론의 위세에 눌려 조중우를 죽일 수밖에 없었다. 윤지술은 처벌되지 않았다. 노론이 건재한 상황에서 노론에 대한 경종과 소론의 원한은 더욱 깊어졌다.

연잉군의 세제 책봉과 대리청정

소론에게 틈도 주지 않고 정국을 재단하던 노론은 경종이 즉위한 지 1년 만에 연잉군의 세제 책봉을 전격적으로 단행했다. 1721년(경종 1) 8월 사간원 정언 이정소는 연잉군을 세자로 책봉하자는 상소를 올렸다. 경종은 이 문제를 의논하기 위해 신료들을 불러 모았는데 회의에 참석한 사람들은 모두 노론들이었다. 영의정 김창집, 좌의정 이건명, 판중추부사 조태채, 민진원은 곧바로 국본을 정하자고 강청했다.

이들의 주장을 묵묵히 듣고 있던 경종은 마침내 건저를 허락했다. 김대비(숙종의 계비 인원왕후)에게서 '연잉군'이라 쓴 세제 지명 명단과 언문 교서도 받아 왔다. 연잉군의 세제 책봉이 공표되는 순간이었다. 실로 이날 밤의 세제 책봉 결정은 연잉군을 후원하고 있던 김대비와 노론의 합작품이었다.

왕권을 연잉군에게로 돌린다는 것은 숙종 말년부터 있었던 노론의 일관된 당론이었다. 숙종 말기에 그들이 구상한 대권 승계 방식은 숙종의 선양 – 경종의 즉위 – 연잉군 세제 책봉 – 연잉군 대리청정 – 경종의 선양 – 영조 즉위였다. 이것은 곧 태조 – 정종 – 태종의 승계 방식을 따른 것으로써 노론 수뇌부에서는 공공연히 묵인되어 온 내용이었다.

그러나 숙종이 경종에게 선양한다는 것은 생각할 수도 없는 일이었다. 숙종은 세자에게 대리청정을 시켜보고 문제점이 드러날 경우 그를 퇴진시키려는 계획까지 가지고 있었다. 그러나 실제로 대리청정을 맡은 세자는 모든 것을 노론이 하자는 대로 해 별로 흠잡을 데가 없었다. 노론이 세자 교체의 구실을 잡지 못함으로써 경종은 가까스로 왕위에 오를 수 있었다.

그러나 경종 즉위 1년 후에 있었던 연잉군 세제 책봉 문제는 매우 이례적인 일이었다. 혈통상으로 본다면 효종 – 현종 – 숙종의 자손으로는 경종과 연잉군뿐이었으므로 형제 상속을 주장할 수도 있다. 그러나 그것도 경종 사후의 일이지 미리부터 무리하게 추진할 성질의 것은 아니었다. 경종이 아무리 병약하다 해도 즉위 1년 만에 그것도 왕의 나이 이제 서른넷밖에 되지 않았는데 이복동생을 후계자로 책정해야만 했을까?

당시 17세의 경종비 어씨(선의왕후)는 경종과의 사이에서 아들을 둘 희망은 이제 없다고 생각했다. 그녀는 종친 중에서 어린아이를 입양해 후사로 정할 의사를 가지고 있었다. 어차피 아들 낳을 가망이 없을 바엔 배다른 시동생에게 왕위를 잇게 하는 것보다 이것이 훨씬 마음 편한 일이기 때문이었다. 실제로 궁중 일각에서는 경종비를 중심으로 소현세자의 후손인 밀풍군의 아들 관석(경종의 9촌 조카)을 입양하려는 움직임이 있었다.

그러나 세제 책봉은 노론들에 의해 하룻밤 사이에 감행되고 말았다. 소론은 김창집을 위시한 노론의 횡포에 경악했다. 그러나 이 일은 왕실의 최고 어른인 대비의 교서를 얻음으로써 이미 결정되었고, 어느 누구도 이론을 제기할 수 없었다. 다만 그 일을 추진한 노론의 행태와 그 과정상 문제에 대해서 비판이 제기되었다. 여기서부터 노론과 소론의 정면대결이 일어났다.

세제 책봉 과정의 문제점에 대한 소론의 공박이 시작됐다. 그들은 군왕을 우롱한 노론을 신랄하게 비판했다. 새로 책봉된 왕세제조차 불안해 사임소를 올릴 정도였다. 그럼에도 불구하고 노론은 소를 올린 소론들을 귀양보내고 새로 책봉된 세제의 대리청정을 강행했다.

대리청정 번복 : 노론 몰락의 전주곡

세제 책봉에 성공한 노론은 겨우 2개월 만인 1721년(경종 1) 10월 집의 조성복의 상소를 계기로 세제의 대리청정을 추진했다. 원래 세자나 세제의 대리청정은 왕이 노쇠하거나 큰 병이 있을 때 시행하는 것이 관례이다. 그럼에도 이제 겨우 즉위 1년째인 34세의 경종에게, 그것도 신하가 먼저 강청해서 대리청정을 시행하자고 하는 것은 말도 안 되는 일이었다. 더욱이 노론은 정령을 재결할 때 세제가 동석해 가부를 결정하도록 하자고 했다. 이는 대리청정의 한계를 벗어나 왕권을 중대하게 침범하는 것이었다. 어쩌면 실질적으로는 대권 이양을 획책한 것이나 다름없었다.

그런데 경종은 당일로 세제의 대리청정을 허락했다.

지금 세제가 매우 영명하니 만약 그로 하여금 국사를 청정케 한다
면 가히 의지할 수 있을 것이다. 대소국사를 막론하고 모두 세제가 재
단하라.

- 《경종실록》 권5, 경종 1년 10월 정묘

그러나 하늘에 두 해가 없듯, 나라에도 두 왕이 있을 수 없는 것. 경종
이 신임하던 소론인 좌참찬 최석항은 간곡히 말려 경종의 마음을 돌리려
했다. 조정은 물론 성균관 학생 및 각 도의 유생들이 상소를 올려 청정 명
을 환수하도록 청했다. 청정 명령을 받은 세제 또한 환수를 요청했다.

경종은 대리청정을 환수했다. 그는 자신의 본심은 그게 아니었는데 역
적들에게 속아 대리청정을 명하게 한 것이라 주장했다. 그런데 무슨 영문
인지 며칠 후 경종은 환수했던 대리청정 명을 다시 시행하라 했다. 이번
에는 노론 대신들도 환수하기를 극력 간했다.

그러나 경종의 뜻은 흔들리지 않았다. 그러자 김창집, 이이명, 이건명,
조태채 등 노론 4대신은 왕의 대리청정 결정이 굳어진 것으로 간주했다.
그들은 또다시 자신들의 입장을 번복해 왕의 대리청정 명을 곧 시행토록
하겠다고 말했다. 세제의 대리청정은 이로써 기정사실화된 듯했다.

이 소식을 들은 소론 우의정 조태구는 경종의 특명으로 승정원의 제지
를 물리치고 급히 입궐했다. 조태구는 경종에게 청정 명령을 환수할 것을
극구 간했다. 그런데 그때 노론 대신들은 또 말을 바꾸어 청정을 환수하
라고 요청했다.

결국 대리청정은 경종의 허락하에 무산되었다. 노론의 참패였다. 하루
사이에 청정과 환수의 요청을 몇 번씩이나 번복한 노론 대신들은 두고두

고 소론의 비난을 받았다. 반면 소론은 이를 계기로 정치적으로 유리한 고지를 점하게 되었다.

소론의 득의 시대

삼강 중 군위신강(君爲臣綱)이 으뜸이 되며 오륜의 첫머리는 군신 유의(君臣有義)인데 이들의 무너짐이 오늘날과 같은 적이 없었습니다. 조정의 신하된 자라면 마땅히 죽음으로써 대리청정의 명을 중지시켜야 했는데, 책임이나 면하려고 몇 번씩이나 번복을 했으니 이것이 어찌 신하로서 할 일이겠습니까. 노론 4대신 등을 모두 처단하십시오.

– 《경종실록》 권5, 경종 1년 12월 임술

대리청정이 환수되는 곡절을 겪은 지 두 달 뒤인 12월 6일, 소론의 급진파였던 김일경 등 7명이 연명으로 상소를 올렸다. 이 상소는 경종에 대한 불경불충죄를 최대한 부각시켜 노론을 축출하고 정권을 잡으려는 시도였다. 경종은 이 상소가 올라온 것을 계기로 노론 4대신에게 위리안치의 명을 내렸다. 그 밖에도 노론 50~60여 명이 처벌당했다. 노론 장기집권에 적신호가 왔다. 노론에서 소론이라는 또 한 차례의 환국이 전개된 것이다.

노론의 비극은 여기서 그치지 않았다. 이듬해 3월 목호룡은 노론 명문가 자제들이 경종을 시해하려는 역모를 꾀했다고 고변했다. 그는 김창집의 손자 김성행, 이이명의 아들 이기지, 조카 이희지(이사명의 아들), 사위 이천기, 김춘택의 종제 용택 등이 환관과 궁녀들과 결탁해 이른바 삼급수

(三急手)로 왕을 죽이려 했다고 고변했다. 삼급수는 첫째가 대급수(大急手)로 자객을 궁중에 침투시켜 왕을 시해하는 방법이다. 둘째는 소급수(小急手)로서 궁녀와 내통해 음식에 독약을 타서 독살하는 방법이다. 그리고 셋째, 평지수(平地手)는 숙종의 전교를 위조해 경종을 폐출시킨다는 것이었다.

목호룡은 종실 청릉군의 가노였는데 다소 문자를 해득한데다 풍수를 배워 지관(地官)으로 이름이 났다. 이 때문에 그는 사대부들과 두루 교제할 기회가 많았고 그 연줄로 김용택, 이천기와도 알게 되었다. 이들은 이이명의 독대 후부터 숙종의 뜻을 부탁받고 의기투합해 노론들로부터 은화를 거두어 자금을 마련하면서 무사를 길러 비상사태에 대비하고 있었다고 한다. 그러한 사정을 잘 알고 있었던 목호룡은 소론 실력자 김일경의 사주를 받아 마침내 고변을 하고 만 것이다.

역모의 주동자라는 김용택, 이천기, 이기지, 김성행, 백망 등은 모두 심한 고문에도 승복하지 않고 죽었다. 그들의 죽은 시신에 참수형을 가했다. 포도대장 이삼은 백망의 집에서 칼 한 자루를 찾아냈다. 목호룡이 이를 보고 이것이 바로 흉악한 짓을 하려 했던 비수라고 했다. 목호룡은 여러 사람들이 같이 앉아 있었을 때 백망의 손바닥에 '양(養)' 자가 씌여 있는 것을 보았는데 이이명의 자가 양숙(養叔)이니 이는 이이명을 추대한다는 뜻이라고 했다.

목호룡의 고변으로 관련자보다 훨씬 많은 사람들이 연루되어 처벌받았다. 김일경 등은 이 옥사를 세제 책봉과 대리청정의 문제로까지 확대시켜 나갔다. 노론이 세제에게 대리청정을 시키자고 한 것도 평지수의 방법으로 경종을 폐출하려 한 것에 결부시켰다. 노론 4대신은 이제 역모의 4흉으로까지 전락하고 말았다.

이미 위리안치되어 있던 노론 4대신은 역적으로 몰려 사사되었다. 이

밖에도 60여 명의 노론계 인사들이 살육되고 수십 명의 사람들이 유배되었다. 노론이 정권을 잡은 후 최대의 참변이었다. 소론은 왕의 의도에 거슬리지 않는 범위 내에서 그들이 당했던 것보다 훨씬 더 심한 보복을 가했다.

신축년과 임인년에 걸쳐 계속되었던 이 신임옥사는 왕실 후계권을 둘러싼 노론과 소론의 대립과 갈등이 약화된 왕권을 틈타 폭발된 정치적 변란이었다. 8개월간이나 지속된 옥사에서 세제의 이름도 수없이 거론되었다. 세제의 지위는 그야말로 바람 앞의 등불이었다. 그러나 그는 왕위 계승자라는 특수한 신분과 경종의 특별한 배려 덕에 무사할 수 있었다. 경종은 육체적으로나 정신적으로 다소 문제가 있다고 알려지고 있었다. 그러나 동생인 세제에 대한 사랑만은 지극했다고 한다.

신임옥사로 노론은 큰 타격을 받았다. 그러나 1724년 영조가 즉위함으로써 그들은 다시 회생할 수 있었다. 그렇다고 해도 아우가 왕위를 계승했다는 종통상의 문제점은 영조를 끊임없이 괴롭혔다. 1728년(영조 4) 노론의 재집권에 불만을 품은 소론 강경파에서 일으킨 무신란은 영조의 종통상의 문제점을 극명하게 드러내 주는 사건이었다.

영조 英祖
제21대 1694년~1776년 | 재위기간 1724년 8월~1776년 3월

요순 임금처럼 어진 군주

숙종의 병상 한쪽에 묵묵히 앉아 있던 세자(경종), 그리고 어수(御手)를 붙잡고 말없이 앉아 있던 연잉군(延礽君). 생명의 위협마저 느껴야 했던 두 왕자의 세자 시절을 그저 평탄치 못했다고만 말할 수 있을까? 병상의 숙종은 그때까지도 이 두 왕자를 저울질하고 있었는지도 모른다.

만년의 숙종에게는 세자(경종) 외에도 두 아들이 더 있었다. 숙빈 최씨 소생의 연잉군과 명빈 박씨 소생의 연령군(延齡君)이 바로 그들이다. 숙종은 수많은 논란 끝에 장씨 소생의 아들을 세자로 삼기는 했지만, 장씨 사후 세자를 자못 못마땅하게 생각하고 있었다. 세자를 바꾸려는 계획을 세우고 있던 숙종은 연잉군보다도 특히 막내 연령군을 총애했다. 정유독대(丁酉獨對) 당시에도 연령군에게 더 뜻이 있었다고 한다. 그러나 연령군은 숙종이 죽기 한 해 전인 1719년(숙종 45) 겨울에 병으로 먼저 죽었다. 숙종은 병중에도 그 슬픔을 억누르지 못해 억지로 일어나 친히 상소(喪所)에 가려고까지 했다. 눈물이 온통 얼굴을 적셨다. 그만큼 연령군을 아낀 것이다.

숙종에게서 '은밀한 부탁'을 받은 노론은 명분에 어긋나지 않으면서도 경종의 왕위를 연잉군에게 승계시킬 수 있는 묘책을 강구했다. 그것이 바로 태조 - 정종 - 태종으로의 계승 방식이었다. 그들은 경종 즉위 후 연잉

군을 세제로 책봉하고 이어 경종으로 하여금 왕위를 선양하게 해 영조를 즉위케 한다는 계책을 세웠다. 효종의 혈맥이며 숙종의 골육으로는 경종과 연잉군이 있을 뿐이니 다른 의논이 있을 수 없었다.

그러나 경종 즉위 후 노론이 그 계획을 착수하면서부터 살육이 벌어졌다. 신축년과 임인년 두 차례의 옥사(신임사화) 이후 연잉군은 자신의 지지 기반이던 노론이 축출되면서 신변 위협마저 받게 되었다. 그는 왕세제(王世弟) 자리를 반납하는 것도 불사했다. 숙종이 내린 군호만이라도 보존하게 해달라고 계모인 김대비에게 울며 호소하기까지 했다. 김대비는 평소 노론 입장에 서서 연잉군을 감싸왔으므로 몇 차례 언교(諺敎)를 내려 소론의 반발을 누그러뜨렸다. 경종이 죽자 영조는 우여곡절 끝에 무사히 즉위할 수 있었다. 숙종 말 병신처분(丙申處分)으로 격화된 노론과 소론 간의 대립, 정유독대로 인한 왕위 계승을 둘러싼 상호 간의 불신, 신임옥사(辛壬獄事)라는 살육극, 충이니 역이니, 흑이니 백이니 하며 서로를 용납하지 않는 그런 살얼음판 같은 정치 무대에 영조는 조심스럽게 등장했다.

조선 제21대 왕인 영조의 이름은 금(昑)이고, 자는 광숙(光叔)으로 숙종의 아들이자 경종의 이복동생이다. 1694년(숙종 20) 9월 13일 창덕궁 보경당에서 탄생했으며, 숙빈 최씨가 어머니다. 여섯 살 때 연잉군에 봉해졌고, 경종 원년(1721)에 왕세제로 책봉되었으며, 1724년에 왕위에 올랐다. 왕비는 서종제의 딸 정성왕후이며 계비는 김한구의 딸 정순왕후이다.

그는 즉위 후 붕당의 폐해를 하교해 탕평책을 표방했다. 당론이 살육의 근본이 되고 살육이 망국의 근본이 된다는 것을 세자 시절부터 깊이 체험했기 때문이었다. 물론 탕평책의 시행 과정에서 문제가 없었던 것은 아니다. 영조는 경종 살해의 주범으로 몰려 '차마 들을 수 없는 말[不忍之

言]'에 늘 시달려야 했다. 또 1728년(영조 4) 이인좌(李麟佐)의 난으로 정계에서 축출된 일련의 세력들에 의해 곤욕을 당하기도 했다. 1762년(영조 38)에는 남인, 소론과 노론의 정권 쟁탈전에서 사도세자가 희생양이되었다. 영조는 자기의 왕위 계승이 노론의 의리와 명분론에 근거해 이루어진 것이므로 그 정통성을 고수하기 위해 어쩔 수 없이 노론의 입장을따라야만 했다.

한편으로 영조는 각 방면에 걸쳐 조선 왕조의 중흥을 이룩한 영주이기도 했다. 그는 특히 경제정책의 일환으로 균역법(均役法)을 시행했다. 이것은 양민들이 국방 의무를 대신해 나라에 세금으로 바치던 포목을 두필에서 한 필로 줄이는 것이 골자로 일반 백성들의 군역 부담을 크게 감소시켰다. 그리고 가혹한 형벌을 폐지해 인권 존중의 길을 열기도 했다. 신문고 제도도 부활시켰다. 또 인쇄술 발달과 함께 우리나라 최초의 백과사전 격인《동국문헌비고》를 비롯해《속대전》등의 서적도 편찬했고, 영조 자신의 정통성을 천명한《천의소감(闡義昭鑑)》도 간행했다. 이 시기에실학의 선구자로 평가받는 유형원의《반계수록》도 간행했다.

영조는 호학의 군주였다. 정력적인 저술 활동을 통해 역대 임금 가운데가장 방대한 분량의 어제와 어필을 남겼다. 심지어 경전의 서문을 손수짓는 당당함을 과시하기도 했다. 현재 장서각에 소장되어 있는 어제와 어필의 대부분은 영조의 작품이다. 호학이 지나치다 보니 경연 자리에서 도리어 신하들을 불러 놓고 자신이 직접 강의를 하기도 했다. 신하들의 학문을 우습게 여긴 점도 있었지만 군주가 성인(聖人)이라는 성군론(聖君論)에 매료되어 있었다. 52년을 재위하며 여든 셋을 일기로 생을 마감하기까지 이런 모습은 전혀 변하지 않았다.

영조는 아들 둘을 두었는데 효장세자(孝章世子)와 장헌세자(莊獻世子)이다. 효장세자는 조문명(趙文命)의 딸을 빈으로 맞았지만 후사 없이 일찍 죽었다. 그는 후에 진종(眞宗)으로 추존되었다. 장헌세자는 뒤주 속 비운의 왕자인 사도세자(思悼世子)로, 홍봉한(洪鳳漢)의 딸을 빈으로 맞이해 정조를 낳았다.

영조의 시호는 익문선무희경현효(翼文宣武熙敬顯孝)이며 묘호(廟號)는 영종(英宗)이라 했는데 후에 영조라 고쳤다. 능은 양주에 있는 원릉(元陵)이다.

무신란

소론은 세자 보호를 당론으로 내세워 경종파를 자처했고, 숙종의 암묵적인 부탁은 노론으로 하여금 영조파를 표방하게 했다.

숙종 중반까지 치열하게 전개되던 서남 당쟁은 갑술환국(甲戌換局)을 계기로 노소 당쟁으로 전환되었다. 야당으로 탈락한 남인에게 더 이상 정권 재창출의 기회는 오지 않았다. 이제 그들은 재야의 비판 세력으로 존재하며 노론에 대해 불만을 토로할 뿐이었다.

한편 경종파와 영조파 대립으로 표출된 노소 당쟁은 경종 조에 이르러 절정에 달했다. 신임옥사는 그 상징적인 사건으로서 이른바 노론 4대신이 사사되는 살육극이 자행되었다. 그러나 경종의 급작스런 사망과 영조의 즉위로 치열하던 노소 당쟁도 점차 노론의 우세로 귀결되었다. 이런 흐름 속에서 영조와 노론 정권에 대한 남인과 소론의 반감은 높아만 갔다.

1728년(영조 4) 3월에 발생한 무신란(戊申亂)은 영조와 노론에 대한 반감을 폭력적인 수단으로 표출한 정치적인 사건이었다. 반란의 주체는 소론의 급진 세력과 일부 남인 세력이었다. 반란의 목적은 영조를 제거하고 노론정권을 타도한 다음, 소론과 남인의 연합 정권을 세우는 데 있었다.

자신에게 특별한 실정이 없다고 생각한 영조는 경악했다. 더욱이 신임옥사의 와중에서 목숨을 위협받는 등 정치의 비정함을 누구보다 잘 알고 있던 그였기에 무신란의 충격은 더욱 컸다.

그러나 무신란은 우연한 사건이 아니었다. 거기에는 나름대로의 이유가 있었다. 영조는 그 점을 분명하게 인식해야만 했다. 그것은 자신이 비정상적인 절차를 통해 왕위에 올랐다는 사실이다.

숙종이 경종을 버릴 때 노론은 영조를 선택했다. 신하가 임금을 선택하는 이른바 택군(擇君) 현상이 빚어진 것이다. 왕조 국가에서는 용인될 수 없는 비정상적인 과정을 통해 영조는 왕이 되었다.

반란의 주체들에게 영조는 합법적인 군왕이 아니었다. 타도되어 마땅한 불법적인 군주에 지나지 않았기에 반란의 원인이 있었다.

경종 독살설

영조와 노론에 대한 반감과 더불어 반란의 촉매가 된 것은 경종의 의문스런 죽음이었다. 1724년 8월 20일 게장과 생감을 먹은 경종은 복통과 설사를 거듭하다 5일 뒤인 8월 25일에 사망했다. 그런데 세간에서는 "경종이 동궁(영조)에서 들여보낸 게장을 먹고 죽었는데, 게장 속에는 독이 들어 있었다."는 말이 암암리에 유포되어 있었다.

심지어 1725년(영조 1) 정월에는 영조의 면전에서 경종 독살설을 발설하다 죽임을 당한 사람도 있었고, 1727년(영조 3)에는 경종이 비명에 죽었다는 괘서가 등장해 진상 조사에 나서기도 했다.

그러면 경종은 과연 독살되었는가. 누구도 여기에 대해 확답을 할 수는 없다. 그러나 경종의 죽음은 의문스런 부분이 있다. 독살설이 사실이든 조작이든 간에 경종의 죽음에 관한 의혹은 구전 또는 괘서와 흉서의 형태로 광범위하게 살포되었다.

이에 격분한 소론과 남인의 과격파들은 영조를 군주로 인정할 수 없었다. 왕권 교체의 음모는 이런 과정을 통해 배태되었다. 그리고 의문의 독살설은 경종에 대한 흠모의 정을 고조시켜 반란 세력의 결속은 물론 민심을 규합하는 데 주효했다. 그들은 영조가 숙종의 아들이 아니며, 경종을 몰래 시해했다는 유언을 통해 여론을 선동했다. 불법적인 군주 영조를 타도해 경종의 원수를 갚는다는 것이 반란 명분이었다. 결국 무신란은 노론에 대한 도전인 동시에 경종을 위한 복수였다.

이런 흐름 속에서 1725년 을사처분(乙巳處分)이 단행되어 신임옥사가 무옥(誣獄)으로 판명되었다. 이에 소론의 과격파 김일경과 목호룡이 처단됨으로써 김일경의 정치적인 지론인 남소탕평(南少蕩平)은 원천적으로 분쇄되었다. 반면에 노론은 명분과 권력을 동시에 차지하는 일거양득의 기회를 포착했다. 이는 경종 독살설과 함께 소론과 남인의 급진 세력을 극도로 자극하는 결과를 초래했다.

반란의 주모자와 무신당 결성

무신란은 1728년(영조 4)에 일어난 전국적인 규모의 반란이었다. 호서 호남영남의 삼남 지방은 물론 경기도와 평안도까지 반란 조직이 결성되어 있었다. 이 난은 3월 14일 소론 영상 최규서(崔奎瑞)에 의해 고변되었다. 반란의 주모자는 호남의 박필현(朴弼顯), 호서의 이인좌(李麟佐), 영남의 정희량(鄭希亮) 등 세 명이었다.

박필현은 본관이 반남으로 1707년(숙종 33) 세자 보호소를 올린 임부의 배후 조종자로 지목된 박태춘의 아들이었다. 특히 소론 급진파의 한 사람으로서 김일경과 정치적 입장을 같이했던 박필몽과는 육촌 형제였다. 한마디로 박필현은 소론 급진 세력을 대표하는 사람이었다.

반란의 초기 공작은 전적으로 박필현의 주도와 이유익의 협조로 이루어졌다. 이유익은 1701년(숙종 27) 희빈 장씨 사사에 반대했던 지평 이명세의 아들로서 그 역시 소론이었다. 이들은 팔도지명지사(八道知名之士), 즉 팔도의 명망 있는 인사를 규합한다는 취지에서 주로 삼남 지방을 드나들며 상주의 한세홍, 괴산의 이인좌 4형제를 포섭하는 데 성공했다. 원래 서울 출신이던 박필현은 무신란 한 해 전인 1727년(영조 3) 태인현감으로 부임하면서 호남 지역의 책임자가 되었다.

이인좌는 본관이 전주로서 갑술환국 당시 감사를 지낸 이운징의 손자였다. 할머니는 숙종 15~20년까지 남인 정권을 영도한 영의정 권대운의 딸이었고, 자신은 남인의 이론가 윤휴의 손녀사위였다. 그는 명실공히 남인 명가의 자제였다. 따라서 이인좌를 소론으로 구분하는 것은 잘못이다. 이인좌는 박필현에 의해 포섭된 이래 거사의 성공에 만전을 기했다. 평생 즐겨 마시던 술을 8년 동안이나 끊은 사실에서 그의 비장한 각오를 감지할 수 있다.

이후 그는 김일경의 아들 김영해, 목호룡의 형 목시룡과 긴밀한 유대를 가지고 외방 기병의 총책을 맡음으로써 반란의 실질적인 우두머리가 되었다.

한편 정희량은 이인좌와의 세교(世交)를 매개로 포섭된 경우였다. 정희량은 경상도 안음 일대에서 상당한 재지적 기반을 구축하고 있던 사족 가문인 초계 정씨 출신의 자제로서 초명은 준유였다. 병자호란 당시 김상헌과 더불어 척화론을 주창했던 정온은 바로 그의 고조부이다. 정희량이 반란 모의에 주도적으로 참여한 것은 이인좌와의 세교 때문만은 아니었다. 인조반정 이후 역향으로 간주되어 심한 차대를 받아 오던 경상우도의 불만이 반란에 적극적으로 참여하게 한 것이었다. 예컨대 같은 척화신이던 김상헌의 후손들은 출세 가도를 달린 반면 자신은 정인홍 계열의 우도 사람이라는 굴레 때문에 사환의 길이 막혀 있었다. 이후 그는 이인좌의 아우 이웅보와 더불어 영남의 총책임자로서 순흥, 안동, 안음을 왕래하며 영남 지방 사족의 포섭에 주력했다.

박필현, 이인좌, 정희량을 중심으로 하는 반란 주도층은 상호 긴밀한 연대와 개별적인 공작을 통해 이른바 '무신당'을 결성하는 데 성공했다. 서울에서는 이하, 이사성, 민관효, 양명하, 남태징 등이 입당했다. 이사성은 평안감사, 남태징은 포도대장이었으며, 민관효는 남인의 명가 여흥민 씨 민점의 증손이었다.

지방에서는 나만치, 조상, 조덕규, 임서호, 정세윤, 권서린, 민원보, 민백효, 김홍수 등이 참여했다. 이들도 대부분 소론과 남인의 명가 출신이었다.

이외에도 무신당의 포섭 대상은 지방 군인, 향임층, 노비층, 명화적 등 중인층과 하층민에까지 미치고 있었다.

반란과 토벌

반란을 준비하던 주도층에게 1727년(영조 3)의 정미환국(丁未換局)은 상당한 걸림돌이 되었다. 노론이 물러나고 소론이 집권함으로써 그만큼 반란의 명분이 약화된 것이었다. 더욱이 박필현이 태인현감으로 부임함으로써 서울 주도층이 현격하게 약화되었다. 이에 일각에서는 관망의 태도를 보였지만 이인좌 등은 거사를 계속적으로 추진했다. 전략은 외기내응(外起內應), 즉 지방에서 기병하면 서울에서 여기에 동조하는 것으로 정해졌다.

이런 상황에서 이듬해인 1728년(영조 4) 3월 15일 이인좌가 청주성을 점령함으로써 반란은 현실화되었다. 이인좌는 충청병사 이봉상과 영장 남연년을 살해한 다음 사방에 격문을 보내 동참을 호소했다. 독살된 경종의 원수를 갚고 소현세자의 증손 밀풍군 탄(坦)을 새로운 왕으로 추대하는 것이 격문의 골자였다. 반군들이 군중(軍中)에서 경종의 위패를 받든 것도 자신들의 거사가 경종에 대한 복수임을 강조하는 동시에 반란의 정당성을 천명하기 위해서였다.

청주성을 함락한 반군들은 각처에서 모여든 가담자를 수습하는 한편 궁극적인 목표인 도성을 향해 북진했다.

영남에서는 정희량과 이웅보가 3월 13일 안동에서 거사를 단행할 예정되었으나 사정이 여의치 않아 3월 20일 안음에서 반란을 일으켰다. 불과 며칠 만에 안음, 거창, 합천을 손쉽게 점령한 반란군의 기세는 대단했다. 반군의 병력도 7만여 명에 달했다.

이에 사기가 고무된 반군들은 이인좌 군과 합세하기 위해 북진을 재촉했다.

다만 호남에서의 거병은 순조롭지 못했다. 이인좌에 의해 청주성이 함락된 지 4일 만인 3월 19일 박필현은 근왕의 명목으로 군대를 일으켰다. 군사들에 대한 약간의 조련을 거친 다음 전라감사 정사효와 합세하기 위해 전라감영으로 향했다. 그러나 정사효는 성문을 걸어 잠근 채 호응하지 않았다. 도리어 공갈과 협박으로 일관할 뿐이었다. 이에 내통에 실패한 박필현은 사태의 급박함을 깨닫고 허무하게 도주하고 말았다.

북상하는 반란군을 어떻게 막을 것인가? 반군의 북상을 보고받은 조정에서는 우선 도성 수비를 강화하고 통행을 제한했다. 그런 다음 반란이 탁남과 관련이 있다고 파악해 윤휴, 민암, 이의징 등 기사대신의 자손을 투옥하는 한편 김일경과 목호룡의 가속을 체포했다. 내응을 저지하기 위한 조처였다. 응급조치를 마친 조정에서는 오명항(吳命恒)을 총사령관으로 하는 도순무군을 편성해 반군 토벌에 착수했다. 소론이 일으킨 반란을 소론으로 하여금 토벌하게 한 것이다.

반군과 토벌군이 최초로 만난 곳은 용인과 안성에 인접한 진위였다. 도순무사 오명항은 이미 간첩을 투입시켜 반군의 진격로를 염탐하고 비밀리에 병력을 이동시킨 상태였다. 이에 토벌군의 작전에 말린 반군은 진로를 오판해 안성에서 대패했다. 안성에서 패배한 이인좌가 패잔병을 이끌고 죽산으로 향하자 관군은 즉시 추격에 나섰다. 이에 이인좌는 죽산에서 체포되어 서울로 압송되고 죽산의 반군도 완전히 섬멸되었다.

영남의 형세도 이와 마찬가지였다. 당초 반란군은 안음, 거창, 합천을 점령해 기세를 올렸지만 충청도의 반군과 합류하기는 용이하지 않았다. 토벌군의 압박 속에 전라도 경내로 진출하기도 어려운 실정이었다. 이에 진로가 차단된 반군은 거창으로 철수할 수밖에 없었다.

그러나 철수와 동시에 토벌군의 포위 작전에 말려 궤멸되었고, 정희량 등 주모자 21명도 체포되어 처형되었다. 청주에서 시작해 영남과 호남 지역으로 확산되어 한때 기세를 올렸던 반란은 17일 만에 평정되었다.

영조의 각오

경종의 복수와 밀풍군의 추대를 반란의 명분으로 내걸고 왕권 교체를 기도했던 무신란은 결국 실패했다. 그런데 여기서 한 가지 주목할 사실은 무신란을 최초로 보고한 최규서(崔奎瑞)와 토벌군의 사령관 오명항이 모두 소론이라는 점이다. 특히 오명항은 도순무사를 자청한 인물이었다.

급소(急少)이든 완소(緩少)이든 간에 반란에 자파 인사가 개입된 이상 소론들은 연대책임을 피할 수 없었다. 더욱이 이는 소론 정권이 붕괴될 수 있는 충분한 구실이 되었다. 최규서와 오명항이 토벌에 적극적인 태도를 보인 것도 바로 이 때문이었다. 소론이 일으킨 반란을 소론이 진압한 셈이었다. 당초 조정에서는 오명항을 믿을 수 없다는 여론이 분분했다. 그러나 영조는 "오늘의 역변은 당론에서 비롯된 것이니 지금 당론을 말하는 자는 누구든 역적으로 처단하겠다."《당의통략》)는 말로써 이를 일축했다. 이처럼 무신란은 영조로 하여금 당쟁의 폐단을 뼈저리게 느끼게 한 사건이었다. 반란을 일으킨 쪽은 소론과 남인이었지만 노론은 반란의 원인을 제공했다는 점에서 책임을 회피할 수는 없었다.

이에 영조는 내심 노론도 소론도 믿을 수 없었지만 왕권을 확립하기 위해서는 탕평이 불가피하다고 생각했다. 한 당파만을 전적으로 등용해서는 안 된다는 것이 무신란을 통해서 얻은 교훈이었다. 탕평을 향한 영조의 각오는 이런 과정을 통해 더욱 확고해졌다.

왕권을 위한 탕평 정치

탕평론의 원조 박세채(朴世采)

동서분당이 있기 이전 조선에서는 《대명률》〈간당조〉에 기초한 붕당론과 구양수와 주자에 의해 정립된 붕당론이 함께 거론되었다. 《대명률》에서는 붕당이 곧 사사로운 이익을 위해 맺은 도당이라 하여 부정적으로 평가했고, 구양수와 주자는 붕당을 긍정적으로 평가했다. 그러나 조선 시대의 형률이 《대명률》에 의거하고 있었기 때문에 붕당은 사당이라는 견해가 거의 일반화되어 있었다.

붕당 긍정론은 성종년간 사림의 출현 이래, 특히 중종 대의 조광조 등 신진 사류에 의해 조선 정치 무대에 처음으로 소개되었다. 그러나 신진 사류가 바로 간당조에 걸려 처형됨으로써 붕당은 일반화되지 못했다.

붕당 긍정론은 선조 초 사림 세력의 정계 진출과 동서분당으로 다시 대두되었다. 동인과 서인을 같은 사림으로 간주한 이이는 이들 두 세력 간에 화해를 촉구하며 조선적 붕당론인 조제론(調劑論)을 펴 나갔다. 그는 군자도 붕당을 가지므로 그것을 반드시 죄악시할 필요는 없다고 하면서 당 차원이 아닌 개인 차원에서 인물을 변별하고 등용하자고 했다.

그러나 산림이 출현하고 또 현종 대 서인과 남인 간의 예송이 격화되자 우리당은 군자당이고 너희당은 소인당이라는 군자 소인론이 고개를 들기 시작했다. 일당독재를 지향하게 된 것이다.

숙종 대 경신환국 이후 서남 당쟁과 노소 대결이 더욱 치열해져 자기와 다른 자는 배척하고 자기를 따르는 자는 편드는 편당이 유행하게 되었다. 이렇게 되면 사대부도 국가도 공멸하게 되어 있었다. 이에 소론의 영수 박세채는 이이의 조제론을 기반으로 해 1683년(숙종 9)과 1688년(숙종 14), 1694년(숙종 20) 세 차례에 걸쳐 탕평론을 제시하였다.

탕평이란 《서경》 황극설의 무편무당 왕도탕탕 무당무편 왕도평평(無偏無黨 王道蕩蕩 無黨無偏 王道平平)에서 나온 말이다. 이것은 본래 인군의 치우치지 않는 공정한 정치를 함축적으로 표현한 것이었다.

우리나라 동서인의 색목은 선조 때부터 시작되었으나 처음에는 군자와 소인의 변별이 흑백, 음양과 같이 뚜렷하게 분별되는 것은 아니었다. 그런데 지금은 색목에 미치기만 하면 한 부류의 사람들을 모두 의심하고, 유배나 파직, 삭직 시에도 반드시 이를 구실로 삼는다. 청탁남과 노소론이 분열했던 것은 현명하고 간사함이 확연히 달랐기 때문이 아니라 단지 의논이 서로 격렬했기 때문에 그랬던 것이다. 무릇 황극의 도를 세워 밝혀 어느 누구를 막론하고 현자는 반드시 나아오게 하고, 그렇지 못한 자는 반드시 물러나게 해 고르고 밝은 이치를 밝혀야 한다.

— 《남계선생문집》 속집, 권3, 계해희정당계차

당시의 붕당은 1백여 년 동안에 이미 뿌리가 굳어져 고질화되었다. 자손으로 말하자면 증손과 현손에 이르렀고 무리로써 말하자면 종족과 이웃에까지 이르렀으며 사람 수로는 온 나라의 반에 가까울 정도였다. 문학과 재능을 겸비해 쓸 만한 사람이 있을지라도 사당의 일인이라고 지목되면 그 붕당 모두를 쓰지 않으려 하고, 정당이라 지목되면 그 붕당 모두를 등용시키려 했다. 이쪽을 쓰면 저쪽이 물러나고 저쪽을 쓰면 이쪽이 물러나게 되어 원망과 복수가 날로 심해져 갔다.

박세채는 노론, 소론, 남인이라는 피차의 당을 막론하고 각 당파 중에 있는 현명한 사람은 등용하고 그렇지 못한 사람은 물러나게 해야 한다고 했다. 또 출척(黜陟)을 한 사람에 그치게 함으로써, 붕당과 붕당이 서로 합심해 공경하는[同寅協恭] 경지에 들도록 하자고 했다.

박세채는 구체적으로 인재의 보고로 일컬어지는 영남에서 인조반정으로 서인이 주도권을 잡은 후로는 인재가 거의 발탁되지 못한 것을 논하면서 인물 본위의 정책으로 영남의 현명한 인재들을 두루 포용하자고 했다. 그러나 인물의 변별과 시비 판정은 궁극적으로 왕에게 달려 있던 바, 박세채는 숙종 자신이 지난날의 일을 거울삼아 공정한 마음으로 조정과 백관을 바로잡아 편당의 풍습을 없애야 한다고 했다.

숙종 역시 갑술환국 후 당론을 조정해 정국을 안정시킬 필요를 절감해 탕평 교서를 반포하기에 이르렀다. 이 탕평 교서에서 숙종은 그 자신도 시비에 어두워 진퇴와 출척을 올바르게 하지 못했음을 인정하고, 조제론으로써 오직 재질 있는 사람과 현명한 사람을 등용해 일진일퇴의 정국을 탕평 정국으로 전환시키겠다고 밝혔다.

박세채의 탕평론은 소론을 중심으로 수용되면서 점차 확산되어 갔으나 실제로는 서인과 남인의 대립으로 크게 고려되지 않았다. 1695년(숙종 21) 박세채가 사망한 이후 소론의 남구만과 최석정이 남인과 서인을 함께 등용하고자 노력했으나 전반적으로 숙종 대 탕평은 명목상의 구호, 아름다운 포장에 지나지 않았다. 병신처분으로 인한 노소 간의 대립이 격화된 이후 탕평론은 거론조차 되지 않았다. 또 경종 대의 신임옥사 등 일진일퇴의 정국은 이미 탕평론의 포기를 의미하는 것이었다.

박세채의 이론에 기초한 탕평이 역사적 용어로 정착하게 된 것은 노소 간의 대립 격화가 살육과 보복의 악순환을 되풀이하며 끝내는 왕권마저 동요시키는, 붕당의 폐단을 철저하게 경험하고 난 영조 대부터였다.

영조 대의 탕평

지금도 성균관 대학교 안에는 당쟁의 역사를 증언하는 비석이 하나 서 있다. 1742년(영조 18) 영조는 탕평 의지를 중외에 선포하기 위해 성균관 반수교(泮水橋) 위에 친필 비석을 세웠다. 이것이 그 유명한 탕평비(蕩平碑)이다. 탕평과(蕩平科)라는 이름의 별시도 있었다. 탕평책의 일환으로 당론을 금지시키기 위해 영조가 특별히 만든 과거이다. 그리고 세간에 전해 오는 음식 중에 탕평채(蕩平菜)라 부르는 묵무침은 탕평책을 논의하는 자리의 음식상에 처음으로 오른 음식이다. 탕평책을 표방하던 영조 시대의 산물들이다.

영조는 왕세제 시절부터 당쟁의 폐해를 생생하게 체험한 군왕이었다. 그에게는 세제 책봉과 대리청정에 따른 노소 당쟁의 와중에서 목숨을 위협당한 쓰라린 기억이 있었다. 당쟁을 척결하지 않고서는 왕권도, 민생도 보장할 수 없다는 것이 영조의 정치적 소신이었다. 이는 생존 논리와도 통하는 것이었다.

군왕의 지공무사한 정치를 원칙으로 하는 탕평책은 영조 치세를 일관하는 정치 이념이요, 당쟁의 예방책이었다. 당쟁 조정을 위한 이념과 원칙을 제시한 박세채의 황극 탕평론이 탕평론에 그쳤다면, 영조 대의 탕평은 정치 집단을 형성해 정책으로 추진된 탕평책이었다. 이 점에서 양자는 분명한 차이가 있다.

그리고 영조 치세의 상당 기간은 신임의리를 밝히는 데 소비한 세월이었다. 특히 임인옥사에 따른 혐의는 왕권의 정당성을 확립하는 데 엄청난 장애 요소였다. 따라서 신임옥사는 기필코 무옥(誣獄)임을 증명해야 했다. 그러나 무턱대고 강행할 수 있는 처지도 아니었다. 탕평의 원칙을 어기지 않으면서 이 난제를 해결해야 했다. 그리고 노론보다는 소론의 손에 의해 해결될 때 더욱 당당할 수 있었다.

을사처분(乙巳處分) : 충역(忠逆)과 정권의 함수 관계

1722년(경종 2) 5월 김창집(金昌集), 이이명(李頤命), 이건명(李健命), 조태채(趙泰采)가 사사되었다. 영조의 세제 책봉과 대리청정을 주선하다 김일경과 목호룡에게 공격을 받아 해도에서 영원히 돌아올 수 없는 불귀의 객이 되고 말았다. 그러나 영조에게는 영원히 기억해야 하는 원훈들이었다.

영조 즉위와 4대신 신원은 직결되는 문제처럼 보일 수 있지만 사실은 그렇지 못했다. 이 문제야말로 영조가 직면한 최초의 현안이요, 고충이었다.

경종이 재위 4년 만에 죽고 왕세제였던 영조가 즉위함으로써 정국은 커다란 전환을 맞이하게 되었다. 노론이 재집권할 수 있는 천재일우의 기회를 포착한 것이다. 영조는 즉위 직후에 소론의 이광좌, 유봉휘, 조태억을 삼정승에 임명하는 한편 노론의 영수 민진원을 석방해 노론의 숨통을 열어 주었다. 노론이 고무되는 것은 당연했다.

1724년 11월 유학 이의연의 상소는 대 소론 공격의 신호탄이었다. 이는 김일경(金一鏡) 등 준소(峻少)에 대한 처벌과 노론의 신원을 노린 행동이었다. 사태는 여기서 그치지 않았다. 노론은 이를 기화로 조태구, 유봉휘, 최석항 등 소론 대신들을 김일경의 당여로 몰아 축출하려는 계획을 세웠다. 소론도 속수무책으로 당할 수만은 없었다. 자연히 조정은 치열한 노소 공방으로 뜨겁게 달아오르고 있었다. 이것은 영조도 피할 수 없었던 정치 현실이며 재위 기간 동안 해결해야 할 정치적 숙제였다.

이러한 시점에서 영조는 탕평이라는 특단의 조처를 강구하게 되었다. 그 일환으로 이의연을 절도에 안치하고, 김일경을 삭직해 그날로 절도에 안치했다. 그런 다음 임인옥사의 장본인 목호룡을 참형에 처하는 한편 이의연도 장살했다.

죄를 줘도 함께 준다

파붕당, 즉 붕당을 깨뜨리기 위한 영조의 의지는 이른바 양치양해(兩置兩解)와 쌍거호대(雙擧互對)의 조처로 나타났다. 이는 어느 한쪽을 치죄할 일이 있으면 다른 한쪽도 함께 다스려 공정성을 유지한다는 것이다.

김일경과 이의연을 처단한 영조는 신임옥사에 따른 노소의 충역 시비에 대해서는 일체 간여하지 않겠다는 입장을 밝혔다. 이것이 곧 군왕으로서의 공정성이며, 탕평의 자세라고 생각했다.

그러나 즉위 직후에 단행된 일련의 처분은 노소 모두에게 지지를 받지 못했다. 따라서 소론은 소론대로 불만이 늘어 갔고, 노론은 노론대로 고충이 따랐다. 특히 소론의 불만은 일촉즉발 직전이었다.

신임옥사의 시비를 가리지 않겠다는 사실 자체가 집권 세력인 소론에게 불리하게 작용했다. 더욱이 소론대신 이광좌와 조태억을 국청대신에 임명해 김일경 일파를 역률로 처단했다는 점에서 소론의 명분은 그만큼 약화되었다. 그리고 좌참찬(김일경)과 일개 유생(이의연)의 목숨을 맞바꾼 사실 또한 공정한 것은 아니었다.

그 대신 소론 대신을 공격한 노론들의 상소를 불문에 부침으로써 은연중에 노론의 사기를 고양시켰다. 이광덕, 김유, 한사득 등 소론의 언관들이 영조의 처사에 노골적인 불만을 표시했지만 소용이 없었다. 영조의 본의는 따로 있었던 것이다.

탕평을 위한 영조의 조처는 소론에게 불리하게 작용했지만 노론이 이를 찬동하고 환영한 것은 아니었다. 노론은 오히려 시비를 분명하게 밝히지 않는 것에 불만을 가지고 있었다. 영조의 즉위로 명분 시비에 절대적으로 유리한 지위를 차지한 노론 입장에서 볼 때 당연한 주장이며 불만이었다.

영조의 복안

여기에 대해 영조는 나름대로 계획을 가지고 있었다. 우선 탕평의 이름으로 노소 당쟁을 적절히 제어해 정국을 안정시키고 군왕으로서의 권위를 유지하는 데 주력했다. 노론에 힘입어 왕이 되었다는 혐의를 벗기 위해서는 탕평 이외의 방법이 없었다. 그렇다고 노론의 입장을 전연 무시할수도 없었다. 이런 상황에서 영조는 약 1년 동안 자신이 직접 탕평을 주도하며 정국을 용의주도하게 이끌어 갔다.

영조는 소론의 불만을 달래는 한편 노론의 공격을 적절히 유도해 우선소론의 급진파를 제거하는 데 성공했다. 그런 다음 소론의 불안감을 이용해 서서히 노론이 진출할 수 있는 기회를 마련해 주었다. 궁극적인 의도, 즉 노론 정권을 구성하고자 했던 영조의 복안은 이렇게 가시화되었다. 양치양해, 시비불분, 탕평수용의 기치를 표방해 노론을 애타게 만들었던 것은 노론에 힘입어 왕이 되었다는 혐의를 줄이기 위해서였다.

1725년 원년에 접어들면서 영조의 구상은 더욱 구체화되었다. 그해 정월 승지 윤봉조의 대 소론 공격소를 계기로 소론 축출이 본격화되었다.

이조참판 이세최, 이조참의 조원명을 파직한 다음 윤봉조를 전격 기용하는 한편 모든 삼사 관원을 노론으로 충원했다. 이어 이조판서 민진원에게 인사행정을 위임해 정호, 민진원, 이관명을 삼정승으로 하는 노론 정권을 출범시켰다. 순식간에 이루어진 환국이었다.

이제 남은 과제는 신임옥사를 무옥(誣獄)으로 규정하고 4대신을 신원하는 일이었다. 그해 3월 정호와 민진원이 이 문제를 전격적으로 거론하자 영조는 신임옥사를 무옥으로 단정하는 처분을 내렸다. 이것이 바로 을사처분(乙巳處分, 1725)이다. 이에 4대신을 위시한 노론 피화자들이 대대적으로 신원되었다. 충역이 번복되는 순간이었다. 영조 즉위 이후 은인자중하는 가운데 때로는 불만을 토로하고 때로는 반발하며 집권을 노리던 노론의 목적이 달성되었다.

거듭되는 충역의 번복, 정미환국

토역론 : 노론의 정치 구호

얼음과 숯이 결코 서로를 용납할 수 없는 이치와 마찬가지로 을사처분 이후 노론과 소론의 공방전은 더욱 가열되었다. 수세에 몰린 소론과 복수의 칼을 빼든 노론의 대립이 살벌하게 전개된 것이다.

영조는 이런 판도를 익히 예상한 눈치였다. 을사처분이 환국이 아닌 화평을 위한 부득이한 조처임을 강조한 것도 이런 맥락에서였다. 그런 다음 비망기를 내려 보복을 삼가고 탕평 구현에 동참할 것을 간곡하게 당부했다. 당쟁 격화를 미연에 방지하려던 영조의 태도는 오히려 노론에게 고식책이라는 비난을 받았다.

자신들에게 흉당이라는 오명을 남기고 4대신에게 생목숨을 요구했던 신임옥사의 악몽을 생각할 때 노론이 영조의 무마책에 순응할 리 없었다. 그들은 이제 토역(討逆)의 명분으로 소론을 일망타진할 생각이었다. 노론에 있어 김일경은 하수인에 불과했다. 공격의 화살은 이광좌, 조태억, 유봉휘 등 소론 대신에게 집중되었다. 바로 이 시점에서 화평을 주장하며 보복을 금지했던 영조의 탕평책이 시련을 맞이하게 되었다.

노론의 거센 요구를 뿌리칠 수 없었던 영조는 자신의 입장을 십분 양보해 이사상을 사사하고 유봉휘를 멀리 유배시켰다. 그런 다음 이광좌와 조태억을 파직해 노론을 진정시키고자 했다. 이런 조처도 노론의 분에 차지 않았다. 그들은 유봉휘, 조태억, 이광좌에게 죄를 더할 것을 요구하며 시위(정청)를 계속했다.

다급해진 영조는 국왕으로서의 권위를 내세워 이를 억제하는 동시에 오열하는 모습을 보이며 감정에 호소하기도 했다. 그러나 설득도 위협도 통하지 않았다. 급기야 노론 영수 민진원이 자신의 거취를 걸고 영원한 앙숙 이광좌의 치죄를 요구하고 나섰다.

이제 영조는 양자택일의 기로에 서게 되었다. 민진원의 요구를 받아들이면 이광좌는 죽어야 했다. 그렇게 되면 자신의 소신이던 탕평책은 수포로 돌아갈 것이 뻔했다. 고심 끝에 영조는 민진원을 좌의정에서 해임했다. 노소 공방을 조절할 수 있는 유일한 방법이었다.

홍치중 내각

이런 와중에서 영조는 정국 운영의 새로운 방향을 모색하게 되었다. 그것은 바로 자신의 탕평책에 동조하는 자에게 국정을 맡겨 노소 보합을 도모하는 것이었다. 일찍이 원년(1725) 10월에 조문명을 통해 시행한 전례가 있었지만 그때는 민진원의 저지로 실패했다.

이때 새로운 적임자로 대두된 인물이 형조판서 홍치중(洪致中)이었다.

그는 노론 중진으로서 평소 논의가 완만하고 이광좌 등 소론과도 친교가 있는 무난한 인물이었다. 한마디로 노론 완론 세력의 대표 격이었다.

홍치중의 발탁은 준론의 퇴진을 의미한다. 민진원에 이어 좌의정 이관명도 정승에서 물러났다. 이제 좌의정 홍치중, 우의정 조도빈을 중심으로 하는 완론 정권이 구성되었다. 흔히 완론 정권으로 일컬어지는 영조 정치의 기본 구조도 사실상 여기서 마련된 것이다.

홍치중을 내세운 이 시기 탕평은 대체로 수월하게 진행되었다. 그는 노론 준론의 표적이 되고 있던 소론 대신들을 적절하게 변호하는 가운데 송진명, 윤순, 조익명 등 소론 중진의 등용을 청하는 단계로까지 이끌고 가 조정을 안정시켰다. 평소 그의 지론이던 노소 병용의 취지가 구체화되어 갔다.

그러나 이들에게도 한계가 왔다. 저간의 행태를 묵묵히 지켜보고 있던 영의정 정호가 홍치중을 정면으로 비난했다. 여기에 힘입은 준론들은 예조참의 김조택을 필두로 대 완론 공격에 착수해 홍치중과 조도빈을 실각시켰다.

이에 영조는 정호를 영의정에서 체직하고, 홍치중을 다시 좌의정에 임명하는 한편 민진원계와 대립하던 노론 청류세력의 수장 이의현을 우의정에 임명했다. 완론 세력을 보강하는 조처임에 분명했지만 역부족이었다. 준론의 장벽은 예상보다 훨씬 더 높았다.

1727년(영조 3) 4월 유봉휘가 유배지에서 사망하자 준론의 대 소론 공세는 더욱 강화되었다. 정국은 그야말로 악화일로에 있었다. 홍치중을 중심으로 하는 완론 세력으로는 이러한 난황을 도저히 수습할 수 없는 상황이었다.

양자택일 : 소론이냐, 노론이냐

이때 영조는 다시 한 번 양자택일의 기로에 서게 되었다. 노론 준론과 제휴할 것인가, 아니면 소론을 등용할 것인가에 대한 단안을 내려야 했다. 노론 준론에 대한 실망과 불만은 영조로 하여금 후자를 선택하게 했다. 이제 정국은 노론 세상에서 소론 세상으로 전환되었으니 바로 정미환국(丁未換局, 1727)이다.

정국 변동과 결코 유리될 수 없는 사안이 있었는데 그것은 바로 충역 시비였다. 2년 전 노론에 의해 확정되었던 을사처분의 전면적인 번복이 불가피했다. 이이명, 김창집, 이건명, 조태채는 또다시 죄인 신세로 전락했다. 그리고 임인옥사 역시 무옥으로 간주되어 김용택과 이천기도 역적의 굴레를 벗어날 수 없었다. 노론의 완패에 따른 소론의 어부지리였다.

절반은 충, 절반은 역, 기유처분

소론도 노론도 못 믿겠다

꼬리에 꼬리를 무는 충역 시비, 그에 따라 좌우되는 정권의 향배로 영조 초반의 정국은 한없이 술렁거렸다. 탕평도 안정도 이 난제를 해결하지 않고서는 불가능했다. 여기서 우리는 영조의 정치적인 업보를 되새기게 된다.

바로 이러한 흐름 속에서 1728년(영조 4) 무신란이 발생했다. 영조는 경악했다. 자신에게 특별한 난정이 없음에도 불구하고 반란이 일어난 것이다.

이제 영조는 왕권 강화를 위해 고육책을 강구하지 않을 수 없게 되었다. 영조에게 시급한 것은 충역 시비도, 의리 논쟁도 아니었다. 오직 정치적 안정만을 추구할 뿐이었다. 그러나 충역으로 뒤엉킨 실타래를 풀지 않는 한 이 또한 마음속 그림에 불과할 따름이었다.

무신란 이후 영조는 노론도 소론도 믿을 수 없었다. 소론이 반란의 주모자였다면 노론은 반란의 원인을 제공한 셈이었다. 영조 입장에서 볼 때 혐오스럽기는 양쪽이 마찬가지였다. 그러나 신료들의 입장은 달랐다. 노론은 이를 기화로 토역론을 내세우며 명분의 정당성을 천명하고 정치 기반을 강화하려 했다. 소론이 수세에 몰리는 것은 당연했다. 그러나 영조가 노론에게도 무신란의 책임을 지우며 노론 단독 정권의 수립에 회의를 느낀 이상, 모든 것이 노론에게 유리한 것만은 아니었다.

탕평파의 대두

이때 영조가 주목한 세력은 다름 아닌 탕평파였다. 탕평파는 무신란을 진압하는 과정에서 영조의 신임을 톡톡히 얻고 있었다. 영수 조문명은 어영대장으로서 영조를 호위했고, 송인명은 왕의 측근에서 토적에 따른 실무를 원만하게 처리했다. 이외 조현명, 박사수, 이광덕은 토적에 직접 참가해 왕성한 활동을 보였기 때문이다. 더욱이 이들 탕평파는 노론을 설득해 난의 진압에 동참하게 함으로써 그 공로가 배가되었다. 여기에 영조의 절대적인 지지가 수반되어 탕평파는 명실공히 정국의 주도 세력으로 부상했다. 무신란으로 노론이 명분을 확보했다면 탕평파는 권력을 장악한 것이다.

탕평파의 지론은 역시 노소 보합에 있었다. 당시로서는 노소론의 공평한 등용만이 정국 안정의 유일한 방안이었다. 그러나 노론의 비협조적인 자세는 탕평파의 행보에 커다란 걸림돌로 작용했다. 원임대신 이하 도승지 김흥경, 이조참판 김재로, 함경감사 유척기 등 노론의 집단적인 사퇴는 이런 정황을 잘 대변하고 있다.

어려운 상황에 빠진 탕평파는 좌의정 홍치중에게 협조를 요청하기에 이른다. 한동안 반응이 없던 홍치중은 그해 6월에 좌의정 사직소를 올렸다. 이것이 바로 탕평파의 자문에 대한 홍치중의 답변이었다. 여기서 그는 난맥상의 핵심을 예리하게 지적했다. 그것은 바로 노론 4대신의 신원 문제였다. 결국 노론의 출사 명분은 4대신에 대한 신원에 있었던 것이다.

반충 반역의 논리

홍치중은 신축옥사(건저대리 문제)와 임인옥사(삼수역옥 문제)를 구분해 전자를 충, 후자를 역으로 구분하는 새로운 견해를 제시했다. 이 견해는 탕평파가 경직된 정국을 풀어 가는 데 결정적인 힌트가 되었다.

1729년(영조 5) 5월 조현명은 4대신에 대한 탕평파의 공식적인 입장을 제시했다. 이른바 분등설(分等說)이었다. 같은 4대신이라도 죄의 경중이 있는 바 동일하게 취급할 수 없다는 논리였다.

분등설의 줄기는 대강 이렇다. 신축옥사를 충, 임인옥사를 역으로 간주할 때 4대신 전부를 신원하는 것이 바람직하다. 그러나 이이명과 김창집의 경우 각기 아들 이기지와 손자 김성행이 임인옥사에 관련되었기 때문에 신원할 수 없다는 논리였다. 이것이 바로 패자역손(悖子逆孫)의 논리에 따른 절충안이다. 이 논리에 따르면 이건명과 조태채는 신원의 대상이 되지만 이이명과 김창집은 여전히 죄안(罪案)에 남아 있어야 했다.

소론 완론과 영조가 이 절충안에 대체로 동조함으로써 4대신 신원에 대한 원칙은 정해진 셈이었다. 이제 문제의 관건은 노론들의 수용 여부에 달려 있었다.

노론의 반응은 예상과 다르지 않았다. 특히 준론의 오원과 정홍상은 탕평파를 소인으로 지목하는 한편 거기에 동조한 홍치중에 대해서도 가차 없는 비판을 가했다. 더욱이 남인 오광운은 분등설을 두고 '화를 두려워해 노론에게 아첨하는 행위'로 조소하는 한편 '남인이 제외된 탕평은 진정한 탕평이 아니다'라고 호되게 비난했다.

노론과 남인의 반대에도 불구하고 대세는 이미 분등설로 기울고 있었다. 이제 남은 것은 공식적인 절차를 거쳐 영조의 처분을 공포하는 일이었다. 이에 영조는 1729년 8월 18일 좌의정 이광좌 이하의 소론과 탕평파로 구성된 신료들을 희정당에 불러 위의 결정을 공식적으로 발표했다. 이른바 기유처분(己酉處分)은 이런 내막을 통해 이루어졌다.

결국 기유처분은 노론을 출사시키기 위해 4대신을 신원하면서도 소론의 반발을 우려해 패자역손의 논리로서 절반만 신원해 노소 공존의 틀을 마련하고자 했던 탕평파의 고심 어린 작품이었다.

노론과 소론이 각기 을사처분과 정미환국에서 집권의 명분을 얻었다면 탕평파는 기유처분에서 집권의 명분을 확보할 수 있었다.

그러나 문제가 근본적으로 해결된 것은 아니었다. 노론도 소론도 이를 흔쾌히 받아들이지 않았다. 따라서 충역 시비의 불씨는 여전히 잔존하고 있었다.

신임옥사에 대한 조치, 경신처분

노론 영수 유척기(兪拓基)의 입조

신임옥사가 조작된 무옥임을 천명할 수 있을 때, 영조는 비로소 당당한 군왕이 될 수 있었다. 영조는 목호룡이 죽을 때 삼수(三手)를 사실로 자복한 일이 늘 마음에 걸렸다. 권좌에 오른 지 16년 동안 영조는 늘 이 문제로 시달려 왔다. 이 점에서 신임의리는 영조가 짊어진 최대의 딜레마였다.

1725년(영조 1) 을사처분에서는 노론을 달래기 위해 신임옥사를 무옥으로 규정했고, 1727년(영조 3) 정미환국에서는 소론의 비위를 맞추기 위해 처분을 번복했다. 그리고 1729년(영조 5)의 기유처분에서는 탕평의 이름으로 반충반역 단계에서 타협을 보았다. 그러나 여기서 한 가지 유념할 사실은 세월이 지날수록 상황은 영조와 노론에 유리하게 전개되고 있다는 점이다.

1738년(영조 14)에 접어들면서 정국에는 다소 변화가 일고 있었다. 종전까지 신임의리를 내세워 소론과 공존을 거부하던 노론의 준론이 출사를 시작한 것이다. 그해 8월 노론 준론의 상징적 존재인 유척기가 입조했다. 노론의 적인 이광좌가 영의정으로 재직하는 상황임에도 불구하고 호조판서의 직책을 부여받고 당당하게 입조한 것이다. 실로 커다란 변화가 아닐 수 없었다.

유척기의 입조는 신임의리에 대한 노론의 입장 변화를 의미했다. 종전의 강경론에서 신임옥사에 관한 노론의리가 신명될 경우 소론과 동사할 수 있다는 쪽으로 선회한 것이다.

준론의 출사로 조정에는 노소가 대등한 세력을 유지하게 되었다. 기유처분 이래 소론 탕평에서 노론 완론의 진출은 지속적으로 진행되었다. 여기에 준론까지 출사함으로써 노론 세력이 급속히 성장한 것이다.

영조의 본심 : 신임의리의 재조정

바로 이런 상황에서 영조는 15년 동안 숨겨 왔던 본심을 서서히 드러내고 있었다. 이제는 영조가 신임의리에 대해 적극적으로 개입하기 시작한 것이다. 노소 보합이 어느 정도 이루어진 이때가 신임의리를 재조정할 수 있는 호기라고 파악한 것이다.

영조의 조처는 서덕수의 신원으로부터 착수되었다. 서덕수는 영조의 처조카로서 임인옥사 당시 삼수를 사실로 인정해 옥사를 확대시킨 장본인이었다. 그런데 1738년(영조 14) 12월 왕비의 어머니(서덕수의 조모) 잠성부부인 서씨가 사망했다. 이에 영조는 왕비의 마음을 위로한다는 구실로 서덕수의 신원을 전격적으로 지시한 것이다. 이는 기유처분 이래 여전히 죄안에 남아 있던 이이명과 김창집을 제쳐 둔 의외의 조처였다.

신임옥사에 대한 영조의 기본적인 불만은 자신이 삼수옥에 연루되었다는 혐의에 있었다. 이는 왕위 계승의 정통성을 내세우고자 했던 영조에게는 치명적인 하자였다. 따라서 영조는 피화자의 신원보다는 자신의 혐의를 벗는 일이 더욱 중요했다. 서덕수의 신원은 바로 임인옥사의 번안을 위한 첫걸음이었다.

그런데 서덕수의 신원은 임인옥사를 역으로 규정한 기유처분의 원칙을 파괴한 조처였다. 이이명과 김창집이 패자역손의 논리에 부딪혀 죄안에 남은 것도 이 때문이었다. 그러나 영조는 군왕의 권위를 내세워 이광좌를 위시한 소론들의 반발을 일축하고 1739년(영조 15) 정월에는 서덕수의 신원을 기정사실화했다.

신임의리의 재조정을 위한 2단계 작전은 새로운 정치 세력의 결성이었다. 김창집과 이이명의 신원과 임인옥사의 번안은 조현명과 송인명에 의해 단행된 기유처분의 원칙과 정면으로 배치했기 때문이다. 따라서 다른 세력이 필요했다. 이에 영조는 1739년(영조 15) 환국과 흡사한 비상조처를 단행해 조현명과 송인명 등의 탕평파를 대거 파직하고 김재로, 유척기, 조상경 등의 노론을 등용했다. 생모 숙빈 최씨의 묘를 존봉하지 않았다는 것이 개각의 사유였다.

의기양양한 노론들은 그해 11월 유척기를 중심으로 신임의리의 개정을 즉각적으로 요구했다. 영조와 노론의 의도가 암합하는 순간이었다. 그러나 영조는 신중론을 제기하며 서두르지 말 것을 당부했다. 영조는 참으로 노련한 군주였다.

해를 넘긴 1740년(영조 16) 정월 영조는 김재로를 위시한 노론 대신과 조현명, 송인명을 소집한 자리에서 갑자기 김창집과 이이명의 신원을 명령했다. 10년 명분(기유처분)이 일시에 붕괴되는 순간이었다. 조현명과 송인명이 반발하자 그들을 향한 노론의 역공세 또한 만만치 않았다. 노론들은 조현명과 송인명에 대해 집중 공격을 단행하는 가운데 탕평 자체를 부인하기에 이르렀다. 평소 탕평주인(蕩平主人)을 자처하던 영조는 이를 방관했다. 공이 사에 가려지는 장면이었다.

이런 상황에서 신임의리의 번안 작업은 일사천리로 진행되었다. 그해 3월 좌의정 김재로가 임인옥사의 피화자를 신원할 것을 건의했다. 영조도 원칙적으로는 동의했다. 그러나 영조는 '이는 중대한 처분이다'라는 이유로 시일을 끌었다. 노론 대신들이 거취를 걸고 재촉했지만 소용이 없었다.

영조에게는 불만이 있었다. 사실 노론들은 노론 피화자에 대한 신원에만 급급한 나머지 삼수설과 관련된 영조의 혐의에 대해서는 도외시하는 경향이 있었다. 영조는 이 점을 매우 괘씸하게 여겼다. 신임옥사의 번안이라는 공동 목표를 놓고 왕과 노론의 접근 방식은 이처럼 판이했다.

숨 막히는 절충 작업

바로 이 시점에서 영조는 또 한 번 마음을 바꾸었다. 노론이 얄밉기도 하거니와 소론의 반발도 전연 무시할 수 없었기에 용단을 내려 노론 준론을 일시에 퇴진시켜 버렸다. 사실 영조는 자신의 혐의가 걸린 임인옥사를 피해자인 노론보다는 가해자인 소론에게서 무옥의 판정을 받아내고 싶었던 것이다.

이런 상황에서 영조는 조현명과 송인명을 번안 추진의 적임자로 판단해 재기용했다. 이들 외에는 노론의 불만을 줄이고 소론을 무마할 수 있는 세력이 없었던 것도 사실이다. 조정에 들어온 양인은 노론 주장을 대표하는 김재로와 더불어 막후 접촉을 벌이며 절충안 마련에 부심했다. 삼수옥이 목호룡의 고변에 의한 무옥이라는 사실은 노론 준론의 노력에 의해 이미 판정이 난 상태였다.

이제 남은 것은 번안 여부였다. 그러나 양자의 절충 작업은 양보의 여지없이 팽팽하게 전개되었다. 조현명과 송인명의 완강한 반대 의지에 영조가 극도의 실망감을 표시하기도 했지만 근본적인 변화는 없었다. 소론의 불만을 달래기 위해 진정지도(鎭定之道)를 내세우며 번안을 반대한 조현명과 송인명의 주장을 꺾기에는 영조도 역부족이었다. 번안 이후에 야기될 수 있는 정국 혼란을 수습할 자신이 없었기 때문이다.

이제 번안은 연기가 불가피했다. 그저 임인옥사가 조작에 의한 무옥임을 밝혀 명칭을 이정하고, 피화자에 대한 신원책을 강구하는 선에서 마무리 지었다. 이것을 경신처분(庚申處分)이라 하는데 1740년 6월 13일의 일이었다. 영조와 노론의 목적이 완전하게 실현되지는 못했다. 그러나 처분의 핵심, 즉 신임옥사는 무옥이며 역(逆)이 아니라는 판결은 적지 않은 성과였다.

왕권 안정을 위해 탕평책을 추진하면서도 왕권의 정통성을 위해 신임의리에 대한 점진적인 처분의 개정을 위해 노심초사하던 영조의 노력도 이제 대단원의 막을 내리기 직전에 이르렀다. 그러면 기유처분의 원칙을 고수하지 못한 탕평파의 장래는 어떻게 될 것인가?

정통성을 인정받은 영조, 신유대훈

경신처분은 영조의 사심이 반영되었다는 점에서 탕평을 위한 정치 명분으로서는 불완전한 것이었다. 노론은 임인옥사를 번안하지 못한 근본적인 불만과 함께 경신처분 이후 후속 조처가 속개되지 않은 상황에 대해 매우 비판적이었다. 여기에 비해 소론은 옥사가 번안될 경우에 야기될 수 있는 토역론 때문에 불안한 처지에 놓이게 되었다. 더욱이 옥사의 번안은 소론의 출사 명분과도 직결된 문제였다. 노론의 불만과 소론의 불안이 혼재하는 상황이다 보니 영조의 마음도 가볍지는 않았다. 여기서 한가지 분명한 사실은 임인옥사에 대해 단안을 내리지 않고서는 탕평책을 원활하게 추진할 수 없다는 점이었다. 1년여에 걸친 재절충 작업은 이런 내막을 가지고 진행되었다.

삼당(三黨)의 견해

여기서 신임옥사에 대한 삼당, 즉 노론과 소론, 남인의 견해를 살펴보기로 하자. 남인의 경우는 경신처분을 인정하면서도 김용택, 이희지 등에 대해서는 여전히 역으로 규정함으로써 완전한 번안에는 반대하는 입장이었다.

노론은 번안 이후에 있을 고묘를 언급하는 동시에 조태구와 유봉휘에 대한 토역을 거론하며 영조의 의중을 살필 정도였다. 노론에 있어 번안은 확고한 당론이었다.

여기에 반해 소론은 번안을 저지하는 데 혼신의 힘을 기울였다. 이때 소론의 숨통을 열어 주는 사건이 있었는데, 바로 위시(僞詩) 사건이었다. 전후 맥락은 대강 이렇다. 노론의 주장에 따르면, 숙종이 김용택과 이천기에게 두 왕자를 부탁하는 증표로서 칠언시를 지어 주었다고 한다. 이에 영조는 김용택의 아들 김원재가 보관하고 있던 이 시를 을람(乙覽)한 뒤 내용을 전적으로 부정했다. 노론들은 숙종의 부탁을 앞세우면서까지 양인의 신원을 추진했지만 이것이 도리어 위시로 판명됨으로써 번안의 명분을 반감시키고 말았다. 이 과정에서 김원재는 장살되는 액운을 맞았다.

노론이 아닌 소론의 손으로

이러한 조처에 힘을 얻은 조현명과 송인명은 경신처분을 고수하는 데 박차를 가하게 된다. 그러나 무엇보다 중요한 것은 영조의 마음이었다. 신임의리와 관련해 영조는 대부분의 행동에 이중성을 보였다. 영조가 노론을 위축시킨 것은 번안까지 몰아 가려는 노론의 일방적인 우세를 우려한 조처였지 소론의 기세를 고양하기 위한 목적은 아니었다.

때마침 지평 이광의가 상소해 노론 대신들의 삭직을 요구한 일이 있었다. 김원재를 구호했다는 것이 그 이유였다. 이광의는 조현명과 혼맥으로 연결된 인물이었다. 이에 영조는 이광의의 상소를 '군왕을 속이는 부언'으로 간주해 이광의를 원찬하는 한편 조현명과 송인명에 대해서는 조사를 지시했다. 결국 두 사람을 겨냥한 조처였던 것이다.

영조가 이광의의 친국 명분을 군무미설(君誣未雪)에서 구하고, 조현명과 송인명에 대해 위협 사격을 가한 데에는 나름대로 이유가 있었다. 그것은 바로 신임의리를 소론의 손으로 밝히고 싶었던 궁극적인 의도를 재확인한 것이었다.

이런 흐름 속에서 1741년(영조 17) 9월 형조참판 오광운이 상소해 임인옥안을 제거하고, 세상의 의혹을 해소하기 위해 대훈을 반포할 것을 건의했다. 이때 영조는 이미 결심을 굳힌 상태였다. 그리고는 곧바로 재상회의를 소집했다. 영의정 김재로는 미온적인 태도를 보였지만 조현명과 송인명은 적극적으로 찬동했다. 역시 예상했던 그대로였다. 회의를 마친 영조는 옥안을 소각할 날이 멀지 않았음을 느낄 수 있었다.

이틀 뒤 입궐한 조현명은 임인옥사의 피화자에 대한 전면적인 신원을 건의했다. 다만 인심의 불복을 우려해 김용택과 이천기를 제외시킨다는 조건을 달았다. 조현명이 제시한 조건은 별안의 작성으로 구체화되었다. 이제 임인옥사의 국안은 화소되기 직전에 이르렀다.

> 용택의 무리가 방자하게 추대한 자가 누구인가? 내가 비록 덕이 없
> 으나 이미 군왕의 자리에 있으니 어찌 번안만 한다고 할 것이며, 그렇
> 다고 어찌 무안(誣案)을 그대로 둘 것인가? 용택의 무리가 역이라면
> 별도로 죄안을 만들어 두면 될 것이다.
>
> – 《승정원일기》, 영조 17년 9월 을유

이것이 영조가 내린 최종적인 단안이었다. 번안해 국안을 소각하면서도 김용택과 이천기의 죄상은 별안에 수록한 절충안이었다. 이제 경신처분의 내용을 완결하는 대체적인 방향은 제시된 셈이었다.

노론의 이병상, 민응수, 이기진 등이 별안 작성에 반대했지만 대부분의 신료들은 영조의 의지에 수긍했다. 남은 것은 대훈의 제정과 고묘의 시행뿐이었다.

신유대훈(辛酉大訓)은 이런 우여곡절을 거치면서 제정되었으니 그 핵심 사항은 다음과 같다.

첫째, 신축년의 건저는 대비와 경종의 하교에 따른 것이다.

둘째, 임인옥은 무옥이므로 국안은 소각하고 피화자는 신원한다.

셋째, 김용택, 이천기, 이희지, 심상길, 정인중은 역으로 단정해 별안에 둔다.

신임옥사에 따른 처분은 이렇게 낙착을 보게 되었다. 이는 정미환국 이

후 옥사의 개정을 요구하며 때로는 아우성을 치고 때로는 출사까지 거부하던 노론의 주장이 관철되었음을 의미한다. 그러나 신유대훈의 실질적인 수혜자는 노론이 아닌 영조였다. 임인옥사에 따른 혐의를 가해자인 소론으로부터 해명받고 싶었던 영조에게 17년은 인고의 세월이었다. 동시에 우리는 이 각축의 정치판에서 비범한 군주, 영조의 실체를 확인하게 되는 것이다.

자칭 군무(君誣)를 신설해 정통성을 인정받은 영조에게 더 이상 걸림돌은 없었다. 이후 영조는 30년 이상의 세월을 탕평의 이름으로 신료들을 주무르며 군왕으로서의 권위를 한껏 누리게 된다.

사림 정치의 위기

1741년(영조 17) 전랑의 통청권(通淸權)을 제한하고 인원을 감축하는 조처를 단행했다. 이는 분명 당쟁의 해소를 위한 불가피한 조처였다. 그러나 이를 계기로 사림 정치의 틀은 서서히 와해되기 시작했다.

출세의 로열 코스

전랑은 문무관의 인사행정을 담당하던 이조와 병조의 정랑(정5품)과 좌랑(정6품)의 통칭이다. 이 중에서도 이조정랑과 이조좌랑의 비중이 월등했다. 이는 문치주의를 표방한 조선의 속성 때문이었다.

전랑직은 조선 왕조의 관직 체계에 있어 가장 중요한 청요직의 하나였다. 특히 이조전랑은 홍문관의 젊은 유신 중에서 명망과 덕이 있는 인물을 엄선했다. 사헌부와 사간원을 거치지 않고는 홍문관에 들어갈 수 없고, 홍문관을 거치지 않고는 전랑에 임명될 수 없는 당시의 관직 구조를 고려할 때, 전랑은 삼사를 중심으로 하는 신진 사류의 영수이며 언론의 실질적인 주재자였다.

삼사는 사화기와 당쟁기를 막론하고 사림 정치의 중심 무대였다. 이러한 삼사의 언론을 주재했으니 전랑직은 분명 정권의 핵심이요, 권력의 노른자위였다. 1575년(선조 8)의 동서분당은 전랑의 비중을 실감케 하는 좋은 사례였다.

> 이조전랑이 길에 나서면 여러 관사의 관원들은 말 머리를 돌려야 했고, 병조낭관이 길 위에 있으면 당하(堂下) 무신들은 피하기에 급급했다.
>
> — 《연려실기술》 별집 권6, 〈이조조〉

전랑에게는 문무관의 오금을 죄게 하는 특별한 권한이 있었음이 분명하다. 사실 그들은 인사의 기안자라는 점에서 지극히 우대받았다. 중죄가 아니면 탄핵받지 않았고, 비록 당상관이라 하더라도 길에서 전랑을 만나면 말에서 내려 인사했다. 그리고 전랑에게는 출세의 길이 보장되어 있어 특별한 사고만 없으면 공경에까지 순조롭게 승진했다. 사실 전랑을 거치지 않고는 공경에 이를 수 없다 해도 과언이 아니다. 이처럼 전랑은 조선 왕조의 관직 체계에서 가장 대표적인 로열 코스였다.

전랑에게 부여된 여러 가지 특전 중에서도 가장 대표적인 권한은 역시 자신의 후임자를 천거할 수 있는 자대낭천권(自代郎薦權)과 홍문관 등 삼사의 청요직을 선발하는 통청권(通淸權)이었다. 전랑은 바로 이런 권한을 바탕으로 재상에 맞먹는 권위를 행사할 수 있었고, 양사와 홍문관의 관원들을 통솔할 수 있었다.

양사와 홍문관, 전랑은 모두 조선 시대의 대표적인 청직이었다. 그러나 전랑은 옥당보다 청현했고, 옥당은 양사보다 청직이었다. 따라서 양사의 관원은 옥당의 유신을 희망했고, 옥당의 유신은 전랑이 되기를 갈망했다. 그런데 옥당의 유신이 되려면 홍문록에 등록되어야 했으며, 전랑이 되려면 시임 전랑의 천망에 올라야만 했다. 따라서 전랑과 옥당, 양사 사이에는 은연중에 지배 관계가 성립되어 있었다.

이런 구조 속에서 양사의 언론은 옥당의 눈치를 살피지 않을 수 없었고, 옥당의 언론은 전랑의 의중을 짐작해야만 했다. '전랑이 홍문관 직제학 이하의 천망권을 쥐고 있어 이조 당상관은 웃으면서 따를 뿐이었다'는 말은 무엇을 의미하는가? 관원들이 길에서 전랑을 만나면 말머리를 돌리는 이유도 바로 여기에 있는 것이다.

권한의 제한과 축소 : 당쟁의 요인으로 지적되다

전랑권과 관련해 조선 후기의 실학자 이중환의 견해를 살펴보자.

대개 우리나라의 관제는 상세와 달라서 비록 3공 6경을 두어 여러 관사를 감독, 통솔하지만 대각을 중시해 풍문에 의해 규탄할 수 있고, 혐의를 살 만한 일이 있으면 삭직하는 규례를 마련해 오로지 의론으로서 정사를 삼고 있다. 무릇 내외직의 임명은 3공에게 시키지 않고 오직 이조에 귀속시켰다. 그러나 이조의 권한이 막중함을 고려해 삼사의 후보자를 내는 일까지도 판서에게 돌리지 않고 전랑에게 위임한 까닭에 이조의 전랑이 대각의 인사권을 주관한다. 3공과 6경이 비록 벼슬은 높지만 조금이라도 흡족하지 못한 일이 있으면 전랑이 삼사의 관원을 동원해 논박하게 하니, 조정의 풍속이 염치를 숭상하고 명절을 중하게 여겨 한번 탄핵을 받으면 벼슬에서 물러나지 않을 수 없다. 이 때문에 전랑의 권한은 곧 3공과 같다. 이것이 대관과 소관이 서로 유지하고 상관과 하관이 서로 견제해 300년 동안 크게 권세를 부린 자가 없고 꼬리가 길어서 휘두르기 어려운 근심이 없는 까닭이다.

- 《택리지》, 〈인심조〉

여기에 따르면, 이조전랑이 삼사의 권한을 주도해 3공 6경을 견제한 셈이 된다. 그렇다. 전랑에게 특권을 부여해 지극히 우대했던 것은 대신의 권한을 견제하기 위해서였다. 결국 전랑직은 대신의 독단을 견제하기 위해 마련된 합리적인 방안이었다. 300년 동안 크게 권세를 부린 자가 없었다는 사실은 전랑직의 정적인 기능임에 분명하다. 이 점에서 전랑은 사림 정치를 유지시키는 중요한 장치였다.

그러나 언론권과 인사권이 전랑에게 집중됨으로써 전랑직을 누가 차지하느냐에 따라 권력의 향배가 결정될 수 있었다. 후기로 갈수록 이런 양상은 더욱 심화되어 전랑을 둘러싼 쟁탈전이 당쟁을 격화시키는 요인으로 지적되었다.

이런 선상에서 1583년(선조 16)에 전랑의 낭천권(郎薦權)이 일시 혁파되기도 했지만 대세를 저지할 만한 조처가 되지 못했다. 이후 1629년(인조 7)에는 최명길이 낭천권 혁파를 주장했으나 역시 관철되지 못했다. 그러다가 1685년(숙종 11)에 이르러 후임자를 천거하는 전랑 천대법이 폐지되었다. 전랑의 양대 권한이 자대낭천권과 통청권임을 고려할 때 이는 전랑권의 대폭적인 제한을 의미했다.

이런 흐름 속에서 1741년(영조 17)에는 통청권까지 제한하기에 이른 것이다. 이때 마련된 이조낭선이혁절목(吏曹郎選釐革節目)에 따르면, 옥당의 홍문록에 등록되면 전랑직이 비는 대로 차례차례 누구나 전랑이 될 수 있었다. 이제 전랑직은 더 이상 엄선의 직책도 아니요, 지난날의 위풍

당당한 기세도 반감될 수밖에 없었다. 나아가 인원도 한 명씩 감원해《대전통편》에는 정랑 두 명, 좌랑 두 명으로 규정했다.

이후 정조가 즉위하던 1776년 5월에 1741년의 절목을 폐기하고, 전랑의 통청권을 복구함으로써 전랑권이 회복되는 조짐을 보이기도 했다. 그러나 여러 가지 폐단으로 1789년(정조 13)에는 통청권이 다시 혁파됨으로써 무위에 그치고 말았다. 이런 상황에서 대신들의 천권은 점차 강화되었다.

결국 전랑권은 당쟁의 격화 요인으로 지적되어 권한의 대폭적인 축소가 불가피했다. 전랑이 언론권과 인사권을 장악함으로써 은연중에 당쟁을 부추긴 것은 사실이다. 여기서 우리는 전랑권의 본질과 긍정적인 요소를 되새기지 않을 수 없다. 전랑에게 엄청난 권한을 부여한 것은 본질적으로 대신의 전횡과 독단을 막기 위한 조처였다. 나아가 사림 정치가 사림의 공론을 토대로 이루어지는 정치라고 할 때, 전랑권은 사림 정치를 유지시키는 제도적인 장치였다. 신진 사류가 기성 사류를 비판, 견제하고 언론과 청의를 중시하는 사림 정치의 구도 속에서 전랑권은 권력의 독점을 막고 청신한 정치 풍토를 조성하기 위해 고안된 효과적인 방안이었다. 이러한 전랑권의 제한과 축소는 사림 정치의 점진적인 붕괴를 의미했다.

비운의 사도세자

사도세자의 죽음

1762년(영조 38) 5월 22일 나경언이 형조에 고변서를 올렸다. 고변 내용은 세자가 주위의 내시들과 결탁해 역모를 꾸미고 있다는 것이다. 이러한 사실을 접하자 영조는 친국을 명하고, 친국 도중 나경언은 그의 옷 속

에서 한 통의 글을 꺼내 왕에게 올렸다. 그 글에서 그가 고변서를 올린 것
은 두 번째 글을 올리기 위한 방편이었음을 밝힌다.

그 글에는 세자의 비행이 10여 조목에 걸쳐 자세히 기록되어 있었다.
세자의 잦은 미행, 세자가 왕손모를 죽인 일, 세자의 낭비벽 등에 관한 것
이었다. 그때까지 세자의 비행에 대해서 전혀 알지 못했던 영조는 대단한
충격을 받았다. 당시 나경언의 고변 내용을 신하들 대부분이 알고 있었기
때문에 중신들은 나경언의 사주 세력에 대해 조사할 겨를도 없이 이 사
건을 빨리 매듭짓기를 요구했다. 그리하여 영조는 나경언을 죽일 것을 허
락하고 이 사건은 일단락되었다.

그러나 사도세자를 죽음으로 몰아넣은 임오화변은 이제부터 시작이었
다. 나경언의 고변이 있은 후 1762년(영조 38) 윤 5월 13일 영조는 또 한
번 같은 이야기를 들었다. 세자의 친모인 영빈은 영조에게 울면서 다음과
같이 아뢰었다.

> (세자의) 병이 점점 깊어 바라는 것이 없사오니 소인이 차마 이 말
> 씀을 정리에 못 하올 일이오되 성궁(聖躬)을 보호하옵고 세손을 건지
> 와 종사를 편안히 하옵는 것이 옳사오니 대처분을 내리소서.
>
> - 《한중록》 권14

이 말을 들은 영조는 바로 세자를 불러들였다. 영조는 세자에게 땅에
엎드려 관을 벗게 하고, 맨발로 머리를 땅에 조아리게 하고 이어서 전교
를 내려 자결할 것을 재촉하니, 세자가 조아린 이마에서 피가 흘렀다. 이
소식을 듣고 달려온 세손이 관과 포(袍)를 벗고 세자의 뒤에 엎드리니,
임금이 안아다가 시강원으로 보내고 김성응 부자에게 세손을 지켜 다시
는 들어오지 못하도록 명령했다. 임금이 칼을 들고 연달아 전교를 내려

동궁의 자결을 재촉하니, 세자가 자결하고자 했는데 춘방(春坊)의 여러 신하들이 말렸다. 임금이 이어서 세자를 폐해 서인을 삼는다는 명을 내렸다.

그러는 동안 영의정 신만과 좌의정 홍봉한, 우의정 윤동도가 들어왔다가 왕의 명령으로 나갔다. 신하들은 이 일을 말리지도 못하고 영조가 하는 대로 지켜보아야 했다. 곧이어 뒤주가 들어오자 영조는 세자에게 뒤주속에 들어갈 것을 명했다. 세자가 뒤주에 들어가려 하자 신하들이 말리고, 세자는 영조에게 살려 달라고 애원했으나 영조는 거듭 뒤주 속에 들어가라고 재촉했다. 세자가 뒤주에 들어가니 영조가 손수 뚜껑을 닫고 자물쇠를 잠근 뒤 널판지를 가져오라고 해 큰 못을 박고 동아줄로 묶어 봉하도록 명했다.

영조는 세자가 뒤주에 갇혀 굶어 죽어 가고 있는 동안 세자와 관계된 일을 하나하나 정리하기 시작했다. 세자의 비행과 관련된 환관과 기녀, 비구니 등을 죽이거나 벌주었고 세자 보호를 거론했던 조재호 일당을 처벌했다. 조재호는 효장세자빈의 동생이자 소론 대신이었는데 평소에 노론이 동궁에 불충하니 자기가 동궁을 보호하겠다고 말한 것이 홍봉한의 귀에까지 들어가 죽임을 당했다.

그 후 5월 20일 폭우가 내리고 뇌성이 치더니 다음 날 세자는 굶어 죽었다. 이에 영조는 다음과 같은 전교를 내렸다.

이미 이 보고를 들은 후이니, 어찌 30년에 가까운 부자 간의 은의를 생각하지 않겠는가? 세손의 마음을 생각하고 대신의 뜻을 헤아려 단지 그 호(號)를 회복하고, 겸해서 시호를 사도세자라 한다. 복제의 개월 수가 비록 있으나 성복은 제하고 오모(烏帽)와 참포로 하며 백관은 천담복(淺淡服)으로 한 달에 마치라. 세손은 비록 3년을 마쳐야 하나 진현할 때와 장례 후에는 담복(淡服)으로 하라.

- 《영조실록》, 영조 38년 윤 5월 21일 계미

이로써 사건은 마무리되었다. 그러나 그 후에도 이 사건에 대한 시비는 끊임없이 일었다. 다음 왕위를 이어받을 세자의 죽음이었으니 사건의 심 각성은 더욱 컸다. 사건을 둘러싼 노론과 소론의 견해 차이는 물론이고 노론 내에서 이론이 제기되기도 했다. 이러한 시비를 보면 사도세자 죽음 의 이유가 단순히 세자의 정신병으로 인한 비행 때문만은 아니었던 것 같다. 당시의 정국을 좀 더 살펴볼 필요가 있다.

노론과 소론을 둘러싼 영조와 세자의 견해 차이

연잉군(영조)을 비호하는 노론과 경종을 좇는 소론의 갈등은 영조 즉 위 후에도 계속되었다. 신임사화를 통해 노론이 정치 무대에서 사라지고 소론이 전권을 행사했으나 경종이 죽고 영조가 즉위하자 판도는 일변했 다. 신임옥사로 희생된 김창집과 이이명 등 4대신을 신원하는 정치적 변 동을 시작으로 노론은 영조를 그들의 세력하에 두고 소론에 대한 정치적 보복을 감행했다.

영조는 탕평론을 주장하며 공평한 정책을 실시하는 등 사회적, 정치적 문제 해결을 시도했지만 현실적인 효과는 없었다. 노론의 비호를 받으며 왕위에 오른 이상 노론 세력을 함부로 할 수 없었던 것이다. 또한 노론 세 력은 영조가 그들을 멀리하려 할 때, 모든 문제를 경종의 사인 시비와 관 련시켜 명분적으로나 정치적으로 궁지에 몰리게 했다.

이런 상황에 대해 세자는 어릴 때부터 노론의 전횡을 막고 그 세력을 눌러야 한다는 생각을 가지고 있었던 것이 분명하다. 사도세자가 열다섯 살에 관례를 마쳤을 때 영조는 그를 옆에 앉히고 당시의 정치적, 사회적 문제인 당론에 대해 질문했던 일이 있다. 즉 영조가 "우리 조정의 신하들이 예부터 당론이 있었는데 어떻게 하면 그치게 할 수 있겠느냐?"라고 묻자 사도세자는 "똑같이 보고 아울러 등용하면 된다."고 대답했다. 이를 보면 일찍부터 붕당에 대한 견해를 확고하게 가지고 있었던 것이다.

이렇듯 정치적 견해가 달랐던 부왕과 세자는 대리청정을 하면서부터 갈등이 본격화했다. 세자와 부왕의 정치적 견해가 대립한 대표적인 경우는 조진도 삭과(趙進道削科) 사건이었다. 1759년(영조 35)에 유생 조진도가 별시에 급제했는데 이듬해 이것이 문제가 되었다. 대간들은 조진도가 갑진년에 신임의리에 관련된 상소를 올려 죄를 받은 조덕린의 손자라며 삭과를 주장하고 나섰다. 그러나 세자는 대간들의 말을 따르지 않았다. 뒤늦게 이 사실을 알게 된 영조는 세자의 처사에 화를 내며 삭과를 허락했다.

세자가 노론과 소론에 대해 관심을 보인 것은 세자로서의 자신의 위치가 변화할 수 있다는 것을 깨달으면서부터이다. 소의 문씨가 임신을 하게 되자 세론이 분분했다. 이때 영의정인 소론 이종성이 적극적으로 세자 보호를 주장하고 나섰다. 그 뒤 이종성은 영조에게 세자를 심하게 질책하지 말도록 당부하는 등 세자의 처지를 동정하는 발언과 행동을 했다. 세자는 자신의 처지를 공감하는 소론 세력에 기울 수밖에 없었다.

이러한 점은 노론에게 부담으로 작용했다. 더군다나 조진도 삭과 사건을 통해 세자의 정치적 견해를 확실히 알게 된 노론은 세자를 견제하고 경계할 수밖에 없었다. 당시 전권을 행사하던 노론이었으니 당연한 일이었다.

영조가 세자에게 대리청정을 명령한 것은 세자의 정치적 능력을 기르기 위한 것보다는 영조가 자신의 입장을 강화하기 위한 것이었다. 영조는 왕권을 위해 경종을 살해했다는 의심을 사고 있었기 때문에 자신이 왕위에 뜻이 없음을 보여 주려고 했다. 따라서 세자에게 정치적인 부담을 지운 것은 아니었다. 실질적인 의사 결정은 주로 부왕에 의해 이루어졌고, 세자는 형식적으로 정치에 참여하는 형태를 띠었다. 그런데 가끔씩 세자가 자신의 견해에 반하는 결정을 내리자 영조로서도 부담이 되지 않을 수 없었다. 이에 세자는 부왕의 눈치도 봐야 하고, 노론의 견제도 받게 되어 그 고충이 여간 아니었을 것이다.

영조와 세자의 성격 갈등

게다가 세자와 영조의 성격 차이도 세자를 죽음으로 몰고 간 계기가 되었다. 영조는 비천한 신분인 숙빈 최씨의 자손으로 나서 희빈 장씨의 사사를 지켜보면서 늘 근신하는 태도로 목숨을 보전할 수 있었다. 천출 출신의 어머니를 두어 그를 비호할 외척 세력은 애당초 없었고 그가 믿을 수 있는 것은 오로지 어머니뿐이었다. 또한 목숨을 보전하기 위해 근신하며 학업에만 열중해 정치적인 사건에 연루되지 않아야 했다. 따라서 그만큼 외곬으로 자랄 수밖에 없는 환경이었다. 이러한 외곬의 성격은 자식을 대하는 태도에도 그대로 드러났다. 영조는 자식들에 대한 편애가 심해 사랑하는 자식이 다니는 길로 그렇지 않은 자식이 가지도 못하게 했으며, 사랑하는 자식과 그렇지 않은 자식이 한곳에 거처하지도 못하게 했다.

세자는 일찍부터 친모의 슬하를 떠나 저승전(儲承殿)에서 자랐다. 그러나 이 궁의 나인과 상궁들은 그 전에 경종과 경종비를 모시던 사람들이었다. 영조가 경종의 독살 시비 구설수에 올랐던 마당에 영조의 아들인 세자를 그들이 놓아둘 리 없었다. 그들은 영조를 헐뜯으며 부왕과 세자 사이를 이간질했다. 또한 어린 나이에 홀로 떨어지게 된 세자는 나인들과 놀이 등을 즐기며 학문을 소홀히 했다. 아버지와 친모의 사랑 없이 어린 시절을 보낸 세자의 성격이 원만할 리 없었다. 세자 주변에 있던 나인과 상궁들의 영조에 대한 비난도 부왕에 대한 불신을 부추겼을 것이다.

영조와 사도세자의 성격 차이와 정치적인 입장 차이는 세자가 대리청정을 계속하면서 심화되어 갔다. 부왕은 세자에 대한 불만을 노골적으로 표현했고, 세자는 23세를 전후해 사람을 죽이고 내수사의 재물을 낭비하며 의복을 두려워하는 등 문제를 일으키기 시작했다. 세자의 비행은 세자를 경계하던 노론에게는 좋은 빌미가 되었다.

1755년(영조 31)을 전후해 노론 전권 시대가 시작되면서 주도권을 놓고 노론 내부에서 다툼이 일어났다. 당시 노론의 핵심 가문은 김재로 가문, 민진원 가문, 김진규 가문, 신만 가문, 홍봉한 가문 등이었고 이들 중에서 김재로 가문이 가장 혁혁했다. 그들은 영조 대에 영상 김재로, 좌상 김약로, 영상 김상로, 영상 김치인을 배출했고, 외족으로 좌상 서명균과 아들 영상 서지수, 그리고 영상 한익창, 좌상 이관명 등과 연결되어 있었다. 이들은 외척 세력과 연관이 적다는 특징을 가지고 있다.

한편 민진원, 김진규, 신만, 홍봉한은 모두 영조와 직간접적으로 맺어져 있는 척족 가문이었다. 민진원과 김진규는 각각 숙종비인 인경왕후 김씨, 인현왕후 민씨의 형제들이었다. 이들은 명분상 영조와는 외삼촌 관계였다. 신만은 영조의 둘째 딸 화평옹주의 남편 월성위 신광수의 아버지였고 홍봉한은 세자의 장인이었다. 당시에 영조는 외척들을 비호하는 정책을 폄으로써 외척 세력이 급격히 성장하고 있었다. 이들 중에서도 신만과 홍봉한이 두드러졌다. 이렇게 되자 노론 내부에는 주도권을 놓고 외척 세력과 비외척 세력 간에 알력이 생기게 되었고 세자 문제에 대해서도 의견이 달랐다. 비외척 세력인 김상로 계열은 세자의 비행을 거론해 외척 세력의 핵심인 홍봉한 계열을 꺾으려 했고, 세자의 외척인 홍봉한 계열은 세자의 비행이 정치적인 문제로 비화되지 않도록 하는 데 힘썼다.

당시 홍봉한은 세자의 비행이 정치 문제화되는 것을 막기 위한 자금으로 사용하기 위해 뇌물을 거두어들였는데, 이것을 계기로 조정은 홍봉한의 수뢰를 공격하는 공홍파(攻洪派)와 홍봉한의 입장을 옹호하는 부홍파(扶洪派)로 나누어지게 되었다. 그리고 영조의 후궁으로 들어온 경주 김씨 일문들도 외척 세력이기는 했으나 공홍파에 속해 홍봉한 계열을 공격했다.

권력은 부정(父情)에 앞서는 것인가?

임오화변의 의문은 아직도 많이 남는다. 사도세자를 죽음으로 몰아간 직접적인 원인인 나경언의 2차 고변서는 국문을 당하면서도 어떻게 나경언의 품에 있었을까? 각 사료마다 세자의 비행에 대해서 다르게 언급하고 있는데 그중 어떤 것이 진실일까?

이 모든 의문을 뒤로 하고 사건을 정리해 보자. 사도세자의 죽음은 당시 노론과 소론의 갈등, 노론 내의 비외척 세력과 외척 세력의 갈등, 영조와 세자와의 갈등이 세 축을 이루며 일어났던 일이었다. 노론과 영조가 한편이 되어 소론과 세자를 궁지로 몰았던 것이다.

복잡한 정세 속에서 세자는 어리석게도 비행을 일삼으며 반대 세력들에게 죽음의 빌미를 제공한 것이나 다름없었다. 그러나 한편 대리청정 전까지 지극한 효성을 보이던 자식을, 정쟁의 틈바구니에서 희생양으로 삼았던 영조를 우리는 어떻게 이해해야 할까? 어미가 자식을 고발하고 아비가 죽이고 장인은 방관했다. 정치권력을 위해 생사를 같이했던 동료마저 배반하고 의리도, 도덕도 상관치 않는 것은 예나 지금이나 마찬가지인가 보다.

조선의 르네상스, 실학

중세 서양에서는 문예부흥이라는 신사조가 일어 유럽 전역을 흥기시킨 일이 있었다. 문예부흥은 시대와 지역을 막론하고 일어났지만 역사적인 용어로서 가치를 인정받은 것은 14~15세기에 이탈리아를 중심으로 발생한 사조에 한정된다. 그런데 우리에게도 문예부흥과 유사한 혁신적인 사조가 있었다. 실학이 바로 그것이다.

실학의 의미

실학이란 본래 수기치인이라는 유학의 본령에 충실한 학풍을 말한다. 이는 우리나라뿐만 아니라 중국과 일본 등 동양 삼국에서 통시대적으로 사용된 용어이다. 사실 실학은 시대에 따라 그 내용을 달리할 수 있는 가변적인 명칭에 지나지 않았다. 왜냐하면 한 시대의 사상이나 학문 경향이 한계를 드러낸 상황에서 이를 극복하기 위한 대안으로 제시된 학풍이 실학이기 때문이다.

우리나라의 경우 여말선초에는 타락한 불교의 대칭으로서 유학(예학)을 실학이라 했고, 조선 중기에는 사장(詞章)을 멀리하고 경학(經學)을 중시하는 주자학(도학)을 실학이라 했다. 이처럼 예학이나 도학도 실학으로 지칭된 시절이 있었다.

그러나 17세기 이후 당쟁의 와중에서 예학은 극도로 의식화되었고, 도학은 지나치게 관념화되었다. 현실적인 가치를 상실한 학문을 더 이상 실학이라 부를 수는 없었다. 이제 실학은 새로운 주인을 기다려야 했다.

바로 이때 근대 지향적이고 민족 주체 의식을 지닌 새로운 학풍이 등장했다. 비현실적인 학문 풍토를 바로잡아 현실성을 회복하고, 우리나라 사정에 입각한 실제적인 사고를 주창한 참신한 학풍이었다. 이에 제도상의 개혁, 기술 혁신에서 학문의 실증 정신에 이르기까지 사회 및 학문 전반의 문제들이 진지하고 심도 있게 논의되었다.

1930년대의 개신 유학자들은 17~18세기의 이 근대 지향적이고 민족주의적인 학문 경향을 실학이라 명명했다. 그리하여 실학이라는 용어는 이 시대의 특정한 학문 경향으로서 한국사에서 확고한 권위를 획득했다. 이제 실학은 유학, 경학, 예학, 도학을 지칭하는 일반명사가 아니라 17~18세기의 신학풍에 한정되는 고유명사가 되었다.

실학은 왜 일어나게 되었는가

• 노론의 일당독재

사화의 끝은 당쟁의 시작으로 이어져 권력과 부를 차지하기 위한 지배층의 투쟁이 그칠 새가 없었다. 이 어수선한 상황에서 임진왜란과 병자호란의 양대 전란이 조선을 강타했다. 전후 40년 동안 연거푸 발생한 외침 앞에 조선 왕조는 속수무책으로 당하고 말았다.

국체의 손상, 국가 기강의 해이, 민생의 도탄이라는 총체적인 난국 속에서도 근본적인 반성은 촉구되지 않았다. 도리어 당쟁이라 불리는 정치 투쟁의 기술과 방법만이 세련미를 더해 갈 뿐이었다. 명분을 먹고 살던 양반들의 논리 앞에서는 정쟁조차도 미화되거나 정당화될 수 있었다.

한편 인조반정(1623년)과 경신환국(1680년)은 정파 간의 세력 균형을 완전히 붕괴시킨 획기적인 사건이었다. 서인 중에서도 노론이 권력의 노른자위를 죄다 차지해 전제정치의 기반을 마련했다.

이에 수많은 사대부들이 정권에서 소외되었다. 이제 사대부층의 분화가 불가피했다. 승리자는 벌열 또는 세록지가(世祿之家)의 이름으로 특권을 행사할 수 있었다. 반면에 패배자는 정치적인 기능을 박탈당한 채 몰락을 거듭해 선비[士]로서의 마지막 밑천을 유지하기도 어렵게 되었다.

노론은 집권 여당으로서의 지위를 쟁취했지만 국가의 효율적인 경영에는 실패했다. 임진왜란과 병자호란에 따른 제반 부작용을 효과적으로 치유하지 못했고 도리어 주자학의 권위주의를 내세워 국민들을 정신적으로 압박했다. 송시열의 존주대의론은 그 대표적인 경우였다.

이제 집권 노론들에게 기대할 수 있는 것은 없었다. 이에 실세한 사대부들은 집권층의 자기중심적이고 무사안일한 태도에 반발하기 시작했다. 우선 노론의 일당독재에 대항하는 한편 정치, 경제, 사회, 문화적인 현상을 총체적으로 비판했다. 북벌 정책과 존명사대 정책, 예학 지상주의, 주자학적 권위주의는 공격과 비판의 초점이 되었다.

• 사회경제적인 변화와 실세한 사대부의 처지

한편 17~18세기에 이르자 농업 기술의 발달로 농업 생산력이 증대되어 양반 지주들의 토지 집적욕을 자극했다. 그런가 하면 상품 화폐경제의 발달로 농민들은 토지로부터 점차 분리되어 갔다. 그리하여 빈익빈 부익부 상태가 극대화되고 사회의 안정이 파괴되었다.

사회 안정의 파괴는 실세한 양반의 처지와 직결되었다. 재산을 모은 평민과 중인들이 재력을 이용해 관직이나 양반 신분을 사는 풍조가 만연했다. 국가에서도 재정 확보를 위해 공명첩을 남발함으로써 양반의 수는 급속도로 증가했다. 저마다 양반을 자처하는 세상, 바로 신분제가 흔들리는 세상이었다.

본래 사대부는 독서하는 사(士)와 정치에 종사하는 대부(大夫)의 합성어이다. 양반과 동의어로 쓰일 수 있는 조선 왕조 지배층의 범칭이다. 그리고 사는 농공상과 함께 사민으로 분류되기도 하지만 사대부로서의 지위는 농공상과 동렬의 것이 아니었다. 사는 곧 농공상의 지배층으로서 조선 중기까지 지위는 확고했다.

그러나 17세기 이후 정쟁 과정에서 사대부는 벌열과 사로 분화되었다. 벼슬이 끊어진 사대부는 사의 전형이 되었다. 그리고 사가 농공상과 달리 가진 것은 독서인으로서의 지식뿐이었다. 그러나 지식이 상품화될 수 없는 사회에서 벼슬이 끊어진 사는 의식주를 해결하기도 어려웠다.

이러한 때 사는 자신들의 존재를 새롭게 인식하게 되었다. '위로는 왕공을 벗하고 아래로는 농공을 다스린다'는 종래의 인식에서 벗어나 농공상과 더불어 사민의 하나라는 생각을 가지게 된 것이다. 이것이 바로 '실학적인 사'의 입장이었다. 저들과 다른 것이 있다면 오직 직능상의 구별뿐이었다.

그러나 이들은 농공상보다 사의 역할을 높이 평가하려는 입장을 취하고 있었다. '농공상을 발달시키기 위해서는 사의 역할이 중요하다'는 박지원의 견해나 '사의 정신노동은 농공상의 육체노동보다 열 배로 계산해야 한다'는 정약용의 주장이 바로 그것이다. 이러한 주장은 신분과 직업의 장벽을 허물지는 못했지만 근대 지향적인 새로운 사상임에는 틀림이 없었다.

• 서학과 청대 학술의 유입

실학사상은 분명 유교적인 전통을 바탕으로 한 근대 지향적이고 민족 주체적인 개혁론이었다. 그러나 실학 형성에는 결코 무시할 수 없는 제3의 요소가 작용하고 있었다. 그것은 바로 서학(西學)과 고증학(考證學)으로 대표되는 청대 학술의 영향이었다.

서학은 서양의 과학기술과 서교(천주교)의 통칭이다. 조선의 사대부들은 16세기 전반부터 청나라를 통해 서학을 접촉할 수 있었다. 마테오 리치(Matteo Ricci)에 의해 유입된 서양의 과학기술과 천주교리서가 사행을 통해 조선으로 재유입된 것이다. 처음에는 호기심과 상식을 넓히는 차원에서 읽히던 것이 18세기에 이르면 체계적인 이해가 가능하게 되었다.

천주교는 이미 17세기에 이수광과 유몽인이 《천주실의》를 소개한 이래 18세기에는 이익, 안정복, 신후담 등이 이를 비판적인 입장에서 수용했다. 그 후 천주교는 국가의 탄압에도 불구하고 정약종, 권일신, 권철신 등 남인계 지식인을 중심으로 확산되어 실학 발흥에 많은 영향을 미쳤다. 천주교 이론가 중에 유명한 실학자들이 많이 포함된 사실에서도 서학의 영향을 실감할 수 있다.

한편 청나라의 고증학은 서학과는 달리 조선의 사대부들에게 비교적 쉽게 수용될 수 있었다. 실증을 매우 중시하는 고증학은 황종희(黃宗羲), 고염무(顧炎武), 안원(顏元) 등에 의해 형성된 학풍으로서 이익, 이덕무, 정약용, 박제가, 김정희, 이규경 등의 실학자에게 많은 영향을 미쳤다. 특히 박제가의 제자였던 김정희는 청나라의 고증학을 조선에서 새롭게 꽃피운 인물이었다.

실학의 갈래

종래에는 실학을 경세치용(經世致用)학파, 이용후생(利用厚生)학파, 고증학(考證學)학파 등으로 분류했다. 그중 경세치용학파는 경기도 근처의 성호 이익을 중심으로 하는 중농학파(重農學派)를, 이용후생학파는 서울의 도시적 분위기에서 생성된 중상학파(重商學派)를 의미하며, 고증학파는 김정희 등을 중심으로 하는 청나라 고증학의 학풍을 잇는 학파라고 이해해 왔다.

그러나 근대 지향적인 실학의 갈래를 이처럼 평면적으로 분류하는 데는 문제가 있다. 오히려 실학을 정치사와 관련해 분류하는 것보다 역사적인 의미를 갖는 역동적인 해석이 필요하다고 생각한다.

조선 왕조의 지배 사상인 주자학은 12세기부터 들어왔지만 16세기 퇴계 이황에 의해 한국적인 주자학으로 정착되었다. 이때 주자학은 사림 정치와 도학 정치의 이론적인 틀로서 이기심성론(理氣心性論)이 주된 관심사였다. 사림이 지배하는 문치주의 체제하에서 지식인 관료들은 도덕적 수양을 갖추어야만 지식인이나 관료로서의 자격을 가진다고 여겼다. 사대부와 사림들뿐 아니라 국왕도 예외는 아니었다. 사단칠정론(四端七情論)과 인심도심설(人心道心說) 등 사대부의 교양과 군주성학론(君主聖學論)이 대두한 것도 그 때문이다. 이황이 《성학십도(聖學十圖)》를 왕에게 바친 것이나 이이가 《성학집요(聖學輯要)》를 지은 것도 그러한 의도에서였다.

이황에 의해 집대성된 조선적 주자학은 동인과 서인을 막론하고 정치 이론의 주축이 되었다. 그러나 인조반정 이후 서인이 정권을 차지하자 주자학도 송시열에 의해 존주대의(尊周大義)와 함께 서인의 집권 이데올로기가 되었다. 송시열은 숭명존화주의(崇明尊華主義)의 상징으로서 북벌론(北伐論)을 주장했다. 아울러 철저한 주자묵수(朱子默守)를 일관했다.

인조는 광해군이 국가의 가장 큰 명분인 존명사대를 어겼고, 임해군과 영창대군을 죽이고 어머니인 인목대비를 서궁(西宮)에 유폐했기 때문에 주자학적 강상(綱常)을 어겼다는 죄목으로 반정을 성공시켰다. 이 또한 서인의 집권 명분이기도 했다. 그러나 병자호란 때 명나라를 배반한 후금(뒤에 청나라)에게 항복함으로써 반정 명분에 저촉되었다. 송시열의 스승인 김집과 선배인 김상헌은 이 점을 맹렬히 공격했다. 오랑캐인 후금에게 끝까지 버티지 못한 잘못을 공격한 것이다. 이에 같은 서인이지만 최명길과 장유 등 반정 공신들은 명분도 좋지만 현실을 인정하고 백성을 구해야 한다는 변명을 늘어놓을 수밖에 없었다. 그리하여 현실주의적이고 주관적 관념론인 양명학에 경도하게 되었다. 그러나 명분에 어긋나기 때문에 당당하게 이를 주장하지는 못하고 겉으로는 주자학을 내세우면서 속으로 슬금슬금 양명학에 관심을 갖게 되었다. 이른바 외주내왕(外朱內王)의 태도를 보인 것이다. 이러한 단초가 뒤에 정제두의 양명학을 낳았고 이것이 소론 계열 강화학파의 양명학으로까지 연결되었다.

송시열과 윤휴는 당파는 다르지만 본래 사이가 좋았다. 그러나 윤휴가 주자학을 비판하자 점차 사이가 벌어져 원수지간이 되었다. 그리하여 송시열은 윤휴를 사문난적(斯文亂賊)으로 몰았다. 두 사람의 결별은 결국 현종 대의 예송(禮訟)으로, 서인과 남인의 정쟁으로 번졌고, 양왕은 불구대천의 원수가 되었다. 그 후 경신환국으로 남인이 완전히 정계에서 쫓겨나자, 이익은 윤휴와 같이 주자의 경전 해석을 공개적으로 비판하지는 못했지만 실증적으로 새로운 해석하는 방법을 택했다. 그리고 서세동점의 물결을 타고 물밀듯이 들어오는 서학에 남인 학자들이 맨 먼저 관심을 가졌다. 그리하여 결국은 반체제 운동의 일환으로 남인 일부는 서학과 천주교를 신봉하게 되었다. 이것은 정감록 사상과 미륵 신앙 등 민간의 반체제 운동과 일맥상통하는 움직임이었다.

한편 송시열 등 노론의 지나친 존화주의를 비판하는 일부 노론계 소외 세력들이 있었다. 이들은 송시열의 북벌 현실성을 비판하고 오히려 중화 문명을 주도하고 있는 청나라의 선진 문물을 배워야 한다고 주장했다. 만동묘(萬東廟)를 세워 명나라가 망했으니 이젠 조선이 중화 문화의 중심이라고 생각하는 송시열계의 시대착오적인 생각이 잘못되었다는 것이다. 이에 김석문, 홍대용, 박지원, 박제가 등은 북벌에 대신해 북학을 주장했다. 이들은 청나라에 들어온 서양의 과학기술을 배우고 청나라의 선진 문물을 배워 나라를 부강하게 해야 한다고 역설했다. 중세적인 신분제도나 중국 중심의 세계관은 타파해야 한다는 것이다. 이는 당시 모든 지식인들의 일반적인 생각이었지만 조선 후기의 정국이 존화주의를 맹신하는 노론계 벌열들이 주도하는 세상이었기 때문에 근대적인 사고로 자리 잡지는 못했다.

또한 19세기에 이르러 이덕무, 김정희, 김정호 등을 중심으로 청나라의 고증학이 들어와 일세를 풍미하기도 했다. 노론계의 경직된 경전 해석에 반기를 들고 경전에 대한 철저한 고증을 시도한 것이다. 이 때문에 금석학, 문헌 고증학, 지도 제작 등 새로운 학문 분야가 어느 정도 발달되게 되었다.

이와 같이 조선 후기의 실학은 당쟁과 일정한 관계를 가지면서 새로운 국제 정세에 적응해 가는 여러 갈래의 학풍으로 발달하게 된 것이다. 물론 지나치게 골수화한 노론 집권당 때문에 근대 지향적인 학풍이 정책에 수용되지 못함으로써 근대화를 지연시킨 것은 사실이다. 이는 신라 통일 이후 중국화의 길을 걸어 온 결과이기도 했다. 그러나 근대화의 사상적인 싹이 외부의 충격에 대응해 자체적으로 싹트고 있었다는 것은 부인할 수 없다.

성호학파의 실학

지금으로부터 200년 전 경기도 광주부 경내에는 첨성리(瞻星里)라는 한 은사의 마을이 있었다. 성호(星湖)라 불리는 호수를 낀 아름다운 마을이었다. 그리고 호수 주변에는 사치스럽지도 않고 그렇다고 초라하지도 않은 농장도 있었다. 세상 사람들은 이것을 성호장(星湖莊)이라 불렀다.

그러나 지금은 호수도 농장도 모두 사라지고 없다. 오직 호수의 풍광을 주재하며 학문에 열중하던 주인의 나지막한 산소가 인근 구릉에 남아 있을 뿐이다. 성호이선생지묘(星湖李先生之墓)라고 새겨진 묘비가 주인의 신상과 이력을 웅변하고 있다. 18세기를 대표하는 위대한 실학자 이익은 바로 이 첨성리에서 평생을 바쳐 학문에 열중해 불멸의 금자탑을 세운 것이다.

세록의 집안에서 실세한 남인으로

본관이 여주인 그는 남부럽지 않은 문벌 가문의 자제로 태어났다. 그의 가문은 증조 상의가 생원시와 문과에 장원해 현달의 기반을 마련한 이래 당대 굴지의 명문으로 성장했다. 그리고 한때는 '정동 이씨'로 통할 정도로 장안을 울리던 세록의 집안이었다. 성호의 직계만 하더라도 증조 상의에 이어 조부 지안, 아버지 하진까지 내리 3대가 문과에 급제해 중앙 요직을 지냈다. 실학의 비조로 평가되는 유형원은 상의의 외증손자이며 성호가 존경해마지 않았던 당숙 태호 원진의 생질이었다. 그리고 〈동국지도〉의 작자 정상기(鄭尙驥) 또한 여주 이씨의 외손이었다.

이상의의 직계 현손까지 문과 18명, 무과 3명, 생원 8명, 진사 27명 도합 56명의 과거 급제자를 배출한 사실에서도 성호 가문의 위력을 실감할 수 있다. 해평 윤씨(윤두서 가문), 연안 이씨(이정구 가문), 한산 이씨(이산해 가문), 의녕 남씨(남이공 가문), 행주 기씨(기자헌 가문), 동래 정씨(정세규·만화 가문), 동복 오씨(오시복 가문) 등 웬만한 명가들과는 전부 혼맥으로 연결되어 있었다.

그러나 불행하게도 성호에게는 가문의 후광이 이어지지 않았다. 숙종조 남인 집권기에 청남의 중견 관료로 활동하던 아버지 하진이 경신환국에 피화되어 귀양길에 오르면서 가문의 풍파는 시작되었다. 정쟁의 소용돌이에 휘말려 온 집안이 거덜 나고 말았다. 3대에 그친 영화였다.

성호는 아버지의 유배지인 평안도 운산에서 출생하자마자 아버지를 잃었다. 강인한 기질의 소유자 둘째 형 잠(潛)과 옥금산인(玉琴散人)을 자처하며 옥동진체를 창시한 섬세한 예술가 동생 서의 보살핌을 받으며 학문에 열중했다.

그러나 1706년(숙종 32) 중형 이잠이 급기야 큰일을 저지르고 말았다. 왕세자(후일의 경종)를 해치려는 세력을 제거해야 한다는 강경한 상소를 올렸다가 장살된 것이다. 이 과정에서 성호 가문은 두 번째 가화를 당했다. 이에 성호는 모든 출세와 영달을 포기하고 은둔 생활에 들어가 학문에 몰두했다. 세상에 용납될 수 없는 가문의 자제가 취할 수 있는 유일한 길이었다. 이때 성호가 찾은 곳이 바로 첨성리였다.

실학자로서의 성호

성호학파의 거장 이병휴는 성호에 대해 다음과 같이 논평했다.

> 내가 보기에 성호 선생은 학문이 생긴 이래 이 땅에서 배출된 가장 훌륭한 학자이다.
>
> – 《성호문집》 부록 〈가장〉

성호는 분명 18세기를 대표하는 가장 위대한 유학자이며 경세가의 한 사람이었다. 그는 주자와 퇴계를 존경한 유학자로서 누구보다 유학적인 소양이 깊었지만 사단칠정론이나 인심도심설 같은 형이상학적인 문제에 함몰되지 않았다. 그리고 당파를 떠나 경세가로서의 이이를 무척 존경한 사람이었다.

유형원의 학풍을 계승한 성호는 형이상학적인 학문에 집착하지 않고 민생 개선에 혼신의 노력을 기울였다. 공허하고 의식적인 이념 논쟁은 그에게 무의미했다. 실질적이고 실용적인 학문만이 어려운 현실을 타개할 수 있다는 것이 학자로서의 지론이었다.

이처럼 성호는 기본적으로 유학자였지만 구태의연한 유학자들과는 달리 항상 세상일(세무)에 관심을 가졌다. 비록 세무에 대한 그의 의견이 채택되지 않더라도 세무를 저버리지 않는 것이 학자적인 양심을 지키고, 지식인으로서의 도리를 다하는 길이었다. 이 점에서 성호는 경의와 시무를 함께 중시한 실학자였음을 알 수 있다.

성호의 학문 영역은 광활했다. 유학, 천문, 지리, 역사, 제도, 풍속, 자연과학, 문학 등 미치지 않은 곳이 없었다. 이익은 개방적이면서도 비판적인 학자였다. 서양의 과학과 천주교에 대해 개방적인 자세를 보여 깊이 연구하면서도 비판적으로 수용하는 냉철함을 잃지 않았다.

성호의 저술은 방대했다. 경학에 있어서는 《맹자》,《대학》,《소학》,《논어》,《중용》,《근사록》,《심경》,《주역》,《서경》,《시경》의 질서(疾書)를 저술했다. 이는 주자의 주석을 그대로 답습하는 기존의 유형에서 벗어난 독창적인 해석이었다.

성호의 저술 가운데 핵심을 이루는 것은 역시 《곽우록(藿憂錄)》,《성호사설》이다. 《곽우록》은 세무에 대한 그의 견해가 집약적으로 서술되어 있다. 〈경연〉, 〈육재〉, 〈입법〉, 〈치민〉, 〈생재〉, 〈국용〉, 〈한변〉, 〈병제〉, 〈학교〉, 〈숭례〉, 〈식년시〉, 〈치군〉, 〈입사〉, 〈공거사의〉, 〈선거사의〉, 〈전론〉, 〈균전론〉, 〈논과거지폐〉, 〈붕당론〉 등 19부분으로 구성된 이 《곽우록》은 나라와 백성에 대한 사랑에서 나온 저술이었다.

한편 천지만물에 대한 사항은 물론 고금의 일과 중국, 서양 여러 나라에 대한 견해를 집대성한 《성호사설》은 그의 대표작이다. 〈천지문〉, 〈만물문〉, 〈인사문〉, 〈경사문〉, 〈시문문〉으로 구성된 이 책은 그의 실학사상의 핵을 이루고 있다.

성호의 사상

성호가 생각한 왕정의 두 기둥은 토지 문제와 민생 문제였다. 이 두

가지 사안을 제대로 해결하지 않고는 국가도 백성도 온전하게 유지될 수 없다는 것이 그의 신념이었다. 학문은 관념론에서 맴돌고 정치는 민생을 도외시했던 당시의 사정을 고려할 때 성호의 생각은 더욱 절박한 것이었다.

성호 역시 다른 유학자들과 마찬가지로 유교적인 정치철학으로서 왕도의 확립과 보민을 주장한 사람이었다. 그러나 성호는 수구적인 유학자가 아니었다. 그는 항상 수구의 굴레를 탈피해 실질적인 학문을 개척하기 위해 노력한 개혁적인 사상가였다. 여기서 우리는 인간 성호가 지니는 역사성을 발견하게 된다.

성호는 농촌 사람으로서 평생을 농민들과 애환을 같이했다. 따라서 그는 누구보다 농민의 참상과 농촌의 현실을 잘 알고 있었다. 그가 토지제도 개혁과 민생 개선에 부심했던 것도 이 때문이었다.

개혁을 위한 이익의 의지는 토지제도 개혁으로부터 시작되었다. 17세기 이후 위로는 국가의 수탈이 자행되고, 아래로는 도시의 상업과 고리대 자금이 침투해 농촌 경제를 파탄으로 몰아가고 있었다. 농민들은 토지로부터 소외되어 유랑하거나 고용 노동자로 전락하고 있었다. 농업 국가에서 농민의 몰락은 국가의 저변을 뒤흔드는 것이었다.

농촌 경제를 회복하고 민본주의를 실현하기 위한 이익의 구상은 균전제(均田制)로 구체화되었다. 균전제는 삼대의 토지제도인 정전법을 모델 삼아 제시된 개혁안으로 균등한 토지 소유에 본질적인 목적이 있었다. 이는 철저히 소농민의 입장을 반영한 개혁안으로서 박지원의 한민명전의(限民名田議)와 맥락을 같이한다.

성호는 상업 발달에 대해서는 부정적인 입장을 보였다. 상업 발달과 화폐 유통은 농촌의 몰락과 직결되는 것으로 인식했기 때문이었다. 그가 폐전론(廢錢論)을 통해 화폐제도의 폐지를 주장한 것도 이 때문이었다. 상업 발달과 화폐 유통은 황금만능의 풍토를 조성하는 한편 농업 인구의 상업으로의 유출을 조장하고 있었다. 폐전론은 농본 국가의 전통을 유지하기 위한 성호의 절실한 의지였다. 근기 남인 계열의 실학파가 중농학파로 지칭되는 이유도 바로 여기에 있다.

한편 성호는 생산노동을 저해하는 요소로서 여섯 가지 좀[蠹]을 들었다. 노비제도, 과거제도, 문벌제도, 기교(技巧), 중[僧尼], 유타(遊惰)가 바로 그것이다. 노비의 자식이 노비가 되는 당시의 노비제도는 폐지해야 할 악법이었고, 과거와 문벌은 백성을 수탈하고 무위도식하는 풍조의 근원으로 지적되었다. 세상을 미혹시키는 광대와 무당의 기교, 국역을 피해 곡식만 축내는 중들의 행태도 적지 않은 폐단이었다. 그리고 놀기를 좋아하는 풍토는 근면과 절검을 중시하는 성호의 신념과 배치되는 것이었다. 이처럼 성호는 사회 전반의 문제점을 냉철하게 지적해 개혁을 촉구했다.

성호의 역사관은 대단히 선진적이었다. 시세(時勢), 요행(僥倖), 시비(是非)를 중시하는 그의 역사관은 도덕적 선악, 인과응보, 권선징악에 치중하던 일반적인 역사 인식과는 판이한 것이었다. 그리고 성호는 화이론이나 춘추대의도 신용하지 않았다. 성호에 따르면, 화이 사상은 공허한 명분론이며 우리나라의 독자성을 부정하는 이론에 지나지 않았다. 이는 복수설치(復讐雪恥)를 주장하는 노론 사대주의자들의 입장과 정면으로 배치되는 것이다. 성호는 역사책을 저술하지는 않았지만 그의 역사관은 안정복의 《동사강목(東史綱目)》 편찬에 많은 영향을 미쳤다.

성호가 살던 17세기 후반기에서 18세기 전반기는 서세동점의 물결이 조선에 밀어닥친 시기였다. 서학으로 표현되는 이 외래사조는 화이관에 사로잡혀 있던 조선 유학자들에게는 일찍이 없었던 경험이었다. 그리하여 이를 배격하는 한편 호기심도 점차 증폭되고 있었다. 누구보다 세무에 관심이 많았던 성호의 경우도 예외는 아니었다. 사신을 통해 들어오는 한 역서학서(漢譯西學書)에 관심을 표명한 것도 이 때문이었다.

성호는 천주교서, 천문, 역산, 세계지리 등에 관한 다양한 서학서와 안경, 서양화 등의 서양 문물을 접하면서 안목이 크게 확대되었다. 특히 지리서를 통해 화이론의 허구성이 드러나면서 성호의 지리관과 역사관에 많은 변화가 일어났다. 중국은 세계의 중심이 아니라 5대륙 가운데 한 나라에 불과하며 화이론은 한족 중심의 세계관에 지나지 않았다. 성호의 선진적인 역사관은 이처럼 서학에 영향을 받은 것이었다.

성호는 서학서, 서양의 과학 문명에 관심이 많았지만 천주교에 대해서는 비판적인 안목을 가지고 있었다. 특히 예수의 부활설, 천당지옥설, 동녀잉태설 등은 실증할 수 없는 궤변으로 치부했다. 비록 천주교의 천주와 성경은 유교의 상제와 경서에 해당하고, 천주를 섬기는 것은 불교에서 부처를 섬기는 것과 마찬가지라 하여 이해의 폭을 넓히기는 했지만 결코 천주교를 믿지는 않았다. 그러나 천주교도 하나의 종교로서 이해할 만하다는 성호의 생각과는 달리 권철신, 이가환 등 성호좌파 학자들은 천주교 신봉으로 치닫게 되었다. 이 점에서 성호는 유학 사상을 바탕으로 해 서양의 과학 사상만을 수용하고자 했던 동도서기론(東道西器論)의 단초를 연 실학자였다.

성호는 위로부터의 개혁을 주장했다는 점에서 혁명론자는 아니었지만 실용적인 개혁 사상을 개발하기 위해 부단히 노력했다. 그러나 몰락한 양반의 견해가 정치 현실에 채택되기는 어려웠다. 따라서 한때 성호는 자기 학문이 실익을 주지 못하는 것에 대해 안타깝게 생각해 실의와 체념에 사로잡힌 적도 있었다. 그러나 실용성을 향한 학자로서의 소신은 일생 동안 개혁안 마련에 정열을 쏟게 했다.

이처럼 성호의 개혁 사상은 당대에는 빛을 발하지 못했다. 그러나 그를 따르는 문인들에 의해 조선 후기 실학사상이 꽃피게 됨으로써 간접적으로나마 국정 개혁에 영향을 주었다.

성호의 제자들

18세기 전반 허후, 이원진, 유형원의 학풍을 계승하며 경기도 광주지방을 중심으로 성립된 성호학파(근기 남인학파)는 성호 일문의 집단적 가학에 의해 학파로서의 존재 가치를 얻게 된다. 온 가문이 실학자라 해도 과언이 아닐 정도로 여주 이씨 성호 가문의 학문적인 영역은 넓었다.

이맹휴·이구환·이중환의 지리학, 이병휴·이삼환의 경학, 이용휴의 문학, 이가환의 서학과 수학 등이 그것이다. 이는 전공 분야가 분명해지고 국학 전반에 대한 시야가 확대된 특징을 지닌다.

성호는 근기 남인의 학문적, 정신적 지주로서 수많은 문인과 제자를 양성해 근기 일대의 학문적인 분위기를 고조시켰다. 안정복, 윤동규, 신경준, 정상기, 신후담, 남하행, 황운대, 정항령, 이벽, 권철신, 권일신, 이기양, 이승훈, 정약전, 정약종, 정약용 등은 성호의 학풍을 계승한 학자들이었다.

그러나 이들은 학문과 체질적 차이로 인해 두 개의 노선으로 분화했다. 안정복을 중심으로 하는 성호우파와 서학으로 빠져든 성호좌파가 그것이다.

우파는 경학과 역사가 전공인 안정복을 중심으로 형성되었다. 신경준과 윤동규는 조선어학, 정상기는 지리학, 신후담은 수학에 특장이 있었다. 이들은 주로 역사, 언어 등 민족문화에 대한 관심을 고조시킴으로써 국학 연구의 선도적 역할을 담당했다.

이벽, 권철신, 권일신, 이기양, 이승훈, 정약전, 정약종, 정약용은 좌파의 주축을 이룬 학자들이다. 이들은 중국을 통해 유입된 천주교에 경도되어 서학 연구에 심취한 부류였다.

이 가운데 정약용은 천주교인으로 지목되어 18년의 유배 생활을 감수하기도 했지만 실학의 집대성이라는 위대한 업적을 남겼다.

실학을 집대성한 정약용

정약용은 1762년(영조 38) 6월 16일에 경기도 광주(지금의 경기도 남양주시 조안면 능내리 소내마을)에서 진주목사 정재원과 어머니 해남 윤씨의 4남 2녀 중 4남으로 태어났다. 그가 태어나기 얼마 전인 윤 5월 21일에는 노론 내부의 정치적 이해관계 때문에 사도세자가 뒤주에 갇혀 죽은 전대미문의 사건이 일어났다. 이러한 정치적 와중에서 정재원은 벼슬을 초개처럼 버리고 고향으로 돌아왔다. 바로 이때 아기가 태어나 그 이름을 귀농(歸農)이라 지었다. 그가 바로 조선의 위대한 실학자 정약용이다.

정약용의 자는 미용(美庸), 호는 사암(俟庵), 다산(茶山), 열수(洌水) 등을 썼고 당호로는 여유당(與猶堂)을 썼다. 여유(與猶)라는 말은 매사에 조심한다는 《노자》에 나오는 말이다. 당쟁의 소용돌이 속에서 스스로 조심하지 않으면 언제 정치적 희생양이 될지 모르는 시대였으니, 이 당호 하나만을 보더라도 그의 생활 태도를 짐작할 수 있다. 그는 어렸을 때 천연두를 앓았으나 앓은 흔적 한 점 없었다. 그러나 오직 오른쪽 눈썹 윗부분이 끊겨 눈썹이 세 갈래로 나뉘어져 삼미자(三眉子)라 스스로 호하고 자기가 지은 글을 모아 《삼미집》이라 했다. 이때가 그의 나이 일곱 살 무렵이었다. 그 뒤 저술을 계속해 이미 열 살 때는 1년 동안 지은 저서를 쌓아보니 자기 키와 같아졌다. 한창 친구들과 장난치고 놀 나이에 이른바 저서등신(著書等身)이 되었던 것이다.

정약용의 총명과 기억력

정약용은 기억력이 매우 뛰어났다. 그의 뛰어난 기억력이 《매천야록》에 등장한다.

이서구가 일찍이 대궐에 볼 일이 있어 경기도 고양을 떠나 부지런히 길을 가다가 한 소년을 만났다. 그 소년은 한 바리의 책을 싣고 북한사(北漢寺) 쪽으로 가고 있었다. 열흘쯤 뒤 이서구는 고양으로 돌아오다가 또 지난번 만났던 소년이 한 바리의 책을 싣고서 집으로 돌아가는 것을 보았다. 이서구가 이상하게 여겨 "자네는 어떤 사람이기에 책은 읽지 않고 자질구레하게 왔다 갔다 하는가?"라고 물었다. 소년이 "책 읽기를 다 마쳤습니다."라고 대답했다. 이서구가 깜짝 놀라 "싣고 있는 책은 무슨 책인가?" 하고 물었다. 소년은 《자치통감강목》입니다."라고 대답했다. 이서구가 《강목》을 어찌 열흘 만에 다 읽을 수 있는가?"라고 놀란 표정을 지었다. 소년이 말하기를 "읽었을 뿐만 아니라 다 외울 수도 있습니다."라고 했다. 그러자 이서구가 수레에 실려진 책 중에서 마음대로 뽑아 시험해 보니 소년이 죽 외워 버렸다. 그 소년이 바로 다산 정약용이었다.

정약용의 이력

정약용은 1783년(정조 7)에 생원이 되고, 1789년(정조 13) 정월에 반시(泮試)에 1등으로 합격, 3월에 직부전시되어 문과에 급제했다. 그리하여 희릉(禧陵)의 직장을 거쳐 승지, 초계문신(抄啓文臣)이 되었다. 일찍이 규장각에 들어가 정조로부터 무한한 칭찬과 사랑을 받았다. 그러자 시기하고 미워하는 자가 많이 생겼다. 그는 〈탕론(湯論)〉이라는 글에서 민주주의 선거제도와 비슷한 주장을 펴기도 했다. 그리고 〈전론(田論)〉에서 집단 농장제의 형태를 제안하기도 했다. 또한 〈기예론(技藝論)〉에서는 시대가 흐름에 따라 지식이 진보되고 기술이 발달한다는 진보사관을 피력했다. 그리고 과학기술에도 일가견을 가져 1789년(정조 13) 한강의 주교(舟橋) 공사를 맡아 마무리하고 1793년에는 수원성 설계를 직접 담당해 그 공사를 마무리했다. 이때 그가 고안한 거중기가 사용되었다.

정약용은 1801년(순조 1) 신유박해 때 천주교를 믿었다는 이유로 강진으로 귀양을 가 19년간 유배생활을 했다. 그는 유배 중에 천하고금의 이치를 깊이 연구했다. 아울러 국가가 당면한 민생 문제와 경제 문제에 대해서도 그 근원과 결과를 깊이 궁구해 그야말로 세상에 쓸모 있는 학문을 이룩했다. 이러한 그의 학문은 모두 실학으로 후세에 법이 될 만한 것이었다.

정약용은 19년 동안 참으로 어려운 경험을 두루 맛보았지만 조금도 불평하는 기색을 보이지 않았다. 강진으로 유배된 지 수년이 되자 부인 홍혜원이 오래되어 색깔이 바래고 해진 치마를 보내왔는데, 정약용은 1813년(순조 13) 7월 14일 한 수의 시를 지어 그 비단에 적었다.

> 퍼득퍼득 나는 새
> 나의 뜰 매화나무에 쉬고 있고
> 강렬한 향기는 절로 풍겨오네.
> 여기 보금자리 만들어 네 집안 즐겁게 하고
> 꽃이 이미 피어 열매 많이 맺었도다.

이 시에서 정약용은 아내와 헤어져 있는 심정을 매우 간곡하게 묘사했다.

한편 강산이 20년이 다 되어 가도록 서울에서는 석방한다는 소식이 들려오지 않았다. 이제 연금 생활도 싫증이 날 무렵 서울로 가는 귀한 손인 김이교가 다산초당에 들렀는데 정약용은 그에게 시 한 수를 부채에 써서 주었다. 그 첫째 구절에는 이런 내용이 적혀 있다.

역촌의 가을비 사람을 보냄이 더디고
흉노에 잡힌 이릉(李陵)은
한나라로 돌아갈 기약 없네.

― 《매천야록》

정약용은 붓을 집어던지고 길게 읊조리고는 슬프게 눈물을 흘렸다. 김이교는 서울에 도착해 당시 재상 김조순을 만나 아무 뜻 없이 그 부채를 보여 주었다. 그것을 본 김조순은 놀라고 두려운 듯한 표정을 지으며 이렇게 말했다.

정 아무개가 아직도 인간 세상에 유희(游戱)하고 있느냐?

― 《매천야록》

그래서인지 1810년(순조 10)에 아들 학연(學淵)이 주장해 풀어 주기로 했으나 반대파가 있어 저지되었다가 1818년(순조 18) 8월에 부응교 이태순(李泰淳)의 상소로 남공철(南公轍)이 왕에게 아뢰어 석방되었다.

정약용은 위대한 학자였지만 안타깝게도 그의 학문을 계승할 만한 훌륭한 제자를 양성하지 못했다. 그가 집대성한 실학을 계승해 조선을 개명시킬 인재 양성에는 그 성의가 부족했다.

정약용의 학문

정약용의 학문은 너무나 깊고 방대해 한마디로 말하기 어렵다. 그야말로 문장과 학문을 겸비한 위대한 학자였다. 그는 시를 쓰면서 조선 사람인 만큼 조선의 시법으로써 조선시를 쓰겠다고 설파했다. 정조로부터 사랑을 받던 시기에는 그 시의 시상이 모두 유려하고 깨끗해 세상을 깨우치는 내용들이었다. 그러나 신유박해 이후 유배 기간 동안 쓴 작품들에는 슬픔과 고초의 정이 역력하게 풍기고 있다. 특히 사회를 고발하는 시를 많이 읊었다. 그중에서도 〈애절양(哀絶陽)〉이라는 시는 세금을 견디다 못한 한 사내가 다시는 아이를 낳지 않기 위해 자신의 양근(陽根)을 자르는 내용을 그린 것으로 이 시를 통해 당시 백성들의 애절한 삶의 모습을 잘 살필 수 있다.

정약용은 《시경》, 《서경》, 《예기》, 《악경》, 《역경》, 《춘추》, 《논어》, 《맹자》, 《중용》, 《대학》에 대한 새롭고 탁월한 해석을 했다. 그리고 경세치용에 관한 많은 저술을 남겼다. 이러한 저서는 주로 유배지 강진에서 이루어졌다. 1808년 《주역사전(周易四箋)》을 마무리하고, 몇 년 전부터 집필해 오던 《상례사전(喪禮四箋)》을 1811년에 탈고했다.

그는 《주역사전》에 대해 "내가 하늘의 도움을 얻어 지어진 책이요, 절대로 사람의 지혜나 생각으로 이룰 수 있는 바 아니다."라고 말하고 있다. 1810년에 《시경》, 1812년에 《춘추》, 1813년에 《논어》, 1814년에 《대학》과 《중용》, 1816년에 《악경》에 대한 새로운 해석을 내놓았고, 1817년 《경세유표》, 1818년 《목민심서》를 저술했다. 1818년 유배에서 풀려 고향으로 돌아와 《흠흠신서》와 《상서고훈》을 마무리해 그야말로 육경사서에 대한 해석과 일표이서라는 다산학(茶山學)의 본말을 정립했다. 정약용은 육경사서를 수기(修己)의 근본으로 삼고 일표이서를 치인(治人)의 자료로 삼았다.

정약용의 수많은 저서 가운데 가장 대표적인 것은 일표이서(一表二書)다. 즉《경세유표》,《목민심서》,《흠흠신서》세 책이 그것이다.《경세유표》는 관직제도, 군현제도, 전제 등 국가를 경영하는 전반적인 문제를 다룬 책이며,《목민심서》는 백성을 직접 다스리는 지방관들이 반드시 알고 지켜야 할 내용을 담고 있다. 그래서 지금까지도 공직 사회에서는 이《목민심서》를 필독서로 권장하고 있다.《흠흠신서》는 재판에 관련한 내용으로 소송을 담당하는 관료라면 누구든지 참조하던 책이었다. 뿐만 아니라 정약용은 의학에도 일가를 이루어《마과회통》을 저술했다.

그는 당시 최고 명의로서 순조와 효명세자가 병으로 위독할 때 진찰에 참여하기도 했다. 이때 세상에서는 그의 의학이 서양의학을 배운 것이라 했다. 이러한 그의 위대한 학문적 업적은 유형원과 이익의 학문을 계승해 더욱 확대 발전시킨 것이었다. 그는 1836년(헌종 2) 일흔다섯 살의 나이로 2월 21일에 고향 마재에서 세상을 떠났다. 그가 죽어 수만 권 서고가 무너졌는데도 사관은《헌종실록》에 그가 졸(卒)했다는 말 한마디 적지 않았다.

정약용의 학문과 사상을 담은 저서는 살아생전에는 단 한 권의 책으로도 간행되거나 배포되지 못했다. 다만 사적으로 돌려 가며 베낀 본이 돌아다녔다. 특히 여러 저서 가운데서도《흠흠신서》와《목민심서》두 책은 수령의 정치와 재판에 있어 매우 절실한 책이었다. 그리하여 이 책들은 당파를 초월해 모두 보배처럼 보관했으니, 그 필사본이 수백 본이 되었고 틀린 글자도 많아 읽을 수 없을 정도에 이르기도 했다.

정약용에 대한 당대의 평가

김매순은 정약용과 비록 당파는 달랐지만《매씨상서평》에 대한 평에서 최고의 찬사를 아끼지 않았다. 정약용의 학문적 업적에 대한 평은 초당적이었다. 정약용이 죽던 날 같은 시대를 살았던 노론 홍한주는 형 홍길주를 찾아갔다. 두 사람의 담화에서 정약용의 학문적 위대성이 당파를 초월해 인정받고 있었던 것을 알 수 있다.

> 정약용은 남인이다. 그가 죽던 날 내가 형 홍길주를 찾아가 뵈었더니 형은 나를 보고 탄식하기를 "열수가 갔구나. 드디어 수만 권 서고가 무너졌도다!"라고 했다. 대개 정약용은 재주와 학식이 뛰어나 경사, 백가뿐만 아니라 천문, 지리, 의약, 민간요법 등의 서적에 두루 통달했고, 십삼경에 대해서도 모두 새로운 해석이 있다. 그가 저술한 책이 집에 가득 차 있는데《흠흠신서》와《목민심서》는 모두 재판과 치민을 담당한 자에게는 유용한 문자이다. 김정희에 비해 재주와 실학이 뛰어났다. 또한 우리나라 근세의 제일인자일 뿐 아니라 중국의 기균(紀昀)과 완원(阮元)의 문하에 두더라도 넉넉함이 있을 것이다.
>
> – 《지수염필》

정약용 사후 반세기가 흐른 뒤인 1880년대 중반 고종이《여유당집》을 바치라고 했다. 고종은 1876년 개항 이후 부국강병을 위해 개화 정책을 추진했으나 1884년 갑신정변 주도 세력인 개화파의 외세의존적, 급진적 개혁 성향에 반대해 이들을 제거했다. 고종은 비로소 위대한 실학자 정약용을 생각하고 시대를 함께 하지 못한 것을 탄식하며 안타까워했다. 드디어 정약용의 학문적 업적이 인정받는 시대가 열리게 되었다.

청나라를 배우자, 북학

원각사(지금의 탑골공원 근처) 근처에 박지원의 집이 있었다. 또 그 북쪽에는 이덕무의 집, 서쪽에는 이서구의 집, 그리고 몇십 보 떨어진 곳에는 유득공의 집이 있었다. 이들은 때와 장소를 가리지 않고 서로 모여 청나라를 배우는 것(북학)에 관해 견해를 주고받았다. 또 청나라에 직접 가서 경험한 것들을 토론하기도 했다. 1778년(정조 2), 이덕무와 박제가가 청에 가게 되었을 때도 박지원의 집에 모여 서로 북학을 논의했다.

담헌 홍대용, 연암 박지원, 그리고 그 제자뻘인 박제가, 이덕무, 유득공 등 이들 대부분의 북학론자들은 백문이 불여일견이라고 청나라에 직접 가서 그곳의 선진성과 조선의 후진성을 뼈저리게 느낀 사람들이었다. 연암은 중국을 여행하던 어느 날 말 위에서 졸다가 낙타가 지나가는 광경을 못 보고 놓치자 "앞으로 무엇이건 처음 보는 것이 있으면 내가 잠을 자건 밥을 먹건 무조건 와서 일러라."고 할 만큼 열의를 보였다.

그곳에서는 배울 것이 너무도 많았다. 이미 조선에서는 사농공상의 사민(四民)이라는 것이 겨우 명목만 남은 상태였고, 이용(利用)하고 후생(厚生)하는 재원은 나날이 곤궁해지기만 했다. 학문하는 길을 모르기 때문이었다.

북학론자들은 장차 학문을 하려 한다면 중국을 배우지 않고서는 아무것도 되지 않는다고 힘주어 말했다. 법이 좋고 제도가 아름다우면 아무리 오랑캐라 할지언정 떳떳하게 스승으로 삼아야 한다고 말했다. 청나라는 이제 더 이상 오랑캐의 나라가 아니다. 문화 선진국이라 자처하던 조선이야말로 오히려 미개한 오랑캐 나라인지도 모른다. 조선은 청을 배워 이용후생에 도움이 되는 실제적인 생활 기술을 습득해야 한다고 생각했다.

북벌에서 북학으로

북벌(北伐)과 북학(北學). 하나는 청나라를 치자는 것이고 또 하나는 청나라를 배우자는 그야말로 정반대의 의미를 가진 용어이다. 명이 조선에 대해 은혜의 나라로 확고히 자리 잡은 임진왜란, 그리고 명에 대한 의리론(존주론)과 청에 대한 복수론(북벌론)을 배태시킨 병자호란을 겪으면서 조선은 굴욕의 아픔을 참고 복수의 원한을 품고 왔다. 명나라를 멸망시킨 청나라에 대한 복수(復讐)와 병자호란 때 인조가 항복한 수치를 씻어야 한다는 설치(雪恥)가 북벌의 주요 내용이었다. 그러나 이것은 현실성 없는 지나친 명분론에 지나지 않았다. 조선에게 여진족은 금수와도 같은 존재였지만 조선은 중화의 적통인 명을 계승한 또 하나의 중화였다. 명의 두 황제(신종과 의종)의 신위를 모신 대보단(大報壇)과 만동묘(萬東廟)는 조선의 존주 사업의 극치를 보여 준 기념비적 유물이었다.

17세기 이후 조선에서의 존주론의 강조는 지식인들로 하여금 강한 문화 자존 의식을 가지게 했다. 그러나 18세기 후반 이후로는 존주론 자체가 그저 허구적 명분이 아닌가라는 강한 의문이 제기되기 시작했다. 또한 사상계 일각에서는 변화하는 사회 현실에 대해 자각하기 시작하면서 새로운 사상의 조류가 형성되기 시작했다. 구태의연한 성리설 대신 현실 생활에 연관된 분야로 관심을 돌리는 실학 조류가 그것이었다. 거기에는 성리학으로 대표되는 사상적 전통과의 연속성 못지않게 차별성이 존재했다.

18세기 벽두부터 본격화된 노론학계 내부의 호락(湖洛) 논쟁은 인간과 사물의 본성이 같은가, 발(發)하지 않은 마음의 본체는 본래 선한가, 선악이 혼재되어 있는가, 그리고 성인과 보통 사람은 차이가 있는가 없는가라는 의문을 풀기 위한 고담준론이었다. 결국 이 논쟁은 인간과 사물의 본성이 본질적으로 같다는 인물성동론을 주장한 낙론의 승리로 귀결되었다.

호론이 사람의 본성과 물질의 본성이 다르다고 주장한 것은 기존의 화이론적 사유 체계, 즉 존주론을 그대로 계승함을 의미했다. 그들에게 있어 청은 여전히 오랑캐인 것이다. 반면 인성과 물성이 본질적으로 같다고 한 낙론의 논리에서는 더 이상 중화와 이적의 구분이 필요치 않았다. 홍대용은 조선인과 청인은 다같이 중국화한 이적(夷狄)임에 틀림없으므로 스스로를 높이거나 상대를 깔볼 아무런 이유가 없다고 했다. 그는《의산문답(醫山問答)》에서, '하늘에서 보면' 내외, 즉 화이의 구분은 있을 수 없다고 주장했다. 아무리 미개한 족속이라도 사람의 재질을 가진 존재임에는 틀림없는 것이라며 그 나름의 풍속도 긍정했다. '화이동론(華夷同論)'은 바로 북학 형성의 기반이었다.

이제는 쓸데없는 화이론에 구애될 때가 아니었다. 청의 문화가 곧 중화문화였다. 이제 청은 타도 대상이 아니라 배워야 할 대상으로 변해 있었다. 북벌에서 북학으로 대전환이 모색되기 시작한 것이다.

북학이란 용어는《맹자》에서 진량이라는 남만의 지식인이 주공과 공자의 도를 흠모해 중국에 유학, 그들의 사상을 배운다는 뜻에서 처음 사용되었다. 우리나라에서 그 명칭은 1778년 연경에서 돌아온 박제가가 그해 9월에 내놓은 야심작《북학의》에서 처음 사용했다.

노론계 인물이었던 홍대용, 박지원 등은 18세기 정통 주자학의 핵심부에서 성장했다. 그들은 노론 낙론계의 종장인 김원행과 직간접적인 사승관계 속에서 상수학이나 경제학의 영향도 받고 있었다. 이들은 여러 대에 걸쳐 서울에서 벼슬살이를 하고 있던 집권층으로 상업의 융성과 함께 대도시로 발달해 가던 '서울 생활'에 젖어 있었다. 관심의 대상이 농촌의 실상이기보다는 도시의 생활양식이나 상공업 발달, 그리고 화폐 유통 등에 있었다는 것은 자연스러운 귀결이었다.

이들은 또 연행사를 수행해 북경에 여러 차례 다녀왔다. 북학파라 일컫는 홍대용, 박지원, 이덕무, 유득공, 박제가 모두가 직접 북경을 다녀왔다. 이들이 몇 차례의 연행을 통해 느낀 중국은 의식과 문물에서 모두 우리나라와 너무 비교되었다. 어느 편이 오랑캐인지 분간이 되지 않았다. 우리나라도 개혁만 한다면 충분히 중국을 쫓아갈 수 있는데 중국의 문물과 기예를 배우려고 하지 않는 것이 잘못이라 생각했다. 이들 북학론자들은 조선의 낙후성을 극복하기 위해 당시 청조의 융성한 문물과 기술을 받아들일 것을 열렬히 주장했다.

홍대용은 그의 《연행기》에서 시전, 가옥, 음식, 의복, 병기 등 여러 항목에 걸쳐 청나라와 우리나라의 문물을 비교, 은연중 그 실익을 취하도록 권장하고 있다. 그저 기행문에 그쳤던 홍대용 이전의 연행록류에 비한다면 상당한 발전이었다.

특히 박지원 같은 이들은 사(士)의 사회적 책임과 지도력의 회복을 통감하면서 생산 활동에 대한 관심을 환기시켜 나갔다. 《호질(虎叱)》이나 《허생전(許生傳)》 같은 박지원의 소설에서는 허황된 명분에만 사로잡혀 있는 당시 조선 사대부의 고루함이 통렬하게 지적되고 있다. 그는 놀고 먹는 존재로 비춰진 당시 사대부들로 하여금 이용후생에 도움이 되는 실제적인 생활 기술을 습득해야 한다고 주장했다. 그들로서 농공상업 등 서울과 농촌의 모든 생산 활동을 지도하게 하고, 그 발전을 촉진시킴으로써 실질적으로 사회를 주도할 수 있는 역할을 기대했던 것이다. 법고창신(法古創新)이란 말이 상징하듯 이것은 전통적인 것을 계승하면서 시대의 요구에 부응하는 새로운 것을 창안하고자 한 것이었다. 그러나 박지원은 이러한 사(士) 계층의 역할에 중점을 둔 나머지 상업의 적극적 의미는 발견하지 못했다.

《북학의》를 통해 본 북학의 실체

박제가는 13년간의 규장각 검서관 생활과 네 차례의 연행을 통해 청의 건륭 문화를 직접 체험하면서 개혁 의지를 심어 나갔다. 서얼 신분이었으므로 그의 개혁 사상은 더욱 비판적일 수밖에 없었다. 그가 스물아홉 살의 나이로 연경에 다녀온 지 석 달 만에 탈고한 《북학의》에서는 일상생활에 필요한 기구와 시설에서부터 제도에 대한 논설까지 다양한 그의 선각적 식견을 엿볼 수 있다.

박제가는 박지원의 실학사상을 진일보시켜 일부 실학자들조차 극복하지 못한 농업 중심의 가치관을 배격하고 상업 중심의 가치관을 수립했다. 상업의 적극적 의미, 즉 상업의 우위는 농업을 중시했던 중세적 가치관에 대한 도전이자 새로운 근대적 가치관으로의 지향을 의미했다. 박제가가 지향하는 새로운 근대적 가치관은 바로 '날로 이(利)를 추구하는 것'이었다.

상업을 발달시키기 위해서는 대부분의 실학자들이 미덕으로 여겼던 중세적 절검 사상을 배격할 필요가 있었다. 절검(節儉)이 최선이던 시대는 지났다. 절검이라는 것은 있는 재물을 쓰지 않는 것이지, 없어서 쓰지 못하는 것을 말하는 것이 아니다. 물건을 이용할 줄 모르면 생산할 줄 모르고, 생산이 없으면 민생은 날로 궁핍해질 수밖에 없다. 소비는 단순한 소비에 그치는 것이 아니고 오히려 재생산을 자극시키는 것이다. 그는 생산과 소비의 유기적 관계를 이렇게 설명했다.

재물은 샘과 같은 것이다. 퍼내면 차고 버려두면 말라 버린다. 그러므로 비단옷을 입지 않으면 나라에 비단 짜는 사람이 없게 되어 여공(女工)이 쇠퇴하고, 쭈그러진 그릇을 싫어하지 않고 기교를 숭상하지 않으면 나라에 공장 도야(陶冶)의 일이 없게 되어 기예(技藝)가 망하

게 되며, 농사가 황폐해져서 그 법을 잃고 상리(商利)가 박해 그 업을
잃게 되면 사민이 모두 곤궁해져서 서로 구제할 수 없게 된다.

- 《북학의》내편 시정

상업은 생산과 소비의 매개적 역할을 하기에 더욱 중요했다. 상업이 발달하기 위한 일차적 관건은 바로 교통 문제였다. 박제가는 교통의 불편으로 같은 물건이라도 지역 간의 가격 격차가 큰 것에 유의해 수레 사용을 적극적으로 주장했다. 수레를 이용하게 되면 자연 물가가 평준하게 되고 상업 유통이 활발해지며 나아가서는 전국적 시장이 형성되고 확대되어 생산물의 수요가 증대, 농업과 수공업이 모두 발전하게 된다는 논리였다.

그의 이론은 상공인의 입장을 대변하면서 국정 전반에 걸친 체계적 개혁안을 제시했다. 상품 규격의 통일, 은의 해외 유출 방지, 소비재의 수입 감소, 국내 상품의 수출 증가로 외화를 획득할 것을 주장했다. 종래 묵인되어 오던 밀무역도 정상적인 무역으로 양성화시켜야 한다고 역설했다. 또한 무역의 필수품인 외국어, 즉 만주어, 몽골어, 일본어에 대한 훈련과 보급도 주장했다.

박제가는 상업 발달로 인한 상품 수요를 충당하기 위해서는 수공업과 농업이 동시에 발달되어야 한다고 생각했다. 수공업과 농업을 발달시키는 방법으로 그는 국가적인 후원 아래 청의 선진 기술과 도구를 도입할 것을 주장했다.

지금 급히 경험 있고 재기 있는 선비를 뽑아 1년에 열 명씩 역관 중에 섞어서 한 사람이 통솔하게 해 옛날의 질정관(質正官)의 예처럼 한다. 그들은 중국에 들어가 혹 그 법을 배우고 혹 그 도구를 사오고 혹 그 기술을 전습해 그 법을 나라 안에 펴고 관청을 세워 가르치며

힘들여 시험하고 그 법의 대소와 공로를 보아 상벌을 내린다. 대체로 한 사람을 세 번씩 파견하되 효력이 없는 자는 바꾼다. 이렇게 하면 10년 내에 중국의 기술을 모두 배울 수 있다.

－《북학의》외편 재부론

그는 스스로 대량생산을 목적으로 하는 수공업 기술과 시설을 연구하기도 했다. 또한 자급자족적 농업 생산에 만족하지 않고 기술과 도구를 개량해 이윤을 목적으로 하는 농업, 즉 상업적 농업이 이루어져야 한다고 생각했다. 그 구체적인 방안으로 서울 근교에 농업 시험장을 둘 것을 제안하기도 했다.

그의 이와 같은 개혁 이론은 순수한 창안의 결과라기보다 오히려 근대로 이행하는 18세기 후반 조선 사회의 발전 정도와 일부 선진적 경향을 반영하는 것이라 할 수 있다. 상공인들의 이익을 대변하고 있는 그의 경제사상은 많은 문제점을 내포하고 있기는 하지만 근대적 사고방식에 상당히 접근하고 있으며 중세 사회의 해체를 촉진시키는 이론적 근거를 제공했다.

북학의 대표 저서인《북학의》는 기술 문명 내지 상공업에 대한 관심을 고조시키면서 청의 선진 문화를 배워야 한다는 운동 차원이었다. 이러한 박제가의 상업 중심 산업관은 서구의 중상주의적 사고와 맞먹는 것이었다.

균역법 시행

1750년(영조 26) 영조는 균역법(均役法)을 실시했다. 균역법이란 역을 균등하게 지게 하는 법이다. 즉 종전에 양인(良人)이 두 필씩 부담하던 군포를 한 필로 줄이는 대신 부족한 경비를 다른 세원을 통해 보충하도록 한 것이다. 균역청(均役廳)이 이 일을 담당했다.

노동력을 징발하는 역(役)은 요역(徭役)과 군역(軍役)으로 구분되었다. 요역은 부역(賦役)이라고도 했는데 1년에 일정한 일수를 지는 소경지역(所耕之役)과 수시로 필요할 때마다 동원되는 잡역(雜役)이 있었다. 또 군역은 직역이 없는 모든 백성(노비 제외)이 지는 국방의무로, 16세 이상 60세 이하의 양신분의 남자들이 지는 군 복무였다.

조선 시대의 신분제는 양천제(良賤制)이다. 양신분에는 양반과 양인 농민들이 속하고 천신분에는 노비나 천한 직업 종사자들이 속했다. 이러한 신분제하에서 원칙적으로 양신분에 속하는 양반과 양인 농민은 모두 군역을 부담해야 했다. 그러나 양반은 이런저런 이유로 군역을 면제받았다. 당연히 군역은 양인 농민들의 몫이었다.

이 군역을 부담하는 형태는 군제와 밀접한 관련을 맺고 있었다. 조선 초기의 군제는 중앙은 오위(五衛), 지방은 진관 체제였다. 군역을 부담하는 양인은 각각 직접 군영에 나아가 군역을 담당하는 정군(正軍)과, 군역은 담당하지 않고 농사 활동을 하면서 정군의 군사비를 부담하는 보인(保人)으로 나뉘어 있었다. 군정과 보인은 삼정(三丁)이 일호(一戶)로 구성되어 있었다.

그런데 평화가 오랜 기간 지속되자 군제 성격에 변화가 일어나게 되었다. 즉 점차 군제가 문란해지면서 군역을 피하려는 자들이 생겨나게 된 것이다. 이들은 군역을 직접 부담하는 대신 다른 사람을 돈으로 사서 자신의 군역을 대신 부담하도록 했다. 이른바 고가대립(雇價代立)이다. 반대로 군역이 고되었기 때문에 도망해 이를 피하려는 자들도 생겨나게 되었다. 따라서 국가도 점차 이러한 변화를 감안해 군역 대신에 포를 받는 대역납포(代役納布)로 방향을 수정했다. 결과적으로 이러한 제도 변화는 군사력의 약화를 가져와 임진왜란 때 쓰라린 패배를 당하게 되었다.

임진왜란을 경험한 조선은 유명무실한 오위제 대신에 훈련도감 등 오군영 체제로 군제를 개편했다. 훈련도감이란 국가가 전문 군인을 양성하고 그 재정을 양인의 포로 충당하는 군영이었다. 오군영에 속하는 다른 군문도 재정은 군역을 지고 있는 양인이 군포를 냄으로써 충당되었다. 이제 양인은 몸으로 군역을 부담하는 대신 1년에 군포 두 필만 부담하면 되었다.

그러나 군역은 공평하게 부과되지 않았다. 또한 양인 신분의 숫자가 바뀌지 않았다면 군역을 둘러싼 문제는 심각하지 않았을 것이다. 그러나 관직 매매와 족보나 호적 위조로 양인의 숫자가 줄어들었고 양인의 부담이 늘어날 수밖에 없었다. 그런가 하면 임진왜란에서 세운 전공으로 공명첩 등을 받아 신분 상승하는 자들도 증가했다. 반대로 군역을 피하기 위해 노비로 자청하는 경우도 증가했다. 결국 국가가 걷어야 하는 군역의 양은 고정되어 있는데 양인의 숫자가 줄어든 것이다. 균역법을 주장했던 홍계희의 표현을 빌리면 당시 군역은 50만 호에 해당하는데 실질적으로 부담하는 숫자는 10만 호에 불과하다고 했다. 그 부족분은 나머지 양인들에게 가외로 부과되었다. 그 부족분을 징수하기 위해 백골징포(白骨徵布), 황구첨정(黃口簽丁), 족징(族徵), 인징(隣徵) 등과 같은 가혹한 착취가 자행되었다.

백골징포란 죽은 사람에게 포를 부과하는 것이다. 본래 죽거나 60세가 넘은 자는 군역이 면제되었다. 황구란 어린아이를 가리키는 말이다. 그러니까 황구첨정이란 16세 이하의 아이들에게 군포를 징수하는 행위를 말한다. 이와 같은 부담을 견디다 못한 양인들은 도망하거나 노비가 되어 군역을 피하고자 했다. 이제 관리는 그 부족분을 도망자의 친족이나 그

마을에 부과하는 족징과 인징을 통해 충당하고자 했다. 그 정도가 얼마나 심했던지 양역을 부담하고 있던 자식의 죽음을 부모가 다행으로 여기는 사태가 일어났다. 또 현종 때 평양에서는 족징을 피하기 위해 일족이 자살하는 지경에까지 이르렀다. 이러한 사태는 윤리를 무너뜨리고 국가의 지배력조차 위협하는 심각한 사태를 유발했다.

국가에서는 이러한 폐해를 개선하기 위한 방안을 모색하지 않을 수 없었다. 그 첫째 방법으로는 역을 면제받고 있던 사람을 제한하는 것이었다. 두 번째는 양반들에게도 군포를 내도록 하는 방법이었다. 그러나 번번이 양반의 이해관계에 걸려 시행될 수 없었다.

영조는 이를 시정하기 위해 종래 두 필씩 부담하던 군포를 한 필로 줄이는 균역법을 시행했다. 그러나 군포의 액수를 한 필로 줄이면서 군포의 부족분을 충당하는 방법이 문제로 대두되었다. 그래서 조선은 그 부족분을 어염세를 징수하고 선무군관 및 결작의 징수로서 충당하고자 했다. 종래 어염세는 왕실이나 국가기관이 가지고 있었는데 이것을 군포를 충당하는 재원으로 사용하도록 한 것이다. 결작이란 모든 토지에 대해 1결당 2두씩 별도로 부담하게 한 세목을 지칭한다. 이것은 토지를 가지고 있는 모든 이들이 부담해야 하는 몫이었다.

선무군관(選武軍官)이란 군역을 부담하지 않고 있던 한유자(閑游者)들을 군관으로 삼아 포를 징수하자는 제도였다. 한유자란 양인 신분으로서 재력 있는 자들을 지칭한다. 이들은 양반과 비슷한 복장을 하고 호적에 유학이라고 칭하던 자들이었다. 그래서 이들은 국가에 대해서는 군역을 부담하지 않았던 층이었다. 이러한 층들이 점차 확대되는 추세였기 때문에 국가는 이들에게 선무군관이라는 명칭을 주는 대신에 군포를 징수하도록 했다.

이처럼 균역법은 군포의 액수를 줄였다는 점에서 양인에 대한 국가의 양보를 의미한다. 또한 왕실이나 국가기관의 세원이었던 어염세를 군사 재정으로 전환시킨 점도 주목된다.

그러나 역부담이 형평을 이룬 것은 아니었다. 그 후에도 양반들은 여전히 군역을 지지 않았다. 더구나 그들은 자신들이 부담해야 할 결작을 양인들에게 전가시켰다. 그러므로 군역으로 인한 역부담의 불균형은 균역법 시행으로 인해 일시적으로는 개선되었으나 근본적으로 해결된 것은 아니었다.

정조 正祖

제22대 1752년~1800년 | 재위기간 1776년 3월~1800년 6월

호학 군주, 정조

영조가 왕위에 있은 지 어언 51년, 병석에 있은 지는 10년이 가까워 오고 있었다. 상황은 그로 하여금 세손의 대리청정을 생각하게 했다. 당시 나이 스물넷이었던 세손이었지만 영조에게는 여전히 불가에 앉혀 놓은 어린애였다. 그 어린 세손이 노론을 알겠는가, 소론을 알겠는가, 남인을 알겠는가, 국사를 알겠는가, 그렇다고 이조판서, 병조판서를 누가 할 만한가를 알겠는가? 영조는 이제 어린 세손에게 그것들을 가르치고 싶었다. 영조는 이 문제를 가지고 당시 좌의정이었던 홍인한과 대담을 가졌다. 그러나 홍인한의 대답은 의외였다.

> 동궁은 노론이나 소론을 알 필요가 없고, 이조판서나 병조판서를
> 알 필요도 없습니다. 더욱이 조정의 일까지도 알 필요가 없습니다.
>
> - 《영조실록》 권125, 영조 51년 11월 20일

삼불필지설(三不必知說)을 내세운 그는 세손의 권위를 전면적으로 부정하고 나섰다. 어떤 변명을 하더라도 이는 세손의 폐위를 공공연히 주청한 것이나 다름없었다. 사도세자를 죽인 것도 모자라 이제는 세손에게까지 그 마수를 뻗친 것이다.

영조 대 후반은 을해옥사(1755년) 이후《천의소감》의 반포로 노론 세력이 정계를 장악했고, 이와 더불어 소위 탕평당이라 불리는 영조의 외척 세력들이 정국을 좌지우지하고 있었다. 대리청정 문제가 제기된 당시는 홍봉한 계열 및 기존의 외척 세력으로 뭉친 부홍파 중에서도 홍인한이 정후겸과 연대해 정국을 주도하고 있었다.

이러한 상황에서 홍인한의 삼불필지설은 외척 세력에 강한 불만을 품어 왔던 공홍파들의 원성을 사기에 충분했다. 당시 소론 계열의 젊고 강직한 부사직 서명선은 소를 올려 홍인한을 성토하며 세손의 대리를 지지하고 나섰고 여기에 힘입은 영조는 마침내 세손의 손을 들어주었다.

가만히 있을 홍인한과 정후겸이 아니었다. 그들은 당장에 반박 상소를 올렸고 심지어는 세손의 오른팔인 홍국영을 살해하려는 계획까지 세우고 있었다. 그러나 대리청정 후 2개월 남짓 만에 영조가 사망함으로써 세손은 영조의 뒤를 이어 가까스로 왕위에 오를 수 있었다. '옷을 벗고 자지 못하고 식사와 취침조차 못한 날이 몇 날인지 모르겠다'는 정조의 회고는 당시의 상황이 마치 호랑이 굴속과 다름없었음을 반증해 준다.

정조는 1752년(영조 28) 9월 22일 창경궁 경춘전에서 태어났다. 이름은 산(祘), 자는 형운(亨運)이며, 호는 홍재(弘齋) 또는 만천명월주인옹(萬川明月主人翁)으로 영조의 손자이자 장헌세자(사도세자)의 아들이다. 어머니는 영의정 홍봉한의 딸인 혜경궁 홍씨이며 왕비는 청원부원군 김시묵의 딸 효의왕후이다. 임오년의 변 끝에 장헌세자가 죽자 정조는 자식 없이 일찍 죽은 그의 백부, 효장세자(훗날 진종으로 추존됨)의 계통을 잇게 되었다. 정조는 효의왕후 김씨와의 사이에서는 적자를 보지 못했고 수빈 박씨에게서 그의 대를 이은 순조를 낳았다.

정조의 침전에는 탕탕평평실(蕩蕩平平室)이라는 편액이 걸려 있었다. 아버지의 억울한 죽음과 당쟁의 소용돌이 속에 가슴 깊이 상처를 간직하며 성장했던 정조는 왕권을 강화하고 당쟁의 폐해를 일소하기 위해 영조 대부터 추진되어 오던 탕평책을 표방했다.

즉위 초 외척 세력을 제거한 후 정조가 각 당의 조제 보합을 통한 탕평을 실시하기 위해서는 효율적인 정치 기구 및 정치 세력의 양성이 필요했다. 이러한 정조의 뜻은 규장각의 설치로 구현되었다. 문화정치를 표방하며 세워졌던 규장각이지만 이는 단순한 왕실 도서관만은 아니었다. 그것은 곧 정권의 핵심적 기구로 정조 집권의 안정판이자 정조 개혁 정치를 이끌어 나갈 측근 세력의 양성소였다.

정조는 돌잔치 때 돌상으로 걸어가서 맨 먼저 붓과 먹을 만지고 책을 펴 읽는 시늉을 할 정도로 어려서부터 학문을 좋아했다. 세손 시절 개유와(皆有窩)라는 도서실을 마련해 경사자집의 모든 책을 섭렵했던 정조는 그야말로 호문(好文)의 왕이었다.

정조는 역대 우리나라 군왕 중 글을 제일 잘한 사람이라 해도 과언이 아니었다. 상소문만 보아도 그랬다. 초야의 유생들은 상소문 한 장 올리는 데도 평생 정력을 기울여야 하는데 그에 대한 정조의 비답은 유생들의 노고를 무색케 하기에 충분했다. 실로 장문이자 명문이었다. 장황한 변설과 논리를 가진 명문비답을 내린 것은 역대 군왕 중 아마 정조가 처음이자 마지막일 것이다.

한편 정조는 경기도 양주 배봉산(拜峰山)에 있던 아버지 사도세자의 능인 영우원(永祐園)을 수원의 화산(花山)으로 이장하고 현륭원(顯隆園)이라 이름했다. 현부(顯父)에 융성하게 보답한다는 의미에서였다. 수원으로의 이장은 정조의 효심의 발로이기도 했다. 그러나 이는 그 지역을 친위지역화 하여 본격적 개혁의 진원지로 삼으려는 정치적 목적에서 이루어졌다고 할 수 있다.

이러한 정치적 의도는 장용영으로의 오군영 통합과 화성 축조, 수원 읍치의 이전, 수원 상권의 부양책 추진, 장용영 외영의 화성 편제 등으로 구체화되었다. 현륭원의 수원 천봉과 화성 축조는 사도세자의 완전한 신원과 추존을 이룩하고 정조의 정치적·경제적·무력적 기반을 조성하려는 목적에서 추진되었던 것이다.

수원으로 경제력을 집중하려는 시책은 상업 구조를 개편하고자 하는 노력으로 나타났다. 이 과정에서 일어난 것이 신해통공이었다. 이는 육의전을 제외한 일반 시전이 소유하고 있던 금난전권을 폐지해 비시전계 상인들의 자유로운 활동을 용인한 상업 정책이었다. 또 정조는 신분 상승 운동으로서 서얼 통청 운동을 전개했다. 아울러 정조는 당시 정치문제화되고 있던 서학에 대해서는 정학의 진흥만이 서학의 만연을 막는 길이라는 원칙 아래 '서적은 불태워 버리고 그들은 다시 사람으로 만들겠다'는 유연한 정책을 펴 나갔다.

정조는 서적 간행에도 힘을 쏟았고 새로운 활자를 개발하기도 했다. 또한 왕조 초기에 제정하고 정비한 문물제도의 보완 정리를 위해 영조 때부터 시작된 정비 작업을 완결지었다. 《국조보감》, 《대전통편》, 《오륜행실》, 《속오례의》, 《규장전운》 등이 그 결과물이었다. 이와 함께 그 자신의 저작물도 정리해 뒷날 《홍재전서》로 간행되도록 했다.

1800년 6월 49세의 나이로 죽은 정조의 능은 건릉(健陵)으로 현재 경기도 화성군 태안면 안녕리에 소재하고 있다. 시호(諡號)는 문성무열성인장효(文成武烈聖仁莊孝)로 대한제국이 성립되자 1900년 황제로 추존되어 선황제(宣皇帝)가 되었다.

탕평의 재시도

당시에는 조정의 절대 다수가 노론이었다. 외척 세력 제거 후 몇 차례의 역모를 통해 생명의 위협마저 감수해야 했던 정조였다. 아직은 노론의 비위를 거슬리면서까지 자신의 입장을 밀고 나갈 단계는 아니었다. 내심이야 어떻든 간에 정조 집권 초반은 정국의 안정과 왕권 확립을 위해 노론의 지지가 필요했고, 그러자니 노론 우위의 정국을 만들어 나갈 수밖에 없는 형국이었다.

정조는 임오의리에서 노론의 의리를 인정했고 소론 4대신 중 이광좌, 최석항, 조태억의 관작을 추탈했다. 그뿐만이 아니었다. 윤선거와 윤증의 관작을 박탈하기까지 했다. 반면 송시열의 사당은 대로사(大老祠)로 사액되었고, 소론 입장에서 신임사화를 기록한 《경종실록》을 노론의 건의로 개수하도록 허락하기까지 했다.

그러나 정조는 어느 한 정파에만 전적으로 동조하지는 않았다. '색목'으로서 노론이 소론에 대한 공격을 가하고자 할 때에는 가차없이 처벌하기도 했다. 또 송시열이 죽기 전에 자신의 정치적 입장을 끝까지 고수하며 제자인 권상하로 하여금 화양동에 만동묘를 설치하게 한 것을 은근히 비난하기도 했다. 정조는 결코 노론의 입장만을 옹호하지는 않았다. 이같은 정조의 입장은 그의 탕평관에 기인한 것이었다.

당을 없앤 연후라야 군자들이 모일 수 있다

정조는 기본적으로 영조의 탕평을 준수할 것이라고 했다. 그러나 그가 구상하고 있던 탕평은 영조 대의 그것과는 사뭇 달랐다. 영조 대는 당파 간의 의리 시비를 절충해 이 절충안에 따르는 자만을 조제하는 탕평을 시도했다. 따라서 이 시기에는 왕의 절충 방식에 따르는 완론들이 주로 기용되었고, 충과 역의 구분을 명확히 하고 왕의 절충안을 따르지 않던 준론 세력은 배제되었다. 영조는 자신의 시비 구분에 따르는 자들만을 등용했다. 그러나 영조 말기에 이르러 이들이 탕평당이라는 외척 세력으로 성장해 그 폐단이 나타나게 되었다.

세손 시절부터 탕평당의 폐해를 깊이 인식하고 있었던 정조는 이제 좀 더 다른 각도에서 탕평을 구상해야만 했다. 정조는 정치 원칙을 존중하고 청의와 준론을 지켜 나가는 정치 세력을 중심으로 하는 탕평, 곧 진정한 의리에 바탕을 두는 탕평을 표방했다. 이는 준론탕평론을 본격적으로 정국 운영에 적용하겠다는 정치적 선택이었다.

준론탕평은 의리의 변별 못지않게 붕당의 타파 역시 중요시했다. 정조가 탕평을 표방한 이유는 각 정파 간에 군자와 소인이 혼재되어 군자당과 소인당을 가릴 수 없기 때문에 어느 한 정파만을 군자(충)로 간주해 등용할 수 없다는 것에 바탕했다. 당을 없앤 이후에야 군자들만이 모일 수 있고 당을 없애기 위해서는 탕평을 시행해야 했다. 그 사람이 가진 의리가 옳으냐가 중요하지, 그 사람이 가진 당파 색깔은 중요하지 않다는 뜻이었다.

그는 충과 역의 구분을 명확히 해 색목의 구별 없이 오로지 '충' 한 자만을 등용하는 의리탕평(義理蕩平)을 구상했다. 정조가 말하는 의리란 왕에 대한 신하의 충성을 의미했다. 이는 왕에게 충성하는 자만을 조제해 탕평을 시도하겠다는 뜻이다. 의리를 밝히고 정사를 이끌어 나가는 것은 신하가 아니라 왕이고, 신하들은 이에 따라야만 충이며 군자라는 것이 정조의 일관된 신념이었다.

정조는 정파 간에 충역이 혼재되어 있다는 판단 아래 색목의 구분 없이 '충', 즉 인재만을 등용하겠다는 입장을 밝혔다.

대저 노론이 잡은 바는 곧 충이나 사람이 옛날과 같지 않고 세상의 변함이 점차 생겨나 노론 중에도 근래에 역적이 있으니, 어찌 노론은 모두가 충이며 소론은 모두가 역이라고 할 수 있겠는가. 지금은 노론과 소론을 막론하고 각자 먼저 그 당의 역적을 공격할 뿐이니……. 지금부터는 내가 마땅히 용사(用捨)할 때에는 노와 소, 두 글자를 먼저 마음속에 두지 않고 오직 그 사람을 보아서 어진 이를 등용하고 불초한 사람을 버릴 것이다.

– 《홍재전서》보유, 계붕당윤음

정조의 탕평은 근본적으로 노론의 일당 전제를 배제하려는 의도에서 이루어졌다. 그런데 정조가 탕평의 본질에 접근하는 과정에서 가장 먼저 끌어안고자 했던 세력은 전대에 실세했던 남인이었다.

순수하게 결함이 없는 자는 드물다. 자기 조상이 설령 흠잡을 만한 일을 했더라도 5대가 지나서까지 계속 벼슬길을 막는다는 것은 부당하기 짝이 없는 노릇이다. 그러나 노론은 숙종 대 갑술환국 이후 남인을 역당으로 규정해 정계에서 배제한 뒤로는 그 후손의 등용을 철저히 가로막고 있었다. 노론은 남인과의 탕평을 반대하던 이유로 선조의 허물을 들고 있었다. 특히 윤지눌과 이가환이 성토의 대상이었다.

노론은 예송 당시 윤선거가 송시열을 무함한 사실을 들어 그의 후손인 윤지눌을 등용할 수 없다고 주장했다. 노론 자신들만이 군자인데 어떻게 소인당인 남인의 자제가 인재로 뽑힐 수 있느냐는 식이었다. 채제공의 후계자로 지목되었던 이가환 또한 그의 종조부 이잠이 숙종 때 세자 보호에 관한 흉소를 올렸다는 이유로 저지당했다. 정조는 이잠의 상소가 당대 임금에 충성하는 논리에서 비롯된 것이라며 이가환의 등용을 기정사실화하고 나섰다.

정조는 선조의 허물을 후손에게까지 미치게 할 수 없다는 판단하에 색목과 관계없이 인재라면 등용하려 했고, 노론의 반대 속에서도 조제의 원칙을 지키고 있었다. 즉 정조의 탕평은 정파 간에 세력균형을 이루어 일당 전제를 배제하고 궁극적으로는 왕권을 강화하는 데 그 목적이 있었다.

시파와 벽파

즉위 초 외척 세력 제거와 탕평 표방을 통해 정국 운영 구상을 마쳤던 정조는 이제 자신의 의도대로 정국을 운영할 수 있는 정치 세력을 양성해 실질적인 탕평을 추진하기 시작했다. 정조는 당론에 충실한 노론보다는 사실상 당으로서의 기능을 상실한 소론을 설득해 당색을 표방하지 않고 탕평에 동참하겠다는 맹세를 받아 냈다.

그러나 노론은 이미 영조 대에 자신들의 의리가 충으로 판정된 이상, 군자당과 소인당을 구별할 수 없다는 정조의 말에 동의할 수 없었다. 자연히 정조는 자신의 정치 노선에 동조하는 인물들을 중심으로 정국을 운영해 나갔다. 이러한 상황에서 정조의 정책 노선에 동조하는 세력은 시파(時派)로, 동조하지 않는 세력은 벽파(僻派)로 나뉘어졌다. 각 당의 시와 벽은 근본적으로 사도세자나 영조에 대한 이해면에서 그 차이가 있었다.

> 노론 가운데 시(時)는 영조와 사도세자의 실덕을 나란히 말하는 것을 꺼리고 벽(僻)의 죄만 성토하는 것이다. 노론 가운데 벽은 영조의 실덕을 말하는 것을 꺼리고 선세자의 실덕만을 말하며 시의 죄를 성토한 것이다. 남인과 소론 가운데에 시는 사도세자의 실덕을 말함을 꺼리고 영조의 실덕만을 말하며 노론의 죄를 성토했다. 남인과 소론 가운데에 벽은 영조와 사도세자의 실덕을 함께 말하는 것을 꺼리지

않으며 노론의 죄를 성토했다.

- 《현고기》권4, 〈시벽본말〉

그러나 시파는 시파끼리 벽파는 벽파끼리 결집되지는 않았다. 시와 벽은 정파가 아니었다. 정조 대의 정국에서는 노론, 소론, 남인의 상호 대립이 우선적으로 이루어졌고, 시벽의 대립은 부차적인 현상이었다. 즉 시와 벽의 대립은 각 당이 색목으로서의 성격을 잃고 있던 과정에서 정조의 정국 운영에 대한 동조 여부에 따라 집단화된 것이라 할 수 있다. 따라서 각 당마다 시와 벽이 존재할 수 있으며 당파 간의 대립에 있어서는 시벽의 인물은 기존의 당색을 그대로 띠고 있었다.

이러한 예는 소론, 남인의 시와 벽 모두가 노론을 공격한다거나 노론의 시와 벽 모두가 남인 시파 채제공을 공격하고 있는 데서도 알 수 있다. 따라서 정조 대는 시와 벽의 대립보다는 기존의 노론, 소론, 남인이라는 색목의 대립이 우선되었다.

한편 정조는 비대할 대로 비대해진 노론 세력을 약화시키고 조제를 통해 당파 간의 세력균형을 유지하려 노력했다. 정조는 즉위 초 정국 안정을 기하기 위해 노론의 비위를 맞추려고 윤선거 부자의 관작을 추탈한 적이 있었다. 그러나 왕권이 어느 정도 확립된 이후에는 사정이 달랐다. 정조는 어느 한 정파의 의리만을 인정하지 않고 각 정파들의 사정도 고려해 그들의 의리도 인정해 주고자 했다. 정조는 그 일환으로 윤선거 부자의 벼슬을 복관시켰다. 정조의 이러한 조처는 한 정파가 정국을 주도해 나가는 것을 막으려는 그의 탕평관에서 비롯한 정치적 수완이었다.

홍국영의 세도정치

춘방관(春坊官)이 되면서부터 세손의 신임을 얻기 시작한 홍국영은 세손의 충성스런 심복이기를 자처했다. 세손은 모든 문제에 대해 홍국영에게 자문을 얻었고 홍국영은 세손을 위해 내외의 제반 정보를 수집해 제공해 주었다. 그는 각각의 상황에 따른 대처 방안에 대해서도 충고와 조언을 아끼지 않았다. 홍국영은 고립된 세손의 친구로서 세손에게 막대한 영향을 미쳤다. 정조는 차츰 자신도 모르게 홍국영의 책략에 말려들게 되었다. 정조는 좌우 전후를 보아도 역당 아닌 사람이 없는 상황에서 일심으로 자신을 보호할 사람은 오직 홍국영 한 사람뿐이라고 생각했다. 홍국영을 저해하는 자는 정조에 대한 도전자였다.

세손의 대리청정 시 삼불필지설을 발설한 홍인한 세력도 처음부터 세손의 견제 세력은 아니었다. 그래도 엄연한 세손의 외가이지 않은가. 그러나 천하의 홍국영은 세손과 그 외가 사이를 이간하기 시작하더니 급기야 홍인한을 세손의 생명을 위해하려는 존재로 만들어 버리고 말았다. 홍인한 세력 또한 그들 자신의 안위를 위해 이제는 세손을 견제하는 세력이 되어 버렸다. 쫓고 쫓기는 악순환은 거듭되었다. 홍국영의 기막힌 이간책은 세손과 그 외가를 불구대천의 원수로 만들어 버리고 만 것이다.

홍국영의 이간책이 아니더라도 외척 세력의 전횡과 이로 인해 초래된 정치적 폐해는 이미 정조를 질리게 했다. 정조에게 외척은 정말 지긋지긋한 존재였다. 외척 세력에 대한 입장, 그것이 홍국영과 정조의 최대 공감대였다.

외척은 진실로 화의 근본이라

정조의 즉위를 도운 세력은 홍국영, 김종수, 서명선, 정민시로 대표된다. 특히 홍인한의 삼불필지설에 대한 반박 상소를 올린 서명선은 정조 즉위 후 그 대우가 익대공신에 비길 정도였고 몇 년 만에 영의정에도 올랐다. 정조는 자신을 위해 앞장서서 공헌한 이들의 공을 인정해 동덕회(同德會)라는 모임을 만들고 매년 12월 3일 자리를 함께 해 친목을 도모했다. 12월 3일은 서명선이 반박 상소를 올린 바로 그날이었다.

세손 시절부터 홍인한, 정후겸 등의 외척 세력에 대한 폐단을 공히 인식한 정조와 홍국영은 즉위하자마자 숙청의 칼을 빼들었다.

> 대저 당일 국가를 마음대로 해치고 군부를 원수로 여긴 것은 척리들이었다. 홍상범, 홍상길, 홍계능, 김구주, 홍인한, 정후겸 등 이들 역적은 마치 간첩들이 하는 것처럼 내 일거수일투족을 감시했다. 진실로 그 화의 근본을 추구해 본다면 그것은 바로 척리이다.
>
> - 《정조실록》권13, 정조 6년 5월 29일

정조는 자신을 모해하려 했고, 아버지를 전대미문의 사형 방법으로 죽게 한 간당들을 제거하기 시작했다. 정조가 즉위한 바로 그달 3월에 정후겸을 경원으로 유배보내고 4월에는 홍인한을 여산으로 유배보냈다. 또 그들의 친척 관계에 있는 인물들로서 부홍파의 핵심 세력이었던 윤태연, 홍상간, 홍지해, 이선해 등을 역당이란 죄목하에 처벌했다. 사도세자를 모해한 김상로의 관작을 추탈하고 그와 관련해 김상로의 아들 김치현, 숙의 문씨와 그녀의 동생 문성국 등도 처벌되었다. 정조는 애초 혜경궁과의 관계도 있고 해서 정후겸과 홍인한을 극역죄로 처벌하지는 않으려 했다. 그러나 비외척 세력인 공홍파 계열의 끊이지 않는 성토에 마침내 홍인한과 정후겸은 사사되었다.

홍인한이 그렇게 간 마당에 홍인한의 형이자 정조의 외할아버지인 홍봉한이라고 그들이 그냥 놔둘 리 없었다. 정조는 홍봉한이 외조부이기도 했고 그를 처벌하면 자칫 명분적으로 불리한 위치에 처하게 될지도 모르기 때문에 처벌하지 않았다. 정조는 처벌할 수 없는 자신의 입장을 하소연했지만 공홍파에게 이는 용납되지 않았다. 외척 세력의 핵심인 홍봉한을 그대로 묵과할 수 없었기 때문이었다.

또 하나의 외척 세력인 경주 김씨 김대비 세력에게도 철퇴를 내렸다. 정조는 9월 김씨 세력의 대표 격인 정순왕후의 동생 김구주를 혜경궁의 병이 심한데도 문안하지 않았다는 것을 표면적 빌미로 삼아 흑산도에 정배했다.

이로써 정조는 영조 대 후반부터 조정의 가장 큰 대립 세력이었던 두 외척 세력의 핵심 인물들을 모두 제거할 수 있었다. 영조의 그늘 아래 하늘 높은 줄 모르고 나라를 마음대로 움직인 세력들은 홍국영의 서슬에는 온전할 수 없었다.

정조 시해 미수 사건

정조는 왕권 강화에 장애가 되었던 외척 세력을 제거하고 난 후 겨우 한숨을 돌리는가 싶었다. 그러나 안도의 한숨도 잠시, 정조는 외척 제거의 대가로 그들 세력과 연계되었던 자들의 위협과 역모에 시달려야 했다. 일은 홍인한과 함께 노론 벽파의 대표적 가문인 홍계희 가에서 꾸며졌다. 하늘인 줄만 알았던, 용안조차 감히 함부로 볼 수 없었던 왕이 이제는 시해의 대상으로까지 전락한 것이다.

홍계희는 일찍이 나경언으로 하여금 사도세자의 행적을 과도하게 영조에게 고하게 해 사도세자를 죽음에 이르게 하는 데 결정적인 역할을 한 인물이었다. 홍계희의 손자 홍상범이 바로 정조 암살의 주동자였다. 그는 그의 아버지 홍술해, 백부 홍지해, 사촌 홍상간이 유배에 처해지자 정조만 없애면 다시 옛날의 영화를 누릴 수 있다는 믿음 하나만으로 일을 저질렀다.

홍상범의 사주를 받은 전흥문과 강용휘 등은 칼과 철편을 지니고서 어둠을 틈타 대궐로 들어갔다. 그들은 왕이 거처하는 존현각 용마루에 올라가 기회만을 엿보고 있었다. 그러나 자객들은 칼 한번 휘둘러 보지도 못하고 정조의 호위 무사에게 발각되고 말았다.

또 홍술해의 처는 저주라는 무속적인 방법으로써 정조와 홍국영을 살해하고자 했다. 그녀는 종이로 만든 인형에다 부적과 주문을 곁들여 여러 곳에 묻었다. 또 붉은 모래로 홍국영과 정조의 상을 만들어 화살을 꽂은 후 땅에 묻기도 했다. 그러나 이 역시 사전에 발각되고 말았다.

그나마 모양새를 갖춘 시해 사건은 은전군 추대 사건이었다. 홍계희의 팔촌인 홍계능은 그의 아들 홍신해와 조카 홍이해와 함께 '금상은 국정을 잘못한 것이 많다. 추대하는 일을 하지 않을 수 없다'라며 인조반정 때의 일을 들먹이며 나섰다. 이 일에는 혜경궁 홍씨의 친동생인 홍낙임도 관련되어 있었다. 이들은 정조를 살해한 후 은전군을 국왕으로 추대하려 했지만 그 역시 발각되고 말았다.

정조는 관련자 은전군을 자진시키고 사건 주동자 23명을 사형시키는 등 강력히 대응했다. 이때 정조는 추대사에 관련되었던 홍봉한의 아들 홍낙임을 친국하고 특별히 석방해 죄안에서 삭제했다. 정조의 이러한 홍봉한계 보호는 왕실 권위와 혜경궁 홍씨에 대한 위로를 고려한 것이었다.

세도 재상 홍국영

몇 차례의 역모 사건으로 신변의 안전에 심각한 위협을 느낀 정조는 자신의 친위 체제를 강화하는 것이 급선무임을 절실히 깨달았다. 신변의 안전뿐만이 아니라 왕권 강화를 위해서라도 친위 부대의 양성을 통한 병권 장악은 무엇보다 중요한 사안이었다. 정조는 숙위소를 세우고 자신의 친위 세력이던 홍국영에게 숙위대장직을 맡기고는 그 권한을 대폭 강화했다. 홍국영은 정조의 신임을 바탕으로 병권까지 장악하게 되자 무소불위의 전권을 휘두르기 시작했다.

승정원 도승지, 승문원 부제조, 수어사 겸 비변사 제조, 금위대장, 숙위대장, 규장각 제학 등 실각하기 전까지 약 4년간 그를 거쳐 간 관직은 실로 다양했고 모두 요직이었다. 모든 군국 기무와 대각의 언론은 홍국영을 먼저 거친 다음에야 임금에게 올려졌다. 미관말직의 관리뿐만 아니라 심지어는 고위관직자까지 홍국영의 위세 앞에서는 당해 낼 재간이 없었다. 조금이라도 그의 명을 어기는 일이 있으면 뜻밖의 재앙이 닥쳐 조석을 보전할 수가 없을 지경이었다.

세도 재상(世道宰相, 勢道宰相)은 이렇게 등장했다. 홍국영은 최고 관직자도 아니면서 전권을 휘둘러 국왕 다음 가는 제2인자로서 세도를 부렸다. 그는 어느 제왕 부럽지 않은 권력과 부귀를 누린 것이다.

그러나 사람의 욕심이란 끝이 없는 것, 홍국영은 서서히 정조의 신임을 믿고 권력 독점을 꿈꾸기 시작했다. 당시 중전으로 있던 김씨(청풍 김씨 시묵의 딸)는 병이 있었기 때문에 후사는 도저히 꿈꿀 수 없는 상황이었다. 이를 간파한 홍국영은 자신의 누이를 정조의 후궁으로 삼게 해 권력 기반을 더욱 강화하고자 했다.

그러나 홍국영의 누이 원빈 홍씨마저 1년 만에 소생 없이 죽고 말았다. 홍국영의 계획은 차질을 빚게 되었고 정조의 후사 문제는 더욱 중대한 사안으로 떠올랐다. 홍국영은 정조의 이복동생인 은언군의 아들 담(湛)을 홍씨의 양자로 삼아 정조의 후사로 만들 계책을 세웠다. 홍국영은 담을 완풍군에 봉하면서 "내 조카, 내 조카,"라며 떠벌리고 다녔다.

그 뒤 홍국영은 그의 사주를 받고 있던 노론계 산림 송덕상을 시켜 왕에게 왕세자 책봉을 청하는 상소를 올리게 했다. 그러나 이때에는 정조도 이미 홍국영의 농간에 염증을 느끼고 있던 터였다. 정조는 여러 신하들로 하여금 탄핵을 유도해 홍국영 스스로 물러나게끔 했다. 마침내 정조의 또 다른 측근 세력이던 김종수의 탄핵 상소로 홍국영은 쫓겨나게 되었다. 그는 고향으로 내려가 울화를 풀지 못하고 전전긍긍하던 중 결국 병을 얻어 죽었다.

정조가 외척 세력을 애초에 제거한 것은 왕권 강화를 위한 것이었지 또 다른 외척 세력을 발호시키기 위한 것이 아니었다. 그렇기 때문에 정조와 함께 외척 세력 제거를 강력히 주장했던 홍국영이 스스로 외척이 되어 권력을 장악하고자 한 것은 제 무덤을 판 결과였다.

정조는 모든 화의 근본이라 생각했던 외척 세력을 제거했다. 또 세도 재상을 꿈꾸던 홍국영도 제거했다. 이제 그는 자신의 왕권 강화와 직결되는 정치 기반 확보에 나서게 되었다. 규장각 정비가 바로 그것이었다.

규장각 제도의 창설과 기능 강화

청나라는 사고전서를 편찬하는 등 일련의 대문화 사업을 일으키고 있었다. 조선 역시 청에 자극받는 것에서 그치는 것이 아니라 건륭 문화 못지않은 새로운 문화 기풍을 진작시켜야 했다. 그러나 당시는 외척과 환관 등 정적을 소탕해 왕권을 강화하는 일이 급선무였다. 한편으로는 탕평을 하기 위한 측근 정치 세력도 키워야 했다. 정조는 자신이 철저히 신임할 수 있는 신하들과 함께 정책을 운영하고 그와 더불어 문화 사업도 할 수 있는 기관을 필요로 했다. 이러한 정조의 갈망이 규장각(奎章閣)이라는 초정부적 기관을 탄생시키게 되었다.

내 본래의 의도는 다른 데 있다

1781년(정조 5) 2월, 정조는 종부시에 있던 '규장각'이라는 숙종의 친필 편액을 옮겼다. 원래 규장각은 왕의 어필을 봉안하는 존각으로서 양성지의 건의에 따라 세조 대에 이미 그 설립 논의가 시작되었다. 그러나 세조는 이를 반대했다. 후세 군주가 시문 짓는 것만 즐겨 해 정사를 돌보지 않을 우려가 있다고 생각했기 때문이었다. 숙종 대에도 왕이 친필로 규장각이라 써서 편액을 걸기도 했지만 그것이 제도화되지는 않았다.

정조는 즉위하자마자 규장각 제도의 창설을 명했다. 6개월의 준비 기간을 거쳐 그해(1776년) 9월, 규장각은 역대 왕들의 어제와 어필 등을 정리해 봉안하고, 서적을 수집하거나 편찬하는 왕실 도서관으로 출발했다. 이는 왕도 정치의 정신적 지표이자 왕실의 위엄을 확립하는 필수적 요소이기도 했다. 그러나 "본래의 의도는 딴 데 있다."라고 한 정조의 말처럼 규장각은 단순한 왕실 도서관만은 아니었다.

정조 초반 한때 홍국영에 의해 정적 숙청의 장이 되기도 했다. 물론 규장각이 은밀한 정보 기구는 아니었지만 측근 세력을 모으는 수단으로서는 아주 효과적이었다.

홍국영의 몰락 이후 정조는 관료 기강을 쇄신하고 인재를 배양하기 위해 1781년(정조 5) 2월 규장각의 기능을 재정비하고 본격 가동시켰다. 규장각은 변질되고 격하된 승정원과 홍문관을 대신해 국왕의 통치를 직접 보좌해 주는 선도적 기관이 되었다. 그는 규장각 각신들에게 정치적 혁신을 위한 보좌를 당부했다. 그들은 국왕을 도와 새로운 정책 추진을 이론적으로 뒷받침해 주는 보좌관이자 정조의 가인이었다.

규장각 각신은 학식과 덕행을 겸비한 인물로서 정조가 가장 신임할 수 있는 사람이 일차적 선발 대상이었다. 그렇기 때문에 각신으로 임명된다는 것은 자신의 역량을 인정받는 것일 뿐 아니라 왕의 절대적인 신임을 얻는 것에 다름 아니었다. 관료로서는 더없는 영광인 셈이었다.

정조 대에 재직한 각신은 모두 38명이었다. 특히 채제공은 남인 출신 각신으로 정조 대 탕평을 이끌어 나갈 인물로 기대되었다. 각신으로 등용된 인물은 의리 문제에 대해 준론과 당론을 견지하면서도 탕평을 반대하지 않는 청류 계열이었다. 엄선된 '군자'들의 조제 보합으로 당색을 희석시키려는 정조의 탕평 정책이 일차적으로 규장각에 반영되었던 것이다. 규장각은 실로 극한적인 대립을 보이고 있던 각 당의 준론자를 조제해 학문을 매개로 대좌할 수 있도록 하는 일차적인 장소였다.

검서관

규장각의 사무를 보좌한 잡직으로 검서관이란 것이 있었다. 그런데 한 가지 주목되는 것은 검서관원 네 명 모두가 처음에는 서얼로 임명되었다는 것이다. 이들의 자격 요건은 문벌이 첫째였고, 그다음이 재주와 문예였다. 전임 검서가 두 명씩을 추천하면 각신들이 시험을 보아 세 명을 추천하고 최종적으로 국왕이 낙점하여 임명되었다. 서얼이 바라볼 수 있는 자리로서는 이보다 더 좋은 것이 없었다.

검서관제는 문명은 높으나 벼슬길에 진출하지 못했던 실력 있는 서류를 청요직에 수용하기 위한 제도였다. 정조 대에는 중앙의 규장각뿐만 아니라 지방에서도 좌수를 제외하고는 별감 등 향임에 서류들이 임명될 수 있었다. 영조 대부터 시작된 서류 소통이 전국적인 규모로 확대된 것이다. 검서관제는 남다른 처지에 있던 서류들의 불만을 해소하고, 정조가 의도하는 개혁 정치에 공헌하도록 하여 사회에 청신한 바람을 불러일으키는 새로운 시책의 일환이었다. 또한 이것은 노론 일파의 고정된 사회체제에 대한 하나의 도전이기도 했다.

1779년(정조 3) 6월 1일 초대 검서관에 이덕무, 유득공, 박제가, 서이수가 발탁되었다. 이들은 정조 대에 여러 면에서 정조의 실질적인 자문역이었다. 그중에서도 특히 박제가는 북학론으로 유명하다. 정조에게서 '산림'의 기품이 있다고 칭찬받은 이덕무는 실사구시를 주창하면서 고증학을 일으킨 고염무의 학풍에 심취해 있었다. 유득공은 북방계 역사 계승 의식을 재평가하는《발해고》를 써서 남북국 시대론을 표방하기도 했다.

초계문신 제도

'나라를 다스리는 데 있어서 제일 급선무는 인재를 배양하는 것'이라고 늘 강조했던 정조는 조선 초기의 사가독서 제도에 비견되는 또 하나의 장치를 마련했다. 그것은 바로 초계문신 제도였다.

초계문신 제도는 한마디로 관리 재교육 제도였다. 초계문신은 가장 우수하다고 인정되어 승문원에 추천되었던 당하관 이하 문신 가운데 37세 이하인 사람을 뽑아 내각에서 교육시켜 40세가 되면 해제시켰다. 초계문신으로 뽑히면 국왕의 도서관에서 재교육을 받음으로써 국왕 측근에서 문화 정책을 충실하게 보좌할 수 있는 인재로 양성되었다. 국왕이 매달 한 번씩 친히 초계문신을 시험하기도 했다. 그들에게는 신분 보장과 잡무가 면제되는 특전도 주어졌다. 초계문신은 그야말로 선망의 대상이었다.

정조 때의 초계문신은 1781년(정조 5) 16명을 선발한 것을 시작으로 1800년(정조 24)까지 모두 10회 138명이 선발되었다. 정조는 노론계, 소론계, 남인계, 북인계의 우수한 인재들을 함께 선발해 그들 사이의 학문적 교류와 동류 의식을 강화시켰다. 특히 남인계가 수용했던 서학과 노론계가 수용했던 패관문학을 모두 명·청 문화의 폐단으로 비판하면서 문체반정운동을 벌였다. 이 문체반정 운동이 명문 벌열 출신 초계문신으로서 노론계 김조순, 남공철 등을 대상으로 했다는 것은 중요한 의미를 가진다. 그것은 이 시책이 특권적 권력 집단인 경화 벌열을 견제하고 변질시키는 효과도 노린 탕평책을 추진하기 위한 장치였다는 것을 명백하게 보여 준다.

정조 말년에 이르면 이들 초계문신이 공경대부의 태반을 차지하게 된다. 정약용, 서유구 등 대표적인 실학자들도 초계문신제를 통해 성장한 인물들이다. 초계문신은 암행어사로도 파견됨으로써 정조의 왕권 강화와 민폐 파악에 큰 역할을 수행했다. 규장각과 초계문신제는 기존의 집권층이 장악하고 있던 청요직을 대신해 친왕 세력으로서 새로운 권력 구조를 형성해 갔다. 정조는 처음 의도했던 만큼 결과는 만족스럽지 못하다고 했지만 언론이 준절하고 의리에 밝은 인물을 각신으로 등용해 선도적으로 준론 탕평을 시도하고자 한 것은 정치적으로 큰 의미가 있다. 규장각은 문화 기관으로서 정조 대의 문풍을 주도했을 뿐 아니라 탕평 실현의 장이기도 했던 모범적인 정치 기관이었다. 세종 대에 집현전이 있었다면 정조 대에는 바로 이 규장각이 있었다.

그러나 순조 연간 이후가 되면 각신에게 부여되었던 실제 권한은 모두 없어지고 만다. 규장각은 그저 어제의 간행과 《일성록》의 기록 정도를 담당했을 뿐이었다. 1864년 고종 즉위 후에는 어제의 보관이 종친부로 이관됨으로써 규장각은 순수한 왕실 도서관만으로 그 기능이 축소되었다. 대한제국 시기인 1907년 11월에는 홍문관이 폐지되면서 그 기능이 규장각으로 단일화되었다. 한때 그 지위가 격상되기도 했지만 1910년 나라가 망함으로써 큰 업적을 남기지는 못했다.

영남 만인소

영남 남인들에게는 상소하러 가는 그 길이 황천길이 될지도 모르는 일

이었다. 사도세자의 억울한 죽음에 대해 원한을 품어 온 지 30년,《시경》
의 한 구절인 '한없이 멀고 푸른 하늘아 이렇게 만든 사람이 누구이던가'
라고 한 대목에 이르러서는 책을 덮고 탄식하지 않은 이들이 없었을 만
큼 영남 남인들에게는 뼈에 사무치는 세월이었다.

숙종 20년 갑술환국이 단행된 이후 남인 세력은 정계에서 거의 배제되
었고 관계 진출 또한 거의 불가능했다. 특히 영남 지방은 무신란을 겪으
면서 반역의 고장으로 낙인찍히기까지 했다. 무신란을 평정한 뒤, 경상도
대구부 남문 밖에 세워진 평영남비(平嶺南碑)라는 비석은 이를 입증해 주
고도 남는다. '영남을 평정'했다는 것, 이는 곧 무신란을 영남의 반역도들
이 일으킨 반란이라고 간주한 것이었기 때문이다. 이로부터 영남 유림들
의 동태는 일일이 중앙에 보고되었고 또 그들의 서울 나들이조차도 쉽게
용인되지 않았다.

그러나 가뭄 끝에 단비가 내리듯 이들 영남 남인들에게 희소식이 전해
졌다. 남인 채제공이 우의정으로 발탁된 것이었다. 정조는 즉위 12년째에
접어들어 노론 김치인, 소론 이성원, 남인 채제공을 각기 3정승의 자리에
앉히면서 본격적인 탕평을 추진하기 시작했다. 정조 스스로도 이 일을
'당목이 있은 이래 처음 있는 일'로 자부할 정도였다. 상대적으로 남인의
진출은 활발해졌고 노론 쪽에서는 이 일을 환국에 비유하는 등 위기감이
고조되고 있었다.

정조, 채제공, 영남 남인들

정조의 세손 시절부터 측근에서 항상 보필해 온 채제공은 이원익, 조
경, 허목으로 이어지는 근기 남인의 중진으로서 영남 남인들과도 긴밀한
관계에 있었다. 따라서 그의 등용 자체는 줄곧 칩거해 오고 있던 영남 남
인들을 고무시키기에 충분했다.

때마침 그해는 무신란 발발 60주년으로 안동 유림들은 이진동을 필두로 상소와《무신창의록》을 가지고 상경했다. 이 책은 무신란 때 반란군에 항거해 공을 세우거나 순사한 안동 등 13개 고을 유림의 행적을 기록한 것이었다. 이들은 이인좌의 끈질긴 포섭에도 끝까지 굴하지 않던 인물들이었으나 영남 전 지역이 반역향으로 낙인찍힘으로써 어떠한 보상도 받지 못한 억울하기 그지없는 사람들이었다. 그러나 이제 그들에게 그동안 참아 왔던 억울함을 호소할 곳이 생겨났다. 정조와 채제공이라는 '믿는 구석'이 있었기 때문이었다.

안동을 떠나 3개월여 만에 서울에 닿은 유림들은 8월부터 상소문을 올리기 위해 대궐 앞에 꿇어 엎드렸다. 그러나 당시 승정원에는 노론이 포진하고 있어서 그들의 상소문은 받아들여지지도 않았다. 상경한 지 6개월에 접어들던 11월 5일, 마침내 소두 이진동 및 유림 5~6명은 왕의 효창묘(孝彰廟) 행행(幸行)을 틈타 간신히 상언할 수 있게 되었다.

정조는 사관을 시켜 책자를 올리게 하고는 밤을 새워 읽고 또 읽었다. 영남에 대한 인식이 달라지는 순간이었다. 그는 책자에 수록되어 있는 인사의 포상과 책자 간행을 지시하며 이례적으로 이진동을 비롯한 영남유림들을 접견했다.

추로지향(鄒魯之鄕)인 영남의 일부가 무신란에 가담한 것은 몇몇 흉도들의 소행인데 그로 인해 영남 일도를 어찌 다 버릴 수 있겠는가. 영남을 무신란의 소굴이라 여길 것 같으면 서울에도 역적이 많이 나왔으니 서울은 모두 반역의 소굴인가? 영남도 마땅히 서울과 같다.

- 《무신창의록》 권5, 소록(疏錄)

그러고 나서 정조는 손수 교서를 써 주면서 더욱 이들을 격려했다. 감격의 눈물을 흘리며 교서를 받아 든 유림들은 고향으로 돌아가 안동 향교에 왕의 교서를 봉안했다.

영남 유소로 인해 영남에 대한 인식이 새로워진 정조는 자신의 왕권 강화책과 관련해 8도 가운데 최대의 유림 세력을 보유하고 있는 영남을 자신의 외곽 세력으로 확보할 필요성을 느꼈다. 영남에 대한 특별한 배려가 필요했다. 영남 남인 끌어안기가 절정에 오른 대목은 퇴계 이황을 제사하는 도산서원에서 치러진 별시였다.

1792년(정조 16) 3월 25일 왕의 특별명령으로 영남 유림의 본산인 도산서원 앞에 과장을 개설했다. 이날 입장한 유생이 자그마치 7,228명, 그 가운데 거둬들여진 시권(시험답안지)이 3,632장이었다. 정조 자신이 직접 채점을 해 강세백, 김희락을 급제시켰고 그날의 시사(試士)를 기념하기 위해 과장이 설치되었던 곳에 시사단도 세웠다. 도산서원 앞쪽 안동 호수 위에 우뚝 솟아 있는 시사단에 올라보면 지금도 1만여 명이 인산인해를 이루었던 그날의 감격을 조금이나마 느낄 수 있을 것이다.

1만 57명의 한 목소리 영남 만인소

도산서원에서의 특별 시험이 있은 지 불과 한 달 후 사도세자를 신원하는 영남 유림의 만인소가 올라오게 되었다. 정조는 즉위 당시 영조의 명에 따라 종통상 효장세자를 이었음을 분명히 하고 사도세자의 신원 문제를 거론할 시에는 엄벌에 처하겠다는 입장을 나타낸 바 있었다. 내심이야 그러했겠는가마는 이는 즉위 초의 정국 안정과 자신의 왕권 확립을 위한 어쩔 수 없는 조처였다. 그러던 것이 정조 12년 이래의 채제공 등용, 그와 영남 유림의 제휴, 그리고 정조의 영남 유림에 대한 특별한 관심 속에 임오의리가 다시 현안으로 등장하게 되었다. 그러나 진정 이들이 의리만을 위해 이 일을 제창한 것일까? 사실은 임오의리를 밝혀 사건의 당사자인 노론의 명분을 제거하고자 한 데 있었다. 이러한 때 유성한의 상소는 좋은 빌미가 되었다.

정조 16년 4월 18일 노론 벽파 유성한은 정조가 영조와는 달리 경연을 소홀히 하고 여악(女樂)이 난잡하게 금원에 들어간다는 것을 경계한 상소를 올렸다. 경연을 하지 않는다고 해서 학문을 소홀히 한다고 말할 수 있을까? 하물며 정조 같은 호학 군주에게 더 이상 무슨 설명이 필요할까? 또 사도세자의 죽음 이후 정조는 가슴속 깊이 말로 다하지 못할 슬픔과 피맺힌 원한을 간직해 오고 있던 터였다. 사치를 일삼고 오락이나 즐기고 있었을 리 만무했다. 있지도 않은 사실로 왕을 능멸한 유성한을 정조는 결코 용서할 수 없었다.

상소 내용이 공개되자 채제공을 위시한 대신, 삼사, 관학 유생들은 연일 그에게 엄벌을 가하도록 청했다. 게다가 얼마 뒤에는 윤구종의 해괴한 언동이 고발되면서 논란은 더욱 촉발되었다. 윤구종은 일찍이 동릉의 별검이 되었을 때 매번 혜릉(경종비 단의왕후 심씨의 능)을 지나갈 적마다 말에서 내리지 않았다. "이 능에서도 또한 말에서 내려야 하는가?" 윤구종의 이 말은 노론은 곧 경종에 대해 신하의 의리가 없음을 뜻한 것이었다. 노론의 거만함이 극에 달했던 것이다. 영남 남인들도 가만히 있지 않았다. 그들은 삽시간에 1만 57명이 연명해 상소를 작성, 문경새재를 넘어 힘겹게 상경했다. 그러나 그 만인소가 정조의 손에 들어가기까지는 또 다른 우여곡절을 겪어야만 했다. 근실(謹悉)이라는 좁은 문을 통과하지 않으면 안 되었던 것이다.

지방 유생들의 상소문은 승정원에 봉입하기 전에 관학에 통문을 보내 성균관 장의들로부터 찬동하는 통보를 받아야 하는데, 이를 근실이라 했다. 이는 아마도 숙종 20년부터 남인이 정계에서 완전 배제되고 관학이 서인계 세력에 의해 장악된 뒤부터 영남 유소를 통제하거나 봉쇄하려는 정책의 일환으로 실시된 것 같다. 그러나 당시 성균관 장의는 모두 노론의 손아귀에 있었기 때문에 영남 유소를 근실해 줄 리 만무했다. 자연히 승정원에서는 근실이 없다는 이유로 봉소를 거절했다. 근실 없이도 통과할 수 있는 방법은 전 현직 관료의 상소뿐이었다. 이에 만인소 참가인의 한 사람이자 수찬을 지낸 바 있었던 김한동이 왕에게 상소문을 올렸고, 이를 통해 왕은 그제서야 영남의 만인소가 있음을 알게 되었다. 드디어 소두(疏頭) 이우를 위시한 1만여 명이 연명한 상소가 왕의 손에 들어가게 되었다.

　　우리 장헌세자께서 영조의 후사로서 여러 정치를 대리한 것이 14년간이었으니 신들의 사랑하고 추대하는 마음이 영조를 사랑하고 추대하는 것과 어찌 차등이 있겠습니까. 더구나 영남 사람으로서 세자 시강원에서 가까이 모신 자가 그간 많이 있었는데, 돌아와서 말하기를 "세자의 학문이 고명하고 예의 바른 용모는 장엄해 아랫사람을 접할 때에는 은의를 곡진히 한다."고 했는데 음흉하고 완악한 무리들이 비밀리에 국가의 근본을 요동시키려는 계책을 꾸몄습니다. ……삼가 듣건대 선대왕께서도 모년(某年) 뒤에는 즉시 뉘우치면서 눈물을 흘리며 탄식했다 합니다. ……신들이 산을 넘고 물을 건너 천 리 길을 와서 서로 거느리고 울부짖으며 호소하는 것은 장헌세자의 무함이 지금까지 해명되지 않음이 통한스럽기 때문입니다. 신들은 이미 전하를 위해 목숨을 바칠 각오가 되어 있습니다. 그것을 위해서는 선세자를 위해 무함을 변명하는 것이 단연코 제일의 의리이니, 신들이 어찌 차마 자신과 집안을 생각해 몇 십 년 동안 맺힌 회포를 한 번 죽을 각오로 곧바로 진달하지 않겠습니까. 유성한과 윤구종을 역률로 처단해 조금이라도 귀신과 사람들의 분을 덜어 주시

길 천만 진심으로 빌겠습니다.

- 《정조실록》 권37, 정조 16년 윤 4월 27일

목숨을 건 상소였다. 이들은 그야말로 피를 쏟는 듯한 정성으로 대궐문에서 부르짖었던 것이다. 이 소를 읽어 본 정조는 파격적으로 소두 이우 등 간부 유림들을 즉시 만나 보았고 이우로 하여금 그 상소를 읽게 했다. 국왕의 체면에 차마 목 놓아 울지도 못하고 정조는 벅차오르는 감정을 억제하느라 그저 목이 메일 따름이었다. 말을 하려다가도 말을 잇지 못했다. 이처럼 여러 차례 되풀이하다가 겨우 진정이 된 다음, 이렇게 말했다.

내가 아버지에 대한 애통함을 머금고 참아 온 지가 이미 30년이 지났다. 허다한 세월 어느 날인들 근심을 품지 않은 날이 있었겠는가마는, 그 일(사도세자의 죽음)은 지극히 말하기 어려운 것이다. ……영남은 바로 국가의 근본이 되는 지역으로서 위급할 때에 믿는 곳이니, 내가 영남에 바라는 것은 다른 도에 비할 바가 아니다. 나의 본뜻이 대략 이와 같으니, 너희들은 모름지기 나의 본뜻을 가지고 돌아가 온 도의 인사들에게 말해 주는 것이 옳겠다.

- 《정조실록》 권37, 정조 16년 윤 4월 27일

정조는 영조가 생전에 내렸던 금령, 또 자신의 즉위 초 유시를 들어 임오의리를 밝힐 수 없다는 입장을 보였다. 그러나 이는 임오의리를 밝힘으로써 일어날 수 있는 당파 간의 혼란과 시비 논쟁이 결국 자신의 왕권 강화에 전혀 도움이 되지 않는다는 생각에서 나온 조처였다. 이 이상 문제를 확대하는 것은 그에게 이로울 게 하나도 없었다. 아직 영남 남인은 왕을 둘러싸고 있는 노론의 상대가 되기에는 역부족이었다. 그러나 내심 정조는 사도세자 신원 문제에 대한 자신감을 가졌음에 틀림없었다.

유소가 대개 재소, 삼소를 하듯이 이우 등도 왕의 비답을 받기는 했으나 열흘 뒤, 1차 상소 때보다 311명이 더 많은 1만여 명이 연명한 2차 상소를 올렸다. 사도세자의 신원 문제가 더욱 강도 높게 제기되었다. 정조는 이들에게 다시 비답을 내리면서 고향에 돌아갈 것을 종용했다. 그러나 이들 영남 유생들은 확실한 답을 얻기 전에는 돌아갈 뜻이 없었다. 영남 유생들은 그로부터 10일간 서울에 더 머물면서 1만 명이 연명한 3차 상소를 준비하다가 정조의 간곡한 설득 끝에 왕의 교서를 갖고 귀향했다. 비록 임오의리에 대한 답을 얻지는 못했지만 정조의 남인에 대한 배려, 관심, 애정을 확인한 것만으로도 영남 유림들의 발걸음이 조금은 가벼울 수 있었다.

정조의 왕권 강화

1789년(정조 13) 7월 정조는 양주 배봉산에 있던 사도세자의 초라한 묘소 영우원(永祐園)을 수원으로 이장하기로 결정했다. 그는 양지바른 화산에 사도세자의 묘를 모시는 것으로 아버지에 대한 애틋한 정을 표하고자 했다. '현부(顯父)에 융성하게 보답한다'는 의미의 현륭원(顯隆園)이란 이름에는 아버지에 대한 정조의 효심이 짙게 배어 있다.

하루는 정조가 사도세자의 능이 있는 화산에 송충이가 기승을 부리고 있다는 보고를 듣고 화산에 행차한 일이 있었다. 과연 어느 한 곳도 성하지 않을 만큼 온 산이 송충이로 가득했다. 순간 정조는 송충이 한 마리를 잡아 이빨로 깨물며 '아무리 미물일지언정 네 어찌 내가 그리도 정성껏 가꾼 친산의 소나무를 갉아먹느냐'고 꾸짖었다고 한다.

또 정조는 매번 현륭원을 참배하고 나서 돌아오는 길에 미륵현에 당도할 때면 행차를 멈추고 먼 발치에서 오래도록 아버지의 묘소를 바라보았다. 차마 그곳을 떠나지 못한 채 자신도 모르게 말에서 내려 서성이곤 한 적이 한두 번이 아니었다. 공자가 부모의 나라를 떠나면서 머뭇거렸던 바로 그 뜻이었던 것이다. 정조가 행차를 지연시키고 머뭇거리던 그곳은 더딜 지(遲)자를 둘 겹쳐 지지대(遲遲臺)라고 이름 붙여졌다.

그러나 묘소의 이장이 단순히 정조의 효심에서 나온 산물만은 아니었다. 이장지로 수원 화산이 결정된 것은 표면상 그곳이 천하 명당자리였기 때문이지만 화산 외에도 봉표해 둔 곳이 여럿 있었고, 이장지 결정이 전적으로 정조에 의한 것이었음을 볼 때, 정조의 수원 선택은 이장지 이상의 의미를 지니고 있었다.

정조는 수원을 친위 지역화하여 개혁의 진원지로 삼고자 하는 목적을 가지고 있었다. 이러한 정치적 의도는 장용영으로의 오군영 통합과 화성 축조, 수원 읍치의 이전, 수원 상권 부양책의 추진, 장용영 외영의 화성 편제 등으로 구체화되었다.

정조의 친위 지역화를 위한 화성 경영

현륭원이 있는 곳은 화산(花山)이었다. 화산은 800개의 봉우리가 이 하나의 산을 둥그렇게 둘러싸서 보호하는 형세가 마치 꽃송이와 같다 해 붙여진 이름이었다. '화(花)' 자는 대개 '화(華)' 자와 통용되었다. 이에 정조는 팔달산 아래 자리한 신도시의 이름을 화성(華城)이라고 했다. 현재 창덕궁과 함께 유네스코 세계 문화유산으로 등록된 화성이란 이름은 이렇게 성곽이 건설되기 1년 전인 1793년(정조 17) 1월에 처음 등장했다.

화성 축조는 그해 12월에 본격적으로 논의되었다. 정조의 측근인 조심태가 감독을 맡고 채제공이 이 사업을 총괄하기로 결정되었다. 정조의 화성 축조 계획은 유형원의《반계수록》에 제시된 것을 거의 따랐다. 유형원은 정조에 앞서 100년 전에 수원성의 필요성을 역설했던 실학자였다. 이 때문에 그는 화성을 축조하기에 앞서 이조참판에 추증되었다.

1794년(정조 18) 2월에 착공된 화성 성역은 10년 후인 1804년에 왕위에서 물러나 수원으로 은퇴하고자 했던 정조의 의중에서 비롯된 것이기도 했다. 정조에게는 숙원이 하나 있었다. 그것은 바로 아버지 사도세자를 왕으로 추숭하는 일이었다. 그러나 추숭 작업은 '나의 처분을 지키라'는 영조의 각별한 부탁을 저버리는 결과가 되어 버리는 셈이었다. 그랬기 때문에 정조는 장차 왕위를 물려준 뒤 새 임금으로 하여금 사도세자의 추숭을 실현하도록 계획했던 것이다.

화성 축조가 시작되고 난 다음 사도세자 추숭과 임오화변 관련자 처벌에 대한 위기감은 공공연한 비밀이 되어 실제 정국의 주요 변수가 되기도 했다. 특히 화성 축조를 반대한 측은 노론 벽파계였다.

당초 10년을 계획했던 축성은 재정이 부족해 일시 중단되기도 했지만 1796년(정조 20) 9월, 2년 6개월의 짧은 기간에 완공되었다. 둘레가 거의 6킬로미터에 이르는 이 성곽 축조에는 총 37만 6,342명의 인원과 83만 3,520냥의 경비 및 1,500석의 식량이 소요되었다. 또 축성 과정에서는 당시 규장각 문신 실학자 다산 정약용이 고안한 거중기와 여러 최신 기술이 실용화되기도 했다.

정조는 성역이 한창 진행되던 1795년 윤 2월 혜경궁을 화성에 모시고 가서 회갑잔치[乙卯園幸]를 성대히 치러 드렸다. 공사가 끝난 뒤에는《화성성역의궤》를 편찬했다. 총 10권 9책으로 이루어진 이 책은 화성 축성에 대한 종합적인 공사 보고서였다. 건물 배치도, 사용된 도구의 부분도, 공사에 관련된 모든 경비, 인력, 물자, 기계 등이 상세히 기록된《화성성역의궤》는 동서양 사상 유례없는 건축사 사료라 할 만하다.

최신 과학적 공법으로 이룩된 첨단의 계획도시 화성은 정조의 왕권 강화와 조선 왕조의 중흥을 상징하듯 추진되었던 국가적 사업이었다. 화성에는 정조가 아버지의 원침에 참배할 때 머물렀던 행궁과 장용영의 외영을 두었다. 그리고 화성 경비는 대유둔전(大有屯田)이라는 국영 농장을 설치해 충당하도록 했다.

일원적 군영 체제의 개편 : 장용영의 설치

화성은 정조 왕권의 경제적, 무력적 기반으로 조성된 것이었다. 특히 장용영으로의 오군영 통합과 장용외영의 화성 편제는 친위 군대 강화를 위한 의도를 직접 표출한 것이라 할 수 있다.

정조는 무엇보다도 왕권 강화를 1차적 과제로 생각한 왕이었다. 이를 위해서는 군권을 왕권 아래에서 일원적으로 통제해야만 했다. 정조는 군영이 다섯 개로 나뉜 것은 개인의 군대가 되는 가병(家兵)의 폐단과 통솔이 어려운 다문(多門)의 근심이 정치적 혼란을 가져온다고 생각했다. 그는 오군영이 체계적으로 통합되지 못하고 있는 현실을 개혁해 일원적인 군영 체제로 개편해 나가고자 했다. 그러한 정조의 의지는 장용영의 설치로 구체화되었다.

정조 즉위 초, 척족의 끈질긴 위협 속에 군사적으로 설치된 새로운 기구로서 숙위소가 있었다. 왕의 측근 실력자인 홍국영이 그 숙위대장직을 맡았다. 이때의 숙위대장은 단순한 궁궐 숙위만이 아니라 도성 전체의 경비를 담당했고, 더 나아가서 오군영까지 총괄하는 직책이었다. 그러나 숙위대장으로 권력을 집중시킨 홍국영은 자신의 누이를 정조의 빈으로 삼아 척신으로서의 자신의 위치를 더욱 공고히 하려 했다. 이에 정조는 이심(異心)을 품은 홍국영을 곧바로 정계에서 축출했다. 이에 숙위소도 홍국영의 실각과 더불어 혁파되고 말았다.

이렇게 되자 정조는 훈척 계열의 중용을 피하기 위해 새로운 숙위 체제를 모색할 수밖에 없었다. 1785년(정조 9)에 설치된 국왕 호위만을 전담하는 장용위란 부대가 바로 그것이었다. 장용위는 숙위소 혁파 이후 새로운 숙위 체제를 모색하던 정조가 1782년(정조 6)에 무예 출신 및 무예별감 중에서 장교를 역임했던 자를 대상으로 30명을 선발, 번갈아 임금의 숙위를 맡겼던 체제를 공식화한 것이었다.

그 뒤 장용위는 1788년(정조 12) 장용영으로 개칭되었고 1793년(정조 17)에 내영외영제가 확립되면서 제도적으로 대폭 정비되었다. 장용영은 크게 내영과 외영으로 나누어졌다. 장용내영이 수도인 한성부에 설치된 반면 장용외영은 화성에 설치되었다. 특히 현륭원과 국왕 행차 시에 머무는 행궁 지역에 설치된 장용외영은 화성의 축조와 밀접한 연관을 가지면서 정비되어 갔다. 이는 곧 아버지의 추존을 통해 자신의 권위를 재확립하려는 정조의 의도와 밀접하게 연결된 것이었다.

장용외영은 실제로는 내영보다 중요시되었다. 특히 주목할 만한 것은 장용외영의 편제가 국초의 오위법을 근간으로 해서 완성되었다는 것이다. 정조는 병농일치를 특징으로 하는 오위법을 이용해 더 많은 군사를 확보하려 했다. 또한 경사(京司)에 소속되어 있던 납포군을 장용외영에 소속시킴으로써 실제 군사로서 활동하게 했다. 그리하여 장용외영은 3천여 명 규모의 상근 부대와 유사시 동원되는 수성군으로 구분되어 편제되었다.

장용영의 운영비는 기본적으로 왕실 경비에서 충당되었다. 그러나 처음 규모를 확대해 나갈 때는 오군영의 재정과 군사를 이동시킴으로써 최소한의 경비로 설치했다. 이렇게 되자 장용영은 기존의 오군영보다 훨씬 큰 규모의 군영으로 확대되었고, 상대적으로 오군영은 축소되었다. 오군영 중 가장 정예부대였던 훈련도감에서 이동된 군사는 자그마치 2천 200

여 명에 이르렀다. 여타 군영들도 군액의 감소뿐 아니라 군영의 의미를 상실할 정도의 타격을 받았다. 이제 장용영은 내영 하나만으로도 다른 오군영과 동일할 정도의 규모가 되었다. 경기도 안의 군사를 하나로 묶어서 대군영을 만들려 했던 정조의 목표가 여실히 드러나는 대목이다. 사실 장용영은 왕권 강화를 위한 친위 부대로서의 성격이 농후했다. 그러나 군주권 강화를 위한 친위 군영인 장용영과 화성 신도시의 발전은 1800년 정조의 사망과 동시에 물거품이 되어 버렸다.

그동안 장용영의 재정은 상당히 충실했다. 이를 바탕으로 정조는 왕권 행사에 재정적 장애가 없도록 했고 이로써 명실상부한 왕권 확립을 기도했다. 그러나 1801년(순조 1) 정월 장용영의 군영으로서의 기능은 대폭 축소되었다. 공노비 혁파로 인해 생기는 재정상의 손액을 장용영에서 급대한다는 조치가 취해졌기 때문이었다. 그리고 그다음 해 정월에 이르러서 장용영은 마침내 혁파되었다. 그것은 곧 왕권 강화의 부정을 의미하는 것이었다.

장용영 혁파를 주도한 사람은 다름 아닌 평소 정조의 탕평 정책에 불만이 많았던 벽파의 영수 심환지였다. 장용영 혁파 후 당시 관원과 군사는 신설된 부분은 폐지하고, 다른 오군영에서 옮겨 온 부분은 다시 되돌려 보냄으로써 정리되었다. 극히 일부만이 장용외영을 대신한 총리영(摠理營)에 소속되었을 뿐이었다. 군영 대장직에는 또다시 척신계의 진출이 현저해지게 되었다. 이는 군주권의 위상이 급격하게 하락했음을 보여 주는 것이었다.

왕이 '의리주인'을 자처하다 : 군주도통론

치세의 후반기에 접어든 정조는 마치 철혈의 군주 같았다. 만천명월주인옹(萬川明月主人翁)이라는 자호는 바로 강력한 왕권에 대한 자신감의 소산이었다. 정조에게 있어 지난 20년은 군주의 권위를 새롭게 다지는 한편 군주를 정점으로 국론을 통일하는 데 매진한 세월이었다. 규장각이나 초계문신제는 바로 왕권 강화를 위한 구체적인 노력이었다.

이런 선상에서 정조는 군주도통론(君主道統論)에 입각해 의리의 주인을 자처하게 된다. 이는 산림이 아닌 군주가 사문의 도통을 이어받아 의리를 주관한다는 논리로써 인조 이래 산림도통론을 정면으로 부정하는 것이었다.

정조는 산림의 정치 참여에 대해서 대단히 부정적이었다. 정조의 눈에 비친 산림의 의리는 편협한 당색의 의리에 불과했다. 한마디로 그들은 정치 운영에 있어 비효율적인 존재들로 궁극적인 통제와 제제의 대상이었다. 정조가 산림의 학문적정치적 비중을 축소시키는 데 부심한 이유도 여기에 있었다.

물론 정조도 초반에는 집권의 명분을 강화하고 지지 세력을 포섭하기 위해 산림을 중용했다. 송덕상, 한계증, 이상정, 김리안, 김양행, 유언집, 김종후, 송환기, 이성보, 오희상이 바로 그들이다. 특히 송덕상의 등용은 친노론 정책의 일환에서 취해진 조처였다. 그는 노론의 정신적인 지주 송시열의 후손으로 호서 사림의 영수였기 때문이다. 그러나 학식이 미약하고 정치적인 수완이 부족했던 송덕상은 시종일관 홍국영에게 조종되었다. 더욱이 홍국영의 몰락과 더불어 그 역시 역절(逆節)에 연루됨으로써 몰락하고 말았다. 사실 송덕상의 몰락은 정조의 교묘한 정치술이었다.

이때 정조는 산림무용론을 강하게 시사하며 산림의 정치적인 폐단, 학문적인 허구성을 예리하게 지적했다. 이런 상황에서 산림의 정치적, 학문적인 기능의 약화는 시대적인 대세로 여겨졌다.

이제 산림의 권위와 역할은 정조의 차지가 되었다. 이런 상황에서 군사(君師) 논리를 바탕으로 군주가 사문의 정통이라는 군주도통론이 자연스럽게 성립되어 갔다. 1796년(정조 20) 정조가 제갈공명의 사당을 건립하고 문묘 배향을 요망한 사실에서 당시의 정황을 감지할 수 있다.

군주도통론은 1796년 김인후의 문묘종사를 계기로 더욱 구체화되었다. 정조가 김인후의 종사를 추진한 것은 조헌과 김집의 종사를 건의한 노론의 주장을 제어하기 위해서였다. 그리고 김인후의 배향 기준을 도학으로 규정함으로써 절의론을 철저히 배격했다.

결국 김인후의 종사는 탈당파적인 인물의 존숭, 절의론의 폐기, 노론정통론의 희석을 보여 준 조처였다. 더욱이 이 과정에서 산림의 의리는 약화된 반면 군주의 의리가 강조됨으로써 군주도통론이 강화되는 실질적인 계기를 마련하게 되었다. 이때 정조는 노론 산림 김종수로부터 "내 임금이 바로 내 스승이요, 오늘날 사림의 영수는 주상이다."는 자백을 받아 내기도 했다. 그러나 이 모든 고압적인 행위는 송환기를 중심으로 하는 노론들이 정조에게서 등을 돌리는 원인이 되었다.

정조의 군주도통론은 점차 '군주가 세도의 최고 권위자'라는 단계까지 발전하게 된다. 이렇게 볼 때, 군주도통론은 한마디로 황극의 논리에 바탕한 왕권 강화의 이념이었다. 줄기찬 노력의 결과 정조는 이런 목적을 어느 정도 실현할 수 있었다. 그러나 그것은 어디까지나 제한적인 것이었다. 정조는 군주도통론을 통해 자신의 절대화에는 성공했지만 왕권의 절대화에까지는 연결하지 못했다.

이에 정조의 태도에 대한 신료들의 반발도 만만치 않았다. 그러한 반발은 말년으로 갈수록 더욱 거세게 일어났다.

죽음의 그림자, 오회연교(五晦筵教)
노론 벽파인 좌의정 심환지는 현륭원 천봉을 이렇게 비유했다.

주 문왕이 난수 가에 아버지 무덤을 쓴 예를 거행한 방법을 계승했
다.

− 《정조실록》 권53, 정조 24년 1월 정축

일찍이 문왕의 아버지인 계력의 묘에 난수가 밀어닥쳐 관의 앞부분이
훤히 보일 정도로 씻겨 나간 적이 있었다. 문왕은 이를 '아버님께서 틀림
없이 군신 백성을 한 번 보고자 하시기 때문에 하늘이 짐짓 난수를 시켜
관이 보이게끔 씻겨 가게 한 것이다'라고 생각했다. 그러고는 마침내 관
을 꺼내어 다시 장례를 지내게 했다. 심환지가 이 고사를 인용했던 것은
정조가 임오화변을 이장이라는 방법을 통해 다시 드러내어 이에 대한 국
론을 조성하려 한다는 위기감에서 비롯된 것이었다. 즉 현륭원으로의 이
장이 임오의리의 천명을 위한 예비 작업이라 생각했던 것이다.

아니나 다를까 정조는 1800년(정조 24) 5월 임오의리를 공개적으로 천
명하고 '오회연교'를 발표했다. 오회연교란 5월 회일(30일) 연석에서의
하교라는 뜻이다. 여기에서는 탕평 정치 추진을 위한 정조 자신의 통치술
을 신하들에게 자세하게 밝히고 있다. 당시 정조는 정치 원칙은 시대에
따라 달라지는 것이라고 함으로써 영조가 옳다고 처분한 노론의 정치원
칙도 바뀔 수 있음을 암시했다. 또한 다음번 재상은 노론이 기피하는 남
인 강경파 중에서 나올 것도 암시했다.

여기서 정조는 임오의리는 바로잡되 관련자를 처단하지는 않을 것이
라 했다. 또 이를 신임의리와 연관시켜 신임의리를 바꾸지 않을 것이니
임오년의 잘못에 대해 자작(自作)의 논리를 내세우며 자신과 맞서지 말
라고 했다. 오회연교는 정국을 극도로 경색케 했다. 그러나 오회연교가
발표된 28일 만에 정조는 마흔아홉의 나이로 사망하고 말았다.

남인들 사이에서는 정조가 벽파 집단과의 권력투쟁에서 패해 독살당

했다는 소문이 공공연하게 떠돌고 있었다. 이에 영남 사림 중에는 관아에 나아가 시위를 벌이는 인사도 있었다고 한다. 정약용도 그의 저서에 이 사건을 언급하면서 정조 독살의 가능성을 암시했다.

남인들은 오회연교의 내용 중에서도 특히 시대 상황에 따라서 의리도 달라진다고 지적한 대목과 재상을 쓸 때는 반드시 8년 정도 시련을 준 다음에야 8년을 믿고 쓴다는 내용에 주목했다. 여기에 따른다면 다음번 재상 후보는 남인 계열의 이가환이나 정약용이었다. 자신들의 의리는 결코 변할 수 없다고 주장했던 노론 벽파는 심각한 위협을 느끼지 않을 수 없었을 것이다. 노론 의리가 더 이상 공격받지 않기 위해서는 정조라는 존재가 없어져야 했다. 정조의 죽음은 곧 노론 의리를 더 이상 공격할 수 없는 시대가 되었음을 의미했다. 이러한 상황은 정조가 독살되었을 가능성을 충분히 예견하게 한다.

친왕 세력으로서 정조의 탕평을 뒷받침했던 세력은 남인 채제공 계열과 노론 시파 계열이 대표적이었다. 그러나 이들 사이에는 국왕의 주도력을 제외하면 가문이나 당색을 초월하는 공조 기반이 거의 없었다. 이는 정조의 죽음 이후 개혁 진영이 급속히 와해되는 주된 원인이 되었다.

이후 정순왕대비와 연결되면서 환국의 형식으로 권력을 잡은 세력은 반정조 세력인 노론 벽파였다. 그들은 탕평 정국의 구도를 일거에 폐기하려 했다. 그들은 반대당 핵심 인물들을 역적으로 몰아 제거했다. 그러나 그 후유증을 수습하지 못해 벽파 주도 정권 역시 6년 만에 무너졌다. 이때 야기된 정치적 혼란 상태를 수습하는 과정에서 정국 운영권은 노론계 왕실 외척 세력 주도로 몇몇 경화 벌열로 구성된 특권적 권력 집단에 집중되었다. 이른바 세도정치의 시작이었다.

순조 純祖

제23대 1790년~1834년 | 재위기간 1800년 7월~1834년 11월

어린 군주, 순조

"아! 어찌 나타나지 않겠는가. 문왕의 덕의 순함이여."

이 말은 《시경》〈주송(周頌)〉에 주나라 문왕의 덕을 극도로 찬미한 노래의 일부이다. 여기서 '순(純)'이란 지극히 높고 아무것도 섞이지 않은 순수한 덕을 말한다. 순조는 생전에 순자를 택해 스스로 순재(純齋)라 호해 벼루의 뚜껑에도 새기고, 매번 작품을 남기고는 말미에 꼭 그 호를 적었다. 헌종이 즉위해 순조가 쓰던 호를 존중해 순종(純宗)이란 묘호(임금의 시호)를 올렸다.

그런데 이 순종이란 묘호는 중국과 우리나라에서 어느 임금도 쓰지 않았다. 세월은 흘러 1857년(철종 8) 이학수가 상소해 순종이란 묘호를 순조로 고치기를 청했다. 그 이유는 재위 기간에 천주학을 물리쳤고 홍경래의 봉기를 진압해 그 공이 우뚝하다고 여겼기 때문이다. 묘호의 경우 덕이 높으면 종(宗)을 붙이고 공이 있으면 조(祖)를 붙이는 것이 일반적이었다. 그러나 왕조를 창업한 임금이나 추존왕의 경우 반드시 조를 붙였다. 철종은 이학수의 의견을 채택했다.

순조의 인품과 생활

순조는 즐거움과 노여움을 좀처럼 드러내지 않았다고 한다. 그리고 허

물없는 사람은 한 사람도 죽이지 못했고, 죄를 주지도 못하는 성격이었다. 그러나 사실 순조 연간에는 정치적으로 희생된 인물이 너무나 많았다. 조선 후기부터 전개된 당쟁의 역학 관계가 순조가 즉위한 지 얼마 되지 않아 완전히 파탄을 맞게 되었던 것이다. 정조의 죽음을 계기로 노론과 남인, 시파와 벽파의 정치적 이해관계가 엇갈려 한판 권력 다툼을 하지 않을 수 없었다. 노론 일당 전제로 나아가는 첫 신호탄이 바로 1801년(순조 1)에 일어난 신유박해였던 것이다. 그러다 보니 어찌 정치적 희생이 많지 않았겠는가. 다만 나이 어린 순조는 권력투쟁의 뒷전에 있었고, 정순왕후는 발을 드리우고 뒤에서 조정하기도 하고 때로는 구경하기도 하는 형편이었다.

순조는 덕이 지극한 임금이었고 매우 검소한 생활을 했다. 그는 궁궐 안에서 연회를 즐기지 않았고 공식적인 모임 외에는 비단옷을 입지 않고 무명옷을 입었다. 장막도 어떤 때는 기워서 사용하게 할 정도였다. 궁궐의 집을 수리할 때도 원래대로 복구하는 데에만 힘썼고 서까래 하나, 주춧돌 하나도 더 추가해 꾸미지 않았다. 궁궐의 정원이나 수레 등에도 일체 화려한 것을 꾸미지 않았다. 사대부의 생활을 몸소 체험하고 싶어 궁중에 사대부가 거처하는 집과 똑같은 집을 지어 거기에서 생활해 보기도 했다.

순조는 《논어》와 《맹자》를 읽고자 할 때도 내시들에게 아무 책 아무 권을 '가지고 오라'고 말하지 않고 '받들고 오라'고 했다. 성현(聖賢)이 지은 저서에 대해 경어를 썼던 것이다.

순조는 1790년(정조 14) 6월 18일에 정조의 둘째 아들로 창경궁 집복헌에서 태어났다. 이름은 공(玜)이고 자는 공보(公寶)라 했다. 정조가 왕위에 있을 때 오랫동안 아들을 두지 못해 걱정이 많았다. 그런데 1789년 가을에 나인[內人]이 용이 나는 상서로운 꿈을 꾸었는데, 그 뒤 바로 박준원의 딸인 수빈 박씨가 임신했던 것이다. 순조가 태어나던 날에는 오색 무지개가 종묘의 우물에서 뻗어 나왔고 신비로운 광채가 궁궐의 숲을 감 쌌다고 한다. 정조가 와서 보고는 자기와 너무 닮았다고 생각하고 "이 아 이의 복은 내가 미칠 바가 아니다."라고 했다. 이어 효의왕후 김씨가 아들 로 삼았다.

순조는 1800년 1월에 왕세자에 책봉되었고 성인식을 올렸다. 정조가 1800년 6월 28일에 창경궁의 영춘헌에서 죽자 그 유언에 따라 도승지가 옥새를 받들어 전했다. 그러나 순조는 받지 않고 울부짖으며 통곡을 그치 지 않았다. 대신들과 예조의 관원과 사헌부, 사간원, 홍문관에서 여러 차 례 왕위에 오를 것을 청했으나 따르지 않자, 대신이 백관을 거느리고 간 절히 청하니 겨우 허락했다. 그래서 7월 4일에 순조는 면류관을 쓰고 곤 룡포를 입은 뒤 창덕궁 인정문으로 나아가 즉위해 교서를 발표했다. 교서 는 대제학 홍양호가 지은 것이었다. 그리고 종친과 문무백관의 축하를 받 았다. 이어 왕대비 정순왕후를 높여 대왕대비로 삼고 왕비 효의왕후를 왕 대비로 삼았다. 명분과 형식이 지배하는 당시 사회에 즉위식 날은 어린 순조에게 무척 힘든 하루였다.

즉위할 때 순조의 나이 열한 살이라 대왕대비인 정순왕후가 수렴청정 하게 되어 실제적인 왕권은 행사하지 못했다. 당분간 그가 할 일은 공부 밖에 없었다. 그래서 어린 나이의 순조는 시를 짓거나 궁궐에 대한 기문 을 쓰며 지냈다.

정치적 역정

순조는 1802년 10월에 김조순의 딸을 왕비로 맞이했다. 바로 그 여인 이 순원왕후이다. 이 국혼이야말로 안동 김씨 60여 년 세도 정권의 서막 이었다. 순조는 1804년 12월 정순왕후가 물러남으로써 직접 정사를 보기 시작했다. 그러나 국구 김조순과 외조부 박준원의 도움을 전적으로 받을 수밖에 없었다. 어린 임금 순조는 그저 허위(虛位)에 앉아 있는 셈이었다.

한편 순조는 1827년(순조 27)에 안동 김씨 세도정치를 견제하기 위해 조만영의 딸을 세자빈으로 맞아서 풍양 조씨 일문을 중용하기도 했다. 그는 세자(익종)에게 대리청정을 맡겼으나 세자가 일찍 죽어 자신의 정치적 뜻을 이루지는 못했다.

순조는 학문을 좋아하는 성품을 지닌 데다 효도와 공손, 검소를 몸소 실천한 왕이었다고 한다. 순조를 보필했던 박종훈은 순조에 대해서 대체로 다음과 같이 평했다.

> 정무의 여가에는 오직 서책과 글씨를 즐기시어 그 글이 매우 많았지만 흩어져서 수습하지 못했다. 글씨 또한 묘한 경지에 이르렀으나 겸손해 자부하지 않았고 보지 않은 책이 없을 정도로 널리 읽었으며 기억력이 뛰어나 한 번 보면 잊어버리지 않았다. 경전, 역사, 성리에 관한 글도 깊이 연구해 실용으로 돌아가기를 힘썼고 법전, 예식, 제도에 이르기까지 마음속으로 이해해 두루 포괄했다. 그러니 왕은 학문에 있어서 본(本)과 말(末)이 있고 도(道)에 있어서 치우치지도 않고 의지하지도 않은 중(中)을 지녔다고 할 수 있다.
>
> – 《순조실록》 부록, 행장

순조는 독서를 많이 했고 기억력도 뛰어났으며 학문적으로는 경전, 역사, 성리에 관한 글을 두루 연구해 저술로 남겼다. 물명(物名)에도 깊은 관심을 보여 동물의 특징에 대해서도 나름대로 정리했다. 현재 《순재고(純齋稿)》 10책이 장서각에 보관되어 있다.

순조 연간에는 공노비 해방, 천주교에 대한 탄압, 홍경래 봉기 등 굵직

한 사건이 여럿 있었다. 아울러 가뭄과 홍수, 우레 등 크고 작은 천재지변이 자주 발생했고 전염병이 크게 번져 백성은 고통으로 신음했다.

순조는 마흔다섯의 나이로 1834년(순조 34) 11월 13일에 경희궁의 회상전에서 서거했다. 재위 기간이 34년이었다. 그동안 정치적 힘을 발휘해 보지도 못하고 안동 김씨 정치 세력의 등쌀에 시달리다가 운명한 것이다.

슬하에 아들 익종과 명온, 복온, 덕온, 영온공주를 두었다. 명온공주는 김현근에게 출가했고 복온공주는 김병주에게 출가했다. 그러나 순조는 가정적으로는 매우 불행했다. 아들 익종과 딸 명온공주와 복온공주가 모두 재위 중에 죽었다. 손자인 헌종 또한 자식 없이 죽었다. 순조는 현재 서울시 서초구 내곡동 인릉에 묻혀 있다.

정순왕후의 수렴청정

정순왕후 집안의 내력

정순왕후는 영조의 계비이다. 그는 경주 김씨로 오흥부원군 김한구의 딸이다. 경주 김씨 집안은 지금의 충청남도 서산군 음암면 대교리(한다리)에 세거해 온 집안이다. 그 조상은 김자수를 중시조로 하고 있다. 그런데 이 집안이 세상에 드러나게 된 것은 김홍욱 대부터이다. 김홍욱은 문과에 급제해 충청도 관찰사와 황해도 관찰사를 역임했다. 충청도 관찰사 때에는 대동법을 충청도 내에 처음으로 실시했다. 하지만 그는 황해도 관찰사로 재임할 때 강빈옥사(姜嬪獄事)가 억울한 옥사임을 거론하다가 장살되었다. 강빈옥사는 인조의 장자인 소현세자가 병자호란으로 9년 동안 청에 볼모로 잡혀 있다가 돌아와서 부왕에게 용납되지 못하고 두 달 만에 갑자기 죽은 뒤, 세자빈인 강씨가 인조의 수라에 독약을 넣었다는 무고를 받고 사사된 사건을 말한다.

그 뒤 송시열과 송준길의 신원 운동으로 관작이 회복되고 문정(文貞)
이란 시호를 받았으며 이조판서에 추증했다. 그 뒤 김홍욱의 증손자인 김
홍경이 영의정을 지내고 홍경의 막내아들 김한신(월성위)이 영조의 장녀
인 화순옹주에게 장가들어 왕실과 혼인을 맺었다.

김한구의 아우인 김한기는 공조판서, 김한로는 지중추부사가 되었다.
그리고 사촌인 김한록은 한원진의 우뚝한 제자로 활동했다. 한편 영조 말
년경부터 정순왕후의 세력이 커지면서 그의 오빠 김구주가 정권을 잡으
려고 했으나 정조의 견제로 실패했다.

이에 영조 말년에 사도세자의 외조부 홍봉한 세력과 정순왕후의 오빠
김구주 세력의 갈등에 근원을 둔 노론 내부의 갈등이 다시 드러나게 되
었다. 바로 벽파와 시파의 갈등이다. 여기에 정조의 탕평책에 힘입어 상
당한 진출을 이루었던 남인과 충돌하게 되었는데, 특히 정조 대의 정국
구도에 불리한 입장에 있던 벽파 세력이 남인에 대해 강경한 입장을 취
했다.

영조의 계비로 책봉되다

정순왕후는 영조의 정비 정성왕후 서씨가 죽자 1759년(영조 35) 왕비
에 책봉된 뒤 가례를 행했다. 정순왕후는 사도세자와 틈이 생겨 참소를
심하게 했다. 아버지 김한구의 사주를 받아 나경언이 사도세자의 부도덕
과 비행을 상소하자 1762년 사도세자를 폐세자시켜 뒤주 속에 가두어 굶
어죽게 했다. 그 뒤 정순왕후는 당쟁에서 세자를 동정하는 시파를 미워하
고 이에 반대하는 벽파를 늘 옹호했다.

수렴청정의 시작

1800년(정조 24) 6월 28일 정조가 갑자기 서거하고 순조가 열한 살의 어린 나이로 즉위하자 영조의 계비 정순왕후가 수렴청정을 하게 되었다. 정순왕후는 벽파와 결탁해 정치적으로 그에 반대하는 천주교 신자가 많은 시파를 모함해 천주교에 대한 일대 박해를 가했다. 이러한 과정에서 이가환 등 천주교 신앙의 선구자들이 옥사당하고 정약용 등 간부들이 처형되었으며 정약전과 정약용 형제는 전라도 지방으로 귀양갔다. 그리고 종친 은언군과 그 부인 및 며느리도 같은 이유로 사사되었다. 정순왕후는 정조가 죽은 다음 날 바로 심환지를 영의정에, 이시수를 좌의정에, 서용보를 우의정에 임명했다. 그리고 자기의 친정 인물인 김관주, 김일주, 김용주, 김노충 등이 정계의 전면에 포진했다.

정순왕후는 7월에 조정의 주요 신하들에게 어린 임금 순조를 보호하고 선왕 정조가 내세운 의리를 지키겠다는 내용의 개인별 충성 서약을 받았다. 그리고 12월에는 정조가 내세웠던 의리를 재해석하면서 정국 운영의 기본 방향을 공개적으로 설정했다. 여기서는 정조의 사도세자 처분이 부득이했음을 강조하고 그 의리를 둘러싼 대립에는 중립의 여지도 없다는 강경한 입장을 밝혔다.

그런데 정조의 입장은 영조의 사도세자에 대한 처분을 합당한 것으로 인정할 수밖에 없으면서도 아버지 사도세자에 대한 의리를 지켜야 한다는 것이었다.

이에 비해 벽파의 논리는 정조의 주장을 진정으로 이어받는다고 하면서도 영조의 처분을 정당화하는 데 치중함으로써 실질적으로 정조의 입장을 뒤집는 것이었다. 그리고 사도세자의 친아들인 정조 치하에서는 거론할 수 없었던 내용이라 하더라도 처지가 다른 순조로서는 적극적으로 나서서 의리를 바로잡아야 한다고 주장하기도 했다. 그리고 1800년 5월 그믐 이른바 오회연교(五晦筵敎, 5월 그믐에 있었던 왕의 전교)에서 그들 벽파 세력의 정당성을 인정했다는 점이 강조되었다.

1800년 10월 정조의 국장이 끝난 다음 날 벽파의 이안묵이 1792년(정조 16)에 서유린 형제가 영남 만인소에 동조했다며 비판하기 시작했다. 이제 시파 세력은 물론 벽파의 정치 노선에 걸림돌이 되는 노론계 인물들이 의리에 배치되고 사도세자 추숭을 주장했다는 이유로 정계에서 쫓겨났다.

한편 정순왕후는 사도세자의 아들이며 정조의 이복동생인 은언군 인(裀), 홍봉한의 아들이며 정조의 어머니 혜경궁 홍씨의 동생인 홍낙임, 그리고 윤행임을 처형했다. 이미 동생인 은전군 찬(禶)이 역모 혐의로 죽었고, 은언군 자신도 역모에 관련된 혐의로 정조 대부터 줄곧 공격을 받아오다 이제 흉한 무리를 모으고 천주교에 빠졌다는 명목으로 5월에 사형되었다. 그리고 홍낙임은 그 배후 인물로 지목되어 처형되었다. 또한 윤행임은 조정 신하들을 통제하고 무리를 모아 뒷날을 계획했으며, 서얼 임시발과 윤가기 흉서 사건의 배후 인물로 지목되어 처형되었다.

은언군을 죽임으로써 정순왕후는 왕손의 씨를 말려 버린 셈이었다. 이에 김택영으로부터 이런 말을 들었다.

> 심하도다! 정순왕후의 불인(不仁)이여. 홍국영이 상계군(常溪君)을 끼고 그 세력을 공고히 하고자 해 진실로 죄가 있는데 반역이라고 이른다면 그 실정(實情)이 아니다. 정순왕후가 반역으로써 두 사람을 소급해 죄를 주니 정법(正法)이라고 말할 수 없다. 하물며 해침이 무고한 은언군에게 미침에 있으랴. 이로부터 왕손이 단절되었으니 정순왕후가 부른 것이다.
>
> - 《한사경》

한편 정순왕후는 1801년 천주교 탄압을 기화로 삼아 이가환을 사형시키고, 정약용을 유배보냈다. 그리고 채제공에게도 의리를 바꾸고 당을 모았다는 이유로 탄핵시키고 관작을 박탈했다. 한때 정조가 채제공에게 영남 제일류가 누구냐고 물은 적이 있는데 채제공이 김한동이라고 말한 적이 있다. 이 김한동도 좌승지로서 소를 올려 장헌세자가 원통하다고 했다가 함경도 명천으로 유배되었다. 이제 남인은 거의 재기 불능의 상태가 되었다.

장용영은 정조가 만든 군영으로 시파 세력 김조순 계열이 장악하고 있었다. 정순왕후는 시파의 군사력을 약화시키기 위해 국장 삼도감의 경비와 이듬해 호조의 재정과 내시노비 혁파로 발생한 재정 손실을 부담하도록 했다. 그러다가 1802년 1월에는 아예 장용영을 혁파해 버렸다.

한편 정순왕후를 중심으로 한 벽파 세력은 내시노비를 혁파했다. 이는 이미 조선 후기 이래 추진되어 온 노비의 도망과 그에 따른 노비 정책을 반영한 것이지만 획기적인 사건이었다. 그리고 1801년 1월 윤행임이 영조와 정조가 추진했던 정책을 길게 논하면서 서얼소통을 주장하자 곧이어 이를 시행했다.

·정순왕후는 김조순의 딸을 순조비로 간택하는 데 찬성했다. 본래 벽파는 반대파인 김조순을 견제해 왔다. 왜냐하면 이미 정조가 김조순의 딸을 세자빈으로 선택해 재간택까지 끝내 놓았기 때문이다. 아울러 정조의 정책을 충실히 따르는 시파 김조순이 순조의 장인이 되는 것은 벽파에게 위험이 되었던 것이다. 1801년 6월 권유는 김조순이 의리를 지키지 않았다고 해 김조순의 딸을 왕비로 맞아들이는 것을 반대했다. 그해 10월에 정일환도 외척에게 관작이 지나치게 주어지고 있다고 비판했다.

그러나 정순왕후는 선왕 정조의 결정을 정면으로 뒤집는 것은 왕실의 권위를 부정하는 것으로 인식했다. 벽파도 그들의 정치적 행위를 정당화하는 데 필수적이었으므로 정조가 남긴 결정을 쉽사리 부정할 수 없었다.

한편 현실적으로 안동 김씨는 당시 벼슬과 학문이 대단한 집안이었고 상당한 군사적 기반도 가지고 있었다. 벽파 세력이 장용영을 혁파하는 등 제제를 가했지만 결정적으로 김조순 세력을 제압할 수는 없었다. 정순왕 후는 정조가 죽은 직후에 김조순에게 장용영 대장과 병조판서를 임명했다. 김조순은 은인자중하고 자신에 대한 정조의 대우를 강조하면서 정조의 권위를 이용했다.

그리하여 김조순은 장용영과 총융청 등의 군문대장, 병조판서, 예조판서, 이조판서, 비변사 제조, 대제학 등을 두루 역임했다. 김조순은 드디어 1802년 10월 자기의 딸을 왕비로 책봉함으로써 정조의 결정대로 국구가 되었다. 정순왕후는 1805년 1월에 죽었다. 이로써 벽파의 중심 세력이 서서히 몰락하게 되었다. 능은 원릉으로 경기도 구리시에 있다.

신분제의 붕괴

1801년(순조 1)은 우리나라 역사에서 매우 주목할 만한 사건이 일어난 해이다. 이른바 신분제 사회가 생긴 이래 오랜 세월 동안 지속되어 온 최하위 신분층인 노비의 일부가 법적으로 해방되었던 것이다. 노비는 전근대사회에서는 토지와 함께 국가나 개인의 가장 소중한 재산이었다. 고구려, 백제, 신라가 정립하던 삼국 시대에는 이들 나라 간에 전쟁이 잦았던 까닭에 포로를 노비로 삼아 전쟁 노비가 주를 이루었다. 그러다가 고려 이후 천 년 동안 노비의 자식은 대대로 노비가 되게 하는 노비세전법을 만들고 죄를 지은 사람을 노비로 삼아 귀족이나 양반들의 뒤치다꺼리를 하게 했다. 이렇게 우리의 찬란한 문화유산은 귀족이나 양반만이 중심이 되어 이룩한 것이 아니라 그 이면에 있었던 노비의 노동력과 일반 평민인 양인들의 피와 땀으로 이루어진 것이었다.

노비제의 변천

조선 시대에 노비는 국가의 소유냐 개인의 소유냐에 따라 크게 공노비와 사노비로 구분되었다. 공노비에는 내수사와 각궁(各宮)에 소속된 노비를 말하는 내노비(內奴婢)와 중앙관청 소속의 노비를 말하는 시노비(寺奴婢)가 있고 그 밖의 역에 소속된 역노비, 향교에 소속된 교노비, 지방 각 읍과 감영, 병영에 소속된 관노비 등이 있었다. 공노비는 내노비와 시노비의 두 부류가 대부분을 차지하고 있었기 때문에 공노비라 하면 으레 내시노비를 일컫는 것이었다.

본래 공노비는 독자적으로 집안을 꾸리고 살림을 하면서 소속 관청에 의무를 지고 있었다. 이들은 크게 국가에 노동력을 제공하느냐 현물을 납부하느냐에 따라 선상노비(選上奴婢)와 납공노비(納貢奴婢)로 구분되었다. 그러나 선상노비도 역을 지는 대신 현물을 내는 납공노비로 점차 변해 가 조선 후기에는 대부분이 납공노비였다. 노비가 내는 현물은 남자 종인 노(奴)는 해마다 면포 1필과 저화 20장, 여자 종인 비(婢)는 면포 1필과 저화 10장을 바치도록 되어 있었다. 저화 20장이 면포 1필에 해당했으니 노는 면포 2필, 비는 면포 1필 반을 내는 셈이다.

조선이 1592년(선조 25)부터 수년 동안 일본과 전쟁을 치르고, 1636년(인조 14) 병자호란을 겪으면서 노비들에게도 신분 상승 기회가 생겨나기 시작했다. 이들은 전쟁에 참여해 국가에 큰 공을 세움으로써 양인으로 상승하기도 했다. 또한 국가에서는 부족한 재정을 타개한다는 목적으로 나라에 곡식을 바치면 양인이 되는 기회를 주었다. 아마도 노비는 무엇보다 양인이 되는 것이 소박한 꿈이었을 것이다. 물론 노비 중에는 전쟁에 참여해 큰 공을 세우고 면천(免賤)되어 양인이 되었을 뿐만 아니라 이어 무과에 급제해 양반이 되는 부류도 있었다.

한편 조선 후기에는 그동안 법으로 엄격하게 금했던 양인과 천인이 서로 통혼하는 일이 흔해 그 소생을 어떤 신분으로 할 것인지에 대해 논란이 많았다. 그리하여 때로는 노비가 양인이 되기도 하고 때로는 천인으로 남기도 했다. 어쨌든 노비는 급격한 사회변동에 따라 그 수가 성종 때 35만여 명에 이르던 것이 효종 때에는 19만여 명 가량이 되었고, 세월이 흐르면서 정부에서도 노비의 역을 점차 줄여 주게 되었다.

구체적으로 1667년(현종 8) 5월에 현종은 대신과 비변사의 여러 신하를 접견해 노비가 지는 역의 감소 문제를 논의했다.

　신하들이 "각 관청의 노비가 바치는 면포는 각 한 필 이외에 저화를 더 납부하는 규정이 있는데, 지금 노는 한 필을 더 납부하고 비는 반 필을 더 납부하기 때문에 이를 견디지 못하고 도망가거나 역을 기피하는 일이 날로 심해졌으니 참작 견감해 실질적인 혜택을 베풀기를 바랍니다." 하니 현종이 말하기를 "노비가 바치는 면포는 각각 반 필을 감하고 저화 값은 또한 특별히 감하게 한다."고 하며 노비의 역을 감소시켰다.

　　　　　　　　　　　　　　　　－《현종실록》권13, 현종 8년 5월 기유

그리하여 납공노비가 바치는 면포를 반 필씩 감해 노는 한 필 반, 비는 한 필로 했던 것이다.

한편 1669년(현종 10) 1월에 판부사 송시열은 차자(箚子)를 올려 지방의 노비가 바치는 면포를 그대로 해당 도의 경비로 사용하게 하자고 하자 국왕이 이를 토대로 시행하게 했다. 또한 이때 송시열 등 서인 집권층은 남자 종인 노가 양인 여자와 혼인해 낳은 자식의 경우 그 어머니의 신분을 따라 양인이 되게 했다.

그러나 이러한 법은 현종이 1674년에 죽고 서인과 남인의 정권 쟁탈과정에서 1675년(숙종 1) 허목 등 남인이 집권할 때는 다시 양인 여자의 소생이더라도 천역에 종사하게 했다. 그리하여 양인이 되었던 노비들도 다시 천인으로 환원되었다.

1680년(숙종 6) 경신환국으로 송시열이 석방되어 다시 서인이 집권하자 1684년(숙종 10)에 우의정 남구만의 주장에 따라 노와 양인 여자가 혼인해 자식을 낳을 경우는 양인이 되게 했다.

그러나 1689년(숙종 15) 기사환국으로 서인이 실각하고 남인이 집권하자 좌의정 목내선은 노와 주인의 송사 등 사회기강의 문란을 들어 양인 여자 소생의 노비를 양인으로 만드는 법을 폐지하기를 주장했다. 이에 양인 여자 소생의 노비라도 다시 천역에 종사하게 했다.

이처럼 정치 세력의 변동에 따라 서인이 집권한 시기에는 노비제를 완화해 양인의 확대를 도모한 반면 남인이 집권한 시기에는 도리어 노비제를 강화하려고 했다. 남인은 노와 양인 여자 소생을 양인으로 만들어 줄 경우 노와 주인 간의 소송이 자주 일어나 명분이 크게 문란해진다는 이유를 들어 서인의 양인 증가 정책을 반대했다.

그런데 1730년(영조 6) 9월에 소론인 영의정 조문명은 양인 여자 소생인 경우 어머니의 역을 따르게 하자는 주장을 폈다. 그리하여 영조는 1731년 1월 1일 자정을 전후해 태어난 아이를 시작으로 모두 어머니의 역을 따라 양인이 되게 했다.

또한 천한 아내나 천한 첩의 자녀라도 대구속신(代口贖身)을 허용해 주었다. 대구속신이란 다른 노비를 대신 채우고 자신은 양인이 될 수 있도록 하는 것이다. 국왕의 자손은 6대 이상은 속신이 없이 양인이 되게 했고 7대에서 9대까지는 대구속신을 통해 양인이 되게 했다. 그리고 외손은 6대 이상까지 대구속신을 통해 양인이 될 수 있게 했고 7대 이하는 이 적용을 받지 못하게 했다. 이 제도는 명목상으로는 노비 수에 변동이 없는 것 같지만 제도 자체가 해이해져 가고 있다는 증거였다.

한편 1755년(영조 31)에는 노비의 역을 다시 반 필씩 감해 노는 한 필, 비는 반 필로 역이 줄게 되었다. 그 후 1774년(영조 50)에 영조는 비가 바치는 면포는 아예 혁파해 버리고 윤음을 발표하게 해 노에게만 한 필을 부과하도록 했다. 이렇게 되자 1750년 균역법 실시 이후 노비의 역이 일반 평민의 양역과 동일하게 되었고 이로써 노비 신분이 많이 상승되었다. 이는 이제 양인과 천인의 구별이 거의 사라졌음을 의미한다. 그리하여 양인과 노비의 신분이 접근해 상한(常漢)이라고 통칭되기도 했다.

더욱이 조선 후기에 농업 생산량이 증가하고 수공업과 광업이 크게 일어나 부를 축적한 노비들은 법에 규정된 곡식을 내고 양인이 되기도 했다. 또한 도둑을 잡아 합법적으로 천한 역을 면하기도 하고, 때로는 호적을 위조하거나 족보를 사서 붓끝으로 조상을 만드는 일도 서슴지 않았다. 일이 이렇게 되니 노비의 수는 점점 더 줄어들어 갔다.

노비가 줄어들다 보니 국가에서는 노비를 모조리 찾아내는 추쇄(推刷) 정책을 실시하게 되었다. 《속대전》에 의하면 조선 후기에는 시노비는 3년마다 추쇄를 실시하고 내노비는 10년마다 실시하게 되어 있었으나 노비 추쇄에 문제가 많아 제대로 시행되지 않았다. 그리하여 1745년(영조 21)에는 세금의 총액을 각 지방에 할당하는 제도인 비총법(比摠法)을 노비가 지는 역과 현물의 징수에도 적용해 영남 지방에 시행했다.

정조는 1777년(정조 1) 2월에 그동안 노비를 찾아내는 관리를 파견하던 추쇄관(推刷官) 제도를 혁파했다. 그리하여 정조 연간에는 노비의 추쇄를 일체 금하고 비총법을 전국적으로 확대 실시했다. 비총법의 실시로 각 도에 노비 수가 일정하게 정해진 반면 추쇄관이 혁파되자 노비의 도망은 더욱 급증했다. 노비 수가 감소하자 대신 남아 있는 노비는 역을 그만큼 더 져야만 했다.

정조 연간에는 남인 시파는 내시노비의 존속을 계속 주장했고 노론 벽파는 이미 유명무실해진 내시노비제의 혁파를 주장했다. 1799년(정조 23)에 채제공이 죽고 곧이어 1800년 6월에 정조가 세상을 떠나자 정국은 돌변했다. 내시노비의 혁파를 주장해 오던 노론 벽파의 집권으로 내시노비 혁파가 보다 빨리 시행되기에 이르렀다. 그리하여 공노비, 즉 내시노비의 해방은 정조가 죽은 지 6개월 만에 신속하게 이루어졌다.

1801년(순조 1) 1월 조정에서는 이미 유명무실한 공노비제를 혁파하고 이들을 양역에 충당해 국가재정을 늘리는 것이 오히려 더 현명한 것으로 생각되었다. 1800년에 즉위한 순조는 나이가 어려서 정순왕후 김씨가 수렴청정을 하였다. 그러자 노론 벽파의 영수인 심환지가 영의정에 올라 정국은 벽파 중심으로 운영되었다. 실제로 1801년 내시노비 혁파가 단행될 당시의 정부 조직을 보면 이병모, 심환지, 이시수, 서용보, 이서구, 조진관, 윤행임 등 대부분의 관료가 노론 핵심 인사들로서 정조 연간에 내시노비 혁파를 찬성했던 인물이었다.

공노비 혁파

1801년 1월 28일에 정순왕후는 내시노비의 혁파를 명하고 곧바로 대제학 윤행임에게 윤음을 지어 서울과 지방에 반포하도록 했다. 이 윤음은 어린 순조의 이름으로 발표되었고 곧바로 내시노비 대장은 돈화문 밖에서 소각되었다. 그리하여 내시노비는 영원히 양인 신분으로 상승했다. 윤음의 마지막 부분은 다음과 같다.

지금 내가 왕위에 올라 예를 행함에 생각하고 사모해 울부짖으면 서 집을 꾸릴 큰 책임을 생각하고 반석 같고 태산 같은 큰 기틀을 공고히 하고자 하니 곧 오직 아버지의 뜻을 잇고 그 사업을 계승한다고 말하겠다. 그 뜻을 잇고 그 사업을 계승하는 것은 노비제보다 먼저 할 것이 없거늘 하물며 왕도 정치를 펴는 자가 백성을 대함에 있어서는 귀하고 천함이 없고 안과 밖이 없이 똑같이 적자(赤子)인 것이다. 노와 비라고 말해 구분하면 어찌 동포를 하나로 보는 뜻이겠는가. 내노비 3만 명과 시노비 2만 명 모두 양민이 되는 것을 허락한다. 이어 승정원으로 하여금 노비안을 취해 돈화문 밖에서 불태우게 하노라. 그 노비가 신공(身貢)으로 바치던 것으로 경비에 필요한 것은 장용영으로 대신 지급하게 하는 것을 법식으로 삼는다. 아! 내가 어찌 은혜를 베푼다고 하겠는가. 특별히 아버지께서 마치지 못한 뜻과 사업을 닦아서 밝힐 따름이다. 이로부터 천만 년토록 그 토지와 집에서 편안히 생활하고 그 분묘를 지키며 때맞추어 혼인해 자식을 낳아 기르고 농사를 잘 지어 노래 부르고 놀면서 내가 아버지께서 백성을 자식처럼 보는 고심을 체득함에 부응하도록 하라.

- 《순조실록》 권2, 순조 원년, 정월 을사

이때 해방된 공노비와 불태운 노비안은 크게 내수사의 각도노비(各道奴婢), 함흥과 영흥의 두 본궁(本宮)에 소속된 노비, 육상궁·선희궁·명례궁·수진궁·어의궁·용동궁, 영빈방의 각 도 노비 약 3만 명[內奴婢]과 관련 노비장적 160권, 그리고 종묘서·사직서·경모궁·기로소·종친부·의정부·의빈부·돈녕부·충훈부·상의원·이조·호조·예조·형조·의금부·도총부·좌우순청·장용영·내시부·장례원·사간원·성균관·홍문관·예문관·종부시·내섬시·사옹원·시강원·익위사·사포서·중학·동학·남학

·서학의 각 도 노비 2만 명[寺奴婢]과 관련 노비장적 1,209권이었다. 그리고 다음 달 2월 24일에는 지방 각 고을에 보관되어 있던 노비대장을 불사르고 아울러 국왕 개인 금고인 내탕고 소장의 노비대장도 일체 불살라 버렸다.

이 윤음에서 주목할 만한 사실은 국왕의 입장에서 보아 노비나 양인이 '똑같이 사랑스런 자식이다[均是赤子]'라고 한 것이나 '안과 밖이 없고 귀하고 천함이 없다'라는 표현은 이제 집권층이 노비와 양인을 역의 부담에 있어서뿐만 아니라 신분적으로도 동등한 인격체로 인정했다는 것이다. 이전까지 양반들은 노비를 사람이 아닌 재산으로만 보고 인간 이하의 대접을 해왔다. 그러나 노비도 일반 양인과 똑같은 인간이라는 인식의 전환이 이루어지게 된 것이다. 노비를 양인으로 만들어 국가의 양역에 편입시킴으로써 국가를 부유하게 하고자 한 것이라 볼 수 있다.

공노비가 해방되자 내수사 및 각 관청 수입의 부족분에 대해서는 장용영에서 대신 맡게 했다. 공노비 혁파 후인 1801년 10월 장용영 제조 조진관은 각 관청에 지급해야 할 돈이 8만 냥이나 되는데, 1년 수입을 절약해서도 3만 냥밖에 마련할 수 없으니 나머지 5만 냥에 대한 방도는 따로 마련할 것을 건의하기도 했다. 그러나 재정 부족으로 허덕이던 장용영마저 1802년 혁파되어 버리자 각 관청에 필요한 재정은 이제 일반 양인이 지는 양역에 기댈 수밖에 없었다. 1801년 공노비 해방은 집권 세력들이 자기들의 사노비는 전혀 해방하려 하지 않고 국가나 관청 소속의 노비만을 해방시키는 데 합의했다는 것을 말한다. 그러나 공사 노비제가 법제적으로 완전히 종언을 고하게 된 것은 1894년 갑오경장 때였다.

천주교 박해

18세기 말부터 천주교가 조선 사회에 본격적으로 전파되기 시작했다. 그리하여 왕실에서조차 천주교 신자가 나오게 되었고 정조뿐만 아니라 채제공 등은 이들을 오히려 변호하는 입장에 있었다. 일찍이 이익은 마테오 리치를 성인이라고 일컫고 천주학도 가볍게 보지 말라고 한 적이 있다. 사실 천문, 수학, 지리, 농학, 물리 등의 과학 지식은 서양이 동양보다 월등히 앞서 있었고 그것이 서양의 동양 진출을 용이하게 했다. 그래서 정계에서 소외된 재야 남인 계열을 중심으로 점차 천주교에 심취하는 경향이 나타났다. 이승훈, 이벽, 권철신, 이가환, 정약용 등이 대표적 인물이었다.

특히 정약용과 이가환은 뛰어난 문장과 단아한 모습으로 일세에 추중을 받는 사람들이었다. 그런데 이 두 사람이 서학에 심취하자 그를 따르던 많은 사람들은 바람에 풀이 쓰러지듯 모두 추종하게 된 것이다. 이들은 주자학만이 진리가 아니며 서양의 학술도 우리보다 우수한 것이 많다는 것을 깨닫게 되었다. 한편 권철신은 효제(孝悌)의 '제'를 강조해 붕우 관계를 중시했는데 이는 천주교의 '친구는 제2의 나'라는 말에 공감한 것이었다. 이벽도 빛의 굴절 현상에 대해 직접 정약용에게 설명해 주기도 했다. 이가환은 과거 시험 문제에 서양에서 밝힌 대기(大氣)를 의미하는 청몽(淸蒙)이라는 말을 시험 문제에 출제했다가 곤욕을 치르기도 했다.

서학이 확산되자 천주교회의 활동도 나타나기 시작했는데 1785년(정조 9)에는 형조에서 천주교도들을 적발해 순교자들이 발생하기도 했다. 1794년(정조 18) 말에는 주문모 신부를 영입하는 등 조직적인 교회 활동이 시작되었다. 그리하여 1800년에 교인이 1만 명으로 늘어난 천주교는 교세가 급속도로 확산되었다. 이렇게 되자 천주교를 공격하는 정파는 그것을 사학(邪學)으로 규정해 성토하고 이와 관련된 인물을 비난하는 상소를 연일 올렸다. 그러나 정조는 사교(邪敎)는 저절로 일어났다가 저절로 없어질 것이며 유학의 진흥으로 막을 수 있다면서 적극적으로 박해하지는 않았다. 물론 이러한 배경에는 남인 시파의 실권자인 채제공의 영향도 있었다.

한편 노론은 남인을 일망타진해 정계에서 영원히 축출하기 위해서 남인의 천주교 사상을 방조하고 있었다. 피의 숙청은 1800년 6월 28일 정조가 세상을 떠나자 곧 불어닥쳤다. 더욱이 그동안 천주교를 비호하던 채제공까지 죽자 정계의 주도 세력이 천주교를 사갈시하던 벽파로 바뀌면서 대대적인 박해가 일어나게 되었다.

이미 영조 말년부터 사도세자를 죽이는 데 앞장섰던 경주 김씨를 중심으로 하는 벽파와 이를 못마땅하게 생각하는 사도세자의 장인 홍봉한을 중심으로 하는 시파 사이에는 정치적 갈등이 있었다. 정조 대에 정치에 참여한 채제공을 중심으로 하는 남인들은 시파로 활동하고 있었다. 벽파는 남인 시파의 세력을 꺾을 기회만을 호시탐탐 노리다가 어린 나이의 순조가 즉위해 정순왕후가 수렴청정하게 되자 흑심을 드러냈다. 그들은 정순왕후를 움직여 시파에 대해 정치적 공세를 가했다. 이때 벽파의 핵심 인물은 심환지, 김관주, 권유, 김달순 등이었고, 선봉장은 심환지였다.

심환지는 1793년 이후 이조참판을 거쳐 이조판서, 병조판서, 형조판서를 역임했으며 일찍부터 남인의 채제공, 이가환, 이승훈 등을 이단으로 몰아 그들을 공격하는 데 앞장섰던 인물이다. 그는 남인뿐만 아니라 소론계의 서명선도 공격해 벽파의 선봉장으로 알려졌다. 1798년 우의정에 임명되어 명실상부한 벽파의 영수가 되었고, 이어 영의정에 올라 정권을 장악하고 채제공을 타도하고자 했으나 기회를 포착하지 못하고 있던 터였다. 이런 가운데 신유박해가 터지자 심환지는 이 기회를 놓치지 않고 홍봉한의 아들 홍낙임을 역적의 주모로 몰았다. 뿐만 아니라 죽은 채제공이 이에 붙좇았다고 해 남인들을 대거 숙청했다.

심환지 등 벽파는 천주교를 애비도 없고 임금도 없는 인륜을 저버린 종교라며 탄압했다. 그러나 사실 벽파의 대신들보다 대왕대비가 한술 더 떠 그 배후 인물을 철저히 밝혀 낸 후에 관련자들을 처형하라고 지시했다. 대왕대비는 이를 위해 남인 목만중을 대사간에 임명해 이 사건의 수사를 맡겼다. 채제공 일파와 사이가 좋지 않았던 목만중은 대사간이 된 이후에 이가환, 이승훈, 정약용, 정약전, 정약종, 홍교만, 홍낙민, 이기양, 권철신 등을 성토해 드디어 배후 인물로 중국 신부 주문모(周文謨)를 밝혀 냈다. 한편 남인 중에도 이들을 반대하는 일파가 있었으니 홍의호 같은 사람이었다. 홍의호는 벽파의 남인 타도를 성원해 마침내 채제공을 소급해 사형에 처하는 데 앞장섰다.

천주교도 색출에는 오가작통법을 동원해 많은 교인들이 체포되었고 300여 명의 순교자가 발생했다. 이때 대표적 순교자로는 중국인 주문모와 초기 교회의 지도자인 이승훈과 정약종이 포함되어 있었고 최창현, 강완숙, 최필공, 홍교만, 김건순, 홍낙민 등이 서소문 밖에서 처형되었다. 그리고 왕족인 은언군의 처 송씨와 며느리 신씨도 사사되었다.

박해당한 인물

이승훈(李承薰)은 서울 남대문 밖 반석동, 지금의 서울역 부근 중림동에서 아버지 참판 이동욱과 어머니 여주 이씨 이가환의 누이 사이에서 출생했다. 그는 경기도 마재의 정재원의 딸을 아내로 맞아 정약용의 여러 형제와는 처남 매부 사이가 되었다. 1783년(정조 7) 동지사의 서장관인 아버지를 따라 북경에 들어가 40일간 머물면서 그라몽(Grammont) 신부에게 세례를 받아 한국 최초의 영세자가 되었다. 이승훈은 1784년 수십

종의 천주교 서적과 십자가상 등을 가지고 귀국해 이벽, 이가환, 정약용 형제 등에게 세례를 주었다. 그 이듬해 김범우의 집에서 종교 집회를 열기도 하고 1787년에는 정약용과 천주교 교리를 강론하기도 했다. 그는 1791년(정조 15) 윤지충과 권상연이 제사를 폐지하고 신주를 태운 이른바 진산(珍山) 사건이 일어나자 권일신과 함께 체포되어 투옥되기도 했으나 관직만 박탈당하고 석방되었다. 1795년 주문모 신부를 체포하려다가 실패한 사건으로 그는 다시 체포되어 충청남도 예산으로 유배되었지만 곧 석방되었다. 그러다가 1801년 이가환, 정약종, 홍낙민 등과 함께 또다시 체포되어 4월 8일 서대문 밖에서 대역죄로 처형되었다.

이가환(李家煥)은 정약용 같은 대학자도 무릎을 꿇게 만든 학자로, 신유박해의 희생자였다. 정약용이 하루는 소보(邵寶)의 《용춘당집(容春堂集)》을 읽다가 〈라모전(儽母傳)〉의 '라' 자가 모든 옥편에 나오지 않는 글자인 것을 알고 손뼉을 치면서 기뻐하며 비로소 이가환을 곤혹스럽게 할 수 있겠다고 생각해 급히 말을 타고 이가환의 집으로 향했다. 정약용은 이가환이 눈치채지 못하게 다른 얘기를 나누다가 그 말을 마치고 이어 물었다.

"사람인(人) 변에 좀려(蠡) 자를 한 글자의 음이 어떻게 됩니까?"

이에 이가환이 대답했다.

"그 글자는 알기 어려우니 《자휘》, 《자전》에 모두 이 글자가 없단다. 그대가 혹시 소보의 〈라모전〉을 보았는가. 〈라모전〉은 한퇴지의 〈모영전(毛穎傳)〉과 비슷한데 역시 기이한 문장으로 내 우연히 기억하고 있지."

그러면서 처음부터 끝까지 한 글자도 틀리지 않고 모조리 외워 버렸다. 그리고 이어서 이렇게 말했다.

서릉씨(西陵氏)의 딸이 들에 가서 처음 누에를 보니 그 모습이 벌거벗은 듯해 '라조(儽祖)'라고 일렀으니 그대가 물은 글자의 음은 '라조'의 '라

(儀)' 차와 음이 같을 것일세."

정약용은 이가환이 그 글자를 알 뿐만 아니라 그 글자가 나오는 문장을 하나도 남김없이 외워 버리자 이가환이야말로 모르는 것이 없는 위대한 학자라고 감탄했다.

또한 이가환은 고금 역대의 시에 대한 감식에도 정통해 생질 허질(許瓆)이 온종일 당송원명의 시를 시험해도 한번 들으면 모두 알아맞혀 하나도 틀리지 않았다. 우리나라 시는 더욱 그에게 숨길 수 없었으니 허질이 우리나라와 중국의 역대 시집을 가지고 종일 뽑아 물어보아도 하나도 틀리지 않았다. 허질은 재주가 뛰어난 선비였는데 어느 날 시 한 수를 중국의 시체와 매우 흡사하게 자작해 이가환에게 가져가 물으니 그가 허질을 똑바로 보고는 한참 있다가 장난기 있는 어조로 "이것은 개새끼의 시이다."라고 했다. 허질이 이 말을 듣고 "귀신이구나! 어찌 내가 지은 것인 줄 아는가?"라며 놀라서 말했다. 그 후 이 이야기를 들은 자는 모두 웃었다고 한다.

이처럼 한 시대가 낳은 훌륭한 인재였던 이가환은 성호 이익의 종손자로 이용휴의 아들이며 이승훈의 외숙이었다. 그는 정조가 정학사(貞學士)라 부를 만큼 대학자였고, 특히 천문학과 수학에 정통해 "내가 죽으면 이 나라 수학의 맥이 끊어지겠다."고 할 정도로 자부심이 대단했다. 그런 그가 신유박해로 쓰러졌으니 남인은 구심점을 잃은 것이나 마찬가지였다.

정약용(丁若鏞) 형제도 처형되거나 귀양길에 올랐다. 정약종(丁若鍾)은 진주목사 정재원의 셋째 아들로 지금의 경기도 남양주군 조안면 능내리에서 출생했다. 그는 이익을 스승으로 섬겼는데 천성이 정직하고 모든 일에 성실했다. 서학 서적에 깊이 심취해 당대에 교리 지식이 가장 뛰어난 인물로 인정받았다. 그는 1791년(정조 15) 신해박해 때 형제들과 친구들이 모두 배교하거나 천주교를 기피했으나 끝까지 신앙을 지켰고 그 뒤 한문본 교리책에서 중요한 것만을 발췌해 《주교요지(主敎要旨)》라는 책을 써서 천주교를 보급하는 데 커다란 공을 세웠다. 그러나 1801년(순조 1) 2월에 체포되어 같은 달 26일에 서소문 밖에서 처형되었다.

정약전(丁若銓)은 정재원의 둘째 아들로 태어나 어릴 때부터 총명했고 성격 또한 활달했다. 소년 시절에 서울에서 이승훈, 김원성 등과 사귀면서 이익의 학문에 깊이 심취했고 이어 권철신의 문하에 나아가 학문에 힘썼다. 또한 이벽, 이승훈 등 남인 인사들과 매우 친밀하게 지냈으며 이들을 통해 서양의 천문학과 수학을 비롯해 천주교 교리까지 듣고 이를 믿게 되었다. 1801년 박해가 일어나자 신지도를 거쳐 흑산도에 유배되었는데 그곳에서 16년간 유배 생활을 하면서 복성재(復性齋)를 짓고 섬의 청소년들을 가르치기도 했다. 또 틈틈이 《자산어보(玆山魚譜)》를 저술했다. 이 책은 우리나라 최초의 수산학관계의 명저로 꼽히고 있다.

정약용은 열여섯 살 때 서울에서 이가환과 이승훈에게서 이익의 학문에 접했고 스물세 살 때에는 마재와 서울을 잇는 두미협 뱃길에서 이벽을 만나 서학 관계 서적을 접했다. 1791년 진산 사건이 터지고 1795년 주문모가 변복해 잠입하는 사건이 일어나자 정조는 정약용을 누구보다도 아꼈던 터라 병조참의에서 금정찰방으로 좌천시켜 그를 보호해 주었다.

그러나 1800년 6월에 정조가 죽자 그에게 검은 먹구름이 서서히 드리워지기 시작했다. 1801년 2월 8일 사헌부와 사간원에서 이승훈, 이가환, 정약용의 신문을 청해 모두 투옥되었던 것이다. 그리고 정약용의 형 정약전, 정약종, 이기양, 권철신, 오석충, 홍낙민, 김건순, 김백순 등도 줄줄이 투옥되었다. 그런데 당시 압수된 문서 다발에는 정약용이 천주교를 믿었다는 명백한 증거가 없었다. 정약용은 법정에서 "신하는 임금을 속일 수 없고 동생은 형을 증거할 수 없다."라고 해 신문에 대한 명답변으로 그 뒤 오래도록 인구에 회자되었다.

얼마 후 정약용은 형틀을 벗고 보석으로 풀려났는데, 당시 이 사건을 맡았던 이병모가 말하기를 "행동이 장차 명백해 석방하니 밥을 많이 자시고 몸을 아끼시오."라고 했고, 심환지는 말하기를 "쯧쯧, 혼우(婚友)를 믿을 수 없네."라고 했으며 지의금부사 이서구와 승지 김관주도 모두 너그럽게 용서해 주자는 의견이었다.

한편 신문에 참여했던 승지 서미수는 기름 파는 여인을 비밀리에 불러 정약용의 아내 홍씨와 아들에게 감옥의 사정을 통기해 정약용이 사형될 염려는 없다고 전하게 해 집안 사람들을 안심시켰다. 이처럼 당시 여러 대신들이 모두 정약용의 석방을 주장했으나 오직 서용보만이 불가하다고 반대했다.

정약용은 2월 27일 출옥해 경상도 장기로 유배되었고, 그해 11월에 전라도 강진으로 다시 유배되었다. 이때 윤영희가 정약용의 사생 여부를 알고 싶어 대사간 박장설을 찾아가 감옥의 사정을 물었는데, 마침 홍희운이 오자 윤영희가 피해 협실로 들어가 그의 동정을 살폈다. 홍희운은 말에서 내려 문안으로 들어가 벌컥 성을 내면서 이렇게 말했다.

"천 사람을 죽이고 정약용을 죽이지 않으면 죽이지 않는 것만 못하다. 공은 어찌해서 힘써 죽이기를 주장하지 않는가?"

이에 박장설이 대답했다.

"그가 스스로 죽지 않는데 내가 무엇으로써 죽인단 말인가?"

홍희운이 떠나간 뒤 박장설이 윤영희에게 이렇게 말했다고 한다.

"답답한 사람이다. 죽여서는 안 될 사람을 죽이려 해 다시 큰 옥사를 일으키고 또 날더러 죽일 것을 주장하지 않는다고 하네 그려."

정약용은 강진에 도착해 당분간은 두문불출하고 아무도 만나지 않았다. 1803년(순조 3) 겨울에 정순왕후가 정약용과 채홍원을 석방하라는 특별 명령을 내렸으나 서용보가 또 저지해 무산되었다. 정약용은 1808년

(순조 8) 봄에 처사 윤박(尹博)의 산정이 있는 다산(茶山)으로 이사해 축대를 만들고 연못을 파고 아름다운 꽃과 나무를 심고 물을 끌어들여 비류 폭포도 만들었다. 그리고 동쪽과 서쪽에 두 집을 만들어 1천여 권의 장서를 비치하고 저술 활동에 들어갔다. 이곳이 다산초당(茶山草堂)이다. 1810년(순조 10) 아들 학연이 아버지의 억울함을 호소해 형조판서 김계청이 임금에게 향리로 축출하기를 청했으나 홍명주와 이기경(李基慶)이 반대해 석방되지 못했다.

1814년(순조 14) 여름 조장한이 죄인의 명부에서 정약용의 이름을 삭제할 것을 왕에게 아뢰어 의금부에서 공문을 만들어 발송하려 했으나 이번에는 강준흠이 소를 올려 반대해 발송하지 못했다. 1818년(순조 18) 여름에 응교 이태순이 소를 올려 대간이 죄인의 이름을 삭제하기를 청했는데 의금부에서 공문을 발송하지 않은 것은 조선이 개국한 이래 아직 없었던 일로 그 폐단이 장차 무궁할 것이라 했다. 세월은 유수처럼 흘러 1818년 남공철이 의금부의 여러 신하를 나무라고 판의금부사 김희순(金義淳)이 공문을 발송해 정약용은 이해 9월 15일 보름날 석방되어 고향으로 돌아갔다.

일찍이 정약용이 1801년 2월 어느 봄날 투옥되어 감옥에 있을 때 수심과 번민에 차 꿈을 꾼 적이 있는데 꿈속에 한 노부(老父)가 그에게 이렇게 꾸짖었다는 것이다.

> 한나라 충신 소무(蘇武)는 흉노에서 19년을 참았는데 너는 19일의
> 고생을 참지 못하는가?
>
> －《여유당전서》제1집, 시문집, 묘지명

그때 정약용이 출옥해 감옥에 있었던 날짜를 계산해 보니 19일간이었

다. 고향에 돌아와 지난 고난의 시절을 돌이켜보니 1800년부터 시작한 유배 생활이 어언 19년이나 되었다. 강산이 두 번이나 변하는 세월이었다. 정약용을 그토록 괴롭혔던 서용보도 사람을 보내어 위로하고 매우 정답고 친절하게 대해 주었다.

정약용은 18년의 연금 기간 동안 수많은 저술을 남겼으며 백성들의 모습을 그가 본 그대로 시로 읊었다. 물론 정약용이 출세가도를 달렸다면 조선의 개화는 더욱 앞당겨졌을 수도 있지만 다른 한편으로 생각하면 신유박해 덕에 정약용의 불후의 학문적 업적이 나올 수 있었다는 점 또한 부인할 수 없다. 정약용의 탁월한 학문적 업적은 사후 100년 뒤에 그 빛을 발하기 시작했다. 1936년《여유당전서》출간이 그것이다.

• 김건순

남인 외에 골수 노론 인사도 더러 희생되었는데 그가 바로 김건순이었다. 그는 김상헌의 종손으로 입양되어 봉사손으로 김상헌의 막대한 재산을 물려받았다. 그의 양가는 물론 생가도 고조 김창업, 증조 김신겸, 조부 김양행, 아버지 김이구 모두 학문을 숭상하고 벼슬을 가까이했다. 특히 할아버지 김양행이 경학과 의리에 투철한 대학자였고, 그 형 실암(實庵) 김직순도 명망 있는 학자였다. 김건순은 이같이 화려한 문벌에다 대대로 엄청난 부자여서 남부러울 것이 없는 집안에서 자랐다. 그는 매우 총명해 약관의 나이에 문명(文名)이 이미 자자했다. 그의 부인은 기계 유씨로 부사 유한재의 딸이었고 영의정 김종후의 외손녀였다. 김건순은 신기한 것을 좋아해 외도와 방술에 관한 책을 모아 읽었다. 그리고 경박하고 허탄한 인물들을 모았는데 이희영, 정광수, 홍익만 등이 그들이고 이들과 함께 서학을 익히고 이들의 소개로 주문모를 만나 그를 이인(異人)으로 여겨 마음을 열고 교제했다. 김건순은 김이백, 강이천, 김려 등과 결탁해 서해 가운데의 빈 섬을 사서 군사를 훈련해 조선 왕조를 멸망시키고 새 왕조를 건설하려고 했다. 이에 정순왕후는 마침내 김상헌의 봉사손인 김건순의 파양(罷養)을 명하고 1801년 4월 23일 처형하게 했다.

• 권철신

권철신은 이익의 문인으로 보수적인 안정복 계열과는 달리 매우 급진적인 성향의 사상가였다. 그는 1777년(정조 1)부터 천진암 주어사(走魚寺)에서 김원성, 정약전, 정약용, 이벽, 이윤하 등의 학자들과 서양의 철학, 수학, 종교 등을 연구했다. 특히 권철신은 차츰 주자학에서 일탈해 양명학을 수용하고 나아가 서학에 대한 이해를 도모했으니 이 주어사 모임은 다양한 학문 토론장의 역할을 톡톡히 했다. 1799년 대사간 신헌조에 의해 정약종과 함께 천주교인으로 고소당했지만 정조는 오히려 신헌조의 관직을 박탈하면서 이 문제를 다시 거론하지 못하게 했다. 그는 심지가 매우 굳어 혹독한 고문에도 전혀 얼굴빛이 변하지 않고 차분하게 신문에 임했고, 사형을 언도받았으나 형 집행 전에 장독을 못 이겨 죽었다. 그의 자는 기명(旣明)인데 그의 이름이 철신(哲身)이기 때문에 붙여진 것이다. 이미 밝고 똑똑해 그 몸을 보전하도다[旣明且哲以保其身]라는 《시경》의 구절에서 그 이름과 자를 붙였으나 결국 그는 급진적 성향으로 명철보신은 하지 못했다.

• 왕실에 대한 탄압

신유박해는 1801년(순조 1) 여름 무렵부터 점점 더 살벌해졌다. 왕실의 가까운 일족을 제거하는 보다 정치적 성격의 박해로 변질되어 갔기 때문이다. 왕손인 은언군 이인과 외척 홍낙임 그리고 규장각 관료 윤행임이 모두 사사되었다. 특히 은언군과 그 부인 송씨와 며느리 신씨, 즉 상계군

담의 처는 이미 정조 즉위 초부터 정치적 사건에 휘말려 많은 고초를 당했다. 홍국영은 정조의 비 효의왕후가 후사가 없는 것을 틈타 누이동생을 빈으로 들여 왕세자를 낳게 하려고 했다. 그러나 1780년(정조 4) 홍국영의 누이동생이 죽자 은언군의 맏아들인 이담을 누이동생의 양자로 삼고 왕실의 본관인 완산의 완(完)과 홍국영의 본관인 풍산의 풍(豊)을 따서 완풍군이라 부르며 가동궁(假東宮)이라 하여 왕위를 잇게 할 계획까지 세웠다. 그 뒤 홍국영이 죽고 그 일당이 계속 역모를 도모하다가 일이 탄로될 우려가 있자 이담을 독살해 버렸다. 그런데 이 사건을 조사하는 과정에서 은언군도 이에 연루되어 죽을 뻔했으나 정조가 특별히 강화도에 이들 처자와 함께 유배시켰다. 은언군 집안은 그 뒤 줄곧 벽파와 정순왕후로부터 역모의 근거지로 낙인찍혀 생명의 위협을 받아왔다. 그런데 1801년 신유박해 때 은언군의 처 송씨와 며느리 신씨가 청나라 신부 주문모에게서 영세받은 사실이 탄로 나자 곧 체포되어 강화도에서 사사되었다.

황사영 백서 사건

1801년 9월에 황사영(黃嗣永) 백서(帛書) 사건이라는 것이 터졌다. 황사영은 그해 봄부터 벌어진 천주교 박해의 전말과 대응책을 비단에 적어 비밀리에 중국 북경의 구베아 주교에게 보내려고 했다. 그는 충청도 배론으로 피신해 토굴에 숨어서 그 자신이 겪은 박해상을 일일이 기록했다. 그때 그는 동지 황심과 옥천희를 만나 천주교의 장래에 대해 상의하고 이 백서(帛書)를 북경 주교에게 전달하려는 의사를 전했다. 길이 62센티미터, 너비 38센티미터의 비단에 한 줄에 95~127자씩 121행, 도합 1만 3,311자를 깨알처럼 써서 옥천희로 하여금 10월에 중국으로 떠나는 동지사 일행에 끼여 북경 주교에게 전달하게 하려고 계획했다. 그러나 9월 20

일 옥천희가 먼저 잡히고, 이어 황심이 9월 26일에 체포됨으로써 백서는 사전에 압수되었고, 황사영 자신도 9월 29일 체포되었다. 황사영은 대역 부도죄로 11월 5일 서소문 밖에서 능지처참되었고 어머니와 작은아버지, 아내와 아들도 모두 귀양길에 올랐다.

황사영 백서의 내용 중에는 조선 교회를 재건하고 신앙의 자유를 획득할 수 있는 방안으로, 조선이 선교사를 받아들이도록 청나라 황제가 조선 정부에 강요할 것을 요청하고, 그렇지 않으면 조선을 청나라의 한 성으로 편입시켜 감독하게 할 필요성을 제기했다. 아울러 서양의 배 수백 척과 군대 5만~6만 명을 조선에 보내 조정이 신앙의 자유를 허용하도록 하는 방안 등이 제시되어 있었다.

이러한 내용을 접한 조선 조정에서는 너무나 놀란 나머지 관련자들을 즉각 처형함과 동시에 천주교인들에 대한 탄압을 한층 더 강화했다. 그런가 하면 백서의 사본이 중국에 전달되어 주문모 신부의 처형 사실이 알려질 것을 염려한 나머지 그해 10월에 파견된 동지사에게 진주사를 겸하게 했으며, 〈토사주문〉과 함께 황사영 백서의 내용을 16행 923자로 요약, 청나라 예부에 제출하게 해 그간에 이루어진 박해가 정당했음을 설명하도록 했다.

황사영은 한림학사 황석범의 유복자로 강화도에서 태어났다. 그는 정약종의 만형인 정약현의 딸 명련(命連)과 혼인했다. 그는 스승이자 처숙인 정약종에게 교리를 배우고 진지한 토론과 고민 끝에 천주교에 입교했다. 그 뒤 1795년(정조 19) 주문모를 만나 그의 측근 인물로 활동했으며, 1798년 경기도 고양에서 서울 아현동으로 이사해 서울 지역의 지도적인 활동가로 부상했다. 그러나 그는 서구의 무력으로 자기 나라를 쳐 종교의 자유를 확보하려고 한 행동 때문에 그 누구에게도 용서받지 못했다. 처숙인 정약용도 그의 〈자찬묘지명(自撰墓誌銘)〉에서 '역적 황사영이 체포되었다'고 해 그를 역적으로 표현했다. 이 사건을 계기로 천주교도를 비롯해 그와 조금이라도 관련 있는 정치 세력은 더욱 박해를 받게 되었다.

1818년(순조 18)경 벽파(僻派)가 무너지고 시파(時派)가 대두하면서 영남 유생 이학배 등이 소를 올려 채제공의 억울함을 호소함으로써 신유박해의 정치적 여독이 점점 풀리기 시작했다. 그러나 살아남은 교도들은 여전히 위험을 피해 경기도의 야산 지대나 강원도의 산간 지방, 태백산맥, 소백산의 깊은 산과 골짜기로 숨어들어 그들의 신앙을 전파했다. 그리하여 종래 지식인 중심의 신앙이 신유박해를 전후해 민간에도 점점 뿌리를 내려갔다.

그러나 신유박해는 기호 남인을 정권에서 완전히 배제하는 사건이었다. 노론은 1694년(숙종 24) 갑술환국으로 영남과 기호 남인을 정계에서 축출하더니 이어 소론을 제거하고, 또다시 신유박해로 남인을 모조리 몰아내었다. 정치는 서울 장동 김씨의 손에서 놀아나게 되었다. 이들에게 아첨하거나 뇌물을 주는 자만이 벼슬하는 시절이 된 것이다. 조선의 수많은 인재는 처형되었으며, 겨우 살아남은 인재들은 귀양지나 재야에서 학문에 열중할 수밖에 없었다. 인재 등용이 기형적으로 이루어지자 정치는 그전 시기에 비해 오히려 퇴영적이었고, 가렴주구에다 자연재해까지 겹쳐 민중들의 생활은 더욱 어렵게 되었다.

벽파의 정치적 몰락

1801년(순조 1) 정순왕후를 중심으로 하는 경주 김씨 노론 벽파는 먼저 이가환, 정약용 등 남인 세력을 정계에서 축출하기 위해 사학(邪學)을 물리친다는 척사(斥邪)의 기치를 내걸고 정치적 탄압에 들어갔다. 또 같은 노론이지만 그들과 정치적 입장을 달리하는 시파를 제거하기 위해 또 다른 구상을 했다. 벽파는 1802년에 시파의 군사적, 경제적 기반이던 장용영을 혁파해 정치적 힘을 약화시키고 정조가 살아 있을 때 정혼한 순조와 김조순(金祖淳)의 딸과의 국혼을 저지해 안동 김씨를 제거하려고 했다. 그러나 김조순은 정조의 부탁을 정치적 명분으로 삼고 순조의 외가인 반남 박씨와 연대해 1802년 9월에 자신의 딸을 왕비로 만들었다.

안동 김씨 시파의 집권

1803년 12월에 정순왕후가 수렴청정을 거두자 경주 김씨와 이를 중심으로 한 벽파의 정치 세력은 급격히 약화되었다. 그 대신 김조순을 중심으로 한 시파가 정계에 등장해 활동하기 시작했다. 일례로 1804년부터 순조가 국혼을 반대했던 권유와 그 배후자로 지목된 김노충을 제거하는 데 직접 앞장서고 있었으니, 이는 장인인 김조순의 뜻을 받들어 이루어진 것이라 할 수 있다. 차츰 김조순을 중심으로 하는 안동 김씨는 권력의 핵심인 비변사를 장악해 그 실권을 행사했다. 1804년 김조순은 규장각 제학과 검교 등의 관직을 역임함으로써 정조의 권위에 가탁해 이를 자신의 권력 기반으로 키워 갔다.

한편 18세기 말에 등장한 두 정치 세력인 벽파와 시파는 경종 연간에 노론 4대신을 처형한 신임사화와 영조가 사도세자를 죽인 임오화변에 대해 정치적 입장을 달리하고 있었다. 신임사화는 1721년(경종 1) 신축년에 노론이 연잉군(영조)을 왕세제로 책봉하고 왕세제의 대리청정을 서두르다가 이이명, 김창집, 이건명, 조태채 등 4대신이 소론의 공격으로 정치적 피해를 당한 사건이다. 그리고 그 이듬해 임인년에 노론 4대신과 60여 명의 노론 인사가 소론 목호룡의 고변으로 경종에 대한 역적으로 몰려 처형되었다. 그런데 영조 연간부터 신임사화를 놓고 당시 노론의 처형에 대한 경종의 처분이 소론의 조작이었느냐 그렇지 않느냐의 문제로 노론과 소론이 서로 대립하고 있었다. 노론은 소론의 조작이라고 보는 입장이고 소론은 조작이 아니라는 견해를 보였다. 또한 1762년 임오년에 사도세자를 죽인 임오화변에 대해 당시 영조의 처분이 정국 주도 세력이던 노론의 책임인가 그렇지 않은가의 문제로 노론의 책임이라는 측은 시파이고 노론의 책임이 아니라는 측은 벽파로 갈려 있었다.

김달순의 활동

정조와 순조 연간에도 신임사화와 임오화변에 대해 무엇이 진정한 의리인가라는 의리 논쟁이 자주 일어났다. 김달순 옥사도 그와 관련된 정치적 사건이었다. 김달순은 1805년 12월 벽파의 핵심인 김관주의 추천으로 우의정에 올랐다. 그는 조선 후기의 명문 안동 김씨 가문에서 1760년 1월 9일에 태어났다. 자는 도이(道爾)이고 호는 일청(一靑)이다. 그의 가계는 김수항, 김창흡, 김양겸, 김범행, 김이현으로 이어지는 혁혁한 가문이었다. 특히 그는 삼연 김창흡의 현손으로 대산 김매순과는 바로 사촌 형제 간이었다. 1789년(정조 13) 진사시에 급제하고 이듬해에는 증광문과에 병과로 급제, 초계문신으로 발탁되어 정조의 사랑을 받았다. 그리고 1801년(순조 1)에 전라도관찰사, 1803년에는 이조판서와 병조판서를 역임했다. 그 뒤 더러 유배 생활도 겪어 정치적 역경이 없지 않았으나 다시 이조판서에 임명되었고 1805년에 호조판서를 거쳐 특지로 우의정에 발탁되었던 것이다. 그는 안동 김씨 집안이었으나 정치적으로 시파에 속하지 않고 벽파에 속했다. 김관주의 도움으로 우의정에 올랐기 때문이다.

벽파의 후견자였던 정순왕후가 1805년 1월에 죽자 벽파의 정치적 구심점인 김관주는 순조가 점점 자라는 것을 보고 늘 근심에 싸였다. 왜냐하면 순조가 장차 장성하면 반드시 아버지 정조를 본받아 벽파를 원수처럼 여겨 정치 보복을 할 가능성이 높았기 때문이다. 그는 순조가 아직 어릴 때를 틈타 일찍이 사도세자에 대한 안(案)을 정리해 두는 것이 좋겠다고 생각했다. 그리하여 김관주는 조용히 순조의 생모 수빈 박씨의 조카인 박종경에게 "영조 때에 박치원, 윤지겸 두 사람이 일찍이 사도세자의 잘못을 간했으니 그대가 대궐에 들어가 순조를 뵙고 두 사람을 포상해 돌아가신 사도세자가 간언(諫言)을 용납하는 덕이 있었다고 드러내면, 곧바로 이어 우의정 김달순이 들어가서 그 이야기를 다시 아뢰면 돌아가신 사도세자의 안이 확실하게 정해질 것"이라 했다.

이 말을 들은 박종경이 그렇게 하겠다고 허락하자 김관주는 그 사실을 김달순에게 알렸다. 그러자 김달순도 이에 협조하기로 하고 박종경과 같이 순조에게 아뢸 날짜를 정했다. 그런데 약속 날짜가 되어 박종경이 대궐에 막 들어가려고 하는데 그의 아버지 박준원이 그 사실을 알아채고는 "집안의 박씨 종자를 말릴 화가 장차 이르겠도다."고 하며 박종경을 방에 가두어 꼼짝 못하게 했다. 김달순은 이러한 사실을 전혀 모른 채 박종경이 이미 대궐에 들어가 순조에게 그 사실을 아뢰었다고 생각하고 순조를 만났다. 그러고는 사도세자를 항상 두둔해 온 영남 만인소의 주모자 이우에 대한 처벌과 사도세자로 하여금 잘못을 시인하게 했던 박치원과 윤재겸에게 벼슬과 시호를 내려 주기를 청하니 순조가 어리둥절해 가부를 결정하지 못했다.

1806년 1월 순조는 "사도세자가 간쟁을 용납하는 덕이 있었다는 것을 인정하면서도 이미 정조가 임오화변에 관한 문서를 파기했고 '차마 듣지 못하고 차마 말하지 못하는' 사건으로 마무리 지었기 때문에 박치원과 윤지겸 두 사람에게 벼슬과 시호를 내리는 일은 결코 불가하다."고 했다. 이에 김달순은 "정조가 의리를 천명하는 데 어긋남이 없었으며 차마 듣지 못하고 차마 말하지 못하는 마음이 있었겠지만 이 사건에 대해 장차 부득불 말할 때가 있을 것"이라고 여겼을 것이라 했다. 그러나 순조가 "임오년에 관계되는 모든 의리는 정조께서 굳게 고수한 것으로 매우 정미롭고도 은미한 문제여서 이 사건을 드러낼 것은 없고 이처럼 문자에 올리는 것이 매우 황송한 일이니 다시 이 문제를 입 밖에 꺼내지 말라."고 했다.

김달순과 김명순의 알력

일이 이렇게 전개되자 평소 김달순과 정치적 적대 관계에 있던 김명순이 개입해 김달순을 비판하기 시작했다. 두 사람은 같은 안동 김씨로, 김수항의 5대손인데 촌수로는 10촌 간이었다. 평소 시파의 편에 서서 김달순과 적대 관계였던 김명순은 이 기회를 놓치지 않고 "돌아가신 사도세자의 일에 대해서는 선왕 정조께서 이미 누구도 이에 대해 말하지 말라는 것으로 마무리 지었는데 지금 김달순이 박치원과 윤지겸 두 사람을 포상하기를 청하니 이는 선왕의 뜻이 아니지 않는가."라고 했다. 이에 순조가 찬동하자 김명순은 드디어 형조참판 조득영으로 하여금 김달순을 탄핵하게 했다. 이어 대사간 신헌조가 김달순의 죄를 계속 문제 삼았고 이어 사헌부, 사간원, 홍문관에서 합동으로 왕에게 거듭 아뢰어 중도부처(中途付處)에 처해졌다. 집요하게 물고 늘어지는 사헌부, 사간원, 홍문관과 의금부는 또다시 그를 사람이 살지 않는 먼 섬에 귀양보낼 것을 주장해 경상도 남해현의 한 섬에 보내졌다. 그는 다시 강진현 신지도로 옮겨져 4월 13일에 사사되었다.

결국 김달순 옥사를 계기로 벽파는 시파로부터 정치적으로 철퇴를 얻어맞았다. 조득영의 김달순 공격으로 김달순이 사사되면서 바로 김관주, 심환지, 김구주, 김일주, 정일환 등 벽파의 핵심 인사들도 추풍낙엽처럼 권력에서 떨어지게 되었다. 시파 정권이 들어서는 결정적인 계기가 마련된 것이다.

한편 1762년 사도세자가 화를 당할 때 김관주의 아버지 김한록이 대의를 위해서는 친함도 저버릴 수 있다는 《춘추좌씨전》에 나오는 문자인 대의멸친(大義滅親)의 설로써 영조에게 아뢰자 부제학 김시찬(金時粲)이 이를 꺾었던 적이 있었다. 김시찬은 김상용의 현손으로 자는 치명(穉明)이요, 호는 초천(苕川)이다. 이때 이미 김시찬은 사도세자를 지지하는 편에 서 있었다고 할 수 있다. 1806년 5월에 도승지 김이양은 이 사실을 거론해 김한록을 소급해 탄핵하고 역률을 베풀기를 주장했다. 그런가 하면 얼마 후 영의정 이병모가 김시찬의 벼슬을 이조판서에 추증할 것을 건의했다. 또한 그해에는 남인 채제공의 관작이 회복된 반면 벽파의 골수 김구주(金龜柱)는 소급해 역률로 다스려졌다. 그러나 이 당시 시파와 벽파의 정치적 갈등과 보복에는 각자 말할 때마다 의리를 들먹이고 있으나 그 자신들의 경제적·정치적 이익이 더 우선이었다.

김달순이 처형된 이후 1807년 이경신은 김달순의 행위를 변호했다. 그러나 오히려 이를 계기로 벽파의 김종수, 김종후의 관작은 소급해 박탈되고 김종수는 정조의 묘정(廟庭)에서 쫓겨났다. 그리고 같은 해 9월에는 이심도가 소를 올려 시파와 벽파의 원류를 논하고 두 파의 대립과 갈등을 싸잡아 비판하면서 순조가 강력하게 정국을 주도할 것을 건의했다. 그러나 불손한 말이 홍봉한에게 미치자 혜경궁 홍씨가 이를 듣고 식사를 아예 거들떠보지 않았다. 순조는 이를 걱정해 이심도를 처형해 버렸다. 그리하여 순조 즉위 이래 지속되어 온 시파와 벽파의 논쟁은 시파의 승리로 끝났다.

김달순 옥사에서 김조순을 중심으로 하는 안동 김씨 세력은 그동안 벽파 공격에 소극적이던 반남 박씨 세력의 정치적 협찬을 받고 여기에 풍양 조씨 조득영의 후원을 받아, 경주 김씨와 벽파를 물리치고 명실상부하게 정권을 장악했다. 풍양 조씨로서도 조득영이 안동 김씨를 도와 벽파를 물리치는 데 공을 세웠기에 후일 그의 8촌인 조만영의 딸이 세자빈(익종비, 조대비)으로 간택될 수 있는 기반을 다질 수 있었다.

안동 김씨의 세도

세도(世道)라고 쓸 때의 세도는 세상을 올바르게 다스리는 길을 뜻했다. 그래서 위대한 학자는 세도를 스스로 감당해 한 시대의 국가와 사회를 책임지고자 했다. 그런데 이와는 달리 세도정치(勢道政治)는 신하가 강력한 권세를 잡고 온갖 정사를 좌우하던 정치형태를 말한다.

이러한 정치형태는 조선 후기 정조 연간 홍국영이 전권을 휘두르면서 등장했다. 그래서 조선 속담에 정권 잡은 것을 세도라고 했다. 왕명 한 번으로 세도를 맡게 되면 그 사람이 비록 낮은 벼슬과 한가한 지위에 있더라도 정승 이하가 이 세도가의 명령을 따랐다. 모든 국가의 기밀 업무와 관료의 보고문도 세도가에게 의논한 다음 임금에게 아뢰고 또 세도가에게 먼저 물은 다음에 결정했다. 그래서 모든 뇌물이 세도가에 모이는 반면 삼정승과 육판서는 그 자리만 지키고 있을 뿐이었다. 세도라는 말이 나오기 전에는 권신(權臣)이라는 말만 있었다.

이러한 세도의 시작은 정조가 왕위에 오르기 전에 홍국영의 보호를 받아 여러 번의 위기를 모면하고 집권하자 홍국영에게 정권을 맡겼던 데서 비롯되었다. 홍국영은 당시 나는 새도 떨어뜨릴 수 있는 세도를 부렸다.

그러나 실질적인 세도정치는 순조 이후부터 나타났다. 순조 연간에는 반남 박씨 박종경과 안동 김씨 김조순, 풍양 조씨 조만영이 대표적인 세도가였다. 우리나라 속담에 '10년 가는 세도가 없다'라는 말이 있는데 한 개인이 10년간 권력을 유지하기는 어렵다는 뜻이다. 그런데 19세기 초부터 60년간 세도를 부린 정치 세력이 바로 안동 김씨 일문이었다.

안동 김씨의 내력

안동 김씨의 시조는 고려의 개국공신 김선평(金宣平)이다. 그러나 그 중간의 10여 대는 고려조에서 드러난 벼슬자리를 못했기 때문에 나열하기조차 어렵다. 그러더니 조선 성종 연간에 김계행(金係行)이라는 인물이 비로소 문과에 급제해 안동 김씨 가문의 문호를 열었다. 김계행은 호가 보백당인데 당시 사림에도 명망이 있어 김종직과 교유했고 그의 외손자 함양 박씨 다섯 명도 모두 문과에 급제했다.

김계행의 형은 김계권으로 세칭 장동(壯洞) 김씨의 중시조이다. 김계권은 5남 6녀를 두었는데, 제일 막내가 김영수이고 그 아들이 김번이며 김번의 처가가 바로 양주의 석실이다. 이 석실은 안동 김씨가 서울에 들어오기 직전의 교두보였다. 세상에 전하는 말로는 김번이 병이 들어 처가인 남양 홍씨 홍걸의 집에 가서 요양을 하는데 그의 백부 학조대사(學祖大師)가 문병을 왔다가 조카가 더 살 가능성이 없는 것을 보고는 터를 잡아 주었다고 한다. 그때 옥으로 된 호리병에 물이 담긴 옥호저수형(玉壺貯水形)의 명당 터를 잡아 준 일로 그 뒤 안동 김씨가 그렇게 번창했다는 것이다.

실제 안동 김씨가 60년 세도를 부리게 된 먼 기반은 김상용과 김상헌 형제의 충절에 있었다. 이들은 병자호란 때 척화파로서 청나라 오랑캐를 배척하는 선봉장들이었다. 김상용은 강화도에서 순절했고 김상헌은 삼각산과 한강수를 뒤로 하고 심양에 붙들려가 감옥 생활도 했다. 이러한 두 형제 덕에 안동 김씨는 그 손자인 김수흥, 김수항 등이 모두 출세해 영의정에 오르기도 하고 당쟁의 소용돌이에 몰려 귀양지에서 죽기도 했다.

그 아랫대인 김창협이 학문으로 대성하고 그 동생 김창흡 역시 명망 있는 학자가 되어 '창(昌)' 자 돌림의 6형제가 모두 이름을 날리는 이른바 6창(六昌) 시대를 열었다. 이때부터 안동 김씨는 골수 노론에 편입되어 활동하게 되었다. 이미 이때 서울에 살면서 세련된 문화생활을 하던 그들은 송시열을 이은 권상하 계통의 시골 출신 학자들과는 다소 학문적 경향과 현실 인식을 달리하고 있었다. 충청도와 서울 지역의 학계가 분열되고 있었던 것이다.

1721~1722년 신임사화 때는 6창의 한 사람인 김창집이 소론에 의해 희생되었다. 그러나 그 뒤 김원행이 영조 연간에 기호학계를 대표하는 학자로 부상했다. 그는 화양서원 원장이 되어 송시열로부터 권상하, 한원진으로 이어지는 충청도 학맥을 서서히 따돌리고 권력의 핵심에 접근하고 있었다. 이른바 호(湖), 즉 충청도와 낙(洛), 즉 서울의 정계와 학계의 갈등인 호락논쟁(湖洛論爭)이 시작되었던 것이다. 이는 송시열을 더 높이느냐 그렇지 않으면 김창협을 더 높이느냐 하는 문제까지 내재하고 있었다. 그리고 시파와 벽파와의 싸움과도 맞물려 있었다. 호를 지지하는 벽파는 정순왕후를 등에 업은 경주 김씨 세력이었고 시파는 김조순 등 안동 김씨 세력이었다. 시파와 벽파의 갈등이 지속되는 가운데 1804년(순조 4) 정순왕후가 죽자 시파가 승리했다. 이에 앞서 김조순의 딸이 순조의 비가 되어 정권은 이제 경주 김씨에서 안동 김씨로 넘어갔다.

김조순이 살았던 자하동은 시내가 흐르고 숲이 우거진 골짜기가 있어 아늑했다. 또 바로 경복궁 북쪽으로 창의문의 아래 지역인데 북악산과 인왕산 사이였다. 이 자하동의 '하' 자를 생략하고 '자동'이라고 부르기도 했고 또 급히 발음하면 장동이 되어 버리기도 했다. 어쨌든 이 김씨들이 서울 장동에 터를 잡고 살았기 때문에 세상에서는 장동 김씨(壯洞 金氏) 또는 장김(壯金)이라고 불렀다. 김조순은 순조의 장인이 된 뒤 조정의 권한을 휘두르고 장동에서 교동(校洞)으로 이사했다. 그 후 국왕 대신 대권을 잡고 헌종과 철종 대에 이르기까지 3세에 걸치는 왕실 혼인의 기반을 확고하게 마련했다. 홍경래의 난 후 관서의 시인 노진은 "가문의 성세는 장동의 갑족 김씨요, 이름자는 서울에서도 유명한 '순(淳)' 자 항렬이라네."라고 한 것이 이 무렵의 장동 김씨를 일컬은 것이다.

김조순이 죽고 아들 김유근(金逌根)과 김좌근(金左根), 손자 김병기(金炳冀)가 이어서 교동에 살게 되었다. 또 김문근(金汶根)이 철종의 장인이되어 조카 김병학(金炳學)과 김병국(金炳國)이 정권을 잡고 전동(典洞)에 모여 살면서 김병기와 권력이 비슷하게 되었다. 그래서 당시 서울에서는 권력을 가리켜 전동, 교동이라 했고 한말까지 민간에서는 '전교동 시절'이라는 유행어까지 퍼져 있었다.

이같이 김상용(金尙容), 김상헌(金尙憲), 김수항(金壽恒), 김창집(金昌集)이 모두 명망과 덕망을 갖추고 국가에 공을 세운 사람들이었고 김조순도 문장에 능하고 일 처리에 익숙하며 후덕이 있다고 칭송되었다. 그러나 그 자손들에 이르러 탐학하고 미련하며 교만하고 사치해 외척이 국가를 망하게 하는 화의 기반이 되었다. 이들은 다만 장김이 있는 것만 알았지 국가가 있는 것은 알지 못했던 것이다.

안동 김씨는 60여 년간 정권을 좌지우지하면서 세도를 부렸다. 심지어 1863년(철종 14) 겨울에 대원군(大院君) 정권이 들어선 뒤에도 이들은 몇 년간 권력의 주변을 맴돌면서 여전히 요직을 맡고 있었다.

안동 김씨 세도정치의 전개

세도정치의 핵심 인물은 김조순, 김좌근, 김문근, 김병기이다. 60년 동안 안동 김씨는 항렬로 보면 '순(淳)' 자, '근(根)' 자, '병(炳)' 자가 벼슬을다 차지하고 있었다. 전주 이씨는 영락해 종실의 관례를 치를 때 주례로 세울 사람이 마땅치 않을 정도로 망했는데 순조, 헌종, 철종의 처가인 안동 김씨는 호화스러운 사치 생활을 마음껏 누렸다.

안동 김씨 세도 정권이 오래 지속될 수 있었던 것은 그 조상들이 충절과 학문을 숭상해 온 덕택이었다. 일찍이 김상용과 김상헌이 정유길(鄭惟吉)의 외손자여서 안동 김씨와 동래 정씨는 정치적으로 밀월 관계를 유지했다.

서울 회동(會洞)에서 대대로 벼슬을 해온 동래 정씨는 세칭 회동 정씨라 하는데, 조선조에 정승을 가장 많이 낸 집안이다. 정태화, 정만화, 정치화 때 이 정씨들이 모두 정승에 올라 송시열은 이 집안을 큰 기러기와 고니에 비유하고 자기 집은 지렁이라고 하며 엄청난 차이를 둔 적이 있다. 헌종이 죽고 후사를 세울 때 정원용(鄭元容)은 안동 김씨의 부탁으로 강화도에 가서 강화도령 원범(元範)을 데려와 왕위에 등극하는 데 많은 힘을 쏟았다. 정원용은 정유길의 후손이니 멀리 따져 보면 안동 김씨의 외가가 되는 것이다.

정원용은 순조 초에 과거에 급제했는데 일찍이 김조순이 발탁해 영의정의 벼슬까지 올랐다. 그는 90세까지 장수를 누리고 수십 년 동안 삼정승을 두루 거친 인물로 조정의 정치에 익숙하고 노성한 정치가여서 조정과 재야에서 명망이 있었다. 그러나 안동 김씨 권력에 아부해 세상을 살았기 때문에 세상에서는 그를 얕잡아 보기도 했다.

그런데 철종의 비가 김문근의 딸로 정해지자 김문근이 영은부원군에 봉해져 모든 정사가 그에 의해 결정되었다. 김문근은 사람됨이 너그럽고 두터워 아랫사람을 은혜와 의리로써 거느렸다. 그는 몸집이 비대해 사람들이 뱃속에 많은 물건을 싸 가지고 있다는 의미로 포물부원군(包物府院君)이라 불렀다.

김문근의 조카 김병국과 김병학은 모두 넉넉한 도량을 지닌 인물이었다. 이들은 각각 훈련대장, 대제학에 임명되었다. 김병기는 그 사람됨이 조금 호방했는데 좌찬성이 되었다. 그러나 김문근의 아들 김병필은 약하고 병이 잦아 김문근은 그를 요직에 임명하지 않고 대교 자리에나 머물러 있게 했다.

남병철은 김병기와 내외종간인데 총명했다. 학문이 넓고 글도 잘하며 더욱이 천체 관측에도 정밀했다. 그가 직접 수륜(水輪)을 제작해 지구사시의(地球四時儀)를 움직이게 해 지전설을 증명해 보이자 김문근은 더욱 그를 사랑했고 철종도 특별한 총애로 대우했다. 안동 김씨의 권세가 궁궐 안팎을 압도하게 되자 남병철도 승지가 되어 제법 권력을 휘둘렀고 여러 김씨를 깔보기도 했다. 이를 김병기가 싫어해 남병철을 전라감사로 내보냈는데 남병철은 분했으나 겉으로 드러내지는 못하고 지냈다. 마침 암행어사가 전라도에 가서 남병철의 부하 관리인 판관을 조사하려고 우선 판관의 속리를 잡아 관청의 뜰에서 잡아 족쳤다. 이에 남병철은 아전과 군졸 수천 명을 풀어 어사를 공격하게 했다. 이 때문에 남병철은 파직되었고 김병기와는 더욱 원수 사이가 되었다. 그러나 남병철은 곧이어 다시 직제학이 되었고 안동 김씨와 화해했다. 남병철은 마음이 완전히 풀리지는 않았으나 외로운 처지였기 때문에 겉으로 드러내 놓고 불평도 못한 채 오로지 서화와 여색으로써 세월을 보냈고 철종 대까지는 벼슬자리를 유지할 수 있었다.

세도정치기에는 뇌물 거래가 공공연하게 이루어졌다. 수령들은 백성들의 피를 짜내어 장동 김씨에게 뇌물을 주고 그 집에 손이 되기를 바랐다. 이러한 집이 모두 열두 가문이어서 열두 사랑(舍廊)이라는 말까지 생겼다. 바로 사랑방 정치를 방불케 하는 것이다.

한편 나주 기생 양씨는 김좌근의 첩이 되어 권력이 하늘을 찌를 듯했다. 김좌근은 이미 늙었으나 양씨는 잘 늙지도 않고 매우 영리해 김좌근을 잘 돌보았고 심지어 조정의 인사에 간여해 벼슬을 팔고 뇌물도 받아 돈도 많이 벌었다. 그리하여 그녀에게는 나합(羅閤), 즉 나주합부인이라는 호칭까지 붙여졌다. 사실 나합이라 한 것은 정승에게나 붙일 수 있는 합자인데 그녀를 그렇게 부르면서 비아냥거렸던 것이다. 당시 나합의 말이라면 대감의 집을 한 자 낮출 수도 있었다고 하니 권력은 그녀의 치마폭에서 나오는 것 같았다.

한 번은 신정왕후가 나합을 불러 죄를 크게 셋으로 나누어 나무란 적이 있었다. 첫 번째 죄는 시골의 천한 기생으로서 대신의 총애를 믿고 정치에 간여해 뇌물을 받아 치부했다는 것이고, 두 번째 죄는 투기가 심해 김좌근이 다른 여자에게 눈을 돌리자 그의 뺨을 때린 것으로 대신에게 무례하게 군 것이고, 세 번째 죄는 세상에서 나합이라 하니 합이라는 것은 정승이 아니면 받을 수 없는 호칭인데 아무렇지도 않게 여겼다는 것이었다. 그러니 닷새 만에 행장을 꾸려서 영원히 고향으로 돌아가라는 명을 내렸다. 일이 이렇게 되자 김좌근과 나합이 서로 붙들고 울면서 어찌할 바를 몰랐다. 김좌근은 병을 칭탁하고 청수동 별장에서 손을 사절하고 밤낮으로 시름하며 지냈다. 이러한 상황에 대원군 이하응이 끼어들었다. 나합을 계속 김좌근의 곁에 있게 해준다는 조건으로 고종의 결혼 비용으로 10만 냥을 뜯어내고 경복궁 건축비로 역시 10만 냥을 받아 낸 것이다.

당시 백성은 초근목피로 겨우 연명해 가는 지경이었고 전국은 민란으로 혼란스러웠는데도 김병기 집의 개는 약밥을 먹었다고 한다. 또한 대신의 첩이라고 하지만 일개 미천한 나주 기생의 치마폭에서 20만 냥이 나오는 세상이었으니 한심스러운 일이 아닐 수 없다.

흥선대원군이 집권할 당시에도 안동 김씨 세력이 워낙 막강해 피 한 방울 흘리지 않고 정권만 내준 셈이 되었다. 그래도 여전히 김좌근, 김병기, 김병국, 김병학 등은 정권의 핵심에서 얼씬거렸다. 오직 김흥근만이 그들과 달라 이미 헌종 때에 시사에 대해 적극적으로 간쟁하다가 유배되기도 했고 석방되어서는 양화도 별장에 머물렀다. 그러나 이조판서로 일곱 번을 불러도 그가 나오지 않자 당시에 그는 매우 고상하게 여겼다. 그리고 얼마 후 벼슬길에 나와 다시는 사직하지 않고 정승에 여러 번 임용되었으나 국가를 위해 의견을 내는 것이 없었다.

그러던 김흥근은 철종이 아들이 없어 일찍이 고종에게 왕위를 넘기려는 의사를 보이자 "흥선군이 살아 있으니 임금이 두 사람이 된다. 그만둘 수 없다면 바로 흥선군이 임금이 되는 것이 좋다."고 했다. 그러나 1864년 대원군이 점점 정권을 잡게 되자 김흥근은 조정에서 큰소리로 대원군은 정치에 간여해서는 안 된다고 했다. 그리하여 대원군은 여러 김씨 중에서 김흥근을 제일 미워해 그의 토지를 빼앗고 서울 북문 밖 삼계동에 있던 당시 서울에서 제일 유명한 별장도 빼앗아 버렸다.

그런데 김병학은 고종이 즉위하기 전에 흥선군에게 그 딸을 왕비에 간택해 줄 것을 약속해 둔 상태였다. 그러나 대원군이 이 약속을 지키지 않고 고종을 민치록의 딸에게 장가보냄으로써 김병학의 딸은 뒤에 조신희에게 시집갔다. 이처럼 안동 김씨는 끝까지 정권을 놓지 않기 위해 줄 타기를 계속했다. 이것은 대원군 정권이 안동 김씨 세도 정권을 완전히 청산하지 못한 증거이다. 대원군은 역시 자신이 10년 세도를 부리는 입장이 되어 김씨의 전철을 밟고 말았다.

효명세자의 대리청정

효명세자(孝明世子)의 이름은 대(旲)이고 자는 덕인(德寅)이며 호는 경헌(敬軒)이다. 그는 아버지 순조와 어머니 김조순의 딸 안동 김씨 사이에

서 1809년(순조 9) 8월 9일에 창덕궁에서 태어났다. 1812년 7월 왕세자에
책봉되고 1817년 3월에 입학해 공부를 시작했다. 1819년 열한 살 되던
해 3월에 성인식을 치르고 같은 달 10월에 조엄의 손녀요, 조만영(趙萬
永)의 딸 풍양 조씨와 결혼했다. 세자빈의 할아버지 조엄은 평안도관찰사
를 지내면서 나라의 돈을 착복했다는 혐의를 받은 바 있었다. 그러나 그
는 구황작물인 고구마를 우리나라에 보급해 당시 기근에 허덕이던 백성
들을 구제해 준 인물이었다.

효명세자는 할아버지 정조와 아버지 순조를 닮아 공부를 잘했고 또 공
부하는 사람을 좋아했다. 그의 시문을 모은 책인《경헌집(敬軒集)》6책이
지금까지 전해 온다. 그는 생긴 모습도 아버지와 할아버지를 많이 닮았다
고 한다. 학술 문화에도 관심이 많아 청으로부터 서적 구입에 힘써 역관
을 통해 북경에서《황조실록》400권을 사 오게 하기도 했다.

순조의 정치적 행동

효명세자는 1827년(순조 27) 2월부터 3년 3개월 동안 대리청정을 했
다. 1800년 7월에 즉위한 순조는 27년간 보위(寶位)에 있었으나 장인 김
조순이 중심이 된 안동 김씨의 세도에 싫증을 느끼고 있었다. 그래서
1827년 2월부터 세자의 처가인 풍양 조씨 인사를 정계에 등용시키기로
마음먹었다. 그는 안동 김씨 세력을 꺾기 위해 효명세자에게 대리청정을
시켰던 것이다. 대리청정의 방법은 1775년(영조 51) 을미년 당시 왕세손
이던 정조가 대리청정할 때의 예를 따랐다. 인재 등용, 형벌 집행, 군권
발동은 순조가 직접 하고 그 밖의 서무는 모두 세자가 처결하도록 했다.

효명세자는 집권하자 우선 소론이 노론을 죽인 '신임사화'는 소론이 노
론을 정계에서 축출하기 위해 조작한 것이라는 1776년 영조가 정리한
'신임의리'를 재천명했다. 이어 청의(淸議)를 내세우며 그동안 척족(戚族)

들의 정치 참여에 반대했던 노론 인사와 직간접으로 관련된 인물을 중심으로 정치 세력을 새롭게 재편했다.

또 대리청정 초기에 안동 김씨를 견제하기 위해 대리청정 나흘 만에 종묘와 경모궁의 예식 절차를 서투르게 했다는 이유로 안동 김씨 계열인 전임 이조판서 이희갑, 김재창과 현임 이조판서인 김이교를 감봉했다.

효명세자는 전초산부사 서만수를 탐학한 관리로 몰아 그와 관련된 인사를 정계에서 몰아내려고도 했다. 그런데 서만수는 이미 이조원에 의해 강동부사로 재직할 때 탐학죄로 몰려 파직된 적이 있었다. 이 사건을 조사하기 위해 1827년 3월 우승지 김병조가 평안도에 파견되었다. 안핵사의 임무를 띤 김병조와 평안감사 이희갑이 이 사건의 진상을 공동 조사했는데, 조사 결과 서만수가 중국과의 상거래를 단속한다는 명분 아래 형을 남용해 7명을 죽였고 6~7만 냥의 돈을 챙겼다는 것이었다. 그리하여 4월 서만수는 영암군 추자도에 유배되어 5월 유배지에서 죽었다.

그러자 서만수의 아들 서유규가 아버지의 억울함을 호소했는데, 1814년(순조 14) 순조의 병환이 위독했을 때 반역을 도모했던 이조원이 자신의 역모가 드러나는 것을 염려해 조작한 사건이라는 것이었다. 서유규는 또 이 사건을 담당한 판의금부사 김노경이 이조원과 인척으로 자기 아버지를 사형시킨 장본인이라고 주장했다. 이어 사헌부와 사간원, 그리고 승지 이해청 등이 이조원은 김기후, 김기서와 둘이면서 하나요, 하나이면서 둘인 관계로 반역을 도모했으니 처형하기를 거듭 주장했다. 그러나 이조원은 풍양 조씨 당파였기 때문에 대리청정 기간에는 유배에 그쳐 목숨은 부지했다. 다만 청정이 끝나고 안동 김씨가 다시 등장하자 1832년에 참수되었다. 이 서만수 사건은 세자가 집권하면서 안동 김씨 정치 세력과 풍양 조씨 세력의 권력투쟁이 시작되었음을 뜻하는 것이었다.

효명세자는 이토록 불안한 정국을 이끌기 위해서는 자기 세력을 요직에 등용할 필요가 있다고 판단했다. 그리하여 우선 김로, 이인보, 홍기섭, 김노경에게 이조와 병조의 인사권과 경제권을 맡겼다. 이들은 효명세자의 가장 핵심적인 측근들이었다. 여기에 세자의 처가인 풍양 조씨 조만영, 조인영, 조종영, 조병현이 세자를 측면에서 후원했다.

대리청정기의 정치 세력

대리청정기의 정치적 인물 가운데 핵심 인물은 김로였다. 그는 김재찬의 조카이고 정조 대 영의정을 지낸 김익의 손자였다. 김로는 어려서 부모를 여의고 백부인 김재찬의 슬하에서 자랐는데, 총명이 과인해 김재찬은 자기 아들보다 조카인 김로를 더 사랑했다고 한다. 김재찬은 1808년 (순조 8)부터 1812년까지 자연재해와 홍경래 난 등으로 어려운 시기에 순조를 도와 민생 문제 해결에 앞장서 진재상(眞宰相)이라 일컬어졌던 후덕한 인물이었다. 김로는 이러한 김재찬의 후원하에 1813년 세자익위사의 세마로 임명된 후 보덕, 우부빈객 등 세자를 보필하는 관직을 역임했다. 그는 대리청정이 시작된 후 대사성에 임명되었고 1828년 1월에는 병조판서와 호조판서를 거쳐 1829년(순조 29) 7월에는 이조판서 자리에까지 올라 인사권을 장악했다. 이처럼 몇 년 사이에 급속히 승진, 요직을 차지해 대리청정 기간 동안 줄곧 그의 권세가 조정을 휘청거리게 할 정도였다.

이인보는 심환지의 재종인 심현지의 외손이었다. 그는 대리청정 초기에 왕권 강화를 주장하는 소를 올렸는데 이 역시 김로의 정치 노선을 지지하는 발언이었다. 그리고 홍기섭은 조엄의 외손자로 바로 조만영, 조인영과는 내외종간이었다. 홍기섭이 정치적으로 풍양 조씨 편에 서는 것은 당연했다.

김로, 이인보, 홍기섭과는 달리 본래 김노경은 평안감사로 재직하면서 조정에 편지를 띄운 일이 있었다. 조엄의 손녀를 세자빈으로 삼는다는 이야기를 듣고 "장리(贓吏)의 손녀를 장차 어찌 한 나라의 국모가 될 여인으로 삼는단 말인가."라며 반대한 것이었다. 김노경은 영조 계비 정순왕후의 오빠인 김구주의 가까운 일족인데 본래 벽파에 속했다. 그러나 김조순이 집권하자 안동 김씨에 붙어 이 세자의 혼인을 반대했던 것이다. 그러나 마침내 조엄의 손녀는 세자와 결혼했다.

김노경은 풍양 조씨 실세들로부터도 국혼 문제로 미움을 받은데다 김조순의 조카 김유근이 빨리 출세하려는 것을 저지해 안동 김씨에게도 눈밖에 난 터였다. 그런 그가 이제 김로의 정치적 협박에 못 이겨 다시 효명세자의 정치적 후원 세력으로 돌아섰다.

한편 세자의 장인인 조만영은 훈련도감, 이조, 호조, 병조, 선혜청 등의 핵심 요직을 차지해 군사권과 인사권, 경제권을 모두 장악했다. 그는 대리청정을 시작하던 해인 1827년 윤 5월에 훈련대장에 임명되고 선혜청 당상을 겸임해 군사권과 경제권을 장악했다. 특히 훈련도감에 근무할 때에 주전(鑄錢)을 요청해 선혜청과 훈련도감에 새로 주조한 돈 73만 냥과 이자 20만 냥을 소속시켜 재정을 확보했다. 이때 호조판서 김로가 이 주전하는 일을 주관해 그를 보좌했고, 조만영과 김노경도 호조판서를 역임했다. 이들은 이러한 요직에 근무하면서 대리청정기의 정치자금을 조달했을 것이다.

또한 대리청정기에 세자를 지원할 수 있는 정치 세력에는 규장각 각신(閣臣)들이 있었다. 김로, 서준보, 서희순 등이 특히 세자의 사랑을 받으면서 각신에 임명되었다. 여기에 조인영, 김정희, 조종영, 박종훈 등도 규장각 각신을 역임했다. 이들은 모두 안동 김씨를 반대하는 인사들이었다. 특히 세자의 처삼촌인 조인영은 홍문관 대제학, 규장각의 검교와 제학, 성균관 대사성 등 학술 관련 관직을 담당했다.

한편 정치적으로 소외되어 있던 소론과 남인, 북인도 대리청정을 계기로 등용되었다. 바로 이면승, 심영석, 한진호, 강태중, 임존상 등이 그들이었다. 이면승은 대리청정 기간 동안 예조판서와 형조판서를 역임했고 다른 인물들은 주로 사헌부와 사간원의 언론직에 임명되어 안동 김씨 주요 인사의 비리를 들추어내고 그들을 정계에서 축출하는 데 앞장섰다.

그런데 19세기 세도정치기에 권력의 핵심 기구는 뭐니뭐니해도 비변사였다. 세자는 대리청정을 하면서 심상규, 이상황, 이존수, 남공철 등 안동 김씨 계열을 정승으로 임명하는 한편 김노경, 조종영, 조만영, 홍기섭, 박종훈, 김로, 조인영 등 자기의 측근 세력을 비변사 실무 담당 전임 당상(堂上)으로 배치해 비변사를 장악했다. 대리청정 2년 후인 1829년에 김조순 계파인 이상황이 좌의정에서 물러나고 영의정 남공철도 같은 해 6월에 물러났다.

1829년 7월에는 김조순의 7촌 조카인 김교근과 그 아들 김병조가 심영석에 의해 정치적 비리로 탄핵받았다. 이어 이유하는 김교근을 권간(權奸)으로 몰아붙였고, 결국 김교근은 중앙 정계에서 쫓겨나 황해도 옹진에 유배되었다. 이제 김교근과 김유근 등 안동 김씨 유력자들이 정계에서 쫓겨나고 그 대신 세자의 측근 세력이 비변사를 확실하게 장악해 안동 김씨를 견제하고 왕권을 강화하는 권력 기반을 마련했다.

그런데 1829년 11월 부호군 신의학이 정조를 동방의 요순으로 추켜세우면서 정조가 죽기 12일 전에 벽파의 의리를 공인한 오회연교(五晦筵敎)를 거론했다. 신의학은 정치적 반대파인 시파 계열의 김이재를 처벌할 것을 주장했던 것이다. '오회연교'란 1800년(정조 24) 5월 그믐날에 당시 관료 중에서 산림이나 외척과 결탁하지 않은 인물을 등용해 정국을 쇄신하겠다는 것이었다. 이에 대해 안동 김씨인 김이재는 벽파 세력이 신의학을 앞세워 자기 집안을 원수로 보고 있는데, 이는 자기 할아버지 김시찬에 의해 김구주와 김한록 등 벽파의 흉모가 좌절되었기 때문이라 했다.

　신의학과 안동 김씨 사이에서 벌어진 정치적 게임은 신의학이 시골로 쫓겨나 즉시 처형됨으로써 안동 김씨에게 유리하게 전개되는 듯했다. 그러나 세자는 대리청정 기간 동안 외가인 안동 김씨와 처가인 풍양 조씨 어느 쪽에도 정치적 힘을 실어 주기가 어려웠다. 오히려 안동 김씨의 세도를 견제해 보려는 아버지 순조의 뜻을 실천하고자 고심했을 것이다. 그는 또 당시 벽파 세력이 이미 완전하게 몰락해 버린 상황에서 시파를 정치적으로 철저히 배제할 의사는 없었던 것 같다. 일례로 1830년 3월에는 복온 공주가 김연근의 아들 김병주와 결혼해 김씨 세력의 건재를 과시했다.

대리청정기 세자의 미행

　세자가 대리청정을 하던 시절 박규수와 관련된 이야기가 인구에 회자되어 왔다. 박규수는 위대한 실학자 연암 박지원의 손자로 소년 시절에 재주가 많기로 소문나 있었다. 그는 양반들이 못자리판처럼 옹기종기 모여 사는 서울 북촌에서 자랐다.

　세자는 미행(微行)을 좋아해 어느 날 밤 북촌 자하동에 이르렀다. 마침 옥이 부서지는 듯 높고 맑은 소리가 퇴락한 담장 너머로 들려오고 있었다. 박규수가 글 읽는 소리였다. 박규수의 낭랑한 목소리는 밤의 정적을 깨뜨렸고 세자는 자신도 모르게 어느새 박규수의 집으로 발걸음을 옮겼다.

　세자가 박규수의 집에 들어갈 때 무예별감이 손을 들어 휘저으면서 "세자의 행차가 당도하고 있다."라고 말했다. 박규수가 허둥지둥 나가 땅바닥에 엎드려 절하니 세자가 박규수에게 일어나라고 명하고 지금 무슨 책을 읽고 있느냐고 물었다. 그리고 박규수를 자세히 응시하고는 "독서를 좋아하니 마땅히 그대를 등용하겠다."《대동기문》,《매천야록》)라고 약속했다. 세자는 그날 밤 박규수의 사랑방을 두리번거리고는 서가에 꽂힌 연암 박지원의 《열하일기(熱河日記)》를 빼서 보기도 했다. 그리고 이어 개혁 사상이 담긴 《연암집》을 바치게 하고 박규수 자신이 지은 글이 있으면 보고 싶다고 했다. 이에 박규수는 그가 지은 《상고도설(尙古圖說)》 80부를 올렸다.

다음 날 동이 트자 서울 바닥에 이 소문이 자자했다. 세자의 수레가 다녀간 뒤 박규수는 더욱 분발해 공부했다. 그러나 불행하게도 세자가 일찍 죽어 박규수는 그만 출셋길이 막혀 버렸다. 박규수는 세자의 죽음을 안타까워하고 통곡하면서 더 이상 이 세상에 살고 싶지 않은 듯했다. 박규수가 낙담하고 하루하루 생활하는 사실을 세자의 아내인 조대비(신정왕후)가 듣고는 더욱 슬픔을 이기지 못했다. 조대비는 풍양 조씨의 실세인 조병구가 집권하자 박규수를 특별 부탁해 과거에 급제하게 했다.

철종이 죽고 안동 김씨 세도정치가 종식되자 드디어 세자의 부인 조대비가 정치력을 발휘하는 시절이 되었다. 조대비가 흥선군 이하응과 협력해 고종을 옹립하고 새로운 정권을 창출했다. 조대비가 막강한 권력을 행사하게 되자 박규수도 정계에서 부상하기 시작했다. 그는 1864년 초에 고시관으로서 철금련촉송소학사귀원(撤金蓮燭送蘇學士歸院)이라는 시험 문제를 출제했다. 누구나 다 아는 당송팔대가의 한 사람인 소식(蘇軾)이 아직 젊었을 때 영종이 소식의 문장을 너무 좋아해 그를 기재기재(奇才奇才)라고 칭찬하면서 속히 등용하려고 했다. 그때 재상 한기(韓琦)가 영종에게 소식을 장차 큰 사람으로 키우기 위해서는 더 공부하게 내버려 두는 것이 좋겠다고 했다. 소식도 한기를 전혀 원망하지 않고 정말 덕으로써 선비를 사랑하는 훌륭한 재상이라고 생각했다.

그런데 그토록 소식을 사랑하던 영종이 그만 죽게 되어 소식의 출셋길이 막히는 듯했다. 이어 철종이 즉위하고 영종의 부인 선인후(宣仁后)가 태황태후가 되어 섭정을 하게 되자 소식에게 행운이 찾아왔다. 선인후가 남편의 뒤를 이어 소식을 출세시켜 주었던 것이다. 선인후는 천자의 자리 앞에 꽂아 두었던 아름다운 초를 거두어 소식의 집에 보내 주었다.

박규수는 효명세자와 조대비가 자기에게 베푼 따뜻한 사랑이 흡사 송나라 영종과 선인후가 소식에게 베푼 사랑과 같다고 생각해 이 고사를 과거 시험문제에 출제했던 것이다. 그 뒤 박규수는 출세가도를 달렸다.

세자의 죽음

세자는 대리청정에 너무 지친 탓인지 1830년 윤 4월 22일 그만 병의 증세가 나타나기 시작해 피를 토했다. 이때부터 약원(藥院)에서는 매일 대궐에 들어가 진찰했다. 27일 영돈녕부사 김조순, 호조판서 조만영, 부사과 조병구가 특별히 궁궐에 들어가 당번을 섰다. 5월 4일에는 동녕위 김현근이 특별 당번을 섰고, 5일에는 전 승지 정약용과 전 감찰 강이문이 약을 제조하는 일에 동참했다. 그러나 세자는 1830년(순조 30) 5월 6일 아침 6시에 춘추 스물두 살로 창덕궁 희정당에서 서거했다.

효명세자의 죽음으로 풍양 조씨를 중심으로 한 정치 세력은 다시 좌절되는 것 같았다. 안동 김씨 세력이 벌 떼처럼 일어나 김로, 김노경, 홍기섭, 이인보 등을 대리청정기의 사간신(四奸臣)으로 몰아 그 처단을 주장했다. 그리하여 그들은 모두 유배에 처해졌다. 그러나 2년 뒤 순조가 1832년 조인영에게 세손(헌종)의 보호하고 지도해 줄 것을 부탁함으로써 헌종 대 조인영이 풍양 조씨 세도를 이끌어 나갈 수 있는 정치적 기반이 다시 마련되었다. 1834년 헌종이 즉위하자 세자를 도왔던 인물들도 거의 복권되고 풍양 조씨 세도가 다시 전개되었다.

홍경래의 난

평민의 아들, 홍경래

홍경래(洪景來)는 평안도 용강군 화장골에서 평민의 아들로 태어났다. 그는 어려서부터 영웅의 기질을 타고나 힘이 장사인 데다 무예 또한 출중해 늘 전쟁놀이를 즐겼다. 그는 열다섯 살에 중화에 사는 외삼촌 유학권에게 글을 배웠다. 그러나 유학권은 홍경래의 아버지에게 '경래는 글재주가 비범하고 뜻이 순수치 못하니 그의 장래를 위해 주의하라'는 내용의 편지를 부쳤다. 그리고 이미 자기가 가르치기 어렵다고 판단해 홍경래를 집으로 돌려보냈다. 그래서 홍경래는 스스로 경전과 역사를 공부했다. 뿐만 아니라 병서를 비롯해 여러 술서도 두루 읽었다. 때로 검무를 추기도 했고 책상머리에 3척의 긴 칼을 두고 드나들었다. 일찍이 아버지 상을 당해 마을 뒤에 장사를 지내고 "이곳은 무등대지(無等大地)로다. 머지 않아 발복할 것이다."라고 했다.

홍경래는 평안도 지방에서 실시한 향시에는 급제했으나 본시험인 회시에는 응시하지 않았다. 왜냐하면 과거에 급제한다 한들 출세가 보장되지 않는 것이 현실이었기 때문이다. 조선 왕조는 건국 초부터 400년 동안 대대로 서북 지역의 백성을 인재 등용에서 의도적으로 배제해 왔다. 그래서 서북인들의 원한은 쌓일 대로 쌓여 극도에 달한 상태였다. 설상가상으로 흉년이 든 데다 부패한 관리의 가혹한 세금 착취는 더 이상 서북의 백성들을 참을 수 없게 만들었다. 여기에다 김창시, 우군칙 등의 지식인들은《정감록》등을 통해 어설픈 이념을 백성들에게 제공했다.

반란은 무르익고

18세기를 전후한 시기부터 상업과 수공업이 발달하고 인삼과 담배 등 상품작물의 재배가 활발했다. 이에 조정에서도 1791년(정조 15) 이른바 신해통공(辛亥通共)을 실시해 상업의 자유화를 어느 정도 인정해 부를 축적한 새로운 계층이 나타났다. 특히 평안도 지방은 정부의 규제에도 불구하고 대청 무역이 더욱 활발해져 개성 상인과 의주 상인 가운데는 거상으로 성장한 사람들이 많았다. 또한 금은 등의 수요가 급증함에 따라 평안도 지역에서는 광산이 개발되고 있었다. 마침 1801년(순조 1) 1월에 6만여 명의 공노비 해방으로 이들이 새로운 일자리를 찾아 이동해 평안도 지역의 광산에 몰려들기도 했다. 조선 후기에 새롭게 성장한 부농과 광산 노동자와 상인 계층의 경제력 및 조직력은 이 봉기에 큰 역할을 했다.

홍경래는 주로 평안도와 황해도의 신흥 부자들과 몰래 결속해 그들이 가진 재산을 풀어 당을 만들었다. 이들은 가산 다복동에 거점을 마련하고 수년 동안 무기를 직접 만들었다. 홍경래 당에 모인 일반 백성과 천민들은 수천 명에 이르렀다. 봉기 10년 전부터 치밀하게 준비한 결과였다. 그런데 본래 홍경래는 1812년(순조 12) 1월에 거사를 계획했으나 정보가 새어 나가 거사 날짜를 앞당겨 1811년 12월에 봉기해 관서 일대를 무난히 휩쓸었다.

송림 전투

1811년 12월 홍경래와 우군칙, 김창시 등은 정부에 대해 전면전을 선포했다. 가산 대정강변의 다복동과 선천 가양동을 지휘 본부로 둔 이들은 죽음을 각오하고 농민군의 깃발을 높이 들었다. 이는 우리나라 역사에서 일찍이 없었던 가장 대규모의 농민 항쟁이었다.

이때 봉기군의 지휘부는 평서대원수 홍경래, 부원수 김사용, 부모주 김창시, 선봉장 이제초와 홍총각, 후군장 윤후검, 군수총관 이희저였다. 홍경래는 우선 풍수로 부호의 집을 드나들던 우군칙을 가산 청룡사에서 만나 시국을 논하던 중 깊이 공감하고 봉기하기로 약속했다. 홍경래는 또 시국에 불만을 품고 있는 자들과 부를 축적해 새로운 지배층으로 성장한 부류와 황해도, 평안도 일대의 상인들에게 접근했다. 또 벼슬길이 막혀 현실에 불만만 품고 있던 양반 지식층에게도 접근해 진사 김창시 등을 포섭했다. 한편으로 거부 이희저를 갖은 방법으로 꾀어 내 자기편으로 만들었다. 또 홍총각, 이제초 등을 발탁해 선봉장으로 삼았다. 그리고 지략과 무력을 겸비한 김사용과 함께 가산 다복동을 근거지로 차질 없이 봉기를 준비해 나갔다.

이 지휘부의 인물들은 어떤 성향의 사람이었는가? 먼저 우군칙은 평안도 태천 출신으로 홍경래의 모사였다. 그는 풍수와 점술에 밝아 가산 동북면에 살면서 묘터를 봐주고 점을 쳐주는 일로 생계를 유지했다. 얼굴색은 검푸르고 뺨은 좁고 길며 하관은 빠르고 눈에는 핏발이 섰고 5척 단구였다. 그는 지모가 뛰어나 지혜가 제갈량을 앞선다는 말을 들을 정도였다.

우군칙은 풍수와 점복을 십분 이용해 가산의 거부인 역노(驛奴) 이희저를 꾀어 군비 조달에 만전을 기했다. 그는 인삼 밀매를 금지하는 법령에 불만을 품은 개성, 의주 등지의 거상과 부호들을 모집해 그 세력을 확대했다. 또한 광산 채굴이 성행해 각처의 빈민들이 광산촌에 모여드는 것을 이용해 운산 촛대봉 아래에 광산을 열고 임금 노동자들을 모아 병사로 전환했다.

한편 김사용은 평안도 태천 출신으로 우군칙의 제자였다. 부원수에 임명되어 북진군(北進軍)을 인솔해 남으로 진격했다. 그는 홍총각이 이끄는 남진군과 정주에서 합세해 전략적 요지인 안주를 공략하기 위해 박천 송림리에 결집해 관군과 전투를 벌이다가 유탄에 맞아 사망했다.

김창시는 평안도 곽산 출신으로 진사에 급제해 문장을 자유자재로 구사할 줄 아는 지식인이었다. 운산 촛대봉 금광 노동자들과의 연락을 담당했다. 그는 글을 잘 지었기 때문에 자신들이 봉기한 이유와 목적을 담은 격문을 작성했다. 격문에서 그는 서북인의 차별 대우를 언급하고 세도 정권의 가렴주구를 지적한 뒤 정진인(鄭眞人)의 출현을 예견했다.

이희저는 가산의 역노로 무과에도 급제했다. 그는 대청 무역을 통해 부를 축적한 평안도 내 굴지의 부호로 체구가 장대하고 담력이 뛰어난 장사였다. 그는 대정강변 다복동 깊은 골짜기에 거점을 잡고 각지의 거부들과 연계를 맺는 한편, 운산 촛대봉 아래에 광산을 경영해 노동자들에게 임금을 주고 고용해 낮에는 광산 노동에 종사하게 하고 밤에는 군사훈련을 시켰다.

홍총각은 본래 어염(魚鹽) 등을 싣고 다니면서 판매하던 소상인이었다. 그의 본명은 홍봉의였는데 나이가 들도록 장가를 가지 못해 늘 홍총각으로 불렸다. 그는 곽산 출신으로 얼굴이 크고 검으며 수염이 없고 체구가 우람하며 키는 5척이 넘었다. 홍경래가 이끄는 남진군의 선봉장으로 활동했다.

홍경래 봉기군은 남진군과 북진군으로 나뉘어 거병 열흘 만에 가산, 곽산, 정주, 선천, 철산 등 일곱 개 지역을 석권했다. 봉기하자마자 각 고을 내응 세력의 도움으로 민폐를 끼치지 않고 엄한 군율에 따라 쉽게 점령할 수 있었다. 당시 관군은 제대로 대응해 싸우지도 못하고 계속 후퇴했다.

홍경래는 이미 가산을 함락하고 얼음이 얼었을 때를 이용해 청천강을 건너 서울을 향해 진격하고자 했다. 그런데 마침 큰비가 내려 꽁꽁 얼었던 얼음이 녹아 배와 노를 갑자기 준비할 수 없었다. 그래서 전략을 바꾸어 1812년 1월에 정주성을 함락해 점거했다. 봉기군이 이미 정주성을 점거하고 군사를 사방으로 출정시켜 공략하자 선천부사 김익순이 자진 항복했다. 이어 봉기군은 대군을 박천 송림에 주둔시켰다. 그런데 함종부사 윤욱렬과 곽산군수 이우식 등이 합세해 공격하자 버티지 못하고 다시 정주성으로 들어갔다. 일단 정주성으로 퇴각한 봉기군은 고립된 채 수적인 면에서나 군비 면에서 몇 배나 우세한 관군의 토벌대와 맞서 거의 4개월 간 공방전을 펼쳤다.

홍경래는 눈부신 활약을 했으나 전술상의 오류로 패주하게 되었다. 패주의 요인은 관군은 활과 조총으로 무장하고 있었고 높은 누각에 위치해 진두지휘한 반면에 봉기군은 평야에 위치하고 있었고 무모하게도 우세한 관군을 중앙으로 돌파하려고 했기 때문이었다.

정부의 진압 작전

정부에서는 이요헌을 양서순무사로 삼아 파견했고 또 순무중군 박기풍을 보내어 봉기군을 섬멸하게 했다. 박기풍이 대군을 거느리고 정주성 밖에 와서 주둔하자 성안은 조금씩 술렁거리기 시작했다. 김익순이 그 틈을 타서 김창시의 목을 베어 성을 빠져나왔다.

처음에는 박기풍이 정주성을 공격했으나 여러 번 불리해 2월에는 박기풍을 파직하고 병사 유효원을 대신 파견했다. 정주성 전투를 관군의 승리로 이끈 인물은 유효원이다. 그는 4월에 정주성의 북쪽에 나아가 흙을 파고 땅속 길을 만들어 포(砲)를 매설한 뒤 옆 구멍으로 화승(火繩)에 불을 질러 넣어 얼마 후 발포해 성을 폭파했다. 그러자 성을 지키던 봉기군이 모두 놀라 달아났다. 유효원이 곧 병사를 정돈하고 입성해 사방을 포위한 후 공격하자 홍경래는 탄환을 맞고 죽었다. 이에 그 목을 베어 상자에 담아 서울로 올려 보냈다. 우군칙 등도 모두 사로잡아 서울로 압송하니 드디어 봉기군이 평정되었다.

봉기군은 평정되었지만 당시 정부의 진압 대책은 참으로 한심하기 그

지없었다. 처음 평안도에서 홍경래가 봉기했다는 소식을 듣고 대신들이 조정에 모여 토벌 대책을 상의했는데 좌의정 김재찬이 유일하게 참석하지 않았다. 서너 번 참석하라고 요청해 비로소 대책 회의에 참석하니 여러 대신들이 말하기를 "이같이 느리도다!" 하고 핀잔을 주었다. 이에 김재찬이 말하기를 "국가가 무사한 지 백여 년이 되었는데 나는 대신으로서 백성의 눈과 귀가 되는 위치이니 내가 만약 바쁘고 창황하게 나대면 백성들이 놀라지 않겠는가."라고 했다는 것이다. 그야말로 국난을 극복할 자세가 전혀 되어 있지 않았던 것이다.

홍경래 등의 봉기를 전후해 순조는 중풍을 앓고 있었다. 그리하여 그는 장인 김조순과 훈련대장 박종경을 끌어들여 정사를 논의해 처리했다. 그런데 이 무렵 안동 김씨의 후원을 받은 조득영이 소를 올려 박종경이 군사권과 경제권을 모두 잡아 왕권을 뒤흔든다고 주장했다. 이 말을 들은 박종경은 이렇게 탄식하고는 병부를 반납하고 서울을 떠났다.

> 이것은 나의 허물이다. 가령 내가 일찍이 결심하고 물러났다면 남의 말이 어찌 여기에 미쳤겠는가.
>
> —《한사경》

그는 순조가 불러도 대응하지 않자 양주목사에 좌천되었다. 그리하여 홍경래의 봉기 당시 훈련대장이자 직후 호조판서였던 박종경이 사퇴함으로써 반남 박씨 정치 세력이 물러나고 안동 김씨 권력의 핵심인 김조순이 정권을 확실히 잡게 되었다.

다른 길을 걷는 선천부사 김익순과 가산군수 정시

평안도에 파견된 수령들도 처음에는 정보가 부족해 뚜렷한 대책을 세우지 못하고 홍경래 군에 줄줄이 항복했다. 곽산군수 이영식, 정주목사 이근주, 박천군수 임성고 등이 그들이었다. 그런데 무엇보다도 가장 치욕적인 사실은 당대 최고의 명문 장동 김씨 출신의 선천부사 김익순이 홍경래 앞에 무릎을 꿇었다는 것이다. 김익순은 김계권의 후손이다. 그 아들은 안근이요, 손자는 김병연(김삿갓)이다.

김익순은 대대로 국가의 녹봉을 먹은 빛나는 가문에서 태어났다. 그런 그가 소속 군졸을 데리고 검산산성에 숨어 있다가 김사용이 격문을 보내어 위협하자 창날이 이르기도 전에 항복문서를 썼다. 그리고 새끼로 목을 매고 홍경래 앞에 나아가 명함을 내밀고 관인과 병부를 고스란히 바친 뒤 무릎을 꿇었다. 그는 홍경래 군에 의해 바로 감옥에 갇혔다. 그러나 김사용은 홍경래에게 건의해 김익순의 족쇄를 풀게 하고 돈과 쌀, 고기 등을 보내 위로했다. 그러고는 "이젠 서울에 가더라도 목숨을 보전하기 어려우니 도와 달라."고 하자 봉기군에 합류했다. 그는 그날 이후 홍경래 등에게 문안을 드렸고 마루에 올라가 봉기군과 어울려 술을 마시기도 했다. 국가의 녹봉을 먹은 권력의 소유자가 지닌 허위와 비겁의 탈이 이로써 적나라하게 벗겨졌던 것이다.

그러나 김익순은 봉기군이 점차 불리해지는 것을 깨닫고는 김창시의 목을 베어 정주에 있는 관군의 진으로 돌아왔다. 그럼에도 불구하고 조정에서는 김익순이 나라를 배반하고 적을 따르는 짓을 거리낌 없이 했고, 김창시의 목을 벤 것도 목숨을 부지하기 위해 한 것이므로 1812년(순조12) 3월 9일에 처형했다. 김익순은 역적으로 낙인찍혔고 그 손자 김병연은 스스로 역적의 후손임을 자책하고는 삿갓을 쓰고 삼천리 방방곡곡을 방랑하게 되었다. 김익순은 조선 왕조가 저물어 가는 1897년에 신원되고 1908년에 관작이 회복되었다.

한편 선천부사 김익순과는 달리 가산군수 정시는 만고 충신으로 그 이름이 빛났다. 그는 한강 정구의 8대손이었다. 그의 조상은 대대로 경상도 성주에 살면서 남인의 당론을 지켜 왔으나 증조부 정달제 대에 와서 노론으로 전향했다. 바로 미호 김원행의 문하에 출입했던 것이다.

정시는 도량이 넓었으나 문학적 소질은 다소 부족했다. 아버지 정로가 아들 정시의 앞날에 대해 점을 친 적이 있었다. 그 점괘는 《주역》이(履)괘의 육삼효사를 얻었는데 그 효를 설명하는 말에 "호랑이의 꼬리를 밟아 사람이 물리는 운수니 흉하지만 무인은 임금에게 큰일을 한다."고 했다.

정로는 이 괘를 보고 "처음에는 흉하나 마지막이 길하군[初凶終吉]."이라고 했다. 정시는 비명에 죽었지만 청사에 그 이름이 전했으니 '초흉종길'인 것이다.

홍경래의 봉기군이 침입해 온다는 소식을 듣고 정시 휘하의 나졸들은 모두 달아났다. 그러나 그의 아버지 로와 동생 질, 그리고 외삼촌 박인양만이 군청에 남아 끝까지 항전했다. 이에 앞서 그는 민심이 흉흉해지자 백성들에게 다음과 같이 연설했다.

내가 들으니 백성은 군수를 부모로 삼는다 하니 부모가 여기에 있
으니 너희들은 장차 어디로 가려는가. 내가 살면 너희들도 살고 내가
죽으면 너희들도 죽으니 죽고 사는 것을 같이해 절대 동요하지 말라.

그리하여 달아났던 백성이 하나둘 다시 돌아오기 시작했다. 그러나 야반 삼경에 갑자기 봉기군 수십 명이 들이닥치자 수비할 틈도 없었다. 봉기군이 정시를 협박하면서 관인과 병부를 내놓고 항복문서를 쓰라고 하자 그는 봉기군을 크게 꾸짖었다.

관인과 병부는 국왕에게 받은 것이니 내 명이 다하기 전에는 결단
코 줄 수 없고 항복할 수도 없다. 속히 나를 죽여 네 뜻을 유쾌하게
하라.

정시가 아버지와 동생을 돌아보며 피신할 것을 종용하자 아버지는
"너를 죽게 하고 내가 홀로 산들 무엇하랴."라고 하면서 곁에 버티고 서
있었다.

봉기군은 정시에게 무릎을 꿇고 항복하게 했으나 그는 크게 꾸짖어
"내 무릎을 어찌 적을 위해 꿇겠는가. 잘릴지언정 꿇을 수 없다."고 버티
었다. 옆에 있던 아버지도 "아가야! 아가야! 나 때문에 구차하게 살려고
는 하지 말라."고 했다. 이때 정시는 병부를 왼손에 꽉 잡고 있었다. 봉기
군이 칼로 왼손을 내리쳐서 병부가 떨어지니 오른손으로 재빨리 주으면
서 "내 머리는 자를 수 있을지언정 병부는 줄 수 없다."(《매산집》)고 버티
다가 칼에 맞아 죽었다.

이어 봉기군은 정시의 아버지를 끌어내어 죽이려고 하니 정질이 아버
지를 안기도 하고 덮기도 했다. 그러나 봉기군은 어지럽게 정질 부자에게
창을 휘둘러 아버지는 죽고 정질은 기절했다.

한편 봉기군은 정시를 죽인 뒤 가산 영장(營將)으로 하여금 가산군의
여러 업무를 맡게 했다. 그리고 정시가 타던 천리마 '준일(駿逸)'을 빼앗
아 타고 다복동으로 유유히 사라졌다. 이때 정시의 외삼촌 박인양이 창날
을 피해 겨우 관아의 종 원채와 함께 먼저 정질을 구제해 정시의 수청 기
생인 연홍(蓮紅)의 집에 숨어 정성껏 치료했다. 연홍은 나졸과 관속이 다
도망갔는데도 끝까지 피하지 않고 정질을 그 집에 숨겨 주어 살아나게
한, 참으로 보기 드문 의기(義妓)였다.

며칠 뒤 송림 전투에서 봉기군이 빼앗아 갔던 말 준일도 울부짖으면서

관군으로 돌아왔다. 전투 중에 준일은 봉기군 장수를 떨어뜨린 후 밟아 버려 관군이 그를 쉽게 죽일 수 있었다. 정시가 타던 말 역시 의마(義馬) 였던 것이다.

순조는 처음 정시에게 병조참판의 증직을 내렸으나 평안감사가 그의 활동을 보다 자세하게 재차 보고하자 병조판서를 추가로 추증했다. 그리고 정주성의 남쪽에 사당을 세우고 표절사(表節祠)라 하고 해마다 봉기군을 혁파한 날에 제사지내게 했다. 그리고 정시의 아버지 정로도 이조참판에 추증했고 수청 기생 연홍에게도 후한 상품을 내려 주었다.

관군에 의해 홍경래가 효수되어 봉기군이 평정되었으나 농민 항쟁은 이제 그 시작에 불과했다. 1811년(순조 11) 제주도에서 양재해가, 그리고 1815년 용인에서는 이응길이 농민 항쟁을 주도했다. 이어 1827년 제주도에서 또 정부를 비방하는 대자보가 붙은 사건이 일어나 그 관련자 정상채를 잡아 신문하니 그는 이렇게 말했다.

홍경래는 일찍이 죽지 않았다. 난리는 장차 해도(海島) 가운데서 일어날 것인데 진인(眞人)은 바야흐로 홍하도(紅霞島)에 살고 있다.

그 뒤에도 농민 항쟁과 역모는 끊이지 않았다. 그리하여 1862년에는 경상도 진주를 비롯해 전국 각지에서 농민 항쟁이 일어나게 되었다. 개명 산천은 서서히 밝아 오고 있었다. 1894년에 일어난 동학농민전쟁의 큰 물줄기는 이미 이 평안도 농민 항쟁에 연원하고 있었다.

김병연을 꾸짖는 노진

노진은 과시(科詩)로 이름이 높아 김병연과는 경쟁 상대였다. 그러나 김병연(김삿갓)보다 과시 짓는 실력은 좀 모자랐다. 노진은 김병연이 자기의 조부가 역적인데도 집에 들어앉아 성명(性命)이나 잘 보전하지 않고 술 마시고 시나 지으며 미친 짓 하는 것을 늘 못마땅하게 생각했다. 그리하여 마침 평안도에 놀러 온 김병연을 쫓기 위해 김익순의 허물을 들추어내어 시로 읊었다. 그 제목은 〈김익순의 죄가 하늘까지 미쳤음을 통탄하고 정시의 충절을 논함[歎金益淳罪通于天 論鄭嘉山忠節]〉이라는 것이었다.

> 너, 대대로 국록을 먹은 신하 김익순아
> 가산 정군수는 일개 지방 문관에 지나지 않았다.
> 흉노에 항복한 이릉(李陵)은 집안의 훌륭한 명성 무너뜨렸건만
> 소무(蘇武)는 기린각의 맨 끝에 화상이 그려져 그 이름 높았더라
> 이제 시인도 여기에 감개함을 금할 수 없어
> 칼을 어루만지며 추수(秋水)가에서 슬픈 노래 부르노라.
> 선천은 예부터 대장이 지키던 큰 고을로
> 가산에 비하면 의당 먼저 지켜야 할 곳.
> 너도 정가산과 함께 임금을 섬기던 신하로서
> 죽는 마당에 어찌 두 마음을 품었던가.
> 아아 태평세월이던 신미년에
> 관서에서 비바람이 부니 이 무슨 변란인가.
> 주나라를 높이는 자 누가 노중련(魯仲連)이 아니겠으며
> 한나라 도운 인사에 제갈량(諸葛亮) 같은 자 많았다네.
> 같은 조정의 옛 신하인 정충신은
> 맨주먹으로 싸우다가 절개를 세우고 죽었지.
> 가산의 늙은 관리 이름 더욱 드날려
> 가을 하늘 밝은 태양 아래 빛이 났도다.

죽은 혼은 남묘(南廟)로 돌아가 악비(岳飛)와 짝했고
뼈는 서산(西山)에 묻히어 백이(伯夷) 곁으로 갔다네.
서쪽으로부터 온 소식 개탄스러운 것 많은데
묻노니 그대는 어느 집의 녹을 먹은 신하인고.
가문의 성세는 장동(壯洞)의 갑족 김씨요,
이름자는 장안에서도 유명한 그 항렬 순(淳) 자라네.
가문이 이 같고 성은(聖恩)이 중했으니
백만 군사 앞에서도 의리상 항복하지 않아야 할 것을
청천강 물결은 투구를 씻던 물결이요.
철옹산성의 나무는 활을 걸던 가지라네.
우리 왕 앞에서 진퇴하던 그 무릎을
차마 관서의 흉적을 향해 꿇었느냐?
혼(魂)은 날아 황천으로 향하지 못할 것이니
지하에도 오히려 돌아가신 대왕이 계신다네.
임금을 잊은 이날에 부모까지 잊었으니
한 번 죽는 것 오히려 가볍고 만 번 죽어 마땅하네.
춘추필법을 너는 아는가 모르는가
이 사실은 동국의 역사에 길이 전하리.

　김병연은 대취한 뒤에 이 시를 낭랑하게 읽으면서 "참 잘지었구나."《대
동기문》)라고 말하고는 피를 토하고 다시는 관서 땅을 밟지 않았다.
　그런데 세상에서는 김병연이 백일장에서 김익순이 자기의 조부인줄
모르고 이 시를 지었다가 나중에 이 사실을 알게 되어 삿갓을 쓰고 전국
을 방랑하게 되었다고 한다. 그러나 이것은 잘못 전해진 것이다.

헌종憲宗

제24대 1827년~1849년 | 재위기간 1834년 11월~1849년 6월

호색의 왕, 헌종

헌종은 1827년(순조 27) 7월 18일에 창경궁 경춘전에서 태어났다. 이름은 환(奐)이고 자는 문응(文應)이며 호는 원헌(元軒)이다. 순조의 손자이자 익종의 아들로 어머니는 풍은부원군 조만영의 딸 신정왕후다.

하루는 어머니 신정왕후가 꿈을 꾸었다. 꿈속에서 남편 익종에게 조각된 옥과 나무 상자를 받았는데 그로부터 얼마 지나지 않아 태기가 있었다고 한다. 헌종이 태어나던 날 학들이 떼를 지어 날아와 궁궐 위를 배회하다가 날아갔다고 한다.

헌종은 어린 나이에 이미 《천자문》 가운데 1백여 글자를 알았다고 한다. 네 살 때인 1830년(순조 30) 아버지 익종을 여의었다. 곧이어 왕세손에 지명되고 중희당에서 세손이 되는 의식을 올렸다. 1832년 9월 그에게 공부와 행동거지를 가르쳐 줄 관리들과 상견례를 행하고 공부를 시작했다. 헌종은 공부하면서 당송팔대가의 한 사람인 소식(蘇軾)의 글과 주자(朱子)학파의 일원이었던 진덕수(眞德秀)의 《대학연의》를 즐겨 읽었다고 한다.

1834년 순조가 죽자 헌종은 여덟 살의 어린 나이로 경희궁 숭정문에서 조선 제24대 왕으로 즉위했다. 즉위 당시 나이가 너무 어려 김조순의 딸인 대왕대비 순원왕후 김씨가 수렴청정을 했다. 그래서 국가 서무의 모든

결재는 순원왕후가 맡아서 처리했다. 비록 헌종이 스스로 결정할 사항이 있더라도 반드시 순원왕후에게 여쭌 뒤에 시행했다.

헌종은 열한 살이 되던 1837년(헌종 3) 3월에 김조근의 딸을 아내로 맞아 혼례를 올렸다. 그녀가 곧 효현왕후다. 이로써 국구(國舅) 김조근은 영흥부원군에 봉해지고 영돈녕부사에 올랐다. 이제 김조근이 안동 김씨 가문의 중심에 서서 순조 연간에 정치적 기반을 다진 김조순을 이어 풍양 조씨의 세도 권력에 대응해야 할 처지가 되었다.

한편 헌종이 열네 살이 되던 1840년(헌종 6) 12월에 순원왕후는 수렴청정을 거두며 헌종에게 국사를 부탁하는 교서를 발표했다. 그리하여 1841년 1월에 헌종은 처음으로 조정의 신하들을 모아 놓고 첫 국무회의를 주재했다. 맨 먼저 그는 이건명, 이만성, 조성복 등 후손들을 등용해 썼다. 이는 국가에 충성을 다한 신하들을 표창한다는 의미였다. 아울러 대신과 판서들에게는 혼탁한 관료계를 청신하게 하기 위해 청백리를 추천하게 했다. 그리고 명망 있는 유학자인 송계간, 김인근, 성근묵 등을 속히 서울에 올라오게 했다. 당시 학계의 도움이 필요했던 것이다.

또한 안동 김씨의 우뚝한 선조인 김수항을 불천위(不遷位, 국가에 큰 공훈이 있는 경우 사당에 영원히 모시도록 허락한 신위)로 모시게 하고 임진왜란 때 공을 세운 권율 장군의 사당을 경기도 고양의 행주산성에 짓게 했다. 그리고 신임사화 때 죽은 노론 4대신을 모신 사충사에도 제사를 올리게 했다.

한편 1843년 봄, 헌종은 정조의 능인 건릉에 행차하던 중 노량진에 있는 용양봉저정에 잠시 들렀다. 정자에 쉬면서 헌종은 당대의 석학 홍직필의 집이 그 근처에 있다는 말을 듣고 불러 보았다. 이는 국왕이 대궐 밖에서 유학자를 불러 접견한 최초의 일이었다.

그해 8월에 효현왕후가 죽자, 이듬해 10월 익풍부원군 홍재룡의 딸을 왕비로 맞아들였다. 이가 곧 효정왕후다. 그런데 풍양 조씨 권력이 남양 홍씨에게 쏠리는 것을 경계한 조병현이 막후에서 정치적 공작을 꾸며 김재청의 딸을 헌종에게 소개해 경빈(慶嬪)으로 삼게 했다. 헌종 연간에는 새로 등장한 외척 풍양 조씨 가문의 세력이 점점 커지면서 안동 김씨 정치 세력이 한동안 주춤했다. 그러나 풍양 조씨 내의 알력과 1846년 조만영의 죽음을 계기로 정권은 다시 안동 김씨에게 넘어갔다.

헌종도 1848년 스물두 살의 어엿한 청년이 되자 자기 목소리를 내게 되었다. 그동안 헌종은 조병구와 조병현 등이 이끄는 풍양 조씨 세도정치에 싫증을 느끼고 있던 터였다. 특히 조병구의 권력 남용을 매우 못마땅하게 생각하고 있었다. 하루는 조병구가 대궐에 들어왔기에 헌종은 조병구의 죄를 조목조목 따지고 "외삼촌의 목에는 칼이 들어가지 않습니까?" 라고 했다.《한사경》) 조병구는 소름이 끼쳐 황급히 대궐을 빠져나오다가 수레가 뒤집혀 그만 머리를 땅에 박아 죽고 말았다.

헌종의 재위 기간은 1834년에서 1849년까지 15년간이었다. 재위 기간 중 국가재정의 기본이 되는 전정, 군정, 환곡 등 삼정(三政)의 문란이 심화되었으며, 남응중의 역모 사건도 일어나고, 이원덕, 민진용 등이 모반을 일으키기도 했다. 또한 서양 세력이 침투하기 시작해 이양선이 동서 해안에 자주 출몰해 행패를 부려 민심은 더욱 흉흉해졌다.

이에 헌종은 순조 연간의 천주교 탄압 정책을 이어받아 1839년(헌종 5)에 프랑스 신부 앙베르(Imbert), 모방(Maubant), 샤스탕(Chastan)을 비롯해 많은 천주교 신자를 학살했는데 이 사건이 기해박해다. 이어 헌종은 오가작통법을 실시해 천주교인을 조직적으로 적발하고 처벌했다. 마침내 1846년(헌종 12)에는 우리나라 최초의 신부인 김대건까지 처형해 버렸다.

한편 헌종은 재위 기간에 상당한 문화 업적을 이루어 냈다.《열성지

장》,《동국사략》,《문원보불》,《동국문헌비고》를 편찬했고, 정조와 순조, 익종 조의 역사를 적은 《삼조보감》도 편찬했다. 헌종은 직접 글을 짓기도 했는데 그 글은 우아하고 깨끗하다는 평을 들었다. 그의 시문을 모은 《원헌집》 다섯 권이 현재 장서각에 보관되어 있다. 글씨 또한 잘 썼는데 평소 예서(隷書)를 좋아해 입묘(入妙)의 경지에 이르렀다고 한다.

헌종은 1849년(헌종 15) 6월 6일에 창덕궁 중희당에서 스물세 살의 젊은 나이로 한 점의 혈육도 남기지 못하고 죽었다. 헌종의 관상을 보면 용의 눈에 무소뿔의 이미지가 떠오르고 이마는 넓어 시원해 보였다고 한다. 준수한 인물만큼 그가 토하는 음성은 금석의 소리와 같이 높고 우렁찼다고 한다.

헌종의 호색

헌종은 여성 편력도 화려했다. 궁궐의 아리땁고 농염한 궁녀들과 거의 관계를 가졌다. 그것에 만족하지 못한 헌종은 민간의 규수 중에서 미색이 빼어난 어린 여자를 뽑아 그녀에게 반월(半月)이라 이름 붙였다. 그러고는 창덕궁 안에 있는 건양재의 동편, 구석지고 깨끗한 곳에 다방[旗亭]을 열어 반월이에게 경영하게 했다. 헌종은 봄바람이 불거나 가을 달이 밝게 비치는 밤에 불현듯 흥이 일어나면 남들이 알아보지 못하도록 남루한 옷으로 갈아입고 반월이를 찾아가곤 했다. 당시 민간에서는 헌종의 음행(淫行)을 풍자하는 동요가 불려졌다.

> 당당홍의(堂堂紅衣) 정초립(鄭草笠) 계수나무 능장(稜杖)을 짚고
> 건양(建陽)재로 넘나든다 반월이냐 윈달이냐.
> 네가 무슨 반달이냐 초생달이 반달이지.
>
> — 윤효정,《최근 육십 년의 비록》

헌종은 경기도 구리시 동구릉 내 경릉(景陵)에 묻혀 있다.

풍양 조씨의 세도

풍양 조씨의 내력

풍양 조씨는 조선 후기 대표적인 명문이다. 19세기 초부터 안동 김씨가 서울 장동(壯洞), 전동(典洞), 교동(校洞)에 주로 살면서 세도를 부린데 반해 풍양 조씨는 전동(磚洞)에서 세도를 부렸다. 그런데 풍양 조씨 중에서도 세도를 부린 계통은 조선 초기에 회양부사를 지낸 조신의 후손들이다. 18세기에 들어와 조문명, 조현명 형제는 소론으로 영조의 탕평 정책을 추진하는 데 적극 참여하기도 했으나 영조 말년에 정치적으로 몰락의 길을 걸었다. 그래서 이들의 후손은 18세기 말부터는 더 이상 고위 관직에 오르지 못했다.

풍양 조씨 세도 집안의 직계 조상을 더듬어 올라가면 조상경이라는 인물이 있다. 그는 영조 연간 10여 년 동안 이조판서의 자리에 있었다. 그래서 영조 연간의 인사는 주로 그가 주도했다. 조상경의 아들인 조엄은 평안감사로 재직하면서 뇌물을 착복했다며 비난을 받기도 했다. 그러자 조엄의 아들 조진관은 세간의 비난에 대해 원통함을 호소하며 신원 운동을 전개했다. 조엄의 뇌물 착복 문제는 당시 조정에 큰 파문을 일으켜 비변사에서 이 문제를 현직·전직 대신들에게 논의하게 했다. 결국 정조가 조엄은 뇌물죄에 해당되지 않는다고 무죄를 인정해 주었다.

19세기 초 풍양 조씨 세도정치의 출현을 이해하기 위해서는 먼저 조득영의 정치 활동에 주목할 필요가 있다. 1806년(순조 6)은 그가 형조참판으로 재직할 때였다. 그는 정순왕후 세력인 우의정 김달순이 경연 석상에서 한 말을 문제 삼아 탄핵함으로써 이조참판에 승진하고 다시 병조판서에 특별 임명되었다. 그는 정순왕후를 중심으로 한 벽파 세력을 물리치는 데 큰 공을 세우고 장차 안동 김씨 시파 세력들이 정치 일선에서 활동할 수 있는 길을 열어 주었다. 장차 풍양 조씨가 세도를 부릴 수 있게 된 것은 이처럼 조득영이 우선 안동 김씨와 정치적으로 공조 체제를 유지했기 때문이었다.

풍양 조씨의 세도정치

풍양 조씨의 본격적인 세도정치는 1819년(순조 19)에 조만영의 딸이 효명세자의 빈으로 책봉되면서부터 시작되었다. 조만영은 이조판서 조진관의 아들이다. 그는 1827년 이조판서 김교근이 병으로 눕자 그 자리에 교체되어 인사권을 거머쥐었다. 이에 순조는 건강상 이유를 들어 세자에게 대리청정을 명했는데, 이는 안동 김씨 세도를 견제하기 위해서였다. 그러자 조만영은 어영대장을 겸직하면서 실력자로 부상해 풍양 조씨 세도의 기초를 튼튼히 마련했다. 그는 또한 훈련대장으로서 군사권을 장악하고 1829년에는 호조판서에 임명되어 경제권도 관장했다.

1830년(순조 30)에 효명세자가 갑자기 죽자 풍양 조씨 세력은 정계에서 잠시 밀려났다. 그러나 조만영은 호조판서, 예조판서에 계속 임명되어 세손(헌종) 보호에 힘썼다. 헌종이 즉위하자 1838년(헌종 4)에 훈련대장, 호위대장, 어영대장을 역임하면서 불안한 왕실을 보호했다.

조만영의 동생 조인영(趙寅永)은 1819년에 문과에 장원으로 급제했다. 그는 1830년에 익종이 죽자 나라와 풍양 조씨 가문의 앞날을 생각하며 통한의 눈물을 흘렸다. 그는 1834년에 익종의 아들 헌종이 즉위한 뒤 이조판서에 임명되었다. 그러고 나서 1837년부터 안동 김씨 세도가인 김유근이 병석에 눕자 세력을 펴기 시작했다. 조인영은 순조에게 헌종을 보도

할 중대한 임무를 부여받아 1839년에 이조판서에 올라 인사권을 장악하고, 조카 조병현이 형조판서가 되어 형사권과 재판권을 장악했다. 정치적 실권을 장악한 두 사람은 척사 정책을 강력하게 펴 나갔다. 조인영은 그해 기해사옥을 주도해 우의정에 임명되고 〈척사윤음(斥邪綸音)〉을 지어 헌종에게 바쳐 서울과 지방에 반포했다.

조인영은 1841년에 영의정이 되어 안동 김씨 세도를 누르고 풍양 조씨 세도를 구축했다. 그 뒤 영의정에서 물러났다가 1842년 다시 영의정이 되었고 1844년 또다시 영의정에 기용되었다. 1849년에 헌종이 죽자 그를 중심으로 한 풍양 조씨 가문은 정치적으로 안동 김씨에게 뒤질 수밖에 없었다.

조만영의 아들 조병구는 조병현과 함께 풍양 조씨 세도의 중심 인물로 부상해 정권을 운영했다. 특히 그는 삼촌인 조인영이 영의정에 오르자 이에 세력을 합해 안동 김씨 세도와 권력을 다투게 되었다.

조득영의 아들 조병현은 1822년 문과에 급제한 뒤 예조판서, 형조판서, 대사헌, 병조판서, 이조판서를 두루 역임했다. 1843년에 김조근의 딸인 헌종비 효현왕후가 죽고 이듬해 홍재룡의 딸이 비(효정왕후)로 간택되자, 조병현은 풍양 조씨의 막강한 권력이 홍씨에게 분산되는 것을 막기 위해 김재청의 딸을 경빈(慶嬪)으로 맞도록 했다.

그는 궁인(宮人)에게 몰래 뇌물을 주어 효정왕후가 월경이 있는 시기를 틈타 헌종을 모시게 해 헌종의 기분을 상하게 했다. 이런 짓을 두세 차례 하자 헌종은 아예 왕비의 처소에 나타나지 않았다. 이러한 일이 있었을 때 정원용이 간하기를 "전하께서는 어찌 종묘를 생각하시지 않습니까."라고 했다.

그러나 헌종은 그의 말을 들으려 하지 않고 일어나 대궐로 돌아가 버렸다. 정원용은 따라가 눈물을 흘리며 간하면서 입으로 곤룡포를 물고 늘어졌으나 헌종은 끝내 뿌리치고는 경빈을 맞이해 버렸다.

조병현은 사람됨이 기민하고 교활했다. 어려웠던 시절에 조병현이 조병구의 집에 들른 적이 있었는데, 그때 조병구의 신임을 받고 있는 한 관상쟁이를 보았다. 그는 매우 공손한 말로 관상쟁이를 자기 집으로 데려왔다. 그러고는 태도를 바꿔 관상쟁이를 방 안에 가두고 칼을 뽑아 목에 들이대고는 "너는 내가 장차 귀하게 될 관상이라고 조병구에게 말해 주거라. 그렇지 않을 경우 너를 죽여 버리겠다."고 협박했다. 관상쟁이가 그를 자세히 쳐다보고는 웃으면서 "당신은 마땅히 귀하게 될 관상입니다. 내 어찌 이빨을 아끼겠습니까."(《한사경》)라고 했다.

조병현은 기뻐하면서 칼을 던지고는 물러섰다. 그 뒤 관상쟁이는 조병구에게 조병현의 관상이 좋다는 말을 했다. 이에 조병구는 조병현을 심복으로 삼았고, 조병현은 출세해 이조판서까지 올랐다. 조병현은 조만영, 조인영, 조병구 등과 함께 풍양 조씨 세도정치의 핵심 인물이 되어 안동 김씨 김홍근, 김유근 등과 권력 다툼을 전개했다.

한편 철종이 1863년(철종 14) 12월 8일 후사 없이 죽자 왕위 계승을 둘러싸고 안동 김씨와 풍양 조씨 두 척족이 대립하게 되었다. 즉 철종비 철인왕후의 척족인 안동 김씨 세력과 익종비인 신정왕후의 친정인 풍양 조씨 세력이 정치적으로 날카롭게 대립하게 된 것이다. 당시 왕위 계승의 지명권을 쥐고 있던 신정왕후는 그동안 세도를 부리던 안동 김씨 세력을 누르기 위해 장헌세자의 증손 흥선군(興宣君) 이하응(李昰應)과 제휴해 흥선군의 둘째 아들 명복(命福, 고종)을 왕위에 오르게 했다.

신정왕후(조대비)의 정치력

신정왕후는 고종이 즉위하자 1863년 12월부터 1866년 2월 13일까지 수렴청정을 했다. 그리고 익종의 대통을 잇게 하기 위해 고종을 자신의 아들로 삼아 버렸다. 그렇다고 정권이 풍양 조씨 쪽으로 바로 넘어갈 수는 없었다.

신정왕후는 1866년(고종 3) 수렴을 걷은 후 그해 5월 10일 그동안 비축해 두었던 30만 냥을 각 도에 나누어 주는 형식으로 내놓아 재정에 대한 권한도 대원군에게 빼앗겼다. 그렇지만 1873년(고종 10) 겨울 대원군이 실각한 이듬해인 1874년에 조성하와 조영하가 고종을 모실 기회가 있었는데, 그때 고종 자신이 신정왕후를 어머니로 섬겼기 때문에 신정왕후의 조카인 조성하를 내형(內兄, 외사촌형)으로 불렀다고 한다. 풍양 조씨 세도의 명맥이 겨우 유지되어 간 것이다.

풍양 조씨는 벼슬로 보면 명문임에 틀림없다. 조상경 이후 직계로 7세 동안 이조판서가 계속 배출되었던 것만 보아도 알 수 있다. 즉 조상경, 조엄, 조진관, 조만영, 조병구, 조성하, 조동면이 모두 이조판서를 역임했던 것이다. 그러나 풍양 조씨는 안동 김씨나 여흥 민씨에 비해 정치 전반에 걸쳐 장기간 세도를 부리지는 못했다. 하지만 그렇다 할지라도 풍양 조씨는 한때 안동 김씨 일당 전제의 견제 세력이 되기도 해 정국 안정에 일조했다. 풍양 조씨가 실각하고 안동 김씨가 독주했을 때 오히려 정국은 혼미한 상태에 빠졌고, 드디어 철종 말기인 1862년(철종 13)에는 전국적으로 민란이 일어났던 것이다.

어쨌든 안동 김씨 60년 세도정치를 종식시킨 데는 바로 풍양 조씨(신정왕후)의 정치력이 작용했다. 그렇지만 그 뒤 신정왕후가 정치적으로 큰 힘을 발휘할 수는 없었다. 수렴청정이 끝난 뒤로 신정왕후가 권한을 행사할 수 있었던 자리라곤 기껏해야 황해도 관찰사 자리뿐이었다. 이미 고종의 배후에는 흥선대원군의 세도가 도사리고 있었고, 1873년(고종 10) 말, 흥선대원군이 물러나면서는 명성황후의 여흥 민씨 세력이 대거 등장해 정부 요로에서 활동하기 시작했던 것이다.

이양선 출몰

18세기 이후 유럽 제국, 특히 영국과 프랑스는 기선(汽船)을 앞세우고 동양으로 손을 뻗치고 있었다. 해양을 무대로 각국의 배가 꼬리에 꼬리를 물고 드나들었던 것이다. 서구에서는 우수한 선박을 제조하고 나침반을 활용해 항해술이 날로 발달했다. 그에 따라 무역선과 해외 사정을 탐사하려는 군함들이 동쪽으로 밀려오고 있었다. 영국과 프랑스 외에도 에스파냐와 네덜란드의 선박도 밀려왔다.

그런데 이들의 동양 진출 목적은 영국의 경우 상업 활동에 있었던 반면 프랑스는 천주교를 선교하려는 데 있었다. 그래서 영국은 인도를 병탄할 계획을 세웠고, 프랑스는 베트남에 교회 세우는 것을 구실로 야욕을 드러내고 있었다.

두 나라는 이미 근거지를 확보하고 다시 동쪽을 향해 세력을 신장했다. 중국의 광동, 홍콩, 마카오 등이 서양인의 거류지로 변했다. 이에 서양과 무역이 이루어졌는데 영국이 중국과 무역하는 과정에서 아편전쟁이 일어났다. 1839년(헌종 5) 3월 광동 총독이던 임칙서(林則徐)가 아편 2만 상자를 몰수해 불태운 사건이 일어났다. 그래서 1840년 아편전쟁이 일어나 영국과 프랑스의 연합군이 북경을 함락하자 청나라 조정은 큰 낭패를 보았다.

그러나 이 당시 조선은 문호를 굳게 닫고 있어 세계정세에 어두웠다. 정보를 얻는다고 해봐야 매년 동지사가 중국 북경에 가서 서양의 종교에 대해 관심을 보인 것뿐이었다. 그러한 어설픈 정보조차도 정사와 부사는 왕을 뵙고 구두로 아뢰었고 서장관과 수역(首譯)은 각각 보고 들은 것을 적은 별단(別單)을 올렸을 뿐이었다.

한편 서양에서는 조선이라는 나라가 삼면이 바다로 둘러싸여 있고 금은보화가 많이 난다고 알려져 있었다. 그래서 서양 여러 나라 가운데 조선에 눈독을 들이지 않는 나라가 없었다. 이들은 우선 조선과 통상(通商)을 하고자 했다. 통상을 위해 서양 선박이 조선 바다의 곳곳에 출몰했던 것이다.

이양선의 실체와 서양인의 모습

서양 선박이 조선의 바다에 출몰하자 이를 이양선(異樣船)이라 부르기도 하고 혹은 황당선(荒唐船)이라고 부르기도 했다. 당시 조선 사람들은 선체가 웅장하고 속도가 매우 빠른 서양 배를 보고 이름을 '이양'이나 '황당'으로 불렀던 것이다.

조선 정부에서는 전통적으로 표류인이 발생한 경우 반드시 중국 북경에 보내어 본국으로 송환했다. 그렇지 않은 경우에는 순조 때 홍양에 표류한 영국 선박처럼 쳐부숴 버리거나 현종 때 제주도에 표류한 네덜란드 선박처럼 탈취했다. 그러나 갈수록 조선 정부에서는 이양선에 대한 정책이 강경해져 고종 때 평양에 쳐들어온 미국 선박은 아예 불태워 버렸다.

1653년(효종 4) 네덜란드 상선이 일본 나가사키로 가다가 제주도에서 난파한 일이 있었다. 그때 조선인은 푸른 눈에 콧대가 높았고 황갈색 머리털에 수염이 난 서양인을 처음 보았다.

구레나룻은 잘랐지만 콧수염을 기른 자도 있었다. 상의는 길어 넓적다리까지 내려왔고 사방의 소매는 겹으로 터졌고 소매 밑에는 단추가 달려 있었다. 하의는 주름이 잡혀 있어 치마 같았다. 옷은 몸에 딱 달라붙어 몸을 묶어 둔 것 같았고, 겨우 팔뚝과 다리를 낄 정도여서 무릎을 굽히지 못하는 것 같았다.

얼굴색은 흰 사람도 있었지만 얼굴과 몸이 모두 검은 자도 있었다. 그 모습은 원숭이 같기도 했으며 알아들을 수 없이 재잘거려 문정(問情)을 할 수 없었다. 글자를 쓰게 해보니 오른손에 붓을 잡고 왼쪽부터 가로쓰기를 하는데 전서(篆書)도 아니고 그림도 아니고 헝클어진 실의 모습 같기도 했다. 어떻게 보면 글자 모양이 산과 같고 구름과 같아 통역관들도 이해하지 못했다. 탁자와 의자가 있어 앉을 때는 반드시 걸터앉았다.

그러면 조선인이 본 이양선의 모습은 어떠했는가.

배 전체를 얇은 구리로 판(板)을 싸고 배 안은 순동으로 만들었는데 배 밖은 한 자 남짓 되었으며 구리색이었다. 배 위에는 크고 작은 돛대를 세우고 배의 앞뒤에 판으로 막아 만든 방은 매우 많았다. 왼쪽과 오른쪽 창문은 모두 유리로 만들었고, 배의 꼬리 부분에는 시렁에 큰 거울을 설치(천리경)했는데 우리나라 대포 같은 것이 세 개나 되었다. 또 물을 긷는 작은 배가 있어서 물 긷기를 마치면 반드시 큰 배에 싣고 갔다.

그런데 문제는 서양 선박에 조총(鳥銃) 등 무기를 싣고 있었다는 점이다. 조총은 길이가 기껏해야 7~8촌인데 매우 정교하게 만들어졌다. 화승(火繩)으로 화약에 불을 붙여 쏘지 않고 총 등 부분에 콩알만한 총알을 넣어 발사하게 되어 있었다.

한편 조선인들은 서양 물건도 구경할 수 있었다. 우선 서양 돈이 구경거리였다. 조선의 엽전은 모두 구멍이 있었지만 서양의 동전은 구멍이 없는 은전(銀錢)이었고 앞뒤 면에 그 나라의 문자 같은 것이 헝클어진 실처럼 미세하게 새겨져 있었다. 그 종류는 큰 것도 있고 작은 것도 있었다. 그리고 서양의 쌀, 콩, 빈랑, 상아, 무소뿔, 밥, 국, 고기, 나물, 떡, 술, 간장, 금, 은, 동, 석, 비단, 베 등을 구경할 수 있었다.

1816년 7월에 충청도 비인현에 영국 선박이 표류하다가 정박했다. 그래서 마량진첨사 조대복과 비인현감 이승렬이 이양선이 떠 있는 곳에 나아가서 먼저 한문으로 질문을 하니 모른다고 머리를 흔들었다. 그래서 다시 우리글로 질문을 하니 또 모른다고 손을 휘저었다. 이같이 실랑이를 한참 벌였는데도 끝내 문답을 하지 못하고 마침내 저들이 붓을 잡고 글씨를 써 보였으나 필담도 여의치 않았다. 선박 좌우의 상하 층에 방이 여러 개 있고 거기에는 책도 많았는데, 그 서책 중에 그들이 두 권을 꺼내어 한 권은 첨사에게 주고 한 권은 현감에게 주었다. 그러나 책에 있는 글씨가 전서도 아니고 우리글도 아니어서 이해할 수 없었다.

이양선에 타고 있는 서양 사람들은 모두 삭발했다. 신은 검은 가죽으로 만들었는데 그 모습이 발막과 같았고 끈으로 매었다. 서양인들은 금은으로 만든 환도(環刀)와 장도(粧刀)를 차고, 어떤 이는 천리경을 가지고 있었다. 그리고 이양선에는 대장간도 설치되어 있어 큰 탄환과 화살을 주조하기도 했다.

이양선은 큰 배와 작은 배를 막론하고 만들어진 그 모습이 기괴하고 방마다 보물과 이상한 물건들을 가득 싣고 있었다. 여자는 단 한 사람이 눈에 띄었다. 그 여인은 머리에 백포(白布)를 쓰고 있고 홍색의 치마를 입고 있었다. 아마 간호사로 따라온 것 같았다.

프랑스 선박의 출몰

1845년(헌종 11) 6월 프랑스 해군 소장 세실은 1839년(헌종 5) 조선에서 행해진 프랑스 선교사 탄압을 구실 삼아 군함 세 척을 이끌고 충청도 홍주의 외연도에 들어왔다. 세실은 그때 프랑스 황제의 이름으로 조선 국왕 헌종에게 보내는 국서를 전하고 돌아갔다. 그 국서의 내용은 대략 이러했다.

세실은 무고하게 피해를 본 사건에 대해 질문하고자 한다. 살펴보건대 기해년(1839) 8월 우리나라 사람 앙베르, 모방, 샤스탕 세 분이 있었는데 이 세 사람은 덕망이 있는 선비다. 귀 고려국(高麗國)에 해를 당할 줄 생각하지 않았는데 그 세 사람은 무슨 죄를 지었기에 이같이 참혹하게 죽였단 말인가. 듣자 하니 귀국의 법률에 외국인이 국경에 들어오는 것을 금하므로 저 세 사람이 국경을 들어왔기 때문에 해쳤다고 하나 자세히 살펴보면 중국인, 만주인, 일본인은 함부로 귀 고려국의 국경에 들어가는 자가 있어도 보호해 국경으로 내보내는 데 불과했고, 아울러 가해를 한 적은 없었다. 그러므로 묻노니 왜 저세 사람을 중국인, 만주인, 일본인과 똑같이 대해 주지 않았는가? 생각해 보면 귀 고려에서 중임을 진 국왕이라는 사람이 우리 프랑스 황제의 어진 덕을 알지 못하도다. 만약에 우리나라 백성이 다른 나라에 그른 짓을 하거나 원망을 지어 살인과 방화 같은 것을 했다면 사실을 조사해 죄를 주면 될 것이지만, 만약 그 백성이 허물이 없는데 사람을 학대하고 해치는 것은 우리 프랑스 황제를 크게 욕보이는 것으로 원망을 초래할 것이다. 우리나라 어진 선비 세 사람이 귀 고려에 해를 입은 것에 대해서 즉시 답하기는 어려울 것이니 내년에 우리나라 전선(戰船)이 특별히 여기에 올 것이다. 귀국은 그때에 회답하는 것이 좋겠다. 이후로 혹시 우리나라 선비나 백성을 학대하고 해칠 때에는 귀 고려는 반드시 큰 재앙이 없지 않을 것이다.

— 이능화, 《조선기독교급외교사》

이 프랑스 국서는 한마디로 조선에 대한 협박 문서였다. 병인양요 20년 전에 이미 프랑스는 조선에 전쟁의 뜻을 비치고 갔던 것이다.

이에 헌종은 영의정 권돈인과 프랑스 국서 문제를 놓고 상의했다. 권돈인은 그 국서의 내용이 자못 공갈하는 뜻이 담겨 있다고 헌종에게 보고했다. 이에 헌종은 이듬해 봄에 소요가 있겠다고 말했다. 권돈인은 이듬해 봄이 아니라 지금도 소요가 일고 있고 민심이 흉흉하니 이는 백성이 그 국서를 보지 못했기 때문이다. 따라서 하루빨리 그 국서를 공개해 모든 백성이 본 뒤라야 의심이 풀릴 것이라 했다.

그러자 헌종은 이 일을 청나라에 보고하는 것이 좋을 것 같다고 했다. 이에 권돈인은 프랑스 선박이 해양에 출몰해 섬 주민을 위협하고 국서를 들이고자 하면서 언필칭 황제라 한 것은 공갈하는 계책에 불과할 뿐이라 했다. 따라서 이러한 황탄한 말로 갑자기 청나라에 보고할 수 없다는 것이었다. 이어 권돈인은 기해년(1839)에 프랑스 인을 처형할 때도 청에 보고하지 않았는데 지금 갑자기 이 사실을 보고한다면 도리어 의심을 살 염려가 있을 것이라 했다.

헌종은 권돈인의 말에 고개를 끄덕였다. 그리고 조선인 가운데 반드시 저들과 맥락이 상통하는 자가 있기 때문에 프랑스 신부가 살해된 사유와 그 연도를 알게 되었을 것이라 하며 국내 천주교도에 대한 탄압의 뜻을 비쳤다. 이에 권돈인도 프랑스 선박이 오게 된 것은 국내에서 이에 내응하고 유인한 데 말미암은 것이니 모두 우리나라 안에서 자초한 화라고 규정했다.

이러한 헌종과 권돈인의 대화 내용은 이 문제를 국제적으로 비화시키지 않고 다시 조선 내부에서 천주교도를 뿌리 뽑는 식으로 처리하겠다는 뜻이다. 이는 조선 최초의 신부 김대건의 처형을 의미하는 것이었다.

헌종이 김대건을 어떻게 처리해야 되겠느냐고 권돈인에게 물었을 때 권돈인은 일각도 늦출 수 없는 일이라고 주장했다. 권돈인은 김대건의 처사를 생각하면 치가 떨리고 담이 흔들릴 지경이라 했다. 따라서 만약에 법에 의거해 죽이지 않는다면 마침내 핑계 삼을 구실을 주는 것이고 약함을 보이는 것이라 했다. 그리하여 김대건은 형장의 이슬로 사라졌다. 프랑스 선박이 출현해 조선을 협박하자 국내 민심이 흉흉해 민심 무마 차원에서 김대건에 대한 사형 집행이 빨리 이루어졌다. 그때 프랑스 선박은 바로 이양선이었던 것이다.

한편 1847년(현종 13) 6월 프랑스 군함 글로아르 호는 세실 소장이 준 국서에 대한 해답을 받으러 오다가 전라도 만경의 고군산 열도 해안에서 폭풍을 만나 좌초되었다. 이들은 7월 10일부터 8월 9일까지 1개월간 고군산도에 머물렀다. 그때 고군산도의 주민들은 선원 700여 명에게 음료수와 양식을 공급했다. 이들은 중국 상해에서 빌려 온 영국 배를 타고 무사히 귀국할 수 있었다.

그런데 전라감사가 올린 사건의 전말을 담은 장계를 검토한 비변사에서는 후환이 두렵다고 생각했다. 앞으로 사건이 어떻게 진행될지 상황을 예측하기 어렵다고 판단했다. 그래서 그동안 프랑스 선박의 동정과 기해년에 프랑스 인을 죽인 사실에 대해 자문(咨文)을 지어 청나라 예부(禮部)에 보내자고 했다. 그러나 이 자문이 청나라 예부를 통해 프랑스에 전달되었을 가능성은 없는 것 같다. 어쨌든 조선에서는 청나라를 통해 세실의 서한에 대한 답신을 보낸 셈이었다. 이것이 서양과의 첫 외교문서였다.

상자 속의 귀신 소리

1847년 8월 프랑스 인이 떠나간 뒤 우스운 일이 일어났다. 프랑스 인이 남기고 간 물품은 관청의 창고에 넣어 잘 보관되었다. 하루는 갑자기 똑딱똑딱 하는 괴상한 소리가 상자 속에서 흘러나왔다. 7일 동안 그 소리가 들리다가 끊겼다. 이에 섬 주민들은 한바탕 소동을 벌여 서양인이 독귀(毒鬼)를 남겨 두고 가 장차 섬 주민에게 재앙이 될 것이라 생각했다. 그래서 큰 제사를 지내고 기도했다. 그런데 나중에 알고 보니 그것은 바로 자명종(自鳴鐘)이었다.

계속되는 이양선 출몰과 조선의 대응

이후에도 이양선의 출몰은 빈번했다. 1848년 6월에는 이양선이 함경도 앞바다에 나타났고 12월에는 경상도, 전라도, 황해도, 강원도, 함경도 등 5도에 나타났다. 이에 정부에서는 이양선의 연해 침입에 대비해 해안 경비를 강화했다. 이어 1849년 3월 이양선이 또다시 출몰해 민심이 크게 동요했다.

그런데 당시 조선의 정부 당로자와 지식인과 백성들은 서양의 사정과 물건에 대해 너무 몰랐다. 이미 해외 사정을 소개하는 신서인《해국도지(海國圖志)》와《영환지략(瀛環志略)》이 국내에 몇 부 들어와 있었지만 그리 관심을 보이지 않았다. 물론 몇몇 선각자들은 지구의를 돌려가며 세상 돌아가는 것을 알고 있었다. 그러나 이들은 자신의 지식을 국가와 사회에 환원하려는 실천력이 부족했다. 이에 비해 대부분의 유학자들은 깊은 잠에 빠져 아직도 요순(堯舜)과 주공(周孔)을 꿈꾸고 있었다.

일례로 경기도 파주의 유학자 성근묵은 1847년에 척사소(斥邪疏)를 올렸다. 그는 "저들의 선박이 대양을 횡행해 범에 날개를 단 것 같으나 요망함은 덕을 이기지 못하고 사악함은 정(正)을 이기지 못하니 어찌 요순주공의 도(道)로 해외의 요사한 적에게 욕을 당하겠는가."라는 태평스런 말을 늘어놓고 있었다. 그로부터 20년이 지난 1866년에도 이항로, 기정진 등은 비슷한 내용의 소를 올렸다.

19세기 중엽 조선 유학자들은 고리타분한 말들을 주워 모아 장황하게 늘어놓기만 했을 뿐 시세를 정확하게 파악하지 못하고 있었다. 그러한 유학자들은 국가에 무슨 일이 있으면 팔뚝을 걷어붙이고 큰소리로 "성인의 도는 천하에 대적할 자가 없으니 인의(仁義)로써 방패와 창을 삼고 충신(忠信)으로써 갑옷과 투구를 삼는다."고 떠들어 댔다. 또한 매번 서양을 배척하고 일본을 배척하는 것으로 의리를 삼았던 것이다.

문제가 많기는 정부도 마찬가지였다. 이러한 경직된 유학자를 도리어 높이 칭찬해 사표(師表)로 대우하고 유현(儒賢)에 비기었다. 정부에서는 유학자가 올린 소(疏)를 검토하고 답하기를 "척사(斥邪)에 대한 논의는 통절하고 명쾌하다. 만약 사악한 무리들이 들으면 족히 마음을 바꾸고 자취를 감출 것이다."라고 했던 것이다.

그러나 1866년 미국과 평양 앞바다에서 전쟁을 치른 뒤 미국 군함을 인수해 그 부속품을 조사해 보았다. 또 강화도에서 프랑스와 전쟁을 치르고(병인양요), 1871년에는 미국과 전쟁을 치르면서(신미양요) 조선 정부와 지식인은 그 힘의 실체를 점차 실감하게 되었다. 이제 서양 선박은 더이상 이양선이나 황당선이 아니었다.

천주교 박해의 재연, 기해박해

1783년(정조 7) 겨울, 이승훈은 아버지를 따라 청나라 수도 북경에 가서 그라몽 신부에게서 세례를 받았다. 그리고 이듬해 천주교 교리 서적과 십자가상을 구해와 천주교를 전파하기 시작했다. 그 당시는 주로 그의 친인척들이 천주교를 믿었다.

1791, 조선 최초의 천주교 박해인 신해박해가 일어났으나 정조가 그 처벌에 소극적이고 남인 채제공이 교도들을 비호해 윤지충, 권상연이 희생되는 데 그쳤다. 그리고 나머지 인물은 유배에 그쳤으니 그저 땅 위에 보이는 풀만 베고 뿌리는 남겨 둔 상태였던 것이다. 그러나 그 뒤 천주교는 요원의 불길처럼 걷잡을 수 없이 확산되어 갔다.

그 과정에서 1801년(순조 1) 신유년에 천주교도 300명을 처형한 대대적인 박해가 일어났다. 이때에도 천주교도의 뿌리를 완전히 뽑아 버린 것 같았으나 천주교는 금하면 금할수록 더욱 번져갔다. 그러더니 1835년 겨울 프랑스 신부 모방은 방갓에 상복을 입고 얼음이 꽁꽁 언 압록강을 건너 이듬해 1월에 서울로 몰래 들어왔다. 이어 프랑스 신부 앙베르가 조선 주재 주교로 임명되어, 샤스탕을 거느리고 1837년 1월 서울에 몰래 들어왔다. 1835년(헌종 1) 6천 명밖에 안 되었던 교도 수가 이때에 이르러 9천 명을 넘게 되었다.

박해의 실상

정부에서는 대대적으로 천주교를 배척하는 척사 정책(斥邪政策)을 펴나갔다. 그 과정에서 억울하게 희생된 자도 무척 많았다. 조정에서 언론을 맡은 관료와 재야의 유생들은 평소 자기들과 원한이 있던 사람들을 이 정책을 기화로 삼아 죽이거나 귀양보내기도 했다. 겉으로는 천주교 배척을 내세웠으나 안으로는 원수를 갚으려고 한 것이다.

기해박해는 그 전해 1838년 겨울부터 시작해 1840년 봄까지 1년 넘게 지속되었다. 포도청에서는 그해 1월부터 2월까지 천주교인 수십 명을 잡아 형조로 이관해 이들에게 배교(背敎)를 종용하고, 배교를 하지 않는 자는 처형했다. 3월에는 우의정 이지연이 척사 정책을 강력히 추진할 것을 대왕대비 김씨에게 요청했다. 그때 정계에는 안동 김씨에 대응해 헌종의 어머니인 신정왕후 조대비의 집안이 득세해 척사 정책에 적극 간여했다. 이조판서 조만영과 형조판서 조병현이 척사의 바람을 잡고 있었다.

천주교도의 처형이 한창 진행되던 1839년 5월 25일에 대왕대비는 이들의 체포에 총력을 기울이라는 새로운 명령을 하달했다. 그 무렵 천주교도 유진길과 가깝던 안동 김씨 실세 김유근이 죽었다. 유진길은 정3품 당상 역관으로 김유근과 친분도 알려져 있어서 감히 손을 대지 못하고 있던 터였다. 그러나 김유근이 병으로 죽자 즉시 체포되었다.

한편 4월 22일 수원으로 피신했던 주교 앙베르도 7월 3일 포교에게 자수했다. 6월 10일에는 이광렬과 여자 교도 일곱 명이 서소문 밖에서 처형되었다. 조정에서는 그동안 잘 운영되지 않던 오가작통법을 더욱 엄격하게 적용하라고 지시했다.

이에 앙베르 주교는 교도들이 더욱 심하게 박해받고 체포망이 점점 좁혀 오자 모방과 샤스탕 신부에게 자수를 권했다. 두 신부가 자수하자 즉각 서울로 압송되었다. 이들은 포도청에서 8월 5일과 7일 신문을 받았다. 이에 대왕대비 김씨는 1801년 신유박해 때 주문모(周文謨)를 처형한 예에 따라 프랑스 신부의 목을 베어 백성들에게 경종을 울리라고 했다. 이어 8월 8일 유진길과 정하상에게도 사형선고를 내렸다. 조신철은 8월 14일 의금부에서 형조로 이송되어 처형되었다.

한편 이지연의 후임으로 풍양 조씨의 실세인 조인영이 우의정이 되자 박해는 더욱 가열되어 갔다. 그는 안동 김씨 세도가들과 정치적으로 적대 관계에 있던 대표적 인물이었다. 조인영은 평소 천주교 배척에 소극적이던 안동 김씨들을 이 기회를 이용해 정치적으로 반격할 수 있었다.

조인영은 감옥에 갇혀 있던 교도들을 모두 교수형에 처했다. 그리고 10월 18일 조인영은 〈척사윤음〉을 지어서 대왕대비의 이름으로 서울과 지방에 반포했다. 그러나 〈척사윤음〉의 내용은 구태의연하기 짝이 없었다. 먼저 이른바 정학(正學, 유학)의 연원을 밝히고, 다음으로 천주교도의 죄목을 논했다. 사륙변려문(四六騈儷文)의 문장을 써서 백여 구절을 나열했다. 당대의 대문장가가 썼다고는 하지만 결과적으로는 백성을 거의 교화시키지 못했다.

기해년도 막 저물어 가던 12월 27일과 28일에 박종원, 이문우 등 10명이 마지막으로 사형에 처해졌다. 한 해 동안 대략 70여 명이 처형되었다. 그런데 천주교도 가운데는 여자들의 숫자가 과반수가 되었다. 그중에 권용좌의 딸은 미모가 빼어나고 농염한데다 재주와 지혜가 매우 뛰어났고, 시도 잘 짓고 글도 잘하고 그림도 잘 그렸다. 참으로 옥중(獄中)의 꽃이었으나 머지않아 곤장을 맞고 불귀의 황천객이 될 운명에 처했다.

그러나 권력층의 비호가 있었던지 그녀는 견고한 옥문을 빠져나와 생명을 부지할 수 있었다. 재주와 미모가 빼어난 재모쌍전(才貌雙全)인 그녀를 죽이기가 너무나 아까웠던 모양이다. 정하상의 어머니는 나이가 칠십이었으나 끝까지 신앙을 저버리지 않았고, 심지어 다섯 살짜리 여자 아이도 잡혀 와 취조를 받았으나 끝까지 버티었다고 한다.

1836년 기해박해는 풍양 조씨 세도가와 그를 후원하던 정치 세력이 주도했다. 그래서 이 박해를 계기로 안동 김씨가 정계에서 실각하고 풍양 조씨가 실세를 잡게 되었다. 그리하여 풍양 조씨의 세도는 1849년 헌종이 죽고 철종이 즉위할 때까지 계속되었다.

김대건 신부 처형, 병오박해

김대건은 1831년 프랑스 신부 모방에 의해 신학생으로 발탁되었다. 그 뒤 그는 1836년 열다섯 살 때 마카오에 있는 파리외방전도회 동양경리부로 가게 되었다. 그곳에서 신학 공부를 열심히 하고 10년 만인 1845년 1월에 귀국했다. 김대건은 귀국해 천주교 조선 교구의 제3대 교구장인 주교 페레올(Ferreol)과 함께 포교에 전력을 다했다. 페레올은 당시 만주에 머물러 있던 신부 메스트르(Maistre)와 최양업을 맞아들일 방도를 강구했다. 페레올은 육로는 감시가 삼엄해 바닷길로 이들을 들여오게 할 생각을 가지고 김대건 신부를 황해도 서해안으로 보냈다. 김대건은 1846년 5월 13일 서울을 떠나 황해도 연안의 백령도 해역으로 가서 청나라 배에 지도와 서신을 보냈다. 그러고는 돌아오는 길에 순위도에 들렀다가 그만 포졸에게 체포되었다. 김대건은 황해도 해주 감영으로 끌려가 신문을 받았다. 황해도 관찰사는 김대건의 신분이 거물급이라는 것을 알고 즉각 서울로 압송했다.

김대건은 혹독한 고문을 받으면서도 천주교가 흔히 세간에서 말하는 사학(邪學)이 아님을 힘주어 설명했다. 그리고 급박하게 돌아가는 세계정세를 알리고 정부에서 천주교 탄압을 중단해 줄 것을 요구했다. 그러면서 우물 안 개구리로 조선의 하늘만 넓다고 생각하던 조선의 지식인과 정부의 각성을 촉구했다.

그런데 그해 9월 프랑스 동양 함대 사령관 세실(Cecil) 제독이 군함 세척을 이끌고 충청도 홍주 해역에 나타났다. 그 이유는 1839년 기해년 천주교 박해 때 프랑스 선교사를 학살했던 일을 들먹이고 이어 통상(通商)을 강력하게 요구하기 위해서였다. 여론이 비등해지자 영의정 권돈인의 주장으로 김대건 신부에게 사형선고가 내려져 9월 16일 새남터에서 처형되었다. 그리고 9월 20일에는 임치백, 현석문, 한이형, 남경문, 우술림, 김임이, 정철염 등이 처형되었다.

천주교의 매력

왜 당시 조선인들은 목숨을 버리면서까지 천주교를 독실하게 믿었던 것일까?

머리 좋은 사람은 항상 새롭고 기이한 것을 좋아하는 법이고, 어리석은 사람은 허황한 말에 미혹되기 쉬운 법이다. 바로 천주교의 이면에는 조선 천지에서는 듣지도 보지도 못했던 새롭고 산뜻한 사상과 과학과 미래가 그려져 있었다. 지식인들은 천주는 곧 유학의 상제(上帝)이고 성경은 곧 유학의 《시경》, 《서경》 등의 경전과 같은 것으로 여겼다. 그리고 십계(十

戒)가 유학의 '예(禮)가 아니면 보지도 듣지도 말하지도 행동하지도 말라'는 사물(四勿)과 크게 다르지 않다고 생각했다. 경천애인(敬天愛人)이 십계의 내용인 이상 거부할 이유가 없었던 것이다.

또한 서학서에는 당시 동양보다 앞선 의학과 농학이 소개되고 있었다. 그리고 혼(魂)에 대해 새롭게 인식할 수 있는 기회를 주었다. 즉 혼에는 세 가지가 있는데 생혼(生魂)과 각혼(覺魂)과 영혼(靈魂)이 그것이다. 생혼은 초목(草木)의 혼으로 생장(生長)은 하지만 지각(知覺)이 없고, 각혼은 금수(禽獸)의 혼으로 생장하고 지각할 수 있지만 도리를 알지 못하고 시비를 분간하지 못한다고 했다. 그런 반면에 영혼은 지각하고 생장하며 시비를 분별할 줄 안다고 했다. 그리하여 인간의 영혼은 영원히 없어지지 않으며 따라서 믿음을 통해 사후 천당에 올라가서 안락한 생활을 할 수 있다고 여겼다.

그리고 성수(聖水)를 유리병에 담아 영세를 하는 과정에서 눈에 바르고 한 번 마시면 비록 바보나 목불식정(目不識丁)의 무식한 사람도 천주교 서적에 다 통한다는 이야기가 나돌았다. 또 성수는 혹독한 형을 받아 살이 찢어져 피가 철철 흘러도 고통을 의식하지 못하도록 해준다고 믿었다. 그래서 형벌을 받을 때도 반드시 성모마리아를 부르고 조금도 울지 않았다. 천주교도들은 죽음 보기를 낙지(樂地)처럼 하고 곤장 참기를 목석(木石)같이 했던 것이다.

천주교는 앞날이 불확실하던 19세기 초중엽 정계에서 배제된 세력이나 일반 백성들, 여인들에게 내세에 대한 확고한 믿음을 심어 주었다. 천주교는 기해박해와 병오박해에도 불구하고 또다시 지하로 전파되어 나갔다. 1865년 천주교도의 수가 2만 3천 명을 헤아리게 되었고 조선에서 활동하던 선교사도 열두 명이나 되었다. 곧 불어닥칠 병인박해의 폭풍 전야에도 이들은 모임을 갖고 예배를 보고 있었다.

철종哲宗

제25대 1831년~1863년 | 재위기간 1849년 6월~1863년 12월

강화도령, 철종

호색의 왕 헌종은 1849년(헌종 15)에 이르러 점점 건강이 나빠졌다. 자식을 낳을 가능성마저 희박해지자 궁중의 제일 어른인 순조의 비 순원왕후 김씨는 헌종의 후사가 자못 걱정되었다. 순원왕후는 헌종을 이을 왕족을 물색했다. 그러던 중에 덕흥대원군 종손 이하전(李夏銓)이 헌종에게 항렬로 보아 조카뻘이 된다는 사실을 알고 후계자로 내정했다. 그리고 그 이름을 인손(仁孫)이라고 부르게 했다. 인손이란 이름은 순조의 능호가 인릉(仁陵)이기 때문에 순조의 손자로 내정한다는 의미이다. 그러나 아직 세자로 지명하는 의식은 거행하지 않고 있었다.

헌종의 후계자가 이하전으로 극비리에 내정된 것도 모르고 당시 안동 김씨의 세도가 김수근은 충청감사에서 직제학으로 전보되어 올라왔다. 김수근은 종묘제례에 참석했다가 헌종의 얼굴이 매우 초췌한 것을 보았다.

제례가 끝난 뒤 김수근은 바로 김좌근을 찾아가 "오늘 어용(御容)을 처다보니 매우 두려운지라, 옥체가 완쾌될 희망은 적을 듯하니 장차 후계자를 어떻게 하겠습니까?"라고 물었다. 김좌근이 말하기를 "형님께서 외직에 계시어 미처 듣지 못했겠습니다만 그 사이에 덕흥대원군 종손 이하전을 후계자로 내정하고 이름까지 인손이라 명했습니다."라는 것이었다.

김수근은 발을 동동 구르면서 "만일 그렇다면 우리 김씨는 망할 날이 며칠 남지 않았도다!"라고 다급해했다. 김좌근이 "무엇 때문입니까?"라고 묻자 김수근이 말하기를 "이하전의 주위는 벽파(僻派) 세력이 아닌 자가 없으니 저들이 만약 세력을 얻으면 시파(時派)인 우리 김씨는 화를 예측할 수 없으니 어찌 한심한 일이 아닌가."라는 것이었다. 이 말을 듣고 당황한 김좌근은 "그렇다면 계획을 어떻게 세우면 좋겠습니까?"라고 다그쳐 물었다.

이에 김수근은 이렇게 대답했다.

"지금 잘하면 전화위복의 계기로 삼을 수도 있다. 다만 한 가지 묘안이 있으니 아우는 한번 짐짓 생각해 보라. 이하전은 지금 임금에게 비록 항렬의 서열로는 맞지만 매우 먼 종친이다. 이제 장헌세자의 손자인 전계군(全溪君)의 셋째 아들로 순조의 대통을 잇게 해 내 동생 김문근의 딸이 나이가 지금 열세 살이니 이로써 왕비를 삼게 하자. 그러면 앞으로 우리 김씨의 세력은 반석같이 튼튼하게 되지 않겠는가."

김좌근이 탄복해 크게 칭찬하면서 이르기를 "아우는 무슨 말씀인지 잘 알아들었습니다." 하고는 그 길로 순원왕후를 찾아가 뵙고 장래의 화복과 이해관계를 들어 자세히 설명했다. 순원왕후는 이를 듣고 크게 기뻐해 강화도에 농사짓고 있던 전계군의 셋째 아들 원범(元範)을 후계자로 정했다.

헌종은 건강이 극도로 악화되어 1849년 6월 6일 신정왕후(趙大妃)의 무릎 위에서 스물세 살의 나이로 승하했다. 순원왕후는 이같이 다급한 지경을 당했는데도 불구하고 즉석에서 나인에게 명령해 옥새를 들여오게 했다. 옆에 있던 신정왕후가 영문을 모르고 "옥새는 어디에 쓰시려고 그럽니까?"라고 묻자 순원왕후가 "국가의 후계자를 정하는 일이 시급하도다."라고 대답했다. 신정왕후가 "그렇다면 인손입니까?"라고 또 묻자 순원왕후는 아니라고 대답하고는 후계자 발표 준비를 서둘렀다. 그리고 즉각 국문으로 발표하기를 "전계군 제3자 이원범으로 순조 대왕의 대통을 잇게 한다."(윤효정,《최근 육십 년의 비록》)고 했다.

철종이 순조의 대통을 잇게 되자 그는 자연히 순원왕후의 아들이 되었다. 세칭 강화도령 이원범을 맞이하기 위해 원로대신인 정원용은 안동 김씨의 명령으로 거창한 의장(儀仗)과 문무 관료를 거느리고 강화도 전계군의 집에 도착했다. 특별히 정원용을 보낸 것은 그가 안동 김씨 먼 외가의 후손에 해당하고 또 안동 김씨에 아첨하는 대표적인 인물이었기 때문이다.

당시 전계군 집은 언제 다시 화가 닥칠지도 모르는 두려움 속에서 하루하루를 생활하고 있었다. 그런데 서울에서 뜻밖에 들이닥친 의장 행렬과 많은 말과 수레에 온 집안이 발칵 뒤집혀 벌벌 떨면서 정신을 잃고 안절부절 못했다.

철종이 어가(御駕)를 타고 양화도 강촌에 이르렀을 때이다. 수백 마리의 양이 떼를 지어 목장의 풀밭에서 유유히 풀을 뜯어먹고 있었다. 그런데 어가가 마을 앞을 지나갈 때는 양 떼가 행렬을 이루어 길옆에 엎드렸다가 철종의 행차가 지나간 뒤에 일어나서 흩어졌다고 한다. 철종은 유약하고 사리에 어두웠다. 학식도 없고 덕망도 없던 그를 별안간 한 나라의 국왕으로 모시자니 아마 양 떼를 등장시켜 천명도 그를 도와주었다는 설명이 필요했던 모양이다.

철종은 즉위한 뒤 이름을 변(昪)이라 했다. 자는 도승(道升)이고 호는 대용재(大勇齋)이다. 정조의 아우 은언군의 손자이며, 1831년 6월 17일 전계대원군 광과 용성부대부인 염씨 사이의 셋째 아들로 경행방(慶幸坊) 민가에서 태어났다. 용성부대부인은 증 영의정 용성화의 딸이다. 당시 영조의 혈손으로는 헌종과 철종 두 사람뿐이었다.

1849년 6월 6일 헌종이 후사 없이 죽자 순원왕후의 명으로 정조의 손자, 순조의 아들로 왕위를 계승했다. 이때 나이 열아홉 살이었다.

철종은 학문과는 거리가 먼 농사꾼이었다. 1844년(헌종 10) 형 회평군의 옥사로 가족과 함께 강화도에 유배되어 있었다. 그런데 별안간 명을 받아 봉영 의식을 행한 뒤 6월 8일 덕완군(德完君)에 봉해졌다. 그리고 바로 그 이튿날 6월 9일 창덕궁 희정당에서 성인식을 올린 뒤 빈전(殯殿)에서 옥새를 받고 인정문에서 조선 제25대 왕으로 즉위했다. 농사를 짓다가 갑자기 왕이 되었으므로 처음에는 대왕대비가 수렴청정을 했다.

1851년(철종 2)에 탈상을 하고 9월에 순원왕후의 가까운 집안인 김문근의 딸을 왕비로 맞이했다. 그가 곧 명순왕후(明純王后)이고 이로써 안동 김씨가 순조, 헌종, 철종 3대에 걸쳐 왕비를 배출하게 되었다. 그 뒤 김문근이 영은부원군이 되어 국구로서 왕을 돕게 되니 순조 때부터 시작된 안동 김씨의 세도정치가 재연되었다.

또다시 안동 김씨 세상

철종은 국사의 전권을 외아저씨 김좌근에게 위임했다. 그러자 김좌근의 일족인 김수근, 김문근, 김병기 등 안동 김씨들이 완전히 정계를 좌지우지했다. 이때 등장한 안동 김씨는 모두 철종의 처족이 아니면 외척들이었다. 철종 연간은 안동 김씨 세도정치가 가장 절정을 이뤘던 시기라고 할 수 있다. 안동 김씨는 김상용, 김상헌 이후 대대로 학문을 숭상해온 집안으로 국왕을 예로 섬기고 백성을 대하는 위엄 정도는 갖추고 있었다. 즉 조정에서 지켜야 할 풍채와 대대로 전해 온 충효의 모범이 아주 없어졌던 것은 아니다. 그러나 철종 14년간 혁혁한 부귀를 누리다 보니 뇌물이 공공연하게 행해져 사치 풍조가 만연했다. 요직은 모두 안동 김씨들이 차지하고 있어 인재 등용에 있어 공정성이 사라져 갔다.

철종은 안동 김씨 세력을 두려워해 아무 일도 독자적으로 처리하지 못하고 신하에게 요직 한 자리를 임명할 때도 반드시 좌우에 묻기를 "교동 아저씨(김좌근)가 아는 일인가?"라고 물을 정도였다.

당시 안동 김씨 고위 관료가 눈[雪]을 읊은 시에는 안동 김씨의 위엄이 천지를 진동하고 세인을 업신여기어 지나치게 교만을 부리는 모습이 역력히 베어 나고 있다.

> 흰 눈 덮인 뭇 산은 푸른 기미 없고요.　群山不敢生心碧
> 지는 노을 오히려 홍염을 토하고 있네.　落照猶能盡力紅
>
> — 윤효정,《최근 육십 년의 비록》

철종도 딱 한 사람만은 관직에 임명할 수 있는 권한을 행사했다. 강화도에 살 때 이시원이 훌륭한 관원이라는 소문을 들은 적이 있어 즉위 후 인사 서류가 올라오면 비록 두 번째나 세 번째 후보 자리에 그의 이름이 있더라도 반드시 임용했다. 한 번은 개성유수 자리가 비어 있었는데 철종이 직접 이시원의 이름을 추가로 써넣어 임용하게 하기도 했다.

철종은 1852년(철종 3)부터 친정을 시작했다. 이듬해 봄에는 관서 지방에 심한 기근이 들자 대책으로 선혜청의 돈 5만 냥과 사역원에서 인삼세로 거둬들였던 세금 중 6만 냥을 내어 구제하게 했다. 또 그해 여름에 가뭄이 심하자 식량이 없어 구제하지 못하는 실정을 안타깝게 여긴 나머지 재용의 절약과 탐관오리의 징계를 명했다.

1856년 봄에는 화재를 입은 약 1천여 호나 되는 여주의 민가에 은자(銀子)와 단목(丹木)을 내려 주어 구휼하도록 했다. 그리고 함흥의 화재를 당한 백성에게도 3천 냥을 지급했다. 같은 해 7월에는 영남의 수재 지역에 내탕금 2천 냥, 단목 2천 근, 호초 200근을 내려 주어 구제하게 하는 등 빈민 구호 정책에 적극성을 보이기도 했다.

그러나 당시 정치 운영은 실질적으로 안동 김씨 일문에 의해 이루어졌다. 따라서 전정, 군정, 환곡 등 이른바 삼정의 문란이 더욱 심해지고 탐관오리가 횡행해 백성들의 생활이 도탄에 빠지게 되었다. 이에 농민들은 마침내 1862년(철종 13) 봄 진주민란을 시작으로 전국 도처에서 민란을 일으켰다. 백성은 나라의 근본이니 근본이 튼튼해야 나라가 편안한데, 백성이 전국적으로 들썩거리게 되었으니 나라가 편안할 리 없었다. 조선 왕조의 체제 자체가 근본부터 무너져 내리고 있었다. 구시대가 지나가고 새로운 시대가 열리려는 매우 어수선한 사회 상황에서 경상도 경주에서는 위대한 사상가 최제우가 혜성처럼 나타나 동학(東學)을 창도했다.

그런데 1863년 조정에서는 최제우에게 혹세무민(惑世誣民), 즉 세상을 혹하게 하고 백성을 속였다는 죄목을 씌워 서울로 압송하게 했다. 최제우는 대구 감옥으로 이송되어 이듬해 3월 처형되었다.

또한 철종 조에는 전국적인 민란 수습에 대해서도 기껏해야 삼정이정청이라는 임시 특별 기구를 설치해 삼정의 문란을 구제하는 정책을 수립하는 데 그쳤다. 철종이 안동 김씨와 힘을 합해 근본적 정책 수립은 하지 못하고 그저 모든 관료와 재야 선비들에게 그 대책을 강구해 올리게 했다. 물론 철종으로서는 60년 안동 김씨 세도의 굴레에서 벗어나 자신의 정치적 능력을 발휘하기란 그리 쉽지 않았을 것이다. 그래서 그 구제책이란 것도 고식적인 정책에 불과했다고 할 수 있다.

철종은 1863년 12월 7일 갑자기 병이 악화되어 그다음 날 서른세 살을 일기로 창덕궁 대조전에서 서거했다. 5개월장(葬)으로 1864년 4월 7일 경기도 고양의 희릉 오른편 언덕에 장사지내니 능호는 예릉(睿陵)이다. 슬하에 궁인 범씨(范氏) 소생의 영혜옹주가 유일한 혈육이었다. 영혜옹주는 금릉위 박영효에게 출가했다.

왕위 계승의 변칙, 기유예론

1849년(헌종 15) 기유년 6월 헌종이 아들을 두지 못하고 세상을 떠났다. 그러자 순조의 비인 순원왕후는 은언군의 손자 강화도령 이원범을 데려와 헌종의 왕위를 계승하게 했다. 그가 바로 철종이다. 그런데 안동 김씨 세도 정권의 독단으로 이루어진 철종의 왕위 계승은 가통상으로 철종이 헌종의 아저씨뻘에 해당하고, 헌종은 오히려 철종의 조카뻘에 해당했다. 그래서 아저씨가 조카를 이은 꼴이 되어 왕통상에 문제가 발생했다.

그런데 아저씨뻘인 철종이 조카뻘인 헌종의 뒤를 잇게 되면 풍양 조씨 세력이 계속해 정권을 잡을 가능성이 있었다. 왜냐하면 헌종은 풍양 조씨 신정왕후의 아들이기 때문에 풍양 조씨 정치 세력과 가까웠던 것이다. 그래서 안동 김씨 세력은 순조의 조카뻘인 철종을 안동 김씨 순원왕후의 아들로 만들어 버렸다.

1849년에 6월 예조에서는 철종이 종묘에 읽을 축문을 마련하기로 했다. 이에 철종은 순조에 대해 훌륭하신 아버지라는 뜻의 황고(皇考)를 칭하고 자신은 효자(孝子)라고 했다. 그런 뒤 익종에 대해서는 영조가 그 형 경종에 대해 훌륭하신 형님이란 의미의 '황형(皇兄)'과 영조 자신이 효사(孝嗣)라 칭한 사실에 의거해 쓰기로 결정했다.

이렇게 정해지자 철종이 헌종과 헌종비에 대한 축문 형식을 어떻게 써야 할 것인지의 문제가 대두되었다. 곧 방금 서거한 헌종을 모신 혼전(魂殿, 임금 또는 왕비의 장례를 치른 뒤에 3년 동안 신위를 모시는 집)과 헌종비의 사당인 휘정전(徽定殿)에 쓰는 축문 형식은 전대 왕을 잇는 왕통의 문제와 직결된 것이었다.

우선 영의정부사 조인영은 순조와 익종에 대한 칭호는 예조의 의견대로 하되 헌종과 헌종비에 쓰는 축문 형식은 다만 '계승한 왕 신 아무는 아무에게 아룁니다[嗣王臣某昭告于]'라고 쓰자고 했다.

그런데 재야 유학자 홍직필은 안동 김씨 편에 서서 철종의 왕위 계승에 확고한 이론을 제공했다. 그는 안동 김씨로부터 그 문하에서 공부한 사람 중에 똑똑한 제자가 있으면 추천해 달라는 부탁을 받고 정실에 따라 세도가 김병기의 형 김병준을 추천했다. 그 때문에 홍직필 문하의 우뚝한 제자였던 김평묵은 기분이 나빠 이항로의 문하로 가 버리기도 했다. 홍직필은 이처럼 이미 안동 김씨 정권과 밀착한 학자였던 것이다. 그래서 19세기 내내, 20세기 초까지도 기호학계는 홍직필과 이항로 문하의 두 학파로 분열되어 학설이나 시국 인식에 서로 대립적이었다.

홍직필은 제왕가(帝王家)는 대통을 잇는 것을 중하게 여겨 비록 아저씨가 조카를 잇고 형이 동생을 이었더라도 모두 부자의 도가 있으니 이것이 만고에 바꾸지 못하는 진리라고 했다. 그렇지만 친속(親屬)의 호칭과 같은 것에 이르러서는 마땅히 형제와 숙질의 호칭을 쓴다고 했다. 따라서 철종은 헌종에 대해 훌륭하신 조카라는 의미의 '황질'을 칭하고 헌종비에 대해서는 훌륭하신 조카비라는 의미의 황질비를 칭하는 것이 합당하다고 주장했다.

그리하여 순원왕후는 황질과 황질비의 논의는 홍직필의 논의대로 따르고 사왕신(嗣王臣)의 칭호는 조인영 등의 의견에 의거해 시행하라고 했다. 그런데 황질, 황질비란 호칭은 왕통보다는 인륜적 측면에 의거한 호칭으로 집안의 항렬에 의해 이루어진 것이었다. 이 예론의 특징은 국가의 왕통을 중시하느냐 그렇지 않으면 가문의 혈통의 서열을 중시하느냐의 문제였다. 풍양 조씨는 국가의 왕통을, 안동 김씨는 가문의 혈통과 서열을 더 중시했다.

1851년(철종 2) 신해년 6월 헌종의 삼년상이 끝나갈 무렵이었다. 그때 조정에서는 헌종의 신주를 종묘에 모시고 그에 따라 친(親)이 다한 조상인 진종의 신주를 종묘 안의 다른 사당인 영녕전(永寧殿)으로 옮겨야 했다. 당시 조선은 제후국이었기 때문에 오묘제(五廟制)를 쓰고 있었다. 이제 새로 헌종의 신주를 종묘에 모시면 헌종, 익종, 순조, 정조까지 소급해 올라가 정조에서 4대의 친함이 끝나기 때문에 정조의 양부인 진종의 신주는 영녕전으로 내가야만 했던 것이다.

이 예론에는 안동 김씨에서는 좌의정 김흥근이 대표적 이론가로 참여했다. 당시 대유학자 홍직필도 마땅히 진종의 신주도 종묘에서 내가야 된다고 했다. 왜냐하면 철종과 헌종이 친속의 호칭으로는 숙질로 부르고 있지만 왕가에서는 왕위의 대통을 잇는 것을 중시하므로 헌종과 철종 사이에는 부자의 도리가 있고 진종은 4대의 제향 범위를 넘었다는 것이다. 현임전임 대신과 재야 유학자까지 참가한 이 예론에서 대부분의 대신과 유학자는 진종의 신주를 옮겨야 한다고 주장했다.

그런데 풍양 조씨에서 예론을 주도해 오던 조인영이 1850년(철종 1) 12월 6일 죽었다. 다만 권돈인이 영의정으로 재임하면서 종묘에서 진종의 신주를 내가는 것에 반대했다. 그는 1851년 6월 9일 진종을 친속으로 보아 철종의 증조부이므로 신주를 종묘에서 내갈 수 없다고 했다.

예론의 결과는 안동 김씨의 주장이 채택되어 진종의 신주를 내가는 것으로 결론이 났다. 그러자 성균관 유생들도 홍직필을 두둔하고 영의정 권돈인을 맹렬히 공격했다. 그런데 권돈인의 예론은 진종의 신주를 내가지 않을 경우, 익종과 헌종을 소목의 외로 받드는 것이 되어 버려 비판을 면하기 어려웠다. 그리하여 그는 천리와 인정을 어겼다는 비판을 받았다.

안동 김씨들은 진종이 철종의 증조 항렬에 해당한다 해 그 신주를 내가지 않는다면, 이는 익종과 헌종을 대통에서 제외시키는 것이어서 종통을 교란시킨다 주장했다. 사헌부와 사간원에서도 권돈인을 '임금을 잊고 나라를 그르친 죄'로 탄핵했다.

그런데 당시 권돈인의 예론을 배후에서 조정한 인물은 바로 김정희였다. 그래서 안동 김씨 측에서는 권돈인과 김정희 등을 유배보냈다. 1851년 7월 13일 우선 권돈인은 강원도 낭천에 유배되었다가 10월 12일 순흥에 유배되었다. 이어 7월 22일 김정희는 함경도 북청에 유배되었다. 이때 그의 형제 김명희, 김상희도 이 예론에 간여했다는 이유로 벼슬에서 쫓겨났다.

풍양 조씨 세력을 조정에서 쫓아낸 뒤 안동 김씨들은 윤 8월 24일 순원왕후의 8촌 남동생 김문근의 딸을 철종비로 삼아 세도 정권을 더욱 튼튼히 해 나갔다. 이로써 1849년 헌종의 죽음으로 기울어지기 시작했던 풍양 조씨 정치 세력도 완전히 몰락하게 되었다. 안동 김씨 정치 세력은 철종 연간 마음대로 세도를 부리게 되었다.

국가의 전례에 있어 예의 본질은 어디까지나 혈통에 의한 윤리적 질서보다는 국가의 왕통을 앞세우는 것이 일반적이다. 이 당시 홍직필이 안동 김씨 편을 들어 자문해 준 예론은 풍양 조씨 정치 세력은 물론 다른 학파와 당파로부터 많은 비판을 받았다.

그러나 이를 비판했던 풍양 조씨 세력도 자신들이 집권하자 별로 다를 바가 없었다. 신정왕후와 대원군이 힘을 합해 고종을 철종의 후계자로 세우면서 이들도 안동 김씨가 했던 대로 국가의 왕통을 무시하고 고종을 익종의 아들로 만들어 버렸다. 이로써 헌종 이후에는 예론이 권력에 아부하는 학자나 왕실 최고 권력자에 의해 왕위 계승의 합리화에 이용되고 말았다.

동학의 창도자, 최제우

1824년(순조 24) 음력 10월 28일(양력 12월 18일) 최제우(崔濟愚)가 지금의 경상북도 경주시 견곡면 가정리에서 태어났다. 그의 본관은 경주이고 신라 시대의 대학자 최치원의 후손이다. 최제우의 어렸을 때 이름은 복술이고 성인이 되어서는 제선이라 했다. 자는 성묵이고 호는 수운(水雲)이다. 수운이란 호는 아마 그의 조상 최치원의 자가 고운(孤雲)이므로 수운이라 했던 것 같다.

최제우의 조상과 가족

최제우의 조상 중에 드러난 인물은 7대조 최진립이다. 최진립은 임진왜란과 병자호란 때 국가에 큰 공을 세워 사후 병조판서의 벼슬에 추증되고 정무(貞武)라는 시호까지 받았다. 그러나 최진립 이후에는 벼슬길에 전혀 나아가지 못했다. 최제우의 아버지는 이름이 옥(鋈)이고 어머니는 한씨이다. 최옥의 호는 근암(近庵)인데 당시 경주 지방에서 이름난 학자였다. 현재 최옥이 남긴 글을 모은 《근암집》이 전하고 있다. 최옥은 과거에 대여섯 차례나 응시했지만 그때마다 번번이 낙방의 쓴 잔을 마셨다. 그래서 그는 일생 동안 일개 처사(處士)로 지낼 수밖에 없었다.

최옥은 나이가 들도록 슬하에 대를 이을 아들을 두지 못했다. 첫째부인 정씨에게서 아들을 얻었으나 아들과 부인이 모두 병으로 일찍 죽었다. 그래서 다시 서씨 여인에게 장가들었으나 딸만 둘 낳고 아들을 낳지 못했다. 최옥은 할 수 없이 조카를 양자로 들여 자신의 대를 잇게 했다. 그러나 최옥은 양자를 들이고도 아들을 낳고 싶은 욕망을 버리지 못했다. 그는 환갑이 넘은 나이에 이웃집 과부 한씨를 맞이해서 드디어 예순세 살에 아들을 얻었다. 그가 바로 최제우였다. 이때 최옥에게는 둘째 부인 서씨가 살아 있음에도 불구하고 아들을 낳기 위해 한씨를 취했기 때문에 한씨는 엄연히 첩이었고 여기서 난 아들 최제우는 조선 사회에서 버림받던 서자였다.

최제우는 어려서부터 두뇌가 매우 명석했다. 이 때문에 서자였지만 아버지의 사랑을 독차지하면서 일찍부터 경전과 역사를 공부했다. 그는 여섯 살 때 어머니를 여의고 열세 살에 울산 아가씨 박씨와 결혼했다. 일흔다섯 살의 상노인이 된 아버지가 어린 최제우를 빨리 장가보내어 손자라도 보고 싶었던 모양이다. 그러나 결혼한 지 4년 뒤인 열여섯 살 때 아버지마저 돌아가셨다.

10년 유랑 : 구도의 길

최제우가 스무 살 되던 해 아버지의 3년상을 마친 뒤 살림이 어려워지자 부인을 친정에 가 있게 하고 살 길을 모색하기 위해 출가를 결심했다. 전국을 유랑하면서 장사와 의원 노릇도 해보고, 점을 쳐주기도 하고, 서당에서 아이들을 모아 놓고 가르치기도 하는 등 별의별 일을 다 해보았다. 그러면서 그는 당시 사회는 이미 유교의 도덕과 윤리가 땅에 떨어진 상태라고 파악했다. 그래서 명산대찰을 찾아 불교와 도교의 교리를 공부해 보기로 했다. 그러나 불교에서도 큰 재미를 보지 못했다. 이 시기에 그는 가장 금기시했던 서학까지도 섭렵했다. 전국을 방랑한 지 11년이 지났건만 그가 추구했던 살 길도 찾지 못하고 득도(得道)도 하지 못한 채 실의에 빠져 집으로 돌아왔다. 그러나 그가 방랑 중에 겪은 시련은 하늘이 그를 옥으로 만들기 위한 것이었다.

최제우는 1854년 처자와 함께 울산의 유곡동에 작은 초가집을 마련하고 수도에 들어갔다. 그는 이듬해 금강산 유점사에서 왔다고 하는 이승(異僧)에게서 비기서(秘記書)를 얻어 이를 토대로 수행해 많은 발전을 했다. 그러다가 1856년 여름에는 양산의 천성산(千聖山)에 들어가 하느님께 정성을 드리면서 수도 생활을 시작했다. 그 이듬해 적멸굴에서 49일 동안 수도하고 울산 집으로 돌아가서도 수도를 계속했다.

최제우는 1859년(철종 10) 10월에 처자를 거느리고 고향 경주로 돌아왔다. 그 뒤 용담정에서 계속 수도했다. 이 시기에 최제우의 집안 형편은 매우 어려웠다. 당시는 최제우 집안뿐만 아니라 온 나라 백성의 생활이 너무나 어려웠다. 국내 상황은 철종 연간 안동 김씨 세도정치로 국가재정이 고갈되고 백성은 가렴주구에 시달렸다. 아울러 군정(軍政)이 매우 문란해 사회 불안이 가중되어 백성은 동요하고 있었다. 국제적으로는 서구 세력이 과학기술을 앞세우고 천주교를 전파하면서 동양을 잠식하고 있었다. 이미 수천 년 동안 동양의 맹주 노릇을 했던 중국은 1840년(헌종 6) 아편전쟁 이후 영국에게 무릎을 꿇었다. 세상 돌아가는 것을 아는 조선의 지식인이라면 누구나 다음 차례는 조선이라는 것을 감지할 수 있었다. 최제우는 이때 흩어진 민심을 수습하고 밀려오는 외세를 물리치기 위해 서학에 대응하는 새로운 학문과 종교를 제창할 필요성을 절실히 느꼈다. 그리하여 우선 어리석은 백성을 구제하겠다는 뜻으로 이름부터 제우(濟愚)로 고쳤다.

득도 · 피신 · 처형

최제우는 1860년(철종 11) 4월 5일(양력 5월 25일) 수도 생활 17년 만에 종교체험을 하게 되었다. 하느님께 정성을 드리며 수도하고 있던 중에 갑자기 몸이 부들부들 떨리고 정신이 아득해지면서 천지가 진동하는 듯한 소리가 하늘에서 들려왔던 것이다. 이러한 체험을 통해 1년 동안 동학의 교리를 만들어 나갔다.

그리하여 최제우는 '시천주조화정 영세불망만사지(侍天主造化定 永世

不忘萬事知)'라는 주문을 지었다. 그리고 1861년 드디어 〈포덕문〉을 지은 후 포교를 시작했다. 그러자 놀라울 정도로 많은 백성들이 동학의 가르침에 따르게 되었다. 각지에서 도를 배우고자 하는 사람들이 구미산 용담의 최제우가 있는 곳에 구름같이 모여들어 6개월 동안에 약 3천여 명이 동학을 배우게 되었다. 이와 같이 동학이 급속도로 확산되어 가자 유학자들은 서학에 대결하기 위해 창도한 동학을 오히려 서학으로 몰아붙여 비난의 화살을 겨누기 시작했다.

그러자 조정에서도 동학을 서학이라 규정하며 탄압했다. 이에 최제우는 1861년 11월에 전라도로 피신했다. 그는 경상도의 의령, 성주를 거쳐 전라도 무주를 지나 남원 은적암에서 피신 생활을 했다. 여기에서 동학사상을 체계적으로 이론화했고 〈논학문〉, 〈안심가〉, 〈교훈가〉 등을 지었다.

1862년 3월에 다시 경주로 돌아온 최제우는 포교에 전념해 교세를 크게 확장시켰다. 그러자 그해 9월 체포령이 내렸다. 죄목은 사술(邪術)로써 세상을 어지럽히고 백성을 미혹시켜 속였다는 것이었다. 최제우는 곧바로 경주 진영(鎭營)에 감금되었으나 수백 명의 제자들이 모여 석방운동을 전개해 무죄로 방면되었다. 최제우가 석방되자 교도는 점점 늘어나 경주는 물론 영덕, 영해, 대구, 청도, 청하 등지에서도 교도가 많이 생겼다.

1862년 2월 4일 경상도 단성에서 민란이 일어났고, 곧이어 같은 달 18일 진주목사 백낙신의 탐학을 기화로 진주에서도 대규모 민란이 일어났다. 민란은 삽시간에 요원의 불길처럼 번져 그해 말까지 전국으로 확산되었다. 이렇듯 어수선한 사회 상황 속에서 최제우는 동학을 창도했기 때문에 민간에게 쉽게 다가갈 수 있었다.

많은 백성들이 동학을 믿게 되자 최제우는 1862년 12월 각 지역에다 교도들을 조직하기 위한 접소(接所)를 두었다. 그리고 그곳의 우두머리인

접주(接主)가 구역 내의 교도를 다스리는 접주제를 만들었다. 경상도와 전라도뿐만 아니라 충청도와 경기도에까지 교세가 확산되었다. 그리하여 1863년에는 13개의 접소를 확보했다.

그러나 당시 조정에서는 동학의 전국적인 확산을 깊이 우려한 나머지, 11월 20일 선전관 정운구를 파견해 최제우와 그의 제자들을 체포하게 했다. 최제우는 곧바로 경주에서 체포되어 서울로 압송하기로 되어 있었다. 그러나 압송 도중 철종이 갑자기 승하하자 1864년(고종 1) 1월 대구 감옥으로 이송되었다. 바로 경상관찰사 서헌순이 신문에 들어가 조정에 보고했다. 이에 조정에서는 2월 29일 최제우의 처형을 결정하고 대구 감영에서 사형을 집행하게 했다. 그리하여 최제우는 3월 10일 대구 장대(將臺)에서 마흔한 살의 아까운 나이로 생을 마감했다.

동학의 교리

최제우가 창도한 동학의 교리는《동경대전(東經大全)》과《용담유사(龍潭遺詞)》에 실려 있다. 이 책에 나타나는 신앙의 주체는 바로 천주(天主)이다. 그가 말하는 시천주(侍天主)는 누구나 태어나면서부터 하느님을 모시고 있다는 것이다. 여기서 천주는 초월자나 부모처럼 섬길 수 있는 인격적 존재라는 것을 강조하고 있다. 따라서 천주는 인간의 내면에 존재함과 동시에 인간 밖에 존재하는 초월자의 성격을 지니고 있다.

최제우는 우주와 만물은 모두 지기(至氣)로써 만들어진 것이라고 생각했다. 하늘과 사람도 만물과 같이 지기로써 만들어졌지만 하늘과 사람만은 가장 신령스러운 존재라고 생각했다. 그런데 기존 동양 사상계는 하늘에 중심을 두어 사람이 하늘 안에 들어가 매몰되어 있었는데 동학에서는 사람이 마음속에 하느님을 모시고 있다는 시천주 사상을 정립했다. 동학은 이 시천주 사상에서 독특한 평등사상을 정립해 발전시켰다. 최제우는 그의 시천주 사상에 의거해 "사람이 하느님이요, 하느님이 사람이라."고 설파했다. 최제우는 "사람이 곧 하느님이다."고 해 인간을 지극히 고상하고 지극히 귀한 하느님과 동격에 놓아 인간 존엄성을 극도로 강조했다. 이 점은 당시의 어느 종교보다 피지배층인 농민들에게 공감을 샀고 설득력이 있었다.

또한 최제우는 인류 역사를 선천(先天)과 후천(後天)의 두 단계로 나누어 설정했다. 그러면서 이 두 단계는 모두 개벽으로 시작된다고 했다. 여기서 개벽이란 우주와 세계가 근본적으로 달라지는 새로운 시대가 열리는 시초를 뜻하는 것이다. 그에 의하면 선천개벽은 인류 사회가 최초로 시작된 변혁을 의미하는데, 그 기간이 약 5만 년이라고 설명했다. 그런데 최제우가 살고 있는 자기 당대는 선천 세계가 끝나려 하고 후천 시대가 막 열리는 개벽의 시기라고 주장했다. 이제 최제우가 하느님의 교시로 득도해 동서와 고금에 없던 최상의 종교인 동학을 창도하고 포덕하는 것이 후천개벽의 시작이고 동학이 앞으로 후천 세계 5만 년을 이끌어 나갈 이념이라고 설명했다.

이러한 후천개벽은 국가를 보위하고 백성을 편안하게 해 태평한 성세(盛世)가 도래한다는 것이다. 그리하여 나라 안의 모든 사람들과 천하의 모든 사람이 동학을 배워서 한마음 한뜻이 되면 궁극적으로 모두 지상(地上)의 군자가 되고 지상의 신선이 되어 나라에는 모두 군자와 신선이 모여 사는 지상천국이 될 것이라고 했다.

최제우가 19세기 중반에 유교, 불교, 도교, 서학을 두루 섭렵해 제창한 동학은 새 시대를 여는 데 사상적 기반이 되었다. 동학에 내포된 반외세적이고 반침략적 성격이나 인간 평등론, 그리고 후천개벽 사상은 당시 정신적으로나 물질적으로 허기(虛飢)에 견디다 못해 방황하던 농민들을 결집시키기에 충분했다. 1862년(철종 13) 임술민란을 전후해 절망에 빠져 있던 백성들에게 최제우는 구세주였다. 그리고 그가 제창한 동학은 조선 양반 사회를 뿌리째 뒤흔들어 놓았다. 최제우가 죽은 지 30년이 지난 1894년(고종 31)에 일어난 동학농민운동은 최제우가 뿌린 씨가 꽃을 피운 것이었다.

삼정의 문란

타루비(墮淚碑) : 원한의 눈물비

옛날이나 지금이나 세금과 군역은 나라를 다스리는 주요한 두 축이다. 세금이 잘 걷히지 않고 불법적으로 군역을 피할 때 국가는 생명력을 점점 잃어 가게 된다. 조선 후기, 특히 19세기에는 조세와 군역과 양곡의 대여 및 환수를 중심으로 유지되었던 경제체제가 매우 문란해졌다. 이른바 전정(田政), 군정(軍政), 환곡(還穀)이 극도로 문란해졌던 것이다.

국가에서는 세금 징수와 군역 부과를 위해 군현이나 마을을 단위로 총액할당제를 채택했다. 이것은 국가에서 최소한의 수입을 보장받기 위해서 취한 조처였다. 이러한 제도는 향촌 사회 내부가 안정되어 있을 때 그 역할을 제대로 수행할 수 있다. 그러나 당시 사회는 모든 부문에서 급격히 변모하고 있었다. 따라서 이러한 제도는 양반은 물론 농민들의 불만을 함께 샀다.

그러나 무엇보다 주요한 문제는 법이라기보다 그 법을 집행하는 사람이었다. 정부와 농민들 사이에는 수령과 아전이 있었던 것이다. 정약용은 수령을 여관에 묵고 있는 과객이라 하고, 아전을 여관 주인이라 했다. 과객이 주인을 통제하고 나무라기는 어렵다. 사실 수령은 그저 무심코 흘러가는 강물에 불과하지만 아전은 그 강물이 흘러도 구르지 않는 돌이었다.

그 지방에서 향리직을 세습하면서 지방의 강산을 손금 보듯이 알고 있었던 것이다. 그래서 정약용은 두보의 시 〈팔진도(八陣圖)〉의 셋째 구절 강류석부전(江流石不轉)을 인용해 조선 후기 수령과 아전의 관계를 훌륭하게 설명했다.

수령의 입장에서도 중앙의 고위 관료에게 뇌물을 써서 내려왔으니 본전 이상을 뽑아야 했다. 만의 하나 청렴하고 결백한 수령이 있다고 하면 포악한 아전들은 수령이 부임하는 날 밤 수령을 처치해 버리고는 처녀 귀신이 나타나 죽었다고 거짓으로 소문을 퍼뜨렸다. 이런 사정을 잘 아는 수령들은 미리부터 기가 죽어 그 지방 행정에 밝은 아전과 한통속이 되어 백성들을 괴롭혔다. 수령과 아전이 백성을 후리는 모습이란 기아에 허덕이던 범이 돼지를 만난 격이고, 배를 쫄쫄 곯은 매가 꿩을 만난 셈이었다. 수령과 아전들에게 그렇게 당하고도 백성들은 그 지방 수령의 공을 영원토록 잊지 못하겠다는 선정비(善政碑)까지 세워 주었다. 그 비에는 백성들의 피눈물이 배어 있었다. 본래 '선정비'는 수령의 공에 감복해 눈물을 흘리며 세운 비라 해 타루비(墮淚碑)라 하거늘, 조선 후기에 세워진 선정비는 원한의 눈물이 뿌려진 타루비였던 것이다.

토지세는 왜 그리 명목이 많은지

수령과 아전들은 전결(田結)을 가지고 별의별 농간을 다 부렸다. 묵은 토지를 늘 경작하는 토지로 만들어 세금을 거두는 진결(陳結), 토지를 대장에서 누락시켜 주는 대신 뇌물을 받는 은결(隱結), 빈터를 토지대장에 올려놓고 세금을 강제 징수하는 백징(白徵), 허위로 토지 결수를 조작하고 자신들의 급료에 보조한다고 세금을 징수해 착복하는 허결(虛結) 등이 있었다.

이와 더불어 부가세도 많았다. 결손 보충을 명목으로 거두는 가승미(加

升米), 곡식을 쥐가 먹었다거나 부식(腐蝕)을 구실 삼아 거두는 곡상미, 서울 창고에 곡식을 납부할 때 그 사무를 청부 맡은 경주인의 보수로 징수하는 창역가, 납세의 수수료인 작지, 세무 관청 담당 관리에게 주는 인정미 등 매우 다양했다. 이 가운데 인정미란 일을 잘 보아 달라고 주는 뇌물성 수수료였다. 그래서 중국에서는 조선을 '인정'이 많은 나라라고 비아냥거렸다. 토지에 딸려 있는 세금 명목이 이렇게 많았으니 백성이 어찌 숨을 쉬고 살 수 있었겠는가.

조선 건국 초부터 농본 정책을 표방하며 내걸었던 농자천하지대본(農者天下之大本)이라는 말은 그저 옛말이 되어 버렸다. 과중한 토지세에 허덕이던 농민들은 새로운 활로를 찾아야 했다. 수령과 아전의 탐학에다, 해마다 찾아드는 자연재해에 백성들은 더 이상 참지 못했다.

양근(陽根)마저 잘라야 하다니

갈대밭의 젊은 신부 곡하는 소리 슬픈데　蘆田少婦哭聲長

관청문을 향한 그 소리 높은 하늘에 울려 퍼지네.　哭向縣門號穹蒼

군인 간 남편이 돌아오지 않는 경우 있다지만　夫征不復尙可有

예로부터 이때까지 양근(陽根)을 잘랐단 말 듣지 못했소.　自古未聞
男絶陽

시아버지 삼년상은 이미 끝났는데 아이는 아직 피도 안 말랐지　舅喪
已縞兒未澡

그 이름 군적에 올렸으니 삼대가 군포를 내야 한다네.　三代名簽在軍保

잠시 달려가 하소연하니 문지기 범처럼 지키고 있네.　薄言往愬虎守閽

이정이 고래고래 소리 지르며 외양간 소를 끌고 나가요.　里正咆哮牛
去皂

남편 칼 들고 방에 들어간 뒤 붉은 피 자리에 가득해라.　磨刀入房血

滿席

아이 낳는 것을 한탄하면서 이 같은 궁액을 만든 것이지. 自恨生兒遭
窘厄

사마천이 궁형을 당했던 일은 어찌 죄가 있었겠는가마는 蠶室淫刑
豈有辜

민 땅의 아들 거세한 것은 정말로 처참했다오. 閩子去勢良亦慽

(중략)

호사한 집은 일 년 내내 풍악소리 요란하건만 豪家終歲奏管弦(絃)

쌀 한 톨 한 치 베도 버리기 아까워라. 粒米寸帛無所捐

같은 동포로 태어난 백성이건만 어찌 후하고 박한 것인가. 均吾赤子
何厚薄

여관에 묵고 있는 나그네 신세 거듭 시구 편을 외워 보도다. 客窓重
誦鳲鳩篇

- 《여유당전서》 권4, 시

정약용의 시 〈애절양(哀絶陽)〉의 한 대목이다. 당시 사회가 이 정도였
으니 어찌 백성들이 불쌍하지 않은가. 양근을 자른다는 것은 환관이 되거
나 사마천처럼 궁형(宮刑)을 받는 경우 하는 짓이다. 동양에서는 사내아
이를 낳으면 첨정(添丁)이라 해 축하했다. 전통적인 사고방식으로는 그
아이가 커서 한 가문의 대를 잇고 신성한 국방의 의무를 지고 나갈 것이
기 때문이다. 그런데 당시 백성들은 아들을 낳고 싶지 않았던 것이다. 이
시에서 백성들의 뼈에 사무친 원한이 적나라하게 표현되었다.

정약용은 왜 하필 《시경》 3백여 편의 시 중에서 〈시구〉 편을 외운다 했
을까? 〈시구〉 편은 균일하지 못함[不壹]을 비판하는 시이다. 지배자가 백
성에 대해 마음 씀이 한결같지 않은 것, 역(役)의 불균형, 부익부 빈익빈

에 의해 고루고루 나누어 갖지 못한 당시 사회 상황을 비판하는 시인 것이다. 정약용은 조선의 백성이라면 누구나 똑같이 세금과 병역을 부담해야 한다는 마음을 절절이 표현했다.

군포의 부과 방법도 희한했다. 황구첨정(黃口簽丁)은 어린아이를 군적에 등록시켜 군포를 부과하는 것이었다. 뿐만 아니라 생후 3일 된 갓난아이까지도 등록된 경우가 있었다. 그리고 백골징포(白骨徵布)는 죽은 사람에게까지 군포를 물리는 것이었다.

백성들은 이같이 비참한데 양반들은 놀고먹으면서 죽을 때까지 군역이 없었다. 사회가 이러하다 보니 양반이 아닌 계층은 여러 가지 방법을 써서 양반이 되려고 노력했다. 향안에 등록이 되거나, 족보를 위조해 양반이 되거나, 고향을 떠나 먼 곳으로 이사 가기도 하고, 유건을 쓰고 과거 시험장에 들락거리기도 했다. 양반이 많아지니 노동력이 줄어들고 노동력이 줄어드니 생산성이 낮아져 국가 경제는 말이 아니었다. 바로 군포에 그 원인이 있었던 것이다.

1864년(고종 1) 대원군이 집권하면서 군포 문제가 다소 해결되었다. 1871년(고종 8) 대원군은 양반이든 상놈이든 귀천을 불문하고 고르게 일정(一丁)에 대해 해마다 호포(戶布) 또는 호전(戶錢)을 납부하게 했다. 호포제의 시행으로 백성들은 조금 어깨를 펼 수 있었다. 비록 외형일지라도 군역에 있어서는 양반과 대등하게 되었다. 그래도 양반들은 호포 때문에 명분이 문란해졌다고 떠들어 댔다.

팔란 : 환곡의 폐단

전정과 군정도 문제였지만 가장 큰 문제는 환곡이었다. 18세기 말에서 19세기 초의 환곡은 백성을 구휼하기보다는 부세의 형태를 띠어 농민을 수탈하는 성격으로 변질되었다. 정약용은 환곡의 문란을 들면서 팔란(八

亂)을 지적했다. 첫째, 출납하는 양곡의 명목이 문란해졌고 둘째, 담당 관청과 그 사무 처리가 문란해졌고 셋째, 양곡 섬수의 계산이 문란해졌고 넷째, 이자 비율이 복잡해 문란해졌고 다섯째, 곡식 배부의 회수가 번잡해 문란해졌고 여섯째, 저장곡의 분급과 재고량이 문란해졌고 일곱째, 이송하고 교역하는 데 이익을 챙기는 것이 문란해졌고 여덟째, 흉년이나 국가 경사시에 탕감률이 문란해졌다는 것이다.

본래 환곡의 분급은 보유하고 있는 곡식의 반만 나누어 주고 반은 새 곡식이 나올 때까지 창고에 그대로 남겨 두는 것이었다. 그런데 그 관례가 허물어져 갔다. 그때그때 사정에 따라 수령과 아전들이 불법적으로 다 나누어 주어 엄청난 이익을 챙겼다. 분급 방법도 가구별 분급보다는 마을이나 통 단위 또는 토지 결수 단위를 보아 분급이 이루어졌다. 또 그렇게 함으로써 환곡을 회수할 때나 이자를 받아들일 때 공동 납부제가 채택되었다. 환곡은 구휼의 목적에서 벗어나 모곡(耗穀, 환곡을 받을 때 곡식을 쌓아 둔 동안에 축이 날 것을 요량해 한 섬에 몇 되씩 덧붙여 받던 곡식) 외에도 각종 수수료를 붙여 수납하는 것이 점차 관례화되었다. 그리하여 19세기에는 환곡이 고리대 제도로 변질되었다. 고리대에 도저히 견디지 못한 백성들은 도망을 갔다. 그러나 이웃이나 친척이 도망간다 해도 인징(隣徵)과 족징(族徵)이 이루어져 도망자의 부담을 떠맡은 백성들은 거의 죽을 지경이었다.

환곡을 이용해 수령과 아전들이 저지르는 작간은 실로 다양해 일일이 들 수 없을 정도였다. 특히 아전들은 백성을 어떻게든 진퇴양난의 곤경에 빠지도록 한 후 때로는 강하게, 때로는 부드럽게 권모와 술수로 백성의 고혈을 짜내고 재물을 수탈했다. 수령과 아전은 특히 순조 이후 안동 김씨 세도정권 아래에서 훔쳐 먹고 농간을 부려 환곡의 폐단은 날로 심해졌다. 한두 해도 아니고 반세기 이상을 그랬으니 바로 1862년(철종 13)

임술민란의 직접적인 원인이 여기에 있었던 것이다. 참고참다 견디지 못한 농민들이 택할 수 있는 길은 결국 봉기하는 것밖에 없었다.

임술민란으로 조정에서는 환곡제도를 개선하고 그에 따른 부족한 경비는 줄일 수 있을 만큼 줄여서 전결(田結)에서 더 징수하게 했다. 이것이 곧 삼정이정청(三政釐整廳)에서 취한 파환귀결(罷還歸結), 즉 환곡에서 모곡을 거두어들이는 것을 파하고 전결에서 세금을 추가로 징수해 부족분을 보충한다는 정책이었다.

그러나 이러한 고식책은 곧 흐지부지되었다. 1864년(고종 1) 대원군이 집권하자 환곡제도를 근본적으로 개혁하고 수령과 아전이 농간을 부리지 못하게 했다. 1867년(고종 4) 가을에는 팔도에 사창법(社倉法)도 시행했다. 이제 창고에 들어 있는 곡식을 아전들의 손을 거치지 않고 백성들이 직접 관장하게 만들었다.

농민 항쟁의 확대

철종 말년이 되자 한 나라의 권력은 오직 서울 교동의 김좌근 세도집에서 나오고 있었다. 그러자 안동 김씨 60년 세도정치의 말기 현상이 전면적으로 드러나기 시작했다. 뇌물을 바치거나 권세가의 도움으로 전국 각 도와 각 고을의 관리가 된 자들은 백성들의 고혈을 짜내어 다시 세도가를 섬기고 자신들의 집안과 일신만을 살찌우고 있었다. 백성들이 보기에는 관리들이나 세도가들의 재산이란 자신들의 재산을 도둑질해 간 것에 불과했다. 그동안 백성을 교화 대상으로 여겨 오던 지배자들은 그들을 오직 수탈 대상으로 여겼다.

이른바 민초에게 지배자의 보살핌과 감화가 없고 수탈만을 일삼을 때 그들은 논밭을 갈던 농기구를 무기로 삼아 들고 일어날 수밖에 없었다. 지배자는 바람이요, 백성은 풀이니 풀 위에 바람이 지나가면 풀은 그 감화에 눕게 되는 법이라는 옛말은 지렁이도 밟으면 꿈틀한다는 말로 변하고 있었다. 그리하여 전국의 백성들은 서서히 각 군현을 단위로 행정관청과 토호(土豪)에 대한 저항을 행동으로 옮기기 시작했다. 이들은 '사람이 무리를 지으면 하늘도 이길 수 있다'고 했고, '대중의 마음은 성곽을 이룬다'는 옛말을 실천에 옮기고 있었다. 1862년(철종 13) 임술년에 백성들은 전국 도처에서 시위를 통해 탐학한 관리를 처단하고 그들의 주장을 적극적으로 천명했다.

단성민란과 김령(金靈)

1811년(순조 11) 서북쪽에서 홍경래가 봉기하더니, 1862년 2월 4일에는 서울에서 천리나 떨어진 단성에서 백성들이 봉기했다. 이 봉기는 임술민란의 효시가 되었다. 그 직접적인 원인은 환곡의 폐단에 있었다. 단성의 역대 현감과 아전들은 갖은 명목을 다 붙여 백성들을 토색질했다. 단성현은 호수가 몇천 호에 불과한 작은 고을이었다. 그런데도 환곡의 총수가 무려 10만 3천여 섬에 이르렀다. 그 가운데 아전들이 착복한 환곡은 5만 2,392섬에 달했다. 문제는 그뿐만이 아니었다. 토지 세율을 정액 이상으로 징수하는 도결(都結)을 걷거나 자기 고을의 환곡은 비싸게 팔고 대신 다른 고을의 곡식을 싸게 사서 메워 놓기도 했다. 피해를 보는 쪽은 백성들이었다.

1861년 겨울에 아전들이 착복하고 대신 메워 놓은 환곡 2만 7천 섬을 조사해 보니 한심하기 그지없었다. 모두 솔가지나 짚, 풀, 왕겨 등으로 채워진 가짜 곡식 더미였다. 이에 암행어사 이인명이 출도해 이러한 사실을 조사하고 아전들에게 그것을 씹어 먹게 하니 그 소문은 삽시간에 온 고을로 퍼졌다.

농민들의 불만과 고통을 너무나 잘 알고 있던 전 정언 김인섭의 아버지 김령은 2월 4일 관아(官衙)에 들어가 현감을 협박하고 욕을 보였다. 그러자 현감의 수족인 관속들이 백성들을 함부로 때리고 김령 부자도 두들겨서 쫓아내는 사태가 발생했다. 이에 분노한 백성들은 이방(吏房)과 창색(倉色)의 집으로 몰려가 불을 지른 뒤 다시 객사(客舍)에 모였다. 그러다가 다시 단성 읍내 장터에 몰려가 모임을 가지고 각지의 요호(饒戶)들에게 음식을 공급하게 하고 며칠 동안 시위를 계속했다. 그러자 현감 임병묵은 피신해 달아나다가 중도에서 두 차례나 잡혀 곤욕을 치르고 서울로 올라가 버렸다.

민란을 주동한 김령은 누구인가. 그의 본관은 상산(商山), 자는 회수(晦叟), 호는 해기옹(海寄翁)으로 성인이 된 뒤 숨어 지내던 학자 김면운에게 나아가 공부했다. 선생이 그에게 시를 지어 주며 '박학한 그대 동중서와 같도다(博學君如董仲舒)'라고 칭찬했다 하니 널리 공부한 인물이었던 모양이다. 그는 또 안동에 가서 당시 대학자 유치명에게 가르침을 청하기도 했다. 유치명이 사도세자 문제로 소를 올렸다가 탄핵받아 호남의 섬으로 귀양을 가자 따라가기도 했다.

김령은 형제간에 우애도 돈독해 형과 한집에서 50년을 함께 살았고 종족 중에 먼 일가도 친절하게 잘 보살펴 주었다. 아무것도 모르는 백성들의 마음도 잘 알아주었고 강개한 기절(氣節)도 타고 났다. 그런데다 김령은 시무에 밝아 일찍이 단성의 고질적인 읍폐(邑弊)를 고쳐 보려고 노력했다.

그러나 민란을 진압하는 관의 입장에서 파악한 김령은 이와는 사뭇 달랐다. 김령은 집에 형구까지 갖추고서 주민들에게 사형(私刑)을 가하기도 해 이 지역의 유력한 무단토호(武斷土豪)로 알려져 있었다. 그는 거사를 위해 주민을 집결시킬 때도 참석 여부를 일일이 확인해 불참자에게는 벌금 닷 냥씩을 내게 해 2천 냥이나 거두었으며 거사 뒤에도 거사 비용으로 토지 한 결(結)당 한 냥씩을 내게 해 1,200냥을 거두었다는 것이다. 김령은 기존의 관속들을 모두 몰아내고 자기의 마음에 드는 사람을 관속으로 임명하고 신임 현감의 정사까지도 뒤에서 조종했다. 그리하여 오랫동안 단성의 행정은 김령을 중심으로 이루어졌다 해도 과언이 아니다.

그러나 아전들이 가만있을 리 없었다. 갖은 방법으로 무고해 김령에게 체포령이 내렸다. 그래서 암행어사 이인명이 공문을 보내어 김령을 체포하려 했다. 그러나 김령은 관문을 찢어 버리고 자기를 연행하러 온 하급 관리를 쫓아 버렸다. 그러자 이인명은 직접 단성에 가서 그를 체포했다. 이때 김령의 아들 김인섭도 의금부에 체포되어 신문을 받았으나 끝내 억울함을 호소해 석방되었다.

처음 김령이 체포되었을 때 목사 정면조는 안핵사에게 무고임을 밝혀주었고 정원용은 조정에 원통함을 호소해 석방되도록 도와주었다. 김령은 석방된 뒤 세간에서 자신에 대해 흑색선전을 하든 칭찬을 하든 신경쓰지 않았다. 그리고 부귀와 사생에 관심을 두지 않고 오직 서책 속의 고인들과 벗하면서 생활했다. 그리고 틈틈이 의학을 공부해 많은 사람들을 치료해 살려 주었다. 저서로는 《칠우설(漆憂說)》,《자동이변(字同異辨)》,《역대천문(歷代千文)》,《해기집(海寄集)》이 있었다.

진주민란

단성의 인근 지역인 진주에서는 1862년 2월 18일 민란이 일어났다. 직접적인 원인은 경상도우병사 백낙신의 탐학에 있었다. 백낙신은 부임하자 온갖 요상한 방법을 동원해 하루하루를 겨우 연명해 가는 농민을 수탈해 4~5만 냥이나 모았다. 한편 이 무렵 진주목의 역대 불법 수탈곡인

도결(都結) 8만 4천여 냥을 일시에 호별로 배당해 수납하게 했다. 그러자 우병영에서도 이 기회를 이용해 그동안 착복한 환곡 7만 2천여 냥을 농가에 분담해 강제로 징수하고자 했다.

이에 진주의 서남쪽 30리쯤 떨어진 유곡동(柚谷洞)에 사는 유계춘이 김수만, 이귀재 등과 함께 거사를 도모하기로 합의했다. 이들은 백성들이 다 알아보게 한글로 격문을 붙이고 통문을 돌리어 2월 18일 행동을 개시했다. 먼저 수곡 장터에서 한바탕 시위를 하고, 곧바로 덕산 장터로 몰려가 시민들에게 시장의 점포문을 닫게 한 후 시위 참여를 강요해 강행했다. 머리에 흰 수건을 두르고 손에는 몽둥이나 삽, 괭이를 들고서 유계춘이 지었다는 행진가를 소리 높이 부르며 일제히 진주성으로 몰려갔다. 이들은 스스로를 초군(樵軍)이라 불렀다. 봉기군들은 시위 전개 과정에서 불참하는 자에게는 벌금을 부과했고 시위를 반대하는 자는 그 집을 헐어버렸다. 그러자 소극적이던 농민들이 속속 시위 대열에 참여해 그 수가 수만 명에 이르게 되었다.

하룻밤을 진주성 밖에서 지새운 봉기군은 19일 우병사 백낙신과 목사 홍병원으로부터 자신들의 요구를 들어주겠다는 공문을 받아 내었다. 그러나 흥분한 백성들은 우병사를 겹겹이 둘러싸고 그의 죄상을 하나씩 들추어 협박했다. 그리고 부정 관리인 권준범과 김희순을 불태워 죽였다. 봉기군들은 4일 동안 향리들을 닥치는 대로 붙잡아 네 명은 때려죽이고 수십 명은 부상을 입혔다. 또 부잣집을 습격해 23개 면에 걸쳐 126호를 파괴하고 도둑질한 재물을 빼앗았다. 당시 피해액은 모두 10만 냥에 이르렀다고 한다.

한편 조정에서는 진주민란이 심상치 않다고 판단하고 2월 29일 부호군 박규수를 진주 안핵사로 파견해 사태를 조기에 수습하게 했다. 그는 약 3개월에 걸쳐 이 사태를 수습했다. 그 처벌 상황을 보면 농민은 효수

10명, 귀양 20명, 곤장 42명, 미결 15명이었고, 관변은 귀양 8명, 곤장 5명, 파직 4명, 미결 5명이었다.

민란 확산과 수습

이제 민란은 충청도와 전라도로 번져 갔다. 조선 후기에 들어와 충청도는 양반이 드세었고, 전라도는 아전들의 폐단이 극심했다. 당시 조선의 삼대 폐단이 바로 충청도 양반, 전라도 아전, 평안도 평양의 기생이었던 것이다. 특히 전라도 아전들은 서울에서 내려간 관찰사와 수령들의 앞잡이가 되어 백성들을 못살게 굴었다.

전라도관찰사 김시연은 대표적인 탐학 관료였다. 1862년 3월 27일에 익산 농민 3천여 명이 불법적인 도결(都結)의 시정을 요구하면서 관청을 습격했다. 그리하여 군수 박희순을 납치하고 인신(印信)과 병부(兵符)를 빼앗았다. 그리고는 함열현으로 쳐들어가 그 병부도 탈취했다. 분을 이기지 못한 백성들은 관찰사 김시연을 처치하기로 했다. 그러자 김시연은 혼비백산해 서울로 달아나 버렸다.

김시연은 김익의 증손으로 좋은 가문에서 태어나 이처럼 출세했지만 패가망신의 표본이었다. 김시연이 먼저 달아나고 그 가족들도 이어서 전주를 빠져나가자 백성들은 김시연의 어머니를 따라가 잡아다가 모래로 그 음부를 문지르면서 "너의 음부가 깨끗하지 않아 탐아(貪兒)를 낳았다."《한사경》)고 했다. 백성들의 원한이 하늘을 찌를 듯했던 것이다.

이에 조정에서는 이정현을 안핵사로 임명해 사태를 수습하게 했다. 그리하여 농민 임치수, 이의식, 소성홍, 천영기, 문희백, 장순복, 오덕순 등을 민란을 주동한 죄로 처형했다. 그리고 관찰사 김시연과 군수 박희순을 귀양보냈다. 또한 이방 임종호, 좌수 최학손 등을 효수했다.

이어 4월 16일에는 전라도 정한순의 주동하에 함평에서 민란이 일어났다. 그는 깃발을 세우고 죽창을 휘두르며 관청을 습격했다. 그리하여 현감 권명규를 두들겨서 쫓아내고 민가를 부수고 불을 질렀다. 조정에서는 익산안핵사 이정현으로 하여금 함평 사태를 수습하게 했다. 이에 정한순, 이방헌, 김기용, 김백환, 진경심, 홍일모 등이 주동자로 분류되어 처형되었다. 그리고 채행렬 등 11명은 귀양을 갔다. 현감 박명규도 귀양갔고 좌수 장채성, 호장 이희경, 이방 이홍원 등을 섬으로 유배보냈다.

조정에서는 임술민란을 수습하기 위해 삼정이정청을 설치했다. 그리하여 그해 5월 25일부터 윤 8월 19일까지 4개월 동안 삼정이정절목(三政釐整節目) 41개조를 제정해 반포했다. 그러나 고식적 정책에 불과한 이런 조치로는 삼정의 폐단을 뿌리 뽑지는 못했다.

1863년 말 철종이 죽고 고종이 즉위하자 이제 새로운 형태의 정치가 요구되었다. 사회가 전반적으로 급격하게 변하면서 특히 신분제가 동요되고 있었다. 대원군은 집권한 후 10년 동안 국가 전반에 걸쳐 개혁의 칼을 휘둘렀다. 그는 재야 시절 누구보다 이러한 지배자들의 가식과 민중들의 고통을 잘 알고 있었다.

이하전(李夏銓)의 옥사

이하전은 1842년(헌종 8) 완창군 이시인의 아들로 출생했다. 1849년 헌종이 후사 없이 죽자 이하전은 왕족 중 기개 있는 인물로서 유력한 왕위 계승자 후보 물망에 올랐다. 그러나 외척인 안동 김씨들의 강한 반대로 후계자에서 탈락했다. 그리하여 그는 철종이 즉위한 뒤 늘 안동 김씨의 감시 대상이었고 미움을 받아 왔다. 그 뒤 그의 관력이라고는 돈녕부 참봉, 도정 등이 고작이었다.

철종은 슬하에 여러 아들을 두었으나 모두 일찍 죽었다. 그는 술과 여자를 너무 좋아했다. 안동 김씨 핵심 당로자는 철종에게 후사가 없음을 걱정하면서도 한편으로는 종실 자손 중 똑똑하고 명망이 있는 자는 남모르게 없애고자 했다.

이하응의 명철보신

종실 중에는 이하전 외에 또 흥선군 이하응(李昰應)이 있었다. 흥선군은 재주와 지략이 뛰어나 난세의 간웅으로도 불린다. 그러나 흥선군 시절 집이 가난해 죽으로 연명하고 어떤 때는 끼니도 제대로 잇지 못했다. 안동 김씨 세도치하에서 그는 성품이 경솔하고 방탕한 것처럼 거짓 행동을 해 무뢰한과 잘 어울렸다. 기생집에 가서 놀다가 가끔 부랑자에게 욕을 당하니 사람들이 그를 궁도령이라고 놀렸다. 매번 여러 김씨에게 아첨도 했으나 김씨 세도가들은 그 사람됨을 좋지 않게 여겨서 모두 냉정하게 대했다.

흥선군은 평소 난초를 잘 그렸다. 그의 난초 그리는 실력은 스승 김정희도 인정했다. 일찍이 돈 수백 냥을 꾸어 고운 비단을 사서 그 위에 손수 난초를 그려 병풍 하나를 매우 아름답게 만들었다. 김병기에게 바치고 싶어도 퇴짜를 맞을까 봐 김병기의 비서를 통해 부드러운 말로 바쳤다. 김병기가 받기는 했으나 한 번 펴 보지도 않고 바로 광에 처박아 두니 흥선군은 크게 실망했다.

흥선군의 맏아들 이재면은 똑똑하지 못했다. 흥선군은 그 아들을 과거에 급제시키고자 했으나 꾀를 낼 수가 없었고 기회도 좀처럼 오지 않았다. 그런데 자신의 생일을 며칠 앞두고 부인 민씨(閔氏)와 작전을 꾸몄다. 그래서 비녀와 옷가지를 전당 잡혀 생일잔치를 차리되 기생과 악단까지 부르기로 했다.

홍선군은 생일에 앞서 김병기의 집에 가서 청하기를 "아무 날이 내 생일인데 그대가 내 집에 와 준다면 이보다 더 큰 영광이 어디 있겠소."라고 했다. 김병기가 답하기를 "말씀대로 하겠소마는 남병철과 먼저 약속하시오. 만약 남병철이 참석한다면 나도 가지 않을 리가 없소."라고 했다. 홍선군이 크게 기뻐하며 남병철에게 가서 김병기에게 한 말과 같이 하고 또 "그대가 만약 머리를 흔들어 버리면 김병기도 오지 않을 터이니 한 번 놀러 오시기를 간절히 바랍니다."《근세조선정감》)라고 하니 남병철은 빙그레 웃으면서 머리를 끄덕였다.

생일날이 되어 해는 이미 서산에 뉘엿뉘엿 넘어가는데도 김병기와 남병철은 둘 다 나타나지 않았다. 홍선군은 마음이 초조해 연거푸 하인을 보내어 청했다. 그러나 김병기는 병을 핑계 대고 남병철은 갑자기 공무가 생겼다고 하면서 오지 않았다. 홍선군은 일이 어긋난 줄 알고 수레를 타고 급히 김병기의 집으로 달려갔다. 가서 직접 김병기를 청하니 김병기는 의관을 정제하고 한창 손을 맞이하고 있었다.

홍선군이 말하기를 "듣자하니 편찮다더니 벌써 다 나았소?" 하고 물었다. 김병기가 웃으면서 "내가 본래 병이 없었고 오늘 약속도 잊지는 않았소만 당신은 종실(宗室)이고 나는 척신(戚臣)이오. 지금 임금께서 후사가 없어 안팎이 걱정이 태산인 이때에 척신으로서 아들이 있는 종실과 사적으로 모임을 갖는 것은 혐의를 받을 염려가 있소. 이 때문에 감히 당신의 집에 가지 못하오. 내가 당신에게 실언한 것을 후회하고 있소."라고 했다.

홍선군은 크게 놀랐으나 그의 말이 너무나 뜻밖이어서 억지로 권하지 못하고 잠자코 나오면서 이것은 필시 남병철의 짓이라 생각했다. 그 길로 바로 남병철의 집을 찾아가니 그가 맞이하며 말하기를 "당신께서 무슨 말을 하고 싶은지는 내 이미 다 알고 있으니 입을 뗄 필요가 없소. 우리들이 비록 당신 집 생일잔치에 참여해 잔치 음식을 먹지는 않았으나 아드

님의 과거 시험은 걱정하지 마십시오."라고 했다.

흥선군이 그만 말문이 막혀 두 번 절하며 "그대가 우리 집에 오지 않으면 이놈은 집사람들을 볼 면목이 없게 되오."《근세조선정감》)라고 했다. 남병철은 끝내 승낙하지 않았다. 그렇지만 얼마 뒤 이재면은 급제했다.

이렇게 흥선군은 잠룡(潛龍) 명복(뒤의 고종)을 깊이 숨겨 둔 채 못난 장남을 우선 전면에 내세워 남이 알듯 말듯하게 정치에 발을 내디딜 준비를 하고 있었다.

이하전의 인물됨과 비운

이하응 외에 또 다른 종실인 이하전은 어떤 인물인가. 처음 이하전이 과거에 응시할 때에 늘 힘이 센 자를 많이 모집해 시장에 데리고 들어가 부호 자제들과 자리를 다툰 일이 있었다. 그 당시 안동 김씨 세도가의 자제들과 서로 다투다가 크게 낭패를 당하자 이하전은 머리를 풀어헤치고 맨발로 시장 밖으로 도망쳐 나가 종실로서 세도가 사람에게 무시당한 것을 분하게 여겨 손바닥으로 가슴을 치며 하늘을 우러러 크게 울부짖기를 "하늘이여. 원통하도다!"라고 했다. 종실로서 매사에 살얼음을 밟고 깊은 연못에 임한 듯 조심하던 흥선군의 눈에는 이하전의 거침없는 행동이 철 없이 날뛰는 것으로 보였을 것이다.

안동 김씨는 종실로서 자긍심이 강하고 위풍당당한 이하전의 태도를 몹시 눈꼴사납게 여겨 좋아하지 않았다. 그런데 1862년(철종 13) 7월 오위장 이재두가 이하전이 김순성과 이긍선 등에 의해 왕으로 추대되어 모반을 도모했다는 무고를 했다. 그리하여 곧바로 수사가 이루어졌다. 이 옥사의 수사 과정에서 수많은 연루자가 드러났는데, 위정척사 운동의 거두 이항로도 그 집에 이돈이라는 인물을 숨겨 주었다는 김순성의 주장으로 관청에 불려 나가 칼을 쓰고 조사를 받기도 했다. 그런데 이 옥사를 수사하는 과정에서 그 배후는 도정궁(都正宮) 이하전이라는 것이 밝혀졌다. 이하전을 잡기 위해 짜인 각본대로 수사는 진행되고 있었던 것이다.

임시로 죄인을 신문하기 위해 설치된 기관인 국청(鞫廳)에서 수사 결과를 철종에게 보고하자 철종은 이렇게 말했다.

이 죄수의 이름이 수사 과정에서 나올 줄은 정말 생각지 못했다. 그의 집안이 대대로 규모를 지켜 온 것이 어떠했으며, 여러 조상들이 돌보아 준 독실하고 후함이 어떠했던가. 그런데도 후손이 된 사람이 단정한 마음가짐으로 스스로 올바르게 행동하지 못하고 불만을 품은 부랑배들과 함께 어울려 다니다가 결국 그들의 손아귀에 희롱당하는 것을 면치 못했다. 다만 역적질을 도모한 사실을 그가 이미 몰랐다고 했으니 이는 미련하고 몰지각한 사람에 불과한 것이다. 이 옥사가 처음 일어났을 때부터 나의 마음은 실로 애통스러운 점이 있었다. 그리고 여러 번 조사 서류를 열람해 보았는데 그때마다 그럴까, 어찌 그렇겠는가 하는 마음이 들었고 분명히 동조했다는 흔적을 보지 못했다. 특별히 실오라기 같은 목숨을 용서해 주어 제주도에 안치(安置)시키되 바로 압송하도록 하라.

그런데 사헌부와 사간원에서 대사헌 홍원섭, 대사간 이교인, 지평 신헌구가 연명으로 아뢰었다.

제주목에 안치한 죄인 이하전은 다시 엄중하게 신문해 확실하게 법을 바르게 하십시오. 사실을 알고도 고하지 않은 죄인 이긍선에게는 속히 처자까지 사형시키는 법을 시행하소서.

이에 철종은 "번거롭게 하지 말라."고 했다.

이어 빈청(賓廳, 비변사의 대신이나 당상관이 정기적으로 모여 회의하는 곳)에서 아뢰기를 "제주도에 안치한 죄인 이하전을 다시 잡아다가 신문해 법을 바르게 하십시오." 하니 철종이 답하기를 "마땅히 처분이 있을 것이다." 했다.

이어 철종은 다음과 같이 하교했다.

내가 이 일에 대해 여러 차례 생각했고 앞뒤의 조사 서류를 참작해 보았더니 난의 배후도 그였고, 우두머리도 그였다. 지금 국론을 안정시키고 백성의 뜻을 하나로 통일시키는 것이 오늘날 더할 수 없는 급선무이니 제주에 유배된 가시울타리 속에 갇힌 죄인 이하전을 사사하도록 하라.

- 《철종실록》 권14, 철종 13년

이하전이 사사되자 완성군(完城君) 희(㷂)의 양자로 들어왔던 이하전의 아버지 이시인은 파양(罷養)되어 다시 생가의 족보에 올랐다. 그 대신 밀산군(密山君) 찬(澯)의 9대손 이익주를 완성군의 후계자로 삼아 덕흥대원군의 제사를 받들게 했다.

촉망받던 종실 이하전이 이렇게 안동 김씨들에게 화를 당하자 백성들 중 원통하게 여기지 않는 사람이 없었다. 그리고 그의 죽음을 듣고 눈물을 흘리기까지 했다. 헌종이 죽고 철종을 세울 무렵 정치적으로 풍양 조씨 계열인 권돈인이 이미 이하전을 후계자로 세우기를 주장한 적이 있기 때문에 안동 김씨는 이 기회를 이용해 아예 후환을 없애 버렸던 것이다.

얼마 후 경평군(景平君) 이승응(李昇應)도 탐학했다는 이유로 먼 섬으로 귀양을 갔다. 일이 이렇게 되니 종실들은 죽음에서 면하지 못할까봐

전전긍긍했다. 아들을 두고 있던 흥선군은 더욱 몸조심을 했다. 안동 김씨 세도가와 의령 남씨 남병철은 흥선군을 깔보고 만나기만 하면 조롱했다. 그러나 흥선군은 이것을 오히려 영광으로 여겼다. 하루는 흥선군이 남병철의 집에 갔는데 이날 남병철이 조용히 흥선군에게 이르기를 "그대가 이하전의 역모를 알고 있었지?"라고 했다. 흥선군은 깜짝 놀라서 일순간 얼굴빛이 흙색으로 변했다.

그리고 머리가 땅에 닿도록 엎드려서 "그대는 어찌해서 이러한 나쁜 연극을 꾸미는 것이오?" 했다. 남병철은 크게 껄껄 웃으면서 "시백[時伯, 흥선대원군의 자(字)]은 어찌 그리 담이 작소."라고 했다.

벌써 남병철은 슬기로운 눈총으로 흥선군의 속마음을 알아차려 한번 시험해 본 것이었다. 흥선군은 그만 진땀이 나서 등을 다 적셨다. 집으로 돌아와 다른 사람에게 말하기를 "오늘 내가 십년감수했다."(《근세조선정감》)고 했다.

이하전이 제거되고 철종마저 후사 없이 죽자 보위는 흥선군의 아들 명복(命福)에게 돌아갔다. 1863년 겨울 고종이 즉위한 뒤 흥선대원군이 집권하자 이하전은 신원되었다. 이듬해 7월 11일 그의 벼슬이 회복되었던 것이다. 그러자 당시 서울 남부에 살고 있던 이하전의 부인 서씨는 억울한 사연을 호소해 그 시아버지 완창군의 신주도 이전처럼 덕흥대원군의 사당에 다시 봉안하기를 청했다. 이에 고종은 그녀의 청을 들어주었다. 그러나 당분간은 완성군의 둘째 아들에게 덕흥대원군의 제사를 맡아 지내 주게 했다. 그 뒤 1908년(순종 2)에 이하전은 종1품에 추증되고 덕흥대원군 종손으로서 경흥군(慶興君)에 봉해졌다.

암흑천지를 비춘 불빛

순조 연간부터 철종 연간까지 세도 정국하의 조선 사회는 암담했다. 그러나 뜻있는 몇몇 학자들은 재야에서 혼신을 다해 조선의 앞날을 위해 학문과 예술에 힘쓰고 있었다. 정약용, 김정희, 이규경, 김정호, 최한기 등이 바로 그들이었다. 정약용은 유배지 강진에서 불후의 업적을 남겼으며 유배에서 풀려난 뒤에는 고향에 돌아와 계속 저술에 몰두했다. 그가 남긴 저술은 모두 500여 권에 달했다.

정약용이나 김정희는 그래도 남인과 노론이라는 당파에 속해 있어 당시 정치에 대해 완전히 초탈할 수는 없었다. 그러나 이규경, 김정호, 최한기 등은 이들과는 사회적 지위가 달랐다. 이규경은 서얼계의 한미한 선비였고 김정호는 전하는 이야기로는 군교(軍校)를 지냈다고 하고 최한기는 이제 막 새로운 양반으로 행세하는 정도였다. 이들은 비록 가정환경이 양반들만큼 좋지는 않았지만 모두 불후의 학문적 업적을 남겼다.

《대동여지도》를 그린 김정호

김정호는 우리나라 최고의 지리학자이다. 그의 본관은 청도, 자는 백원 백온백지 호는 고산자이다. 서울 남대문 밖 만리동에 살았다고 하고 공덕리에 살았다고도 한다. 그는 불우한 환경 속에도 오직 지도 제작과 지지 편찬에 온 정열을 다 바쳤다. 그는 젊은 시절 서울에서 최한기를 만나 이 세상에 태어나 무언가 보람 있는 일을 할 것을 굳게 약속하고 지리학에 몰두했다.

당시 조선 사회에서 개인이 지도를 제작하기란 어려운 일이었다. 그런데도 김정호는 1834년(순조 34)에 《청구도(靑丘圖)》 2책을 만들었다. 그리고 이어서 《지구도》를 만들었는데 이 《지구도》는 최한기가 1834년에 청나라 장정월(莊廷粵)의 《만국경위지구도》를 탁본해 김정호에게 판각을 의뢰한 것이었다.

김정호는 1861년(철종 12) 《대동여지도》를 판각해 간행했다. 《대동여지도》는 16만 2천분의 1 축척으로 남북은 22단(1단은 120리)으로 나누어져 있다. 그리고 다시 각 단을 여섯 치 여섯 푼의 폭(1폭은 80리)으로 해 가로로 접을 수 있도록 했다. 이 22단을 순서대로 접합하면 세로 7미터, 가로 3미터에 달하는 커다란 한 장의 조선 전도가 되었다. 지도 첫머리인 제1층에는 좌표와 지도표, 지도유설, 서울의 도성도, 경조오부도 등이 실려 있다. 좌표에 방안을 그리고 매방십리라 표시해 사실상 축척을 표시했다. 그리하여 이합(離合)이 자유로운 절첩식(折疊式) 지도로서 10리마다 눈금을 찍어 거리 측정을 용이하게 했다. 이 지도에는 산과 산맥, 하천 이름과 형상, 바다, 섬, 마을을 비롯해 관청, 병영, 성터, 역참, 창고, 목장, 봉수, 능묘, 방리, 고현, 온천, 도로 등이 상세히 기록되어 있다.

《대동여지도》의 특징은 이전의 지도에서 즐겨 사용하던 설명식의 주기를 모두 없앴다는 점이다. 그리고 지도의 1층에 범례로서 지도표를 제시해 지도 내용을 간단명료하게 도식화하고 기호식으로 표시했다. 또한 《청구도》에서는 지도의 여백을 이용해 호구와 전결 등을 기재했는데, 이 지도에서는 지지에 관한 내용이 생략되었다. 이 지도에 표기된 지명의 총수는 1만 2천으로 행정적인 내용이나 군사적인 측면에서도 긴요한 자료다.

김정호에게 지도의 관련 자료를 제공하고 재정을 지원한 인물은 최한기였던 것 같다. 그리고 지도 제작의 필요성은 조선 후기에 급격히 발달한 상업이 한몫을 했다고 할 수 있다. 즉 장시(場市)의 발달로 보부상들은 자신들이 필요해서 김정호의 《대동여지도》 제작을 재정적으로 지원했을 가능성이 있다. 민간에 떠도는 이야기로는 《대동여지도》는 김정호가 30

여 년간 전국 각지를 두루 답사하면서 실측한 자료를 가지고 만든 것으로 이 지도 제작을 위해 백두산에만도 열일곱 번이나 올라갔다고 전해지고 있다. 그리고 외동딸이 이 일을 거들었다고 한다. 그러나 당시의 교통 사정과 김정호 개인의 재정적인 형편으로 보아 조선 팔도를 모두 답사했을 가능성은 희박하다. 설사 재정적으로 도움을 받았다 치더라도 호식(虎食)의 위험까지 감수하면서 두루 돌아다니기는 힘들었을 것이다.

또한 김정호는 흥선대원군 집권 때에 《대동여지도》의 인쇄본을 조정에 바쳤다고 한다. 그런데 조정의 대신들은 그 지도의 정밀함과 자세함에 깜짝 놀라 나라의 기밀을 누설시킬 수 있다는 혐의로 판각을 압수했다. 그리고 그 일로 김정호가 옥사했다고 전한다. 그러나 《청구도》와 《대동여지도》가 온전하게 남아 있고, 목판도 그 일부가 전해지고 있는 것으로 보아 사실인지는 알 수 없다. 김정호의 지도 제작은 일반 백성들의 시야를 넓혀 주었다. 무엇보다 먼저 조선의 땅덩어리가 어떻게 생겼는지 알아야 세계가 보이지 않겠는가.

당대 박물학의 최고봉 이규경

이규경(李圭景)은 실학자 이덕무의 손자이다. 그의 할아버지는 박학하고 재주가 많아 제자백가와 기서(奇書)에 이르기까지 두루 통달했다. 문장에 있어서도 일가를 이루어 인정과 물태를 멋지게 묘사했다. 그는 일찍이 정조가 규장각을 세우자 유득공, 박제가, 서이수와 함께 네 검서로 이름을 날렸다. 이덕무는 심염조의 사행을 따라 중국 연경에 가서 그곳의 명망 있는 문인들과 교유했다. 그리고 중국의 산천, 도리, 궁실, 누대로부터 초목, 곤충, 조수에 이르기까지 이름을 적어 와 귀국한 뒤로는 더욱 이름이 알려졌다.

아버지 이광규도 할아버지를 이어 검서관에 등용되어 오랫동안 규장각에 근무했다. 이규경은 공부하기 좋은 가정환경에서 자라면서 우리나라와 중국의 고금 사물에 대한 서적을 수백 종 탐독했다. 공부하면서 얻은 정밀한 고증으로 천문, 역수, 종족, 역사, 지리, 문학, 음운, 종교, 서화, 풍속, 야금, 병사, 초목, 어조 등 모든 학문을 고증하고 변론해 1,400여 항목을 담아《오주연문장전산고》를 저술했다. 오주(五洲)라는 이름에서 이미 그는 중국 중심의 세계관에서 벗어났다는 것을 알 수 있다. 이규경은 《오주연문장전산고》 외에도《오주서종박물고변(五洲書種博物攷辨)》을 저술했다. 이러한 책에서 신지식을 제시해 새로운 학풍을 조성했다.

이규경은 대외적인 무역에 대해서도 개시(開市)와 교역의 필요성을 강조했다. 1832년 영국 상선이 우리나라에 교역을 요구해 왔을 때 개시를 특별히 허락할 것을 주장했다. 그러면서 조약도 엄중히 할 것을 당부했다. 이러한 이규경의 신지식과 현실 인식은 1876년 개항 이후 지식인들에게 진지하고 절실하게 받아들여졌을 것이다.

기학(氣學)의 제창자 최한기

최한기(崔漢綺)는 1803년 최치현과 청주 한씨 사이에서 태어났다. 본래 집안 내력은 평민이었으나 증조부 최지숭이 무과에 급제한 후 양반이되었다. 최한기의 자는 지로(芝老)이고, 호는 패동(浿東), 혜강(惠岡), 명남루(明南樓)이다.

최한기의 학문적 면모는 직접 그를 만난 이규경이 "일찍이 경학, 사학, 예학, 율여, 수학, 역상에 두루 통해 이에 관한 저술을 남겼다. 널리 모으고 분류별로 고증하며 기억력이 뛰어나고 넓게 공부했으니 속된 선비에 견줄 바가 아니다."라고 한 데서 잘 알 수 있다.

최한기는 책을 너무 좋아했고 눈 깜짝할 사이에 수천 자의 원고를 썼으며 누가 옆에서 잘못 썼다고 지적해 주면 그 자리에서 바로 고쳤다. 또한 누가 공부에 대해 질문했을 때 하나라도 모르는 것이 나오면 매우 부끄러워했다. 그는 산수를 매우 좋아하는 성품이어서 유람도 많이 다녔는데, 타고난 성품이 학문과 자연을 매우 사랑했다.

최한기는 저술을 통한 학문 활동으로 일생을 보냈다. 그는 서울의 시정(市井)에서 생활하면서 눈앞에 펼쳐지는 서울 사람들의 생애와 일상적인 업무를 자신의 학문적 자료로 삼았다. 그는 변화하는 자연, 즉 하늘의 일월성신과 서울 사방의 천보(불암), 수락, 인왕, 와우산의 사시사철 변화에 순응하면서, 때때로 책을 읽어 지식을 배양하고 뜻있는 벗을 집으로 초대해 견문을 넓혔다.

최한기는 교육과 학문을 평생 종사해야 할 일로 생각했다. 그리고 그 자신이 몸소 실천했다. 그는 자기 학문에 대한 자부심도 대단해 의리에 합당하다면 얼마든지 새로운 학문이나 제도를 제창할 수 있다고 여겼다. 최한기는 천금을 아끼지 않고 동서고금의 서책을 구입해 연구실에 쌓아놓고 연구에 몰두했다. 그리고 저술을 통해 후학하게 혜택을 주려고 했다. 최한기는 그의 저술 곳곳에서 '앞 사람이 아직 밝히지 못한 것을 밝혔다'고 했다. 그래서 개인적으로는 조선 제일의 저술가가 되었다. 최남선은 "진역(震域, 우리나라)의 최대 저술은 무엇입니까?"라는 물음에 대해 아래와 같이 말하고 있다.

> 일가집(一家集)의 큰 것으로는 송시열의《송자대전》215권 102책, 정조의《홍재전서》184권 100책, 서명응의《보만재총서》수백 권, 정약용의《여유당집》500권(자찬묘지명에 의함, 근래 전서라고 명한 것은 그중의 154권 76책), 성해응의《연경재전서》150권 등이 있고, 최대의 저술로는 최한기(혜강)의《명남루집》1천 권이니 아마 이것이 진역 저술상에 있는 최고 기록이요, 신구학을 구통(溝通)한 그 내용

도 퍽 재미있는 것이지만 다만 대부분이 미간으로 있고 원본조차 사
방에 산재해 장차 어떻게 될지 모르는 상태에 있음은 진실로 딱한 일
입니다.

- 《조선상식문답속편》 제13, 도서

최한기는 1830년대에 이미 기(氣)를 설명하는 구조에서 음양과 오행의
틀을 완전히 벗어났다. 그는 음양이라든가 오행이라는 말을 쓰지 않았다.
그리고 공(空)과 허(虛)의 개념을 철저히 배제했다. 서학 관련 책을 베낄
때에 공(空)이란 글자가 있다면 이를 다른 글자로 바꾸어 버렸다. 이뿐만
이 아니었다. 그는 국가와 인종의 차별 인식을 없애고, 각국의 정치제도
와 풍속을 인정해 자연히 화이(華夷)라는 말 자체를 쓰지 않았다.《해국
도지》의 이(夷)자나 만(蠻)자를 인용할 때는 인(人)으로 고쳐 버렸다.

최한기는 1850년대 말에 각국의 윤리 도덕과 정교 등을 종합적으로 연
구해《지구전요(地球典要)》를 편집했다. 그리고《기학(氣學)》에서 이른바
세계인이 공감해 행할 수 있는 '기학'을 제창했다. 그는 세계 각국의 견문
과 실험 결과를 혼자 힘으로 집성해 자신의 학문을 '기학'이라 이름하고
이를 온 세계의 뜻있는 지식인들이 널리 전파해 주기를 희망했다.

최한기는 1850년대에 기의 속성을 활동운화(活動運化)의 구조로 제시
해 인간과 사회와 자연을 이 틀로 설명하려고 했다. 말끝마다 활동운화를
거론했는데 활은 생명성, 동은 운동성, 운은 순환성, 화는 변화성을 의미
한다. 우주에 존재하는 모든 것은 여기에서 벗어날 수 없다는 말이 된다.
아울러 기의 정(情)으로는 서구의 4원소설을 수용해 이해했다. 기의 정
(情)을 한열건습(寒熱乾濕)으로 본 것은 바로 아리스토텔레스(Aristoteles)
의 4원소설에서 4원소의 성질을 한열건습으로 제시한 것에서 비롯된 것
이다. 특히 이 4원소설은 동양의 기에 대한 인식과 최한기의 기에 대한

인식을 완전히 구분하는 구실을 했다. 종래 기에 대한 논의가 기의 무형 (無形)을 얘기한 것이었다면 최한기가 말하는 기는 실험에 의해 직접 보고 증험할 수 있는 것이었다.

최한기는 1851년부터는 《인정(人政)》의 편찬을 구상해 주제를 정하고 자료의 분류 작업을 수행했다. 이 《인정》에서 최한기는 자연, 사회, 인간의 문제를 총체적이고 유기적으로 파악해 인류가 나아갈 새로운 방향을 모색했다. 최한기는 조선의 개화(開化)가 하루빨리 이루어지기를 손꼽아 기다렸다.

방랑 시인 김삿갓

김병연은 자기 집안 안동 김씨가 주도하는 세도 정권 아래에서 하늘도 보기 싫다며 삿갓을 쓰고 대지팡이를 짚고 전국을 방랑했던 인물이다. 그의 방랑 생활의 연원은 그가 다섯 살 때인 1811년 평안도에서 일어난 홍경래 난으로 거슬러 올라간다. 김병연의 할아버지 김익순이 홍경래 난 때 투항한 죄로 그 집안은 멸족을 당할 지경이었다. 그런데 김병연은 다행히 종 김성수의 도움으로 부모 품을 떠나 형 김병하와 함께 황해도 곡산으로 피신해 살았다. 후일 김병연 집안은 멸족에서 폐족으로 사면을 받았다. 그래서 형제는 다시 어머니 함평 이씨의 품으로 돌아왔다. 그러나 아버지 김안근은 1825년 8월 27일 마흔의 나이로 홧병이 나서 경상도 남해에서 죽었다.

김병연의 어머니는 자식들이 폐족의 자손으로 멸시받는 것이 싫어서 고향을 떠나 강원도 영월로 이사했다. 그러나 김병연은 어머니로부터 할아버지에 관한 내력을 듣고는 출세에 지장이 있을 것이라는 사실을 일찌감치 알았다. 김병연의 동생 병두는 열일곱 살에 전라도 나주군 곡강 군지라는 곳에 은둔했다. 그 역시 형의 성격을 닮아 위풍과 거동이 속세를 초탈했으며 시비를 잘 분별하는 능력을 가지고 있었다. 당시 그 마을에서는 김병두의 집을 '서울 양반댁'이라 불렀다.

김병연은 1807년 3월 13일 경기도 양주에서 출생했다. 본관은 안동, 자는 성심(性深), 호는 난고(蘭皐)이다. 일명 김립(金笠) 또는 김삿갓이라고 불렀다. 부인은 한 살 연상의 여인 장수 황씨로 철주(哲周)의 딸이었다. 그녀는 1838년 서른두 살의 나이로 죽었다.

김병연은 1830년 3월 25일 아들 익균을 얻었다. 그러나 본부인 황씨가 죽자 김병연은 경주 최씨 흥주(興柱)의 딸을 아내로 맞았다. 그녀는 김병연보다 10년 연하였다. 최씨는 1856년 2월 2일 아들 김영규를 낳았다. 김영규는 1891년 무과에 급제하고 선전관과 전라우후를 지냈으며 시종원시경도 지냈다. 김병연 집안은 1897년에 비로소 김익순이 신원되고, 1908년 정치적으로 복권되었다. 아마 김병연의 아들 영규의 힘이었던 것 같다. 김병연은 스무 살 무렵부터 처자식을 버린 채 방랑길에 올랐다. 그는 푸른 하늘을 볼 수 없는 죄인이라 자처하고 삿갓을 쓰고 다닌 까닭에 세상에서는 그를 김삿갓이라 불렀다. 그는 아버지가 돌아가셨을 때 짚는 대지팡이를 짚고 다녔다. 우선 그는 금강산을 유람한 뒤 충청도와 경상도를 돌고 경상도 안동의 도산서원 아랫마을 서당에서 몇 년 동안 훈장 노릇도 했다. 그리고 전라도와 평안도를 거쳐 어릴 때 자라던 황해도 곡산의 김성수 아들 집으로 가 다시 1년쯤 훈장 노릇을 했다. 조선 팔도에 김병연의 족적이 닿지 않는 곳이 없었다. 그때마다 숱한 일화를 남겼다.

김병연은 전라도 동복 땅 어느 선비의 집에서 1863년 3월 29일 한 많은 생애를 마감했다. 아들 익균이 시신을 수습해 강원도 영월군 의풍면 태백산 기슭에 묻었다.

조선의 한시는 김병연에서 망했다는 말이 있다. 그만큼 그는 격식에 구애받지 않는 시를 써 나갔다. 조선인이 하고 싶은 말을 그대로 시로 표현했다.

스무 나무 아래 서러운 나그네 二十樹下三十客
망할 놈의 마을에서 쉰 밥을 주네. 四十村中五十飯
인간 세상에 어찌 이런 일 다 있는가. 人間豈有七十事
집에 돌아가 설은 밥 먹는 것이 낫겠네. 不如歸家三十飯
고을 이름 개성인데 어찌해서 문은 닫혔으며 邑號開城何閉門
산 이름 송악인데 어찌 땔나무 없다 하는가. 山名松嶽豈無薪
황혼에 나그네를 쫓는 것은 인사가 아니거늘 黃昏逐客非人事
동방예의의 나라에 그대 홀로 포악한 진나라 백성인가. 禮儀東方子
獨秦

-《김립시집(金笠詩集)》

철종 연간에는 김병연뿐만 아니라 삿갓을 쓰고 다니는 자가 여러 명
있었는데 이러한 현상은 당시 세태를 반영하는 것이다. 사회 기강이 문란
해지자 격식에 구애받지 않고 재야에서 문예 창작을 하는 자가 많아지고
창작 기법도 파격과 조롱, 야유, 기지 등 다양하게 나타났다. 특히 육두문
자와 외설의 향연이 바로 김병연 시의 소재였다. 김병연의 시는 순조에서
철종 연간에 산 조선 백성들의 삶의 모습을 진솔하게 그려 낸 것이라고
할 수 있다.

서예의 대가 김정희

김정희(金正喜)는 1786년 아버지 김노경과 어머니 기계 유씨 사이에서
장남으로 태어났다. 김정희는 유씨가 임신한 지 24개월 만에 충청도 예
산에서 태어났다. 조금 자라서 큰아버지 노영의 양자가 되었다. 김정희의

동생 김명희는 18개월 만에, 김상희는 12개월 만에 태어났다. 과학적으로 설명이 안되는 이상한 일이다.

김정희의 본관은 경주, 자는 원춘(元春), 호는 추사(秋史), 완당(阮堂), 예당(禮堂), 시암(詩庵), 노과(老果), 농장인(農丈人), 천축고선생(天竺古先生) 등 수백 가지다. 그는 젊은 시절 그의 집에 '상하삼십년종횡십만리지실(上下三十年縱橫十萬里之室)'이라는 기이한 이름을 붙였는데 이 말은 원나라 조맹부가 썼던 것이다. 또 청나라 염약거(閻若璩)가 황종희(黃宗羲)에게 한 제문에 '상하오백년종횡일만리(上下五百年縱橫一萬里)'라고 했다. 그는 이러한 것에서 취해 자신의 집 이름으로 삼았다.

한편 김정희는 용산강가에 잠시 산 적이 있었는데 정자에 칠십이구정(七十二鷗亭)이라는 현판을 걸었다. 이것을 본 어떤 사람이 괴이하게 여겨 "어찌해서 칠십이구라고 했는가?"라고 물었다. 그러자 김정희가 웃으면서 이렇게 대답했다.

옛사람들은 사물의 많은 수를 말할 때 모두 '칠십이'라고 말한다. 그러므로 제나라 환공(桓公)의 천자가 산악에 지내는 제사인 봉선(封禪)에 대해 관중(管仲)에게 질문하자 관중이 '운운정정칠십이처(云云亭亭七十二處)'로 말했고 위나라 무제(武帝) 의총(疑塚)을 말할 때에도 '칠십이'로 말했다. 그리고 한나라 고조(高祖)의 왼쪽 사타구니에 있는 점의 숫자를 말할 때도 '칠십이'라고 말했다. 이러한 '칠십이'는 수가 많다는 것을 말한 것이지 정말 숫자가 칠십이라는 것은 아니다. 내가 살고 있는 강가에는 백구가 많기 때문에 나 또한 '칠십이구'로 정자 이름을 붙였으니 무엇이 괴상하단 말인가?

— 《지수염필》

김정희는 일곱 살 때 입춘첩(立春帖)을 써서 대문에 붙였다. 그런데 채제공이 지나가다가 보고 누구의 집이냐고 물으니 김노경의 집이라고 했다. 바로 김노경은 김정희의 아버지였다. 채제공은 김노경 집과 대대로 혐의가 있어서 서로 왕래하지 않고 지내왔다.

그런데 채제공이 글씨를 보고 특별히 방문을 했다. 그러자 김노경이 깜짝 놀라 "대감께서는 어찌해 소인의 집을 다 방문하십니까?"라고 했다. 채제공이 "대문에 붙어 있는 글씨는 누가 쓴 것인가?"라고 묻자 김노경이 "우리 애가 썼다."고 대답했다. 이에 채제공은 김노경에서 이렇게 당부했다.

> 이 아이는 반드시 명필로 일세에 이름을 떨칠 것이다. 그러나 만약
> 글씨를 잘 쓰면 반드시 운명이 기구할 것이니 절대로 붓을 잡게 하지
> 말라. 만약 문장으로써 일세를 울린다면 반드시 크게 출세할 것이다.
>
> – 《대동기문》

김정희의 재주는 시, 서, 화에 대한 감정이 첫째였고, 글씨가 그다음이었고, 시문을 짓는 것이 그다음이었다. 그는 1809년 생원시에 급제했고 1819년(순조 19) 문과에 급제해 예조참의, 설서, 검교, 대교, 시강원보덕 등을 두루 역임했다. 1836년에 병조참판을 거쳐 성균관 대사성 등을 역임했다.

그런데 1840년 김정희에게 먹구름이 드리워졌다. 10년 전인 1830년에 생부 김노경이 윤상도의 옥사를 배후에서 조종한 혐의로 고금도에 유배된 적이 있었다. 윤상도 옥사는 윤상도가 호조판서 박종훈, 전 유수 신위, 어영대장 유상량 등을 탐관오리로 탄핵하다가 군신 간을 이간시켰다는 이유로 순조의 미움을 받아 추자도로 유배되었던 사건이다. 이미 김정희

의 아버지는 이 세상 사람이 아니었음에도 안동 김씨들이 케케묵은 이 문제를 들고 나왔다. 이로 말미암아 이미 죽은 김노경에게 추죄(追罪)의 형벌이 가해졌다.

김노경은 경주 김씨로 영조의 계비 정순왕후의 오빠 김구주와 가까운 일족이었으므로 당파는 벽파에 속했다. 그러나 안동 김씨 김조순이 권력을 잡자 정치 색깔을 바꾸어 잠시 시파인 안동 김씨를 지지한 적도 있었다. 바로 그가 평안감사로 있을 때 효명세자가 풍양 조씨 조엄의 손녀를 아내로 맞이한다는 소식을 듣고 반대했던 일이다. 그 이유는 조엄이 평안감사로 있을 때 뇌물을 먹었기 때문에 그 손녀를 장차 한 나라의 국모가 될 사람으로 삼을 수 없다는 것이었다. 김노경은 안동 김씨가 효명세자의 혼인에 제동을 걸 줄 알고 선수를 쳐서 풍양 조씨를 반대하는 입장에 섰다. 이 말을 들은 풍양 조씨 실세인 조병구는 그에게 한을 품게 되었다.

김노경은 안동 김씨 실세 김유근에게도 미움을 산 적이 있었다. 일찍이 김유근이 어린 나이로 문과급제에 혈안이 되어 있는 것을 보고 김조순에게 충고한 적이 있었다. "공(公)의 조카가 아직 소년이지만 뒷날에 부귀는 걱정할 것이 없지 않은가. 글공부에 잠심하는 것이 옳지 그렇게 조급하게 출세하려 할 필요는 없는 것 같다."고 했다. 김유근은 이 말을 늘 언짢게 여기고 있었다.

풍양 조씨와 안동 김씨 두 가문에 대한 김노경의 언동으로 보아 바른 소리를 하는 강직한 정치가의 면모가 보인다. 그래서 김노경은 이래저래 당대 대표적인 두 가문과 사이가 좋지 않았다. 1840년 김노경이 이미 죽었으나 김유근과 조병구 등은 헌종에게 김노경은 본래 벽파를 지지했으니 소급해 죄를 주자고 주장했다. 이들은 10년 전에 있었던 윤상도 옥사를 끄집어낸 것이다. 이미 죽은 김노경은 추죄되고 승지로 있던 김정희는 제주도로 유배 길에 올랐다. 그리하여 1840년부터 1848년까지 9년간 제주도에서 유배 생활을 했다. 한편 철종이 즉위하고 헌종의 삼년상이 끝날 무렵인 1851년 예론이 발생했다. 이때 영의정 권돈인의 예론이 김정희의 조종에 의해서 나온 것이라 해 또다시 함경도 북청으로 귀양갔다.

김정희는 어려서부터 총명해 일찍이 박제가의 제자가 되었다. 스물네 살 때 아버지가 동지부사로 청나라에 갈 때 수행해 연경에 체류하면서 옹방강, 완원 같은 대학자와 접촉할 기회가 있었다. 이러한 청나라 대학자들은 그를 해동제일통유(海東第一通儒)라고 칭찬했다.

그는 귀국한 후 금석학에 몰두했다. 1817년 북한산을 등반해 진흥왕순수비를 연구했고 그 이듬해 6월 8일에 다시 조인영과 더불어 북한산에 올라가 이 비를 탁본했다.

김정희는 눈이 매우 높았다. 그래서 옛날 사람이나 당시 사람이 지은 시문에 대해 인정하는 일이 거의 없었다. 이 때문에 감정에는 뛰어났으나 시문을 창작하는 데는 졸렬해 글이 많지 않았다. 그저 사우 간에 왕복한 편지와 다른 사람에 대해 말로써 변론했을 뿐이었다. 남의 글만 기탄없이 비판하고 정녕 자신의 시문에 있어 스스로 일가를 이루지 못했던 것이다. 그래도 남아 있는 몇 편의 시는 너무 기이하다.

우뚝우뚝 뾰족뾰족 괴이하고 괴이하고 기이하도다. 矗矗尖尖怪怪奇
사람 하늘 귀신 부처 모두 시샘을 하네. 人天神佛摠堪疑
평생토록 시 짓는 일 금강을 위해 아꼈거늘 平生詩爲金剛惜
금강에 도착하니 감히 시를 못 짓겠네. 及到金剛不敢詩

- 《지수염필》

참으로 괴이하고 기이하다. 금강산의 만이천봉이 기이로써 다툰다고 하지만 시 또한 괴이하고 기이하지 않은가. 모든 이가 매우 칭찬하고 다른 토를 달지 못했다. 어떤 시인인들 금강산을 이보다 더 멋있게 그려 낼 수 있을까.

김정희의 서예는 중국을 다녀오면서부터 크게 진보했다. 옹방강과 완원에게서 금석문의 감식법과 서법에 대한 전반적인 지도를 받고서 서법에 대한 인식을 근본적으로 달리했다. 옹방강의 서체를 따라 배우면서 그 연원을 거슬러 올라가 조맹부, 소식, 안진경 등의 여러 서체를 공부했다. 다시 더 소급해 한(漢)위(魏) 시대의 여러 예서체에 서예의 근본이 있음을 깨닫고 받아들이는 데 심혈을 기울였다. 그래서 중국 명필의 서체의 장점을 취해 독창적인 서체인 추사체를 이루었다. 추사체는 김정희가 제주도에 유배되었을 때 무한한 단련을 거쳐 이룩한 조선 예술사상 최고의 걸작이었다.

• 김정희의 글씨

김정희의 글씨는 옛날에 얽매이지도 않고 당시에 아첨하지도 않고 마음에서 우러나온 것으로 독보적 경지로 나아갔다. 다른 사람에게 써 준 편액과 병풍과 족자는 모두 기이해 그 구성과 필획이 모두 비틀비틀 구불구불 호방했다. 그러나 작은 글씨로 쓴 해서는 글자마다 정묘해 살아 움직이고 있는 것 같다. 이처럼 김정희의 글씨는 괴이하고 기이한 체가 많은데 행서와 초서가 특히 그렇다. '기험(奇險)'이 바로 김정희의 예술 인생이요, 예술 그 자체인 것이다.

• 김정희의 그림

김정희는 그림에도 일가를 이루었다. 〈부작난화(不作蘭畵)〉 같은 문인화 작품은 가볍게 감상할 그림이 결코 아니다. 이 그림은 초서와 예서, 그리고 기이한 글자 쓰는 기법으로 그린 것이다. 그래서 세상 사람들은 이 그림을 잘 이해할 수 없고 그래서 좋아하기도 어렵다고 한다. 이 그림에는 《유마경(維摩經)》의 깊은 의미가 담겨 있다.

난초를 그리지 않은 지 어언 이십 년	不作蘭花二十年
우연히 그려 내니 타고난 성품	偶然寫出性中天
문을 닫고 찾고 찾아 찾고 찾는 곳	閉門覓覓尋尋處
바로 유마의 불이선이라네.	此是維摩不二禪

– 〈부작난화〉 제(題)

위의 시는 〈부작난화〉의 화제이다. 여기에는 바로 유마힐(維摩詰)의 불이법문(不二法門)이 배어 있다. 지혜의 보살인 문수보살과 유마거사 사이의 대화에서 유마거사가 "절대 평등한 경지에 이르려면 어떻게 대립을 떠나야 그것을 얻을 수 있겠는가?"라고 질문했다. 이에 문수가 "모든 것에 대해 말도 없고 설명할 것도 없고 나타낼 것도 인식할 것도 없으니 일체의 문답을 떠나는 것이 곧 불이의 경지에 들어가는 일이라 생각한다."고 했다. 그리고 문수는 "유마 당신은 어떻게 생각하느냐."고 물었다. 그러나 유마는 오직 침묵해 한마디의 말도 하지 않았다. 김정희는 이 유마의 무언의 불이선을 한 포기의 난초에 담아냈다.

김정희의 또 다른 명작 〈세한도〉는 김정희가 정치적으로 박해를 받아 제주도에 귀양을 가 있던 시절인 1844년에 그린 그림이다. 유배 기간 중에 그에게는 아무런 지위도 권력도 없었다. 그 주위를 얼씬거리던 사람들은 모두 어디로 갔는지 보이지 않았다. 돈이 있고 권력이 있을 때 그에게 붙어 있다가 이제 권력에서 배제되니 누구 하나 거들떠보지 않았다.

이때 중인인 역관 이상적(李尙迪)이 옛날에 맺은 사제 간의 의리를 저버리지 않고 두 번씩이나 중국 북경에서 귀한 책을 구해서 부쳐 주었다.

김정희는 공자가 말한 '날씨가 추워진 후에 소나무와 잣나무가 시든다는 것을 안다'는 뜻이 가슴 깊이 와 닿았다. 그래서 붓을 빼들고 〈세한도〉를 그렸다. 이 그림에서 그는 변화무상한 인간 세상의 탐욕과 권력에 아부하지 않고 절조를 지키는 외로운 선비의 도리를 표현했다. 온갖 풍상(風霜)에도 굴하지 않는 소나무와 잣나무의 굳세고 곧은 성품이 바로 김정희가 희구한 인간상이요, 예술 세계인 것이다.

• 김정희의 죽음

김정희는 1856년 10월에 71세로 경기도 과천에서 죽었다. 김정희가 죽자 사관은 다음과 같은 졸기(卒記)를 남겼다.

전 참판 김정희가 졸했다. 정희는 이조판서 김노경의 아들로 총명하고 기억력이 뛰어났으며 여러 책에 두루 통했다. 금석과 그림, 역사의 깊고 오묘한 것을 궁구해 통했고 초서, 해서, 전서, 예서에 있어 최고의 경지에 도달했다. 때때로 엉뚱한 일을 행하기도 했으나 사람들이 그를 흠잡을 수 없었다. 그 동생 명희와 우애가 깊었으며 우뚝하게 당대의 대가가 되었다. 어린 나이에 이름이 났으나 중년에 가화(家禍)를 만나 남북으로 귀양을 다니면서 온갖 시련을 겪었다. 벼슬에 나아가고 나아가지 않은 일과 행동거지에 대해 세상에서는 송나라 소식(蘇軾)에 견주었다.

－《철종실록》권8, 철종 7년 10월 갑오

고종 高宗
제26대 1852년~1919년 | 재위기간 1863년 12월~1907년 7월

시련의 군주, 고종

조선의 마지막 국왕

1863년 음력 12월 말, 강화도령 철종이 세상을 떴다. 새로 왕위에 오른 이는 겨우 열두 살에 불과한 홍안의 소년으로 그가 바로 조선의 26대 왕 고종이다. 고종은 영조의 현손인 흥선군 이하응(李昰應)의 둘째 아들로 어머니는 여흥부대부인 민씨다. 그는 1852년(철종 3) 정선방에서 태어났다. 열다섯 살 때인 1866년 9월 여성부원군 민치록(閔致祿)의 딸을 왕비로 맞이했으니 그녀가 그 유명한 민비(閔妃), 명성황후(明成皇后)다. 아버지인 흥선대원군도 특출 난 인물이지만, 부인인 명성황후 역시 대단한 여성으로 아버지와 부인 모두 세인의 비판과 동정을 동시에 받는 한국 근대사의 걸출한 인물들이다. 이에 비해 고종은 성품이 나약하고 조용한 인물로 알려져 있다.

고종은 조선의 마지막 국왕으로서 34년(1863~1897), 대한제국의 황제로서 10년(1897~1907), 통산 44년간 군주의 자리에 있었다. 고종은 재위중 서양 각국과 조약을 맺고, 각종 근대화를 추진했다. 그러나 두 차례의 양요로 강화도가 유린되고, 외세의 거듭된 침략으로 군주 이하 온 백성이 수난을 겪으며 나라가 기울어 간 것도 바로 이때이다. 헤이그 밀사 사건 직후 일본의 강요로 퇴위한 고종은 1919년 1월 21일 덕수궁의 함녕전에

서 예순여덟의 나이로 한 많은 생애를 마감했다.

고종은 역대 군주로서는 장수한 편이지만 참으로 고단한 일생이었다. 즉위 직후부터 고종은 해야 할 일이 태산 같았다. 그러나 주위의 여건이 호락호락하지 않았다. 천시(天時), 지리(地利), 인화(人和) 모두가 불리했다. 막강한 외세는 교차로 내정을 넘보는데 신지식인, 농민, 유생은 각기 다른 목소리를 냈고, 세계는 저만치 앞서 가는데 척족의 인물들과 보수적인 관료들은 눈앞의 작은 이해에만 집착하고 있었다. 이런 와중에서 '은둔의 왕국' 조선은 어느새 '열강의 각축장'으로 바뀌었다. 외세의 손길은 궁중에까지 뻗쳐 왕비가 비명에 갔고 고종도 수차례 위기를 넘겨야 했다. 고종의 시대는 시련의 연속이었다.

장안의 파락호 흥선군

고종이 왕위에 오르게 된 것은 아버지인 흥선군과 익종비인 조대비의 협력으로 가능했다. 흥선군 이하응의 자는 시백(時伯), 호는 석파(石坡)이다. 그는 영조의 증손인 남연군의 넷째 아들이다. 세간에서는 출세한 이후의 그를 대원위대감(大院位大監)이라 불렀고, 오늘날에는 흥선대원군이라 한다. 한창 때 '대원위대감의 분부'라 하면 '나는 새도 떨어뜨린다'고 했고, 그의 호령 한마디에 '조선 팔도의 산천초목이 떤다'고 했다.

그러나 왕손으로 있을 때의 이하응은 그렇지 않았다. 왕손이지만, 영락한 왕손이었다. 10대에 부모를 여의고 사고무친인데다가 지속된 세도정치 아래 운신 폭이 좁았다. 스물한 살 때인 1841년(헌종 7) 흥선정이 되었고, 2년 뒤 흥선군에 봉해졌다. 1846년 수릉천장도감의 대존관이 된 후 종친부의 유사당상, 오위도총부의 도총관 등 한직을 전전했다. 이렇게 왕손치고는 관직 경력도 보잘 것 없었지만, 그 정도라면 그래도 보아줄 만했다.

언제부터인가 흥선군은 장안을 떠도는 '파락호'로 전락해 있었다. 그가 타락한 원인은 외척 세도에 있었다. 철종 당시는 외척인 안동 김씨가 권력을 장악해 왕실과 종친을 위협했다. 종친의 촉망을 받던 돈령부도정 이하전이 역모의 누명을 쓰고 사약을 받고(1862), 경평군이 세도 재상 김좌근을 비난했다고 해 작호(爵號)가 박탈되어 귀양을 갔다. 흥선군이 시정의 무뢰한 '천하장안(千河張安)' 등과 어울려 파락호 행각을 벌인 것은 무리가 아니었다. 왕실에서야 망신살이 뻗쳤지만 이는 기발한 호신책이었다.

흥선군에게는 또 다른 재주가 있었다. 난초를 치는 솜씨가 빼어났는데 그 난화를 그의 호를 따 석파란(石坡蘭)이라 불렀다. 석파란은 운미(芸楣, 민영익)의 난과 함께 그 시대 난화의 쌍벽을 이루었다. 하지만 당시에는 알아주는 사람이 없었다. 면박당하고 퇴짜 맞기 일쑤였지만 흥선군은 자신이 친 난초를 들고 안동 김씨 가문을 찾아다니며 구걸도 마다하지 않았다. 바로 그 시절 흥선군은 민정을 시찰하는 한편, 궁중의 조대비(趙大妃)와 줄을 대어 장래를 대비했다. 난세의 정략가는 이미 파락호 시절부터 세상 돌아가는 것을 파악하고 있었다.

일인지하(一人之下) 만인지상(萬人之上)의 대원군 : 고종의 즉위

조대비는 순조의 아들인 효명세자, 즉 익종(翼宗)의 비다. 일찍이 남편을 잃은 그녀는 왕실 내에서는 가장 웃어른이었다. 그러나 안동 김씨 가문은 순조 대에 이어 철종 대에도 외척으로서 세도를 부려 조대비는 푸대접을 받을 수밖에 없었다. 자연히 조대비는 안동 김씨 가문에 대해 한이 많았다. 그 점에서 흥선군과 동병상련이었다.

왕실의 관례상 전대 왕이 후사 없이 사망할 경우 후계자 지명권은 왕

실의 최고 어른에게 있었다. 조선 천하의 새 주인을 지명하는 어마어마한
권한이 조대비에게 주어진 것이다. 조대비는 그때를 기다렸다. 홍선군 역
시 그러했다.

마침내 그 기회가 왔다. 1863년 12월, 철종이 후사 없이 죽은 것이다.
과연 조대비와 홍선군은 기민하게 움직였다. 안동 김씨 세도가들이 왕
실의 인물을 다 제거했다고 여기고 방심한 탓도 있었다. 조대비는 홍선
군의 둘째 아들 명복을 천하의 새 주인으로 지명했다. 먼저 명복으로 하
여금 익종의 대통을 잇게 하고, 그를 익성군(翼成君)에 봉한 뒤 관례를
치르고 국왕에 즉위하게 했다. 조대비와 홍선군의 합작이 완성되는 순
간이었고, 장안의 파락호 홍선군이 일인지하 만인지상의 자리로 뛰어오
르는 분기점이었다. 파란만장한 고종의 시대는 이렇게 대원군 이야기부
터 시작된다.

대원군의 10년 세도와 내정 개혁

인물만 괜찮다면 : 사색 등용과 국가기구 정비

고종 즉위 이후 10년간 정권을 틀어쥔 것은 대원군이었다. 조대비의
수렴청정이 3년간 지속되었지만, 이미 실권은 대원군에게 있었다. 삶의
바닥까지 갔다가 솟구치듯 떠오른 대원군은 의욕이 넘쳤다. 그의 시정 방
향은 폐정을 발본색원하는 것이었다. 그중에서도 국가와 왕실의 기틀을
바로잡는 것이었다.

대원군이 정권을 잡기 이전 조선의 왕권은 한껏 추락해 있었다. 서학이
전래되어 유교 사회의 전통이 동요하는 가운데, 세도정치로 인해 왕도 정
치의 실현은 요원한 채 정국의 파행이 계속되었다. 국법 질서가 문란해지

자 기승을 부린 것은 전정(田政), 군정(軍政), 환곡(還穀) 등 삼정의 문란이었다. 요즘으로 치면 세무행정, 병무행정, 금융기관에 두루 부정이 만연한 것이나 마찬가지였다. 중간 관리는 배가 불렀지만, 국고는 텅 비고 백성은 백성대로 생활고에 허덕였다.

오랜 세월 분노를 삭이며 장안의 파락호로 위장해 살아온 대원군이 가장 먼저 손을 댄 것은 인사행정이었다. 그동안 왕권을 추락시켜 온 외척 세도를 밀어내고, 왕실의 권위를 바로 세우려는 것이었다. 인사가 만사이니 사람을 바로 쓰는 것이 중요하지 않은가? 안동 김씨 인맥이 하나씩 밀려나고, 당색과 지연, 신분의 차별을 넘어 인재가 등용되었다. 대원군 주위에 별다른 인맥이 없었으니 가능한 일이기도 했다.

이어 국가기구 정비에 손을 댔다. 비변사의 기능을 축소해 지위를 격하시키는 대신, 의정부와 삼군부의 기능을 부활시켰다. 문무관의 권한을 분리시켜 건국 이래 확립된 정치제도를 복고한 것이다. 원래 비변사는 임진왜란이 일어난 후 군사뿐 아니라 중앙정부의 최고 정무 기관으로 자리 잡았다. 그러다 보니 국초부터 있었던 의정부와 삼군부는 본래의 정무와 군사 기능을 잃고 말았다. 다시 말해 비상시에나 필요한 문무 고관의 합의체가 왕권을 능가하는 권한을 행사하며 세도정치를 뒷받침하고 있었던 것이다. 정상적인 국무 수행과 명령 체계의 단일화를 위해서도 구조 조정은 필요했다.

법전에도 손질을 가했다.《경국대전》을 비롯한 역대의 법전을 참고해 《대전회통(大典會通)》을 편찬하고, 이어《육전조례(六典條例)》와《오례편고(五禮便攷)》등을 간행했다. 왕실과 국가의 전례를 바로잡아 가자는 것이었다. 대원군은 이렇게 인사와 행정 기구, 법 제도 등 국정 운영의 골격을 재정비했다. 이와 함께 지속된 대원군의 각종 시책에서도 크게 주목되는 것이 많았다. 그중 대표적인 것이 서원 철폐와 호포제 실시, 경복궁 중건 등이다. 이 모두는 전제 왕권의 제도적 재편을 시도한 것이었고, 왕실의 권위를 재확립시키려는 것이었다.

서원 철폐령 : 공자가 되살아온다 해도

조선조 500년간의 정부 시책 중 일반 백성의 속을 후련하게 한 대표적 사례가 서원 철폐였다. 반면 이는 부패한 유림의 간담을 서늘하게 했다. 원래 서원은 향교와 마찬가지로 선현의 봉사와 학문의 장려를 목적으로 설립된 교육기관이었다. 향교가 국립이라면 서원은 사립이라는 점이 달랐다.

서원은 뛰어난 학자들을 배출해 학문 발전에도 크게 기여했다. 그 때문에 많은 토지와 노비를 하사받고 면세와 면역의 특권까지 받았다. 그러나 세월이 지나면서 본래의 성격이 변질되었다. 지방 유림의 세력 기반이자 당쟁의 소굴이 되어 간 것이다. 역을 피하려는 자들도 몰려들었다. 게다가 각종 명목을 붙여 백성을 착취했다. 서원은 어느새 도적의 소굴로 변해 갔다.

세도 정권의 지지 기반이 아니었더라도 국가 기강을 세우기 위해서는 서원을 개혁해야만 했다. 그러나 유가의 선현을 모신다는 서원에 누가 감히 손을 댈 수 있었겠는가? 역대 군왕도 이를 장려하지 않았던가? 그러나 대원군은 칼을 뽑았고, 과감하게 이를 내리쳤다.

서원 중 가장 대표적인 표적은 말썽 많은 충청도의 화양동서원과 만동묘였다. 그곳은 대원군이 젊은 시절 유람을 갔다가 유생의 발길질에 봉변을 당한 곳이기도 했다. 그만큼 유생의 기세가 등등했던 곳이다. 이어 대원군은 나라 안 600여 개의 서원을 47개만 남기고 모두 허물고, 서원의 유생들을 쫓아 버렸다. 항거하는 자는 죽이라 하니, 사족이 크게 놀라 나라 안이 시끄러웠다. 대궐 문 앞에 몰려가 울부짖는 유생도 많았다.

이에 조정에서는 변이 생길까 두려워 대원군에게 다음과 같이 간했다.

선현의 제사를 받드는 것은 선비의 기풍을 기르는 것이므로 이 명
령만은 거두기를 청합니다.

- 《근세조선정감》

그러나 대원군의 불호령이 떨어졌다.

진실로 백성에게 해가 되는 것이 있으면 공자가 다시 살아온다 해
도 내 기필코 이를 용서하지 않을 것이다! 하물며 서원은 선유를 제
사하는 곳인데 지금은 도둑의 소굴로 되어 있지 않은가?

- 《근세조선정감》

선비는커녕 도적 떼가 아니냐는 질타였다. 대원군이 포도대장 이경하
에게 엄명을 내려 육모방망이를 든 포졸들은 대궐 앞에서 농성하는 유생
들을 두들겨 강 건너로 쫓아내 버렸다. 그런데도 여러 고을에서는 유림을
두려워해 감히 서원 철폐령을 받들지 못했다. 마치 공권력의 꼭대기에 유
림이 앉아 있는 형국이었다. 격분한 대원군이 한 고을의 원을 파면하고
중징계를 가하자, 그제야 여러 도에서도 일제히 따랐다. 유림과 대원군의
한판 싸움에서 '대원위분부'가 승리한 것이다.

대원군은 후속 조치를 내렸다. 6도에 암행어사를 보내 사족으로서 평
민을 침해한 자는 그 죄를 다스리고 재산을 몰수하게 했다. 이 조치로 인
해 떵떵거리는 집안들도 숨을 죽이고 감히 나쁜 짓을 못했다. 달리는 말
에 채찍질을 하듯 과감한 개혁을 추진하니, 백성들의 칭송이 자자했다.
당연한 응보였지만, 그동안 질탕하게 특권을 누리던 유림과 사족들에게

는 '아닌 밤중에 홍두깨' 격이었다. 대원군은 그들에게 염라대왕이었다.

대원군이 이렇게 과감한 개혁을 단행한 이면에는 나라 경제에 관한 고려도 없지 않았다. 즉 서원이 불법으로 점유한 땅과 노비를 몰수하고 역(役)을 피한 사람들을 추적하자는 목적이 있었던 것이다. 땅과 병역에 비리가 끊이지 않음은 예나 지금이나 같은가 보다. 서원 철폐 결과 많은 땅과 노비가 환수되어 국가재정이 충실해졌다. 그러나 유림의 위세와 영향력까지 완전히 사라진 것은 아니었다. 지방 유생과 양반들이 대원군의 조치에 앙앙불락하고 있었다. 이들은 바로 대원군의 앞길을 막을 걸림돌이었다.

호포제와 사창제 : 양반은 백성이 아닌가

대원군은 국가재정 확충에 심혈을 기울였다. 이를 위해서는 무엇보다 전정을 바로잡아야 했다. 서울의 권문세족과 지방의 토호들은 토지를 많이 차지하고 있는데다 면세, 탈세까지 하니 국가재정은 날이 갈수록 궁해질 수밖에 없었다. 그 때문에 농민들은 농사지을 땅이 없어 생활이 곤궁해졌다. 1862년(철종 13) 진주민란을 위시해 충청도, 전라도, 황해도, 함경도 등에서 대대적으로 일어난 민란은 그 반발이었다. 농민 항쟁은 어디서나 삼정 문란이 직접적인 원인이었다. 그동안 삼정 개혁은 논의만 되었지 실천된 적이 없었다.

대원군은 먼저 토지대장에 올려지지 않은 땅인 진전(陳田)과 누세결(漏稅結)을 색출하고, 토호들의 토지 겸병도 금했다. 그리고 사사로이 차지하고 있는 어장을 나라에 환속시켰다. 곧이어 군정(軍政)에서도 상민에게만 부과해 온 군포(軍布)를 양반에게도 징수했다(고종 8). 이 조치는 조선 왕조 전 시기를 통틀어 획기적인 사건이었다. 균등과세 원칙에 따라 신분 여하를 막론하고 각 호(戶)마다 2냥(兩)씩 징수했다. 이를 호포(戶

布)라 했다. 호포 제도는 물론 신분제도의 철폐를 뜻하는 것은 아니었다. 이를 실시하면서 대원군은 양반의 위신을 고려해 하인의 이름으로 납입하라고 했다. 누구의 이름으로 납부하든 국가로서는 상관이 없었다.

다음으로 말썽 많은 환곡(還穀) 문제다. 본래는 빈민 구제책으로 시행된 환곡제도가 당시에는 관리들의 고리대로 변해 있었다. 이미 박지원이 〈양반전(兩班傳)〉을 통해 묘사했듯 그 폐단이 생긴 지는 오래였다. 대원군은 김병학의 건의를 받아들여 1867년 환곡제를 사창제(社倉制)로 바꾸었다. 인구가 많은 동리에 사창을 설치해 고을 사람 중에서 성실하고 넉넉한 사람을 우두머리로 삼아 이를 관리하도록 했다. 관리의 부정이 완전히 없어지지는 않았지만, 그 결과 농민의 부담이 많이 줄었고 국가재정에도 상당한 보탬이 되었다. 성공을 거둔 셈이다.

경복궁 중건 : 나라에 본채〔正宮〕가 없어서야

대원군이 집권하면서 왕권을 강화하기 위해 실시한 대표적 사업이 경복궁 중건이다. 경복궁은 조선 왕조의 정궁(正宮)이다. 한 가옥으로 치면 본채나 마찬가지다. 경복궁의 이름은 《시경(詩經)》의 '이미 술에 취하고 덕에 배부르니 군자만년 그대의 큰 복을 도우리라[旣醉以酒 旣飽以德 君子萬年 介爾景福]'라는 구절에서 따온 것이다. 조선 초에 창건되었으나 임진왜란 때 불타 버린 뒤 270여 년이나 방치되어 왔다. 중건 계획이 없었던 것도 아니지만, 나라의 재정이 어렵다 보니 실현될 수 없었다.

"본채 없이 곁방살이를 하다니 나라와 임금의 체면이 말이 되느냐?"는 것이 경복궁 중건에 대한 대원군의 명분이었다. 1865년(고종 2)에 드디어 이를 담당할 영건도감(營建都監)을 설치하고 일에 착수했다. 예산이 확보된 것은 아니었다. 일단 목표를 정하고 필요한 것을 그때그때 조달해 가는 형식이었다. 대원군은 백성들에게 노동력과 재력 제공을 호소했다. 재화를 자진 납부하는 자에게는 벼슬과 포상을 내리는 원납전(願納錢)이 생겼다. 종친들이 수만 냥의 기부금을 내고, 왕이 내탕금(內帑金) 10만 냥을 하사해 솔선하는 모습을 보였다. 그러자 서울에서 10만 냥이 바쳐졌다. 착공한 지 10개월 후에는 걷은 돈이 500만 냥에 달했다.

영건도감에서는 부역하는 사람들에게 수고료로 1인당 1전씩을 지급했다. 서울 사람들에게는 공사장까지 왕복하는 근교의 주민들에게 숙박을 제공하도록 했다. 수시로 관리를 현장에 파견해 일하는 사람들을 격려했고, 감독관들을 포상했다. 모든 일이 잘 진행되는 듯싶었다.

그런데 다음 해 3월 공사 현장에 원인 모를 화재가 발생했다. 그동안 전국에서 벌채해 온 큰 재목들이 모두 숯덩이가 되었다. 고의적인 방화 같기도 했다. 그러나 대원군은 뜻을 굽히지 않고 공사를 계속했다. 원납전도 받고 부족한 자재를 충당하기 위해 강원도 산중의 거대한 재목을 벌채해 서울로 운반했다. 심지어 다년간 민간신앙 대상이었던 각 지방의 큰 돌과 나무, 그리고 양반 거족 묘소의 보호림까지 벌채해 영건 사업에 충당했다.

그러나 착공할 때와 달리 경비의 염출이 어려웠다. 말이 자진해서 내는 원납전(願納錢)이지 이제는 원성이 자자한 원납전(怨納錢)이었다. 경비가 모자라니 농민들에게 한 결당 100문을 내는 결두전(結頭錢)을 부과했다. 또한 도성을 출입하는 사람에게도 문세를 받았다. 일종의 통행세였다. 당백전도 주조했다. 당백전은 종래 사용하던 상평통보(常平通寶), 즉 엽전의 100배에 해당하는 돈이었다. 약 6개월간 1,600만 냥에 달하는 액수를 주조했으나 실질 가치는 20분의 1도 못 되었다. 당백전 발행은 물가고를 부추겨 국민 생활을 압박했다.

그래도 공사는 지속되었다. 마침내 착공한 지 2년 만인 1868년(고종 5) 7월에 경복궁은 중건되었다. 종묘와 종친부, 육조 이하 각 관서와 도성까지 수축해 500년 고도의 면목을 일신했다. 국가와 왕실로서는 체모를 갖춘 셈이다. 재건된 경복궁은 조선 초기의 경복궁(390여 칸)보다 근 20배에 가까운 크기(7천여 칸)였다. 나라의 정궁이 소실된 지 거의 300년 동안 손도 못 댄 것을 단 2년 만에 더 크게 복구했으니 대원군은 과연 대단한 인물이었다.

재건된 경복궁은 이처럼 대원군의 강력한 의지와 백성들의 고단한 노역으로 완공되었다. 그러나 그 경복궁은 후일 또다시 일본인에게 수난을 당했다. 일제 치하에 이런저런 구실로 경복궁 내의 수많은 전각이 헐려나갔다. 그 대신 근정전 앞에는 조선총독부 청사가, 자선당 자리에는 석조건물이, 건청궁 자리에는 미술관이 들어섰다. 임진왜란 때 수난을 당한 이후 재차 유린된 것이다. 시련은 있었지만, 경복궁은 오늘도 꿋꿋이 서울을 지켜보고 있다.

대원군의 쇄국정책

천주교, 서양 오랑캐와 같은 무리

대원군의 내치(內治)는 가히 혁명적이라 할 만했다. 호포제 실시가 그랬고, 서원 철폐가 또한 그랬다. 사민평등을 주장한 것은 아니지만, 적어도 바닥에 이른 나라의 재정과 백성들의 곤궁한 삶을 감안할 때 그것은 놀랍고도 혁신적인 조치였다. 경복궁 중건도 백성들이 고된 노역과 재정적 부담을 감수해야 했던 점은 안쓰럽지만, 나라의 정궁이 임진왜란 때 소실된 후 근 250여 년 동안이나 방치되었던 사정을 감안할 때 수긍할 만한 일이다. 훗날 그의 내정에 대한 역사가의 평은 비교적 후했다.

그러나 대외 정책 쪽은 달랐다. 백암 박은식은 이렇게 평했다.

대원군의 용기와 결단성은 높이 평가할 만하다. 그러나 해외 사정에 대한 무지와 그릇된 세계정세 판단으로 역사의 물줄기를 거스르며 나라의 정책 방향을 이끌어 간 것은 더할 수 없는 실책이다. 참으로 애석하다.

— 《한국통사》

이러한 비판을 몰고 온 대원군의 대외 정책은 다름 아닌 쇄국정책이었다. 그 맥락에서 벌어진 참상이 천주교도 박해(병인박해)였고, 이를 가중시킨 계기가 병인양요와 신미양요였다. 그리고 이 모두를 상징하는 유물은 척화비였다.

천주교도 박해로 대원군의 악명은 서양인들에게 널리 알려지게 되었다. 대원군은 천주교도들을 서양 오랑캐의 앞잡이로 여겼기 때문에 그들을 모두 제거해야 한다고 생각했던 것이다.

18세기 말 천주교는 조선에서 독자적으로 교회를 설립하는 등 교세를 확장해 가지만, 조선 정부로부터 여러 차례 박해를 받기도 했다. 순조 원년의 박해(신유사옥, 1801), 헌종 5년의 박해(기해사옥, 1839)가 그것이다. 그러나 철종 조에는 안동 김씨 세도가들도 천주교에 관대한 태도를 보였고, 그러한 분위기에서 베르뇌(Berneux, 張敬一) 등 열두 명의 프랑스 신부가 입국해 선교 활동을 했다. 게다가 1860년 영국과 프랑스 연합군의 북경 점령 사태는 서양 군대가 조선에도 쳐들어오리라는 의구심을 불러일으켰고, 이로 인해 조선에서는 천주교에 입교하려는 사람들이 더 많아졌다.

고종의 즉위는 천주교도의 활동에 어떠한 영향을 미쳤을까? 잘 알려져 있다시피 풍양 조씨가 정권을 장악했던 순조, 헌종 때는 천주교도를 탄압했다. 그러므로 고종이 즉위하면서 조대비가 수렴청정을 하게 된 것도 천주교의 앞날에 어두운 그림자를 드리운 것이었다. 그러나 곧 대원군이 실권을 장악해 천주교도들은 희망을 가졌다. 대원군의 부인이나 고종의 유모는 착실한 천주교 신자였는데, 이를 모를 리 없는 대원군이 가타부타 말이 없었기 때문이다.

천주교에 대한 대원군의 관심은 지극히 현실적이었다. 1860년 영국과 프랑스 연합군이 북경을 점령하자 러시아는 이를 중재해 준 대가로 천진조약을 통해 연해주를 확보했다. 두만강을 사이에 두고 조선과 러시아가 국경을 접하게 된 것이다. 그 후 자주 러시아 인들이 통상을 요구했고, 러시아가 남진한다는 소문도 있어서 대원군과 고관들이 불안해했다. 이때 승지 남종삼(南鍾三)이 프랑스와 동맹을 맺어 러시아의 남침을 저지하자고 건의했다. 조선에서 활동하는 베르뇌 프랑스 주교를 활용하면 가능할 것이라 했다. 대원군도 받아들일 듯했다.

그러나 지방에 가 있던 다블뤼(Dabeluy, 安敦尹) 주교와의 연결이 지체되어 일 진행에 차질이 생겼고 설상가상으로 북경을 다녀온 동지사(冬至使) 이흥민(李興敏)이 청국에서 천주교도를 탄압하고 있다고 보고했다. 게다가 조두순 등도 배외 정책을 지지했다.

앞서 황사영의 백서 사건으로 일반 국민들이 천주교도들을 외세의 앞잡이로 오해하고 있었던데다가, 이런 사태가 겹치면서 대원군은 생각을 바꿔 천주교도를 박해하는 쪽으로 방침을 굳혔다. 서양 신부도 서양 오랑캐와 한통속이고, 조선의 천주교도들은 그들의 앞잡이라고 보았다. 이로부터 대대적인 박해가 가해졌다.

1866년 1월 5일, 베르뇌 주교의 하인 이선이와 전장운, 최형 등이 체포되었다. 무시무시한 고문이 가해졌다. 이어 베르뇌 주교, 다블뤼 주교 등 프랑스 신부 아홉 명과 홍봉주, 남종삼은 물론, 정의배, 전장운, 최형 등의 주요 신자들과 수천 명의 교인들이 서울과 전국에서 체포되었다. 이들 모

두 서울의 새남터와 충남 보령의 갈매못 등지에서 순교했다. 박해 현장은
참으로 목불인견이었다.

> 이때 전국을 일제히 수색하니 포승에 묶여 끌려가는 모습이 길가
> 에서 보이는 정도였고, 포도청 감옥이 만원이 되어 재결할 수도 없었
> 다. 그중에는 아낙네, 어린아이들과 같은 철없는 사람들이 많았다. 포
> 장이 민망해 배교(背敎)할 것을 타일러도 신자(信者)들은 말을 듣지
> 않았다. 이때 매로 때려서 기어코 회개시키고자 하니 피부가 낭자하
> 게 터지고 피가 청(廳)에까지 튀어 올랐다. ……죽일 때마다 교를 배
> 반하겠는가고 물으면 어린아이들도 그 부모를 따라서 천당에 오르기
> 를 원했다. 대원군이 듣고서 다 죽이라고 명하고 어린아이들만은 살
> 려 주라고 했다. 시체를 수구문 밖에 산더미처럼 쌓아 버리니 백성들
> 이 벌벌 떨면서 더욱더 위령(威令)을 두려워하게 되었다.
>
> - 《근세조선정감》

혹독하기 이를 데 없고, 너무도 많은 희생자를 낸 병인사옥(1866~
1872)의 참상이 바로 이것이다. 병인사옥은 신유사옥, 기해사옥과 더불어
3대 사옥이라 하는 바, 그중에서도 병인사옥이 가장 심했다. 그런데 대원
군을 자극해 천주교도에 대한 박해를 가중시킨 사건이 있었는데, 오페르
트 도굴 사건과 두 차례의 양요였다.

병인양요

천주교도에 대한 박해 와중에서 리델(Felex Clau Ridel) 신부가 조선을
탈출하는 데 성공했다. 그는 페롱(Stanisas Feron), 칼레(Adolphe Nicolas
Calais) 등의 프랑스 신부와 연락을 취하면서 지방에 은신해 있었다. 대책

이 필요하다고 본 그들은 리델로 하여금 충청도 해안에서 배를 타고 천진에 가서 프랑스 극동 함대 사령관 로즈(Pierre Gustave Roze) 제독에게 조선 내의 천주교도 박해 사실을 알리게 했다. 두 신부와 천주교도의 구출을 위해 조선에 군함을 출동시켜 달라는 것이었다. 로즈는 북경 주재 프랑스 대리공사 벨로네(Henri de Bellonet)에게 즉각 이를 알렸다.

벨로네는 가까운 시일 내에 조선을 쳐서 국왕을 갈아 치울 것이라는 내용의 공문을 청국의 총리아문에 보냈다. 조선은 청국의 속방이기는 하지만 정교는 자주에 속한다고 하니 종교 문제로 벌어진 이 사태에 대해 청국은 조용히 있으라는 뜻이었다. 경악한 청국의 총리아문사무(總理衙門事務) 공친왕이 조선과 프랑스 사이의 중재에 나섰다. "조선에서 천주교도를 박해했다면 무력을 행사하기보다는 우선 진상을 조사해야 할 것이고, 조선은 천주교도 박해에 대해 할 말이 있어야 할 것"이라고 양측에 통보했다.

그러나 소용이 없었다. 대원군은 "조선의 국법 질서를 어지럽힌 자들을 다스리는데 프랑스가 웬 참견이냐?"는 식이었고, 로즈 제독과 벨로네 대리공사는 "진상 조사는 필요 없고 이 기회에 조선을 정복하겠다!"는 식이었다. 아편전쟁, 애로우 호 사건, 태평천국의 난 등을 겪으면서 서구 열강에게 곤욕을 치렀던 청국의 입장에서는 조선이 앞으로 어떠한 곤욕을 치를지 불을 보듯 뻔한 일이었다. 대원군이야말로 세계 돌아가는 사정을 모른 채 기고만장하고 있다는 것이 그들의 판단이었다.

프랑스는 당시 나폴레옹 3세의 시대였다. 종교의 사명과 국가의 목적을 혼동할 정도로 천주교를 침략 도구로 삼고 있던 때였다. 로즈 사령관과 벨로네 대리공사는 천주교도 박해를 구실로 조선을 개항시키려 한 것이다. 구원을 요청한 것은 종교적 사명에 충실한 프랑스 신부였지만, 받아들인 쪽은 외교와 군사적 목적을 위해 종교를 이용하던 프랑스 정부였다.

• 프랑스 함대의 1차 원정과 한강 정찰

1866년 8월 10일(양력 9월 18일) 로즈 제독은 기함(旗艦) 프리모오게
(Primauget) 등 세 척의 군함을 거느리고 산동의 지부항을 출발했다. 리
델 신부와 조선인 신자 세 명도 통역 겸 수로 안내인으로 동승했다. 이들
이 경기도의 작약도 앞바다에 도달한 것은 15일이다. 이 중 암초에 걸려
손상을 입은 프리모오게 함을 제외한 나머지 두 척이 강화도와 육지 사
이의 염하(鹽河)를 거슬러 올라가 동쪽으로 돌아 마침내 한강에 진입했
다. 그리고 16일에는 양천의 염창항에, 18일에는 양화진을 거쳐 서강에
도착했다. 거기서 서울을 관찰한 프랑스 군함은 다음 날 강을 내려가 기
함과 합류했고, 로즈 제독은 군함을 거느리고 지부로 돌아갔다. 아무런
충돌이 없었으니 순전히 정찰을 위한 1차 원정이었다.

그러나 이 사건으로 조선 조정은 발칵 뒤집혔다. 애꿎은 강화부 중군
이일제가 파면당하고, 유수 이인섭이 죄를 추궁당했다. 프랑스 군함이 한
강을 거슬러 오자 어영중군 이용희가 기마대와 각 부대의 군인들을 동원
해 한강변을 경계했다. 그러나 시꺼먼 연기를 내뿜고 굉음을 내며 다가오
는 괴상한 배[異樣船]를 바라만 볼 뿐이었다. 다행히도 프랑스 함대는 곧
물러갔다.

프랑스 함대가 다녀가자 민심은 흉흉해지고 관리들은 동요했다. 조정
에서는 연안 경비를 강화하랴, 각 읍에 성을 쌓고 배를 수리하랴 부산했
다. 많은 유학자들이 서양 세력을 배격해야 한다고 목소리를 높이고 척사
(斥邪)를 주장하는 상소가 쇄도했다. 그중 기정진(奇正鎭)의 상소가 으뜸
이었다. "서양과 통교하게 되면 2~3년 안에 백성은 서양화되고 사람은
짐승의 지위로 전락할 것이니 단연코 배격해야 된다. 방법은 결인심(結人

心), 즉 인심을 하나로 묶는 것에 있다."고 했다. 로즈가 들었으면 가가대소할 소리였지만, 그때는 백성의 절대적 지지를 받았다.

• 프랑스 함대의 2차 원정과 강화도 침략

프랑스 함대가 조용히 물러가자 백성들은 환호했다. 그러나 대원군은 조만간 재침하리라 예상했다. 과연 프랑스 함대는 다시 조선에 출현했다. 이번에는 정찰이 아니라 공격이었다. 9월 5일(양력 10월 13일) 물치도 앞바다에는 일곱 척의 프랑스 군함이 집결했다. 일본의 요코하마[橫濱]에 주둔하고 있던 군대까지 싣고 와 병력은 약 600명이나 되었다. 그러나 한강의 수로가 좋지 않다고 판단한 그들은 강화부를 점령해 한강 하류를 봉쇄하는 작전을 폈다. 한양으로 이어지는 뱃길이 막히면 세곡의 운반이 불가능해지고, 서울의 식량 사정이 악화되어 조선 정부가 맥없이 굴복하리라 판단한 것이다.

다음 날 프랑스 군은 강화도 갑곶진에 이르러 그곳을 점령했다. 강화유수가 퇴거를 요구하자 "무슨 이유로 서양인 아홉 명을 살해했느냐? 이제 너희들도 죽음을 당할 것"이라 했다. 이어 프랑스 군은 한강구를 봉쇄했다. 그다음 날 아침이 되자 프랑스 군은 강화부를 공격해 왔다. 강화부가 간단히 점령되었다. 다음 날 통진부도 습격해 약탈과 방화를 했다.

프랑스 군이 강화부를 점령하자 대원군은 대경실색했다. 서울의 방어책을 강구하면서 기포연해순무사중군 이용희에게 2천여 명의 군사를 주어 출정하게 했다. 그러나 이들이 통진부를 정찰했을 때는 프랑스 군이 이미 문수산성에서 철수한 뒤였다. 이용희는 강화부를 점령하고 있는 프랑스 군에게 격문을 보내 속히 물러가라 했다. 그러자 프랑스의 응답은 "선교사를 살해한 주모자를 엄히 징계하고, 속히 전권대신을 파견해 프랑스와 조약을 체결토록 하라."였다. 결국 요점은 조약을 체결하는

데 있었다.

그동안 프랑스 군은 연안을 정찰하거나 포격하면서 유유히 소일했다. 문수산성을 정찰하고, 경기수영을 포격하는가 하면, 정족산성에 정찰대를 파견해 전등사를 약탈했다. 대원군은 강화수비군의 군량을 늘리고 장병을 증모했다. 다른 한편 오랑캐를 몰아내고 나라를 보존하자는 글을 의정부에 보내 군민의 적개심을 고무했다. 이용희는 천총 양헌수로 하여금 지방에서 모집한 호랑이 사냥꾼 등 약 500명의 병력을 손돌목을 건너 정족산성 내에 잠복시켜 두었다.

10월 3일, 조선인 천주교 신자로부터 이 소식을 접한 로즈 제독은 조선군을 얕잡아 보고 정족산성 안의 전등사를 털기로 했다. 드디어 프랑스 해병 160명이 정족산성의 동문 쪽으로 올라왔다. 그러나 미리 잠복해 있던 양헌수의 병력이 일제 사격을 가해 프랑스 군 여섯 명을 현장에서 즉사시키고, 30여 명을 부상 입혔다. 기습을 당한 프랑스 군은 대경실색해 줄행랑을 쳤다가 아예 갑곶진으로 가 버렸다. 버리고 간 무기가 동문 앞에 즐비했다. 조선의 피해는 1명의 전사자와 3명의 부상자뿐이었다.

여러 가지 사정을 고려한 프랑스 군은 다음 날 조용히 강화도에서 철수했다. 얼마 후 겨울이 닥칠 텐데, 조선군 병력은 늘어가니 당장에 해결을 볼 수 있을 것 같지 않았던 것이다. 로즈 제독은 강화읍에 불을 지르게 한 뒤 그동안 약탈한 서적과 무기, 금은괴 등을 군함에 싣고 조선을 떠났다. 이로써 거의 40일 동안 행해진 한강구 봉쇄가 풀렸다. 강화부는 약탈당했지만, 조선군은 프랑스 군을 물리쳤다 하여 사기가 충천했다.

프랑스 군의 내침 사건 이후 천주교도에 대한 조선의 태도는 더욱 강화되었다. "오랑캐가 양화진까지 침범한 것은 천주교도 때문이고, 우리의 강물이 이양선에 더러워진 것 역시 그들 때문이니 그들의 피로써 더러워진 것을 깨끗이 씻어야 한다."는 것이었다. 양화진 근처에 새로운 형장이 만들어졌다. 수많은 천주교도들이 그곳에서 목숨을 바쳐야 했다. 절두산 공원이 바로 그곳이다.

서울의 강변북로변에는 불쑥 솟은 모습의 절두산 공원이 있다. 이곳은 산 정상에서 천주교도들의 목을 쳐 절벽 아래 넘실대는 푸른 한강물로 떨어져 내리게 했다고 하여 절두산이라 한다. 신앙을 위해 죽음을 택한 천주교도들의 혼이 깃든 곳으로 8천여 명의 희생자를 낸 병인사옥의 생생한 현장이기도 하다. 침략해 오는 제국주의 국가와 이를 막으려는 약소국 정권 사이에서 애꿎게 희생된 순박한 조선 천주교도들의 순교지인 것이다.

• 파리국립박물관의《의궤》

프랑스 군의 강화도 약탈은 마치 1860년 영국과 프랑스 연합군의 북경 약탈을 연상케 한다. 이들은 당시 북경에 쳐들어가 원명원(圓明園)의 진귀한 보화를 약탈했다. 장교와 병사들은 값진 보물을 팔과 어깨에 주렁주렁 걸치고 등에 짊어져도 넘쳐 나 스스로는 가지고 갈 수 없을 정도였다고 한다. 게다가 보물 잔치를 한 그들은 약탈 증거를 없애기 위해 원명원을 통째로 불살라 버렸다. 강화도 약탈도 규모는 작지만 그러한 만행의 재판이다.

이때 약탈한 강화부 외규장각(外奎章閣) 소장의 전적(典籍) 340여 책 중 일부가 일반에게 잘 알려진 조선 조의《의궤(儀軌)》다. 수년 전 한국이 프랑스의 고속철도[TGV]를 들여오기로 계약할 당시 한창 언론에 보도되었던 문화재다. 프랑스는 고속철도 계약과 관련해 이를 일부 반환해 줄 듯한 태도를 보인 것으로 언론에 보도된 바 있다. 그러나 미테랑 대통령 방문 시 한 권만을 가져와 잠깐 보여 주고는 다시 가져갔다.

프랑스는 전리품이라 할지 모르나, 이쪽에서 보면 분명한 약탈품이다.

프랑스는 문화를 지극히 사랑하는 나라라고 자부심이 대단하다. 그래서 국기도 자유, 평등, 박애를 상징하는 청백적(青白赤)의 삼색기(三色旗)다. 약탈한 문화재를 돌려주지 않아 두고두고 원성을 사는 것과 이를 깨끗이 반환하는 것, 어느 것이 프랑스의 국기를 모독하지 않는 것일까? 이를 반환한다면, 프랑스가 세계 여러 나라에 문화 대국의 모범을 보이는 전기가 되지 않을까? 한 번 남에게서 빼앗아 오면 영원히 내 것인가? 야만과 문명의 차이는 무엇인가. 대원군이 다시 태어난다면 프랑스를 양이(洋夷)라고나 하지 않을지.

오페르트 도굴 사건 : 무덤을 파헤치다니

프랑스 함대의 내침 사건 전후로 조선 조야의 서양인에 대한 적개심을 고조시킨 또 다른 사건이 있었다. 오페르트(Ernst Oppert)라는 독일 상인이 대원군의 부친인 남연군의 묘소를 파헤친 사건이 그것이다. 오페르트는 두 차례에 걸쳐 상해에서 배를 타고 충청도 앞바다에 도착한 적이 있었다. 그는 지방 관헌에게 통상 의사를 표명하면서 국왕의 알현까지 요구했지만, 번번이 거절당했다. 그것이 1866년 2월과 6월, 7월이었으니 프랑스 함대의 1차 원정이 있기 직전이다. 상해의 상인이던 그는 조선과 통상으로 일확천금을 얻으려는 목적하에 두 차례에 걸쳐 내항한 것이다.

그로부터 2년 뒤(1868) 오페르트는 세 번째 항해를 계획했다. 병인년의 박해를 피해 중국에 와 있던 페롬 신부의 권유도 있었다. 오페르트는 680톤짜리 차이나(China) 호를 빌려 그해 4월 18일(양력 5월 10일) 약 130명의 인원을 이끌고 충청도 해안(덕산군 구만포)에 상륙했다. 그중에는 한국인 천주교 신자 최선일(崔善一)과 상해의 미국 영사관 통역을 지낸 젱킨스(Jenkins) 외 8명의 서양인 선원, 20명의 말레이 인, 100명의 중국인 수부가 있었다.

오페르트 일행은 현지 주민들에게 자신들을 러시아 병이라고 사칭했다. 이어 덕산군아를 습격해 무기를 빼앗고, 건물을 파괴했다. 놀란 덕산군수가 이유를 물으니 총을 쏘며 접근하지 못하게 했다. 그러다 늦은 밤이 되자 가동(伽洞)으로 몰려가 한 무덤 앞에 이르러 삽질을 시작했다. 뒤쫓아 간 덕산군수와 아전 등이 혼비백산했다.

이게 누구의 묘인가? 호령 한마디에 산천초목이 벌벌 떠는 대원위대감의 부친, 곧 남연군의 묘였다. 놀란 덕산군수와 아전, 군민들이 달려들어 제지했지만, 총기로 무장한 그들을 대적할 방도가 없었다. 다행히도 남연군의 묘광(墓壙)은 바위처럼 견고했다.

야사에서는 이렇게 전한다. 원래 그곳은 절터였는데 명당임을 안 대원군이 거의 협박하다시피 해 주지승을 매수하고 그 터를 샀다. 부친의 유골을 이장하기 위해서였다. 이장할 당시 무슨 생각에서인지 대원군은 석회를 끓여 부어 묘광을 단단히 덮어 두었다. 돌아가는 길에 세 형들은 모두 요괴의 꿈을 꾸고 두려워했는데, 대원군만은 오히려 명당임이 틀림없다고 기뻐하며 두려워하지 않았다. 한편, 돈을 챙긴 뒤 몰래 길을 나서던 주지승은 갑자기 발광하다 게거품을 물고 죽었다. 요괴가 호통쳤기 때문이라고들 했다.

어쨌거나 얼마 못 파 내려가 삽이 들어가질 않았고, 사정없이 내려치는 곡괭이도 되튀기만 할 뿐 시간만 지체되었다. 어느새 배를 대어둔 해안의 조수가 빠져나갈 시각이 임박했다. 자칫하면 몰려오는 관민들에게 꼼짝없이 잡혀 도륙을 당할 판이었다. 초조해진 오페르트 일당은 도굴을 포기하고 줄행랑을 쳤다. 공주영에서 군관과 포수들이 득달같이 들이닥쳤을 때 오페르트 일당은 이미 차이나 호를 타고 바다 한가운데로 달아난 뒤였다.

사태를 전해 들은 대원군은 노기충천했다. 양이를 추적해 박멸하라는 엄명을 내리는 한편, 천주교도들이 내응했다고 보고 이들의 색출과 처단을 명했다. 다시 천주교도들에게 피를 부르는 박해가 가중되었다. 그 사이 오페르트는 한술 더 떠 기고만장한 행동을 했다. 경기도의 영종진 앞바다에 도착한 오페르트는 현지의 영종첨사를 통해 대원군에게 다음과 같은 글을 전하게 했다.

묘소를 범한 것은 예에 어긋나는 일이나 무기를 사용하지 않고 보복하려는 데서 나온 일이다. 속히 고위 관원 한 사람을 보내 우리와 협상토록 하라. 그렇지 않을 경우 반드시 국난을 당할 것이다.
– 오페르트 저, 한우근 역, 《조선기행》 : 유홍렬, 《한국천주교회사》

참으로 방자하기 짝이 없었다. 일개 상인이 한 나라의 집권자를 상대로 협박하고 있는 게 아닌가? 정부에서는 조용히 글을 되돌려 보냈다. 그 사이 오페르트는 또다시 사단을 일으켰다. 영종도에 상륙해 총질을 해대며 성문을 쳐들어가려 했다. 그러나 수비병들이 반격을 가해 그의 일행 중 두 명을 사살했다. 오페르트는 천방지축으로 날뛰었지만, 결국 두 명의 시체만 남기고 달아났다.

그의 행위가 조선에 미친 영향은 실로 컸다. 조상의 무덤이란 조선인들이 가장 소중히 하고 신성시하는 대상이 아닌가? 이 도굴 사건은 조선인 모두에게 서양인에 대한 적개심을 드높이게 했다. 서양인들은 남의 무덤이나 파헤치고 아무에게나 총질을 해대는 불법 무도한 야만인이라는 생각이 조선인들에게 뿌리내리게 된 것이다. 오페르트의 남연군 묘 도굴 사건은 동서양인 누구도 납득하기 어려운 야만 행위였다.

제너럴 셔먼 호 사건 : 평양 군민에게 화공당한 미국배

1866년 초 프랑스 신부 아홉 명의 처형으로 프랑스 함대가 쳐들어오리라는 불안한 소문이 나도는 가운데, 그해 8월 정체불명의 배 한 척이 대동강을 거슬러 평양까지 올라왔다. 제너럴 셔먼(General Sherman) 호였다. 이 배는 백령도를 거쳐 대동강 하구의 급수문을 지나 대동강을 거침없이 거슬러 올라왔다. 배의 승조원들은 프랑스 신부의 학살에 대한 보복으로 프랑스 함대가 쳐들어올 것이라 하면서 통상 교역을 요구했다. 조선 관리의 만류에도 불구하고 이들은 장마로 불어난 강물을 거슬러 만경대까지 올라왔다.

그러나 장맛비가 그치면서 갑자기 수량이 줄어 운항이 어려워지자, 불안을 느낀 그들은 중군 이현익을 납치하는 등 난폭한 행동을 했다. 이에 분노한 평양 군민이 달려들어 양측 간에 충돌이 빚어졌다. 배에서 대포를 쏘아 대자 군민들 중 사상자가 발생했다. 그러나 셔먼 호는 운항이 자유롭지 못했다. 평양감사 박규수가 화공을 명해 공격하자 셔먼 호는 꼼짝없이 불에 타버리고 말았다. 배에서 뛰어나온 선원들도 다혈질인 평양 군민들에게 잡혀 몰매를 맞고 죽었다.

당시 제너럴 셔먼 호는 성조기를 달고 있었다. 그러나 그것이 미국기인지 무엇인지 조선에서는 알 턱이 없었다. 그 배의 국적을 영국으로 잘못 알고 있던 조선은 뒤에 미국의 항의를 받고서야 제대로 알게 되었다. 원래 셔먼 호는 선주가 프레스턴(Preston, 미국인)이었지만, 천진에 도착한 뒤 영국의 메도즈 상사(Meadows and Company)와 계약을 체결해 임대 중이었다. 완전무장한 선원에다 대포 2문까지 갖춘 무장 상선이었다. 메도즈 상사는 조선과 교역을 희망한 것이었고, 토머스(Thomas, 영국인 개신교 선교사)는 포교의 꿈을 안고 조선행을 택한 것이었다.

신미양요 : 광성보의 성조기

제너럴 셔먼 호 사건을 계기로 미국은 조선에 대한 개항의 필요성을 느끼게 되었다. 사건 발생 뒤 미국에서는 두 차례나 탐문 항행을 한 바 있다. 응징도 하고 손해배상도 청구할 겸, 가능하면 조선과 통상조약을 맺지는 생각에서였다. 그러나 모두 실행되지 못했다. 그러다 1871년에 이르러 미국에서는 조선 문호를 열라며 조선 원정을 단행하게 되었다.

미국의 아시아 함대 사령관 로저스(Rodgers)는 3월 27일(양력 5월 16일) 콜로라도(Colorado) 호를 기함으로 군함 다섯 척에 군사 1,230명, 대포 85문을 탑재하고 조선 원정에 나섰다. 청국 주재 미국공사 로우(Frederich F. Low)도 함께 타고 있었다. 원정에 앞서 일본의 나가사키[長崎]에서 약 보름 동안 해상 기동훈련을 실시한 뒤였다. 조선이 개항 협상을 거부할 경우 무력을 행사하겠다는 계획이었다. 페리 제독의 일본 개항을 본뜬 것이었다.

로저스는 인천 앞바다에 도착한 뒤 서울로 가기 위해 수로를 탐색하겠다고 조선에 일방적으로 통고하고 강화 해협에 들어섰다. 함대가 손돌목에 이르자 조선의 강화 포대에서 사격을 시작했다. 조선과 미국 간에 유사 이래 처음으로 군사적 충돌이 벌어진 것이다(손돌목 포격 사건).

이어 미국은 다음 단계로 '평화적 탐측 활동에 대한 포격'을 구실로 조선 대표의 파견을 통한 협상과 사죄 및 손해배상을 요구했다. 만약 거부하면 10일 후에 보복하겠다는 단서도 붙었다. 물론 조선에서는 주권과 영토 침략 행위라고 반박하며 이를 거부했다.

미국은 4월 23일(양력 6월 10일) 초지진에 상륙해 공격작전을 개시했다. 10개 중대의 상륙부대에다 포병대, 공병대, 의무대, 사진 촬영반이 동원되었다. 수륙 양면의 공격이 개시되었다. 함상에서 조선군의 포대를 향해 대포를 쏘아 댔다. 상륙한 해병대는 별다른 저항을 받지 않고 초지진을 점령한 뒤 그곳에서 야영했다. 한밤중에 조선군이 야습을 했지만, 미군에게 별다른 타격을 주지는 못했다.

다음 날 아침 미군은 덕진진을 공격해 들어갔다. 해상에서는 함포가, 육상에서는 포병대가 미군을 엄호하는 가운데 덕진진도 별다른 저항을 받지 않고 무난히 점령했다. 거의 무혈입성이나 다름없었다.

이제 남은 것은 광성보로, 강화의 진무중군 어재연의 찰주소(사령부)가 있는 곳이었다. 11일 아침 11시부터 약 1시간 동안 미군은 집중 포격을 가한 후 상륙한 미 해병을 광성보로 진격시켰다. 거기서 어재연이 600여 명의 병력으로 결사 항전했다. 남북전쟁에 참여했던 역전의 미군과 화승총을 든 조선군 사이에 백병전이 벌어졌다. 이때 조선군은 무더위에도 불구하고 '아홉 겹 솜 넣은 옷'을 입고 있었다. 솜옷은 방탄용이었으나 오히려 희생자만 늘리는 결과를 낳았다.

약 1시간가량 공방 끝에 마침내 광성보도 미군에게 함락되었다. 조선군 피해는 어재연 형제를 비롯해 진무영 천총(千總) 김현종, 광성별장 박치성 등 전사자 350명, 부상자 20여 명이었고 미군은 전사자 3명, 부상자 10명이었다. 이상은 미군이 확인한 숫자로, 그중 광성보 전역에 널려 있는 시체 수가 243구, 해협에 떨어져 죽은 자가 100여 구였다(김원모,《근대한미교섭사》). 그러나 《고종실록》과 《승정원일기》에 의하면 조선군 전사자가 53명으로 기록되어 있다. 군민의 사기를 고려해 대폭 축소한 듯하다.

당시 450명의 해병대를 이끌고 광성보를 점령한 미군의 지휘관은 블레이크(Homer C. Blake) 중령으로 그는 남북전쟁에 종군해 용맹을 떨친 군인이었다. 조선군의 저항이 얼마나 치열했던지 그는 이렇게 회상했다.

그렇게도 협소한 장소에서, 그렇게도 짧은 시간 내에 그처럼 많은

불꽃과 납덩이, 쇠붙이가 오고 간, 화약과 연기 그득한 전투를 본 적
이 없다.

– William Elliot Griffis, 〈America in the East〉

참으로 격렬한 전투였다. 비록 빈약한 무기 때문에 미군에게 일방적으
로 밀리기는 했지만, 조선군의 정신력만은 높이 살 만했다.

이런저런 한국 근대사 사진 자료집을 대하다 보면, 파괴된 진지 위에
성조기와 함께 열 지어 선 미 해군의 사진을 보게 된다. 또 수(帥)란 글자
가 쓰인 대형 깃발[帥字旗]과 성조기 사이에 부동자세로 서 있는 함상의
미 해군 사진도 보인다. 바로 신미양요 때 사진이다. 파괴된 진지는 강화
도 광성보이고, 수자기는 조선군의 깃발이다. 사진에 찍힌 수자기는 지금
미국의 아나폴리스(Annapolis) 해군사관학교 박물관에 소장되어 있다. 그
곳을 방문하는 한국인마다 숙연해한다.

주화는 매국 : 척화비

광성보를 점령한 로저스는 다음 날 초지진에서 철수해 본함대로 돌아
갔다. 거기서 조선 정부의 항복 선언과 같은 의사표시를 기다린 것이다.
그러나 부평부사 이기조의 이름으로 도착한 공문에서는 미국의 침략 행
위를 맹렬히 비난할 뿐이었다. 로우 공사는 이를 반박하면서 조선 국왕
앞으로 보내는 공문을 전하라 했지만, 이기조는 그런 문서를 전달할 위치
에 있지 않다고 접수를 거부했다.

로저스로서는 당시의 보유 병력으로 조선 전체를 상대로 군사행동을
할 상황이 못 되었다. 이는 미국 정부의 훈련 밖 일이기도 했다. 결국 미
해군은 더 이상의 작전을 펴지 못하고 20여 일 뒤인 5월 16일(양력 7월 3
일) 철수했다. 조선의 배외열만 고조시킨 채 아무런 소득 없이 미국 함대

는 떠났다. 이후 병력과 재력이 풍부한 미국이 제2의 원정을 단행하지 않은 것은 그럴 필요가 없었기 때문이다. 그러나 북경에서는 미국의 막강한 아시아 함대가 조선에서 패하고 돌아갔다는 소문이 퍼져 미국으로서는 망신스러운 일이었다.

신미양요는 정복하고 지배해서 영토를 분할하거나 식민지로 삼기 위한 침략 전쟁은 아니었다. 포함외교에 의해 조선 당국자들을 무력으로 굴복시켜 조선의 개항을 실현시키려는 일시적 침략 전쟁이었던 점에서 서구 열강의 제국주의적 침략 전쟁과는 그 성격이 근본적으로 달랐다. 따라서 신미양요는 구애를 하다가 퇴짜를 맞은 실패작이었다. 미국은 중국과 일본, 동남아 등 여러 나라에서 포함외교로 대성공을 거두었지만, 최초로 조선에서 실패의 고배를 마셨다. 승리는 승리였으나 자랑하고 싶지도 않고 기억하고 싶지도 않은 무의미한 승리였다.(김원모,《근대한미교섭사》)

한편 싸움에서는 압도적인 미국의 승리였음에도, 대원군은 조선군의 희생을 과소평가했다. 한술 더 떠서 대원군은 미군이 달아났다고 기고만장했다. 앞서 어재연의 전사 소식을 접한 대원군은 로저스가 기대한 항복 선언은커녕 민심의 결속을 다지며 대응책을 강화했다. 다시 전국에 다음과 같은 내용의 척화비(斥和碑)를 세워 전열을 정비했다.

洋夷侵犯 非戰則和 主和賣國
戒我萬年子孫 丙寅作 辛未立
서양 오랑캐가 침략하는 데 싸우지 않으면 화친하는 것이요, 화친하는 것은 나라를 팔아먹는 것이다. 자손만대에게 경계하노라. 병인년에 짓고 신미년에 세운다.

'주화(主和)는 매국(賣國)'이라는 것이었다. '화(和)'를 논하는 자는 매국죄로 다스리겠다는 교서와 함께 쇄국에 대한 대원군의 강력한 의지를 재삼 강조한 것이다. 어쨌든 당장은 위기를 모면했지만, 앞으로가 문제였다.

조선의 개항

서세동점과 동아시아 : 문호를 열지 않으면 대포가 날아간다

19세기에 접어들면서 해외에 시장이 필요했던 유럽 여러 나라는 아시아, 아프리카 각국의 문호를 두드렸다. 이때 유행한 말이 "상품이 자유롭게 국경을 넘지 못하면, 군대가 국경을 넘어간다."였다. 다시 말해 "문호를 열지 않으면 대포가 날아간다."는 의미였다. 학술 용어를 빌리자면, 이러한 움직임들은 서구 각국이 산업사회로 진입한 이후 나타난 현상이었다.

그러나 산업화 단계에 이른 것은 유럽의 강대국들뿐, 자급자족하던 아시아, 아프리카의 여러 나라들은 산업화가 무엇인지 전혀 모르는 상태였다. 생전 보지도 못한 이상한 모양의 배(이양선)가 와서 통상을 요구할 때 겁먹은 아시아, 아프리카의 여러 나라는 문을 꼭꼭 닫아걸고 응하지 않았다. 이때 유럽 열강이 취한 방법이 바로 포함외교(Gunboat Diplomacy)였다. 군함에서 대포가 날아가고 뭍에 오른 수병들은 총탄 세례를 가했다. 이들의 무력 앞에 아시아와 아프리카 각국이 하나하나 굴복해 갔다.

이후 서양의 외교관과 상인들이 앞다투어 아시아와 아프리카 각지로 몰려왔다. 외교관들이 만국공법을 부르짖는 가운데, 상인들은 상품을 쏟아부었고, 군인들은 이들의 가는 길을 터 주었다. 서구 열강이 청국과 일본의 문호를 연 것도 그러했다. 조선의 경우도 유사했다. 단지 서양 세력

의 역할을 이웃 나라 일본이 앞장서 담당했고 보다 원시적이었다는 점이
달랐다.

메이지유신과 정한론 : 일본이 살려면 조선을 쳐라

대원군이 집권하는 동안 안으로 내정을 개혁하고 밖으로 쇄국정책을
펴나간 것은 당시의 백성들에게 상당한 호응을 받았다. 그러나 기세등등
하던 대원군이 보수적 양반 유생층과 척족의 연합 공세에 밀려 집권 10
년 만에 몰락하고 말았다. 전자는 서원 철폐와 호포 부과로, 후자는 대원
군의 권력 독점에 모두 앙앙불락하고 있었다. 양반의 특권과 외척의 영화
를 누려 보자는 집단에 의해 대원군이 밀려난 것이다.

한편 대원군 집권하에 조선이 병인양요와 신미양요를 겪는 사이 일본
사회는 크게 변하고 있었다. 미국의 위협으로 일본이 개항을 한 것은
1854년이었다. 이후 일본은 영국, 러시아, 네덜란드, 프랑스 등과 조약을
체결해 문호를 대폭 개방했다. 철종 당시 일본에서는 이 사실을 조선에
통고했지만, 조선에서는 그다지 대수롭게 여기지 않는 듯했다. 오히려
'양이가 출몰할지 모르니 경계에 힘쓰라'고 일본에 충고할 정도였다.

그러나 일본은 조선보다 한걸음 앞서 세계정세를 읽고 있었다. 분권적
인 막부 정권을 전복하고 천황 중심의 절대주의 체제를 확립했다. 1868
년의 메이지유신이 바로 그것이다. 이후 문명개화(文明開化)란 구호 아래
일본은 안으로 힘을 모으고 밖으로 힘을 뻗쳐 나가고자 했다. 이때 조선
은 일본의 중요한 정복 목표가 되었다. 적당한 상품 시장이자 원료 공급
지였던 것이다. 보다 중요하게는 넓은 중국 대륙으로 진출하는 데 중요한
거점이 될 땅이었다.

이런 일본의 구상은 여러 자료에서 보인다. 그중 하나가 외무성 관료
사다 하쿠보[佐田白茅]의 주장이다. 그는 1869년 부산 왜관에서 조선 사

정을 정탐하고 돌아간 뒤 1870년 외무경(澤宣嘉)에게 건백서를 올렸다. 긴 문장 가운데 일부를 인용해 보면 다음과 같다.

무릇 조선을 정벌해야 하는 이유는 대략 이러합니다. 즉 얼마 전 프랑스는 조선을 공격했다가 패해 원한이 끝이 없으니 반드시 조선은 오래가지 못할 것이고, 또 러시아가 그 동정을 몰래 살피고 있으며, 미국 역시 공격할 뜻을 갖고 있으니 이는 모두 조선의 재화를 탐하고 있는 것입니다. 일본이 만약 이 좋은 기회를 놓치고 저 도적 무리들에게 조선을 넘긴다면 실로 순망치한(脣亡齒寒)이 될 것입니다. 그러므로 사다 하쿠보는 황국을 위해 조선 정벌을 주장하는 것입니다.

지금 군대를 보내자는 논의를 내놓았는데 사람들은 반드시 재물을 낭비해 국가를 좀먹는다며 그 논의를 없애려 할 것입니다. 그러나 조선을 정벌하는 것은 이익이 되지 손해 볼 것이 없습니다. 비록 하루에 약간의 재화를 투자한다 해도 50일이 지나지 않아 그것을 보상받을 수 있을 것입니다.

지금 대장성은 매년 20만 원을 에조[蝦夷, 北海道]에 지출하고 있는데 몇 년이 걸려야 개척이 끝날지 모릅니다. 조선은 금혈(金穴)이며 미맥(米麥) 또한 자못 많으니 단번에 이를 쳐 빼앗아 그 인민과 재화를 징수해 에조에 이용하면 대장성은 그 대가를 취할 뿐만 아니라 몇 년간의 개척 비용을 절약할 수 있으니 그 이익이 어찌 크다 하지 않을 수 있겠습니까? 고로 조선을 정벌하는 것은 부국강병을 도모하는 책략입니다. 재화를 낭비하고 국가를 좀먹는다는 의론으로 쉽게 물리칠 일이 아닙니다.

지금 일본은 군대가 많아서 걱정이지 적어서 걱정이 아닙니다. 병사들은 자못 전투를 좋아해 지난 무진전쟁(戊辰戰爭, 1868)에 만족하지 않고 또다시 전쟁을 손꼽아 기다리니 이를 만족시키지 못하면 혹여 사사로운 싸움으로 내란을 일으킬까 걱정스럽습니다. 다행히 조선 정벌에 이들을 이용해 그 병사의 왕성한 기운을 쓰게 하면, 단번에 조선을 무찌를 수 있을 뿐 아니라 우리의 군제를 크게 연마시키는 것이 되고 국가의 위엄을 해외에 빛내는 것이 되니 어찌 신속히 조선을 정벌하지 않을 수 있겠습니까?

- 《일본외교문서》, 138~140쪽

요약하면 조선을 정복하는 것이 일본의 부국강병을 도모하는 길이라는 뜻이다. 조선의 자원과 인력을 확보함과 동시에 메이지유신으로 일자리를 잃은 봉건 무사들의 살 길도 열어 줄 수 있다는 주장이었다. 그런데 당시는 조선에서 대원군이 강력한 정치력을 행사하던 때였다. 그가 집권을 계속하는 한 조선을 다루기는 쉬워 보이지 않았다. 그런데 얼마 지나지 않아 문제의 걸림돌이 사라졌다. 1873년에 대원군이 하야한 것이다.

일본에서 정한론이 본격적으로 들끓기 시작한 것도 바로 그해였다. 정한론의 거두는 사이고 다카모리[西鄕隆盛]였다. 이후 지속된 논쟁의 골자는 조선을 당장에 정복하느냐, 좀 더 기다리느냐 하는 시기 선택의 문제였다. 이 논쟁은 정치 주도권 싸움과 결부되어 에토 신페이[江藤新平]가 1874년에 사가[佐賀]의 난을, 사이고 다카모리가 1877년에 세이난[西南] 전쟁을 일으키는 요인이 되었다. 그러나 양자 모두 정부군에 패해 에토는 효수(梟首)되고, 사이고는 할복 자살했다. 급진적인 정한파들이 패배한 것이다.

이때 이와쿠라 토모미[岩倉具視] 등이 정한파 주장을 반박한 표어는 '내치를 우선해야 한다'였다. 거기에는 몇 가지 이유가 있었다. 아직 일본 정부의 기초가 확립되지 못해 내란의 위험이 있으며, 만일 조선과 일본이

전쟁을 하면 러시아에게 어부지리가 될 뿐 아니라, 차관을 빌려 줄 영국에도 내정 간섭의 틈을 주어 일본이 제2의 인도로 전락하리라는 것이었다. 당초 정한론을 주장했던 기도 다카요시[木戶孝允] 등이 이때 정한론을 반대한 한 가지 이유도 유럽과 미국을 다녀온 후 일본의 취약점을 절실히 깨달았기 때문이었다.

정한론자들이 패하면서 일본은 정치적 안정 속에 급속히 힘을 키워 갔다. 부산을 거점으로 조선에 대한 정보 수집에 열을 올리고 군함을 부산에 보내어 위력을 과시하기도 했다. 그러던 1875년 9월 정체 모를 한 척의 배가 갑자기 서울의 코앞인 강화 해협의 초지진 포대에 접근했다. 그 배는 흰 천에 빨간 점 하나를 동그랗게 찍은 깃발을 달고 있었다. 일본의 군함 운요호였다. 운요호는 그해 5~6월 조선의 남해안과 동해안을 떠돌며 시위 포격을 하는 등 조선 군민을 불안하게 했던 일본 군함[春日號, 雲揚號, 第二丁卯號] 세 척 중 하나였다.

그러나 강화도의 수비병은 이 배의 정체를 알 까닭이 없었다. 게다가 병인양요와 신미양요를 겪은 뒤라 잔뜩 긴장한 상태였다. 설사 일본 배라는 것을 알았다 하더라도 사정은 마찬가지였을 것이다. 멀쩡한 배가 남의 나라 해안을 무단 침범했으니 전쟁 도발 아닌가? 초지진 포대에서는 다가오는 운요호에 포격을 가했다. 그러자 상대 쪽에서도 기다렸다는 듯 대대적인 함포사격을 해왔다. 이어 그 배에서 뛰어나온 군사들은 초지진 포대에서의 공격에 대한 보복이라며 영종도(永宗島)에 상륙해 약탈과 방화를 서슴지 않았다.

결과는 조선군 전사자 35명, 부상자 및 포로가 16명이었지만 일본은 경상자 2명뿐이었다. 일본군은 영종도에서 대포 36문과 화승총 130정을 전리품으로 약탈해 갔다. 조선의 참패였다. 이것이 운요호 사건의 전모다.

포성 속의 강화도조약 : 드디어 조선의 문을 열어 젖히다

이듬해 초 일본에서는 특명전권대신에 구로다 기요타카[黑田淸隆], 부대신에 이노우에 가오루[井上馨], 수원에 미야모토 고이치[宮本小一], 모리야마 시게루[森山茂] 등 네 명의 전권사절단을 조선에 파견했다. 이들을 상대한 조선 관료로는 접견대관 신헌, 부관 윤자승, 종사관 홍대중이었다. 강화도 연무당에서 1872년 2월 11일(양), 조선과 일본 간에 제1차 회담이 열렸다. 여기서 구로다는 운요호 사건을 들어 조선이 일장기를 모독했다고 비난했다. 일본 국기 모독죄로 조선을 궁지에 몰아넣자는 것이었다.

구로다는 운요호가 중국의 우장(牛莊)으로 항해하는 도중 우연히 강화도에 진입하게 된 것이라면서, 운요호에 일장기가 걸려 있었음에도 불구하고 포격을 가한 것은 일본의 국기에 대한 모독이라 했다. 신헌은 비록 그 깃발이 일본 국기라 하더라도 해상 관문을 지키는 군사가 이를 어찌 알고 있겠는가라고 응수했다. 그러나 운요호는 조선에 시비를 걸 구실을 마련하고자 강화도에 진입시킨 것이었으니 애초 일본과 말이 통할 리 없었다.

구로다는 국기 문제를 심각하게 거론하는 한편, 조선도 속히 국기를 제정할 것과 일본과의 입약 통상을 요구했다. 그 사이 강화만에 있던 일본 함대에서는 때때로 대포를 쏘아 조선 접견대관을 공포에 떨게 했다. 간접적인 협박이었다. 이것은 1853년 페리 제독이 일본을 원정했을 때 에도[江戶] 만에 함대를 진입시켜 해상 시위를 하는 가운데 1854년 미일화친조약[神奈川條約]을 체결한 것과 같은 수법이었다. 기세에 눌린 조선이 일본의 요구에 끌려가는 형국이었다.

이때 조선 조정에서는 일본과 강화를 하느냐 마느냐의 여부를 놓고 의론이 분분했다. 김병학, 홍순목 등 대부분의 대신들은 반대하는 쪽이었다. 그러나 강화를 하자는 이가 있었다. 우의정 박규수(朴珪壽)였다.

> 삼천리 강토가 내수외양의 방책을 다 했던들, 조그마한 섬나라가
> 이처럼 감히 우리나라를 엿보고 공갈과 협박을 자행할 수 있겠는가?
> 분하고 원통하지만 오늘날의 조선 군대로는 일본 세력을 막을 수 없
> 다. 일단 강화를 하자!
>
> － 《박규수전집》 상

진작에 국방을 강화하지 않고, 이제 감당할 능력도 없이 결과가 뻔한
싸움을 하자니 무슨 망발이냐는 질타였다.

이때 청국을 다녀온 이유원(李裕元)이 개항을 권고하는 총리아문대신
이홍장의 긴급 서한을 전했다.

> 조선이 일본과 조약을 체결하면 전쟁을 피할 수 있을 것이고, 만약
> 조선이 청국의 권고를 받아들이지 않을 경우 장차 조선과 일본 간에
> 어떠한 일이 일어난다 해도 청국은 책임질 수 없다.

청국은 1875년 2월 일어난 마가리(Margary) 피살 사건으로 영국과 단
교 중이었고, 서북부 중앙아시아 지역에 좌종당(左宗棠)의 원정군 파견을
준비 중이었다. 조선에 분쟁이 이는 것을 원치 않았다. 게다가 남하하려
는 러시아를 고려할 때 일본이 조선과 맺는 조약을 굳이 저지할 필요가
없다고 보았다.

결국 조선 조정은 강화 쪽으로 방침을 굳히게 되었다. 1876년 2월 21
일, 강화도의 연무당에서 조선 대표 신헌윤자승과 일본 대표 구로다와 이
노우가 조일수호조약(강화도조약, 병자수호조약)을 체결했다. 그해 8월에

는 위 조약에 근거해 수호조규부록(修好條規附錄)과 무역규칙(貿易規則)이 성립되었다.

조일수호조규 제1조는 '조선국은 자주국으로서 일본국과 평등한 권리를 보유한다'고 되어 있다. 여타의 조항은 2개 항의 개항(원산은 1879. 8. 28, 인천은 1881. 2. 28 개항 협정 체결), 사절 파견 및 일본인의 개항장 왕래와 통상 허가, 토지 임차와 가옥 건축, 일본의 조선 해안 측량, 영사 파견과 재판권 등이다. 부록에서는 개항장 10리 이내의 일본인 자유 여행과 일본 화폐 유통 허가가 결정되었고, 무역규칙에는 아편 무역 금지와 일본 선박의 입항세 면제, 그리고 일본 수출입품의 관세 면제라는 사상 초유의 무관세 조항(관세권은 1883년 11월 회복)이 들어 있었다.

강화도조약의 의미 : 준비 없는 근대화와 일본 침략의 첫 단계

강화도조약은 형식상 조선이 최초로 체결한 근대적 조약이다. 적어도 형식상으로는 청국의 종주권을 공식적으로 부인하면서 양국이 대등한 국가의 자격으로 조약을 체결했기 때문이다. 그러나 내용상 강화도조약은 불평등조약이었다. 일본의 군사적 위협이 가해지는 가운데 강제로 체결되었고, 조선에 일방적으로 불리한 내용이었다. 추가 조인된 수호조규부록과 무역규칙은 이것을 더욱 구체화한 것이었다.

우선 조약의 일방성에 문제가 있었다. 모든 내용이 조선에 대한 일본의 권리만을 규정하고 있고, 조약의 유효기간이나 폐기에 관한 조항이 없어 물리력을 가진 일본이 원하는 만큼 존속시킬 수 있게 됐다. 조약의 제1조에서 조선의 자주권을 거론하고 있지만, 그것은 조선과 청국 간의 전통적인 관계를 단절시켜 일본 뜻대로 조선을 움직이겠다는 의미였다. 게다가 일본은 개항장에서 일본 화폐의 유통권을 확보해 금융 침투의 통로를 마련했다. 또한 수출입 상품에 대한 무관세를 명시해 조선이 국내시장을 보호하고 재정수입을 확대할 수단을 배제했다. 조선의 무지를 이용한 일본의 사기극이었다. 그 밖에 영사재판권(치외법권)은 개항장에서 행해지는 일본인의 범죄에 대해 조선의 사법권 행사가 배제된 것이다. 일본 상인의 자유로운 활동을 보장한 것뿐 아니라 각종 군사, 정탐 활동을 가능하게 한 조치였다.

이 조약으로 조선이 얻은 것은 근대적이라는 이름뿐, 알맹이는 모두 잃었다. 일본이 구미 열강에게 강요당한 것을 이번에는 조선에 역으로 적용한 결과였다. 조선은 이 조약으로 현실적으로는 종주국 행세를 하는 청국과 그것으로 시비를 거는 일본 사이에서 이중으로 압박받게 되었다. 일본은 구미 열강의 정치적 앞잡이로서, 경제적 중개상으로서, 청국의 울타리에 있던 조선을 쉴 새 없이 괴롭혔다. 요컨대 강화도조약은 일본에게는 정한론 실행의 첫 단계였고, 조선에게는 준비 없는 근대화의 첫걸음이었다.

위정척사 운동

척사론(斥邪論)의 원조 이항로 : 서양과는 무조건 싸워야 한다

강화도조약 체결을 전후해 조선에서는 이에 대한 반대 목소리를 높이는 이들이 있었다. 주로 공자와 맹자의 학문, 그리고 그를 이은 주자의 학문을 철석같이 신봉하는 보수 유생들이었다. 이들의 논거는 위정척사론(衛正斥邪論), 우리의 바른 도[正學]를 지키고 그릇된 도[邪學]를 물리쳐야 한다는 데 있었다. 당시 이들은 일본[倭]을 서양 오랑캐와 같다고 보는 왜양일체론(倭洋一體論)을 견지하고 있었다. 일본과 교제하면 오랑캐 문화가 만연해 우리의 전통이 무너진다는 경고였다.

위정척사론은 서학을 배척하던 18세기 후반에도, 불교를 배척하던 고려 말에도 등장했으니 그 뿌리가 깊었다. 이들의 주장과 비판은 외세에 대한 예리한 분석에 바탕을 두고 있었다. 그러나 정부 정책으로서는 현실적 대안이 될 수 없었다. 19세기 말과 20세기 초에 걸쳐 재등장한 위정척사 운동은 대상과 내용을 달리해 수차에 걸쳐 펼쳐졌다. 이때 펼쳐진 척사론의 원조격은 화서 이항로(李恒老)였다.

1860년대의 병인양요와 신미양요 당시 이항로와 기정진 등은 척화주전론(斥和主戰論)을 내세웠다. 어떻게 난국을 대처할까 고민하던 고종은 김병학의 건의에 따라 이항로에게 동부승지의 벼슬을 내렸다. 이항로는 벼슬을 사양하면서 다음과 같은 상소를 올렸다.

> 서양 오랑캐의 침범은 국가 존망의 위기를 조성하는 것이니 서양 문물을 배척하고 통상을 거부해야 합니다. 서양 오랑캐를 공격하자는 것은 우리 쪽 사람의 주장이고, 그들과 화친하자는 것은 저쪽 사람의 주장입니다. 전자에 따르면 나라에 인덕(仁德)의 정치를 보전할 수 있지만, 후자를 따르면 짐승의 지경에 빠집니다.
>
> － 《화서집》 3

또한 이에 대처하는 방법으로 이렇게 소를 올렸다.

> 원컨대 애절한 교서를 내리어 외적을 들인 연유를 자책해 선후책을 명확히 하고, 민심을 고무해 언론의 길을 열고, 장수를 선발해 군비를 다스리고, 팔도 안의 신망 있는 이를 골라 권위를 부여해 그에게 충의와 절개 있는 인사를 모아 의병을 일으키게 해 관군과 더불어 응원이 되게 하고, 궁실을 낮추고 음식을 거칠게 하며 의복을 검박하게

해……. 맹자의 교훈이 참되게 실현되면 백성의 힘이 크게 펼쳐지고 마음이 하나 되어 (임금을) 부모마냥 우러러볼 것입니다.

- 《화서집》

요컨대 안을 잘 다스려 밖에 대처해야 한다는 것이었다.

이러한 주장은 대원군의 쇄국정책을 지지하는 데 일조했다. 소중화(小中華)의 가치를 갈고 닦아 전통을 지키자는 데야 당시 누가 반대하겠는가? 어쨌든 두 차례의 양요를 모두가 일치단결해 가까스로 넘겼으니 이때의 위정척사 운동은 그런대로 역할을 한 셈이다. 그러나 그것만으로는 해결되지 않는 것이 문제였다.

도끼 메고 상소하는 최익현 : 오랑캐와 교류하려면 내 목부터 쳐라

강화도조약 체결을 전후해 조야에서는 일본과 서양에 대한 위기의식이 고조되어 갔다. 당시 강화를 거부한 주요 인물은 이항로의 제자 최익현(崔益鉉), 장호근 등이 있었다. 그는 1876년 1월 한양에 올라와 도끼를 메고 궁궐 앞에 엎드려 강화를 반대하는 상소를 올렸다(持斧伏闕斥和議疏). '내 말을 듣고도 일본과 강화를 할 지경이면 먼저 이 도끼로 내 목을 치라'는 것이었다.

첫째, 이 강화는 일본의 강요에 의해 이루어지는 것이므로 눈앞의 고식일 뿐 그들의 탐욕을 막아 낼 수 없을 것이다.

둘째, 일단 강화를 맺으면 물자를 교역하게 되는데 저들의 상품은 모두 기기묘묘한 사치품이자 수공업품이므로 무한한 것이나 우리의 물화는 모두 필수품이며 땅에서 생산되는 것인즉 우리는 이내 황폐해질 것이다.

셋째, 그들이 비록 왜인이나 기실은 서양 도적이나 마찬가지이므로 강화가 한번 이뤄지면 사교(邪教)의 서적들이 교역을 타고 끼어들어 온 나라에 퍼지고 윤리가 파괴될 것이다.

넷째, 일본인이 왕래하며 우리의 재산을 탈취하고 부녀자를 능욕하는 등 인간의 도리가 땅에 떨어져 백성이 안주할 수 없을 것이다.

다섯째, 왜적들은 물욕만 높을 뿐 조금도 사람된 도리가 없는 금수와 마찬가지니 인류가 금수와 더불어 같이 살 수는 없는 것이다.

— 《면암집》 3

요컨대 왜와 서양은 한가지로 도적이라는 것이다. 일본과 서양 각국 사람들이 들었다면 황당했겠지만, 저들의 사치품과 우리의 생필품이 교환되면 우리가 황폐해진다는 주장은 일리가 있었다. 그러니 왜와 강화를 하면 나라는 망한다, 즉 저들과 교역을 하면 망한다고 한 결론은 지극히 타당했다.

하지만 그들의 문명이 우리보다 훨씬 앞서 있어서 당장 군함과 대포를 들이대고 협박하고 있는데 어떻게 하면 그들의 침략을 막고 강화를 하지 않을 수 있을지 방법이 묘연했다. 그들의 '야만스러움'이야 말할 것도 없지만, 그 야만스러움을 뒷받침해 주는 힘과 기술은 어디서 어떻게 온 것인가?

고종과 대신들의 입장에서는 답답하고 머리가 아팠다. 한결같이 고원한 이상론에, 한결같이 요순 시대를 운운하는 사람들 속에서 어떻게 난국을 돌파해 가느냐 하는 것이 고종의 고민이었다. 고종은 상소에 패륜한 내용이 있다는 구실로 최익현을 전라도의 흑산도로, 장호근을 전라도의 녹도(鹿島)로 유배보내라 했다. 이어 왜와의 조약이 체결되었으니 이때의 운동은 실패였다.

홍재학과 영남 만인소 :《조선책략》김홍집을 처단하라

정부가 나라의 문호를 열자 위정척사 운동의 양상도 달라졌다. 강화도 조약 체결 이후 정부에서는 개화 정책 추진의 일환으로 해외 견문 사절단을 파견했다. 즉 1, 2차에 걸쳐 일본에 파견한 수신사(修信使, 1876, 1880)와 신사유람단(紳士遊覽團, 1881. 2), 그리고 청국에 파견한 영선사(領選使, 1881. 11)가 그것이다.

이 중 제2차 수신사 김홍집(金弘集, 뒤에 金宏集) 일행은 일본을 방문하고 돌아오면서《조선책략(朝鮮策略)》을 가져와 정부에 바쳤다. 이 책은 일본 주재 청국 공사관의 참찬관 황준헌(黃遵憲)의 저술로 조선의 외교에 대해 논한 것이다. 러시아의 남침을 막기 위한 논리로서 "중국과 친밀히 하고 일본과 손을 잡으며 미국과 연합해야 한다[親中國 結日本 聯美國]."는 것이 골자였다. 중국, 일본, 미국 등의 생각이 어떠하든, 당시 세계를 주도해 가던 영국의 원대한 전략이야 어떻든, 서양 각국의 정체를 알 수 없던 조선의 집권자 입장에서는 조선의 갈 길을 논한 이 책을 결코 소홀히 할 수 없었다.

그런데 조정에서는 이 책에서 러시아의 남침을 조심하라는 충고는 이해할 만한데 미국과 연합하라는 말에는 의문이 생겼다. 미국은 서양 오랑캐, 서양 도적이라고 생각했는데 땅도 넓고 부강하며, 점잖고 또 도리를 아는 나라라고 되어 있으니 알 수 없는 일이었다. 가뜩이나 세계는 험하게 돌아가는 것 같으니 손잡아 힘을 빌리는 것도 생각해 볼 만한 일이었다. 더구나 대국(청)의 관리가 권하는 것이니 그들과 손잡는다 해서 시비를 걸 것도 아닐 것이다.

그러나 사정을 모르는 일반 백성, 특히 고집 센 보수 유생들이 이러한 조정의 생각을 알기라도 한다면 경을 칠 일이었다. 정부에서는 슬그머니 관리와 유생들에게 이 책을 돌려 읽게 했다. 그런데 보수 유생들은 물론 관원들로부터도 그 책의 내용은 많은 반발을 불러일으켰다. 일본과의 개항 자체가 반발을 샀던 상황에서 서양을 짐승으로, 천주교를 사학(邪學)으로 여기던 보수 유생들은 '정부가, 아니 임금님이 실성했느냐?'는 반응을 보였다. 1881년 3월, 유생 이만손을 우두머리로 영남인 만인의 상소[嶺南萬人疏]가 올라왔고, 홍시중, 홍재학 등의 격렬한 상소가 득달같이 올라왔다.

이들은 단지 《조선책략》을 비판한 것에 그친 것이 아니라 그것을 들여온 김홍집을 중형에 처하라고 했다. 거기에 담겨 있는 청국, 일본 등의 조선에 대한 생각과 세계의 흐름을 운운한 것은 우리가 알 바 아니고 어떻든 서양 오랑캐와 연합하는 것은 천부당만부당하니, 그런 해괴한 책을 가져와 조야를 뒤숭숭하게 하는 저 불충한 김홍집을 극형으로 다스려야 한다는 것이었다. 전국의 보수 유생들이 동맹파업하듯 상소를 올렸다.

이 중 강원도 유생 홍재학이 올린 1만 자 상소[萬言斥邪疏]는 그 내용이 심히 과격했다. 고종이 직접 정국을 운영한 이래 일본과의 수교가 이루어지고 양물, 양학이 만연해 종묘사직이 위기에 빠졌다면서 집권자인 고종을 매도했다. 위정척사 운동이 단지 외세의 침략을 경계하는 수준을 넘어 정부의 정책을 비판하는 쪽으로 흘러간 것이다.

고종도 예상은 했지만, 내버려 두었다가는 국왕의 권위까지 위협할 지경이었다. 싹을 잘라야 했다. 홍재학은 능지처참의 극형에 처해졌다. 결국 목숨을 건 척사 운동이었다.

생각해 보면 이들 유생 중 유럽을 직접 견문해 그들의 문명을 본 사람은 아무도 없었다. 조선 전국 어디에도 없었다. 단지 일본과 청국을 다녀와 간접적으로 듣고 책을 읽었을 뿐이다. 저 멀리 서양에서 하멜이란 자가 지구를 반 바퀴 돌아 조선에 표착해 온 지도 200년이 지났고, 시꺼먼 배가 연기를 토하며 조선의 연안을 제집 드나들 듯해도, 세계가 어떻게 돌아가는지 어디로 가는지 전혀 몰랐고, 관심도 없었다. 그저 공맹과 주자를 논하며 척사만을 주장했다. 그러고도 행동은 과격하기만 했다.

물론 이때의 위정척사 운동은 당시 정부의 개화 정책이 외세의 침투에 제대로 대처하지 못하는 데 대한 비판에서 나왔다. 외세의 목표를 정확히 짚어 내기도 했고, 그들의 침략을 막아야 한다는 논리는 당위적이고도 애국적인 것이었다. 뒷날 일본의 침략이 가중되자 이들이 의병 운동을 이끌어 간 것도 바로 그러한 우국충정에 바탕을 두고 있었다.

그러나 이때는 주먹구구식으로 주장만 할 뿐 진취적이지 못했다. 애국심은 넘쳐 나는데 애국의 방법이 문제였던 것이다. 아무도 대양으로 뛰쳐나가 보지 못했고 하려고 하지도 않았으니, 국제 조류를 헤쳐 나갈 안목도 대안도 제시될 수 없었다. 결과적으로 이때의 위정척사론은 외세 앞에서 고전하는 정부를 제대로 받쳐 주지 못한 공허한 이론이었다. 또 하나의 실패였다. 이후 정부는 이러한 보수 유생들을 뒤로 한 채 서구와의 교류를 터 나갔다. 그 결과 1880년대 전반기와 후반기 약 5년 사이에 조선은 미국, 영국, 독일, 프랑스, 러시아 등과 통상조약을 체결했다.

안기영 사건 : 위정척사 운동을 틈탄 어설픈 용꿈

반개화와 반외세의 성격을 띠고 전개된 1881년의 위정척사 운동은 개화 정책을 추진하던 정부에게 큰 위협이 아닐 수 없었다. 이에 대해 정부에서는 〈척사윤음(斥邪綸音)〉을 내려 정부의 입장을 분명히 했다. 유생들의 척사 운동을 비판한 전 장령(掌令) 곽기락 등의 균형감 있는 상소도 있었다. 수구파의 공격에 대항하기 위한 방편으로 정부에서는 중앙 기구를 개편하고 개화파 인물을 등용했다.

정부에서는 대원군이 설치한 삼군부를 없애고 1881년 1월 통리기무아문을 설치한 바 있다. 같은 해 11월에는 이를 다시 개편해 종래의 12사를

7사로 하는 등 개화 정책이 잇달았다. 그러나 이러한 일련의 정책, 즉 외국사절의 접대 문제, 일본과 청국으로의 사절단 파견과 유학생 파견, 행정 기구 개편, 신식 군대 창설 등에 따라 재정 부담이 커졌다. 정부 비용의 증대는 각종 조세 증가와 과중한 세납을 유발했다.

이것이 현실적으로는 일반 국민의 부담을 가중시키는 요인이 되었다. 게다가 중간 관리의 탐학과 농간이 개입되어 부담은 더욱 늘어났다. 권력에서 소외되어 가던 보수 유생들에게는 중앙 기구의 개편과 그에 따른 군제 개편 등이 일본 세력의 조선에 대한 침략으로 인식되었다. 상대적으로 의구심만 높아 갔던 것이다. 이런 상황은 그들 스스로가 쫓아낸 대원군에 대한 향수를 불러일으켰다. 서원 철폐로 대원군은 유생들의 지탄을 받았지만, 그의 쇄국정책은 척사를 주장하는 유생들의 생리에 와 닿는 것이었기 때문이다.

이처럼 유생들에 의한 척사와 척왜 운동, 그리고 일반 민중 사이의 척왜 분위기는 대원군과 그의 지지 세력을 고무시켰다. 이것이 불씨가 되어 하나의 사건이 일어났는데 안기영 사건(일명 이재선 사건)이 그것이다. 안기영은 1857년 과거에 급제한 뒤 병인양요 당시 순무영종사관으로 양헌수를 도왔고, 그 후 남양군수와 형조참의를 지냈으며 대원군의 비호를 받던 인물이었다. 그가 대원군의 서자인 이재선(李載先)을 등에 업고 정권 전복을 꾀한 것이다. 거기에는 영남 만인소에 관여한 강달선, 강화의 유생 이철구, 서리 출신인 이두영과 이종학 등이 가담했다.

그러나 거사도 못하고 실패로 끝났다. 엉성한 계획에다 동료의 밀고 때문이었다. 과거를 보러 온 유생들과 시정 사람들을 선동해 궁궐을 침입, 국왕을 폐위하고 척족 인물과 일본 공사관, 별기군 교련장 등을 습격하기로 했으나 모의에 가담했던 광주장교 이풍래의 고변으로 1881년 8월 28일 가담자 전원이 잡혀갔다. 안기영 등은 대역부도죄로 능지처참을 당하고, 어수룩한 이재선은 사약을 받아야 했다. 이 사건을 계기로 정부는 강력한 탄압을 가해 대원군의 우익을 철저히 제거했다. 어설픈 용꿈이 초래한 비극이었다.

이처럼 미수에 그친 안기영 사건은 유생들을 비롯한 많은 국민들이 정부의 개화 정책과 척족 정권에 대해 불만이 있음을 보여 주는 것이었다. 따라서 안기영 일파는 일망타진되었다 해도 사태가 완전히 종결될 수는 없었다. 척사 운동이 억지로 막혔고, 척족의 건너편 쪽에 대원군은 여전히 두 눈을 부릅뜬 채 건재했기 때문이다. 언제 어디로 어떻게 불똥이 튈지 알 수 없는 상황이었다. 이듬해에 결국 또 하나의 사건이 터졌다.

임오군란

임오군란의 발생

1882년(고종 19) 6월 5일, 무위영 소속 구훈련도감 군인들이 대규모 폭동을 전개했다. 13개월 치나 밀린 급료 중 겨우 한 달 치를 지급받는 과정에서 쌓이고 쌓인 불만이 마침내 폭발한 것이다. 그들은 선혜청 당상 민겸호(閔謙鎬)의 집을 습격하고, 민씨 척족 정권 인사들의 집과 일본 공사관을 공격했다. 이어 창덕궁을 쳐들어가 척신(戚臣)을 살해하고 왕비를 수색하기에 혈안이었다(壬午軍亂).

그러나 왕비의 행방은 묘연한 가운데 구심점을 상실한 척족 정권은 하루아침에 엎어지게 되었다. 그 대신 군민의 여망을 받았던 대원군은 10년 만에 권좌에 복귀해 왕비의 사망을 발표하고, 오군영과 삼군부의 복설을 지시하는 등 서정 개혁에 착수했다. 그러나 돌연 청국군이 대원군을 납치하면서 신정권도 30여 일 만에 무너졌고, 죽었다던 왕비는 버젓이 살아 돌아왔다. 음성(장호원)에 숨었다 환궁한 왕비의 보복은 잔인했다.

문호 개방의 여파 : 군란의 대외적 배경

임오군란은 '국제적 배경과는 아무런 관계없이 강화도조약 이후 누적된 국내 세력의 갈등에 불과하다'거나, '청일 양국의 민족적 억압에 대한 조선인의 저항이 군란으로 폭발했다'는 일본 학자[菊池謙讓, 小谷汪之 등]의 주장이 있다.

그러나 일본의 행태를 배제하고 어떻게 한국 근대사가 논의될 수 있는가? 게다가 일본의 조선 정복욕을 어떻게 청국과 동일한 선상에서 논할 수 있는가? 이것이야말로 한국 근대사를 당파성으로 싸 바른 식민사학자들의 견해와 다를 게 없으며, 청국과 일본의 조선에 대한 민족적 억압을 동일한 수준에서 보자는 황당한 논리에 불과하다. 그러나 조선 군민의 일본 공사관 공격과 일본 교관 살해는 분명 청국이 아닌 일본에 대한 적개심을 보여 주고 있었다. 결국 기쿠치 등의 논리에 함정이 있다는 말이다.

조선 군민이 일본을 적대시하게 된 것은 강화도조약부터 시작되었다. 조약문에는 "조선은 자주국이고 일본과 평등한 권리를 보유한다."고 규정되어 있다. 그러나 일본의 실제 의도는 조선과 청국의 관계를 단절하자는 것이었다. 그러니 강화도조약은 일본의 청국에 대한 도전이자, 조선을 둘러싼 일본과 중국 간 갈등의 시발이었다. 게다가 개항과 영사재판권, 통상장정 체결 등이 규정되었고, 뒤이은 수호조규 부록과 통상장정에는 근대사상 유례없는 무관세 조항과 개항장을 통한 일인의 무역 및 일본 화폐 유통이 명시되어 있었다.

이후 야심찬 일본 상인들이 다투어 조선의 대외무역을 독점했다. 여러 통계에서 볼 수 있듯이 개항 이전과 이후는 조선의 대외무역이 비교할 수 없을 만큼 급증했다. 1877~1882년 일본과의 무역에서 일본 제품이 차지하는 비중은 11.7퍼센트, 유럽의 제품이 88.3퍼센트였다. 일본은 유럽의 상품을 중국(상해)을 거쳐 일본(고베)으로 들여와 다시 조선(개항장)으로 재수출하는 형식의 무역을 했다. 그중 일본을 통한 수입품 주종은 영국산 면포, 마포 등 면제품이었고, 조선의 수출품은 쌀, 콩 등의 곡물류가 대부분이었다.

이러한 무역구조는 자급자족 경제를 유지하던 조선의 재래 수공업자와 농민층에 우선적으로 그 폐해가 돌아갔다. 외국의 공산품과 조선의 곡물 교역, 즉 2차 산품과 1차 산품의 교역이었으니 조선의 식량 부족과 그로 인한 곡가의 폭등은 자연스런 결과였다. 일부 특권 상인과 대토지 소유자들이 득을 보기는 했지만, 대다수 소작농이나 중소 상인, 재래 수공업자들이 몰락의 길을 가게 된 것은 명약관화하다. 바로 이런 결과가 조선 군민이 일본에 대한 반감을 고조시켜 간 원인이 된 것이다.

다시 말해 1876년의 강화도조약 체결과 이로 야기된 일본 상권의 확대가 조선의 자급자족 경제 기반을 뒤흔들었고, 그것이 도시 영세민과 하급 군인들의 불만으로 이어져 임오군란의 한 요인이 되었다.

백성의 불만, 민씨 척족의 득세와 가렴주구

개항 이후 한국사를 청국과 일본, 나아가 서구 열강 간의 관계로 보는 것을 소홀히 하고 대원군과 민비, 혹은 개화와 척사의 갈등으로만 해석하는 것은 무리이다. 그렇다고 이런 내부의 여러 문제점들이 전적으로 무시되어도 좋다는 의미는 결코 아니다. 적어도 임오군란까지는 왕비 중심의 척족과 대원군의 갈등이 적지 않게 작용한 것이 사실이기 때문이다.

민씨 척족은 1866년 왕비 책봉 이후 서서히 관직으로 진출했다. 그러다가 1873년에는 서원 철폐를 단행한 대원군이 유생들의 탄핵을 받는 기회를 이용해, 대원군을 축출하고 고종의 친정을 성공시키면서 정권을 장악했다. 이후 대원군 집권 시 소외된 인물과 노론 세력을 규합해, 1873~1895년까지 약 20여 년간 정권을 장악하고 국내 정치를 주도했다. 그러면서 임오군란, 갑신정변이 일어났을 때에는 주로 청국의 지원을 통해, 청일전쟁 전후로는 러일 쪽과 관계를 맺으면서 국내의 보수파나 급진 개화파 혹은 농민의 저항으로부터 정권을 유지해 갔다.

1881년의 상황을 주목해 보자. 그해에도 민씨 척족 정권은 수구파의 위정척사론과 안기영 사건 등을 계기로 대원군파와 남인 계열의 수구파에 대해 강력한 탄압을 가하면서 정권 기반을 다져 갔다. 지배 집단 내의 분열이 더욱 심화되었고, 정부에 대한 백성들의 불신도 조장되었다. 거기에 민씨 척족 정권의 매관매직, 관료층의 부패, 국고의 낭비 등은 개화와 척사의 갈등과는 다른 문제를 야기시켰다. 실로 조선은 민씨 척족의 무한 정한 지배하에 놓였다 해도 과언이 아니었고, 바로 그러한 권력의 정점에 왕비가 있었다. 척족은 최고의 귀족이었고 최대의 토지 소유자였다.

결국 왕비의 등장은 대원군의 10년 세도로 복구된 왕실 세력을 외척 세력이 밀쳐 내는 첫걸음이었다. 이후 척족 세력이 표방한 정치적 구호는 개화 정책이었다. 그것도 뚜렷한 방향과 목표는 결여된 채 척족 정권의 세력 강화와 연관되는 것에 치중되었다. 별기군과 통리기무아문도 대체로 민씨 척족, 혹은 반대원군파 인물로 독점되었다. 이 점에서 민씨 척족 정권하의 기구 개편은 개화 정책을 빙자한 정권 장악이라는 측면이 강하다.

게다가 척족 정권은 정권의 기반을 다지기 위해 외국의 원조를 구했다. 임오군란 이후 청국군이 대원군을 납치하고 조선에 군사를 주둔시킨 이유도 이 점 때문이었다. 청국 입장에서는 자국의 권고에 따라 구미와의 조약 체결을 순순히 수용하는 민씨 척족 정권을 지원하고 이에 따르지 않는 대원군을 납치해 각국과의 분란 소지를 없애는 것이 중요했고, 그

점은 척족 정권의 안정과도 일치했다.

척족 정권의 개화 정책은 이 점에서 청국의 권고가 크게 작용한 것이고, 1880년대 초 서구 각국과의 조약 체결은 영국과 미국, 일본 등이 청국을 이용, 《조선책략》 등을 통해 조선에 유포시킨 공로의식(恐露意識)의 여파이기도 하다. 그러므로 실제의 개화파라면 고종과 김옥균, 박영효, 서광범뿐이라는 주장이 있듯이 척족 정권에서 정권 유지 목적이 아닌 순수한 개화 정책을 과연 얼마만큼 추구했는지는 의문이다. 이처럼 척족 정권하의 개화 정책이 결코 그들이 주도한 것이라고 보기는 어렵지만, 이들의 정책 방향은 보수 유생들이나 일반 국민들에게 진보당으로 비쳐진 것도 사실이다.

대원군 측이나 유생들 그리고 일반 국민들에게 또 다른 불만을 가중시킨 것은 널리 알려진 척족 정권의 사치와 낭비, 매관매직, 관리의 부정과 탐학 등이었다. 부패와 부정이 유독 이 시기에만 국한된 것은 물론 아니다. 실제에 비해 과장된 면도 없지 않다. '금강산 일만이천 봉마다 쌀 한 가마씩을 바쳤다'는 황당무계한 주장 등이 그중 하나다. 그러나 척족 정권의 여러 가지 실정, 그리고 그들과 대립 관계에 있던 대원군의 존재 등은 군란의 주요한 한 요인이었다.

군제 개혁 : 구식 군대의 아우성

군인들의 불만과 직접적으로 연관된 것은 정부의 개혁 중 하나인 군제 개혁이었다. 1881년(고종 18) 4월에는 신식 군대를 양성하기 위해 별기군(別技軍)을 창설했고, 동년 12월에는 군사 제도를 대대적으로 개혁했다. 즉 종래의 훈련, 용호, 금위, 어영, 총융 등 오영을 폐지하고 무위, 장어의 두 영을 설치했다. 그런데 별기군의 창설 과정에는 일본 공사 하나부사[花房義質]의 권고와 지원 약속이 있었고, 일본군 호리모토[堀本禮

造]를 교관으로 배치해 일본식 훈련을 습득하게 했다. 그러나 양영의 군사들을 별기군과는 달리 차별 대우함에 따라 구 오영 소속 군병들의 불만이 고조되었다.

임오군란이 일어나기 이전에도 여러 차례 군병들의 반항이 있었지만, 대원군 집권 시기에는 그런 일이 없었다. 그런데 군제 개혁 후 구 오영 소속 군병들의 대부분이 실직해 수천 명이 방황하는 처지에 놓이게 되었고, 무위영과 장어영에 개편된 군병이라 할지라도 신설된 별기군에 비해 큰 차별을 받았다. 요컨대 일본 교관에 의한 신식 군대의 조련은 쇄국정책을 취하던 대원군 집정기의 대우와 비교되어 구식 군대의 배일 감정을 더욱 고조시킨 셈이다. 군인들은 개항을 강요한 일본과 그러한 정책을 추진하던 척족 정권이 자신들의 입지를 어렵게 한 대상이라고 인식한 것이다.

정부가 군제 개혁을 추진하면서 구식 군대를 차별 대우할 수밖에 없었던 사정은 무엇일까? 상당한 수의 중앙 군대가 차별 대우를 받는다면 정치적으로 불만 세력화하리라는 것은 쉽게 예상할 수 있는 일이다. 중앙 군대의 군료를 13개월 치나 지급하지 않았다는 것은 단순한 차별 대우 이상의 다른 문제가 있었음을 보여 준다. 즉 구식 군대가 민씨 척족의 정치적 입장에 부합하지 않은 점, 정권의 부패와 그로 인한 중간 관리의 농간 등의 문제를 들 수 있다. 그러나 보다 심각했던 것은 국가재정의 파탄이다.

재정 파탄의 문제는 조선 후기 이래 삼정의 문란과 개항 전후로부터 누적되어 온 척족 정권의 재정 관리 능력을 일차적으로 들 수 있다. 그러나 이런 문제는 전근대사회에서 흔히 등장하는 문제이다. 이 점만으로 19세기 후반에 외세와 관련해 발생한 군란이나 정변 등의 원인을 설명하기에는 무리가 있다. 결국 일본의 조선 침략 정책에 따른 강제 개항과 일본 상권의 확대, 정부의 개화 정책 추진에 따른 과다한 경비 지출, 이로

인한 국가재정의 고갈, 그것에 덧붙여 척족 정권의 부패가 군란의 원인이
되었던 것이다.

군란의 결과

군란 직후 청일 양국은 즉각 조선에 군대를 파견했다. 1882년 7월 17
일에 체결된 제물포조약에 일본은 조선을 강박해 50만 원의 배상금을 부
과하고, 일본군의 서울 주둔권을 확보했다. 군란 중 피살된 호리모토 교
관과 일본 공사가 퇴각하면서 스스로 방화해 소실된 일본 공사관의 보상
명목이었다. 한편 청국은 조선에 대한 간섭을 더욱 강화해 속방화(屬邦
化) 정책을 추진했다. 영국도 군란을 틈타 이미 체결한 조약을 개정해 관
세율을 하향 조정했다.

결국 임오군란은 일본이 조선을 군사적으로 지배하기 위한 서막이었
고, 조선 내에서는 반일파와 반청파의 대립이 격화되어 급기야 얼마 후
갑신정변이 발발하게 되는 하나의 단서가 되었다. 게다가 영국에게 관세
권 침해의 유인을 제공해 이후 조선의 세관 수입원이 크게 고갈되어 간
점 또한 간과할 수 없다. 그러므로 임오군란이 이후 조선에 미친 파행적
영향은 아무리 강조해도 지나치지 않다. 임오군란이 갑신정변과 명성황
후 시해 사건과 함께 서울을 무대로 전개된 19세기 말 3대 사건의 하나
가 된 이유도 바로 여기에 있다.

갑신정변

피로 치른 우정국 낙성 축하연

임오군란이 일어난 지 거의 2년 반 만에 서울에서는 다시 무력 정변이

발생했다. 사건이 발생한 곳은 우정국(지금의 서울시 종로구 견지동 체신기념관 자리, 1972년 12월 4일 개관). 우정국 낙성 축하연이 벌어지던 10월 17일(양력 12월 4일) 밤이었다. 거사의 주역들은 30대 초반의 김옥균을 빼곤 거의가 20대인 홍영식, 박영교, 박영효, 서광범, 서재필, 변수 등이었다. 일찍이 세계정세에 눈을 뜬 박규수, 오경석, 유대치 등으로부터 개화학습을 받은 양반 출신 젊은이들이었던 이들은 보수적인 척족 정권을 뒤엎고, 일본을 모델로 조속히 부강한 새 나라를 건설하자는 생각에서 대담하게도 '쿠데타'를 일으켰다.

그러나 정변의 배후에는 일본(공사)이 있었다. 일본이 청국을 겨냥한 것이었다. 그때 청국은 베트남을 놓고 프랑스와 충돌하면서 임오군란 이래 조선에 주둔한 청국군 3천 명 중 1,500명을 빼내어 갔다. 정세를 읽은 일본은 즉각 김옥균 등을 충동질했다. 전에 개화당이 요청했다 거절당한 차관(300만 엔)은 물론, 군사(150명)까지 제공하겠으니 한번 해볼 만하지 않겠냐는 것이다. 그렇지 않아도 수세에 몰렸다고 판단한 김옥균 등이 '이때다' 하고 일어섰다.

개화당이 예상한 쿠데타군은 최대한 부풀려 잡아도 800명 선이었다. 서재필 휘하 사관생도(14명), 장사패(40여 명), 박영효가 광주유수 재직 당시 양성한 병력(500명), 윤웅렬이 함경남병사 재직시 양성한 신식군 일부(250명)가 그들이다. 그러나 사관생도와 장사패를 빼면 훈련면에서 보잘 것 없는 오합지졸이었고, 무기는 더욱 열악했다. 게다가 개화당은 윤웅렬을 정변에 가담시키지 않았기 때문에, 거사 직전까지도 그는 그 계획을 전혀 몰랐다. 그러니 실제 가담한 병력은 예상보다 훨씬 밑도는 숫자였다.

운명의 그날 밤, 연회에 참석한 내외 인사는 약 스무 명이었다. 주빈인 우정국 총판 홍영식을 필두로 박영효(금릉위), 김홍집(독판), 한규직(전영

사), 민영익(우영사), 이조연(좌영사), 김옥균, 서광범, 윤치호, 신낙균과 묄
렌도르프, 푸우트(미국 공사), 애슈튼(영국 총영사), 진수당(조선 상무총판),
시마무라[島村久, 일본 공사관 서기관] 등이었다. 다케조에[竹添進一郎] 일
본 공사는 계획적으로 불참했다. 사건 현장을 윤치호는 이렇게 전한다.

> 저녁 7시에 미국 공사와 서기가 우정국 연회에 참석했다. ……연회
> 가 거의 끝날 무렵 누군가가 후면에서 "불이야!" 하고 외쳤다. 좌객들
> 이 일어나 보니 이웃 전동 근처에서 화염이 크게 치솟고 있었다. ……
> 갑자기 누군가 비명을 지르며 뛰어 들어오는데 피가 줄줄 흘러 옷을
> 적셨고, 얼굴빛이 창황했다. 모두가 놀라서 보니 민영익이었다. 자객
> 의 칼을 맞아 귀에서 볼까지 살이 찢겨 늘어져 있었다. 밖에서 함성이
> 들렸다. 모두 놀라 이리저리 튀어 달아났다. 미국 공사는 식당에서 묄
> 렌도르프와 같이 민영익을 구호했다.
>
> ─《윤치호 일기》

김옥균 등은 즉각 교동의 일본 공사관을 거쳐 창덕궁에 가서 고종에게
변란이 발생했다는 것과 사태가 위급함을 알렸다. 곧이어 고종을 경우궁
으로 모셔 가는 한편 일본 공사에게 일사래위(日使來衛)라는 내용의 쪽지
를 보내 일본군 보호를 요청했다. 일본 공사가 즉시 군사를 보내 4문을
수비하게 하니, 경우궁 내외는 서재필 지휘하에 고종을 경호하는 사관생
도와 장사들(약 50명)을 중심으로 친군영의 전영과 후영 소속 조선군 일
부와 일본군 100여 명 등 혼성부대가 수비했다.

그날 밤 개화당은 곧바로 정적 제거에 들어갔다. 변란 소식을 듣고 고
종을 알현하고자 입궐하던 한규직, 이조연, 민태호, 민영목, 조영하와 궁
중 내시 유재현 등의 수구파 인물과 척족 인물 일부가 밤중에 희생되었

다. 경우궁 내외에 유혈이 낭자했다.

혁신정강 : 신정권의 구호

다음 날 아침 개화당은 왕비의 요청에 따라 좁고 불편한 경우궁 대신 계동궁(이재원의 집)으로 고종의 거처를 옮기고 새 정권을 수립했다. 신정권에는 민씨 척족에게 소외되었던 인물, 개화당 쪽 인물, 혹은 개화당이 이용할 만한 인물들이 포진했다. 그러나 이들 중 실세는 거사의 주역들이었으니 한국사상 가장 젊은 내각이었다.

이재원(좌의정), 홍영식(우의정), 박영효(전후영사겸좌포도대장), 서광범(좌우영사겸우포도대장), 김옥균(호조참판), 박영교(도승지), 서재필(병조참판겸정령관), 윤치호(참의교섭통상사의), 변수(동상), 이재면(좌찬성), 이재완(병조판서), 이재순(평안도관찰사), 홍순형(공조판서), 조경하(판의금), 김윤식(예조판서), 윤웅렬(형조판서), 김홍집(한성판윤) 등이 그들이다.

개화당은 그날 오후 5시에 국왕의 거처를 다시 옮겼다. 불편을 견딜 수 없다는 신정대비와 왕비의 불평으로 방어에 유리한 계동궁을 떠나 다시 원래의 창덕궁으로 옮긴 것이다. 참으로 용의주도한 왕비였다. 넓디넓은 창덕궁은 개화당의 소수 병력만으로 방어하기에는 매우 불리했으니 반쿠데타군의 공격을 유리하게 하자는 것이었다. 김옥균 등은 단호히 거절했지만, 어쩐 일인지 일본 공사는 일본군만으로 청국군의 공격을 격퇴할 수 있다고 호언했다. 이에 고종이 환궁을 명하자 김옥균 등은 거절하지 못하고 따랐다. 쿠데타의 주역치고는 어설프기 짝이 없는 행동이었다.

긴장이 고조에 달한 그날 밤, 정강이 발표되었다.

1. 대원군을 속히 귀국시키고 청국에 대한 조공허례를 폐지할 것.
2. 문벌을 폐지하고 인민 평등의 권리를 제정해 능력에 따라 인재를

등용할 것.

3. 전국의 지조법을 개혁해 간리를 근절하고 궁민을 구제하며 국가재
   정을 충실하게 할 것.

4. 내시부를 폐지하고 그중 재능 있는 자만을 허통해 등용할 것.

5. 국가에 해를 끼친 담관오리 중 가장 심한 자를 처벌할 것.

6. 각 도의 환상을 영구히 면제할 것.

7. 규장각을 폐지할 것.

8. 조속히 순사를 두어 도적을 방지할 것.

9. 혜상공국(惠商公局)을 혁파할 것.

10. 그동안 유배, 금고(禁錮)된 죄인을 다시 조사해 석방할 것.

11. 사영(四營)을 합쳐 일영으로 하되, 영 중에서 장정을 선발해 근위
    대를 조속히 설치하고 육군대장은 왕세자로 할 것.

12. 일체의 국가재정은 호조로 하여금 관할케 하고, 그 외 재무 관청
    을 폐지할 것.

13. 대신과 참찬은 날짜를 정해 합문내(閤門內) 의정부에서 회의하고
    정령을 의정(議定)공포할 것.

14. 의정부 육조 외에 일체 불필요한 관청을 혁파하되 대신, 참찬으로
    하여금 이를 심의해 아뢰도록 할 것.

– 《갑신일록》

청국에 대한 사대조공 폐지와 인민 평등권 확립, 지조법 개혁, 국가재
정의 호조 관할, 경찰제도 실시 등이 주요 골자였다. 대외적으로는 청국
과의 관계를 대등하게 조정하고, 대내적으로는 왕권을 제한하면서 사회
신분제도와 재정, 사법, 군사, 행정 등의 여러 제도를 혁신하자는 내용이
다. 또 혜상공국은 보부상을 관할하는 민씨 척족 정권의 보루이니 혁파하

자고 했다. 이는 보부상의 저항을 유발할 만한 조치였지만, 토착 행상을 밀어내고 조선에서 상권을 확대하려는 일본 상인들의 구미에 맞았다.

정변의 주역들 가운데는 유럽에 가서 직접 견문한 일본의 사무라이 같은 무리가 없었으니 결국 유럽을 모방한 일본을 그들이 구상하는 나라의 모델로 삼을 수밖에 없었다. 이들의 눈에 비친 일본은 분권적인 막번체제(幕藩體制)에서 메이지유신을 계기로 '절대주의 천황제 정부'를 수립함으로써 근대화에 성공을 거두고 있었다. 물론 일본 천황은 절대 권력의 상징일 뿐, 실권을 장악한 것은 조슈번[長州藩], 사쓰마번[薩摩藩] 등의 하급 사무라이 출신들이었다.

정변 주역들의 구상 역시 비슷했다. 국왕을 중화 체제에서 탈피한 자주 독립 국가의 상징으로 내세우고, 자신들의 주도하에 부국강병책을 추진해 서세동점의 파고를 넘으려 한 것이다.

청국군의 개입과 일본군의 이반

사태는 정변 주역들의 판단과 달리 당일부터 뜻대로 풀리지 않았다. 준비 단계부터 문제점은 많았는데 우선 일본 공사의 선동과 지원 약속을 믿고 정변을 일으킨 것이 문제였다. 따라서 정변의 승패 여부는 일본의 판단에 좌우될 수밖에 없었다. 일본에 이용당한 것이었다. 게다가 개화당은 일본 군대의 힘을 빌려야 할 만큼 무력 기반이 취약했다. 일본군이 손을 뺄 경우 개화당의 무력만으로 반쿠데타군을 감당하기는 더욱 어려웠다. 더욱이 청국군이 서울에 주둔하고 있고, 청국이 척족 정권을 지지하고 있는 상황에서 청국군의 즉각적 개입은 불 보듯 뻔했다.

정변 직후 윤웅렬(정변 직후 신정부에서 형조판서로 임명됨)은 거사가 반드시 실패할 것이라며 다음과 같이 예측했다.

첫째, 임금을 위협한 것은 순(順)한 것이 아니고 역(逆)한 것이니 실패할 것이다.

둘째, 외세를 믿고 의지했으니 반드시 오래 가지 못할 것이다.

셋째, 인심이 불복해 변이 안으로부터 일어날 것이다.

넷째, 청국군이 곁에 있으니 반드시 개입할 것이다. 적은 수의 일본 병이 어찌 청병을 대적할 수 있겠는가?

다섯째, 김옥균, 박영효 등이 순조롭게 일을 이룬다 해도 이미 여러 민씨 척족 인물들과 임금께서 친애하는 신하들을 죽였으니 왕과 왕비의 의향을 위배한 것이다. 군부의 뜻을 거스르고 어찌 세를 유지할 수 있겠는가?

여섯째, 만약 김과 박의 무리가 많아서 조정을 장악할 수 있다면 혹 모르지만, 두서너 사람이 위로 임금의 신임을 잃고 아래로 민심을 잃은데다, 곁에는 청국군이 있고, 밖으로 붕당의 도움이 없으니 어찌 꾀할 수 있겠는가? 애석하다.

－《윤치호 일기》

이후의 사태는 그의 지적대로 진행되었으니 그의 진단은 정확했다고 할 수 있다. 정변이 일어난 다음 날 청국군은 즉각 개입했다. 국왕이 머물고 있는 창덕궁을 향해 대포를 쏘며 무지막지한 공격을 감행했다.

사태가 여의치 않자 먼저 일본군이 빠져나갔고, 쿠데타군은 삽시간에 무너져 달아났다. 창덕궁의 북장문(北墻門)으로 탈출해 끝까지 국왕을 배종하던 홍영식, 박영교와 사관생도 7명이 청국군과 조선군에게 피살되었다. 김옥균, 박영효 등은 간신히 몸을 빼어 변장하고 일본 공사 일행과 함께 탈출하는 데 성공했다. 그러나 달아나는 이들을 백성들이 도처에서 공격해 대니 계속 쫓기는 신세였다. 11월 21일(양력 12월 8일) 가까스로 인천에 도착한 이들은 사흘 후인 24일 지토세 마루[千歲丸]를 타고 일본으로 망명했다.

참으로 허무한 삼일천하(三日天下)였다. 이상과 기상은 높았지만 개화파를 든든히 받쳐 주었어야 할 조선의 현실은 저만큼 뒤떨어져 있었다.

아, 김옥균!

정변은 실패했고 개화당의 꿈도 무산되었다. 만약 정변이 성공했더라면 개화당의 뜻대로 되었을까? 재정과 군사력이 취약한 개화당은 어쩔 수 없이 일본에 의지했을 것이고, 그렇게 되면 조선이 일본에게 좌우될 것은 불을 보듯 뻔하다. 메이지유신 이래 일본이 세운 가장 중요한 목표는 조선 정복이 아니었나. 생각할수록 모골이 송연해진다.

그러나 일본은 안타까울 것이 없었다. 성공한다면 공을 낚아채면 그만이고, 실패한다 해도 책임지지 않으면 그만이었다. 정변 직후 일본에서는 이 사건을 어떻게 활용하느냐를 놓고 내각에서 격론이 벌어졌다. 이 기회에 조선을 놓고 청국과 한판 붙느냐, 아니면 청국과 전쟁을 하는 것은 시기가 이르니 일단 조선을 옥죄고 청국의 발목을 잡아 놓는 차원에서 그치느냐 하는 것이 골자였다. 결국 후자로 결론이 났다.

일본은 외무경 이노우에 가오루[井上馨]를 조선에 파견했다. 군함 7척과 육군 2개 대대를 거느리고 인천에 입항한 이노우에는 호위병을 대동한 채 서울에 들어와 조선 정부와 담판을 꾀했다. 말이 담판이지 청국의 대포보다 더 위협적인 적반하장의 겁박이었다. 조선 정부가 사죄하고 배상금(11만 엔)을 지불하며, 일본 공사관 신축비(2만 엔)를 부담한다는 조건의 한성조약이 1884년 11월 24일(양력 1885년 1월 9일)에 맺어졌다.

그렇지 않아도 외교력이 뒤떨어져 있고, 군사력은 빈약하고, 재정은 한없이 부족한 조선 정부였다. 답답하고 속 타는 심정이야 오죽했을까. 남의 나라에 정변을 유발해 내분을 일으킨 뒤, 사죄는커녕 나약한 조정을 겁박해 배상을 물라 하니 일본의 행위는 국제적 강도질이 아니고 무엇인가. 왜구와 같은 해적질의 재판이라는 것이 당시 당로자들의 생각이었다. 말이야 그렇다지만 '신판 해적'이 들끓던 세상에 무슨 소용이 있는가. 약한 쪽만 억울할 뿐이었다. 정변 이듬해 북양아문을 방문한 조선의 사절(남정철)은 이홍장에게 이렇게 하소연했다.

> 조선이 일본에 실수한 일이 없는데 일본이 무슨 이유로 조선 대신 여섯 명을 죽였는가? 그런데도 감히 조선 정부가 말 못하고 배상금을 물고 사죄해야 한다니 이 무슨 법인가? 정변에 가담한 일본군 몇몇이 죽은 것이 무슨 대단한 일이라고 일본은 기한을 정해 범인을 잡아들이라느니 배상을 하라느니 협박하는가? 그렇다면 사건 당일 임금을 협박하고 외국 군대를 끌어들여 대신들을 살해한 김옥균박영효 등의 무리를 왜 일본은 속히 압송하지 않는가? 이 자들이 화근이니 각국 공영사관에 알려서 일본이 이들을 잡아 보내게 함이 어떠한가?
>
> ─《북양대신아문필담》

그러나 노대국을 부지하기에도 여념이 없는 이홍장인들 무슨 뾰족한 수가 있겠는가?

앞서 정변 소식을 접한 청국은 정여창, 오대징 등을 2척의 군함과 함께 조선으로 파견해 수습에 나섰다. 그러나 베트남 문제를 고려해 일본과의 협상에는 소극적 자세를 보였다. 일본이 유리할 수밖에 없었다. 1885년 3월 4일, 청일 양국은 자국군의 철수를 합의하면서 장차 조선에 파병할 경우 상대국에 미리 알릴 것을 골자로 한 천진조약을 맺었다. 그 결과 일본은 유사시 청국과 동등하게 조선 파병권을 확보했으니 성공이었다. 갑신

정변을 기화로 일본은 조선 문제에 관해 청국의 발목을 잡은 셈이었다. 반면 청국은 급한 불을 끈 것에 지나지 않았다. 그러나 불탄 자리에는 염증이 생겨 10년 뒤 농민 봉기 때 곪아 터지게 되었다.

한편 갑신정변을 계기로 일본의 조선에 대한 야심이 대단함을 확인한 청국은 이후 조선에 대한 내정 간섭을 더욱 강화했다. 개화파와 똑같은 20대의 '철부지' 원세개가 조선에서 행한 '무지한 횡포'는 무소불위였다. 대궐에 가마를 타고 들어가지 않나, 국왕 앞에 칼을 차고 들어가 위세를 부리지 않나, 원세개는 후일의 이토와 마찬가지였다. 원세개를 조선에 파견한 인물은 바로 이홍장이다. 결국 원세개의 횡포는 이홍장의 머리에서 나온 조선 정책의 결과였다.

그래서 고종의 분노가 아니더라도 개화파는 도태될 수밖에 없었고, 개화운동도 상당 기간 정체되었다. 기왕이면 조선을 키워 일본을 상대하도록 이끌었으면 좋으련만, 오히려 청국은 조선을 옥죄고 밟아 자국의 울타리에 가두려고만 했다. 아예 식민지화하려고 했다. 결과는 '제 팔다리 묶기'였다. 후일 청국에게는 패전의 굴욕을, 한국에게는 국권 상실의 쓰라림을 맛보게 한 하나의 원인이었다.

그나마 보수 세력과 척족이 각성하게 된 또 하나의 계기가 있었는데 바로 갑신정변이었다. 그래서 개화파 젊은이들의 행동에 동정의 여지가 있을 수도 있다.

그러나 정변 실패가 조선에 미친 부정적 영향은 너무도 심각했다. 특히 정변 추진 과정에 비친 허점과 정변의 결과로 이후 한국이 입은 막대한 손실은 감상적 애국주의의 결과로 비판받아 마땅하다. 일본에게 철저히 이용된 정변이었다. 김옥균 등에 대한 원망과 아쉬움을 윤치호는 이렇게 토로했다.

아, 고우(古愚, 김옥균) 등의 망발로 위로 국사를 실패하게 하고 아래로 민정을 시끄럽게 했으며, 공적으로는 개화 등의 일을 탕패(蕩敗)시켜 남김이 없게 했고, 개인적으로는 가족을 망파(亡破)시켜 온전치 못하게 했다. 한 생각의 차이가 모든 일을 실패하게 했다. 어찌 그리 어리석고 어찌 그리 도리에 어긋났는가. 더욱 우리와 같은 무죄한 사람들로 하여금 위로는 군왕의 의심이 있게 하고 아래로 인민의 앙심(怏心)이 돋게 했으니 어찌 삼가지 않겠는가. 말을 가려 쓰지 못하니 김옥균은 용기가 없는 것이다. 저녁에 일본 공사관이 타 버리고 고우의 집도 타 버렸다. 밤에 큰 눈이 내리다.

－《윤치호 일기》

세계사를 바꾼 거문도 사건

거문도(巨文島) 사건

1885년(고종 22) 3월 1일, 영국의 동양 함대 사령관 도웰(William M. Dowell)이 이끄는 3척의 군함이 한반도 남해상의 거문도를 점령했다. 열흘쯤 지나 오코너(Nicholas R. O'conor, 청국 주재 영국 공사)는 러시아의 불법 점령에 대비한 조치로 잠시 거문도에 정박한다고 조선에 통고했다. 그러나 어디까지나 불법적인 점령이었다. 이로부터 영국, 러시아, 중국, 조선 사이에 외교적 갈등이 지속되다가 영국이 거문도를 철수한 것은 1887년 2월 27일, 근 2년 뒤였다.

거문도의 전략적 가치

거문도는 외국인들에게 해밀턴 항(Port Hamilton)으로 잘 알려져 있다.

섬의 자연적 조건 때문에 각국의 관심이 매우 높았다. 거문도는 서도, 동도, 고도(古島)의 작은 섬으로 이뤄져 있는데 이를 삼도, 삼산도, 혹은 거마도(巨磨島)라고 부른다. 가장 큰 서도가 그의 반쯤 되는 동도와 함께 남동 방향으로 고도를 감싸고 있다. 마치 합장한 두 손에 작은 공을 끼고 있는 형국이다. 그래서 동남쪽에서 보지 않으면 한 개의 섬으로만 보이게 되며, 밖에서는 안이 잘 보이지 않는다.

게다가 거문도는 수심도 깊다. 거문도는 제주도의 북동쪽 36마일 해상에 위치해 여수와 제주도를 잇는 수로의 중간이니, 대한해협 및 쓰시마 해협을 항해하는 선박들의 동태를 관찰하기에 적절한 위치이다. 거문도는 전략적으로도 훌륭한 군항의 조건을 갖추고 있는 셈이다. 그래서 러시아의 태평양 출구로서 동양의 지브롤터라고도 불렸다. 범세계적인 영국과 러시아의 대결 무대가 유럽에서 동아시아로 이동해 온 시점에, 한반도 남해의 전략적 가치가 있는 한 섬이 열국 각축의 무대가 된 것이다.

일찍이 거문도의 전략적 가치에 주목한 나라는 영국과 러시아다. 1845년(헌종 11) 영국 군함 사마랑(Samarang) 호가 남해 일대를 탐사하면서 거문도에 들렀다. 해밀턴 항이란 이름을 붙인 것은 이때이다. 러시아도 1865년(고종 2) 푸차친(Putiatin) 제독이 거느린 7척의 군함이 내항해 조사한 바 있다. 이후 1882년 조미조약이 체결될 당시 영국 쪽에서 거문도 점령설이 나돌았고 조선과 영국 간에 수호 교섭이 진행될 당시에는 영국의 전권 월리스(Willes) 제독이 거문도 조차를 제의하기도 했다. 그러니 영국이 거문도를 점령한 것은 진작부터 있었던 의도를 실현한 것이었을 뿐 돌발적인 것은 아니었다.

아프가니스탄 분쟁과 영국의 거문도 점령

영국이 이 시기에 거문도를 점령한 이유는 한동안은 조러 밀약설에 원인이 있는 것으로 알려져 왔지만 사실은 중앙아시아에서 영국과 러시아 간에 전개된 아프가니스탄 분쟁이 주요 원인이었던 것으로 판명 났다. 조러 밀약설의 골자는 독일인 묄렌도르프의 중재로 조선은 러시아에서 군사와 재정을 지원받고, 그 대신 러시아는 한반도의 한 항구, 즉 영흥만을 조차한다는 내용이다. 러시아의 남하에 촉각을 곤두세우고 있던 영국은 이를 저지하기 위해 방어적 조치로서 거문도를 점령했다는 것이다.

그러나 러시아 연구자들은 결단코 그런 조러 밀약은 없었다고 한다. 조러 밀약설은 영국의 선전으로 잘못 알려진 것이며, 영국은 오히려 블라디보스토크 항을 기습 공격하기 위해 공격적 입장에서 거문도를 점령했다는 주장이다. 일리가 있다. 그러나 러시아가 조선과 밀약을 추진하려 한 것은 거의 분명하다. 예컨대 조선의 비밀 사절 권동수와 김용원이 블라디보스토크를 방문해 러시아 관헌과 접촉하고, 갑신정변의 수신사로 서상우와 함께 일본에 간 독일인 묄렌도르프가 고종의 밀명으로 주일 러시아 공사 다비도프와 수차례 접촉한 일 등이 그것이다. 그러니 밀약이 있었다고 단정하기는 어렵지만, 시도가 없었다고 할 수도 없다.

결국 영국과 러시아는 각기 자국의 방어적 입장만을 강조한 셈이다. 영국과 러시아 중 어느 쪽이 먼저 공세를 취했는가는 양국 간의 문제이지만, 조선의 주권이 영국의 불법적인 거문도 점령으로 유린된 점만은 분명한 사실이다. 그 과정에서 등장했던 한 가지가 조러 밀약설이었고, 다른 하나가 영국과 러시아 간에 전개된 아프가니스탄 분쟁이었다.

1885년(고종 22) 봄 영국과 러시아 사이에 긴장이 고조되어 갔다. 러시아는 그해 2월 아프가니스탄 국경의 요지인 메르브(Merv)를 점령한 뒤, 계속 남하해 3월 말경에는 또 하나의 요지인 펜제(Pendjeh)를 점령함으로써 영국과 긴장이 고조되었다. 이대로라면 러시아는 인도양으로 진출할 길을 뚫게 되는 것이다. 이에 영국의 글래드스턴(Gladstone) 내각에서는 하원에 추가예산을 요구했고, 해군부에는 비상이 걸렸다.

먼저 영국에서는 러시아의 힘을 분산시키기 위해 취약한 곳을 공격하기로 결정했다. 그리고 그 목표는 멀리 떨어진 동아시아 지역의 블라디보스토크 군항으로 정해졌다. 그런데 이를 공격하기 위해서는 동북아 지역에 전초기지가 필요했다. 그 결과 나온 안이 대한해협의 거문도를 점거해 블라디보스토크를 공격하기 위한 함대의 기지로 삼는 것이었다. 영국의 동양 함대 사령관 도웰 제독은 해군부의 명을 받아 아가멤논(Agamemnon) 호 등 3척의 군함을 이끌고 나가사키 항을 떠났다. 거문도에 도착한 것은 그 다음 날인 2월 29일(양력 4월 16일)이었다.

거문도 사건의 결말

병인양요와 신미양요를 경험한 데다가 바로 몇달 전 갑신정변으로 홍역을 치른 조선 조정은 다시금 벌집을 쑤신 듯 어수선했다. 조선에서는 서울 주재 각국 외교관에게 협력을 요청했지만, 돌아온 것은 '동정은 가지만 아무런 도움을 줄 수 없다'는 반응이었다. 외무독판 김윤식이 "공법에 투철한 나라가 어찌 남의 나라 영토를 점령할 수 있느냐?"고 조선 주재 영국 총영사 애쉬톤에게 항의했지만, 어디까지나 항의일 뿐 속수무책이었다.

영국은 이 문제를 조용히 해결하려 했다. 돈 5천 파운드에 거문도를 사고자 했던 것이다. 그러나 러시아가 거문도 점령에 이의를 제기했고, 청국도 이 문제의 처리를 놓고 골몰했다. 거문도 사건은 단순히 영국과 조선만의 문제는 아니었다. 러시아는 자국 함대의 동아시아 해역 활동이 직접 견제당하는 것을 묵과할 수 없었고, 청국은 자국 울타리에서 국제적 분규가 야기되는 것을 원치 않았기 때문이다. 결국 이 문제는 조선과 상관없는 영국과 러시아 간의 갈등에서 빚어진 것이었다.

청국은 중재에 나섰다. 러시아가 거문도를 점령하지 않는다는 보장이 문제 해결의 열쇠임을 파악한 이홍장은 청국 주재 러시아 공사 러디겐스키를 만났다. 러시아가 향후 거문도를 점령하지 않겠다고 보증한다면 영국에 거문도 철퇴를 요구할 용의가 있다고 했다. 영국 해군의 공세에 겁먹은 러시아는 거문도는 물론 조선의 어떠한 지역도 점령할 의사가 없음을 보증한다고 덧붙였다. 청국은 러시아의 보증을 영국에 통고했고, 영국은 청국이 러시아의 약속을 보증할 것을 조건으로 거문도를 철수하겠다고 했다. 마침내 1886년 10월 청국과 러시아가 공동으로 영국과 합의했다. 영국군이 거문도를 철수한 것은 이듬해 2월 27일, 장장 2년 만이었다.

거문도 사건이 주권국인 조선에 미친 영향은 그리 크지 않았다. 영국이 조선에 무력을 행사해 직접적으로 충돌이 발생한 것도 아니었고, 단지 청국을 매개로 영국과 러시아가 타협해 2년 만에 철수함으로써 별다른 문제를 야기하지는 않았다. 즉 한반도라는 무대에서 공연되는 거문도 사건이 정작 무대의 제공자인 조선은 배제되었지만, 공연 무대의 주역인 영국과 러시아의 관계가 청국이라는 중재자를 통해 원만히 풀림으로써 한반도라는 무대는 손상되지 않고 가까스로 원상을 유지할 수 있었다.

청국의 경우 이홍장은 세 치 혀로 영국과 러시아 두 세력을 한반도에서 쫓아 버린 셈이다. 대성공이었다. 영국도 거북하기만 한 러시아의 남하를 한반도 북방선에서 차단할 수 있게 되었다. 불만일 이유가 없었다. 그러나 이 사건에 가장 충격을 받은 쪽은 러시아였다. 영국이 거문도에서 철수함에 따라 러시아가 대한해협을 자유롭게 항해할 수 있게는 되었지만, 러시아가 한반도 연안에 부동항을 확보할 길이 막힌 셈이었다. 결국 러시아는 동아시아 진출 노선을 전면 수정하게 되었다.

거문도 사건이 세계사에 미친 영향이 크다고 하는 이유는 러시아의 시베리아 횡단철도 착공이라는 결과를 가져왔기 때문이다. 산업화가 늦었던 러시아가 유럽 시장에서 경쟁력을 잃고 진출할 곳은 아시아뿐이었다. 아프리카와 남미 지역은 이미 여타 강대국이 식민지를 구축하고 있었고, 남은 무주공산은 아시아, 그중에서도 동북아 지역뿐이었기 때문이다. 그런데 이 지역으로 진출하려면, 넓은 시베리아 지역을 통과하는 것이 험난해 부득이 해로를 이용하는 수밖에 없었다.

그 경로는 흑해 연안의 오데사 항에서 블라디보스토크 항까지로 매우 멀고도 복잡했다. 발칸 반도의 보스포러스 해협을 통과해, 에게 해와 지중해를 지나 수에즈 운하를 통해 홍해로 들어선 뒤, 인도양, 남중국해, 대만해협, 대한해협을 두루 거쳐야 했기 때문이다. 그래도 2년이나 걸린다는 유럽에서 동아시아 연해주까지의 험한 육로보다는 훨씬 유리했다. 해로로는 약 45일이 걸리기 때문이다.

그러나 이 길은 함대가 통과하는 각 지역에서 적대국의 견제가 없을 경우에만 유효한 것이었다. 가령 영국이 그들의 막강한 해군력으로 러시아 함대가 경유하는 길을 차단한다면 무용지물이나 다름없었다. 이를 잘 보여 준 것이 거문도 사건이었다. 결국 러시아는 해로를 통한 동아시아 진출에 한계가 있음을 깨달았다. 육로를 택할 수밖에 없었다. 장장 5,500마일에 달하는 시베리아 횡단철도의 건설 계획은 이렇게 등장했다.

러시아가 시베리아 횡단철도를 착공한 것은 1891년 5월. 이를 전후해 일본에는 비상이 걸렸다. 이 철도가 완공된다면 종단점인 블라디보스토크 항을 기지로 러시아의 군사력이 위력을 발휘하게 될 것이고, 일본은 한반도를 낀 대륙으로 진출할 길이 막히기 때문이다. 한시라도 빨리 만주와 한반도를 확보해 러시아의 동아시아 진출을 저지하지 않으면 안 되었다. 러시아와 일전이 불가피했다. 그러나 목전에 한반도를 장악하고 있는 것은 청국이었다. 일본은 러시아와의 전쟁을 예기한 가운데 청국과의 전쟁을 서둘러 준비했다. 거문도 사건의 여파였다.

거문도 주민과 영국 수병

영국 함대가 거문도를 점령했음에도 거문도 주민과 영국군 사이는 매우 우호적이었다. 거문도에 상륙한 영국 수병은 막사를 짓고, 접안 시설을 구축했는데, 거문도 주민들이 나서서 이 작업을 도왔다. 영국군은 이들에게 적당히 보상을 했고, 거문도 주민들에게 의료봉사도 했다. 어쩌다 지방 관리가 들이치면 그들의 수탈에 넌더리를 내던 주민들에게 서양인들의 따뜻한 보살핌과 적절한 보상은 이들을 감격시키기에 족했다. 거문도 주민들은 영국 수병에게 닭과 돼지, 채소 등을 제공했다.

길지 않은 체류 기간이었지만, 섬 아가씨와 영국 수병 사이의 로맨스도 있었다. 영국군이 거문도를 철수하게 되자 섬 사람들은 이를 매우 아쉬워했다. 탐관오리나 오지 않으면 다행으로 여기던 섬 주민들에게 이들 영국군은 천사와 같은 존재였다. 조선 조정은 전전긍긍했겠지만 거문도 주민에게는 유사 이래 가장 고맙고도 반가운 손님이었다.

그곳에 영국 수병의 무덤이 하나 있다. 영국 군함이 매년 방문해 선배 군인의 넋을 위로하며 묘비 앞에 꽃다발을 놓고 간다. 영국 수병은 사후 100년 뒤에도 후배들에게 기억되는 영광을 누리고 있다. 바친 목숨이 아까울 리 없다. 그래서 영국이 해군 강국이었나 보다.

동학과 농민 봉기

최제우와 최시형 : 동학의 창도와 성장

서세동점이 진행되면서 조선 사회 내부에서는 이에 대응한 몇 가지 운동이 펼쳐졌는데 개화운동, 위정척사 운동, 동학운동이 그것이다. 개화운동은 처음 소수의 선각적 지식인들이 주도하다가 점차 정부도 수용하게 되어 한국 근대사의 주류를 형성했다. 위정척사 운동은 보수 유생들에 의해 대원군 집정기에 주류를 이루다가 개항 이후 점차 비주류로 밀려났다. 반면 동학교도와 농민이 중심을 이룬 동학운동은 시종 비주류에 머물렀다. 그러나 규모와 세력, 후대에 미친 영향에서는 다른 두 흐름을 능가하고도 남는다.

동학은 1860년 4월 수운(水雲) 최제우(崔濟愚)가 경상도에서 창도했다. 동학은 민간에 전승되어 온 고대 전통 신앙인 하늘을 받드는 내용이 바탕을 이루고 있다. 거기에다 유불선의 교리가 합쳐지고 주문과 부적 등을 활용하는 방법으로 전파되었다. 그러나 동학의 중심 사상은 어디까지나 인내천(人乃天)에 있다. '사람은 곧 하늘이라'는 것이니, 만민 평등 사상과 통한다. 전통적인 신분 사회에서는 사회질서를 무너뜨릴 혁명적 사상이다. 그러나 교조 최제우가 혹세무민 혐의로 체포되어 1864년에 사형당하자, 동학도들은 관을 피해 태백산맥으로 깊숙이 숨어들었다.

그러나 제2세 교주인 최시형(崔時亨)에 의해 동학은 사회적 기능을 잃은 기존 종교를 대신해 꾸준히 성장했다. 최시형은 경상, 충청, 전라 등 삼남 지방을 다니며 포교해 많은 신자를 확보했다. 1883년에는 손병희, 손천민, 박인호 등 충청도 출신(북접계) 간부들이 입도했고, 1890년대 초에는 전봉준(全琫準), 손화중, 김개남 등 전라도 출신(남접계) 간부들이 입도했다. 최시형은 동학 경전인《동경대전》을 1880년에 간행하고,《용담유사》를 1883년에 간행하고, 포(包)를 기본 조직으로 접주(接主)를 두고 각지에 도소(都所)를 설치했다.

교조신원 운동과 보은 집회 : 포교의 자유를 달라

다시 관의 탄압이 가해져 동학이 교세를 확장하는 데 문제가 생겼다. 충청도감사 조병식이 관내의 동학도 탄압을 강화하고, 양민을 동학으로 몰아 침탈을 행했다. 이에 몇몇 동학 간부들이 이를 기회로 포교의 자유를 얻고자 교조신원 운동을 펼치기로 했다. 동학도들이 1892년 10월에는 공주에, 11월에는 삼례에 모여 대규모 집회를 열었다. 거기서 동학도들은 교조의 억울함을 풀어 주고, 동학도에 대한 침탈을 금해 달라는 소장을 감사에게 올렸다.

놀란 충청도감사와 전라도감사 이경직이 교도 탄압을 금할 것을 약속했지만, 교조신원은 그들의 권한이 아니었다. 이에 박광호 등 동학교도 40여 명이 상경하는 유생들 틈에 끼여 서울로 향했다. 국왕에게 직접 호소하기 위해서였다. 1893년 2월, 이들은 광화문 앞에 엎드려 사흘 밤낮을 호소했다. 그러나 정부에서는 이들의 우두머리를 잡아들이고 나머지 동학도를 강제 해산했다. 복합 상소가 실패로 돌아간 것이다.

그럼에도 이때 서울에 수만 명의 교도가 집결한다는 소문이 퍼지면서 민심이 흉흉했다. 각국 외교 대표부와 교회, 외국인 주택에 출처 불명의 척양척왜와 기독교를 배척하는 내용의 벽보가 붙었다. 서울에 있던 외국인들은 큰 위협을 느꼈다. 미국 공사 허드(Augustine Heard)는 외아문독판 조병직에게 괘서의 설명을 요구했고, 영국 총영사 힐리어(Walter C. Hillier)는 청국 군함 파견을 종용했다. 일본 영사 스기무라[杉村濬]는 철수하기 위해 자국 거류민을 인천에 집결토록 지시했다. 원세개는 청국에 타전해 두 척의 순양함 파견을 요청했다. 모두가 지나친 반응이었다.

한편 복합 상소가 실패에 그치자 동학 간부들은 행동 방향을 바꾸었다. 교주 최시형은 1893년 3월 10일(양력 4월 25일) 각 도의 접주들에게 통문을 보내 동학도들을 보은(속리면 장내)에 집결토록 한 뒤 대규모 집회를 열었다. 당시 장내에 모였던 동학도의 숫자만 2만여 명, 이 중 전라도에서 참가한 동학도가 6천여 명이 넘었다. 전라도 동학도들이 매우 적극적이었음을 알 수 있다.

이들은 돌성을 쌓고 척왜양창의(斥倭洋倡義) 깃발을 들어 기세를 높였다. 보은군수 이중익이 최시형을 방문해 만류했지만, '이번의 창의는 척양척왜에 있으며 동학은 사학이 아니'라는 것과 지방관의 탐학을 비난하는 소리를 듣고 물러나야 했다. 정부에서는 어윤중을 양호선무사로 임명해 현지에 파견했다. 어윤중은 거듭 장내를 방문해 동학 간부를 면담하고 해산을 권했다.

그 사이 홍계훈이 경군 600명과 개틀링(Gatling) 기관포 3문을 이끌고 청주에 출동했다. 관군의 무력시위와 관리들의 종용에 따라 동학도들은 일단 해산을 결정했다.

매일 많은 비가 내렸고, 산간벽지에 모여든 그들에게 식량도 넉넉지 않은데다가 신식 무기를 갖춘 관군은 코앞에 닥쳐 있었기 때문이다. 동학도들은 4월 2일(양력 6월 17일) 해산하기 시작해 다음 날 완전히 해산했다. 최시형 등 간부들은 전날 밤 장내를 떠나 행방을 감추었다.

전봉준(全琫準)과 고부민란 : 마침내 횃불이 타오르다

전라도는 물산이 풍부한 곡창지대로서 국가재정도 상당 부분 이 지역에 크게 의존하고 있었다. 그러나 대대로 이 지역 농민들은 관리들의 가렴주구에 시달렸다.

1892년 말 고부군수로 부임해 온 조병갑(趙秉甲)은 그러한 관리 가운데서도 정도가 심한 자였다. 기회만 있으면 백성을 수탈했다. 부모에게 불효한다, 형제간에 화목하지 못하다, 음행을 저지른다, 잡기를 일삼는다 등 명목도 갖가지였다. 멀쩡한 사람을 잡아들여 억지로 죄를 뒤집어씌웠다. 이들이 풀려난 것은 없는 죄를 불고 군수가 흡족할 만큼 재물을 바친 이후였다. 이렇게 강탈한 재물만도 2만 냥에 달했다.

횡포는 이것만이 아니었다. 면세를 약속하고 농민에게 황무지를 개간하게 한 뒤, 정작 추수기에 가서는 세금을 내라고 했다. 게다가 태인현감을 지낸 자기 아버지 공덕비를 세운다고 강제로 거둔 돈이 1천여 냥이나 되었다. 여기서 한술 더 떠 그는 대동미를 쌀로 받는 대신 돈으로 거두고, 그것으로 질 나쁜 쌀을 사다 바쳐 차액을 착복했다.

이렇게 백성을 수탈하고 나라 재정을 파먹었으니, 그는 관리가 아니라 강도였다. 백성들의 분노는 쌓이고 또 쌓여 갔다. 불만은 마침내 만석보를 둘러싸고 폭발했다. 문제의 만석보는 농민들의 노력을 동원해 동진강(東津江)에 건설한 수리 시설이었다. 그런데 이를 이용하는 농민에게 물세를 부과했다. 그것도 너무 과중했다. 농민들은 물세를 낮추어 줄 것을 거듭 호소했다.

그런 상황에서 조병갑은 강의 하류에 꼭 필요하지도 않은 보를 새로 쌓았다. 그리고는 추수기에 이르러 농민들에게 높은 물세를 징수해 곡식을 700여 섬이나 착복했다. 참다못한 농민들 40여 명이 1893월 12일에 고부군아에 가서 조병갑에게 거듭 진정서를 올렸다. 그러나 돌아온 것은 매질과 욕뿐이었다. 그때 농민들의 부탁을 받고 진정서를 써 준 이가 바로 전봉준이다. 5척 단신의 그는 키가 작아 녹두(綠豆)라는 별명을 갖고 있었다. 대원군과 어느 정도 교감이 있었는지는 분명하지 않으나, 한때 대원군의 사랑채를 드나든 문객 중 하나였다. 그는 그 지역의 동학 접주로서 훈장이었고, 학식이 있었다. 그의 눈에 비친 세상은 기가 막히게 돌아가고 있었다. 형형한 눈을 부릅뜨고 농민들과 함께 군아를 찾아간 그는 오히려 갇혔다가 겨우 풀려났다.

시골 훈장의 눈에 분노의 불길이 치솟았다. 전봉준은 동지 20명과 함께 각 마을 집강에게 보내는 사발통문(沙鉢通文)을 작성했다. 주모자가 누구인지 모르도록 빙빙 돌아가면서 서명을 한 것이다. 이들은 봉기를 맹약함과 동시에 고부군에 도소를 정하고 4개 항을 결의했다. 즉 첫째, 고

부성을 부수고 군수 조병갑의 목을 쳐라. 둘째, 군기창과 화약고를 점령하자. 셋째, 군수에게 아첨해 백성을 괴롭힌 탐학한 관리를 응징하자. 넷째, 전주영을 함락하고 서울로 직행하자는 것이었다.

이듬해 1월 10일 전봉준은 마침내 1천여 명의 군민을 이끌고 고부군 관아를 습격했다. 모두들 머리에 흰 수건을 동여매고 몽둥이와 죽창을 든 채였다. 이들은 무기고를 부수고, 창고에서 꺼낸 쌀을 농민들에게 되돌려 주었다. 이어 만석보로 가서 새로 쌓은 문제의 보를 허물어 버렸다.

고부군수 조병갑은 간신히 탈출해 전라감사 김문현에게 "불순한 농민들이 난리를 일으켰다."고 보고했다. 그러나 조병갑의 죄상을 낱낱이 알게 된 정부에서는 박원명을 고부군수로 임명하고 이용태를 안핵사로 삼아 사태를 수습케 했다. 그러나 이용태는 사후 처리를 동학교도 탄압의 기회로 여겼다. 엉뚱하게도 죄를 동학도에게 돌려 명부를 작성해 일일이 잡아들이도록 했다. 그들의 집을 불태우고 소재 불명인 동학도의 처자까지 잡아다 살해했다.

이것이 타오르는 농민들의 분노에 기름을 붓는 결과를 가져왔다. 격분한 동학교도와 농민들이 다시 들고 일어났다. 흥덕, 고창, 부안, 금구, 태인 등 전라도 각처에서도 농민군이 봉기했다. 3월 하순 전봉준은 동지 김개남, 손화중 등과 모의해 부근 일대의 동학교도들과 농민들을 고부의 백산에 집결시킨 뒤 4대 강령을 발표했다.

1. 사람을 죽이지 말고 물건을 해치지 말라.
2. 충효를 다해 세상을 구하고 백성을 편안케 하라.
3. 일본 오랑캐를 몰아내고 성도를 깨끗이 하라.
4. 군사를 서울로 몰고 가서 권세가들을 몰아내자.

— 《대한계년사》

이어 각처에 다음과 같은 통문을 보내 백성의 봉기를 촉구했다.

> 우리가 의를 들어 이에 이름은 그 본의가 결코 다른 데 있지 않다. 창생을 도탄에서 건지고 국가를 반석 위에 올려 두고자 함이다. 안으로는 탐학한 관리의 머리를 베고, 밖으로는 횡포한 강적의 무리를 쫓아내고자 함이다. 양반과 부호 앞에 고통을 받는 민중들과 방백과 수령 밑에서 굴욕을 받는 아전들은 우리와 같이 원한이 깊은 자라. 조금도 주저하지 말고 이 시각으로 일어서라. 기회를 잃으면 후회해도 미치지 못하리라.
>
> — 오지영,《동학사》

소식을 듣고 백산을 찾아오는 농민이 금세 1만여 명에 육박했다. 이들이 군사행동을 개시하자 고부, 태인, 금구, 부안 등의 아문이 속속 점령되었다. 군사대오를 갖추어 가면서 이들의 봉기는 점차 전국으로 확산되어 갔다.

전라감사 김문현은 군사 250명과 보부상대 5천 명을 동원해 동학 농민군을 토멸하려 했지만 황토현 전투에서 형편없이 패했다. 사기충천한 농민군이 정읍, 흥덕, 고창 등을 점령하고, 무장에 진입했다.

전주성 함락 : 관군과 동학도의 접전

농민 봉기 소식을 접한 정부에서는 5월 6일 홍계훈을 양호초토사로 파견했다. 홍계훈은 장위영병 800명을 이끌고 인천항을 출발해 전주에 입성했다. 그러나 관군은 사기가 저하되어 도망하는 자가 속출했다. 홍계훈은 중앙군의 증파를 요청하는 동시에 청국군을 빌려야 할 것이라고 주청했다. 정부에서는 먼저 장위영병 300명과 강화병 500명을 증파했다.

증원군과 합류한 경군은 농민군을 추격하기 시작했다. 장성의 황룡촌에서 접전이 벌어졌고 관군이 패주했다. 농민군은 여세를 몰아 장성에서 북상해 5월 31일 전주성에 육박했다. 겁에 질린 감사 김문현이 달아나 버리자 전봉준 휘하의 동학 농민군이 전주성에 무혈입성했다.

이렇게 전봉준이 이끄는 남접의 농민군이 전라도를 휩쓸고 있을 무렵, 충청도의 동학 농민군은 최시형의 뜻에 따라 거사에 반대하고 종교운동에 주력하고 있었다. 그러나 동학 중진들이 농민 운동에 교단을 들어 참여할 것을 권고하자 4월 2일에 각처의 동학 접주들에게 통문을 띄웠다. 4월 6일 충청도 청산현에 수천 명의 교도들이 집결했다.

전봉준 휘하의 동학 농민군이 황토현 전투에서 승리했다는 소식을 듣고 사기가 충천해진 이들은 회덕현을 습격했다. 충청감사 조병호는 은진 파수병 100명을 급파하는 한편 충청병사 이용복에게 청주영병 200명을 파병토록 했다. 이어 전주의 홍계훈에게 원병을 청했다. 그 사이 북접의 동학 농민군이 휩쓸고 지나간 공주와 청주 이남은 무정부 상태나 다름없었다. 이때 최시형은 스스로 동학 농민군을 해산했다.

관군과 동학 농민군의 타협 : 전주화약과 민정 기관 설치

한편 홍계훈 휘하의 경군은 전주성 밖에 이르러 농민군과 대치했다. 농민군이 거듭 성을 나와 출격했지만, 도리어 큰 피해를 입고 전의를 상실했다. 홍계훈은 이 기회에 농민군 선무 공작에 들어갔다. "똑같은 임금의 백성으로 한 울타리에서 창칼을 교차함은 골육상쟁이나 다름없다. 동학도가 진정한 것은 성상께 아뢰어 시행토록 할 터이니 각자 고향으로 돌아가 본업에 종사하라." 했다.

전봉준은 자신들의 요구사항인 폐정개혁안을 제시했다. 탐관오리의 가렴주구 배제와 외국 상인의 횡포 금지, 국내 특권 상인의 배격, 미곡의 해외 유출 방지 등이 골자였다. 이를 받아들인다면 해산할 용의가 있다는 것이다. 홍계훈이 마침내 이를 받아들여 5월 7일 전주화약이 성립되었다. 청일 양군의 개입을 우려한 관군과 동학 농민군이 이래서는 안 되겠다고 판단해 내린 결정이었다. 전주성 점령 10여 일 만에 동학 농민군은 전주성을 열고 철수했고, 홍계훈은 군사를 이끌고 전주에 입성했다.

그럼에도 전라도 일대는 치안과 행정이 마비된 상태였다. 일부 어줍잖은 동학도와 동학도를 가장한 무뢰배들이 문제였다. 게다가 일본군 첩자들이 도처에서 준동했다. 그래도 농민들은 들떠 있었고, 수령들은 모두 달아나 버려 어지러웠다. 전라감사 김학진이 전봉준을 감영에 초치해 치안 복구와 관민 화합을 위한 방책을 상의했다. 동학교도의 협력 없이는 지방행정 질서와 수령의 위신을 돌이킬 수 없었기 때문이다.

이때 집강소라는 민정 기관이 설치되었다. 집강소는 전라도 53주(읍)의 관아에 설치되었는데 동학교도가 각 읍의 집강이 되어 지방의 치안과 행정을 이들이 담당하게 되었다. 전주에 대도소(총본부)를 두고 집강소에는 집강 밑에 서기, 성찰, 집사, 동몽 등의 임원을 두었다. 전봉준은 금구, 원평 등을 중심으로 전라우도를, 김개남은 남원을 중심으로 전라좌도를 관할했다

집강소에서는 폐정개혁도 추진했다. 오지영의《동학사》에 그 내용이 실려 있다. 탐관오리 숙청, 동학 농민군의 참정권 요구, 양반 토호들의 탐학 배격, 토지 재분배 요구, 노비 해방, 일본 세력의 배격 등 12가지다. 오지영의 기록이 사실이라면, 동학도들이 내세운 폐정개혁안은 갑신정변 당시 김옥균 등이 내세운 혁신정강의 내용보다 한 걸음 앞선 것이었다.

농민의 재봉기 : 일본군에게 포로가 된 국왕

우려했던 대로 일본의 개입이 문제가 되었다. 정부가 청국군의 파병을

요청한 것은 동학 농민군이 전주성을 점령할 무렵이다. 원세개의 보고를 받은 북양 대신 이홍장은 즉각 파병을 명했다. 제독 정여창이 두 척의 군함을 이끌고 인천으로 향했고, 총병 섭사성이 육군 900명과 대포 4문을, 제독 섭지초가 1,500명의 육병과 대포 4문을 거느리고 아산으로 향했다. 5월 5일(양력 6월 8일)에서 9일에 걸쳐 아산에 상륙한 청국군은 육병 2,800명, 포가 8문이었다.

한편 청국은 천진조약에 따라 조선에 파병함을 일본에 통고했다. 일찍부터 조선의 사태를 예의 주시했던 일본에서는 군부의 파병 주장이 크게 작용해 파병을 결정했다. 참모본부 차장 육군중장 가와카미 소로쿠[川上操六]는 "동학난을 계기로 병력으로써 조선국 정부의 개조를 단행하고 갑신정변 이후 부진한 일본 세력을 회복해야 한다."고 주장했다.

5월 2일(양력 6월 5일) 전시에 설치되는 군통수기관인 대본영(大本營)이 설치되고 육해군에 동원령이 내려졌다. 이어 히로시마의 제5사단이 조선으로 출동했다. 5월 5일(양력 6월 9일) 인천에 도착한 오토리 게이스케[大鳥圭介] 일본 공사는 그곳의 일본 군함에서 해병대 420명과 대포 4문을 이끌고 다음 날 서울에 입성했다. 뒤이어 보병 1개 대대 1,050명이 인천에 상륙한 뒤 서울에 들어왔고, 2,673명의 혼성 여단도 5월 13일(양력 6월 16일) 인천에 상륙했다. 그러나 이때는 이미 동학 농민군과 관군의 타협이 성립된 이후였다.

일본의 파병을 통고받은 조선 정부에서는 외아문독판 조병직이 강경히 항의했다. 이미 동학도의 봉기는 평정되어 가고 있고, 서울이 평온한 상태인데 일본 정부가 돌연 파병함은 평지풍파를 일으키는 행위라 했다. 원세개도 항의했다. 그러나 일본은 공사관을 보호하기 위한 것이라고 둘러댔고, 병란이 진압되면 곧 철수할 것이라 했다.

파병의 명분을 잃은 일본에서는 5월 13일(양력 6월 16일) 청일 양국이 공동으로 조선의 병란을 진압하고 내정을 개혁하자고 제안했다. 그러나 청국 정부는 5월 18일(양력 6월 21일) 이를 전면 거부했다. 병란이 이미 진압되었으니 청일 양국이 공동으로 토벌할 필요가 없게 되었고, 내정 개혁은 조선이 자발적으로 할 문제이며 청국은 지금까지 조선의 내정에 간섭한 바 없고, 일본은 처음부터 조선의 자주를 인정했으니 더욱이 내정을 간섭할 권한이 없다는 것이었다.

그러나 일본 정부는 이제 무력을 사용할 단계에 왔다고 판단했다. 인천에서 2개 대대의 병력 약 2천 명을 서울에 진입시켰고, 후속 부대를 인천에 증파하도록 했다. 5월 22일(양력 6월 25일)경 서울과 인천에 주둔한 일본군은 약 6천 명, 청국군의 배에 달하는 병력이었다. 시시각각 전운이 감돌았다.

이후 일본은 조선을 상대로 내정 개혁을 요구했다. 6월 15일(양력 7월 17일) 내정 개혁이 실시되지 않는 한 일본군은 철수할 수 없다며, 청국군의 철퇴와 기왕에 조선이 청국과 체결한 모든 조약을 폐기할 것을 주장했다. 회답의 기한은 6월 20일(양력 7월 22일)로 못 박았다. 그동안 청국의 대표로 조선의 내정과 외교에 좌충우돌하듯 간섭해 왔던 원세개는 신변의 위기를 느끼자 당소의에게 뒷일을 맡기고 6월 17일(양력 7월 19일) 인천에서 군함을 타고 천진으로 달아나 버렸다.

일본이 행동을 개시한 것은 그로부터 나흘 뒤인 6월 21일(양력 7월 23일) 새벽이었다. 서울로 진격해 들어온 일본군은 대원군을 앞세워 경복궁을 기습했다. 대원군의 쿠데타를 가장한 사실상 조선 정복 전쟁이었다. 경복궁에서 대항하던 조선군은 중과부적으로 패해 무장해제를 당했다. 초기의 조일전쟁이 간단히 끝나 버린 것이다.

6월 25일에 군국기무처가 설치되고, 다음 달 7월 15일에 제1차 김홍집 내각이 들어섰다. 이후 추진된 것이 갑오경장(甲午更張)으로 중앙관제와 사회제도를 대폭 바꾸어 갔다. 조선 500년 초유의 대대적인 구조 조정이었다. 근 10년 동안 원세개의 위압하에 있던 조선 조정은 이제 일본의 위세하에 들어가 있었다. 물론 조선군도 일본군 수하에 들어갔다. 이미 나라가 일본에게 넘어간 것이나 다름없었다.

일본이 청국군 공격을 개시한 것은 6월 23일(양력 7월 25일) 경복궁을 기습해 조선 조정을 장악한 이틀 뒤였다. 그리고 일본이 공식적으로 전쟁을 선포한 것은 그로부터 8일 뒤인 7월 1일(양력 8월 1일)이었다. 일본군은 먼저 풍도 앞바다의 청국 군함(濟遠號, 廣乙號, 高陞號)을 기습해 격침시켰다. 수천의 청국 병사가 그날 밤 황해의 수중고혼(水中孤魂)이 되었다. 갑오(청일)전쟁의 발발이었다. 이어 벌어진 성환과 황해에서의 싸움은 일본군의 일방적 승리였다.

청국 내부에서는 주전론과 주화론이 대립한 가운데 조선 현지에서 청국군은 제대로 싸움도 못해 보고 패했다. 전장은 9월 말부터 조선을 넘어서 만주와 요동, 산동반도로 확산되어 갔다. 이홍장의 북양 함대가 10년 동안 막대한 비용을 투자해 구축한 요새들이 속속 일본군에게 점령되었다. 싸움을 하려는 쪽과 피하려는 쪽의 결과는 천양지차였다.

한편 청국군과 일본군의 파병으로 사태가 심상치 않게 돌아감을 감지한 전봉준은 동학 농민군을 이끌고 재봉기했다. 9월 중순 전주에서 전봉준이, 광주에서 손화중이 봉기하자 각처에서 동학 농민군이 봉기했다. 10월 말을 전후해 전라도 삼례역에 모인 동학 농민군의 수는 11만 명에 달했다 한다. 종교적 입장을 고수해 무력 항쟁에 나서기를 꺼렸던 충청도 북접의 동학교도들도 이때는 동참했다.

동학교도들도 종교 차원이 아니라 대일전쟁을 위해 남북 연합의 공동 전선에 참여하지 않을 수 없었다. 손병희 휘하 1만여 명의 북접군이 청산에 집결한 뒤, 논산에서 남접과 만나 공주로 향했다.

우금치의 혈전 : 떨어진 녹두꽃

남북접의 동학 농민군이 논산에 집결한 뒤 벌인 운명적 전투는 목천의 세성산과 공주의 우금치에서 벌어졌다. 충청감사 박제순이 동학 농민군이 논산에 집결했음을 보고하자 관군이 출동했고, 일본군도 행동을 개시했다. 11월 하순 전봉준이 이끈 군사가 공주를 향해 북상하자 이탈자가 발생해 북상한 수는 겨우 1만여 명. 그 밖에 북접의 김복명이 거느린 동학 농민군 한 개 부대가 목천 세성산에 포진했고, 일본군이 남방 해상에 상륙할 것에 대비해 손화중 부대는 나주, 김개남 부대는 전주에 주둔했다.

이들이 관군과 처음 접전을 벌이게 된 곳은 세성산으로, 관군이라 했지만 이미 일본군에게 발목이 잡혀 있었으니 이제는 일본군과의 싸움이었다. 죽창을 든 동학 농민군의 숫자는 많았다. 그러나 신식총과의 싸움이었으니 결과는 뻔했다. 10월 21일 김복명이 일본군의 기습을 받아 잡혀 죽고, 동학 농민군은 수백 명의 사상자를 내고 패주했다.

일본군과 관군이 공주로 진격해 우금치와 이인, 효도에 진을 쳤다. 논산에서 북상하던 농민군의 주력부대도 이인역으로 전진하고, 다른 부대는 효포에 다다랐다. 또 한 부대는 공주의 동쪽 30리 부근 대교에서 포진했다. 양군이 공주를 앞에 두고 대치한 것이다.

11월 15일(양력 12월 11일) 동학 농민군은 웅치 방면에 총공세를 펼쳤다. 이후 우금치를 사이에 두고 치열한 공방전이 벌어졌다. 농민군의 운명을 건 일대 격전이었다. 근 일주일 동안 공격을 40~50회 주고받았다. 결과는 농민군의 참패였다. 훈련된 일본군의 신식 무기에 밀려 동학군은 수많은 사상자를 내고 후퇴했다. 1만여 병력 중 살아남은 자는 겨우 500여 명, 이들은 아래로 밀리고 밀려 전주, 태인, 금구, 원평까지 갔다. 거기서 후일을 기약하고 각자 해산했다.

한편 북상하던 김개남군은 청주에서 일본군과 관군의 공격을 받아 전주로 후퇴했으나, 여기서도 공격을 받아 태인으로 패주하던 중 김개남이 체포되었다. 손병희의 북접 부대는 순창까지 몰렸다가 본거지인 충청도로 북상했다. 도중에 일본군과 관군의 공격에 타격을 입고 충주에서 해산했다. 전라도 지역 동학 농민군은 순천에 집결해 여수의 좌수영을 진격했다가 패해 해산했다. 강원도의 동학 농민군은 잠깐 영월, 평창, 정선에서 세력을 떨쳤지만, 지도자 대부분이 잡혀 처형되면서 해산했다. 황해도에서도 수만 명이 봉기해 재령, 안악, 봉산 등에서 세를 떨치다 진압되었다.

이후 금구, 원평 방면으로 후퇴했던 전봉준은 정읍을 거쳐 순창으로 들어가 은신하면서 재기를 다짐했다. 그러나 12월 2일(양력 12월 30일) 그는 피로리에서 불의의 습격을 받아 관군에게 잡혔다. 일본군에게 넘겨져 서울로 압송된 전봉준은 신문을 받은 뒤 이듬해인 1895년 3월 29일(양력 4월 23일) 손화중, 김덕용, 최경선 등과 함께 사형을 당했다. 이때 전봉준을 먼저 심문한 것은 조선 대신이 아닌 일본 공사였다. "왜놈을 몰아내자! 권귀를 쫓아내자!"는 구호를 내걸고 근 1년간 지속된 동학 농민운동이 종말을 고했다. 농민의 운명도, 조선의 운명도 이제는 내리막길을 치닫고 있었다.

새야 새야 파랑새야 녹두밭에 앉지 마라
녹두 꽃이 떨어지면 청포 장수 울고 간다.

당시 민간에 유포된 동요의 한 구절이다. 새를 조선의 민중, 녹두꽃을 전봉준, 청포장수를 청국으로 본다면, 조선과 청국에 다가오는 불행을 상징한 것이었다.

갑오경장

누가, 왜 추진했나

어느 왕조나 일단 창업(創業)을 하면, 일정기간 혁명의 이념과 기운이 창창한 수성(守成)의 시기가 지속된다. 그러나 그것도 오래 지속하다 보면 국가와 사회의 정신과 기강이 해이해져서 이를 쇄신해야 할 경장(更張)의 시기가 오는 것이 필연적이다. 그래서 왕조의 역사는 흔히 창업과 수성 그리고 경장의 3기로 구분된다. 조선 왕조를 통관해 볼 때 태조로부터 태종까지가 창업의 시기라면, 세종 조 이후는 수성의 시기, 그리고 임진왜란 직전 조광조나 이이에 의해 경장론이 대두했던 때나 19세기 말에 들어서면서 근대화 정책이 추진된 때는 경장의 시기였다.

그 가운데 경장은 나라의 법도가 문란해지고 질서가 해이해질 때 다시금 국가와 사회를 일신시키고자 옛것 중 문제가 되는 것은 버리고 새것으로 고치는 것을 말한다. 그러나 경장을 해야 하는 시기가 도래해도 이를 제대로 하지 못하면 나라에 큰 병폐가 생기고 급기야는 망하게 되는 것이다. 19세기 말 조선의 경우가 그러했다. 이미 전통 사회의 묵은 폐단이 누적되어 대폭 내정을 개선할 때가 되었지만, 별다른 대책 없이 현실에 안주하다가 안으로는 조선 사회가 썩어가고 밖으로는 조선 내정의 약점을 빌미로 간섭해 오는 외세에 국권이 유린되면서 순식간에 나라가 기울었다.

일본이 동학 농민의 봉기를 틈타 청국에 전쟁을 걸고자 내세운 구실이 조선의 내정 개혁이었던 점은 정곡을 찌른 공략이었다. 그러나 청국이 응하지 않자 일본은 기습적으로 전쟁을 일으키면서 내친 김에 조선의 내정 개혁을 단독으로 추진해 갔다. 그러나 말이 내정 개혁이지 조선을 통째로 집어삼키자는 것이었다. 우리의 학술 용어로는 식민지화 작업이고, 일본이 즐겨 쓰는 학술 용어로는 보호국화 작업이다. 그 전후 작업을 총칭하는 오늘날의 학술적 용어가 다름 아닌 갑오경장(갑오개혁)이다.

19세기 말 조선 사회에 가장 중요한 변화를 가져온 제도적 변화는 갑오경장일 것이다. 앞에 언급했듯 갑오경장은 청일전쟁이 진행되는 과정에서 추진된 제도 바꾸기였다. 청일전쟁이 개시된 시기부터 아관파천이 단행되기 직전까지, 즉 1894년 7월에서 1896년 2월 초까지 세 차례에 걸쳐 진행되었다. 일본의 강압하에 이뤄졌다는 점만을 제외하면 우리나라 역사상 그처럼 단기간에, 그처럼 넓은 면에 걸쳐 일사천리로 추진된 사례는 찾아보기 어려울 것이다. 갑오경장이 전근대와 근대를 구분 짓는 분기점이라는 것은 바로 그 때문이다.

갑오경장을 추진한 이유는 두 가지이다. 하나는 조선의 개화파 인사들과 동학 농민층이 개혁을 필요로 했기 때문이다. 개화파나 농민층이나 이대로는 살아갈 수 없으니 문제가 되는 것을 고쳐 살 길을 찾자는 것이다. 다른 하나는 메이지유신 이래 조선을 지배하고자 기도해 왔던 일본의 목표에 의한 것이다. 요컨대 조선 보호국화의 기초 작업으로써 그냥 침략하는 것은 명분이 약하니 내정 개혁을 표방해 구실도 만들고 조선의 내정도 일본이 운영하기에 편리하도록 바꾸자는 것이었다. 따라서 한쪽은 살자는 의미의 개혁이었고, 다른 한쪽은 죽이자는 의미의 개혁이었다.

이런 배경하에 갑오경장이 진행되었다. 따라서 넓게 보면 일본이 조선을 지배하기 위한 사전 정지 작업의 일환이었고, 좁게 보면 신내각의 인사들이 일본 세력을 업고 추진한 근대화의 일대 개혁이었다. 다만 일본이 청국과 전쟁을 치르던 시기에는 개혁의 세세한 부분까지 깊이 간여할 여유가 없었기 때문에 조선의 개화파 인사들의 구상이 부분적으로는 반영되었다. 갑오경장을 순전히 일본의 강요에 의한 타율적 개혁이라고만 보지 않고, 어느 정도 자율적 측면도 있다고 보는 이유가 여기에 있다.

무엇을 고쳤나

대체로 1894년 7월 27일(이하 양력)에서 12월 17일까지를 1차 개혁, 이후 1895년 7월 7일까지를 2차 개혁, 1895년 8월에서 1896년 2월 초순까지를 3차 개혁이라 한다. 1차 개혁의 골자는 청국과의 단절을 명기한 것과 왕실 사무와 국정을 분리한 점, 그리고 중앙 제도와 사회 개혁을 추진한 것이며, 2차 개혁은 지방 제도를 중심으로 개혁한 것이다. 따라서 1차 개혁은 국가 운영상의 큰 골격을 다듬은 것이고, 2차 개혁은 가지를 정리한 셈이다. 그리고 3차 개혁은 일본이 주로 조선 보호국화를 강행하기 위한 극단적 조치로서 보다 원시적 방식으로 진행되었다.

제1차 개혁(1895년 7~12월)은 군국기무처라는 기관을 통해 정치, 경제, 사회 각 방면에 걸쳐 208건의 개혁안을 의결했다.

먼저 정치외교 면에서는 청과의 종속 관계 청산과 독자적 연호 사용(개국기년) 등을 천명했다. 정부 조직에서는 왕실 사무와 국정을 각기 궁내부와 의정부에서 담당케 했다. 이에 따라 의정부는 총리대신을 수반으로 여덟 개 아문, 즉 내무, 외무, 탁지, 군무, 법무, 학무, 공무, 농상무을 두어 권력을 안배했고, 1881년 이래 난립해 온 각종 기구들을 각 아문 예하의 국으로 편제했다. 아울러 사헌부, 사간원, 홍문관 등 조선 왕조 500년간의 대간 제도를 폐지하고, 내무아문 예하에 경무청을 신설해 강력한 경찰 기구를 구비했다.

관료 제도는 조선조 18품계의 관등을 12등급으로 조정해 칙임관(정종 1~2품), 주임관(정종 3~6품), 판임관(정종 7~9품)으로 구분했다. 이어 〈선거조례〉, 〈전고국조례〉 등을 통해 조선 왕조 500년간 행해진 과거제도를 폐지하고 새로운 관리 등용법을 실시해 문무반상의 차별을 없앴다. 주임관과 판임관의 임용권은 의정부의 총리대신 및 각 아문의 대신에게 부여했다.

사회제도는 문벌과 반상 제도 혁파, 과거제도 혁파, 공사 노비법 및 문무 차별 폐지, 역인(驛人)과 창우(倡優), 피공(皮工) 등 천인의 면천, 연좌법 폐지, 양자제도 개선(양자는 적서에 모두 자녀가 없을 경우에만 허용), 조혼 금지(남자 20세, 여자 16세 미만), 과부의 재가 허용 등이 있었다.

재정 제도는 모든 재정 사무와 왕실 재정도 탁지부로 일원화했다. 화폐 제도도 신식 화폐 장정을 채택했으며, 은본위제 채택과 동화(銅貨)의 보조 화폐 사용, 기타 도량형 개정과 통일 등이 이뤄졌다.

제2차 개혁(1894년 12월~1895년 8월)은 종전 군국기무처의 안을 수정해 보완한 내용이었다. 정치제도 면에서는 중앙의 의정부와 각 아문의 명칭이 내각과 부로 바뀌면서 농상아문과 공무아문이 농상공부로 통합되어 8아문이 7부로 개편되었다. 내각과 분리된 궁내부의 관제는 대폭 간소화되어, 방계 기관이던 종정부, 종백부가 폐지되었다. 이 시기의 개혁에서 가장 주목되는 것은 지방 제도의 개혁이다. 이것은 내부대신 박영효의 지휘하에 과감하게 추진되어 오늘날까지 지방행정 제도의 연원을 이룬다.

지방 제도 개편은 종래의 도, 부, 목, 군, 현 등 대소의 행정구역이 폐합되어 전국을 23부 337군으로 했다. 내부대신의 지휘감독하에 각부에는 관찰사 11명, 참서관과 경무관 각 1명을, 군에는 군수 1명을 파견해 행정을 일원화했다. 세무 행정이 정비되어 관세사(管稅司) 및 징세서(徵稅署)의 관제가 공포되었다. 전국 9개소에 탁지부 휘하의 관세사를 두고, 220개소에 징세서를 설치해 오늘날의 세무서와 같이 징세 사무를 담당케 했다. 그 밖에 군부관제, 훈련대사관양성소관제, 경무청관제 등이 제정되어 군사, 경찰 제도의 개혁이 이뤄졌고, 재판소구성법과 법관양성소규정 등이 공포되었으며 교육입국조칙(敎育立國詔勅)에 따라 한성사범학교관제, 외국어학교관제가 제정, 실시되었다.

제3차 개혁(1895년 8월~1896년 2월)은 제3차 김홍집 내각이 성립된 때로부터 다음 해 아관파천 직전까지 진행되었다. 이때의 개혁으로는 태양력의 채용, 종두법 실시, 우체사 설치, 소학교 설치령, 단발령, 1세 1원의 연호사용(건양), 군제 개혁(종래의 훈련대와 시위대를 합쳐 중앙에 친위대, 지방에 진위대를 설치) 등이 핵심이다. 그러나 이 시기의 개혁은 무엇보다 을미사변과 같은 전율을 자아내는 공포 분위기에서 진행되어 갑오경장 기간 중 국민에게서 가장 격렬한 반발을 불러일으키게 된다.

갑오경장이 갖는 의미와 한계

이상 3차에 걸친 개혁 내용은 그야말로 전근대사회에서 근대사회로 이행하는 과정에서 필요한 내용을 거의 망라하고 있다. 가령 정부 조직이나 관료 제도는 물론, 관리 선발 제도, 중앙과 지방 행정조직의 개혁, 사회 신분제도의 철폐, 왕실 재정과 정부 재정 분리, 신식 화폐 장정, 태양력 채용, 소학교령, 단발령, 종두법 등의 채용 등 통시대적 입장에서 볼 때 어느 것 하나 중요한 의미를 갖지 않은 것이 없다. 그것은 개화파 인사들이나 농민 봉기 당시 농민층이 주장한 것과도 대체로 흐름을 같이하는 것이다.

따라서 갑오경장은 실학 및 갑신정변과 동학농민운동에 이르는 조선시대의 다양한 개혁의 물줄기가 모여진 것이다. 이것은 일본의 메이지유신, 청국의 무술변법 운동에 대비되는 우리나라 근대화의 중요한 분기점이다. 그러나 크게 보면 식민지를 확보하려는 일본의 구상과 압력이 그물처럼 넓게 펼쳐진 가운데 그 안에서 진행된 작업이었고, 추진하는 방법에서도 졸속을 피하지 못했다. 특히 을미사변 직후의 단발령 강행 등에서 그 정도가 더욱 심했다. 따라서 개혁의 필요성 자체는 인정되지만, 시행 방식은 졸렬하고 의아하다는 것이 그 당시 많은 식자들의 반응이었다.

오늘날에도 일부의 사가들은 개혁이 실패한 중요한 이유를 조선 대신들의 당파성이나 개혁 의지의 부족 탓으로 보지만, 실제로 그것을 제약한 근본적인 요인은 일본의 압제였다. 개혁 추진 과정에서 주한 일본 공사 이노우에 가오루[井上馨]는 조선 정부의 각부에 40여 명의 일본인 고문들을 배치해 실권을 장악했다. 조선의 대신들은 빈번한 인사 교체로 인해 개혁의 큰 가닥을 잡는 것조차 쉽지 않았다. 이에 반발해 독자적 노선을 추구하던 박영효는 1895년 7월 6일 반역 음모 사건의 날조로 도리어 일본으로 구명도생할 수밖에 없는 상황이었다. 거창한 구호와 달리 개혁이 태산명동 서일필(泰山鳴動 鼠一匹) 격으로 그친 것도 당연하다. 개혁의 근대성에도 불구하고, 자체에 내재된 취약점이자 한계였다.

명성황후 시해 사건

명성황후 시해 사건의 전말

1895년 10월 8일 새벽 5시 30분경 서울의 경복궁에서는 세계사상 유례없는 만행이 일본의 군과 경찰, 정체불명의 민간인들에 의해 합동으로 자행되었다. 주한 일본 공사 미우라 고로[三浦梧樓]의 지시하에 서울 주둔 일본군 수비대를 주요 무력으로 삼아 일본 공사 관원, 영사 경찰, 신문기자, 낭인배 등이 경복궁을 침입해, 민왕후(1897년 명성황후로 추존)를 살해하고 시신을 불태워 버린 것이다. 이것이 바로 명성황후 시해 사건이다.

이 사건은 19세기 말 항일 의병이 봉기하는 원인이 되었고, 이듬해 초에는 고종이 러시아 공사관으로 피신하는 사태까지 몰고 왔다. 이것은 얼마 후 청년 김창수(백범 김구의 초명)가 일본군 밀정을 살해하고 안중근의사가 이토 히로부미[伊藤博文]를 사살하는 계기가 되기도 했다. 현재까지도 이 사건은 근대 일본 제국주의의 대한 침략을 상징하는 대표적 사건의 하나로 우리 국민의 뇌리에 각인되어 있다.

그러나 이 사건의 배후에 대해서는 아직까지도 잘 밝혀져 있지 않다. 당초부터 은밀히 진행된 사건인데다가 사건 직후부터 철저히 자행된 일본의 자료 인멸과 왜곡 때문이다. 미우라는 대원군이 이 사건을 주모했으며 왕후의 시해는 조선군 훈련대가 자행한 것이라고 위증했는가 하면, 공정한 재판을 통해 불명예를 씻겠다던 일본 정부는 증거 불충분이라는 이유로 범죄에 관련된 일본 군민 모두를 무죄방면했다.

나아가 사건 현장에 참여했던 기쿠치 겐죠[菊池謙讓], 고바야카와 히데오[小早川秀雄] 등 한성신보사(서울의 일본 신문사)의 일인 기자는 후일의 저작인 《대원군》, 《조선 근대사》, 《민후조락 사건》, 《조선잡기》 등을 통해 대원군과 왕후의 갈등 구도로써 한국 근대사를 날조했고, 이 사건에 대해서도 그런 식으로 기술했다.

그 결과 우리 국민에게는 이 사건이 일본의 국가적 범죄라는 것이 상식화되어 있는 반면, 일본에서는 이 사건에 대해 제대로 알고 있는 이들이 많지 않다. 10여 년 전 일본의 여성 작가인 쓰노다 후사코[角田房子]의 글에서 사건의 내막이 일본인들에게 널리 알려지게 된 것은 그나마 다행이다. 그러나 그녀의 작품도 결론 부분에서는 이 사건은 일본 정부와 무관하게 미우라와 대원군이 공모해 자행한 것이며 사건 현장의 지휘 구도에 대해서도 일본군 장교 대신 낭인배의 역할이 중심이었음을 강조하고 있다. 그것은 본문의 전개에서 시사한 여러 가지 가능성을 부정한 것으로 일본의 연구와 자료의 문제점에 기인하는 것이기도 하다.

그러나 대원군이 이 음모와 무관함은 재일 사학자 박종근(朴宗根) 교수가 이미 일본 자료의 정밀한 추적을 통해 밝혀 놓은 바 있다. 사건의 주요 무력 기반이 일본군이었음도 일본의 한국사 연구자였던 야마베 겐타로 [山邊健太郎]가 그의 연구에서 밝혀 놓았다. 따라서 남은 문제는 이 사건에 대원군이 간여했는가, 혹은 일본 정규군이 어떠한 역할을 했는가 정도가 아니라, 이 사건의 배후 구도는 어떠했으며, 일본이 민왕후를 제거하지 않으면 안 된다고 본 이유는 무엇인가, 그리고 일본 정부가 여타의 수단을 배제한 채 그토록 야만적인 수단을 택할 수 있었던 국제적 환경은 무엇인가이다.

일본 정부가 이 사건과 무관하다고 주장하는 것은 마치 손바닥으로 하늘을 가리는 것과 같다. 대원군의 요청에 일본국을 대표하는 공사가 선선히 응했다는 그들의 주장도 어불성설이거니와 조선군 훈련대의 거사에 일본군이 지원을 해주었다는 식의 논리도 치졸하기 짝이 없다. 만일 그랬다면 그렇게 형편없는 외교관과 군대를 조선에 파견한 일본 정부가 어떻게 청일전쟁과 러일전쟁을 승리로 이끌었단 말인가. 일본이 청일전쟁을 도발하고 러일전쟁까지 치달은 궁극적 이유는 무엇인가.

일본은 왜 조선 왕후를 죽였나

일본은 메이지유신 이래 조선 지배를 대외 침략 정책의 제1의 목표로 삼고 있었다. 그러한 목표는 서세동점의 위기를 타개하고 자국의 활로를 모색한다는 취지하에 설정된 것이었다. 그러나 일본이 목표를 실행하는 데는 청국과 러시아라는 결정적인 걸림돌이 있었다. 당시 청국은 자국의 수도 북경의 안전을 위해 조선이 타국에 지배되어서는 안 된다는 입장이었다. 또 러시아는 시베리아 횡단철도의 건설을 통해 동아시아로의 진출을 모색하고 있던 상황에서 만주의 안정과 한반도의 영토 보전이 필요하다는 입장이었다. 때문에 조선에 대한 일본의 세력 확대를 견제할 수밖에 없었다.

결국 조선을 차지하기 위해 일본은 청국과는 물론, 러시아와도 일전을 치러야 할 것이라고 판단했다. 그러한 인식은 이미 1890년대 초에 드러나고 있었다. 수상 야마가타 아리토모[山縣有朋]는 1890년 3월 그의 의견서에서 "일본의 이익선의 초점은 실로 조선에 있으며……. 조선의 독립은 시베리아 횡단철도가 완공되는 날 살얼음을 딛는 운명에 처할 것"이라고 했다. 1880~1890년대에 걸쳐 일본이 군비 확충에 박차를 가한 것이나 일본 육군참모본부에서 조선과 만주에 밀정을 파견해 정보 수집에 열중했던 것도 그러한 배경에서 취해진 것이었다. 일본이 광개토대왕릉비문의 탁본을 입수한 것도 이 시점이었다. 그것을 입수해 간 자는 놀랍게도 일본 육군참모본부 소속의 일개 위관장교였다.

이렇듯이 일본은 조선 침략을 위해 치밀하게 준비해 왔고, 1890년대 초중반에는 청국과의 전쟁 준비를 완료했다. 이때 조선에서 발생한 동학농민운동은 일본이 고대하던 전쟁 도발의 적기로 포착되었다. 이 점에서 농민 봉기는 그들의 의지와는 반대로 일본에게 적절히 역이용되었다.

전승의 결과 일본은 1895년 4월 17일 시모노세키조약을 통해 '청국은 조선의 자주독립을 확인한다(제1조)' 했고, '요동반도의 할양(제2조)' 등을 명시했다. 만주 침략의 교두보를 확보함과 동시에 일본의 조선 지배를 기정사실화한 것이었다. 나아가 일본의 모든 전쟁 비용을 상회하는 2억 냥의 배상금을 부과시켜 청국의 재정을 곤두박질치게 하는 대신, 일본은 그 비용을 바탕으로 러일전쟁에 대비한 재무장에 박차를 가했다.

그러나 일본의 이런 행동에 제동을 건 몇몇 나라가 있었다. 가장 민감한 대응을 보인 쪽은 러시아였다. 개전 초기에 관망하는 자세를 보였던 러시아는 전장이 만주로 확대되자, 일본의 목표가 자국의 시베리아 횡단철도에 있음을 깨닫고 대응책 마련에 부심했다. 이어 강화조약에 요동반도 할양이 명시되었음을 확인하자 러시아는 즉각 일본의 행동을 견제하자는 방향으로 방침을 굳히고, 프랑스와 독일을 끌어들여 1895년 4월 23일 삼국간섭을 단행했다. 러시아는 일본군을 만주 지역에서 축출하고자 했다.

같은 시기 조선에서도 반일 움직임이 표면화되었다. 이른바 민비에 의해 주도된 인아거일(引俄拒日, 조선이 러시아를 끌어들여 일본의 침략에 대항한 것)이 그것이다. 그러한 분위기를 배후에서 유도한 것은 역시 주한 러시아 공사 웨베르(Karl I. Waeber, 韋貝)였다. 웨베르는 일본의 조선 지배를 견제하고자 했고, 왕후는 주한 일본 공사 이노우에의 압제에서 탈피해 고종의 권력을 복구시키려고 했다. 웨베르는 영국, 미국, 프랑스 등 열국 공사와 함께 이노우에를 방문해 한반도에서 행해지는 일본의 독주에 대해 경고했다. 이런 움직임을 파악한 왕후는 이노우에의 행동에 정면으로 도전하고 나선 것이다. 이노우에가 조선에서 추진한 보호국화 기도가 벽에 부딪친 것도 바로 그 때문이다.

이후 일본에서는 요동반도 환부와 조선 문제의 처리를 놓고 비상이 걸렸다. 6월 4일 내각회의가 거듭되었고, 조선 현지의 이노우에도 본국에 휴가를 요청해 6월 7일 서울을 출발해 6월 20일 요코하마에 도착했다.

일본에 도착한 이노우에는 먼저 자신의 후임으로 미우라를 추천하고, 7월 10일에서 11일에 걸쳐 이루어진 내각회의에서 대조선 500만 엔(나중에 300만 엔으로 조정) 기증금 제공을 건의했다. 일본 정부는 왜 외교에 문외한인 육군중장 출신의 예비역 장성 미우라를 주한 공사로 파견했을까? 이토는 이노우에가 추천해 자신이 받아들인 것뿐이라 했고, 이노우에는 이토가 결정한 일이라 했으며, 미우라는 이토와 이노우에가 자신을 한국으로 밀어내듯 쫓아 보냈다고 했다. 서로 뜨거운 감자를 떠넘기는 형국이다.

당시 조선 사태에 대한 이토의 입장은 어떠했을까? 이토는 이렇게 기록하고 있다.

만일 종래처럼 한국의 개혁을 추진한다면 러시아의 방해를 받을 것이고 그렇다고 중단한다면 일청전쟁은 전혀 그 의의를 상실하는 동시에 도리어 러시아에게 한국을 엿볼 수 있는 기회까지 허용할 우려가 있어 난처하다.

- 《이등박문전》

사진기까지 휴대하고 왕후 시해의 현장에 출동했던 한성신보사(서울의 일본 신문사)의 기자 고바야카와도 후일 이렇게 기록했다.

청일전쟁을 도발한 의도에 비추어 보거나 거액의 전비를 쓰고 자국의 청년들을 희생시킨 점에 비추어 보거나 또한 동양 장래의 평화와 일본 제국의 영원한 안위를 생각할 때 러시아 세력의 신장을 방임할 수 없으니. ……오로지 비상한 수단으로 한국과 러시아의 관계를 차단하는 것 외에 방법이 없다. 즉 러시아와 왕실이 굳게 악수하며 서로 호응하고 온갖 음모를 다함에는 일도양단……. 다시 말하면 왕실의 중심이요, 대표적 인물인 민후를 제거해 러시아로 하여금 그 결탁할 당사자를 상실케 하는 이외에 다른 양책이 없다는 것이다. 만일에 민후를 궁중에서 제거한다면 웨베르 같은 자가 누구를 통해 한국의 상하를 조종할 수 있겠는가. ……한국의 정치 활동가 중에도 그 지략과 수완이 일개 민후의 위에 가는 자가 없었으니 민후는 실로 당대무쌍의 뛰어난 인물이었다.

- 《민후조락 사건》

결국 일본 정부의 당면 과제는 조선 문제의 처리였고, 그것은 러시아와
상대할 문제였던 것이다. 그러나 일본은 청일전쟁 직후 전력을 소모한 상
태에서 러시아를 상대할 준비가 갖춰져 있지 않았다. 결국 러시아를 상대
하지 않고 조선 문제를 손쉽게 처리하는 방법은 직접 조선을 상대해 러
시아와의 연결 고리를 끊는 것이었다. 다시 말해 일본이 당면한 내외의
위기를 탈출하기 위해서는 조선에서 반일 세력의 핵심이자 러시아와의
연결 고리인 왕후를 제거하는 것이었다. 결국 외교에 문외한인 군인 출신
의 미우라를 떠밀다시피 해 주한 공사로 파견한 것은 이의 실행을 위해
서였다.

경복궁의 비극 : 만행의 현장

일본의 내각회의에 참석한 뒤 7월 하순에 서울로 돌아온 이노우에는
종래의 위압적 자세를 전환해 미처 확정되지 않은 300만 엔 기증금 제공
건을 확언하며 고종과 왕후의 환심을 사려 했다. 후임자인 미우라가 8월
17일에 공식 임명된 후 9월 1일 서울에 도착했다. 미우라 부임 후로도 이
노우에는 업무 인계를 명목으로 17일 동안 일본 공사관에 머물렀고, 9월
21일 일본으로 향했다. 왕후를 시해하기 불과 17일 전이었다.

이노우에가 서울을 떠난 직후 서울에서는 왕후 제거설이 나돌기 시작
했다. 마침내 10월 3일에는 일본 공사관 밀실에서 미우라, 스기무라 후카
시[杉村濬, 공사관 서기], 오카모토 류노스케[岡本柳之助, 공사관부무관 겸
조선군부고문], 구스노세 사치히코[楠瀬幸彦, 포병중좌] 등이 왕후 시해의
구체안을 확정했다.

이들은 서울 주둔 일본군 수비대를 주력으로 조선 정부의 일본인 고문,
한성신보사의 사장과 기자, 영사 경찰, 낭인배 등을 고루 동원했다. 만일
의 경우 사후 책임 전가를 위해 왕후와 정치적 대립 관계에 있던 대원군

과 조선군 훈련대(교관은 일본인)를 이용하기로 했다. 마침내 10월 8일 새벽 일단의 일본인 패들이 대원군과 그의 아들 이재면을 납치해 경복궁으로 향했다. 한편 일본인 교관은 야간 훈련을 명목으로 조선군 훈련대를 경복궁까지 유인했다.

공격이 개시된 것은 새벽 5시(일본 자료는 5시 45분으로, 약 한 시간 오차). 경복궁 담을 넘어간 일본인들이 일본군의 엄호하에 광화문을 열어 제쳤다. 일본군에 이어 일본인들이 호위한 대원군의 가마와 훈련대가 밀려 들어갔다. 그 과정에서 대응하던 궁궐 시위대 병사 8~10명과 훈련대 연대장 홍계훈이 희생되었다. 일본군의 습격은 북문에서도 있었다. 광화문 쪽에서 총성이 울리자 이미 북서쪽의 문(추성문), 북동쪽의 춘생문을 통과한 별도의 일본군이 북쪽의 신무문을 공격해 들어갔다.

경복궁에서는 숙위 중이던 시위대 교관 다이(William McEntyre Dye, 茶伊)와 연대장 현흥택의 지휘하에 비상 소집된 300~400명의 조선군 시위대 병사가 저항했으나 무기의 열세로 곧 무너졌다. 이후 왕후의 거처에서 만행이 진행되는 동안 일본군은 사방의 출입구를 봉쇄했다. 사복 차림의 일본인이 현장을 지휘했고, 일본군 장교 두 명이 이를 보조했다.

당시 주한 영국 영사 힐리어(Walter C. Hillier)가 1895년 10월 11일에 보고한 사건 현장은 다음과 같다.

건청궁의 앞뒷문을 통해 일본군의 엄호하에 침입한 민간인 복장의 일본인들이 (조선군 복장을 한) 군인한 무리와 함께 궁궐로 진입했다. 그동안 일본군 장교와 사병들이 경비를 섰다. 그들은 곧바로 왕과 왕후의 처소로 돌진해 몇몇은 왕과 왕태자의 측근들을 붙잡았고, 다른 자들은 왕후의 침실로 향했다. 이때 궁내에 있던 궁내부 대신 이경직(李耕稙)은 서둘러 왕후에게 급보를 전해 왕후와 궁녀들이 잠자리에서 뛰쳐나와 숨으려던 순간이었다. 그때 흉도들이 달려오자 궁내부 대신은 왕후를 보호하고자 자신의 두 팔을 벌려 그들과 왕후 사이를 가로막았다. 흉도들 중 하나가 왕후를 수색하기 위해 왕후의 사진을 손에 들고 있었는데, 궁내부 대신의 그러한 행동은 오히려 흉도들에게 (왕후를 알아보게 하는) 용이한 단서가 되었다. 궁내부 대신은 그들이 내리친 칼날에 양 팔목을 잘리는 중상을 입고 쓰러져 피를 뿌리며 죽었다. 왕후는 뜰 아래로 뛰쳐나갔지만, 붙잡혀 넘어뜨려졌고, 흉도들은 왕후의 가슴을 짓밟으며 일본도를 휘둘러 거듭 내리쳤다. 실수가 없도록 확실히 해치우기 위해 그들은 왕후와 용모가 비슷한 몇몇 궁녀들까지 함께 살해했다. 그때 왕후의 의녀[女侍醫]가 (가까스로 용기를 내어) 앞으로 나아가 손수건으로 왕후의 얼굴을 가려 주었다. 한둘의 시신이 숲에서 불태워지고, 나머지는 궁궐 밖으로 옮겨 가 처리되었다.

- 《주한 영국 영사의 보고문》

만행이 자행된 시각은 오전 5시에서 5시 45분 사이로 상황이 일단락되자 일본인들은 왕후의 침소까지 약탈하고 유유히 광화문을 빠져나갔다.

들통 난 미우라의 위증 : 대원군이 이 일을 저질렀다?

한편 일본 공사관에서 초조하게 사태의 결과를 기다리던 미우라는 고종의 부름에 응하는 형식으로 입궐한 뒤, 즉시 사태의 은폐 공작에 들어갔다. 먼저 고종을 핍박해 당일로 신내각을 조각하게 했다. 왕후가 궁궐을 탈출한 것처럼 꾸며, 고종이 서명하지 아니한 폐서인(廢庶人) 조칙도 내리게 했다. 이어 사건을 훈련대와 순검의 충돌이었다고 날조했다.

다음 날 이 사건의 '범죄자'들인 훈련대를 엄벌할 것과 일본인이 가담했다는 '소문'의 사실 여부 규명을 요청하는 위장된 공문을 외부에 보냈다. 또 이를 조선이 부정하는 내용의 조작된 공문까지 확보해 두었다.

그러나 사건의 진상은 당일부터 서양 외교관들에게 폭로되었다. 현장의 만행이 왕태자, 다이, 사바틴(다이의 보조역), 현흥택, 의녀(醫女), 궁녀, 궁중 하인 등에 의해 각기 다른 위치에서 목격되었고, 열국 외교관들도 이를 간접적으로 접했기 때문이다. 미국 공사관 서기 알렌이 총소리에 놀라 깬 것은 새벽 5시였다. 곧이어 이범진으로부터 고종의 화급한 전갈을 받고 러시아 공사 웨베르와 입궐했다.

7시쯤 그들이 궁궐에 도착했을 때 산만한 복장의 칼찬 일인들이 광화문에서 나오는 것을 목격했다. 입궐 후 한 시간 반 가량을 기다리던 그들이 마침내 방문을 밀고 들어가자 거기에 고종과 미우라가 있었다. 미우라는 "훈련대와 순검의 충돌을 막아 달라는 고종의 요청으로 일본군을 보내 현장에 도착해 보니 사태는 일단락된 뒤였다."고 했다.

그러나 알렌 등이 직간접으로 접한 현장의 상황은 전혀 달랐다. 이들은 일본군, 영사 경찰, 공사 관원, 낭인배 등이 왕후 시해를 자행했으며 미우라가 이들의 사주자임을 간파했다. 마침내 알렌, 힐리어, 웨베르 등 주한 외교관들의 보고와 뉴욕 헤럴드의 특파원 코커릴 등에 의해 이 사건이 각국에 알려졌다.

당초 일본 정부는 외교와 언론 등을 통해 일본 군민은 이 사건과 하등 관련이 없으며, 대원군과 조선 왕후의 '중세적' 정권 다툼에서 비롯된 것이라고 선전했다. 그러나 열국 여론의 비난에 처한 일본 정부는 마침내 미우라가 이 사건에 연루되었음을 시인하면서 사건의 철저한 조사를 천명했다. 이어 고무라 주타로[小村壽太郎]를 주한 변리공사(辨理公使)로, 이노우에를 왕실문안사라는 명목으로 서울에 파견해 사태 수습에 나섰다. 아울러 10월 18일 미우라와 스기무라 이하 약 50명에게 퇴한 명령을

내려 이들을 히로시마 감옥에 수감했다. 잠시 국제 여론의 비난을 피하고
자 한 것이다.

그러나 이 상황에서 돌발된 한 가지 사건이 일본에 역이용되었다. 11
월 28일에 일어난 춘생문 사건이 그것인데 고종을 미국 공사관으로 피신
시키고자 웨베르, 알렌, 이범진, 이완용 등 조선의 친미, 친러파 인사들이
가담했다는 사건이다.

일본은 이 사건을 을미사변에 대한 책임을 회피할 절호의 기회로 이용
했다. 일본 정부와 언론은 이 사건에 서울의 열국 외교관들이 관계되었다
고 선전하면서, 일본이나 여타 열강이 조선 내정에 개입하기는 마찬가지
라는 논조를 폈다. 이어 일본 정부에서는 감옥에 수감된 범죄자들을 '증
거불충분'이라며 1896년 1월 20일 전원 무죄방면했다. 범죄자들은 감옥
에서조차 일본의 관민으로부터 영웅처럼 대우받았고, 미우라가 석방되
어 도쿄에 도착하자 일본 천황은 그의 노고를 치하하기까지 했다. 한마디
로 일본의 군관민 모두가 공범이었다.

주모자는 이노우에, 배후는 일본 정부?

한편 을미사변에 대한 국제 여론의 비판은 잠시뿐, 각국 정부의 반응은
정반대의 기류를 타고 있었다. 영국, 미국, 러시아 각국 정부는 일본과의
관계를 고려해 자국 외교관들의 행동 자제를 지시했다. 이토 이하 일본
정부의 인물 및 각국 주재 일본 외교관의 다양한 사태무마책이 적지 않
게 작용했다. 따라서 서울의 서양 외교관들은 이 사건에 미우라가 직접
관계되어 있다는 것까지는 밝혔으나 더 이상의 배후는 추궁하지 못했다.
다만 상해에서 서양의 선교사들이 발간하던 〈북화첩보(北華捷報, The
North China Herald)〉에서 조선과 일본 주재 통신원의 보고를 토대로 이
렇게 보도했다.

이 사건의 주모자는 이노우에이며, 미우라가 조선 공사로 임명될
때 이미 그가 이노우에의 희생양이라는 것은 잘 알려져 있었다. ……
이 사건은 미우라가 일본을 떠나오기 전에 계획된 것이다. ……일본
정부는 이 음모를 사전에 알지 못한 것처럼 가장하면서도 희색은 만
면……. 이 사건과 일본 정부의 관계는 독자가 알아서 판단하기 바람.

- 〈The North China Herald〉

결국 이 사건의 지휘 계통은 이토 내각(배후) → 이노우에(중개 역할)
→ 미우라(하수 역할)였다는 주장이다.

상투와 단발령

상투에 담긴 의미 : 조선인의 자존심

오늘날 한국인들의 두발 양식은 서양식이다. 우리의 조부모 세대만 해
도 머리 모양은 오늘날과 달랐다. 그중에서도 성인 남성들의 두발 양식을
상투라 했는데, 그것은 수천 년의 역사를 가진 것으로서 유가적 이념과
사회 관습 면에서 매우 중요한 의미를 지니는 것이었다(장지연). 즉 부모
에 대한 효의 실현이자, 성인의 상징이었으며, 신분의 상징이었으니 곧
한국인의 혼이기도 했다. 그러나 이처럼 소중히 여긴 상투가 사라지고 그
대신 오늘날의 머리 모양이 등장하게 되었으니 그것의 중요한 계기는
100년 전 1895년 12월 30일에 내려진 단발령이었다.

내 목은 자를 수 있으나 상투는 절대 안 된다

단발령은 왕후 시해 사건이 발생한 지 석 달이 채 안 된 시점에 아무런

예고 없이 일거에 내려졌다. 그야말로 청천벽력과 같은 사건이었다. 단발령 시행을 내린 것은 김홍집 내각이었다. 단발의 명분은 '위생에 이롭고 편리하다'는 것이었으니 언뜻 보기에는 지당했다. 그러나 조선 관민의 전반적 반응은 냉랭했다. 서울에서는 '부모가 물려준 신체와 머리카락을 훼손하는 것은 불효막심한 행위'라 해 낙향하는 관리가 속출했으며, "내 목은 자를 수 있으나 내 머리카락은 자를 수 없다."는 최익현의 항변을 필두로 전국 각지에서는 유생과 지방민들이 봉기했다. 그야말로 단발령 하나에 조선 전국은 혼란의 도가니가 되었던 것이다.

청국과 일본의 단발령

이러한 현상은 같은 시대 이웃 나라들과는 대조적이었다. 일본에서는 1872년 태양력의 채택과 함께 단발령이 내려졌다. 일본 군인과 경찰이 양복을 착용하게 되었을 때 상투도 자연스레 폐기되었다. 곧이어 주요 대신들과 다른 고위 관리들이 상투를 제거했고, 다른 관리들도 이에 따랐다. 변화에 민감하고 재빠른 일본인들이 곧 상투의 불편함을 깨닫게 되고, 그래서 상투란 마치 유럽 대륙식의 가발이 미국에서는 한낱 무지(無知)의 오용(誤用)으로 보였던 것과 마찬가지로 골동품으로 전락하게 되었던 것이다. 이렇듯 일본에서는 군대와 경찰, 그리고 정부 관료가 앞장서 단발을 유도하는 가운데 일반 국민은 아무 저항 없이 자연스럽게 따라갔다. 그야말로 문명개화의 모범을 보여 주었다.

청국에서는 1911년 신해혁명 당시 근 250여 년 동안 중국인들에게 행해져 온 변발 풍습이 공식적으로 폐기되었다. 원래 변발은 만주의 정복왕조(淸朝)가 등장하면서 한족에 강요된 것이다. 명나라 사람들의 두발 양식은 조선인의 상투와 유사했다. 청조가 들어서면서 한족에게 변발을 강요할 당시 내린 포고문은 "변발을 하지 않으면 목숨이 살아남지 못할 것이요, 목숨을 건지려거든 변발을 하라(留髮不留頭 留頭不留髮)."는 것이었다.

결국 청국인의 변발은 만주족에게 정복왕조의 상징이었지만, 그 외의 사람들에게는 충성과 복종의 상징이자 생명의 보존책 이상은 아니었다. 변발은 어린아이가 머리를 땋을 수 있을 정도로 자랐을 때부터 했으니, 조선의 경우처럼 성인이나 결혼했음을 상징하는 것도 아니었다. 그래서인지 청국에서 단발령이 내려져 변발이 폐기될 당시에는 조선에서처럼 전국이 혼란에 빠질 정도의 상황이 연출되지는 않았다.

이렇게 보면 단발령은 동양 3국 중에서도 유독 조선에서 큰 파란을 몰고 온 셈이다. 일반적으로 단발령은 김홍집 내각이 위생과 편리를 고려해 행한 것이며, 그에 대한 저항은 순전히 두발에 대한 보수적 관념에 의한 것으로 알려져 있다. 정부의 고시 내용도 "짐이 머리칼을 잘라 신민에게 먼저 모범을 보이니 백성들은 짐의 뜻을 좇으라." 하여 고종이 솔선해 단발하고, 일반 백성에게 권하는 형식을 취하고 있었다. 그러나 실제의 상황은 달랐다. 일본군이 대궐을 포위한 상태에서 고종에게 단발이 강요되고 있었고, 일반 국민에 대한 시행에서도 그들의 반발을 유도하듯 일시에 강제되었다. 단발령에는 일본의 대한 정략이 작용하고 있었던 것이다.

일본의 정략 : 일본 상인은 조선으로

조선 내각이 단발령을 내리도록 종용한 일본의 의도는 대체로 이런 범주에서 파악된다. 우선 개혁의 미명하에 단발을 강행해 '백성의 반정부 투쟁'을 유발한다는 것(정치 전략), 다음으로 조선 조정을 위기로 몰아 일본군 증파의 구실을 마련한다는 것(군사 전략), 그다음으로 일본 상인의 조선 진출을 독려하고 일본 상품의 판로를 확장한다는 것(상업 전략), 끝으로 조선인들의 유가적 관념과 자존심을 일거에 제거해 굴욕감과 패배감을 조장한다는 것(문화 전략) 등이 그것이다. 요컨대 단발령은 일본이 '조선 흔들기' 차원에서 취한 조치였다.

아닌 게 아니라 단발령은 왕후 시해 사건으로 격앙된 조선인의 감정을 끝간 데 없이 치솟게 했다. 타는 섶에 기름을 쏟아 부은 형국이었다.(〈주한 영국 영사 보고〉)

서울에서는 가위를 든 순검들이 휘젓고 다니며 행인들의 상투를 잘라 댔고, 등짐을 진 지방민들은 행여 상투가 잘릴까 두려워 서울 가기를 피했다. 열국 공사를 태우고 다니던 가마꾼은 머리카락이 잘릴까 두려워 궁성으로 가려 하지 않았고, 서울의 상가는 문을 닫아걸고 말 없는 항의를 표시했다. 서울의 물가는 폭등해 장안 사람들은 아우성이었다.

지방 사정도 말이 아니었다. 전국 각지에서는 일본 군인과 상인이 피살되는가 하면, 중앙에서 파견된 지방 관리가 왜의 앞잡이라 해 처단되는 사태가 속출했다. 이에 중앙군이 폭도의 진압을 위해 지방의 요로에 파견되면서 중앙군과 지방민 사이에는 소모적인 유혈 충돌까지 발생했다. 왕후 시해 사건으로 가뜩이나 어수선한 때에 단발령이 겹치면서 조선의 사태는 한 치 앞을 예측할 수 없을 정도로 파국으로 치달았으니, 조선의 상황을 파국으로 몰고 가려던 일본의 정략은 맞아떨어진 셈이었다.(〈주한 영국 영사 보고〉)

이때 조선인들의 다양한 반응이 흥미롭다. 조선의 유생들은 한결같이 전통문화와 유가적 가치관의 파괴를 우려했다. 일본의 의도도 그러할 것이라고 보았다. 그래서 최익현의 항변처럼 "내 목은 자를 수 있으나, 내 머리카락은 자를 수 없다[吾頭可斷 髮不可斷]."는 태도였다. 그러나 서울 사람 중 일부는 단발령이 일본 상인을 위한 것이라고 보았다. 단발의 필요성은 인정하지만, 강행할 필요까지는 없다는 것이었고, 이렇게 강행하는 이유는 일본 상인의 진출을 돕기 위해서라는 분석이었다.(《윤치호 일기》) 후자의 분석은 일본 언론의 내용과도 일치하는 것이었다.

그러면 일본의 반응은 어떠했는가. 총리 이토와 전임 주한 공사 이노우에는 주일 영국 공사 사토에게 일본 거류민의 보호를 위해 일본군 파견이 필요함을 역설했다.(《주일 영국 공사관 보고》) 조선의 사태를 빌미로 일본군을 파병하려는 것이었다. 같은 시기 일본의 언론에서는 단발령으로 인해 '조선 문명이 일시에 약진'하게 되었다고 선전하면서, 조선에서 양복, 모자, 시계, 셔츠, 구두, 양말 등의 수요가 폭증해 이를 판매하는 일본 상인 등이 호황을 누리고 있으며, 개항장의 일본인 이발소는 문전성시(門前成市)라고 보도했다. 자국 거류민이 위험하다 해 파병을 모색하면서도, 호황을 맞았으니 '일본 상인은 조선으로 돌격하라'는 식이었다.(《명치편년사》)

그러나 단발령으로 격화된 조선의 상황은 얼마 후 고종이 러시아 공사관으로 피신하면서 급전직하로 반전되었다. 일본의 위세는 하루아침에 추락했고, 김홍집 내각도 그날로 붕괴되었다. 일본군에게 구원 요청하기를 거부한 김홍집은 서울의 백주대로에서 피살되었다. 단발의 필요성을 인정했던 김홍집은 시행 자체는 신중해야 한다고 항변한 것으로 드러났다. 일본의 압제에 시달리다 오히려 반역대신으로 낙인찍혀 자국민에게 돌팔매를 맞아 죽은 것이다. 일본의 정략에 희생된 '비운의 재상'이다.

조선 내각의 단발에 대한 입장

아관파천 직후 들어선 신내각도 상투는 불편하고 위생에도 이롭지 못하니 단발이 필요하다는 입장이었다. 단발 여부는 각자의 편리에 따르도록 한 고종의 조칙에 비추어 보아도 그들 역시 보수적인 것만은 아니었다. 아울러 아관파천 이후 주로 일본군과 일본 상인을 상대로 의병 활동이 집중되었던 사실도 의병 봉기가 단순히 단발령 때문만은 아니었음을 보여 준다. 따라서 의병 봉기의 주요한 이유는 조선 왕후를 시해하고, 단발령을 강행한 일본 침략에 맞선 것이다.

이처럼 100년 전 단발령에는 일본의 정치, 군사, 경제적 이해가 결부되어 있었다. 그 결과 단발령 시행은 왕후 시해 사건과 함께 조선 조야의 반일 감정만 고조시켜 항일 봉기를 유발했고, 급기야는 고종이 러시아 공사관으로 피신하는 데 일조했다. 앞의 사태는 일본이 기대한 대로였지만, 뒤의 결과는 일본의 기대와 달리 조선을 러시아의 영향권에 깊숙이 들어가도록 한 자살골이었다.

이처럼 조선의 단발령이 지니는 의미는 일본이나 청국과는 크게 다르고, 그래서 독특하다. 그러나 오늘날 한국인의 두발 양식은 당시의 단발령에서 출발한 것이다. 통시적으로 볼 때 서세동점 내지는 동서문화 교류의 한 편린이라는 점에서 일본이나 청국의 그것과도 공통성은 있다.

의병 봉기

난세를 맞은 선비의 처신 : 의병은 누구인가?

왕후가 시해된 지 불과 두 달여 만에 조선에서는 다시 왜인과 개화파가 대군주 폐하의 머리에 칼을 들이댔다는 소문이 퍼졌다. 전국 각지에서는 '곡성이 하늘을 진동하고 사람들이 분노에 못 이겨 목숨을 끊으려' 하는가 하면, 남자들의 대부분은 당시의 왜 조정에 이를 갈았다. 전통적인 유가적 관념 속에서 두발을 중시해 온 일반 국민, 특히 지방민과 유자들에게 단발령은 그야말로 천지개벽이었다. 왜(倭)의 칼날 아래 국모가 비극을 맞은 것이 '강상(綱常)이 끊기는 극변'이었다면, 단발령은 그야말로 천년문물(千年文物)이 끊기는 사건으로 비쳐지고 있었다.

이러한 사태에 서울의 관료들도 반발했지만, 누구보다도 지방의 유생들이 가만있지 않았다. 이들은 단발령이 앞서의 의제 개혁과 함께 조선 전래의 의관문물 제도를 파괴하는 것으로 보고, 이에 대한 성토의 목소리를 높였다. 즉 "저들의 제도와 문화가 우리의 도움을 받지 않은 것이 없는데, 국모의 원수가 되고, 우리 부모에게 받은 몸과 머리털을 풀 베듯 베니 그대로 있다가는 우리 고유의 이성을 보전할 길이 없다."는 것이었다. 이때 전국 각 지역에서 봉기한 지방민들은 단발을 시행하려던 지방 관리는 물론, 일본군과 상인을 공격, 살해하는 사태가 속출했다. 한말 최초의 본격적인 의병 봉기란 바로 이를 두고 하는 말이다.

의병은 일반적으로 '국가가 위란에 처했을 때 조정의 명을 기다리지 않고 스스로 분기해 적에 대항하는 민군(民軍)'을 말한다. 정규의 관군이 아니라 국민 스스로 낫과 괭이를 들고 일어나 조직한 자위군인 것이다. 그러나 이러한 비정규의 민군이 정규군을 당해 내지 못하리라는 것은 자명한 일이다. 한말의 경우 최신식 장비와 고도의 전력을 갖춘 일본군을 구식의 무기만을 지닌 의병이 상대했다는 것은 당초부터 승리를 기대할 수 없는 일이었다.

그럼에도 의병이 봉기할 수밖에 없는 이유는 국가적 변란에도 불구하고 정규군이 제 기능을 하지 못했기 때문이다. 정규군이 제구실을 못한다는 것은 나라의 상황이 이미 절망적 상태에 있음을 말해 준다. 결국 승패의 여부는 뻔한 가운데 죽어도 싸우다 죽자는 각오로 봉기하는 집단이 의병이니, 그들이 보이는 불굴의 투지와 용기는 가상하다. 그야말로 국가와 민족의 보전을 위해 목숨을 바치는 민족의 정수[國粹]와 같은 존재이다.

이들에게 공통적으로 엿보이는 것은 선비의 처신관이다. 난세에 보이는 이들의 처신관을 흔히 처변삼사(處變三事)라 한다. 즉 난세에 의(義)를 기치로 들고 일어나 적을 물리치는 것(擧義而掃淸), 적들이 차지하고 있는 나라를 떠나서 옛 법도를 지키는 것(去之而守舊), 스스로 목숨을 끊어 의리와 명분을 지키는 것(自靖而守之)이 그것이다.(《소의신편(昭義新編)》)

첫째 사례가 임진왜란 시의 곽재우와 조헌, 단발령 직후의 유인석, 이소응, 이인영 등이라면, 둘째 사례는 국망에 즈음해 러시아 땅으로 망명한 유인석 등이며, 셋째 사례는 병인양요 당시 강화도에서 음독 자살한 이시원, 을사늑약(乙巳勒約) 직후 자결한 민영환과 조병세, 일본의 한국 병탄 당시 음독 자결한 황현 등이다.

그 가운데 국내에서 의병 운동을 한 사람들은 직접 적에 대항해 싸운 점에서 거의소청(擧義掃淸, 의병을 일으켜 외세를 소탕할 때까지 싸우는 것)을 행동 준칙으로 삼은 셈이다. 의병에 대한 통계는 자세하지는 않으나 일본 자료에 의하면 1906년에서 1911년까지 14만여 명에 이른 것으로 확인된다. 그중 피살자 1만 7,779명, 부상자 3,706명, 포로 2,139명이다. 이들을 이끈 의병장은 216명으로 직업은 농업, 상업, 관리, 양반유생, 장교, 병하사관 등 군인 출신, 교사, 이방, 토호, 동학당, 의사 등 다양했다.(박경식,《일본 제국주의의 조선 지배》) 직업과 신분을 떠난 참여였으니, 한마디로 국민 전체가 의병을 배출한 집단이자 그들의 후원자였다.

국모의 원수를 갚기 위해 봉기한 의병

1894년 경복궁 습격은 일본이 청일전쟁을 도발하면서 먼저 조선 조정을 장악하고, 나아가서는 한반도 전체를 지배하기 위해 자행한 것이었다. 선전포고 없는 전쟁 도발이었다. 전승한 일본은 시모노세키조약을 통해 조선지배는 물론 만주 진출의 관문인 요동반도까지 확보했다. 그러나 일본의 이러한 기도는 러시아 주도의 삼국간섭에 의해 좌절되고, 이어 조선에서의 '인아거일' 움직임에 의해 재차 좌절될 상황이었다.

이에 위기를 느낀 일본 내각은 이노우에 주한 공사의 추천을 받아들여, 예비역 육군중장 미우라를 주한 공사로 파견해 조선 궁정 내 반일 세력의 핵심인 왕후를 처참히 살해해 조선 지배 목표를 관철시키고자 했다. 이어 조선 내각을 위압해 왕후의 폐서인 조칙을 내리게 하고, 단발령을 강제 시행토록 했다. 이것이 19세기 말~20세기 초에 걸쳐 일어난 항일 의병 봉기를 본격화시킨 계기였다.

의병은 주로 유생의 본고장이라 할 수 있는 중남부 지역에서 시작해 점차 이북 지역으로 확산되었다. 즉 춘천의 이소응, 강릉의 민용호, 제천의 유인석 · 이춘영 · 안승우, 홍주의 김복한 · 이설, 남한산성과 안성의 김하락, 문경의 이강년, 안동의 권세연 · 김도화, 영양의 김도현, 진주의 노응규, 김산의 이은찬 · 허위, 장성의 기우만 등이 그들이다. 이들의 목표는 서울, 부산, 원산 등 주로 일본인들이 많이 거주하던 지역이다.

그 가운데 대표적이었던 것은 유인석 휘하의 충청도 의병진이다. 이들은 충주를 점령해 남부와 중부를 연결하면서 전국을 지휘하는 세력으로 성장했다. 이 중 일부는 정부(고종)와 은밀히 연계해 진행되었다. 물론 의병이란 일반적으로 정부의 명령을 기다리지 않고 스스로 봉기하는 집단이다. 그러나 일본이 국모를 시해한 데다가 조정이 그야말로 풍전등화의 위기를 맞고 있었기 때문에 정부와 의병의 입장은 상통하는 바가 있었다.

고종은 러시아 공사관으로 피신해 위기를 벗어나려 했다. 이를 위해서는 러시아의 지원과 다른 한편으로는 지방 유생과 보부상 등의 지원이 필요했다. 즉 의병이 봉기해 일본군과 일본 교관의 훈련감독하에 있던 정부군을 서울 외곽으로 유인해 내고, 이 틈을 타서 러시아는 수병을 상경시켜 아관파천을 실현시킨다는 것이었다. 춘천의 이소응 의병진은 조정과 연결되어 있었고, 이들은 고종의 아관파천이 성공한 직후, 정부의 조칙을 접하자 곧 해산했다.

그러나 충청도의 유인석 의병진은 고종의 선유에도 불구하고 활동을 계속했다. 이는 국수 보복의 감정 외에 단발령, 복제 개정 등의 개화 정책에 대해 보수적 관념에 입각한 반발이 만만치 않았음을 보여준다. 결국 이 시기의 의병은 국모 시해에 대한 국수 보복 차원에서, 한편에서는 단발령 등 개혁 조치에 대한 반개화의 입장에서, 또 다른 한편에서는 근왕군으로서 봉기한 셈이었다.

을사늑약 전후의 의병

1904년 2월 7일 러일전쟁을 도발한 일본은 전쟁의 승리와 함께 1905년 9월 5일 포츠머스 강화조약을 체결하면서 한국 지배권을 강화하고자 했다. 그 결과가 1905년 11월 18일 한국에 강요한 이른바 을사늑약이다. 전체 5개조의 골자는 '일본의 외무성이 한국의 대외관계 및 사무를 감리 · 지휘하며, 일본의 외교 대표자 및 영사는 외국에 있는 한국의 신민 및 이익을 보호한다는 것, 이후 한국은 일본 정부의 중개 없이는 아무런 국제적 조약을 체결하지 못한다'는 것이니 일본이 한국의 외교권을 박탈하겠다는 내용이었다. 이것이 제2단계 의병 봉기의 결정적인 계기였다.

그때의 의병 운동은 존왕양이(尊王攘夷) 운동의 차원에서 한걸음 더 나아가 국권 회복 운동의 일환으로 전국에서 전개되었다. 을사늑약의 소식이 알려지자 서울에서는 시종무관장 민영환, 궁내부특진관 조병세, 전참판 홍만식 · 송병선, 학부주사 이상철, 평양진위대 김봉학 등이 울분을 참지 못해 자결했고, 전국에서는 이 조약에 반대해 항일 의병이 재봉기했다.

이 시기를 전후한 주요 의병장들은 원용팔(원주), 박석여(죽산, 안성), 이범주(양근, 여주), 정환직, 이유인, 이하현, 정웅기, 최성집, 신돌석, 김현규(경상도), 최익현, 임병찬, 기우만, 백낙구, 양한규, 고광순, 김동신(전라도), 민종식, 노병대(충청도) 등이다. 이 중 홍주의 민종식 의병 부대는 을 사늑약으로 일어난 의병진 가운데 가장 규모가 컸고, 태인에서 봉기한 최익현은 순창에서 체포되어 대마도에 유배된 뒤 단식 끝에 순국했으며, 영해의 신돌석은 평민 출신 의병장으로 잘 알려져 있다.

군대 해산에 분기한 의병

청일전쟁 당시부터 조선 군대의 전력 약화를 은밀히 기도해 왔던 일본은 1905년 11월 한국의 외교권을 박탈했다. 이어 1907년 7월 18일 고종을 강제 퇴위시킨 데 이어, 7월 24일 정미7조약 체결로 차관 정치를 시행하면서, 8월 1일에는 조선 군대를 강제 해산했다. 당시 조선 군대는 서울 지역의 시위대 4천 명, 지방의 진위대 4,800명, 도합 8,800명뿐이었다. 그러나 소수 병력이나마 목표 달성에 장애가 될 것으로 판단한 일본은 교묘한 수법을 써서 이들을 모두 해산했다.

서울에서 군대 해산이 있던 그날 시위대 장교 박승환이 울분을 참지 못해 권총으로 머리를 쏘아 자결했다. 소식을 접한 서울의 장병들은 일본군에 대항해 서울에서 시가전을 벌였다. 그러나 탄약 부족으로 패퇴했다. 후일 이들이 의병 부대에 합류해 핵심을 구성하게 됨에 따라 의병 부대의 화력과 전력은 크게 강화되었다.

얼마 전까지 조선 군대는 일본군의 구속하에 의병 진압 작전에 선봉으로 이용되어 왔지만, 이제 의병 부대의 핵심 전력으로 기능하게 된 것이다. 서울 시가전을 필두로 원주진위대 특무정교 민긍호 등이 강원도와 충청북도 일원에서 활약하면서 강원도, 충청도, 경상북도, 경기도에서 의병이 봉기했다. 이들은 면사무소, 군아, 경찰분소, 우체국 등을 공격했는데, 그 이유는 이들 관서가 일본인 우두머리들에 의해 통제되고, 일본군의 신경 조직망으로서 기능했기 때문이다.

이 시기의 의병 항쟁은 국권 방위 전쟁의 성격을 지닌다. 일본군은 의병 토벌이라는 명분하에 각처에서 살인방화 및 부녀자 폭행을 일삼았다. 일본군의 만행에 대해 전국의 의병진은 1908년 1월 13일 도창의군(총대장 이인영) 1만 명을 경기도 양주에 집결시켜 서울 공격전을 준비했다.

이들은 서울 주재 각국 공사관에 격문을 보내 의병이 국제법상 교전단체임을 선언하고, 인류 말살 행위를 자행하는 일본군의 철퇴를 요구했다. 그러나 서울 탈환까지 계획했던 의병 대작전은 무기의 열세로 성공을 거두지 못했다. 이 실패에 이어 일본군이 1909년 9월 1일부터 약 2개월간에 걸쳐 감행한 '남한 대토벌 작전'은 그야말로 대량 살육전을 방불케 했다. 이로 말미암아 국내의 의병 운동은 궤멸적 타격을 입게 되었다.

망국의 울분에 일어선 의병

일본군의 잔인한 의병 진압 작전과 일제의 식민통치로 국내의 의병 운동은 현실적으로 지속되기 어려웠다. 이에 의병들은 두만강과 압록강을 건너 새로운 대일항쟁의 기지를 찾아 이동했다. 이것은 유인석의 북천지계(北遷之計)에 따른 것으로 의병이 독립군으로 전환하는 분기점이었다. 즉 반일 의병 항쟁에서 해외의 독립군 전투로 전환하는 것을 뜻했다.

한편 국내에 잔류한 의병은 소규모의 산발적 작전을 통해 명맥을 유지했다. 이에 대해 일본군은 제한된 지역에 군사력을 집중적으로 투입해 의병 진압 작전을 전개했다. 1910년 가을에서 겨울 사이 일본은 경상북도의 소백산 지역과 황해도의 평산, 해주 등지에 대규모 병력을 투입해 대량 살육전을 행했다. 이같은 상황에서도 국내에서 독립의군부가 조직되어 중앙에 중앙순무총장, 지방에 도순무총장, 각 군에 군수, 각 면에 향장을 배치해 국권 회복을 기도했다. 그러나 1914년에 들어서면서 이들 대부분이 체포되어 국내 의병 운동은 소멸되고 말았다.

아관파천

아관파천(俄館播遷)은 친러파와 친미파의 고종 연행 사건?

왕후 시해 사건 직후의 조선은 반일적 입장이었던 고종이나 조야 인사들의 기대와는 정반대 상황으로 치닫고 있었다. 일본인 고문관들이 조정을 장악한 가운데 대신들은 허수아비나 다름없었고, 심지어 고종과 대원군은 궁중에서 일거수일투족을 감시당하는 가운데 그야말로 포로와 같은 처지로 전락했다. 결국 왕후 시해로 인한 국제 여론의 따가운 비판에도 불구하고, 일본은 여전히 조선 보호국화 작업을 강행했고 조선의 위기는 풍전등화와 같았다.

1896년 2월 11일, 고종의 러시아 공사관 피난(아관파천)은 이 같은 상황에서 이듬해 초 서울에서 극적으로 이뤄진 사건이다. 왕후 시해 사건이 있은 지 4개월 뒤에 실현된 사태의 역전이었다. 앞서 왕후 시해 사건이 세계 역사상 유례가 없는 참극이었다면, 고종의 러시아 공사관 피신 역시도 한국사상에서 유례를 찾아보기 힘든 특이한 사건이었다. 이 사건을 놓고 일국의 군주가 자신의 안전을 위해 타국 공사관으로 피신한 것은 있을 수 없는 일이라는 도덕적 평가가 있는가 하면, 친미파와 친러파와 친일파의 정쟁에 의해 나타난 결과라고 하거나 친미파와 친러파의 고종 연행 사건이라 하기도 한다.

그러나 청일전쟁 이후 조선이 러시아와 일본의 갈등 무대로 전락한 점에 비추어 볼 때 이 사건이 단순히 친미파와 친러파 인사와 러시아 공사의 '동정'에 의해 이뤄진 일로 보기는 어렵다. 또한 한 나라의 군주가 타국 공사관으로 피신해 간 일은 결코 합리화될 수 없겠으나, 보다 중요한 것은 그 같은 사건이 초래된 원인이다. 나아가 친미파와 친러파의 고종 연행설은 일본의 위압하에 생명조차 돌보기 어려웠던 고종의 처지를 감안할 때 적절한 표현이 아니며, 조선의 친미파와 친러파가 당시의 정국을 주도했다는 것도 어불성설이다. 아관파천은 어디까지나 일본의 조선 지배 기도에 대한 조선과 러시아의 공동 대응이자 고종의 위기 탈출이라는 선에서 진행된 사건이기 때문이다.

고종의 아관파천과 그 내막

신임 주한 러시아 공사 스페예르(Alexis de Speyer, 士貝耶)가 1896년 1월 9일 서울에 도착했다. 한편 1895년 9월 11일 멕시코 공사로 발령받은 서울의 웨베르 러시아 공사는 그해 12월 러시아 정부로부터 후임자가 도착할 때까지 대기하라는 지시를 받았다. 자연히 스페예르의 도착과 함께 서울의 러시아 공사관에는 두 공사가 함께 머물게 되었다. 당초 러시아 당국에서 어떤 지시를 받았는지는 구체적으로 알 수 없지만, 조선에 부임한 이후와 부임 과정에 보인 스페예르 공사의 행동은 일정한 목표를 향하고 있었다.

스페예르는 부임하는 도중 도쿄에 들러 주일 러시아 공사 히트로보(Khitrovo)와 일본 당로자들을 만나 조선에 관한 의견을 청취한 바 있다. 그가 동경에서 만난 이토 총리나 사이온지 외상 등은 조선의 사태는 평온한 가운데 대원군이 정권을 장악하고 있다고 했고, 일본은 조선의 내정에 간여할 생각이 없으며 조선의 독립을 존중한다고 했다. 더욱이 이들은 조선 문제에 대해 러시아와 화의 교섭을 통해 평화적으로 안정을 유지하기 위한 양국의 협정 체결을 희망한다고 했다.

그러나 스페예르가 도착한 직후의 조선은 평온하다던 일본의 주장과는 사정이 전연 딴판이었다. 왕후 시해 사건과 단발령의 여파로 지방민의 반일 활동이 확대되어 가면서 전국 도처에서 산발적인 전투가 벌어지고 있었다. 조선의 지방민들은 만나는 일본인마다 살해하려고 할 만큼 일본의 만행에 대해 분노하고 있었으니, 국모 시해 사건과 단발령으로 인해 봉기한 을미년과 병신년간(1895~1896)의 의병(을미의병)이 바로 그것이 었다. 이들은 한편으로는 일본군을 습격하고, 다른 한편으로는 전신선을 절단해 일본군 통신망을 차단하는 등 교란작전을 펼쳐 갔다.

서울의 사정도 스페예르가 일본에서 접한 일본 정부 요인과 외교관들의 언급과는 판이했다. 대원군이 권력을 장악하기는커녕 국왕은 국왕대로 허수아비나 다름없었고, 대신들은 일본인 고문관들의 지시에 따라 움직이고 있었다. 게다가 일본에서 왕후 시해 사건 관련자들을 무죄방면한 것과 때를 같이해 내각은 다시 10월 8일 당시의 친일 내각으로 복귀해 있었고, 2월 초에는 조희연(趙羲淵)이 군부대신에 복귀되는 형편이었다. 그는 왕후 시해에 가장 깊이 관련된 조선의 인물로서 일본 공사고무라 주타로[小村壽太郞]의 입김이 분명 그의 복귀에 작용한 것으로 감지되었다.

상황이 이렇게 진행되는 가운데 스페예르와 웨베르는 러시아의 희망과 배치되는 조선의 국면을 전환시키고자 대책을 숙의했다. 러시아 정책의 주목표는 조선 정부에서 친일 관료를 제거하는 것임이 틀림없는 바고종에게 관료 임명권을 회복시켜 준다면 친러 성향의 정부 성립이 가능하다는 판단이었다. 그러나 종래의 경험에 비추어 볼 때 친일 관리의 제거란 일본과의 타협을 통해서는 해결할 수 없는 문제였다. 결국 이들이 택한 것은 조정 내외에 팽배한 반일적 분위기로 보아 러시아가 직접 나서는 대신 반일파를 지원해 일을 꾀하자는 것이었다.

이러한 계획은 조선은 물론 러시아 당국에서도 어느 정도 내락이 있어야 했다. 그런데 그 조건은 스페예르가 서울에 도착한 1월 초에 이미 갖춰지고 있었다. 고종이 이범진을 통해 자신의 불안한 처지와 러시아의 지원을 호소하는 메모를 비밀리에 전해 왔음은 물론 1월 12일 신구 러시아 공사가 고종을 알현하고 돌아가는 순간, 고종이 직접 스페예르의 주머니에 쪽지를 넣어 주기까지 했다. 내용은 앞서와 마찬가지로 러시아의 개입을 요청하는 것이었다.

고종의 진정한 의사가 무엇인지는 분명해진 셈이다. 그다음으로 스페예르는 고종이 러시아의 지원과 개입을 호소하고 있음을 거듭 본국에 타전했고, 러시아 당국은 1월 23일 "조선의 현 정부를 전복하는 것이 갖는 의미와 이 목적의 수행을 위한 수단이 무엇인가를 유념하라."는 내용의 훈령을 내려 독려했다.(G. A. Lensen, 《Balance of Intrigue》)

그런데 이 같은 교신은 일본을 경유해 이뤄졌기 때문에 주일 러시아 공사 히트로보의 견해가 개입되었다. 그는 스페예르의 주장에 경악해 이 목적을 위해 러시아가 행동하려면 해빙될 때까지 기다려야 한다는 의견을 제시했다. 그러나 스페예르는 1월 22일 조선의 상하 모두가 일본을 증오한다는 것과 일본이 곧 조선을 삼킬 상황이라는 것, 조선 현지의 사정으로 보아 일본과의 협상은 불가능하고, 조선의 독립을 보장하는 유일한 수단은 서울 주둔의 일본군 병력만큼 러시아 군사를 파견해 해결하는 것이라고 타전해 러시아의 적극적 조치가 필요함을 피력했다.

외상 로바노프(Rovanov)는 2월 1일 "러시아 당국은 스페예르의 제안에 원칙적으로는 동의하지만, 군사 파견은 거절한다."는 훈령을 보냈다.(G. A. Lensen, 《Balance of Intrigue》)

국제 관계를 먼저 고려한 것이었다. 러시아가 군사를 파견할 경우 불필요한 국제적 분규를 몰고 올 소지가 있었기 때문이다. 러시아가 군사를 파견하면 먼저 일본이 항의해 올 것이지만, 보다 우려되는 것은 영국이었다. 이미 거문도 사건 당시에 영국은 러시아의 한반도 진출에 대해 심각하게 대응한 적이 있었기 때문이다.

그렇다고 러시아는 마냥 한반도 사태에 수수방관할 수만도 없었다. 도쿄와 서울의 상황을 거듭 종합한 스페예르의 판단은 일본이 조선의 독립을 운운한 것이 사기라는 것이었다. 러시아 주재 일본 공사 니시 도쿠지로[西德二郎]는 "일본은 조선에 개입할 생각이 추호도 없다."고 했고, 러시아 외부의 아시아 국장은 이를 액면 그대로 받아들여 "대원군이 조선의 실권을 장악하고 있다."고 믿고 있었다. 게다가 히트로보는 사이온지 일본 외상 등의 선전에 넘어간 듯 조선에 대한 일본의 평화적 자세를 사실대로 인정하고 있었다.

그러나 당시 일본 정부는 왕후 시해 사건 관련자 전원을 사건 3개월 만에 무죄방면한 직후였다. 조선에서는 이들이 다시 돌아올 것이라는 소문이 돌았고, 전국을 떠돌아다니는 일본인 부랑배의 행태는 지방민들에게 기고만장한 모습 그대로 비쳐졌다. 이 상황에서 조만간 일본인들이 고종을 살해하고 대원군의 손자 이준용을 일본에 유학시키려 한다는 소문이 나돌았다. '이준용의 일본 유학 운운'은 사실상 인질이므로 대원군조차도 극력 반대하는 일이었다. 설상가상으로 의병의 서울 진공설까지 나돌아 불안감이 가중되었다.

러시아 공사관 이어(移御)의 발상은 이러한 상황에서 고종의 측근으로부터 나온 것으로 밝혀졌다. 즉 조희연의 군부대신직 복귀 다음 날인 2월 2일 고종은 이범진을 통해 러시아 공사관으로 피신할 의향이 있음을 전하면서 두 공사의 수락 여부를 타진해 왔다고 하는 것이 그것이다. 순간 스페예르는 이러한 계획이 너무 위험하지 않을까 생각했고, 이범진은 상황이 몹시 다급하다고 한 것으로 알려져 있다. 스페예르와 웨베르는 이러한 조치가 러시아에 유리하게 작용할 것으로 판단했고, 이에 그들은 이 계획에 대한 본국의 승인을 요청했으며, 러시아 당국에서는 2월 2일 이를 승인하면서 니콜라이 러시아 황제가 즉각 러시아 군함의 인천 입항을 명했다는 것이다.

러시아의 지원 의향을 확인한 고종은 2월 3일 스페예르에게 감사하다는 뜻을 전했고, 이때부터 러시아 공사관으로의 피신을 위한 예비 작업이 은밀히 진행된 것으로 알려지고 있다.

마침내 2월 7일 스페예르는 고종에게 모든 준비가 완료되었음을 알렸고, 고종은 러시아 공사관에 경비병이 배치되었는지의 여부를 물었다. 스페예르는 다시 이러한 고종의 뜻을 빌려 인천에 정박하고 있던 러시아 군함의 제독에게 서울에 수병을 파견하도록 조치했고, 2월 10일에는 의병의 서울 진공에 대비한 공사관 보호를 명목으로 러시아 수병 103명이 대포 1문을 이끌고 서울에 들어왔다. 만일의 사태에 대비해 러시아 공사관 경비 병력이 보강된 가운데 왕과 왕태자는 다음 날 이른 아침 궁녀의 가마를 타고 위장해 가까스로 궁궐을 탈출하는 데 성공했다. 이들이 러시아 공사관에 도착한 것은 2월 11일 아침 7시경이었다.

아관파천은 위기에 처한 고종의 이범진을 통한 구원요청과 조선의 상황에 대한 스페예르와 웨베르의 판단, 그리고 이들의 보고에 대한 러시아 당국의 훈령과 일정한 지원이 따르는 가운데 진행된 것이다. 아무리 고종이 러시아에 지원을 호소했다 해도, 러시아 당국 및 현지 공사들의 적극적 의향과 지원이 없었다면 아관파천은 당초부터 불가능한 일이었다.

먼저 러시아가 신구 두 공사를 함께 서울에 머물게 한 조치, 다음으로 러시아 군함을 인천에 입항하도록 지시한 것, 그다음으로 아관파천 전날 100여 명의 수병을 입경시켜 공사관을 경비하게 한 것, 그리고 스페예르와 웨베르가 수시로 본국에 보고하며 훈령을 구한 것, 이런 여러 정황은 러시아가 아관파천에 어떤 관계가 있었는지를 잘 보여 준다.

아관파천 직후 러시아 당국은 결코 사전에 이를 인지하지 못했다는 공식적 입장을 표명했다. 그러나 내심 이를 환영했을 뿐 아니라 이후로도 아관파천의 현상을 유지하자는 것이 희망 사항이었다. 러시아의 목표는 일본의 독점적인 지배 기도를 저지하고 조선을 일본의 구속에서 벗어나게 해 적어도 시베리아 횡단철도가 완성될 때까지는 조선의 영토를 타국이 이용하지 못하게 하는 것이었다. 즉 조선을 보호령화할 능력이나 의도는 아직 없지만, 적어도 조선이 일본에 이용되어서도 안 된다는 것이었다.

조선과 러시아의 밀월 관계

아관파천 직후 고종이 취한 첫 조치는 친일 내각 인물들의 체포 및 처형과 내각 교체였다. 아관파천 당일 공표된 내각의 구성은 김병시(총리), 이재순(궁내부), 박정양(총리대신 서리 겸 내부대신), 조병직(법부), 이완용(외부대신 겸 학부농상공부대신 서리), 이윤용(군부), 안경수(경무사), 윤용구(탁지) 등이었다. 같은 달 12일에는 윤치호(학부대신 서리 겸 학부협판), 22일에는 이범진(법부), 조병직(농상공) 등이 등장했다. 대체로 친미파 인물들이 전면에 부각되고 있었다. 즉 신내각은 친러 내각이라기보다는 친미파가 중심을 이룬 친미반일적 내각이었다.

친미파 인물들이 전면에 부각된 배경에는 이들이 아관파천에 동조적이었던 점도 있지만, 러시아의 또 다른 의도가 있었다. 즉 친일파가 아닌 한, 가급적 다양한 인물을 기용토록 해 러시아가 조선 내정에 깊이 개입한다는 인상을 없앰과 동시에 아관파천으로 인해 야기될지도 모를 열국의 비난을 미연에 방지코자 한 것이다.

과거 일본이 조선의 내정에 독점적 개입을 시도하다 열국의 견제로 낭패를 보았던 일을 웨베르 등은 잘 알고 있었던 것이다. 아관파천의 수행 과정에서 조선의 핵심 인물이자 친러파로 알려진 이범진이 이로부터 한 달도 안 되어 불리한 입장에 몰리고, 마침내 주미 공사로 발령받아 서광범과 교체된 것은 그를 축출하려던 일본의 공작 외에도 과거 일본의 사례를 직시한 웨베르의 판단이 적지 않게 작용했기 때문이었다.

영국인 재정 고문 브라운(John McLeavy Brown, 柏卓安)이 고종의 지시로 조선의 재정을 조사하고 관리할 수 있었던 것, 미국인 고문 그레이트하우스(Clarence R. Greathouse, 具禮)가 법부고문으로서 왕후 시해 사건 수사와 재판 과정에서 주요한 역할을 맡고 조선의 재판제도 개선에 참여할 수 있었던 것도, 웨베르의 방침에 의해 어느 정도 보장된 것이었다.

주한 외교관들의 보고나 비숍(I. B. Bishop)의 저술을 보면 그 시기에 조선의 재정, 재판, 교육제도 등 각 분야에서 많은 발전이 이뤄졌다고 한다. 그러나 그것은 러시아의 방침에 의해 조선이 잠시나마 갖게 된 외압의 상대적 공백으로 인한 현상이었다. 일본을 제외한 각국에 철도, 광산, 삼림 등의 이권이 허용된 것도 웨베르의 방침과 무관하지 않았다. 아관파천의 부작용이었다.

그런데 아관파천 직후 조선인들이 러시아에 대해 가졌던 감정은 일본과는 정반대였다. 러시아 장교 카르네프가 의병이 점령한 지역을 방문했을 때 의병들은 그의 국적을 확인한 후 정중히 대우하면서 다음과 같이 말했다.

"임금께 충성을 맹세하며, 만나는 일본인은 모두 처형하고자 한다!"

한 달여 사이에 전국 각 지역(원산 제외)에서 피살된 일본인 수가 약 40명으로 집계될 만큼 적대적이었던 반면, 러시아에 대해서는 일본의 압제로부터 국왕을 보호해 주고 있다며 호의적이었던 것이다.

그러나 고종의 아관파천 자체에 대한 일반의 반응은 부정적이었다. 경위야 어찌되었든 일국의 국왕이 남의 나라 공사관에 피신해 있다는 사실 자체는 국체를 손상하는 일로써 즉각 환궁해야 한다는 것이 조야의 주장이었다.

이러한 생각에다 차후 러시아에 대한 조선의 기대감 상실과 웨베르 측근의 러시아 어 통역관 김홍륙 등의 득세가 상승 작용을 해 고종의 환궁에 영향을 미치게 되었음은 물론이다. 게다가 일본은 조선에서 실추된 입지를 만회하기 위해 외교와 언론, 기타 다양한 경로를 통해 조선 내에 반러시아 분위기가 고양되기를 기도하면서 환궁 공작을 펴 나갔다.

고종의 환궁

민영환(閔泳煥) 특사가 모스크바에 간 이유

러시아 공사관[아관(俄館)]에 머물던 고종이 조선의 왕궁으로 돌아온 것은 1년 뒤인 1897년 2월 20일이었다. 아관에서 경운궁까지는 느린 걸음으로 걸어도 불과 5분 거리이다. 그러니까 이 5분 거리를 옮겨 오는 데 장장 1년이란 세월을 소비한 셈이다. 그 사이 얼마나 많은 관료와 유생들이 고종의 조속한 환궁을 요청했으며, 아관파천 사태에 대해 후일 얼마나 많은 사가들이 고종을 비난했는가. 한 나라의 군주가 일신의 안전을 위해 남의 나라 공사관으로 피신했으니 국체의 손상은 물론이고, 국왕이 무능하고 비겁한 군주라는 것이다. 일견 지당한 주장이요, 냉엄한 비판이다.

그러나 냉정히 관찰해 보면 그런 주장과 비판은 공허하기만 하다. 넓은 왕궁으로 돌아가기를 바라는 마음이야 누구보다도 고종이 더 간절하지 않았을까? 왕후가 일본의 군민에 의해 참혹하게 살해되고, 급기야는 군주의 신변 안전마저 기약할 수 없는 참담한 사태가 바로 아관파천 직전에 연출되었음은 이미 살펴본 바 있다. 외국 공사관으로 피신하는 것은 국체의 손상이니 차라리 왕후처럼 자신의 궁에서 죽음을 맞으라고 한다면 모르지만, '당당히 왕궁으로 돌아와 국가의 위신을 지켜 자주권을 확립해야 한다'는 주장은 그야말로 실상을 모르는 소리였다.

어떻든 아관파천이라는 전례 없는 수단까지 취해야 했던 1년 전의 사태를 감안할 때 환궁 자체가 고종으로서는 더할 수 없이 감개무량했을 것이다. 고종이 환궁을 1년이나 미루었던 이유는 고종의 신변을 보호할 장치가 전혀 구비되어 있지 않았기 때문이다. 러시아 공사관에서 머무는 일 년 동안 고종은 환궁을 위해 많이 고심했고, 나아가서는 전 조선군의 확대와 무장까지도 모색했다. 고종이 1896년 4월 초 민영환 특사를 러시아 황제 니콜라이 2세의 대관식에 파견한 것은 그러한 고심과 모색의 일환이었다.

특사 일행의 선상(船上) 코미디

러시아에 파견된 민 특사 일행은 수행원 겸 통역 세 명(윤치호 : 영어, 김도일 : 러시아 어, 김득련 : 한어 역관)과 외국인 안내자(스테인, 러시아인), 종인(從人, 손희영)을 포함, 여섯 명에 불과했다.

당시 러시아 정부의 초청을 받은 청국 황제의 특사 이홍장은 수십 명의 요리사를 포함, 수백 명의 일행을 대동해 자신의 관(棺)까지 끌고 갔다. 그는 러시아는 물론 프랑스, 독일, 영국 등을 경유해 돌아오는 길에 곳곳에서 화려한 대접을 받았다. 유럽 각국의 청국에 대한 열렬한 관심이 어느 정도였는지를 충분히 짐작케 한다. 그러나 청국에 돌아온 이홍장의 한마디는 "유럽은 별 볼 일 없다!"였다.

어떻든 요란한 청국 사절에 비해 초라하기 짝이 없었지만, 조선의 사절이야말로 '경제적' 사행이었다. 이들이 서울을 출발한 것은 1896년 4월 1일, 인천 - 상해 - 요코하마 - 밴쿠버 - 뉴욕 - 리버풀 - 런던 - 플러싱 - 베를린 - 바르샤바 등을 거쳐 모스크바로 갔다. 도중에 진풍경이 속출했다. 윤치호는 일찍이 일본, 중국, 미국에 유학했으니 서구의 '에티켓'에 익숙해 서투를 일이 없었다. 민영환도 서툴기는 했지만, 그다지 심각한 정도는 아니었다. 그러나 유가 이념으로 단단히 무장하고 '오랑캐 나라'로 향한 김득련은 실수 연발이었다.

동방예의지국인 조선을 떠나 난생 처음 거대한 서양 여객선에 몸을 싣고 보니 진기한 것 일색이었다. 이상한 색깔이지만 눈 하나는 시원한데, 옷이 거추장스러워 보이는 서양의 아가씨들! 내가 잘 생겨서일까, 아니면 '남녀칠세부동석'을 몰라서인가? 겁도 없이 남정네들의 옆자리에 앉아 깔깔거리고……. 점잖게 진지를 드시는데 웬 쇠스랑과 장도가 등장하는가. 입술을 찢기지 않으면서 접시의 물건을 입에 넣는다는 것은 참으로 고역이로다. ……희고 눈 같은 가루(설탕)가 달고 달기에 이번에도 눈 같은 것(소금)을 듬뿍 떠서 찻종지에 넣으니, 그 갈색 물(커피)은 너무나 짜서 삼킬 수도 뱉을 수도 없더라. ……노르스름한 절편(치즈)은 맛뿐 아니라 향기도 고약하구나. ……청중이 모인 데서 웬 신사가 목에 힘줄이 돋을 정도로 소리를 지르니(테너), 모두들 그를 우러러보더라. 서양에서 신사 노릇하기란 저렇게 힘든가 보다! 벌거벗은 것이나 다름없는 가냘픈 소녀가 까치발을 하고 빙빙 돌며 뛰기도 하고 멎기도 하는데(발레), 가녀린 소녀를 학대하다니 서양 신사들은 참으로 짐승 같은 자들이로다!

〈The Korean Repository〉

윤치호는 실수만 저지르는 김득련이 창피하다 여겼고, 김득련은 윤치호가 서양 오랑캐의 문화에 중독되었다고 노려보았다. 차츰 적응이 되어가면서 일행이 모스크바에 도착한 것은 대관식 6일 전인 5월 20일. 국운을 짊어지고 낯선 서양 나라로 떠난 사행은 근 50일이 걸려 겨우 목적지에 도착한 것이다. 다음 날 그들이 머물던 숙소에는 태극기가 게양되었다. 유사 이래 처음으로 제정러시아의 옛 수도 모스크바에 조선의 태극기가 휘날리게 된 것이다. 일행은 감격에 겨웠고, 희망에 부풀어 있었다.

13인의 러시아 군사교관

조선 정부가 특사를 파견해 추구하고자 한 것 가운데 가장 중요한 것은 왕궁 경비병을 확보하는 일이었다. 고종의 아관파천을 청산하기 위해서는 절대절명의 사안이었다. 각계 인사들이 상소에서 언급했듯이 아관파천은 국가의 위신에 관련된 것이었고, 현실적으로는 러시아의 내정 간섭이라는 새로운 문제도 안고 있었다. 그러나 환궁을 위해서는 최소한 궁궐을 경비할 수 있을 정도의 신뢰할 만한 조선군 병력이 필요했다. 아관파천 이후에도 약 500명의 일본군 병력이 여전히 서울의 왕궁 근방에 주둔해 있었던 점 등은 고종으로서는 피부에 와 닿는 위협이었다.

다음으로 시급했던 것은 국방력 강화였다. 아관파천을 통해 일본에 의한 보호국화의 위기를 모면했다고는 하지만, 조선의 군사력은 그야말로 엉성하기 짝이 없었다. 1894년 일본군의 경복궁 습격과 1895년 재차 경복궁 습격 및 왕후 시해 당시의 상황에서 드러나듯이 조선군의 전투력은 서울 주둔의 일본군을 상대하기에도 역부족이었다. 고종이 러시아 공사관에 피신했던 당시 조선군의 숫자는 서류상 약 7,500명이었다.

하지만 실제로는 약 4천 명 정도의 병력 중 일부가 서울의 치안과 궁성의 수비를 담당하는 정도였다. 그러니 국방을 위한 병력의 양성은 만사를 제치고 수행해야 할 초미의 급무였다.

그다음으로 시급했던 것은 재정 조달이었다. 1895년 소위 내정 개혁의 명분하에 조선을 식민지화하기 위해 일본이 제공한 300만 엔 차관에 대한 이자와 상환, 담보 등의 조건은 가혹했다. 가뜩이나 재정난에 처한 조선 정부의 심장을 압박하는 것이었다. 아관파천 직후 고종의 내밀한 명을 받은 영국인 재정 고문 브라운이 조선의 재정을 조사한 결과 조정 재정은 파산 직전이었다. 영국 공사는 이노우에가 개혁 자금 명목으로 조선에 들여놓은 차관 300만 엔은 불과 6개월도 안 되어 어디론가 증발하고, 남은 것은 정부 재정의 고갈과 대일 부채뿐이라 했다. 조선의 개혁을 도왔다는 40명의 일본인 고문들은 어디서 무엇을 했나? 1897년 봄 브라운은 대일 차관 300만 엔 중 100만 엔을, 연말에는 100만 엔을 갚았다. 40명의 일본인 고문이 6개월 만에 300만 엔을 날려 버렸다면, 1명의 영국인 고문은 1년 만에 200만 엔을 벌었다.

어쨌든 아관파천 직후의 조선으로서는 왕궁 경비병 확보와 국방력 강화, 그리고 이를 뒷받침하기 위한 재원 확보 등이 가장 시급한 사안이었다. 자연히 민 특사의 임무도 거기에 집중되었다.

그러나 이것은 조선의 사정일 뿐, 러시아 당국이 그것을 들어줄지는 의문이었다. 당시 러시아는 시베리아 횡단철도의 순조로운 건설을 위해 만주에 관심을 집중하고 있었고, 조선에 대해서는 아관파천 당시의 현상을 유지하는 것에 만족하는 입장이었다. 당연히 러시아는 민 특사의 요청을 받아들이기 어려운 입장이었다. 조선 정부는 서울 현지 러시아 공사 웨베르의 판단과 호의만을 믿고, 러시아 당국의 지원에 대한 기대와 희망에 부풀어 특사를 파견한 셈이었다. 크게 낙심한 민영환은 그럼에도 200명의 러시아 군사교관의 파견과 300만 엔의 차관 제공 등을 러시아에 집요하게 요청했다.

이후 지리한 줄다리기 끝에 조선이 확보한 것은 불과 13명의 러시아 군사교관 파견이었다. 사행이 모스크바를 떠난 것은 8월 중순경. 시베리아 횡단철도 노선을 귀국 노정으로 삼았으니 왕복 여정을 통해 지구를 한 바퀴 돈 셈이다. 민 특사는 블라디보스토크에서 러시아 군사교관의 첫 분견대와 합류해 귀환했다. 그러니까 민 특사가 러시아에서 교섭을 통해 성취한 가시적 성과는 13명의 러시아 군사교관 초빙이었던 셈이다.

군사교관을 파견한 러시아는 물론 조선에서 우월한 정치적 입지를 지속하고 싶었고, 그래서 고종의 러시아 공사관 체류도 가급적 연장하고 싶었다. 그러나 환궁을 기필코 앞당기려는 일본의 이면 공작, 기타 열국 외교관들이 조선에서 러시아의 일거수일투족을 주시하던 사정을 감안할 때 러시아는 환궁이 조만간 불가피할 것이라 판단했다. 따라서 기왕 환궁이 이뤄져야 한다면, 이를 저지해 분란을 자초하기보다는 조선의 궁궐 경비병 양성에 협조하자는 것이었다. 대신 러시아 교관으로 하여금 이들의 지휘권을 장악하게 한다면, 환궁 이후로도 조선에 대한 정치적 영향력을 지속시킬 수 있다고 보았다. 러시아가 군사교관을 파견해 환궁에 협조한 이유는 그것이다.

왕궁 경비병 양성과 고종의 환궁

러시아 교관단이 민 특사 일행과 함께 서울에 도착한 것은 1896년 10월 21일이었다. 이들은 푸차타 대령 외 13명으로, 위관 2명, 하사관 10명, 군의관 1명이었다. 당초 교관단은 서로 선발되기를 희망하는 조선군 중 1개 대대의 병력 800명을 선발해 정예화를 꾀했다. 아관파천 이전까지 조선군 훈련대가 일본식의 군사 교육을 받고 일본 교관의 지휘를 받았던 것과 달리 이제 궁궐을 경비하게 될 조선군은 모두 러시아식을 따르게 되었다.

한편 이렇게 러시아 교관이 조선군 시위대를 양성하는 동안 조선 정부에서는 고종의 환궁을 위한 또 다른 준비를 서둘렀다. 그런데 이전까지 고종이 머물렀던 경복궁은 공간이 넓은 데다가 뒤에 산을 끼고 있어 유사시 방어에 어려움이 따랐다. 이미 1894~1895년 사이에 일본군은 두 차례나 경복궁을 습격한 일이 있었다. 조선 조정이 일본군에게 장악되고,

왕후가 그곳에서 일본 군민에게 처참한 최후를 맞은 것도 불과 1년여 전이다. 고종은 이래저래 경복궁을 꺼림칙하게 여길 수밖에 없었다.

그래서 고종이 환궁할 장소로 택한 곳은 이전의 정궁(경복궁)이 아닌 경운궁(덕수궁)이었다. 경운궁은 영국, 미국, 러시아의 공사관과 이웃해 있어 예상되는 일본군 침입에 대처하기도 쉬운 위치였다. 아관파천 기간 중 조선이 경운궁을 보수하고 이곳을 중심으로 방사형의 도로를 정비한 것 등은 고종의 환궁과 그 이후 고종의 신변 경비를 위한 조치였다. 이를 두고 19세기 말 근대적 도시계획임을 주장하기도 하나 실상과는 거리가 있다. 물론 경운궁 경비를 위한 주변의 정비가 결과적으로 서울의 도로 개선에 이바지한 점은 인정된다. 그러나 그것은 어디까지나 결과이다. 당시의 관건은 고종의 신변을 어떻게 보호하느냐였지, '유럽식의 근대적 도시계획'을 운운할 계제가 결코 아니었다는 말이다.

1897년 초에 접어들자 부족한 대로 위의 두 가지 장치가 구비되었다. 고종의 신변을 경호할 시위대 병력이 양성되었고, 적의 공격에서 고종의 안전을 확보할 경운궁 방어 시설이 구축되었다. 이렇게 환궁을 위한 준비를 구비해 놓은 조선 정부는 마침내 2월 20일 고종의 환궁을 단행했다. 아관에서 경운궁까지 조선군 경비병(시위대)가 열 지어 서서 늠름하게 경호하는 가운데, 고종은 왕태자 일행과 함께 오랜만에 어깨를 펴고 조선의 궁으로 당당히 돌아왔다. 조야 모두가 고종을 맞아 만세를 부르고 드높이 환호성을 올렸다.

대한제국의 탄생

대한제국(大韓帝國)

고종이 러시아 공사관에서 환궁한 직후 조선에서는 고종의 황제 즉위를 요청하는 상소가 조야 각계로부터 쇄도했다. 그리하여 그해 8월에는 전년도에 일본의 위압하에 정해졌던 건양(建陽)이란 연호를 광무(光武)로 변경하고, 10월 초에는 서울의 회현방(소공동)에 원구단이 완공되어 마침내 그곳에서 황제 즉위식을 거행하게 되었다. 곧이어 고종은 나라 이름을 바꾸어 대한제국의 탄생을 선포했다. 이로써 505년간 지속된 조선 왕조는 종언을 고했고, 한국사상 최초로 황제의 나라, 대한제국이 탄생한 것이다.

대한제국(大韓帝國)은 1897년부터 1910년까지 약 13년간 주권을 행사했다. 고구려, 백제, 신라 등 삼국과 고려, 조선 등 역대 왕조가 500년에서 1천 년 가까이 장수한 것에 비하면 분명 단명한 나라였다. 그러나 대한제국이 19세기 말에서 20세기 초까지 범세계적인 대격변기에 자주독립을 열망하는 우리 국민의 간절한 소망을 담고 출범한 것만은 분명하다. 비록 제국주의가 만연한 시대에 다른 수많은 약소국들처럼 대한제국 역시 국권을 잃었지만, 분명한 것은 중국 중심의 세계 체제에서 오늘날의 세계 체제로 이어지는 과도기에 엄존했던 한국사상의 한 나라였다는 점이다.

그래서 종래의 역사 부도나 국사 교재에서 대한제국을 조선에 포함시켜 다루거나 대한제국기를 '조선 말'로 칭한 것은 정확하지 않은 표현이다. 동양 전래의 화이관이나 조선조 유자들의 소중화 의식이 19세기까지도 엄존했던 점에 비추어 대한제국 선포 자체는 그야말로 국가 의식의 혁명적 전환이나 다름없다. 게다가 열강의 침략으로 국권 상실의 위기를 목전에 둔 절박한 상황에서 안으로는 군주를 중심으로 힘을 모으고, 밖으로는 나라의 체모를 살리고자 독립국가의 자주성을 표현한 것이란 점에서 현실적 의미도 결코 소홀히 할 수 없다.

황제란 무엇인가

대한제국 선포의 핵심은 군주의 존호를 황제로 변경한 것과 나라 이름을 대한(大韓)으로 정한 일이다. 황제가 지니는 의미는 무엇인가? 또한 나라 이름을 대한으로 변경한 이유는 무엇인가?

잘 아는 바와 같이 황제는 삼황오제(三皇五帝)의 합칭으로, 동양에서 이를 처음 사용한 것은 춘추전국을 통일한 중국의 진시황이다. 이후 중국의 역대 군주는 모두 황제로 칭했다. 그러나 중국 주변의 여러 나라는 중국의 제후국으로서 황제로 칭하지 못하고 왕으로 칭했다. 즉 중국 중심의 화이 질서하에서 모든 주변국은 왕이 다스리는 나라로서, 연호도 중국의 것을 사용해야 하는 입장이었다. 그러나 조선 후기 이래 세계관이 확대되고, 문호가 개방되면서 국가의 자주권 확립에 대한 필요성이 조야의 인사들에게 확산되어 갔다. 여기서 국왕의 존호를 황제로 하고, 중국의 연호를 우리 스스로의 연호로 바꾸어 쓰자는 칭제건원 주장이 대두했다.

이를 최초로 거론한 인물은 1884년 갑신정변 당시 김옥균이다. 청일전쟁 때에는 일본 공사 오토리 게이스케도 제기했고, 을미사변 직후에는 조선 내각에서 일시 논의되어 가결을 보기까지 했다. 조선은 일반 국민의 자주독립 의식을 환기하자는 것이었고, 일본은 조선을 청국으로부터 자주독립시켰다는 선전 구호로 이용하자는 것이었다.

그러나 일본의 의도를 간파한 고종이 황제 즉위를 거부했다. 알렌 등 서울 주재 열국의 외교관들도 일본 공사의 독주를 견제하자는 취지하에 이 일을 성토해 무산시켰다. 비록 고종 자신이나 조정 대신들이 황제 즉위를 원했던 것은 사실이지만, 일본의 강요에 따른 황제 즉위는 하지 않겠다는 것이 고종의 입장이었다.

이후 조선 조정 내부에서 황제 즉위 건을 적극 공론화한 것은 고종이 러시아 공사관에서 경운궁(덕수궁)으로 옮겨 온 1897년 2월 20일 이후였다. 생각해 보면 청일전쟁을 계기로 청국의 간섭을, 아관파천을 계기로 일본의 간섭을, 환궁을 계기로 러시아의 구속을 어느 정도 탈피한 것 자체는 조선 정부의 운신의 폭을 넓혀 이 문제를 스스로 해결할 외적 조건을 제공한 셈이었다. 당국자들의 논리는 왕이란 칭호는 황제보다 낮으며, 역사적으로 볼 때 조선인들은 왕이란 반드시 황제에게 종속적인 존재로 여겨 왔는데, 이제 황제라는 칭호를 쓰면 우리의 군주가 누구에게든 독립적이며 아무에게도 낮은 존재가 아니라는 사실을 확인시켜 줄 최선의 수단이 될 거라는 것이었다. 흥미로운 사실은 김옥균을 암살한 홍종우도 이런 주장을 적극 폈다는 점이다. 양자 모두 입장은 달랐어도 황제 즉위의 필요성에 대한 인식은 같이했다.

그러나 반론이 제기되었다. 최익현, 유인석 등 보수 유생들은 서구의 예에 따라 존호를 변경하는 것은 금수(禽獸)의 제도를 취하는 것이며, 소중화의 나라에서 칭제를 하는 것은 망령되이 스스로를 높이는 행위(妄自尊大)라 비판했다. 윤치호 같은 신지식인도 '한 나라의 독립을 보장해 주는 것은 국가의 힘이지 군주의 존호가 아니다. 외국의 군대가 왕궁을 유린하고 국모를 살해하는 마당에 황제 즉위가 무슨 의미가 있는가'라고 비판했다. 서구 열강 아무도 알아주지 않을 그 같은 행사에 재정을 낭비하기보다는 국정을 개선해 자주독립의 기초를 다지는 것이 시급하다는 논리였다.

칭제의 논리를 뒷받침해 준 지식인들은 장지연, 정교 등 동도서기 계열의 지식인들이었다. 이들은 최익현 등은 너무 고루하고, 윤치호는 시대를 너무 앞질러 간다고 보았다. 이에 전자에게는 '어리석은 자들의 망령된 주장으로 일고의 가치도 없다'고 되받았고, 후자에게는 청국과 일본 모두 황제며 천황을 칭하는데 우리만이 왕(당시 대군주 폐하)을 칭해 스스로 비하할 이유가 없으며, '황제가 없으면 독립도 없다'는 조선인 일반의 의식 상태를 고려할 때, 칭제건원은 반드시 필요하다고 반박했다.

새 연호가 광무(光武)로 확정된 것은 1897년 8월 17일이었다. 오늘날 우리가 쓰는 연호는 서력기원이다. 그러나 조선 왕조까지는 주로 중국의 연호를 썼으니 그것은 중국이 동양 사회의 중심이었기 때문이다. 그러나 아편전쟁 이래 중국은 동양의 중심적 역할을 상실하기 시작했고, 청일전쟁에 이르러서는 더욱 그러했다. 그 결과 조선도 1896년에는 건양이라는 새 연호를 쓰게 되었다. 그 점에서 조선의 독자성을 말할 수 있지만, 그것은 일본의 간섭으로 이뤄진 일이었다. 청국으로부터는 자유로웠지만, 상대적으로 일본의 구속하에 진행된 일이었다. 따라서 광무라는 새 연호를 채택함은 이제 일본의 간섭에서 탈피한다는 의미도 담겨 있었다.

고종 황제의 즉위식

1897년 10월 초 아홉 번의 사양 끝에 고종은 마침내 황제 즉위 건에 대해 재가했다. 그달 12일 고종은 황룡포(黃龍袍)를 입고 원(환)구단(圜丘壇, 서울의 회현방 소공동계, 지금의 웨스턴 조선 호텔 커피숍 자리)에서 황제 즉위식을 거행했다.

11일 밤 장안의 사가와 각 전에서는 등불을 밝게 달아 길들이 낮과 같이 밝았다. 가을 달 또한 밝은 빛을 검정 구름 틈으로 내리 비쳤다. 집집마다 태극 국기를 높이 걸어 애국심을 표했고, 각 대대 병정들과 각처 순검들이 만일에 대비해 절도 있게 파수했다. 길에 다니던 사람들도 즐거운 표정이었다. 12일 새벽에 공교히 비가 왔다. 의복들이 젖고 찬 기운이 성했다. 그러나 국가의 경사를 즐거워하는 마음에 젖은 옷과 추위를 개의치 않고 질서 정연히 각자의 직무를 착실히 했다.

11일 오후 2시 반 경운궁에서 시작해 환구단까지 길가 좌우로 각대대 군사들이 질서 정연하게 배치되었다. 순검들도 몇백 명이 틈틈이 벌려 서서 황국의 위엄을 나타냈다. 좌우로 휘장을 쳐 잡인 왕래를 금했고 옛적에 쓰던 의장 등물을 고쳐 황색으로 만들어 호위하게 했다. 시위대 군사들이 어가를 호위하고 지나갈 때에는 위엄이 웅장했다. 총 끝에 꽂힌 창들이 석양에 빛을 반사해 빛났다. 육군 장관들은 금수로 장식한 모자와 복장을 했고, 허리에는 금줄로 연결된 은빛의 군도를 찼다. 옛 풍속으로 조선 군복을 입은 관원들도 있었으며 금관 조복한 관인들도 많이 있었다.

어가 앞에는 대황제의 태극 국기가 먼저 지나갔고, 대황제는 황룡포에 면류관을 쓰고 금으로 채색한 연을 탔다. 그 뒤에 황태자가 홍룡포를 입고 면류관을 쓴 채 붉은 연을 타고 지나갔다. 어가가 원구단에 이르자 제향에 쓸 각색 물건을 둘러보고 오후 4시쯤 환어했다.

12일 오전 2시 다시 위의를 갖추어 황단에 가서 하느님께 제사하고 황제 위에 나아감을 고했다. 황제는 오전 4시 반에 환어했다. 동일 12시에 만조백관이 예복을 갖추고 경운궁에 나아가 대황제와 황태후, 황태자와 황태비에게 크게 하례를 올렸고, 백관들이 크게 '황제 폐하 만세'를 불러 환호했다.

— 〈독립신문〉

동서의 양식이 혼합된 모습이었다. 비록 취약하기 짝이 없었지만, 한국 사상 초유의 황제국 탄생이었다. 〈독립신문〉에서는 이렇게 보도했다.

광무 원년 10월 12일은 조선 사기에서 몇만 년을 지내더라도 제일 빛나고 영화로운 날이 될지라. 조선이 몇천 년을 왕국으로 지내어 가끔 청국에 속해 속국 대접을 받고 청국에 종이 되어 지낸 때가 많더니. ……이달 12일에 대군주 폐하께서 조선 사기 이후 처음으로 대황제 위에 나아가시고 그날부터는 조선이 다만 자주독립국뿐이 아니라 자주독립한 대황제국이 되었으니. ……어찌 조선 인민이 되어. …… 감격한 생각이 아니 나리오.

- 〈독립신문〉

대한제국 : 새로운 나라 이름

황제 즉위식을 거행한 다음 날 고종은 대한제국을 선포했다. 국호를 대한으로 정한 것은 우리나라가 마한, 진한, 변한 등 원래의 삼한을 아우른 것이니 큰 한[大韓]이라는 이름이 적합하며, 조선은 옛날에 기자가 봉해진 때의 이름이니 당당한 제국의 명칭으로 합당하지 않다는 이유 때문이었다. 이에 대해 〈독립신문〉은 다음과 같이 보도했다.

금월 십삼 일에 내리신 조칙으로 인연해 조선의 국명이 대한(大韓)국이 되었으니 지금부터는 조선 인민이 대한국 인민이 된 줄로 아시오.

- 〈독립신문〉

대한제국이 선포되면서 환구단 등 각종 의례는 천자국의 그것에 준해 변경되었다. 즉 종래 남단(南壇)에서 제사를 지내온 풍(風)·운(雲)·뇌(雷)·우(雨) 신을 원구단으로 옮겨 오고, 사직단(社稷壇)에서 모시던 국사(國社)·국직(國稷)의 신위(神位)를 태사(太社)·태직(太稷)으로 높여 받들게 되었으며, 황제 즉위 시 행차한 경운궁 즉조당(卽祚堂)의 편액은 태극전(太極殿)으로 이름이 바뀌었다. 이어 국왕이 입던 자주색 곤룡포도 황색으로 바뀌었고, 고(故) 왕후는 명성황후로 추존되어 황후의 예로 장례를 치렀다. 이후 국가(國歌)와 황제의 어기(御旗), 친왕기(親王旗), 군기(軍旗) 등을 제정했으며, 황제를 대원수로 한 프로이센식 복장과 관복을 제정해 황제의 권위를 높이는 상징물이 제작되었다.

대한제국 선포에 대해 공식적으로는 러시아와 프랑스가 적극적으로 승인하고 축하했고, 일본, 영국, 미국 등이 직간접으로 승인했다. 그러나 각국 외교관들의 솔직한 반응은 대한제국의 선포를 '1루블의 가치만도 못하게 여긴다'는 식이었다. 청국은 조선이 감히 제국을 칭하다니 망자존대(妄自尊大, 망령되이 스스로 높임)라 했다. 청일전쟁의 패배보다도 자존심 상하는 일이라 했다. 청국 조정에서는 자국 상인의 활동을 위해 한국과의 관계를 조정하자는 대신들과 괘씸하다는 황실의 주장이 교차되었다. 그리고 1899년 양국 황제 이름으로 한청통상조약(韓淸通商條約)이 체결되었다. 이는 사상 최초로 양국 간에 수립된 대등하고도 근대적인 외교 관계였다.

왕국과 민국을 이어 준 대한의 제국

대한제국의 선포는 어디까지나 상징적인 조치로서 현실적인 힘의 한계를 극복하기는 어려웠다. 이미 내정은 청일전쟁 이전부터 주변 세력의 각축에 의해 군사, 재정, 외교 모두가 파행을 겪고 있었다. 게다가 러일전쟁을 거치면서 마침내 일본의 보호국으로 전락해 1910년에는 주권까지 강탈당했다. 일본은 대한제국의 땅 이름을 조선으로, 고종태황제·순종황제를 이태왕·이왕이라 칭했으니 조선을 일본 제국 지배하의 식민지 땅으로, 고종과 순종을 일본 제국 천황 휘하의 왕으로 편입시킨 것이다.

이 과정에서 한국 현지의 통감부와 일본 정부 사이에 근 300통의 비밀 전문이 오갔으니 일본의 공작이 어떠했는지 알 수 있다.

일부에서는 국민국가를 수립하지 못해서라거나 내분만을 일삼다가 대한제국이 망했다는 주장이 있다. 부분적으로는 일리가 있는 듯하지만, 가만히 들여다보면 이야말로 어불성설이다. 제국주의 국가들의 침략을 받은 약소한 나라는 망했고, 그렇지 않은 약소한 나라는 망하지 않은 것뿐이다.

돌아보건대 방법은 달랐지만, 한국의 지식인, 농민, 유생할 것 없이 국민 모두의 첫 번째 갈망은 나라의 독립을 유지시키는 일이었다. 정부는 황제를 중심으로 힘을 결집해 대응하자는 입장이었다. 대한제국은 그렇게 해서 탄생한 것이다. 독립문에 담긴 상징성과 같은 맥락이다.

1919년, 고종이 의문을 죽음[暴崩]을 당하자 거족적인 3·1 운동이 전개되었고, 그 결과 상해에 대한민국 임시정부가 탄생했다. 전제군주국에서 민주 공화제로의 획기적 변신이며, 대한제국 선포에 담긴 자주독립 정신이 대한민국 임시정부로 이어졌다. 대한제국은 조선 왕국과 한국(임시정부 포함)을 이어 준 징검다리였다.

<독립신문>과 독립협회

독립! 무엇을 하자는 것인가

청일전쟁 이후 근 1년 반 동안 조선은 일본의 거듭된 왕궁 유린으로 참담하기 그지없었다. 조선이 가까스로 안정을 되찾은 것은 고종이 러시아 공사관으로 피신한 직후였다.

이런 배경 속에서 아관파천 초기에는 고종과 대신, 신지식인과 도시민 모두가 부국강병이 절실하며, 또 그를 기필코 이루어야 한다는 생각에 하나가 되었다. 내정과 외교에서 다양한 움직임이 잇달았다. 민영환 특사가 러시아에 파견되는가 하면, 최초의 한글 신문인 〈독립신문〉이 발간되고, 독립협회가 결성되었다. 민 특사 러시아 파견이 정부에서 직접 추진한 외교적 대책 모색이었고, 〈독립신문〉 발간과 독립협회 결성은 정부에서 우회적으로 추진한 개화운동이었다.

돌아온 풍운아 서재필

〈독립신문〉은 한국사상 최초의 민간 신문이다. 갑신정변 실패로 미국에 망명 중이던 서재필이 귀국해 정부의 지원을 받아 창간한 것이다.

서재필은 망명 생활 10년 동안 갖은 고초를 겪으면서 학업(워싱턴 대학교 의과 대학)을 마친 뒤 개업 의사로 활동하고 있었으며, 부인은 의과 대학 재학 시절 가정교사로 있던 암스트롱(후에 미국의 체신장관)가의 딸 뮤리엘(Muriel Armstrong)로 1893년 결혼했다. 서재필의 미국명은 필립 제이슨(Philip Jaisohn)으로 서재필의 역순(逆順)에서 따온 이름이다. 1888년 귀국이 절망적이라고 보고 미국 시민으로 입적했다.

후일 독립운동을 하던 '노총각' 이승만이 프란체스카 여사와 결혼을 약속하자 서재필은 이를 적극 말렸다. 적어도 한국인으로서 모국을 위해 무언가 큰일을 하려면 외국 여성과의 결혼이 크게 장애가 된다고 여겼기 때문이다. 경험에서 우러나온 이야기일 것이다. 누대에 걸쳐 당색이나 따지던 양반 사회로 돌아왔을 때 서재필이 얼마나 많은 고충을 겪었을지는 불문가지이다.

1895년 3월 1일 서재필이 대역부도죄(大逆不道罪)를 사면받아 귀국하게 된 것은 김홍집 내각에 의해서였다. 신식 학문을 익힌 서재필을 통해 개화파의 기반도 강화하고 내정도 혁신해 보고자 한 것이다. 그런데 당시는 일본 공사가 이른바 조선 보호국화를 추진하던 때였으니, 지일파(知日派)를 이용하려는 일본의 의도도 물론 없지 않았다.

1896년 12월 26일 서울에 온 서재필은 관직에 오르는 대신, 권력의 외곽에서 민중을 계몽하고자 했다. 내부대신 유길준 등이 그 계획에 적극 호응했고, 신문 발간 사업이 추진되었다. 당시 서울에는 〈한성신보(漢城新報)〉(1895년 창간)라는 일본 신문이 간행되고 있었는데, 일본의 침략 정책과 일본 거류민의 이익을 대변하며 조선에 대해 왜곡된 기사를 양산하고 있었다. 명성황후 시해 사건 당시 만행 현장에 투입되었던 아다치 겐죠[安達謙藏]는 한성신보사의 사장이며, 기쿠치 겐죠, 고바야카와 히데오 등도 바로 그 신문사의 기자였다.

신문 사업의 내막에는 그 같은 〈한성신보〉에 맞대응을 하자는 의미도 있었기 때문에 일본의 촉각이 곤두설 수밖에 없었다. 서재필은 일본으로부터의 암살 위협에 시달렸다. 그는 윤치호에게 이렇게 언급했다.

> 일본인들은 이것(신문 발간 사업)을 그대로 두지 않을 것 같다. 그들은 조선이 두 개의 신문을 가질 만큼 발전되지 않는 한, 그리고 그들의 〈한성신보〉가 존재하는 한, 그와 경쟁적인 어떠한 신문 발간 기도도 단연코 이를 저지할 것이라고 했다. 일본의 뜻에 반하는 행동을 하는 사람은 어떤 자든 암살해 버리겠다고 은근히 협박했다.
>
> ─ 《윤치호 일기》, 《서재필 박사 자서전》

조선의 왕후까지 잔인하게 살해한 마당에, 일본의 정책에 방해가 된다면 누구인들 없애지 못할까. 이런 두려움이 서재필과 유길준을 떨게 했다. 서재필은 이렇게 호소했다.

그들은 나를 독약처럼 미워한다. 내가 며칠 전 조선 상인들에게 일본의 중개를 거치지 않고 미국을 통해 직접 석유를 수입하는 것이 가격을 낮게 해 소비자의 이익이 된다고 연설했기 때문이다. 이곳에서 나는 혼자이다. 미국 정부는 나를 지원하지 않을 것이다. 조선의 관민은 일본의 암살로부터 나를 보호할 수도 없고, 하려고도 하지 않을 것이다. 나는 보호받지 못한 채 혼자이다.

- 《서재필 박사 자서전》

아닌 게 아니라 일본 공사 고무라 주타로[小村壽太郞]는 1896년 1월 말 서재필과 유길준을 위협해 〈독립신문〉의 발간 사업을 포기하도록 종용하기까지 했다.

조선은 민도(民度)가 뒤떨어진 나라이니 민권주의 사상을 전파해서는 안 되며, 〈한성신보〉와 경쟁되는 신문을 창간하는 것을 묵과하지 않겠다는 것이었다.

- 《서재필 박사 자서전》

이처럼 일본의 방해 공작이 엿보이는 가운데 새 신문은 발간 사업을 중지하거나 아니면 〈한성신보〉에 흡수되어 좌초될 상황이었다. 그러나 얼마 후 일어난 아관파천으로 신문 발간 사업은 순조롭게 진행될 수 있었다.

〈독립신문〉 : 정부와 국민, 서로를 알고 세계를 알자

〈독립신문〉은 아관파천 2개월 뒤인 1896년 4월 7일에 창간되었으니, 오늘날 신문의 날은 〈독립신문〉의 창간일에서 유래한다. 주필은 서재필,

국문판 논설과 영문판 사설을 담당했다. 서재필은 그의 우려와 달리 추방되기 전까지는 어느 정도 미국의 보호를 받았고, 한국의 관민은 그의 명논설을 열렬히 환영했다. 주시경은 조필로서 국문판의 편집과 제작을 담당했다. 이후 서재필이 정부와의 마찰로 1898년 봄에 추방된 후로는 윤치호가, 독립협회 해산 이후에는 아펜젤러, 킴벌리 등이 주필을 담당했다. 킴벌리를 제외하면 주필조필 모두가 쟁쟁한 인사들이었다.

〈독립신문〉의 체제는 국문판과 영문판으로 구성되어 창간 당시의 편집은 국문판에 논설과 신문사고(광고), 관보, 외국 통신, 잡보, 물가, 우체시간표, 제물포 기선 출입항 시간표, 광고 등을 실었고, 영문판에 사설, 국내 잡보, 관보, 최신 전보, 국내외 뉴스 요약, 통신, 의견 교환 등을 실었다. 순 한글 신문으로 발간된 것은 양반 계층보다는 일반 민중을 상대로 한 때문이며, 영문판은 해외의 독자들에게 한국을 알리는 데 목적이 있었다.

1896년 4월 7일 창간호에서 밝힌 취지는 이러하다. 첫째, 공명정대하게 보도하며 둘째, 전국의 상하 모두가 쉽게 알도록 한글로 쓰며 셋째, 백성과 정부의 사정을 상호에게 알려 주어 정부 관원의 잘잘못을 감시하고 넷째, 조선 사정을 외국에 알리고 외국 사정을 조선에 알려 인민의 지식이 열리게 하고 다섯째, 군주와 관료, 백성을 유익하게 한다는 것이었다. 요컨대 〈독립신문〉은 남녀노소와 신분의 상하, 지역의 차별 없이 공평하게 보도한다는 입장이었다.

그로부터 1899년 12월 4일 폐간될 때까지 〈독립신문〉은 3년 8개월간 정치, 경제, 사회, 문화, 교육 등 각 방면에 수많은 명논설들을 남겼다.

정부에 벼슬하는 사람은 임금의 신하요, 백성의 종이라. 종이 상전의 경계와 사정을 자세히 알아야 그 상전을 잘 섬길 터인데 조선은 거꾸로 되어 백성이 정부 관인의 종이 되었으니 백성은 죽도록 일을 해 돈을 벌어 관인들을 주면서 상전 노릇을 해 달라 하니 어찌 우습지 아니하리오.

- 1896년 11월 21일

백성의 직무는 정부가 애국 애민하는 정부인지 아닌지 살피고 감독하는 것이요, 애국 애민하는 정부의 옳은 법령은 자기만 시행할 뿐 아니라 다른 사람도 시행하도록 권장하는 것이요, 정부가 애국 애민하는 사업을 못할 지경이면 그 이유를 법률에 호소해 애국 애민하는 정부가 서도록 하는 것이다.

- 1898년 1월 11일

국민을 위해 일하는 사람은 전국 인민이 사사로운 애증 간에 다만 말로만 그 사람을 붙들어 줄 뿐이 아니라 목숨까지 내버려 가면서도 그 사람을 붙잡아야 하고 국민을 해롭게 하는 자는 남녀노소가 다 말로만 죄인으로 돌릴 뿐이 아니라 목숨을 내버려 가면서라도 그 놈을 법률로 다스리게 하는 것이 직무이다.

- 1898년 3월 3일

이렇듯이 〈독립신문〉은 언론의 사명을 톡톡히 했으며, 창간 당시의 원칙을 충실히 지켰다. 시기에 따라 비판 대상이 변하면서 논조도 변했지만, 정부와 백성의 매개체 역할을 공명정대하게 한다는 기본 방침은 대체로 유지되었다. 〈독립신문〉은 언론의 정신과 원칙에 충실한 점에서 오늘날의 어느 신문과 비교해도 손색이 없었다. 특히나 한글 전용을 시도한 점은 우리말의 발전과 보급에 지대한 공헌을 했으니 그야말로 조상의 얼을 이어 준 보배였다.

독립협회와 독립문

〈독립신문〉이 발간된 지 약 3개월 뒤 1896년 7월 2일 서울에서는 독립협회가 결성되었다. 독립협회는 정동 클럽을 모태로 하고 있었다. 정동 클럽은 고종과 왕후가 후원해 서울 주재 서양 외교관, 선교사들과 조정의 고위 관리들이 친목을 표방해 설립된 단체였다. 청일전쟁을 야기한 일본의 조선 지배 기도에 대해 고종과 왕후가 궁정 외교 차원에서 결성시킨 반일적 사교 단체였던 것이다. 주요 회원도 민영환, 윤치호, 이상재, 서재필, 이완용 등과 씰(미국 공사), 플랑시(프랑스 영사), 르젠드르(미국인 고문), 다이(미국인 교관), 선교사인 언더우드와 아펜젤러 등이었다.

그래서 출범 당시의 독립협회는 〈독립신문〉과 유사한 성격을 지녔다. 관의 후원하에 등장한 것이나 똑같이 독립을 표방한 점 등이 그러하다. 독립협회는 이후 1898년 12월까지 약 30개월간 한국의 대표적인 정치단체로 활약했다. 독립협회의 활동은 세 가지 방향으로 요약된다. 즉 나라의 독립자주권을 지키자(자주 독립), 인민의 자유와 평등권을 확립하자(자유 민권), 내정을 혁신해 부국 자강한 나라를 만들자(자강 개혁)는 것이 그것이다.

아관파천 직후 정부나 백성 모두가 가장 절실히 바란 것은 국권을 굳건히 하는 일이었다. 그런 소망의 확실한 상징물이 현재 서대문의 교차로 한쪽에 고립되어 있는 독립문이다. 독립문 정초식은 1896년 11월 21일 서대문 밖 영은문 터에서 5천 명 내외의 관민과 학생이 운집한 가운데 성대히 행해졌다. 독립문의 '독립'은 과거 500년 동안의 사대 조공을 폐하자는 것이니 청국으로부터 자주독립하겠다는 의미가 있었다. 그러나 청국은 청일전쟁의 패배로 이미 조선에서 손을 떼었다. 그러니 사실은 조선을 정복하려는 일본에게서, 나아가 러시아 등 유럽 각국에게서 독립하겠다는 의미였다. 〈독립신문〉에서는 이렇게 보도했다.

> 오늘 우리는 국왕이 서대문 밖의 영은문 터에 독립문을 건립할 것을 결정한 사실을 경축한다. ……이 문은 다만 중국으로부터 독립을 의미할 뿐 아니라, 일본, 러시아 그리고 모든 유럽 열강으로부터 독립을 의미하는 것이다. 그것은 조선이 전쟁의 폭력으로 열강에 대항해 승리할 수 있다는 의미에서가 아니라, 조선의 처지로 보아 평화와 인도주의와 진보가 요구되고 있고, 조선이 동양 강대국의 이해가 접합되는 위치에 있다는 점에서 그러하다. 전쟁이 조선 주변에서 발발할 수 있을 것이다. 아니, 조선의 머리 위에서 쏟아질지도 모른다. 그러나 힘의 균형 법칙에 의해 조선은 손상받지 않고 다시 일어설 것이다. 독립문이여 성공하라, 그래서 다음 세대들로 하여금 잊지 않게 하라.
>
> － 〈The Independent〉

독립문 낙성식은 이듬해 11월에 이뤄졌다. 꼭 1년 만에 건립된 것이다. 화강암 벽돌 1,850개를 쌓아 올린 것으로 파리의 개선문을 연상케 한다. 내부에 옥상으로 통하는 돌층계가 있고, 윗부분은 난간 형태로 장식되었으며 거기에 좌우의 태극기 문양과 함께 '독립문'이란 글자가 새겨져 있다. 설계는 러시아 인 사바틴이, 공사는 심의석이 진행했다. 왕실에서 1천 원(건립 기금의 5분의 1)을 하사했고, 관료, 상인, 학생 등 각계각층의 정성과 헌금이 모여졌다. 나라를 반석 위에 올리려는 관민의 소망인 '독립문'이라는 글자가 앞면에는 한글로 뒷면에는 한자로 새겨진 것이다.

독립협회의 성격

초기의 독립협회나 〈독립신문〉의 비판 대상은 주로 일본이었다. 독립협회 창립 당시 조야가 가장 지탄해 마지않던 대상이 일본이었기 때문이다. 그래서 독립협회나 〈독립신문〉은 반일적이었다. 그러나 환궁 이후로는 점차 비판 대상이 러시아로 바뀌었다. 일본의 선동도 있었고, 러시아 스스로도 비난 살 일을 저질렀다.

러시아 입장에서는 고종을 환궁시키고 보니, 당초 예상과는 달리 조선 조정을 다루기가 쉽지 않았다. 일본과 영국도 은근히 러시아 팔목을 비틀어 댔다. 이때 태풍의 눈처럼 대두한 것이 러시아의 군사교관과 재정 고문 초빙 문제였다. 전자는 일본이, 후자는 영국이 크게 우려하는 일이었다. 조선 문제를 놓고 러시아와 영국, 일본이 심각하게 대립하던 때였다.

그때 독립협회는 러시아를 성토했으니, 영국과 일본을 응원한 셈이었다. 실제로 영국이나 일본, 미국 모두 독립협회가 러시아를 성토해 주기를 은근히 바랐던 것도 사실이다. 그래서 어느 학도는 독립협회가 반국가적, 매국 매족적인 친일 단체이며 친미 단체라고까지 극언하기도 했다. 이런 상황은 1980년대에 유행했던 반미 운동에 편승한 주장이기도 했고, 북한에서 때마침 쏟아져 들어온 역사서들의 영향이기도 했다. 일본의 일부 연구자들이 이미 그런 논리를 편 적도 있다. 묘한 학문의 역류현상이다. 그래서 〈독립신문〉은 친일언론지요, 서재필과 윤치호는 매국노라고 했다. 독립문을 부수자는 주장이 안 나온 것만도 다행이었다.

그러나 정확하지 못한 주장이었다. 한국과 러시아의 관계는 아관파천 당시와 환궁 이후가 같지 않았다. 이미 틀어졌던 것이었다. 러시아가 재정을 지원하지 않으면서 한국의 군사와 재정권만 장악하려 했기 때문이다. 러시아나 일본이 똑같다는 것이 고종과 대신들의 판단이었다. 이때 독립협회로 하여금 러시아의 행태를 성토하게 한 사람은 다름 아닌 고종이었다. 만일 독립협회가 매국 매족적 친일 단체라면 고종도 그렇다는 얘기가 되는데, 과연 그런가? 독립협회의 업적을 과대평가하는 것은 곤란하겠지만, 그렇다고 턱없이 깎아내리는 것은 더 큰 문제다.

다만 부분적으로 독립협회의 활동에 오해를 살 만한 부분이 없지는 않았다. 독립협회의 활동은 초기에는 계몽운동이 중심이었지만, 점차 정부 관료의 부패와 실정을 비판하고, 국민의 권리를 강조했다. 그래서 고급 관료들이 주도해 가다가 점차 민중이 진출하고, 급기야는 민권 신장 운동이 전개되었다. 게다가 의회 설립 운동이 전개되면서 정부 관료가 이탈했다.

민권 확대는 역사의 대세였지만, 외세가 기세등등하게 포진하고 있는 서울 한복판에서 전개된 투석전은 어느 모로 보아도 답답한 광경이었다. 일본의 첩자들이 독립협회를 넘나들며 부추기는 가운데 일본 공사는 정부의 독립협회 탄압을 은근히 조장했다. 박영효 일파란 자들이 독립협회를 넘나들며 고종을 퇴위시키려는 음모를 꾀했다는 설도 그러한 배경에서 나온 것이다. 어떻든 정부와 협회의 충돌에 대해 박수 치고 환호한 것은 일본 외교관들이었다.

결국 독립협회의 국권 수호 운동이나 자강 운동은 어느 정도 정부와 손발이 맞아 진행되었지만, 말기의 의회 설립 운동은 그렇지 못했다. 전자의 경우 정부는 가만히 있고 독립협회가 반러시아 운동을 전개했으나, 후자의 경우 정부와 독립협회가 정면으로 충돌했고 한 치의 양보도 없었다. 결과는 물리력을 갖지 못한 협회가 강제 해산당하는 것으로 귀결되었다. 이때는 오히려 정부와 외세의 손발이 맞았다. 정부는 의회를 설치하려는 협회가 못마땅했고, 일본과 러시아는 이권 확대에 사사건건 시비를 거는 독립협회가 눈엣가시 같았다. 그러니 정부가 독립협회를 탄압해 해산한 것은 일본과 러시아에게는 '꿩 먹고 알 먹는' 소득이었다.

돌아보건대 정부가 〈독립신문〉 발간과 독립협회의 활동을 후원한 것은 시의적절했다. 외세에 시달린 저간의 경험에 비추어 여론 환기가 중요함을 깨닫고, 늦게나마 정부에서 언론 대책을 취한 것이다. 이후 정부는 대외적인 문제로 난항을 겪을 때 협회를 완충 장치로 활용했고, 협회는 한동안 정부에 지원을 아끼지 않았다. 즉 상호 보완적이었다.

그러나 체제 문제를 놓고, 보다 직접적으로 말하자면 감투를 누가 차지하냐의 문제를 놓고 관계가 틀어졌다. 의회 제도를 내세운 독립협회는 정부와 보수 대신들에 의해 축출되었다. 민권 확대는 군권과 관권의 축소로 받아들여졌고, 자강 개혁이야말로 정부 구조를 조정하자는 것인데, 기존 구조를 유지하려는 관료들이 이를 꺼렸다. 어쨌건 정부와 단체 간의 싸움 끝에 결실은 외국이 거두어 갔다.

대한제국 운명의 갈림길이 된 러일전쟁

의화단 봉기 : 무너지는 청국, 동아의 헌병으로 떠오른 일본

한국에서 독립협회 활동이 고조되어 가던 1898년 이웃 청국에서도 거대한 소용돌이가 휘몰아치고 있었다. 그해 3월 독일의 교주만 조차를 기점으로 서구 열강이 청국의 분할을 본격화했는가 하면, 5월에 하북과 산동성에서 시작된 의화단 봉기가 청국 전역으로 확산되어 갔다. 의화단 봉기는 백련교(白蓮敎)의 한 분파인 의화단이 '청조를 일으키고 서양과 기독교를 배척하자(扶淸滅洋)'는 구호하에 펼쳐 간 일종의 배외 운동이었다. 서양의 선교사들이 중국의 전통과 관습을 매도하고, 서양 각국이 청국의 중요한 항구들을 조차하는 등 각종 이권을 약취해 갔으니, 어쩌면 중국인들의 자연스런 반응이기도 했다.

1900년 4월 의화단 세력이 북경에 육박하자 북경의 열국 공사관에서는 이들의 진압에 나서 줄 것을 청조에 요구했다. 그러나 청조의 보수파는 그들을 의민(義民)이라 추켜세웠다. 그들의 배외 운동은 서태후(西太后)와 보수파들도 바라는 바였다. 이에 영국의 동양 함대 사령관 시모어(Edward H. Seymour) 장군의 지휘하에 8개국 연합군이 조직되어 천진에서 북경으로 향했다. 그러자 청조의 감군(甘軍)과 의화단이 북경의 외국 공사관을 포위했고, 마침내 양측 간에 공방이 지속되었다. 그러나 오합지졸에 불과한 감군과 의화단이 연합국 군대와 승패를 겨룬다는 것은 결과가 뻔한 일이었다.

열강의 강화 조건 12개조가 청조에 전달되었고, 청국은 이 모든 요구 조건을 수락해야 했다. 골자는 각국이 공사관 보호를 위해 북경에 경비대를 상주시킬 권리를 확보한 것과 청조가 배상금을 지불한다는 것, 특히 40년에 걸쳐 분할 상환한다는 4억 5천만 냥의 배상금은 이자까지 합하면 9억 8천만 냥에 달하는 거액이었다. 관세와 염세가 담보였다. 각국이 배상금을 분배했고, 청조의 재정은 거덜이 났다. 청일전쟁 이래 무너져 가던 청조가 또다시 일격을 맞은 셈이었다. 의화단 봉기의 결과였다. 동시에 그것은 1911년 신해혁명으로 이어지는 길목이었다.

한편 의화단 봉기로 크게 떠오른 나라가 있었는데 바로 일본이었다. 당시 일본은 8개국 연합국 병력의 거의 40퍼센트에 달하는 군사를 파견했다. 즉 러시아 4,500명, 영국 3천 명, 미국 2,500명, 프랑스 800명, 이탈리아, 오스트리아, 헝가리의 소수 병력, 미처 합류하지도 못한 독일군 병력까지 7개국 병력이 1만 4천 명인 데 비해, 일본이 파견한 군사는 8천 명이었다. 일본이 이렇게 많은 병력을 파견한 데에는 그만한 이유가 있었다. 의화단 진압에 공을 세워 일본의 위상을 높이자는 것이었다. 나아가 아시아의 헌병을 자임한 것이니 다분히 러시아를 의식한 행동이었다. 영미독 등 구미 열강도 만주로 진출하는 러시아를 일본이 상대해 주기를 은근히 바라고 있었다.

영일 동맹과 러시아의 신노선 : 만주는 우리의 세력권

한편 의화단 봉기가 만주로 확산되면서 동청 철도까지 파괴되는 상황에 이르자 비상이 걸린 것은 러시아였다. 만주에 주둔시킨 러시아 군은 1만 2천 명에 달했다. 그러나 난이 진압된 이후에도 러시아는 자국군의 철수를 지체했다. 만주에서 우월한 지위를 유지하고자 한 것이다. 이때 1902년 1월 영일동맹이 체결되었으니 다분히 러시아를 겨냥한 것이었다. 이에 러시아는 러프동맹을 아시아로 확대 적용하려 했으나 무위에 그쳤고, 대신 1902년 4월 8일 청국과 만주 철병에 관한 협정을 맺었다. 6개월 단위로 3차에 걸쳐 만주 주둔 러시아 군대의 철수를 완료한다는 내용이었다.

그러나 러시아는 1902년 10월 8일까지 1차 철병을 이행한 뒤, 1903년 4월 8일까지 2차 철병을 이행해야 했지만 대신 봉천성 남부와 길림성 전역을 점령해 버렸다. 영일동맹에 정면으로 도전한 셈이었다. 이런 변화는 베조브라조프(A. M. Bezobrazov)를 비롯한 강경파가 러시아 내에서 득세한 결과였다. 이들은 만주와 압록강 유역으로 군대를 이동시키고, 압록강 삼림 채벌권 행사를 명목으로 5월에는 용암포에 진출, 이를 조차해 1903년 8월에는 군사 기지화하려 했다.

같은 시기에 점진론자인 위테가 해임되고 여순에 극동 총독부가 신설되는 등 이른바 '신노선'에 따른 적극적인 동북아 정책이 취해졌다. 러시아는 일본을 과소평가하고 있었던 것이다. 온건론자인 쿠로파트킨(Aleksei N. Kuropatkin) 장군조차도 이렇게 호언할 정도였다.

우리들은 13일 이내에 40만의 군대를 일본 국경에 집결시킬 수 있다. ……전쟁은 군사적인 산보에 불과할 뿐이며 독일과 오스트리아 국경으로부터 우리의 군대를 움직일 필요조차 없는 것이다.

베조브라조프의 모험주의 노선이 일본의 팽창주의와 정면으로 맞부딪치려는 상황이었다.

양보 없는 줄다리기 : 막다른 골목으로 치닫는 러시아와 일본

이처럼 의화단 봉기를 틈타 러시아와 일본은 상대를 의식하며 막다른 골목으로 치닫고 있었다. 이후 양국은 여러 차례 만주와 한국에 관해 교섭을 가졌다. 일본의 입장은 한국을 자국의 보호령으로 하는 대신 만주에서 러시아의 우월권을 인정하되 기회균등 원칙이 지켜져야 한다는 것이었던 반면 러시아는 자국의 만주 독점권과 한반도의 북위 39도 이북을 중립지대로 설정할 것과 한국령의 전략적 사용 불가 입장을 고수했다. 러시아는 한국을, 일본은 만주를 물고 늘어지면서 한 치의 양보도 않겠다는 입장이었다. 그 후로도 마찬가지였다.

일본의 제1차 협상안은 청국과 한국 양국의 독립 보전과 상업상의 기회균등, 한국과 만주에서 상호 이익을 보장한다는 것이 골자였다. 러시아는 만주를 일본의 세력 범위에서 제외시키고 한국에서 일본의 군사 활동을 제한하며, 한반도의 39도 이북에 중립지대를 설정할 것을 주장했다. 고무라 일본 외상은 1차 수정안에서 만한 교환론을 더욱 분명히 해 일본의 한국에 대한 파병권은 물론 한국과 만주 국경에 중립지대의 설치를 요구했다. 러시아의 반대 제안은 청나라에 관해서는 아무런 언급이 없고, 한국 북부의 중립지대 설정 및 한국 영토의 전략적 사용 불가 등 한국 문제에 대해서만 다루고 있었다.

이렇게 서로 종전의 주장을 되풀이함으로써 양국 사이에는 타협의 여지가 거의 없었다. 국익을 위해 서로가 만주와 한국을 떼어 놓을 수 없다. 상반된 입장의 '만한 불가 분리론'을 되풀이하고 있을 뿐이었다. 결국 먼저 전쟁의 방침을 굳힌 것은 일본이었다.

일본에서는 이미 1900년에 중국의 보전과 한국의 보호를 내세우며 국민 동맹회란 단체가 결성되어 활동하더니, 얼마 후 그 단체는 도오야마 마쓰루[頭山滿] 등 현양사(玄洋社)의 호전적 인물들로 꽉 채워졌다. 도쿄대, 와세다대 등의 교수들을 주축으로 총 한 번 만져 보지 않은 칠박사(七博士)들이 개전을 주장하고 나섰다. 육군, 해군, 외무성의 강경론자들도 개전을 주장하고 나섰다. 마침내 1904년 1월 일본의 어전회의에서 개전론이 유력해졌고, 2월의 임시 각의에서 개전이 결정되었다.

러일전쟁 발발 : 여순항과 인천항의 포성

전쟁은 2월 8일 밤 여순과 인천에서 일본군의 기습으로 시작되었다. 다음 날 일본은 인천 앞바다에 있던 두 척의 군함을 격침시켰다. 일본이 전쟁을 선포한 것은 다음 날인 10일. 도고 헤이하치로[東鄕平八郎]의 함대가 5월 5일 요동반도에 상륙하고, 한국을 거쳐 북진한 제1부대는 압록강을 건너 만주로 진격했다. 1904년 6월 20일에 만주 4군 군총사령부가 설치되고 총병력 15만의 일본군 제1, 2, 4군이 1904년 9월 4일 요양을 점령했다. 1905년 1월 2일 노기 마레스케[乃木希典] 대장 휘하의 제3군이 여순을 함락하고 이어 전개된 봉천 대회전도 1905년 3월 10일 일본의 승리로 끝났다. 이제 만주를 장악하는 데 중추나 다름없던 러시아의 보루가 무너진 것이었다.

러일전쟁에 투입된 양국의 전력은 이러했다. 일본군은 전시 병력 120만으로 이 중 사상자가 68만 9천 명(전사자 13만 5천 명)이었다. 해군은 전함 7척이었고 무장 순양함 8척, 경순양함 17척, 구축함 19척, 어뢰정 28척, 포함 11척이었다. 러시아의 극동 해군은 주로 여순에 기항하고 있었는데, 전함 7척, 무장순양함 4척, 어뢰정 37척, 포함 7척이었고 개전 직전 러시아 극동군은 정규군 9만 8천 명이었다. 철도 수비대 2만 4천 명은 동청 철도 연변에 분산되었고, 전쟁 초기 시베리아 횡단철도의 군 수송률은 하루 6량에 불과했다. 만주로 이동한 120만 병력은 대부분 1905년에 이동한 것이다. 사상자는 40만여 명이었다.

그러나 전쟁이 장기화될수록 일본으로서는 지탱할 여력이 없었다. 일본은 재정 면에서 1년간의 전비를 4억 5천만 원 정도로 예상했지만, 실제로는 2년간 19억 원을 지출했다. 또 전선 확대로 보급로가 길어져 전술상의 취약점이 노출되었다. 러시아의 주력 부대가 하얼빈에 집결, 반격할 기회를 노리는 형세였다. 일본은 종전을 서두르지 않으면 안 되었다. 특히 봉천 전투 이래 일본의 사정은 더욱 악화되어 갔다. 이때 러시아 역시 국내에서 발발한 혁명으로 발목이 잡혀 있었다. 러시아 역시 더 이상의 전쟁은 무리였다. 결국 이러한 사정으로 양국 사이에 강화의 필요성이 대두되었다.

그러나 일본은 전쟁의 승기를 잡은 뒤 미국에 중재를 의뢰하기로 결정했다. 그 전투가 바로 발틱 함대와의 대마도 해전이었다. 1904년 9월 10일, 발트 해의 크론스타트(Kronstadt) 항을 출발한 러시아의 발틱 함대는 장장 8개월 반이 지난 1905년 5월에야 대한해협에 이를 수 있었다. 엄정 중립을 구실로 영국이 자국 소유의 항만에서 러시아 함대에 대한 석탄 공급을 거부했기 때문에 아프리카 대륙을 우회해 항진하던 발틱 함대는 마다가스카르 등지에서 수개월간 발이 묶여 있어야 했다.

마침내 발틱 함대가 인도양과 남중국해를 거쳐 대한해협을 통과하게 되었다. 그러나 장기간의 항해에 지치고 지친 발틱 함대를 기다린 것은 도고 중장이 지휘하던 일본의 연합 함대였다. 마침내 5월 27일 새벽 4시 45분, 일본 연합 함대의 선제공격으로 거의 24시간 동안 지속된 동해 해전에서 발틱 함대는 치명적 타격을 입고 괴멸되었다. 러시아 함대의 사령관 로제스트벤스키 제독이 포로로 잡혔다.

열강의 반응 : 적당한 선에서의 중재

러일전쟁은 앞선 영국, 독일, 프랑스, 미국 등의 열강이 흥미진진하게 관전하는 가운데, 낙후한 제국 러시아와 아시아의 떠오르는 태양 일본이 한판 승부를 겨룬 셈이었다. 제국주의 국가 그룹 내의 약자 간 싸움이었다. 그런데 러시아와 일본 사이의 전쟁에서 영국과 미국은 일본을 적극 지원했다. 두 나라는 일본을 재정적, 전략적, 외교적으로 지원함으로써 일본이 영국과 미국의 대리로 전쟁을 수행했다는 이야기도 있다.

먼저 1904~1905년, 1년 동안 영국과 미국이 일본에 제공한 차관은 4억 1천만 달러, 이 중 약 40퍼센트가 일본의 전비로 충당되었다. 엄정중립을 선언했음에도 불구하고 영국은 제3국이 러시아에 석탄을 공급하고 원조를 제공하는 것을 저지했다. 미국의 루스벨트 대통령도 독일과 프랑스가 삼국간섭 당시처럼 일본에 개입한다면, 미국은 당장 일본 편에 가담하겠다고 했다. 한술 더 떠 북중국을 포함하는 전 중국에 대해 중립을 지켜야 한다고 해 만주에 대한 러시아의 기득권을 부정했다.

'미국은 러시아에서 만주를 빼앗는 대신 일본으로부터는 한국을 빼앗으려 하지 않은 셈'이었다. 게다가 개전과 동시에 미국 특사로 파견된 가네코 겐타로는 루스벨트의 하버드대학교 동창생이었다고 하니 양국의 이해관계가 맞아떨어지는 상황에서는 유리한 조건이었다. 그런 관계가 미국이 친일 여론을 주도하게 한 원인이었다.

한편 러시아의 동맹국이었던 프랑스는 이 전쟁으로 말미암아 영국과 충돌하는 것을 원치 않았다. 중립을 선언하고 4월 8일 영프협약을 체결했다. 그러나 발틱 함대에 대한 석탄 공급 등 동맹국으로서의 편의는 제공했다.

그런데 독일의 행동이 묘했다. 독일은 전통적으로 러시아의 진출 방향을 아시아로 돌리려 했었다. 독일은 러시아가 공격을 받을 경우 독일의 지원을 기대해도 좋다고 공언했다. 그러나 정작 개전 무렵 일본에 대해서는 개입하지 않겠다고 통보했고 개전 이후도 중립을 표방했다. 그러면서도 발틱 함대에 대한 연료 공급 문제와 도거뱅크 사건 때 노골적으로 러시아를 지지했다. 독일은 러일전쟁을 부추긴 셈이었다.

강화 회담의 결과 : 일본에 떨어진 한국의 운명

대마도 해전 후 일본은 미국에 중재를 의뢰했다. 국제 정세도 전쟁 중지를 촉구하고 있었다. 영국과 프랑스는 독일과 대항하기 위해 러시아가 더 이상 약화되는 것을 바라지 않았다. 미국도 일본이 너무 크는 것은 원하지 않았다. 전쟁이 종결의 기미를 보이자 각국은 자국의 이익을 확보해 두고자 했다. 영일동맹 개정, 가쓰라태프트 밀약 등도 그런 배경에서 나온 것이었다.

루스벨트의 중재하에 일본과 러시아 사이에는 8월 9일부터 9월 5일까지 약 4주간 강화 회담이 지속되었다. 일본이 러시아에 제기한 12개조 강화 안이 핵심이었다. 양측은 한국에서 일본의 우월한 이익의 보유와 요동반도 조차권, 장춘-여순 간의 동청 철도 및 그 지선(支線)의 양도 문제 등을 쉽게 합의했다. 그러나 전비 배상 문제, 사할린 문제, 중립국에 억류된 러시아 군함 인도 문제, 극동 해군의 제한 문제 등을 놓고 난항을 거듭했다.

마침내 역사적인 포츠머스 강화조약이 성립한 것은 9월 5일이었다. 그에 따라 남만주는 물론, 한국이 일본의 지배하에 들어갔다. 일본이 한국에 을사늑약을 강요해 피보호국으로 삼은 것도 이때였다. 원래 영국과 미국의 목적은 동북아에서 러시아와 일본이 상호 견제하면서 한반도를 경계로 러시아의 남하를 일본이 막게 하는 데 있었다. 그러나 러시아의 위협이 사라진 이제 일본의 배타적인 만주 진출은 즉각 영국과 미국에게 제동이 걸렸다. 어제의 우호국이 적국이 되었다. 이에 일본은 러시아와 1907년 러일협상을 맺었고, 러시아는 중앙아시아와 발칸 지역으로 진출 방향을 돌렸다. 러일전쟁 이후에 기다린 것은 이제 관전국들 모두가 함께 휩쓸려 난장판을 벌이게 된 제1차 세계대전이었다.

조약 아닌 조약, 을사늑약

한일의정서 : 일본의 승리를 위해

러일전쟁 1년 전, 해에 일본 내각에서는 '대한 방침'을 수립한 상태였다. '어떤 경우라도 한국을 일본의 세력하에 두지 않으면 안 되는 바, 이를 위해서는 명분이 있어야 하고, 그러기 위해 청일전쟁 당시처럼 공수동맹 혹은 보호적 협약을 만들어 두는 것이 필요하다'는 것이었다. 러일전쟁을 도발한 일본이 곧바로 한국 정부를 압박해 1904년 2월 23일 한일의정서를 체결한 것도 그런 맥락이었다. 한일의정서의 골자는 이러했다.

동양 평화를 위해 한국은 일본의 충고를 받아들이고, 일본은 한국
황실의 안녕과 나라의 독립 및 영토의 보전을 확실히 보증한다. ……
제3국의 침해나 내란으로 한국 황실의 안녕이나 영토 보전에 위험이
있을 경우, 일본 정부는 필요한 조치를 취하기 위해 군사 전략상 필요

한 지점을 수시로 이용할 수 있다.

그러니까 한국이 일본의 지배를 받아들이지 않으면 동양 평화를 해치는 것이며, 일본군이 한국 내의 전략적 요지를 점령하는 것은 한국의 영토와 독립을 보전하기 위해서라는 해괴한 논리였다. 이대로라면 일본군에 저항하는 한국민은 한국의 영토와 독립을 방해하는 불순 세력이었다. 실제로 이후 일본군은 그러한 논리로 한국의 의병을 초토화시켰다. 어쨌거나 이 의정서의 목적은 한국의 군사상 요지를 선점하는 데 있었다.

얼마 후 일본 각의에서 대한정책을 재결정했다. 1904년 5월의 '제국의 대한 방침'과 '대한 시설 강령'이다. 이들은 한국의 국방, 외교, 재정, 교통, 통신, 산업 등 제분야에 걸쳐 '보호의 실권'을 확대해 일본이 한국에서 정치상, 군사상, 경제상 실권을 장악하고자 했다.

이에 준해 다시 강요한 것이 그해 8월 22일 제1차 한일협약, 즉 한일 외국인 용빙에 관한 협정서였다. 재정과 외교에 외국인을 용빙하도록 하는 것으로 한국의 재정과 외교권의 실권을 박탈했다. 이에 따라 그해 10월 15일 일본 대장성의 주계국장(主計局長)을 지낸 메가다[目賀田種太郎]가 재정 고문으로, 12월 27일 주미 일본 공사관의 고문을 지낸 미국인 스티븐스(Durham Stevens, 須知分)이 외교 고문으로 고용되었다.

이들 외에도 일본은 한국 조정의 각부에 일본인 고문을 배치했다. 군부와 학부, 궁내부는 물론 경찰 분야에도 고문을 두었다. 바야흐로 고문정치가 시작되었다.

예정된 코스, 을사늑약의 체결 과정

이상에서처럼 일본은 러일전쟁 중 한국을 차지할 조건을 성숙시켜 갔다. 그러나 최종 목적을 이루기 위해서는 열강과 적절한 타협이 필요했다. 그래서 열강의 승인을 받는 일에 총력을 기울였고, 그 결과 3개의 중요한 협상을 체결했다. 하나는 1905년 7월 27일 미국과 맺었다는 가쓰라 태프트 밀약, 다른 하나는 1905년 8월 12일 영국과 체결한 제2차 영일동맹, 다른 또 하나는 1905년 9월 5일 러시아와 미국에서 체결한 포츠머스 강화조약이었다.

앞의 둘은 일본이 한국에 보호 조치를 하는 데 대해 영국과 미국이 양해한 것이었다. 그에 대한 보답으로 일본은 미국이 필리핀을 통치하는 것과 영국이 인도 국경 지방에서 특수 이익을 확보하는 것을 승인했다.

포츠머스 조약은 "일본이 한국 정부와 협의만 거친다면, 한국의 주권을 침해하는 어떠한 조치도 집행할 수 있다."는 동의를 러시아로부터 받은 것이었다. 일본이 한국의 외교권을 빼앗기 위해 양해를 구해야 했던 주요 강대국은 영국, 미국, 러시아 세 나라였다.

이렇게 대외적 방어벽을 구비한 일본은 곧바로 한국을 압박해 들어갔다. 먼저 일본에서는 총리대신 가쓰라 다로[桂太郎], 외무대신 고무라 주타로[小村壽太郎], 주한 일본 공사 하야시 곤스케[林勸助]가 한국을 보호국화하기로 결정하고, 다음 달 11월 이토 히로부미(당시 추밀원장)를 특파대사의 자격으로 한국에 파견했다. 이때 일진회가 "한국의 외교권을 일본에게 이양할 것"을 요구하는 선언서를 발표했다. 일본에게 매수된 매국 단체를 통해 여론 공작을 편 것이다. 물론 일본군이 서울 일원과 경운궁 일대에 배치되어 무력 시위를 벌이는 것도 잊지 않았다.

선전하기로는 이토 등이 고종을 위무하기 위해 방문했다고 했다. 그러나 그가 11월 9일 고종에게 전한 일본 왕의 친서는 "짐이 동양 평화를 유지하기 위해 대사를 특파하니 대사의 지휘에 따라 조처하라."는 것이었다. 동양 평화를 유지하자는 말이야 대환영이지만, 이토의 지휘에 따르라는 것은 있을 수 없는 일이었다. 며칠 후 이토는 한일협약안이라는 새로운 안을 제시했다. 골자는 한국의 외교권을 일본이 행사한다는 것이었다.

조정의 대신들이 이를 받아들일 리 만무했다. 11월 17일 일본 공사는 한국 정부의 각부 대신들을 일본 공사관으로 불러들여, 한일협약을 승인하라고 협박했다. 이는 아침부터 시작해 오후 3시가 넘도록 계속되었다. 나중에는 궁중으로 옮겨 가 고종과 대신들을 함께 겁박했다. 이때 궁궐 주위와 서울 시가는 무장한 일본군이 요소요소를 경계하고 있었다. 일본군이 쉴 새 없이 시내를 행진하면서 공포 분위기를 자아냈고, 궁궐 내에도 착검한 헌병과 경찰들이 설쳐 댔다. 그동안 익히 써 온 방법이었다.

그럼에도 대신들이 어전회의에서 일본의 제안을 거부한다는 결정을 내리자, 이토와 주한 일본군 사령관 하세가와 요시미치[長谷川好道]가 거듭 고종을 찾아가 종용했다. 대신과 협의해 원만한 해결을 보라는 것이었다. 고종은 회의에 나가지 않고, 무언으로 항의를 표했다.

이에 일본 공사는 이토의 지원을 구했고, 이토는 다시 하세가와와 헌병을 대동하고 궁중에 들어갔다. 이번에는 이토가 직접 대신 한 사람 한 사람에게 조약 체결에 대한 가부를 물었다. 참정대신 한규설, 탁지부대신 민영기, 법부대신 이하영, 학부대신 이완용, 군부대신 이근택, 외부대신 박제순, 내부대신 이지용, 농상공부대신 권중현 등 대신들은 완강히 버텼다. 그러자 일본 헌병이 들이닥쳐 일부 강경한 대신을 연행해 가고, 여타 대신들에 대한 이토의 협박은 지속되었다.

마침내 의지가 약한 몇몇 대신이 조약 내용에 일부 수정을 요구했다. 한국 황실의 안녕을 보장한다면 요구대로 따르겠다는 것이었다. 이토가 다시 회의를 열어 일부를 수정했고, 마침내 대신 중 일부가 서명했다. 그래도 몇몇 대신이 버티자 이토는 서명한 대신이 과반수가 되니, 이미 통과된 것이라고 선언했다. 이것이 이른바 한일협약안, 즉 을사늑약이다. 자정을 넘긴 11월 18일 새벽 2시의 일이었다.

조약 아닌 조약, 을사늑약

이 조약을 체결한 일본 당로자는 하야시(일본 특명전권공사), 한국에서
악역을 담당한 대신은 박제순(외부대신)이었다. 조약은 5개조로 내용은
다음과 같다.

1. 일본 정부는 동경 주재 외무성을 통해 금후 한국의 외국에 대한 관
   계 및 사무를 감리지휘할 것이며, 일본의 외교 대표자 및 영사는
   외국에 재류하는 한국의 신민 및 이익을 보호함이 가함.
2. 일본 정부는 한국과 타국 간에 현존하는 조약의 실행을 완수할 책
   임이 있으며, 한국 정부는 이제부터 일본 정부의 중개를 거치지 않
   고는 국제적 성질을 가진 어떠한 조약이나 약속을 하지 않기로 약
   속함.
3. 일본 정부는 그 대표자로 하여금 한국 황제 폐하의 궐하에 1명의
   통감(統監)을 두되 통감은 오로지 외교에 관한 사항을 관리하기
   위해 서울에 주재하고 친히 한국 황제 폐하를 알현할 권리를 가진
   다. 또한 일본 정부는 한국의 각 개항장 및 일본 정부가 필요하다
   고 인정하는 지역에 이사관을 둘 권리를 가지되 이사관은 통감의
   지휘하에 종래 재한 일본 영사에게 속하던 일체의 직권을 집행하
   고 아울러 본 협약의 조관을 실행하기 위해 필요한 모든 사무를 관
   리함이 가함.
4. 일본과 한국 사이에 현존하는 조약 및 약속은 본 협약에 저촉되지
   않는 한 모두 다 그 효력을 지속하는 것으로 함.
5. 일본 정부는 한국 황실의 안녕과 존엄을 유지하기를 보증함.

그러나 이것은 강제와 협박에 의해, 그것도 각료의 형식적 의결만 거쳐

이뤄진 것이었다. 고종의 서명도, 공식적 명칭도 없었다. 이렇게 최고 주권자의 승인도, 서명도, 명칭도 없었으니 법 절차상에 치명적인 하자가 있었다. 국제법적으로 무효일 수밖에 없는 강압에 의한 '조약 아닌 조약'이었다.

그러나 국제법이란 '이 세상에 없는 법!' 법은 멀고 제국주의는 가까웠다. 결국 조약 아닌 조약의 형식을 거쳐 일본은 한국의 외교권을 빼앗았다. 한국 정부에 압력을 가해 해외의 한국 외교 대표부를 모두 문 닫게 하고, 공사관 기록 및 영사관 재산을 현지 일본 공사에게 넘기게 했다. 서울에 주재했던 영국, 미국, 독일, 청국, 벨기에 등 각국의 공사도 자국 공사관을 철수해 본국으로 돌아가게 했다. 이듬해 2월에는 서울에 통감부가 설치되고, 초대 통감으로 이토가 취임했다. 이토는 한국의 외교뿐 아니라 내정까지도 명령, 집행할 힘을 장악했다.

장지연, 이날을 통곡하노라

조약 체결 소식이 알려지자 우리나라 전 국민이 분노에 휩싸였다. 일본의 침략 행위를 규탄하는가 하면, 조약에 서명한 대신들을 공박하는 등 분격한 국민들의 조약 반대 투쟁이 확산되어 갔다. 이러한 움직임에 불을 당긴 것은 장지연이 〈황성신문〉에 실은 논설 〈시일야방성대곡(是日也放聲大哭)〉이었다.

지난번 이토 후작이 오매 어리석은 우리 인민들이 말하기를 '후작은 평소 동양 삼국의 정족하는 안녕을 주선한다고 자처하던 사람이었으니, 오늘날 한국에 온 것은 반드시 우리나라 독립을 공고히 부식할 방략을 권고하리라' 해 경향 간에 관민 상하가 환영해 마지않았다. 세상일이 측량하기 어렵도다. 천만 뜻밖에도 5조약은 어디에서부터 나왔는가? 이 조약은 비단 우리나라만이 아니라 동양 삼국이 분열하는 조짐을 빚어낼 것인즉 이토의 본뜻이 어디에 있느냐?

비록 그렇다 해도 우리 대황제 폐하는 강경하신 거룩한 뜻으로 이를 거절해 마지않았다. 이 조약이 성립되지 못한다는 것은 상상컨대 이토 후작이 스스로 알고 스스로 간파했을 것이다. 그렇거늘 아, 저 개, 돼지만도 못한 소위 우리 정부 대신이란 자들이…… 김상헌이 국서를 찢고 통곡하던 일도 하지 못하고, 정온(鄭蘊)이 칼로 할복하던 일도 못하고, 그저 편안히 살아남아서 세상에 나서고 있다. 무슨 면목으로 강경하신 황상 폐하를 대하며 무슨 면목으로 2천만 동포를 대하겠느냐.

아, 원통하고도 분하도다. 우리 2천만 남의 노예가 된 동포여! 살았는가, 죽었는가? 단군 기자 이래 4천 년 국민정신이 하룻밤 사이에 별안간 멸망하고 멈추겠는가? 아, 원통하고 원통하도다. 동포여! 동포여!

피맺힌 그의 절규는 우리 국민의 폐부를 찌르는 듯했다. 논설을 써 내려가던 장지연은 너무도 격분한 나머지 글씨가 잘 써지지 않았다. 그래서 후반부를 다른 사람이 대필했다. 삭제당할 것이 뻔하니 일본의 검열을 무시하고 바로 신문을 발행했다. 경악한 일제는 곧바로 장지연을 연행해 가고, 〈황성신문〉에 무기 정간 조치를 취했다.

전국의 유생과 전직 관리들은 상소 투쟁을 벌였고, 뜻있는 인사들은 죽음으로써 일제의 압제에 저항했다. 시종무관장 민영환이 2천만 동포에게 보내는 유서를 남기고 자택에서 칼로 목을 찔러 자결했다. 다음 날 특진관 조병세도 국민과 각국 공사에게 보내는 유서를 남기고 자결했다. 법부주사 송병찬, 전 참정 홍만식, 참찬 이상상, 주영공사 이한응, 학부주사 이

상철, 병정 전봉학, 그리고 윤두병, 송병선, 이건석 등 중신과 지사들도 줄을 이어 목숨을 던졌다. 심지어 청국인 반종례와 일본인 니시자카도 투신자결해 일본의 침략 행위에 항거했다.

고종 : 결단코 조약 체결을 위임한 적도 동의한 적도 없다

이 조약 체결을 추진하면서 일본은 고종의 공식적 위임을 받아내기 위해 갖은 수단을 다 동원했다. 그러나 고종은 이를 완강히 거부했고, '차라리 내 목을 떼어 가라'는 자세였다. 결국 일본은 대신들을 협박해 그것도 날치기로 얼버무려 대신들의 날인을 받는 데 그쳤다. 그래서 고종의 비준도 거치지 못하고 명칭도 붙이지 못한 희한한 조약이 등장하게 되었다.

조약 체결 직후 고종은 곧 이 조약이 무효임을 대외에 선언했다. 고종은 11월 24일 미국에 체재 중인 황실 고문 헐버트에게 다음과 같이 전언했다(헐버트는 조약 체결 1개월 전인 10월에 고종이 미국 대통령 앞으로 보내는 친서를 갖고 워싱턴으로 출발했다. 그가 워싱턴에 도착한 바로 다음 날 일본은 한국 정부를 강제해 을사늑약을 체결했다).

> 짐은 총칼의 위협과 강요 아래 최근 양국 사이에 체결된 이른바 보
> 호조약이 무효임을 선언한다. 짐은 이에 동의한 적도 없고, 금후에도
> 결코 하지 않을 것이다. 이 뜻을 미국 정부에 전달하기 바란다.

이 조약은 총칼의 위협 아래 최고 주권자인 자신의 동의도 없이 불법적으로 체결된 것임을 전 세계에 알려 달라는 뜻이었다. 이에 부응해 1906년 1월 13일 〈런던 타임스(London Times)〉가 강박하에 조약이 체결된 상황을 상세히 보도했고, 프랑스 공법학자 프랑시스 레이도 1906년 2월 특별 기고를 통해 이 조약의 원인 무효를 주장했다. 그러나 결과는 아

무런 효과도 거둘 수 없었다.

진짜 을사오적은 누구인가?

우리는 그동안 방송사의 어린이 프로그램이나 초등학생들의 수업 시간에서조차 을사오적이 누구인가를 거듭거듭 확인시키는 역사교육을 해왔다. "을사오적이 나라를 팔아먹었다!"고 했다. 우리 국민들에게 피눈물을 쏟게 하고, 한 세기가 넘도록 아픈 상처를 남게 한 침략의 원흉들은 그들의 신사에서 일본 수상의 추도를 받고 있는 반면, 우리는 몇몇 대신들을 을사오적으로 낙인찍어 속죄양으로 삼아 왔다.

그러나 그들에게 나라를 망친 죄를 뒤집어 씌운다고 그 시대 모든 사람들이 면죄부를 받는 것은 아니다. 삼천리 금수강산을 몇몇 정신 나간 대신들이 일본에 판다고 팔릴 나라는 더더욱 아니다. 서로가 입은 상처에 상처를 더 내는 결과는 아닌지 생각해 볼 일이다.

그동안 우리가 을사오적이라 일컫은 인물은 일본의 강요로 을사늑약에 서명한 박제순, 이완용, 이지용, 이근택, 권중현 등 다섯 명이다. 그러나 이들은 한국 내부에서만 적을 찾을 때의 이야기다. 진실로 대한제국의 외교권을 박탈해 간 원흉을 논한다면 이토, 가쓰라, 고무라, 하야시, 하세가와 등 5인이라고 해야 할 것이다. 왜냐하면 이들은 일본 제국을 등에 업고 한국의 황제와 대신들에게 부당한 내용의 조약을 강제한 우두머리들이었기 때문이다. 물론 일본의 강요에 굴복한 대한제국의 대신들이 비난받아 마땅함은 재론할 여지가 없다. 목숨을 내놓고 저항해도 부족할 판에 서명까지 했으니 말이다.

그러나 이것은 어디까지나 도덕적 차원의 이야기다. 현실적으로 을사오적이라면, 한국 조정을 위압해 일본의 보호하로 전락시킨 가해자들이지, 저항 능력도 없는 몇몇 정신 나간 대신들이 아니다. 우리가 이들만을 을사오적이라 낙인찍어 적대감을 높여 왔으니, 아마도 이토, 가쓰라, 고무라, 하야시, 하세가와 등이 지하에서 고소를 금치 못했을 것이다. 오도된 식민사관 때문인지, 편협한 역사인식 때문인지 뭔가 본말을 잘못 이해해 온 것이다.

돌아오지 않는 밀사

헤이그 만국평화회의 : 황제의 밀사

1907년 4월 20일 고종 황제는 만국평화회의가 열릴 예정인 네덜란드 헤이그에 세 명의 밀사를 파견했다. 이미 을사늑약이 체결되기 이전부터 고종 황제는 일본의 압제에 대항해 비밀외교를 추진한 바 있었다. 1904년 11월에는 이승만을 미국에 파견했고 이듬해 2월 상해에 밀사를 파견해 러시아 공사 파블로프를 통해 러시아 황제에게 밀서를 전달했다. 이번의 파견도 고종 황제가 그동안 추진해 온 비밀외교의 연장선에서 취해진 것이었다.

헤이그에서 열리게 될 만국평화회의는 각국의 군비 확장을 제한하고 전쟁을 방지하는 것을 목적으로 1899년 4월 이미 제1차 회의가 열렸었다. 당시 군비 축소와 중재 재판소 설치 문제가 다루어졌으나 각국의 이견 차이로 결의를 보지 못하고 폐막되었다. 6월에 개최되는 제2차 회의는 러일전쟁 후 국제분쟁의 위험성이 커지면서 전쟁 방지를 위해 다시 열리게 되었다. 이 회의에는 세계 주요 국가들의 대표들이 모두 참석했고, 같은 기간에 그곳에서 만국 기자 협회 회의가 열리고 있었다.

고종은 이 회의가 일본의 한국에 대한 침략상을 고발해 국제 여론을 환기하고 한국의 독립에 대한 지원을 호소하기에 유리한 기회라 보고, 이

준, 이상설, 이위종 등 세 명의 밀사를 파견했다.

이준은 1858년 함남 북청 출신으로 1895년 법관 양성소에서 법률을 공부했고, 독립협회에서도 활약했다. 1904년 보안회를 조직해 일본의 황무지 개척권 요구를 배척하고, 을사늑약 이후에는 국민교육회를 조직해 교육을 통한 구국 운동에 힘썼다.

이상설은 충북 진천 출신으로 1904년 관직에 올랐지만, 을사늑약 이후 관직을 버리고 구국 운동에 나섰다. 이 무렵 블라디보스토크에 망명해 있다가 고종 황제의 밀명을 받았다.

이위종은 주러시아 공사였던 이범진의 아들로 당시 페테르부르크에 머물러 있던 중 밀명을 받게 되었다. 그는 러시아 어, 프랑스 어, 영어에 능통해 현지에서 밀사의 대변인 역을 맡았다.

그러나 이 회의의 목적은 세계 평화를 위한 것이 아니라 주요 강대국 간에 식민지 쟁탈을 둘러싼 분쟁을 방지하는 데 있었다. 말이 만국평화회의지 사실은 세계 분할 과정에서 파생하는 마찰을 조정하자는 것이 기본 목표였다. 따라서 일본 지배하에 들어간 우리나라가 이 회의에 호소해서 실효를 거둘 수 있을지는 의문이었다. 결국 한국의 밀사는 일본과 영국의 방해로 회의장에 들어갈 수 없었다.

평화회의 의장이었던 러시아 대표 넬리도프는 "한국의 입장은 동정하나 각국 대표의 초청은 주최국인 네덜란드 정부의 소관이므로 그 정부의 외무대신에게 교섭하라." 했고, 후온데스 네덜란드 외무대신 역시 "나 개인적으로는 동정한다. 그러나 을사5조약으로 한국의 외교권이 일본에 이양되었고, 각국이 이를 인정해 2년간 단교한 사실이 있다. 본 회의의 한국 대표 참석을 나로서는 어떻게 할 수 없다."고 완곡히 사절을 표했다.

결국 특사들은 회의에 공식적으로 참석하지 못했다. 그러나 그들은 비공식 통로를 통해 일본 침략의 실상과 한국의 요구를 실은 글을 각국 대표에게 전달하고 신문에도 실었다. 한국 문제를 국제 정치문제로 쟁점화하고자 했다. 특사의 이런 활동은 7월 9일에 열린 각국 기자단의 국제 협회에서 빛을 발했다. 그 자리에서 이위종은 프랑스 어로 '한국의 호소(A Plea for Korea)'를 절규하듯 읽어 내려갔다. 그의 호소는 각국 언론의 동정을 모았다.

그러나 동정은 어디까지나 동정일 뿐, 그것이 한국의 참혹한 현실을 돌이킬 수는 없었다. 특사 일행은 통곡을 금치 못했다. 그러다 일행 중 한 사람이 현지에서 갑자기 운명을 맞았다. 이준이었다. 7월 14일이었으니 각국 기자단의 국제 협회가 열린 지 불과 5일 뒤였다.

순종 純宗

제27대 1874년~1926년 | 재위기간 1907년 7월~1910년 8월

황제 아닌 황제, 순종

헤이그 밀사 파견은 고종이 자신이 비준하지 않은 을사늑약의 무효화를 거듭 꾀한 것이었다. 그동안 일본은 이 조약을 비준할 것을 고종에게 강요했지만 고종은 이를 완강히 거부했고, 이런 긴장 속에서 고종은 정치적 영향력을 일정하게 유지해 올 수 있었다.

그러나 일본은 이를 기회로 식민지화 정책에 최대 걸림돌인 고종을 제위에서 축출하고자 했다. 먼저 을사늑약 체제를 기정사실화하기 위해 그의 비준을 강요했다. '이 기회를 놓치지 말고 한국 정부에 관한 전권을 장악하라'는 일본 정부의 훈령이 있었다. 7월 3일 일본 외무대신 하야시와 함께 입궐한 이토는 고종 황제에게 "그와 같은 음험한 수단으로 일본의 보호권을 거부하려거든 차라리 일본에 대해 선전포고를 하라."고 협박했다. 남산에 배치된 일본군이 대포로 궁궐을 조준한 채였다.

그러나 고종은 끝내 이를 수락하지 않았다. 그러자 이들은 밀사 파견의 책임을 들먹여 7월 19일 고종을 강제로 퇴위시켰다. 때때로 외교적으로 대응해 일본 정부의 대한제국 병탄 작업에 제동을 걸었던 고종을 끝내 제거한 것이었다. 고종의 양위식은 1907년 7월 20일 오전 8시 경운궁의 중화전에서 행해졌다. 그러나 고종도 황태자도 모두 참석하지 않았다.

이러한 형식으로 즉위한 것이 제2대 대한제국의 황제인 순종으로 그는

대한제국의 마지막 황제였다. 재위는 1907년에서 1910년까지 약 3년이었다. 고종의 둘째 아들로 이름은 척(拓), 고종과 명성황후 사이에서 1874년 2월 창덕궁의 관물헌에서 태어났다. 태어난 다음 해 2월 세자로 책봉되었고, 9살 때인 1882년 여흥민가에서 규수를 맞이했는데 그 비가 곧 순명효황후이다. 그녀는 을미사변 당시 민왕후의 시해 현장에서 누구의 것인지 모를 피를 옷에 잔뜩 뒤집어쓰고 혼비백산한 적이 있는데 그런 놀라움 때문인지 장수하지 못하고 일찍 세상을 떴다. 순종은 같은 해에 해풍부원군 윤택영의 딸을 맞아 황태자비로 삼았다. 그러나 말이 황제요, 황후이지 아무런 실권이 없었다. 황제 아닌 황제였다.

대한제국 장교 박승환

순종이 즉위하자 숨 돌릴 사이 없이 일본은 한국 정부에 이완용과 이토 사이에 비밀리에 체결된 한일신협약(정미7조약)을 강요했다. 고종을 강제 퇴위시킨 지 5일 뒤였다. 거기에는 한국 정부가 시정의 개선에 관해 통감의 지도를 받을 것과 법령의 제정 및 중요한 행정상의 처분은 미리 통감의 승인을 얻을 것 등을 규정해, 통감이 한국 내정에 간섭할 권한을 규정했다. 이제 각부의 차관에 일본인이 임명되어 차관 정치가 시작되었다.

한편 정미7조약의 부속 각서에는 군대 해산에 관한 규정이 있었다. 8월 1일 서울 시위대의 해산을 시작으로 전국 각 지방의 진위대와 분견대의 해산이 확산되었다. 서울에서는 군대 해산식이 있던 날 시위대 제1연대 대대장 박승환이 분을 못 이겨 권총으로 머리를 쏘아 자결했다. 그가 남긴 유서의 내용은 이러했다. "군인으로서 나라를 지키지 못하고 신하로서 충성을 다하지 못했으니 만 번을 죽어도 아까울 것이 없다."

대장의 죽음에 격분한 사병들이 일본인 교관을 난사한 후 시가전에 들어갔다. 일본군은 기관포를 앞세워 집중 사격을 가했다. 얼마 안 되어 이에 대응하던 시위대 병사들의 실탄이 떨어졌다. 그러자 이들은 일본군과 백병전을 벌였다. 빗발치는 듯한 일본군의 총탄 속에서 한국군 68명이 전사하고 100여 명이 부상당했다. 일본군도 가지와라(梶原) 대위 이하 3명이 죽고 27명이 부상을 입었다.

서울 시위대의 항전에 이어 전국 각지에서는 진위 대원의 항전이 뒤따랐다. 그러나 대한제국군이 일본군을 상대하기에는 역부족이었다. 의기는 높았지만, 무기와 병력이 너무나 열세였다. 일본군과 교전을 치른 뒤 이들은 의병 부대와 합류했다. 일제와의 전면전이 시작된 것이다.

대한국인 안중근

1909년 10월 26일 이토를 태운 특별 열차가 하얼빈 역에 도착했다. 이토는 러시아의 코코프체프와 약 25분간의 열차 회담을 마치고 차에서 내려 러시아 장교단을 사열하고 막 환영 군중 쪽으로 발걸음을 옮기고 있었다. 이때 군중 속에서 뛰어나온 한 청년이 이토에게 권총을 발사했다. 3발의 탄환이 이토의 몸에 명중했다. 청년은 현장에서 체포되었고, 이토는 곧 숨을 거두었다.

러시아 검찰관의 예비 심문에서 확인한 결과 이 청년은 한국 의용병 참모중장으로 나이 서른한 살의 안중근(安重根)이었다. 거사의 동기는 이토가 대한의 독립 주권을 침탈한 원흉이며 동양 평화의 교란자이므로, 대한의용군 사령의 자격으로 그를 총살해 응징한 것이라 했다.

재판 과정에서도 그는 정연하고 당당한 논술을 펼쳤다. 일본인 재판장과 검찰관들도 내심 탄복해 마지않았다. 그러나 재판은 공개리에 열리지 않고 비밀재판으로 마감되었다. 이토와 일본 제국의 만행을 성토하는 그의 예리하고도 조리정연한 논술을 공개하기가 꺼려졌기 때문이었다.

사형 집행은 3월 26일 오전 10시에 여순 감옥 형장에서 있었다. 그의 의연한 순국에 대해 한국인과 중국인은 물론, 양식 있는 일본인들조차 숙연해 마지않았다. 단순히 목숨을 내놓고 이토를 사살했다는 이유 때문만은 아니었다. 그의 높은 인격과 꿋꿋한 자세가 세인들을 감복시키기에 충분했기 때문이다.

사형을 언도받고 죽음을 앞둔 며칠 전 정근과 공근 두 아우의 면회가 있었다. 안중근은 두 아우에게 이렇게 유언했다.

내가 죽거든 시체는 우리나라가 독립하기 전에는 국내로 옮겨서 장사지내지 말라. ……대한 독립의 소리가 천국에 들려오면 나는 마땅히 춤을 추며 만세를 부를 것이다.

생각해 보면 이토 등은 대한제국을 유린해 동양의 평화를 깨뜨렸을 뿐아니라, 선량한 일본 국민까지도 동양 각 국민에게 침략자라는 따가운 눈총을 받게 한 범죄자들이다. 동아시아의 질서를 어지럽힌 데다가 일본 국민의 명예까지 먹칠한 동아시아 공동의 적이다. 그래서 안중근은 필부를 살해한 것이 아니라 동아시아의 국제적 공적을 목숨을 바쳐 처단한 것이었다. 그의 행동이 '살인'이 아니라 '의거'인 이유는 바로 여기에 있다. 감옥에서 쓴 글[遺墨]에 그의 기개와 충정이 잘 나타나 있다.

근대 일본 사무라이의 상징적 인물을 꼽으라면 일본인들은 사카모토 료마, 사이고 다카모리, 야마가타 아리토모, 이토 히로부미 등을 꼽는다.

이들은 모두 메이지유신에 공을 세워 근대 일본의 기초를 확립하는 데 중요한 역할을 했거나, 청일전쟁과 러일전쟁을 승리로 이끌어 일본의 제국주의 국가 성장에 견인차 역을 한 자들이다. 그러나 그들이 일본인에게 대접받는 것은 일본 제국 형성에 공헌한 때문이지, 인격이나 도덕이 훌륭해서는 결코 아니다.

근대 한국 청년의 상징적 인물을 들라면 한국인들은 누구를 꼽을까? 김옥균, 서재필, 안창호, 김구, 신규식, 안중근…… 모두 혈기방장한 이들이었다. 그 가운데 안중근의 경우, 그에게는 일본의 사무라이들이 도저히 따르지 못할 부분이 있다. 높은 인품과 넓은 세계관이다. 그의 국가관도 편협한 애국주의가 아니다. 내 나라가 귀중하면 남의 나라도 귀중하다는 초국가적 국가관이다. 일본인조차 그를 존경해 마지않은 데는 그만한 이유가 있었다.

요즈음 한국 정부와 국민은 안중근의 유골을 찾지 못해 안타까워하고 있다. 일본이 안중근을 처형한 후 시신을 유족들에게 인계하지 않고 암매장했기 때문이다. 묘소가 없음은 물론 묻힌 곳조차 명확하지 않다. 동양의 평화를 깨뜨린 장본인들의 동상이 오늘날도 일본 곳곳에서 자국민을 내려다보고 있는가 하면, 진정한 동양 평화를 위해 목숨을 바친 안중근의 동상도 남산에서 서울 시가지를 지켜보고 있다. 그러나 양쪽의 감회가 다를 수밖에 없다.

반만년 역사의 치욕, 국권피탈

일본이 러일전쟁 후 대한제국의 외교권과 재정권을 강탈하고, 군대를 해산한 것은 이미 나라를 멸망시킨 것이나 다름없었다. 남은 것은 대한제국의 주권을 차지하는 형식상의 최종 절차뿐이었다. 그래서 취한 조치가 한일합병조약(경술국치)이었다. 이는 반만년 역사 이래 처음으로 국권을 다른 민족이 강탈해 간 사건이었다.

이토가 한국의 청년에게 저격당해 죽자 일본은 이 기회에 한국을 병합하고자 했다. 1910년 5월 육군대신 데라우치 마사타케[寺內正毅]가 3대 통감으로 임명되었다. 한국에 부임한 그는 헌병 경찰제를 강화하고 일반 경찰제의 정비를 서둘렀다. 이미 1907년 10월 한국 경찰을 일본 경찰에 통합시킨 데다 종래의 사법권, 경찰권 외에 일반 경찰권까지 확보한 것이다.

만반의 준비를 마친 데라우치가 이완용을 앞세워 8월 22일 마침내 한일합병조약을 조인했다. 전문 8개조의 제1조에서는 "한국 황제 폐하는 한국 정부에 관한 일체의 통치권을 완전하고도 영구히 일본군 황제 폐하에게 양여함."이라 했다. 그러나 당분간 발표를 유보했다. 한국민의 반발이 예상되었기 때문이었다. 8월 25일 정치단체의 집회를 일절 금하고, 원로대신들을 연금한 후에 순종으로 하여금 나라를 일본에 이양한다는 조칙을 내리게 했다. 29일의 관보와 신문지상에 합병 소식이 발표되었다.

8월 초부터 통감부(10월 1일부터는 총독부)와 일본 정부 사이에는 수백 통의 비밀 전문이 오고갔는데, 합병 후의 국호와 황실의 호칭, 합병 협력자의 매수 등에 관한 것이 내용의 대부분이었다. 8월 18일자로 일본의 가쓰라 총리가 데라우치 통감에게 보낸 전문에는 "현 황제를 창덕궁 이왕 전하로 하고 한국의 국호는 이제부터 조선이라고 한다."고 지시하고 있다. 대한제국이 조선으로, 고종 태황제가 이태왕 전하로, 순종 황제가 이왕 전하로 불리게 된 것도 그에 따른 것이었다. 순종이 퇴위당한 직후 창덕궁 선정전에도 일월도(日月圖) 대신 봉황도(鳳凰圖)가 내걸렸다. 이 모두 일본 제국 지배하의 속국인 조선이요, 일본 천황 아래의 이왕이라는 뜻이었다.

이렇게 대한제국의 주권이 상실되면서 백성과 땅은 이후 한 세대가 넘도록 암흑의 세월을 보내야 했다.

1910년 10월 1일. 면장이 지시하기를 이제부터는 가가호호에 태양기(일장기)를 세우라고 한다.

1910년 10월 30일. 일본인들이 면내에 와서 세금을 독촉하고 있다.

– 《저상일월》

조선 왕실 세계도

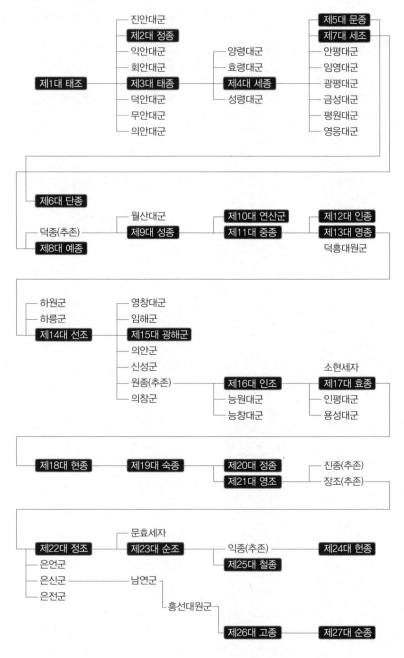

조선의 국왕

代	왕명	이름	재위기간	재위 년수	생·몰년	승하 나이	등극 나이
1	태조(太祖)	이성계(李成桂)	1392.7~1398.9	6	1335~1408	74	58
2	정종(定宗)	이방과(李芳果)	1398.9~1400.11	2	1357~1419	63	42
3	태종(太宗)	이방원(李芳遠)	1400.11~1418.8	18	1367~1422	56	34
4	세종(世宗)	이도(李祹)	1418.8~1450.2	32	1397~1450	54	22
5	문종(文宗)	이향(李珦)	1450.2~1452.5	2	1414~1452	39	37
6	단종(端宗)	이홍위(李弘暐)	1452.5~1455.6	3	1441~1457	17	12
7	세조(世祖)	이유(李瑈)	1455.6~1468.9	13	1417~1468	52	39
8	예종(睿宗)	이황(李晄)	1468.9~1469.11	1	1450~1469	20	19
9	성종(成宗)	이혈(李娎)	1469.11~1494.12	25	1457~1494	38	13
10	연산군(燕山君)	이융(李㦕)	1494.12~1506.9	12	1476~1506	31	19
11	중종(中宗)	이역(李懌)	1506.9~1544.11	38	1488~1544	57	19
12	인종(仁宗)	이호(李岵)	1544.11~1545.7	1	1515~1545	31	30
13	명종(明宗)	이환(李峘)	1545.7~1567.6	22	1534~1567	34	12
14	선조(宣祖)	이연(李昖)	1567.7~1608.2	41	1552~1608	57	16
15	광해군(光海君)	이혼(李琿)	1608.2~1623.3	15	1575~1641	67	34
16	인조(仁祖)	이종(李倧)	1623.3~1649.5	26	1595~1649	55	29
17	효종(孝宗)	이호(李淏)	1649.5~1659.5	10	1619~1659	41	31
18	현종(顯宗)	이연(李棩)	1659.5~1674.8	15	1641~1674	34	19
19	숙종(肅宗)	이순(李焞)	1674.8~1720.6	46	1661~1720	60	14
20	경종(景宗)	이윤(李昀)	1720.6~1724.8	4	1688~1724	37	33
21	영조(英祖)	이금(李昑)	1724.8~1776.3	52	1694~1776	83	31
22	정조(正祖)	이산(李祘)	1776.3~1800.6	24	1752~1800	49	25
23	순조(純祖)	이공(李玜)	1800.7~1834.11	34	1790~1834	45	11
24	헌종(憲宗)	이환(李奐)	1834.11~1849.6	15	1827~1849	23	8
25	철종(哲宗)	이변(李昪)	1849.6~1863.12	14	1831~1863	33	19
26	고종(高宗)	이희(李熙)	1863.12~1907.7	44	1852~1919	68	12
27	순종(純宗)	이척(李坧)	1907.7~1910.8	3	1874~1926	53	34

조선왕조실록 편찬 일람표

	실록명	편찬 시기	간행년(서기)	책 수	원문 권수	국역권 수 (쪽 수)	국역 발행처
1	태조실록	태종 10년 1월~태종 13년 3원	태종 13(1413)	3	15	2책(587)	세종대왕기념사업회
2	정종실록	세종 6년 3월~세종 8년 8월	세종 8(1426)	1	6	1책(202)	
3	태종실록	세종 6년3월~세종 13년 3월	세종 13(1431)	16	36	8책(3,242)	
4	세종실록	문종 2년 3월~단종 2년 3월	단종 2(1454)	67	163	28책(10,922)	
5	문종실록	단종 2년 3월~세조 1년 11월	세조 1(1455)	6	13	3책(1,268)	
6	단종실록	세조 10년~예종 1년	예종 1(1469)	6	14	3책(1,155)	
7	세조실록	예종 1년 4월~성종 2년 12월	성종 2(1471)	18	47	11책(4,007)	
8	예종실록	성종 2년 12월~성종 3년 5월	성종 3(1472)	3	8	2책(769)	
9	성종실록	연산 2년 4월~연산 5년 2월	연산군 5(1499)	47	297	41책(13,780)	
10	연산군일기	중종 2년 6월~중종 4년 9월	중종 4(1509)	17	63	8책(4,409)	민족문화추진회
11	중종실록	명종 1년 가을~명종 5년 10월	명종 5(1550)	53	105	52책(16,617)	
12	인종실록	명종 1년 가을~명종 5년 9월	명종 5(1550)	2	2	1책(336)	
13	명종실록	선조 1년 9월~선조 4년 4월	선조 4(1571)	21	34	16책(4,973)	
14	선조실록	광해 1년 7월~광해 8년 11월	광해군 8(1616)	116	221	42책(12,695)	
	선조수정실록	인조 21년 7월~효종 8년 9월	효종 8(1657)	8	42	4책(1,312)	
15	광해군일기	인조 2년 7월~인조 11년 12월	인조 11(1633)	8	42	25책(7,902)	
16	인조실록	효종 1년 8월~효종 4년 6월	효종 4(1653)	50	50	21책(6,404)	
17	효종실록	현종 1년 5월~현종 2년 2월	현종 2(1661)	22	21	8책(2,717)	
18	현종실록	숙종 1년 5월~숙종 3년 2월	숙종 3(1677)	23	22	9책(3,098)	
	현종수정실록	숙종 6년 7월~숙종 9년 3월	숙종 9(1683)	29	28	12책(6,404)	
19	숙종실록	경종 즉위년 11월~영조 4년 3월	영조 4(1728)	73	65	32책(10,672)	세종대왕기념사업회
20	경종실록	영조 2년~영조 8년 2월	영조 8(1732)	7	15	3책(1,094)	
	경종수정실록	정조 2년 2월~정조 5년 7월	정조 5(1781)	3	5	1책(380)	
21	영조실록	정조 1년 5월~정조 5년 7월	정조 5(1781)	83	127	36책(12,393)	
22	정조실록	순조 즉위 년 12월~순조 5년 8월	순조 5(1805)	56	54	27책(9.663)	세종민추공역
23	순조실록	헌종 1년 5월~헌종 4년 윤 4월	헌종 4(1838)	36	34	13책(4,321)	
24	헌종실록	철종 즉위년 11월~철종 2년 8월	철종 2(1851)	9	16	2책(695)	
25	철종실록	고종 1년 5월~고종 2년 윤 5월	고종 2(1865)	9	15	2책(813)	
합계				848	1,705	413권	

조선의 왕릉

왕 · 왕후	능호	소재지
태조	건원릉(健元陵)	경기도 구리시 인창동(동구릉)
신의왕후	제릉(齊陵)	경기도 개성시 판문군 상도리(북한)
신덕왕후	정릉(貞陵)	서울시 성북구 정릉동
정종, 정안왕후	후릉(厚陵)	경기도 개성시 판문군 영정리(북한)
태종, 원경왕후	헌릉(獻陵)	서울시 서초구 내곡동(헌인릉)
세종.소헌왕후	영릉(英陵)	경기도 여주군 능서면 왕대리(영녕릉)
문종, 현덕왕후	현릉(顯陵)	경기도 구리시 인창동(동구릉)
단종	장릉(莊陵)	강원도 영월군 영월읍 영흥리
정순왕후	사릉(思陵)	경기도 남양주시 진건읍 사릉리
세조, 정희왕후	광릉(光陵)	경기도 남양주시 진건읍 부평리
덕종(추존왕), 소혜왕후	경릉(敬陵)	경기도 고양시 신도동(서오릉)
예종, 안순왕후	창릉(昌陵)	경기도 고양시 신도동(서오릉)
장순왕후	공릉(恭陵)	경기도 파주시 조리면 봉일천리(공순영릉)
성종, 정현왕후	선릉(宣陵)	서울시 강남구 삼성동(선정릉)
공혜왕후	순릉(順陵)	경기도 파주시 조리면 봉일천리(공순영릉)
연산군, 폐비 신씨	연산군묘	서울시 도봉구 방학동
중종	정릉(靖陵)	서울시 강남구 삼성동(선정릉)
단경왕후	온릉(溫陵)	경기도 양주군 장흥면 일영리
장경왕후	희릉(禧陵)	경기도 고양시 덕양구 원당동(서삼릉)
문정왕후	태릉(泰陵)	서울시 노원구 공릉동(태강릉)
인종, 인성왕후	효릉(孝陵)	경기도 고양시 덕양구 원당동(서삼릉)
명종, 인순왕후	강릉(康陵)	서울시 노원구 공릉동(태강릉)
선조, 인목왕후	목릉(穆陵)	경기도 구리시 인창동(동구릉)
의인왕후	목릉(穆陵)	경기도 구리시 인창동(동구릉)
광해군, 폐비 유씨	광해군묘	경기도 남양주시 진건읍 송릉리
원종(추존왕), 인헌왕후	장릉(章陵)	경기도 김포시 김포읍 풍무리
인조, 인렬왕후	장릉(長陵)	경기도 파주시 탄현면 갈현리
장렬왕후	휘릉(徽陵)	경기도 구리시 인창동(동구릉)
효종, 인성왕후	영릉(寧陵)	경기도 여주군 능서면 왕대리(영녕릉)
현종, 명성왕후	숭릉(崇陵)	경기도 구리시 인창동(동구릉)
숙종, 인현 · 인원왕후	명릉(明陵)	경기도 고양시 신도동(서오릉)
인경왕후	익릉(翼陵)	경기도 고양시 신도동(서오릉)
경종, 선의왕후	의릉(懿陵)	서울시 성북구 석관동
단의왕후	혜릉(惠陵)	경기도 구리시 인창동(동구릉)
영조, 정순왕후	원릉(元陵)	경기도 구리시 인창동(동구릉)
정성왕후	홍릉(弘陵)	경기도 고양시 신도동(서오릉)
진종(추존왕), 효순왕후	영릉(永陵)	경기도 파주시 조리면 봉일천리(공순영릉)
장조(추존왕), 헌경왕후	융릉(隆陵)	경기도 화성시 태안읍 안녕리(융건릉)
정조, 효의왕후	건릉(健陵)	경기도 화성시 태안읍 안녕리(융건릉)
순조, 순원왕후	인릉(仁陵)	서울시 서초구 내곡동(헌인릉)
문조(추존왕), 신정왕후	수릉(綏陵)	경기도 구리시 인창동(동구릉)
헌종, 효현 · 효정왕후	경릉(景陵)	경기도 구리시 인창동(동구릉)
철종, 철인왕후	예릉(睿陵)	경기도 고양시 덕양구 원당동(서삼릉)
고종, 명성왕후	홍릉(洪陵)	경기도 남양주시 금곡동(홍유릉)
순종. 순명 순정왕후	유릉(裕陵)	경기도 남양주시 금곡동(홍유릉)

조선 시대 품계표(중앙 관직)

구분	품계 (品階)	동반(東班)	서반(西班)	종친(宗親)	의빈(儀賓)
당상 (堂上)	정1품 (正一品)	대광보국숭록대부 (大匡輔國崇祿大夫) 상보국숭록대부 (上輔國崇祿大夫) 보국숭록대부 (輔國崇祿大夫)		현록대부(顯祿大夫) 흥록대부(興祿大夫)	유록대부(綏祿大夫) 성록대부(成祿大夫)
	종1품 (從一品)	숭록대부(崇祿大夫) 숭정대부(崇政大夫)		소덕대부(昭德大夫) 가덕대부(嘉德大夫) 유덕대부(綏德大夫) 의덕대부(宜德大夫)	광덕대부(光德大夫) 숭덕대부(崇德大夫) 정덕대부(靖德大夫) 명덕대부(明德大夫)
	정2품 (正二品)	정헌대부(正憲大夫) 자헌대부(資憲大夫)		승헌대부(承憲大夫)	봉헌대부(奉憲大夫) 통헌대부(通憲大夫)
	종2품 (從二品)	가정대부(嘉靖大夫) 가선대부(嘉善大夫) 가의대부(嘉義大夫) 소의대부(昭義大夫)		중의대부(中義大夫) 정의대부(正義大夫)	자의대부(資義大夫) 순의대부(順義大夫)
당하 (堂下) 참상 (參上)	정3품 (正三品)	통정대부(通政大夫) 통훈대부(通訓大夫)	절충장군(折衝將軍) 어해장군(禦海將軍)	명선대부(明善大夫) 창선대부(彰善大夫)	봉순대부(奉順大夫) 정순대부(正順大夫)
	종3품 (從三品)	중직대부(中直大夫) 중훈대부(中訓大夫)	건공장군(建功將軍) 보공장군(保功將軍)	자신대부(資信大夫)	명신대부(明信大夫) 돈신대부(敦信大夫)
	정4품 (正四品)	봉정대부(奉正大夫) 봉열대부(奉列大夫)	진위장군(振威將軍) 소위장군(昭威將軍)	선휘대부(宣徽大夫) 광휘대부(廣徽大夫)	
	종4품 (從四品)	조산대부(朝散大夫) 조봉대부(朝奉大夫)	정략장군(正略將軍) 선략장군(宣略將軍)	봉성대부(奉成大夫) 광성대부(光成大夫)	
	정5품 (正五品)	통덕랑(通德郞) 통선랑(通善郞)	과곡교위(果毅校尉) 충곡교위(忠毅校尉)	통직랑(通直郞) 병직랑(秉直郞)	
	종5품 (從五品)	봉직랑(奉職郞) 봉훈랑(奉訓郞)	현신교위(顯信校尉) 창신교위(彰信校尉)	근절랑(謹節郞) 신절랑(愼節郞)	
	정6품 (正六品)	승의랑(承議郞) 승훈랑(承訓郞)	돈용교위(敦勇校尉) 진용교위(進勇校尉)	집순랑(執順郞) 종순랑(從順郞)	
	종6품 (從六品)	선교랑(宣敎郞) 선무랑(宣務郞)	여절교위(勵節校尉) 병절교위(秉節校尉)		
참하 (參下)	정7품 (正七品)	무공랑(務功郞)	적순부위(迪順副尉)		
	종7품 (從七品)	계공랑(啓功郞)	분순부위(奮順副尉)		
	정8품 (正八品)	통사랑(通仕郞)	승의부위(承義副尉)		
	종8품 (從八品)	승사랑(承仕郞)	수의부위(修義副尉)		
	정9품 (正九品)	종사랑(從仕郞)	효력부위(效力副尉)		
	종9품 (從九品)	장사랑(將仕郞)	전력부위(展力副尉)		

조선 시대 품계표(내·외명부)

구분	품계 (品階)	내명부(內命婦)		외명부(外命婦)		
		왕궁(王宮)	세자궁 (世子宮)	왕궁(王宮)	종친 처 (宗親 妻)	문·무관 처 (文武官 妻)
당상 (堂上)	정1품 (正一品)	빈(嬪)		부부인(府夫人)	부부인(府夫人) 군부인(郡夫人)	정경부인 (貞敬夫人)
	종1품 (從一品)	귀인(貴人)		봉보부인 (奉保夫人)	군부인(郡夫人)	
	정2품 (正二品)	소의(昭儀)		군주(郡主)	현부인(縣夫人)	정부인(貞夫人)
	종2품 (從二品)	숙의(淑儀)	양제(良娣)			
당하 (堂下)	정3품 (正三品)	소용(昭容)		현주(縣主)	신부인(愼夫人)	숙부인(淑夫人)
					신인(愼人)	숙인(淑人)
	종3품 (從三品)	숙용(淑容)	양원(良媛)		신인(愼人)	숙인(淑人)
	정4품 (正四品)	소원(昭媛)			혜인(惠人)	영인(令人)
	종4품 (從四品)	숙원(淑媛)	승휘(承徽)			
	정5품 (正五品)	상궁(尙宮) 상의(尙儀)			온인(溫人)	공인(恭人)
	종5품 (從五品)	상복(尙服) 상식(尙食)	소훈(昭訓)			
	정6품 (正六品)	상침(尙寢) 상공(尙功)			순인(順人)	의인(宜人)
	종6품 (從六品)	상정(尙正) 상기(尙記)	수규(守閨) 수칙(守則)			
	정7품 (正七品)	전빈(典賓) 전의(典衣) 전선(典膳)				안인(安人)
	종7품 (從七品)	전설(典設) 전제(典製) 전언(典言)	장찬(掌饌) 장정(掌正)			
	정8품 (正八品)	전찬(典贊) 전식(典飾) 전약(典藥)				단인(端人)
	종8품 (從八品)	전등(典燈) 전채(典彩) 전정(典正)	장서(掌書) 장봉(掌縫)			
	정9품 (正九品)	주궁(奏宮) 주상(奏商) 주각(奏角)				유인(孺人)
	종9품 (從九品)	주변치(奏變徵) 주치(奏徵) 주우(奏羽) 주변궁(奏變宮)	장장(掌藏) 장식(掌食) 장의(掌醫)			

조선 시대 품계표(기타 관직)

구분	품계 (品階)	잡직(雜職)		토관직(土官職)	
		동반(東班)	서반(西班)	동반(東班)	서반(西班)
당상 (堂上)	정1품 (正一品)	·		·	
	종1품 (從一品)	·	·	·	·
	정2품 (正二品)	·	·	·	·
	종2품 (從二品)	·	·	·	·
당하 (堂下)	정3품 (正三品)			·	
	종3품 (從三品)				
	정4품 (正四品)				
	종4품 (從四品)	·	·	·	
	정5품 (正五品)	·	·	통의랑(通議郎)	건충대위(建忠隊尉)
	종5품 (從五品)	·	·	봉의랑(奉議郎)	여충대위(勵忠隊尉)
	정6품 (正六品)	공직랑(供職郎) 여직랑(勵職郎)	봉임교위(奉任校尉) 수임교위(修任校尉)	선직랑(宣職郎)	건신대위(建信隊尉)
	종6품 (從六品)	근임랑(勤任郎) 효임랑(效任郎)	현공교위(顯功校尉) 적공교위(迪功校尉)	봉직랑(奉職郎)	여신대위(勵信隊尉)
참하 (參下)	정7품 (正七品)	봉무랑(奉務郎)	등용부위(騰勇副尉)	희공랑(熙功郎)	돈의도위(敦義徒尉)
	종7품 (從七品)	승무랑(承務郎)	선용부위(宣勇副尉)	주공랑(注功郎)	수의도위(守義徒尉)
	정8품 (正八品)	면공랑(勉功郎)	맹건부위(猛建副尉)	공무랑(供務郎)	분용도위(奮勇徒尉)
	종8품 (從八品)	부공랑(赴功郎)	장건부위(壯建副尉)	직무랑(直務郎)	효용도위(效勇徒尉)
	정9품 (正九品)	복근랑(服勤郎)	치력부위(致力副尉)	계사랑(啓仕郎)	여력도위(勵力徒尉)
	종9품 (從九品)	전근랑(展勤郎)	근력부위(勤力副尉)	시사랑(試仕郎)	탄력도위(彈力徒尉)

참상
(參上)

■ 참고문헌

국내사료

《高宗純宗實錄》,《舊韓國官報》,《舊韓國外交文書》,《國譯 韓國誌-本文篇》, 《國譯 韓國誌-附錄·索引篇》,《國朝寶鑑》,《近世朝鮮政鑑》(朴齋絅),《金玉均 全集》,《騎驢隨筆》,《羅巖隨錄》,《綠此集》(黃五),《大東奇聞》,《大東輿地圖》, 《大東地志》(金正浩),《大東稗林》,《臺山集》(金邁淳),《大韓季年史》(鄭喬),《大 朝鮮獨立協會會報》,〈독립신문〉,《萬姓大同譜》,《梅山集》(洪直弼),《梅泉野 錄》(黃玹),《勉菴集》(崔益鉉),《明南樓全集》(崔漢綺),《閔忠正公遺稿》,《朴定 陽全集》,《思穎集》(金炳冀),《昭義新編》,《續陰晴史》,《純齋稿》(純祖),《純祖 責錄》,《純宗記事》,《承政院日記》,《安東金氏族譜》,《魚允中全集》,《與猶堂全 書》(丁若鏞),《五洲衍文長箋散稿》(李圭景),《阮堂全集》(金正喜),《龍湖間錄》, 《雲石集》(趙寅永),《元軒稿》(憲宗),《尹致昊日記》,《俞吉濬全書》,《張志淵全 書》,《朝鮮雜記》,《朝鮮基督教及外交史》(李能和),《中齋稿》(哲宗),《增補文獻 備考》,《智水拈筆》(洪翰周),《哲宗實錄》,《青丘園》,《稗林》,《楓皐集》(金祖 淳),《豊壤趙氏世譜》,《鶴石集》(翼宗),《韓史》(金澤榮),《許傳全集》,《憲宗實 錄》,《憲宗記事》,《瓛齋集》(朴珪壽),《湖岩全集》

국외 사료

《蹇蹇錄》,《觀樹將軍回顧錄》,〈每日新聞〉,《世外井上公傳》,《新聞集成明治編 年史》,〈時事新報〉,《伊藤博文傳》,《日本外交文書》,《日本外交史辭典》,《日本 外交文書竝主要文書》,〈朝日新聞〉,《駐韓日公使館記錄》,《淸季中圈韓關係史 料》,《風雲緯末秘錄》,《韓末近代法令資料集》,《韓末外交秘錄》,〈皇城新聞〉

F.O.405-68~73, Part V~X(1895~1898), *Further Correspondence Relating to Corea, And China, and Japan.*

British Documents on the Origin of the War, 1898-1914.

Despatches from U.S. Ministers to Korea 1883~1905.

Diplomatic Instructions from the Department of State to U.S.Ministers to Korea, 1883~1905.

The Korean Repository. 5 vols. *Seoul: Trilingual Press*, 1892, 1895~1898.

The Independent, 1896~1899.

The North China Herald and Supreme Court & Consular Gazette.

The Memoirs of Count Witte translated from the Original Russian Manuscript.

국문 자료

강광식,《유교 정치사상의 한국적 변용-조선조사례 연구》, 백산서당, 2009.

姜東鎭,《日本 近代史》, 한길사, 1985.

강신항 외,《이재난고로 보는 조선 지식인의 생활사》, 한국학중앙연구원, 2007.

姜在彦,《조선의 西學史》, 民音社, 1990.

고영진,《호남 사림의 학맥과 사상》, 혜안, 2007.

곽신환,《조선조 유학자의 지향과 갈등》, 철학과 현실사, 2005.

구만옥,《조선 후기 과학 사상사 연구》, 혜안, 2004.

國史編纂委員會 編,《韓國史論》25-韓國史研究의 回顧와 展望 III, 國史編纂委員會, 1995.

權錫奉,《淸末 對朝鮮 政策史 研究》, 一潮閣, 1986.

권오영 외,《혜강 최한기》, 청계, 2000.

권오영,《조선 후기 유림의 사상과 활동》, 돌베개, 2003.

금장태,《다산 실학 탐구》, 태학사, 2001.

기타지마 만지(北島万次),《도요토미 히데요시의 조선 침략》, 경인문화사, 2008.

김범,《사화와 반정의 시대-성종·연산군·중종과 그 신하들》, 역사비평사,
　2007.

김명숙,《19세기 정치른 연구》, 한양대출판부, 2004.

김문식,《정조의 제왕학》, 태학사, 2007.

김문식,《조선 후기 지식인의 대외 인식》, 새문사, 2009.

김문식·신병주,《조선 왕실 기록 문화의 꽃 의궤》, 돌베개, 2005.

김백철,《조선 후기 영조의 탕평 정치-〈속대전〉의 편찬과 백성의 재인식 -》, 태
　학사, 2010.

金容九,《世界外交史》, 서울대출판부, 1994.

김용구,《임오군란과 갑신정변》, 원, 2004.

김용헌 외,《혜강 최한기》, 예문서원, 2005.

김용헌,《조선 성리학, 지식 권력의 탄생-조선 시대 문묘 종사 논쟁읽기-》, 프로
　네시스, 2010.

김용흠,《조선 후기 정치사 연구 I》, 혜안, 2006.

金源模,《近代韓美交涉史》, 弘盛社, 1984.

김준석,《한국 중세 유교 정치 사상사론》 1·2, 지식산업사, 2005.

김학수,《끝내 세상에 고개를 숙이지 않는다-17세기 명가의 내력과 가풍-》, 삼우
　반, 2005.

동학학회,《동학, 운동인가 혁명인가》, 신서원, 2002.

歷史學會 編,《露日戰爭 前後 日本의 韓國侵略》, 一潮閣, 1986.

문숙자,《조선 시대 재산 상속과 가족》, 경인문화사, 2004.

文一平, 李光麟 校註,《韓美五十年史》, 探求堂, 1978.

박병련 외,《남명학파와 영남 우도의 사림》, 예문서원, 2004.

朴成壽,《渚上日月》上·下, 서울신문사, 1993.

박성순,《조선 후기 화서 이항로의 위정척사 사상》 경인문화사, 2003.

朴殷植,《韓國痛史》,《朴殷植全書》上 所收, 檀國大出版部, 1975.

박찬승,《근대 이행기 민중 운동의 사회사-동학농민전쟁·항조활빈당》, 경인문화사, 2008.

서울市史編纂委員會 編,《서울市六百年史-文化事蹟篇-》, 1987.

宋炳基,《近代 韓中關係史 硏究》, 檀國大出版部, 1985.

신병주,《이지함 평전》, 글항아리, 2008.

신복룡,《동학사상과 갑오농민혁명》, 선인, 2006.

愼鏑廣,《獨立協會硏究》, 一潮閣, 1976.

愼鏑廢,《東學과 甲午農民戰爭硏究》, 一潮閣, 1993.

신용하,《동학농민혁명운동의 사회사》, 지식산업사, 2005.

신용하,《초기 개화사상과 갑신정변 연구》, 지식산업사, 2000.

에드워드 와그너,《조선 왕조 사회의 성취와 귀속》, 일조각, 2007.

에른스트 오페르트 著, 韓沾劤 譯,《朝鮮紀行》

연갑수,《고종 대 정치 변동 연구》, 일지사, 2008.

연갑수,《대원군 집권기 부국강병 정책 연구》, 서울대출판부, 2001.

연세대학교 국학연구원 편,《韓國實學思想硏究 1. 2》, 혜안, 2006.

오수창,《조선 시대 정치 틀과 사람들》, 한림대출판부, 2010.

오영교 편,《세도 정권기 조선 사회와 대전회통》, 혜안, 2007.

오영교,《실학파의 정치·사회 개혁론》, 혜안, 2008.

오영교,《조선 건국과 경국대전 체제의 형성》, 혜안, 2004.

오영섭,《고종 황제와 한말 의병》, 선인, 2007.

오항녕,《조선의 힘-조선, 500년 문명의 역동성을 찾다-》, 역사비평사, 2010.

오항녕,《朝鮮 初期 性理學과 歷史學-기억의 복원, 좌표의 성찰》, 고려대학교 민
족문화연구원, 2007.

원재린,《조선 후기 성호학파의 학풍 연구》, 혜안, 2003.

유봉학,《北學思想 硏究》, 一志社, 1995.

유봉학,《개혁과 갈등의 시대-정조와 19세기》, 신구문화사, 2009.

柳永益,《甲午更張硏究》, 一潮閣, 1990.

尹炳夷,《李相卨傳》, 一潮閣, 1984.

윤사순,《조선, 도덕의 성찰-조선 시대 유학의 도덕철학-》 돌베개, 2010.

尹孝定,《最近 六十年의 秘錄》

윤희면,《조선 시대 서원과 양반》, 집문당, 2004.

李家源,《朝鮮文學史》, 太學社, 1997.

이경구,《조선 후기 安東 金門 연구》, 일지사, 2007.

李光麟,《韓國史 講座》近代篇, 一潮閣, 1982.

이기명,《조선 시대 관리 임용과 상피제》, 백산자료원, 2007.

이민원,《명성황후 시해와 아관파천》, 국학자료원, 2002.

이민원,《한국의 황제》, 대원사, 2001.

이범직,《이상과 열정, 조선 역사》, 쿠북, 2007.

李奎根,《韓國史》最近世 篇, 震檀學會, 乙酉文化社, 1961.

李奎根,《韓國史》現代 篇, 震檀學會, 1963.

이성무,《조선 시대 당쟁사》1·2, 아름다운날, 2007.

이성무,《조선 시대 사상사 연구》1·2, 지식산업사, 2009.

이성무,《조선의 사회와 사상》, 개정증보판, 일조각, 2004.

이성무·이태진·정만조·이헌창 편,《류성룡과 임진왜란》, 태학사, 2008.

이수건,《한국의 성씨와 족보》, 서울대출판부, 2003.

이우성,《이우성 저작집》(전8권), 창비, 2010.

李章熙,《임진왜란사 연구》, 아세아문화사, 2007.

이태진,《고종 시대의 재조명》, 태학사, 2000.

이태진 교수 정년 기념 논총 간행위원회 편,《국왕, 의례, 정치》태학사, 2009.

이해준,《朝鮮後期門中 書院硏究》, 경인문화사, 2008.

이희재,《박세당-탈주자학적 실학사상의 선구자-》성균관대출판부, 2010.

이희환,《朝鮮 後期 黨爭 硏究》, 국학자료원, 1995.

정구복,《韓國 近世史學史》朝鮮中·後期篇, 경인문화사, 2008.

정두희 외,《임진왜란 동아시아 삼국 전쟁》, 휴머니스트, 2007.

정만조 외,《조선 시대 경기 북부 지역 집성촌과 사족》, 국민대출판부, 2004.

정옥자 외,《조선 시대 문화사》상·하, 일지사, 2007.

정재훈,《조선 시대의 학파와 사상》, 신구문화사, 2008.

조광,《조선 후기 사회와 천주교》, 경인문화사, 2010.

조선사회연구회,《조선 사회, 이렇게 본다》, 지식산업사, 2010.

조성산,《조선 후기 낙론계 학풍의 형성과 전개》, 지식산업사, 2007.

조항래,《개항기 대일 관계사 연구》, 한국학술정보, 2004.

주자사상연구회 편,《조선의 주자학과 실학》, 혜안, 2009.

지두환,《조선의 왕실》전52권, 역사문화, 2009.

차기진,《조선 후기의 서학과 척사론 연구》, 한국교회사연구소, 2002.

崔文衡,《제국주의 시대의 列强과 韓國》, 民音社, 1990.

최문형,《명성황후 시해의 진실을 밝힌다》, 지식문화사, 2006.

崔丈衡 外,《明成皇后 弑害 事件》, 民音社, 1992.

최승희,《조선 초기 언론사 연구》, 지식산업사, 2004.

최승희,《조선 초기 정치 문화의 이해》, 지식산업사, 2005.

최영잔,《조선 조 유학 사상사의 양상》, 성균관대출판부, 2005.

崔完秀,《秋史 書派攷》, 知識産業社, 1975.

최종고,《韓獨交涉史》, 弘盛社, 1983.

퇴계학연구소 편,《퇴계학맥의 지역적 전개》, 보고사, 2004.

韓㳓 · 李成茂,《史料로 본 韓國 文化史》, 一志社, 1985.

韓國史研究協議會 編,《韓露關係 100年史》, 韓國史研究協議會, 1984.

韓國史研究協議會 編,《韓佛修交 100年史〉, 韓國史研究協議會, 1986.

韓國史研究會 編,《韓國 近代 社會와 帝國主義》, 三知院, 1985.

韓國史研究會 編,《韓國史 研究 入門》, 知識産業社, 1986.

한국역사연구회 19세기 정치사연구반,《조선정치사》상 · 하, 청년사, 1990.

한국역사연구회,《대한제국의 토지제도와 근대》, 혜안, 2010.

한국정신문화연구원 백과사전편찬부 편,《한국민족문화대백과사전》1~28, 한국
    정신문화연구원, 1991~1994.

韓國精神文化研究院 編,《清日戰爭을 前後한 韓國과 列强》, 韓國精神文化研
    究院, 1984.

韓國政治外交史學會 編,《韓佛外交史: 1886~1986》, 韓國政治外交史學會,
    1987.

한국철학사연구회,《한국 실학 사상사》, 심산, 2008.

한명기,《정묘 · 병자호란과 동아시아》, 푸른역사, 2009.

한영우,《명성황후, 제국을 일으키다》, 효형출판, 2006.

한영우,《다시 찾는 우리 역사》제2권 조선시대(개정판), 경세원, 2008.

한영우,《대한제국은 근대 국가인가》, 푸른역사, 2006.

한영우,《한국 선비 지성사》, 지식산업사, 2010.

한영우 · 외,《다시 , 실학이란 무엇인가》, 푸른역사, 2007

한일관계사연구논집 편찬위원회,《동아시아 세계와 임진왜란》, 경인문화사,
   2010.

한일관계사학회 한일문화교류기금,《조선왕조실록 속의 한국과 일본》,경인문화
   사, 2004.

한춘순,《명종 대 훈척 정치 연구》, 혜안, 2006.

한충희,《조선 초기 관직과 정치》, 계명대학교 출판부, 2008.

한충희,《조선 초기의 정치제도와 정치》, 계명대학교 한국학 연구총서 13, 계명대
   출판부, 2006.

한형조,《조선 유학의 거장들》, 문학동네, 2008.

허균,《우리의 옛 그림》, 대한교과서, 1997.

현상윤,《현상윤의 조선유학사》, 심산, 2010.

황의동,《율곡 이이-성리학과 실학을 겸비한 실천적 지성》, 살림, 2007.

F.A. 맥켄지 著, 申福龍 譯,《大韓帝國의 悲劇》, 探求堂, 1973.

F.H. 해링들 著, 李光麟 譯,《〈開化期의 韓美關係》, 一潮閣, 1982.

H.B. 헐버트 著, 申福龍 譯,《大韓帝國史 序說》, 探求堂, 1973.

일문 · 중문자료

姜在彦,《近代朝鮮史硏究》, 東京: 日本評論社, 1970.

古屋哲夫,《日露戰爭》, 東京: 中央公論社, 1965.

菊池謙讓,《近代朝鮮史》上·下, 京城: 鷄鳴社, 1939.

旗田巍 編,《朝鮮の近代史と日本〉, 東京: 大和書房, 1987.

梶村秀樹,《朝鮮史の造と思想》, 硏文出版, 1982.

朴宗根,《日淸戰爭と朝鮮》, 東京: 靑木書店, 1984.

山邊健太郎,《日本の韓國倂合〉, 東京: 太平出版社, 1966.

森山茂德,《近代日韓關係史硏究-朝鮮植民地化と國際關係-〉, 東京: 東京大學出版部, 1987.

E.M. ツエユワ 外 著, 相田重夫 外 譯,《極東國際政治史: 1840~1949》上, 東京: 平凡社, 1957.

信夫淸三郎·中山治一 編,《日露戰爭史の硏究》, 東京: 河出書房新社, 1959.

李守孔,《李鴻章傳》, 臺北: 學生書局, 1978.

田保橋潔,《近代日鮮關係の硏究》, 東京: 宗高書房, 1972(復刻版).

酒田正敏,《近代日本における對外硬運動の硏究》, 東京: 東京大出版會, 1978.

黑羽茂,《日露戰爭史論-戰爭外交の硏究-》, 東京: 杉山書店, 1982.

영문자료

Bishop, Isabella Bird, *Korea and Her Neighbors*, Shanghai: Kelly and Walsh Ltd, 1897. Reprint, Seoul: Yonsei University Press, 1970.

Chandra, Vipan, *Imperialism, Resistance. And Reform in late Nineteenth-Century Korea: Enlightenment and the Independence Club*, Berkeley: Institute of East Asian Studies, University of California, Berkeley, 1988.

Conroy, Francis Hilary, *The Japanese Expansion into Hawaii 1868~1898*, PH.D. Dissertation, Univ. Of California, 1949.

Kim, C.I. Eugene and Kim Han-kyo, *Korea and the Politics of Imperialism 1876~1910*, Berkeley and Los Angeles: University of California Press, 1968.

Kim, Key-Hiuk, *The Last Phase of The East Asian World Order: Korea, Japan and the Chinese Empire, 1860~1882*, Berkeley and L.A.: California University Press, 1980.

Langer, William L, *The Diplomacy of Imperialism, 1890~1902*, 2d ed. New York:. Alfred. A. Knopf, 1951.

Lensen, George Alexander, *Balance of Intrigue: later-national Rivalry in Korea and Manchuria 1884~1899*, 2 vols. Tallahassee:. Florida State University Presses, 1982.

Malozemoff, Andrew, *Russian Far Eastern Policy, 1881~1904: with Special Emphasis on the Causes of the Russo-Japanese War*, Berkeley:. University of California Press,1958. Reprint, New York:. Octagon Books, 1977.

Nelson, M. Frederick, *Korea and the Old Orders in Eastern Asia*, Louisiana State University Press, 1946.

Nish, Ian, *The Origin of the Russo-Japanese War*, London and New York:. Longman, 1985.

Romanov, B.A., *Russiyay Manchzhurii* 1892~1906, Leningrad: Enukidge Oriental Institute. 1928: Susan Wilvour Jones tr., *Russia in Manchuria 1892~1906*, Ann Arbor: Michigan: J.W. Edwards, 1952.